The Handbook of Education and Human Development
New Models of Learnig, Teaching and Schooling

인간 교육학의 새로운 도전

교수-학습의 새로운 패러다임

David R. Olson · Nancy Torrance 공편
강현석 · 김경철 · 김남희 · 김영연 · 김은설 · 김종백 · 송 순 · 이경화
이민정 · 이진희 · 이혜원 · 전명남 · 정은영 · 정정희 · 황윤세 공 역

학지사

The Handbook of Education and Human Development
by David R. Olson and Nancy Torrance

| 역자 서문 |

이 책은 David R. Olson과 Nancy Torrance가 1996년에 펴낸 *The Handbook of Education and Human Development: New Models of Learning, Teaching and Schooling*을 우리말로 옮긴 것이다. 서명에서도 알 수 있듯이 이 책은 교육과 인간 발달에 관한 핸드북으로서 학습, 교수 그리고 학교교육에 대한 새로운 모형을 제안하고 있으며, 원서는 804페이지에 달하는 방대한 분량이다. 크게 3부로 구성되어 있고 각 부는 다시 제1편과 제2편으로 나뉘며 총 32개 장으로 구성되어 있다.

이 책은 인간 발달과 교육의 문제를 논의하고 있으며 이 과정에서 학습과 교수, 학교교육의 새로운 모델에 입각하여 교육의 문제를 새롭게 조망하고 있다. 책의 내용은 유수한 학자들이 기고한 논문으로 이루어져 있다. 제1부에서는 인간 발달 이론과 교육이 어떻게 관련되는지를 살펴보고 있으며, 아동 중심 교수의 심리학적 기초, 인간 발달에 대한 교수학적 관점이 논의되고 있다. 제2부에서는 교수행위에 대한 생물학적 · 문화적 기초를 살펴보고 있다. 여기에는 교육의 가능성, 인간 발달과 교육의 문화적 맥락이 논의되고 있다. 제3부에서는 마음을 교육하는 문제를 살펴보고 있다. 여기에는 학교교육의 언어와 문화, 내용을 다루는 문제가 논의되고 있다.

일반적으로 교육과 발달은 입각점이 서로 다른 것으로 이해되고 있다. 교육은 현재의 수준에서 보다 나은 수준으로 향상시키는 데 초점을 둔다. 보다 개선되고 가치 있는 상태로 나아가기 위한 활동으로 규범적 성격을 지닌다. 반면에 발달은 현재의 수준에 대한 정확한 기술에 초점을 둔다. 따라서 기술적 성격을 지닌다. 이런 맥락에서 Bruner는 일찍이 학습 이론과 교수 이론의 차이점을 구분하여 전자를 기술적인 이론, 후자를 규범적 이론이라고 보았던 것이다. 그러나 이러한 전통적인 구분을 넘어서서 이 책에서는 새로운 학습 모형, 교수 모형 등을 근거로 교육의 새로운 모습을 탐색하고 있다.

좁게 보자면 이 책은 교육에서 심리학의 역할을 근본적으로 반성해 보고 새로운 시각에서 교육의 문제를 접근해 보고자 하는 시도를 담고 있다. Bruner의 일상 심리학(folk psychology)의 제안, Greene의 듀이의 '경험으로서 예술' 읽기, Oatley와 Nundy의 교육에서 정서 역할을 다시 바라보기, Kruger와 Tomasello의 문화 학습과 학습 문화에 대한 논의, Rogof 등의 교수-학습 모형에서 학습자 공동체의 참여 문제, Keating의 학습 사회에서 마음의 습관, Bereiter와 Scardamalia의 학습을 다시 보기, Egan의 이해의 발달, Astington과 Pelletier의 교수와 학습에서 마음의 역할, Keil과 Silberstein의 학교교육과 이론적 지식의 습득 등의 내용들은 주옥 같은 글이며 우리가 경청해야 할 소중한 것들이다.

이 책은 여러 공역자가 자신의 관심사에 맞게 분담하여 번역한 것이다. 서로 전공과 관심사들이 다르고 선호하는 관점들이 달라서 처음에는 작업의 어려움을 예상하였는데, 막상 작업 과정에서는 그리 큰 문제는 되지 않았다. 일차적으로 용어를 통일하고 내용을 쉽게 옮기는 데 주력하였고 독자들에게 쉽게 접근하기 위해서 어떻게 해야 할 것인지를 고민하였다. 그런데 책의 내용이 방대하고 각 장의 성격과 수준도 다양하여 어느 하나로 통일하는 것이 쉽지는 않았다. 그래서 가급적 정확하게 전달하는 것이 중요하다고 판단하여 원문에 충실하게 번역하고자 하였다. 그러나 번역 과정의 오류는 전적으로 역자들의 책임이며, 독자 여러분들의 따가운 질정을 바라마지 않는다.

이 책을 마무리짓는 데 많은 시간이 소요되었다. 그럼에도 인내하고 격려해 주신 학지사 김진환 사장님과 편집부 직원들에게 감사를 드린다. 그리고 교정과 윤독을 해 준 연구실 대학원생들에게도 감사를 드린다.

2011년 2월
역자를 대표하여 강현석 씀

| 편저자 서문 |

이 핸드북의 아이디어는 교육과 인간 발달에 관한 주요 서적을 편집하는 데 흥미와 관심을 갖고 있는지를 물었던 그 당시의 Falmer Press의 실무 편집자였던 Philip Taylor에 의해 설계되었다. 한동안 나는 인식 주체의 관점으로부터 조망되는 지식과 앎에 대해 관심을 가지고 있어서 '인지혁명' 의 영향이 교육심리 연구와 이론에서 아직도 그 위치를 점하고 있다고 믿고 있었으며, 하나의 핸드북이 이러한 이슈들을 탐구하기 위한 매우 유용한 도구가 될 것이라는 것도 그럴듯해 보였다. 나는 1992년 4월에 온타리오 교육연구소(OISE)의 교육 모임에 Carl Bereiter, Marlene Scardamalia, Janet Astington, Keith Oatley, Keith Stanovitch 그리고 나와 함께 참여할 수 있도록 Jerry Bruner, Carol Feldman 그리고 Michael Tomasello를 초청하였다. 우리의 토론은 지식의 개념, 학습 그리고 사고의 관련성에 초점을 두었으며, 그 관련성과 교실 현장에서 실천되는 특정 교수 형식이 어떻게 연관되는지에도 초점을 두었다. "만약 그들이 어떤 것을 모른다고 가정하지 않는다면 당신은 왜 어떤 사람에게 어떤 것을 가르치려고 시도하는가?" 라고 가장 조리 있게 질문한 사람은 Tomasello였다. 즉, 어떠한 형태를 띠든 모든 교수 행위는 학습자와 학습자의 마음에 관한 모종의 가정만으로도 일어난다. 침팬지가 왜 가르치지 못하는지, 그리고 문화를 왜 창조하지 못하는지를 설명하기 위하여 이 문제, 즉 학습자의 마음에 관한 가정을 사용하였다. 침팬지들은 마음의 이론을 갖지 못하고 있다. 그러나 우리는 왜 가르치고, 대화하고, 설명하고, 주장하고, 증명해 보이려고 하는가? 그것은 학습자의 지식과 신념, 한마디로 말해서 그들의 마음에 관하여 우리가 전제하는 가정 때문이다.

이제 우리 모두는 원점으로 돌아가야 한다. Nancy Torrance가 마음-교수 관련 이슈들을 논의하는 데 중요하게 취급해야 할 토픽들과 전도유망한 저자들의 이름들을 신중하게 기록하고 있다고 편지들을 보냈고, 이어서 전화로 간청을 드렸다. 그리고 논문이 입수되어 읽고 검토를 거쳐 재작성되면서 하나의 책으로 편집되었다. 그 결과 이제 최종 완성되어 멋진 작품이 되었다.

이 모든 훌륭한 학자들이 우리의 책에 왜 투고를 하게 되었을까? 우리는 그 숭고한 의도를 전혀 알지 못할 것이다. 그러나 우리는 원고 작성에 혼신의 노력을 해 주고 우리를 인내하면서 참아 준 그들에게 감사를 표하고 싶다. 우리의 교육 이론과 실천이 생산적이고 유용하려면 이 저자들의 말에 귀를 기울여야 한다.

동시에 Blackwell의 Susan Milmoe와 Alison Mudditt에게 진심으로 감사를 표하고 싶다. 이들은 이 책이 완성될 때까지 많은 도움과 격려를 아끼지 않았다. Denese Coulbeck도 원고를 준비하는 데 많은 기술적 도움을 주었다. 마지막으로 이러한 지원을 지속해 준 Spencer 재단에 감사를 전하고 싶다. 이 책에 제시된 원고들은 '교육에서의 신념' 에 관한 우리의 장기 연구 프로그램을 중요하게 알려 주고 있으며, 그것은 사실 우리가 자력으로 성취할 수 있는 것을 넘어서 있다.

David R. Olson

차 / 례

| 제1부 | 도입: 인간 발달 이론이 교육과 어떻게 관련되는가

제1편 아동 중심 교수학의 심리학적 기초

| 제2부 | 교수학의 생물학적 · 문화적 기초

제1편 교육의 가능성

제2편 인간 발달과 교육의 문화적 맥락

| 제3부 | 학교학습과 마음: 마음을 교육하기

제1편 학교교육의 언어와 문화

제2편 교과내용의 교수-학습

제1장
서론: 교육에서 심리학의 역할에 대해 다시 생각하기

DAVID R. OLSON
NANCY TORRANCE

교육에서 심리학의 역할을 다시 생각해 보는 작업을 하는 우리는 새로운 교육 이론과 실제를 위해 인간 발달의 새로운 이해에 대한 함의점을 탐색하려 하는 학자들의 첫 세대는 아니다. 아동 중심 교육에 관심이 있었던 진보주의는 20세기 초에 가장 영향력 있는 이론이 되었고, 또한 진보주의는 현재까지 지속되고 있는 교육의 발달을 활성화시켰던 학교의 역할에 대한 깊은 관심을 불러일으켰을 뿐만 아니라 발달심리학에 대한 열정을 불러일으켰다(Lagemann, 1989). 『아동과 교육과정(*The child and the curriculum*)』(1902/1956), 『경험과 교육(*Experience and education*)』(1938/1972), 『경험으로서의 예술(*Art as experience*)』(1934/1958) 등과 같은 Dewey의 영향력 있는 연구물들은 교육개혁에 대한 내용을 알려 주는 동시에 교육개혁을 촉진하면서(Cremin, 1964), 아동의 입장에서 지식과 경험을 생각할 수 있도록 해 주었다. 이러한 전통에 입각한 Bruner의 『교육의 과정(*The process of education*)』(1960), Donaldson의 『아동의 마음(*Children's minds*)』(1978), Gardner의 『교육받지 않은 마음(*unschooled mind*)』(1991)과 같은 최근의 서적은 아동의 지식, 관심, 능력, 본래의 모습, 한마디로 말하면 그들의 의식적인 경험

(conscious experience)에 대한 존중에 기반을 둔 새롭고 보다 인간적인 교육(humane education)에 대한 가능성을 요구했고 실제로 그 가능성을 증명해 보였다.

하지만 아마도 우리는, 좋은 출발은 시간이 지날수록 그들의 흔적 속에서 가끔씩 사라지기도 한다는 한계와 과도함을 인정한 제1세대 학자일 것이다(Gillham, 1980). 아동 중심 교육은, 지식과 기술이 교육 경험의 마지막 산물이라고 생각하는 어른들의 생각과는 절대로 쉽게 친해질 수 없었다. 더 나아가 대부분의 사람들이 학교가 아동의 흥미와 관심 중심으로 운영되어야 한다는 것에 동의하고, 학부모나 지역사회와 같이 보다 넓은 범위의 문화적인 투자를 하지만 그러한 관심과 흥미를 판정하는 방법은 그리 명료하지 않았다. 실제로 새롭게 등장하고 있는 문화적 다양성에 대한 이해는 교육을 단 하나의 공통적인 문화적 목표를 달성하기 위한 수단으로 생각하는 것을 점점 어렵게 하고 있다. 결국 아동의 발달을 도와줄 수 있도록 설계된 과학과 과학적 지식들은 아동의 부족한 성과를 향상시키는 것이 아니라 오히려 그것을 정당화하고 합법화시키는 데 사용되고 있는 범주 속으로 분류될 수 있다는 것이 명확해졌다. 우리는 이론의 사용과 그 이론의 함의에 대해서 우리 스스로 잘 인식해 오고 있으며, 부족한 이론은 잘못될 수 있을 뿐만 아니라 해로울 수도 있다는 점을 인정하고 있다.

그 결과, 같은 경향을 따라 앞으로 더 발견되는 것들이 학교에 의해서 뒷받침되는 다양한 흥미와 관심에 도움이 될 것이라는 가정하에 이루어지는 연구에서 인간 발달에 관련한 연구상의 '진전'을 단순하게 도표로 나타내는 것은 부적절하다. 오히려 아동 교육에서, 학교교육의 가장 근본적인 본질과 인간 발달에 관련한 연구가 유익한 역할을 수행할 수도 있지만 이제는 지금까지 그러한 연구가 맡아 오던 역할을 재평가할 때가 되었다. 우리가 비록 교육만으로 빈곤, 정의, 폭력, 문화적 혼란, 동질성과 같은 보다 근본적인 사회 문제를 다룰 수 없다는 것을 인식하고 있지만, 교육은 세계의 이해, 다른 사람 혹은 자신의 이해의 진전 속에서 직접적인 역할을 수행할 수 있다. 그리고 그러한 이해는 적어도 보다 큰 사회 문제를 해결할 수 있는 간접적인 역할을 수행한다. 이 책에 기고된 모든 글은, 인간 발달에 관한 연구와 인간 발달을 증진시키기 위해 고안된 기관인 학교의 본질과 개선의 관계를 다시 생각해 보기 위한 연구 사업에 초점이 맞추어지고 있다.

이 책은 인식의 큰 전환을 가져올 수 있는 교육과 인간 발달에 관한 우리의 이해에 있어서 크게 세 가지 변화에 대해서 자세히 설명하고 있다. 이 책은 그러한 세 가지 관점에 따라 크게 3부로 구성되어 있다.

제1부

제1부는 심리학과 교육학 혹은 교수학(pedagogy)의 관련성에 관한 새로운 이해를 제시한다. 초창기에 심리학은 학생들에게 적절한 사회적 역할이 정해질 수 있도록 학생의 특성에 따라 분류하고, 또 보다 좁은 범위지만 그러한 역할을 통해서 학생의 요구를 충족시킬 수 있도록 교수를 설계할 수 있다는 점에서 희망적이었다. 전자의 기능은 아주 성공적이었지만 후자의 경우는 아주 실망스러웠다. 학생의 특성에 따라 분류하는 것은 자기 충족적인 예언이 되었다. 아동 중심 교육에 보다 큰 영향을 끼쳤던 두 번째 기능은 인지 발달 단계가 영속적인 특성이라기보다는 학습될 수 있다고 보는 Piaget에 의해서 시작되었으며, 거기에는 보다 좁은 범위이기는 하지만 학습될 수 있는 것을 결정하는 것은 특성이나 단계가 아니라 다만 적절하게 가르칠 수 있는 것이라고 생각한 Vygotsky의 영향도 무시할 수 없다. 그러한 관점의 전망은 철저히 규명되지 않았다. 하지만 이제는 Piaget나 Vygotsky의 관점에서 심리학적 이론과 교육적 실제 사이의 관계를 알아볼 수 있는 새로운 방법을 자세히 설명하려고 노력해 오고 있다.

제1부 제1편에서 우리는 학습자의 마음, 지식, 의식 등에 대한 가정을 전제로 하는 교사들의 교육학적 실제에 대한 여러 방법을 바탕으로 고찰하게 된다. 교육학의 다양한 형태는 학습자의 심리학에 근거를 둔 어떤 이해나 가정을 토대로 하여 형성되었다. 반대로 말하면 마음이나 지식 혹은 능력에 관한 심리학적 가정들은 어떤 특정한 교육학의 형식을 보완한다. David Olson과 Jerome Bruner는 한 문화 혹은 그 하위 문화에 내재하는 일상 심리학(folk psychology)[1]과 그 문화에 의해 채택된 교육

1) 역자 주: 의미상 상식적인 민속 심리학을 뜻하기도 한다.

적 실제, 즉 일상 교수학(folk pedagogy)[2] 사이의 관계에 대해서 자세히 설명한다. Howard Gardner, Bruce Torff, Thomas Hatch와 같은 학자들은 인간 발달에 관한 현재의 지식에 비추어 진보주의의 가정에 대해 재조명한다. Maxine Greene은 Dewey의 『경험으로서의 예술』의 재음미를 통해 경험과 학습의 본질에 대해 검토한다. Robbie Case는 인간 발달 이론에서 변화를 겪고 있는 여러 관점이 교육학 내에서 어떻게 중요한 변화를 가져오는지에 대한 내용을 검토한다. Barbara Beatty는 진보주의 운동의 심리학적 이론과 교육학적 실제 사이의 역사적 관계에 대해서 살펴본다.

제1부의 제2편은 심리학적 이론이 교육적 이론과 실제를 잘못 안내해 왔던 부분을 언급하고 좀 더 적절한 분석 형태를 제안한다. Keith와 Paula Stanovich는 '학습장애(learning disabilities)'의 개념적 결핍과 기대하지 않은 결과를 초래하는 효과에 대해 제시한다. Rita Watson은 교육 초기 '준비도(readiness)' 개념의 사용과 오용에 대해서 재검토한다. Lowry Hemphill과 Catherine Snow는 '총체적 언어(whole-language)' 이론에 의해 실증된 문해 능력에 대한 아동 중심 접근방법은 문자 언어의 현저한 특성을 밝히는 것을 실패했다는 것에 대해 논쟁한다. Marie Clay는 초기 문해 학습에서 그것을 단순하게 영속시키는 것이 아니라 다양한 내용을 조정하는 방법에 대해 자세히 설명한다. Gunther Kress는 쓰기 학습에서 쓰기의 본질과 아이디어를 계열적 조직에서 계층적 조직으로 변환시키는 방법에 대해 검토한다. Keith Oatley와 Seema Nundy는 교육적 이론과 실제에서 정서의 역할에 대해 검토한다.

제2부

제2부에서는 교육에서 실제로 무엇이 문화를 가능하게 하는가에 관한 통찰에 대해서 살펴본다. 교육이라는 제도는 문화를 창조하고 그것을 전달하는 수단 중 하나

2) 역자 주: 어의상 민속 교수법이지만 여기에서는 어떤 특정 이론과 전문적인 과학적 접근에 의한 교수학이기보다는 일상적이고 상식적인 수준에서의 일반적인 대중, 즉 일반인의 교수학을 의미한다. 따라서 이러한 의미를 종합하여 일상 교수학이라고 번역하였다.

이다. 인간 발달과 교육에 대해서 이해하기 위해서 우리는 문화의 구성, 변형, 전달을 가능하게 하는 인지적이고 사회적인 조건을 반드시 검토해야 한다. Elisabetta Visalberghi와 Dorothy Fragaszy는 사회적 모방의 생물학적인 근원과 문화의 어떤 성장을 위한 의도를 인식하는 것의 중요성에 대해서 검토한다. David와 Ann Premack은 문화의 기원을 타인에 대한 무지와 무능을 이해할 수 있는 색다른 인간 이해 능력까지 거슬러 올라간다. 어떤 문화 내에서는 그런 인식이 교육학적 이니셔티브(pedagogical initiatives)를 이끌어 내기도 하는데 그러한 이니셔티브는 학교와 같은 제도의 형태를 취하게 된다. Margaret Donaldson은 아동 중심 생각이 경험, 특히 정서와 가치의 발달에 대한 어른들 견해의 중요성을 어떻게 간과하게 했는지 잘 보여 준다. Jacqueline Goodnow는 학습, 즉 아는 것으로서의 학습이 아니라 조직적이고 계획적으로 무시되는 것으로서의 학습에 대한 대안적인 관점에 대해서 검토한다.

제2부의 제2편에서는 문화와 교육 간의 비판적인 관계에 대해서 살펴본다. Ann Kruger와 Michael Tomasello는 주로 '가르쳐지는 학습(instructed learning)' 에 중점을 두면서 마음의 모형과 가르침의 모형 간의 관계까지 그들의 중요한 연구를 확장하게 된다. Barbara Rogoff, Eugene Matusov, Cynthia White는 교실이 어른 중심 혹은 아동 중심의 교육제도가 아니라 학습자들의 공동체로 간주되면 어떻게 교육학과 학습의 모형이 방향을 바꾸는지에 대해 설명한다. James Wertsch와 William Penuel은 의사소통 모형과 교육학 모형 간의 관계에 대해서 검토하면서 이 논쟁을 확장하게 된다. Carol Feldman과 David Kalmar는 문학의 장르가 어떻게 독자의 해석적 인지를 위한 모형을 제공하는지에 대해 숙고한다. 그리고 Daniel Keating은 '학습 사회(learning society)'에 의해 요구되는 마음의 습관의 발달에 대해서 숙고한다.

제3부

제3부에서는 알고 배우며 학습하는 것이 무엇인가에 대한 새로운 개념과 인간 이해의 발달에 있어 전통적인 교과(교육)의 역할에 대해 살펴본다. 현재의 개념은 성

장과 발달에 필요한 특정한 교과목과 특정한 담론 형태의 역할뿐만 아니라 믿음, 가정, 직관, 선입견 등의 역할에 대해서 보다 많은 부분을 허용한다. 지식의 형태는 매우 다양하며 만약 아동의 이해가 물리, 수학, 생물, 역사와 같은 영역에서 향상될 수 있다면 특별한 노력이 필요하다. Carl Bereiter와 Marlene Scardamalia는 새로운 교육에 대한 새로운 인식론에 입각하여 지식에 대한 새로운 견해와 그러한 지식의 습득에 대한 내용을 제시한다. Kieran Egan은 이해의 성장에 대한 새로운 설명을 역사적이고 발달적인 네 가지 단계에 걸쳐 제시한다. 여기서 그는 네 가지 단계를 신화적 · 영웅적 · 낭만적 · 반어적 단계라고 기술한다. Ference Marton과 Shirley Booth는 학습자의 학습 경험을 현상학적 분석을 통해 규명한다. Ingrid Pramling은 어린이들이 자신의 학습에 대한 이해는 아주 정교하고 세련되지만 교사들이 가정하는 것과는 자주 불일치하는 모습에 대해 보여 준다. 그러한 불일치는 교수 효과를 심하게 제한한다. Janet Astington과 Jan Pelletier는 학습자의 마음에 대한 교사의 가정이, 교사가 만들어 내는 교육학적인 수단과 조치들(moves)의 종류와 교사가 학습자의 마음에 대해서 이야기하는 언어로서의 메타 인지적 언어를 사용하는 범위에 어떻게 영향을 미치는지에 대해 보여 준다.

제3부의 제2편에서는, 발달이라는 것은 교육의 산물일 뿐만 아니라 교육을 위한 필수조건이라는 주제에 대해서 언급한다. 특히 아동의 내재적 이론과 지식이 다양하게 정련된 형태로서의 외재적인 내용 간의 관계에 대해서 언급한다. Frank Keil과 Chana Silberstein은 학교교육(schooling)이 교실에서 아동이 사용하는 내재적 · 이론적 지식을 어떻게 바꾸는지에 대해서 검토한다. Scott Atran은 보편적인 '일상(folk)'의 생물학적 지식과 그러한 지식에 대한 과학적 이론의 영향을 검토한다. Giyoo Hatano와 Kayoko Inagaki는 생물학의 이해에 관한 서로 다른 문화의 효과를 검토한다. Andrea diSessa는 물리학의 학습과 교수에서 최근의 연구와 이론을 검토한다. Magdalene Lampert, Peggy Rittenhouse, Carol Crumbaugh는 아동의 수학적 이해의 향상을 통해 아동의 담화의 역할에 대해 검토한다. 그리고 Peter Seixas는 역사의 성숙한 이해의 개발이 포함된 주요 연구를 설명한다.

이 책에는 네 가지 이상의 일반적인 견해가 전체적으로 깔려 있다. 첫째, 최근의 인간 발달에 대한 연구는 '1인칭(first-person)' 의 관점으로 방향을 잡아 가는데, 이 것은 아동의 관점에서 세계는 어떻게 나타나는지에 관한 것이다. 이러한 관점은, 우리가 아동을 인정하고 아동이 배우고, 기억하고, 잊어버리고, 이해하고, 알고, 생각하고, 믿고, 열망하고, 의도하는 것과 관련한 어떤 인식론적인 이해뿐만 아니라 물리적 · 생물학적 · 사회적 세계에 대한 이해를 가질 수 있도록 해 준다. '능력', '잠재력', '기능', '지식' 과 관련한 오래된 심리학은 현재의 위치에서 보면 아동의 실제적인 믿음과 의도, 이해와 오해에 너무나 제한적인 접근을 제공하고 있는 것처럼 여겨진다. 인간 발달에 대한 최근 연구(물리적 · 생물학적 · 사회적 세계에 대한 이해)가 새로운 교육의 중심적인 관심사가 되어 가고 있다.

둘째, 아동의 지식과 믿음에 대한 새로운 접근은 새로운 교육학뿐만 아니라 새로운 교실 개념을 의미하고, 실제로는 그 새로운 접근을 필요로 한다는 것이 현재 인식되고 있는 내용이다. 교실이라는 곳은 이제 더 이상 교사가 학생에게 정보를 전달하는 단순한 장소가 아니라 '협력적 담화' 를 위한 공간 혹은 '학습자 공동체', 즉 권위적인 교사에 의해 단순하게 담화가 대체되는 곳이라기보다 진정한 사회적 담화가 일어날 수 있는, 즉 자신의 믿음을 표현할 수 있고, 비판할 수 있으며, 수정할 수 있고, 공유할 수 있는 공간이다. 이 주제에 대해서는 제2부의 두 번째 부분에 자세하게 나와 있지만 Case, Kress, Marton과 Booth, Pramling, Astington과 Pelletier, Lampert, Rittenhouse, Crumbaugh의 자료에서도 찾아볼 수 있다.

셋째, 마음을 믿음 · 의도와 관련한, 간주관적으로 구성된 것으로 새롭게 이해하는 것은 교사가 성공과 실패에 대해서 제공하는 설명과 학습자들이 그러한 설명을 제공하고 수용하는 것 사이의 새로운 상호 관계를 형성한다는 것을 의미한다. 아동을 멀리하는 것이 아니라 이 새로운 심리학은 아동과 교사가 학습과 사고의 이해를 공유하고 같은 이론을 소유하며 같은 언어를 공유하는 것을 가능하게 한다. 교사의 인식론은 직접적으로 학생들의 메타 인지와 연결되어 있다. 더 이상 아동을 개미 군집이나 조사하는 곤충학자와 같이 바깥에서 다른 생물체나 공부해야 하는 학생으로 대해서는 안 되고, 서로 이해할 수 있는 문화의 구성원으로 대해야 한다.

넷째, 학습자들이 심리학을 익히게 되면, 그 심리학은 아동이 자기 자신의 학습을 신중하고 반성적인 방법으로 관리하는 데 필요한 도구를 제공할 수도 있다. 자신의 사고, 믿음, 이론과 그러한 것들을 채택하고 유지하고 거부하는 근거, 그리고 그러한 것을 공유하는 수단에 관한 아동의 이해는, 보다 넓은 문화에 의해서 가치 있게 되는 체계적이고 과학적인 사고를 하는 데 필요한 이해다. 이것이 바로 교수와 학습의 심리학을 위한 새롭고 전도 유망한 역할이다.

이와 같이 이 책은 지식과 앎, 학습, 사고의 본질과 앞에서 언급한 문화의 축적과 젊은 세대에게 전달되는 방법을 포함하면서 우리의 학문 분야에서 핵심적인 문제를 반영하고 있다. 그 결과, 심리학과 교육에서 이제까지 지배해 왔던 수많은 전통적인 이슈는 포기되거나 다시 수정되고 있다. 이러한 것에는 유전과 환경 간의 관계, 정신 능력에 관한 이론, 학습과 전이에 관한 이론, 준비도 이론, 아동의 '유형' 과 '학습 양식' 으로 구분되는 성격 특성 이론, 학교교육의 결과를 예측할 수 있는 여러 가지 변수의 나열을 시도하는 여러 이론 등과 같은 주제가 포함된다. 심지어 보다 객관적인 '인지 과정(cognitive process)' 도 아동의 신념, 목표, 계획과 가치, 그리고 교육자가 아동을 이해하고, 그들에게 말을 걸고(address), 궁극적으로 그들과 공유하는 방법에 관심을 가지는 것에 영광의 자리를 내주고 있다.

만약 우리의 연구 사업(enterprise)을 전체로 단순화했더라면 두 가지 원리, 즉 학습에 관한 내부자적(internalist) 견해와 이론 형성에 관한 사회적 견해를 강조했을 것이다. 첫째로, 여기에서 고찰되고 있는 인간 발달에 관한 이론은 사고, 학습, 앎에 대해서 더욱더 내부자적(internalist, insider) 관점을 취하고 있다는 것을 의미한다. 반면 외부자적 이론은 어른들이 학습을 촉진하는 것에 초점을 두고 있고 그것에 의하여 전통적인 교육 심리학을 구축하는 데 초점을 둔다. 내부자적 이론은 아동이 할 수 있는 것, 무엇인가를 하고 있다고 생각하고 있는 것, 어떻게 학습과 교수가 그러한 의도적 상태에서 전제될 수 있는가에 초점을 둔다.

둘째, 사회적 견해는 공동 이해 혹은 간주관성에 관련한 것으로, 이는 아동들 사이에서뿐만 아니라 이론가 혹은 심리학자나 교육학자와 아동의 주관 사이에서도 찾을 수 있다. 외부자적 이론은 앞에서 언급했지만 아동을 개미 군집을 대하는 하나의 곤충학자로 간주한다. 이 입장에서는 이론가들이 사용하는 용어나 방식으로 피험자들이 자신을 볼 수 있다는 가정은 없다. 우리는, 심리학자가 실시한 한 아이의 검사 결과가 그 아이나 부모가 이용할 수 없는 것이라면 그런 심리학자는 무시하게 될 테고, 반대로 아동이 자기 스스로에게 적용하게 될 것 같은 이론이나 이해를 아동에게 적용하는 심리학자에게는 찬성할 수 있다. 따라서 이 새로운 심리학은 아동이 자신의 학습을 스스로 조직하고 자신의 삶을 어른과 함께하면서 관리하는 데 유용한 심리학적인 이론을 구성하는 진정한 가능성을 던져 주고 있다. 교육 실제 속에서 발달심리학의 역할을 재고해 보는 것은 새로운 개념, 즉 의도적인 존재로서 아동을 바라보는 것뿐만 아니라 지식을 이해에 대한 공유된 믿음과 공유된 틀(frameworks)로 공들여 만들어 내는 산물로서의 '인공적인' 것으로 바라보는 것을 필요로 할 것이다.

그렇다면 마음의 발달에 관한 이 새로운 견해는 교육과 인간 발달에 대한 고전적인 가정을 재검토하고, 다음 세기를 위해 교육 심리학을 연구하고 실천하는 데 필요한 것을 안내하는 원리가 발전하는 데 유리한 관점을 제공할 수 있을 것이다. 그것이 우리가 여기서 제안하는 것이다.

제1부 도입:
인간 발달 이론이 교육과 어떻게 관련되는가

제1편
아동 중심 교수학의 심리학적 기초

제2장
일상 심리학과 일상 교수학

DAVID R. OLSON
JEROME S. BRUNER

이론을 실제에 적용하는 것은 쉬운 일이 아니다. 내과의사가 된다는 실제적 문제에 관해, Aristotle는 『니코마코스 윤리학』에서 다음과 같이 논평했다. "꿀, 포도주, 크리스마스로즈(식물의 일종), 뜸, 그리고 절단의 효과들을 아는 것은 쉬운 일이다. 그러나 어떻게, 누구를 위해서, 그리고 언제 우리가 이러한 것들을 치료요법으로 적용해야만 하는가를 아는 것은 내과의사가 되는 것 못지않게 매우 힘들고 어려운 일이다." 과학적 진보는 우리에게 다양한 치료법의 효과를 제공하지만 '어떻게, 누구를 위해서, 그리고 언제인가' 를 아는 기술은 여전히 우리에게 어려운 문제로 남아 있다.

이것은 이론적 지식을 교육의 실제 맥락에 관련시킬 때 우리가 직면하고 있는 문제이기도 하다. 학생들이 발달하는 방식에 대한 이론적 지식은 지속적으로 발전하고 있지만 성인들이 이러한 발달을 촉진하고, 교육하는 것을 의도적이고 체계적으로 방해하는 실제 맥락에서 이러한 노력을 연관시키는 방법은 그러한 노력을 처음 시작했을 때만큼 미스터리한 것으로 남아 있다.

교사들이 할 수 있거나 해야 하는 것 가르치기, 멘토링하기, 비평하기, 학생들이

하는 것 생각하고 학습하기, 기억하기, 일반화하기로부터 이러한 과정을 상술하려는 시도는 오래되어 왔지만, 만족스러운 결과를 얻지는 못했다. 실험실 심리학 학부생들이나 미로 속의 생쥐에 관한 학습의 일반적 법칙을 공식화하려는 가망 없는 역사적 시도에 관해 자세히 이야기할 필요는 없다. 교육학에서 가장 중요한 측면, 즉 목표, 의도, 신념 그리고 교사와 학습자의 의도에 관한 이론의 부재를 인정하기 위해서 어떤 기능이 얼마나 빨리 획득되도록 해야 할 것인지를 예언하려는 능력에 관한 이론을 구성하고자 하는 시도조차도 이야기할 필요가 없다.

적어도 진보된 문화 속에서 교실은 교사와 학생이 우리가 '교육'이라고 일컫는 중대하면서도 신비스러운 상호 교환을 실행하기 위해 함께 모인 곳이다. 교실이 분명히 그렇게 보일지라도, 심리학자들이 때때로 그렇게 하는 것처럼 쥐 미로놀이 학습에서 일반화하거나, 혹은 연구실에 갇혀 있는 미숙한 대학생들의 무의미한 철자 학습에서 일반화하거나, 혹은 카네기 멜론 대학에서 인공지능(AI) 컴퓨터 시뮬레이션의 실행으로부터 일반화하는 것보다는 오히려 학교 상황에서 '학습과 교수' 뒤에는 무엇이 이어지는가 하는 문제에 관심을 집중하는 것이 더 나을 것이다. 아홉 살짜리 어린이들이 분주하게 뛰어노는 교실에서, 이 어린이들을 열심히 가르치고 있는 교사와 함께 얘기를 나누어 보라. 그리고 그 교사에게 필요하고 도움을 줄 수 있는 이론적 지식이라는 것이 어떤 종류의 지식인지를 진지하게 물어보라. 유전 이론에 대한 지식이 사람들은 서로 다르다는 사실에 대해 교사를 확신시킬 수 있겠는가? 글쎄, 아마 그럴 수도 있을 것이다. 그러나 교사에게 유전 이론에 대한 지식이 그리 많은 확신은 주지 못할 것이다. 당신은 그다지 현명하지 못한 사람들과 더 열심히 일하는가 혹은 그들을 무시하는가? 당신에게 무의미한 음절은 빈도, 최신, 접근, 그리고 유사효과들을 통하여 서로 관련되어 있다고 말하는 관념 연합론자들의 이론은 어떤가? 당신은 무의미한 음절이 어떻게 학습되어야 하는가에 대한 지식을 바탕으로 하나의 교육과정을 계획하고 싶은가? 글쎄, 아마도 약간은 그렇게 할 생각은 있을 것이다—말하자면 어쨌든 원소주기율표에서 세륨, 리듐, 금, 납과 같은 원소의 이름과 같이 약간의 무의미한 과제가 있는 곳에서는 말이다.

교수와 학습을 다루는 데 있어 항상 존재하는 하나의 '당면한 문제'가 있다. 그 문제는 우리 삶에 너무 깊숙이 항구적으로 침투해 있고, 우리 삶의 조직에 너무 많은 부분을 차지하고 있어서 우리는 종종 알아채지 못하거나 심지어 발견하지 못한다—즉 "물고기는 결코 물을 발견하지 못할 것이다."라는 속담과 같은 말이다. 그것은 인간이 어떻게 마음의 합일점을 이루어 내는가에 관한 문제인데, 보통 교사의 입장에서는 '내가 어떻게 아이들을 이해시키지?' 또는 아이들의 입장에서는 '우리 선생님은 무얼 말하려고 하는 거지?' 라는 문제들로 표현된다. 이것은 원래 철학에서 오랫동안 논의되었던 것처럼 타인의 마음에 관한 고전적 문제이고, 교육과의 관련성은 최근까지만 해도 대체적으로 간과되어 왔다. 지난 10년간 그 문제는 심리학자들, 특히 발달에 관심이 있는 심리학자들 사이에서 집중적인 연구와 뜨거운 관심의 주제가 되어 왔다. 이 장에서도 그것에 대한 문제를 다루는데, 즉 이 새로운 연구 업적을 교육과정에 적용하는 것에 대한 문제라고 볼 수 있다.

과거에 반주관적 행동주의자들에 의해서 어느 정도까지 거의 전적으로 간과되어 온 문제라고 볼 수 있는 타인과 우리의 상호작용은 타인의 마음이 어떻게 작용하는가 하는 문제에 대한 우리의 일상적인 직관 이론에 의해서 깊게 영향을 받아 왔다. 좀처럼 명백하게 밝혀지지 않은 이러한 이론은 우리 도처에 얼마든지 널려 있지만 최근에 와서야 집중적인 연구 대상이 되어 왔다. 그러한 설익은 평범한 이론은 이제 '일상 심리학(folk psychology)' 이라고 하는 겸손한 이름으로 전문적으로 언급되고 있다. 일상 심리학은 어떤 '조종된' 인간 성향(사람들이 정상적으로 그들 자신의 의지와 통제에 따라 조종되어 행위하는 것으로 보는 것)을 반영하지만 그 성향은 역시 어느 정도 '마음에 대해 깊이 스며든' 문화적인 신념을 반영한다. 일상 심리학은 '마음이 여기에서 어떻게 작용하는가' 하는 문제에 몰두할 뿐만 아니라, 아동의 마음은 어떻게 학습하며 심지어 무엇이 그것을 성장하게 하는가 하는 문제에 관심을 가지고 대처하고 있다. 우리가 우리의 일상 심리학에 의해 정상적인 상호작용 안에서 조종되는 것과 마찬가지로 우리는 일상 교수학의 개념에 의해 아동들이 세계에 대해서 학습하도록 돕는 그 활동 안에서 역시 조종된다. 엄마, 교사, 심지어 한 아이를 데리고 있는 베이비시터를 지켜보라. 당신은 비록 그들이 자신들에게 체화된 교육학적인 원리를 말로써 표현할 수 없음에도 불구하고 그들이 수행하는 활동 중 상당한 부분이 '아동의 심리는 무엇과 같으며, 그들이 학습하도록 어떻게 도울 것인가'라는 개념에 의해서 조종되고 있음을 보고 놀랄 것이다.

하나의 새로운, 아마도 혁명적인 통찰(insight)이 일상 심리학과 일상 교수학에 관한 이러한 연구에서 발달해 왔다. 자, 그것은 다음과 같다. 교실에서(혹은 다른 어떤 장면이나 그 문제에 대해서도) 전개되는 교육의 실제에 대해서 이론화하는 경우, 당신은 교수와 학습에 참여한 사람들이 이미 가지고 있는 일상적 이론을 고려하는 편이 훨씬 더 나을 것이다. 당신이 '타당한' 교육 이론가로서 간절히 도입하기를 바라는 혁신을 위해서 당신은 이미 교사와 학생 모두를 지배하고 있는 일상적 이론과 싸우거나 대체하고, 그렇지 않으면 그것을 수정해야 할 것이다. 예를 들어, 만약 당신이 교육 이론가로서 가장 훌륭한 학습은 그들 자신의 힘으로 개념을 발견하도록 교사가 학생들을 도와줄 때 발생한다고 확신한다면, 교사는 일반적인 사례가 무엇인가를 아동에게 말해야만 하도록 정해진 권위자이며, 반면 아동은 그 자신 스스로 그 항목을 기억하는 데 집중해야 하는 존재라고 하는 하나의 확고한 문화적 신념과 충돌할 것이다. 그리고 만약 당신이 대부분의 교실 수업이 어떻게 행해지고 있는가 하는 문제를 연구해 보면 당신은 학생들에게 자주 던지는 교사 대부분의 질문이 몇 개의 단어, 심지어 '예' 혹은 '아니오'로 대답할 수 있는 것임을 발견하게 될 것이다. 그래서 교수(teaching)에 있어서 하나의 혁신의 도입은 반드시 교사의 일상 심리학과 일상적인 교육학 이론의 변화를 포함해야 할 것이다. 그리고 학생들의 일상 심리학과 교수학에 대한 변화도 역시 포함해야 할 것이다.

한마디로, 교수는 불가피하게 그 학습자의 심리 본질에 대한 개념을 기초로 하고 있다. 학교에서든 그외 다른 상황에서든 교수에 대한 신념과 가정은 교사가 학습자에 대해 가지고 있는 신념과 가정을 직접적으로 반영한 것이라고 볼 수 있다. (후에 우리는 이 동전의 다른 측면도 고찰할 것이다. 즉, 교사들이 판에 박히지 않은 대답, 즉 독창적이고 참신한 해결책을 아동이 찾아내지 않기를 기대한다는 사실을 아동이 믿게 되었을 때와 같이 교사의 심리상태에 대한 아동의 생각에 의해서 학습은 어떻게 영향을 받는가

하는 문제도 살펴볼 것이다.) 물론 대부분의 심오한 사실과 같이 이것은 이미 잘 알려진 것이다. 교사들은 자신들이 수행하는 교수(teaching) 활동을 자신들이 가르치는 아동의 흥미, 스타일, 능력, 배경에 끼워 맞추려고 항상 노력해 왔다. 이것은 중요하다. 그러나 그것은 진정으로 우리가 추구하고자 하는 것은 아니다. 오히려 우리의 목적은 학습자들의 마음이 전통적으로 고찰되어 온 보다 일반적인 방법과, 마음에 대한 이러한 생각으로부터 파생되는 교육학적인 실제를 탐구해 보고자 하는 것이다. 우리는 거기서 멈추지도 않을 것이다. 왜냐하면 우리는 역시 이러한 상황에서 '의식 고양(법)' 에 관한 일정한 성찰을 제공하고자 하기 때문이다. 암묵지(tacit knowledge)의 그늘에서부터 교사와 학생을 이끌어 내기 위해 교사들로 하여금(그리고 학생들로 하여금) 그들의 일상 심리학적인 가정에 대해 분명하게 생각하게 함으로써 무엇이 성취될 수 있는가?

일상 심리학과 일상 교수학의 일반적인 문제를 제시하는 가장 뚜렷한 한 가지 방법은 우리 인간 자신과 인간이 아닌 영장류 동물을 비교하는 것이다. 인간의 경우, 아이들은 놀랍게도 아주 강한 '문화에 대한 경향성'을 보인다. 즉, 그들은 주위에서 본 사회적 관행을 간절히 채택하고 싶어 하며 그것에 민감하다. 결코 그들이 관찰한 것에 대한 모방의 단서가 없더라도 그들은 부모와 동료의 행동에 놀라운 흥미를 보인다. Premack과 Premack(이 책 14장)이 주장하는 것처럼, 어른들에게도 이러한 경향을 이용하려는 아주 독특한 인간의 '교육적 성향' 이 있다. 즉, 어른들은 학습자들을 위하여 정확한 동작을 시범으로 보이려 한다는 것이다. 누구든지 모든 인간 사회에서 다른 형태로 존재하는 이러한 유사한 경향을 발견하게 된다(Rogoff, Matusov, & White, 이 책 18장).

그러나 이러한 모방적이고 시범을 보이려고 하는 경향은 우리와 가장 가까운 영장류인 침팬지에게서는 거의 존재하지 않는다는 사실에 주목할 필요가 있다(Visalberghi & Fragaszy 이 책 13장). 적어도 만약 우리가 모방이라는 말의 정의를 엄격하게 적용하여 사용한다면, 어른 침팬지는 어린 침팬지에게 정확한 동작을 시범하는 방법으로 가르치려고 하지 않을 뿐만 아니라, 어린 침팬지 역시 그들의 역할을 위해 어른 침팬지의 행동을 모방하지 않는 것처럼 보인다. 만약 모방이 성취된 목표뿐만 아니라 그 성취에 이르는 방법을 관찰하는 능력까지 의미한다면, 야생에서 성장한 침팬지에게서는 거의 모방의 증거가 없으며(Tomasello, Kruger, & Ratner, 1993; Kruger & Tomasello, 이 책 17장), 교수(teaching)를 시도한다는 증거도 찾을 수 없다. 그러나 분명한 것은 만약 어린 침팬지가 마치 인간의 아이처럼 양육된다면 그리고 인간의 방식에 노출된다면 어린 침팬지는 더욱 모방적인 성향을 보이기 시작한다는 것이다(Savage-Rumbaugh et al., 1993). 어른 침팬지에게 있어서 '시범을 보이는' 성향에 관한 증거는 훨씬 덜 분명하지만 그러한 성향 역시 하나의 초보적인 형태로 존재할 수 있다(Fouts, Fouts, & Schoenfeld, 1984; Goodall, 1986).

Tomasello, Ratner 그리고 Kruger(1993)는 인간이 아닌 영장류는 자연적으로 신념과 지식을 다른 영장류의 탓으로 돌리지 않기 때문에 그들 자신 속의 신념과 지식의 존재를 인식하지 못할 것이라고 제안해 왔다. 단지 우리가 다른 사람을 잘 알지 못하기 때문에 혹은 그들이 믿는 것은 거짓이라고 인식하기 때문에 우리 인간은 어떤 것을 누군가에게 보여 주고, 말하며, 혹은 가르친다. 그러므로 무지나 혹은 거짓된 신념을 자신의 새끼 탓으로 돌리는 영장류의 실패는 교육적 노력의 부재로 설명할 수 있다. 왜냐하면 이러한 상태가 인식되었을 때에만 우리가 시범, 설명, 혹은 토론을 통하여 그 결점을 바로잡으려고 노력하기 때문이다. 심지어 가장 인간과 가깝게 '문화 적응이 된' 침팬지도 교육적인 활동으로 이끄는 그 속성을 갖고 있다고 하더라도 아주 조금 보여 주고 있을 뿐이다.

하급 영장류를 대상으로 한 연구도 이러한 모습을 보여 준다. 야생 버빗(vervet) 원숭이의 행동에 대한 그들의 관찰을 기초로 하여 Cheney와 Seyfarth(1990)는 다음과 같이 결론을 내렸다. 즉, 원숭이들은 추상적인 개념을 사용하기도 하고 동기와 신념, 그리고 욕구를 가지고 있긴 하지만 그들은 …… 정신적인 상태를 다른 원숭이의 탓으로 돌릴 수 없는 것으로 보인다. 다시 말해 그들은 '마음의 이론(theory of mind)'이 부족하다. 다른 종족 원숭이에 관한 연구도 비슷한 결과를 보인다(Visalberghi & Fragaszy, 1990, 이 책 13장 참조). 일반적인 견해는 분명하다. 즉, 학습자들의 마음에 대한 가정은 교수 활동의 기초가 된다. 무지(無知)의 탓, 즉 무지의 원인에 대한 관심이 없다면 가르치는 노력도 없다. 무지를 탓하지 않으면 가르칠 필요도 없다.

그러나 단지 인간이 타인의 마음을 이해하고 무능한 사람들을 가르치고자 노력한다고 말하는 것은 상이한 문화 속에서 발생하는 교수의 다양한 다른 방식을 간과하는 것이다. 그 다양성은 놀라운 것이다(Rogoff, Mistry, Goncu, & Mosier, 1993). 만약 우리가 다른 문화적 상황 속에 있는 일상 심리학과 일상적 교육론의 관계를 알아보고자 한다면 우리는 이러한 다양성에 대해 더 많이 알아야 할 필요가 있다.

이러한 관계를 이해하는 것은 교육개혁에 관한 이슈를 다루는 데 있어 특히 중요하다. 왜냐하면 한 학습자에 대해 가지고 있는 교사의 생각이 교사가 채택하는 교수법을 구체화한다는 것을 일단 우리가 인식한다면, 교사(혹은 부모)에게 아동의 심리에 관한 가장 유용한 이론을 갖추게 해 주는 것이 중요하게 되기 때문이다. 그리고 그것을 행하는 과정에서, 우리는 역시 교사들에게 그들의 교수를 안내하는 일상적 이론에 대한 약간의 통찰을 제공할 필요가 있다.

예를 들면, 일상 교수학은 아이들에 대한 다양한 가정을 반영한다. 즉, 아이들을 제멋대로이며 교정을 필요로 하는 존재로, 순진하며 저속한 사회로부터 보호받아야 할 존재로, 단지 실습을 통해서만 기능을 개발할 필요가 있으며, 단지 어른들만이 제공할 수 있는 지식으로 가득 채워질 텅 빈 그릇으로, 자아 중심적이고 사회화를 필요로 하는 존재로 간주할 수도 있을 것이다. 이러한 종류의 일상적 신념은 일반인이나 혹은 '전문가' 가 나쁘게 표현하든지 간에 만약 그것들이 함축하고 있는 의미들이 평가되어야만 한다면 약간의 '해체' 가 필요하다. 왜냐하면 이러한 견해가 '옳든' 그르든 교수활동에 끼치는 영향은 대단해질 수 있기 때문이다(Astington & Delletier, 이 책 26장 참조).

문화에 기원을 둔 인지심리학은 일상 심리학을 단순한 미신으로, 즉 단지 이상야릇한 사회적 관행이나 습속을 문화인류학적인 감식가에게만 의미 있는 어떤 것으로 방치하지는 않는다. 예를 들어 Bruner(1990)는 아이들이 무엇을 하고 있는가 하는 문제만을 설명하는 것만으로는 충분하지 않다고 오랫동안 주장해 왔다. 새로운 의제는 그들이 무엇을 생각하면서 하고 있는가, 그리고 그것을 하는 이유가 무엇인가를 결정하는 것이다. 아동의 마음 이론에 관한 새로운 연구와 마찬가지로(Astington, Harris, & Olson, 1988), 문화적 접근은 아동이 '세상'에 대해 직접적으로 행동하고 있는 것이 아니라 그 세상에 대하여 갖고 있는 신념에 근거하여 행동하고 있다는 사실을 단지 점진적으로 깨달을 수 있게 해 준다는 점을 강조한다. 초창기 학교 시절에 나타난 소박한 실재론(외적 세계를 지각한 대로 인정하는 상식론)에서부터 신념의 역할을 이해하는 쪽으로의 중요한 변화는 결코 완전한 것은 아니다. 그러나 일단 시작되면, 교사가 아이들을 돕기 위해 무엇을 할 수 있는가 하는 문제에 대해서 상응하는 변화가 종종 일어난다. 그 변화와 더불어, 예를 들면 아이들은 그들 자신의 학습과 사고에 더 많은 책임을 질 수 있다. 그들은 '세상'에 대해서뿐만 아니라 '사고에 대한 사고'를 시작할 수 있다. 그렇다면 학력 검사자들이 단지 아이들이 무엇을 알고 있는가가 아니라 그들이 어떻게 사고하여 그들의 지식을 손에 넣게 되었는가에 점차적으로 관심을 가지게 된 것은 놀라운 일이 아니다(Bereiter & Scardamalia, 1993, 이 책 22장 참조). Howard Gardner는 『교육받지 않은 마음(*The unschooled Mind*)』(1991)에서 이러한 문제에 대해 다음과 같이 밝혔다. "우리는 우리 자신을 학생들의 머리 내부에 위치시켜야 하고, 그들의 생각의 힘과 원천을 가능한 한 이해하려고 노력해야만 한다." (p. 253)

감히 언급할 수 있는 것은, 최근 등장하고 있는 주제는 교실에서의 교육의 실제는 학습자 마음에 대한 일련의 일상적 신념을 바탕으로 전개된다는 것이며, 그 가운데 어떤 것은 의도적으로 그 아동 자신의 행복을 향해서 혹은 무심코 그 아동 자신의 행복과 반하여 작용할 수도 있다는 점이다. 그것들은 명백하게 밝혀지고 재평가될 필요성이 있다. 학습에 대한 다른 접근과 다른 형태의 교수(모방에서부터 교수, 발견, 협력에 이르기까지) 학습자에 대한 다른 신념과 가정—배우에서부터 인식자, 사적인 체험자, 협력적인 사고자(思考者)에 이르기까지—을 반영한다(Tomasello, Kruger, & Ratner, 1993). 고등 영장류에게는 부족하고, 인간이 계속 발달시키고 있는 것은 마음에 대한 일련의 신념이다. 이러한 신념은, 번갈아 가며 사고와 행동의 전달 능력과 원천에 대한 믿음을 바꾸어 놓는다. 그렇다면 우리가 어떻게 아동의 마음을 이해하게 되는가 하는 문제에 대한 발전은 교육학에서는 개선을 위한 필수 요건이 된다.

이 모든 것은 학습자의 마음보다 훨씬 더 많은 것을 포함한다. 나이 어린 학습자들은 가족과 공동체 안에 속해 있으며, 그들 자신의 욕망과 신념, 그리고 목표를 자신들을 둘러싸고 있는 세계와 조화시키려고 안간힘을 쓰고 있다. 우리의 관심은 주로 지식의 획득과 사용에 관련한 인지적인 것에 있다. 그렇다고 하여 우리가 이른바 '합리적인' 마음에 우리의 초점을 제한하려는 의도는 아니다. Egan(1988, p. 45)이 우리들에게 상기시키기를 "Dionysos 없는 Apollon도 실제로 견문이 많은, 훌륭한 시민이었을지도 모르나, 그는 우둔한 사람이다. 그는 심지어 교육 분야 전통주의자들의 글에서 종종 얻을 수 있는 의미에서 본다면 '교양을 갖춘' 사람일 수도 있다. 그러나 Dionysos가 없었다면 그는 결코 문화를 만들거나 개조하지 못했을 것이다." 비록 일상 심리학과 일상 교수학에 대한 우리의 토론이 상식적인 의미에서 '교수와 학습'을 강조하기는 하나, 인간 정신의 다른 측면, 즉 교육 실제를 위해 동등하게 중요한 것들로서, 예를 들어 욕망과 의도, 의미 혹은 심지어 '숙달'에 대한 일상적 개념화를 마찬가지로 쉽게 강조할 수 있다(Oatley & Nundy, 이 책 12장 참조). 그러나 심지어 '지식'에 대한 개념조차도 여타의 모든 것처럼 아폴론과 같이 평온하게 고전미를 갖춘 것 같지는 않다.

예를 들어, 첫 번째로 지식이란 무엇이고, 두 번째로 그 지식은 어디에서 나오며, 세 번째로 우리가 어떻게 그 지식을 획득하는지에 관한 문제를 고려해 보자. 이것은 역시 깊은 문화적 뿌리를 가진 문제들이다. 우선, 어떤 것을 구체적으로 그리고 특수하게 아는 것과 그것을 어떤 일반적인 규칙의 한 예로서 아는 것의 차이를 구별해 보자. 수학의 덧셈과 곱셈은 하나의 좋은 예를 제공한다. 어떤 사람이 하나의 구체적인 수학적 사실을 지금 막 배웠다고 하자. 곱셈의 '사실'을 이해했다는 것은 무엇을 의미하며, 그것은 우리가 이미 알고 있는 그 어떤 것, 즉 곱셈은 단순히 반복된 덧셈이라는 생각과 어떻게 다른가? 첫째로, 그것은 당신이 이미 알려진 것에서 모르는 것을 이끌어 낼 수 있다는 것을 의미한다. 그것은 지식에 대한 무모한 개념인데, 심지어 Dionysos적인 행동과 마음(혹은 Dionysos적인 마음을 지닌 행동)을 즐겁게 해 줄 수도 있는 그런 것이다.

두 번째 문제와 관련하여 다소 심오한 의미로 본다면, 어떤 것을 추상적으로 이해한다는 것은 복잡하게 보이는 지식도 우리가 이미 소유하고 있는 지식보다 간단한 형태로 종종 전환되어 축소될 수 있다는 점을 인식하는 출발점이라고 볼 수 있다. Ellery Queen의 추리 소설을 살펴보면 그녀 혹은 그가 범죄 사건을 해결하는 데 필요한 모든 지식을 이미 가지고 있다는 것을 독자들에게 말하면서 텍스트의 중요한 페이지에 각주를 넣곤 했다. 어떤 사람이 교실에서 아동들이 이미 곱셈을 다 배운 후에는 이제 단순히 '1', '2', '3', '4', '5' 라는 이름을 지닌 특별한 종류의 숫자들, 즉 '대수' 라고 하는 것을 이해할 충분한 지식을 가지고 있으며, 각각의 보기가 그들 나름대로의 이름을 지닌 연속된 수로 된 세 개의 보기로부터 이러한 대수의 이름이 무엇을 '의미' 하는지를 파악할 수 있어야만 한다고 했다고 가정해 보자. 첫 번째 연속된 수는 2, 4, 8, 16, 32, 두 번째 연속된 수는 3, 9, 27, 81, 243, 그리고 세 번째 연속된 수는 10, 100, 1,000, 10,000, 100,000이다. 연속하여 있는 각각의 숫자는 대수의 이름 1, 2, 3, 4 그리고 5에 대응한다. 그러나 8이 어떻게 '3' 이라고 불릴 수 있으며, 마찬가지로 27이나 1,000으로 불릴 수 있는가? 아동은 지수와 거듭제곱의 개념을 '발견(혹은 발명)' 할 뿐만 아니라 어떤 기수(基數)에 대한 지수 개념을 발견(발명)한다. 즉, 2의 세제곱은 8이며, 3의 세제곱은 27, 그리고 10의 세제곱은 1,000이라는 개념을 말이다. 일단 한 번이라도 아이들이(약 10세 정도라고 가정하자.) 그러한 경험을 겪고 나면, '도출(derivation)' 로서의 수학 지식에 대한 아동들의 개념은 계속해서 바뀌게 될 것이다. 일단 여러분이 덧셈을 알고, 덧셈은 곱셈을 만들기 위해 여러 번 반복할 수 있다는 것을 알고 나면 당신은 이미 대수가 무엇인지를 알고 있다고 아동들은 이해할 것이다. 당신이 결정해야 될 모든 것은 그 '기수(基數)' 이다(Lampert, Rittenhouse & Crumbaugh, 이 책 31장 참조).

혹은 만약 그것이 너무 '수학적' 이라면 여러분은 아이들로 하여금 〈빨간 망토(Little Red Riding Hood)〉를 상연하도록 시도할 수 있는데, 즉 처음에는 모든 아동이 역할을 떠안는 교실 드라마로서, 그다음에는 관객에게 주요 배역을 상연하도록 선택된 배우들에 의해서, 그리고 마지막으로 스토리텔러에 의해서 한 집단에게 읽히고 혹은 청취될 이야기로서 아이들로 하여금 〈빨간 망토〉를 상연하도록 시도할 수 있다. 그것들은 서로 어떻게 다른가? 몇 명의 아동이 당신에게, 첫 번째 상연의 경우에는 단지 배우들만 있고 관객은 없었지만, 두 번째 상연의 경우에는 배우와 관객 둘 다 있다고 알리는 바로 그 순간에, 그 수업은 종료될 것이고 재미를 위해서 Victor Turner(1982)와 필적하는 '드라마' 에 관한 토론으로 그 수업은 흘러갈 것이다. 이전의 경우와 마찬가지로, 여러분은 아동들로 하여금 그들이 이미 알고 있다고 생각했던 것보다 더 많이 알고 있지만, 그들이 무엇을 알고 있는가를 알기 위해서 '그것에 대해서 생각(think about it)' 해야만 한다는 것을 인식하도록 이끌 수 있을 것이다. 그리고 결국, 르네상스와 이성의 시대가 그것에 대한 모든 것이 아니었는가! 그러나 그런 식으로 배우고 가르친다는 것은 당신이 하나의 새로운 심리 이론을 채택했다는 것을 의미한다.

혹은 마찬가지로 심오한 세 번째 문제인, 당신이 어디에서 지식을 얻는지에 관한 문제(issue)를 예로 들어 보자. 아동들은 일반적으로 교사는 지식을 가지고 있고 수업시간에 지식을 학생들에게 전달한다고 가정함으로써 수업에 임하고 공부를 시작한다. 적절한 상황하에서, 그들은 곧 학급의 다른 친구들 역시 지식을 가지고 있을 것이고, 그것은 공유될 수 있다는 것을 안다(물론 그들이 처음부터 알고 있는 사실이다. 그러나 단지 어떤 것들이 어디에서 발견될 수 있는가와 같은 그런 문제에 대해서만 알고 있다). 이러한 두 번째 국면에서, 지식은 집단(group) 내에도 존재한다. 그러나 자력으로 움직이지 못한 채 집단 내에 존재한다. 단순히 누가 무슨 지식을 가지고 있는가를 파악하기보다는 오히려 지식을 창조하는 한 방법으로서 집단토론이 어떠하겠는가(Brown & Campione, 1990)?

그리고 심지어 그것 이상의 한 단계가 있는데, 인간 지식의 가장 심오한 측면 중

하나다. 만약 집단에서 아무도 그 답을 '모른다' 면, 당신은 '그 해답을 찾기' 위해서 어디로 가는가? 이것은 창고나, 연장통(toolhouse), 혹은 그 밖에 무엇이라 하든지 문화라고 하는 곳 속으로 뛰어드는 것이다. 각각의 개개인에 의해서 알려진 것들이 있다(각자가 인식하는 것보다 더 많이). 집단에 의해서 알려진 것들이나 혹은 집단 내에서의 토론으로 발견할 수 있는 것은 아주 많다. 그리고 그 외에 어딘가에 훨씬 더 많은 것들이 저장되어 있다. 즉 '문화 속에,' 이를테면, 더 많은 것을 아는 사람들의 머릿속, 디렉토리, 책, 지도 속 그리고 그 외 다른 곳에 저장되어 있다. 실제적으로 정의(定義)하건대, 문화 속에 있는 그 어느 누구도 그것에 대해서 알아야 하는 그 모든 것을 다 알지는 못한다. 그래서 우리가 곤궁에 처했을 때 우리는 무엇을 하는가? 그리고 우리가 필요로 하는 지식을 얻는 데 있어서 우리가 우연히 만나게 되는 문제들은 무엇인가? 그 질문의 해답에 대한 탐구를 시작해 보라. 그러면 당신은 문화가 무엇인지를 이해하는 방향으로 가는 높은 길에 서 있게 된다. 곧, 몇 명의 아이들은 지식은 힘이며, 혹은 그것은 부(富)의 한 형태이며, 혹은 안전망이라고 인식하기 시작할 것이다.

자, 그렇다면 일반적으로 교육 이론가와 교사, 그리고 궁극적으로 아동들 자신들에 의해서 간직되어 온 학습자 심리에 대한 몇 개의 대안적 개념을 자세하게 고찰해 보자. 왜냐하면 이런 것들은 다른 문화적 상황 속에 처해 있는 교실에서 발생하는 교육 실제(實際)를 결정할 수도 있기 때문이다.

마음에 대한 개념을 학습과 교수 모형에 관련시키기

Tomasello 등(1993)의 설명에 따르면 우리 시대에서 널리 통용되어 온 학습자의 마음에 관한 네 가지 지배적인 모형이 존재한다. 각각의 모형은 서로 다른 교육목표를 강조한다. 이들 모형은 우리가 어떻게 가르치고 '교육시키는가' 하는 문제를 결정해 주는 마음에 관한 개념화인 동시에 마음과 문화와의 관계에 대한 개념화라고 볼 수 있다. 교육 심리학을 다시 생각해 보고 반성적으로 검토해 보는 일은 우리가 인간 발달에 관한 이러한 각각의 대안적인 개념을 검토해 보고, 그것이 학습과 교수에 대해 지니는 함의점을 재평가할 것을 요청하고 있다.

아동을 행위자로 보기: '방법적 지식' 의 습득

성인이 하나의 성공한 혹은 숙달된 행동을 한 아이에게 시범을 보이거나 혹은 모델이 될 때, 시범(demonstration)은 함축적으로 (1) 그 아동은 x를 어떻게 하는지 모르며, (2) 그 아동은 x를 수행하는 것을 봄으로써 x를 하는 방법을 배울 수 있다는 어른들의 신념에 기초를 두고 있다. 모델링(modeling) 행동도 역시 (3) 그 아동은 x를 하고자 원하며, (4) 사실 그 아동은 x를 하기 위해 노력할 것이라고 미리 가정한다. 모방에 의한 학습을 위해 아동들은 어른들이 추구한 목표와 그러한 목표에 도달하기 위해서 사용된 방법들, 그리고 시범된 행동이 자신들에게 성공적으로 그 목표에 도달하게 해 줄 것이라는 사실을 인식해야 한다. 두 살 정도 된 유아들은 야생에서 자란 침팬지와는 달리, 그들은 문제의 행동을 모방할 수 있다. 아동들의 모방 성향을 알아차리는 어른들은, 보통 그들 자신의 시연적 행위들을 수행 연기(performance), 즉 '바로 그대로 행동하는 것(doing it right)' 에 관련되어 있는 바대로 실감나게 시연하는 방식으로 전환하기도 한다. 사실상, 그들은 그 행동의 '소리 없는 본보기' , 즉 원하고 바라던 행동에 대해 불가사의하게 분명한 실례를 제공한다(Bruner & Olsen, 1973 참조).

그러한 모델링은 수습 기간의 기초가 되며, 초보자들을 전문가의 숙달된 방법으로 안내한다. 전문가는 그가 반복된 실습을 통하여 획득한 기능을 초보자에게 전수하기를 바라는데, 초보자는 그가 할 차례에, 성공하기 위해서 모델이 된(modeled) 그 행동을 연습해야 한다. 방법적 지식(knowing how)과 명제적 지식(knowing that) 사이의 교환은 거의 구별하기 힘들다. 기저(基底)에 깔린 가정이라는 것은 덜 숙달된 사람들을 봄으로써 배울 수 있으며, 그들은 모방을 통해 학습하는 능력을 가지고 있다는 것이다. 이러한 과정에서 또 다른 가정은 모델링과 모방이 문화적으로 관계가 있는 지식의 축적을 가능하게 하며, 심지어 문화의 성장(Tomasello et al., 1993)과 한 세대로부터 다음 세대로의 문화 전수를 가능하게 한다.

그러나 교수의 도구로서 모방을 사용하는 것 역시 인간 능력에 대한 추가적인 가정을 수반한다. 즉, 인간 능력은 지식과 이해보다는 오히려 재능과 기능, 그리고 능력으로 구성된다. 모방적 관점에서 보면 능력은 단지 실습을 통해서 나온다. 그것은 초기에 기술(記述)된 방식으로 대수 혹은 드라마에 관한 교수(teaching)를 제외한 성격의 관점이다. 지식은 '단지 습관처럼 성장하며', 이론이나 협상 혹은 논쟁과는 연관되어 있지 않다. 실지로, 우리는 모방적인 일상 심리학과 일상 교수학에 크게 의존하는 문화를 '전통적'이라고 명명까지 한다. 그러나 기술적으로 더욱 앞선 문화도 역시 그러한 함축적 모방 이론에 크게 의존한다—예를 들면, 고도로 세련된 기능을 전수하기 위한 도제와 실습 기간에서와 같이 말이다. 과학자 혹은 시인이 된다는 것은 '이론을 알거나' (Latour & Woolgar, 1986) 혹은 단장격(短長格) 오운각(五韻脚)의 규칙을 아는 것보다 더 많은 것을 요구한다. 그것이 Aristotle가 내과의사를 예로 들어 거듭 강조한 것이다.

그래서 우리는 시범(demonstration)과 도제제도에 대해서 무엇을 아는가? 많지는 않지만 보통 사람들이 생각하는 것보다 더 많이 알고 있다. 예를 들면, 단순히 '하는 방법'을 시범 보이고 그렇게 하는 실제(practice)를 제공하는 것만으로는 충분하지 않다고 알려져 있다. 전문적인 연구를 통해서 보면 단지 능숙하게 시연하는 방법만 학습하는 것은 어떤 사람으로 하여금 그가 실제와 개념적인 설명을 결합하여 배울 때와 같은—즉 정말로 능숙한 피아니스트는 능숙한 손놀림 그 이상의 것이 필요한데 하모니에 관한 이론, 솔페지오 창법, 멜로디 구성에 대한 이론을 알 필요가 있는 그만큼의—수준의 융통성 있는 기능을 습득할 수 없다는 것이다(Gardner, Torff, & Hatch, 이 책 3장 참조). 그래서 만약 단순한 모방 학습 이론이 '전통적'인 사회에 부합한다면(그리고 보통 면밀한 조사를 해 보면 앞에서 전술한 것보다 모방 학습이 전통 사회에 더 많이 있는 것으로 드러난다.)(Gladwin, 1970), 그것은 보다 발달되고 진보된 사회에는 확실히 어울리지 않는다. 그것이 우리를 인간 심리에 대한 일련의 그다음, 즉 두 번째 가정으로 안내한다.

아동을 앎의 주체(知者)로 보기: 명제적 지식의 습득

교훈적 교수는 일반적으로 학생들에게 학습되고, 기억되고, 적용될 수 있는 사실, 원리 그리고 행위 규칙을 제시해야 한다는 생각에 기초를 두고 있다. 이러한 방식으로 교수한다는 것은, 학습자는 'p를 모르고', 즉 어떤 사실, 규칙, 혹은 말로 전달될 수 있는 원칙을 모르거나 가지고 있지 않다는 점을 가정하고 있다. 학생들에 의해 학습되어야 하는 것은 책, 지도, 예술, 컴퓨터 데이터베이스, 혹은 그 어디에든지 있을 뿐만 아니라, 교사들의 마음속에도 있는 것으로 추측된다. 지식은 단순히 '청취되거나' 조사되는 것이다. 지식은 하나의 명백한 규범이요, 집적(集積)이다. 즉, 알려진 그 무엇을 대표하는 것이다. 어떻게 하는지 그 방법을 아는 것, 즉 절차적 지식은 사실과 이론, 그리고 그와 같은 것에 대한 명제를 아는 것에서부터 자동적으로 뒤따르는 것으로 추측된다. 즉, '정삼각형의 빗변의 제곱은 다른 두 변의 제곱과 같다.'

이러한 교수 시나리오에서 능력은 더 이상 어떤 것을 능숙하게 하는 방법을 아는 것으로서 추측되지 않으며, 오히려 어떤 '정신적 능력'의 도움으로 새로운 지식을 획득하는 능력, 즉 말의, 공간의, 수의, 사람 상호 간의 혹은 또 다른 그 무엇의 도움으로서 추측된다. 이것이 아마 오늘날 실제(實際)에 있어서 일상 교수학 노선에 가장 널리 추종되고 있는 것이다. 즉, 역사에서든지, 사회연구, 문학, 지리, 심지어 과학, 수학에서든지. 그것의 중요한 매력은 학습되어야 하는 것이 무엇인지, 그리고 마찬가지로 문제시될 수 있는 것이 무엇인가에 대하여 하나의 분명한 상세화를 제공하려고 한다는 점이며, 그것의 성취를 평가하기 위한 기준을 제시한다는 점이다. 그 어떤 다른 일상 교수학 이론 그 이상으로 무수하고 다양한 모습으로 치장한 객관적 검사를 생산해 왔다. 학생이 알바니아의 수도를 학습했는지의 여부를 결정하기 위해서 반드시 할 필요가 있는 것은 그에게 티라나(Tirana), 밀라노(Milano), 스미르나(Smyrna), 사마르칸트(Samarkand)와 같은 다양한 선택을 제공하는 것이다.

그러나 교훈적 가정(假定)을 비난하는 이유는 그것이 한 마리의 죽은 말을 때리는 것과 너무나도 흡사하기 때문이다. 왜냐하면 분명히 지식이 '객관적' 으로 주어진 것으로 취급될 수 있는 상황이 많기 때문이다. 즉, 한 사건이 영국의 관습법이나 불문율하에서 소송이 제기될 수 있는 다른 영장(令狀)을 아는 것, 혹은 탈주 노예법(Fugitive Slave Law)이 1793년에 미국의 성문법이 된 것을 알거나, 혹은 리스본 지진이 1755년에 그 도시를 파괴했다는 것을 아는 것처럼 말이다. 세계는 정말 사실들로 가득 차 있다. 그러나 사실들이 너무 많이 제공되었을 때 별 소용이 없다. 즉, 교실에서 교사에 의해서 학생들에게든 혹은 그 반대로 학생들에 의해서 교사에게든 '객관식' 시험에서 예명 부르기와 같이 너무 많이 제공되었을 때는 별 소용이 없다. 우리는 나중에 네 번째 관점을 고찰하면서 다시 이 주제를 살펴볼 것이다.

여기서 우리가 관심을 집중해야 하는 것은 교훈적(didactic) 견해가 교수에 대해서 지니고 있는 아동의 심리에 관한 개념이다. 즉, 교훈적 견해가 지니는 일상 교수학에 대한 문제다. 사실, 이 견해는 학습자 심리가 백지(tabula rasa), 혹은 백지 슬레이트(slate)라고 가정한다. 마음속으로 주입된 지식은 축적적, 즉 나중의 지식이 먼저 존재하는 지식을 기초로 세워지는 것으로 간주된다. 더 중요한 것은 아동의 마음은 수동적이며, 채워지기를 간절히 기다리고 있는 그릇이라는 것이 이 견해가 내세우는 가정이라는 점이다. 적극적 해석 혹은 추론은 그 상황에 들어가지 않는다. 교훈적 성향은 '아동의 사고 속으로 들어가려고' 노력하는 것보다 오히려 바깥에서, 제3자의 견지에서 아동들을 바라본다. 그것은 잘라 말해서 일방적이다. 즉, 교수는 서로 간의 대화가 아니라, 한 사람에 의해서 다른 사람에게 전달되는 하나의 이야기이다. 그러한 처방 계획은, 만약 아동이 충분하게 실연(實演)하지 못하면, 아동들의 결점(shortcomings)은 아동 자신들의 '정신적 능력' 의 부족에 의해서, 혹은 아동의 낮은 IQ에 의해서 설명될 수 있으며, 교육 시설은 책임이 없다고 보는 이치이다.

그것은 정확하게 제1인칭의 관점을 성취하려는 시도이며, 아동의 견해를 재구성하려고 하는 노력을 의미하는 것인데, 이것이 이제 우리가 세 번째 모형으로 탐구하고자 하는 제3의 일상 교수학을 특징짓고 있는 것이다.

아동을 사고하는 사람으로 보기: 간주관적 상호교환의 발달

이미 기술한 바 있는 '다른 사람의 마음'에 관한 새로운 연구 경향과 물결은 학습 과정에서 아동의 관점을 인식하기 위한 보다 일반적인 현대적 노력을 가장 최근에 드러내는 징표라고 볼 수 있다. 이 견해에서, 교사는 아동이 무엇을 생각하는지, 그리고 아동이 믿는 것에 어떻게 도달하는가 하는 문제를 이해하는 것과 관련이 있다. 어른과 마찬가지로, 아동도 자신의 경험을 해석하는 데 있어 자신에게 도움을 줄 세계에 관한 모델을 구성하는 것으로 간주된다. 교육학은 아동이 보다 훌륭하게, 보다 설득력 있게, 그리고 덜 일방적으로 이해하도록 촉진시키고 지원해 준다. 이해는 토론과 협력을 통해 길러지며, 아동은 다른 견해를 가지고 있는 사람과 어떤 마음의 합일점을 이루기 위해서 아동 자신의 입장과 견해를 보다 잘 표현하도록 격려받는다.

그러한 토론과 협력의 교육학은 모든 인간의 마음이 신념과 아이디어를 유지할 수 있으며, 토론과 상호작용을 통하여 신념과 아이디어가 어떤 공유된 좌표계(座標系) 쪽으로 옮겨질 수 있다는 것을 가정한다. 아동과 어른 모두는 자신들의 견해를 가지고 있으며, 비록 그들이 동의하지 않을지라도 다른 사람의 마음을 고려하고 인식하도록 격려된다. 그들이 견해를 달리하는 것은 인식할 수 있는 근거에 기초를 두며, 그리고 이러한 근거는 서로 경쟁 관계에 있는 신념을 판단하기 위한 기초를 제공해 준다는 것을 인식해야 한다. 가끔 당신이 '틀렸다' 혹은 다른 사람이 '틀렸다'라고 하는 것은 그 견해가 얼마나 바람직한 근거를 갖느냐에 달려 있다. 때때로 반대되는 양자의 견해 둘 다 옳거나 혹은 틀릴 수 있다. 아동은 단순히 무지하거나 텅 빈 그릇이 아니라 아동 자신의 힘이나 다른 사람과의 담화 교환과정을 통하여 논리적으로 생각할 수 있고 사리에 맞게 생각과 행동을 할 수도 있다. 어른 못지않게 아동도 자신의 사고에 대하여 생각할 수 있는 것으로 간주되며, 반성을 통해서—즉 '메타로 가기(going meta)' 를 통해, 때때로 그렇게 불리는데—아동 자신의 아이디어나 개념을 바로잡을 수 있는 것으로 간주된다. 한마디로 아동은 학습자일 뿐만 아니라 인식론자로 간주된다.

어른 못지않게, 아동도 단지 세상에 대해서뿐만 아니라 자신에 대해서, 그리고 그 세상과 자신이 어떻게 작용하는가에 대해서 다소의 일관적인 '이론' 을 소유하고 있는 것으로 간주된다. 이러한 순진하고 소박한 이론들은 모방이나 교훈적 가르침을 통해서가 아니라, 이야기의 교환과 협력, 그리고 교섭에 의해 부모님이나 교사의 이론과 조화를 이루어 간다. 지식은 이야기의 교환 안에서(Feldman, 1991), '텍스트적(textual)' 공동 생활 안에서(Stock, 1983) 혹은 패러다임 내에서(Kuhn, 1962) 공유되는 것이다. 진실은 권위의, 문자 그대로의 혹은 교육학적인 산물이 아니라, 오히려 구성과 논쟁, 증거의 산물이다. 이러한 교육 모델은 상호 부조론적이고 변증법적이며, 사실적 지식 혹은 숙달된 실연(實演)의 성취와 관련되기보다는 해석이나 이해와 더 관련이 있다.

그것은 단순히 이러한 상호 부조론자 견해가 '아동 중심적' (아무리 잘 봐 주어도 의미 있는 용어는 아니다)이라는 것은 아니다. 그러나 그것은 아동 심리 쪽으로 약간만 생색을 낸 것이다. 그것은 교사와 아동 간의 이해의 상호작용과 교환을 수립하고자 시도한다. 즉, Dewey가 주장한 것처럼 아동의 직관에서 체계적인 지식의 근원을 밝히려고 한다.

최근 연구의 네 가지 노선은 교수와 학습에 관한 이러한 관점을 보강해 왔다. 그것은 모두 밀접하게 관련되어 있지만, 구별할 가치가 있다. 첫 번째 노선은 아동들이 '다른 사람의 심리를 읽기' 위해서, 다른 사람들은 무엇을 생각하고 느끼고 있는지 알기 위해서 그들의 능력을 어떻게 개발시키는가 하는 문제와 관련이 있다. 그것은 일반적으로 상호주관성에 관한 연구로 명명된다. 상호주관성은 유아의 생명이 태어난 주(週)에 eye-to-eye 접촉에서 유아와 엄마의 기쁨에서부터 시작하며, 그들 둘 다 공통 목표에 대한 공동 관심을 공유하는 쪽으로 재빨리 이동하고 아동과 보호자가 초기 언어 교환에 의해 마음의 합일점을 성취해 감으로써 최초의 취학 전 단계에 이른다. 즉, 결코 완성되지 않을 하나의 성취인 것이다(Bruner, 1995 참조).

두 번째 연구 노선은 다른 사람의 '의도적 상태'에 대한 아동의 이해를 포함한다—즉 그의 신념, 전제, 의도, 욕망 등 한마디로 이 연구가 종종 언급되는 것처럼 타인의 마음 이론(Astington, Harris, & Olsen, 1988; Perner, 1991; Welman, 1990)이다. 그것은 다른 사람들이 다양한 정신적 상태를 어떻게 유지하고 혹은 포기하게 되는가 하는 문제에 대한 그들의 개념을 아동들이 어떻게 획득하는가 하는 문제에 대해 연구하는 하나의 탐구(inquiry) 프로그램이다. 뿐만 아니라 특별히 진실 혹은 옳다 대(對) 거짓과 그르다의 문제와 같이 인간의 신념과 의견을 분류하는 것과 관련되며, 그 과정에서 이 연구는 '거짓 신념'에 대한 아동의 생각에 대해서 많은 호기심을 불러일으키는 것들을 발견해 왔다.

세 번째 노선은 메타 인지에 대한 연구다. 아동들은 학습과 기억, 그리고 사고(특별히 그들 자신의)에 대해서 무엇을 생각하는가 하는 문제, 그리고 그 자신의 '인지적 작용에 대한 사고'가 그 자신의 정신적 과정에 어떻게 영향을 끼치는가 하는 문제에 대한 연구다. 이 연구에 가장 최초의 중요한 기여를 한 Ann Brown(1975)의 연구는, 아동이 어떤 것을 기억에 맡기는 시도를 진행할 때 어떻게 하는지에 관하여 자신의 내적이고 주관적인 시각으로 관심을 돌리는 아동에 의해서 기억하기 전략이 어떻게 심오하게 변화되었는지를 실증적으로 설명해 준다.

협동학습과 문제 해결에 관한 연구들이 새로운 연구의 네 번째 노선을 구성하는데, 아동들이 이야기를 주고받는 과정, 즉 담화의 교환과정에서 어떻게 그들의 신념을 교정하고 명백하게 설명하는가에 초점을 둔다(Brown & Campione, 1990; Bereiter & Scardamalia, 1993; Pea, 1994; Scardamalia et al., 1992). 그 문제는 미국뿐만 아니라 스웨덴에서 발전해 왔는데, 그곳에서 최근의 많은 교육 연구는 아동들은 어떻게 이해하며, 그리고 어떻게 그들 자신의 학습해 나가는가 하는 문제에 초점을 두고 있다(Marton, Hounsell, & Entwistle, 1984; Pranling, 이 책 25장 참조).

이러한 모든 연구가 공통적으로 가지고 있는 것은 아동들이 학습, 기억, 추측 그리고 사고를 그들 스스로 어떻게 조직하는가 하는 문제를 이해하고자 하는 노력이라고 볼 수 있다. 아동들의 인지 활동에 관한 '과학적' 모델을 제시하고자 했던 예전의 심리학 이론과는 달리, 이 연구는 결론적으로 아동들에게 가장 쓸모 있는 것으로 판명될 견해를 아동 자신들이 어떻게 획득하는가를 보다 잘 이해하기 위한 아동들 자신의 인식의 틀(framework)을 탐구한다. 아동 자신의 일상 심리학(그리고 그것의 성장)이 연구의 목적이다. 그리고 물론 그러한 연구는 교사에게 학생이 교수-학습 현장에서 우연히 만나게 될 상황에 대한 보다 심오하고 덜 생색내는 의미를 제공한다.

어떤 이는 말하기를 이러한 접근의 약점은, 그것이 '지식' 으로 여겨져 온 그 무엇에 있어서 도저히 받아들일 수 없을 정도의 관계성까지도 묵인한다는 것이다. 신념을 정당화하기 위해서는 단순히 그것을 다른 사람들과 공유하는 것 이상의 많은 것이 요구된다. '더 많이' 라는 것은 그의 신념, 과학적이고 철학적인 추론의 규범을 위한 정당화의 장치다. 결국, 지식은 정당화된 신념이다. 사람은 그러한 비판의 중요성을 인식하기 위해서 지식의 본질에 대한 자신의 견해에 있어서 완벽한 실용주의자가 되어야 한다. 모든 지식이 단순히 모든 사람이 인정하는 '해석적 공동 사회'를 형성하거나 혹은 발견함으로써 정당화될 수 있다는 것을 받아들이는 것은 어리석은 '포스트모더니즘'이다. 우리는 지식이 경합하고 있는 모든 요구를 어느 정도 차단하는 방식 안에서 그것이 '진실' 할 때 단지 지식이라고 주장할 만큼 그렇게 늙은 파수꾼이 될 필요가 없다. 그것이 쓰인 관점을 무시한 '진실된 역사' 는 기껏해야 하나의 우스꽝스러운 조크(Seixas, 이 책 32장 참조)이며, 솔직히 하나의 정치적 해악에 불과하다. 그러나 관점에 관계없이 신념은 반드시 정당화되어야 한다.

그렇다면 신념은 어떻게 정당화되는가? 보다 엄격한 논리학자의 의미에서 보면, 신념은 논박과 불신을 제지하는 이성에 호소함으로써 정당화되어야 한다. 이러한 종류의 이성은 명백하게 허위 입증에 도전하는 증거에 호소를 포함한다. 그러나 허위 입증은 거의 '예-아니요' 문제가 아니다. 왜냐하면 종종 상당히 이용할 만한 증거와 양립할 수 있는 다양한 해석이 있기 때문이다—만약 모든 증거가 아니라면, 설득력 있는 증거만이라도 충분하다.

교수와 학습에 대한 제3의 접근이 이러한 보다 실용적인 인식론과 왜 양립되어서는 안 되는지에 대한 중요한 이유는 없다. 그것은 지식이 고정된 것으로, 그리고 그

지자(知者)의 견해와 독립적인 것으로 간주되어 온 두 번째 견해와 매우 다른 지식의 개념이다. 왜냐하면 지식 사업(enterprise)이 표방하는 속성은 우리가 살아가는 동안에 변하기 때문이다. 예를 들면, Hacking(1975)은 17세기 이전에는 지식과 의견 사이에 도저히 넘을 수 없는 벽이 존재하는 것으로, 즉 전자는 객관적이고, 후자는 주관적인 것으로 생각되었다고 지적한다. 모더니즘이 지지하는 것은 그러한 간격의 절대성에 대한 건전한 회의론이다. 우리는 여기서 '분석적' 이지 않은 지식을 고찰하고 있다—즉 논리학과 수학에서와 같이—거기에서는 논박이라고 하는 규칙이 하나의 특권적 위치를 가지고 있다(어떤 것이 A이면서 동시에 A가 아닌 것은 있을 수 없다). 그러나 심지어 분석적 수준에서조차도 우리가 토론하고 있는 그 견해는 '난해한' 자연과학과 관계없는 경험적 지식에 때이른 형식적 · 논리적 형태를 부과하는 것에 회의적인 시선을 던진다.

이러한 모든 견지에서 볼 때, 일상 교수학을 이해하는 데 있어 한 단계 더 나아가는 것이 확실히 가능하다. 우리가 살펴보았던 다른 단계와 마찬가지로 그 단계도 인식론적인 고찰에 기초를 둔다. 아직 논쟁 중에 있는 것은 주관적으로 간직되어 온 신념이 어떻게 세상과 세상에 관한 사실에 대하여 생존 가능한 이론으로 변화하는가 하는 문제다. 우리가 가설에 두는 믿음 때문이 아니라 그것이 증거, 해석 그리고 현존하는 지식과의 조화라고 하는 공개적 시장에서 당당히 버티고 있기 때문에 신념들이 어떻게 효력을 가지고 유지되는 가설로 바뀌게 되는가? 가설은 단순히 '지지될 수' 는 없다. 그것들은 공개적으로 검증되어야 한다. '오늘은 화요일이다.' 라고 말하는 것은 그것이 '사실' 이기 때문이 아니라 한 주의 여러 날을 이름 붙인 관습과 일치하기 때문에 관습적 사실로 변하게 되는 것이다. 그것은 관습 덕택으로 상호주관성을 이루게 되고 그리하여 개인적 신념과 독자적인 '사실' 이 된다. 이것은 Popper(1972)의 유명한 '객관적 지식' 의 방어 근거이고 '용납이 안 되는 견해' (혹은 어디로부터도 올 수 없는 견해)라고 부른 것에 대한 Nagel(1986) 견해의 근거다.

이러한 종류의 문제는 정확하게 이 세 번째 관점이 감탄할 만하게, 그리고 직접적으로 다루고 있는 문제다. 자, 이제 일상 교수학에 대한 네 번째, 가장 최근의 관점으로 우리의 관심을 돌려 보자.

아동을 영민하게 보기: '객관적' 지식의 관리

신념과 '의도적 상태'에 대한 과도한 강조, 그리고 담화의 교환과정과 협의과정에 대한 과도한 배타적 강조는 지식을 수립해 나가는 데 있어 사회적 교환의 중요성을 과대평가할 위험성이 있다. 그러한 강조는 우리들을 과거에 축적된 지식의 중요성을 과소평가하는 쪽으로 이끌 수 있다. 왜냐하면 관습법이 과거 공동 사회의 갈등이 어떻게 판단되었는가에 대한 기록을 간직하고 있는 것만큼 문화라는 것도 과거의 믿을 만한 지식을 간직하고 있기 때문이다. 이러한 관습법과 문화라는 두 가지 사례에는 실현할 수 있는 일관성을 성취하고, 독단을 피하며, '일반적인 원칙'을 발견하고자 하는 노력이 있다. 문화와 법 둘 다 뜻밖의 재해석을 순순히 받아들이지 않는다. 재해석은 전형적으로 '억제력이 있는 제한 조건(restraints)'과 함께 착수된다(합법적인 표현을 사용하기 위해서). 과거의 지식과 믿을 만한 실제(practice)는 경솔히 취급되지 않는다. 과학도 다르지 않다. 과학 역시 오래된 패러다임을 방탕하게 바깥으로 내던지고 있는 '과학 혁명' 속으로 패주(敗走)하지 않으려고 저항한다(Kuhn, 1962). 그 역사를 알지 못하는 사람들은…….

자, 이제 교수학으로 돌아가자. 일찍이 아동들은 '우리'(친구, 부모님, 선생님 등등)에 의해서 알려진 것과, 그리고 다소 큰 의미에서 보았을 때 단순히 '알려진' 것 사이의 진부한 차이점과 구별을 우연히 만나게 된다. 이러한 후기 실증주의(자), 아마도 '포스트모던' 시대에서, '알려진 것 혹은 인식 대상'(the-known)은 하느님이 우리에게 주신 진리도 아니요, 그것은 말하자면 도저히 취소 불가능한 자연의 법칙책에 쓰인 것도 아니라는 것을 모두 너무나 잘 인식하고 있다. 이러한 섭리에서의 지식은 항상 추정적(推定的)으로 개정할 수 있다. 그러나 그 개정력과 누구나 참가할 수 있는 상대주의, 즉 어떠한 이론도 궁극적인 진리가 아니기 때문에 모든 사람과 마찬가지로 모든 이론도 다 똑같다는 견해와는 서로 혼돈하지 말아야 한다. 우리는 개인적으로 간직되어 온 신념과 예감, 그리고 의견이라고 하는 Popper(1972)의

'2차원 세계(World Two)' 와 정당화된 지식이라고 하는 '3차원 세계(World Three)' 간의 차이를 확실히 인식한다. 그러나 후자를 '객관적' 으로 만드는 것은 그것이 어떤 실증주의자 그 자체의 독립 구조로 서 있는, 본래 타고난 진실성을 구성하는 것이 아니라, 오히려 그것은 지속된 엄밀한 조사에 용감히 맞서 왔고 가장 유용한 증거에 의해서 검증되어 왔다는 것이다.

네 번째 관점에서 교수(teaching)는 한쪽의 개인적인 지식과 그 반대쪽의 문화에 의해서 '알려진 것으로 여겨지는 것' 간의 차이를 아동이 이해하도록 도와주어야만 한다고 주장한다. 그러나 아동들은 이러한 차이를 이해해야 할 뿐만 아니라, 역시 개인적 지식의 역사에서 그 지식의 기초나 기저도 파악해야 한다. 어떻게 우리가 교육학에서 그러한 관점을 조화시킬 것인가? 또 다른 식으로 언급하면, 아동들은 그들이 규범적으로 알려진 것과 개인적으로, 그리고 색다르게 안 것과의 차이를 구별하기 시작할 때 무엇을 얻게 되는가?

Janet Astington(사적 통화, 1994년 4월)이 이 고전적 문제에 대하여 흥미로우면서도 예기치 않은 진전을 제공한다. 그녀는 아동들이 개인적 신념을 체크하기 위해서 증거가 어떻게 이용되는가를 이해하기 시작할 때, 종종 그 과정을 하나의 신념에 대하여 또 다른 하나의 신념을 형성하는 것과 같은 것으로 간주한다는 것을 발견했다. 즉, '나는 이제 이 신념이 사실(혹은 거짓, 경우에 따라서)이라고 믿을 만한 근거를 가지고 있다.' 하나의 가설을 '믿기 위한 근거' 는 가설 안에서 자체적으로 구체화된 믿음과 똑같은 종류의 것은 아니다. 그리고 만약 전자가 아주 잘되면, 후자는 더욱 강건하게 되기 위해 신념—즉 증명된 이론 혹은 심지어 사실이라고 하는 형체—의 단계로 나아간다.

그리고 사람은 '알려진 것' 과 혹은 일반적으로 시간이라고 하는 테스트를 견뎌온 것으로 믿어지는 것이 서로 관련되면 관련되는 것만큼(혹은 관련되지 않는) 쉽게 자신의 개인적인 사상과 신념을 동일한 직관에 의해 이해할 수 있게 된다. 이렇게 하여, 우리는 역사적인 과거와 함께 공유되어 온 배경과 반대가 되는 개인적인 추측을 고찰하게 된다. 현재 지식을 추구하는 데 관계하는 사람들은 오래전에 죽은 사람들과 함께 추측의 공유자가 된다. 그러나 그는 한 단계 더 나아갈 수 있고, 과거의 추측이 어떻게 여러 시대에 거치면서 더욱 견고한 어떤 것 속으로 정착하게 되었는지 물을 수 있다. 당신은 운동장에서 시소를 타던 파트너와 Archimedes를 공유할 수 있으며, 그가 어떻게 그의 견해를 손에 넣게 되었는지 알 수 있다. 그러나 『말괄량이 길들이기(*Taming of the Shrew*)』에서 학급의 말괄량이와 같은 Kate에 대한 당신의 해석은 어떠한가? 그것은 Shakespeare가 마음속에 간직했던 것이 될 수는 없다. 그는 그러한 의미에서는 그녀에 대해 몰랐다. 그래서 그가 살던 시대에 그것과 같은 어떤 것이 있었는가? 우리의 과거에서 기록으로 유명한 것(혹은 사람)의 결점을 가지고 있는 '지식'[1]에 대한 자신의 입장과 해석에 대항하는 데 대한 매우 흥미를 끄는, 그리고 실제로 고무적인 어떤 것이 존재하고 있다. 〈오이디푸스 렉스(Oedipus Rex)〉를 상연하는 시내 도심의 한 고등학교 학급을 상상해 보자. 그것은 실제 고등학교 학급이었는데, 학생들은 대개 샌안토니오(San Antonio)에 사는 라틴아메리카 사람들이었다. 그들은 Sophocles가 결코 꿈도 꾸지 못했을 근친상간에 대한 어떤 것들을 알고 있었다. 그들의 타고난 재능이 있는 교사/교장에게는 약 2,000년 전에 그 연극을 썼던 DWEM(죽은 백인 유럽 남자)에 의해 그들이 조금도 위협받지 않았다는 것은 분명하다. 그러나 그들은 그 연극의 정신에 충실했다.

그래서 네 번째 관점은 지금은 죽은, 그러나 그들의 옛날 원문 속에 여전히 살아 있는 작가에게 하는 '담화(talking)' 에 관하여 특별한 어떤 것이 있다고 주장한다—즉 만남의 목적이 숭배가 아니라 과거에 관한 사상에 대하여 담화를 주고받는 것이며, 해석하는 것이고, 그 과거에 관한 사상에 대하여 '그 이면에 있는 것으로 초월하여 넘어서는 것(going meta)' 이라고 하는 것이다. 몇 명의 10대 3인조를 시험해 보자. 그리고 각각은 창세기에서 하느님의 지시에 아브라함이 그의 외아들 이삭을 하느님에게 희생물로 드리기 위해 모리아 산으로 데리고 가는 짧은 이야기에 대해 연극을 한다. Kierkegaard의 『두려움과 전율(*Fear and Trembling*)』에 아브라함 이야

1) 역자 주: 이러한 지식은 과거의 객관적인 사실을 원형 그대로 잘 보존하고, 과거의 사실을 훌륭한 기록 보관소처럼 잘 관리하여 이것을 잘 습득하면 박식하고 유식해지므로, 과거의 원문 속에 특별한 것이 있다는 것이다. 그런데 이러한 지식은 학습자 자신의 생각이나 해석이 들어갈 여지가 없으며, 그런 점에서 객관적인 것에서 주관적인 것으로의 소통이 필요하다.

기에 관한 일련의 유명한 '번역들' 이 있다. 그것을 그들에게 역시 시험해 보라. 혹은 천사가 그 처녀에게 천상의 여왕이 될 운명이라고 말한 수태고지(Annunciation painting)에 대한 12개의 다른 모조품을 몇 명의 10대들에게 엄밀히 시험해 보라. 다양한 그림으로부터 그들이 무엇을 판단하는지 그들에게 물어보라. 그들은 성모마리아의 심리를 관통하고 있을 것이다. 즉 어떤 그림에서는 마리아가 건방진 르네상스 여왕같이 보인다. 또 어떤 그림에서는 겸손한 Martha와 닮았다. 그러나 또 다른 그림에서 그녀는 아주 뻔뻔스러운 젊은 숙녀로 보인다. 얼마나 빨리 Popper의 주관적 '2차원 세계' 와 그의 '객관적' '3차원 세계' 를 갈라놓은 심해(深海)를 가로질러 뛰어넘는지 매우 놀라운 일이다. 이와 같은 학급 연습(class exercise)을 함께하면서, 교사는 그렇지 않으면 멀리 떨어져 있을 과거 세계를 연결하기 위해서 아동이 그 자신의 생각 그 이상에 도달하도록 도우며 지자(知者)로서 그의 한계를 뛰어넘도록 돕는다(Donaldson, 1992, 15장 참조).

실제의 학교교육

물론, 실제의 학교교육은 결코 하나의 학습자 모델 혹은 하나의 교수(teaching) 모델에 한정하지 않는다. 학교에서 대부분의 일상적 교육은 기능과 능력을 배양하기 위해, 이론과 사실에 관한 지식을 전하기 위해, 그리고 사이가 가깝거나 먼 사람들의 의도나 신념에 대한 이해를 배양시키기 위해서 고안된다. 교육학 실제(practice) 중에 어떠한 것을 선택하더라도 학습자에 대한 개념을 포함하며, 그 학습자에 의해서 학습과정에 대한 적절한 사고방법으로서 시의적절하게 채택될 것이다. 왜냐하면 교육학의 선택은 불가피하게 학습자와 학습과정의 개념을 이어 주기 때문이다. 교육학은 결코 단순하지 않다. 그것은 그 자체의 메시지를 전달하는 하나의 매개체다.

다시, 마음과 지식에 관한 가정(일상 심리학)과 학습자가 지식과 이해를 발달시키는 데 필요한 과정(일상 교수학) 간의 관련성에 주목해 보자. 아동들은 증거에 기초하여 형성되고 수정되는 이론과 신념을 소유하는 존재로 인식된다. 여기에서 교수학

〈표 2-1〉 일상 심리학과 일상 교수학의 비교

일상 심리학			일상 교수학		
인간의 개념*	습득되는 것	학습을 가능하게 하는 것	교사의 역할*	학습자의 역할	교사의 개념
행위자	기능/능력	행위 능력	시범	모방	장인
지자	지식	학습 능력	설명자(해설)	이해	권위
사고가	신념	사고 능력	협력자	해석자	동료
전문가	'객관적인' 지식과 전문성	문화적 축적(저장고)에 기여하는 능력	정보관리자	지식 구성자	컨설턴트

* 인간의 개념과 문화 학습과정을 관련시킨 Tomasello, Kruger 그리고 Ratner(1993)의 연구에 기초를 두고 있다.

의 문제는 아동들의 신념과 이론을 반성적으로, 협동적으로, 그리고 마지막으로 기록에 입각하여 평가하면서 아동들을 도와주는 일이다. 그 산출물은 단지 과거의 보존이 아니라 보다 중요하게는 그 획득된 신념과 이론이 훌륭한 근거에 의해 유지되는 것이어야 한다는 점이다.

마음에 관한 네 가지의 사고방식과 그 방식이 함축하는 교수(학)의 방식을 〈표 2-1〉과 같이 요약 · 제시해 볼 수 있다. 우리가 지적한 것처럼 교수학의 각 형식은 학습자에 대한 관점을 함의하고 있다. 즉, 학습자 자신, 학습 방식, 학습 능력을 타당하게 이해하는 방식을 함의하고 있다. 교수학의 선택은 학습자의 개념화와 불가피하게 소통할 수밖에 없다. 교수학은 그 자체로 순수 · 단순할 수가 없다. Hacking(1990)은 처음에는 하나의 행위에 대한 중립적인 묘사나 평가로서 제공되었던 것이 어떻게 나중에 규범적인 영향력을 취할 수 있는지, 그리고 그렇게 기술된 것들의 행위를 구체적으로 안내하는 지침으로 작용하는지에 대해 기술했다. 이런 식으로 보면 단순한 기술들은 '고리를 엮는' 효과, 즉 그것들이 처음에 단순하게 기술하도록 되어 있는 것을 창안해 내는 효과를 지닐 수 있다. 가정컨대 이것은 아동들이 자신들을 한편으로는 능숙하고 많이 알고 있는 사람으로, 한편으로는 재능이 없고 무지한 사람으로 생각하게 되는 방식이다. 자신과 마음에 대한 개념화는 교육학의 성과물일 수 있고 그 역도 가능할 수 있다(Strauss & Shilony, 1994).

요약: 마음, 문화 그리고 교육에 대해 다시 생각하기

우리는 바로 위에서 제시한 교수 그리고 학습의 네 가지 견해를 두 가지 차원으로 구분하여 생각해 볼 수 있다. 첫 번째는 '내부적-외부적' 차원이다. 그것을 아동 내부에 초점을 두는 내면주의자 혹은 본질주의자(internalist)—외부에 초점을 두는 외면주의자 혹은 형식주의자(externalist) 차원이라고 하자. 형식주의자 이론은 학습을 촉진시키기 위해서 어른들이 외부에서 아동들을 위해 무엇을 할 수 있는가를 강조하는데, 전통적인 교육 심리학의 영역이 그러하다. 본질주의자 이론은 아동이 무엇을 할 수 있으며, 아동은 무엇을 생각하고 있는가, 그리고 학습이 그러한 의도적인 상황에 어떻게 전제될 수 있는가에 초점을 둔다.

두 번째 차원은 교육 이론가와 그의 이론에 관련되는 대상자들 간에 요구된다고 추측되는 '공통의 이해' 혹은 간주관성의 정도를 설명한다. 이것을 간주관적-객관적 차원이라고 하자. 객관주의자 이론들은 아동들을 개미 집단에 주목할 곤충학자로 혹은 코끼리를 주목할 코끼리 조련사로 간주한다. 대상자들이 이론가와 같은 용어로 그들 스스로를 보아야만 한다는 가정은 없다. 한편, 간주관적 이론에 관심을 가지는 학자들은 그들이 그들의 고객에게 적용하는 것과 똑같은 이론을 그들 스스로에게 적용한다. 그리하여 그들은 심리학 이론이 아동들을 연구 대상으로 일하는 어른들을 위해서 유용한 만큼 아동들이 그들의 학습을 조직하고 그들의 삶을 경영하는 데 유용한 심리학 이론을 창조하고자 한다.

본질주의자 이론은 강조점에 있어서 간주관적인 경향이 있다. 좀 더 정확히 말하면, 만약 어떤 사람이 아동은 정신적으로 무엇을 하는가에 관계된다면, 그 사람은 아마 아동의 노력을 촉진시키기 위해서 아동들과 공유할 수 있는 하나의 교수-학습 이론을 명확히 하는 데 관련이 있을 것이다. 그러나 이것은 반드시 그렇지는 않다. 예를 들면, 많은 서양 문화인류학자들은 본질주의자이며, '원주민들은 어떻게 생각하는가' 하는 문제와 매우 관련이 있다. 그러나 문화인류학자들의 이론은 말하자면, '원주민' 들을 위한 것이 아니라, 집으로 돌아오는 그들의 동료들을 위한 것이다(Geertz, 1998). 일반적으로 원주민들은 '다르며' 혹은 그들은 단순히 이해 못할 것이라고 가정하게 된다. 그리고 실제로, 초기 아동 교육학의 정신분석학적인 경향이 있는 소수 몇몇의 이론은 이와 같다. 즉, 아동들과 공유되지 못한다. 그러한 이론들은 아동의 내적인 상태에 주력하고 있는데, 원주민과 같이 아동들은 '다르다.' 어른들은—이론가 혹은 교사—19세기 소설에서는 박식한 이야기꾼같이 된다. 그는 심지어 그 주인공 자신도 모르는 것, 즉 그 소설 주인공의 마음속에서 무엇이 진행되고 있는가조차도 완벽하게 안다.

현대 교육학은 아동도 자신의 사고과정을 알아야 한다는 견해로, 그리고 교육 이론가와 교사 모두 아동들이 더욱더 메타 인지적으로 되도록 돕는 것이 중요하다는 견해로 점차적으로 옮겨 가고 있다. 즉, 공부하고 있는 과목 문제에 대해서 아동이 아는 만큼이나 어떻게 학습과 사고를 하는지에 대해서도 알고 있어야 한다. 기능을 성취하고 지식을 축적하는 것만으로는 충분치 않다. 학습자는 그뿐만 아니라 아동들이 어떻게 자신의 일을 열심히 해 나가고 있으며 자신의 접근은 어떻게 향상될 수 있느냐를 반성함으로써 완전한 숙달을 성취하도록 도움을 받을 수 있다. 아동이 하나의 좋은 심리 이론—혹은 정신 기능 이론—을 겸비하는 것은 아동들이 그렇게 하도록 돕는 것의 일부분이다.

그렇다면 결국 교육학에 대한 네 가지 관점은 기껏해야 한 넓은 대륙의 몇 부분으로서 좋은 생각이고 그것들의 중요성은 그들의 편파적 견해에서 이해된 것이다. 그 어느 누구도 분별력 있게 기능과 배양된 능력이 중요하지 않다고 제안할 수 없다. 또한 그들은 사실적 지식의 축적이 별 가치가 없다고 주장할 수 없다. 분별력 있는 비평가라면, 지식은 관점에 의존하고 있으며, 우리는 지식을 추구하는 과정에서 우리의 관점을 서로 협의하고 교섭하면서 공유한다는 것을 아동들이 알아차리면 안 된다고 주장하지 않을 것이다. 그리고 만약 우리가 과거로부터의 믿을 만한 지식과 현재 우리가 배우는 것의 관계를 인식함으로써 더욱더 부유하게 된다는 것을 부정한다면 그 사람은 고집불통이 될 것이다. 반드시 이루어져야 할 것은 네 가지 관점이 어떤 일관된 통일성으로 잘 융화되어야 하며, 공통된 하나의 대륙에 속하는 일정한 부분으로서 인식되어야 한다는 것이다. 인간 심리에 대한 입장 그리고 심리는 어떻게 배양될 수 있는가에 관한 보다 오래된 견해들에서 편협한 배타주의를 버릴 필요성이 있으며, 보다 새로운 견해는 비록 기능과 사실이 상황을 벗어나서는 결코 존재할 수 없지만, 그것들은 상황 내에서도 그에 못지않게 중요하다는 점이며 우리는 그것을 제대로 인식하기 위해서 다소간 우리의 생각을 조정할 필요가 있다.

인간 발달 연구에 있어 최근의 진보는 우리들에게 교수 그리고 학습에 대한 하나의 통합된 이론이 성립할 수 있는 새롭고 확고한 기반을 제공한다. 그리고 이러한 진보와 더불어 이 장은 원칙적으로—아동을 하나의 적극적, 의도적인 존재로, 단순히 주어져 있는 것보다는 오히려 '사람에 의해서 만들어진' 지식, 세상에 대한 그리고 서로 서로에 대한 우리의 지식이 어떻게 구성되며 다른 사람들, 즉 우리와 동시대의 사람과 오래전에 세상을 떠난 과거의 사람들과 어떻게 협의했는가와 관계가 있다. 다음 장에서는 이러한 진보와 더 나아가 그것들이 함축하고 있는 의미를 살펴볼 것이다.

제3장
순수시대를 다시 생각하다: 심리학과 교육학의 진보주의 전통 가운데 최상을 유지하기

HOWARD GARDNER
BRUCE TORFF
THOMAS HATCH

중세의 심리학과 교육학에서의 표준 관점

시간이 지나고 급박한 논증이 이루어져야 하는 사정이 겹치게 되면 과거를 단순하게 보게 될 수도 있다. 이러한 압박에 압도되어, 우리는 기꺼이 낙관적인 분위기로 서로 조화되는 아동과 교육에 대한 여러 가지 관점을 구성해 낼 수 있다. 이 과정에서 거의 매번 논쟁을 불러일으키면서도 더 이전의 시대와 연관되어 있는 관점은 아동기의 본질과 선호되는 교육과정에 대한 현재의 논의를 구성해 내는 데 많은 기여를 해 왔다.

상당 부분이 르네상스 시대의 전통에서 발생했던 발달심리학의 원리로부터 아동을 비교적 '독립적인' 존재, 즉 때가 되면 일련의 예정된 단계를 거치도록 운명이 결정되어 있는 존재로 간주하는 관점이 생겨났다. 학대가 없는 환경을 가정하면서, Piaget식 관점에서의 아동(Piaget, 1983)은 제일 먼저 물리적인 세계에 대한 자발적이고 자연스러운 행동을 통해서 그 세계에 대해 배우게 된다. 또한 예정된 방식에 따라 일련의 더 복잡한 인지구조를 습득하게 되는데, 아동은 점점 증가하는 추상에 대하여 '지적인 조작(mental operation)'을 수행하고, 자신이 구성했던 세계에 대한 여러 가지 표상을 강화시킬 수 있다. 동시에, Erikson식 관점에서의 아동(1963)은 차례대로 일련의 심리성적 및 심리사회적 긴장에 직면하게 된다. 또한 비교적 지지적인 환경에서 아동은 신뢰감 있고, 자발적이며, 유능하고, 생활력 있는 지역사회의 일원으로 탄생하게 될 것이다. 총체적인 면모가 덜 부각된 도식(scheme)을 제기하면서, 다른 발달론자들은 이와 같이 선형적이며 진보주의적인 관점에 동조했다(Bruner, 1965; Kohlberg, 1969; Werner, 1948). 그리고 일부 학자들은 발달과정에 있는 아동에게 명백한 사회적 '차원(dimension)'을 덧붙였다(Mead, 1934; Vygotsky, 1978).

관련된 지적 전통은, 아동기에 깊은 관심을 가진 사람들 사이에서 특히 잘 알려져 있는 교육적 관점을 근간으로 한다. Dewey(1916, 1899/1967)뿐만 아니라 그의 뒤를 잇는 아마 훨씬 많은 수의 '진보주의' 계승자들은 아동을 교육이라는 세계에서 핵심적인 존재로 간주했다. 아이들은 주변 세계의 탐색을 통해서 가장 효과적으로 학습했다. 자신의 속도에 맞춰 자신의 관심사에 대한 연구를 수행해 나갈 수 있는 기회는 중요한 요소였다. 발달적 전통을 소급해 나가는 방식으로, Dewey는 아이들이 학교와 지역사회에서의 일상적인 경험으로부터 자신만의 의미를 구성해야 한다고 주장했다.

원형적(原型的)인 발달론자의 관점보다는 더 결연한 사회적 관점으로 무장하여, Dewey는 다른 사람들의 지원, 그중에서도 특히 우수한 교육을 받은 교사들의 지원에 대한 중요성뿐만 아니라, 해당 지역사회에서 주된 특색을 이루는 역할과 관행을 배우는 것이 바람직하다고 강조했다. 하지만 Dewey는 근본적으로 주요 교과목을 아동들에게 교육시켜야 하는 필요성에 대해서는 의문을 제기하지 않았다. Dewey는 해당 지역사회 내에서 프로젝트 중심적인 성격이 더 강한 활동에서부터 이론적인 학과에서의 학구적인 체제로의 진보가 자연스러우면서 대개 아무런 문제없이 이루어질 것이라고 가정했다.

비록 이러한 발달적 및 교육적 전통이 서로에 대한 상대적 의존에서 발달된 것이지만, 그것들의 필수적인 조화(compatibility)를 강조하는 것은 중요하다. 발달적 전통과 교육적 전통 두 가지 모두 아이들의 관심사와 아이들 스스로가 창안해 낸 활동에 주안점을 두었다. 두 가지 모두 아이들이 학문적 숙달(mastery)을 향해서, 그리고 지역사회에서의 유능한 시민의식을 향해서 비교적 원만한 진보를 이루어 나갈 것이라고 예측했다. 각각의 관점은 아이들이 관심사와 타고난 지적 잠재성에 따라 서로 다르다는 것을 인정했지만, 두 관점 모두 이 차이점에 대한 고찰은 하지 않았다. '아동들(the children)' 보다는 '아동(the child)' 이 말하는 데 있어 더 자연스러운 방법이었다. 그리고 아마 당연히, 이 두 전통 모두는 그것이 수립되었던 환경을 반영했을 것이다. 오늘날의 관점에서 볼 때 편히 중간 계층의 것으로 간주될 수 있고, 민주사회에서 편히 자리 잡을 수 있는 환경으로는 스위스의 주(州)나 뉴잉글랜드 지역의 마을을 들 수 있다.

여기에서 우리는 일반적인 관점에 대해 다소 비판적인 입장을 취하고 있기 때문에, 이러한 진보적인 관점이 반대를 제기했던 여러 종류의 개념을 지적하는 것은 매우 중요하다. 아동 연구라는 범주 내에서, Piaget와 Erikson 같은 학자들은 한편으로는 환경론을 강력하게 주장하는 형식에 대하여 비난을 했지만, 다른 한편으로는 생물학적 결정론에 대해서도 비난했다. Locke나 Skinner식의 신념에 따라 '백지설' 을 주장하는 경험론자들에 반대하여, 그들은 인간이 발달하는 방식에 대한 유기체적인 제약을 인정하고 있었다. 그 논점에 대해 입장을 분명히 하는 유전론자들에 대항하여, 그들은 어떤 구체적인 환경과의 상호작용에 대한 필요성뿐만 아니라 발달이 적절히 전개되지 않을 수도 있고 심지어 완전히 틀어지게 될 가능성에 대해서도 강조했다. Piaget와 Erikson은 보다 더 긍정적인 측면으로서, 아동을 일컬어 일련의 순서대로 정렬되어 있지만 질적으로는 다른 단계를 거치게 되는 존재로 간주했는데, 각각의 단계는 그 자체만의 조직화(organization)와 통합(integrity)의 성질을 지니고 있었다. 아동들은 단순히 성인에 비해 키가 작거나 지적인 능력이 떨어지는 존재가 아니었다. 아동들은 현실에 대한 특별한 관점을 구현하고 있었고, 아동들의 생활 여건에 적합한 방식으로 인지적 · 정서적인 문제를 다루고 있었다. 사실, 다양한 측면(인지적 · 정서적 · 사회적)이 함께 작용하여 한 명의 통합된 인간이 탄생한다고 간주하는 것은 매우 중요한 개념이었다.

'아동 중심' 교육자들은 유사하게 이미 널리 유포되어 있는 관점에 대한 특징적인 반응과 결부되어 있었다. 그들은 능력 심리학자들의 관점에 반대했는데, 능력 심리학자들은 아동을 각각 독자적으로 형성되는 별개의 지적 능력의 집합체로 간주했다. 아동 중심 교육자들은 동일하게 교육과정을 일련의 분리된 사실이나 본질적으로 다른 기술로 나타내고자 하는 학자들의 원자론적인 과학적 관점을 거부했다.

아동 중심 교육자들의 관점에서 볼 때, 특히 문제가 되는 것은 교육에 대한 '공장형 모델(factory model)'이었는데, 이 모델에서 아이들은 궁극적으로 점차 산업화되어 가고 있는 사회에서 적합한 임무를 맡을 수 있도록 하기 위해, 자신의 속도에 맞게 여러 단계를 거치면서 전진해 나아가게 된다. 진보주의자들은, 머릿속이 온통 정보로 가득 채워져 있는 성인들이 작지만 점차 성장해 가고 있는 아이들의 두뇌에 가능한 한 최대한의 정보를 전달해 주고자 애쓰는 수업을 거부했다. 진보주의자들은 민주사회에서의 삶을 연습해 보도록 하는, 사회적으로 지지적인 환경에서 다른 아이들과 함께 학습하면서 아동들이 능동적으로 자료를 탐구할 수 있는 교육적 공간을 형성하고자 애썼다.

새로운 통찰

심리학적 · 교육학적 진보주의자들이 제휴를 맺고 있던 세력에 대해 기술하는 것은 중요하게 여겨져 왔다. 우리는 한편으로는 아동에 대한 성인 중심적인 관점에 대한, 다른 한편으로는 교육에서의 '전달(transmission)' 관점에 대한 진보주의자들의 반감을 공유하고 있다. 사실상, 우리는 Dewey나 Piaget와 같은 학자들에 의해 그 시대에 앞서 형성되었던 관점 가운데 많은 부분을 소중하게 간직해 왔다. 하지만 일반적인 '순수한' 관점이 처음으로 공고화된 이래로 반세기가 흐른 뒤에, 새로운 관점이 주목을 받게 되었다. 뒤에 이어지는 글에서, 우리는 먼저 최근 수십 년 동안 등장했던 일련의 아이디어를 열거해 볼 것이다. 그러고 나서 우리는 더 근래에 제기되었던 관점에 의존하면서, 일반적인 관점이 지니고 있는 강점을 보존할 것을 주장하는 새로운 접근법—상징체계 접근법(symbol system approach)—을 소개할 것이다. 우리는 인간 발달에 대한 관점과 교육에 대한 접근법을 참신하면서도 더 효과적일 수 있는 지적 · 실질적 통합으로 산출해 내면서, 상징체계 접근법에 비추어 재구성할 수 있는 방법을 검토해 보고자 한다.

과거 수십 년 동안 등장했던 관점 중에서 새로운 시각으로 향하는 길을 지적해 주었던 것으로서 특별히 언급할 만한 여섯 가지를 발췌했다.

1. **보편성을 넘어선 영역의 존재** 발달심리학 분야에서 광범위하게 이루어지는 연구는 모든 인간 경험의 본질적인 부분에 해당되는 개념과 영역을 조사함으로써 시작되었을 것이다. 그러므로 Piaget는 시간 · 공간 · 인과관계와 같이 Kant의 영역이라고 이름 붙일 수 있는 것에서의 개념 발달에 초점을 두었다. Kohlberg(1969)나 Arnheim(1974)과 같이 다른 학자들은 도덕성과 예술같이 다른 추정상의 보편적인 영역을 연구해 왔다.

하지만 어떤 문화 내에서 가장 소중한 것으로 여겨지는 것들 중 많은 부분이 다른 문화에 의해서도 반드시 높은 평가를 받지는 않을 것이며 심지어 공유조차 이루어지지 않을 수도 있다. 실질적으로 서구 문화권 내에서 요구되는 그러한 '문해(literacy)'는 최근에서야 비로소 다수의 토착 문화권에 알려지게 되었다(Olson, 1994). 그리고 체스를 두는 것에서부터 계산법을 숙달하는 것, 그리고 다양한 춤과 의식을 수행하는 솜씨에 이르기까지 다양한 활동은 특수 문화권이나 하위 문화권에만 특징적으로 존재하는 것임이 입증되었다. David Henry Feldman(1980)의 연구 덕택에, 우리는 여러 문화권에서 중요한 의미를 가지고 있지만 보편적으로 소중한 것으로 간주되지는 않는 영역에 대해 훨씬 더 많은 것들을 인지하게 된다. 그리고 우리는 이와 같이 각각 다른 영역의 전반에서 획득하게 되는 것으로서 매우 특별한 것으로 간주될 수 있는 발달 궤도에 대해서도 역시 고찰해 본다.

2. **특수한 지식과 전문성의 중요성** 보편성의 범주를 넘어서는 영역이 존재한다는 것에 대한 인지가 점차 증가하고 있는 상황과 마찬가지로, 보편적인 지식과 일반적

인 기술에 대한 회의주의도 점차 증가하고 있다(Carey & Gelman, 1991; Gunnar & Maratsos, 1992; Resnick, 1989). '보편적인 사고' 와 '보편적인 문제 해결' 능력이 존재한다기보다는, 오히려 기꺼해야 의문의 여지가 있는 여러 맥락을 넘나들 수 있는 준비를 갖춘 상태로, 대부분의 기술이 훨씬 더 '과제 특수적(task-specific)' 인 경향을 지니게 되었다는 믿음이 현재 널리 퍼져 있다. 개인은 장시간에 걸쳐서 규칙적으로 특정 영역에서의 여러 과제 및 기술에 대해 학습함으로써 전문성을 습득하게 된다. 그리고 만약 그 기술이 서로 밀접한 관련을 맺고 있지 않다면, 한 영역에서 높은 기술 수준을 달성하는 것이 다른 영역에서도 상당한 기술 수준을 달성하도록 해 줄 것임을 결코 보장해 주지 않을 것이다. 이러한 학습 경향 면에서 더 오래된 능력 심리학과 비교하건대 표면적으로 유사한 요소가 몇 가지 존재하고는 있지만, 특별한 능력은 심리학적 응집성을 보유하고, 기술 습득 과정은 다양한 전문성에 대한 다양한 '영역 특수적' 인 개념을 존중하는 방식으로 설명할 수 있다(Ericsson & Charness, 1994).

3. 개인 차를 설명해야 할 필요성 여러 영역 및 과제 전반에 걸친 차이점에 대한 관심은 여러 개인 간의 차이점에 대한 관심과 병행되어 왔다. 그러한 차이점이 현 상태와 과학계 모두에서 항상 주목받아 왔던 반면, 이 차이점들은 1차원(지적인 면)으로 고찰되거나 아니면 매우 일반적인 방식(개인은 각각 다른 인성, 기질, 스타일 등을 가지고 있다)으로 고찰되어 왔다.

하지만 최근에 중요한 것이 될 수도 있는 차이점에 대하여 훨씬 더 구체적으로 다룬 제안서들이 제기되고 있다. 스타일상의 문제에 관심을 가지는 제안서들 중 일부는 특정 분야에 대한 의존성이나 독립성에 있어서의 차이점을 다루고 있고(Witkin et al., 1962), 기질에 관심을 가지는 제안서들 중 어떤 것은 수줍음과 충동성에 있어서의 차이점을 다루고 있다(Kagan, 1993). 이 장에서는 개인이 지적인 강점에 대한 자신의 프로파일에 있어서 차이가 있을지도 모른다는 가능성에 대해 특별한 중요성을 부여하고 있다. '다중 지능 이론' 에서는 개인이 큰 차이가 있는 일련의 정신 능력을 본질적으로 다른 강점과 장점을 지니도록 '우선적으로 드러나는' 것과, 역으로 이것들이 개인의 학습 방식뿐만 아니라 개인이 궁극적으로 실현하게 될 여러 유형의 창의적 · 전문적 업적에 있어 중요한 의미를 지니고 있다는 사실도 단정하고 있다(Gardner, 1993a, 1993d).

4. 오랜 기간 유지되어 온 오개념의 존재 대개 유아들이 세상에 대하여 신랄하게 물활론적이거나 인위적이며, 또는 세상을 자아 중심적으로 이해하는 것을 포함하여 매우 독특하게 개념화하고 있음을 보여 주는 Piaget식 증명 방법은, 오랜 기간 유지되어 온 Piaget(1929) 유산의 일부이다. Piaget는 주로 보편적인 영역에 관심을 가지고 있었기 때문에, 그는 이러한 오개념이 자발적으로 사라지게 된다는 사실을 증명할 수 있었다.

최근에 학문 분야별 전문성을 습득하는 것에 대한 연구는 하나의 미해결된 현상을 구축해 왔다. 전문가를 제외하고는 명백히 대부분의 사람들은 상당한 교육과 반대 증거에 노출되었을 때조차도, 초기의 오개념을 고수한다. 그러므로 인문학과 사회과학 분야의 상급생들이 고정관념에 사로잡힌 채 가장 단순한 사고 유형을 계속적으로 고수해 나가는 것과 마찬가지로, 대학에서 물리학을 전공하는 학생들조차도 흔히 힘과 움직임의 원인에 대한 아리스토텔레스식 관념을 그대로 간직하고 있다. 이러한 오개념을 해결하기 위해서뿐만 아니라 오개념 대신에 충분한 근거가 마련되어 있는 복합적이면서도 포괄적인 관점을 정립하기 위해 필요한 교육적 움직임이 절실히 요구되는 것으로 밝혀졌다.

5. 사회문화적 맥락상의 중재 경험의 결정적 역할 모든 행동과학자와 인지과학자들은 적어도 한 번쯤은 주변 사회문화적 맥락의 중요성에 대하여 입에 발린 말로만 동의해 본 적이 있을 것이다. 하지만 진보주의의 발달상 전통에 있어서, 그러한 맥락은 단순히 가장 포괄적인 용어로만 논의가 이루어져 왔다. 보편적인 특질이 주된 관심사였고, 해당 맥락의 전반에서 나타나는 차이점은 덜 중요한 것이라고 생각되었으며, 상세하게 또는 정확하게 맥락적인 영향을 분석하기 위한 개념적 장치가 존재하지 않았기 때문이다.

Vygotsky와 다른 맥락론자들의 연구에 고무되어, 연구자들은 이제 우리가 태어난 사회, 우리가 살고 있는 가정의 스타일과 가치, 우리가 살고 있는 지역사회의 문화적 · 교육적 제도의 설립 절차, 그리고 특히 오늘날 지배적인 매체에 의해 전달되는 메시지 등이 우리들 각자가 어떤 유형의 사람이 되는지에 대해 막대한 영향을 발휘한다는 설득력 있는 입증자료를 제시하고 있다(Bruner, 1990; Collier, 1994; Geertz, 1983; Heath, 1983; Rogoff, 1990). 분명 여러 맥락의 전반에서 거의 차이가 없을 수도 있는 어떤 보편적인 인지적 · 정서적 이정표가 있을 것이다. 하지만 일단 누군가가 개인에 의해 간직되던 가치에 주의를 기울이기 시작한다면, 그러한 개인이 자신의 경험을 조직하고, 반성하고, 상징화하는 방식, 개인이 타인과 상호작용하는 방식, 맥락적 요인과 중재적 요인에 의해 이루어지는 광범위한 역할 등은 간과될 수 없을 것이다.

6. 일을 판단하는 데 있어 여러 가지 기준의 적용 발달 중에 있는 모든 인간을 에워싸고 뒤범벅되어 있는 맥락적 요인과 원인의 한가운데에서, 어떤 한 가지 요소를 별도로 언급하기 위해 따로 추려 내는 일은 그만한 가치가 있다. 여기에서 우리는 인간사(human work)의 수용성과 질에 대한 판단을 내리는 개인과 제도들—때때로 '그 분야(the field)' 라고 불린다(Csikzentmihalyi, 1988)—에 대하여 언급한다. 모든 문화는 가치 있는 것으로 여기는 산물과 행동에 대하여 명시적이고 암시적인 신호를 전달한다. 이러한 가치는 학교와 다른 교육적, 문화적 기관에 보급된다. 하지만 이들 기관 내에는 누가 무엇을 인지하느냐에 대해 막대한 영향력을 발휘하는 특수한 개인들이—주임 교사와 입학 문제 담당자에서부터 표창 수여자와 백과사전 집필가에 이르기까지—있다. 사실상 다음 세대가 보게 될 일련의 기준과 가치들은 현 세대에서 그 분야에 종사하는 구성원들의 행동에 의해 대부분 결정된다. 심지어 이와 같은 안내서는 다음 세대의 연구자와 교육자들이 이해할 수 있는 상징이나 '문화 요소(memes)' 를 통제하기 위한 하나의 노력이다.

언급했던 다른 것들과 더불어, 이 여섯 가지 관점은 결국 새로운 세대의 일꾼들이 대면하고, 숙달하고, 그 가치를 평가해 보아야 하는 유산이 될 것이다. Piaget식의 유추를 이용하기 위해, 이러한 경향을 기존의 교육적 체계나 심리학적 체계에 융합시킬 수 있을 것이다. 하지만 이와 같이 참신한 관점을 연구뿐만 아니라 오늘과 내일의 실제적인 이슈에 더 적합한 새로운 통합체를 창조해 내기 위한 기반으로 이용하는 것 역시 가능할 것이다.

상징체계 접근법

위에서 개략적으로 설명했던 일반적인 전통에서 생겨난 것이기는 하지만 우리의 관점에서 볼 때 새로운 연구 방침을 더 잘 활용할 수 있고, 우리 시대에 타당한 교육법을 고안해 내는 데 있어 더 적합할 수 있는, 인간 발달 연구에 대한 한 가지 접근법을 소개한다. 우리가 고안해 낸 접근법을 일컬어 '상징체계(symbol system)' 접근법이라고 이름 지었으며, 여기에서 상징체계 접근법의 기본적인 가정과 함의에 대하여 설명할 것이다.

적어도 1세기 동안, 인간만이 지니고 있는 독특한 속성은 다양한 종류의 상징 체계를 활용할 수 있는 그 종(species) 고유의 능력이었다. 다양한 종류의 정보와 의미 요소를 언급하고, 나타내고, 표현하고, 전달하는 물리적 및 개념적 요소들이다. 처음에 학자들의 관심사는 언어와 논리에 대한 상징—일상적인 의사소통뿐만 아니라 수학과 과학이라는 중요한 영역에 대한 습득을 가능하게 만드는 일련의 통일성 있는 체계—을 중심으르 했다. 하지만 Cassirer(1953~1957), Langer(1942), Goodman(1976)의 독창적이면서도 진보적인 글이 발표된 이래로, 다른 유형의 상징체계가 존재한다는 사실 역시 인지하게 되었다. 예술적인 상징체계는 더 전통적인 상징체계에 대한 정확성과 명백함이 부족할지도 모르지만, 강력할 뿐만 아니라 그렇지 않으면 표현하지 못할 의미를 창조하여 전달할 수 있는 예술적 상징체계만의 능력이 이제는 학문 공동체 내에서 그 진가를 인정받고 있다. 게다가 학자들은 상징체계에 대한 구문론적이고 의미론적인 속성뿐만 아니라 사용법—어용론(語用

論: 기호를 사용자 입장에서 연구하는 것으로, 기호론의 한 분과)—에도 맞도록 연구를 적절히 조절해 나가고 있다. 그리고 학자들은 상징체계가 서로 결합될 수 있는 잠재적 가능성뿐만 아니라 사적 및 공적인 상징체계를 새로이 창조해 낼 수 있는 능력에 대해서도 모두 주목하게 되었다(Felderman, 1980; Gardner & Nemirovsky, 1991).

발달심리학자들에게 상징체계에 대해 언급하는 것은 널리 인정받게 되는 현상을 불러일으키게 될 것이다. '상징'은 Piaget 학파나 Werner 학파와 비교해 볼 때 Freud 학파에게 있어 다소 다른 의미를 지니게 될지도 모른다. 하지만 아동이 직접적인 신체적 접촉을 통해서나 개인적인 관심을 통해서뿐만 아니라 단어 · 그림 · 숫자 등과 같은 중재 장치를 통해서도 의미를 파악하여 전달할 수 있게 될 때, 이와 같이 다양한 요소에 대한 실천가들은 모두 아동의 삶에 있어 결정적인 이정표를 인지하게 된다.

일반적으로 상징화의 본질에 대해서뿐만 아니라 특정 영역에서 개체 발생 및 상징화의 발달에 대해서도 최근에 너무 많은 연구가 행해지고 있기 때문에, 혹자는 사실상 상징체계에 대한 숙달을 통해서 발달심리학, 또는 적어도 인지 발달심리학 정도는 재집필할 수 있게 되었다. 그리고 아직은 이상하게 들릴 수 있겠지만, 상징체계의 결정적인 본질과, 우리가 아동 · 발달 · 교육에 대해서 생각하는 방식에 대한 함의에 대해서는 충분한 고찰이 이루어지지 못했다.

아동 발달에서 상징체계

상징화에 대한 초점화는 실재적인 관점과 분석적인 관점 모두로부터 충분히 그 뜻을 이루고 있다. 우리가 영아를 일컬어 전 상징화 단계라고 말할 수 있다는 것은 어느 정도 의미가 있는 사실이다. 영아의 물리적 세계와의 상호작용과 타인과의 관계 모두, 아마도 그 종(species)에 맞게 프로그램이 수립되어 있는 메커니즘을 이용하여 중재적인 매개체 없이 직접적인 접촉을 통해서 주로 발생하게 될 것이다(이 진술은 영아에 의해 사용되는 정신적/지적인 표상의 여러 형태나 '정신적인 언어'에 대한 이슈와 관련하여 중립적인 입장을 취한다)(Mandler, 1983 참조). 하지만 첫 돌 무렵에, 명백한 상징화 과정이 표면화되기 시작하며, 그 과정은 앞으로 펼쳐질 여생 동안 지속적으로 활발히 행해질 것이다. 의미를 만들어 내는 이러한 형식(form) 중 몇몇은 개인적인 성향이 뚜렷하다. 모든 아동과 가정은 신호를 보내고 상징을 사용하는 데 있어 자신만의 고유한 형식을 개발해 낸다(Bruner, 1990). 하지만 대다수의 상징 형식은 해당 문화권 내에서, 그리고 여러 문화권의 전반에 걸쳐서 수세기 동안 진화되어 왔고, 모든 아동이 점진적으로 내면화해야 하는 의미 형성 방식을 반영하는, 일반적인 것이다(Vygotsky, 1978).

5세 무렵이 될 때까지, 충분히 풍요로운 환경에서 성장한다고 가정할 때, 상징체계라는 범주 내에서의 능력 발달은 많은 직접적인 지도나 정교하게 기획된 중재를 받을 필요 없이 자연스럽게 이루어질 수 있다. 아이들은 종(species)의 일원으로서 매우 잘 구성되어 있기 때문에 주변 사람들이 표현하는 다양한 언어를 쉽게 받아들일 뿐만 아니라, 언어를 생산적으로 유창하게 활용하기 시작할 것이다(Heath, 1983). 연구자들은 다른 상징 능력에 대한 궤도에서 유익하고 효과적인 차이점을 불러일으키는 설명에 상반되는 것으로서, 그들이 이른바 '기호학적 트랙(semiotic track)' 이라고 하는 상징화에 대한 하나의 포괄적인 이야기를 승인하는 정도에 있어서는 차이가 있다고 말한다(Karmiloff-Smith, 1992). 우리의 관점은 구문론의 문제에 있어 발달 경로는 매우 다르지만, 의미론과 실용주의적인 측면에 있어서는 아주 유사하다(Gardner & Wolf, 1983 참조). 하지만 혹자가 단일론자이든 복수론자이든 간에, 초기 아동기 과정이 진행되는 동안에 상징 부호(code)에 의해 점점 더 지배당하게 된다는 사실에 대해서는 논쟁의 여지가 없다(Bates, 1976; Bruner, Olver, & Greenfield, 1966; Olson, 1994; Mandler, 1983; Werner & Kaplan, 1963).

상징의 발달은 아동기 내내 지속되지만 생후 처음 5년이 지난 후에는 다른 색채를 띠게 되는데, 특히 '문해' 문화 내에서는 더욱더 그러하다. 가장 중요한 상징체계를 이용하는 것에 대한 교육은 더 형식적인 상황에서 발생한다—즉, 도제(徒弟), 기술 교육, 종교 교육, 학교라고 불리는 여러 기관에서 발생한다(Scribner & Cole, 1973, 1981). 어떤 교육은 제1급 상징체계로서 정교하게 구성된다. 문해 문화는 그들이 제2급 상징체계—그 문화권이 스스로 제1급 상징 부호(code)라고 칭하는 기호법/표기법—를 사용한다는 것으로서 명백히 규정된다. 그리고 고등교육이 이루어지는 범위 내에서는 훨씬 더 난해한 고등 상징체계가 사용되는데, 이에 대한 좋은 예로는 복잡한 수학적 계산 체계를 들 수 있다.

이 시점까지, 우리는 '상징체계'라는 용어를 사용하는 데 있어 중요한 모호성(ambiguity)에 대해 간과해 왔다. 사실상 이 용어는 두 가지 명백한 차이를 나타내는 의미와 학문 분야로서의 발달사를 가지고 있다. 철학이라는 영역 내에서, 그리고 기호학과 언어학이라는 동류의 학문 분야 내에서, 상징체계는 공공연하게 조사가 이루어질 수 있는 일련의 기호로 구성되는데, 그 기호에 대한 구문론과 의미론은 숙련된 분석가들에 의해서 규명되어 면밀히 분석될 수 있다. 기술된 언어에서부터 춤에 대한 표시법과 과학적 도식에 이르기까지 이 모든 것을 망라하는 코드는 '외적인' 상징체계로서의 기능을 한다(Eco, 1976; Goodman, 1976). 심리학 및 다양한 인지 관련 학문 분야 내에서, '상징체계'는 주로 '내적인(internal)' 용어로 간주된다—특정 유형의 '정신적인 언어'나 사고적인 언어에서는 인지적인 표상으로서 간주된다(Fodor, 1975; Gardner, 1985; Newell, 1980). 이러한 내적인 상징적 표상에 대한 정확한 본질과 특이성에 대해서는 격렬한 논쟁이 이루어지고 있다. 하지만 특정 유형의 정신적 부호가 존재하고 있다는 사실은 인지과학의 범주를 명확히 규정하는 가정이다(단, 혹자는 최근에 그와 유사한 것들이 퍼지고 있는 양상에 주목해야 한다)(Rumelhart & McClelland, 1986; Smolensky, 1988 참조).

분석 도구로서의 상징체계

상징체계에 대한 모든 논의에 있어 내·외적인 대조점에 주목할 때, 우리는 상징체계의 조망에서 추정해 볼 수 있는 분석적인 역할에 대한 토의로 들어가게 된다. 이론적인 학문 분야는 우리의 연구에서뿐만 아니라 특정 교육제도하에서 생활하는 데 있어서도 중요한 역할, 사실상 필수 불가결한 역할을 하고 있다. 하지만 많은 중대한 이슈가 여러 학문 분야별 경계를 존중하지 않고 있다는 주장과, 연구의 핵심 목표가 학문 분야별 견지들 간에 적절한 관계를 형성하는 것이라는 주장에 대해서는 거의 아무도 의문을 제기하지 않고 있다.

우리가 여기에서 주장하는 바는 상징체계 접근법이 특별한 가치를 지니고 있다는 점이다. 아동의 마음과 교육과정에 대한 철저한 이해는, 한편으로 인간의 생물학적 · 진화적 유산에서 시작하여 다른 한편으로는 인간의 문화적 관습과 관례의 작용에 이르는 범주까지 확대되어야 한다. 하지만 '유전자' 와 '신' 사이의 거리는 솔직히 너무도 큰 것이어서 우연찮게 그 격차가 메워질 수는 없을 것이다.

하지만 그와 같은 학문 분야별 소통(conversation)에서 '상징체계' 의 분석적인 구성이 어떤 역할을 해낼 수 있을 것인지에 대해서는 고찰해 보라. 일개 종(species)으로서 인간은 상징을 이용할 수 있는 생물체가 되도록 유전자상에 이미 프로그램이 짜여 있을 뿐만 아니라 신경체계상에도 그렇게 될 수 있는 채비를 갖추고 있다. 하지만 우리는 단 하나의 일반적인 인지 능력을 단정하기보다는, 신경 체계를 일컬어 다양한 종류의 정보를 처리하는 수많은 다른 인지체계 발달에 적합한 것으로 간주하는 것이 더 유익함을 알게 되었다. 우리는 이 밖에 다른 곳에서 이러한 체계에 대해 '다중 지능(multiple intelligence)' 이라는 이름을 붙였다.

다중 지능은 일련의 중립적인 신경생물학적 잠재성으로 시작된다. 다중 지능은 인간 사이에서, 특히 주어진 문화에 이미 존재하고 있는 의미 형성 체계를 통해 발생하는 의사소통에 의해 구현되면서 그 힘을 발휘하게 된다(Bruner, 1990). 언어적, 음악적, 숫자적 잠재 요소를 변형시켜 별개로 운영되며 동시에 상호작용을 하는 지능으로 만드는 것은, 바로 말로 발화되는 언어와 노래로 불리는 음악, 그리고 공동 숫자 체계 등 각각의 존재이다. 여기에서 세상에 존재하는 소리, 광경, 기호와 두뇌의 만남은 외적인 상징체계—모두가 바라보는 현재—와 내적인 상징체계(사람들로 하여금 그들 문화에서 진화된 상징체계에 참여하고, 그것을 이용하며, 심지어 교정하도록 하는 정신적인 것에 대한 특별한 변형물) 사이의 변증법을 불러일으키게 된다.

의인화된 관점에서, 우리는 다음에 제시되는 주장에 주목할 수도 있다. 기능적인 문화는 그것이 계속적으로 존재함이 확실히 보장되어야 한다—종에 있어서 유전자의 생존이 중요한 만큼 문화에 있어서도 '문화 요소' 의 존속은 매우 중요하다는 것이 입증되었다. 문화는 유전자와 두뇌, 심지어 지능에서도 관찰될 수 없다. 하지만 문화는 외적인 상징의 존재와 그것이 사용되는 모습을 통해 관찰될 수 있다. 그리고 사실상 문화는 그 사회의 더 어린 구성원에 의해서 상징체계가 학습되고, 활용되고, 변형되고 있는지의 여부뿐만 아니라 그것들이 어느 정도로 얼마나 적절하게 이루어지고 있는지를 모니터하는 기관을 설립함으로써 문화의 존속 정도를 판단한다. 더 구체적으로 이야기하면, 책임감 있는 성인들은 성장기의 아동들에게 해당 지역사회의 신화, 격언, 의식, 예술 작품, 과학적 실재, 철학적 체계에 대한 징후가 나타나는지에 주목한다.

다음으로 여기에서 우리는, 방대한 인문과학 분야에서 상징체계에 의해 행해질 수 있는 강력한 분석적인 역할에 대해 검토하기 시작할 것이다. 명백히 말해서, 상징체계는 분석가들에게 있어서 필수 불가결한 '제3의 것' 으로서의 역할을 한다— 즉, 안전하고, 존중받으며, 신성화된, 유전자와 신 사이의 '가운데 영역' 으로서의 역할을 한다. 그것을 개략적으로 살펴보기 위해, 인문과학의 연속체 내에서 상징체계의 위치를 검토해 보라.

유전자	두뇌	내적인 상징체계 (한 가지 혹은 그 이상의 부호로 제시된 정신적 표상)	외적인 상징체계 (외적 기호, 패턴, 일련의 행위)	문화적 역할, 기관(제도), 현장

하지만 이 상징체계 접근법은 전형적으로 형식적이거나 비형식적인 교육체계를 통해서, 상식 생물학적인 경향에서부터 문화의 보존과 전달에 이르기까지의 전 영역으로 확대시키면서, 하나의 구체적인 방식으로 어떻게 전개되는가? 뒤에 이어지는 내용에서, 우리는 상징체계 접근법이 두 가지 영역에서 어떻게 적용되는지에 대해 상세히 검토해 볼 것이다. 음악적 인지에 대한 적용법과 공간적 인지에 대한 적용법의 각 사례에서 우리는 어떤 문화 내에서 유능한 실무자들이 성취하리라 기대할 수 있는 성인들의 종결 상태(end-states)에 대한 여러 유형에 주목하는 것으로 시작한다. 그러고 나서 생물학적인 경향성, 문화적인 메시지, 해당 영역에 대한 초기

이해도가 전문성을 원만하게 습득하도록 해 주는 데는 불충분한 것임을 입증해 줄 수 있는 방식에 대해 고려하면서, 그 영역 내에서 표본 발달과정을 추적해 나간다. 이러한 조사의 목적은 소중한 것으로 간주되는 여러 유형의 능력을 실현시키기 위해서 따라야만 하는 복잡한 궤도를 지적해 주는 것뿐만 아니라, 그 과정에서 상징체계 접근법이 발달심리학과 교육학 분야에서 초기에 대화한 '진보주의자적인' 방침에 있어서의 몇 가지 제약을 없애 줄 수도 있음을 시사하고자 하는 것이다. 우리는 교육학적인 문제와 더 직접적으로 관련된 최종 부분으로 주의를 돌릴 것이다.

음악적 인지

서구 사회에서, 음악적 발달과정은 결과적으로 여러 가지 종결 상태를 가져온다. 먼저, 개인은 주변의 음악 문화에 참여하는 데 있어 유능해진다. 예를 들어 모든 사람들이 그렇지는 않더라도, 대부분의 사람들이 음악적 스타일을 구별하는 것과 같은 지각(perceptual) 과제를 해결해 낼 수 있는 능력과 더불어 '생일 축하합니다' 와 같은 성악 버전을 무리 없이 연주해 낼 수 있는 능력도 지닐 수 있게 된다. 하지만 더 널리 알려진 음악적 인지에 대한 종결 상태는 전문적/직업적—연주 · 작곡 · 음악학 · 음악 이론 등을 포함하여 여러 음악 관련 학문 분야 중 하나에 대한 숙달에서다. 전문 음악가들은 일련의 기초적인 기술과 문해(예를 들면, 청각 훈련이나 기호법 읽기)뿐만 아니라 특정 학문 분야에 특수하게 적용되는 요소(예를 들면, 악기 연주법)에 대한 능력까지도 발현하고 있다.

음악 교육의 실제는, 사람들이 이러한 종결 상태에 이를 수 있도록 고무시키기 위해 기획되어, 흔히 절대적으로 특정하게 정해진 음악적 경향에 대하여 '일상 심리학' 과 '일상 교수학' 에 토대를 두는 경향이 많다. 서구 사회에서, 주도적인 위치를 점하고 있는 '일상 교수학' 은 음악적 성취에 대하여 비교적 간단한 모델을 발달시켜 나간다. 타고난 재능은 수년간에 걸친 연습을 통해서 발현된다. '재능 모델' 은, 적절한 유전학적 재능과 충분한 교육이나 연습이 주어진다면, 개인이 아무런 문제

없이 음악적 기술의 계발의 재미를 향유하게 될 것이라고 예측한다.

아래에서 우리는 음악적으로 뛰어난 기량을 얻기까지의 경로가 원만하다고 보는 관점에 대하여 지나치게 낙관주의적이라는 점을 시사한다. 상징체계 우위론의 관점에서 음악을 볼 때, 우리는 음악에 대한 다양한 표상이 서로 갈등을 일으킬 수도 있지만, 그 결과로서 일어나는 문제를 다루기 위해 특별한 조치가 취해질 수 있음을 알고 있다. 이 논의를 펼치기 위해서, 우리는 음악에 대한 상징체계 접근법을 간략하게 요약하여 이야기한 다음 그것이 교육에 끼치는 영향에 대해 논의할 것이다.

음악에 대한 상징체계 접근

음악의 신경 생물학

음악적 상징화에 대한 능력에 대하여 누구나 가지고 있는 천부적인 능력(다른 곳에서는 '음악적 지능' 이라고 한다. Gardner, 1993d)이라고 주장하는 것은 3개 분야에서 이루어지는 연구에 의해서 뒷받침되고 있다. 첫째, 거의 모든 아이들은 생후 초에 놀랄 만큼의 발성 능력을 보인다. 선율과 음조 및 음성학적인 실험기를 거친 후, 아이들은 대략 1년 6개월 정도의 연령대에 '자발적인 노래(spontaneous song)' —환경적인 입력에 의해 비교적 영향을 받지 않는 개인적 탐색—를 부르는 데 몰입하기 시작한다. 둘째, 영아들은 1세 무렵에 발성법에 대한 인상적인 판별력을 지닐 수 있을 것이고, 아마 더 이른 시기에 아이들은 박자보다도 가락을 더 잘 맞출 수 있을 것이며, 여러 가지 발성법 패턴을 따라할 수도 있을 것이다(Kessen, Levine, & Peindich, 1978). 셋째, 심한 학습장애를 지닌 영재(Feldman, 1986)와 '석학(碩學)' (Viscott, 1970)에 대한 연구는 간단히 연습과 훈련의 탓으로만은 돌릴 수 없는 진보된 수행능력을 보여 준다.

'모듈적인(modular)' 마음의 관점과 일치를 이루면서, 다른 증거는 음악적 지능이 대개 독립적인 것임을 시사한다—다른 지적 능력, 그중에서도 언어적인 능력과는 가장 현저한 차이를 보인다. 음악적 지각력에 대한 연구는 가락을 이해하는 메커니즘이 언어를 처리하는 메커니즘과 다르다는 증거를 제시한다(Aiello, 1994;

Deutsch, 1975, 1982). 게다가 뇌에서 상(像)을 그리는 기법을 이용하는 신경정신학적인 연구(Sergent, 1993)와 뇌에 손상을 입은 사람들에 대한 연구(Basso & Capitani, 1985; McFarland & Fortin, 1982)는 언어적 및 음악적 의사소통과 그들의 신경회로의 구조적 독립성 면에서 선천적으로 내재되어 있는 정신적인 과정의 기능적인 자율성을 제안한다.

생애 가장 이른 시기에서부터 나타나게 되는 음악적 행동에 있어서의 방대한 개인 차는 음악적 지능이 유전될 가능성이 높다는 사실을 시사한다(Gardner, 1982; Torff & Winner, 1994; Piechowski, 1993). 생물학적으로 기반이 형성되는 '재능'은 음악적 업적에 있어 한 가지 요인으로 작용한다. 하지만 우리가 앞으로 보게 될 것과 같이, 문화적 및 교육적 고려사항과 관련된 사항 역시 매우 중요한 역할을 한다.

초기의 음악적 발달과 직관적 음악적 마음

녹음된 음악과 성인들의 노래에 정기적으로 노출시켰을 때, 서구권 유아들은 그 노래에 몰두하게 되는 결과를 보여 준다. 이러한 노출은 형식적인 교육을 받지 않고 일어나게 되는 수년간의 음악적 발달(아이들이 점차 특정한 주변의 문화를 포용하면서 음악적 상징체계와 가락을 맞추고 있음을 알게 하는 발달)에 대한 촉매 역할을 한다.

생후 2년 6개월이 될 무렵, 영아들은 다른 사람들이 부르는 곡조를 명백하고 폭넓게 인지하고 있음을 보여 주기 시작한다(Gardner, 1982). 아동은 처음에는 장단이 잘 맞는 구조를 맞춰 봄으로써, 나중에는 멜로디의 음조 곡선을 따라 함으로써, 마지막에는 별개의 가락(마디별로 가락을 끊어서 부르는 것)을 부름으로써 유아원에서의 친숙한 압운(押韻)을 따라 부르려고 시도한다(Davidson, 1994). '배웠던 노래'가 압도적인 우위를 점하기 때문에, '자발적인 노래'는 부르는 빈도가 줄어들게 되어 결국은 완전히 사라지게 된다.

주변 세상으로부터 표현력이 풍부할 뿐만 아니라 해당 맥락에 적합한 의미를 파악하면서, 아동들은 주변의 음악 문화에 대하여 여러 가지 상징적인 형태를 습득하게 된다. 그에 대한 한 예로 화음(harmony)과 분위기의 결합을 들 수 있다. 서구 문화권 내에서의 일상생활 과정에서, 아동은 단음계의 조성이 슬픔을 전달하는 반면 장조의 조성(調性)이 행복을 상징한다고 이해하게 된다. 또 다른 예로 음악을 상황과 결부시킨다. 한 곡조는 〈세서미 스트리트(Sesame Street)〉의 시작 부분을 나타내고, 또 다른 곡조는 생일 파티나 종교적인 의식을 나타낸다.

자발적인 음악적 발달에 대한 이 이야기는 아동이 학령에 도달할 때 종결되는 데, 그 시점에서는 일상적으로 해당 음악 문화에 몰입하는 것이 차후에도 촉매로 작용할 수 있는 힘을 잃어버리게 되는 듯 보인다. 적어도 서구 문화권 내에서는, 교육이 부재한 상황에서도 음악적 발달이 7세 이상까지 지속됨을 시사하는 증거는 존재하지 않는다(Gardner, 1973a; Winner, 1982). 그러므로 음악적 지능은 다른 영역에서 '5세 지능'을 지닌 아이가 도달하게 되는 것과 같은 유형의 발달 고원(developmental plateau)을 나타내게 된다(Gardner, 1991).

음악적 지능은 결과적으로 강력하면서도 제약을 받게 된다. 음악적으로 훈련받지 않은 사람들은 음악 문화에 대한 소비자로서 참여하는 데 유능해짐과 동시에, 지각검사(Dowling, 1994; Dowling & Harwood, 1986; Krumhansl, 1990), 작품(Sloboda, 1994; Swanwick & Tillman, 1986), 그리고 표상(Bamberger, 1991; Davidson & Scripp, 1988)에서 인상적인 능력을 보여 준다. 동시에 명백한 제약 요소가 가시화된다. 첫째, 고정관념이 형성될 수도 있다. 예를 들어, 연구 결과에 따르면 사람들은 규칙적인 운율 · 압운 · 여린박으로 된 음조를 지닌 시에 대해 높은 가치를 부여한다—학문 분야별 전문가들이 깨닫지 못하는 제약 요소이다(Richards, 1929). 아이들이 전형적으로 서정적인 내용의 노래와 엄격한 형식을 따르는 곡에 적응되어 있기 때문에(Gardner, 1982; Gardner, 1973b), 유사한 고정관념을 따르려는 편애(偏愛)는 음악에 있어서도 만연해 있는 듯 보인다. 둘째, 노래는 같은 키(note: 음표, 음색)로 시작하여 같은 키로 끝나야 한다는 관념과 같이 여러 가지 오개념이 생겨날 수도 있다(Davidson, Scripp, & Welsh, 1988). 마지막으로, 만약 교육이 시작되어야 한다면, 음악에 대한 직관적인 개념과 학문적인 개념 사이에는 갈등이 일어날 수도 있다.

음악에 있어서의 학문적 전문성과 교육

음악 수업과 도제(徒弟)에 참여하면서, 아이들은 해당 음악에 대한 여러 가지 개념과 움직임을 접하게 되고, 자신이 속한 문화의 음악적 상징과 상징체계에 더 깊이 빠져들게 된다. 우선, 일차적 상징체계를 정교화하게 된다. 예를 들어 음악 연주에 대한 전형적인 도제 환경에서, 연주를 지도한다는 것은 표현의 이면에서 드러나지 않는 미묘한 차이에 대한 이해나 작곡의 프로그램적인 측면에 대한 이해를 불러일으키게 된다(Davidson, 1989). 뿐만 아니라 이차적 상징체계도 작용하기 시작한다. 예를 들어 연주상의 지시(예를 들어 '레가토: 부드럽게 음을 끊지 않고 연주하기')와 은유(예를 들어, '나비처럼')에서 언어적 상징을 보게 된다. 마지막으로, '이차적' 음악 문화에서 기보법(記譜法) 체계가 사용된다(블루스나 록과 같이 '전통적인' 문화와 서구의 하류 문화에 대조되는 것으로서).

수업은 학문 분야의 상징체계를 직관적인 음악적 지능에 접목시킨다. 몇몇 사례에서, 그것은 향상된 연주/작곡 실력, 지각적인 예민함, 성찰이 주된 특색을 이루는 학구적인 전문성을 원만하게 습득하도록 하는 결과를 가져온다. 하지만 다른 여러 사례에서 그러한 변화는 더 많은 문제를 불러일으키는 것으로 입증되었다.

한 뜻깊은 연구에서, Bamberger(1991, 1994)는 특정 맥락에 깊이 새겨 있는 직관에 의한 '도형적(figural)' 이해와 음악 기보법(記譜法: 악보를 표기하는 방법)과 같은 '형식적인' 체계 사이의 갈등을 보고하고 있다. 교육을 받은 피실험자와 교육을 받지 않은 피실험자는 '하나, 둘, 신발 들고, 셋, 넷, 문을 닫자'라는 운율이 있는 패턴에 대하여 새로운 기보법을 창작해 내라는 요구를 받았다. 이 패턴은 두 번 손뼉(grouping A)을 치고, 뒤이어 세 번 손뼉(grouping B)을 치고, 뒤이어 두 번 손뼉(grouping A)에서 두 번 손뼉을 치는 것 사이의 시간만큼, 또는 세 번 손뼉(grouping B)에서 첫 번째와 세 번째 손뼉을 치는 것 사이의 시간만큼 쉼표가 오게 하는 것이 주된 특징이다.

교육을 받지 않은 피실험자는 전형적으로 손뼉치기를 적절하게 배치하지만 그 나머지의 길이에 대해서는 간과해 버리는 기보법을 창작해 낸다.

. . . .

이 기보법을 '읽으려고' 시도하는 사람은 2~3개의 '묶음' 을 재생해내기는 하지만 일관성 있는 형식으로 나머지 부분을 재생해 내지는 못할 것이다. 이와 대조적으로 교육을 받은 피실험자들은 그 박자와 쉼표를 모두 행하는 데 얼마만큼의 시간이 걸리는지 인지하면서 운율 패턴을 따르게 된다.

. / . / . . . / . / . / . . . /

이 연주는 사실상 정확한 것이다. 하지만 그 패턴 자체를 연주하라는 요구를 받을 때, 교육받은 피실험자들은 교육을 받지 않은 피실험자들의 기보법과 연주에서 부각되는 운율적인 묶음의 느낌을 재현해 내지 못할 수도 있다. 운율상 정확하기는 하지만 구절법(각 악절로 나누는 것)을 이해하는 데는 실패한 기보법을 구사하면서, 교육받은 피실험자들은 충분히 적합하면서도 이해할 수 있는 것이라기보다는 '정답에 대한 절충물' 을 창작해 낸다. Bamberger의 용어로 '형식적인(formal)' 지식(기호체계)은 형태(pattern)의 직관적 '도형적' 지식을 압도했다. 전문 음악가들이 도형적이거나 형식적인 해석에 제한되지 않는 반면 Bamberger가 주장하기를, 학생들은 '그 노래가 어떻게 진행되는지' 에 대한 직관적인 지식을 그에 대한 기보법과 적절히 대응시키는 데 어려움을 겪게 된다. 해당 문화의 형식적인 상징체계는 직관적인 음악적 능력과 충돌하게 된다.

Bamberger의 연구와 유사한 맥락에서, Davidson, Scripp 그리고 Welsh(1988)는 기보법 과제에서 학생들이 지각적 지식과 개념적 지식 사이의 갈등을 나타낸다고 보았다. 서구식 음악의 표준 기보법 체계를 이용하여 '생일 축하합니다(Happy Birthday)' 라는 곡을 악보로 표기하고자 시도했을 때, 학생들은 잘못된 기보법을 구사했다. 노래는 같은 키(note)로 시작하고 끝맺어야 한다는 그릇된 이해를 토대로 하여, 학생들은 그 곡 마지막 구절의 조(調)를 변경시키는 방법을 선택했다. 표기한 악보에 따라서 노래를 부르라는 요구를 받았을 때, 학생들은 자신의 기보법상에서 잘못된 부분을 전혀 파악해 내지 못한 채, 그 노래를 '표준적인(canonical)' 버전으로 재현했다. 자신들의 기보법에서, 학생들은 잘못 이해하고 있는 개념적 지식을 선호하며 곡에 대한 정확한 지각적 지식을 간과하고 있다. 노래를 부를 때, 학생들은 지각적 지식에만 의존하고 자신들의 기보법이 잘못되었다는 사실은 간과해 버렸다. 저자들의 말을 빌자면, 학생들은 음악에 대한 지각적 지식과 음악 기보법에 대한 형식주의 사이에서 괴리를 경험하고 있는 것이다.

음악 교육

앞서 제시된 예들은 음악에 있어 다양한 형태의 표상이나 이해 사이에 존재할 수도 있는 긴장(tension) 요소에 대해 지적한다. 이들 중 다수는 교육이 이루어짐에도 불구하고 지속된다. 진보주의 운동은 음악 교육자들이 경험을 기반으로 한 학습을 선호하면서 음악에 대한 지식을 직접적으로 전달하는 일(예를 들면, 독서나 강연)을 경시하도록 했다. 따라서 많은 음악 교육이 연주를 지나치게 강조하는 경향을 띠고 있다—음악적 기능에 있어서 직접 귀로 들을 수 있는 측면을 강조한다. 그 결과로서 음악 연주는 감동적이기는 하지만 필연적으로 분석이 이루어질 수 없기 때문에, 전형적인 교수법에서는 학생들이 해당 학문 분야의 전문가들에게서 요구되는 최고 기량의 범주까지 접근하는 것을 제한하고, 오개념이 있는 부분에 대해서는 그 부분을 접하지 못하게 하는 식으로 그대로 남겨 둔다.

상징체계 접근법은, 적절한 교수법이 전문 음악가들을 모범으로 들 수 있을 만큼의 능력을 길러 줌으로써 어떤 식으로 직관을 넘어서는 '이해'를 가져올 수 있는지를 밝혀 준다. 그러한 음악 교수법에 대한 개략적인 설명을 시작하기 위해(우리가 시사하는 바들이 독창적이거나 포괄적인 것이라는 부당한 주장은 하지 않으면서), 우리는 전통적인 도제 모형 중에서 최고의 것을 음악 분야에서 이해를 위한 교육에 대해 생성되고 있는 여러 개념과 결합시키고자 노력한다.

전 세계적으로, 음악가들은 장기간 동안 그 분야의 거장인 연주자에게 도제로 보내짐으로써 어릴 적부터 경험을 쌓았다. 학습자가 전문 음악가들에 의해 이용되는 해당 학문 분야의 관습(예를 들면, 동작, 기법, 개념, 가치, 범주, 심미감)과 지속적으로 상호작용을 하도록 하면서, 도제는 여러 가지 중요한 측면에서 학습을 맥락화한다.

우선, 교사는 수업에서 연주를 하거나 작곡을 할 수 있는 능동적인 음악가 역할을 한다. 게다가 학습자는 대개 녹음과 공연을 분석하는 책임을 맡게 된다. '모델링' 은 익숙한 명백한 절차와 규칙뿐만 아니라 멀게는 잠재되어 있는 가치와 목표까지도 학생들이 볼 수 있도록 해 준다. 하지만 학생들이 단순히 모델을 접하게 하는 것만으로는 충분치 않다. 학생들이 그것을 모방할 수 있는 기회도 충분히 가져야 한다. 그러므로 도제는 학습자에게 '연속적인 접근(successive approximation)' 에 참여할 수 있는 기회—학습자가 모델을 보고 참고한 다음 그 모델과 흡사하게 연주하는 것을 시도하는 2단계 순서—를 제공해 준다. 그 사이클이 반복됨에 따라서 학습자는 모델링한 행동에 점차 더 가까이 접근해 나간다. 게다가 학생은 '코칭' 을 통해서도 이점을 얻는다—즉, 교사가 학습자 개인에게 적합하게 조정한 개별화된 언어적 · 음악적 피드백을 한다. 흔히 학생들의 연주와 관련된 비평 및 시범 형태로 이루어지면서, 코칭은 학습자의 연주 실력을 강화시키는 것뿐만 아니라 무엇을 개선해야 할지와 어떤 방법으로 개선시켜야 할지에 대한 문제를 다루는 데도 초점을 둔다.

비록 전통적인 도제 제도가 유익한 것이긴 하지만 지속적으로 여러 가지 오개념 요소가 존재한다는 것은 음악 분야의 참된 이해를 위한 교육을 기획할 때 부차적으로 몇 가지 단계를 더 필요로 한다는 사실을 나타낸다. 만약 동시대의 교수법에 있어서 모두가 공통적으로 수행에 대해 지나치게 강조한다면, 학생들이 음악에 대한 직관적인 개념을 접하고 그에 대해 재고해 볼 수 있도록 '목표 이해' 와 '이해에 대한 수행' 을 명시화하는 것은 필수적이다[아래에 제시되는 논의와 Gardner & Boix-Mansilla(1994) 참조].

우리 자체 연구 집단은, 이러한 목표에 전념하기 위한 교육적 접근인, Arts PROPEL을 개발했다. 기본적인 생각은, 예술 활동이 작품(연주나 작곡), 지각(청각적 판별 기술), 성찰(지각이나 작품에 초점을 두고 비판적인 판단을 하는 것) 등 세 가지 상관된 인지 능력, 또는 '앎에 대한 방식' 을 수반하고 있다는 것이다(Gardner, 1989).

학생들이 이러한 앎의 방식을 통합시키는 데 도움을 주기 위해서, Arts PROPEL

수업은 두 가지 주요한 수단을 주된 특징으로 한다. 첫째, '영역 프로젝트(domain project)' 에서는 해당 학문 분야에 있어서의 여러 개념과 실재들을 토대로 하여 교육과정의 순차적인 배열이 전개된다. 예를 들면, '앙상블 시연 비평' 은, 학생들이 자신이 연주한 앙상블을 녹음한 것을 듣고 개인이나 앙상블에 대해 개선 가능성이 있는 부분을 지적하기 위해 기획된 비판적 판단을 기술하는 일련의 한 학기 단위 활동을 시작하게 된다(Davidson & Scripp, 1991). Arts PROPEL 수업에서 이해력을 기르기 위해 사용되는 두 번째 매체는 '과정 폴리오(process-folio)' 라는 평가 장치다—즉, 학생들이 한 편 이상의 작품을 연주하는 법을 배우는 과정에서 거치게 되는 여러 단계와 국면을 포착하기 위해 기획된 학생들의 활동에 대한 포트폴리오를 말한다. 이러한 활동으로는 녹음/기록과 지각 활동뿐만 아니라 비평 시트나 일기같이 성찰을 위한 여러 가지 방법이 포함된다. 학습자들이 자신의 활동에 대해서 어느 정도의 거리를 두고 생각해 볼 수 있도록 하면서, 과정 폴리오는 학생들로 하여금 그들이 어디로 향하고 있는지를 알게 하고, 장기간에 걸쳐 자기 자신, 동료, 교사들에 의해 행해지는 비판적인 판단을 통해서 이점을 얻을 수 있도록 해 준다.

도제 모형에 대한 여러 가지 강점과 더불어, Arts PROPEL 교육과정과 평가 장치(그리고 관련 프로젝트—예를 들면 Bamberger, 1991)는 연주를 지나치게 강조하는 '진보주의자' 들의 교수법으로 인해 발생하는 몇 가지 문제점을 다룬다. 상징체계 접근법은, 음악적 지식을 이해하거나 설명하기 위해서 다중체계가 존재한다는 사실을 인정한다—내적 · 심리적 체계뿐만 아니라 외적인 체계와 문화적인 체계도 존재한다. 게다가 이러한 상징과 상징체계 사이에는 갈등이 일어날 수도 있다. 특히 음악에 대한 직관적인 이해(5세 아동의 음악적 지능에 포함됨)는 해당 학문 분야 (음악) 내에 존재하는 여러 가지 중요한 개념과 관례를 이해하는 데 방해가 될 수도 있다.

위에서 제시한 교육학적인 생각들은 이러한 긴장을 해결할 수 있는 대안적 전략을 이끈다. 전통적인 도제 제도 모형을 음악 분야에 대한 이해를 길러 주기 위한 사전 행동 단계와 결합시키면서, 우리의 교수법은 음악의 거장에 의해서 발휘된 음악에 대한 참된 이해로 학생들을 이끌어 주는 것을 목표로 하면서, 학생들이 학문적인 관례(disciplinary conventions)를 접하게 하고, 그르치기 쉬운 음악에 대한 직관적인 개념에 맞서도록 한다.

공간적 인지

공간적 능력의 발달

아동들의 예술 작품에 대해 이야기할 때, Picasso는 "내가 그들 나이였을 때, 나는 Raffaello처럼 그림을 그릴 수 있었지만, 아이들처럼 그림을 그리는 법을 배우는 데는 내 평생이 걸렸다"라고 외쳤다(Gardner, 1993c). Picasso의 발언은 예술적 재능은 계발시켜 줄 필요가 없다—예술적 재능이 자유롭게 펼쳐질 수 있도록 해 주어야 한다—는 여운을 남김으로써 예술가를 둘러싼 대중적인 신화를 뒷받침해 준다. 그와 같은 개념에서는 교육에 대한 여지가 전혀 남아 있지 않은 듯 보인다. 이와 유사한 관점이 공간적 발달에 있어서의 다른 수많은 측면에서도 적용되는 듯 보인다. 우리는 체스 신동에 대한 이야기에서 결승전으로 향하는 경기와 수년간에 걸친 반복 연습에 대해 익숙하기보다는 그에게 있어 외견상 자발적인 것인 듯 보이는 시연에 더 익숙해져 있다. 지도를 이용할 때 명백히 드러나는 능력과 같이 더 일반적인 공간적 능력은 비교적 쉽게 명백한 지도가 이루어지지 않고도 발달되는 것으로 추정된다.

공간적 영역에서 핵심이 되는 능력과 이해력은 틀림없이 우리가 유전적으로 타고난 재능의 일부가 되는 성향에서 비롯된다. 하지만 화가나 지리학자가 되기 위해서, 또는 공간적 발달에 있어서의 수많은 '목표 상태' 중 하나를 성취하기 위해서 그러한 성향만으로는 충분하지 않다. 지리학자가 되기 위해서, 혹자는 지도와 지도 자체가 나타내는 세계의 여러 측면 사이에서 기호로 제시된 관계를 추정해낼 수 있는 천부적인 성향을 극복해야 한다. 지리학자는 표면적인 특징—어떤 대상이 어떻게 보이는지—에 대해 파악하는 수준을 넘어서서, 왜 그것들이 그런 식으로 생겼는지 이해해야 한다. 그러한 이해에는 그 학문 분야에서 줄곧 발달되는 상징과 상징 관계에 대한 숙달도 포함된다. 그것은 혹자가 새로운 지도를 읽고 새로운 지리학적 표상을 창조하는 것과 같이 '이해에 대한 수행' 에 있어서의 숙달을 나타내는 것이라기보다는, 그가 어떤 장소명을 암기해 열거하거나 그 장소들 사이에 나 있는 길을 기억해 내는 것보다 더 많은 일을 할 수 있다는 것을 의미한다.

마찬가지로, 전문적인 시각 미술가가 되는 것은 원근화법 그리기와 같은 문화적인 규약을 통달하는 것도 포함한다. 성취는 심미적인 효과를 창조해 내기 위해서 어떤 색상, 형태, 구도가 사용될 수 있는지에 대한 이해력의 발달에 의해서도 좌우된다. 게다가, 화가들은 대부분의 사람들이 그것을 창작해 내는 방법을 배울 수 있는 극단적으로 사실적이고 현실적인 표현(demonstration)의 수준을 넘어서야 한다. 화가들은 당대에 습득하게 되는 문화적인 관행을 다룸과 동시에 도전적 방식으로 그것들에 대한 이해를 그림으로 표출해야 한다. 각각의 경우에, 발달과정에는 몇 가지 유용한 성향, 실질적인 장애물, 표상에 대한 근본적인 숙달 가능성, 연습, 그리고 공간적 영역의 역할 등이 포함된다.

공간적 발달에 대한 생물학적인 기원

방대한 연구가 이루어진 결과, 새로운 길을 익히고 정신적인 이미지를 형성하여 능숙하게 다루며, 공간적인 표상을 창조해 내는 것과 같은 공간적인 능력에 대하여 생물학적인 요소들이 강하게 영향을 끼친다는 주장이 제기되고 있다. 예를 들면, 꿀벌, 개미, 쥐를 포함하는 다양한 동물과 곤충은 길을 찾는 것과 같이 전문화된 공간적 기능을 수행하는 데 있어 도움을 주는 천부적인 성향을 지니고 있음이 수많은 연구 결과 밝혀졌다(Cheng, 1986; Dyer & Gould, 1983; Gallistel et al., 1991; Margules & Gallistel, 1988).

하지만 인간이 아닌 여러 종에게 있어 그 증거는 무한하다. 사실상 동물과 인간에 대한 연구에서 밝혀진 결과들의 일치는 공간 능력에 대한 생물학적 기초를 입증하는 가장 강력한 증거다. 그러한 연구 보고서는, 인간과 원숭이 모두에게 있어서 뇌의 특정 부분(특히 우반구 영역)이 특별한 공간적 기능을 수행하기 위해 미리 '준비되어 있음' 을 보여 주었다(Stiles-Davis, 1988). 게다가 공간적인 과제에 대한 인간의 수행능력에 있어, '성별의 차이'와 호르몬 수치 및 신체적인 성숙도와 같은 '생물학적인 요인' 사이에는 밀접한 관련이 있음을 입증하는 방대한 증거가 존재한다(Harris, 1981; Witelson & Swallow, 1988). 피험자가 미로에서 길을 찾아 빠져나와야 하는 과제에서, Bever(1992)는 인간과 쥐의 수행에 있어서 유사한 성별상의 차이가 있음을 보여 주었다. 두 종 모두 여성 성(性)은 안표(landmarks)에 더 많이 의존하는 반면, 남성 성(性)은 공간의 지형에 더 많은 초점을 두었다.

공간적 영역에 있어서 초기의 도전 극복하기

이러한 천부적 재능은 영아들이 공간적인 세계를 탐구하고 활용할 수 있는 준비를 갖추고 삶을 시작할 수 있도록 해 준다. 하지만 점차 나이가 들어 자신이 속한 공간적인 영역 내에서 진화되어 온 표상과 지식을 접하게 됨에 따라 영아들은 진화(evolution)가 예상치 못했던 다양한 문제를 경험하게 된다. 지도와 원근화법 그리기는 상징적인 표상이 발달에 대해 제기하는 도전의 두 가지 예에 해당된다.

지도는 단순히 장소 이름을 나열해 놓은 진열대도 아니고 원거리 여행을 위한 참고 자료도 아니다. 지도는 수백 년간에 걸쳐서 방대한 공간 사이에 입수된 관계에 대하여 생겨난 지식들을 나타내는 표기법이다. 비록 유아들—앞을 볼 수 있든 없든 간에—이 몇몇 단순한 지도를 이용할 수는 있지만(Landau, 1988; Landau, Spelke, & Gleitman, 1984), 이러한 표상을 대하는 방법에 대한 숙달에는 다양한 성취 요소가 포함된다. 가장 중요한 것들 중 하나로는 지도와 그 지도상의 기호가 지시하는 대상물 사이에는 직접적인 관계나 기호적인 관계가 존재하지 않다는 사실을 깨닫는 것에 있다(Blustein & Acredolo, 1979; Gregg & Leinhardt, 1994; Liben & Downs, 1991). 그러한 이해가 부재한 상황에서, 아이들이 많은 부분에 대해 오개념을 가지고 있음을 보여 준다—가장 보편적인 오개념으로는, 섬이 바다 위에 떠 있다고 믿는 것, 그리고 주와 나라를 분리하는 선이 실제 땅 위에 표시되어 있다고 믿는 것 등이 포함된다(Gregg & Leinhardt, 1994; Hewes, 1982). 심지어 그래픽으로 제시된 표상에 대한 형식적인 특징을 배울 때조차도, 아이들은 항공 사진상의 목초지가 사진의 제일 아랫부분이고 하늘은 제일 윗부분임에 틀림없다고 추정하면서 과대 일반화의 오류를 범하곤 한다.

안타깝게도, 인간의 생물학적인 유전은 시각 미술가들이 극복해 내야 하는 도전에 대하여 더 이상은 신뢰할 수 있을 만한 대비 능력을 제공하지는 않는다. 원근화법을 정확히 묘사하는 것은 공간적 능력의 발달에 있어서 특히 문제가 되는 단계다. 르네상스 시대가 되어서야 비로소 인간은 일원론적인 관점에서 대상과 장면을 묘사하는 방법을 그림으로 나타내게 되었다. 이러한 공간적 문제가 해결되고 난 후조차도, 대부분의 아동들이 이러한 기술을 구사할 수 있게 되는 데는 상당히 오랜 시간이 걸린다.

유아들의 그림에서, 두 대상물 서로 간의 관계에 있어서 윗면에 위치해야 할 대상물은 마치 그것이 해당 페이지 위에 떠 있는 것처럼 그려질 수도 있을 것이다. 대략 9세경이 되어서야 대부분의 아동들이 3차원적으로 그리는 것을 시도하고, 10대가 되어서야 비로소 자신의 미술 작품에서 원근화법을 다소 적절하게 구사할 수 있게 된다(Willats, 1977). 학교교육이 이루어지는 환경에서 아동의 인지적인 능력에 대한 총체적인 발달은 분명 이러한 성취에 있어서 중요한 역할을 하겠지만, 예술 작품뿐만 아니라 우리가 속한 문화에서 서서히 발달되어 온 관례적인 해결책을 아이들이 접하게 하는 것도 역시 이러한 발달에 있어서 필수적인 부분이 될 것이다 (Gombrich, 1969; Goodman, 1976).

공간적 영역에 있어서의 교육과 성취

대부분의 사람들이 지도를 읽고 원근화법으로 그림을 그리는 데 있어 어느 정도 능숙할지라도 우리 중에서 전문적인 지리학자나 화가가 되기 위해 요구되는 각양각색의 지식들을 습득하고 있는 사람은 그다지 많지 않을 것이다. 형식적인 것이든 비형식적인 것이든 교육적인 경험을 하지 못한다면, 오개념과 지루하게 되풀이되는 기계적인 수행은 계속될 수밖에 없을 것이다. 지도가 유사 기호로 기호화된 표상이 아니라는 것을 알고 있기는 하지만 성인들은 지속적으로 우리가 살고 있는 세계와 그것의 표상에 대한 그릇된 가정을 다양하게 표출한다. 적어도 부분적으로, 성인들에게 있어서 그러한 오개념은 세계가 그렇게 생겨야 한다는 것에 대한 우리의 '고정관념' 과 인지 및 기억을 돕기 위해서 단순한 발견적 학습법을 이용하는 경향으로부터 발생하게 된다(Gregg & Leinhardt, 1994). 그러므로 대서양이 미국 동부에 있고 태평양이 서쪽에 있다고 잘못 알고 있는 성인들은, 파나마 운하로 향하는 대서양 어귀가 태평양 어귀보다 동쪽으로 더 멀리 떨어져 있다고 추정한다(Stevens & Coupe, 1978). 마찬가지로 어떤 지리학적인 좌우 대칭을 기대하는 다수의 성인들은, 북아메리카가 남아메리카 바로 건너편에 위치할 것이라고 믿는다(Tversky, 1981). 심지어 바로 앞에 지도를 펼쳐 놓은 상태에서조차도, 사람들은 이탈리아의 형태에 대한 보편적인 연상을 통해 중요한 상세 정보에 대해 다소 왜곡된 그럴듯한 표상을 창조하게 된다(Rock, 1974). 지도가 어떻게 제작되는지에 대해 명확하게 이해하지 못한 상태에서 지도를 이용하는 경향으로 인해 실수를 할 수도 있다. 예를 들어, 3차원(입체구도)을 2차원(평면 구도)으로 줄이는 것이 어느 정도의 왜곡을 불러일으킨다는 사실을 모르는 사람들은 그린랜드(Greenland)—대부분의 지도에서 그린랜드는 아주 큰 것처럼 보인다—가 사우디아라비아와 실제 같은 크기라는 것을 깨닫지 못할 것이다(Liben & Downs, 1991).

그러한 오개념은 의심할 여지없이, 지도가 장소명과 위치를 가르치기 위해 이용되는 단순한 참고 도구로 사용되는 지리학에 대한 판에 박힌 교수법에 의해 더욱 심화될 것이다. 그러한 교육은 근본적인 공간적 관계를 이해하거나 공간적 표상에 대해 설명하는 정교한 추론을 해내지 못하게 한다. 이와 대조적으로, 모범이 될 만한 3학년 지리학 수업에서 교사는 세 가지 생성적인 질문을 다룸으로써 자신의 수업을 조직해 나가고 있다. 어디에 있는가? 왜 거기에 있는가? 그래서 그것이 어찌되었는가(White & Rumsey, 1993)? 그 과정에서, 학생들은 기계적으로 지식을 암기하는 범주를 넘어서서 지도상에 있는 장소들이 어떻게 연결되어 있는가에 대해 이해를 하게 된다. 그와 같은 활동은, 학생들이 직접 지도를 제작하고 생소한 영역들에 대한 표상을 해석하는 것과 같은 과제들을 수행해 냄으로써, 학생들로 하여금 자신이 이해하고 있는 바를 표명할 수 있도록 하는 견고한 지식으로의 열쇠를 제공해 준다.

Gregg와 Leinhardt(1994)는, 최근 60년 동안 개발되어 온 교육과정인 '도시화 시대의 지리학(GUA)' (미국지리학자협회, 1965/1979)이 지도와 지리학에 대하여 얼마나 심층적인 이해를 시켜 줄 수 있느냐에 대한 예를 제시한다는 점을 시사하고 있다. GUA 교육과정은 학생들이 실제 문제에 대한 사례 연구에 참여하게 한다. 그 과정에서 학생들은 다음 사항을 포함하는 여러 가지 의문점에 대해 고찰할 것을 요구받게 된다. 그것은 어디에 있는가? 그것은 같은 유형에 속하는 다른 것들과 어느 부분에서 연관이 있는가? 그것은 그곳에서 어떻게 성공을 거두었는가? 그곳에서 어떠한 요인들이 그것의 성장에 영향을 끼쳤는가? 그것이 그곳에 있다는 사실은 나와 사회에게 어떠한 차이를 불러일으키는가? 그 밖에 다른 것들도 거기에 존재하는가? 이러한 것들이 그곳에서 서로 어떻게 관련을 맺고 있는가? 그것은 다른 곳에 있는 것들과 어떻게 연결되어 있는가? 이와 같은 의문점들을 조사해 나갈 때, 학생들은 지도를 이용해야 하는 한 가지 이유를 깨닫게 된다. 학생들은 여러 위치를 찾고, 장소들을 서로 결부시켜 생각하고, 그에 대해 설명함으로써 공간적 관계에 대하여 학생들이 알게 된 바에 대한 성과를 수행해 내는 것을 요구받는다.

시각 미술에서, 많은 사람들은 원근법, 색상, 구도에 대한 규칙을 준수하는 아주 실제적인 표상을 그리는 법을 배운다. 이와 같이 숙달된 기량은 아이들이 학문 분야에 대한 문화적 관례와 맞붙어 분투하고 있을 무렵인 아동기 중반 시점에 발현되기 시작한다. 아이들이 정밀도뿐만 아니라 표상을 '실제적' 인 것으로 만드는 데 몰입하게 되는 것도 대략 이 시점이다(Gardner, 1982; Winner, 1982). 아이들이 지배적인 문화의 기준과 규칙을 준수하는 데 관심을 갖게 될 때, 이와 같이 '상상력 없이 사실에 충실한 단계' 는 모든 영역에 걸쳐서 명백하게 드러난다.

대다수의 청소년과 성인들은 '사실에 충실한 단계' 를 넘어서지 못할 뿐만 아니라 원근법을 이용할 때 단순한 형태나 진부한 전략에만 의존하는 수준을 넘어서지 못하게 될 것이다. 화가는 여러 가지 잘 알려진 기법에 숙달되어 있을 뿐만 아니라 자신이 직접 새로운 기법을 창조해 내야 한다. 그들은 바라던 효과를 성취해 낼 수 있을 때까지 그 결과를 끊임없이 평가하면서, 연구와 스케치에 있어 색상과 형태에 대한 이해력을 연마해야 한다.

유아로서, Picasso는 끊임없이 그림을 그리고 시각적인 세부묘사에 주목하며, 그가 예전에 목격한 적이 있었던 거의 모든 장면을 생생하게 기억해 내 그림으로 그리면서 상당한 공간적 능력을 보여 주었다(Gardner, 1993c). 하지만 손으로 행하는 기교의 수준을 능가해야 하는 음악 신동들과 마찬가지로, Picasso는 기술적인 능력 이상의 것을 계발해야 했다. 예술 학교에서의 형식적인 교육은 Picasso가 받았던 교육의 일부였지만, 대체로 그는 비형식적인 방식으로 더 많은 것을 배웠다. Picasso는 박물관을 찾아, Goya와 Velazquez와 같은 초기 거장들의 작품을 탐구했다. 그의 일기에서 그는 새로운 아이디어를 창출해 내려고 애썼고 그 아이디어들에 대해 곰곰이 생각해 보았다. 이는 「아비뇽의 처녀들」과 같은 그림에 대한 무수한 스케치와 연구에서도 알 수 있다. Picasso는 특수한 미학적 효과를 성취해 내기 위해서, 다양한 형태 · 색상 · 배치를 구사했다. Georges Braque와 협동하여, 그는 회화의 전통적인 양식을 검증했다. 이러한 경험들을 통해서, Picasso는 학문 분야의 관례에 대해 정면으로 대치하였고, 2차원적(평면적)으로 대상(물체)의 특질을 나타내는 방법뿐만 아니라 그의 자아에 대한 영혼 및 각양각색 장면들의 근간이 되는 감정을 도출해 내는 방법에 대해서도 심층적으로 이해하게 되었다.

Picasso와 같이 '비형식적인' 학습 경험의 범주를 넘어서서, 많은 화가들은 음악가들이 수제자를 맡아서 돌보았던 것과 흡사한 도제 제도를 통해서 이득을 얻어 왔다. 흔히 시각 미술에 있어서의 도제는 기예를 가르치는 거장들의 스튜디오에 들어온 뒤 관찰을 통해서만 교육이 이루어지는 것으로 시작된다. 캔버스를 팽팽하게 당겨서 준비하고, 물감을 섞고, 다른 여러 가지 간단한 과제를 수행하면서, 거장 화가들이 그림을 그리는 활동에 접근하는 방식, 학문 분야의 인습적인 관행을 극복해 나가는 방식, 자신의 작품을 교정하기 위해 행하는 조치 등을 볼 수 있는 기회를 얻게 된다. 동시에, 도제는 똑같이 따라서 그려 보고, 스케치한 것을 채색을 통해 메워 보고, 가르침에 따라서 작품을 창작해 봄으로써 거장을 본받을 수 있는 기회를 얻게 될 것이다. 해당 화가의 스튜디오 내에서 실제 얼마나 많은 코치가 이루어지고 있는지를 알아내는 일은 어렵겠지만, 도제가 거장으로부터 어떤 지도를 받을 수 있는 방대한 기회를 제공해 준다는 것은 확실하다. 게다가 거장에 의해 점차 더 복잡해져 가는 작품 과제는 점차 향상되고 있는 도제의 공간적 능력에 비계(飛階)를 만들어 주는 지도 활동이 될 것이다.

혼자서 하는 경우와 동료 및 멘토와 함께 하는 경우 모두, 화가와 지리학자들은 학문 분야의 여러 문제와 관례를 극복하고자 분투하면서 자신의 능력을 계발해 나간다. 우리는 생물학적인 유전으로 인해 간단한 지도를 그리고 읽을 수 있는 준비를 미리 갖추게 된 것이라고 주장할 수도 있다. 하지만 우리가 속한 문화 내에서, 미학적인 업적에 기여하는 거장들의 행동과 전략을 통달하기 위해서, 화가들은 '좋아 보이는 것' 에 대한 자신의 초기 인지력을 넘어서서 상상력 없이 사실에 충실한 회화를 분별력 없이 선호하는 경향을 극복해야 한다. 마찬가지로 지리학자들은 오개념을 야기시킬 수 있는 표면적인 유사성의 이면을 보고, 추상적인 공간적 관계를 나타내는 기호법과 이차적인 상징을 해석하고 활용하는 방법을 배워야 한다. 해당 학문 분야 자체와 그 분야가 망라하는 상징체계의 전반에 대해서 어린 화가와 지리학자들을 지도해 주는 형식적 및 비형식적인 교육 경험이 없다면, 모든 '천부적인' 재능은 실현되지 못한 상태로 남아 있게 될 것이다.

교육을 통해서 본 관점

우위론의 관점에서 볼 때, 엄밀히 말해서 과학적 연구 결과—심리학 분야에서의 연구 결과를 포함해서—는 교육적 실재와 아무런 관련이 없다(Egan, 1992). 거의 모든 사회과학적 연구 결과와 관점은 교육에 밀접한 영향을 끼칠 수 있는 수많은 요소가 그 범주 내에서 닻을 내리게 하는데, 그것들 모두가 반드시 서로 모순 없이 조화를 이루는 것은 아니다. 게다가 교육 실무자들이 이론가들의 연구와 실험자들의 실험실에서 가장 최근에 발견해 낸 연구 결과를 압축 · 정리할 때까지, 반드시 수업하는 것을 회피하면서 과학 저널을 숙독해야 하는 것은 아니다. Plato 학파는 어떤 '연구 기반' 없이도 매우 효과적인 교육 관념을 소개했다. Locke와 Rousseau 모두 실험을 수행했던 적이 없다. 그리고 대부분의 교육자들은 강의나 연구 논문에 대해 의지하는 것만큼 자신의 교육 실재에 대해 면밀하게 관찰하는 것에도 많이 의지하고 있다.

하지만 교육적 관례에 대한 심리학적인 관점에서 볼 때 일방적으로 이루어지는 '경로(path)' 가 존재하지 않을 뿐더러 존재해서도 안 되기는 하지만 두 가지 노선으로 이루어지는 연구의 전형은 원칙과 관례에 대한 끊임없는 논의에 정당하게 관여하게 될 것이다. 위에서 언급된 거의 모든 심리학자들은 여러 가지 교육적 이슈에 대해 관심을 가져 왔다. 그리고 현 세기에 영향을 끼쳤던 교육자들 중 그 누구도 현재의 심리학적인 연구를 알지 못한 상태로 연구를 계속 추진해 나가지는 못했을 것이다. 아마도 심리학자와 교육자 모두가 당대를 풍미했던 지적 동향을 반영하는 존재라고 간주하는 것이 더 나을 것이다. 그리고 이러한 맥락에서, 상징화에 대한 개념을 포함한 당대의 수많은 심리학적 개념은 교육가들의 신념과 실재에 많은 영향력을 발휘하게 되었다.

우리의 경우를 볼 때, 우리는 한편으로는 더 전통적인 접근법의 특질을 중요시하고, 다른 한편으로는 인간의 인지적 기능성에 대하여 새로이 생성된 관점에 대해 주의를 기울이면서, 진보주의 운동의 강점에 의존하는 교육적 실재에 대한 접근법을 안출해 내고자 노력했다. 이들 개념은 이론적인 단계에 있어서는 부분적으로 효과가 있었다. 물론 학교 내에서도 역시 검증이 이루어져 왔다—우리와 우리 동료들이 수립했던 실험 프로그램으로 구현되어서, '해당 분야' 의 실무자들에 의해 수립된 모형 학교 프로그램의 일부로서, 최근에 이루어진 다른 교육 개혁자들과 협력을 통해서, 그중에서도 특히 브라운대학에서 Theodore Sizer의 'CES(Coalition of Essential Schools)', 예일대학에서 James Comer의 '학교 개발 프로그램(School Development Program)', Janet Whitla가 운영했던 '교육 개발 센터(Education Development Center)' 와 함께 연구-개발 그룹과의 제휴를 통해서 추진해 나갔던 ATLAS 프로젝트가 유명하다(ATLAS, 1994; Comer, 1980; Gardner, 1991, 1993b; Sizer, 1984, 1992).

이상에 대해서 개략적으로 진술해 볼 때, 교육에서 '신진보주의' 의 주요한 특징은 무엇인가? 우선 학교나 학교 체계에 의해서 채택된 목표와 과정은 주요 관계자들—교사, 가족, 지역사회 구성원—에 의해 협의가 이루어져야 한다. 만약 학교가 해당 지역사회에서의 삶에 대해 책임을 지는 사람들의 '투입(input)'과 '이해 관계(stake)'를 반영하지 않는다면, 학교교육은 효과적으로 이루어지지 못할 것이다. 구성원들은 학생들이 교육을 완수했을 때 어떠한 종류의 지식, 기술, 이해력을 발휘할 수 있어야 하는지에 대해 합의를 이루어야 한다. 분명히, 학생들이 성취하고 발휘할 수 있어야 할 상징적 능력에 대해서는 더 심층적인 논의와 궁극적인 의견의 일치가 있어야 할 것이다. 그리고 여기에서 '발휘'라는 용어는 실제적인 행동을 나타낸다. 학생들이 무엇을 이해하고 숙달할 수 있는지, 새로운 악보를 피아노로 연주할 수 있는지의 여부, 자신이 속한 지역사회에서 낯선 지역의 지도를 제작할 수 있는지의 여부에 대해서, 그들이 공공연하게 받아들여질 수 있는 성취 수준까지 실력을 발휘할 수 있을 때, 학생들은 교육을 받았다는 말을 들을 수 있을 것이다. 물론 평가를 위한 경우로서 능력을 발휘하는 정보를 채택할 때 적어도 두 가지 조건을 미리 가정하게 된다. 받아들여질 수 있을 만큼의 수행 수준을 이루는 것이 무엇인지에 대한 관념을 발달시켜 온 공동체가 존재해야 하고, 신뢰할 만한 방식으로 그 기준을 적용시킬 수 있는 일단의 판정단이 구성되어야 한다.

그와 같은 교육의 초점은 무엇이 되어야 하는가? 우리가 그것을 볼 때와 마찬가지로, 모든 인간은 어떤 근본적인 이슈와 의문점들에 대해 더 잘 이해하고자 하는 동기를 부여받는다. 우리는 누구인가? 우리는 어떤 그룹에 속해 있는가? 우리는 어디에서 왔는가? 우리는 어디로 향하고 있는가? 우리가 속해 있는 그룹은 다른 그룹과 어떠한 관계를 맺고 있는가? 물리적인 세계는 어떻게 만들어지는가? 생물학적인 세계와 사회적인 세계는 어떻게 만들어지는가? 무엇이 사실이고, 무엇이 아름다우며, 무엇이 좋은 것인가? 아동들은 이러한 의문점들을 학교로 가져온다—그리고 학교를 졸업한 학생들과 연장자들은, 그들이 이러한 '본질적인' 질문에 대해서 자신도 만족스럽고 타인에게도 만족감을 줄 수 있는 답변을 생각해 낼 수 있기를 희망한다.

우리가 앞서 주목했던 바와 같이, 심지어 5세 아동의 지능도 이러한 의문점에 대한 해결책을 고안해 낼 수 있다. 이러한 해결책은 한계가 있을 뿐만 아니라 결함도 있을 수 있다. 인간은 수세기에 걸쳐서 이러한 '본질적인' 질문에 대하여 더 정교한 해결책을 고안해 냈고, 더 포괄적이면서도 만족스러운 해답을 가져다줄 수 있는 수

많은 방법을 얻게 되었다. 이러한 특혜를 지닌 해결책에 도달할 수 있는 주요한 경로는 해당 학문 분야와 영역에 대한 숙달을 통해서만이 이루어질 수 있다. 새로운 체계를 고안해 내기 위해서 기존의 상징체계를 활용하고, 필요할 때는 그러한 체계를 수정하고 발달시켜 나가는 지식에 대한 조직적인 접근이 요구된다.

학교의 주된 목적—사실상 우리가 학교의 주된 목적이라고 주장하곤 하는 것—은 해당 학문 분야의 상징체계, 행동, 이해를 활용하는 데 있어 능숙함과 유창성을 습득하는 것이다. 비록 그러한 능력에 대한 수련이 그럴 만한 가치가 있는 것일 수도 있지만, 그 자체를 위해서라기보다는 오히려 그렇게 축적된 총체적인 지식이 심층적이고 미묘한 이슈와 의문점에 대한 수단(leverage)을 얻기 위해 인간들이 기울인 부단한 노력을 나타내는 것이기 때문이다. 사람들은 수세기에 걸쳐 얻은 접근법과 해결책에 대한 이해력을 발휘함으로써 자신이 교육을 받았음을 밖으로 드러내게 된다. 그리고 가능한 정도까지는 이러한 이슈에 대하여 자신이 직접 고안해 낸 개인적인 해답을 제시해 나간다(비록 여전히 해당 학문 분야의 내용을 기반으로 한 것이지만). 이러한 과정을 거치면서, 그들은 해당 학문 분야 내에서뿐만 아니라 그 범주를 넘어서는 연구를 수행했던 사람들에 의해 만들어진 상징 과정과 소산물에 숙달하게 된다.

지금까지, 이러한 교육제도는 인습에 틀어박혀 있었던 것처럼 보인다. 그리고 우리는 그 사실에 대해서는 어떠한 사과도 하지 않았다. 전통을 부정한다는 것은 우리가 지난 수백 년간에 걸쳐서 수많은 무수한 개인이 수행해 냈던 최고의 연구를 외면하는 것이 된다. 그럼에도 불구하고 우리는 해당 학문 분야에 대한 숙달을 위한 프로그램을 수강하고 있는 반면, 기존에 확립되어 있는 거의 대부분의 교육적 조치—예를 들어, 학습의 방편으로서 제시되는 쉼 없이 연결되어 있는 강의, 교재의 암기, 단답형 테스트 출제 등—에 대해 반감을 가지고 있다.

비록 전반적인 흐름은 새로이 바꾸겠지만, 사실상 우리가 진보주의 운동의 주요한 실재 중 몇 가지에 대해 기꺼이 재고찰할 부분이 바로 여기에서다. 우선 아이들은 다양한 관심사를 지니고, 만약 우리가 물리적 · 상징적 세계를 탐구하는 주요한 경험에 그들을 반드시 참여시키고자 한다면, 이와 관련한 아이들의 관심사는 진지하게 다루어져야 한다. 이와 관련하여, 아이들이 확신하고 있는 정도는 다양하지만 다양한 신념과 인과관계 이론에 찬동하기 때문에, 이것 역시 참작되어야 한다. 마지막으로, 아이들은 지능에 대한 다양한 프로파일과 혼합 양상을 보여 주면서, 다양한 종류의 방식으로 학습하게 되는데, 그 결과로서 지식체에 대한 다양한 표상이 나타나게 된다. 모든 점에서 볼 때, 교육은 개별화되어야 한다.

Whitehead가 이름 붙였던 것과 같이, 관심사가 처음 구체화되는 시점인 '첫사랑의 시기' 를 보내면서, 해당 학문 분야에 대한 교육이 이루어지는 몇 년간을 대체할 수 있는 것은 아무것도 없을 것이다. 한 개인이 수년 동안 거장 화가나 장인(匠人)의 발치에서 일했던 고전적인 도제제도는, 어떤 학문 분야를 통달하는 데 있어 비할 데 없이 좋은 수단으로 남아 있다. 그러나 기술을 습득하는 이러한 경험이 왜 활발하게 이루어지지 못하고 지루한 것이 되어야 하는지에 대해서는 아무런 이유가 없다. 사람들은 다른 사람들과 함께 일하는 것을 통해서, 의미심장한 프로젝트에 참여하는 것을 통해서, 자신이 이해한 바를 공공연하게 발현하는 것을 통해서 해당 학문 분야나 학제 간 제휴의 기술을 습득할 수 있으며, 유익한 정보를 담고 있는 피드백을 받으면서 그 기술을 완전한 것으로 만들 수 있다. 도제 제도에는 여러 가지 묘미가 있다. 적어도 전통적인 학교, 교회, 공장에서 보내는 시간 동안, 아동은 아동 박물관과 같이 시설에서 보내는 시간 동안 배우게 되는 것만큼 많은 것을 배우게 될 것이다. 동기부여에 있어 기적을 불러일으키는 '개별화' 의 힘은 해당 학문 분야의 목표를 달성하는 데 있어 그 길을 열어 주게 될 것이다.

창의성과 개성을 희생하여 그 분야에 대한 숙달(master)을 이룰 필요는 없을 것이다. 심지어 모든 사람들이 숙달해야 할 공통적인 요소가 있기 때문에, 그 숙달에 이르는 데는 다른 여러 가지 대안적인 방법이 있을 뿐만 아니라 그에 따라 소요되는 비용과 그로 인해 얻게 되는 이점, 그리고 매번 거부당하게 되는 길도 있을 것이다. 학생과 해당 분야의 거장 모두가 이와 같은 '복수성(숙달에 이를 수 있는 방법이 여러 가지 있다는 사실)' 과 '양자 간의 균형(노력이 투입되는 만큼 그에 대한 성과를 얻을 수 있다는 사실)' 에 대해 지속적으로 인지하고 있는 한, 창의성이라는 목표는 기술 계발과 학문적 숙달이라는 목표와 나란히 달성할 수 있을 것이다.

흥미 있는 자료 및 고무적인 교사들과 더불어 잘 조성된 교육 환경조차도 참된 이해를 이끌어 내는 데는 충분하지 않을지도 모른다. 앞서 언급했던 오개념에 대한 연구에서는 해당 학문 분야에 대한 참된 이해에도 불구하고 초기에 인지했던 개념이 쉽사리 바뀌지 않을 뿐만 아니라 때로는 저항할 수 없는 장애물들에 대해서도 상세히 보고했다(Gardner, 1991).

우리들뿐만 아니라 다른 사람들도 참된 이해에 도달할 수 있을 것임을 보증해 주는 길을 발견해 내지 못하였지만 우리들의 연구는 수많은 지침을 제시해 주었다. 우선 사람들은 자신이 지니고 있는 오개념과 고정관념에 대해 맞서야 한다. 이와 같이 분별력 없이 맹신하는 신념이 미치는 부조리한 영향에 대해 그들이 반복적으로 재고해 볼 수 있도록 해야 한다. 동시에, 그들은 더 복잡한 관념을 계발할 수 있는 기회뿐만 아니라, 이러한 개념이 당면한 문제와 의문점을 더 적절히 해결할 수 있도록 해 주는 여러 방법을 찾아낼 수 있는 다양한 기회를 필요로 한다. 한편으로는 다수의 이해 모델을 접할 수 있는 기회로서, 다른 한편으로는 자신이 지닌 신념과 개념의 결과를 해결해 낼 수 있는 정기적인 기회로서 그 결합물은 더 심층적인 이해를 위해 필요한 선행 조건인 듯 보인다.

David Perkins와 Vito Perrone의 공동 연구에서, 우리는 이해를 위한 교수에 대하여 확실한 교수법을 개발해 냈다(Educational Leadership, 1994). 이 접근법은 '(일반적인 종류의) 목표 이해' 에 대한 인식과 이해의 범위를 나타내는, '이해에 대한 구체적 수행' 을 식별함으로써 시작한다. 학생을 대상으로 그들의 이해를 불러일으키면서 '생성적인' 것으로 입증된 문제뿐만 아니라, 학생 자신만의 특징적인 동기 및 지적인 스타일과 결부되는 방식으로 학생들을 다룰 수 있는 질문과 문제를 선정하는 데 있어 많은 주의를 기울여야 한다. 그러므로 위의 여러 사례에서, 어린 음악가(음악을 배우는 어린 아동들)들에게는 일련의 이국적인 음색에 대한 기보법을 창작해 낼 것을 요구할 수도 있고, 신생 지리학자들(지리학에 대해 배우는 어린 아동들)에게는 우주에 대한 지도를 제작해 내도록 요구할 수 있다. 이해력을 토대로 한 수행을 나타내는 것으로서 공공연하게 인지된 사례와 더불어, 우리는 정기적이면서도 지속적으로 이루어지는 평가도 필요로 한다(Gardner, 1991). 우열을 다투는 상징적 산물과 그것들을 평가하기 위한 상징적인 방법 모두 교육적인 환경 내에서 충분히 보급되어야 한다. 지역사회에 속해 있는 사람들에 의해서 존중되고 있는 기준뿐만 아니라, 이러한 기준을 성취하는 데 있어 다양하고도 적합한 방법, 그리고 이러한 기준과 비교해 볼 때 현재 수행에 있어서의 상대적인 성공에 대해서 모든 지역사회 구성원들이 인지하고 있는 환경하에서만 장시간에 걸쳐서 더 심층적인 이해를 얻을 수 있는 기회를 얻을 수 있게 될 것이다.

만약 우리가 이해를 길러 주기 위한 교수를 행하고자 한다면, 우리는 간단하게 모든 것을 망라할 수는 없다는 안타까운 현실을 받아들여야 할 것이다. 사실상, 이해에 있어서 가장 큰 적은 '포함 범위' 라 할 수 있을 것이다. 우리가 탐구할 만한 가치가 있는 것으로서 특정 토픽을 선택하여 그 토픽을 다양한 관점에서 심층적으로 탐구하기 위해 요구되는 시간을 기꺼이 쏟아부으려는 의지의 정도에 따라 참된 이해를 널리 성취해 낼 수 있을 가능성이 결정될 것이다.

지금까지의 논의에서, 우리는 교육과정에서 가장 골치를 앓게 하는 문제에 대해서는 줄곧 회피해 온 듯 보일 수도 있을 것이다. 어떤 토픽들을 포함시켜야 하는가, 어떤 책들을 읽어야 하는가, 필수적으로 다루어야 할 주제들은 어떤 것들인가, 선택적인 주제, 그리고 배제시켜도 좋을 주제는 어떤 것들인가 하는 문제 말이다. 특히 우리가 포함 범위를 극도로 제한하는 것을 요구받고 있을 때, 가장 중요한 토픽, 주제, 테마에 대해 목록을 작성하는 일을 피하는 것은 어떤 책임을 회피하는 태만함으로 보일지도 모른다.

여기에서 우리는 명백하게 비전통적인 접근법을 채택한다. 일단 기본적인 문해력을 습득하고 나서, 사람들이 읽기, 쓰기, 교정하기에 있어 매우 중요한 상징체계에 대해 부담 없이 익숙해지게 되면, 우리는 다른 주제와 상반되는 것(생물학 대 화학, 미국사 대 세계사)으로서 어떤 하나의 주제에 대하여 특별한 프리미엄을 붙일 필요가 없다는 사실을 인지하게 되고, 혼자서 특별한 토픽(빛 대 중력)에 대해 탐구하게 하거나 도서관 학습(호메로스 대 햄릿)을 하도록 할 수도 있다. 우리의 관점에서 볼 때 더 중요한 것은 가장 방대한 학문적 영역—수학 · 과학 · 역사 · 철학 · 문학 · 예술—에서 어떤 중요한 토픽과 테마에 대해 심층적으로 접근하는 경험이다. 학생들은 어떤 한 가지 이상의 토픽을 학습하는 방법과 그에 대해 심층적으로 조사하는 방법을 배워야 한다. 일단 학생이 이와 같이 소중한 통찰력을 성취하게 되면, 그들은 영속적으로 자신의 교육을 직접 속진시켜 나가는 위치를 점하게 된다. 그리고 만약 학생들이 이러한 수업(lesson: 일련의 계통이 서 있는 교수, 과정)에 숙달하지 못하면, 모든 사실과 유(類)사실(인쇄나 발간되어 사실처럼 인정되고 있는 일)뿐만 아니라 위임하에 시행되는 검사들이 그 생기를 잃게 될 것이다. 평가는 심층적인 이해를 하고 있음에 대한 증거를 찾아내야 한다. 교사와 학생은 평가가 이루어지는 토픽에 대한 방대한 범주를 망라할 수 있어야 한다.

진보주의 교육은 그 본질에 있어 교육에 대하여 지나치게 낙관적인 관점을 지니고 있다. 비계 설정이 지나치게 이루어지지 않고, 그 과정에 있어 개념적인 장애를 간과하지 않으며, 너무 빈번하게 학문적 숙달에 대한 필요성을 최소화시키지 않고, 학습과정에서 기술 개발이 이루어지지 않는다거나 획기적인 사건이 발생하지만 않는다면, 모든 학생들은 학습을 통해 변할 수 있다는 신념을 불러일으킨다(Gardner, 1993b; Graham, 1967). '태만함' 이라는 죄를 범하는 데 있어, 우리는 몇몇 선행자를 비판적인 눈으로 바라볼 수도 있다. 하지만 더 큰 상(像)—흥미를 가지게 해야 할 필요성, 다양한 학습방법에 대한 개방성, 우리가 특정 맥락 내에서 시행되는 풍성한 프로젝트에 대하여 연구를 수행함으로써 이점을 얻을 수 있을 것이라는 신념, 민주주의 사회에서 학습에 대한 조건과 시민권 사이에 인지된 관계—에서 볼 때, Dewey와 그의 동료들은 심오하면서도 영속적인 진리에 도달하게 되었다.

결말: 순수를 포착했다

막대한 책임을 부여받고, 여기에서 우리는 어떤 한 가지 광범위한 영역—에세이 형식으로 다루기보다는 전공 논문 형식으로 다루는 것이 더 적합한 영역—을 망라하고자 애썼다. 우리는 여러 가지 단서와 징후들을 제시해야 했으며, 우리 입장에 있어서의 미묘한 차이와 그 밀접한 관계에 대하여 상세하게 규명해 내는 과제를 수행하기 위하여 또 다른 하루를 보내야만 했다.

끝날 무렵에, 우리가 성취해 내고자 했던 것은 무엇일까? 학문과 실제는 우리가 살고 있는 세계에 존재하는 '거장들' 에게 엄청난 빚을 지고 있다. Jean Piaget와 John Dewey의 일생을 바친 연구를 통해서 볼 때, 그들은 같은 세기를 살면서 인접해 있는 지적인 영역들을 연구하였는데, 여전히 그 영역들에 대해서는 확립해야 할 것들이 많이 있다. 비록 우리가 비평에 대해서 많은 열정을 쏟아부었다고 할지라도, 적어도 우리는 그러한 정도의 비평이 그들의 업적에 대한 우리의 심원한 존경심을 가리지는 않았을 것임을 확신한다.

어쩌면 속죄하는 마음으로, 어쩌면 증명을 위해서—우리가 다소 소심함을 인정한다—발달주의자들과 중세 교육학자들이 우리가 여기에서 시사하였던 상(像)을 거부하지는 않았을 것임을 시사한다. 여기저기에 있는 쓸데없는 비판들을 수정하고, 몇몇 반대 의견을 제기하고, 몇 가지 새로운 방향을 지적해 주어라—하지만 근본적으로 그것에 대하여 도전을 제기하지는 마라. 그리고 그것은 인간의 본성에 대한 참신한 통찰력뿐만 아니라 교육의 복잡성에 대한 더 민감한 감수성이 대체로 중세에 형성된 상(像)과 근본적으로 대조를 이루고 있지는 않기 때문이다—그 대신 그들은 비교적 적합한 방식으로 그것을 심화시키고 복잡하게 만든다. 게다가 이 책에 제시된 여러 가지 테마에 의해서 요약된 것처럼 연구자들과 교직원 사이에서 생성된 변증법은, 본질적으로 Piaget와 Dewey 및 동료 학자들에 의해서 인지되었던 사회의 비전과 지식에 적합한 것이 된다.

인간 발달에 대하여 포괄적인 이해를 할 수 있도록 해 주는 견지로서, 그리고 교육의 목적에 대한 개념을 정립하는 데 있어 중추적인 요소로서 상징체계 접근법을 제시할 때, 우리는 또다시 혁신적으로 그 방향을 완전히 바꾸자는 주장을 제기하지 않는다. 심리학적인 전통과 교육적인 전통은 모두 상징적인 매체와 체계의 중요성에 대하여 민감하게 대응해 왔다. 하지만 우리는 여기에서 제기된 상징화의 상(像)이 지금까지 이용 가능했던 지식과 실재에 대하여 더 방대한 체계뿐만 아니라 더 신뢰할 수 있는 통합체를 만들어 낼 수 있는 잠재력을 가지고 있다고 굳게 믿고 있다.

우리는 인간의 지능이 새로운 개념을 개방적으로 받아들일 '채비를 갖추어 가게 된다'—심지어 우리는 '채비를 잘 갖추게 된다' 라는 말을 쓸 수도 있다—라는 사실을 굳게 믿고 있다. 그것은 그러한 개방성을 유지하기 위해서, 그리고 새로운 관점과 새로운 이해를 얻을 수 있는 방편을 더 쉽게 얻을 수 있도록 하기 위해서 우리가 선택하게 될, 모든 사회가 짊어져야 할 의무다. 우리는 개방성을 위협한다거나, 또는 개방성의 중요성과 심지어 그것의 존재성까지도 부정하는 것으로 여겨지는 심리학 및 교육적 접근법에 대해서 반대한다. 우리가 토대로 삼고 연구를 추진해 나가기로 선택한 접근법은 '세계적인 가설' 이라고 할 수 있는 이 기본적인 테마에 대해서 의견을 같이 하는 것들이다(Holton, 1988; Pepper, 1942). 우리는 창의성이 훈련에 훈련을 거듭하지 않고는 불가능하다는 것과 새로운 지식이 전통에 대한 심원한 숙달을 토대로 해야 한다는 것을 믿기 때문에, 진보주의의 핵심적인 비전을 고수하기 위해 더 나은 방법인 진보주의의 더 순수한 측면에 영향을 끼치고자 애써 왔다.

감사의 글

이 원고를 준비하는 데 있어서 MacArther 재단, McDonnell 재단, Rockefeller 재단, Shouse 재단, 그리고 Spener 재단의 도움을 일부분 받았다. 본 장의 초고를 논평하는 데 유용한 도움을 준 W. Damon, D. H. Felman, G. Holton, E. C. Lagemann, D. Olson, C. Zinsser에게 감사의 말을 전하고 싶다.

제4장
Dewey의 『경험으로서의 예술』을 다시 읽다: 학습 이론에 대한 지침

MAXINE GREENE

실용주의 철학의 견지에서 볼 때, Dewey의 『경험으로서의 예술』은 인간의 지식과 이해에 대한 토대로서, 살아 있는 경험에 대한 모범이 되는 설명이다. 교수와 학습에 대하여 해석학적이면서도 이야기식의 접근법을 취하는 구성주의의 관점에서 볼 때, Dewey의 '경험으로서의 예술' 에 대한 저술이 일반적인 의미에서 명백하게 아동에 대해서 다루고 있는 것도 아니고, 인지 발달이나 학교에서의 학습에 대해서 다루고 있는 것도 아니라고 할지라도, 그것은 세계에 능동적으로 참여하는 학습자들이 의미를 형성해 나가는 것에 대한 연구로 간주할 수도 있다. 하지만 그것이 Dewey가 '경험했던 자료가 갈 수 있는 데까지 가서 완성에 이르렀을 때의 경험' 이라고 일컬었던 것에 초점을 두고 있는 상황에서조차도, 그것은 온갖 종류의 의미를 생성해 내는 다양한 유형의 인지적 · 지각적 · 상상적 교류에 대해서 상세히 다루고 있다(1934, p. 35). Dewey에게 '미학(esthetic)' 은 '일반적으로 완전한 경험에 속하는 특성의 명확하고 강력한 발달' 을 의미한다(p. 46). 세계 그 자체는 '경험(experience)' 에 대해 무언가를 하거나 만드는 것이라기보다는 오히려 '이해하고, 수용하고, 즐기는 것' 이라고 칭한다. 그럼에도 불구하고 예술 작품을 고찰해 보았을 때, 반성적인 주의를 기울이는 측면은 생산적인 측면과 별개의 것으로 떼어 낼 수 없었다. 만약 시·그림·음악 등의 작품이 예술적인 것으로 간주되어야 한다면, 그것은 감수성이 예민한 인지력과 특정한 양식의 즐거움을 위해서 창조되었어야 할 것이다. 뿐만 아니라, 예술가는 미학적인 인지력뿐만 아니라 자신의 창조물이 무미건조하고 기계적인 것이 되지 않도록 하려는 일종의 열정을 지니고 있어야만 할 것이다. Dewey는 "요약하면, 예술은 그 형체에 있어서 무언가를 행하는 것(doing)과 겪는 것(undergoing), 그리고 에너지가 나갔다가 다시 들어오게 되는 것과 완전히 똑같은 관계를 결합시키는데, 그것은 하나의 경험이 되도록 하기 위한 경험을 만들어 낸다"라고 썼다(p. 48).

Dewey가 다른 책에서 학습에 대해 이야기할 때, 그는 항상 다양한 종류의 도전에 대한 이원론에 관심을 가졌다. 즉, 형식적이거나 객관적인 것으로서의 지식과 지속적인 의문을 제기하는 영속적인 탐구로서의 지식 사이의 이원론, 인지와 정서 간 이원론, 정신과 육체의 이원론, 이론과 행동 사이의 이원론에 관심을 가졌다. 교육의 맥락에서 '무언가를 행하는 것과 겪는 것'에 대해 이야기하기 위해서는, 방법이 교과(subject matter)와 별개로 구별되지 않을 뿐만 아니라 그 '내용(what)'이 그 '방법(how)'과도 구별되지 않는 구체적인 상황에 대해서 주의를 기울여야 한다. 『민주주의와 교육』에서, Dewey는 다음과 같이 썼다. "요약하면, 경험은 지능과 세계, 주체와 객체, 방법과 교과의 결합이 아니라, 엄청난 다양성 ……에너지……에 대한 단일하면서도 지속적인 상호작용이다"(1916, p. 197). 만약 '행하는 것'이 명백히 학습자와 관련이 있고 학습자에게도 영향을 끼치기 때문에 '행하는 것'을 일컬어 인간과 물리적인 환경에 결부시켜 생각하고, 엄밀히 시험해 보고, 검증해 보고, 의문을 가지고, 궁금해하고, 추측해 본 다음 '겪는 것'이라고 칭한다면, '경험으로서의 예술'로 간주하는 Dewey의 관점과 학습 경험 사이에는 연관성이 있을 것이다. 사실상 예술에 대한 그의 연구와 경험의 미학적 질문은 예술 작품과 일상생활 사이에서의 연속성뿐만 아니라 다양한 종류의 교과와 아동의 실재 및 성인의 경험 사이에서의 연속성에 대해 밝혀내는 데 있어 상당한 도움을 주었다.

Thomas F. Green은 학습 이론이 다음 요소의 결합으로 이루어지는 것이라고 언급했다.

> 우리가 학습이라고 인지하는 특정한 경험적 현상을 설명하는 데 도움을 주게 될 일련의 진술이며, 학습 이론에 기여하게 될 설명의 유형은 경험적 설명이어야 한다. 반면, '학습' 에 대한 분석은 경험적인 일이라기보다는 오히려 개념적인 것이다. 그것은 학습에 대한 용어 · 논리 · 의미 · 활용에 대한 연구다(1971, p. 136).

그에 따르면 그 두 가지를 혼동하는 것은 사고에 있어서의 근본적인 실수다. Green은 학습이 수많은 요소로 이루어져 있고, 지식과 학습 사이의 다양한 관계는 다양한 교육적 목표에 대한 반응일 수도 있다고 주장했다. 이번 장에서 주된 관심을 가지고 다루게 될 부분은 특정한 경험적 현상도 아니고 '학습' 이라는 용어에 대한 개념을 명백히 규명해 내고자 하는 것도 아니다. 이번 장의 주된 관심사는 경험적인 현상으로서 예술을 다루고 설명하려는 시도도 아니고, '예술' 에 대하여 논쟁의 여지가 없는 단 하나의 정의를 발견해 내는 것도 아니다. 우리는 우리가 찾아낼 수 있는 어떠한 정의도 수세기에 걸쳐서 예술 작품으로 다루어져 왔던 모든 현상을 설명할 수는 없을 것이며, 차후에 도래하게 될 예술적 현상 역시 모두 설명하지는 못할 것이라는 점을 잘 알고 있다. 이와 똑같은 것이 '학습' 에도 적용할 수 있다. 하지만 그 말은 우리가 다양한 맥락에서 다양한 관점을 통해 고찰해 봄으로써, 그것의 의미를 확대시켜 나가면서 심화시키고자 노력해서는 안 된다는 것을 의미하지는 않는다.

Dewey와 '이론'

Dewey는 '예술과 비평을 고유한 영역에 둠으로써 별개의 것으로 분리시키는 이론' 에 대해 강력한 이의를 제기하였다(1934, p. 10). 일반적으로 말해서, 예술과 미학에 대한 글을 쓸 때, 본질적으로 그는 미학 이론에 국한되어 있었다. 이 영역 내에서, Dewey는 다음과 같이 주장했다.

> 이론은 '단순히' 안팎의 에너지 모두가 행하는 중추적인 역할에 대한 이해뿐만 아니라, 질서 정연하거나 규칙적으로 순환하는 경험에 있어서의 수행을 추구하는 축적, 보존, 미결정 상태, 휴지기(休止期), 협동적인 움직임을 동반하면서 반대를 실행하는 에너지의 상호작용에 대한 이해까지도 그 기반으로 삼을 수 있다. 그런 다음 내부의 에너지는 표현에 있어서의 돌파구를 찾게 되고, 그 에너지의 외적인 표출은 형체를 갖추게 된다. 여기에 유기체가 행하고 겪는 것과 경험을 생산해 내는 환경 간 관계에 대한 보다 풍부하고 명백한 사례가 있다(1934, p. 160).

Dewey는 긴장과 감정의 표출, 불확실성에 대한 흥분감과 긴장감, 질서 · 통합 · 계획에 대한 성취감을 동반하는 일시적인 안정감 등에 관심이 있었다. 우리는 이것이 시사하는 바가 무엇인지를 알기 위해서, 우리 자신의 생활 속에서 예술과 관련한 의미 있는 경험에 대해 생각해 볼 필요가 있다. 허클베리 핀과 짐이 강 상류 북쪽으로 덧없이 떠났던 여행에 있어서의 불확실성과 위험—그리고 그 끝에서 침묵 속에서 깊은 한숨을 내쉬는 듯 다음과 같이 이야기한다. "하지만 나는 본토 바깥쪽에 도착해서 불을 밝히기로 결정했지. 왜냐하면 샐리 이모가 나를 양자로 삼아서 예의 바른 아이로 교육을 시키려 한다면 나는 참아 낼 수가 없을 테니까. 나는 예전에 거기에 가 본 적이 있었거든."(Twain, 1935, p. 650) Toni Morrison의 『재즈(*Jazz*)』에서 남과 북은 자포자기 상태에 있었는데, 그 음악이 멈출 때 그 끝은 끝이 아니다. "너의 손이 어디에 있는지를 봐라. 지금"(1992, p. 229). 아무런 결론이 없고, 아무런 문제도 해결되지 않고, Dewey가 '하나의 경험' 이라고 일컬었던 것을 나타내는 피폐한 순간을 상기시키기 위해, 우리는 〈토스카〉나 Martha Graham의 〈애팔래치아의 봄〉과 Verdi의 〈레퀴엠〉, 심지어 Van Gogh의 〈까마귀가 나는 밀밭〉을 통해서는 지각적인 여정을 떠올리게 될 것이다. Thomas Green에게 있어, 거기에는 '우리가 알고 있는 무지함이라는 태도를 그가 의구심(wonder)이라고 이름 붙였던 것' 과 관련하여 기이하게 부분적으로 중첩되는 부분이 있다(1971, p. 20). Thomas Green은, "초심자의 기쁨, 즉 참신하고 새로우며 아직 모르고 있던 것을 항상 열려 있는 마음으로 인해 느끼게 되는 기쁨이 의구심에서 오는 것" 이라고 기술했다. 의구심은 한층 더 진보된 지식으로 향하는 방법이다. Green에게 의구심은 동기부여의 어머니이자 호기심의 부모다. 그러므로 '사는 데 있어 호흡이 자발적으로 이루어지는 필수적인 요소인 것과 마찬가지로' 의구심은 성찰, 연구, 학습 그 자체를 반드시 필요한 것으로 만들게 된다(p. 202). 호기심, 의구심, 문제 제기, 바로 거기에 긴장감이 있고, 열정이 있고, 불확실성이 있다. 이러한 공식에 따라, 성찰 · 연구 · 학습은 표출되는 것이고, 다시 조사가 시작되기 전에 오는 일시적인 안정인 것이다.

동사로서의 마음

어떤 대상—실제, 우리가 우리 자신을 발견하게 되는 모든 상황을 의식적으로 명백히 다루는 지적 · 정서적인 …… 모든 방법—에 대한 흥미와 관심을 보여 주는 모든 양태와 다양성을 나타내면서, 활동적인 마음에 대한 시각이 명사가 아니라 하나의 동사로서 인지된다는 것은 그와 같은 관념에 있어 매우 중요하다(1934, p. 263). Dewey가 우리에게 상기시키기를, 마음은 기억, 주의, 목적, 관심, 어떤 지적인 활동을 의미하는데, 그것은 누군가에게 관심을 가지고 좋아하는 것과 같이 애정 어린 행동, 그리고 목적에 합치되는 방식으로 의지에 따라 실제적으로 행동하는 것 등을 나타낸다(p. 263). 다른 철학적인 관점에서 볼 때 Dewey는 이른바 'Descartes의 신화' 라고 일컬어졌던 것이나 '기계 속의 유령' 의 정설(定說)을 접했던 Ciibert Ryle과 같은 분석 철학자의 연구를 예견하고 있었다(1949, pp. 15-16). 물론 이것은 '몸과 마음의 분리' 라는 구식 이원론을 의미하는 것이었다. 그와 더불어 그것은 마음이 기계적인 구조를 지닌 육체와는 다른 요소로 이루어졌다는 개념을 수반하는 것이었다. Dewey는 다음과 같이 말했다.

> 마음을 완전히 비물질적인 것으로 만들 때(행하는 것과 겪는 것이라는 기관과 분리된 것으로 만드는 것), 육체는 살아가는 것을 멈추고 하나의 죽은 덩어리가 된다. 이와 같이 마음을 별개의 존재로 보는 개념은 '심미적' 경험이 단순히 '마음'과 관련한 것이라는 개념의 근간이 되는 것으로서, 육체가 자연과 생명에 대한 여러 사태에 적극적으로 관여하는 경험의 양상으로부터 '심미적' 경험을 분리시켜 별개의 것으로 간주하는 개념을 강화시킨다. 그것은 살아 있는 생명체 영역에서 예술(art)을 도출해 낸다(p. 264).

이른바 '예술 세계(art world)'라고 부를 수 있는 것의 맥락 내에서 이야기할 때, 당연히 Dewey는 '살아 있는 생명체' 영역에서 어떤 교과가 도출될 때 발생하게 되는 몇 가지 문제점을 잘 설명할 수 있었을 것이다. 에세이에서, Ryle은 Aristotle의 관념을 토대로 학습자들이 몸소 실천하는 것을 통해서 어떤 일을 행하는 방법을 어떻게 배우는지에 대해서 썼다. 학습자들은 최소한의 교육을 받고 난 후 자발적으로 그들이 교육받은 것을 능가하면서 더욱더 향상된 모습을 보여 준다. Ryle은 사람들이 이전에 알지 못했던 것으로서 누군가 다른 사람에게서 교육을 받은 적이 없었던 것을 어떻게 스스로 학습해 나갈 수 있는지에 대해 관심을 가졌다(1967, p. 112). 터무니없는 추측을 하고 되는 대로 무모한 모험에 착수하는 것에 대해 경계함으로써, 그는 '위험을 무릅쓰고 무언가를 행할 때에는 주의를 기울여야 한다'는 개념뿐만 아니라 '기법, 조작 방법(modi operandi), 규칙, 규범, 절차, 숙련된 기술, 심지어 거래에서의 교묘한 책략'을 숙달하는 것에 대해서도 역설했다(p. 114). 표준적인 압운(押韻) 형성 규칙과 운율 패턴에 따라서 소네트를 짓는 시인을 한 예로 들면서, 그는 소네트가 하나의 새로운 형식이 될 것이라고 주장했다. "예전에는 아무도 소네트를 지은 적이 없었다. 소네트를 짓는 방법을 그에게 가르쳤던 선생도 소네트를 지은 적이 없었고, 자신의 제자로 하여금 이러한 소네트를 짓도록 할 수도 없었다. 어떤 사람들에게 어떤 일을 행하는 방법을 가르친다는 것은 단순히 그들에게 여러 가지 방식이나 '조작 방법'을 가르쳐 주는 것이다. 그리고 학습자의 새로운 움직임이 자발적인 움직임이긴 하지만 그 학습자가 다른 누군가로부터 그것을 행하는 방법을 배웠던 것일 수도 있다는 모순을 갖지 않고서 우리가 이야기할 수 있는 것은, 그것이 단지 어떤 한 가지 방법이나 그것에 대한 새로운 적용을 시도해 보는 또 다른 방법을 배우는 것에 불과하기 때문이라는 점이다"(p. 114). 그리고 그 에세이의 끝부분에서 Ryle은 학생이 '방법(how to)을 배우는 것'에 주력해야 하는 것과 마찬가지로, 교사가 주력해야 할 부분이 '방법을 가르치는 것'이라고 기술하였다. 교사는 어떤 일들을 행하는 방법을 소개시켜 줄 수 있다. 하지만 실제 어떤 기능이나 능력을 연습하려는 시도는 학생 자신이 행할 몫이지 교사의 몫이 아니다.

> 제가 여러분들에게 조작 방법을 가르쳐 드리기는 하지만 이 방법에 따라서 조작하는 것과 조작을 위해 기울이는 노력은 여러분들이 직접 행하는 것이지 제가 해 드리는 것이 아닙니다. 그리고 그 방법을 숙달하기 위해 행하는 연습은 여러분이 전력을 다해서 행해야 할 부분이지 제가 하는 것이 아닙니다. 만약 여러분이 그것을 시도하려 한다면, 저는 여러분에게 실패를 저지르지 않을 몇 가지 장비를 제공해 줄 것입니다. 하지만 그것은 여러분이 시도하는 것이지 제가 강요할 수 있는 것이 아닙니다. 가르친다는 것은 문을 닫는 것이 아니라 문을 열어 주는 것입니다. 하지만 우둔하거나 겁이 많거나 절름발이인 송아지는 넓게 트여 있는 들판으로 걸어서 나가지 못할 것입니다(p. 119).

반성과 그 너머

Dewey의 주장은 이것과 완전히 일치되지는 않았다. Dewey는 경험으로서의 예술에 대해 이야기할 때 '조작 방법'에 대해서는 이야기하지 않았다. 하지만 반성으로 향하는 능동적인 마음과 현재 발생하는 일을 넘어서는 능력에 대해 역점을 두었다. 예술(arts)과의 만남과 관련해서, 아무도 예술 활동이 포함된 완전한 경험을 보장하거나 제공해 줄 수는 없는 듯 보인다. 전시나 공연, 또는 문학과의 연계와 관련해서, 개인은 몸소 참여를 해야 하고, 사실상 당면한 활동이 무엇이든 간에 그것에 대하여 자신의 에너지를 쏟아부어야 한다. Dewey는 그가 예술에 결부시켰던 주목할 만한 경험이 자동적으로 일어날 수는 없었음을 잘 알고 있었다. Dewey가 지속적으로 우리에게 상기시켜 주었던 것은, 우리가 무엇을 듣고, 읽고, 보고 있든 그것을 '받아들이기 위해서', 우리는 그것에 적절히 대응하는 양태로 우리의 에너지를 분출해야 한다는 것이다. 하지만 그는 이것이 자연적으로 이루어지지 않을 뿐만 아니라, 예술과의 만남이 이따금씩 불규칙적으로 일어나게 되는 경우에는 그것이 실현될 수 없음에 대해서도 충분히 인지하고 있었다.

> 눈과 시각적인 기관이 결함 없이 완전하고, 노트르담의 대성당이나 Hendrik Stoeffel의 Rembrandt 초상화와 같은 대상이 눈에 보이는 형체로서 그곳에 존재한다고 하자. 있는 그대로의 의미에서, 후자는 그냥 '보이는' 것일지도 모른다. 그것들은 누군가에 의해 시각적으로 보이고, 아마도 인지될 것이며, 그것들에 대한 적절한 이름이 부여될 것이다. 하지만 전체 유기체와 객체 사이에는 지속적인 상호작용이 부족하기 때문에, 그것들은 미학적으로가 아니라 확실하게 지각되지 않을 것이다. 이른바 여기저기 높은 곳에 주의를 기울이게 하는 안내원에 의해 화랑을 안내받게 되는 방문객들은 지각하지 못한다. 생생하게 표현된 주제(subject matter)로 인해 단지 우연히 그림을 보는 데 흥미가 있을 뿐이다(1934, p. 54).

Dewey는 일부 사람들이 논쟁의 여지가 많은 주장이라고 간주하는 것을 계속해서 주장해 나갔다. 보는 사람이 자신의 경험을 직접 창조해 낼 때 그 작품을 창조한 사람이 의식적으로 경험했던 것과 같은 조직 과정을 거쳐야 한다. 가령 어떤 텍스트를 의미심장한 대상으로 성취하고자 할 때, 독자들은 세부사항과 상세 항목을 모두 모아서 Wolfgang Iser가 이른바 '예술적 극단(artistic pole)'이라고 칭하는 것에서 텍스트를 가능한 더 심층적으로 이해할 수 있도록 집대성한 전체로 만들어야 한다(1980, p. 21). Iser가 문학 텍스트에 대해 이야기한다. "예술적 극단은 작가의 텍스트이고, 심미감은 독자에 의해서 이루어지는 깨달음이다. 이와 같이 양극성의 관점에서 볼 때, 작품 그 자체는 그 텍스트나 그 텍스트가 구현된 것과 완전히 일치될 수 있는 것이 아니라, 분명 그 둘 사이 어딘가에 자리 잡게 될 것이다."

지각하는 사람의 역할

필수적인 상호작용에 대한 Dewey의 관점은 이것과 유사하지만, Iser는 현실화되는 것이 결코 텍스트의 실재나 독자의 주관에 따라 축소될 수는 없음을 확신한다. 당연히 지각하는 사람의 역할은 다른 형태의 예술에서 일어나는 현상과도 흡사하다. Dewey는 모든 예술 작품이 현실화되는 것에 있어서 지각하는 사람이 어떤 역할을 하게 되는지 규명해 냈다. 누군가에게 의미심장한 것이 되면서도 경험에 있어서 차이를 만들어 내는 어떤 만남의 경우와 마찬가지로, 관객이나 독자는 의식적으로 열정을 쏟아부으면서 자신의 삶을 텍스트, 그림, 음악 공연, 춤, 연극에 부여(賦與)해야 했다. Dewey는 다음과 같은 글을 썼다.

> 지각하는 사람의 입장에서 수행된 작품이 있는 반면 예술가의 입장에서 완성된 작품도 있다. 너무 나태하거나 게으른 사람, 또는 이 작품을 수행하는 데 있어 관행에 무디어진 사람은 보지도 듣지도 않을 것이다. 그의 '감상' 은 형식적인 칭찬에 대한 여러 기준에 부합되는지의 여부, 그리고 진정한 감정적 흥분을 느낀다 할지라도 다소 혼란스러운 감정이 학습의 잔재와 결합되어 만들어진 혼합물이 될 것이다 (1934, p. 54).

충분한 감상에 도달하는지의 여부는 수많은 요인에 따라 결정된다. 애호가나 '전문가' 의 생각과 글을 통해서 특정 기간 동안 명성이 확립되고, 다양한 학자, 비평가, 예술품 감식가, 박물관 큐레이터에 의해서 Arthur Danto가 이른바 '예술 세계' (1981, p. 5)라고 칭하는 곳에 있던 그림을 접했을 때는 어떤 깨달음이 있어야 한다. 이것은 정도에는 차이가 있겠지만 다른 형태의 예술에 대해서도 마찬가지다. Beethoven의 〈8번 교향곡〉은 블루스 곡이나 희곡의 서곡과는 다소 다른 방식으로 경청해야 할 것이다. Tharp의 '밀치고 나가기(Push Comes to Shove)'는 라켓(Rockettes: 솔로 가수)의 공연에서 요구하는 것과는 다른 태도를 요구할 것이다. 지각하는 사람은, Cezanne의 경우에는 그가 그린 산이 그림으로 그려진 평면의 화폭에서 구현되는 방식, Beethoven의 경우에는 공명의 패턴, Tharp의 경우에는 시간과 공간상에서 스타카토의 움직임 등을 자발적으로 인지해 내는 데 주력해야 할 것이다. Fitzgerald의 『위대한 개츠비』를 처음 읽기 시작하는 독자가 그 책을 정독한다면, 그 소설 속에 묻혀 있는 의미를 발견해 낼 수 있을 것이라는 희망은 버려야 할 것이다. 비유적인 표현과 관점의 전환 및 견해의 불일치, 그리고 Ekleburg 박사의 눈을 나타내는 게시판처럼 상징물이 되는 이미지에 주의를 기울이면서, 독자는—자신의 경험을 텍스트에 의해서 이용할 수 있도록 만들어지는 유리한 시점과 조화를 이루도록 배열하면서—폐허의 계곡, 젊고 매력적인 '난폭한 사람', '돈처럼 들리는' 목소리, 개츠비의 파티에 온 낯선 사람들, 자동차, 부러진 코, 도로에서의 죽음, 수영장의 시체 등 이른바 Dewey가 '경험의 대상'이라고 불렀던 것을 연출해 낸다.

사실상, Dewey는 그의 책의 서론에서 "실제적인 예술 활동이란 그 소산물이 경험을 다루고 경험 속에서 이루어지는 것이다"라고 썼다(p. 3). 실제 예술 활동을 행한다는 것은 지각자가 선택한 '활동'이 꽤 많은 기능을 한다는 것이다. 주관적이고 객관적인 요인이 협동하여 작용한다는 사실에 대해서 어느 정도는 이해하고 있는 것임에 틀림없다. 객관적인 측면(그림과 캔버스, 종이에 인쇄된 단어, 음악 소리, 움직이는 신체)은, "단지 그것이 그 행동에 있어서의 여러 가지 관계를 맺는 것뿐만 아니라 기질, 특별한 통찰력, 독특한 경험 등 완전히 자신만의 고유한 특성을 지닌 개인이 그것을 겪게 됨으로써 변형이 일어나기 때문에, 예술 재료가 되는 것이다"(p. 287).

의식적인 의도와 경험

어떤 경험과 관련된 부분이든 간에, 의식적인 의도의 중요성을 인지하는 것은 유익한 일이다. 가장 간단한 수준에서, 경험은 '살아 있는 생명체'와 경험 사이에서 지속적으로 일어나는 상호작용과 교류로 이해할 수 있다. 대부분 그것은 형태가 확실치 않고 애매하며 미완성된 대상으로 존재한다. 우리는 몽상과 흡사한 무언가에 잠겨서 거리를 걷는다. 우리는 도시의 하늘에서 깜빡이는 불빛, 멀리서 다가오는 불빛, 가까운 거리에서 들리는 목소리 등을 그냥 어렴풋하게만 인지하고 있다. 독특한 불협화음과 긴장감이 있을 수도 있다. 우리는 어쩔 수 없이 집으로 들어가야만 하는 듯한 기분을 느낄 수도 있다. 하지만 그 즉시, 집에서 마무리지어야 하는 일이 있음에도 불구하고, 다른 곳으로 도망을 치거나 술집으로 향하고 싶은 생각이 들 수도 있다. 우리는 서점에 들르기로 마음먹은 다음, 시간이 충분치 않음을 깨달을 수도 있다. 심지어 우리는 내면의 무기력함과 외면의 책임감 사이에 우리 자신이 사로잡혀 있다는 느낌을 갖고 있기 때문에, 작은 모험을 해 볼까 하는 생각도 점차 줄어들고 있음을 깨닫게 될 수도 있다. 그러한 종류의 경험과 이른바 Dewey가 '경험'이라고 칭했던 것 사이의 차이점은 불확실한 것, 우발적인 것, 해결되지 못한 것이 '경험' 속에 존재하고 있으며, 어떤 식으로든 체계적인 것, 해결된 것, 획일화된 것과 통합되어 있다는 점이다. 단순히 그것은 경험되는 자료가 '그 자체적인 과정을 거쳐서 완료에 이르게 된다'는 것만이 아니다. 그것은 지속적인 의식의 흐름과 같이 여러 사태의 끊임없는 흐름 속에 존재하는 다른 경험으로부터 결정지어진다. 어떤 게임이 진행되고 있든지, 어떤 문제에 대해 철저한 조사가 이루어지고 있든지, 어떤 기사가 기술되고 있든지 간에, '정말 원만하게 마무리되어 그것의 종결이 중지가 아니라 완료될 때' 우리는 '경험'이라는 것을 하게 된다. 우리는 Mozart의 소나타와 Faulkner의 소설, 그리고 발레와 〈시민 케인〉과 같은 좋은 영화의 결말부로 다시금 돌아가 그에 대해 재고해 보아야 한다. 그것은 단순하게 종결되는 것이 아니다. 어떤 결말은 하나의 줄거리에서 도출할 수 있는 것이기 때문에, 분리될 수 있는 결말로 끝맺지 않는다. 소설의 마지막 대사나 영화의 마지막 장면은 마치 그것이 하나의 명제에서 논리적으로 도출된 추론처럼 다루어질 수 없다. Hokusai가 제작한 유명한 목판화에서처럼, 파도의 이미지는 때때로 미술 작품에서의 연속적인 상태, 이음새 없는 매끄러움, 움직임에 있어서의 상승과 하강—그리고 해변에서 파도가 부서질 때의 '극치(consummation)'를 나타내기 위해 이용된다.

Dewey에게 있어, 만약 그 결과가 '자유롭게 해 주는' 효과를 가지는 것이라면, 만약 그것이 경험상에서의 새로운 관계를 만들도록 해 주는 것이라면, 인간은 학습이 목표로 하는 것에 협조해야 한다. 경험에 있어 새로운 관계와 패턴을 정립하는 것은 결국 의미를 창조해 내는 하나의 방식이다. 우리가 주의를 기울여야 한다고 배우게 되는 '은유(metaphor)'는 새로운 관계를 파악할 수 있도록 해 준다. 예를 들어, 만약 우리가 『허클베리 핀의 모험』에서 증기선이 뗏목을 거침없이 헤치고 나아갈 때 증기선의 비인격성(impersonality)으로 인해서, 또는 『위대한 개츠비』에 등장하는 '폐허의 계곡(Valley of Ashes)'에서 삽을 들고 있는 잿빛 남성들로 인해 예측하지 못했던 방식으로 현대의 첨단 기술을 저절로 인지하게 된다면, 탈(脫)공업화된 세계에서 우리의 인지력은 더 복잡해지고 다각화될 수 있을 것이다. Claude Monet가 루앙 대성당을 다양한 방식으로 채색한 연작들을 바라볼 때, 우리는 놀라우리만큼 새로운 방식으로 적시에 대상물에 대해 생각할 뿐만 아니라 심지어는 마치 한순간에 삭막한 잿빛이 될 수 있는 종교에 대한 실록이 될 수 있고, 다른 순간에는 인정이 넘치는 핑크색이 될 수 있는 것처럼, 그 성당의 변화무쌍한 외관을 바라보고 있는 우리 자신을 발견하게 될 수도 있다.

적어도 Dewey에 따르면, 요구되는 협동과 참여의 '유형'에 대한 인지는 사고와 삶에 대한 특정한 방식에 달려 있다. 경험 '속에서' 발생하는 무언가를 이해한다는 것은, 인간과 그 주변 환경을 결부시키는 교류(交流) 내에서 개념이 발현되고 의미가 만들어진다는 사실을 깨닫게 되는 것이다. 증기선이나 폐허의 계곡에 대한 반응은 경험 내에서 일어나는 반응임과 동시에, Dewey가 그것에 대해 이야기한 바와 같이, '모호한 것에서 명확하고 확실한 것으로 새로운 상황을 홀로 전환시킬 수 있는 조직화된 의미를 배경 삼아서' 일어나는 반응이다(1934, p. 266). 이러한 경우에 그것들을 연구하는 상황과 결부될 수도 있고 결부되지 않을 수도 있는 첨단 기술적인 발명품과 기대 요소를 어떻게든 연루시키면서, 새로운 상황은 모호하게 이해되는 것일지도 모른다. 우리는 소설을 읽기만 할 수도 있고, 새로운 상황이나 현실 상황 내에서 Mark Twain의 소설, Henry James의 소설, Toni Morrison의 소설에 나오는 주인공이 될 수도 있다. 필연적으로 우리는 수년간에 걸쳐 우리가 축적해 왔던 의미를 배경으로 그것을 활용하여 독서를 해야 한다. 선행 경험에서 도출된 이러한 의미들은 현재 경험의 일부를 이루게 된다. 그들은 이른바 Dewey가 상상력의 '문(gateway)' 이라고 불렀던 것을 통해서 자신만의 방식을 찾게 된다. 사실상 Dewey는 '새로운 것과 오래된 것을 의식적으로 조정하는 것이 상상력이다' 라는 것과, 지속적인 경험은 '단지 지금 바로 주어지는 경험이 실제로 존재하지는 않지만 가상적으로 존재하는 것으로부터 도출된 의미와 가치에 의해서 그것이 확장될 때만' 사람들이 충분히 의식할 수 있다고 믿었다. 과거에 보았거나 다루어 본 경험이 있는 기계와 도구에 대한 기억이 지금 현재 다시 보고 다루는 경험으로 인해 확장되고 심화된다는 사실과, 오늘날 알게 된 것에 대한 렌즈를 통해 과거를 바라볼 때 그것이 어느 정도 재구성된다는 사실은 명백한 것인 듯 보인다.

실생활 상황에서의 기반 지식

상황과 생활사가 이렇게 결부되어 있다는 사실은, '실생활' 로부터 별개로 분리되어 있는 여러 영역에서, 실재와 미학 이론에 대한 명확한 규정이 행해질 것이라고 추정하는 철학에 대해 이의를 제기하는 Dewey를 또 다른 하나의 예로 들어 설명해 볼 수 있다. 그는 진부한 형식주의뿐만 아니라 예술 작품을 예술 활동과 동일시했던 표준적인(canonical) 관점을 근간으로 삼는 경향에서 탈피하고자 노력하기도 했다. Dewey에게 있어, 우리가 알고 있었던 바와 마찬가지로, 예술 작품은 예술 활동과 다른 별개의 것이었다. 예술 활동은 인간이 만들어 낸 것이라고 보았다. 목표 범주를 만들어 내고, 그것을 계층별로 배열하며, '순수 예술', '수준 높은 예술', '뛰어난 예술' 에 대하여 학생들이 수동적으로 전념하는 많은 사례가 나타나게 되는 것은, 모두 미국의 여러 학교에서 틀에 박힌 관행처럼 이루어지고 있다. 학생들은 경외감, 존경심, 전문가적 자질에 대한 갈구 등과 같이 당대를 군림하던 거장들의 몸가짐을 포함하여, 대학 강사, 지도자, 교수를 역할 모델로 받아들이고 그들을 모방할 것을 은연 중에 요구받았다. 그 어느 것도 Dewey가 그렇게 자주 비판했던 예술 활동에 대한 분리를 확인하는 데 있어 적합한 것이 없었다. 그 누구도 보통의 젊은이가 아마 '위대한 예술(great art)'의 비밀을 유지하는 암호를 해독하는 능력을 갖출 수 있다고는 생각지 않았다. 그 누구도 보통의 젊은이가 그리스의 신전을 건립했던 사람, 다비드상을 조각했던 사람, 인상주의 화가처럼 빛을 표현하는 방법을 발견해 낸 사람 등의 영혼이나 영감을 이해할 수 있는 잠재력을 가지고 있다고는 생각지 않았다. Dewey의 관심사는 예술 활동이 일반 대중으로부터 얼마간의 거리를 유지하고 있는지에 대해 설명하기 위해 '아우라(aura)'의 개념을 이용하였던 독일의 비평 이론가인 Walter Benjamin의 관심사와 매우 흡사했다(1978, p. 223). "어떤 대상을 껍질로부터 분리시키기 위해서 그것의 '아우라'를 파괴시키는 것은, '어떤 대상의 보편적인 대등함에 대한 지각'이 재생을 통해서 단 하나의 물체로부터 그것을 도출해 내는 정도에 이르기까지 향상되었음을 나타내는 표시다." 벤야민은, '아우라'가 '기계적인 재생'—영화 · 사진 · 녹음/녹화 테이프 등—이 확대됨으로 인해 약화될 것이라고 믿었다(pp. 217-242). Dewey는 과학 기술의 엄청난 변화가 일어나기 직전에 글을 쓰면서 학습이 때때로 '경험적 학습(experiential learning)'이라고 불리는 것으로 변형되어야 함을 강조했다.

수많은 학문 분야에서와 마찬가지로, 예술에 대해 배운다는 것은 '무언가에 대해' 배우는 것, 다시 말해 '예술'에 대해 알게 되는 것을 의미하는 경향이 있었다. 박물관을 견학한 사람들이나 녹음된 강연을 경청하는 사람들이 Dewey가 이른바 '심미적' 경험이라고 일컬었던 것을 했다고 할 수는 없었을 것이다. 대개 이것은 사람들이 개인으로서, 그리고 지역사회의 구성원으로서 주변의 일과 직접적으로 활발한 교류가 없었기 때문이었다. Dewey는 사람들이 그림의 피상적인 구조에 대해서는 거의 주의를 기울이지 않는다는 사실에 주목했다. 그림의 질, 색채상의 대비와의 상반, 윤곽의 미, 그림자, 형태, 심지어 전시된 그림의 테마—풍경화, 초상화, 실물 모델, 그 그림이 묘사하는 것—에 대해 관심을 보이는 사람들도 거의 없었다. Dewey가 사회과학과 자연과학을 전공하는 학생들이 흔히, 참여적인 이해에 그들을 참여시키려는 노력이 전혀 이루어지지 않은 상태에서, 미리 정의(定義)된 진술과

'객관적인' 설명을 전달받게 된다고 비평했던 것은 당연한 일이었다. Dewey에게는, 창조자와 마찬가지로 지각하는 사람도 "풍부하게 발달된 배경지식을 필요로 하는데, 그것이 그림이든 아니든 간에 시나 음악 분야에서도 마찬가지로 배경지식은 관심 분야를 일관성 있게 꾸준히 가르쳐서 길러 주는 방법을 제외하고는 습득될 수 없다"(1934, p. 266). 여기에서 함축하는 바는 학생들이 '배경 지식(Hirsch, 1987, pp. 60-64)'이 분리된 개개의 조각들을 '문화적 문해'를 위하여 통달해야 한다는 것이 아니다. Hirsch는 기계적으로 암기하는 학습법에 대한 그의 특별한 도전에서 Dewey를 Rousseau의 신봉자라고 간주하고(Hirsch, 1987, p. 119), 아동의 요구와 그들의 긍정적인 자기 개념에 대해 Dewey가 지니고 있으리라 추정되는 선입견에서 파괴적인 무언가를 관찰하고 있다. 하지만 『경험으로서의 예술』에서 Dewey는 '풍부하게 발달된 배경 지식'이라는 개념을 중추적인 것으로 만들었을 뿐만 아니라, 질문하기, 판단하기, 이유 제시하기, 추론하기뿐만 아니라 인지하기와 상상하기를 포함하는 능동적인 학습의 유형을 권장하는 일을 계속했던 것이 분명한 듯 보인다.

홍미와 정체성

Dewey에게, 흥미(interest)는 호기심으로 인해 일시적으로 주의를 기울이는 하나의 유형과 같은 것이 아니었다. 『민주주의와 교육』에서, Dewey는 무언가에 대해 적극적으로 흥미를 갖는 유형은 존재하는 자기의 특징을 드러내는 것이라고 썼다. 그가 말했던 것은 '자기존중감'이나 '긍정적인 자아 개념'을 길러 주는 것을 넘어서는 개념이다. 그리고 그것은 냉담함과 무관심으로 나타낼 수 있는 오늘날 공립학교의 실상과 밀접하게 관련되어 있다. Dewey는, 흥미는 특정한 목적을 지닌 자아의 적극적이고 활동적인 정체성을 의미하는 것임을 명심하라고 했다(1916, p. 408). 자아를 일컬어 '행동을 선택하는 것을 통한 지속적인 형성 과정에 있는 무언가'라고 인지하면서, 그는 하나의 프로젝트, 다시 말해서 사실적인 실생활 프로젝트의 측면에서 이야기했다. 이른바 '목표'라는 것은 '미래(futuring)'을 요구하는 일로서,

추구되어야 할 무언가를 겨냥하여 집착하는 행위다. 그것은 해당 문화나 상호 주관적인 세계 내에서 개인이 혼자 힘으로 정체성을 창조해 나가는 여러 가지 방법 가운데 한 가지다. Dewey가 이것에 대해 논했던 장에서, 그가 제시한 예는 흑사병이 돌던 시절에도 포기하지 않고 환자들을 돌봐 주는 내과의사에 관한 내용이었다. 이 내과의사는 자신의 직무를 충실히 수행하는 열성적인 의사인데, 그의 자아가 진료실과 그가 하는 일에서 발견된다는 점이 명백히 입증된다. 우리는 이따금씩 이와 같은 상황이 축구나 농구 같은 스포츠에서도 발생하는 것을 볼 수 있다. 여러 예술 영역에서, 자기 자신을 '예술가가 되어 가는 과정에 있는 존재'로 간주하지 않고 단지 무용가, 시인, 화가가 되는 것만을 깊이 열망하는 사람들을 찾는 일이란 가능치 않을 것이다. 이것은 단순히 자부심에 찬 단언을 한다거나 '무용가'나 '시인' 또는 '랩을 부르는 가수'로서 자신을 동일시하는 것과는 완전히 다르다. Ryle이 언급했을 뿐만 아니라 Dewey와 다른 수많은 사람들이 이야기하고 있는 것처럼, 학습은 혹자가 무언가를 행하는 방법을 배우고 있는 것에 대하여 의도적이고 의식적으로 행동하는 것을 포함한다. 그리고 이것은 어떤 다른 테마나 '관행(praxis)'과 관련해서도 그것이 그렇게 되는 만큼, 미술 작품을 인지하고, 감상하고, 공감하는 방법을 배운다는 것과 관련해서도 부합되는 사실이다.

수업에 적용될 때, 이것은 일시적으로 주의를 산만하게 하는 요소와 유쾌하지 못한 장애물이 있음에도 불구하고, 전반적으로 볼 때 학생들이 자신의 학업에 충실할 수 있도록 유지시켜 주는 것이 바로 해당 과업에 대한 흥미임을 나타낸다(Dewey, 1916, p. 410). 컴퓨터실, 화학 실험실, 이야기하기 동아리, '전체 언어' 집단, 행진 밴드 시연 등 오늘날 이 모든 것은 능동적인 학습에 대해서뿐만 아니라 특별히 흥미를 가지고 몰두해 있는 당면한 테마와의 관계에 대해서도 그 증거를 제시한다. '흥미'에 대한 Dewey식 개념은 비본질적인 목표에 대해 외적으로 동기를 부여받아 순응하게 된 심적인 태도와 습관보다도 훨씬 더 많은 무언가를 내포하고 있다.

『경험으로서의 예술』에서, Dewey는 특별히 위조하고 타협하지 않을 화가의 입장에서 성실함을 흥미와 결부시킨다. 하지만 그는 학습뿐만 아니라 사고에도 충분히 적용될 수 있을 창의적 마음(creative mind)과 관련하여 또 다른 한 가지 주장을 제기한다. Dewey는 '그 자료의 진가가 발현될 수 있도록 함으로써 새로운 경험의 제재(題材)가 될 수 있도록 하기 위해서, 창의적 마음이 그것을 자극하는 모든 자료를 어떻게 손아귀에 넣어 획득할 수 있는지' 에 대해 이야기한다(p. 189). Dewey는 마음이 어떤 자료들을 회피하게 하고, 그 자료들이 지각적인 의식의 공간으로 들어올 수 있도록 승인해 주는 것을 거부하고, 명백하게 개념을 정립하려는 과정을 방해하는 등의 상황을 야기시키는 일종의 소심함에 대하여 비난했다. 능동적인 마음에 대한 이러한 설명은, 그 세계를 헤집고 들어가는 의식(consciousness)이라는 의도적인 행동에 대하여 현상학적인 설명을 함으로써 끝맺게 된다. 의도성은 모든 지각이 '무언가' 에 대해 지각하는 행동으로 이루어지는 것을 말한다. 의식은 단순히 직관과 개념으로 가득 채워져 있는 내면적인 것이 아니다. 의식은 모든 측면에서 인접해 있는 세계를 지향하고 있다. 그리고 의식은 물리적인 세계와 인간적인 사회를 의미한다. 간주관성(intersub ective)뿐만 아니라 지각과 다중 구상화에 대해서도 심오한 흥미를 보였던 현상학자인 Maurice Merleau-Ponty는, 그 세계에 자리를 잡고 거주하는 것에 대해서뿐만 아니라 위치와 상황이 방치된 것에 대하여 취하는 관점에 어떤 영향을 끼치는지에 대해서도 많은 내용을 기술했다. 그는 이른바 '조작적 의도(operative intentions)' 에 대하여 이야기하였는데, 그것은 "우리의 욕구와 평가, 그리고 우리가 객관적인 지식에서보다 더 확실하게 볼 수 있는 풍경화에서 명백하게 드러나는 것임과 동시에 지식을 정확한 언어로 해석하기 위해 노력하는 텍스트를 제공해 주는 것들이다"(1967, p. xviii). 그러한 태도를 피한다는 것은, 관계 정립을 회피하고, 수동성과 그릇된 신념 속에서 위안을 구하는 것이 될 것이다. Dewey에게 그것은 '지각적인 의식의 빛' 으로부터 그들을 배척시킨다는 것을 의미했을 것이다(1934, p. 119).

또한 경험에 대한 Dewey의 인식은, 물리적 환경 및 인간적 환경과의 선택적인 약속을 통해서 발달하고, 인간답게 행동하는 법을 학습하며, 의미를 창조해 내는 인간 존재에 대한 비전에서 유래했다. 애착을 가지고 적극적인 흥미를 갖게 되는 것은, 많은 부분 인간이 현실을 구성해 내는 방식에 따라 결정된다. 오늘날 대다수 도시 학교에서의 실상과 마찬가지로, 만약 학교에서의 학습이 젊은이들이 희망하고 갈구하는 것과 관련하여 적절히 이루어지지 않는 듯 보인다면, 그들은 당연히 흥미를 보이지 않을 것이다. 만약 학생들이 소수 인종 집단에 속해 있다면, 그들은 사회가 전반적으로 성공이라 간주하는 것으로 이끌어 주는 주류 활동의 유형으로부터 자신이 배제되는 것이 당연하다고 여길 수도 있을 것이다. 대신 그들에게는 친구들과 공유하게 될 냉소적인 태도—그들을 거부하는 듯 보이는 것에 대한 방어적인 거부—만이 길러지게 될 것이다. 이것은 그렇게 많은 젊은이들이 만약 관행을 어긴다면 자신이 동료들의 기대를 저버린 것처럼 행동하는 것뿐만 아니라, 다수에 의해서 규정된 방식으로 '우수한 학생' 이 되려고 노력하는 것에 대한 한 가지 이유다. 그들은 흔히 상당한 정당성을 입증하면서 불평등과 인종주의뿐만 아니라 오늘날 우세하다고 간주하는 집단과 결부되었을 때의 굴욕감 등을 집중적으로 조명하는 사회적 실재에 대한 여러 가지 모형을 수립해 왔다. 결과적으로 다수는 지하 경제 활동에서뿐만 아니라 거리상에서, 그리고 만약 재능이 있고 운이 있다면 연예 분야나 스포츠 분야에서 자신만의 길을 개척해 나가게 된다.

Dewey는 이러한 종류의 현상을 고려하지 않았는데, 그 이유는 소수 집단과 그들의 특수한 상황에 대해 오늘날 가지는 관점을 가지지 못했기 때문이다. Dewey는 국립유색인종진흥협회(National Association for the Advancement of Colored People)에서의 코넬 웨스트(Cornel West) 약정을 이용하고자 하였으나, 그러한 '인종 문제들(1993)' 이 미국에서 현재 어떻게 진행되고 있는지에 대해서는 명백히 파악해 내지 못했다.

사회적 병리의 문제

하지만 포괄성과 인간의 권리, 그리고 평등한 참여에 대한 Dewey의 관점에서 볼 때, 만약 『대중과 그 문제(*The Public and Its Problem*)』를 출판했던 1927년 이후에 그가 글을 쓰는 중이었다면 이 모든 것을 사회적 병리의 한 양태라고 이름 붙이게 하는 것이 당연하였을 것이다. 그 텍스트에서, Dewey는 사회적 관행과 여건에 대한 효과적인 연구에 매우 불합리하게 작용하는 사회적 병리가 그 나라에 존재하고 있다는 의견을 발표했다. 그것은 수많은 방식으로 나타난다.

> 불평을 늘어놓는 방식, 무기력하게 떠도는 방식, 불안정하게 주의가 산만해지는 방식, 오랜 기간 정립된 관행을 이상화하는 방식, 손쉬운 은폐 수단으로 여겨지는 낙천주의적 방식, 어떤 대상에 대해 '있는 그대로' 자유 분방하게 만족하는 방식, 반대 의견을 가지는 모든 사람을 위협하는 방식—그것들이 부지불식간에 작용하여 널리 퍼질 수 있기 때문에 더 효과적인 것으로 여겨지는 모든 생각을 저지하고 없애는 방식(1927/1954, pp. 170-171).

『경험으로서의 예술』에서 명료함과 질서에 대해 Dewey가 기울였던 관심은, 그가 무분별함으로 간주했던 것에 대해 자신이 대응했던 한 측면이 될 수도 있을 것이다. Dewey는 그 텍스트에서 지식에 의해서 단련될 수 있는 '행동에 대한 통제를 통해 직접적인 경험의 질을 향상시키는 것' 에 대해 이야기했다(p. 290). 병리적 현상은 '반성(reflectiveness)' 에 의한 반격을 받을 수도 있지만, '사회적 탐구' 에 의한 반격도 받을 수 있다. 그것은 '두 가지 모두를 변형시키는 구식의 의미뿐만 아니라 새로운 상황의 융합' 을 통해 가능하게 만들어진 의식에 의해 치료되는 것이 나을 것이며(p. 275), 심미적 경험에서 가장 쉽게 발견할 수 있을 것이다.

무관심, 습관화, 판에 박힌 일상, 분별력 없는 순응. 이 모든 것은 그것들이 학습하는 방식에 대해서 나타나는 것과 마찬가지로 경험에 대해서도 나타나게 된다. Dewey는 현재 발생하고 있는 상황에 대한 고양된 의식의 중요성뿐만 아니라, 어떤 대상을 이해하는 것에 대한 저항과 긴장의 중요성에 대해서도 끊임없이 강조했다. 방해 요소로 등장하는 것에 대하여 저항이 일어나지 않는다면, 두려움과 희망을 모두 느끼지 못할 것이기 때문에, 자아는 자신에 대하여 아무것도 자각하지 못하게 될 것이다. 방해 요소로 등장하는 것에 대한 저항은 "생각을 불러일으키고 호기심과 열정적인 관심을 유발해 낸다" (1934, p. 60). 의문을 제기하거나 문제를 제기한다는 것은 만약 유기체와 환경 사이에서 완벽한 합체가 이루어진다면 느낄 수 없을 장애감이나 불안감, 그리고 호기심으로 시작되는 것임이 틀림없다. Dewey는 사람들이 삶을 개척해 나아감에 따라 편향되고 대립되며 좋아하는 경향성이 있다고 할지라도, 많은 욕구나 충동이 존재하고 있다는 의견을 제기했다. 그리고 이것은 분명 교수 및 학습과 관련한 사례에서도 마찬가지일 것이다. 앞에서 장애물로 작용하는 것을 외면하고 그것에 대한 이름조차 말하지 못하는 사람들이 있다. 뿐만 아니라 여성들이 '여성학' 교육과정을 수립할 때처럼, 아프리카계 미국인들이 그들의 위대한 소설과 희곡을 다룰 때처럼, 특정 젊은이들이 폭력과 전쟁에 대항한 캠페인을 행함으로써 대의명분과 형제애를 발견했을 때처럼, 장애물을 하나의 선호하는 매체로 변형시키고자 노력하는 사람들도 있다. 이와 같은 과업을 떠맡으면서, 자아 또는 어떤 생명체는 자신의 본래 의도를 인식하게 된다. "자아는, 그것이 성공하든 실패하든 간에, 단순히 그 자신이나 그것 이전의 상태를 복원시킬 수는 없다. 무의식적인 동요는 하나의 목적으로 변화되어 왔다. 본능적인 경향성은 인위적으로 떠맡게 된 과업으로 변형된다. 자아에 대한 태도는 의미로 충만해지게 된다"(1934, p. 59). 이것은 부분적으로 예술 작품과 연관을 맺게 되는데, 왜냐하면 그것은 표현이라는 행동의 한 예이기 때문이다. Dewey의 말에 따르면, 만약 유발하는 충동이나 욕구가 특정한 유형의 동요나 혼란 상태가 되지 않는다면, 표현이라는 행동은 나타나지 않을 것이다. Dewey의 저서에 따르면, 만약 표현이 이루어지게 된다면, 압축이 있어야 할 것이다. "혼란이란 사실적으로나 개념적으로 내면의 충동과 환경과의 접촉이 동요를 일으킨 부분을 나타낸다. …… 거기에서 절대적으로 필요한 흥분을 일으키기 위해서는 문제가 되는 것이나 중대하면서도 불확실한 무언가가 존재해야 한다. 확실한 것은 우리들로 하여금 감정적인 동요를 불러일으키지 않는다"(1934, p. 66). 만약 행위에 있어서의 배출구를 찾아내야 한다면, 틀림없이 거기에는 무언가에 대한 흥분이 존재할 것이다. 이것은 우리들로 하여금 불확실성과 학습과정에서 제기하는 문제점에 대해 앞서 언급했던 내용을 다시금 고찰해 보도록 한다. 즉, 요지는 신중한 '실천(praxis)'을 통해서 해결책을 찾아가는 활동과 관련된다. 기교나 무관심을 제외하고는 어느 정도의 열정이 있어야 한다.

문제 해결의 리듬

대부분의 사람들은 문제를 해결하는 것뿐만 아니라 문제의 지각과 관련한 리듬 · 숙고와 가설적인 사고과정, 잠정적인 해결책, 고원(plateaus)에의 도달, 다시금 불안감을 극복하기 전에 오는 자유의 순간 등에 대해 Dewey가 지대한 관심을 가지고 있다는 사실을 잘 알고 있을 것이다. 앞서 언급했던 바와 같이 불안감이 불러일으키는 에너지는, 그 사람이 규정된 문제를 해결하기 위해 당면한 현실을 활용하고자 분투할 때의 사려 깊은 행동으로 변형될 수도 있다. 이어지는 '차후의 행동' 은 '반성' 으로 바뀌게 된다. 방향을 바꾸어 주의를 기울여야 할 부분은 선행 경험 덕분에 자신이 '운영 자본(working capital)' 으로 보유하고 있는 것과 방해가 되는 여건 사이의 관계다(1934, p. 60). 다시금 우리는 누적된 의미, 즉 대개 아동기로부터 그 유래를 찾을 수 있으며 현재의 문제에 대한 인지력을 연마시켜 줄 수 있는 의미의 중요성을 떠올리게 된다. Dewey에 따르면, 반성은 문제에 대한 감각을 연마시켜 줄 수 있을 뿐만 아니라 훨씬 더 명확한 '실현 가능한 목표(end-in-view)' 를 만들어 줄 것이다. 그가 말하건대, 저장된 요소가 새로운 상황을 접할 때 이용되기 때문에, 모든 유의미한 경험은 저장된 요소에 의해 새로운 의미가 부여된다.

예술 경험은 실제 상상력에 의해서 가르침을 받게 되는데, 그것은 옛것과 새로운 것, 저장된 의미, 현재의 급박한 사정에 대한 적절한 적응에 대한 예다. Dewey에 따르면 현재와 과거의 상호작용 사이에는 항상 격차가 있다. "이러한 격차 때문에, 모든 의식적 인지는 위험을 내포하고 있다. 그것이 현재를 과거에 동화시키는 것처럼, 과거에 대한 어느 정도의 재구성도 발생시키기 때문에, 그것은 모르는 것에 대해 위험을 무릅쓰고 도전하는 것이다"(1934, p. 272). 우리는 오늘날의 수업에서 형성되어 공유되는 이야기, 듣는 이야기, 기억나는 일상사 등에 대해서 생각하기만 하면 된다. 과거에 아동들은, 심지어 그것이 그들이 초기에 겪었던 일들에 대해 새로운 빛을 비춰 줄 때조차도, 감히 자신의 어린 시절 생활에 대해서 확실한 근거 있는 이야기를 하라는 요구를 받지도 않았고, 그러한 이야기가 그들의 현재 생활을 구성하는 데 영향을 끼치는 방식을 탐구하라는 요구도 받지 않았다. 과거의 일들을 기억해 낼 수 있는 능력을 지닌 채, 흐르는 시간 속에 살고 있는 아이들에 대해 생각해 보는 것은, 천진난만하게 '현재'를 살아가는 대부분의 아동에 관해서 축적된 심리학적인 결론과는 매우 다른 것을 배운다는 측면에 있어서 새로운 의의를 지니게 된다. Marcel Proust의 『잃어버린 시간을 찾아서(*Remembrance of Things Past*)』를 회상하면서, 살고 있는 현재에 '마들렌(*madeleine*)' 맛의 결과를 떠올려 보는 일은 그만한 가치가 있을 것이다. 우리는 『모비딕(Moby Dick)』에서, "내 영혼에 암울한 가랑비가 내리는 11월이구나"라고 느끼면서 자신이 바다로 가야 할 때가 되었음을 깨달을 때, 관을 보관하는 창고를 바라보고 있는 자신의 모습을 발견하게 된 Melville의 Ishmael에 대해 생각해 볼 수도 있을 것이다. 그것을 읽으면서, 많은 사람들은 자신의 암울했던 11월을 기억하면서, 현재를 그러한 과거에 동화시키는 것뿐만 아니라 그와 동시에 기억해 낸 과거를 재창조하는 모험도 감행했다. Wordsworth의 〈서곡(The Prelude)〉 서두 부분에서 시인이 자신의 본래 관점으로 회귀하는 것을 통해서 불러일으켜져 '시인의 마음의 성장(Growth of a Poet's Mind)'이라는 부제가 붙은 기억들이 있다. 또한 Virginia Woolf가 아동으로서 경험했던 '나를 작가로 만들어 주었던 충격 수용 능력'에 대하여 '의식(awareness)의 충격'이라고 설명했던 것을 통해 떠올려진 기억도 있다. 뿐만 아니라 과거는 현재로 흘러 들어왔다. 현재에 대한 조명이 이루어졌고, 과거는 적어도 그 의미와 관련된 부분에서는 변형이 이루어졌다.

Dewey는 의식의 문턱 아래에서의 느린 발생과정에 대해서뿐만 아니라 흔히 그러한 낡은 문턱의 위에서 자료요소들이 갑작스럽게 출현하게 된다는 것에 대해 자주 언급했다. 그것을 감정적인 삶과 결부시켜서, Dewey는 감정이 처음에는 분명치 않은 것이지만, 그것들이 상상력이 가미된 자료 속에서 다양한 변화를 거침에 따라서 명확한 형체를 지니게 된다고 이야기했다. 그는 다음과 같이 기술했다.

> 예술가가 되기 위해 우리들 대부분에게 부족한 것은 초기의 감정도 아니고 단순히 실행을 하는 데 있어서 기술적인 능력도 아니다. 그것은 애매모호한 개념과 감정

을 철저히 연구하여 어떤 명확한 매체로 변형시킬 수 있는 능력이다. …… 하지만 수태(受胎)에서 출산에 이르는 기간 사이에, 오랜 임신기간이 필요하다. 이 기간에 감정과 개념에 대한 내적인 자료요소는, 후자가 표현의 매체가 될 때 그것이 변화를 겪게 되는 것만큼, 본인의 행동과 외적인 요소에 의해 받는 영향을 통해서 변형이 이루어지게 된다(1939, p. 75).

우리가 과거에서 현재로의 적응이나 내부에서 외부로의 적응을 통해서, 또는 감정에서 개념으로의 적응을 통해서 이것에 대해 고찰을 하든, 특히 '명확한 매체' 에 가장 큰 주안점을 두면서 그것은 학습과 상당한 관련을 맺고 있는 듯 보인다. 결국 학습은 예측 불가능한 세계에서 의식적인 '실천(praxis)' 을 진행시켜 나가는 반성과정이다.

경험에서의 연속성

『경험과 교육(*Experience and Education*)』(1953)이 『경험으로서의 예술』에 여과되어 읽힐 때, Dewey가 이른바 '경험의 연속성에 대한 원리' 라고 불렀던 것은 더 의미심장한 의의를 지니게 된다. 그 원리는 '모든 경험이 예전에 겪었던 일로부터 무언가를 취하여 특정한 방식으로 그 뒤에 이어질 일의 특질을 변형시키게 된다' 는 것을 시사한다(p. 35). Dewey는 '교육적인 경험과 비교육적인 경험' 간의 차이를 구별할 기준으로서 연속성(continuity)을 이용했다(p. 37). 어떤 수준에서 이것은 말하기, 읽기, 현미경 이용하기 등을 배우는 경우에서처럼, 각각의 경험이 차후에 계속적으로 이루어질 학습을 위한 조건을 넓혀 나가게 됨을 의미한다. 하지만 Dewey가 깨달은 바와 같이, "만약 경험이 호기심을 불러일으키고 독창력을 강화시켜 줄 뿐만 아니라, '사람들로 하여금 불모의 공간을 넘어서서 밝은 미래로 데려다 줄 수 있을 만큼 충분히 강력한' 열정과 목표를 새로이 수립할 수 있도록 한다면, 연속성은 다르게 작용할 것이다……" (p. 38). 학습자에게 어떤 목표나 방향을 부여하지 않는다면, 교사는 특정한 경험에 대한 동력과 방향을 판단할 수 있을 만큼의 충분한 통찰력을 활용해야 할 의무를 지게 된다. 교사는 어떤 조건과 태도가 젊은이들이 성취하고 이루고자 애쓰는 목표에 도움이 될 것인지에 대해 학습자와 의사소통할 수 있을 만큼 충분히 교감적인 이해를 할 수 있는 능력을 갖추어야 한다. 뿐만 아니라, 교사는 가치 있는 경험을 확립해 나가는 데 이바지할 수 있는 학습자의 배경으로부터 무언가를 얻고자 하는 노력이 있는 상황과 없는 상황에서 학습자의 경험에 무엇을 제공해 주어야 할 것인지에 대해 무언가를 알고 있어야 하는 책임을 진다.

그러한 책임은 해당 문화와 수업에서 엄청난 다양성을 인지하게 되었기 때문에, 그리고 대부분의 교사들에게 있어서 거리의 문화나 대중문화 같은 것들은 익숙하지 않기 때문에 더욱더 절박한 것이 된다. 대개 수업에 도입된 여러 가지 관행은 교사들에게 똑같이 서로 상이한 것이며 이상한 것이다. 대다수의 교사들은, 주류를 이루고 있으며 대개 중산층에 속하는 성인들에게 익숙해져 있는 것과는 완전히 다른 방식으로 이루어져 있는 사회적 현실에 참여해야 한다는 필요성을 인지하는 것부터 시작한다. 중심 도시에서는 더는 뉴잉글랜드 사회의 여러 기준을 신뢰할 수 없게 되었다. 그것이 학교와 이웃 사이의 관계에 영향을 끼치는 것은 예전보다 더 어려워지게 되었다. Dewey는 각각의 사람들이 경험하는 세상이 그 자신이 행동하는 자아에게 있어서는 필수적인 부분이 되며, 자아는 그것을 토대로 행동하게 된다. 경험에 있어서 다양성은 매우 중요한 것이다.

그럼에도 불구하고, Dewey는 무관심과 무감각함에 대하여 계속적으로 경고했다. 그는 다음과 같이 기술했다. "익숙함은 무관심을 유도하고, 편견은 우리들로 하여금 눈을 멀게 만든다. 자만심은 망원경의 반대쪽 끝을 통해서 바라보게 하고, 자아에 대한 근거조차 없는 거만함을 지지하여 어떤 대상이 지니고 있는 중요성을 최소화시키게 된다" (1934, p. 104). 그러고 나서 Dewey는 다음과 같이 주장했다. "예술은 경험했던 것들에 대한 표현력을 숨겨 버리는 덮개를 던진다. 그것은 판에 박힌 일상의 태만함으로부터 우리들이 활기를 띠게 하고, 다양한 특질과 형태로 우리 주변의 세상을 경험한다는 기쁨 속에서 우리 자신을 발견하게 함으로써, 우리들이 우리 자신을 잊도록 해 줄 수 있다" (p. 104). Dewey는, 경험의 커뮤니티에 제약을 가하는 벽과 소용돌이로 가득한 세상에서 발생할 수 있는 인간 사이의 완전하고 제약 없는 의사소통의 유일한 매체로서 예술을 이야기함으로써 그 단락을 끝맺었다(1934, p. 105). 비록 Dewey가 다양한 견지에 대한 중요성뿐만 아니라 그다지 중요치 않은 관점을 인정하는 것에 대한 중요성에 대해서도 이의를 제기하지는 않았지만, 적어도 1차원적인 비전과 태만함이나 무관심 사이의 관계에 대해서는 인지하고 있었다.

견해의 명백한 차이에 대해 Dewey가 다루었을 때, 그는 다양한 생각이 흔히 다양한 '느낌' 또는 다양한 질적인 측면을 지니고 있다고 주장했다. 사실상 그는, 사람들이 바른길을 가고 있거나 잘못된 길로 가고 있을 때, 대개 사람들이 그것을 알 수 있도록 해 주는 감각적인 특질이 존재하고 있다고 믿었다. 진정한 학문적 탐구에서, "사색가는 규칙을 따른다거나 맹목적으로 생각을 전개시켜 나가는 것이 아니라 질적인 색채를 지니고 있는 감정으로서 바로 가까이에 존재하고 있는 의미를 통해서 생각을 전개시켜 나간다" (1934, p. 120). Dewey가, 만약 우리가 각 개념에 대한 의미에 대해 광범위하게 고찰해 보아야 한다면, 우리는 중간이나 끝이 없는 미궁 속에서 길을 잃어버리게 될 것이라고 이야기하였을 때, 그는 수많은 사고 양태에 적용시킬 수 있는 사항을 입증했다.

Dewey가 말했던 바와 같이, '상징' 이라는 단어는 수학에서와 마찬가지로, '추상적인 사고에 대한 표현을 심오한 사회적 가치와 역사적 신념 및 신학적 교의(教義)를 구현하고 있는 깃발과 십자가 등으로 나타내기 위해 이용되는 것' 임이 분명하다(1934, p. 29). Dewey가 이야기하는 듯 보이는 말로 명백히 표현할 수 있는 개념은, 광범위한 맥락에서든 지엽적인 맥락에서든 대수학적 상징과는 확실히 다르다. 상징은 도구적인 중요성보다 더 많은 의의를 지니고 있다. 비록 그것들이 기호가 지녀야 할 필수적인 기능 중 한 가지라고 할지라도, 조작을 수행하는 데 있어 단순한 자극제 그 이상의 의미를 지닌다. 하지만 아이디어는 사고와 학습에 있어서의 재료가 된다. 그리고 예술 작품으로 표현할 때, 상징은 어떤 불투명한 존재로서의 모습을 지니게 된다. 때때로 상징은 그것이 지니고 있는 특질로 인해서 소중한 존재로 다루어져야 하며, 다양한 관계 속에서 빛을 발할 수 있도록 해 주어야 할 것이다.

예를 들어, Alison Hawthorne Deming은 〈과학(Science)〉이라고 불리는 시를 썼다(1993). 그 시의 나머지 부분과 마찬가지로, 처음 3행은 이른바 아이디어라고 불릴 만한 것으로 가득 채워져 있다.

> 판정가들이 우리가 가설로 세웠던 것을 검토하기 위해서
> 우리가 카페테리아(Cafeteria)에 전시회를 열었을 때
> 온통 크롬(Chrome)과 인공두뇌학(Cybernetics)으로 머릿속이 가득 채워져 있는 상태에서
> 우리가 염두에 두고 있는 것에 대해 아직 확신을 가지지는 못했지만
> 그때 그것은 미래였다
>
> 회의론자(Class skeptic)(그는 나중에 그것을 언어의 감상적인 타락이라고 부르면서 혹자의 졸업 앨범에 서명하는 것을 거부했다)는 쥐를 클로로포름(Chloroformed mice)으로 마취시켜 죽였다.
> 영혼의 무게를 측정하기(Catch) 전후에 신체의 무게를 측정하면서
>
> 눈으로 볼 수 없는 현실을 한 자루의 발톱으로 증명할 수 있기를 바라면서
> 그것을 모두 알고 있었던 소녀는
> 자신이 플라스크에서 배양했던(Cultured) 동물과 식물 사이의 단세포 절충물(Compromise)인
> 유글레나(연두벌레)로 쿠키(Cookies)를 만들었다(p. 3)

이 시는 하나의 논증, 즉 '눈으로 볼 수 없는 것'을 현실로 증명해 낼 수 있다는 터무니없는 자신감이 가미되어 있으며, 첨단기술 시대에 자만심으로 우쭐해 있는 과학에 대한 비평으로 해석할 수도 있을 것이다. 명백히 말해 그것은 논증이 아니다. 거기에는 추론과정도 없고, 그것을 뒷받침해 줄 수 있는 결론도 없다. 하지만 그 개

념은 여전히 남아 있다. 그것이 한 편의 시임을 인지하고, 우리는 단순히 그 개념이 외적으로 나타내는 것에만 주의를 기울일 것이 아니라, 단어들의 리듬, 철자 C의 반복, 독특한 결합, 카페테리아에서의 크롬과 클로로포름에 대한 지배적인 이미지, '한 자루의 발톱과 같은 현실' 에서 제시된 명백한 비유 등에도 주의를 기울여야 할 것이다. 만약 그것이 운문 예술 작품으로서의 기능을 한다면, 우리는 의미가 생성되고 있을 뿐만 아니라 그 의미가 카페테리아, 인공두뇌학, 발톱, 쿠키, 크롬이 있는 공유 세계를 밝게 비춰 줄 수 있는 곳 아래에서, 외견상 추리를 불러일으키는 여러 사건을 찾아내야 할 책임을 지게 된다.

Dewey는 다음과 같이 썼다.

> 예술(시)을 통해서, 시가 아니라면 무언가가 결여되어 있고, 미완성적이며, 제한되어 있고, 방해 받게 될 여러 대상에 대한 의미는, 그것에 대해 공들여 연구하는 사고를 통해서나 단순 감각 세계로의 도피를 통해서가 아니라 새로운 경험 창조를 통해서 주의 집중이 이루어지면서 명백히 밝혀지게 된다. …… 하지만 그 예술 작품이 어떤 경로를 추구하든 간에, 그것은 단지 그것이 풍부하고 집약된 경험이고, 공유 세계를 충분히 경험할 수 있는 힘을 생생하게 유지하고 있기 때문이다(p. 133).

앞서 제시한 시처럼 어떤 작품과의 연계에는 '새로운 경험' 이 되는 것을 도입시키지 않을 수 없다. Ryle이 언급했던 소네트와 같이, 그것은 시에 등장하는 대부분의 대상에 대한 외형과 느낌이 완전히 일치되기 때문에, 그 소네트를 읽는 모든 사람들에게 신선한 경험이 되지 않을 수 없을 것이다. 단지 공유 세계에 대한 표상, 즉 왜곡된 거울상의 형체로서 나타나는 굴절이 아니라 생생한 묘사이기 때문이라고 한다면, 그것은 익숙하고 틀에 박힌 관점에서 탈피하여 세상에 대한 경험의 풍부함을 복원할 수 있을 것이다.

공유 세계를 향하여

공유 세계에 대해 이야기한다는 것은, 그것 없이는 그 누구도 인간이 될 수 없고, 그것 없이는 인간 공동체가 존재할 수도 없는 의사소통에 대한 사실만을 언급하는 것이 아니다. 또한 그것은 언어의 인지를 강조하는 것과 우리가 이용할 수 있는 상징체계를 통해서 더 많은 의미를 규명해 낼수록 더 다양하고 복잡한 경험을 하게 된다는 것도 해당된다. Dewey는 현실을 사회적으로 구성해 내는 것에 대해서 명백히 언급하지 않았다. 하지만 사회적 현실에 대한 개념을 혁신적인 방식으로 탐구했던 사회 현상학자인 Alfred Schutz는, "모든 연구는 사회문화적인 매트릭스 내에서 시작하고 끝맺는다"라는 Dewey의 견해에 대해 언급한다(1967, p. 53). Schutz는 다음과 같이 썼다.

> '사회적 현실' 이라는 용어로, 나는 사회문화적인 세계 내에서 여러 대상과 사건의 총체적인 합을, 다양한 상호작용 속에서 그들과 연결되어, 같은 인간들 속에서 일상적인 삶을 살아가고 있는 사람들에 대해 생각하면서 경험하게 되는 것이라고 이해시키고 싶다. …… 처음부터 사회라는 배경에서 배우가 되는 우리는, 사적이고 상호주관적인 것으로 이루어진 세계가 아니라 자연과 문화 두 가지로 이루어진 세계, 다시 말해서 실제 모두에게 주어지고 잠재적으로 모두가 접근할 수 있는 세계로서, 우리 모두에게 공통적으로 펼쳐지는 세계로서 우리가 사는 세계를 경험하게 된다. 하지만 이것은 상호 의사소통과 언어를 수반한다(p. 53).

이것은 Dewey가 말했던 바와 같이 예술이 '완전하면서도 제약을 받지 않는 의사소통' 에 대한 유일한 매체라는 사실이 가능하도록 해 준다.

『경험으로서의 예술』에서, 특히 예술 작품과의 만남에 대한 토론에서, Dewey는 구성주의자적인 관점에 도달하고 있다. William James의 연구 및 George Herbert Mead의 연구와 더불어, Dewey의 연구에 대하여 Schutz가 많은 참조를 하였기 때문에, Schutz는 그들의 연구에서 자신의 지식에 대한 사회학을 연상시키는 암시들을 발견했을지도 모른다. 이러한 맥락에서 특히 더 흥미로운 것은 그가 달리 택할 수 있는 행동 방안에 대해 이야기할 때 Schutz가 Dewey에 대해 언급했던 부분이다. "총체적인 생물학적 상황, 즉 실질적인 주요 관심 체계로 통합된 나의 예전 경험은, Dewey가 그것을 나타내는 바와 같이, 주로 상충되는 선호 요소에 대해서 문제가 될 수 있는 여러 가지 가능성을 창출해 낸다"(p. 83). 그러고 나서 그는, 우리가 인간의 행동이 마치 문제가 될 수 있는 여러 가지 가능성 중에서 선택하는 형태로 설명되어야 한다고 추정하고 있음을 주장했다. 인간은 다른 방식으로 나타날 수 있는 상황을 규명해야 한다. 그리고 이렇게 하기 위해 다른 대안적인 방식을 생각해 낼 수 있는 유일한 방법은 Dewey가 계속적으로 설명해 왔던 개인과 세계 사이의 교류적 관계를 통해서다.

Dewey가 기술했던 바와 같이 생명체가 지닌 천부적인 능력이 변화를 거쳐 하나의 자아(self)가 되는 것은 사람들 간의 교류를 통해서, 그리고 행동과 의사소통을 통해서 이루어지며, 그 자아의 본성이 발견되는 것은 우연히 직면하게 되는 여러 가지 저항을 통해서 이루어진다(1934, p. 282). 교사들이 점점 더 분화되는 젊은이 집단들을 접하게 됨에 따라서 그들은 자신이 성장해 온 환경이 다른 모든 사람들과 동일할 수는 없음을 깨달아야 한다. Dewey에게 공유된 경험이 더 뿌리깊이 자리 잡을수록, 그 경험은 더 공통적인 것이 될 것이다. 우리가 공통적으로 지니고 있다고 알고 있는 것은, 그것이 우리들의 다양한 모습에 다른 형태로 나타난다고 할지라도, 같은 세계 속에 살고 있다는 사실이다.

> 인간에게 공통적으로 나타나는 충동과 욕구가 있다. '보편성(universal)' 이라는 것은 형이상학적으로 모든 경험에 앞서 나타나는 것이 아니라, 특정 사건과 장면 가운데 어떤 일들이 경험 속에서 화합의 결합을 맺게 하는 것으로서의 기능을 하는 방식이다. 잠재적으로 자연에서든 인간적인 교제에 있어서든 모든 것은 '보편적' 이다. 실제로 그것이 보편적인 것인지 아닌지의 여부는 다양한 조건, 그중에서도 특히 의사소통 과정에 영향을 끼치는 조건에 달려 있다(p. 286).

언어와 일련의 공유된 활동을 통해서 가치와 특질이 보편적인 Dewey의 관점은 그것이 심미적인 경험이라는 개념에 큰 의의를 지니고 있는 만큼 교육과 학습이라는 개념에 대해서도 큰 의의를 지니고 있다. 자유와 같이, 그리고 여러 본질적인 가치와 마찬가지로 공동체가 형성되어야 한다. 그것은 오늘날 우리가 일종의 대화적 지능이라고 일컫는 것을 통해서만 형성될 수 있다. 만약 우리가 예술 경험과 관련된 일에도 주의를 기울이게 된다면, 우리는 능동적인 학습이 이루어지게 하고 공유된 세계를 이룰 수 있도록 하기 위해 그러한 종류의 마음이 인지, 감정, 상상력과 함께 통합되어야 한다는 사실을 덧붙여야 할 것이다.

가치와 판단

Dewey가 비판에 대해 논하면서 제기했던 판단(judgement)의 문제는 아직 그대로 남아 있다. Dewey는 교육에 대해 자신이 기술한 글에서 그랬던 것과 마찬가지로 '미리 준비되고 만들어진 규칙과 선례' 로 이루어진 표준화된 목표에 반대했다(1934, p. 304). 동시에 Dewey는 판단을 하는 데 있어서 '주관성' 에 분별력 없이 의존하는 행태에 대해서도 반대했다. Dewey는 인상파 미술의 비평에서 모티브를 얻어 인상이라는 개념을 그 예로 이용했고, '어떤 일이나 사건이 우리들에게 끼치는 총체적인 특질을 지닌 분석되지 않은 효과' 에 초점을 두었다(1934, p. 304). 모든 판단은 그러한 인상에서 시작된다. 하지만 우리는 판단을 결정하는 근거와 그 판단이 이끌게 되는 결과에 대해 이야기하기 위해서 첫인상을 초월해야 한다. 그러한 근거에 대한 연구는 개인적인 이력으로 시작될 것이다. 하지만 Dewey는, '외부 세계와의 상호작용으로 인해서, 개인의 일대기는 그것의 여러 측면과 단계 중 일부가 다른 사람들의 것과 일치될 수 있음' 을 독자들에게 상기시키고 있다(p. 305). 학습자들이 충분히 반성적 사고를 할 수 있는 나이가 될 때, 그들은 자신의 일대기에 대해서 반성하고 그것이 그렇게 진행되도록 만들었던 요인들을 발견해 내기 위해 노력할 수 있다. 젊은 여성들이 '수학에 대한 두려움' 을 극복하기 위해 기울이는 열정이나 인

종차별에 반대하기 위해 기울이는 노력에서, 학습자들은 첫인상을 초월해서 그들이 내리고 있는 판단 근거를 찾아내야겠다는 감정을 느끼게 된다. 특정 주장이나 매체의 공식화상에서 잘못 간들어진 진술—주로 대화 맥락에서 빈번하게 발생함—에 대한 주의 깊은 검토는 관용이나 동정심에 대한 장애요소를, 문제를 제기하고 이해를 위해 노력할 수 있는 기회로 전환시킬 수 있을 것이다.

이 모든 과정에서 이른바 Dewey가 '범주나 가치에 대한 혼동' 이라고 불렀던 것을 피해야 한다. 여러 예술 영역에서, 이것은 미학을 도덕으로 변형하는 것, 또는 『전쟁과 평화』와 같은 역사 소설이 다루던 역사적 사실을 재편집하거나 창세기(『구약성서』의 제1권)의 '사실' 에 대해 회의적인 입장을 취하는 불가지론적 독자들이 『실락원』을 거부하는 것으로 변형되는 것을 의미할 수도 있다. 이 모든 것들에 대한 Dewey의 논문에는, 경험적 판단을 배제하고 전체 학생들에 대한 선별 심사를 하는 것뿐만 아니라 '주관성' 과 심지어 '미학' 조차도 과소평가하는 양상까지 포함해서, 모든 종류의 '실증철학' 에 대한 명백한 도전이 담겨 있다. 이것들이 이해력을 향상시키고 의미를 구성하며 경험 속에서 관계를 정립시킬 수 있는 가능성을 증진시키는 방식에 대하여 다양한 자각 양상이 인지되고 있다. 『경험과 본질』에서 Dewey는 기술했다. "의미 영역은 진실과 거짓에 대한 영역보다 더 넓다. …… 시적인 의미, 도덕적 의미, 삶에서 선이 차지하는 큰 부분은 진실이라기보다는 의미의 풍요로움과 자유로움에 대한 문제다. 우리 삶에서 큰 부분이 진실과 거짓 그 자체로는 무관한 의미의 영역에서 진행되고 있다"(1958, pp. 410-411). Dewey가 진실에 대해 이야기했을 때, 그는 머릿속에 경험 과학을 담고 있었다. 하지만 그러한 의미 영역의 범주에 대하여 그가 지닌 관념은 오늘날의 학습과 매우 밀접한 관련을 맺고 있다.

예술에 대한 여러 편의 논문 중 결말 부분에서, 그는 대부분의 가치 혼동이 해당 매체가 지닌 본질적인 의의를 경시하는 것에서 비롯된다고 했다.

> 특정 매체, 즉 자신만의 고유한 특성을 지니고 있는 특별한 언어를 이용하는 것은 철학적 · 과학적 · 기술적 · 심미적인 모든 예술에 대한 원천이다. 과학, 정치학, 역사학, 미술, 시 등의 예술은 결국 같은 자료를 가지고 있다. 살아 있는 생물체와 그

> 주변 환경과의 상호작용으로 인해 구성되는 자료, 그 학문들은 자료 그 자체에 차이가 있는 것이 아니라 그것들이 이 자료를 전달하고 표현하는 매체에서 차이가 있다 (1934, p. 320).

학습 우위의 관점에서 볼 때, 이것은 학습의 가장 중요한 목적이 경험을 통해 얻은 원자료의 일부를 목적에 따라 새로운 대상(object)으로 변형시키는 것임을 의미할지도 모른다. 우리가 언급했던 바와 같이 대상이란 경험이 계속적으로 전달해 주고자 하는 것들, 즉 인적 프로젝트와 정체성 형성에 공급되는 것들을 나타낸다.

마지막으로 '학습 이론에 대한 지침'은 현실적인 것과 가능한 것의 결합을 달성해 내는 것에 대한 지침으로 요약할 수 있을 것이다. 예술에 대한 한 연구에서 Dewey는 그러한 화합을 지각하는 것이 위대한 선(great good)이라고 결론 내렸다. 그러나 선(good)은 그것이 불러일으키는 즉각적이면서도 특수한 상황으로 끝맺지 않는다. 지각 속에서 나타나는 화합은 충동과 사고를 재창조하는 과정에서 존속하게 된다. 욕망과 목적에 대한 방향을 대폭 수정하는 것이 가장 먼저 암시하는 것은 풍부한 상상력이 필요하다는 것이다. 예술은 도표와 통계에서 발견되지 않는 예측 방식이며, 그것은 규칙, 교훈, 훈계, 규정에서 발견되지 않는 인간의 관계에 대한 가능성을 암시해 준다(p. 348).

그러한 지침은 우리를 훨씬 더 먼 곳으로 이끌어 줄 수 있을 것이다.

제5장
변화하는 지식관과 그 지식관이 교육 연구와 실제에 미치는 영향

ROBBIE CASE

교육자들을 어떤 기준으로 나누든지 간에, 대부분의 교육자들은 한 가지 일반적인 점에 수긍하게 된다. 즉, 교육의 핵심적인 목적은 한 세대에 의해서 획득된 지식을 받아들이고 이러한 지식이 다음 세대에 다시 습득되고 퍼져 나갈 수 있도록 상황을 만들어 가는 것이다. 이런 일반적 입장을 넘어서서, 교육목적과 방법에 관한 견해는 아주 폭넓게 나누어진다. 이렇게 나뉘는 이유 중 한 가지는 지식 그 자체의 본질(nature)에 대한 일반적 합의가 없다는 것이다. 이 장에서는 세 가지 다른 지식관을 보여 주고 있다. 나는 이들 지식관이 이끌어 낸 심리학적 이론과 그 이론이 교육연구와 실제에 가져온 영향을 설명하고자 한다. 마지막으로 이런 견해를 가진 교육자들 사이에서 현재 진행되고 있는 논의를 기술하고, 이론적이며 실제적인 본질의 발전적 미래상에 관해 몇 가지 결론을 이끌어 내고자 한다.

교훈적 학습 이론과 영국 경험론에서의 그 기원

첫 번째 지식관의 근원은 David Hume(1748/1965)에 의해 통합된 경험론에 나타나 있다. 경험론자 입장에 의하면, 세계에 대한 지식은 감각기관이 우선 외부 세계에서 자극을 인지하는 과정에 의해서 습득되고, 그러고 나서 마음은 이들 자극에서 관습적 유형이나 '결합(conjunction)'을 인지한다. 이런 관점을 수용한 심리학자들은 새로운 자극이 구별되는 것에 의한 과정(지각 학습), 이들 자극 사이에서 상호 관련이나 관계가 인지되는 것에 의한 과정(인지 학습), 그리고 새로운 지식이 들어오고 다른 상황에서 사용되는 것에 의한 과정(전이)을 기술하는 것으로 아동들의 학습에 대한 연구를 바라보았다.[1]

20세기 전반기에 경험론자가 탄생시킨 학습의 주요 이론들은 Watson(1914), Thorndike(1926), Hull(1943)의 이론이었다. 교육 분야에서 이들 이론의 부류는 프로그램 수업이라는 기술을 만들어 냈다(Skinner, 1954). 이 후자의 대상(object), 즉 프로그램 수업이 시도했던 것은 다음과 같은 일반적 과정을 따름으로써 수업을 좀 더 과학적 기반으로 만드는 것이었다. (1) 교육과정의 학습 목표는 행동 분석을 상세하게 하는 것이고, (2) 학습자의 투입 행동은 신중하게 구조화된 검사로 평가되어야 하며, (3) 학습 단계의 계열은 직접적이고 논리적 형태로 그들의 투입 행동에서부터 바라는 행동까지 학습자들을 준비하게 하는 것이었다.

1960년대 초반, 학습에 관한 행동 이론은 인간 행동 조직을 정당화하지 못했고, 인간의 행동을 생성하는 원인이 되는 복잡한 내부 과정을 정당화하지 못했기 때문에 비난받았다. 거의 동시대에 컴퓨터는 경제 세력으로 등장하고 있었고, 컴퓨터를 위한 소프트웨어를 설계하는 영역의 새로운 학문이 만들어지고 있었다. 결국, 새롭게 형성된 컴퓨터 과학이라는 학문을 추구하는 연구자들은 복잡한 인간 행동을 일으키고 통제할 필요가 있는 인지 과정을 기술하려는 노력에서, 심리학자와 언어학자, 그리고 다른 사회과학자들과 손을 잡았다. 그리하여 '인지혁명' 이라는 패러다임의 전환을 불러오는 결과를 낳았다(Gardner, 1985).

인지혁명 이후 생겨난 첫 번째 학습 이론은 인간 행동을 선형적인 문제해결 과정에서 기인하는 것으로 설명하였다. 이 과정은 학습 단계의 계열 속에서 여러 상징이 조작되는 단계라고 간주되었으며, 각 단계는 기본적인 변형(transformation)의 일부 형태를 포함하고 있다. 피험자가 문제를 분석할 때, 그들은 두 방향, 즉 주어진 조건에 부합하면 앞으로 나아가는 방향이나 주어진 조건에 부합하지 않으면 원래 목적으로 돌아가는 방향 중 한 방향으로 계열을 경험하게 된다. 그들은 또한 자신들이 성취해 내는 향상이나 발달의 기능으로서 이러한 방법을 탄력적인 방식으로 교차시킬 수 있도록 하게 하는 발견적인 방법(heuristics)을 개발한다. 이러한 발견적 방법을 상술하고 컴퓨터상에서 그것을 실험하는 것은 인지혁명을 출발시키는 데 중요한 계기가 되었으며, 인간의 문제 해결에 관련된 과정들이 이해될 수 있다는 것을 심리학자들에게 납득시키는 데 도움이 되는 중요한 초기 성과였다(Newell, Shaw, & Simon, 1958; Miller, Galanter, & Pribram, 1960).

복잡한 내부 과정에 의존하는 것으로 간주되는 것은 단지 문제 해결만이 아니었다. 개념적 학습 동기도 그러한 과정에 의존하는 것으로 간주되었다. Gagné(1968)가 보여 준 대로, 복잡한 개념과 문제 해결 과정을 습득하기 위한 최적의 조건은 단순한 식별과 연합을 얻기 위한 조건과는 다르다. 아동들이 도달해야 하는 높은 수준의 과정을 상술하는 것, 그리고 그들의 숙달을 촉진시킬 조건은 새롭게 활기를 띤 수업 프로그래밍 과학의 핵심이 되었다(Gagné & Briggs, 1979; Glaser, 1985).

인지혁명이 탄력을 얻고, 또 대부분 인간 활동이 상세하게 인지적으로 분석할 수 있게 됨에 따라, 많은 복잡한 학습 유형, 즉 커피를 엎지르지 않고 운반하는 학습 혹은 특별한 단어를 구성하는 글자의 계열을 인식하는 학습 등은 복잡한 문제해결 행동의 계열을 프로그래밍하거나 혹은 복잡한 개념 모델을 구축하는 것을 통해서는 쉽게 흉내 내거나 검증될 수 없다는 것이 분명해졌다. 실지로, 어떤 종류에 대한 상징적인 조작의 선형적인 계열을 프로그래밍해서 검증하기란 어려운 일이다(McLelland, Rumelhart & Hinton, 1987). 이러한 학습 유형을 검증하는 가장 손쉬운 방법은 각각의 요소가 동시 병렬적으로 적용되는 복잡한 연합망을 설정하는 것이다. 그러고 나서 이러한 비중(weight)이 비교적 자율적인 방식으로 환경적인 우연성과 '조율' 되도록 놓아두는 것이다. 그렇게 해서 연합주의자 모델의 새로운 부류는 처리과정(processing)에서 만들어지는데, 이 과정에서 처리과정은 네트워크상의 수많은 노드(node)에 걸쳐 분포되고, 계열적이기보다는 병렬적으로 일어난다(Rumelhart, McLelland, & Hinton, 1987). 변형(transformation)의 선형적인 계열이 요구되는 과업(예를 들면, 수학)에서조차도 가장 효과적인 전략의 대다수가 강력한 연합적인 요소(associative component)를 가진 전략이었다는 것은 명백하다. 어느 과제가 연합 모형이나 선형/상징적 모형, 혹은 이 두 가지 모형을 어느 정도 조합한 모형에 의해서 보다 잘 다루어지는지를 발견한다는 것은 지금도 많은 발전을 보이고 있는 과정이다.

여전히 탐구되고 있는 관련 이슈는 특정 지식 영역의 역할과 관계가 있다. 초기 인지 분석에 훨씬 핵심적이었던 '게임과 유사한' 과제(예를 들면, 체스)와 최근의 관심에서 더욱 핵심이 된 응용 과제(예를 들면, X선 판독, 물리학 문제 해결)를 위한 두 가지 모두는 높은 수준의 성취 수행이 적어도 일반적인 문제 해결 발견법(heuristics)에 관한 것만큼 특정 지식에 의존한다는 것이 분명해졌다(Simon & Chase, 1973; Simon & Simon, 1978). 한 분야에서 진정한 전문가가 되기 위해 필요한 특정 지식의 양은 방대한 것으로 판명되었고, 그 지식을 얻기 위해서는 최소 10년이 걸린다(Hayes, 1981). 이런 종류의 지식을 특징짓고 그 지식을 초보자나 아동들의 지식과 대조하는 것은 가장 선두에서 행해지는(front-line) 연구 활동이 되었다(Bereiter & Scardamalia, 1985; Chi & Rees, 1983; Larkin, 1985; Simon & Chase, 1973; Simon & Simon, 1978).

인지혁명을 돌이켜 보면, 두 가지 일반적인 점을 엿볼 수 있다. 첫째는 '인지혁명 이후' 인지가 그 이전보다 훨씬 더 풍부하고 복잡했던 유형으로 나타났다. 일반적인 문제해결 발견법과 이론에서부터 과제 특정적 모형, 절차, 그리고 데이터베이스에 이르기까지 엄청난 발전이 높은 수준의 인간 수행이 의존하는 인지적 토대의 이해 속에서 이루어졌다. 둘째는 새로운 인지 분석의 형식이 대체로 오래된 인식론에 기초했다. 체스 게임에서 만 가지 유형을 발견하는 것을 학습하든, 수학에서 교묘한 벡터 문제를 인식하고 해결하는 것을 배우든, 지식은 여전히 복잡한 유형의 인지와 기술의 숙달을 포함하는 것으로 간주되었다. 결과적으로 일단 바라는 인지적 성과와 잠재적으로 뜻하지 않은 결과가 철저히 분석되자마자, 동기와 전이를 최적화하기 위해 설계된 조건하에서 선호하는 교육 기술(technique)은 직접적인 수업과 실천의 하나로 남게 되었다(예를 들어, Anderson, 1982).[2]

구성주의 학습 이론과 대륙의 합리주의에서의 그 기원

지식에 대한 경험주의자 관점과 지식의 습득이 금세기 북미 심리학과 교육에 영향을 주었던 유일한 관점은 아니다. 두 번째 관점은 합리주의자 관점인데, 가장 잘 알려진 합리주의자의 초기 옹호자들은 Descartes(1647/1954)와 Kant(1781/1961)다. 영국 경험론에 반발하여, Kant는 지식이 단순히 감각에서 발견되는 것이 아니라 감각이 제공하는 자료에 대해 인간의 마음이 질서를 부여하는 과정에 의해 획득된다고 제안했다. 사실상 Kant는 학습이 외부에서 내부가 아닌 내부에서 외부로 일어난다고 제안했다. 이런 관점을 수용한 심리학자들은 아동들의 인지에 대한 연구가 아동들이 태어나면서 갖추게 된 인상적인 장치(구조), 그리고 나이에 따라 이들 구조에서 일어나는 어떤 변화들을 설명해야 한다고 생각했다. 달리 말하면, 그들의 견해는 이해되어야 하는 핵심 현상은 경험으로부터 학습하는 것이 아니라 그들이 지적 발달이라고 불렀던 보다 내생적인 과정이라는 것이다.

사실, 아동들은 태어나면서부터 상당히 정교화된 인지 구조를 갖춘 것처럼 보인다(Spelke, 1988). 또한 나이에 따라 큰 변화가 이들 구조에서 일어난다. Piaget는 금세기 중반 이들 구조의 발달을 보여 준 가장 영향력 있는 심리학자였다. Piaget (1970)는 우선 Baldwin(1896/1968)이 제안한 이론을 살펴보면서, 네 가지 일반적 구조 형태를 설명하고, 그 구조의 형태는 단계적인 방식으로 서로를 형성한다고 제안했다. 첫 2년간 유아의 인지 구조는 완전한 감각기다. 두 살 때, 이런 구조는 상징적 체제로 재형성되고 연속하여 직관적(혹은 전논리적), 논리적(그러나 구체적인), 그리고 형식적인 형태를 취한다. 이들 구조가 감각 경험의 자료를 이용하는 순서의 양상이 아주 다양하기 때문에 각 단계에서 아동들이 도움을 받을 수 있는 경험 역시 아주 다양하다.

비록 Piaget가 아동들의 물리적이고 사회적인 경험의 중요성을 쉽게 인식했지만 그는 대부분의 인간 환경이 이런 종류의 환경 투입에 대한 아동들의 최소한의 요구를 충족한다고 믿었고, 그래서 동일한 발전적 가능성을 가진다고 생각했다. 아동들의 지적 발달에 영향을 미치는 것으로 간주된 주된 요소는 아동들이 자신들의 환경을 경험하고 환경에 대한 모형을 만들며 이들 모형의 적절성을 반성하기 위한 보편적인 경향의 결과로 그들이 참여하게 되는 내적 정신 활동이었다. 이런 견해가 받아들여진다면, 그가 아동들의 자연스러운 호기심을 활성화시키고, 탐구와 반성을 위한 풍부한 기회를 제공하는 것이 주된 핵심이 되는 교육적 접근을 선호하는 것으로 생각하는 것은 당연한 것이었다. 또한 그의 연구에 의해 영향을 받은 교육자들은 안내된 발견학습(guided discovery)[3]으로 알려진 접근을 선호하는 경향이 있었다.

Piaget의 이론이 북미에 알려졌을 때, 커다란 의문이 생겨났다. 이들 비판 가운데 가장 강하고 지속적인 의문은, 이들 비평이 경험주의자와 합리주의자 이론을 서로 상충하는 점으로 향하게 했다는 것이다. 즉, (1) 아동들의 지식 구조는 본질상 영역 특정적이기보다는 일관적이고, 논리적이며, 그리고/혹은 '체제 전반적인(system-wide)' 것이라는 가정과, (2) 아동들의 구조가 본질적으로 주로 내생적 혹은 내적인 과정에 의해 획득되거나 수정된다는 가정에 도전하는 자료들이 수집되면서, 상당히 다양한 새로운 이론들이 제안되었다. 그중 가장 중요한 것 중의 하나는 Carey (1985), Wellman(1990), 그리고 다른 학자들(Astington, 1994)이 제안한 '이론 이론(theory theory)' 이었다. 이 이론에 따르면 아동들은 그들이 하는 경험의 아주 일반적인 어떤 영역에 대한 순진한(naive) 이론들을 가지고 태어나거나, 아주 일찍 그러한 이론인 구성개념을 가지고 태어난다. 앞서 언급한 영역에는 신체적인 문제(physical matter)(Carey, 1985), 인과관계(Spelke, 1988), 생명체(Carey, 1985; Chi, 1988), 숫자(Starkey, 1992; Griffin, Case, & Siegler, 1994), 그리고 의도성(Astington, Harris, & Olson, 1989)과 같은 영역이 해당된다. 그래서 아동들이 성숙함에 따라, 그들의 이론은 가끔 기본적인 형태에서 이론 내용이 달라지고 그 형식이 더욱 뚜렷해지는 방향으로 재형성된다. 이런 과정은 정확히 동시에 모든 영역에서 일어나지는 않지만 대부분 영역에서 이론의 네 가지 일반적 수준이 식별될 수도 있을 것이다(Case & Okamoto, 2000).

구성주의자 전통에서 모든 현대 발달 이론에 적용하는 두 가지 일반화는 (1) 그들이 영역 특정적인 구조의 중요성을 인식하는 것이고, (2) 그들이 인지 성장의 비율을 결정하는 외부 요소의 중요성을 인식하는 것이다. 구성주의자와 뜻을 같이하는 교육자들은, 보다 상세하고 내용에 초점을 두는 수업을 위한 제안을 할 수 있는 위치에 놓이게 되었다(Griffin, Case, & Siegler, 1994; Noddings & Maher, 1990; Wiser & Kippman, 1988). 하지만 다시 한 번 말하지만 이 전통 속에서는 인식론에 기초한 변화보다는 현대 이론의 세부 항목 속에서 보다 많은 변화를 가져왔다(Beilin, 1992; Overton, 1983). 예를 들면, 지식은 여전히 그 자체의 내부 구조를 가지는 것으로 간주되고, 강한 내생적 요소를 가지고 과정을 통제하는 것으로 간주된다. 더욱이 직접적인 교수와 실천이 아니라 안내된 발견(guided discovery) 중의 한 가지로 여겨지는 최적의 교육과정이 주된 역할을 수행한다.

학습의 문화적 관점과 사회역사적 이론에서의 그 기원

북미 심리학에 영향을 준 세 번째의 일반적 관점은 사회역사적(sociohistoric) 인식론에 근거를 둔 Hegel과 Marx, 그리고 그들을 따랐던 현대 대륙 철학자(continental philosophist)에게서 그 뿌리를 찾을 수 있다(Kaufmann, 1980). 그들의 관점에 의하면, 지식의 주요 근원을 (경험주의 철학자들이 제안했던 것처럼) 객관적 세계의 구조에서 찾을 수는 없다. 또한 (합리주의자 철학자들이 제안한 것처럼) 주체의 구조와 자발적 사고에서도, 심지어 주체의 활동과 객관적 세계의 상호작용에서(Piaget가 언급한 것처럼)조차도 주요 근원을 발견할 수는 없다. 오히려 그 주체가 일부분이 되는 문화의 사회적이고 물적인 역사에 주요 근원이 있다. 우리가 아동들이 그들의 발달과정에서 얻는 지식에 대해서 이해하기를 원한다면, 우선 우리는 문화가 그 역사가 전개되는 과정에서 발전시키고 전개시킨 테크놀로지와 그 공학이 지금까지 사용되어 온 것을 조사해야 한다. 우리는 이 '실천(praxis)'을 지지하는 담론과 신념체제의 양식을 조사해야 하고, 아동들이 그러한 양식에 입문하는 방법을 연구해야 한다.

사회역사적 관점을 수용한 심리학자들은 지식 획득에 대한 연구에는 인간 문화가 그 자신을 발견하는 사회적이고 문화적이며 물리적인 맥락에 대한 설명과 이러한 맥락에 대처하면서 수년에 걸쳐 발전시킨 사회적이고 언어적이며 실제적인 지적 도구의 설명, 그리고 이들 도구가 한 세대에서 다음 세대로 전달되는 방식에 대한 설명이 포함되어야 한다고 생각하는 경향이 있었다. 이 후자의 관점, 즉 도구가 전달되는 방식의 관점에서 학교 수업은 지식을 획득하는 주요 사회 제도 중의 하나이기 때문에 적어도 현대에서 종종 특별하게 중요한 역할을 수행하는 것으로 간주된다.

Vygotsky(1934/1962)의 이론은 초창기 사회역사적 이론 중 가장 잘 알려져 있다. Vygotsky에 의하면, 아동들의 사고는 생물학적이고 문화적 발달이나 진화를 포함하는 맥락에서 나타난다. 한 종(species)으로서 인간의 가장 중요한 세 가지 특징은 (1) 언어를 발전시켰다는 점(이것은 인간과 인간에게 노출된 자극 사이를 중재하는 2차 신호 체제로 간주된다.), (2) 물리적이고 지적인 도구를 만든다는 점, (3) 학교교육과 같은 제도를 통해서 한 세대에서 다음 세대로 발견과 발명을 전달할 수 있다는 점이다. Vygotsky의 이론에서 아동들의 초기 발달에 가장 중요한 이정표는 언어 획득이다. 우선, 아동들은 사회적인(개인 상호 간) 목적을 위해 언어를 숙달한다. 다음에 언어는 내면화되고 개인 내적인(자기조절) 목적을 위해 사용된다. 자기조절 능력이 발달할 때, 모든 문화는 아동의 능력에서 일어나는 변화를 인식하고, 아동에게 독립적인 책임감에 대한 형식을 부여하기 시작한다(Rogoff, 1990). 문화는 또한 아동들에게 그들이 어른이 되면 필요로 하게 되는 초보적인 직업 기술을 제공하기 시작한다.

현대 사회에서 이러한 훈련은 학교에서 일어날 가능성이 매우 높고, 과학과 같은 공식적인 과목이나 정규 학문으로 입문하는 것과 관련될 가능성이 높다. 아동들이 교사에 의해 과학적 활동과 대화에 참여하게 되면서, 그들 사고에서의 최종 변형이 이루어지는데, 이것은 Piaget가 설명한 형식적인 능력과 다른 수많은 고차 수준의 능력까지 아동들에게 제공하는 것이다. 비록 이러한 변형이 일어날 수 있는 비율에 어떤(명시할 수 없는) 생물학적 제한이 있을 수도 있지만, Vygotsky에게 중요한 점은 아동들이 더 많은 지식을 가지고 있는 어른들과 상호작용하면 사고의 수준을 확장시킬 수 있다는 것이다. 실지로, Vygotsky는 이러한 형태의 상호작용 없이는 고차원적인 사고 능력을 습득할 수 없을 것이라고 믿었다.

Vygotsky의 생각을 이끌었던 초기 교육 운동은 꽤 다양했다(Moll, 1990). 거기에 포함된 것으로는 교육과정 전반에 걸쳐 언어를 가르치자는 운동(Vacca & Vacca, 1986), 보다 폭넓은 문화에서 가장 최신의 발전을 유지하면서 교육과정을 재설계하는 일에 관심을 기울인 운동(Bruner, 1965), 특수 집단 아동들에게 어느 정도 사회적으로 조정된 학습 형식을 부여함으로써 그들의 불이익을 극복하기 위해 계획된 운동(Feuerstein, 1980; Diaz, Neal, & Amaya-Williams, 1991) 등이 있다.

Piaget 이론에서도 흔히 있었던 일이지만, Vygotsky 이론도 그 이론의 원리(tenet)가 북미에 알려지면서 격렬한 논쟁의 초점이 되었다. 특히 더 관심을 불러일으켰던 점은 (1) 지적 발달에 언어가 두드러지게 부여되는 입장(Piaget에 의해 논의된 점)과, (2) 지력(intellect)에 대한 체제 전반적인 변형을 학교교육의 탓으로 돌린 것(다수 경험주의자에 의해 논의된 점), (3) 보다 전통적인 사고와 교수법에 대한 현대적인 사고와 학교교육의 우월성(많은 인류학자들에 의해 거부된 사항)에 관한 것이다.

이러한 논의가 일어나면서, 인류학자들과 심리학자들은 보다 밀접하게 협동적 연구를 하기 시작하였고, 그 결과 '신-Vygotsky주의' 라는 용어가 등장하면서 새로운 이론이 출현했다. Vygotsky의 이론에 대하여 현재의 맥락에서 가장 적절하게 제안된 수정 이론은 다음과 같다. (1) 이제 물리적이고 지적인 도구는 아동들의 지적인 능력에 일반적인(general) 영향을 미치는 것이라기보다는 특수한(specific) 영향을 미치는 것으로 간주된다(Cole, 1991; Frake, 1985; Olson, 1994). (2) 도표, 숫자 체계, 프린트 등과 같은 표기체제(notational system)는 이제 지적 도구에서 없어서는 안 될 중요한 종류가 되었다고 인식된다(Cole, 1991; Greeno, Smith, & Moore, 1993; Gardner, 1991; Olson, 1994). (3) 아동들의 사고가 확장되는 과정은 '비계' 라고 불리는 과정을 통해 일어나는 것으로 간주된다(Wood, Bruner, & Ross, 1976). (4) 형식적인 교육은 도제와 같은 전통적 형태의 학습에서 배우는 것보다 더 많은 것을 배울 수 있는 것으로 간주된다(Rogoff, 1990; Lave & Wenger, 1991). (5) 지능은 개별적인 구성원 사이에서 한정되어 제한되는 것이 아니라 사회 집단에 걸쳐 분포되는 것으로 간주된다(Brown & Duguid, 1991).

다른 전통에서도 흔히 있는 일이지만, 사회역사적 가정에 근거한 최근 연구 활동은 앞선 연구자들의 활동과는 상당히 다르다(Graves, 1983; Lampert, 1990; Brown & Campione, 1994). 비록 연구 활동에 대한 구체적인 세부 내용은 다르지만 그것을 지지하는 일반적인 인식론은 거의 변하지 않는다. 선호하는 교육 방법도 동일한 것, 즉 학교를 진정한 실천 공동체로 만들고 아동들을 그곳에 입문시키는 것으로 남게 된다.

세 가지 지식 관점의 비교와 철학과 심리학 속에서의 구체화

앞서 말한 세 가지 도식적인 분류는 철학에서 제안했던 지식에 대한 서로 다른 관점을 분류하거나 동시대의 심리학적이고 교육적인 사고에 영향을 불러일으킬 가능성이 있는 유일한 것은 아니다.[4] 그러나 앞서 제시한 설명 방식의 한 가지 장점은 생각이 서로 다른 학파들을 포함하면서 지난 30년간 일어났던 유사한 경향들을 조명하는 것이다.

1. 지금까지 기술되고 있는 각각의 세 가지 전통 안에서 이미 살펴본 바와 같이, 다른 분야에서 일어났던 발전에 대한 반응으로 지난 수십 년에 걸쳐 어떤 진보적인 변화가 일어났다는 것은 분명한 사실이다. 경험주의자 전통에서는 세계를 이해하는 것과 세계가 표현하는 문제를 해결하는 데에 관련한 내적 과정에 대해 더욱 정교한 모델로의 발전이 이루어졌다. 합리주의자 전통에서는 사고에 대해 보다 '모듈식(modular)' 개념과 사고에 영향을 미치는 외부적인 요인이 있다는 것을 인정하는 방향으로 움직임이 있었다. 사회역사적 전통에서는

상이한 표현양식에 대하여 보다 상세하고 맥락적인 설명을 하는 쪽으로, 아동들이 표현양식을 사용하도록 입문시키는 방식으로, 그리고 어른들의 활동 패턴을 강요하면서 혹은 강력하게 하는 데에서 표현양식들이 하는 역할 쪽으로 움직임이 있었다.

2. 각 전통이 인간의 인지와 인지에 영향을 미치기 쉬운 것, 인지가 영향을 미치는 것에 대해 더욱 정교한 이해를 발전시켰다 하더라도, 각 전통은 인간 지식의 본질과 이 지식이 획득되는 방법에 대해서 어떤 핵심적인 가정을 지녔다는 것은 명백하다.
3. 만약 우리가 각 전통의 내부를 들여다보기보다는 서로 다른 전통을 통합적으로 보게 된다면, 각 전통은 앞선 연구자들의 인식론적 가정을 주시해 왔고, 그러고 나서 매우 핵심적인 한 가지 혹은 여러 가정을 거부했다는 점을 분명하게 알 수 있다. 합리주의자들에게 있어서 경험주의자 전통이 가진 기본적 문제는 너무나 원자론적인 방식으로 인간 지식을 본다는 것과 내적 과정을 무시하고 외적 과정에 근거를 둔다는 것이다. 사회역사학적 이론가들에게 있어서 합리주의자 전통을 가진 입장의 기본적 문제는 지식을 인간 집단 활동 형태에서 찾기보다는 오히려 개별 인지 과정 속에서 찾는다는 것이다. 이 과정에 대한 인지적 결과는, 이미 발생한 발전은 아주 강력한 변증법적 성격을 가진다는 것이다. 또한 정의적 결과는 각 집단이 자신들의 특별한 관점을 앞선 연구자들의 관점보다 우수한 것으로 간주했다는 점이다.
4. 세 가지 전통에서 공통적으로 발견할 수 있는 마지막 경향은 점차적으로 순수 이론에서 응용 이론으로 움직인다는 점이다. 각 전통의 새로운 원리들은 철학에서 먼저 제안되었다. 이 원리가 암시하는 바는 조금 늦은 시기에 때를 맞추어 심리학자와/혹은 교육자들에 의해서 진행되었다. 결과적으로 철학과 교육에서 발달은 상당히 일찍 철학에서 나타났던 것들이 '반복적으로 되풀이하여' 나타난 것이다.

앞에서 제시한 마지막 두 가지 경향은 경험주의자와 합리주의자 입장의 장래와 관련하여 흥미 있는 질문을 유발한다. 즉, 발달과 교육에 대한 사회역사적 접근이 그 앞선 연구자들을 대체시킬 가능성이 높은 정도로 말이다. 필자의 관점에서 보면 대체되지 않을 것 같다. 왜냐하면 일관적이면서도 아주 가치 있는 인간의 앎을 제공한다는 관점은 그것이 단지 부분적인 것, 즉 다른 두 전통으로부터의 통찰로 보강되어야 한다는 점에서 앞선 연구자들의 관점과 유사하기 때문이다.

세 입장의 상보성을 인식하기 위해서는, 그들이 서로의 연구 쪽으로 치우친 자세보다는 오히려 각 전통이 심리학 범위 내에서 고전적으로 연구해 온 주요 구성 개념을 개발한 입장을 재검토하는 것이 가치가 있다.

경험주의자 전통에서 핵심 입장은 다음과 같다. (1) 마음은 세계 속에서 여러 패턴을 감지하고 그것을 조작하기 위한 장치이다. (2) 세계에 대한 우리 지식은 우리가 감지하는 것을 학습한 패턴의 래퍼토리이며, 이들 패턴을 실행할 수 있게 하는 작용이다. (3) 학습은 지식을 발생시키는 과정이다. 학습은 우리가 새로운 패턴에 노출될 때 시작되고, 효과적인 방법으로 패턴에 반응하고 인식하는 것을 배울 때 계속되며, 다른 맥락에서 새로운 패턴을 인식할 때까지 끝나지 않는다. 그리고 적절한 방법으로 반응을 일반화한다. (4) 발달은 누적적 학습이다. (5) 개인의 특성으로서 지능은 누적 학습이 일어나는 최대한의 비율에 제한을 가한다. (6) 동기는 주의(attention)에 따라 변화하기 쉬우며 외부적인 영향에 지배를 받는다. (7) 사회적으로 바람직한 목표가 성취될 수 있도록 하기 위해 아동들의 학습과 동기에 영향을 미치는 외적 조건의 과정으로서 교육은 통제된다. (8) 결국, 가장 강력한 교육 기술(technique) 중의 하나는, 높은 동기와 광범위한 전이를 촉진시키기 위해 설계된 조건하에서 주어지는 실천이 따르는 직접 교수이다.

합리주의자 전통에서 보면, 경험주의자 전통에서 제시하는 입장과는 상당히 다르게 보인다. (1) 마음은 하나의 기관(organ)으로 간주되는데, 그 기능은 지식의 획득이다. (2) 지식은 마음에 의해 구성된 무엇으로 간주되고 통일성, 일관성, 간략화(parsimony)와 같은 합리적 준거에 따라 평가된다. (3) 학습은 새로운 경험을 이해하기 위해 마음이 존재하는 구조에 새로운 경험을 적용할 때 일어나는 과정으로 간주된다. (4) 발달은 새로운 경험이 동화되도록 구조 내에서 발생하는 장기간의 변화로 간주된다(이러한 구조는 고전적인 Piaget 이론에서 보면 논리적인 체계처럼 보이고 좀 더 최근에 와서는 개념적 체계로 생각할 수 있다. 그러나 그 일반적인 관점은 변치 않는다). (5) 지능은 모든 아동이 이런 형태에서 존재하고 있는 인지 구조들을 조절하고 적용하기 위해 소유하는 적절한 능력으로 간주된다. 지능은 또한 각각 연속적인 발달 단계의 구조가 이전 단계 구조보다 더 강력하기 때문에 성장하는 무엇으로 간주된다. (6) 동기는 인식 활동에 대한 모든 연령대의 인간을 이끌어 내는 일련의 자연스럽고 본질적인 경향으로 간주된다(이렇게 일반적인 범주 속에 포함된 것은 우리의 물리적이고 사회적인 환경을 탐색하는 자연스러운 경향이고, 이 과정 속에서 발견된 관계에 대해서 알려고 하는 욕구이며, 논리에 맞지 않고 모순된 설명에 대한 자연스러운 불만족이다). (7) 모든 가능한 세계에서, 교육은 아동 중심 과정으로 간주된다. 아동들의 자연스러운 호기심과 구성적 활동을 자극하고 그런 활동의 결과에 대한 적극적인 반성 활동을 촉진할 수 있는 환경의 제공을 포함한다. (8) 결국 이들 목표는 직접 교수보다 안내된 발견학습을 통해 더 잘 성취된다고 믿게 된다.

앞에서 제시하고 있는 내용과 동일한 방식으로 세 번째 관점인 사회역사학적 전통을 살펴보면 다음과 같다. (1) 인간의 마음은 언어, 도구, 교육체제를 개발하기 위한 능력으로 모든 다른 사람의 마음과 구별되는 것으로 간주된다. (2) 지식은 사회집단의 창조물로 간주되는데 그것은 일상적으로 상호작용과 실천에 참여하고 그것을 둘러싸고 있는 주위 환경에 적응시키고 전이시킨다. (3) 학습은 집단 생활이나 삶 속으로 입문하는 과정으로 간주되며, 그래서 일상생활의 실천 속에서 자신의 역할을 떠맡을 수 있게 된다. (4) 발달은 그 발생에 관여하는 것이며 이런 종류의 입문을 가능하게 하는 능력으로 간주된다. (5) 지식과 같이, 지능은 한 집단에 걸쳐 분산되는 것으로 집단이 개발하는 상징체제, 도구, 인공물을 밀접하게 결합하는 것으로 간주된다. (6) 발달과 학습을 위한 일차적인 동기는 동일시의 한 종류로 간주된다. 즉, 젊은 세대들이 자신 스스로를 기성세대처럼 여기려고 하는 경향이나 기성세대의 역할을 맡을 그날을 기대하는 것은 자연스러운 현상이다. (7) 교육이라는 것은 지역사회가 그 사회의 젊은 세대를 담당하고 그 지역사회의 일상적인 실제(practice)에 학생들에게 주변적인 역할에서부터 핵심적인 역할까지 수행할 수 있도록 하는 것으로 간주된다. (8) 결국, 최적의 교육형식은 진정한 사회적 실천으로 입문시키는 것 중의 한 가지로 간주된다.

앞서 말한 관점들 각각은 일관성을 가지며, 주로 앞선 연구자들의 관점과는 겹치지 않는다. 바로 이런 연유로, 각각의 후속적인 관점은 앞선 연구자들의 관점을 대체하기보다는 오히려 그들의 관점과 어깨를 나란히 할 것이라고 믿는다. 세 가지 전통이 힘겨루기를 할지라도, 이들 전통이 다른 전통을 넘어서 승리하는 것보다 세 관점이 좀 더 잘 구별되고/구별되거나 통합되는 것이 훨씬 바람직할 것으로 보인다.

교육 연구와 실제에 세 가지 지식관이 미친 영향

매년 보고되는 자료에 기초해서 비교해 보면, 교육의 변화는 거의 나타나지 않는 것처럼 보일 수도 있다. 교육은 사회적인 활동이기 때문에 그리 놀라운 일이 아니다. 우리는 보통 거의 예상하지 못하는 새로운 사회 변화의 바람이 그 분야에 어떤 영향을 주게 될 것이라고 기대하게 된다. 서론에서 제시한 바와 같이, 교육 또한 여전히 지식 전달이 주 목적이 되는 하나의 활동이라고 볼 수 있다. 그래서 우리는 지식을 어떻게 이해할 것인가 하는 문제에 대한 역사적 변화는 그 자체를 변화시키는 데 깊고 힘 있는 영향력을 행사하게 될 것이라고 기대하게 된다. 마치 바람과 파도에 의해 표면에 변화가 일어남에도 불구하고 항상 같은 방향으로 전체의 물을 흘러가게 하는 근원적인 흐름처럼 말이다.

지난 30년간 북미에서 경험한 교육 장면을 조망한다면, 그러한 흐름을 살펴보는 것은 가능한 일이기도 하다. 바꿔 말하면, 경험주의자에서 합리주의자까지 혹은 가장 최근 사회역사적 관점까지 점차적이지만 불완전한 변화로 일어났던, 앞에서 설명해 왔던 세 가지 발전하는 인식론의 영향을 관찰하는 것은 가능하다. 이 흐름에 대한 세 가지 실례를 다음과 같이 제시하고자 한다.

실례 1: 교육평가와 연구

1960년대의 경제적이고 기술적인 발전과정에서 교육의 중요성에 대한 세계적인 인식을 이끌어 내기 위해 다양한 요소가 결합되었다. 이런 인식으로 인해 상이한 종류의 교육 실제의 효과성에 대한 증거가 거의 없다는 것을 깨닫게 되었다. 교육이 농업이나 의학과 같이 실제적 분야에서처럼 과학적 기초에 놓이게 된다면, 기초적인 연구와 발달에 대한 유사한 프로그램이 필요할 것이라는 것을 추측할 수 있다. 소련의 인공위성 스푸트니크 발사로 자극받은 미국에서는 전국교육연구소(National Institute of Education)가 설립되었고 교육 연구를 위한 연방 기금이 사용되었다(Brademas, 1991). 이어 20년간 교육 연구가 쇄도했고, 전미교육학회(AERA)와 같은 다양한 기구의 회원이 되어서 기존의 연구보다 거의 10배에 가까운 연구물들을 쏟아 내었다(Gage, 1991). 이러한 연구 사업이 진행됨에 따라, 다양한 주요 문제들이 이해되고 조사되는 방법에 대한 변화들이 자연스럽게 일어났다. 그러나 이러한 구체적이고 특정한 변화들은 보다 근본적인 인식론적 본질의 변화 배경에 맞서 일어났다.

초기 경험주의의 영향

새로운 연구 노력이 시작되었던 때 지배적인 인식론은 경험주의였다. 과학 수행에 적용되었기 때문에, 이 관점은 어떤 경험적인 현상에 대한 주의 깊은 관찰과 그러한 관찰을 객관적이고 정확하며 체계적인 방법으로 기록해야 하는 과학적 탐구를 수용했다. 관찰 자료가 수집되었다면, 다음 단계는 어떠한 질문 형태로 현상을 야기하거나 그것을 규정화하는 요소를 고려하여 일련의 모호한 가정을 형식화해야 한다. 형식화만 되면, 이들 가정은 주의 깊게 통제된 연속적인 실험으로 검증되어야 한다. 마지막으로, 실험 자료는 그 가정을 세련되게 하거나 수정하는 데 자극될 수 있도록 사용되어야 한다. 그러면 그러한 자료는 또 다른 새로운 실험을 하는 데 모티브가 될 수도 있다. 가장 극단적인 형태로 논리실증주의로 알려진 빈 학파에 의해 발전된 내용에서 보듯이, 이 관점은 '과학적' 이라고 불릴 수 없는 현상에 대해서는 정확하고 조작적인 용어로 정의 내릴 수 있는 여러 변수를 사용하는 방법으로 탐구하려 하지 않았다.

Piaget의 연구가 처음 영어로 번역되었을 때(Flavell, 1963), 과학에 대한 경험주의자 관점은 최고조에 달했다. 그 결과 교육 연구자들은, 지적인 성장을 가져오는 데 필요한 도구로서 교수의 역할이 미흡했다는 것을 탓했기 때문이 아니라 Piaget가 자신의 이론을 개발하기 위해 사용했던 방법이 충분히 과학적이지 않기 때문에 그 이론에 맞서 다시 연구하고자 했다. 경험주의자에게 있어, 아동들을 면접하는 Piaget의 임상적인 방법은 주관적이면서 신뢰할 수 없었다. 그가 사용한 피험자의 수는 너무 적어 보였고, 그가 이끌어 낸 일반적인 결론을 정당화하기에는 그의 표본 추출 과정이 너무 비체계적인 것으로 보였다. 결국 Piaget가 제안한 전반적인 이론적 구조는 너무 모호해서 조작할 수 없었고 따라서 검증할 수도 없었다. 그래서 대부분 초기 연구는 더 좋은 기술을 가지고 Piaget의 발견을 검사하거나 그가 관심을 가졌던 통찰을 학습하게 될 수 있다는 것을 보여 주기 위해 시도하는 데 쏠리게 되었다.

구성주의자 견해의 소개

경험주의자 인식론의 영향이 쇠퇴하기 시작하면서, 과학에 관한 견해나 과학적 연구도 유사하게 쇠퇴하는 길로 접어들었다. 교육 분야에서, Thomas Kuhn의 『과학혁명의 구조(*The Structure of Scientific Revolution*)』(1962)는 이러한 변화에 촉매제 역할을 했고 그런 변화에 참여했던 사람들에게는 지침서가 되었다. Kuhn에 의하면, 과학적 지식은 경험주의자 철학자들이 생각했던 일종의 귀납적 방법으로 축적된 것은 아니다. 오히려 과학적 지식은 과학적 '혁명'에 의해 시작되고 종결되는 '정상과학(normal science)' 시기에 피상적으로 이루어졌다. Kuhn에 의하면, 정상과학이란 본질적으로 문제 해결과정이다. 그것은 당시 지배적이었던 일반적인 이론을 사용하면서 특정 현상의 다양한 양상을 설명하려는 시도로 이루어졌다. 이 이론을 가지고 접목시키기 어려운 사건이 일어나면, 문제 해결의 강력한 순환이 유발되고 예외적인 것에 대한 다양한 창의적인 설명이 나오고 검증되었을 것이다. 그러나 아무리 이론이 두드러지고 세련되었다 하더라도 결국, 경험적인 예외 사항이나 변칙을 설명할 수 없는 시대가 왔다. 물론 그러한 과정을 Kuhn이 해명하려고 시도하지 않았지만 새로운 이론이 제안될 것이고 연구를 위한 새로운 패러다임이 설정될 것이다. 그런 변화 속에서 이루어졌던 과정들은 아주 소란스럽고 격했을 것이다. 그래서 '혁명' 이라는 용어를 선택했다.

Kuhn의 이론은 사실상 경험주의자들의 관점보다 금세기 전환기에 물리학에서 일어났던 주요 발달을 훨씬 잘 설명하는 것 같다. 그래서 그의 이론은 과학 철학자들 사이에서 상당한 관심을 받았다. Kuhn의 업적을 기술하고 합리주의자 사이에서 그것을 확장시키려 했던 철학자는 Lakatos(1970)였다. 물리학과 천문학에서 역사적 기록을 사용하면서, Lakatos는 일반적인 과학 이론의 발달적 주기에 대해서 보다 자세한 설명을 하려고 시도했다. 즉, 하나의 과학 이론이 새로운 문제를 결정하는 데 합리적인 기준을 위한 역할을 고수하려는 것으로 밝혀지면 결과적으로 그것이 '진보적인' 것으로 간주되든 그렇지 않든 간에 어떤 변화들이 나타났다. 그의 연구에서 생겨난 과학 관점은 확실하지는 않지만 여전히 합리적인 방법으로 결정될 수 있는 서로 다른 두 가지 이론이 상대적으로 적절한 지식을 만들어 내는 하나의 모험적인 시도였다.

과학의 새로운 견해는 교육 연구에 강한 영향을 주었다. 실질적인 관점에서 보면, 그 영향은 연구자들이 학습과정에 참여한 아동들의 구성주의적 활동으로 그들의 관심을 향하게 했다. 특히 학생들이 사용하는 학습 전략과 학생들이 구성하는 초보적인 개념 및 이론에 관심을 가졌다(Carey, 1985; Case & Bereiter, 1984; Pressley, 1982). 방법론적 관점에서 보면, 그 영향은 측정에 있어 아동들이 이해의 일반적인 수준에 대한 정보의 취득을 보다 더 지향하는 방향으로 연구자들의 관심을 돌리게 했다(Biggs & Collins, 1982; Haertel & Wiley, 1993). 마지막으로 이론적 관점에서 보면, 그 영향은 인지 발달 이론을 교육 심리학 분야에서 학습 이론과 동일한 측면에 놓아두었다.

인지 발달 분야에서, 방법과 모형은 모두 19세기 물리학보다는 오히려 그 당시 생물학에서 가끔 도출되었다(Piaget, 1970). 현대 진화 생물학은 귀납적으로 여러 종에 걸쳐 오랜 시간 동안 일어난 구조적 변화의 모형을 구성하는 데 대단히 많은 노력을 쏟아붓고 있다. 또한 진화 생물학은 이들 변화의 기능적 원인이나 결과에 대해 이론화하는 데 상당한 노력을 기울인다. 결국, 그것은 이러한 구조적이면서 기능적인 분석의 의미를 가져다주는 일반적인 이론적 상위구조를 설명하고, 이 일반적 구조와 지엽적인 해석과의 일치를 확실하게 하는 데 상당한 노력을 기울인다. 그 분야가 발전됨에 따라, 활동들은 관찰과 귀납, 그리고 앞서 언급한 조작적 정의와 동일한 역할을 수행하기 시작했다.

사회역사적 관점의 영향

Kuhn을 따르던 합리주의 철학자들은 유일하게 그의 연구를 신중하게 받아들인 사람들은 결코 아니다. 다른 철학자들도 그의 과학적인 변화에 대한 기술(description)을 신중하게 받아들였지만, 그것을 합리적인 용어라기보다는 사회 속에서의 과학적 혁명이라는 관점을 취했다(Feyerabend, 1970). 이 새로운 연구는 Bruner와 Vygotsky에 관한 연구를 해 왔던 교육 연구자들과 적절한 과학적 방법에 대한 지침을 찾기 위해 물리학이나 생물학보다 인류학에 더 많은 관심을 가졌던 교육 연구 세대들에게 강하게 호소했다. 그들의 관점에서 보면, 과학적 이론은 항상 사회적인 창조물이었고, 한 이론이 합리적이기보다는 좀 더 사회적인 다른 이론을 이길 수 있게 해 주는 힘이었다. 이 관점에 따라 과학자들이 지식을 구성하는 과정을 이해하기 위해서, 우리는 먼저 구성이 이루어지고 있는 사회적이고 역사적인 맥락을 이해해야 한다.

실제적인 관점에서 보면, 이 입장에서의 영향은 연구자들에게 아동들 사이의 혹은 아동과 교사와의 새로운 의미 협상과정과 아동들의 사회적이고 지적인 삶의 변화에 대한 새로운 기술(technology)의 역할을 포함하는 교육의 역동성을 탐구하는 데 흥미를 가지게 했다는 것이다(Pea, 1987; Greeno, Collins, & Rensick, 1995). 방법론적 관점에서 보면, 새로운 교육 연구자 세대들에게 교육 실제를 기술하기 위해 민족지적 기법(ethnographic technique)을 사용하는 데 관심을 가지게 했다(Spindler & Spindler, 1987). 마지막으로 이론적 관점에서 보면, 그 영향은 연구자들에게 일반적인 것보다는 오히려 구체적 맥락으로 이루어진 이론에 관심을 가지게 했다는 것이다.

실례 2: 수학 교육에서 개정 운동

1957년 소련의 스푸트니크 발사가 미국에서 주요 교육 사업(enterprise)으로 교육 연구의 확립을 가져왔던 것처럼 그 당시 공립학교에 사용되고 있었던 교육과정의 재검토라는 결과를 가져왔다. 미국의 과학적이고 기술적으로 유리한 입장을 지지하는 데 흥미를 가지고 있는 사람들에게 초등 수학 교육과정은 단지 연산들의 집합체에 불과했다. 가뜩이나 20세기 동안 수학에서 일어났던 상당한 발전을 무시했기 때문에 이러한 연산의 개념적 기초는 피상적인 것으로 여겨졌다. 그래서 대체로 초등학교 수학에서 가르치고자 하는 내용은 20세기 말 과학적이고 기술적인 업무에 적당한 기능을 가르치는 것보다 19세기 은행 직원으로 훈련시키는 것에 더욱더 적절한 것으로 여겨졌다. 이런 상황을 바꾸기 위해 수학계와 교육계의 최고 지성들이 모여서 주요 교육과정의 개정 노력이 시작되어야 한다고 결정했다(Bruner, 개인적인 면담 중에서). 실제로 그런 일련의 회의가 이루어졌고 근본적으로 상이한 교육과정이 만들어졌다. 신수학(new math)으로 알려진 새로운 수학 교육과정은 장래를 위해 더 나은 준비를 하기 위한 희망에 있어 과거의 것과는 근본적으로 달랐다. 그 교육과정은 가감 연산이 아니라 집합론(set theory)의 언어와 조작을 가르치는 것부터 시작되었다. 그러고 나서 원리에 입각한 방식, 잘 조직된 방식에 의해서 이루어진 현대 수학 분야를 지속적으로 아동들에게 소개했다.

새로운 교육과정이 전문적인 수학자 관점으로부터 큰 발전을 보이는 동안, 교육과정이 학교에서 실행되면서 몇 가지 중요한 문제에 봉착했다. 한 가지는 새로운 교육과정이 오히려 담당 교사를 위협했다는 사실이다. 왜냐하면 교사들은 이런 식으로 배워 본 적이 없고 그 내용도 자신들의 지식 밖에 있었기 때문이었다. 또 다른 한 가지는 학부모들이 비록 처음에는 자신들의 자녀들이 스스로 이해하지 못했던 것을 배운다는 것에 흥분했지만 그런 프로그램을 몇 년 동안 접해 본 후에 아동들이 여전히 자신의 생활 속에서 필요로 하는 기초적인 수학 조작들을 습득하지 않고 있다는 것을 알아채고서는 빨리 그 환상 속에서 벗어나게 되었다는 것이다. 결국 여러 예에서 보듯이, 아동들은 그 프로그램이 오히려 혼란스러운 것이라는 것을 알게 되었다.

이런 문제들을 극복하기 위해 이루어진 다양한 시도는 오히려 피상적이었다. 정치적 장을 통해 새로운 보수주의자들에 의해 자극되었기 때문에, 그러한 시도들은 처음부터 문제시되었던 '기초(basics)'로 돌아가자는 시도에 관여하는 것에 불과한 것 같았다. 그러나 사실은 전혀 그렇지 않았다. 개발된 프로그램은 단순히 과거 내용과 방법으로 되돌아가지 않고 새로운 수학에 적합한 문제를 다루고자 했다. 그것은 수학에서 '개혁 운동(reform movement)'으로 알려지게 되었던 것으로, 변화하는 인식론의 영향을 다시 볼 수 있는 최첨단의 연구다.

수학 학습 문제에 대한 경험주의자 접근

우선 실재 수학(real math)이라고 부르는 프로그램에 대해 살펴보자(Willowboy, Bereiter, Hilton, & Rubenstein, 1981). 이 프로그램은 초등학교 교육과정에 수 연산에 대한 강조를 불러일으켰다. 그러나 그것은 수학적으로 엄밀한 편이었고 아동들이 수행하는 연산 방법에 대한 이유를 가르치는 방향으로 설계되었다. 그 프로그램은 또한 아동들이 초등학교 수학을 학습하면서 흔히 할 수 있는 실수를 고려했고, 한편으로 아동들의 이전 지식을 형성하고 다른 한편으로 그들이 옳지 않은 해답을 이해하는 데 필요한 도구를 제공해 주려고 시도했다. 결국 그 프로그램은 아동들이 더욱 도전적인 성격의 문제들, 즉 일상적인 삶에서의 실제적 맥락뿐만 아니라 상상의 맥락에도 연관된 문제를 학습하는 데 필요한 개념과 연산을 적용할 수 있는 보다 폭넓은 기회를 제공했다. 앞부분에서 살펴본 분류 체계를 사용하여 이 프로그램을 살펴보면, 우리는 이 프로그램을 뒷받침하는 일반적 인식론이 본래 경험주의였다는 것과 주요 교육 기술이 직접 교수와 실제였다는 것을 알 수 있었다. 놀라운 것은 아니지만, 그 프로그램은 상업화되기 전에 장기간에 걸쳐 경험적인 검증을 받았다. 그 프로그램의 많은 학습 활동도 세부적으로 분석되었다.

수학 학습 문제에 대한 구성주의자 접근

다음으로 '그들의 방법으로 하는 수학(Math their way)' 이라고 불리는 프로그램을 살펴보자. 그것은 대체적으로 같은 시기에 대중화되었다. 이 프로그램이 명백히 어느 특별한 이론이나 연구에서 기인한 것은 아닐지라도, 그것은 Piaget에 의해 명백해진 발달 이론에 잘 들어맞고 이 시기의 발달 심리학자들은 그 프로그램을 연구했고 가르쳤다. 그 프로그램이 방법상으로 다른 프로그램과 상이한 점 한 가지는 수학의 형식적인 표기(formal notation)를 상당히 늦게 도입했다는 것이다. 방법상의 또 한 가지 차이는 구체적인 '조작물(manipulatives)' 을 강조했다는 것이다. 그러한 구체적 조작물은 실재 수학에서는 양적 수학 과정의 직접 교수를 위한 도구로 사용되고 있었다. 그러나 '그들의 방법으로 하는 수학' 에서 구체적 조작물은 훨씬 더 두드러진 역할을 했다. 왜냐하면 그것들은 어린 아동들에게 수 세계에 대해 발견하도록 기회를 부여하기 위해 사용되는 실재적인 도구로 생각되었기 때문이다. 그래서 구체적 조작물을 가지고 하는 탐구 활동은 거의 유치원 6개월, 1학년의 1/3, 2학년의 1/4로 구성되었다. 이 강조는 '구체적 조작' 단계에 잘 들어맞는다.

'그들의 방법으로 하는 수학' 과 같은 동일한 일반적 범주 내의 프로그램은 인지적으로 안내된 수업(Cognitively Guided Instruction)이었다(Carpenter & Fennema, 1988). 이 프로그램에서 주로 강조하는 것은 새로운 교육과정 자료에 관한 것은 아니었다. 오히려 그것은 구성주의자의 생각과 방법을 교사들에게 소개하기 위한 새로운 방법이었다. 프로그램에 참여한 교사들은 일반 교실에서 프로그램을 사용해서 계속해서 가르쳤지만, 그들을 가르침과 동시에 대학에서도 수업을 했다. 그들 연구 과정에서 교사들은 아동들의 수학 학습에 대해 새로 등장하는 논문과 문헌(literature)을 접하게 되었다. 그러한 논문과 문헌은 정규적으로 이러한 전략이 가지는 개발적인 시간 과정(time course)과 수학 용어 문제(math word problems) 해결에 참여하는 아동들의 해결 전략의 주요 형태에 초점이 맞춰져 있었다(Carpenter & Moser, 1984; Riley, Greeno, & Heller, 1983). 교사들은, 아동들이 이러한 발달적인 계열을 통해 개별적으로 변해 가는 것을 모니터하고, 좀 더 정교화된 개념과 전략으로 이행하는 것을 지지해 줄 수 있는 과업을 아동들에게 제시하도록 요청되었다. 모든 단계에서 아동 자신의 구성이 가치 있고 어떤 문제에 대한 정확한 답을 기대할 수 있는 많은 다른 전략이 있다는 생각에 대해 서로 의사소통하게 하는 것을 강조했다. 구체적 조작물에 관한 중립적 위치에서, 그리고 진부한 용어 문제 해결에 관한 강조에서, 인지적으로 안내된 수업은 '그들의 방법으로 하는 수학' 과는 달랐다. 하지만 아동들은 그들 자신의 지식의 활동적 구성자라는 신념, 그리고 교육이 강의나 교과서 중심의 입장을 취하기보다는 오히려 이 과정을 지지해야 한다는 점에서는 유사했다.

수학 학습에 관한 사회역사학적 접근

마지막으로 좀 더 최근에 기원을 두고 사회역사학적 인식론을 지지하고 있는 두 가지 접근에 대해서 살펴보자. 첫째는 Paul Cobb과 그의 동료들이 설계한 교육과정이다(Yackel & Cobb, 1990). Cobb은 수학 개념을 사용하고 획득하는 과정이 아동들의 성장과정에서의 사회화 혹은 문화적응(acculturation)이라고 가정한다. 목표는 구성과정에 관여되는 개별 아동에 의해서 얻어지는 것이 아니라 아동들이 계속적으로 통찰을 공유하고 이들 경험의 특성에 대해 서로 대화를 나눌 수 있는 수학 공동체를 만드는 것이다. 아동들은 문제를 작은 집단에서 연구하고 나중에 전체 학습을 통해 자신이 발견한 것을 이야기한다. 다른 시간에는 교사가 모든 사람들이 참여할 수 있게 대화를 이끈다. 수학 원리에 대한 아동들의 이해가 성장하고 변화함에 따라, 수학 공동체의 일원으로서 그러한 이해에 대해서 의사소통하고 새로운 의미를 교섭하고 성장하고 변화한다.

동일한 일반적 범주 내의 두 번째 접근은 Magdalene Lampert가 개발한 교육과정이다(Lamper, Rittenhouse, & Crumbaugh, 1990). Cobb과 같이, Lampert는 수학자들의 공동체를 세우는 데 흥미가 있었다. 그러나 부분적으로 그녀가 좀 더 나이가 많은 아동들과 연구를 하고, 실재(real) 수학자들이 다른 자료에서 행했던 연구에서 그녀의 모델을 택했기 때문에 그녀의 초점은 다르다. 그녀의 주된 강조는 사회적으로 동의한 수학적 대화, 탐구, 증거를 위한 규칙을 설정하는 데 있다. 여기서 규칙이라는 것은 교실 속에서 실행할 수 있으며, 실재 수학자들의 연구의 핵심이라고 그녀가 가정하는 상호교환에 아동들이 관여할 수 있는 규칙을 말한다. 이들 차이에도 불구하고, Cobb처럼 그녀의 주요 방법은 진정한 사회 실천에 관계된 공동체에 아동들을 참여시키는 하나의 방식으로 분류할 수 있다.

실례 3: 위험에 처한 아동들을 위한 조기 교육 프로그램

교육 연구와 교육과정 개정에 대한 새로운 강조와 더불어, 1960년대에 발생한 일련의 세 번째 사건은 사회적 · 경제적 원인으로 인해 학교교육에서 실패를 경험할 위험에 처해 있는 아동들의 곤경에 대해 새롭게 관심을 가지기 시작한 것이다. 이전 운동처럼, 이 운동은 폭넓은 국면에서 일어나던 정치적 발달에 의해 야기되었고, 미국의 인권 운동(Civil Rights Movement)과 빈곤과의 전쟁(War on Poverty)이 포함되었다.

이 문제에 대한 경험주의자 접근

경험주의자 이론 관점에서, 저소득층 아동들이 학교에서 경험하는 문제는, 성공적인 학교 수행이 좌우되는 기능(skill)을 완전히 숙달하기 위해서는 사회적 · 물리적 자극이나 격려 같은 것이 필요한데, 이들에게는 그런 것에 노출될 기회가 제공되지 않았다는 것이다. 물론 혜택 받은 아이들은 이러한 기능을 배울 필요가 없다. 이러한 기능에는 언어와 관련된 것에서부터 셈, 문제 해결, 지속적인 주의 집중까지 있는데, 이것은 성공적인 학교생활을 위해서는 필수적이다. 사회경제적 지위가 낮은 가정 출신의 아동들은 이러한 기능에 당연히 취약하기 때문에, 그들이 쉽게 학교에 적응하기 위해서 필요한 것은 조기 개입 교육 프로그램이고, 이런 프로그램을 통해 좀 더 쉽게 학교에 적응하고 다른 친구들과 보조를 맞추기 시작한다(Deutsch, 1965). Head Start 프로젝트와 〈Sesame Street〉와 같은 텔레비전 프로그램이 그러한 프로그램의 산물이라는 것은 누구나 공감할 수 있었다. 사실상 결코 모든 프로그램이 Head Start 프로그램과 연관된 것은 아니었다. 그러나 Head Start 프로그램과 연관된 많은 프로그램들은, 경험주의자들의 가정이 포함되어 있었고, 높은 동기 수준과 전이를 촉진시키기 위해 설계된 조건하에 있는 실제에 의해서 실행되는 직접 교수의 근본적인 처방(substantial doses)과 관련된 일반적인 접근 방법을 사용했다(Bereiter & Engleman, 1966).

이 문제에 관한 구성주의자 접근

Piaget의 이론이 널리 알려지고 그 이론의 근거로 구성주의자 인식론이 수용되었을 때, 어떤 환경 속에서 자란 아동들에게 그들이 가지고 있는 '결손' 을 좋은 수업 프로그램을 통해 '교정(remediate)' 할 수 있다는 생각은 의문시되어 왔다. 낮은 사회경제적 지위에 있는 아동들이 Piaget식의 평가를 받을 때, 그들은 높은 사회경제적 지위에 있는 아동들처럼 지식에 대해 동일한 호기심과 갈망을 보여 주는 것으로 나타났다. 그들은 또한 유사한 방식으로 제시된 문제에 접근해서 그 문제를 해결하는 것을 보여 주었다. 그래서 그들이 '문화실조(culturally deprived)' 아동이라고 하는 생각은 사회적 통념(myth)이 되었고 더구나 잠재적으로 유해한 것이 되었다(Ginsburg, 1972). 여전히 '잘못 결합된(mismatch)' 그 문제는 아주 심각한 것이었다(Gaudia, 1972). 학교 교육과정은 주류 아동을 위해 설계되는 경향이 있었고, 주류 아동들의 일반적인 개념 이해는 1학년 초에 구성된다는 것이 미리 가정되어 교육과정에 반영되었다. 이 당시에 요구되었던 것은 아마도 낮은 사회경제적 지위를 가진 아동들이 정규 학교 경험을 시작했을 때, 학교는 좀 더 그 아동들의 개념적 구조에 맞는 프로그램을 제공하는 것이었다.

최근 몇 년 사이 구성주의자 분석에 근거한 프로그램이 생겨나기 시작했다. 그중 하나는 'Rightstart' 라는 프로그램인데, 아동들이 수학에 참여하는 것을 자극하고 현행 교육과정에서 사용하기 적절한 일반적인 '숫자 감각(number sense)' 의 발달을 촉진시키기 위해 설계되었다(Griffin, Case, & Siegler, 1994). 또 한 가지는 Bradley와 Brant가 설계한 음성 인식 프로그램(phonic awareness program)이다(1983). 아동들에게 부족한 특정 기능을 가르치기 위해 설계된 프로그램과는 대조적으로 이들 프로그램은 특정 기능의 학습에 의존하는 것으로 보이는 좀 더 일반적인 이해의 발달을 촉진시키기 위해 설계되었다. 그 프로그램은 또한 안내 발견 학습과 같은 접근

방법을 사용하면서 사회경제적 지위가 낮은 사람의 학습 요구를 충족시켜 주는 방향으로 설계되었다.

이 문제에 대한 사회역사학적 접근

이전 프로그램이 실행되고 검토되면서 동시에 사회역사적 이론에 기초를 둔 새로운 프로그램이 발전하고 있었다. 지금까지 세 가지 일반적인 접근이 실행되고 있으며 언급할 만한 가치가 있다.

1. 공동체 기반 학습 센터 이 접근은 Cole이 주장한 접근 방법으로, 그는 도서관, Boy' s Clubs, YMCAs 등과 같은 지역 공동체를 통한 프로그램을 고안했다. Cole의 프로그램은 사회적 유대감(social engagement), 컴퓨터나 다른 현대 기술과 상호작용할 기회, 비슷하거나 비슷하지 않은 사회적 환경 속에 있는 아동들과 전자 네트워크를 통해 같이 참여할 수 있는 기회에 대한 혁신적인 일련의 규칙을 포함한다. 프로그램 이면에 있는 아이디어는 성공적 발달과 학교 외부에서 학습할 수 있는 상황과 조건을 만드는 것이고, 이런 프로그램은 인습적인 학교교육 속에서 나타나는 사회적 장벽을 비켜 가고, 보다 진정한 맥락 속에서 습득할 수 있는 조기 독해 능력과 수학과 같은 기능을 가능케 할 것이다.

2. 문화적으로 적합한 교육과정 두 번째 접근은 문화에 접하는 사람들에게 근거가 될 수 있게 하기 위해서 교육과정과 초등학교 수업형태를 바꾸는 것이다. 이런 부류의 노력은 특히 수학과 같은 '게이트키핑(gatekeeping)' 과목에서 중요한 것으로 보인다. 비록 좀 더 광범위하게 적용할 수 있는 보다 실질적인 혁신들을 포함하고 있지만, 아프리카계 미국 아동들을 위해 Moses(1992)가 개발한 기초 대수학(prealgebra) 프로그램이 이러한 특징을 가진다. 모국어 문해 프로그램을 위한 운동도 마찬가지다.

3. 학습자 공동체 마지막 접근은 '학습자 공동체' 형성을 강조하는 것이다

(Brown & Campione, 1994). 이 프로그램은 고차원 수준의 역할을 맡는 실재적인 가능성을 아동들에게 제공하는데, 그러한 역할에는 지적인 리더십(예를 들면 교사, 연구자, 그룹의 리더)의 연습이 필요하다. 심지어 저학년 학생들에게도 그런 역할을 수행하게 한다. 그러한 역할들을 사회경제적 지위가 낮은 아동들이 맡을 수 있도록 하게 하는 기술에는 (1) 교육과정 목표를 설정해서 진짜 역할을 아동들이 할 수 있도록 허용하는 것, (2) 새로운 내용을 소개하기 위해 '조각그림(jigsaw) 학습' 을 사용하는 것(이 기술에 있어 모든 아이들이 교육과정의 특정 부분을 학습해야 하고 또 서로 서로 가르쳐 주어야 할 책임을 가진다), (3) cross-age tutoring(어린 아동들을 위해 나이 많은 아이들이 교사처럼 행동하는 것), (4) 아동이 만든 시험의 사용(아동들이 자신의 학습을 분석하고 문제를 만들어 평가하는 것), (4) 상보적 교수법(학생들이 서로 가르쳐 주고 서로를 모니터해 주는 것) 등이 있다.

다시 한 번 말하면, 이 세 가지 프로그램이 세부 항목에서 다르다 할지라도, 그들이 서로서로를 공통적으로 공유하고 다른 프로그램의 혁신적인 접근 방법을 공유하는 것은(Scardamalia, Bereiter, & Lamon, 1994) 아동들을 진정한 사회적 실천 속에 참여시킬 수 있도록 학습자 공동체를 설립하고 그런 공동체에 입문해서 점차적으로 그곳에서 핵심적인 역할을 수행할 수 있도록 하는 것이다.

교육 연구와 실제에 관한 인식론적 영향

이 부분에서 설명하고자 하는 일반적인 내용은 간단하지만 재진술할 만한 가치가 있다. 만약 우리가 지난 30년간 교육 연구와 실습에서의 경향을 조사한다면, 심리학에서 관찰되어 온 것과 아주 유사한 패턴을 볼 수 있고 또 실제로는 심리학의 영향을 받은 것이다. 지금까지 이루어졌던 많은 발달이 정치, 사회, 학문적 조건의 변화에 대한 반응이었다 하더라도 이들 변화는 변화된 지식관과 그 지식의 습득을 최적화시키는 조건을 포함하는 배경하에서 일어났다. 이러한 문제를 포함하는 변화는 경험주의자에서부터 합리주의자, 사회역사적 입장까지 점차적인 발전적 변화를 포함한 것이다. 이 변화는 끝나지 않았다. 사회역사적 관점은 완전히 구성주의자 관점을 대체하지 않았고 구성주의자 관점은 완전히 경험주의자 관점을 대체하지 않았다.

오히려 심리학처럼 어떤 경쟁 없이 새로운 관점은 이전 관점과 어깨를 나란히 했다. 그리고 중요하고 지속적인 본질은 교육적 변화를 낳는 필요한 파트너로 받아들여지게 되었다.

일반적 요약과 결론

세 가지 일반적 개념 틀(framework), 즉 (1) 경험주의, (2) 합리주의, (3) 사회적 역사주의는 금세기 동안 지식에 대한 이해와 그 획득에 기여했다. 우리가 현대로 들어서고, 서로 다른 영역 속에서 일어났던(지금도 일어나고 있는) 새로운 변화의 함의와 씨름했기 때문에, 이러한 틀 각각은 주요 개정을 경험해 왔다. 각각의 연속적인 틀은 이전의 틀을 시작점으로 삼아 어떤 방식으로든 발돋움하여 궁극적으로 이전의 틀을 반드시 이해하고 나서 그 맥락을 수정하는 일련의 연속적인 과정을 거치면서 각 개념적 틀 내부에서 일어난 진보와 더불어, 각 개념적 틀에 걸쳐 진보가 이루어졌다.

철학에서 여러 틀에 걸쳐 일어난 운동은 19세기 후반과 20세기 초에 일어났다. 이 운동은 20세기 후반 심리학과 교육에서 되풀이되었다. 사실상, 각 학문은 요즘 세 가지 연속적인 틀을 가지는 것으로 간주되고, 이전의 것과 겹쳐지는 영역이 있지만 각 학문은 독립적 초점과 영향의 범위를 지닌다.

장래에 대한 조망

앞선 설명이 일반적 개요 차원에서 정확하게 이루어졌다면, 장래를 바라볼 때, 어떤 경향에 우리가 참여할 수 있을까? 이 문제와 관련하여 두 가지 가능성이 보인다.

1. 첫째, 심리학과 교육 연구에 인식론이 지속적인 영향을 끼치면서 기술된 전체 과정이 이전보다 많은 진보를 가져올 것이다. 우리가 아무런 의심 없이 깨달았기 때문에, 지난 몇 년간 모든 지식의 관련성에 대한 고전적 철학자와 '포스트

모던' 철학자 사이에서 벌어졌던 생생한 논쟁과 사회적인 배경보다는 다른 배경에 대한 과학적 지식에서 비과학적 지식을 구별할 수 있는 가능성을 알고 있다(Rainbow, 1984; Rorty, 1991; Harvey, 1990). 과감히 말할 수 있는 첫 번째 예측은, 그 결과들이 유사한 성격의 이전의 인식론적 논쟁을 통해 심리학적 · 교육적 사고에 같은 종류의 영향을 끼칠 것이라는 것이다.

2. 두 번째 예측은 심리학과 교육 내에서 세 가지 현행 관점 사이에서 기대할 수 있는 대화와 관련되어야 한다. 실제로 세 가지 입장 사이에서 겹쳐지는 범위가 있지만 각각을 구분하는 핵심이 있다면, 다른 입장을 인식하고 공통적인 이슈 혹은 범위와 그렇지 않은 것을 구별하면 각 전통으로부터 얻어지는 많은 결과가 있는 것 같다. 대화과정에 입문하게 되면, 그것은 또한 각 전통이 궁극적 결과에 특별히 기여할 점을 가질 것이다.

경험주의자들에게, 주요 질문은 상이한 전통이든 아니든 간에 그들의 진정한 가치가 경험적 방법의 일부로 평가될 수 있는 명제를 제안하게 될 것이다. 예를 들면, 사회역사적 관점을 가진 교육자들이 협력학습이 직접 교수보다 낫다고 주장한다면, 경험주의자들은 가치 있다고 믿고 있는 학습의 양상이 무엇인지, 그리고 이 주장을 경험적으로 검토해 보고 싶어 했을지도 모른다. 합리주의자들에게서는, 개념적으로 진보적인 종합체(synthesis)를 향해 연구할 때, 각 이론의 핵심 가설을 분명히 하는 것이 우선시될 것이다. 마지막으로, 사회역사적 이론가들에게는 각 은유의 핵심 관점을 보여 주고 어떤 이론을 고수하는 사람들에게 사회적 결과를 드러내는 것이 중요한 활동으로 비쳐질 것이다.

나는 미래에 추정될지도 모르는 두 가지 구분되는 방향으로 교육자와 심리학자들의 상이한 집단 사이에서 계속된 인식론적 진전과 대화에 대해 언급했다. 그러나 사실, 이 두 가지 방향은 실제로 하나다. 즉, 철학에서 포스트모던 논쟁을 바라보는 한 가지 방법은, 지식과 그것의 획득 과정을 독점적인 권한으로 이해하려는 사회역사적 주장과 그에 의해 입문한 철학자들 간의 대화과정이다. 그리고 그 위치가 발생시킨 에너지는 이런 특정 영역적인 주장에 대해 경험적 · 합리적 반작용과 경쟁하지 않음으로써 발생하는 전이력에서 나온다. 우리가 '후기 포스트모던 시대'로 향할 때, 이런 종류의 특정 영역 이슈들이 세 가지 학문 모두에서 더 분명해지게 될 것이고 경계가 허물어지고/허물어지거나 종합체를 이룰 수 있다.

마지막으로 제시하고자 하는 것은 결론을 내리기에 아주 가치 있다. 무익하지 않다면 실천가들 중에는 철학적 논쟁을 무미건조하고 난해한 것으로 생각하는 경향이 있다. 특히 추상적인 인식론일수록 더욱 그러한 경향을 보인다. 현재 이 장에서 보여 주려 한 것은 이 부분이 그런 경우가 아니라는 것이다. 인식론적 입장은 심리학자들과 교육자들에게 큰 관심거리가 되는 실제적 결과이고 직접적이고 중요한 방법으로 그들과 접촉한다. 최근 몇 년 사이에 그 당시 몇몇 서로 다른 학문을 추구하는 이론가들은 과학적이고 기술적인 지식이 과거에 그들이 가지고 있던 지식이 미래에는 보다 핵심적인 역할을 수행할 것과 경제적 · 사회적 · 물리적 행복에 있어서도 점차 핵심적인 부분을 차지하게 될 것이라는 생각에 의견이 한데 모아졌다(Drucker, 1994; Galbraith, 1967; Keating & Mustard, 1993; Porter, 1990; Rohlen, 1994; Rosenberg & Birdzell, 1986). 이것이 그러하다면, 우리가 미래에는 '지식 기반 사회'로 향하기 때문에, 아마도 인식론적 논쟁의 잠재적인 영향에 대한 보다 포괄적이고 완전한 일반화를 해야 할지도 모른다. 이는 우리가 지식과 지식의 습득을 바라보는 일반적인 관점이 점점 큰 영향력을 가지게 된다는 것이다. 지금까지 현재 이 장에서 초점을 맞춰 왔던 특정 학문을 능가하고 우리의 사회적 · 경제적 삶으로 모든 범위의 학문과 활동, 그리고 제도로 그 물결이 퍼져 나간다면 그것은 한 단계 도약이 된다.

감사의 글

이 장을 준비하는 데에는 캐나다 고등연구소(Canadian Institute for Advanced Research)의 지원(펠로십)이 큰 도움이 되었다. 저자들은 초고를 코멘트해 준 John Breuer, Andre Carus, Howard Gardner, 그리고 David Olson에게 감사의 마음을 전

한다.

주

1. 이 문제와 밀접하게 관련된 목표는 이런 과정들 하나하나가 각자 지니는 개인 차를 연구하고 있다 (Spearman, 1922; Terman, 1916).
2. 예외적인 사항에 대해서는 Collins(1985) 참조.
3. Piaget 이론으로부터 도출된 구체적 내용과 조화되는 이 일반적 접근은 Kamil과 De Vries(1977)가 개발한 유치원 프로그램과 Karplus(1964)가 개발한 과학 프로그램에서 사용되었다. 동일한 접근은 영국에서 개발된 과학 프로그램에서 매우 뚜렷하게 나타나고 있다(Nuffield Foundation, 1964).
4. 다소 관련되어 있지만 대안적인 도식을 위해서는 Langer(1969), Overton(1983), 혹은 Pepper(1975) 참조.

제6장
교육개혁에서 심리학의 역사적 역할에 대해 다시 생각하기

BARBARA BEATTY

1892년 William James는 매사추세츠와 케임브리지에서 열린 그의 강의에 참석한 교사들에게 "심리학은 과학이지만, 가르치는 것은 예술이다. 또한 과학은 결코 직접적으로 예술을 만들어 내지는 않는다"라고 주장했다. 더 나아가 James는 심리학적 지식이 훌륭한 교사가 되는 '보증서'는 아니라고 덧붙였다. 이 문제에 대해 James는 심리학이 교사들에게 '확실한 도움(radical help)'을 주어야만 하는 것이 아니라 도움을 줄 수 있는지에 관심을 가지고 있었다. 그는 교사가 복잡한 교실 상황에서 학생들을 대상으로 가르칠 때 알아야 하는 '재치와 영리함' 같은 자질은 심리학이 더더욱 도울 수 없는 영역이라고 보았다(James, 1958, pp. 23-24).

역사적으로 보면, 고등학교 교사들을 포함한 많은 교사들은 James의 의견에 동의하고 있는 것을 알 수 있다. Herbert M. Kliebard가 미국교육과정사에서 전통적 교과주의자 혹은 인본주의자라고 불렀던 사람들은 심리학이 아니라 과학과 예술과 같은 학문적 지식을 교육의 기본이라고 생각했다. 그러나 어린 아동을 가르치고 있는 많은 교사들은 심리학이 교육을 돕기 위한 목적으로 활용될 수 있다고 믿었다. 문제는 어떠한 분야의 심리학이냐 하는 것인데, 왜냐하면 심리학은 철학으로부터 분리되어 다양한 계보로 발전되었고 미국 학계와 교육에 다양하게 영향을 끼쳐 왔기 때문이다.

심리학과 교육에 대한 역사가들의 연구는 대개 교육 심리학과 교육과정이 세 가지 주요한 영역으로 정리된다는 것을 보여 주었다. Sheldon H. White는 교육 심리학을 세 가지 '시각' 으로 분류하였다. 즉, (1) 발달론적 시각, (2) 공학적 시각, (3) 재건주의적 시각이다. 여기서 각각의 시각은 다시 선구자적인 심리학자들과 연관되어 있다. 예를 들어, 클라크대학의 G. Stanley Hall과 발달주의자들, 컬럼비아 사범대학의 Edward L. Thorndike와 공학자들, 시카고대학의 John Dewey와 재건주의자들이다. Kliebard는 세 개의 교육과정 모델을 이들 교육 심리학자들에 연관시켜 설명했다. 세 개의 교육과정 모델은 발달 모델, 사회-효용성 모델, 사회-개선 모델이다(Kliebard, 1987; White, 1991). 이 세 가지에 하나 덧붙이자면, 심리임상적(psychoclinical) 입장이 있다. 이 네 번째 시각은 좀 다른 형태인데, 정서 발달과 인성, 적응 문제에 초점을 맞추고 있다. 이 입장은 행동과 학습을 설명하기 위해 개인의 정신과 대인관계를 들여다보았던 Sigmund Freud, Erik Erikson, Abraham Maslow, Carl Rogers와 같은 이론학자들의 업적과 임상가들과 같은 치료사들을 포함하고 있다.

변화하는 모델과 하이브리드

이러한 시각과 모델들은 오랜 기간 동안 진화하고 변화해 왔다. 예를 들면, Jean Piaget, Jerome Bruner, 그리고 다른 인지주의자들의 업적은 Hall의 원시적이면서도 결정론적 발달주의를 수정하고 변화시켰다. 이 새로운 인지 발달적 시각은 1960년대와 1970년대의 교육적 개혁에 큰 영향을 주었고, 아동 발달, 특히 유아교육 분야에서 유아의 발달과 학습을 설명하기 위한 주요 모델로 현재까지 남아 있다.

이들 모델에서 유래한 다양한 모델이 있다. 미국 교사들이 교실에서 어떻게 가르쳐 왔는지에 대한 Larry Cuban의 기록을 보면 그가 하이브리드(hybrids)라고 하는 혼합된 형태의 수업을 접할 수 있다. 심리학과 교과의 재결합과 확산은 하이브리드를 만들어 냈고 그중 일부는 생겼다가 사라졌고 일부는 남아 있다. 인기 있는 한 가지 혼합방식은 공학이나 행동주의와 심리임상주의의 결합이다. 이 결합은 아동의 행동과 정서 문제를 다루기 위해서 생긴 습관 훈련과 다른 접근들과 같은 하이브리드를 만들어 냈다. 물론 다른 하이브리드도 있고 다른 모델도 존재했던 것이 사실이다.

미국에서 교육개혁이 오랜 기간 계속되는 과정에서 이러한 교육과 심리학의 상호작용 속에서 태어난 모델과 하이브리드가 무슨 차이를 만들어 냈는가라는 의문에 답하기 위해서 세 가지 역사적 예를 선택했다. 하나는 G. Stanley Hall의 발달주의 아동연구운동과 1880~1890년대의 유치원이며, 하나는 John Dewey의 사회 재건주의와 시카고대학에서 1896~1904년에 이르는 실험학교, 그리고 1920년대의 습관 훈련(habit training)과 보육학교운동도 있다. 이것을 보면 Edward L. Thorndike의 효율성에 입각한 공학적 시각과 심리임상주의의 두 가지 모델이 빠져 있다는 것에 주목할 필요가 있다. 대신 각각의 특성을 지니고 있는 하이브리드를 논의하고 있다.

필자는 Thorndike의 효율성에 입각한 공학적 시각의 예를 여기에 포함하지 않았지만 Ellen Condliffe와 다른 학자들의 이 모델에 대한 입장에 동의한다. 그들은 특히 미국의 초등학교 수준에서 선호되어 왔던 기본적 기능(basic skill)과 표준화된 검사를 직접적으로 가르칠 것을 강조했다(Lagemann, 1989). 1910년대와 1920년대에 Thorndike는 동물 실험을 근거로 한 연합학습 이론을 발전시켰다. Thorndike는 정량화할 수 있는 학습의 법칙을 가설화했다. 의식적으로 '효과의 법칙' 에 근거하여 수업한 교사들이 거의 없었을지 몰라도 Thorndike와 그의 컬럼비아 사범대학 동료들이 학습의 결과를 측정하기 위해 개발한 검사도구들은 최초로 아이들 학업의 결과를 평가하기 위해 눈에 보이면서도 확고한 과학적 증거를 제공했기 때문에 교육의 모습을 바꾸는 엄청난 영향력을 발휘했다. 심리학자와 교장들은 검사결과들을 모아서 알리기 시작했고 교사들은 학생들의 검사점수를 높이도록 압력을 받기 시작했다. David Tyack과 다른 학자들의 기술에 의하면 교육을 과학적으로 수량화하고자 했던 이러한 움직임은 미국의 공교육체계를 하향식으로 관리하기 위해 효율적인 방법을 찾고 있던 도시의 학교 행정가들의 요구와 잘 맞았다(Tyack, 1974, 1985). 학교체제가 합리적으로 조직되고 위계화되어 갈수록, 교장이나 교감들은 교사들이 가르쳐야 하는 기술과 내용을 구체화하기 위한 상세한 교육과정 가이드라인을 개발했고 교사들은 점차적으로 이 가이드라인에 맞도록 그리고 검사를 준비하기 위한 교수를 위해 수업을 바꾸어 나가기 시작했다.

필자는 공교육에서 거의 볼 수 없는 순수 심리임상적 모델의 예는 특수한 일부 아동들을 대상으로 하고 있기 때문에 포함하지 않았을 뿐 아니라, David Tyack가 미국 공교육을 '하나의 완벽한 시스템(One Best System)' 이라고 언급할 때 그에 포함되지 않은 아이들도 논의에 포함시키지 않았다(Tyack, 1974).

20세기가 되자 심리임상주의는 아이들의 학교 적응 문제를 돕기 위해 진료소를 운영했던 Lightner Witmer와 William Healy 같은 정신의학자들에 의해 정신 위생학과 아동 가이던스 분야에서 비롯되었다. 후에 다른 임상의학자들이 학교나 기관들의 원만한 운영을 방해하는 퇴행적이고 일탈이나 우울을 보이며 결손을 지닌 아동들을 돕기 위한 전략으로 성격 이론, 정서발달, 자기-실현의 이론을 발달시켰다. 그들 정신의학자들은 아동들의 고통과 불안이 이러한 기관들의 실패에 기인했으며 그들을 위한 새로운 기관이 필요하다고 생각했다(Horn, 1989).

비록 여기에서는 빠졌지만, 특히 효율적인 공학 모델은 교육개혁 논의에서 가장 강력한 입장으로 지지 기반을 굳힌 모형이므로 잊어서는 안 된다. 그리고 심리학에서 벗어난 교과주의적 인본주의자들도 잊어서는 안 되는데, 그들 중 많은 이들이 Thorndike의 효율적인 공학적 접근에 아마도 익숙할 것이다. 그들이 저학년에서 간접적인 영향을 끼쳤다면 고등학교 수준에서 강력한 영향력을 가졌다. 어떤 이들은 심지어 이러한 교과주의가 의미 있는 교육개혁에 주요한 장애라고 논쟁할지도 모른다(Clinchy, 1994).

물론 내가 기술한 이런 모델들은 지나치게 단순화된 일반론이다. William James가 심리학 이론들이 교육 실천과 직접적으로 연결되지는 않는다고 한 것은 옳았다. 거기에는 많은 상호작용, 선택, 절충과 혼동이 있다. 게다가 Sheldon White는 실제적인 교육적 문제에 대해 유용한 답을 제시할 수 있을 것이라는 전망이 20세기 초 대학에 심리학과를 설립하기 위한 자극이 되어 왔을 것이라고 주장했다(White, 1991). 그런 식으로 교육적 필요와 실천은 간접적으로 이론을 이끌어 냈고, 심리학자들이 제기한 질문에 영향을 끼쳤으며, 이에 대한 답을 얻고자 했다. 그러나 응용 심리학과 교육개혁의 실재가 여기에 간략하게 제시한 세 가지 사례연구보다 훨씬 다양하고, 복잡하며 혼돈스러움에도 불구하고, 심리학과 교육 양쪽의 내부 변화와 개혁과정에 대한 유용한 정보를 끌어내기 때문에 주기적으로 서로 관련된 영역 간의 관계를 재검토하는 것은 가치 있는 일이다.

Hall의 발달주의와 유치원 운동

근대 발달 심리학의 선구자인 G. Stanley Hall의 아동연구운동은 근대 미국의 교육적 개혁에 있어 가장 성공한 것 중의 하나인 유치원에 직접적인 영향을 끼쳤다. 1844년에 출생한 Hall은 유아를 체계적으로 연구한 미국 최초의 심리학자였다. 그는 1878년에 하버드대학교 철학과의 William James로부터 미국 최초의 심리학 박사학위를 수여받았다. Hall의 발달주의는 유럽의 다양한 심리학, 철학, 교육학적인 운동에서 싹텄다. 그는 Carl Lugwig와 Whilhelm Wundt의 독일 심리학 연구실에서 실험적 방법론을 공부했으며, 독일 자연철학자인 Ernst Haeckel로부터는 개체 발생은 계통 발생을 되풀이한다는 아이디어를 받아들였고, 독일 교육자 Tuickson Ziller와 Wilhelm Rein에게서는 '문화시대' 의 개념을 받아들였다. 그 후 Hall은 이러한 개념을 Hegel 철학과 유사과학적인 관념에 더하여 발생 심리학의 종합적 이론으로 만들었으며, 그가 주장한 이론은 인간 정신 발달의 생물학적 기원을 밝혔다. 따라서 태아는 '물고기 단계(fish stage)' 를 지나고, 유아의 놀이는 발달문화적 순서에 따라 원시부족의 사회 조직을 되풀이하며 학령기 아동들은 그리스를, 그다음에 로마, 기타 등등을 공부해야 한다고 Hall은 믿었다(Ross, 1972; Strickland, 1973; Kliebard, 1987; White, 1992).

William James와는 달리, Hall은 심리학이 교사에게, 역으로 교사가 심리학에, 어쩌면 직접적인 도움이 될 수 있을지 모른다고 생각했다. 이론적 심리학과 실행의 기준이 이제 막 형성되기 시작한 시기에 연구했기 때문에, Hall은 교사들을 연구보조자로 썼으며, 교사들에게 설문지를 보내 아동들에 대한 자료를 모았다. 1880년대 초에 그는 다섯 살에서 여섯 살 된 아이들이 자연세계에 대해 어떤 지식을 갖고 있는지 인터뷰하기 위해 보스턴에 있는 유치원 교사들과 함께 연구했다. Hall은 「학교입학 시점에서의 아동 마음의 내용」이라는 제목의 혁신적인 논문에서 교사들이 모은 엄청난 양의 데이터를 분석했는데, 그 논문에서 그는 자연과의 접촉이 결핍됨으로써 마음 발달이 저해되기 때문에 도시에서 성장하는 유아들은 유치원에 다닐 필요가 있다고 주장했다. 1883년에 발간된 『프린스턴 리뷰(*Princeton Review*)』에 처음 발표되었을 때, Hall의 논문은 유치원의 진가에 적합한 과학적 지원을 제공했으며 Friedrich Froebel의 독일 유치원 철학을 미국 심리학자와 대학에 본격적으로 자리 잡도록 도왔다(Hall, 1893; Siegel & White, 1982; Zenderland, 1988; White, 1990; Beatty, 1995).

그 후 Hall은 아동연구운동에 유치원 교사들을 끌어들이기 위해 적극적인 캠페인을 시작했다. 새롭게 설립된 매사추세츠 주 우스터에 있는 클라크대학의 재정을 보강할 필요성에 의해 얼마간 동기화되어서, 그가 총장으로 있었던 1892년에 Hall은 교사들이 심리학 이론에 대해 배우고 연구하고 연구 방법을 소개하는 여름학교를 시작했다. 교사의 일부는 Hall의 조교가 되어 유치원 설문지나 전국 각지의 유치원 교사들에게 보낼 주제별 강의계획서를 설계하는 것을 도왔다(Clark University Summer School, 1899).

Hall은 이러한 협동연구를 통해서 교사들과 사회적으로 함께 섞였다. 클라크대학의 여름학기 동안 Hall의 집에서는 파티와 리셉션, 피크닉과 소풍, 그리고 교직원으로 교사와 심리학자들을 참여시킨 다양한 사회적 행사들이 열렸다. Hall은 심지어 그의 집에 몇몇 탁월한 유치원 교사들을 숙박시켰다. 예를 들면, 보스턴의 휠록대학의 창립자인 Lucy Wheelock은 Hall 집 현관에서의 유쾌한 저녁과 심리학과 교육에 관한 격의 없는 모의 토론을 기억했다. Wheelock은 Hall의 아이디어를 기반으로 해서 교실활동을 변화시키고 Friedrich Froebell 본래의 독일 유치원에서 쓰는 은물(gifts)과 작업(occupation) 중에서 일부를 사용하기를 그만둔 최초의 유치원 교사 가운데 하나였다. 은물과 작업 중 특히 일부는 보다 작은 도구와 발달된 미세한 운동근육 기술을 요구하는 복잡한 활동으로 되어 있어서, 그녀는 그것들이 유아에게 부적합하다고 생각했기 때문에 사용하기를 그만두었다(Wheelock, n.d.; '클라크대학의 유치원의 날', 1986; Beatty, 1995).

유치원 운동에 있어서 아동연구에 관한 Hall의 새로운 발달 심리학의 영향은 특히 Patty Smith Hill의 연구에서 확연히 드러났는데, 그녀는 수년간 뉴욕의 컬럼비아대학 사범대학의 유아교육학과의 학과장이었다. 1868년 켄터키 주 루이빌 근처에서 출생한 Hill은 1880년대 후반과 1890년대에 루이빌 자유유치원협회가 경영한 자선유치원(charity kindergarten)에서 Anna Bryan의 조교로 일했으며 1894년에는 Hall의 클라크대학 여름학교에 참석했다. Hill 역시 Froebell의 과학 이전의 유치원 도구들이 경직되고 발달적으로 부적절한 것을 염려했으며 유치원 교육을 위한 발달 심리학의 함의를 이해했다.

아동 발달에 대한 새로운 이해에 기초해서, Hill은 만약 아동이 '보편적 법칙' 에 따라 발달한다면 보편적인 유치원이 되어야 한다는 것을 깨닫게 되었다. 미국 내 유치원이 초기에 유럽의 계층분류 노선에 따라 부자와 가난한 아이들을 분리해서 받아들였기 때문에 이러한 깨달음은 비판적이었다. Hill은 1894~1895년 루이빌 자유유치원협회 보고서에 발표된 '교육 기초로서 자유유치원(The Free Kindergarten as the Basis of Education)' 이라는 성명서에서 "조물주는 사회 모든 계층에게 적용되는 마음에 관한 일관된 법칙을 가지고 있다" 라는 사실을 심리학은 밝혔다는 것을 강력히 주장했다. 부자들이 그것을 좋아하든 안 하든, 심지어 "어떤 사람들에게는 자존심을 상하게 했을지도 모르는 생각" 일지라도, "왕자와 극빈자의 정신은 동일한 신의 법에 따라 펼쳐지는데, 그것이 만일 위배된다면, 어느 경우에나 필연적으로 재난으로 끝난다" 라고 그녀는 진술했다. 교육적 방법이 "환경에 따라 다소 다를지라도, 원리는 계층과 상관없이 같은 것이다" 라고 Hill은 결론을 내렸다(Hill, 1984-1985, pp. 7-8).

이것은 교육개혁에 대하여 명백한 이론적 근거를 보여 주는 심리학적 사례다. 유아들은 생물학적으로 동일한 과정을 거쳐 발달하기 때문에, Hill은 유아들이 교사와 사회에 의해 동등하게 교육되고 다뤄져야만 한다고 주장했다. 게다가 그녀는 동일한 교사와 방식은 다른 계급의 배경으로부터 온 아동들에게 효과적일 수 있고 같은 학급 안에서 다른 계급으로부터 온 유아들을 교육하는 것은 유익한 결과를 가져온다고 생각했다. Hill은 "숙련된 교사의 지도 아래 사회의 양극단 출신의 아이들이 지적으로 꽃을 피우며 자라나는 모습을 본다는 것은 멋진 일이다"라고 주장했다(Hill, 1894-1895, p. 8).

Hall의 발달주의 심리학의 영향은 유치원 운동 내에서 이른바 다른 급진주의자들과 진보주의자들의 연구에서 또한 확연한데, Patty Smith Hill과 함께 그들은 Froebel의 전통적인 유치원 교육과 분리되었다. 예를 들면, Hall의 제자 중의 하나인 Frederick Burk가 캘리포니아에 있는 산타바바라학교의 교장이 되었을 때, 유치원 유아들에게 선택이 주어진다면 어떤 교구들을 가지고 스스로 놀 것인가를 알아보는 실험을 시작했다. 1898년에 수행된 연구에서, Burk와 그의 아내인 Caroline Frear Burk는 Froebel이 주의 깊게 규정하고 나열한 은물과 활동을 넘어 유아들이 인형이나 바느질, 콩주머니, 그리고 다른 장난감을 선호한다는 것을 발견했다. 유치원의 문제는 도구 선택이나 그것으로 무엇을 할지에 대해서 아이들에게 전혀 설명이 없었다는 것이라고 Burk는 진술했다(Burk & Burk, 1899, p. 81). Burk 부부는 아이들에게 하루에 두 번의 자유놀이시간을 주기 시작했는데, 후에 '자유놀이 유치원'은 프로그램의 초점이 되었다. Burk의 실험과, 자신의 유치원 블록세트를 디자인한 것을 포함하여 새로운 도구들과 유치원 실행을 계속해서 개발한 Patty Smith Hill, 그리고 다른 사람들은 Froebel의 과학 이전의 형식주의로부터 벗어나 더 발달적인 근대 미국 유치원으로 지향하도록 안내했다(Shapiro, 1983; Beatty, 1995). 20세기경 공립 유치원의 세계화 뒤에는 다른 많은 정치적 · 경제적 · 문화적 요인이 있었음에도 불구하고, 발달 심리학은 중요하고 지속적인 교육개혁을 위해 과학적 후원을 제공하는 데 있어 핵심 지지역할을 했다. 심리학적 연구에 참여한 교사들에 대한 Hall의 격려는 그의 동기가 무엇이든 Hill 같은 유치원 교사들이 심리학과 교육개혁, 그리고 교수도구 간의 연관성을 만드는 데 도움을 주었던 것처럼 보인다. 교사는 심리학자가 될 필요는 없다는 William James가 옳았을지도 모르지만 20세기경 미국에서 심리학자들은 교육적 요구로부터 어느 누구보다도 이익을 얻었다는 것은 틀림없다. 심리학의 대중화는 위험한 만큼 유용했으며 그것은 새로운 교육 프로그램과 실행의 새로운 개념화를 위한 자극이 될 수 있었다(James, 1958, p. 23).

Dewey의 사회심리학과 실험학교

John Dewey의 사회적 재건주의자 심리학은 비록 취학 전 교육에서의 Hall의 발달주의나 초등교육에서의 Thorndike의 효율공학처럼 주류가 되지는 못했지만 교육개혁에 영향력을 미쳤다. Dewey의 아이디어는 20세기 초 진보적 교육운동과 1960년대와 70년대의 열린교육운동에 영향을 끼쳤으며, 오늘날 학교개혁운동에서 점점 더 크게 부각되었다.

철학자로서 가장 잘 알려진 Dewey의 심리학적 아이디어는 Hall과 같은 근원으로부터 얻은 것이다. 사실 Dewey는 존스홉킨스대학에서 Hall과 함께 연구했으며 Hegel 철학과 Herbart의 교육설, 다른 독일 교육학 이론에 의해 영향을 받았다. Dewey의 경우, 심리학 발달, 교육, 사회변화는 연결되었다. 1895년경에 쓰인 '대학수업의 조직을 위한 계획' 에서 명시한 것처럼, '교육의 궁극적 문제는 심리학적인 것과 사회적인 요인을 조정하는 것이다.' Dewey는 이러한 조정이 개별 학교 수준에서 일어나야만 한다고 생각했으며, 이를 위해서는 어린이가 자신을 표현하는 한편 동시에 사회적 목표를 달성할 수 있어야 한다고 보았다(Dewey, 1895/1972, p. 224). 여기 그의 후기 연구, 특히 민주주의와 교육(Democracy and Education, 1916)에서, Dewey는 개개인의 심리학적 발달을 사회적 진보에 관련 짓는 방법을 찾고 있었다. 그는 학교를 통해서 사회는 보다 진보적이며 민주적인 방식으로 재건될 수 있기 때문에 학교를 중재와 개선의 핵심 기관으로 보았다.

교육개혁에 적용된 Dewey의 사회심리학의 가장 좋은 예는 시카고대학의 실험학교인데, 그의 아이디어를 검증하기 위해 시작되었다. 실험학교는 1896년 1월 처음 문을 열었고, 10월에 다시 열었는데, 세 명의 교사와 32명의 학생으로 시작했다. 1902년까지 학교는 네 살에서 열여섯 살까지의 아이들 140명이 등록했으며 최대 스물세 명의 교사와 열 명의 대학원 조교들이 직원으로 일했다(Mayhew & Edwards, 1936, pp. 7-9). Dewey는 이사였으며, 그의 아내는 교장을, Ella Flagg Young은 장학사였는데 훗날 시카고 지역 공립학교의 교육감이 되었다. 기금 부족으로 고생했지만, 학교는 7년 동안 계속되었다. 부분적으로 Dewey 부인의 보수를 학교가 지급할지의 여부와 관련한 시카고대학과의 복잡하고 오랜 협상 끝에 학교는 다른 실험학교들과 합병되었다. Dewey는 사임했고 1904년에 컬럼비아사범대학으로 이직했다(Cremin, 1961; Kliebard, 1987; White, 1991; Cuban, 1993).

실험학교의 작은 규모와 실험의 특성, 단기간 시행에도 불구하고, 교육과정 개혁을 위한 영향력 있는 모델이 되었다. Dewey는 교육과정이 학과 중심보다는 오히려 어린이 중심이 되어야 한다고 믿었지만, 학문적 내용을 포기하는 것은 원치 않았다. 오히려 어린이와 교육과정을 이분화하여 보려는 시각을 없애려고 노력했다(Dewey, 1902). 아이들의 개인적 경험과 학업 내용을 중재하기 위해 Dewey가 생각해 낸 방법은 요리나 바느질, 목공작업과 같은 활동인 '과업'을 통해서였는데, Froebel의 유치원 교육으로부터 발전된 아이디어였다. Katherine Camp Mayhew와 Anna Camp Edwards처럼, 실험학교에서 교사들은 상세히 설명했고, 아이들은 자신들이 먹을 음식과 사용할 수 있는 실제적인 것들을 만드는 데 시간을 보냈으며, 그 과정에서 학문적인 기술을 습득했다. 이러한 간단한 과업은 금속, 광업과 같은 인간 직업의 발달에 관해 탐구하도록 이끌었으며, 마침내 인류문화의 역사적 계열에 대한 탐구와 학문적 내용의 지식을 습득하도록 유도했다(Mayhew & Edwards, 1936).

시카고대학 실험학교의 교육과정을 구체화했을 때 Dewey의 교육 심리학의 가장 급진적 측면은 아이들이 기본 기능을 직접 배우는 것이 아니라 손으로 하는 훈련활동, 주제가 있는 프로젝트와 같은 과업에 상당한 양의 시간을 소비하는 것이었다. Dewey는 인간의 삶과 사회에 보다 관련된 활동을 통해서 이러한 기술을 얻는다면 아이들은 읽고 쓰고 계산하는 것을 더 잘 학습할 것이라고 믿었다. 1898년에 공개토론에서 발표된 논문에 덧붙인 것처럼, “초기 학교생활에서 읽기학습에 몰두하는 것은 내게 남용으로 보인다. 아이는 기계적인 도구로 읽기를 학습하며, 무엇이 읽을 가치가 있는가에 대한 개념을 거의 갖지 못한다.” (Dewey, 1898/1972, p. 264) 비록 아이들이 더 많은 직접적인 가르침만큼 수와 산술적 기법에 관해 더 많이 배우지 못할지라도, Dewey는 요리와 바느질 같은 과업이 읽기뿐만 아니라 산수를 배우는 데 더 좋은 매개물이라고 생각했다. 1896년에 교육학 클럽 강연에서 “아이가 구구단 공부에 의한 것보다 많이 못 배울지 모르나, 단지 숫자의 기법 대신, 현재 사례에 있는 것처럼 과업을 통해서 숫자가 진정 무엇인지에 대한 아이디어를 얻을 것이다” 라고 언급했다(Dewey. 1898/1972, p. 440). 따라서 Thorndike 모형으로 배운 아이들과 달리 Dewey 모형으로 배운 아이들은 직접적인 기술교육 시간이 상대적으로 적다. 가령 Dewey가 ‘기법’ 이라고 한 것을 살펴보면, 다섯 살에서 일곱 살까지의 아이들은 30분씩 일주일에 세 번 혹은 일주일에 한 번 1시간 30분을 소비한다. 그리고 일곱 살에서 여덟 살 아이들은 일주일에 총 20시간 중 단지 2시간을 읽기, 쓰기, 산수의 ‘기법’ 을 위해 쓴다(Mayhew & Edwards, 1936, pp. 385-386).

물론, Dewey가 주장했듯이, 다른 활동의 많은 부분에서 읽기와 쓰기, 산술을 사용하고 있었기 때문에, 실험학교의 아이들은 이 분류가 제안한 것보다 더 많은 시간을 기초 기능 습득에 사용하고 있었다. 기초 기능 획득의 수단으로서 이러한 과업이 얼마나 효과적인가는 실험적인 질문이지만, 한 세기 후인 지금에도 여전히 대답하기가 어렵다. 시카고대학 실험학교가 문을 닫은 후 30여 년이 흐른 뒤 이에 관한 졸업생들의 일화적인 논평은 거의 한결같이 긍정적이었다. Mayhew와 Edwards는 학교가 자신들을 더 많은 독립적인 사색가들로, 실사회 문제들을 보다 잘 해결할 수 있고 ‘삶을 향한 확신의 태도’ 를 지닌 자가 되도록 도왔다고 생각한 실험학교 졸업생의 진술을 언급하고 있다. 졸업생 중 한 학생은 철자 쓰는 법을 배우는 데 힘든 시간을 가졌고 고등학교 2학년 때까지 ‘자유의지’ 로 책을 결코 읽지 않았다고 말했다. 이 학생이 자신의 어려움은 그 학교가 문을 닫게 되어 “책이 없는 우리가 읽고 쓰기를 원하기 직전에 경험이 멈췄다” 라는 사실 때문이라고 했는데, 그의 논평은 내재적으로 동기화가 덜 된 학생들이나 또는 잠재적 학습문제를 가진 아이들에게

Dewey 학교가 어떠한 영향을 끼쳤을지에 대해 궁금증을 자아내게 한다(Mayhew & Edwards, 1936, pp. 404-405).

시카고대학 실험학교에서는 상대적으로 나이가 많은 학생들이 거의 없었음에도, 교육과정은 아동 중심 학습으로 고등학교 수준까지 이루어졌다. 예를 들면, 나이가 많은 학생들은 사진술을 더 많이 했으며 그들이 모임을 갖고 계속해서 프로젝트를 할 수 있는 클럽하우스를 계획하고 짓는 데 많은 시간을 들였다. 그들은 건축과 위생 시설(하수도 설비), 그리고 클럽하우스를 건설할 때 필요한 다른 과목을 공부했으며, 외부의 도움을 거의 받지 않았다. 그러나 다음 해, 열네 살과 열다섯 살 아이들은 특별한 복습과정을 거친 후 대학입학시험을 준비했으며, 이러한 필요는 Mayhew와 Edwards가 느끼기에는 Dewey 학교의 교과과정을 방해했다(Mayhew & Edwards, 1936, p. 237).

자기 입장을 고수하는 교과주의적이며 인본주의적인 교육과정 모형과의 이러한 작은 타협에도 불구하고, Dewey 학교의 교사들은 교육과정에 대한 새로운 아이디어를 실험하고 개발하고 실행하는 데 막대한 자치권을 행사했다.

Dewey의 존재와 시각이 의심할 여지없이 학교에 퍼져 있었지만, 교직원들은 자유로움 속에서 하나의 공동체를 이루었다. 교사들은 그들의 업무에 대한 대규모 보고서를 담은 저널을 계속해서 진척시키고 발간함으로써 교육과정을 만들어 냈다. 교사들은 자신들을 전문적인 교육자와 교육과정 개발자로 보았으며, 교육적인 공장의 일꾼이나 그들에게 해야 할 것을 말해 주는 심리학자-거물을 따르는 추종자로 보지 않았다. Hall보다도 더, Dewey는 교사와 공동으로 연구했으며 그들의 능력을 존중했고, 실로 그들의 능력에 기대어 실험학교의 성공을 느꼈다(Dewey, 1900).

이와 같이 시카고대학 실험학교에서는, 비록 얼마간 다른 방식일지라도 심리학자와 교사들이 함께 연구했을 때 교육개혁이 일어났다. Dewey는 교육적 변화가 처음에는 지속적인 기간 동안 지원될 필요가 있는 상대적으로 작은 규모의 교육적 실험으로 개별 교실과 학교 수준에서 일어난다고 생각했다. 그가 기존의 초등학교 교육방법에 비평을 가하면서, 학교들은 '새로운 교육과정의 내용을 신중하고 명확하게' 만들어 낼 시간이 필요하다고 역설했다. 큰 규모의 교육적 변화는 이러한 실험이 확대되고 총체적으로 학교체제와 투입될 때 일어날 수 있었으나, 이런 종류의 체제개혁은, "교육위원회와 교장, 그리고 교사들을 통제하는 여론의 보다 광범위한 이차적인 변화에 달려 있다"는 것을 Dewey는 깨달았다(Dewey, 1898/1972, p. 269). 그러나 이런 종류의 광범위한 교육적 개혁은 Dewey와 협력자들이 이루기 어렵다는 것이 입증되었다.

습관 훈련과 보육학교운동

필자가 검토하기 원하는 세 번째 역사적 사례는 1920년대와 1930년대에 보육학교운동에 있어서 습관 훈련의 심리임상적이고 행동주의적인 하이브리드를 다룬다. 1920년대까지 심리학자들은 Arnold Gesell과 다른 임상의들, 보육학교 교사들이 행동적이고 정서적인 문제를 지닌 취학 전 어린이들을 치료했던 방식인 습관 훈련과 같은 하이브리드를 재결합시키고 있었다. 또한 Gesell이 Hall의 학생이었으며 발달학설의 생물학적 결정론인 성숙학설을 신봉하는 것으로 가장 잘 알려졌다 하더라도, 특별히 이런 행동주의적-정서적 하이브리드와 Gesell을 동일시하는 것은 온당치 못한 것이다. 그러나 많은 다른 초기 심리학자들같이, Gesell은 여러 가지 방법을 이용한 실제적이고 임상적인 연구와 학교를 직접 연결시키는 실천가였다. Gesell은 아동상담소를 개설했으며, 지역의 첫 번째 학교심리학자로 지명된 코네티컷 주의 공립학교들과 상담했다. 문제를 지닌 아이들과의 임상작업을 통해 Gesell과 다른 심리학자들은—보스턴의 Douglas Thom, 초기 정신역동의 영향의 증거를 보여 준 디트로이트의 메릴 팔머 연구소(Merrill-Palmer Institute)에 있는 보육학교 아이들에 관한 사례연구를 한 Thompson Woolley와 같은—오늘날 많은 특별한 교육자들에 의해 사용된 방법과 유사한 방식으로 행동주의와 정서심리학을 결합했다(Gesell, 1923; Thom, 1924; Woolley, 1925, 1926; Kessen, 1965; Ames, 1989).

이런 심리임상적이고 행동주의적인 하이브리드는 다양한 근원에서 파생되어 만들어진 것이다. 20세기가 도래할 무렵 필라델피아와 시카고에서 시작한 정신 위생과 아동지도운동에 있어서 심리학자들과 정신과 의사들의 연구는 아이들의 학교 '적응' 문제의 많은 부분이 가정문제에서 기인한다는 것을 깨닫기 시작했다. 문제아들뿐만 아니라 문제 부모들도 있었다. 록펠러 기념재단(Laura Spelman Rockefeller Memorial)으로부터의 기금 지원으로, 1920년대의 보육학교운동에서 함께 일하는 심리학자들, 사회사업가들, 부모 교육자들, 그리고 교사들은 부모 양육을 개선하기 위해 습관 훈련과 다른 접근법을 사용하여 보다 광범위한 사회문제를 해결하기를 원했다(Schlossman, 1981; Horn, 1989; Grant, 1992; Beatty, 1995).

John Watson의 행동주의 심리학은 하이브리드의 또 다른 중요한 근원이었다. Watson 또한 아이들의 교육적 어려움과 그 밖의 다른 어려움의 원인으로 부모들, 특히 어머니들에게 초점을 맞췄다. 예를 들면, Watson의 저서인 『유아와 어린이에 대한 심리적 보살핌』은 과도한 '어머니 사랑'의 위험에 대해 수많은 극단적인 경고를 담고 있으며, 어머니들이 결코 아이들을 껴안거나 입맞춤하거나 무릎 위에 앉히지 않도록 가르쳤다(Watson, 1928, pp. 81, 87). Hall과 같이, Watson은 아이들을 기르고 교육하는 데 심리학을 적극적으로 보급하면서 적용한 사람이었으며, 그의 아이디어는 부모와 보육학교 교육자들에게 널리 읽혔다.

습관 훈련은 섭식과 인격장애, 야뇨증, 수음, 울화통(짜증), 공격성, 수줍음, 비행으로부터 경기(경련), 정신 이상과 지체에 이르기까지 모든 종류의 상황을 다루는 데 사용되었다. 이런 문제 중 하나 이상을 가진 것으로 간주된 아이는, 아이와 가족의 모든 사례경력을 조사하거나 때론 가정방문을 하기도 하는 상담소나 보육학교의 연구실로 보내져 모든 것을 드러내게 되었다. 그때 어머니는 스크린 뒤편에 안 보이게 앉아서 특별히 훈련된 보육학교 교사가 '올바른' 방식으로 아이와 상호작용하고 아이의 문제를 해결하기 위해 심리임상적 행동주의적 방법을 사용하는 모습을 지켜보았다. 어머니는 집에서 이러한 방법을 사용하고 다이어트와 계획표, 그리고 다른 일상적인 것에 관한 임상 팀의 권고를 따르도록 했으며, 아이의 행동에 있어서 변화를 상세하게 기록하고 보고토록 했다(Thom, 1924, p. 36).

습관 훈련은 1920년대에 코네티컷 주의 뉴헤이븐에 있는 Arnold Gesell의 예일 심리 클리닉 내의 보육학교를 포함한 다수의 보육학교에서 일관되게 사용되었다. 1911년에 시작된 Arnold Gesell의 예일 심리클리닉은 록펠러 기념재단으로부터 1926년에 인가를 받아서 시범유아학교를 시작했는데, 그곳에서는 의뢰된 아이들 개개인을 기본 비용으로 연구하고 치료하였다. 또한, 문제아들의 재교육을 위해 함께 배치된, 다섯 명 정도의 정상적인 아이들로 구성된 작은 '정규집단'이 있었다 (Ames, 1989, pp. 136-137).

시범유아학교의 교육과정은 거의 전적으로 어떤 시점에 참석하는 아이들 각각의 문제와 요구에 의해 결정되었다. '따라서' Gesell이 취학 전 부모교육에 관하여 1929년에 전국적 조사에서 기술한 것처럼, "급식상황에 관하여 어떤 문제 때문에 의뢰된 아이는 보육학교에서 혼자 혹은 어쩌면 다른 아이들과 함께 점심이 제공될 것이다. 어머니의 참석에 과도하게 의존하는 어린이는 분리를 겪어야만 할지 모른다. 불복종하고 짜증을 내는 아이는 바람직스럽지 못한 행동이 다루어질 수 있도록 하기 위하여 이러한 반응을 나타내는 상황에 어쩌면 직면하게 될 것이다" (Gesell, 1929, p. 167).

습관 훈련은 다른 두 집단에서 가장 빈번하게 사용되었다. 즉, 부모가 아이의 행동을 불안해하거나 걱정하며 전문적이고 개인적인 도움을 얻을 수 있는 경제적인 수단과 시간이 있는, 유복한 가정의 아이들과 가난한 이민자 아이들로서, 가족들은 정상이 아니고 결함이 있거나 병적인 것으로 간주되었으며, 자녀는 복지 프로그램과 무료 치료에 의존했다. 엄격하게 제시되고 통제된 지침에 따라 아이를 양육하는 일상적인 과정에 적응하기 위해 부지런히 노력한 1920년대와 1930년대의 교양 있는 어머니들에게 습관 훈련은 많은 충격으로 받아들여졌다. 그 후 1940년대 동안 아이를 양육하는 보다 애정 어린 방식이 촉진되었을 때 이러한 어머니들의 일부는 과거 전문가들의 엄격한 처방을 따랐던 것에 대해 후회를 하게 되었다. 한 보육학교 교육자는 다음과 같은 어머니 말을 인용했다. "얼마나 많은 아기들이 꼭 안겨질 필요가 있을까를 단지 알았더라면, 나는 틀림없이 많이 그렇게 했을 겁니다. 그렇게 하기를 원했습니다. 그렇지만 '자, 아이를 혼자 두고 떠나라. 해야만 하는 것 이상으로 아이와 접촉하지 말라'고 경고를 받았지요" (Baruch, 1942, p. 52).

전문가의 충고를 충실하게 따르는 것에 대한 이러한 어머니들의 후회보다 훨씬 더 걱정되는 것은 애정을 제한하는 습관 훈련과 심리적 처방이 미국 어린이 세대를 어떻게 손상시켜 왔는지에 관한 망령이다. 사실상, 심리학자 스스로 부정적인 효과를 일부 동시에 볼 수 있어야 한다는 암시가 있다. 예를 들면, 'Richard'는 예일 심리클리닉의 시범유아학교에서 치료받은 어린이인데, 그의 문제는 의사의 가르침에 대한 오해에서 기인한 어머니가 엄격하게 계획한 대로만 먹이는 것이 일부 원인이 되었다는 것을 Gesell은 관찰했다. Gesell은 진료소에 아이들을 데려온 일부 어머니들이 아이들에 의해 생긴 문제를 다룰 능력에 대한 확신을 완전히 잃었다는 것을 알았지만, 그와 다른 전문가들이 이런 확신이 부족한 것에 기여했을지 모른다는 것을 알 수 없었다(National Society for the Study of Education, 1929, p 168).

특히 걱정스러운 것은 이민자와 가난한 아이들에 대한 습관 훈련의 효과 때문이다. 보스턴에 있는 Douglas Thom의 습관클리닉(Habit Clinic)은 예일 심리클리닉과 유사한 취학 전과 취학 어린이들을 위한 프로그램을 후원했으며, 1922년에 보스턴의 노스엔드에 있는 사회복지관에서 습관 훈련을 위한 놀이학교를 시작한, 예컨대 보육학교 교육자인 Caldwell과 가깝게 일했다. 매우 가난한, 주로 이탈리아 이민자 출신의 이곳 어린이들은 문제행동과 '나쁜' 습관을 변화시키기 위해 고안된 특별한 보육원에 다녔다. 이를테면, Caldwell의 보육원이 제시한 설명은 이탈리아계 미국 가정에서 볼 수 있는 감정적인 집안 분위기로 인해 성격이 예민하고 짜증을 잘 내는 한 어린 소년에 대한 편견을 담고 있다. 습관 훈련을 통해서 화가 치료된 후, 소년은 말을 더듬기 시작했다. Caldwell은 "말을 더듬는 것을 발달적으로 보아, 보다 안정적인 행동을 위해 통제된 집단압박보다 감정이 개방된 상태서 오히려 짜증내는 것이 그 나이에 더 좋은 것인가?"를 의심했다(National Society for the Study of Education, 1929, p. 210).

보육학교 교육과 어린이 양육에 있어서, 이러한 문제가 있는 습관 훈련의 심리임상적이고 행동주의적인 하이브리드의 예들은 어떠한 심리학적 아이디어가 보급되고 어떻게 사용되는지가 매우 중요하다는 것을 시사한다. 또한 심리학자들과 교사들, 그리고 부모들 간의 관계가 중요하다는 것을 시사한다. 보육학교운동의 서열에 있어서, 심리학자들과 소아과 의사들은 전문적인 숙련가들이며, 보육학교 교사들은 보육실천가들이고, 아이들과 부모들은 환자들이었다. 모든 보육학교들이 이런 치료적 모델의 기능을 하는 것이 아니고 일부는 부모와 협력적인 관계를 촉진할지라도, 습관 훈련은 일부 어머니들의 사기저하에 기여해 온 것처럼 보이며 그들 자신의 더 나은 판단과 의지와는 반대로 양육하도록 유도했을지 모른다. 이는 '의사가 그들에게 그렇게 하도록 말했기' 때문이다. 또한 교사들이 아이들에 관하여 장기적이며 최선의 관심을 갖지 않고 극단적으로 단순화한 방식으로 심리학적 처방을 적용하도록 이끌었을지 모른다. 그러나 동시에 습관 훈련이 일부 아이들과 가정을 위해 도움과 지원을 제공했으며 부모 교육의 중요성과 교육에 있어서의 부모 참여를 자각하는 데 기여했다. 교사들은 가정환경 안에서 아이들을 보도록 격려되었고 가족 욕구와 문제들은 교육과정 영역으로 들어왔다. 이런 하이브리드 시각에서, 심리학은 교육에서 해야 할 거대한 역할을 담당했다.

결론

오늘날 교육개혁을 위하여 세 가지 간단한 사례연구에서 찾아낼 수 있는 교훈과 경고는 무엇인가? Hall의 발달주의 실례와 유치원 운동은 심리학이 교육적 정책과 교육에 지속적인 영향력을 발휘할 수 있음을 보여 준다. Patty Smith Hill, Anna Bryan, Frederick Burk와 같은 유치원교사들은 모두 Hall과 함께 연구했는데, 사회계층 배경과 학습 간의 관계에 관한 그들의 관점을 변화시켰으며 일부는 아이들의 발달에 대한 생각의 변화 때문에 유치원 교수방법을 바꿨다. Hall의 발달주의에 대한 열정적인 보급과 어린이 연구 방법은 교사들로 하여금 교육에서의 심리학 사용에 관하여 보다 많이 전체적으로 자각하도록 만들었다.

그러나 발달에 관한 보편적 법칙에 대한 개념은 또한 문제가 있었다. 19세기 초까지 Hall과 다른 발달 이론가들이 믿고 의지한 정상의 개념은 획일적 기준과 하나의 '옳음'의 양식에 대한 고정관념, 발달 속도를 강조했고 그것으로부터 벗어난 것을 병적인 것으로 간주했다(Hacking, 1990). 심리학자들이 발달에 대한 다양한 경로를 기술하고 다중적 지능을 인식하는 데는 오랜 시간이 걸렸다. 예를 들어, 오늘날의 취학 전 교육자들은 여전히 '발달적으로 적절한' 실천적 아이디어와 싸우고 있으며, 때때로 애매함뿐만 아니라 엄격함 때문에 비판받고 있다(New & Mallory, 1994; Lubeck, 1994; Beatty, 1995). 그리고 취학 전 프로그램의 효과성에 관한 논쟁이 나타났을 때, 교육에 발달 심리학을 적용하는 것은 인지 발달과 시험점수를 올리기 위한, 따라서 Head Start와 같은 교육개혁과 함께 비현실적인 기대와 환상을 만들어 내는 '요술봉'으로 오해될 수 있다(Vinovskis, 1995; Zigler & Muenchow, 1992).

시카고대학 실험학교의 John Dewey의 사회적 재건주의자 심리학 실례는 다른 심리학적 시각이 촉진제로서 어떻게 사용될 수 있고 새로운 교육과정과 교육적 실천을 고안하기 위하여 안내할 수 있는지를 보여 준다. Dewey의 학교는 교육개혁 과정에 대하여 교훈을 제공했다. 실험학교에서 Dewey와 교사들은 동료로서 서로의 통찰과 경험을 서로 존중하였으며, 작은 규모의 실험과 교육적 관료주의로부터의 자유는 또한 의심할 여지없이 성공에 도움이 되었다.

그러나 Dewey의 학교는 장기간에 걸친 경제적 · 행정적 지원의 필요성과 새로운 교육과정과 학문적 성취를 위한 전통적, 교과주의 기대와의 관계를 개정하는 필요성을 또한 보여 준다. 시간이 주어졌다면, Dewey와 교사들은 현재 학교개혁운동에 있어서 많은 사람들에 의해 신봉되는 포트폴리오 방식과 수행평가와 같은 대안적인 평가양식을 고안했을지 모른다. 시간이 주어졌다면, Theodore Sizer와 본질주의 학교연합(the Coalition of Essential Schools)이 오늘날 대학에 요청한 것처럼, Dewey는 대학총장에게 입학 결정에서 덜 획일화된 학업 성적 증거를 고려하도록 요청했을지 모른다. 잠재적 학습문제를 가진 학생들을 빠르게 직접적으로 다루는 방법을 고안하는 것의 중요성은 Dewey 학교의 사례연구에 의해 또한 제시되었다.

습관 훈련의 심리임상적이고 행동주의적인 하이브리드에 관한 세 번째 사례는 집과 학교에서 어린이들의 정서와 행동 문제를 다루기 위해 교육에 심리학을 사용하는 시도를 보여 준다. 심리 교육적 유행같이 일시적일지라도, 습관 훈련은 아이들과 가족들 간의 관계에 교사의 주의를 돌렸고, 아이들 문제를 다루기 위한 새로운 전략을 제공했으며, 부모 참여와 부모 교육의 중요성을 강조했다.

그러나 또한 습관 훈련의 사례는 심리학자들과 교사들이, 부모들이 자신의 자녀들에게 좋은 것이 무엇인지에 관하여 갖고 있는 직관 및 상식과 충돌하는 것을 부모들에게 하라고 말하는 것을 조심해야 한다는 것을 보여 준다. 이것은 심리학자와 교사들이 충고를 제공해서는 안 된다거나, 아이들을 해롭게 할 수 있는 가정의 문제 상황을 무시해야 한다는 것을 말하는 것이 아니다. 그러나 부모의 협력을 얻고 부모를 돕는 선을 벗어나지 않도록 세심한 배려가 이루어져야 하며, 정신의학자인 James Comer가 뉴헤이븐의 공립학교에서 개발한 교육개혁 모형에서 한 것처럼, 가정생활에 개입해서 아이들을 기르는 가장 좋은 방법을 주장하는 것을 피해야 한다(Comer, 1980, 1986).

심리학과 교육개혁의 관계에 관한 몇몇 역사적 실례에 대한 간략한 개관은 심리학도 교육도 하나의 '옳은' 패러다임이라기보다는 복합 모형이나 다양한 시각을 가진 다원적 영역이라는 전제에 기초한다. 비록 Thorndike의 교사 중심 기술교육과 획일화된 시험, 심리학이 없는, 교사-교과주의와 인본주의는 초등과 중등교육에서 우세했을지라도, 다른 모형과 상충되었다. 아마도 심리학과 교육 모두에 있어서 이론과 실천의 향상을 촉진하기 때문에, 인간과 문화의 다양성, 교육의 목적에 관한 가치의 다양성을 반영하는 갈등 관계는 바람직하다.

그러나 최근에 현재의 교육개혁 운동에서 중요한 경쟁자 둘이 격돌과정에 있을지 모른다는 우려가 표명되었다. 그것은 보다 높은 기준과 시험을 일관된 방식으로 추진하기 위해 Thorndike 방식을 선호하는 부류와 Dewey 같은 '실제성' 과 '깊은 이해' 를 강조하는 아동 중심 학습을 강조하는 부류들이 충돌과정에 있을지도 모른다. Linda Darling-Hammond는 학교개혁의 성공은 그녀와 다른 많은 교육자들, 심리학자들이 지지하는 Dewey식 개혁의 이행에 달려 있을지 모른다고 제안한다(Darling-Hammond, 1993). 교육에 있어서 대립하는 경향을 잠재적으로 격려하는 Dewey의 분석에 따르면 학교개혁이 적절히 잘 이루어지고, 학교개혁의 중요성에 대한 대중적 호응이 일반화된 지금이야말로 심리학자들과 교육자들이 함께 대화하고 일하며 교사와 부모들이 함께 대화하고 일하는 데에 중요한 시기가 될지도 모른다(Dewey, 1931/1984). Larry Cuban, David Tyack와 다른 사람들이 제시한 것처럼, 정치적 가치의 갈등과, 기관으로서 느슨하게 연결된 학교 구조, 또는 교실 구조의 필요성, 교수라는 직업 때문에 교육개혁은 주기적이거나 진자처럼 규칙적이고도 반복적으로 진행되었다. 교육개혁이 몇 번이 진행되든지 간에, 심리학자들과 교육자들은 부모와 사회의 심리학적 이론과 교육개혁에 관해 이해해야 할 필요가 있으며 진보의 증거를 보기를 원한다는 것을 잊어서는 안 된다(Cuban, 1990; Ravitch & Vinovskis, 1995; Tyack & Tobin, 1994; Tyack, 1995).

만약 이 책의 많은 연구에서 제시한 것처럼, 아동이 활동적이고 적극적으로 지식을 구성한다는 서술이 옳다면, 교육개혁의 성공은 과정에 있는 모든 참여자와—심리학자, 교육자, 교사, 부모, 어린이들—새로운 교육개혁을 시도하고 이를 실행하는 기회를 갖는 것에 달렸다. 모든 학생을 위한 진정한 교수, 학습, 평가(Authentic Teaching, Learning, and Assessment for All Students: ATLAS)에 있어서 교육자인 Theodore Sizer, 심리학자인 Howard Gardner, 정신과학자인 James Comer의 협동에서 분명히 나타나는 것처럼, 이 과정의 다원적이고 참여적인 특성으로 새로운 하이브리드는 계속될 것이다. 공동체와 새로운 미국학교 프로젝트는 지금 진행 중이다. 그러한 하이브리드는 아동과 교육과정 간의 이중성을 해결하기 위해 Dewey가 20세기 초에 그의 역할로서 담당했고, 이제 우리가 맡아서 해결해야 할 계속적인 노력의 의미로서 환영해야 한다.

감사의 글

Emily Cahan과 Kenneth Hawes, David Olson의 제안에 대해서 감사드린다. 이 장의 초고에 대한 그들의 논평은 매우 도움이 되었으며, 나의 유형학에 크게 도움이 된 Larry Cuban, Herbert Kliebard 그리고 Sheldon H. White의 연구를 생각하며 이들에게도 감사를 전한다.

제2편
인간 발달에 대한 교수학적 관점

제7장 '학습장애'의 개념을 다시 생각하기: '능력-성취 불일치' 개념의 종말

KEITH E. STANOVICH
PAULA J. STANOVICH

서론

구체화(reification)의 위험성은 교육심리학의 여러 분야에 걸쳐 항상 존재해 왔지만, 특히 학습장애(learning disabilities) 분야에서 섣부른 구체화의 위험성이 강조되어 왔는데 이는 증명되지 않은 개념이 난무하는 학습장애 연구의 역사에 기인한다. 예를 들어 학습장애 영역은 변화무쌍한 역사를 가지고 있는 것으로 잘 알려져 있다. 이 역사는 논쟁과 잘못된 출발, 일시적 유행, 미해결 난제들이 난무하는 가운데 힘겹게 작은 진보를 이룩해 왔다. 학습장애 연구는 언제나 스스로 위험을 자처하는 것처럼 보이며, 항상 집행유예 중인 것처럼 안전해 보일 때가 없다. 왜 그런가? 한 가지 분명한 이유는 발달심리학이나 신경심리학, 인지심리학 같은 인접 학문의 개념을 빌려 쓸 때마다 학습장애 연구 분야에서는 논쟁을 불러일으킬 만한 위태위태한 개념만을 골라 사용하는 데 이골이 난 것처럼 보인다는 것이다. 이러한 성향을 잘 보여 주는 예는 시각처리훈련(visual process training)에서부터 미세뇌기능장애

(minimal brain damage) 개념에 이르기까지 무수히 많다. 학습장애 연구는 위험천만한 삶에 중독된 것처럼 보인다.

이번 장에서는, 가장 흔한 학습장애 유형인 읽기장애(reading disability)를 중심으로, 구체화와 이론의 성급한 일반화로 점철된 학습장애의 역사를 조명해 보고자 한다. 애석하게도 학습장애의 다른 유형도 읽기장애와 비슷한 역사를 가지고 있다(Coles, 1978, 1987; Cole, Dale, & Mills, 1990; Forness & Kavale, 1991; Lyon, 1987; Senf, 1986; Vaughan & Bos, 1987).

학습장애라는 꼬리표를 달게 된 아동의 대다수는 읽는 법을 배우는 데 실패했기 때문에 그러한 판명을 받는다(Gaskins, 1982; Lerner, 1985). 또한 대부분의 학습장애 연구도 읽기장애에 초점을 맞추고 있다. 그러나 연구의 초점이 읽기장애인데도, 학습장애 연구 분야에서는 아직까지 읽기장애의 분류기준과 같은 기본적인 문제도 결론을 내지 못하고 있다(예: Ceci, 1986; Morrison, 1991; Rutter, 1978; Siegel, 1988, 1989; Stanovich, 1986a, 1991; Vellutino, 1978). 마찬가지로 어떤 정보 처리과정의 결함이 읽기장애 아동의 고유한 특성인지에 관해서도 아직 토론 중이다(예: Bruck, 1988, 1990; Morrison, 1991; Olson, Wise, Conners, & Rack, 1990; Siegel, 1989, 1993; Siegel & Ryan, 1988; Stanovich, 1986a, 1988b; Vellutino, 1979; Willows, Kruk, & Corcos, 1993). 이런 기본적인 문제들이 아직도 논의 중인 것은 '주객이 전도된 읽기장애 연구'의 역사 때문이다(Stanovich, 1991). 연구자들이라면 널리 쓰이며 정신 측정학적으로도 타당한 검사에서 특정 수준 이하의 읽기 수행을 보이는 것이 읽기장애라는 정의를 내리고, 이러한 보편타당한 정의를 가지고 연구를 시작하고 나아가 이 정의를 벗어난, 다른 인지적 차이로 인해 읽기에 어려움을 겪는 예외적인 경우를 차례로 조사해 나갈 것이라고 사람들은 생각할 것이다. 그러나 안타깝게도 읽기장애 연구는 이런 논리적 절차를 따르지 않았다. 대신 읽기장애에 대한 초기 정의들은 읽기에 어려움을 겪는 더 큰 표본집단 안에 다른 인지적 프로파일(과 원인)이 있다고 가정하고 읽기장애의 조건에 대해 정의 내렸는데, 이 방식은 실제로 증명되지 않은 이론상의 가정으로 실험적 조사를 배제하고 내린 정의였다.

구체화된 개념으로서의 능력-성취 불일치

이 멋진 제목은 읽기장애의 정의를 능력-성취 불일치(aptitude/achievement discrepany) 개념에 접목시켜 얻었다(Ceci, 1986; Reynolds, 1985; Shepard, 1980; Siegel, 1989; Stanovich, 1991). 이는 지능검사에서는 높은 능력을 보이지만 읽기 능력은 형편이 없는 경우와 낮은 능력을 보이고 읽기 능력도 형편이 없는 경우가 인지적으로, 또 신경학적으로 다르다고 가정한다. 읽기 능력과 지능검사 결과가 통계적으로 유의미한 불일치를 보이는 아동에게 난독증(dyslexia)이나 읽기장애라는 용어를 사용한다. 이런 불일치에 대한 정의들은 많은 국가에서 특수교육을 관장하는 법률에 내포되어 있고(Frankenberger & Fronzaglio, 1991; Frankenberger & Harper, 1987) 대부분의 연구 조사에서 피험자 선정 절차를 결정하기도 한다(Stanovich, 1991).

1960년대와 1970년대 사이에 제안된 몇 가지 읽기장애에 대한 정의들은 연구와 서비스 제공에 대한 논의 양쪽에 걸쳐 상당한 영향을 끼쳤다. 세계신경학연맹(the World Federation of Neurology)의 정의는 많은 연구자와 의사에게 표준이 된 여러 특징을 가지고 있다. 세계신경학연맹에서는 특수발달난독증(specific developmental dyslexia)을 "전통적인 교육을 받고, 충분한 지능을 갖추었으며, 사회 문화적 기회를 가졌는데도 읽기 학습에 어려움을 겪는 경우를 일컫는 장애의 일종으로, 이는 종종 생래적으로 타고난 기본적 인지 기능에 의존한다."라고 정의했다(Critchley, 1970).

이 특별한 정의는 잘 알려진 '배제기준(exclusionary criteria)'을 강조하는데, 이는 차후에 난독증 논의에서 많은 논쟁을 불러일으켰다(Applebee, 1971; Ceci, 1986; Doehring, 1978; Eisenberg, 1978; Rutter, 1978). 이 배제기준은 1975년에 미국에서 통과된 획기적인 법안인 전장애아동교육법(Education for All Handicapped Children Act [PL 94-142])의 읽기장애 정의에까지 영향을 끼쳤다.

> 특수학습장애는 구어나 문어의 이해나 사용에서 나타나는, 하나 혹은 그 이상의 기본적 정신 처리과정의 장애로서 듣기나 생각하기, 말하기, 읽기, 쓰기, 철자 대기, 수리 계산하기에서의 미숙함으로 나타난다. 이 용어는 지각장애(perceptual handicaps)와 뇌손상, 미소뇌기능 손상, 난독증, 발달적 실어증(developmental aphasia)과 같은 상태도 포함한다. 시각이나 청각 또는 운동감각장애, 정신 지체, 정서장애 혹은 환경적 · 문화적 · 경제적 결손 때문에 주로 학습 곤란을 겪는 아동은 포함시키지 않는다.

전미학습장애합동위원회(the National Joint Committee for Learning Disabilities)는 배제기준에 대한 비판에 다음과 같이 대답했다. '이 장애는 개인에게 내재된 것으로 중추신경계의 손상에 의한 것으로 추정된다. 학습장애가 다른 장애 요건(예를 들어, 지각 상실, 정신 지체, 사회-정서장애)이나 환경적 영향(예를 들어, 문화 차이, 부적절한 교수, 언어심리학적 요인)과 함께 나타날 수는 있으나, 학습장애가 이러한 요건이나 영향의 직접적인 결과는 아니다' (Hammill, Leigh, McNutt, & Larsen, 1981). 그래서 이 위원회는 단순히 다른 손상이나 환경결손이 존재한다고 해서 그러한 아동을 학습장애 분류에서 배제해서는 안 된다고 역설한다. 1985년 전미보건조사확대법(the U.S. Health Research Extension Act)에 의해 설립된 학습장애관련관계기관합동위원회(the Interagency Committee on Learning Disabilities)(Kavanagh & Truss, 1988)는 전미학습장애합동위원회 정의의 본질적인 부분은 받아들였으나 사회 기술의 결함을 학습장애의 범주에 포함시켰으며 학습장애가 주의력결핍장애와 함께 일어날 수 있다고 덧붙였다.

미국정신의학회의 정신이상 진단과 통계에 대한 지침(the Diagnostic & Statistical Manual of Mental Disorders III-R, 이하 DSM III-R)에서는 이와 유사한 방식으로 다양하게 학습장애를 정의 내렸다(American Psychiatric Association, 1987). 예를 들어, DSM III-R에서 발달상의 읽기장애에 대한 주된 진단 준거는 "개인적으로 부과된 표준화된 검사에서 개인의 학업과 (개인적으로 보는 지능검사로 결정되는) 지적 능력을 고려했을 때, 읽기 성취도가 기대 수준보다 현저히 낮은 경우"(p. 44)다. DSM

Ⅲ-R의 발달상의 산술장애 진단 준거도 이와 유사하다. "개인적으로 부과된 표준화된 검사에서 개인의 학업과 (개인적으로 보는 지능검사로 결정되는) 지적 능력을 고려했을 때, 계산 능력이 기대 수준보다 현저히 낮은 경우"(p. 42)다.

Shepard(1980)가 지적했듯이 "모든 학습장애에 관한 정의는, 그것이 함축적이든 명시적이든지 간에, 성취와 능력 사이의 불일치에 의거한다. 이로 인해 학습장애 아동은 학습지진아(slow learners)와는 구별되는데, 학습지진아는 낮은 성취를 보이지만 그것이 그들 나름대로 최선을 다한 결과라고 생각된다"(p. 80). 예를 들어, 배제기준(정신 지체, 사회 환경적 영향 제외시키기 등; Rutter, 1978 참조)이라 불리는 준거의 한 가지 목적은 일반적으로 낮은 인지기능을 선별하기 위해서다.

연구자들과 현장 전문가들은 지능검사를 일반적으로 낮은 인지기능을 가진 경우를 선별하는 수단이나, 선택적 손상(selective impairment)을 확실히 감별해 내는 방법으로 사용해 왔다. 지능검사와 성취도 검사를 수행하는 데 근거가 되는 방식이 학교에서 읽기장애를 진단하는 데 사용하는 주된 준거로 사용되어 왔으며 이는 계속될 것이다(Frankenberger & Fronzaglio, 1991; Frankenberger & Harper, 1987; Kavale & Nye, 1981; Reynolds, 1985). 장애 분류기준을 다면화해야 한다는 계속되는 경고에도(Johnson, 1988), 형식적이거나 비형식적인 지능-성취 불일치 판정이 교육 현장과 읽기장애 연구 분야 양쪽을 모두 지배해 왔다(Frankenberger & Fronzaglio, 1991; Stanovich, 1991).

이러한 정의들은 대개의 경우 실험적 검증도 거치지 않은 채, 지능검사와의 불일치 정도가 의미 있다는 것을 결정적 가정으로 사용하여 만들어진 것으로, 지능검사와 읽기 능력 사이의 불일치가 있는 읽기장애 아동(이하 RD-D; reading-disabled, discrepant)이 겪는 읽기 어려움이 불일치가 없는 아동(이하 RD-N; reading-disabled, non discrepant)이 겪는 어려움과 다르다고 판단한다. 읽기장애 연구가 이렇게 혼란스러운 이유는 연구나 교육 현장에서 아동을 분류하는 데 이용되었던 기본적 가정을 뒷받침해 줄 실험적 증거가 최근까지 거의 없었기 때문이다. 오히려 불일치 가정이 너무 우세하여 관련한 실험 자료의 수집이 배제되기도 했다. 물론 처음부터 연구자들이 그들의 표본집단 안에, 읽는 데 어려움을 겪는 RD-D와 RD-N 양쪽을 포함시켜 불일치 가정을 검증했어야 했다. 그러나 그러기 전에 현장에 불일치 개념이 너무 빨리 퍼지는 바람에 연구자들은 종종 자신들의 표본집단에서 RD-N 아동들은 골라내 더 순수한 집단을 만들기도 했으며 그러는 와중에 RD-D와 RD-N 아동 간의 결정적 차이 연구가 배제되었다.

수년 동안, 대부분의 읽기장애 연구에는 RD-N 대조군이 없었다. 이러한 연구들은 연구의 주제인 RD-D 아동의 인지 구조가 RD-N 아동과 같은지 아닌지를 전혀 알려 주지 못했다. Rutter와 Yule(1975)의 RD-D와 RD-N 아동 간의 차이에 대한 연구만이 10여 년간 거의 유일한 이 분야의 업적이다. 최근에 이르러서야 RD-N 대조군을 포함한 다수의 연구들이 보고되었다(Fletcher, Francis, Rourke, Shaywitz, & Shaywitz, 1992; Fletcher, Shaywitz, Shankweiler, Katz, Lieberman, Stuebeing, Francis, Fowler, & Shaywitz, 1994; Jorm, Share, Maclean, & Matthews, 1986; Shaywitz, Fletcher, Holahan, & Shaywitz, 1992; Siegel, 1988, 1989; Stanovich & Siegel, 1994).

읽기장애 연구의 초창기에는, 연구자들이 차이의 원인에 대한 직관을 능력-성취 불일치 개념에 너무 접목시켜 강한 이론적 선입관을 채택했다(Pennington, Gilger, Olson, & DeFries, 1992; Taylor & Schatschneider, 1992 참조). 지능이 낮지 않은데도 읽는 데 어려움을 겪는 것은 다른 읽기장애와는 별개의 문제로 쉽게 간주되었다. 그러나 Pennington 등(1992)이 주장하듯이, "읽기장애가 단순히 읽기 능력을 나타내는 포괄적 정규분포상의 최하위 영역을 나타내는 것인지 아니면 어떤 읽기장애는 원인상 완전히 다른 종류의 질환인지" (p. 562)의 문제와 RD-D와 RD-N 사이에 차이가 존재하느냐는 별개의 문제다. 무엇보다도 읽기에 어려움을 겪는 전체 집단 내의 어떤 아동들을 그 원인이 다른 아동들과는 명백히 다르다는 뚜렷한 증거가 존재하는지부터 의심해 보아야 한다. 바로 그 시점에서 RD-D 아동이 명백히 다른 원인을 가진 바로 그 아동과 일치하는지의 문제를 다루어야 한다. Pennington 등(1992)이 지적했듯이 "읽기장애 중에 원인상 완전히 다른 종류의 질환이나 증후군인 경우가 없다면, 존재하지도 않는 질환이나 증후군에 대한 정의를 내리는 논의는 무의미하다" (pp. 562-563).

읽기장애 사례 중에는 뚜렷한 의학적 원인이 있는가

유전 역학(genetic epidemiology)은 읽기장애의 어떤 사례들이 별개의 원인 때문이라는 사실을 입증하는 근거를 제공한다. 몇몇 표본에서, Pennington, Gilger, Pauls, Smith, Smith 그리고 DeFries(1991)는 유전적으로 다른 증거가 있음에도, 한정된 성의 상염색체상 이상(autosomal additive)이나 우성 유전에 의한 읽기장애의 증거를 발견했다(Pennington, 1990; Smith, Kimberling, & Pennington, 1991; Stevenson, 1992a 참조). 게다가 쌍생아 연구들은 쌍생아 발단자(probands)[1]에서 나타나는 읽기 능력의 집단 결함이 약간의 유전 가능성 때문임을 일관되게 보고하고 있다. 또한 그 집단 결함이 음운조합 및 음운 인식 능력 간에 유의미한 유전적 공변성이 있음을 보여 준다(DeFries, Fulker, & LaBuda, 1987; Olson et al., 1990; Olson, Wise, Conners, Rack, & Fulker, 1989; Pennington et al., 1992; Stevenson, 1992a, 1992b). Pennington, Van Orden, Kirson 그리고 Haith(1991)는 그 증거를 다음과 같이 요약했다. '이러한 행동유전 분석들은 문어 수준에서 난독증의 유전적 구성요인은 음운조합 능력이며, 이러한 음운조합 능력의 결함에 앞서 유전적 전조로 음운 인식 능력의 결함이 있다' (p.183)는 관점이 일관되게 나타난다.

읽기장애에는 뚜렷한 원인이 있다는 앞선 증거는 신경해부학 연구에서 나왔다(개관을 위해서는 Galaburda, 1994; Hynd, Marshall, & Gonzalez, 1991; Hynd, Marshall, & Semrud-Clikeman, 1991 참조). 예를 들어, 신경해부학 연구들은 편평측두(planum temporale)의 비대칭성이 읽기장애와 연관이 있다는 것을 밝혀냈다(Galaburda, 1991, 1994; Galaburda, Sherman, Rosen, Aboitz, & Geschwind, 1985; Larsen, Hoien, Lundberg, & Odegaard, 1990; Steinmetz & Galaburda, 1991). Larsen 등(1990)은 비대칭성이 읽기장애와 관련한 주요한 지표인 음운조합 결함과 직접적으로 연관되어 있다는 것을 알아냈다(다음 참조). 추가적인 피질의 이형도 다른 연구에서 확인되었

---

1) 역자 주: 이상 유전형질을 가진 가계(家系)의 출발점으로 선정된 사람.

다(Galaburda, 1994; Hynd, Marshall, & Gonzalez, 1991; Semrud-Clikeman, Hynd, Novey, & Eliopulos, 1991 참조).

불일치 측정을 통해 의학적 원인으로 잘 읽지 못하는 사람을 명확히 가려낼 수 있는가

읽기장애 사례 중에는 뚜렷한 의학적 원인으로 인한(병인론적인) 차이가 있음을 뒷받침하는 일부 사례가 있다. 그러나 이러한 유전학과 신경해부학적 발견들이 그 자체로서, 그리고 그것으로 인해 현재 이루어지고 있는 정의 내리기 과정을 정당화하기에는 충분하지 못하다. 이 연쇄적 증명과정에는 한 가지 중요한 연결고리가 빠져 있다. 난독증의 개념을 명확히 규정짓는 (유전의) 표현형질 발현 규칙이 이러한 병인론적인 명확한 차이를 나타내는 지표와 긴밀하게 연결되어야만 한다. 서론에서 논의했듯이, 연구와 교육에 기반을 둔 양쪽의 읽기장애 정의가 합쳐져 읽기와 지능 간의 불일치 개념이 구체화되었다(Stanovich, 1991). 이러한 시도가 이루어진 것은 읽기와 지능 간의 불일치를 보이는 아동(RD-D)이 그 원인을 더 잘 보여 줄 것이라는 직관 때문이다. 따라서 읽기와 지능지수 간 불일치를 판정하는 것은 의학적 원인으로 인한 차이를 가지고 있는 아동을 골라내는 손쉬운 방법으로 여겼다. RD-D와 RD-N 아동 사이에는 근본 병인론적 원인과 신경학적, (읽기와 관련한) 인지적 차이가 있다고 기본적으로 가정했다. 이 가정이 바로 아무런 실험적 지지 없이 현재에도 사용되고 있는 바로 그 가정이다.

읽기장애 아동은 인지적 기능상 뚜렷한 특징을 보이며(아래에서 더 논의함), 읽기장애는 유전 가능성도 있을 뿐 아니라, 다수의 다른 방식으로의 유전 양식이 존재한다는 증거가 발견되었으며, 읽기장애를 가진 아동들은 경우에 따라 신경해부학상 이질적인 특성을 보이기도 한다(Pennington, 1990; Stevenson, 1992a). 문제는 RD-N 아동보다 RD-D 아동의 경우가 더 이런 특징을 보인다는 증거가 전혀 없다는 것이다.

현존하는 어떤 연구도 읽기장애와 읽기-지능 불일치 정도의 신경해부학적 상관성이 체계적으로 연관되어 있다는 것을 보여 주지는 못한다. 읽기장애가 지능과의 불일치 정도를 언급하지 않고 정의된다면 편평측두의 대칭성과 같은 신경해부학적 특성들과 읽기장애 사이에 이와 유사한 관계가 있다는 것을 나타내는 아무런 문헌적 증거가 없다. 신경학상의 질환이 RD-N 아동보다 RD-D 아동에게서 더 흔하지 않다는 발견 또한 문제가 되고 있다. 어떠한 경우든, 둘 중 한 경우에 해당한다(Ingram, Mason, & Blackburn, 1970; Rutter & Yule, 1975; Silva, McGee, Williams, 1985).

쌍생아를 대상으로 한 유전 영향 연구에서 RD-D와 RD-N 아동의 차이를 결정짓는 원인이 무엇인지에 대한 문제가 직접적으로 부각되었다. Olson, Rack, Conners, DeFries 그리고 Fulker(1991)는 높은 지능(완전 척도)을 가진 읽기장애 쌍생아의 경우에 결함이 유전될 가능성(.67)이, 낮은 지능을 가진 읽기장애 쌍생아의 결함이 유전될 가능성(.40)보다 높은 것을 발견하였으나, 이러한 차이는 통계학적으로 유의미하지 않았다. 완전척도의 지능검사가 아닌 구두 지능검사에 근거한 유사 연구에서는 가능성이 .59와 .49로 나타났으나, 이것 역시 통계적으로 유의미하지 않다. Pennington 등(1992)은 읽기장애 아동을 두 집단으로 나누었는데, 한 집단에서는 읽기/지능 회귀공식을 사용하고 다른 집단에서는 나이의 불일치만을 사용했다. 지능과의 불일치 기준에서 낮은 점수를 보인 집단의 유전 가능성은 .46이었고, 나이 불일치 기준에서 낮은 점수를 보인 집단의 유전 가능성은 .49였다. 저자들을 '이 값들은 진단 결과를 나타내는 연속선상에서 결함의 약 50%는 유전적 요인에 의한 것임을 가리킨다' 고 결론 내렸다. "수치의 유사성은 유전적 요인이 읽기장애에 얼마나 영향을 끼치는가 하는 예상 비율이 읽기장애가 어떻게 판명되었는지에 상관없이 같다는 것을 보여 준다. 그러므로 여기에는 두 가지 표현형의 외적 정당성의 차이를 드러낼 증거가 없다"(p.567). Pennington 등(1992)은 또한 음운조합 능력과 지능과의 불일치 진단 사이의 유전적 공분산(.60)이 이와 대응하는 음운조합 능력과 나이 불일치 기준의 공분산(.47)보다 다소 높다는 것을 발견하였으나, 이 차이가 유의미한 것은 아니다. 연구자들을 '유전 가능성 분석이 근본적으로 같은 유전인자가 [RD-D vs. RD-N]의 표현형을 결정하는 데 영향을 끼치는 가정과 일치한다' 고 결론 내렸다(Pennington et al., 1992, p. 570). 다른 연구자들 역시 같은 정도의 읽기 능력을 보이는 높은 지능과 낮은 지능을 가진 아동들 간에 현저히 다른 유전결함이 존재한다는 강력한 증거를 제공하는 데 실패했다(Stevenson, 1991, 1992b; Stevenson, Graham, Fredman, & McLoughlin, 1987).

지능과의 불일치 및 읽기장애와 관련한 사항

유전과 신경해부학상의 상관성이 읽는 데 어려움을 겪고 있는 RD-D와 RD-N에 다르게 관련되지 않은 것은 전혀 놀라운 일이 아니다. 이것은 지능과의 불일치가 기껏해야 주요 읽기장애 관련 지표와 약한 관련이 있기 때문이다. 관련 지표에는 어떤 것들이 있을까?

이해를 하는 데 특정한 어려움을 겪는 아동으로 이루어진 소규모 집단을 만들 수도 있으나(Oakhill & Garnham, 1988), 대부분의 읽기장애 사례에서는 많은 아동들이 공통적으로 단어 인식과정에서 어려움을 겪는다는 증거가 모아졌다(예: Adams & Bruck, 1993; Bruck, 1988, 1990; Morrison, 1991; Perfetti, 1985; Share, 1995; Siegel, 1985; Siegel & Faux, 1989; Siegel & Ryan, 1989; Snowling, 1991; Stanovich, 1981, 1986b, 1988b). 이러한 어려움 또한 글자의 결합을 음운기호로 바꾸는 음운조합 과정에 결함이 있기 때문이다. 음운조합을 다루는 데 문제가 있으면 대부분 읽기장애 증상을 가지고 있다고 진단받으며, 가짜 단어(pseudowords)를 발음하는 데 어려움을 겪는다(예: Bruck, 1988, 1990; Felton & Wood, 1992; Manis, Custodio, & Szeszulski, 1993; Olson et al., 1989; Rack, Snowling, & Olson, 1992; Share, 1995; Siegel, 1989; Siegel & Ryan, 1988; Snowling, 1981, 1991; Stanovich & Siegel, 1989). 음운조합과는 달리, 직접적 시각 접근을 통해 단어를 인식해야 하는 철자조합 과정에서는 읽기에 어려움을 겪는 사람들에게 상대적으로 적은 손상이 나타난다(Frith & Snowling, 1983; Holligan & Johnston, 1988; Olson, Kliegl, Davidson, & Foltz, 1985;

Olson et al., 1989; Pennington et al., 1986; Rack, 1985; Siegel, 1993; Stanovich & Siegel, 1994; Snowling, 1980).

음운조합의 어려움에 앞서 음운민감도(phonological sensitivity)라고 하는 기본 분절언어 표현능력(basic segmental language representation)의 결함이 나타난다(예: Bentin, 1992; Bowey, Cain, & Ryan, 1992; Bradley & Bryant, 1978, 1985; Bruck, 1990, 1992; Bruck & Treiman, 1990; Bryant, Maclean, Bradley, & Crossland, 1990; Goswami & Bryant, 1990; Olson et al., 1989; Share, 1995; Stahl & Murray, 1994; Stanovich, 1982, 1992; Stanovich, Cunningham, & Cramer, 1984; Torgesen, Wagner & Rashotte, 1994; Vellutino & Scanlon, 1987; Wagner & Torgesen, 1987). 더욱 정교하게 분절된 음운표현력의 발달은 알파벳 철자법에서 빠른 읽기 능력을 획득하는 데 필수적이다. 음운민감도가 없으면 유창한 단어 인식의 전제인 알파벳 조합 규칙을 배울 수 없다(Bryant et al., 1990; Goswami & Bryant, 1990; Stahl & Murray, 1994; Stanovich et al., 1984; Tunmer & Hoover, 1992; Tunmer & Nesdale, 1985).

앞에서도 지적했듯이, 읽기장애의 특성인 음운조합 능력 결함의 가장 두드러지는 지표는 가짜 단어를 읽는 데 어려움을 겪는가다(Rack et al., 1992). 읽기장애 아동은 같은 연배의 아동들보다 가짜 단어 읽기를 잘 수행하지 못할 뿐만 아니라, 읽기 능력의 통제도 잘하지 못하는데, 즉 더 어린 정상 아동들은 단어 인식능력에서 동일하게 수행했다. 읽기 수준에 맞는 이러한 가짜 단어 결함은 읽기장애와 관련한 가장 전형적인 지표 중 하나다(Olson et al., 1989; Rack et al., 1992; Stanovich & Siegel, 1994). 그러나 몇몇 연구는 읽기에 어려움을 겪는 사람들의 읽기-지능 간 불일치 유무에 따른 읽기 능력을 비교하였는데, 가짜 단어 결함은 양자가 동일한 것으로 나타났다(Felton & Wood, 1992; Fredman & Stevenson, 1988; Share et al., 1990; Siegel, 1988, 1989, 1992; Stanovich & Siegel, 1994). 이 읽기장애의 주요 지표는 지능과의 불일치가 있는 읽기장애와 그렇지 않은 경우를 구별하지 못한다(Fletcher et al., 1994 참조).

마찬가지로, 읽기장애 아동은 비교적 덜 손상된 것으로 나타나는 철자 처리과정(orthographic processing) 측정 역시, 읽기에 어려움을 겪는 경우 읽기-지능 간 불일치 유무에 따른 차이점이 나타나지 않는다(Fredman & Stevenson, 1988; Siegel, 1992; Stanovich & Siegel, 1994). 끝으로, 음운과 철자조합 과정에 상대적으로 의존하는 지표로 여겨지는 철자-음성 조화 효과(spelling-sound regularity effect)(Barron, 1981; Manis, Szeszulski, Holt, & Graves, 1990; Olson et al,, 1985)는 읽기장애 아동과 어리지만 같은 읽기 수준을 보이는 대조군에서 비슷한 결과로 나타난다. 이것은 또한 읽는 데 어려움을 겪으나 읽기-지능 간 불일치는 가지고 있지 않은 경우(Beech & Harding, 1984; Stanovich, Nathan, & Zolman, 1988; Treiman & Hirsh-Pasek, 1985)와, 가지고 있는 경우(Baddeley, Logie, & Ellis, 1988; Ben-Dror, Pollatsek, & Scarpati, 1991; Brown & Watson, 1991; Bruck, 1990; Holligan & Johnston, 1988; Olson et al., 1985; Siegel & Ryan, 1988; Watson & Brown, 1992; Stanovich & Siegel, 1994) 모두에서 마찬가지로 같게 나타난다.

따라서 단어 인식모듈(word recognition module) 처리과정은 읽는 데 어려움을 겪는 사람들을 읽기-지능 간 불일치 여부로 나눌 수 있는 어떠한 본질도 암시하고 있지 않다. 음운과 철자조합 과정에서 나타나는 그들의 상대적 강점과 하위기술에의 상대적 의존은 거의 같게 나타난다. 가장 신뢰성 있는 읽기장애와 연관된 행동양식 중 하나인 철자법 및 음운론과 관련한 하위기술을 적절히 사용하는지에 따라 읽기에 어려움을 겪는 사람들을 읽기-지능 불일치 유무로 구별할 수는 없다. 이러한 결과는 유전과 신경해부학 연구에서도 나타난 이 두 집단 간의 차이에 대한 증거 부족과 일치한다.

RD-D와 RD-N 아동 사이에는 단어 인식구조 외에도 인지적 차이가 존재한다는 것은 놀랄 일이 아니며(Ellis & Large, 1987; Siegel, 1992; Stanovich, 1988b; Stanovich & Siegel, 1994), 이는 두 부류의 아동들의 지능이 다르기 때문이다. 이러한 인지적 차이 중 어떤 것들은 이해과정과 관련되어 있을 수도 있다. 따라서 때로는 입증하기 힘들 때도 있지만(Siegel, 1988, 1989; Felton & Wood, 1992), 단어 인식능력이 같은 RD-D와 RD-N 아동 사이에는 읽고 이해하는 능력에 차이가 있을 수 있다(Bloom, Wagner, Reskin & Bergman, 1980; Ellis & Large, 1987; Jorm et al., 1986; Silva et al., 1985). 이러한 차이는 단어 인지문제의 개선 후에 기대되는 학생들의 읽기 수준과 같은 특정한 교육적 쟁점과 관련할 수도 있다(Stanovich, 1991). 그러나 이런 어떠한 차이도, 단어 인식 결함을 일으키는 핵심 처리과정 문제의 지표가 되지 못한다는 사실을 주목해야 한다. 이 단어 인식 결함이 곧 읽기장애, 즉 대개 음운민감도 결손으로 야기되는 음운조합 곤란으로 진단되는 것의 주요 원인이다. 그러므로 단어 인식모듈 외의 이러한 차이들은 지능과의 불일치에 근거한 읽기장애 정의에 대한 이론적 근거를 제공하지 못한다. 이러한 정의들은 읽기-지능 간 불일치를 보이는 아이들은 유전적/신경해부학적 뚜렷한 차이를 가질 거라는 잘못된 인상만 줄 뿐이다. 읽는 데 어려움이 있는 경우를 읽기-지능 간 불일치 유무로 구별하겠다는 생각은 지능의 높고 낮음에 따라 특정한 교육 간섭에 반응하는 민감도에 차이가 있다는 자료를 통해서 간접적으로 증명할 수도 있기는 하지만 현재로서는 읽는 데 어려움이 있으며 읽기-지능 간 불일치를 보이는 경우가 그렇지 않은 경우보다 다양한 교육적 치료에 다르게 반응한다는 증거가 없다.

더욱 심오한 개념상의 문제들: 지능과 관련한 쟁점

학습장애 개념의 기초가 되는 기본 가정은 선택적 인지 결손(selective cognitive deficit)이라는 개념으로, 이는 개인별로 한정된 인지기능 영역 결손을 나타내며, A 영역에만 결손이 있는 아동이 나타내는 교육학적 간섭이 A영역과 더불어 다양한 인지기능장애를 가지고 있는 아동이 나타내는 그것과는 분명히 다를 것이다. 교육 현장에서 선택적 결손 개념은 지능을 구성하는 개념과 연결되어, 지능 검사의 사용과 함께 기능했다. 그러나 학습장애 분야는 최근에 이르러서야 학습장애 개념을 지능 구성 개념과 관련짓는 법을 터득했는데, 지능과 관련한 모든 실험, 이론적 논쟁거리들이 학습장애의 새로운 논쟁거리가 되었다(Lyon, 1987; Siegel, 1989; Stanovich, 1989, 1991; Torgesen. 1986, 1991).

그러나 교육 현장에서 지능구성 개념을 학습장애 정의의 척도로 사용하는 것의 인기는 뜻밖이었다. 물론 심리학의 전 분야를 통틀어 지능만큼 논란이 되는 개념을 찾기는 무척 힘들 것이다. 이것은 수십 년간 지속되어 온 논쟁의 주제가 되었으며, 수그러들 기미도 보이지 않는다. 지적 기능의 개인별 차이에 관한 현재의 연구는 몹시 흥분되는 발견과 흥미로운 이론을 계속 만들어 내고는 있으나(Baron, 1985; Ceci, 1990, 1993; Sternberg, 1985, 1988), 지능에 대한 합의된 견해를 이끌어 내지는 못했다(Sternberg & Detterman, 1986). 거기다 실험, 관찰, 이론 영역 모두에서 큰 발전이 있었는데도, 가장 기본적인 논쟁들은 계속되고 있다. 예를 들어, 최근 지능 연구에서 좀 더 맥락적인 접근을 해야만 한다고 강조하는 연구자들이 있는 반면(Bronfenbrenner & Ceci, 1994; Ceci, 1990, 1993; Sternberg, 1985, 1988; Sternberg & Wagner, 1986; Voss, Perkins, & Segal, 1991), 좀 더 탈맥락적인 생물학적 접근을 옹호하는 연구자들도 있다(Carpenter, Just, & Shell, 1990; Mulder, Wijers, Smid, Brookhuis, & Mulder, 1989; Vernon, 1987, 1991).

인식론적, 발달론적, 정신측정학적 문헌에서는 여전히 지능을 둘러싼 논란이 분분한데도 학습장애의 정의를 이루는 기본적 요소로 지능을 사용했다. 계속되는 논쟁은 염두에도 없는 듯이, 학습장애 분야는 '지능은 심리학협회가 얘기하는 그대로다!' 라는 듯이 행동하며 E.G. Boring의 다양한 견해를 그대로 채용하여 그 문제에 대한 성가신 논의를 피하는 것처럼 보인다. 교사와 학교, 전문가 집단, 정부 기관에서는 꼼꼼한 검토나 별다른 연구 증거 없이, 성취 불일치를 측정하는 기본 기준선으로 지능검사 결과를 선택했다. 거의 최근까지 이 분야는 지능검사를 왜 기준으로 삼아야만 했는가에 대해 한 번도 치열하게 고민해 본 것 같지 않아 보인다. 그래서 지능 개념 때문에 학습장애 분야에서 수많은 개념상의 모순이 창궐하기 시작했다는 것은 전혀 놀라운 일이 아니다(Stanovich, 1986a, 1986b, 1988b, 1991).

왜 전문가들은 불일치 정의에 지능검사 점수를 사용하는 데 그렇게 쉽게 동의했는가? 확실히 거기에는 여러 이유가 있겠으나, 그중 한 요인은 아마 지능검사 점수가 지적 잠재력을 타당하게 측정하리라는 믿음이었을 것이다. 물론 많은 옹호자 집단의 선전활동이나 방송매체의 인물묘사에서 이 믿음의 극단적인 형태를 볼 수 있다. 전형적으로 방송매체에서 묘사되는 학습장애 아동은 거의 대부분 매우 영리하나 학습을 방해하는 (일반적으로 생물학적 요인으로 인한, Coles, 1978, 1987; McGill-Franzen, 1987 참조) '작은 문제' 때문에 학교에서 큰 곤란에 빠져 있다. 이러한 묘사는 의심의 여지없이 그 아동의 엄청난 잠재력이 성취되지 못한 만큼 상황은 더욱 비극적이라는 암시를 배후에 깔고 있다.

그러나 한 가지 중요한 문제는 대부분의 정신측정학자와 발달심리학자, 교육심리학자들이 지능검사 지수가 어떤 가능한 정신의 잠재력을 측정하리라는 믿음을 예전에 포기했다는 것이다. 게다가 교육 측정과 평가에 관한 표준 교과서들은 지능검사 지수를 지적 잠재력을 측정하는 데 쓰는 것을 지속적으로 경고하고 있다(Anastasi, 1988; Cronbach, 1984; Thorndike, 1963). 지능검사 지수는 기껏해야 현재의 인지 기능에 대한 총괄 척도에 불과하다(Humphreys, 1979; Detterman, 1982). 많은 이론가들이 이 특성에 대해서까지 논쟁을 거듭해 왔다. 이들 논쟁의 시시콜콜한 면까지 다 살펴볼 수는 없지만, 요점은 각 개인의 잠재력을 측정하는 데 지능검사 지수가 전혀 알맞지 않다는 것이다. 따라서 이런 오해가 지능지수와의 불일치를 측정하는 데 쓰였던 만큼, 이 측정은 처음부터 잘못된 것이다. 간단히 말해, 우리는 지금까지 학습장애 영역의 교육적인 분류체계를, 개념상으로나 정신측정학상으로나 도무지 정당화될 수 없는 유일한 잠재력의 특별한 권리에 근거해 왔다.

그러나 이는 단지 학습장애 정의에 지능지수를 사용하는 것을 둘러싼 이론적 문제 다발의 시작일 뿐이다. 의사들은 제외하고라도, 연구자들은 불일치 측정에 어떤 종류의 지능지수를 사용해야 하는지 결정하지 못한다는 사실을 염두에 두라. 예를 들어, 사용되고 있는 지능검사의 특성을 바꾸면, 다소 다른 유형의 아동이 불일치 판정을 받을 것이며, 비교연구에서 보이는 결손이 나타나는 처리과정의 유형도 바뀌는 등의 변화가 일어날 것이다(Bowers, Steffy, & Tate, 1988; Fletcher et al., 1989; Lindgren, De Renzi & Richman, 1985; Reed, 1970; Shankweiler, Crain, Brady, & Macaruso, 1992; Siegel, & Heaven, 1986; Stanley, Smith & Powys, 1982; Torgesen, 1985; Vellutino, 1978). 아직까지는 연구문헌에 널려 있는 충고를 찾아내는 게 어렵지 않다.

예를 들어, 누구나 손쉽게 찾을 수 있는 충고는 불일치 정도를 측정할 때 실제수행검사나 비언어적 지능검사를 사용해야 한다는 것인데(예: Beech & Harding, 1984; Perfetti, 1985, p. 180; Siegel & Heaven, 1986; Stanovich, 1986a; Thomson, 1982), 언어로 된 측정도구는 난독증 아동에게는 불공평하다고 알려졌기 때문이다. 이와는 완전히 대조적으로, Hessler(1987)는 "한 개인이 언어적 인지 능력보다 더 뛰어난 비언어적 인지 능력을 가지고 있기 때문에, 비언어적 지능검사를 사용한다고 해도, 학문적 성취에서 언어 처리과정과 지식구조의 중요성이 사라지는 것은 아니며, 단지 그들의 중요성을 흐리게 하여 개인의 학문적 성취에 대한 비현실적인 기대만을 낳을 수 있다"(p. 46)며 언어로 된 검사를 사용해야 한다고 주장했다.

물론, 완전 측정된 지능지수의 사용은 위의 상반된 두 견해의 원칙 없는 혼용을 불러일으켰음에도, 이 문제에 관해서는 혼란만 있을 뿐 일치된 견해를 기대할 수 없기에, 여전히 사용이 권장되고 있다(Harris & Sipay, 1985, p. 145). 끝으로, '둘 다 괜찮다' 라는 전략도 있는데, 이는 수행검사나 난독증 표본에서는 언어적 지능지수가 90을 넘을 것을 요구한다(예: Olson et al., 1985). Torgesen(1986)이 지적했듯이, 자연적으로 발생하는 다면적 능력의 결합은, 이들 기준이 지능검사의 수행에서 더 많은 불일치를 만들어 내는 것으로 끝나고 말 거라고 장담한다. Stanovich(1991)의 읽기장애 아동의 정보처리에 관한 연구에는 이러한 다른 선택들의 영향 관계에 관한 논의가 실려 있다. 여기서 우리는 이런 선택에도 마찬가지로 사회적인 영향이 있었는지를 간단히 짚어 보겠다.

'잠재력' 이라는 또 하나의 지표에서 가치 평가

읽기장애를 연구하는 과정에서 특정 종류의 지능검사를 사용하는 것이 완전히 비논리적인 것은 아니지만, 의문투성이인 '잠재력' 이라는 개념을 종종 숨기고 있다는 사실은 잘 알려져 있지 않다. 우리가 흔히 듣는, 언어에 의존하여 측정하는 지능검사가 읽기장애 아동에게 불공평하며, 수행지능검사가 그런 아동들의 읽기 잠재력을 측정하는 데 좀 더 공평하다는 충고 이면에 숨어 있는 가정이 무엇인지 숙고해 보라.

대표적인 주장은 "검사도구(WISC-R: 웩슬러 아동용 지능검사)가 형편없어 잠재력을 바르게 측정할 수 없다. 학습장애 자체는 수행지능검사에 그대로 반영된다"(Birnbaum, 1990, p. 330)라는 것과 "난독증의 어려움과 특별히 관련된 항목의 지능지수를 합산하는 것은 실제보다 낮게 평가하게 될지도 모른다"(Thomson, 1982, p. 94)는 것이다. 그러나 우리가 교육적 '잠재력'이라는 의심스러운 개념을 받아들인다 해도, 대부분의 수행검사에서 건드리고 있는 공간능력과 지적 유창성, 문제해결능력이 언어적 이해 잠재력을 잘 측정하는지의 여부가 모두 분명해지는 것은 아니다. 그와는 달리, 언어에 의존하여 측정하는 검사야말로 읽기장애가 있는 아동이 자신의 해독기술 손상을 치료받았을 때 보일 수 있는 읽기 능력을 가장 잘 예측한다고 한다.

Hessler(1987)는 다음과 같이 지적했다.

> 다양한 종류의 지능이 있으며, 이들은 각각 학문적 성취를 다르게 예측한다. 실제로, 수행점수는 학문적 성취의 극히 일부만을 설명할 뿐이어서 학문적 성취 예측 도구로서 지능검사의 사용이 적절한지 의문이 제기되고 있다. 그래서 학문적 성취 예측력을 어느 정도 가지고 있는지 증명해 보지도 않고, 단지 지능검사라는 이름 때문에, 지능검사를 엄밀한 불일치 분석에서 학문적 성취 예측도구로 사용하는 것은 잘못이다(p. 45; Lyon, 1987, pp. 78-79 참조).

이러한 해석과 마찬가지로 van der Wissel(1987)은 하위 지능검사의 검사가 RD-D 아동을 RD-N 아동과 선별해 낼 수 있는 정도와 그 하위검사와 읽기 성취 간의 상관관계는 역관계라는 것을 증명했다. 이것은 참으로 모순된 상황으로 하위 집단을 선별해 내는 최고의 지표는 무엇보다도 우선적으로 전문적인 관심, 즉 읽기 실패자를 끌어내는 수행 기준과는 상관이 없는 지표들이다.

비언어적 검사를 사용한다는 것이, 실은 최소한 일반적 의미에서의 '잠재력'의 의미는 던져 버리는 것이라는 것은 잘 알려지지 않은 채, 사람들은 '공평한' 논의를 한다고 해 왔다. 비록 해독력의 결손이 치료되었다 가정한다 해도 인쇄물을 통한 언어 이해 잠재력을 의미하는 것은 아니다. 왜냐하면 이것은 지능검사—특별히 그들이 추천하는 수행검사로서—가 평가하려는 것이 아니기 때문이다. '언어적 지능지수는 난독증에게는 불리하다' 는 주장 속에는 만약 우리 사회가 문자로 이루어지지 않았다면 난독증을 가진 사람들이 훨씬 더 많은 잠재력을 가지고 있었을 거라는 의미가 은연 중에 포함되어 있다. 사실이다. 그러나 우리는 이것이 어떤 측면에서는 장점이, 다른 측면에서는 단점이 되는 것처럼, 일반적인 사용과는 모순되는 정반대되는 문제임을 깨달아야 한다. 어떻게 이 분야에서 문자 기반 기술사회는 완전 재건설되어야 한다는 가정을 필요로 하는 '잠재력' 이라는 용어의 언어적 용법을 그대로 쉽게 사용하게 되었는지 의문이 제기된다. 지능지수와 같이 가공되지 않은 인지 척도를 사회적, 형이상학적 고정관념 없이 정의된 하나의 행동지침으로 사용하는 것(Scheffler, 1985)은 어려워 보인다. 우리의 교과서에는 이런 검사가 학교 수행의 단순한 예측치에 불과하다는 사실이 나와 있는데도 학습장애 분야는 이를 그와 같이 받아들이는 것을 대단히 힘들어한다.

학습장애 분야에서의 사고실험

특정한 아동을 가려내 특별치료를 받게 하는 데 사용하는 지능검사 지수의 숨은 가치를 판단하는 것을 더욱 강조하기 위해서, Stanovich(1993)는 학습장애 분야를 위한 사고실험(thought experiment)을 제안했는데, 이는 지능의 개념이 무엇인지에 대한 가정을 바꾸기도 하는 등, 다소 임의대로 구성된 것 같은 지능검사가 어떻게 이전에는 생각지도 못한 새로운 장애 범주에 대한 이론을 이끌어 내게 되었는지를 설명하기 위해 고안되었다. 사고실험은 이 분야가 정신측정학의 지능지수를 가지고 불일치 개념을 도입하여 학습장애를 정의한 과정에 내포된 것을 생각하도록 할 목적으로 만들어졌다.

사고실험의 핵심은 지능과의 불일치의 관점에서 읽기와 산수가 작동하는 방식은, 특정 행동 영역이 지능검사 결과와 조화롭지 못할 때는, 유사한 다른 장애의 인식을 불러일으킨다는 것을 깨닫는 것이다. 예를 들어 1985년의 전미보건조사확대법에 의해 설립된 학습장애관련관계기관합동위원회의 보고(Kavanagh & Truss, 1988)에 따르면, 그 유사성은 사회적 기능으로 확장되는데, 관계기관의 정의에서는 학습장애가 일어날 수 있는 영역의 기능을 뜻한다. 그것은 중요한 기능 영역이 다소 지능과 동떨어져 있을 때는, 지능검사 결과를 바탕으로 한 불일치 분류 기준의 논리가 새로운 장애 범주를 만들어 내야 할 때 참고할 만한 명확한 선례를 만들어 준다.

이 전례의 논리적 추론 결과는 지능검사가 덜 포괄적일수록 그러한 영역이 늘어나며, 반대로 지능검사에 전체를 망라할 정도로 포괄적인 기술이 사용될수록 불일치를 기준으로 하는 장애 범주에 추가될 후보자가 줄어들 것이다. 유감스럽게도 모든 정황으로 볼 때, 우리는 전자의 상황에 속한다. 지능검사에 대한 거의 모든 비판은 이 도구가 인지/행동 기능과 관련한 많은 중요 영역을 무시한다고 주장한다(예: Block & Dworkin, 1976; Ceci, 1990; Davidson, 1990; Evans & Waites, 1981; Gardner, 1983, 1986; Gould, 1981; Hilliard, 1984; Neisser, 1976; Owen, 1985). 그러한 비판은 종종 이러한 도구들이 실제로 측정하는 인지 영역은 지능에 대한 통속적인 개념과 겹치는 광범위한 기능 중 단지 작은 일부분일 뿐이라고 지적한다. 예를 들어, 일반인의 지능에 대한 연구는, 그들이 생각하는 지능이란 시종일관 실제적 문제해결력과 창의력, 사회적 기술을 포함하는 데 반해(Sternberg, Conway, Ketron, & Bernstein, 1981), 이들 중 어느 것도 학습장애 분류에 사용되는 전통적인 지능검사에서는 다루지 않는다. 끝으로, 실용 지능(practical intelligence)에 관한 논문과 인지적 수행의 특정 영역에 대한 최근의 연구는 양쪽 다 정신측정학에서 정의된 좁은 의미의 지능 개념에 초점을 맞춘다(Ceci, 1990; Gardner, 1983; Resnick, Levine, & Teasley, 1991; Rogoff & Lave, 1984; Sternberg & Wagner, 1986; Voss, Perkins, & Siegel, 1991).

그래서 지능검사에는 행동과 인지에 관한 중요한 양상이 누락되었다는 생각은 자주 지능검사에 대한 비판을 불러일으켰다. 당연히 이러한 누락된 양상은 논리적으로 검사에서 보이는 영역보다는 지능의 불일치와 더 가깝다. 중요하게 보이는 영역에서 불일치가 발생할 때, 우리는 장애 범주의 어느 부분에서 문제가 발생한 것인지를 느낌으로 가려낼 수 있다. 학습장애를 다루는 기본 방식이 주어지면 이 분야는 그러한 새로운 장애 범주의 요구를 거절하는데, 법률상으로나 개념상으로 항상 큰 어려움을 겪을 것이다. 우리가 현재 사용하는 심사위원식의 정의들이 모든 잠재력의 영역을 포괄한다고 생각하는 것은 그저 오만일 뿐이며 이것을 교육적 간섭의 후보로 간주하여 걱정하는 대중도 있을 수 있다.

요약하면, 연구와 현장에서 현재 불일치 판정 기준에 쓰이는 논리가 계속하여 학습장애의 특징으로 쓰일지 아직 승인되지는 않았지만, 지능검사가 다루는 인지 영역이 매우 좁기 때문에 장애의 범주가 더 넓어질 가능성이 있다. Stanovich(1993)가 소개한 사고실험은 새로운 장애 범주를 제안하며 이 점을 지적한다. 현재의 지능검사에서는 측정할 수 없는 능력인 사고과정이나 행동, 성향 등의 결손으로 인한 새로운 심리학적 장애가 떠오르고 있는데, 이는 지능검사의 결과와는 엄격히 분리된다. 이러한 행동 경향과 사고과정은 종종 지능에 대한 일반적인 개념과 일치하여 일반인들에게는 중요한 것으로 간주된다.

이 새로운 장애는 합리성 장애(dysrationalia)다. 이 장애에 대한 정의는 다음과 같이 제안되었다.

> 합리성 장애는 충분한 지능을 갖췄는데도 계속되는 이성적 사고와 행동의 실패를 나타낸다. 이는 신뢰를 형성하고 신뢰 유지를 평가하는 데 분명한 어려움을 겪을 때 나타나는 이질적 무리의 장애를 일컫는 일반적인 용어로 개인의 목표를 달성하기 위한 행동을 결정하는 것의 어려움을 포함시킬 수도 있다. 합리성 장애의 주요 진단기준은 사고와 행동에서 보이는 합리성의 정도로서 개인의 (지능검사로 결정되는) 지적 능력 수준보다 중대하게 낮은 경우를 뜻한다.

Stanovich(1993)는 장애 범주를 정당화하는 데 이 정의를 어떻게 사용할 수 있을지 설명했다. 이론상 과업은 단순히 합리적 사고의 성향과 행동을 운용상으로 어떻게 정의하고 그들이 전통적인 정신측정학에서의 지능과 어떻게 다른지를 밝혀내기만 하면 된다. Stanovich(1993, 1994)가 이 작업을 했는데, 합리성 장애의 개념이 잠재적인 반론을 막았다. 그러한 반론은 학습장애 분야의 모든 불일치 정의 안에 내포되어 있는데, 왜냐하면 합리성 장애라는 개념을 받아들여 생긴 개념상의 문제들은 현재의 전문가나 법조계 집단, 연구 현장에서 구체화된 다른 불일치를 근거로 한 타고난 범주 못지 않게 얕잡아 볼 수 없기 때문이다. 합리성 장애를 발전 가능한 개념으로 받아들일지, 아니면 현재 학습장애를 침식해 오는 이론적 근거로 받아들일지는 선택의 문제다. 아래의 반론을 고려해 보자.

반론: 합리성은 측정될 수 없다.

대답: 합리적인 사고나 행동에 가까운 성향이 측정 가능한 것은, 원칙적으로 전통적인 기본 지적 능력이 측정 가능한 것과 마찬가지다. 후자는 단순히 더 많은 연구가 필요한 주제일 뿐이다. 이것은 합리성의 개념에 대해 제기되는 어려운 문제를 부정하는 것이 아니다(Goldman, 1986, 1993; Kitcher, 1993; Nozick, 1993; Stich, 1990). 그러나 개인의 합리성 차이를 측정할 가능성에 반대하여(Cohen, 1981; Davidson, 1984; Dennett, 1978; Stich, 1990), '원칙을 강조하는' 주장 대부분이 지능의 전통적인 개념에도 반대할 것이라는 것은 강조되어야 한다. 이것은 특히 지능을 환경에 적응하거나, 개체의 목적을 달성하는 것과 관련된 능력을 포함하는 개념으로 사용할 때 더욱 그러하다(Baron, 1985; Stich, 1990). 사실 '측정 불가'라는 주장은 지능 개념을 비판하면서 끊임없이 제기되어 왔다. 왜냐하면 전통적인 학습장애의 개념은 지능 개념에 크게 의존했고(Siegel, 1989; Stanovich, 1991), 전통적 범주의 학습장애를 지지하는 사람들은 자신을 수호하는 지능을 위태롭게 하지 않기 위해 합리적 이성을 운용할 수 있다는 생각을 공격해야 했던 것이다.

반론: 하지만 합리적 사고를 측정할 수 있는 표준화된 검사는 없지 않은가?

대답: 분명히 그렇긴 하지만 그렇다고 해서 합리성 장애의 개념을 없애야 할 만한 충분한 이유가 되지는 못한다. 사실 대부분이 수십 년 전에 형성된, 오늘날의 표준화된 지능검사에 대한 수많은 비판을 보면, 합리성에 대한 검사가 확립되지 않은 것을 꼭 결점으로 보아야 할지도 확실하지 않다. 지능검사가 인지혁

명과 그에 동반한 정보처리 평가방법의 급격한 증가가 있기 전에 만들어졌다는 사실은 지능 분야의 끊이지 않는 고통의 원천이 되어 왔다. 실제로, 만약 우리가 합리적 사고과정을 측정할 수 있는 표준화된 검사를 고안한다고 하면, 인지 능력을 측정하는 표준화된 도구를 만들 때 발생한 실수에 대한 광범위한 논의들을 통해 많은 도움을 얻게 될 것이다.

합리성 측정도구들이 지능검사처럼 주객이 전도된 역사를 가지지 않는다는 것만으로도 사실 큰 이득을 얻는 것이다. 소수의 '비판적 사고(critical thinking)' 검사들(Ennis & Millman, 1985; Watson & Glaser, 1980)을 제외하고는, 표준화된 도구를 통해 개인 간 합리적 사고력의 차이를 재는 방법은 없다. 이것은 우리가 개념상의 발달을 제한하기 시작할 표준화된 검사가 만들어지기 전에 개념상으로 관련된 방법과 이론의 토대를 쌓을 기회를 갖게 된다는 뜻이다. 개인이 가지고 있는 많은 합리적 사고에 대한 예비 연구가 이루어지고 있다. 예를 들면, 우리는 정확히 인과관계를 추론할 수 있는 능력, 정보를 활용하여 전망하는 능력, 공통의 변화를 감지하는 능력 변수들을 분리해 낼 수 있는 능력, 확실한 것에서 모순을 발견해 내는 능력, 조작된 전략을 활용하는 능력, 이론에 맞는 증거를 대응시키는 능력 등에 대해 많은 것을 알고 있다(Arkes & Hammond, 1986; Baron, 1985; Dawes, 1988; Evans, 1989; Kahneman, Slovic, & Tversky, 1982; Kuhn, 1991, 1993; Nisbett & Ross, 1980 참조). 합리성을 측정하는 데 사용되는 방법 중 비교적 신뢰할 수 있는 공통의 변화를 감지하는 능력(Arkes & Harkness, 1983; Broniarczyk & Alba, 1994; Kunda & Nisbett, 1986; Wasserman, Dorner, & Kao, 1990)이나 변수들을 분리해 낼 수 있는 능력(Farris & Revlin, 1989; Tschirgi, 1980), 지식을 대응시키는 능력(Arkes, Christensen, Lai, & Blumer, 1987; Fischhoff, 1988)이 발달되어 왔다. 우리는 지능을 구성하는 인지적 요소들을 알고 있는 만큼 이러한 과정들도 알고 있다.

반론: 학습장애는 학교에서 겪는 어려움과 관련되어 있다. 합리성은 학문적 주제가 아니다.

대답: 둘 다 사회적 기술은 아니지만, 둘 다 학습장애관련관계기관합동위원회의 정의(Kavanagh & Truss, 1988)에 포함되어 있다. 그 점에서 둘 다 '추론(reasoning)'이나 '경청(listening)'은 아니지만, 마찬가지로 학습장애관련관계기관합동위원회와 전미학습장애합동위원회의 정의에 포함되어 있다(Hammil, 1990).

반론: 그러나 사회적 기술, 추론, 경청 등은 학교 상황 등을 포함하여 다양한 영역에서 중요한 기능을 한다.

대답: 그것은 합리성에도 어느 정도 해당된다. 그러나 중요한 점은 바로 여기에서 만들어지고 있다. 아마도 합리성 장애를 가지고 있는 사람들은 현재의 교육제도에서 성공적으로 버텨 내는 것이 다른 학습장애를 가지고 있는 사람들보다는 쉬울 것이다. 그러나 이것이 과연 좋은 것일까? 아마 합리성 장애에 대해 정의할 때, 학교를 현재는 무시되고 있는 사고의 영역으로 간주한 것 같다. 이것은 전에 논의된 것처럼, 어떤 사고 기술들이 다른 기술들보다 우세하게 가지고 있는 특징적인 특권에 대한 문제로 다시 귀결된다. 예를 들어, 미국의 아이비리그대학이나 명문 주립대학들은 사회를 이끌어 갈 미래의 인재들을 선별한다. 그들이 사용하는 선별기법(예: SAT검사)은 어떤 사회적 목적에 맞는 것일까? 사회비평가들은 경제적, 사회적 우위를 유지하기 위한 목적이라고 주장해 왔다(Aronowitz & Giroux, 1985; Bowles & Gintis, 1976; Oakes, 1985). 그러나 사회비평가들은 다음과 같은 다른 종류의 질문을 간과해 온 것으로 보인다. '왜 능력으로만 선별하고, 합리성은 무시하는가? 인지 능력에만 국한된 것은 누구의 입장을 반영한 것이며, 이렇게 함으로써 피해를 입는 것은 누구인가?' 예를 들어, 합리적 사고력을 측정하는 데 인종과 사회계층의 차이가 인지 능력에서 다루어지는 과업에서처럼 넓게 분포하는지의 여부는 매우 흥미로운 개방형 질문이다.

끝으로, 합리성 장애가 얼마나 학교학습에 직접적으로 관련되어 있는지를 보여 주는 예를 들어 보겠다. Wassermann(1987)은 6학년인 Bob의 사례를 설명했다. Bob의 지능지수는 116이며, 학력 평가에서 좋은 성적을 거두었다.

그러나 이런 상당히 높은 지능지수에도 절대적 사고에 대한 완고한 성향 때문에 학습에 어려움을 겪고 있었다. 교사가 기계적인 암기보다는 생각과 반성을 요하는 질문을 던지면, Bob은 나이와 지능지수에 비해 놀라울 정도로 단순하고 미숙한 대답을 했다. 남아프리카의 상황에 대한 토론에서, 그는 무엇이 당혹스럽고 왜 문제를 풀 수 없는지를 분명히 밝혔다. “나는 이해할 수 없어요. 우리나라에서 남부 지역에 노예제도가 있을 때, 북부지역의 주들이 남부와 싸워 노예가 해방되었잖아요. 그런데 왜 북아프리카 사람들이 남아프리카와 전쟁을 벌이면 안 된다는 거죠?”(p. 461). Wassermann(1987)은 Bob의 상태를 이렇게 설명했다. “목적에 맞는 결정을 해야 할 때나 목적에 맞는 수단을 연결할 때, 유사한 상황의 공통점과 차이점을 가려낼 때, 모순된 정보를 가지고 판단을 내려야 할 때, 설계나 조사의 계획을 짜고 실행해야 할 때와 같이 스스로 생각해야 하는 상황에 처하면 문제가 발생한다. 이러한 종류의 과제에서, 그는 심각한 결함을 보였다”(p. 461). 이것은 중요한 사고 경향의 문제가 학교학습에 영향을 미친다는 것을 분명히 보여 준다(Baron, 1985; Perkins, Jay, & Tishman, 1993).

반론: 지적 인지능력과 합리성의 구성요소들은 제안된 것보다 훨씬 더 뒤얽혀 있는 것 같다. 이런 영역에서의 불일치는 아마 매우 다른 것 같다.

대답: 물론 인지능력과 합리적 사고과정의 상관관계가 어느 정도인지는 실험을 해봐야 할 문제다. 그렇지만 실제적인 관계에서조차 합리성 장애로 분류될 여지가 있다. 성인 집단에서 읽기 이해도 검사의 점수와 지능지수검사의 점수의 상관도는 .60에서 .70 사이로 높았지만(Harris & Sipay, 1985; Stanovich, Cunningham, & Feeman, 1984), 여전히 읽기장애로 분류될 충분한 여지를 남겨 놓았다. 인지능력과 합리적 사고기술의 상관관계가 이것보다 더 높을 것 같지는 않다. 실은, 증거를 검토하는 과정은 때때로 지능과는 현저하게 독립적으로 이루어진다는 것으로 보이는 실험적 증거가 몇몇 존재한다(Ceci & Liker, 1986; King, Kitchener, Davison, Parker, & Wood, 1983; Kitchener & Brenner, 1990; Kitchener

& King, 1981; Lesser & Paisner, 1985).

반론: 전에 제안되었던 합리성 장애의 정의에서는 "전미학습장애합동위원회의 학습장애는 '개인에게 내재되어 있는 속성이다'와 '중추신경계의 손상이 원인이다', 문화 차이나 부적절한 교수와 같은 '외적 요인'의 결과는 아니다"와 같은 내용은 포함되지 않았다. 마찬가지로 관계기관의 정의(Kavanagh & Truss, 1988)는 학습장애의 원인으로서 '사회 환경적 영향'을 배제시켰다.

대답: 전미학습장애합동위원회의 정의 중 이 부분들은 예전에 학습장애를 정의할 때 사용되어 많은 비판을 받았던 낡은 '배제 기준'의 잔재다(Ceci, 1986; Doehring, 1978; Rutter, 1978). 전미학습장애합동위원회 정의의 이러한 특유의 양상은 우리가 가지고 있지도 않은 학습장애의 원인 모형을 가정하기 때문에 문제를 일으킨다(Coles, 1986; Senf, 1986; Siegel, 1989; Stanovich, 1991). 실제로, 이런 양상들이 폐기처분되지 않는 한 개념상의 혼동을 일으켜 학습장애 분야를 끊임없이 괴롭힐 것이다. 예를 들어, '개인에게 내재되어 있다'는 말이 무슨 뜻인지 확실하지 않으며 이는 정의의 나머지 부분에서도 마찬가지다. 장애는 '외적 요인'의 직접적 결과가 아니라 '중추신경계의 손상 때문'이라는 것만으로는 '외적 요인'을 배제할 수 없는데, 그러한 요인들이 중추신경계를 변화시키는 데 근본적인 영향을 끼칠 수도 있기 때문이다(신경계에서는 유전과 환경적 원인이 모두 일차적 영향을 끼칠 수 있다). 미래의 연구만이 제공할 수 있는(어떤 종류의 중추신경계의 손상인지와 같은) 진보된 논의는 제외하더라도, 전미학습장애합동위원회 정의의 구절은 동어반복에 지나지 않는다. '외적' 요인에 의해 능력-성취 불일치를 보이는 아동이 보이는 치료에 대한 반응이나, 교육적인 예후, 인지적 측면이 내재된 원인에 의해 학습장애를 겪는 아동의 그것과 다르다는 어떠한 일말의 실험적 증거도 없다. 정의의 첫 부분에서 그러한 원인을 제거하는 원칙적인 이유를 제공하고 있지 않기 때문에, 겉으로 보이기에는 '외적인 요인'이 배제된 것처럼 보인다.

요약하면, '개인에게 내재되어' 있으며 '중추신경계의 손상' 때문에 개념상의 과업을 수행할 수 없고 '외적인 요인'은 원칙적인 이유 불충분으로 배제되었다. 간단히 말해, 학습장애의 전통적 정의의 이러한 부분은 그저 혼란스러울 따름이므로, 합리성 장애의 개념에서는 이러한 전철을 따르지 않는 것이 현명해 보인다. 합리성 장애가 이 전통적 정의 부분을 둘러싼 개념상의 혼란에서 자유로운 한, 전통적 정의를 바탕으로 개념을 형성한 장애보다는 더욱 굳건한 바탕 위에 서 있다.

반론: 지능지수에서의 불일치처럼, 합리성의 절대적 기준은 중요하지 않은가?

대답: 그렇다. 합리성 장애가 불일치 기준을 사용한 것은 다른 학습장애와의 개념상의 유사성을 강조하기 위해서였다. 불일치 측정은 학습장애와의 유사성을 보이기 위해서 제안되었을 뿐이며, 지능이 높을수록 합리적 행동을 보일 '잠재력'이 높다는 '상식적' 가정에서 시작할 수도 있다. 그러나 지금까지 보아 왔듯이, 읽기장애에서 '상식'을 증명하는 것은 우리가 익히 알던 것보다 힘들다. 이것은 합리성/지능과의 불일치에서도 마찬가지다. 학습장애에 대한 '상식'이나 '일상 개념(folk concept)'(Greenwood, 1991)은 대부분 지능에 대한 고유한 개념을 가지고 있으며 지능검사는 타고난 인지 기능의 이해도 검사라고 가정한다. 일상 모형은 지능과의 불일치를 불가사의한 영역으로 보는데, 이는 지능을 포괄적이고 널리 퍼진 인지적 기능으로 여기기 때문이다. 실제로, 만약 지능이 그런 것이 아니라 단지 (미세한 인지 기능의 작은 집합같이) 사고영역의 단면만을 뜻한다면, 개인이 (읽기나 합리적 사고 같은) 지능과의 불일치를 보이는 것이 그렇게 놀랍지는 않을 것이다. 지능검사 지수와의 어떠한 불일치에 대한 해석도 검사가 어떤 정신적 요소를 측정하는지와 관련한 광범위한 이론에 의존한다.

학습장애가 가야 할 길은 무엇인가

요약하면, 단순히 능력-성취 불일치 개념을 도입하여 논리적 결론을 이끌어 내 '장애'를 정의하고, 그 모든 개념을 유지하는 것은 어렵지 않다. 그러나 비합리적 의미로 '장애'를 통한 논리적 결론에 도달했다면, 학습장애 개념은 앞뒤가 맞지 않는다. 개념상으로나 실험에 입각한 관점에서나, 학습장애 개념은 불안정하다.

예를 들어, 우리가 가장 온전한 증거를 갖추고 있는 학습장애인 읽기장애를 보면, 읽는 데 어려움을 겪고 있다거나, 덜 숙련되었다거나 하는 것과 같은 애매한 용어와는 구별되는 '난독증'이나 '읽기장애'와 같이 전문적이고 과학적인 개념이 필요하다는 생각을 연구논문이 뒷받침해 주지 않는다. 난독증이나 읽기장애와 같은 개념적인 연구용어가 나타나면 실제보다 훨씬 비중이 크게 느껴진다.

난독증의 개념은 원인이 뚜렷이 구분되는 종류의 적당히 높은 지능과 맞물린 읽기장애의 관념과 뒤엉켜 있다. 사실 다음과 같이 나타난다.

(1) 읽기-지능과의 불일치 측정은 단어 인식 기능 결손과 관련한 두드러지는 경향을 파악하는 데 실패했다.
(2) 읽기-지능과의 불일치 측정은 아동 집단이 가지고 있는 핵심적 정보처리 결함의 유전 가능성에 대한 중대한 차이점을 구별해 내지 못한다.
(3) 읽기장애와 관련한 신경해부학상의 변칙적인 '예-아니요' 지표는 읽기에 어려움을 겪으며 낮은 지능을 가진 것보다 높은 지능을 가진 편의 속성을 더 잘 나타낸다.

Taylor와 Schatschneider(1992)가 주장하듯이 "지능지수의 기준은 뒤죽박죽된 변수를 없애는 수단으로서 우선 사용되며, 특정한 인지적 선례를 찾는 것을 돕는 데도 쓰인다"(p. 630). 지능과의 불일치 측정이 그러한 도움을 줄 것이라는 직관은 틀렸다. 지능과의 불일치는 읽기장애의 중심부인 단어 인지모듈(word recognitive module) 안의 독특한 정보처리양식을 드러내지 못한다. 만약 행동상으로/인지상으로/유전상으로 '다른' 특별한 읽기장애 아동 집단이 있다면 그들의 유전과 신경학적 차이를 드러내 주는 것으로 읽기-지능 불일치를 사용하는 것은 점점 가망이 없어진다.

지능에 관련한 문제로 더 골치를 썩는 것보다는, 차라리 읽기장애를 언어발달장애의 연속선상에 놓고 개념화시키는 것에 내포된 의미를 살펴보는 것이 훨씬 이득일 것이다(Bishop & Adams, 1990; Catts, 1991; Gathercole & Baddeley, 1987; Kamhi, 1992; Kamhi & Catts, 1989; Scarborough, 1990). 예를 들어, Gathercole와 Baddeley(1997)는 다음과 같이 주장한다.

> 일반적으로 아동이 읽기 교육을 받기 전에 언어문제는 발견되지만 …… 읽기에서 요구되는 알파벳을 다루는 기술이 다른 일반적인 언어발달 양상보다 말을 분석하는 기술의 적절성에 더 민감하여, 약한 결함은 읽기수행과정에서만 발견되기도 한다. 더욱 엄밀한 주제는 발달언어장애와 결합된 좀 더 일반화된 복잡한 증상을 불러오기도 한다. 이것은 또한 두 집단이 질적으로 다르다기보다는 양적으로 다르다는 개념을 아주 명확하게 지속적으로 드러낸다(p. 464).

읽기장애를 언어장애의 가벼운 형태로 개념화시키려는 시도 덕분에, 불일치로 정의된 장애가 순수하게 나이에 따라 정의된 장애와 같은지 다른지 여부에 대한 질문이 발달언어장애 분야에서도 유사한 형태로 제기되었다는 것은 흥미롭다(Aram, Morris, & Hall, 1992; Cole, Dale, & Mills, 1990). Cole 등(1990)은 "생물학적 연령과 언어 연령 사이에 불일치를 나타내는 아동은 누구든 구어병리학자(speech-language pathologists)에 의한 언어 중재의 후보가 될 수 있다"(p. 291)면서 인지와 언어의 관계에 대한 최근의 관심이 어떻게 먼저 고조되었는지를 설명한다. 그러나 언어와 인지 사이의 가정된 긴밀한 연관은 최근에 '인지참조 모형(Cognitive Referencing Model)'을 이끌어 냈는데, 이는 "자신의 인지능력과 같은 수준으로 언어사용능력을 발달시킨 아동은, 언어능력이 생물학적 연령에 비해 심각하게 떨어진다고 해도, 언어 지체로 간주할 수 없다"(p. 292)는 것을 내포하고 있다. 그러나 읽기장애 영역에서만은, Cole 등이 지적하듯이 "인지참조 모형을 평가하는 실험적 증거가 거의 없는 것이 놀라울 따름이다"(p. 292).

요약하면, 세계 곳곳의 연구실에서는 읽기장애에서의 신경학적, 유전적, 정보처리적 관련성을 의욕적으로 찾고 있다. 이러한 조사에서 읽기-지능 불일치에 근거하여 그들의 조사 대상을 미리 제한할 아무런 이유도 없다. 그러한 절차는 오히려 읽기와 관련한 인지적 능력의 다면적 특성을 구성해 내는 우리의 능력을 제한할 뿐이다. 읽는 데 어려움을 겪는 모집단 내에서 뚜렷한 원인을 발견할 논리적 가능성에 대해서는 의문의 여지가 없다. 읽는 법을 배우지도 않았고, 인쇄물을 접해 본 적이 없는 아동 집단이 겪는 읽기장애는 분명히 일반적인 장애 모집단의 원인과는 뚜렷한 차이가 있을 것이다. 대신 뚜렷한 원인이 실제로 존재하는지와 상관없이, 그 원인은 읽기-지능 불일치 정도와 관련되어 있다는 것이 이미 증명되었다는 것이 중요하다.

이런 증거에도 학습장애 개념의 불일치 기준이 교육 분야에서는 왜 그렇게도 매력적으로 여겨지는가? 관련된 몇몇 이유를 이미 '잠재력'의 의미에 대한 논의 부분에서 이미 언급했다. Carrier(1986)와 Coles(1987)는 좀 더 넓은 범위에서의 사회, 정치적 결정 요인을 다룬다. 예를 들어, Coles(1987)는 학습장애 판정을 사회가 소속된 아동에게 제공하는 교육환경의 실패를 그 뒤에 숨기기 위해 만든 것으로 간주한다. 그의 책에는 더 큰 경제적, 사회적 힘을 얻기 위해 있는 힘껏 손을 뻗치고 있는 중산층 가족의 모습이 묘사되어 있는데, 그는 그러한 압력이 어떻게 아동의 자연스러운 학습기회를 박탈하는지를 모형을 통해 그리고 있다. Coles는 이러한 압력이 증가할수록, 많은 가정과 교육환경에서 타고난 기능장애를 나타내는 생물학적 범주를 찾기가 더욱 힘들어질 것이라고 주장한다.

Coles(1987)의 비판이 있은 지 10여 년간, 고용 안정을 위협하여 이익을 최대화하려는 기업의 권력에 의해 주도되는 세계 경제의 치열한 경쟁(Barlett & Steele, 1992; Greider, 1992)은 가정과 교육환경의 토대에 안정성을 위협해 왔을 뿐이다. 그래서 Coles(1987)의 연구는 너무 많아서 오히려 잘 눈에 띄지 않는 사회적 동향을 들추어

내는 소수의 비판과 결탁했다. 예를 들어, Greenberger와 Steinberg(1986)의 연구는 과거 20년간 계속된 경향으로 중산층 부모의 자식에 대한 과잉 소비 행태의 신봉 같은 것을 들며, 이것이 부지불식간에 학교 기준을 훼손하고 교육적 기회를 줄인다는 것을 보여 준다(Steinberg, Fegley, & Dornbusch, 1993). 이러한 연구 증거는 Coles(1987)의 "핵가족은 아동에게 충분한 인지적 발달을 제공해야 하는 의무를 완수하지 못한 것으로 보인다. 만약 가정이 어느 정도 학습장애를 유발하는 데 관여되어 있다면, 이러한 문제의 근본을 제거하기 위해서 현행 가족생활의 특정한 형태를 받아들여서는 안 된다는 것이 분명하다"(pp. 148-149)는 결론을 강화시켜 준다. 그래서 Coles(1987)의 책은 어떤 사회적으로 유력한 문제가 우리의 능력-성취 불일치라는 기술적 관심 아래 놓일 수 있느냐는 쟁점을 제기한다.

감사의 글

본 논문을 작성하는 데에는 the Natural Sciences and Engineering Research Council of Canada의 Grant 0GP0001607 지원을 받았다.

제8장
학습준비도에 대한 새로운 이해

RITA WATSON

도입

준비도(readiness)에 대한 일반 상식 수준의 시각이 우리의 개인 생활이나 사회 생활, 관습 속에 만연되어 있다. 각 문화마다 아동기에서 성인기로 넘어갔음을 보여주는 연령이나 성취 등과 관련한 준거가 있으며, 권리와 의무를 부여하는 의식 혹은 기념식을 통해 이를 확인한다. 서양에서는 일반적으로 18세 정도가 되면 성년의 나이 혹은 승낙의 나이로 인정되어 자신의 행위에 대해 법적인 책임을 묻게 된다. 16세 정도가 되면 자동차를 운전할 수 있다고 본다. 가정에서는 끊임없이 목표가 바뀌는, 그래서 마치 골포스트가 움직이는 듯한 준비도 개념이 있다. 이것은 신기하게도 모든 부모가 '잘 알고' 있으며 모든 성장하는 아동과 항상 충돌하게 된다. '너는 지금 충분치 않아. 아마 조금만 더 기다리면 준비가 될 거야.' 그것이 늦은 시간까지 밖에서 보내는 것이든 새 자전거를 사는 것이든 관계가 없다. 5세의 아이와 부모 사이에 준비도 개념에 대한 의견 충돌이 발생할 때 이를 항소할 수 있는 상급 법원은 없다.

그렇지만 준비도 식역(thresholds of readiness)이 상식적 · 관습적으로 받아들여지게 되면, 그것은 성장이 무엇을 의미하는지에 대한 우리의 상식과 이해의 기본이 된다. 준비도는 우리의 '일상 발달심리학(folk developmental psychology)' 의 중심 원리다(Stitch, 1983). 또한 이러한 개념이 일상 교수학(folk pedagogy)과 교육에 대한 우리의 상식 속에 면면히 흐른다는 것은 놀랄 만한 일이 아니다. 언제 가르칠 것인가에 대한 질문은 교육학에서는 준비도와 관련된 고전적인 질문이며(Tyler, 1964) 실제로는 많은 이슈들을 제기한다.

첫째, 준비도 개념은 좀 더 광의의 틀 속에서 도출된다. 즉, 아동과 학습, 가르침 등에 관한 가정과 관련한 광의의 틀 속에서 비롯된다. 그러한 틀은 과학적인 마음 심리학 이론이나 학습심리학 이론일 수 있다. 이 이론들은 연구실에서 구성되고 검증된 것이다. 더 흔하게는 앞에서 언급했던 상식적 이론(naive theory) 혹은 일상 심리학으로 구성되기도 한다. 이것은 일종의 신념체계이며 설명 원리로 한 개인이 행위나 사건, 의도를 해석하는 데 사용되고, 일상생활을 특징짓게 한다. 그래서 준비도에 관해서 단 한 가지의 유일하고 타당한 이론만이 존재한다고 주장하는 것은 어불성설이다. 아동과 학습, 가르침과 관련한 과학적 이론과 상식 수준의 신념 모두 상이한 역사적 변혁기와 문화를 거치면서 변화하고 재등장한다. 새롭고 더 나은 이론이 낡고 오래된 이론을 대치한다는 식의 단순한 설명으로 준비도를 재평가하는 것은 무의미하다. 준비도 개념은 이론이나 일단의 가정 혹은 설명 가능한 신념 등과 관련지어 보아야 한다.

Tyler의 질문 속에 담겨 있는 두 번째 이슈는 준비도 이론에서 형식 교수(formal instruction) 문제가 그 핵심이라는 것이다. 그러나 반드시 그렇지는 않다. 사실 아동은 태어나는 순간부터 배우며, 그리고 아주 이른 시기부터 경험하는 비형식적 도제(informal apprenticeship)와 사회적 상호작용을 하나의 교수 양식으로 볼 수 있다. 비록 형식 교수가 학교교육의 확실한 기본 양식이기는 하나 학습하기에 대한 준비도가 형식 교수에 참여할 수 있는 준비도와 동일할 수 없다.

세 번째 이슈는 준비도 이론과 아동 이론의 관계에 관한 것이다. 아동은 텅 빈 상태로 이 세상에 와서 선배의 지혜로 가득 차기를 기다리는 것이 아니다. 아동은 인생의 초반부터 지적이며 대인 간의 활동에 참여하고 그렇게 될 성향을 가지고 태어난다. 우리는 준비도라는 아이디어가 사회의 관습적 요구에 단순히 기반하고 있는 것은 아님을 확실하게 할 필요가 있다. 게다가 아동의 사회적, 정서적, 인지적 상태에 대한 우리의 가장 최고의 이해를 반영해야 한다. 예를 들어 아동이 수동적이고 인지적으로 비활동적이라는 시각에 근거한 준비도 개념은 무력하게 무너질 것이다. 본 장에서는 이러한 이슈를 차례로 다룰 것이다.

준비도 이론

Thorndike의 준비도 법칙(Hilgard & Bower, 1966)을 제외하고는 준비도 이론이 실증적으로 검증될 수 있는 방법으로 명시적으로 공식화된 적은 없다. 대개는 심리학이나 교육학의 좀 더 넓은 틀 안에 준비도 이론이 포함되었다. 몇몇 위대한 인물이 이 이슈를 가지고 논쟁을 벌였다. 준비도를 향상시키려는 대규모 중재가 수행되었고 수많은 평가 논쟁의 주제가 되었다(Consortium for Longitudinal Studies, 1983). 그러나 아직도 준비도만을 집중으로 다룬 이론이라 할 수 있는 단일의 정합된 연구 전통을 고르기는 쉽지 않다. 그래서 이 문제의 이론적 측면을 다시 생각하기 위해서는 심리학 이론 및 교육학 이론에서 그 뿌리를 찾는 작업이 필요하다.

역사적 관점

신념체계의 기원을 우리 자신의 시대에서 제거된 역사적 시대로 살펴보는 것은 때때로 쉬운 일이기도 하다. 준비도에 대한 시각이 철학적 틀 혹은 인식론적 틀 이론과 불가분의 관계라는 증거는 초기 시각에서 잘 나타난다. Comenius(1592~1670)는 아동 중심 교육을 주장한 선구자였다. Comenius는 왕성한 활동력과 목적을 가진 인간에 대한 낙관주의를 지녔으며, 전염병, 개인적 비극, 30년 전쟁 등을 치르면서, 다방면에 능통한 사람을 교육하는 비전을 추구했다. 그의 원 저작 중에는 그가 아동을 특징지었던 '천국의 꽃(celestial flowers)' 에 대한 헌신이 그의 신념 및 철학과 밀접하게 연결되어 있으며, 그것의 목적은 보편적으로 접근 가능한 교육을 통해 인류를 통합하는 것이 잘 드러나 있다. 양육한다는 은유로 사용한 '유아 학교(School of Infancy)' 는 권위주의적이고 교육학적으로 미숙했던 그 시대의 실제와 잘 대비된다. 아동용 그림책을 만들고 언어와 기타 교과목의 교재를 단순화한 것은 자연의 세계와 지식의 세계가 부드러운 마음에 더 접근하기 쉽도록 하기 위한 것이다. 그의 시각에 따르면 6세 이전의 아동은 형식 교수를 받을 준비가 되어 있지 못하다. 그렇지만 결정적인 유아기 동안 부모의 형식적 가르침과 양육은 옹호했다. 왜냐하면 이 시기 동안 아동의 성격이 형성되는 토대를 만든다고 믿었기 때문이다.

이와 달리 Rousseau(1762/1979)의 낭만적 천성주의는 정의감 같은 도덕성의 깊은 측면을 생득적이라고 주장했다. 아동의 초기 감각성을 파괴하는 것은 무지하고 잘 돌보지 않는 사람들의 기질 때문이다. Rousseau 시대에 만연한 갓난애를 둘둘 감는 풍습이 바로 그 경우에 해당한다. 이것은 근본적으로 자궁에서 나오는 이점을 감소시킨다. Rousseau는 아동에게 움직일 수 있는 자유가 필요하다고 보았으며, 상식 물리학과 자아 감각이 나타나는 데 행동의 중요함을 주장했다.

> 그는 모든 것을 만지고 싶어 한다. 모든 것을 다루어 보고 싶어 한다. 이러한 쉼 없음에 저항하지 마라. 그에게는 아주 필수적인 도제 정신이 요구된다. 그래서 신체의 뜨거움도 배우고, 추위, 딱딱함, 무거움, 가벼움도 배운다. 보고, 느끼고, 듣고 하면서 크기와 모양 그 외의 모든 감각적 특성을 판단한다. 또한 만진 것을 눈으로 비교하고 손에 닿게 한 감각을 눈으로 추정하면서 판단한다. 우리가 아닌 어떤 대상이 존재함을 배우는 것은 오직 움직임에 의해서만 가능하다(Rousseau, 1762/1979, p. 64).

Rousseau도 어린 시기를 아주 중요하게 보았다. 그러나 그 이유는 약간 다르다. 타락하고 인위적인 문명화의 악영향은 최소화되어야 하지만 천성적인 지식과 도덕성 범주는 어린 마음속에서 개화되도록 해야 한다. 아동은 태어날 때부터 배우지만 여기서 학습은 문화적인 관습에 의해 부과되기보다는 살아 있는 경험에 대한 반응에 더 가깝다. '경험은 교훈을 예감한다.' Rousseau는 부모나 기타 초기 양육자의 중요성을 부정하는 것에서 더 나아가 초기 경험을 구조화하여 편견과 공포에서 벗어나는 이해와 힘, 자유를 향하는 안정적이고 계속적인 길 닦기를 강조했다. 그의 천성주의는 언어 획득 이전의 의사소통 등 아동의 초기 감각과 능력에 집중된 관심을 보이는 것뿐 아니라 아동의 초기 생리기능에 관심을 두거나 초기 경험에서 그것의 역할에 대해 관심을 둔다는 점에 잘 나타난다. Rousseau는 형식 교수를 경험을 보충해 주는 정도로 간주한다. 형식 교수는 아동의 천성적 감각이 충분히 발달할 때, 즉 아동 후기나 청소년기가 될 때까지 부과해서는 안 된다. 준비도는 사회적 관습에 의해 결정되는 것이 아니라 아동에 의해 결정된다.

Dewey와 James의 미국식 실용주의도 세 번째 틀을 제시한다. James(1939)는, 천성적인 감정만이 미적이고 고상하며, 경쟁이나 경합 같은 욕구는 반드시 나쁘다고 보는 Rousseau의 생각은 틀렸다고 주장한다. 경쟁도 고상하고 고결할 수 있으며, 사회적 개선의 근원이 될 수 있다. 경주로를 혼자 달리면서 자신의 최대 능력을 발휘하는 달리기 선수는 없다. 오히려 다른 선수가 눈에 보일 때 더 열심히 달리게 되는 동기가 된다. James는 '지나치게 나약한(namby-pamby)……연약한……교육학'이라고 칭하면서, '이것은 그들의(아동의) 이성적 욕구에 대한 빈약한 칭찬에 불과하다. 이것은 기껏 어린 Tommy들과 어린 Jenny들에 관한 일화 정도나 그들의 정신이 소화할 수 있는 유일한 종류라고 생각한다' (1939, p. 152)고 하여 이러한 교육학을 혐오했다. 교사는 아동을 자극하고 도전시킬 때 그리고 그들을 혼란에 빠뜨릴 때에도 모든 기본적 감정과 동기를 폭발시켜야 한다고 주장했다.

James는 비록 형식 교수를 늦게 시작하여야 한다고 주장했지만, James가 볼 때에 준비도는 모든 단계의 교육 현장에서 광범위하게 나타난다. James가 영아의 정신상태를 '꽃이 활짝 만발하고 벌이 윙윙거리는 혼란(blooming, buzzing confusion)'으로 특징지은 것은 잘 알려져 있다. 그는 초기 7, 8년 동안 아동이 '사물의 감각적 특성'에 가장 흥미를 갖는다고 했다. 그래서 감각 세계를 경험할 수 있는 다양한 기회를 제공해야 한다. 이 시기에 상상이 가능한 물체를 다루는 모든 종류의 활동을 격려해야 한다. 즉, 자연의 맥락 속에서, 인간 활동 속에서 그리고 뒷뜰에서부터 대장장이 마당에 이르기까지의 모든 활동을 격려해야 하는 것이다. 아동이 청소년기에 들어설 때야 비로소 수학이나 기계학, 화학, 생물학 등에 내재되어 있는 추상적 원리와 인과적 관계를 습득할 준비가 되며 청소년기 후반이 되어야 사회학과 형이상학을 이해할 수 있게 된다. James는 대학에서 너무 일찍 철학을 가르치는 것조차 반대했다. 대학생을 준비가 되기 전에 강하게 몰아붙인다면 그들은 그 분야에 대한 흥미를 영원히 잃어버리게 될 것이다.

Dewey(1902/1956)는 자신의 도구주의자 입장에서 아동을 설명한다. Dewey는 아동의 천성적인 특성에 대한 Rousseau 등과 같은 낭만주의자들의 설명이나 연약한 교육학(soft pedagogy)에 반대하고 훈육이나 외적 동기를 강조하는 James 등과 같은 학자들의 설명 또한 거부한다. Dewey는 전자를 아동연구운동이라고 규정하면서 아동의 초기 흥미와 성향을 최종의 중요한 어떤 것으로 간주하는, 즉 가능성을 향한 태도를 알려 주기보다는 '현재의 것 그대로를 배양하는' 위험에 처하게 할 수 있다고 주장했다. 아동이 기존 지식에 대한 형식 교수를 받지 않고 자신의 정신에서 무언가를 '발달시킬 것' 을 기대하는 것은 비현실적이며 마치 철학자에게 역사적인 작업을 읽지 않고서 종합 이론을 도출해 내기를 기대하는 것과 같다(p. 18).

지식의 형식적 실체는 다른 사람의 탐구와 치열한 고민의 결과를 단순하게 체계화하고 요약한 것이다. 이는 아동이 자신의 경험을 이해하는 것과 동일한 과정이다. 형식적 지식에서 이러한 직접성(immediacy)을 재발견하는 것은 Dewey가 교육과정의 '심리학화하기' 라고 부른 혹은 '아동에게 좀 더 접근 가능하게 만들기' 에 대한 열쇠다. 아동의 심리적 관심과 형식 교과목의 도구적 사용 간에 어떤 연계 설정이 성공한다면 이것은 아동에게 내적인 흥미가 될 것이며, 어떤 외적인 미끼나 수단도 이것을 학습으로 움직이게 하는 데 필수적이지 않다. 형식적 지식의 원리는 아동이 자신의 경험을 하는 과정에서 직면하고 있는 문제를 진술하는 데 유용할 것이다. Dewey의 관점에서 볼 때 준비도는 활동적이고 발견하는 아동과 진보적이고 (progressive) 아동 중심적인 교육과정 간의 상호작용으로 기능하며 이 과정 속에서 아동이 형식적 지식을 습득하게 되는 것이다. Dewey는 읽기의 형식적 교수는 아동이 여덟 살 정도가 될 때까지 기다려야 한다고 생각했다. Dewey는 아동을 활동적인 학습자로 규정했지만 유치원 아동의 정신은 아직 미분화 상태이고 자기중심적이며, 어느 경우에는 '미숙하다' 라고까지 했다. 이것은 세기 후반에 나타나는 견해와 두드러지게 대비된다.

Thorndike의 준비도 법칙

20세기 심리학에서 준비도 개념은 Thorndike의 학습 이론에서 태동했다. 그의 준비도 법칙은 학습이 일어나는 필수 조건에 대한 기술이다. '유도 단위(conduction units)' 는 의사신경학적 제목으로 특정 자극 잠재력이 채워졌을 때 '발화되는' 것이다. 이것은 상태의 변화, 즉 학습으로 나타난다. Hilgard와 Bower(1966)는 Thorndike의 법칙은 학습에서 준비와 관련한 조절을 지칭하는 것이지 성장에 관한 것은 아니며, 그래서 교육자들이 일반적으로 받아들이는 성숙 차원의 준비도 개념을 예견하는 것은 아니라고 주장했다. 이 주장은 역사적으로도 사실일 것이다. 그럼에도 Thorndike의 법칙은 유동적이고 응용 가능한 개념이다. 신경학적 전달 단위인 '준비될 때 발화하기' 는 다음에서 다룰 정신에 대한 현재의 관점에 필수적인 다양한 준비도 개념으로 적절한 은유가 될 것이다. 이것은 영역 특수 혹은 영역 일반적 설명 모두에 가능하다. 이와 대비하여 다양한 영역 일반적 능력의 정점을 통해 꾸준한 진보에 대한 좀 더 친숙한 성숙주의자들의 설명은 단일 관점으로 한정한다.

초기 성숙주의자의 관점

현 세기에 교육 이론 및 실제에 가장 강력한 영향을 끼친 준비도에 대한 설명은 주로 초기 성숙주의 심리학과 개인차 이론 등에서 나타난다(Tyler, 1964). Durkin(1973)은 이 용어의 기원을 1920년대의 Hall과 Gesell 이론과 연결시킨다. 아동의 학습준비도에 대한 이러한 초기 특성화는 생물학적 은유로 풍부해졌다. 아동의 교육적 경험은 '숙성' 한다. 혹은 그들은 꽃을 피울 준비가 된 씨앗처럼 '개화' 할 준비가 되어 있다. 이러한 관점에서 발달이란 유전적 재능에 의해 결정되며 폭발이나 불규칙성이 없는, 계속적인 과정이다. 아동의 학습준비도는 정신 연령과 필수 하위기술의 숙달의 조합으로 결정된다(Morphett & Washburne, 1931). 발달과정을 서두르거나 간섭하려는 모든 시도는 심각한, 심지어는 돌이킬 수 없을 정도로 해롭게 될 것이다. 이 관점에서 볼 때 학습 문제의 해결은 기다리는 것뿐이다. 얼마간의 시간이 흐르면 아동은 기다림의 덕분으로 충분히 성숙하게 될 것이다. 교육 실제에서 이 관점의 가장 근본적이고 장기적인 결과는 교육적 지연이라는 신조다. 이 용어는 이제 낙제학생 혹은 유급학생으로 더 잘 알려져 있다.

이러한 초기 성숙주의자 견해는 영역 일반적이며, 종 일반적이다. 비록 이 이론이 행동주의자 이론 그 자체에 근거하지는 않지만 학습을 몇 가지 일반 법칙으로 특징지을 수 있으며 이 법칙은 모든 지식 영역과 모든 종류의 학습자에게 가장 잘 적용된다고 생각할 때 나타난다. Skinner의 흥미로운 실험 중 하나였던 비둘기가 어떻게 공 굴리기를 학습하는지와 아동이 어떻게 수학 등식 해결법을 학습하는지 간의 유일한 차이는 질적인 차이가 아니라 정도의 문제였다. 가장 중요한 점은 초기 성숙주의자들의 이론에서는 천성적인 인지 구조나 성향을 아동의 탓으로 돌리지 않는다는 점이다. 이들은 아동의 생물학적 성숙이 학습 법칙이 활동할 수 있는 필수 단계를 규정할 뿐이라고 한다.

Bruner의 주장과 초기 인지에 대한 '새로운 입장'

1960년에 시작된 혁명적 새 시대에 Bruner는, 종종 잘못 이해되기도 하는 유명한 명언을 남겼다. "어떠한 교과목도 어떠한 발달 단계에 있는 어떠한 아동에게도 지적으로 순수한 형태로 가르칠 수 있다"(1966, p. 33). 이 명언의 가장 중심적인 주장은 신체적 · 심리적 나이가 아니라 사고의 특성과 조직화가 아동이 언제 배우고 어떻게 배우는가를 결정한다는 것이다. 중요한 것은 교수를 아동의 정신적 삶에 맞추는 것이다. 이러한 관점은 Harvard의 인지연구센터의 연구 프로그램에서 찾아볼 수 있다. 여기서 Bruner, Miller, Trevarthen 등의 학자들은 '영아 마음(infant mind)'

(Bruner, 1983b)을 연구하기 시작했다. 초기 관점과 달리 영아 인지에 대한 새로운 시각은 아동을 능력 있고, 의도를 가진 사고하는 존재로 보았다. 이 발달 가능성이 있는 시기는 영아 연구라는 새로운 탄생을 가져왔으나 아직은 그 결과가 나타나고 있지 않다. 현재의 많은 연구 프로그램은 거기서 탄생한 아이디어의 영향을 직간접적으로 추적하고 있다. 이 관점의 교육적 관점은 아동은 결코 학습하기를 준비하지 않으며, 학습의 요구는 아동의 지적인 성향에 달려 있을 뿐이다라는 것이다.

이 아이디어를 적용하고자 하는 유혹은 만일 아동이 그렇게 이른 시기에 능력이 있어서 우리가 그들을 좀 더 일찍 교육하기만 한다면 그들의 진보를 빠르게 하거나 천재를 길러 낼 수 있다는 것이다. Piaget는 이러한 '미국식 질문(question américaine)' 의 예를 들어 어떻게 발달을 가속화시킬 수 있는가 하는 질문에 대해 안타까워했다(Piatelli-Palmerini, 1980). 그렇지만 가속화는 초기 인지능력에서 도출할 수 있는 준비도의 단순한 적용이 아니다. 이것은 제도적으로 편향된 교육과정 기반 반응이다. 능력 요구는 폭발되지 않는다. 그것은 인지되어야 하고 도움을 받아야 하는 필요가 있을 뿐이다.

그 이래로 수십 년 동안 인지적 전통의 연구는 영아 인지의 특성에 대한 새로운 증거를 산출했다. 예를 들어 Piaget가 처음 주장한 것처럼 영아 인지는 반사적, 감각운동적 활동에 기초한다. 그리고 대상 영속성은 18개월이 되어야 나타난다. 현재의 증거는 6개월 된 영아라 할지라도 대상을 안정적이고 3차원으로 지각한다(Spelke, 1991). Piaget식 이론은 타인의 신념과 의도를 표상하는 아동의 능력은 굉장히 제한되어 있으며 구체적 조작기가 되어야 가능하다고 한다. 즉, 유아는 자기중심적이다. 4세 정도 된 유아가 자신의 마음과 타인의 마음을 표상하여 이해한다는 사실을 이제 널리 받아들이고 있다(Astington, Harris, & Olson, 1988). 여기에는 약간의 논쟁이 있다. Fischer와 Bidell(1922)이 제안한 것처럼 초기 능력에 대한 발견이 현행 이론의 수정으로 설명 가능하다는 주장과 초기 정신적 삶에 대한 Piaget의 견해는 단순히 잘못되었다는 주장(Karmiloff-Smith, 1992)이 맞서고 있는 것이다. 그러나 오늘날 Piaget의 주장이 많은 도전을 받는다 해도 Piaget의 주장은 아동의 정신적 삶에 대한 초기 설명보다 더 진보된 것이다. 그러나 아동을 잘 가르칠 수 있다고 하는

Piaget 주장의 함의는 아직도 불분명한 상태로 남아 있다(Bruner, 1966을 보더라도).

천성주의자와 후기 성숙주의자의 견해

최근의 성숙주의자의 주장은 인지능력에 대한 천성주의자의 설명을 좀 더 밀접하게 규명하고 있다(Chomsky, 1986; Fodor, 1983). 이러한 설명은 초기의 주장과는 확연히 다르다. 먼저 그리고 가장 중요한 사실은 내적인 인지구조라는 것이 아동에게 달려 있다고 본다는 것이다. Chomsky는 인간의 언어능력은 일종의 '신체기관' 으로 간이나 위 같은 다른 신체기관처럼 생물학적으로 결정된 발달 경로를 밟는다고 주장한다. 이러한 견해에서 보면 환경은 내적 구조를 자극한다. 내적 구조란 아동의 천성적인 재능이다. 유기체가 생물학적으로 준비가 되면 투입은 효과를 본다. 그러나 준비 이전에는 효과를 보기 어렵다. 언어의 경우에는 일정한 시점 이후의 투입 또한 효과를 보기 어렵다(Lenneberg, 1967; Newport, 1990). 전 세계 아동들은 일본어든 터키어든 아니면 키체어(Quiche Mayan)[1]든 관계없이 형식 교육을 받지 않아도 비슷한 연령에 비교적 쉽게 자신의 모국어를 습득한다. 이것은 언어 습득능력에 대한 성숙주의자의 제약 조건에 대한 강력한 증거다. 이 복잡한 지식 영역을 습득하는 속도 또한 일반적으로 문법적으로 잘 형성된 것에 근거한 체계적인 수정 작업이 없다는 점에서 어느 정도 천성적이며 언어-특수적 지식이라는 강력한 증거다.

현재 천성주의자 이론에서 두 번째 차이는 이것이 영역 특수적이라는 사실이다. 초기 성숙주의자의 학습에 대한 설명과 Piaget 등의 초기 인지주의자의 설명은 영역 일반적이다. 학습은 모든 영역에 걸쳐 동일한 원리와 방법으로 일어난다는 것이다. 최근의 천성주의자의 설명은 지식 습득과 처리과정은 각 지식의 영역마다 다른 원리에 따라 발생한다는 것이다(Fodor, 1983; Carey & Spelke, 1994). 언어 습득은 언어 특수적 원리에 따라 일어나며 이는 물리적 대상 지식 습득과는 다른 방식으로 일어난다. 그리고 이는 또한 수 개념 습득과도 다른 과정이며 또 다른 개념 습득과도 다

---

1) 역자 주: 과테말라 남서부 지역의 키체 주에서 원주민인 인디오가 사용하는 말.

른 과정을 거친다. 그렇지만 모든 성숙주의자의 설명이 완전히 영역 특수적이지는 않다. Newport(1990)는 언어 습득의 결정적 시기는 영역 일반적 원리에 영향을 받는다고 강하게 주장한다(Keil, 1990 참조). 언어 학습능력은 다른 인지 기술이 증가하는 동일한 시기에 감소한다. '과유불급' 가설에 근거해서 초기 영역의 일반적인 인지적 제한은 아동이 언어 관련 투입에 집중할 수 있도록 실제적으로 도와줄 수도 있을 것이다(Newport, 1990).

현대 성숙주의자의 견해 또한 종 특수적이다. 예를 들어 많은 동종(同種)과 소통하는 동안 언어 역량은 두드러진다. 벌꿀도 지시할 수 있다. 꿀벌 통 입구에서 특정 동작을 하는 것은 집을 비운 꿀벌 원의 위치를 알려 준다. 그러나 만일 그 꿀벌 원이 바로 상승했다면 꿀벌들은 '바로 상승' 이라는 소통 방법이 없기 때문에 놓치고 만다(Von Frisch, 1954). 무제한의 부재 참조(absent reference), 구조-의존적인 생산성, 구조성은 인간 언어 역량을 보여 주는 특징이다.

요약하면 천성적인 능력에 대한 최근 설명은 점점 반박하기 어려워지고 있다. 인지적 행동생물학자(Ristau, 1991)는 모든 고등 종이 천성적인 지식을 구성하는 능력이 있다는 사실을 증명할 수 있다. 인간 영아가 행성에 사는 바보이며 단순히 감각적인 반사 행동만 가능하고 반응성만 보인다고 하는 주장은 어색하다. 새로운 천성주의의 교육적 · 문화적 함의는 아직 도출되지 못했다.

준비도 교수학

대부분의 관습과 운동처럼 그리고 아마도 더 그렇겠지만 유아교육의 역사는 인성과 이데올로기, 특정 신념체제 연합의 역사라 할 수 있다. 이는 체계적인 평가나 실증 자료의 지원이 빠져 있었다. Rousseau, Pestalozzi, Froebel은 지난 세기와 현 세기 초반에 유아 프로그램의 형성에 관계하는 사람들에게 깊은 영향을 끼쳤다. 현 세기 후반에 들어서도 유아교육자들은 보편적으로 그들의 교육학을 새로운 발달 이론이나 연구 결과에 근거해서 수행하고 있지 않다(Day, 1980). 과학적 연구와 이론을 유아교육 현장에 적용하려는 시도는 여러 가지 오점을 남기고 있다. 교육 실제에 내재된 준비도에 대한 가정은 두 개의 커다란 일반 상식인 일상 심리학 이론과 과학적 심리 이론의 두 측면을 반영한다.

일상 심리학의 가정

상식 수준에서의 준비도 이론은 여러 해 동안 거의 도전을 받지 않은 채 지속되었다. 초기 성숙주의자의 견해는 현 세기(20세기) 후반기까지 지속되고 있다. 준비도에 관한 교사의 신념을 연구한 최근의 조사에 의하면 조사 대상 교사의 반 정도가 고전적 성숙주의자의 견해를 믿고 있다. 그래서 준비도란 중재에 의해 고양될 수 없다고 믿으며, 더욱 놀라운 사실은 많은 경우 '학생이 준비되어 있지 않은지를 학생을 처음 볼 때 알 수 있다'고 생각한다는 것이다(Smith & Shepard, 1988). 이러한 종류의 생각은 물리적 특성인 크기나 근육의 협응, 해부학적 모습 등이 정신적 능력과 관계있다고 주장하는 것과 유사하다. 이 이론은 심리학 역사에서 오래되었지만 그렇게 수용되지는 않았다(Gould, 1981 참조). 이것이 바로 겉으로 보기에는 멀쩡하고 그럴듯한, 검증되지 않은 일상적 이론 함정의 좋은 예다. 어느 누구도 우리 자신의 일상 심리학의 검증되지 않은 가정으로부터 자유롭지 못하며, 우리가 그러한 상식 수준의 이론을 가지고 있음을 부정한다고 해서 그 결과가 완화되지는 않는다.

현행 교육학의 가정과 실제

과학적 감각에서 하나의 이론적 견해나 분명한 설명이 가능한 일련의 가정이 오늘날 사용되는 것처럼 '준비도'라는 용어를 보편적으로 규명할 수는 있겠지만, 놀랍지 않게도 유아교육 분야에서 가장 영향력 있는 교육학은 초기 성숙주의자 견해와 유사한 이론에 근거하고 있다(Range, Layton, & Roubinek, 1980). 교육학 문헌에 나타나는 현행 성숙주의자의 관점을 개념화하는 작업은 그다지 분명치는 않지만 몇 가지 일반적 가정을 지니고 있다. 아동은 내재적인 '자연적' 단계 차원의 진보에 따라 발달한다. 그 과정을 지지하고 풍요롭게 해 주어야 하며 간섭하거나 방해해서는 안 된다. '전인아(whole child)' 접근법(Simmons, Whitfield, & Layton, 1972)에서 성숙은 전체적인 것이고 사회적, 정서적, 신체적, 지적 요소는 서로 분리될 수 없는 전체로 포함된다. 환경 자극은 성숙을 고양하거나 더 재촉하지 못한다.

유예

이 관점에서 도출된 몇 가지 교육적 실제는 최근 교육 연구자들의 공격을 받고 있다(Meisels, 1992; Shepard & Smith, 1989). 이 가운데 가장 큰 공격을 받는 것이 저학년 시기에 학생을 계속 머무르게 하거나 유치원 혹은 1학년 입학 시기를 늦추는 것 등이다. 이 문제에 대한 역사는 꽤나 긴 편이다. 준비도에 대한 초기 연구(Morphett & Washburne, 1931)는 긴 시간 동안 교육 실제에 영향을 끼쳤으나 아무런 의문도 제기하지 않은 채 교수 시작 시기를 지연하거나 준비가 될 때까지 입학을 유예(retention)하거나 보류하는 것이 일반적으로 수용되었다. 이것과 관련한 이론이나 실제, 예를 들어 아동이 학교에 입학할 준비가 되었는지 아닌지를 결정하는 게젤준비도검사(Gesell Readiness Inventory) 같은 측정도구 사용 등에 대해 검토한 최근의 연구들(Meisels, 1987; Shepard & Smith, 1986, 1987)은 이러한 것이 부정적인 결과를 낳는다고 보았다.

Shepard와 Smith(1987)는 통제가 잘 이루어진 연구를 통해, 유치원에서 1년 동안 머무른 유예 집단 아동과 그렇지 않은 통제 집단 아동을 비교했다. 1학년 말에 측정한 결과 학교교육을 1년 더 받은(결국 3년 교육을 받은) 집단과 통제집단 아동(2년 학교교육을 받은) 간에 교과 면에서 유의한 차이는 없었다. 교과 면에서 이득이 없었던 것 외에도 유예 집단 아동은 학교에 대해 더 부정적인 생각을 보였다. 이 연구자들은 1학년의 가장 어린 연령 아동과 가장 나이가 많은 아동 간에 교과 기술 측면에서 측정 가능한 작은 차이, 예를 들어 백분위 점수로 7, 8점 정도 나타났으나(Shepard & Smith, 1986) 3학년 말에는 이러한 차이가 사라졌다. 연구자가 주장하는 바는 교육 기회 시작 시기를 지연하거나 제한하는 데 널리 사용하는 심리 측정도구들이, 많은 경우 타당하지 않거나 부적절하게 사용된다는 것이다. 어떤 방식이든 유치원 아동의 교육을 지연하거나 유예하는 것이 성공 가능성을 높여 준다는 어떠한 제안에 대해서도 이를 지지하는 증거를 발견하지 못했다. 더 나아가 부정적인 사회정서적 결과는 아동의 전체 기능에 해로울 수 있다(Shepard & Smith, 1989).

Meisels(1992)는 최근 준비도와 조기검사에 대한 강조는 하강하는 교과 표준에 대한 우려에 대처하고자 하는 압력의 결과이며 실패의 부정적 결과로부터 아동을 보호하려는 의도 때문이라고 지적했다. 그러나 그가 강하게 주장하는 것처럼 유치원 입학을 미루는 등의 유예 및 그와 관련한 실제는 성공적인 전략이 되지 못할 뿐 아니라 학문적, 사회정서적, 문화적 관점에서 볼 때에도 아주 위험하다. 진정한 해결책은 '발달적으로 적합한(developmentally appropriate)' 교육과정을 설계하는 것이다. 점점 증대되는 학문 지향 교육과정과 아동의 성향 간 대응을 찾는 일은 쉬운 일이 아니다(Bredekamp & Shepard, 1989; Meisels, 1992).

중재

낡은 성숙주의자 견해의 두 번째 가정은 중재(intervention)가 아동의 준비도 수준을 더 빠르게 하거나 고양시킬 수 없다는 것이다. 이것 또한 실증적 자료가 없다. 조기 개입의 분수령은 1960년대였다. Head Start는 불리한 아동의 학문적 준비도를 올려 학교에서의 실패와 그 결과 나타나는 사회적 문제를 해결하기 위해 고안한 운동이다(자세한 설명을 위해서는 Zigler & Meunchow, 1992 참조). 그 어떤 단일 교육학이나 이론도 이렇게 대단위 국가적 개입을 기록한 적이 없다. 행동주의에 근거한 학습 이론(Bereiter & Englemann, 1966)에서 Piaget식의 인지 이론(Weikart, 1967)까지 다양한 이론에 근거한 수많은 프로그램이 나타났다. 이론에서 실제로 넘어갈 때 나타나는 함정은 표면상으로는 동일한 프로그램이 지역 조건이나 교사의 선호성 등에 의해 쉽게 수정될 수 있다는 것이며, 그래서 단일 프로그램 내에서 일관성을 유지하기가 어렵다는 것이다(Day, 1980). 현재에 와서도 그 프로그램은 중재의 대형성 때문에 이론적으로 '따라잡기(catch-up)' 가 필요한 위치에 있다. 이러한 중재에 대한 평가는 아직 논쟁 중이지만(Consortium for Longitudinal Studies, 1983), 전체적인 평가는 긍정적이다. 미국 내에서 이러한 프로그램에 대한 재정 지원도 계속되고 있고

(Zigler & Meunchow, 1992) 국제적인 조기 중재 프로그램도 계속해서 성장하고 있다(Lombard, 1994). 그러한 중재의 성공이 저학년에서 검사점수로 항상 명확하게 나타나는 것이 아닌 점을 기억하는 것이 중요하다. 그것은 오히려 학교에서, 사회에서, 그리고 자기 자신의 태도의 깊은 변화로 더 잘 나타난다. 이러한 태도는 인생 후기에, 제2의 교육이나 경력을 추구하는 경향이 높아지거나 낮은 지체나 낙제 등의 형태로 잘 나타날 것이다(Head Start '졸업생' 의 개인적 역사에 대해서는 Zigler & Meunchow, 1992 참조).

요약하면 조기 중재가 어떤 방식이든 해롭다는 확실한 증거는 없다. 특정 지식 영역에서 조기의 직접 교수가 배우는 데 '전체적으로 준비가 안 된' '전인아' 의 개념을 어느 정도 위반한다는 가정은 주장할 만한 사실이 아니다. 이것이 사실이라는 어떠한 과학적 증거도 없다. 형식적 교육이 학문적 기술만을 강조하고 사회적 욕구, 놀이, 정서 등 아동 존재의 다른 측면은 배제했다는 주장은 타당하지만 배우고자 하는 성향을 보이는 아동에게 형식적 가르침이나 교수를 부정해야 한다는 것은 아니다.

현재 성숙주의자들의 준비도 교육학은 확실히 재점검할 필요가 있다. 현존하는 증거들은 유예 아동이 어떤 종류의 학문적 이점을 얻지 않으며, 아동의 교육적 지연을 판별하는 데 사용하는 유치원 선별검사의 예언 타당도가 의심스러움을 보여 준다. 조기 중재가 해롭다는 어떠한 증거도 없다. 이에 대비하여 유예가 아동의 학교에 대한 태도에 해로움을 줄 수 있고 조기 선별이 형식 교육에서 이득을 얻을 아동과 그렇지 못한 아동을 구별할 수 없다는 증거는 있다. 조기 중재는 또한 긍정적인 결과를 보여 준다. 다음에서 제시되는 증거에서처럼 아동의 초기 능력에 대한 최근 증거들은 초기 성숙주의자의 견해와는 완전히 상이한 아동의 모습을 보여 준다.

준비도 다시 생각하기

아동의 초기 인지능력에 대한 최근 증거

최근 수십 년 동안 대두된 아동의 초기 능력에 대한 증거는 초기 정신 상태와 사고의 특성에 관한 과학 이론을 급격하게 변화시켰다. 아동은 이제 이전 이론이 주장하던 때보다 훨씬 일찍 인지적 능력이 있으며, 지적으로 활동적이고, 사회적으로 참여하는 것으로 간주된다. 아동은 생의 가장 이른 시기부터 모방할 수 있고 감각을 연합하는 능력이 있다(Melzoff & Moore, 1983). 그리고 초기 18개월에는 개념을 분류 · 조직하는 증거를 보여 준다(Bauer & Mandler, 1989). 가령 운동 경로의 법칙, 전경과 배경의 구분, 중력 등과 같은 대상 속성에 대한 이해는 6개월 정도의 이른 시기에 상식 물리학의 존재를 보여 준다(Spelke, 1991). 아동은 생물학 종에 관한 복잡한 귀납 추론을 행하며 네 살 정도 되면 생물과 무생물의 특성을 명확히 구분한다(Wellman & S. Gelman, 1992). 아동이 언어를 획득하는 것은 아마도 가장 인상적이고도 복잡한 초기 인지적 성취라 할 수 있는데 다섯 살 정도 되면 대부분 완수하게 된다(Pinker, 1990; Gleitman, Gleitman, Landau, & Wanner, 1988). 준비도 이론에서 가장 중요한 것은, 아동은 7~8세가 될 때까지 타인의 관점을 고려하지 못하고 자기중심적이라는 초기 주장과는 달리, 이제는 네 살 아동도 타인의 신념이나 요구를 아주 잘 추론할 수 있고 자신과 타인의 정신을 표상하여 인식할 수 있다는 증거다(Astington, Harris, & Olson, 1988; Wellman, 1990; Astington & Pelletier, 이 책 26장 참조).

영역 특수적 및 이론-기반 지식

새로운 설명 틀이 이러한 다양한 발견을 지지하기 위해서는 증거가 필요하다. 어떻게 아동은 그렇게 이른 시기에 세상에 관한 올바른 결론을 이끌어 내고 분명하게 배운 적이 없는 지식을 보여 주는가? 아동을 둘러싼 환경은 많은 해석이 가능하지만 아동은 바로 맞는 것을 만들고 있는 듯하다. 이러한 지식을 설명하기 위해 여러 종류의 원리가 제안되었다. 첫 번째는 적어도 어떤 지식은 천성적이라는 것이다. 위에서 언급한 Chomsky의 다시 부활한 천성주의는 언어습득 영역에서 아동의 초기 인상적인 위업을 설명하고자 하는 필요에 의해 재촉하게 되었다. 사회적 상호작용이 아동의 초기 언어의 사례나 의도 내용을 제공하지만 복잡하고 추상적인 문법 규칙 체계는 사실 형식 교수를 받지 않아도 습득할 수 있으며, 그래서 내적이고 언어 특수적 지식에 의해 어떤 방식이든 도움을 받는 듯하다. Fodor(1983)는 이 아이디어를 정신의 일반 이론으로 확장하여 인지의 대부분은 영역 특수적이라고 주장했다. 이 관점에 의하면 상이한 지식 영역—예를 들어 언어, 시각적 지각, 수 지식, 신념 지식, 욕구 지식—각각은 그것과 연관된 독특한 설명 원리를 가지고 있는 듯하다. 지식의 발달이나 획득은 각 영역에 독특한 원리에 의해 한정된다. 즉, 인간의 정신은 미리 설계된 구조 혹은 성질(한정된)을 가지고 있으며 이것은 도달한 가능성의 범위를 좁히고 환경 속에서 무수히 많은 투입물의 경쟁 속에서 올바른 결론을 도출해 내도록 한다. 언어적 한정은 언어 투입에 관한 추론을 안내한다. 대상에 관한 지각과 추론은 대상 지각에 한정되어 안내를 받는다.

두 번째 종류의 설명은 이제 막 나타나는 것으로 초기 지식을 **이론류**(theory-like)로 특징짓는 것이다. 아동의 개념 발달에 대한 이론적 견해는 아동의 세상에 대한 초기 이해가 조직되고 개념적으로 정합되며 자연에서 설명 가능하다는 것이다. 요약하면 그들은 과학적 이론과 유사하다(Carey, 1985; Carey & Spelke, 1994; Gopnik & Wellman, 1994). '이론'이라는 용어는 다양한 방식으로 사용된다. Wellman과 Gelman(1992)은 틀 이론(framework theory)과 구체 이론(specific theory)을 구분한다. 틀 이론이란 물리학이나 생물학, 인간 지식 등의 영역을 규정하는 포괄적인 설명 원리이며, 개방된 체제다. 그것은 구체 이론에 의해 영향을 받고 표현된다. 구체 이론은 두 가지 현상, 가령 소금에 대한 물의 영향 같은 구체적인 인과관계에 관한 주장이나 '포유동물' 류에 어떤 동물이 포함되는지에 대한 이론으로서의 일반화 등으로 한정할 수 있다. 아동의 초기 이론들은, 그리고 과학적인 이해라기보다는 소박한 이해에 근거한 어떠한 이론도 **상식적 이론**(naive theory)[2)]이다.

새로운 증거에 의하면 유아원 아동의 현재 모습은 인지적으로 능력 있는 하나의 온전한 개체다. 그들은 고도의 구체적인 종류의 지식을 소유하고, 중심원리를 사용하여 정합된 형태로 조직하며 이를 통해 아동은 세상을 이해한다. 이것은 이 장의 서두 부분에서 논의했던 아동의 역사적 특징화와는 대비되어 보인다. 이러한 새로운 관점은 학습준비도에 관해 무엇을 의미하는가?

먼저, 아동의 지식을 이론 기반이라고 이해하면 선행 이론 용어로 볼 때 새로운 준비도 개념이 나타난다. 만일 초기 지식이 이론 기반이라면 세상에 대한 아동의 초기 이해 혹은 아동의 상식적 틀 이론과 과학적 혹은 어른을 가르치는 교육과정에 포함된 명백한 이론 간에 화해는 개념화하기 훨씬 쉬워진다(Olson & Bruner, 이 책 2장 참조). 초기 사고의 이론류의 특성을 발견하는 것은 아동이 자기 자신에게 세상을 설명하는 원리가 비록 그 내용까지는 아닐지라도 이전에 생각했던 것보다 훨씬 더 성인의 것과 유사하다는 것이다. 이 말을 따르면 현재 관점의 구체적인 함의가 도출된다. 아주 커다란 잠재적 함의 세트에 대한 소수의 예가 있다. 우리가 영역 특수성과 이론 기반 이해를 채택하든 안 하든 이것은 확실히 제공되는 유일한 관점이 아니다. 다음의 예는 준비도 관점이 아동의 사고와 학습이라는 전체 관점과 관련하여 어떻게 틀이 잡히는지 보여 준다.

준비도 이론에 대한 최근 관점의 함의

영역 일반 준비도

어느 이론의 지식의 관점에서 본다면 형식 교수에 대한 아동의 준비도는, 원시적이고 상식 수준의 이론을 수정하며 형식 교수의 혜택에 따라 명확한 '과학적' 이론을 형성하는 능력을 어느 정도 가지고 있느냐에 따라 결정된다. 이러한 두 종류 이론의 근본적인 차이는 의도성이 어느 정도나 포함되어 있는가다. 상식적 이론은 의도 없이 혹은 우연히 획득된다. 그들은 정신이 작업하는 방식 그리고 세상이 작업하

---

2) 역자 주: 소박하고 상식적인 이론.

는 방식의 결과다—그것은 빤히 들여다보이는 것이다. 그들은 형식 교수 없이도 이루어지는 학습 종류의 예를 늘어놓았다.

이에 대조되어 명시적인 이론은 불분명하다. 인지과학의 언어로 말하면 명시적인 이론은 초인지적이다. 명시적 이론을 획득하기 위해서는 의도적인 학습이 필요하다. 그래서 이를 위해 아동에게 형식적 교수를 시작해야 한다. 아동은 자신의 상식적 이론의 요소를 그들 자신에게 표현할 수 있어야 하며, 교수에서 획득되는 형식 이론의 새로운 정보를 표상하여야 하고, 둘 사이의 일치하거나 일치하지 않는 함의를 의도적으로 도출해야 한다. 그들은 그들의 상식적 이론의 원리를 가져와 명시적 이론을 의도적으로 획득하도록 하여야 한다.

이러한 관점에서 준비도는 아동이 신념—즉, 현실과 같은 뜻을 나타내지 않거나 수정될 가능성이 있는 것으로—을 재인할 것을 요구한다. 신념의 수정은 영역 일반적이며 메타 표상적 능력으로 의도적 학습의 가장 중심에 놓여 있다. 상식적 이론에서 중심 설명 원리를 의도적으로 풍부하게 하거나 변경하는 아동의 능력이 밑바탕에 깔려 있어 그것이 형식 교수에서 학습할 수 있는 능력이 된다. 아동이 자신의 정신을 표상적으로 재인하게 되면 메타 표상적 능력(metarepresentational competence) 혹은 메타 인지가 등장하게 된다. 명백하고 의도적인 이론에 내재한 기원과 진상은 변화한다. 이러한 점에서 영역 일반적이다. 외양과 실재, 자신의 과거와 현재의 신념을 구별하는 능력, 그리고 다른 사람의 신념과 욕구, 의도를 재인하는 능력 모두는 마음 이론(Astington, Harris, & Olson, 1988; Wellman, 1990; Olson & Astington, 1993)의 연구 대상으로 약 4~5세쯤에 나타난다.

영역 특수 준비도

교육과정을 지리학, 물리학, 수학, 문학 등의 교과목으로 나누는 것은 Dewey가 주장했던 것처럼 단순히 생경하고 낡은 교육학의 인조물은 아니다. 사실 마음 이론의 영역 특수적 견해와 아주 일치하며 어느 정도는 고대에서부터 있어 온 구분을 반영하는 것이다. 물리학에 포함된 설명 원리의 종류는 언어학이나 생물학 혹은 다른 영역에 포함된 설명 원리의 종류와 다르며 각 영역에서 학습이 일어나는 방식 또한 다르다.

이것은 여러 종류의 질문을 제기한다. 예를 들어 특정 영역에서의 학습이 그 영역의 내용에 관한 새로운 이론의 획득으로 구성되는지 혹은 기존의 이론을 더 그럴듯하고 정합되게 만드는 것인지가 불분명하다. 몇몇 연구자는 전자를 지지한다. 그래서 학습이란 개념상의 변화를 뜻하며 초기 이론과 후기 이론 간에 단절성(discontinuity)이 존재한다(Carey & Spelke, 1994). 다른 연구자들은 후자를 지지한다. 그래서 학습이란 동일한 기본 설명 원리에 접근하거나 적용하는 기술이 증가됨을 의미하며 초기 이론과 후기 이론 간의 관계를 연속성으로 바라본다(Fodor, 1992). 더욱 중요한 적용은 특정 지식 영역에서 초기 상식적 이론 혹은 상식 수준에서의 이론과 후기에 나타나는 과학적 이론 간의 관계다. 그러한 관계는 새로운 정보에 대한 아동의 성공적인 깨달음에 필요한 대응을 고양시키기 위해 명백하게 만들어져야 한다.

여러 지식 영역에서 준비도의 적용은 아래에 기술하고 있는 것처럼 각 영역의 지식 특성은 이론류라고 가정한다. 아동의 초기 상식적 이론은 우연적(incidental) 혹은 비의도적(nonintentional) 이론으로 특징된다. 이는 우연적 학습과 의도적 학습을 구분하는 학습 이론에서의 구분을 따른 것이다(Hilgard & Bower, 1966). 마찬가지로 후기에 나타나는 과학 이론은 의도적(intentional)으로 특징된다. 이러한 구분이 이론 발달에서 연속성과 불연속성 견해와 동일하게 적용됨을 주목하라.

1. 상식 물리학: 우연 이론과 의도 이론 생의 첫 해부터 아동은 우연적 물리학자다. 사물의 영속성 및 고형성에 대한 민감성은 2~3개월 사이에 나타나며, 중력과 관성에 대한 민감성은 6개월 정도에 나타나기 시작한다(Spelke, 1991). 물리 세계의 상식적 이론은 대상 지각의 이러한 초기 이론에서 시작한다. 아동의 세계에서, 부모가 사물을 잡고 흔들거나 다른 아동과 장난감을 자기 것으로 만들기 위해 경쟁하는 등의 타인의 비형식적 가르침은 아동 경험에서 아주 이른 시기에 일어난다. 그러나 이런 경험이 없을지라도 삶의 첫 해에 세상의 사물 간 행위나 속성에 내재하는 인과적 원리에 관한 무언가 정합된 아이디어를 구성하도록 아동에게 기대할 수 있다.

좋은 유아원은 우연적 물리학자들에게 실험실이 된다. 다양한 사물이 쌓여 있고, 굴러다니는 사물이 있는가 하면, 사물 속에 다시 또 다른 어떤 사물이 들어 있기도

하다. 젖은 모래와 마른 모래가 있어 서로 다르게 반응한다든지 며칠 동안 그냥 놔두면 젖은 모래는 마르기도 한다. 사물은 대개 즉시 물에 빠지기 마련이지만 물의 표면장력은 사물을 어느 정도 지지해 주기도 한다. 또한 컨테이너 안의 물은 사물을 밀어내어 사물을 떠 있게 만들기도 하고 너무 많은 사물이 들어가면 컨테이너 안의 물을 넘치게 만들기도 한다. 그러한 즐거운 실험정신에 도출된 원리는 '놀이 시간'이 끝나면 너무나 쉽게 사라진다. 그리고 학교에서 형식적 교수가 시작된다. 그것은 미완성인 상태로 남아 있다가 물리 세계에 관한 형식적 교수를 받고 나서야 형식적 원리로 태어난다.

의도적 물리학자가 되는 준비도는 아동이 세상과 상호작용하면서 도출되는 아동의 상식 물리학의 중심 설명 원리가 학교에서 배우는 물리 이론 간 대응 정도에 달려 있다. 어떤 이론은 아동의 직접 경험 밖에 있는 경우도 있다. 그러나 그 이론의 원리가 아동이 현재 이해하고 있는 바와 일치한다면 그것은 이해될 수 있다. 첫 번째 단계는 아동의 현재 설명 원리를 명백하게 해 주는 것이다. 이것은 질문-정의 과정, 다이어그램, 혹은 단순한 공식 등을 통해 가능하다. 그래서 가르치고자 하는 물리 이론은 동일한 용어로 이해될 것이다.

완전히 비연속적인 내용을 학습하는 것은 저학년에서는 가능하지 않다. 예를 들어 시간은 빛의 속도에서는 구부러진다는 상대성 이론의 주장에 내재하는 설명 원리는 6세 아동의 상식 물리학의 중심 원리와는 연결되지 않는다. 상식 물리학에서 고체는 압력이 가해졌을 때 구부러진다. 아마도 유아가 빛을 구부러질 수 있는 것으로 받아들이거나 그러한 변화를 일으키는 것이 무엇인지를 이해하기란 어려울 것이다. 시공간 물리학은 5, 6세 아동의 물리학과 연결될 수 있는 용어로 바꾸어야 한다.

그래서 물리학에서 영역 특수 준비도는 아동이 자신의 물리 세계를 이해하는 현재의 설명 원리와 학교에서 가르치는 형식적 물리 이론의 설명 원리 간에 어느 정도나 일치하는가 아니면 불일치하는가에 달려 있다(30장 deSessa 참조).

2. 상식 생물학: 우연 이론과 의도 이론 유아원 아동은 열광적인 우연적 생물학자다. 주변의 살아 있는 생물에 대한 깊은 관심은 생물학적 종류의 불확실한 특성에

관한 깊은 이해를 보여 준다. 그들은 무생물일 때와는 달리 생물학적 종류에 관해서는 상이한 형태의 귀납 추론을 한다(Gelman, 1988; Keil, 1989). 아동은 동일 종류의 동물은 내부가 동일할 것이고 동물과 비슷하기는 하나 살아 있지 않은 것은 내부가 같지 않을 것이라고 추론할 것이다(Gelman & Wellman, 1991). 아동은 4세가 되어서야 송아지는 비록 돼지하고 같이 큰다고 해도 음매 하고 울며 곧게 뻗은 꼬리를 가진다는 등의 본래의 잠재성을 깨닫게 된다(Gelman & Wellman, 1991). 또한 나뭇잎의 색이 바뀌는 것은 외부의 힘에 의해서라기보다는 내부의 작용에 의해서라는 것을 알게 된다(Gelman & Kremer, 1991). 이러한 모순을 발견하면서 Piaget 학파는 아동기 물활론이 아동으로 하여금 인간적 혹은 생물학적 특성인 감정이나 섭리 등을 무생물이나 물활론적 대상에 무차별로 적용하게 만든다고 주장한다. 또한 Carey (1985)는 10세 이전의 아동은 식물을 포함하여 살아 있는 대상을 항상 아는 것은 아니라고 보았다. 일반적으로 Wellman과 Gelman(1992)은 상식 생물학은 아이들이 학령기가 될 때까지 상식 심리학이나 상식 물리학만큼 잘 발달하지 못한다고 했다. 그러나 증거들은 아동이 살아 있는 종류에 관해 영역 특수 원리를 적용하여 추론함을 지지하며 이것은 유사성 판단 등의 영역 일반적 과정으로는 설명하기 어렵다.

의도적 생물학자가 되는 아동의 준비도는 그래서 질문의 하위 영역이 동물이냐 식물이냐에 따라 다르게 기대해야 한다. 이는 동물에 관한 지식이 더 이른 시기에 발달하는 것처럼 보이기 때문이다. 이에 비해 '살아 있는 것' 에 대한 정합되고 성인다운 범주는 조금 늦게 발달한다. 식물에 대한 아동의 설명 원리는 동물에 관한 설명 원리만큼 발달하나 단순히 두 종류가 하나의 일반 범주에 포함되는 것은 아니다 (28장 Atran 참조). 그래서 성인이 생물학 영역에 대해 생각하는 것은 유아에게 맞게 작은 하위 영역으로, 즉 상식 식물학 혹은 상식 동물학 등으로 세부적으로 나누는 것이 좋을 것이다. 살아 있는 세계에 대한 아동 중심 이해는 이러한 하위 영역에서 더 정합적이다. 식물이나 동물에 관한 형식 교수의 준비도는 아동이 기존의 이러한 구체적인 하위 영역에 대해 가지고 있는 이해의 형태에 달려 있고, 그러한 이해가 명시적이 될 때 더 쉬워질 것이며, 유사한 형식 이론이 아동의 기존 설명 원리와 결합되어 배울 수 있게 될 것이다.

3. 초기 수 이론 사물의 수를 세는 일은 사물을 지각하거나 사물에 이름을 붙이는 일과는 완전히 다른 원리가 포함된다. 수 세기 원리는 수치적으로 동등한 집합에 지각적 특성이나 그 집합에서의 수 이름과 관계없이 동일한 수 명칭을 할당해야 한다. 그리고 계속 변화하는 어휘 목록에서 유아는 이름과 수를 혼동하지 않는다(Gelman, 1990). R. Gelman(1990)은 세기 단어의 제약은 사물 명칭에서의 제약과 다르다고 주장한다. 작은 수의 집합은 **직관산**(subitizing) 과정으로 수치화할 수 있다(Klahr & Wallace, 1973). 직관산이란 수 세기와는 다른, 집합을 전체적으로 지각하는 과정이다. 그러나 다른 학자는 작은 수의 집합일지라도 수 세기가 포함된다고 한다(Gallistel & Gelman, 1992). 수량화, 일대일 대응, 독특한 서열 연속성 등의 중심 원리에 대한 지식은 천성적이라는 증거가 있다(Gallistel, 1990; Gallistel & Gelman, 1992). 이러한 중심 원리는 산수의 추론하기의 기초를 이루며 모든 어린 우연적 수학자들이 포착하게 된다. 현행 여러 견해에 의하면 큰 수 집합을 지각하고 추론하는 것은 일반적으로 단일 집합의 중심 원리로 설명할 수 있다.

산수 혹은 수학에서 형식적 교수의 준비도는 현존하는 중심 원리를 명확하게 만들고 새로운 원리가 어떻게 설명되든 간에 그것을 두 집합 간의 함수로 만들 것을 요구한다. 수학은 수학의 '원어'라 할 수 있는 풍부한 기호체계를 가지고 있다. 이 영역의 독특한 체계를 학습하는 것은 중심 설명 원리를 확실히 해석하는 데 기본 부분이다. 수 세기 원리를 이해하는 아동은 의도적 수학자가 될 준비가 되며, 그러한 원리가 상징과 기호를 가지고 어떻게 명백하고 형식적 방법으로 표상할 수 있는지를 학습하기 시작한다. 아동의 언시적 이해와 일관된 용어로 틀을 잡는다면 수, 산수, 기본적 수학적 원리의 명백한 이론이 시도될 수 있다.

준비도 교수학 다시 생각하기

Tyler(1964)의 '언제 가르칠 것인가' 에 대한 고전적인 준비도 질문은 어떻게 잘 이해될 수 있는가? 아동의 준비도를 가르칠 수 있는가는, 언제 시작해야 하는가라는 시기의 문제라기보다는 가르침의 종류와 관련한 문제다. 가르치기는 위에서 설명한 아동의 기존 지식뿐 아니라 지식 교류가 어떻게 일어나는지에 대한 아동의 기존 이해와 결합할 때 가장 효과적이다. 형식 교수는 단순히 지식이 전달되는 특정 종류의 봉투라 할 수 있다. 성인에게서 정보를 획득하는 것은 아동에게 완전히 새로운 경험은 아니다. 그러한 많은 사건이 유치원 이전 5년이라는 긴 시간 동안 유아의 마음속에 영향을 끼친다. 그럼에도 형식 교수와 선행의 지식 교류 형태 간에는 비연속성이 존재한다.

초기 경험의 비연속성

형식 교수는 초기 경험과 달리 실제 세계의 적용 맥락에서 벗어난 추상적 원리를 다룬다. 형식 교수에서는 이를 짧게 표현하여 '탈맥락화(decontextualized)' 라고 한다. 이것은 유아가 학교교육에 적응하기 어려운 원인으로 자주 주장되어 왔다. 그렇지만 필수 조건이기는 하다. 예를 들어 완전히 맥락화되고 구체적인 상황에서 고등 대수나 철학 등 일부 영역의 교수를 생각하는 것은 불가능하다. 형식성과 추상성은 고등 교수 영역의 필수 특징이며, 그것이 교육방법론의 약점은 아니다.

유아의 지식 또한 추상적일 수 있다는 점을 주목하는 것이 중요하다. 언어나 다른 영역의 지식에 대한 이해는 초기 연령부터 추상적 규칙에 따라 이루어진다. 아동의 문법 지식이 명시적 교정에 저항한다는 관찰(Brown & Hanlon, 1970; Braine, 1971)은 아동 자신의 내적인 추상 원리가 굳건함의 증거로 제시될 수 있다. 그러나 이러한 원리는 아동이 특정 영역 내에서 필요에 의해서 스스로 도출한 것이지 가르침에 의해 습득한 추상 원리는 아니다. 그래서 아동이 형식 교수 시 '탈맥락화' 된 추상 원리를 만났을 때 겪게 되는 어려움은 아동이 추상적 원리를 채택하지 못하는 능력 때문에 나타나는 것은 아니다. 그보다는 이른바 추상적 패키지라는 것에 포함된 새로운 지식을 받아들이는 데 그것을 사용하지 않기 때문이다.

초기 경험의 연속성

다른 사람의 영역 특수적 이론의 내용과 구조를 아동에게 전달할 때 형식 교수의 재료는 만일 형식 교수와 초기 경험 간에 일부 연속성이 나타난다면 유치원 아동의 경험을 좀 더 부드럽게 연결시킬 수 있다. 첫째, 적어도 초기 시기에 최고의 형식 교수는 상호작용적이다. 지식이 있는 성인이라면 해석 가능한 구조 혹은 설명 가능한 구조를 제공할 것이며 초보자인 아동은 이 구조를 사용하여 기능을 배울 수 있다. 교육적 맥락 내에서 이것은 종종 형식적인 방법이나 조금 먼 듯한 방법으로 나타나지만 영아기에 나타나는 상호작용의 구조와 근본적으로 비연속적인 것은 아니다. 부모나 다른 보육 담당자가 아기에게 먹이거나 기저귀를 갈아 주고, 조용하게 해 주거나, 놀아 줄 때 양심과 의도성을 아주 초기부터 자녀에게 심어 준다(Stern, 1985). 그들은 아동에게 이야기하고 아동이 그렇게 할 수 있기 훨씬 전부터 아동에게 반응을 기대한다는 것을 설정해 놓는다. 이러한 상호작용의 반복은 아동에게 기쁨을 줄 뿐만 아니라 경험을 비계 설정(scaffolds)하게 되는데 이러한 방식을 통해 아동 자신의 표현적 능력과 인지적 능력을 향상시킬 수 있다(Bruner, 1983a). 이러한 것이 초기 비형식적 사건들이다. 그 문화에서 나이 많고 경험 많은 구성원이 형태와 내용을 빌려 줘 아동의 초기 주저하던 성향이 세상을 탐색하도록 도와준다. 그러한 중재는 교수에 필수적으로 의도된 것은 아니다. 아동의 학습은 점점 더 많이 자발적, 우연적 방식으로 이루어지게 된다. 이는 Rousseau가 **도제학습**이라고 부른 것과 유사한 방식이다. 이러한 개념은 최근에 들어와 더 많이 인정을 받고 있다(Miller, 1977; Rogoff, 1990; Rogoff, Matusov, & White, 이 책 18장 참조).

둘째, 형식 교수는 일반적으로 **부재 참조**(absent reference)를 포함한다. 사건과 개인은 즉시적 맥락에서 나타나지 않는다. 그러나 다시 말하지만 아동에게 친숙한 일이 아니다. 아동의 가장 초기의 부재 혹은 가설적 사건이나 사람과의 만남은 가상 놀이나 내러티브에서 흔히 나타난다. 가상 놀이를 하면서 아동은 자기 자신의 경험과 상상력의 산물인 부재 사물을 표상한다. 이것은 아동의 마음 이론에서 상정하는 표상적 능력의 초기 형태다(Leslie, 1988). 이와 대비하여 내러티브에서의 부재 주인공이나 사건은 아동 자신의 것이라기보다는 작가와 내레이터의 마음의 산물이다. 그러나 아동에게 어려움을 제시하는 것과는 달리 내러티브의 부재 참조는 영원한 환상을 이끌어 낸다. 교수 양식으로서 내러티브의 자연스러움은 아동이 읽기를 하는 가정이나 유치원에서 쉽게 관찰된다. 이것에 대한 아동의 반응성은 모든 인간 문화에 걸쳐서 역사-태생적인 형태 혹은 문화태생적 형태에서처럼 내러티브의 으뜸으로 메아리친다(Bruner, 1986).

그래서 형식 교수에서 부재 주제는 그 자체로는 어려움의 근원이 아니다. 아동에게 제시되는 설명과 해석은 이러한 종류의 주제가 경험되었을 뻔한 종류의 맥락에서 설명되어야 한다. 유사하게도 형식이 구조화되고 때로 원거리 접근 같은 특성은 만일 이것이 상호작용의 초기 형태와 연속성을 가진다면 더욱 효과적일 수 있다. 양쪽 종류의 연속성으로 설명을 하면 형식 교수는 유아에게 더 접근 가능한 형태가 될 것이다. 그리고 서구 학교교육에서 일반적으로 경험하는 것처럼 형식 교수의 분파성은 명시적이고 탈맥락적이며 추상적인 형태로 강조된다면 반드시 지식에 대한 독특한 경험과 태도를 만들 것이며 그것은 아동의 독특한 요구로 채워질 것이다.

결론

준비도의 과학적 기반 재평가하기

이 장의 시작에서 준비도 이론은 좀 더 광의의 이론적 틀이나, 과학적 심리학, 철학 혹은 초기의 상식적 이론 등과 비교할 때 잘 이해될 수 있다고 했다. 이러한 입장에서 일반적인 결론은 우리의 이론적인 지향성이나 상식적 수준의 신념과 관계없이 1차적 동인이 우리의 이론적 틀을 명확하게 만드는 것이다. 준비도에 관한 어떤 이론을 전개시키더라도, 그리고 어떠한 교육과정을 고안하더라도 그 이전에 먼저 아동과 학습과 가르침에 대한 내재된 가정을 밝혀야 한다. 이러한 요구가 지식을 진보시키도록 고안된 과학적 이론만큼 동일한 수준의 상세함에 있지는 않더라도 적어도 그것과 일관성을 가져야 한다. 기존의 과학적 증거와 일치하지 않는 어떤 이론을 유지하고 교육과정을 수행하는 것은 좋지 않은 실천이라 할 것이다.

준비도에 관한 어떤 아이디어는 다시 고려될 수 있다는 것이 위에서 살펴본 증거에 나타난다. 이러한 재탄생 아이디어는 준비도의 정합된 이론을 개발하는 데 선이론적 가정으로 좋은 후보가 된다. 아동의 마음이 어떻게 기능하는가에 대해 전에는 알지 못했던 실증적 사실 또한 역사적 입장과 현재의 입장 모두를 평가하는 좋은 입장을 제시한다.

1. 학습준비도는 아동의 인지적 성향과 가르치고자 하는 것의 형태 간 대응 함수다 이 원리는 Comenius에서 Dewey를 거쳐 Bruner와 현재의 마음 이론에 이르기까지 재발생하는 원리가 된 듯하다. 이것은 초기 성숙주의 견해에 비교하면 고정된 영역 일반적 가정이라는 점에서 대조적이다. 성숙과 같은 생물학적 요인이 효과가 없다는 것은 아니다. 분명히 그것은 중요한 효과가 있다. 그러나 아동이 교수로부터 이득을 얻는 능력에 전체적인 제한을 포함하지는 않는다. '대응(matching)' 이라는 견해는 학습준비도를 설명하는 데 영역 일반적 원리와 일정 범위의 영역 특수적 원리를 모두 허용한다. 아동은 어떤 학습 과제에도 신념, 기대, 가정 등을 활동적으로 가동한다. 그리고 이것은 성공적인 학습이 일어날 때 그 이득을 가장 잘 채울 수 있다.

2. 형식 교수에 포함되는 영역 일반적 준비도는 4, 5세쯤에 이루어지는 것으로 기대할 수 있다 이것은 아동의 발현적 메타 표상적 능력 혹은 마음 이론에 달려 있다. 그 자신의 마음을 표상하는 능력은, 그리고 신념을 재인하는 능력은 개선되어 형식 교수로부터 혜택을 얻는 능력의 기초가 된다. 이 연령은 예측된 연령보다, 즉 고전적 Piaget 이론이 주장하는 것보다 이른 시기가 될 수 있다. 메타 표상적 능력 개념에 대한 준비도 이론에 기초하는 것 또한 초기 성숙주의자가 설명한 것과는 확연히 다른 교육적 함의가 있다. 이것은 근본적으로 특정한 종류의 능력—표상을 다루는 능력—에 기초하고 모호한 성숙 개념에 기초하지 않기 때문이다. 이러한 능력 형태는 상식적 이론이 다양한 영역과 여러 가지 표상적 형식주의에 걸쳐 명시적 형태로 표

상되도록 해 준다.

3. 한 가지 이상의 준비도가 있다 지식을 획득하는 준비도는 여러 영역에 따라 다양하게 기대할 수 있다. 이는 아동에 관한 기존 이론의 원리를 조직하는 일이 찾고자 하는 지식의 종류에 따라 다양하기 때문이다. 그래서 많은 다양한 준비도 스케줄이 지식의 영역에 따라 다양하게 나타날 것이다. 이러한 설명에 따르면 효과적인 가르치기는 교과서 중심의 교수법보다 훨씬 해석적이다. 아동의 현재 상식적 이론의 중요한 지표로 아동 자신의 성향과 흥미가 인식될 필요가 있으며 언제 명시적 원리를 가르칠 것인지, 그리고 어떤 방식으로 가르칠 것인지를 결정하는 것을 설명한다. 이것은 특히 저학년 시기에 중요하다. 이는 이 시기가 학습에 필요한 영역 일반적 전략을 개발하기 전이기 때문이다.

요약하면 준비도에 대한 의문은 Tyler(1964)가 주장한 것처럼 가르칠 시기가 '언제인가' 처럼 단순하지 않으며 오히려 '어떻게', '무엇을' 가르칠 것인가와 같은 문제다. 준비도를 '언제' 라고 하는 단일 차원의 질문으로 만든 것은 성숙주의자의 견해 때문이다. 그리고 우리가 본 것처럼 그것은 별로 신뢰할 만하지 못하다. 아동이 개화할 때까지 옆에서 건드리지 않고 고통스럽게 기다려야 한다고 가정하는 것은 옳지 않다. 최근 연구에 의하면 그것은 개화한다기보다는 마치 풀이 죽는 것에 더 가깝다고 할 것이다. 아동의 기존의 이해만 고려한다면 가르치는 것에서 이득을 얻을 수 있다. 학습준비도에 관한 '어떻게, 무엇을' 에 관한 질문은 해석적이고 설명적이다. 무엇을 가르칠 것인가에 대한 근본과 방법은 학습 성공에 가장 중요하다. 근본 문제('무엇을' 에 관한 질문)는 영역 특수적 문제다. 기존의 중심 설명 원리를 새로운 정보 기초에 맞게 수정하거나 변경하는 가능성과 주어진 새로운 정보의 성질은 지식 영역에 따라 다양하다. 방법 문제('어떻게' 에 관한 질문)는 영역 일반적이다. 설명과 해석으로 가르치기는 아동의 일부 마음을 표상적으로 잡아야 한다. 그 신념은 변경하기 쉽다. 신념을 통한 신념의 영역 일반적 이해는 형식 교수에 참여하는 준비도의 기초가 된다. 그리고 신념을 수정하는 이유를 이해하는 능력과 관련이 있다.

수행: 이론과 실제

이론과 실제 상호작용의 몇 가지 특징은 교육 현장에서 오래된 적절치 않은 이론의 지속성으로, 그리고 새 이론에 기초한 교육학 수행의 저항으로 설명할 수 있다.

첫째, 실험실에서 교실로 전달되는 과정에서 많은 이론들이 그러한 격렬한 변화를 견뎌 낸다. 이는 그전 이론이 겪었던 것과 너무나 닮은꼴이다. 둘째, 대부분 과학적 심리학 이론이 그랬던 것처럼 지식을 전진시키기 위한 이론은 지식을 나누어 주기에는 좋은 이론이 아니다. 과학과 가르침은 근본적으로 다른 활동이다(Dewey, 1902/1956 참조). 그리고 나쁜 형이상학은 좋은 인식론이 될 수 있다(Medin, 1989 참조). Socrates는 유명한 교사였다. 그가 사용한 효과적인 교육은 발달 이론에 근거한 것이 아니다. 셋째, 광범위한 상이한 이론의 교수적 함의는 그것이 교사에게 권장되도록 번역될 때 때때로 너무나 유사하게 보인다(Simmons, Whitfield, & Layton, 1980). 넷째, 인지와 학습 특성에 대한 지식을 진보시키고자 하는 과학적 심리학 이론은 계속해서 변화하고 있다. 이것은 좋은 과학이기는 하나 나쁜 교육학을 만든다. 어떤 견해가 '틀린 것'으로 판명되면 교육자는 그들의 실제를 재조정해야 한다. 이것은 시간 낭비이며 비용도 들고 좌절감을 주기도 한다. 교사에게, 그것도 일반적으로 훈련된 과학도가 아닌 교사에게 이론으로부터 교수적 함의를 도출해 낼 수 있어야 한다고 기대하는 것, 그것도 이론의 원 고안자마저도 아직 문제와 씨름하고 있는 상황에서 그런 기대를 하는 것은 너무나 비현실적이라는 점을 간과한다. 마지막 이슈는 '낱알로 만들기(graininess)' 혹은 이론의 상세화다. 대부분 과학적 심리학 이론은 큰 상세함 속에서 인간 기능의 부분집합까지 기술하지만 교육학은 더 넓은 관점과 성향을 가지고 있어 덜 상세하다.

이러한 점 모두는 실험실과 교실 간의 부드러운 인터페이스에 대항하여 작용한다. 그러나 학교 유예의 예를 분명하게 만든 것처럼 건전한 이론에 따른 교육적 실천에 기초하는 데 실패하는 것은 아동에게 재난에 가까운 결과를 가져올 것이다. 어떤 이론도 모든 교육적 질문에 해답을 가지고 있지 못하다. 그러나 실증적 증거에 직접 모순되는 교육적 실제를 유지하는 것은 옹호하기 어렵다.

현재 교육자들이 갖고 있는 준비도에 관한 현재의 몇 가지 아이디어는 적어도 부분적으로는 관습적 삶의 잘못을 허락하지 않는 특성에서 기인한다. 학교도 예외는 아니다. 학습준비도라는 측면에서 본 '학교준비도' 라는 용어가 이를 반영한다. 운영자의 주된 관심은 특정 아동이 학교 내에서 무수한 사회적 · 신체적 · 지적 요구를 가지고 잘 기능하는가 여부다. 관습은 개인에게 악명 높을 정도로 비적응적이다. 특정한 상황에서 요구되는 관습의 제약 내에서 성장하기 위해 필요한 적응을 해야 하는 것도 바로 개인이다. 이러한 일반 상식 수준의 설명에 따르면 '학교준비도' 는 실제로 개인의 요구와 관습의 요구 사이에 '적합' 한 것으로 묘사된다. 많은 요인이 여기서 중요한 역할을 한다. 이 문제의 좀 더 실제적인 문제는 이 선택이 잘못된 선택이라는 것이며, 그래서 개인 내적인 학습 문제를 어쩔 수 없이 현재 제안되고 있는 잘못된 해결책의 도입으로 이끌 것이라는 점이다. 5세 아동의 생생하고 변하기 쉬운 집단에서 '아직 적합할 수 없음(not-yet-able-to-fit)' 과 적합할 수 있음(able-to-fit)' 을 분리하는 정확하고 합리적인 절차가 있을 것이라는 것은 분명치 않으며 희망적이지도 않다. 그 상황은 빠져나오지 못할 만큼 복잡하다. 아동은 개인이며, 교육이 성공하려면 그 교육 경험은 상호적응성을 가져야 한다. 그러나 그것은 관습의 경우처럼 많은 고민이 필요한 문제라 할 수 있다.

아동과 교육과정

아동의 초기 사고에 대한 Dewey의 견해는 현재의 입장에서 살펴본다면 조금 이상하기는 하지만, 우리는 아동에 대한 새로운 이해를 가지고 Dewey의 아이디어를 다시 검토해 볼 가치가 있다. Dewey는, 실제로 교육과정은 추상적 · 논리적 특성이 아동의 즉각적인 경험과 너무 유리되어 있기 때문에 아동에게 다가갈 수 없거나 다가갈 수 있게 시도하더라도 교과목이 'denature' 된다고 주장한다. 즉, 설명 원리가 강탈당하고 정합된 논리적 체계에서 일련의 분리된 사실로 감소하여 반드시 암기해야만 하는 것으로 된다. 기법은 아동에게 세상을 더 이해하게 하지도 못하며 축적된 우리 선조의 이론적 지식에서 우리 선조 자신의 상식적 이론을 의도적으로 구성하거나 재준비하는 이득을 얻지 못한다.

> 이런 교육을 통하여 학생들이 비과학적이고 단순한 상식에 모든 것을 맡기도록 물들지 않는다면, 그리고 교육 내용이 누군가가 경험을 기초로 하여 피땀 흘려 탐구한 결과를 체계화한 것이라는 근본적인 사실을 잊지 않는다면 그나마 다행일 것입니다(Dewey, 1902/1956, p. 26)[2)]

오늘날 교육자들이 이러한 이슈에 민감하지 못하다고 해서 그 누구도 탓할 수는 없다. 그렇지만 아동의 현재 경험과 너무나 유리되어 있어 아동의 경험을 제대로 담아 내지 못하고 있는 교육과정이나 혹은 너무나 단순하게 되어 그것의 설명 과정에서 나타나게 될 역동성이나 즉시성을 마치 빼앗긴 듯한 교육과정 사이의 어느 중간 지대를 찾아내야 하는 중요한 과제가 남아 있다. 여기에 언급한 제안은 단지 시작에 불과하다. 아동이 누구이고 어떻게 학습하는가에 대한 상식 수준 이론의 타당성, 특히 아동과 여러 해 동안 함께 작업하면서 경험해 온 것으로부터 도출된 이론의 타당성이 과소평가되어서는 안 된다. 그러나 이들 제안이 가지고 있는 과정에 어떤 문제는 없는지 점검할 필요는 있다. 그리고 다른 이들의 이론을 통해 굳건히 세워져야 한다. 이러한 이론을 세울 사람은 아동에 관해, 그리고 문화적 · 사회적 · 물리적 세계에 몰입하고 발견할 수 있도록 하는 아동의 삶에 가장 중심인 활동의 형태에 대해 깊게 생각하는 사람이어야 한다.

감사의 글

저자는 중요한 코멘트와 제안을 해 준 David R. Olson에게 감사를 드린다. 아직도 남아 있는 결함들은 전적으로 저자의 책임이다. 그리고 본 장의 논문을 작성하는 동안 도움을 제공해 준 the Hebrew University of Jerusalem에게도 감사를 표한다.

---

2) 역자 주: 박철홍 역, 『아동과 교육과정/경험과 교육』(문음사) 참조.

제9장
언어와 문해 발달: 비연속성과 차이점

LOWRY HEMPHILL
CATHERINE SNOW

문해와 언어

언어에 관한 지식과 문해 간의 상관성과 언어-문해성의 연속성은 이미 잘 알려진 사실임이 명백하다. 어휘력 검사 등과 같은 언어 유창성에서 좋은 점수를 획득한 유아들이 좋은 읽기 학습자가 될 수 있으며, 이와 반대로 읽기에 있어 문제가 있는 유아들의 경우, 구두언어 능력에 있어서도 결함이 있는 것으로 평가된다. 이와 같이 기본적 과정으로 간주되는 구두 언어와 문해성 영역에서의 능력 간 상관성은 언어 획득과 문해 획득에 관한 논의와 유사하다. 구두언어 발달과 문해성의 상관성에 관한 주장은 문해성 이론만큼이나 오랫동안 지속되고 있다. 그러나 Chomsky의 이론에서 새롭게 조명된 구두언어와 문해성의 상관성은 더 활발한 논의를 불러일으키고 있다. 전이적이며 일반적인 문법은 표층으로부터 쉽게 접근이 불가능한 심층 구조와 함께 추상체계로서 언어를 재개념화하였다(Chomsky, 1957). 재개념화는 보편적이며 규칙 지배적인 자연언어를 증명하기 위해 발달 관련 자료를 사용하여 언어 획득에 관한 많은 연구를 시행하였다. Chomsky는 언어체계 구조의 대부분이 생득적이므로 언어 획득이 급속하고 쉽게 이루어진다고 보았다. 그는 언어가 형식적 교수-

학습 없이 보편적 획득이 가능하므로 다른 복잡한 인지체계와는 구별된다고 하였다. 이러한 특성들이 명백하게 문해성과는 구별되지만, 언어와 문해성 간에 (1) 직접적인 교수-학습에 의존하지 않은 학습의 급속성, (2) 수월성, (3) 진실적인 의사소통 목적에 기인한 언어의 사용과 자신감 등 세 가지 기본 전제가 존재한다.

Goodman(1977)은 다음과 같이 주장하였다.

> 구두언어와 문자언의의 차이는 고유한 성격의 차이점에 있는 것이 아니라 기능의 차이에 있다. …… 구두언어와 문자언어의 차이는 학습의 방법보다 교수의 방법에 있어 그 차이가 더 부각된다(K. Goodman, 1982, p. 55).

실용주의는 문해발달의 자연성을 Chomsky의 연구 프로그램이나 주장보다 훨씬 오래된 것으로 간주하고 있다(Y. Goodman, 1989; Shannon, 1990; Willinsky, 1990). 그러나 이러한 견해는 언어 발달에 관한 과학적 이론화와 연관되면서 새로운 관심과 조명을 받게 되었다. 예컨대, 발현문해는 조기 문해능력의 자연스럽고 불가피하며 보편적인 발현이며, 획득의 과정에서 언어와 문해의 구분을 모호하게 만드는 것으로 예측되었다(Holdaway, 1986; Teale, 1982). Weaver(1982)에 의하면, 다음과 같다.

> 성인은 유아에게 읽기와 쓰기의 모델을 제시하고, 읽기와 쓰기 전략에 관해 토론하고 읽기와 쓰는 방법을 안내할 수 있지만, 실제 읽고 쓰는 것을 가르칠 수는 없다. 이러한 모든 방법을 사용하여 유아들의 읽기와 쓰기를 촉진시킬 수는 있지만, 유아들에게 읽고 쓰는 방법을 효율적으로 가르칠 수는 없다. 읽기와 쓰기에 관한 직접 교수는 단어나 문장의 조합을 만들기 위해 영유아들에게 음가나 단어를 가르치는 수준 정도라고 할 수 있다(1994, p. 86).

촉진적 환경

발현문해 이론가들과 총체언어 적용 연구가들은 성공적 문해 획득에 있어 풍부한 문해 환경의 중요성을 강조한다. 유아기에 자연스럽게 읽기 경험에 참여하고 있는 유아들의 경우, 가정 문해 환경이 풍부한 인쇄문자로 구성되어 있으며, 부모들의 읽기 및 쓰기에 관한 사용이 빈번하고, 쓰기 맥락과 함께 읽기 경험에 참여하였다(Hall, 1987; Weaver, 1994). 즉, 총체언어의 교실 적용은 읽기 및 쓰기 학습자로서 유아들이 자신감을 갖고 문해활동에 참여할 수 있는 자연성과 수월성을 강조한다. 또한, 교사들은 문해발달을 조성하기 위해 풍부하고 지원적인 환경을 구성할 책임이 있다(Calkins, 1991; Holdaway, 1979; Newman, 1985).

총체언어 이론에 의하면, 유아들에게 문해 환경을 제공하는 것은 문해적인 결과를 가져다주며, 이는 영아들에게 문해 환경을 제공하였을 때 언어 획득을 가져오는 것과 마찬가지다. 이러한 견해 중에 한 가지는 유아들이 문해활동에 참여하게 되면 당연히 문해성을 획득하게 된다는 활동 이론(activity theory)이다(Leont' ev, 1979; Wertsch, 1979). Teal은 다음과 같이 주장한다.

> 유아들이 문해에 관한 활동과 함께 읽기, 쓰기, 혹은 구두언어 경험에 참여하면서 또래 혹은 경험과 문해지식이 많은 사람과 상호작용하게 될 때, 활동 자체에 몰입하게 되며 점차적으로 사회적 관계를 내면화하게 된다. 뿐만 아니라 이를 통해 읽기와 쓰기에 있어 개인적 자신감을 발달시키게 된다(1982, p. 563).

자신감에 관한 의사소통의 자원 문해에 관한 또 다른 견해는 구두언어 발달과 마찬가지로 문해발달은 의사소통하고자 하는 유아의 자발적 의지에 의해 시작된다.

> 언어는 인간에게 있어 가장 중요한 사회적 능력일 뿐만 아니라, 인간 사회에 있어 필수적으로 요구되는 전제조건이다. 언어는 의사소통 상황에서 학습되며 사회적 만족에 의해 가속화된다. 문해성이 탈맥락화와 언어적 상호작용의 추상화를 야기시킨다 하더라고—즉각적 감각세계와와 청자와 화자의 거리두가—읽기와 쓰기는 언어의 기초적이며 사회적인 특권을 공유한다(Holdaway, 1986, p. 69).

이와 비슷한 맥락에서, Goodman은 다음과 같이 논의하였다.

> 유아들이 말하고 듣는 것과 동일한 이유와 방식으로 읽기와 쓰기를 배운다. 그러한 방식은 언어가 의미를 소통하기 위한 도구로서 사용됨을 뜻하며 이것이 바로 필요를 의미한다. 언어학습은 구두 혹은 문어에 상관없이 의사소통, 이해하기 등의 필요에 있어 동기부여가 된다(Goodman & Goodman, 1979).

즉, 문해 획득을 위한 좋은 환경의 특성은 언어를 사용하여 의사소통할 수 있는 다양하고 진실된 기회를 제공하는 것이라고 정의할 수 있다(Edelsky, Altwerger, & Flores, 1991; Ruddell, 1992). 학습자 자신의 의사소통 의도가 구두언어 획득의 원동력으로 이해되는 것처럼(Wells, 1986), 쓰기에 관한 유아의 의사소통 목적은 발달에 관한 동기를 부여하고 구조화한다고 할 수 있다. 이러한 목적들은 개인적 목소리를 표상해 주는 내러티브와 같은 조기 획득 언어 형태를 통해 가장 성공적으로 표현된다(Dyson & Genishi, 1994; Egan, 1987; Galls, 1994). 구두언어와 문해발달의 유사성에 관한 이러한 견해는 유아교육 현장에서의 실제 적용에 관한 관심으로 연결될 수 있다. 예컨대, 개인적 경험에 관해 이야기 쓰기, 문해 실제에 관한 풍부한 모델링, 직접 교수의 지양, 집단과정에 대한 주목, 중립적 위치에서 내러티브 평가하기 등이 될 수 있다.

견해 간의 상충

문해 획득에 있어 환경지원에 관한 중요성은 언어학습에서 환경지원에 관한 광범위한 연구 결과의 통합과 이에서 비롯된 이론들을 반영한다. 이들 연구는 생득적인 관점을 비판하며 발달에 있어 후천적 요인을 필수적인 것으로 설명한다. 과거 수십 년간 언어 획득이 발생하는 사회적 맥락에 관한 연구는 정보의 환경적 자원을 정의하는 목적을, 가설화된 생득적 기재를 대체할 수 있는 언어학습자에게 두었다. 이와 같은 추상적 병행은 문해 경험의 자원으로서 유아들의 의사소통 의도를 중시하는 풍부한 문해 환경이 언어가 획득될 수 있는 환경을 대체할 수 있다는 결론으로 이끌었다. 그럼에도 불구하고 언어 획득의 사회적 상호작용 맥락의 주의 깊은 읽기는 언어 촉진을 위한 환경적 자원이 다양한 사회적, 문화적 맥락과 발달 단계를 반영한 다양한 형태를 취한다고 한다(Ochs, 1988; 그리고 Lieven, 1994; Snow, 1995를 보라). 언어발달의 사회적 상호작용 촉진에 관한 광범위한 연구에 의하면 언어발달 촉진은 유아의 의사소통 의도나 이분법적 의사소통 참여에서 시작되는 것이 아니다. 언어발달의 기재는 유아 양육 등과 같은 하위문화의 불가피한 부분이며 유아와 성인의 역할과 관계를 정의하는 보다 폭넓은 문화적 규칙에 순응해야 한다(Clancy, 1986; Ochs, 1988; Schieffelin & Ochs, 1986).

그러나 총체적 언어 이론가들은 문해 획득의 수월성과 속도 등을 주장하면서 생득주의 관점을 사회적 상호주의 견해의 간단한 해석으로 적용하였다. 반면에 특정한 읽기 장애가 존재한다는 생득주의 견해나 학습자를 읽기 자료에 구조적으로 혹은 계열적으로 노출시키는 것이 학습을 향상시킨다는 사회적 상호작용주의 관점을 부인하였다(Moorman, Blanton, & McLaughlin, 1994; Ruddell, 1992; Smith, 1983). 더욱이 이들 이론가들은 의사소통 발달의 사회적 상호작용 촉진에 관한 극도로 간소화된 견해를 지지하는데, 이들은 촉진에 있어 문화적, 상황적 변인을 간과하고 있다.

요컨대, 총체적 언어 문해 연구에 있어 발현적인 정통성과 이론화는 언어와 문해 발달에 있어 다음과 같은 주장을 제기한다.

1. 언어(문해)획득은 자연적이고 급속도로 이루어지며 일반적으로 성공적이다.
2. 언어(문해)가 풍부한 지역사회의 의사소통 실제에 참여하는 것은 직접 교수에 의하지 않고 언어(문해) 자신감을 길러 줄 수 있다.
3. 언어(문해) 자신감은 개인적, 인지적 성취라기보다 사회적으로 만들어진다.
4. 유아들은 그들 자신의 의사소통 목적을 표현하기 위해 언어(문해)를 학습한다.
5. 유아들이 획득하게 되는 현저한 언어(문해)형태는 자연적, 보편적 형태의 내러티브다.

이들 주장은 비교불가하며, 일부는 논쟁이 불가능하다. 반면에, 언어 획득처럼 문해 획득이 보편적으로 성공적이어야 한다는 주장은 명백히 잘못되었다. 이들 주장에 관한 주된 비판은 언어 획득에 관한 일반의 지식을 왜곡하고 문해발달에 관한 일반적 과제를 오도하며 결과적으로 부적절한 교수 실제를 야기한다는 데 있다.

문해와 언어의 구별

이 장에서는 언어 획득처럼 문해발달이 단순하다는 견해를 바탕으로 가정-학교의 연속성과 최적화된 교육과정의 오류에 대해 논의하고자 한다. 이 장에서는 학교에서 성공적인 중류층 유아들과 학교에서 실패하고 있는 유아들에 관해 논의할 것이다. 언어와 문해 실제에 있어 직면하게 되는 불가피한 두 가지의 불연성이 있다. 첫째, 구두언어 사용의 영역은 종합적인 체계이며 맥락의 기능에 따라 광범위하다. Tizard와 Hughes(1984)에 의하면, 가정에서 유아의 참여는 전통적으로 복잡하며 학교에서보다 유능하다고 할 수 있다. 이러한 불연속성은 중류층의 유아들로부터 부모들의 학력이 낮은 저소득층 가정의 유아들에게까지 다양하다. 둘째, 학교에서의 구두와 문해 사용의 불연속성이다. 구두언어를 문해의 맥락으로 전이하고자 하는 것은 명백히 실패하게 될 것이며, 구두언어에 문식성을 직접적으로 형성하고자 하는 것은 잘못된 방법일 것이다. 불가피하게 이러한 접근을 시도한 능숙한 교사들은 학교 문해활동의 목표와 구조를 교사 자신에게뿐만 아니라 학습자들에게 잘못 전달하게 된다.

가정과 학교 혹은 구두와 문해 실제의 연속성을 강조하는 교실 실제는 유아들의 능력을 저해할 수 있다는 사실에 공감하게 된다. 왜냐하면 유아들은 놀라울 만큼 유능하고 실제적인 사회적 언어 사용자이며, 유아 초기부터 아기 혹은 외국인, 교사, 의사 역할 등에서 언어적 기재가 바뀐다는 것을 이해한다(Aderson, 1990). 유아 초기에는 언어가 구어적 혹은 문어적으로 사용되는 방법에 있어 차이점들에 관해 민감하다(Elster, 1994; Purcell-Gates, 1991). 유아들이 성인과 영아에게 이야기하는 것의 차이점을 발견하는 것보다 구두언어 혹은 문어에 관한 차이점을 발견하는 것을 더 어려워한다는 것을 뒷받침할 만한 증거는 없다. 물론, 학교에서 말하기와 쓰기를 위한 다양한 규칙이 존재한다. 그러나 유아들이 새로운 규칙을 학습할 수 없다거나 직접적인 교수에 의해 학습이 불가능하다고 가정해서는 안 될 것이다(Delpit, 1992; Dorr-Bremme, 1990; Walkerdine, 1988). 규칙의 다양성을 숨기거나 일시적 사용 목적으로 유아들과 무관한 교실환경을 창조하는 것은 유아들의 문해성 성공에 도움이 되지 않는다.

가정과 학교 혹은 언어와 문해성 간 불연속성의 불가피한 증명은 논의의 범위를 넘어설 것이므로, 이 정도의 논의로 매듭지어도 좋을 듯하다. 가정과 학교에서 사용하는 언어 유형—자연스럽게 발생하며 구어적, 문어적으로 표현되는 내러티브—을 조사하기로 하자. 가정과 학교 대화의 다양한 자원을 검토하였으며 다음 연구를 위해 좀 더 체계적인 비교와 대조의 필요성이 제기되었다. 다음에 제시되는 사례들은 가정과 학교의 상호작용 동안 발생하는 내러티브에 관한 것이다. 다음의 사례들은 학교와 가정 그리고 구두와 문어 내러티브의 가정된 연속성에 관한 묘사들이며 참여구조, 목적, 다양한 배경에 따른 유능한 실행에 대한 규칙들에 따라 유동적이다.

가정에서의 구어 내러티브

개인적 경험 내러티브는 유아의 연계적 담론의 영역에서 가장 광범위하게 연구되었으며 구어와 문해 언어의 연속성을 위해 초등학교 교육과정에서 일반적으로 사용된다. 예컨대, 이야기 나누기 시간과 같은 구어 형태는 개인적으로 경험한 사건에 기인하며 구어 형태로 제시된다. 수필적 문해성의 특징 중 대부분은 단순 시점에 주목하며 상호작용적인 언어 형태보다는 중점적 사전지식을 가진 청자의 문제에 관한 정보의 명백한 준비에 주력한다(Michaels, 1981, 1991). 개인적 경험 내러티브는 초기 문자 생산을 위한 기본으로서 대부분의 교실에서 사용된다. 따라서 개인적 경험 내러티브는 쓰기 과정과 문해 교수의 총체적 언어 모델을 사용하는 교실에서 다른 학생들을 위한 읽기 자료가 된다.

물론, 개인 경험 내러티브는 가정 대화의 일반적 특징이다. Blum-Kulka와 Snow(1992)에 의하면 미국 중산층 가정의 저녁 식탁은 유아들이 일상을 이야기할 수 있는 포럼의 장이다. Ochs와 동료들(1992), Snow와 Dickinson(1990)은 성인과 나이 많은 형제들이 어린 유아들의 이야기를 지원하는 상호작용 과정을 문서화하였다.

가정과 학교의 내러티브 연속성의 가설을 평가하는 과정에서 유아의 자신감이 가정과 학교라는 두 가지 상황에서 본질적으로 유사한가 하는 것이다. 이와 관련된 쟁점은 내러티브에 참여하기 위한 규칙은 가정과 학교에서 동일한가 혹은 내러티브 실행의 목적은 서로 비교할 만한가 등이다. 표상적 가정 내러티브는 다음과 같은 두 가지 주요 자원에서부터 수집하였다. 3~5세의 저소득 가정의 어머니가 녹음한 가족 식사 대화(De Remple & Beals, 1991)와 3~5세의 노동자 계층과 중산층 가정에서 도출된 가족 이야기(Hemphill, Wolf, & Camp, 1993)다.

가정에서 이야기 들려주기에 관한 참여

참여의 일부 형태는 이야기 들려주기를 위한 더 형식적인 맥락을 요구하지만 가정 내러티브 참여에서 대부분의 경우는 자발적이며 선택적이다.

엄마: 오늘 학교 생활 어땠니?

DEANNA: 나 이것 마음에 안 들어요.

엄마: 좋아, 그러면 이거 먹어. 오늘 학교 생활 어땠니? (침묵)

엄마: Deanna!

DEANNA: 말 안 할래요.

- 노동자 계층 4세 유아 -

가정에서 가족구성원들은 유아의 요청이나 혹은 아래의 예에서처럼 Carla 혹은 엄마에 의해 유아들과 함께 내러티브를 구성할 수 있다. 이러한 협력은 가족구성원이 내러티브 사건에 함께 참여할 때 일어난다. 구체적으로 Carla와 엄마의 사례에서 볼 수 있으며 내러티브 조력자가 사건에 관한 비간접적 지식을 가지고 있을 때 가능하다(Patrick 엄마의 '아야(ouch) 보고서').

CARLA: 어느 날 나와 내 친구 Gwen이 음, 음. 좀 거칠었거든. 그리고 내 머리를 구석에 박아 넣었어. 그리고 음, 그러고 나서, 음, 선생님들이 아무도 못 보셨어. 그러고 나서 선생님 한 명이 나를 봤어. 그리고 내가 우는 것을 보았어. 그러고 나서 선생님들이 엄마에게 전화를 했어. 그러고 나서……. (엄마를 쳐다봄)

엄마: 그러고 나서 내가 잠시 집에 있었거든. 그리고 선생님들이 그때 전화해서 말씀하셨어. "걱정하지 마세요. Carla는 괜찮은 것 같아요. 그런데 약간 문제가 있어요. Carla에게 작은 사고가 있었어요. 심각한 정도는 아닌데 어머니께서 학교에 와서 Carla를 데리고 병원에 가 보셔야겠어요." 엄마는 정말 걱정스러웠어…….

CARLA: 만약에 꿰매야 한다면, 그런데 의사가 너무 바보 같아서…….

엄마: 아주 재미있는 분이야.

CARLA: 그리고 그게 그냥 작은 거라면 머리에 작은 구멍이 났다면, 그리고 음…….

엄마: 옷에 피가 모두 묻을 거라 해도…….

CARLA: 어이구.

엄마: 전부 다.

CARLA: 보라색으로. 그런데 더 이상 꿰맬 필요가 없어.

엄마: 실밥을 모두 제거해야지.

CARLA: 그리고 음, 그래서 음, 나는 의사 선생님이 전혀 꿰맬 필요가 없다고 말씀하셨어. 그리고 우리 엄마는 '휴, 살았다!' 같았어.

- 중류층 6세 유아 -

엄마: 그래서 Patrick이 '아야 보고서' 의 어떤 이야기를 만들었어.

MARIA: 어. '아야 보고서' 가 뭐죠?

엄마: 글쎄, 네가 유아원에서 상처를 입게 되었을 때이지.

MARIA: Patrick이요?

엄마: 그래, 조금.

MARIA: 어떻게?

엄마: Patrick, 어떤 이야기니?

MARIA: 어떻게?

PATRICK: 그리고 너, 너는 어지럽지.

MARIA: 어떻게?

PATRICK: 뛰어 돌아다닐 때.

MARIA: Patrick이 어떻게 다쳤어요, 엄마?

엄마: 글쎄, 다른 아이가 밀었나 보지? Patrick, 그런 거 아니니?

PATRICK: 아니요.

엄마: 아니야? 그러면 어떻게 된거지?

PATRICK: 나, Gerald가, 내가 그랬어요. …… 싸우지는 않았어요, 엄마.

엄마: 안 싸웠다고. 그런데 어떤 아이가 너를 민 건 아니니?

PATRICK: 아뇨.

엄마: 운동장에서?

PATRICK: 아니에요.

엄마: 그게 바로 '아야 보고서'에 관한 거야.

PATRICK: Gerald가 자전거를 내 쪽으로 몰고 들어왔어요.

아빠: 누가 자전거를 네 쪽으로 몰았다고?

PATRICK: Gerald.

아빠: Carol?

PATRICK: 아뇨. Gerald.

아빠: Gerald?

엄마: 그렇구나.

PATRICK: 자전거를 내 쪽으로 밀쳤어요.

엄마: 그러면 아마 다쳤겠구나. Gerald가 자전거를 빨리 몰지.

PATRICK: 네. 제가 서 있는데 제 쪽으로 빨리 달려 왔어요.

- 중류층 3세 유아 -

위의 사례에서 가족구성원들이 내러티브를 이야기하면서 서로 협력할 수 있게 된 것처럼, 다음의 예는 Roland와 엄마가 '환상적 게'에 관한 이야기를 나누면서 혹은 Jerome과 그의 형제들이 학교 활동에 관해 서로 이야기 나누면서 사건의 다른 점에 대해 논쟁할 수 있게 된다.

엄마: 너는 왜 너와 Fred에 관한 모든 것에 대해 어제 이야기하지 않았지? 그리고 Ricky와 Richard도.
ROLAND: 나는 게 보러 가. 게 보러…….
엄마: 갔었잖아.
ROLAND: 나는 게 보러 가. 그리고 게들이 나를 물어. 그래서 나는 아야라고 해(행동으로 보여 주며). 아야(행동으로 보여 주며), 하하. 그리고 난 웃어! 또 웃어, 또 웃어!
엄마: Roland, 나는 네가 이야기를 만든 것 같아. 네가 게를 봐도, 게가 널 물지 않아!
- 노동자 계층 3세 유아 -

JEROME: 나 사과 소풍 갔어.
엄마: 그랬어?
JEROME: 오늘, 우-후.
JASON: 아-아-니.
JEROME: 우-후!
JASON: 아-아-니.
JEROME: 우리가…….
JASON: Jerome은 안 그랬어! 거짓말 하는 거야. 여름에도 안 갔어!
JEROME: 글쎄, 나는 했어.
엄마: 글쎄, 아마도 Jerome이 사과 따기 상상놀이에 갔었나 보구나.
JEROME: 어, 엄마! 아니야, 나는 상상놀이 한 게 아니야.
JASON: 맞아요, 우리가 그랬어요.

JEROME: 아-아-니.

엄마: 그래 됐어.

- 노동자 계층 4세 유아 -

이상과 같이 내러티브 자체는 가족구성원들이 사건에 관해 다양하게 논의하게 하며, 이러한 논의는 사건 존재 방법의 진위 여부보다, 사건 자체에 대한 참여와 구성에 있다. 예컨대, Bianca는 방문에 관한 확신을 보여 주기 위해 가족과 함께 방문한 것에 관한 이야기를 하고 방문에 관한 Bianca 엄마의 특성을 논박한다.

엄마: Frankie, Bianca, 그러면 어떻게 Camela의 집에 가는 것을 좋아하게 되었지? 재미있었니? 음 놀이하는 것, 그 애 이름이 뭐지? Wilfredo? 그 애는 좋은 아이지, 그치?

BIANCA: 아뇨.

엄마: 아니야?

BIANCA: Wilfredo는 여자애들은 밖으로 나가고, 남자들만 들어오라고 말했어. 여자애들은 안으로 남자애들은 밖으로! 여자애들은 밖으로 남자애들은 안으로! 여자애들은 안으로 남자애들은 밖으로.

엄마: 뭘하고 놀고 있었는데?

BIANCA: 그 애는 '여자애들은 안 되고 남자애들만.'이라고 했어. 남자애들은 안 되고 여자애들만. 남자는 안 되고 여자만.

엄마: 여자애들은 한 사람도 안 된다고 했어?

BIANCA: 네 남자애들만, 네 남자, 네 여자…….

FRANKIE: Bianca는 그냥, 그냥 엄마를 놀리는 거예요.

엄마: 음 아마도 Bianca가 농담하는가 봐.

BIANCA: 아니!

엄마: 아니?

- 노동자 계층 4세 유아 -

또 다른 가정의 사례를 살펴보면, Richard와 이모가 저녁 늦게까지 깨어 있었던 것에 대한 연쇄적인 논의를 하고 있다.

이모: 자 이제 오늘은 빨리 잠자리에 들어야 하는 거 알지. 어제 너무 늦게까지 안 잤어. 그래서 오늘 아침 일어나는 게 힘들었지.
RICHARD: 예 알아요. 그런데 어제 일찍 자려고 했는데 Matt가 나를 귀찮게 했어요.
이모: Lisa가 너희들이 이야기했다고 하던데.
RICHARD: 글쎄요 . 나는 Matt가 베개를 제 머리에 올려 둬서 울고 있었어요.
이모: Matt가 왜 그랬을까?
RICHARD: 어제 저녁.
이모: 언제인지는 알아. 이유를 말해 봐.
RICHARD: 모르겠어요. Matt는 항상 나를 때리는 것을 좋아해요.
이모: Matt가 잘 때도 깨어 있었니? 예 아니요로 말해 봐, Richard.
RICHARD: 예.
이모: 그래. 그러면 너는 늦은 줄 알고 있었다는 거야.
RICHARD: 알고 있었어요?
이모: 이제 알았어.
RICHARD: 아니요, Matt가 언제 들어왔는지 아세요?
이모: 아니, 나는 거기 없었어.
RICHARD: 어디 계셨어요?
이모: 세탁하러 갔었는데, 기억나니?
RICHARD: 이모가요, 왜, 왜요?
CASS: Richard 너도 세탁하러 가잖아.
이모: 그래, 이모 세탁기가 고장 났었어.

- 노동자 계층 4세 유아 -

협력적이며 공동 구성적인 내러티브 동안, 정보가 유아 자신의 내러티브 사건에 관한 상황을 표상할 때 유아들은 정교한 표현을 구사한다.

엄마: 그리고 우리가 같이 가는데, 누구랑 함께 가지?

KERRY: David.

엄마: David. 또 누가 있을까?

KERRY: 그리고 할머니와 할아버지.

엄마: 그리고 또 누구? 아빠도 갔어, 그치?

KERRY: 맞아.

엄마: 그래. 또 누구?

KERRY: 이제 다야?

엄마: 응, 그리고 Karen 이모와 Pete 삼촌도 맞지?

KERRY: 응.

엄마: 그리고 David의 동생 2명.

KERRY: 음.

엄마: 우리는 고래 보러 갔었지. 그런데 날씨가 너무 안 좋아서 배멀미를 해서 엉망이 됐어. 고래는 봤는데 생각보다 좋지 않았어.

KERRY: 나도 봤어요.

엄마: 그래, 우리 모두 고래를 봤어. 아주 컸지, 응?

KERRY: (고개를 끄덕임)

엄마: 몇 마리나 있었지?

KERRY: 아마 13마리.

엄마: 13마리! 두세 마리일걸!

KERRY: 아뇨. 고래들이 50번이나 앞뒤로 뛰어다녀서 그런거 예요.

- 노동자 계층 6세 유아 -

가정에서 이야기 들려주기의 목적

가정에서의 이야기는 주로 중요한 일에 관한 지식에 가족구성원들이 즉각적으로 관여하게 됨을 목적으로 한다. 중요한 것은 가정 내에서 이야기 들려주기는 이야기의 단순한 적합성보다는 유아에게 전해진 사건의 의미에 있다고 할 수 있다.

엄마: 저기 연들을 어떻게 날려 보면 되겠니?

ANDRE: 좋아요.

엄마: 재미있을까?

ANDRE: 저는 연이 높이 올라가는 게 좋아요.

엄마: (웃음)

ANDRE: 연은 우리를 볼 수 없을 정도까지 날아가요. 맞죠?

엄마: 알아요. 높이 높이 올라가지.

ANDRE: 네.

엄마: (웃음) 높이.

- 노동자 계층 4세 유아 -

가정의 내러티브는 가족 내에서 상황에 따라 구성원들이 느끼는 방식에 관한 행동적 윤리를 만들어 내는 역할을 한다. 유아들은 종종 사회적 행동에 관한 가족의 기대를 이해하고 있음을 나타내는 자발성을 보여 준다. 다음 Andre의 사례를 살펴보자.

ANDRE: Frankie는 가장 처음이에요.

엄마: 왜? Frankie가 뭘 할 수 있지?

ANDRE: Frankie는 선생님들이 말하는 것을 안 해요. Frankie는 낮잠시간에 깨어서 놀아요.

엄마: 정말?

ANDRE: 그런데 우리는 안 놀아요. 우리가 매트에 있을 때는요.

엄마: 너는 선생님 말씀대로 하지, 응?

아기: 바바바바바바.

ANDRE: 뭐라고요?

엄마: 너는 선생님 말씀대로 하지?

ANDRE: 네. 그런데 다른 애들은 아니예요.

엄마: 그래.

ANDRE: 다른 애들은 다른 애들에게 나쁘게 대해요.

엄마: 누가?

ANDRE: 음, 다른 애들요.

- 노동자 계층 4세 유아 -

부모들은 유아들이 좋은 행동의 기준에 대해 이야기하게 함으로써 유아들로부터 이야기를 끌어낸다. 다음 Eddie 어머니의 사례를 살펴보자.

엄마: 그래 Eddie, 오늘 학교에서 어땠는지 이야기해 보렴. 오늘 전혀 이야기 안 했지. 오늘 뭘 했니, 그리고 체육은?

아빠: 오늘 Eddie가 학교에서 좋았다고 이야기하던데.

EDDIE: 오늘 체육 안 했어요.

엄마: Eddie 시험지 봤어요?

아빠: 아니.

엄마: 못 봤다고요. 봤어야 하는데!

EDDIE: 그게…….

엄마: 우수함이라고 써 있네.

EDDIE: 저는요.

엄마: 우수함이 뭔지 알지?

EDDIE: 엄마!

엄마: 우수함이 뭔지 알지?

EDDIE: 뭔데요?

엄마: 그건 네가 최선을 다했고, 선생님이 거기에 만족한다는 뜻이야.

- 노동자 계층 5세 유아 -

가족구성원들은 구성들 간에 이야기 나눈 사건에 대한 각자의 평가에 만족하며 제시된 사건들을 윤리적 관점에서 배열하려고 한다. 다음의 Eddie 이야기를 살펴보면 후반부에 Eddie 아버지의 사례가 이를 반영하고 있다.

EDDIE: 모두가 풋볼에서 서로 부정행위를 했는데 나 혼자 그러지 않았어요.

아기: (칭얼거리며) 엄마.

EDDIE: 우리 팀은 부정행위를 하지 않았어요!

엄마: 누가 했지? 너네 팀이 아니면 다른 팀이니?

EDDIE: 아뇨, 음, 음 Pandas가 그랬어요.

엄마: 그래.

EDDIE: Pandas는 항상 부정행위를 해요. 그래서 어떤 때는 풋볼을 할 수가 없어요. 야구도 마찬가지예요. 모두 부정행위를 하지만 우리는 안 그래요. 우리만, 우리들이 할 수 있어요.

아기: 라라바바.

아빠: 너희들이 학교에서 제일 좋은 애들이구나, 응?

EDDIE: 네.

아빠: 그게 네가 하고 싶은 이야기지? 아빠는 잘 모르겠는데, Eddie. 학교에는 좋은 사람들이 많을 거야.

- 노동자 계층 5세 유아 -

가정에서 이야기 들려주기는 행동에 관한 지침으로서 앞으로 발생할 상황을 다루는 방법에 관해 이야기할 수 있는 기회를 제공해 준다. 즉, 다음의 사례에서 Devin과 부모는 운동장에서 발생할 수 있는 위험한 상황에 관해 토론하고 있다.

엄마: 너 아빠에게 운동장 미끄럼틀에서 여자아이에 관한 이야기를 했니?

DEVIN: 네.

아빠: 했어. 내가 Devin에게 말했어. '휴, 네가 한 행동이 아주 훌륭한 안전한 움직

임이야.' 땅에 착지하기 전에 멈춰야 해, 알았지?

엄마: 아직 어린 여자아이인데요, 'Devin, 기다려, 기다려!' 응?

DEVIN: 그런데 멈췄어요.

엄마: 그래, 잘했어. 너는 멈추지 않았지만, 미끄럼틀의 양쪽을 붙잡아서 멈출 수 있었던 거야.

엄마: 아직 너무 어려서 몰랐을 거야.

아빠: 음.

엄마: 그 여자애는 거의 걸을 수 없었지, 응? 운동장에서 또 어떤 일이 있었지?

DEVIN: 몰라요.

엄마: 타이어 그네는 어때?

DEVIN: 아빠에게 말해 주세요.

엄마: 네가 말해 보렴. 아빠는 네가 이야기하길 원하셔.

DEVIN: 엄마가 이야기해 주세요, 부탁해요, 엄마.

엄마: Devin이 타이어 그네에서 놀고 있었는데 갑자기 유아원 아이들이 운동장으로 몰려왔어요.

아빠: 음.

엄마: 그리고 다른 두 가지는…….

아빠: 그래.

엄마: 음?

아빠: 애들은 몰라. 애들은 뛰어오르고, 네가 그네 타는 것이 재밌어 보인다고 생각하고 타고 싶어 할 거야. 그런데 애들 중에 누가 한 명이라도 다친다면, 엄마나 아빠는 음, 너도 알겠지만, 아주 유감스러울 거야. 너도 알지?

엄마: 음, 그리고…….

아빠: 이제 너는 다치지 않게 될 거라는 걸 알 거야. 그런데 유아원 애들 중의 일부가 어떨지는 모르겠어. (아기에게) 그럼 어린 Lucas는 어떻게 생각하나? (아기에게 키스하며) 좋아. 좋아.

DEVIN: 음, 그러니까 음…….

엄마: 봄에 운동장에서 놀이할 때 함께 물건을 공유해야 해.

- 노동자 계층 4세 유아 -

또 다른 경우, Tiana의 부모는 유아원에서 생긴 일에 관해 여러 가지 질문을 하고 Tiana가 앞으로 다양한 상황에 어떻게 대처할 수 있을지 분명히 하고자 한다.

엄마: 네가 뭐라고 이야기했는지 아빠에게 설명해 보렴.

TIANA: 음, 어떤 거요? 팔로요?

엄마: 그래.

TIANA: 음, Cindy 선생님이 팔로 나를 세게 잡았어요.

아빠: 누구?

엄마: 선생님요.

TIANA: 우리 Cindy 선생님이요!

아빠: 선생님이 왜 그랬을까?

엄마: 너는 모르니?

아빠: 이유라도 있니?

엄마: 네가 산만하게 해서 선생님이 너를 붙잡으려고, 붙잡아서 밖으로 내보내려 한 거니?

TIANA: 아니 아니, 아니예요! 저는 줄 서 있지 않았어요, 저는 체육관에 있었어요. 우리는 모두 잘 정리정돈하고 있었어요!

엄마: 음.

아빠: 글쎄. 네가 잘 정리정돈했다고?

TIANA: 음.

아빠: 아니면, 네가 뾰로통해져서 구석에 앉아 있었거나.

티아냐: 칫!

아빠: 너는 점점 뾰로통해지네. 그런데 그런 건 선생님이 네 팔을 붙들 이유가 되지 않는 거 같아.

엄마: 만약 네가 그녀 혹은 다른 사람이라면 하고 엄마가 네게 말했어.

TIANA: 만약……그러나 내 시간이 다 되어 버렸다면!

엄마: 그래도 너는 Cindy 선생님께 말해야 해. 'Cindy 선생님이 제 팔을 붙잡았을 때 아팠어요.' 라고.

아빠: 그래서 아침에 우리는 Cindy 선생님께 전화해서 이야기할 거야. 좋아?

TIANA: 글쎄, 내가 잘 때.

엄마: 내가 선생님에게 말씀드릴게.

- 노동자 계층 4세 유아 -

가정 대 학교의 이야기

요컨대, 유아들이 가정에서 사용하는 이야기들은 관계를 연관 지을 목적으로 사용되지는 않는다. 왜냐하면 가정 이야기는 전통적으로 보다 광범위한 사회적, 수사적 목적에 파고들기 때문이다. 이들 목적은 이야기 들려주기의 경우에 따라 다양하며, 이야기 들려주기에 참여하는 사람을 결정하고 어떤 정보가 상대적 정황과 연관되는지 결정한다. 가정 이야기 들려주기 기저에 존재하는 복잡한 목적들은 가정 내러티브에서 발생하는 복잡한 언어 사용의 많은 부분이 동기를 유발한다.

가정에서 유아들은 종종 그들 자신에 관한 이야기를 하지 않는다. 다른 가족구성원들이 이야기 들려주기에 동참하는 것과는 달리, 유아들은 자신의 것과 정보를 연관짓거나 제시된 사건에 관한 분명한 관점을 전달하는 것으로 알려져 있다. 부모와 가족구성원들은 종종 유아의 이야기에 관한 사람과 사건에 관한 독립적 지식을 통하여 유아의 이야기 들려주기를 지원할 수 있다. 유아의 이야기 적합성이 평가되기는 하지만 완결성 혹은 유익성의 추상적 표준에 반대하는 것이 아니며 질문하기, 재진술하기, 예견하기 등의 전략을 사용한다.

학교에서 이야기 들려주기의 구체적 규칙은 종종 가정 상호작용을 운영하는 것과 다르다. 어린 내레이터들이 학교에서의 이야기를 들려주며 이러한 것이 실제 교실의 말하기 사건이 된다. 예컨대, 대집단 시간, 이야기 구술하기, 시간 공유하기 등이다. 학교에서 이야기 들려주기는 주로 교사의 지명에 의해 접근 가능하며, 유아들 자신에 의한 개시 혹은 능변에 있지 않다. 이는 유아가 이야기할 만한 중요한 사건을 갖고 있는지의 여부에 있다. 교사들은 다른 참여자들의 접근을 통제하는데, 이는 이야기가 모든 사람들의 공통된 관심사라는 가치에 근거하는 것이 아니다. 학교에서의 이야기는 다른 참여자에 의해 공동 구성되지 않는다. 왜냐하면 학교 이야기 들려주기의 목적은 다수 참여자의 권위에 있지 않다.

가정과 학교에서의 내러티브를 비교하면, 중심 이슈는 가정에서 획득한 유능감이 이야기 들려주기를 위한 학교 경우로 전이되는가에 있다.

학교에서의 구어 내러티브

어린 담론가들이 직면하는 문제점 중의 하나가 어떤 생생한 경험을 이야기해야 하는지 결정하는 것이다. 다른 것들 중에서 책임감은 청중의 흥미와 상관성의 영역을 포함한다. 유아들의 내러티브가 잠재적으로 관여하게 되는 사건에 교사와 유아들은 함께 참여하게 되며 교사들은 부모와는 달리 제시된 사건의 선택권에 대해 이끌어 줄 수 없기 때문이다. 예시에 Theresa의 선생님은 '특별한 것은 없니?' 라고 질문함으로써 Theresa가 질문할 때 어떤 것이 이야기할 만한 것인지 일반적 기대에 관해 알려 준다. 그러나 Theresa의 주말 이야기에 대한 경험 부족은 교사가 Theresa를 재미있는 사건에 관해 이야기할 수 있도록 이끌어 주는 것을 어렵게 하였다.

교사: 집에서 주말에 무얼 하니? 특별한 것 있니?

THERESA: (퍼즐놀이를 하며) 아뇨, 그냥요, 어 어!

교사: 음, 이번 주말에 집에서 뭐 했니?

THERESA: 음.

교사: 어떤 거?

THERESA: 놀았아요.

교사: 누구와 놀았지?

THERESA: 저는, 저는 집에서 퍼즐했어요.

교사: 집에서 퍼즐? 어떤 퍼즐이지?

THERESA: 감자머리 퍼즐이요.

교사: 어떤 종류야?

THERESA: (퍼즐놀이를 하며) 어 어, 그렇게요.

교사: 다른방법으로, 좋았어. 집에 어떤 종류의 퍼즐이 있지?

THERESA: 감자머리 퍼즐이요.

교사: 감자머리 퍼즐.

THERESA: 네.

THERESA: 다른 종류는? (한참 기다린다)

- Head Start 교실 -

교사는 종종 어떤 것이 기록할 만한 것인지 혹은 흥미나 중요하지 않은 경우인지 분류한다. 대신 기록할 만한 경험은 모든 집단 구성원들이 공유한 것으로서 동등하게 적당한 이유가 있어야 한다. 중요한 사실은 경험이란 일반적으로 요구되는 것이 아니라, 유아가 어떤 종류의 이유를 제공하는 것이다.

교사: 어제 저녁 식사 때 어떤 일이 일어났는지 기억하는 사람 있니?

교사: 선생님은 스파게티 먹었어.

RICKY: 저는 긴 스파게티요.

교사: 너는 긴 스파게티라고?

교사: Jennifer는 뭘 먹었니?

JENNIFER: 저는 팬케이크요.

교사: 팬케이크?

교사: Chrystal은 뭘 먹었지?

CHRYSTAL: 팬케이크.

교사: 팬케이크라! 음!

- Head Start 교실 -

모든 유아들이 참여할 수 있는 이런 종류의 기록은 일반적인 목표를 항상 가지고 있어여 하며, 교사는 유아들의 사건을 고유하게 만들기 위해 혹은 화자에게 특별한 의미를 부여하기 위해 구체적인 정교화를 요구하지 않는다.

교사: 거기다 무얼 올렸니? 아무것도 없는 거니 아니면…….
JENNIFER: 음…….
교사: Jennifer는?
JENNIFER: 시럽이요.
교사: Ricky는 스파게티 토핑이 뭐였니?
RICKY: 치즈요.
교사: 치즈?
교사: 으-음. 또 다른 건?
교사: 또 다른 것 없어?
RICKY: 어 어.
교사: 없니?
RICKY: 그리고 소스요.
교사: 소스, 음-음.
교사: 선생님과 같은 거네.

- Head Start 교실 -

교사의 내러티브 도출이 가정에서 유아들이 만들어 내는 것과 비교할 때 다소 짧고 구조적으로 덜 복잡하더라도, 교사들은 유아들의 이야기 들려주기에 다른 목표들을 사용한다. 일반적으로 교사들은 부모들보다 유아들이 의사소통하기 위해 사용한 단어들과 의미 형성의 솔직함에 더 많은 가치를 둔다. Richard의 이모와 Tiana의 엄마와 아빠가 그런 것처럼 부모들은 유아들에게 중요한 사건의 연속성을 묘사하기 위해 세부적인 것을 설명하도록 하거나 Eddie의 아빠와 Andre의 엄마가 그런 것처럼 이야기를 들려주는 유아가 일정한 사건을 기록하도록 강요한다 하더라도, 목표로서 진솔성은 가족 이야기 나누기에서는 존재하지 않고 있다.

그러나 학교의 맥락에서는 유아 이야기의 정형성을 유도하지 않지만 거기에는 중요한 목표로서 진솔성이 존재한다.

교사: 뭐 하고 있니? TV 보고 있었니?
TINA: (고개를 끄덕임)
교사: 대답.
TINA: TV 보고 있었고요, 앉아서, 누워서.
교사: 그리고 TV를 보았고 누웠지? 다른 건 하지 않았고?
TINA: TV를 보고 있었고 누웠어요. 그리고 장난감을 가지고 놀았어요. 색깔. 게임을 해요.
교사: 동생과 놀았니?
TINA: (고개를 끄덕임)
교사: 그랬어? '예' 라고 대답해야지.
TINA: (아주 부드럽게) 예-에.
교사: 응?
TINA: '예-에' 라고 말했어요.
교사: 그렇게 답했어?
TINA: 예-에.

- Head Start 교실 -

그러나 유아로 하여금 좀 더 명확한 결과를 유도하려는 노력이 반드시 언어적으로 포괄적 · 지속적 혹은 자율적 생산을 이끌어 내지는 않는다. 유치원의 경험 공유하기 활동 지속시간이 어느 정도될 때, Edwin의 교사는 유아들의 유치원 생활에서의 경험에 관한 생생한 기억을 불러일으키기 위해 학교에 관한 사진을 사용한다.

교사: 선생님이 여기 뒤에 무엇을 가지고 있을까?

LISETTE: Edwin 사진이요.

EDWIN: 내 사진이요.

교사: 네 사진이야. 보고 싶지 않니? 사진을 친구들에게 보여 줘. 놀이학교 사진, 바닷가 사진, 학교 사진, 뭐라고 부르면 좋을까?

유아들: 학교 사진!

교사: 그래, Edwin 너지? 이제 누구의 차례지?

길버트: Edwin.

교사: 이제 Edwin 차례야.

EDWIN: 학교 사진.

교사: Edwin, 뭐라고 했는지 다시 말해 줄래?

EDWIN: 그것은 학교 사진입니다.

교사: 그건 학교 사진이야. 그러면 몇 학년인지 이야기해 줄 수 있니? 유치원 아이들이라고 생각하니? 너는 몇 학년이지? 선생님이 네가 몇 학년이라고 말한 것이 무슨 뜻인지 알겠니, Edwin? 좋아, Edwin, 너는 유치원, 1학년, 2학년, 3학년이지? 몇 학년이라고?

EDWIN: 모르겠어요.

교사: 모르나 보구나. 괜찮아. 그러면 거기 뭐라고 쓰여 있는지 읽을 수 있겠니? 거기 게시판에 '꽃이 활짝 핀 유치원' 이라 적혀 있어. 알겠지? 그건 여기가 유치원이고, 꽃이 활짝 펴 있다는 뜻이야. 그러면 이 교실에서 누가 유치원생이지?

유아들: 우리들요!

교사: Edwin, 누가 이 교실에서 유치원생이지?

EDWIN: 아이들이요.

교사: 그래, 아주 잘했어. 그러면 너도 그 아이들 중에 한 사람이지?

EDWIN: 예.

교사: 너는 그 아이들 중 한 사람이니? 그렇지. 그러면 너도 유치원생이라는 뜻이지? 그러면 꽃이 활짝 핀 유치원이란 어떤 뜻인지 알겠니? 너희들 모두 1학

녀이 될 준비가…….

유아들: 1학년.

교사: 글쎄, 너희들 중에 어떤 사람은 1학년이 될 거고. 그러면 Edwin 너는 몇 학년인 거니? 이 교실은 몇 학년이지? 네가 이 교실을 뭐라고 부르고 싶니? 1학년? 또는 1학년 교실?

EDWIN: 유치원이요.

교사: Edwin, 선생님이 잘 안 들려.

EDWIN: 유치원이요.

교사: 유치원, 수고했어.

- 유치원 대집단 활동 -

Edwin의 교사는 사진 속에 있는 Edwin이 유치원생일 때였다는 기본 정보를 명료화하기 위해 아주 많은 노력을 기울이고 있다. 그러나 교사는 Edwin으로부터 의도한 이야기를 도출해 내지는 못했다. 교실은 유아들이 이야기 구조상의 의도한 요소를 생산하기를 요구하지만(예: '내가 유치원생이었을 때') 오히려 지극히 성인 중재 중심의 이야기 형태를 만들어 낸다. 가정에서와 마찬가지로 교실에서도 유아들은 또래 협력을 통해 이야기를 끌어내며 중요한 정보를 더욱 정교화해 감에도 불구하고, 전형적으로 교사는 또래 유아들의 협력에 관한 시도를 회피한다(예: 너 Edwin이지? 이제 다음은 누구 순서지?). 교사가 정보를 정교화하기 위해 사용하는 전략들은 '놀이학교 사진, 바닷가 사진, 학교 사진, 뭐라고 부르면 좋을까?' 등과 같이 힌트를 포함하거나 '너는 그 아이들 중 한 사람이니? 그렇지. 그러면 너도 유치원생이라는 뜻이지?' 등과 같이 논리적 추론에 관한 것이다. 또한, '유치원이라고 말할 수 있니?' 등과 같은 직접적인 제시를 포함한다. 이러한 종류의 질문하기는 자발적이고 탈문맥적인 텍스트의 생산이지만 역설적으로 이러한 유형의 성인에 의한 비계 설정에 관해 유아들은 생략되고 축소된 언어로 답변하는 것을 볼 수 있다. 실용적인 상황(예: 자신의 이야기를 앞선 화자의 상이한 이야기와 비교하거나 혹은 자신의 이야기에 관해 논리를 전개하는 필요)은 교실의 이야기 나누기와는 상이하고 이러한 문제에 대해 교사들은 고민하고 있다. 경험 공유하기 시간에 모든 유아들이 유치원의 경험에 관해 이야기를 나누고 있었기 때문에 Edwin은 이야기 초기 방향의 확언(예: '내가 유치원에 다닐 때', '혹은 내가 유치원 다닐 때 어느 날 나에게 흥미로운 일이 있었다.' 등과 같이 추상적인 표현)에 있어 자신의 이야기를 펼쳐야 할 강요에 관해 느끼지 못했을 것이다. Edwin은 자발적으로 참여하기보다 순서에 따라 참여했기 때문에 자신만의 이야기를 가지고 있었는지 불분명하다. 설령 교사가 마지막에는 Edwin에게 '유치원' 이라는 이야기를 들을 수 있었지만 이러한 노력은 Edwin의 경험 공유하기 순서를 낭비하게 했고 유치원에 관한 정보를 지속적인 내러티브 실행에 통합하는 데 실패하게 했다.

요컨대, 교사는 교실 상황에서 다양한 목적으로 구두 내러티브를 사용하며 이는 유아들의 구두언어를 문해언어 사용으로 전이하는 과정에 근거를 마련하는 것을 포함한다. 이러한 실제에 전제된 신념은 내러티브는 쉽고, 자연스럽고 익숙한 것이라는 믿음이다. 그럼에도 불구하고 여전히 내러티브가 사용되고 유아들이 학교에서 내러티브에 참여하는 방식은 가정과는 다르다는 것을 알 수 있다. 이러한 점을 비난하고자 하는 것이 아니며 학교와 가정의 상이성을 지켜보기만 한 교사를 무능한 교사로 묘사하고자 함도 아니다. 오히려, 이러한 학교와 가정의 상이성이 불가피하며 상이성에 대해 인식하지 못할 경우, 유아들로 하여금 가정과 다른 학교의 실제와 언어 수행능력에 자신감이 결여되게 하는 위기 상황으로 몰아넣을 수 있다는 점에 대해 논의하고자 한다. 학교의 내러티브가 가정과 유사하다는 전제는 유아들이 학교에서 효율적으로 참여하지 못하는 문제가 가정에서의 무능함이라는 잘못된 추정을 내리도록 부추긴다. Tina와 Edwin과 같은 유아들의 교사들은 종종 이런 유아들이 언어가 부재하거나 특정한 내러티브 능력이 부족하고 문해성의 기초 능력 획득에 실패한 것으로 결론지었다. 불행하게도 개인적 내러티브 이야기하기의 교실 사건의 특징은—유아가 이야기하고자 하는 사건에 관한 직접적 지식에 부적절한 청중, 이야기할 만한 가치가 있는 것에 대한 이야기 나누기보다 형식적 순서 배정에 의한 요구된 참여, 이야기의 의미보다 이야기 요소의 중심—유아들의 가장 성숙된 내러티브 기술의 발휘와 역행한다고 할 수 있다. 뿐만 아니라, 교사들이 실제로 학교 내러티브 수행에 있어 평가 가치로 선정한 요소들에 관해 거의 솔직하지 않기 때문에 유아들이 교실 이야기 나누기 시간의 적절성에 관해 어떤 종류의 수행이 적합한지 어려움을 느끼게 된다. 결과적으로 유아들은 최소한의 참여나 혹은 비참여가 안전한 전략이라는 결론을 내리게 될 것이다.

학교에서의 문자 내러티브

문자 이야기

가상의 혹은 개인적 이야기 등과 같은 허구적 이야기 형태는 대부분 교실에서의 읽기 학습을 위해 중요한 자료가 되며 유아들의 초기 구성 능력의 방향을 제시하는 문어 장르다. 교육 실제는 개인 경험의 구두언어 제공과 문자 내러티브 생산과 이해를 동일한 전이로 가정한다. 즉, 학령기 초기에 유아들은 성인에게 개인 경험을 보고하도록 훈련받고, 이러한 보고를 그림 그리기, 발명적 혹은 전형적 철자와 구두법을 사용하여 기록하게 된다. 그러나 학령기 초기의 쓰기에 관한 노력들은 유아의 구두언어와 보고가 텍스트에서 서로 다름을 확인하게 하며 이는 다음의 총체적 언어 유치원의 예시에서와 같다.

THIS IS A HWS
THE SUN
WL SHIN
ND MI
GRDN
WL,GRO

- 중류층 5세 유아 -

이 사례는 표면상으로는 '정원' 에 관한 개인적 설명이지만, 해바라기와 튤립이 일렬로 둘러싸여진 이상적인 이야기책 집의 그림을 보여 준다. 글쓴이는 도시에 사는 유아이고 정원을 가진 적이 없다. 텍스트는 유아가 학교에서 경험한 문자 텍스트의 유형과 내용적 특성과 언어적 형태의 재생산에 관한 유아의 시도를 반영한다. 비록 텍스트는 초보적 쓰기의 작품이지만, 쓰기 영역의 몇 가지 형식적 특성인 핵심적 관계항(예: 이것은 집입니다) 혹은 문장의 평행구조(예: 태양은 빛날 것이고 내 정원은 자랄 것입니다)의 불명확한 소개를 통한 주제화 등을 포함한다. 텍스트는 계절의 변화와 사물의 성장 등과 같은 단순한 정보적 책과 관련된 주제를 통합하며 보편적 시간 혹은 장소에 관한 관점을 통합한다.

이와 같은 초기 쓰기에서 유아의 의도는 독자가 경험하지 못한 독특한 관점을 사건에 연계하는 것이 아니며, 어떤 종류의 사회적 충돌이 존재하는지 어떤 환상적 내러티브가 관여되어 있는지, 개인적 경험 일화가 삽입되어 있는지 탐색하는 것이 아니다. 대신 이러한 유형의 초기 쓰기는 유아들이 학령기 초기에 경험하게 될 읽고 쓰게 될 문자 텍스트의 전형적인 형태와 관점을 연습하게 함으로써, 학교 문해성을 숙련시키는 역할을 한다. 다음의 사례에서 발달적 과정에 있는 1학년 유아가 생산한 허구적 내러티브는 초기 학교 쓰기의 추가적 특성을 제시해 준다.

키 큰 잔디(The Long Grass)

한 어린 소년이 있었다. 그리고 잔디에서 놀고 있었다. 그리고 키 큰 풀숲 쪽으로 갔다. 소년은 잔디의 키가 너무 커서 무엇을 해야 할지 망설였다. 왜냐하면 소년은 놀 수 있는 큰 장소를 원했기 때문이다. 어린 소년은 잔디 깎는 기계를 가지고 잔디를 깎으려 했지만 자르기에는 잔디가 너무 컸다. 소년은 잔디 깎는 기계를 다시 되돌려 놓았다. 톱을 가지고 잔디를 깎으려 했지만 잔디는 너무 길었고 깎으려 하자 풀이 꺾일 뿐이었다. 소년은 아빠에게 갔다. 소년의 아빠는 어린 소년이 시도했던 같은 일을 해 보았지만 되지 않았다. 그래서 아빠는 엄마에게 요청했지만 엄마는 부엌에서 요리를 하느라 올 수 없었다. 그래서 어린 소년은 그의 개에게 갔다. 소년은 개에게 잔디를 물어서 넘어뜨리라고 했다. 개는 잔디를 물어서 넘어뜨렸고 그들은 저녁때까지 신나게 놀았다.

- 중산층 6세 유아 -

6세 유아의 구두언어에 의한 허구적 내러티브와는 달리, 문자 내러티브는 내러티브의 기본적이고 지극히 전통적이기보다 정교화에 필요한 중점적 부분들이 결여되어 있음을 보여 준다. 문어적 이야기는 유럽의 고전적 우화 내러티브와 면밀히 유착되어 있다. 즉, 문제 진술로 시작하며 문제 진술 자체는 결과적이지 않지만 문제가 중요하게 인식되는 형태로 주어진다. 또한, 다양한 대리인을 참여하게 하여 문제를 해결하고자 하는 다중 시도로 구성되며 예측되지 않은 행복한 결말을 의미한다.

6세 유아가 구성한 구두 내러티브와는 대조적으로 이와 같은 문자 이야기 속에서 화자-청자 관계는 약화된다. 사건은 실제 일어나지 않은 거리감 있고 권위적인 화자의 고정된 견해에서 이야기로 전달된다. 내용은 Carolyn Baker, Peter Freebody (1989)가 자료의 읽기 시작 단계(예: 어린 소년, 키 큰 잔디, 신체적으로 자신감 있는 아버지와 집안일로 분주한 어머니, 행복한 애완견과 주인)에 관해 언급한 이러한 종류의 문화적 전형에 의해 지대한 영향을 받게 된다. 이러한 것은 일반적 유아의 일상적 · 사회적 세계를 반영하는 것이 아니라 유아들을 위한 전형적 읽기 자료에 묘사된 세계를 반영하는 것이다.

어린 유아들과 달리 이러한 초기 쓰기 단계에 속한 유아는 학교 문해성(유아들을 위한 전통적 · 허구적 문자 내러티브의 전형성)의 전형적 완성을 보여 주기 위해 고심하고 있다. 초기 쓰기의 유형은 학교 혹은 가정의 구두 내러티브에서 보여 준 것과는 아주 다른 자신감을 이 두 가지 텍스트를 통해 예시화해 준다. 그럼에도 불구하고, 사실 두 가지 사례의 쓰기 활동에서 보여 준 자신감은 학교 성공과 연관성이 있으며 궁극적 문해성 성취와 관련된다는 점에 대해 논의하게 된다. 두 가지 사례는 유아들이 언어와 문해성 획득이 서로 유사한 방식으로 표상됨을 보여 주고 있으며 중요한 성인들의 형태를 흉내낸 결과라고 할 수 있다. 이들 사례들은 쓰기 지도 교사가 유아에게 생산하기 요구하는 진실한 의사소통의 유형을 표상하지 않으며, 유아들의 문해적 문화의 현저한 산물인 불확실한 의사소통의 정확한 표상이라고 할 수 있다.

학교 문자 내러티브에 관한 이야기

일반적으로 초기 문해성 지도에 있어 불명확한 문자 내러티브 재구성하기에 관해 이야기해 보자. 교사는 유아들에게 과제로 제시한 교재를 읽고 이해했는지 확인하기 위해, 혼돈이 생길 수 있고 토론과 주석이 필요한 이야기 정보를 이끌어 낸다. 뿐만 아니라, 일반적 교육 목표(예: 소설에서 사실 구분하기, 묘사적 언어 설명하기 등)와 연관성 있는 이야기 내용을 강조하기 위해, 또 이야기 내용과 유아들의 개인적 경험을 연계시키기 위해 이야기 재구성하기를 한다. 이와 같은 이야기 재구성하기 도출의 다양한 목표들은 제공되어야 할 내러티브의 유형에 대한 다양한 기대를 통해 반영된다. 만약 유아들이 허구적 내러티브에 관해 읽고 이해한 바를 확인하고자 하는 것이 목표라면, 교사는 상당히 정교한 이야기 들려주기보다 중심 사건과 등장인물에 근거한 완전한 이야기 들려주기를 기대한다.

교사: 잘 읽었어! 그러면 이건 무엇에 관한 이야기지?

BOBBY: 휘파람을 불 줄 모르는 소년이요. 그리고 이야기 속에서 소년은 그의 어머니가 휘파람을 불고 어머니가 휘파람을 분다고 이야기해요.

교사: 전체 이야기를 들려주지는 말고!

BOBBY: 그리고 소년은 휘파람을 불 수 없었어요. 그리고 그런 다음 소년은 새 소리를 들었고, 그리고 나서 모르겠어요. 아마 소년은 휘파람을 불었을 거예요.

교사: 좋아.

- 4학년 읽기 집단 -

만약 목표가 이야기 내용과 텍스트의 다른 관점 간 연계라면, 이야기 재구성하기는 비포괄적이며 다른 가치화된 정보의 특성을 반영하는 방식으로 더 정교해야 한다. 즉, 이야기의 그러한 요소들은 사실처럼 자체의 해석에 도전할 수 있어야 한다.

교사: Ellsworth 부인에게 토요일 이상한 일이 일어났단다.

YUROSE: 부인은 멀리 갔죠.

교사: 그 부인은 무엇을 가지고 갔지?

YUROSE: 옷가방?

교사: 그래, 그리고 언제 그 부인이 돌아왔지?

YUROSE: 아주 무거웠을 거예요.

- 3학년 읽기 집단 -

이야기하기를 위한 이러한 문해성 목표들은 명백하지 않기 때문에 유아들은 종종 교사의 기대와 다른 재구성하기를 한다. 개인적인 읽기로부터 추출한 사례에서 Craig는 교사의 질문에 정확한 답변을 제공하면서 허구적 내러티브의 전체적 설명에 관한 책의 개요를 제공하고 있다. 그러나 Craig의 선생님은 Craig에게 교사가 추구하는 정보가 정확하게 진술된 좀 더 축약된 이야기 재구성을 하도록 요구한다.

교사: 좋아, 이 이야기 속에 있는 고양이는 스캇이야. 왜지?

CRAIG: 그 고양이는 비밀 고양이기 때문이에요. 그리고 그 고양이는 항상 사람들에게 다가오고 사람들은 좋아하지 않고, 사람들은 그들이 고양이에게 한 것을 좋아하지 않아요. 고양이가 사람에게 한 것을.

교사: 그리고 또 사람들이 고양이를 항상 뭐라고 부르지?

CRAIG: 스캇(Scat).

교사: 그리고 그게 무슨 뜻이지?

CRAIG: 저리 가.

교사: 그래. 그러면 고양이가 스캇이라는 이름을 가진 이유는 사람들이 항상 저리 가라고 부르기 때문이구나.

- 2학년 읽기 지도 -

즉, 허구적 내러티브의 이야기 재구성하기는 개인적 경험 내러티브로서 이야기 참여자 소개하기 기술, 핵심사건 보고하기, 참여자의 정신적 · 육체적 상태에 관해 기술하기 등과 같은 동일한 능력의 상당한 것을 살릴 수 있지만, 이러한 이야기 재구성하기를 위한 학교 사건의 교육적 목표는 내러티브 실행의 전문화된 유형을 요구한다. 유아들은 교사가 일반적으로 이야기 재구성하기에서 요청하는 문해 목표를 인식하기 위해 학습을 통해—이야기 그 자체 혹은 이야기의 허구적 요소의 강조 등과 같은 목표보다 이야기의 요약하기—이러한 새로운 기대들을 만족시키는 데 능숙해지게 된다. 이러한 것들은 새로운 형태의 내러티브를 요구한다. 그러나 유아들이 학교 밖 이야기하기 사건에서 발달시킨 능력들은 허구적 내러티브의 재구성하기의 성공과는 종종 무관하다.

학교 문해성의 실제

6세 유아들은 몇 시간 동안 주말에 대해 이야기 나누기, 허구적 내러티브 구성하기를 위한 개인적 쓰기 활동, 허구와 사실에 관한 요소를 비교하기 위해 읽었던 이야기에 관한 소집단 토론하기 등에 참여하게 된다. 문해학습을 위한 이러한 유형의 교실 환경에서 성공이란 가정 내러티브 기술을 학교로 단순히 전이하는 데 있는 것이 아니라, 아주 다양한 담론 생산과 이해에 관해 기술적으로 전이하는 것으로 설명된다. 성공을 지원할 수 있는 요소들은 내러티브 텍스트 유형의 광범위한 범위와의 친숙성에 있다. 즉, 구두와 문자 같은 이러한 텍스트 유형에 관한 풍부한 내면화된 표상, 다양한 텍스트 생산의 실험에 있어서의 자신감과 흥미, 그리고 일반 교실 텍스트에서 가치로 여기는 텍스트 생산에 관한 사회언어적 통찰력 등이다. 대부분의 유아들이 스크립트, 개인적 일화, 허구적 이야기, 설명, 묘사 등과 같은 다양한 장르의 광범위한 언어 레퍼토리를 가지고 학교에 입학한다 하더라도, 유치원 교실에서는 이러한 이해를 이용하거나 더 발달시키지 않는다. 다양한 목적의 읽기와 다양한 청중을 대상으로 한 쓰기는 해설적 형태가 교육과정을 지배하기 시작하는 초등학교 후반기 단계를 위해 축적된다. 유아들이 읽기 및 쓰기에 관한 유창성과 자신감을 획득해 가는 모든 시기 동안, 유아들의 담론 생산은 대부분 유치원의 내재된 교육과정의 일부를 형성하는 장르의 기준이라는 복잡한 체제에 의해 결정된다. 유아들에게 개인 일화, 허구적 이야기, 보고서 등에 관한 차이점을 이야기할 수 있는 어휘는 제공되지 않았으며 이러한 종류의 장르에 관해 수업시간에 어떻게 반응해야 하는지 명확한 지침을 제공하지도 않았다. 결론적으로 학교는 다양한 형태의 학교 밖 문자 텍스트에 상당히 노출되어 있고 다양한 쓰기 텍스트 유형의 특성에 관해 성인 가족 구성원들 간에 잦은 대화가 이루어지는 고도의 문해적 가정의 유아들에게 사회적 이점을 재생산하게 하는 것에 제한된다.

문해와 언어의 재고찰

앞서 제시한 예시들은 구두언어와 문해의 실제가 가정 중심 구두언어 능력에 관한 문해 교육과정 형성을 저해하는 비연속성에 영향을 받는 정도를 묘사하였다. 또한, 총체적 언어와 다른 진보적 교육 상황에서의 문해 교육과정의 체제와 수사적 환경이 언어 획득의 자연성에 관한 낭만적이고 잘못된 견해라는 점에 동의한다. 비교적 문해 교육과정을 고안하기 위한 시도를 알리는 자연적 언어의 묘사는 보다 일상적 상황에서의 언어 획득에 관한 묘사에서 유래된다. 예컨대, 서양의 전형적 중산층 유아의 언어학습에서 부모는 대화의 파트너로 인식되며 부모는 유아의 모든 행동과 어휘를 의사소통의 시도로 이해하고 이를 강화한다. 기본 전제는 유아 언어발달은 유아의 의사소통에 의하며 유아의 의사소통 목적에 관한 성인의 적절한 반응에 의해 촉진된다는 것이다. 자신의 의도를 표현하는 과정에서 유아들은 성인 반응의 형태에 따라 언어 시스템의 특성에 관한 정보를 발달시킨다. 이러한 반응들은 유아의 주된 관심사에서 출발되고 유아가 독립적으로 이해한 것을 의미로 표현한 것이기 때문에 언어 시스템에 관한 자료로 사용 가능하다. 이러한 언어 획득의 최적 환경 조건의 묘사는 일정 발달 기간 동안 어떤 환경에서 어떻게 진행될 것인가에 대해 특성을 기술한다. 그러나 이러한 것이 언어 획득의 방법에 관한 보편적이거나 발달적으로 상이한 견해를 제공하지는 않는다. 해석이 필요한 모든 웅얼거림을 사용하는 유아가 대화의 파트너라는 것은 대부분의 문화에서 성인들에게 거부당하는 진술이다. 더욱이 육아의 과정에서 성인의 낮아짐을 고유한 것으로 간주하는 서양 집단에서도 유아가 성장함에 따라 이러한 관대함은 점차 비일상적인 것이 된다. 심지어 고도로 유아 중심인 미국 중산층의 경우에도 부모들은 영아기 이후에 단어의 의미, 예절 형태, 대화 규칙, 기타 등에 관해 지식적 언어 지도를 한다. 또한, 유아의 연령이 높아짐에 따라 유아 주도적 주제에 제한될 필요 없이 성인의 의도에 따를 수 있는 능력이 있다고 인정한다.

뿐만 아니라, 유아의 의사소통 필요에 의해 제시된 언어발달의 낭만적 견해는 유아들이 자신의 발달에 있어 어느 정도 주체적 행위자인가에 대해 잘못 표상하고 있다. 주체적이라는 것은 동기화된 의사소통자라는 것이 아니라 의사소통의 의미가 없다 하더라도 언어 시스템을 찾아내고자 하는 시도를 하는 문제해결자임을 뜻하는 것이다. 예컨대, Karmiloff-Smith(1979)와 Bowerman(1982)은 언어 시스템의 실수 없는 통제를 할 수 있었던 유아들이 그들이 저장한 지식을 분석하고 인지했기 때문에 결과적으로 언어 시스템에 관한 실수를 하게 되는 예를 보여 준다. Karmiloff-Smith(1992)의 용어에서 언어 생산의 초기 단계는 투입 접근에 의해 지배되며, 발달의 후기 단계에서는 유아들이 자신의 지식을 여지가 있는 문제 공간으로 인식하고 분석과 재구성을 위해 수용할 때 이루어진다. 예컨대, 3세 이후는 발현적 문해 획득이 전형적으로 시작되는 시기이다.

만약 유아들이 언어적 문제 공간의 자율적 창조자이며 자기 동기화된 구두언어 문제해결자라는 견해가 정확하다면, 언어발달의 낭만적 견해는 언어 획득을 추진하는 의사소통 정도에 관해 명백히 과장하였다. 획득이란 시스템을 분석하고자 하는 유아들의 생산 능력과 부모의 문화적 형태를 복사하려는 욕구의 최소한의 일부이며 이러한 형태의 단기적 의사소통적 효율성과 무관하다. 만약 4~5세의 구두언어 학습자들에게 이러한 진술이 사실이라면, 연령이 높은 유아들의 문해 획득에 더 해당될 것이다. 따라서 유아들의 일반적 의사소통 의도를 문해 획득과 연관시키는 것은 필요하지도 효율적이지도 않다. 그러나 언어발달의 낭만적 견해와 문해성이 언어발달과 같다는 견해는 정확하게 전략을 강요한다. 예컨대, 문해적 모드로 의사소통 교환에 관한 모방적 저널 쓰기는 더욱 형식적 문해를 위한 적절한 전이로 간주된다. 그리고 유아들은 그들의 직접적인 경험보다 개인적으로 의미 있는 경험에 관한 쓰기를 하도록 격려받는다. 쓰기 접근 과정에서 궁극적 청중을 대상으로 한 주제와 초고에 관한 토론은 쓰기에서 아주 중요한 일부이다. 전통적이며 상당히 관점적 쓰기 교육에 비해 이러한 접근법들이 훨씬 호소력이 있지만, 이러한 접근법에서는 발현적 쓰기자, 교사, 항상 획득할 수 있는 없는 공유된 의사소통 목적 간의 탁월한 구두 의사소통을 전제로 한다. McCarthey(1994)가 수집한 사례에 의하면 5학년 학생이 무엇에 관해 써야 하는지에 관해 알고 있는 교사는 학생들이 정서적으로 다룰 수 없는 민감한 가족 이슈에 노출되도록 강요하게 되는 위험을 범하게 된다. 이러한 경우, 결과는 학생들이 교사의 강요를 회피하거나 이러한 교실에서 너무나 일반적인 허구적으로 참인 의사소통의 유형을 탈피하는 것으로 나타났다.

다른 총체적 언어 움직임의 중요한 전략은 학교를 가정과 같은 곳으로 만드는 실제를 고안하는 것이다. 이러한 해결책이 유아들이 가정 담론 맥락에서 더욱 자신감 있게 참여하게 된다는 긍정적 발견에도 불구하고 많은 단점들이 있다. 첫째, 사회적 참여 구조와 목표에서의 일반적 차이점에서 발생하는 기관의 제약으로 인해 교실 의사소통을 가정 의사소통처럼 만든다는 것은 아주 어려운 일이다. 둘째, 가정과 같은 상호작용을 학교 상황에 소개하려는 시도는 유아들이 새로운 것을 배우고 학교의 구체적 규칙을 학습하는 것보다 더욱 혼란스럽고 유능하게 반응하는 것을 어렵게 만드는 복합적 사회 상황을 생산할 수 있다. 셋째, 가정과 학교의 연속성을 증가시키는 것은 초등학교 교사가 유아들이 궁극적으로 직면하게 될 다양한 기관 상황에 준비시키는 효율성을 감소시킨다.

교육과정에서 자연적 혹은 보편적 언어와 문해성 형태를 사용하도록 하자. 이러한 사실은, 내러티브의 형태는 유아들이 익숙한 것에 관한 생각하기와 말하기에 관한 최상의 연속성을 보여 주며 모든 유아들이 소유하고 있는 장점 위에서 만들어진다는 점과 밀접한 관계가 있다. 이러한 요구는 유아들이 다른 장르보다 더 쉽게 내러티브를 이해하거나 혹은 유아들이 정보를 획득하고 읽기를 학습하기 위해 내러티브 형태를 필요로 한다는 증거 없이 교육과정에 상당한 영향력을 미친다. 실제로 Papas(1993)는 해설적인 텍스트에 관한 정보는 내러티브로부터 쉽게 기억되고 학습된다고 하였다. 뿐만 아니라, 유아들이 학교 밖에서 학습한 내러티브 형태와 관습은 문화 간에 상당히 다양하며 유아들이 학교에 입학할 때 유일한 혹은 보편적 내러티브 개념을 가지고 있다는 진술에 도전한다(Minami & MaCabe, 1991).

만약 유아들을 형태 학습자, 혹은 유연한 사회 언어구사자 등과 같은 능숙한 언어적 문제해결자로 본다면, 어떤 종류의 문해 획득 관점이 유용할까? 첫째, 우리는 유아들이 다양한 구두와 문자 언어에 가능한 참여하여 생산하도록 광범위한 구두와 문자 언어 장르에 유아들을 노출시킬 것이다. 둘째, 유아들이 이러한 장르와 차이점을 분석할 수 있는 능력을 의식적으로 발달시키기 위해 활동을 제공하게 될 것이다. 또한, 유아들이 언어를 의사소통을 위한 도구가 아니라 목적으로 간주하게 됨을 인정하게 될 것이다. 셋째, 확장된 담론을 생산하는 규칙들은 강제적이며, 구체적 언어이고, 구체적 사회이며, 구체적 상황이라는 것을 인정하게 될 것이며 언어의 어떤 형태는 자연적 · 보편적 · 직접적으로 접근 가능하다는 것을 포기하게 될 것이다.

제10장 초기 문해 학습의 다양성 조정

MARIE M. CLAY

스탠퍼드 학교 프로그램의 창시자 Henray Levin(1990)은 어린아이들이 학교에 오면 학교가 그들을 위해 무엇을 할지 모른다는 것을 발견하게 된다고 했다. 학교의 요구와 개인 학습자 다양성 간의 부조화는 학교 시스템에서 불가피하며 관행화되고 있다. 교육 전달체계는 집단 혹은 전체의 학습과 교수를 위한 것이지 개별 교육을 위한 것이 아니라는 것이 사회적 믿음이다. 학급은 가르침을 받는 것이지 학습하지 않는다. 오직 개인만이 학습한다. 어떤 부조화이건 조정을 위해서 교육은 특별 프로그램, 특수교육, 상담, 심리학적 서비스, 가정 학교와 극단의 다양성에 관한 상당수의 특별 정책 등을 제공해야 한다. 개인이 학습하는 방법을 기술하는 인지적 심리학에 있어서 최근 발달은 교수법이 학습자가 다양성을 수용하는 방법을 고려해야 함을 강조하고 있다. 여기서 다양성이라는 용어의 사용은 모든 종류의 개인적 차이를 언급하며 문화적, 언어적, 인종적 다양성에 제한되지 않는다.

사회학자와 교육가들은 '모든' 유아들이 지식체계, 교육과정, 방법, 교재 시리즈, 심리학의 법과 원칙, 연구에 의한 교육적 혹은 발달적 연속을 종횡한다는 일종의 방향에 동의한다. 이들은 학교에서 평균 수행을 위한 연령이나 시기, 그리고 달성되어야 할 평균 수준의 평가 준거를 정의한다. 어떤 종류의 다양성도 그러한 기대를 잘 반영하지 못한다. 교육 실제가 연령의 평균 그리고 유아들이 일반적 결과를 성취하려면 일반적 방향을 따라야 한다는 가정의 기대에서 벗어날 수 있을까? 현대 사회는 전체 속에서 기술 수준을 향상시키기 위해 개별 학습에 초점을 맞추는 것이 필수적이다. 다양성을 중시하고 학습이 부진한 학습자들이 주류에 순응하기를 기대하는 현대 사회는 평균의 압박으로부터 벗어날 방법을 필요로 한다.

읽기 회복(Reading Recovery)은 이러한 회피 방법을 만들어 냈다. 읽기 회복은 다양한 경로에 있는 다양한 개별 학습자들을 주류 교실 활동에 완전히 참여하게 했고, 5개국의 교육체계에서 성과를 거두었다. 이러한 중재는 가르치기 힘든 유아들에게 문해 학습장애를 해결하고자 하며 기회의 창이라고 불리는 2학년 동안 학교에서 문해성 문제를 감소시키고자 한다. 이러한 경우 여러 가지 다양한 이유로 가르치기 힘든 유아들을 선정하고 매일 30분 동안의 개별 수정을 통해 다양성을 수용한다. 개별 유아의 장점을 근거로 한 상호작용 교수는 읽기 회복에서 학습한 것이 교실 실제에서는 전이되거나 묘사될 수 없다는 특이한 방향을 따른다. 가장 문제가 많은 유아들에게 효과를 거둔 것이 대부분 학습자들을 위한 최상의 적용이라는 가정은 다양성 수용에 실패하게 되는 방법의 사례가 된다. 본 장은 인지와 학습에 관한 현재의 논의라는 맥락에서 읽기 회복의 면밀한 분석으로 이루어지며 이는 중재의 결과가 '느린 학습자' 에 관한 보편적 예측을 부인하기 때문이다.

최근의 출판물들에 의하면 학습자가 인지 과정을 구성하는 방법에 관해 보다 잘 이해하게 해 준다. 구성의 일부분이 자기 의식적이고, 반영적이며, 신중한 것이라 할지라도 인지는 일반 능력의 다소의 저장에 의해 동력화되는 것이 아니라 일반적 활동 속에서 구성되는 것이다. 이러한 사실은 학습자가 자신의 학습에 기여하게 되는 방법에 관한 흥미를 만들어 낸다. 학급에서 개별 학습자는 서로 다른 이전 경험을 가지고 새로운 학습에 참여하게 된다. 따라서 효율적 교수는 '차별화된 교수법'을 필요로 한다(Hansen & Robenhagen, 1993). 필자는 사회가 학교에서 문해성을 교육하기 시작할 때, 대부분 유아들은 향후 학습되어야 할 모든 문해성의 수단으로서 광범위한 읽기와 쓰기 과정에 관한 내적 통제력을 다소 쉽게 구성한다고 논의하였다(Clay, 1001). 산업국가에 있는 5~7세 초 유아들의 80~90퍼센트는 명백하게 다른 이론과 언어로 전달된 프로그램에서 쉽게 통제력을 구성한다. 나라마다 유아들은 일반적 결과를 향한 다양한 경로를 이동하면서 문해화되어 간다.

영어권 국가의 읽기 회복 연구에 의하면, 성취도가 낮은 유아들의 경우 대부분 학습 환경이 변화되면 읽고 쓸 줄 아는 학습자가 될 수 있었다(Clay, 1993). 이에 대한 설명은 과장된 움직임과 느린 동작이라는 묘사와 같이 이러한 유아들은 수동적 초보자에서 적극적 정보 과정으로 변화하여 마치 인쇄 문자의 정보에 관한 행동하기에서 자신이 필요로 하는 것에 대한 인식으로의 변화와 같다. 비록 프로그램은 유아들에게 요구하지 않지만 어떤 유아들은 하고자 하는 것에 관해 이야기하기 시작하게 된다.

일반적 결과를 위한 다양한 경로

읽기 회복 교사들은 각각의 유아를 위한 개별 수업안을 작성할 것을 주장한다. 이것이 가능한가? 만약 문해 학습이 복잡하고, 복합성이 마치 대도시로 운전하기처럼 몇 가지 다양한 출발점에 있는 누구에게서라도 시작 가능하며, 몇 가지 다양한 방법 중에서 어느 한 가지로부터 접근된다는 가정이 있다면 가능하다. 학령 전 유아들의 문해성에 관한 지식을 연구한 결과에 의하면, 유아들은 문해성의 다양한 관점을 갖고 유아 간에 거의 중복되지 않는 고도로 구체적인 지식의 섬인 유치원 혹은 학교에 입학한다.

이러한 특이성은 일반적으로 학습자를 우리가 당면한 시대의 모든 것처럼 다소 평균적으로 반응하거나 행동하도록 하는 기대(가정 1) 혹은 학습자를 하위 집단에 부합하는 정형성에 따라 집단화하는 기대(가정 2) 등과 같은 교육에 있어서 보편적 두 가지 가정을 잘 전달하지 못하고 있다. 학교에 입학하는 유아들은 '평균 5세 혹은 6세(A1)' 라는 잣대로 측정되고 혹은 사회 · 경제적, 인종적, 문화적, 언어적, 성숙도 정형(A2)에 의해 범주화되며 사회 · 교육적 체계는 이들 하위 집단 유아들을 위해 특수교육을 제공한다.

읽기 회복은 학교에 입학하는 최초 1년 이후 연령 집단에서의 문해 학습에 성취도가 낮은 학습자들을 위한 보충적 도움을 제공한다. 이 유아들을 일반 학습에서 어떤 이유로 분리하지 않고 학교가 적절히 믿을 만한 결정을 내려 주게 될 경우, 동일한 연령의 또래집단으로부터 뒤처지지 않도록 하는 것이다. 유아들은 다양한 이유로 보충적 도움을 필요로 하며 선행학습과 다른 기여 원인들은 유아마다 다를 것이라는 전제를 기본으로 한다. 읽기와 쓰기 장애에 관한 중요한 원인 혹은 연쇄적 원인을 찾는 것을 거부한다면 읽기 회복은 두 가지 유형의 다중 인과관계를 인식하게 된다. 즉, (1) 어떤 가상의 원인 혹은 우발적 연쇄가 발생한 집단 간, (2) 여러 가지 이유로 문제가 있는 일반적 학습자 유형이다. 낮은 성취도는 학습 기회의 부족에서 비롯되거나 혹은 유아가 다른 것에 관심이 있거나 혹은 유아가 어린 연령에 해당하는 운동능력과 언어 수준을 갖고 있기 때문이다. 학령기 전 혹은 학령기 초기의 삶에 관한 사건과 위기는 낮은 성취도로 이어진다. 만약 학습자가 읽고 쓰고자 하면, 유아가 기초적 문해 반응에 집중하고 학습하도록 모든 시도와 도움을 제공해야 한다. 비록 이러한 사건은 다양하고 많은 상호작용 교수법을 요구하지만, 개별 학습자 장점에 주력할 때 가능하다는 것이다.

다중 인과관계는 앞서 기술한 교수법의 체계가 낮은 문해성 성취도를 가진 모든 유아들에게 적합할 것이라는 가능성을 희박하게 한다. 역사적으로 문해성 문제는 유아들의 언어 혹은 세계에 관한 지식의 정도가 제한되어 있음에도 불구하고, 손상 부위 혹은 정도에 상관없이 뇌 손상 유아를 위한 처방된 연속적 교수법, 문자-음운 대응관계에 관한 극도의 주의력 감소 등과 같은 처방적 프로그램에 의해 무분별하게 결정되었다. Gittleman(1985)은 이러한 프로그램들이 효과가 거의 없으며 문해 중재 프로그램에 참여한 대부분 학습자들이 학급에서 점점 뒤떨어지는 반면 성취도는 빈약하다는 결론을 얻었다.

문해성의 성취도가 극도로 낮은 다양한 모든 유아들은 읽기 회복 첫 수업 후, 다양한 수준과 형태로 자신감을 나타내는 모습을 보여 준다. 사전 지식 혹은 반응의 레퍼토리가 극도로 제한된 경우, 교사는 이러한 능력에 관해 가능한 한 매번 반응을 확인한다. 느린 학습자의 발달을 가속화하려면 교사는 개별 유아가 이미 실행한 것에 대해 시작해야 하고 다양한 경로의 학습자들이 가능한 빨리 효율적 수행의 일반 결과에 도달하도록 이러한 것을 교수해야 한다. 읽기 회복에서 첫 번째 수업은 비록 유아마다 다르고 제한된다 하더라도 유아가 이미 알고 있는 것에 관한 것을 포함한다. 그리고 학습자가 자신의 현재 능력을 중심으로 유동적으로 움직일 수 있도록 해야 하며 현재의 능력은 새로운 병행들 속에서 자신이 아는 것과 만나는 것을 의미한다.

읽기 회복에서 보충적 도움의 마지막은 추가적 지원 없이 유아가 자신의 학급에서 일반적 수준으로 연속적으로 발달할 수 있다고 판단 가능할 때 이루어진다. 학습자들은 상대적으로 독립적이고 그들과 구별되지 않는 또래집단과 함께 협력할 필요가 있다. 초등학교 3학년 정도의 시기까지 잠재적으로 유능한 읽기 학습자가 된다면 유아들은 학교의 타 교과목 학습에 필요한 자원을 얻게 되는 것이다. 자기 확장적 문해성 체계와 함께 독립적 생존의 목표는 점차 현실적이고 필요하게 된다. 따라서 읽기 회복의 일반적 목표는 학습에 돌아온 모든 유아들의 생존이다. 비록 힘든 학습자들과 함께 성공할 수 있는 수준은 국가, 교육체계, 유아들의 인구 구성, 사회계급 구분, 교육과정, 지역성, 언어와 교사 등에 따라 다양하지만 성공의 수준은 높다고 할 수 있다. 편익비용 결과는 교육체계 수준에서 읽기 회복의 질적 적용이 있을 때만 가능하다.

평균에 관한 폭압과 다른 사고의 함정

많은 연구는 집단 평균을 보고함으로써 유아 학습의 복잡성을 숨기게 된다. 그러나 표집된 평균은 어떤 개인에 관한 묘사를 하지는 않는다. 이와는 반대로 사례연구와 심층적 문화기술지는 소수의 개인 사례에서 존재한 것을 탁월하게 기술할 것이며 다양성을 수용하지 않을 것이다.

학급에서의 교수법에 관한 사고의 결과로서 우리는 마치 그 학급이 학습자인 것처럼 간주하지만 사실 학습하는 것은 단지 개인일 뿐이다. 이 장에서 논의한 일반적 개념의 폭압들은—평균 학습자, 교육과정, 발달 단계, 학습 계열성, 느린/부진 학습자—학습할 적절한 기회가 있는 개별에게 방법을 제공하는 교수법에 관계된 개념이다.

담임 교사는 항상 상, 중, 하의 발달에 관한 개념을 갖고 있으며 몇몇 학습자들의 예외적 경로를 기억한다. 뉴질랜드 연구에서 두 가지 사례를 볼 수 있다. 1978년 고등학교 입학 무렵의 학생들에게 일간지에 관한 전국적 설문지를 시행하였다(Clay & Oates, 1985). 학생들에게 몇 가지 난해한 신문 헤드라인의 의미를 써 보라고 요청하였고 WORKERS OUT-FACTORY BLACK, 혹은 DOLLAR DROPS AGAIN 등을 일부 학생들이 부분적으로 이해했다고 응답하였다. 또한, 낮은, 중간, 그리고 높은 등과 같은 수준에 관한 반응과 예외적 진술들이 보고되었다. DOLLAR DROPS AGAIN의 경우 묘사적으로 낮은 수준의 반응으로 '자신의 돈을 계속 잃어버리는 남자' 라는 반응이었다. 중간 정도 수준의 반응은 '돈을 더 이상 가질 가치가 없으며 이유는 가치가 없기 때문이다.' 라는 것으로 나타났고 높은 수준의 반응은 '미국 달러가 스위스 프랑에 비해 오늘 2.7퍼센트 하락했다.' 는 것이었다. 응답 중의 어떤 경우는 너무 다양해서 사전 선정한 범주화에 적합하지 않았다. 이러한 차이가 일반적 인지 능력의 차이에서 기인한다고 인정하는 것은 교육적이지 못하다. 왜냐하면 교사의 도전은 IC점수를 예측하는 것이 아니라 개별 유아를 현재의 상태에서 이동시키는 것이기 때문이다. 교사는 개별 학습자가 이러한 종류의 문제를 해결하기 위해 어떤 장점을 가지고 있는지 알고 있어야 한다.

학교 교재의 의미에 관해 혼돈을 느끼는 고등학생의 경우도 이와 유사하며 학생들이 그러한 교재에 주어진 다양한 의미와 협의할 기회가 부족했다는 것은 놀랄 만하다. 13세가 평균적으로 읽을 수 있는 것을 알 수 있으며, 이러한 학생들의 이해 혹은 오해에 관해 이야기할 필요가 없는 것이다.

또 다른 이론과 실제의 불균형은 연령 집단과 역사적 시기 간의 자료 붕괴에서 비롯된다. 모든 유아들은 급격하게 변화하지만 다른 학습 영역에서 다른 시간차를 가지고 변화한다. 이러한 다양성은 모든 5~7세 유아들이 일반적 발달 단계에 있다는 것을 알고자 하는 교사의 반응에 도움을 줄 수 있을까? 단계는 일반적 교육의 조망을 제시할 뿐이지 다양한 학습자들을 새로운 영역으로 이동시키는 데 도움을 주지 않는다. 심리학자들의 연구결과가 개인 변화를 예측하거나 개별 학습자와의 상호작용 교수를 일반화할 때 사용되는데 이러한 결과들은 항상 위기상황에 있는 부적절한 유아들의 경우다.

행정가와 교사들은 이러한 사실이 유아의 발달을 손상시키거나 혹은 발달시킬 수 있다는 사실에 유감스러워한다. 이러한 예측들이 집단들에서부터 이루어졌으며 개인 경험의 직관적 평균화는 종종 개별 학습자들에게 오적용될 수 있다는 사실을 부인하기 때문이다. 일반적으로 이들 학습자의 학교 전달체계는 관찰되는 효과에 기여하고 있다.

인간 행동에 일반적 법칙을 적용하고자 하는 심리학의 연구는 교육에 적용되었을 때 평균에 관한 강요라는 문제로 나타난다. 심리학자들은 유아들의 행동 변화의 계열성에 대한 이유를 설명하고 법칙을 밝혀내고자 하였다. 사회는 유아들의 학습을 위한 경험과 학습의 계열성을 창조하고 교육가들은 다양성이 평균 계열성으로 통합되기를 원한다. 왜냐하면 이러한 방법이 교육과정, 성과 기준, 현재 가르쳐야 할 것 등에 관해 보다 쉽게 접근할 수 있도록 해 주기 때문이다. 저자는 유아들의 쓰기에서 결정된 발달의 계열성을 발견할 수 없었으며 유아들은 다양한 출발점에서 복잡한 활동을 가지고 있다는 것을 믿는다. Gentry(1978)와 같은 연구가는 쓰기와 읽기의 학습단계를 계열화하였고 IBM의 읽기와 쓰기에 관한 프로그램 같은 교육과정은 그러한 진술에 근거하여 구성되었다.

이스라엘에서 최근 시행된 실험결과에 의하면(Levin & Tolchinsky Landsmann, 1989; Levin & Korat, 1993), 계열성이 부족한 것으로 나타났다. 즉, 기본적 이해의 어떤 부분은 사실 계열적으로 학습될 수 있다. 그러나 어떤 복합적 학습에서 고정된 획득의 계열을 구체화하는 것은 불가능하다. Shephard(1991)는 평균, 하위 집단 정형화, 심리적 법칙 등과 같은 학교학습에서의 발달적 계열을 위한 연구에 의문을 제기하며 교육가들은 이러한 문제들은 잠재적 의식의 족쇄로 간주해야 한다고 주장한다. 일반적 유아들에게 평균, 일반 평균적 성취 혹은 학습 계열성에 관한 진술이 필요하다고 생각하는 교사는 항상 오류를 경험하게 되는데, 이는 자신의 기대에서 비롯된 것이며 개별 유아들의 실제에 관해 무리하게 강요한 것은 아니다. 능력에 관한 일반 평균 분포라는 것은 평균 분포 곡선의 가장 낮은 지점을 향한다는 우리가 당면하는 가장 단순한 제한이라는 가설을 의미한다. 사실 이와는 반대로 평균보다 성취도가 낮은 학습으로 관심을 옮길 때 학습과제와의 관련성이 낮고 지식의 정도가 더 낮은 개별과 만나게 되며 이러한 경우 이 학습자들을 가르치는 것이 더욱 복잡해지는 학습자들의 기능에 있어서의 약점을 보여 주게 된다. 이것은 언어, 인지, 인식, 운동능력, 혹은 음운인식 등과 같은 환경적 문제가 아니라 부적절한 반응으로 인한 복잡성의 생산과 교사로 하여금 어떻게 진행해야 하는가에 관한 낮은 예측성을 만드는 것에 관한 문제다.

개별 발달에 관해 연구한 유아 치료 심리학자는 대부분의 유아들에게 적절한 상호작용의 실제가 일반적인 유아에게 부적합하다는 것을 알고 있다. 필자는 새로운 도전으로 연구대상을 직면하고자 했고 평균 수행도나 특별한 문제 혹은 임상 경험에 의한 사전 경험으로 이들에 대해 가정하지 않았다. 필자는 자신에게 '이 대상은 이전에 누구와 비슷한 것 같지만 그런 생각은 하지 말자. 그리고 이 대상은 특별하다고 생각하자.' 라고 다짐한다. 필자는 이러한 관점을 문해성 발달의 종단연구에 적용하고 읽기 회복의 발달에 적용한다.

오늘날 사람들은 문화적 차이, 언어적 차이, 성 차이를 인정하는 데 더 익숙해져 있다. 그럼에도 불구하고 우리는 종종 학습의 다양성을 인정하지 않기 때문에 이 영역에서 큰 실수를 하기 쉽다. 평균, 표준 분포 그리고 교육과정 혹은 발달적 계열은 교사에게 학습자가 가야 할 방향을 제시해 준다. 그러나 과학적 연구결과로부터 계열성과 처방에 관해 접하게 될 때, 처방과 개별 학습자의 가장 촉진적인 경로 간 모든 종류의 부조화를 예측할 수 있다. 우리는 평균적으로 과정에 관한 진술로 인해 잘 가르칠 수 없다. 그것은 우리의 사고를 출발하는 시작점이 될 수 있지만 조화를 위해서는 좁은 시야를 제공해 준다. 학습자의 지식을 과제 점수 혹은 시험 결과로 제시하는 것은 충분하지 않다. 왜냐하면 이들이 일반적 문맥에서 새로운 의미에 관해 협의하고 구성하는 구체적인 방법에 관한 이해가 필요하기 때문이다.

교육은 개별 학습자의 역량을 강화할 수 있을까, 아니면 우리는 집단 유아들에게

만 적용 가능한 단순화된 진술을 준비해야 할까? 불행하게도 사회와 학교의 입장에서는 규정된 교육과정과 학습자들의 사전 학습 간의 불협화, 실수, 부조화가 존재함에도 불구하고 대부분 개별 학습자들은 자신의 방식으로 성공적 수행을 위해 구성적 학습자가 되어야 한다. 규정된 교육과 학습자의 요구 간에 차이가 있고 교실 학습과정에 참여할 수 없는 대상들이 성취도가 낮은 다양한 집단이다. 반응적이며 반영적인 상호작용 교수법의 결과에 의하면, 이러한 유아들이 놀라운 성과를 이룰 수 있다는 것을 확실히 제시하고 있다. 좋은 상호작용 교수법에 의한 학습자들은 그들의 인지를 구성할 수 있고 전통적으로 낮은 성취도가 예측되었음에도 불구하고 좋은 결과를 획득할 수 있다. 이러한 결과가 대규모로 이루어질 때, 많은 교육적 실제가 예측한 상관관계를 무위로 돌릴 수 있다.

다양성을 취급하기 위한 정책의 부정적 비판

이 장의 대부분의 논의와 진술은 Shephard(1991)가 수행한 다양성을 취급하기 위한 정책의 중요한 분석과 탁월한 비판에서 기인한다. Shephard는 정신지체 학습자들을 위한 특별 편성, 학습장애 유아 진단, 이 유아들의 유급과 준비도가 부족한 유아들을 위한 특별 유치원 편성에 관한 미국 교육 실제를 논평하였다. 현재의 교육 실제를 부인하면서 다음과 같이 진술하고 있다.

> 이와 같은 편성 정책들은 좋은 의도에도 불구하고 학습 문제가 있는 유아들을 특별한 곳에 배치함으로써 미국 교육에 있어 반복되는 문제로 인식되며 이 유아들은 중요한 학습의 이점을 학습할 기회를 경감시키는 시스템적으로 낮은 지도를 받게 된다(p. 279).

미국 내의 인종적 · 언어적으로 소수에 있는 유아들에 관한 관심이 증가하고 있는 반면, Shephard는 "이러한 비주류의 문화와 언어적 배경을 가진 유아들이 이와 같은 비효율적이고 실제에 있어서 불균형적인 희생자들이다."라고 지적하였다. 실제의 의도는 개별의 필요에 맞는 지도를 제공하여 다양성을 수용하고자 함이었다. 돌이켜 보면, 이러한 실제는 여전히 집단 중심이며 개별 중심이 아니다. 부정적인 부작용은 학습자가 특수교육을 받기 위해 배치되면서 발생한다. 평가와 진단은 다양한 유아들을 특별 편성을 위해 범주화하고 분절하는 방법이 되고 있다. 학습 부진이라는 꼬리표는 수준 낮은 교육에서 비롯된다.

Shephard 논평의 대부분은 마치 읽기 회복이 시작되기 전에 비평을 들었던 것처럼 읽기 회복 중재 계획에서는 제외되었다. 이러한 점은 교육 심리학자들을 훈련한 저자의 직업이 특수교육의 단점에 주목하도록 한 것에서 찾을 수 있다. 읽기 회복은 특별 편성을 계획하지 않았지만 교실 수업에서 떨어지고 있는 유아들의 완전한 참여를 위해 보충적 교수를 제공하였다. 동일 연령 집단의 또래에 비해 '성취도가 가장 낮음' 이라는 평가는 예비교사에 의한 학습자의 문해 반응 레퍼토리 노출과 이에 따른 관찰 과제의 질적 결과로 이루어진다. 독립 평가자는 보충적 프로그램의 종료 시점을 결정하기 위해 동일한 체계적 관찰을 시행한다. 유아들은 읽기 회복에서 12～20주에 제한하여 매일 최소 30분의 수업을 받는다. 유아의 수행 수준을 단기간 내에 또래들에 맞게 향상시키고자 함은 단순하고 계열적이며 과도하게 분석적인 교육과정과는 맞지 않다. 유아가 일반적인 교사와 교육과정에 의해 학급에서 수행할 수 있을 것이라는 신빙성 있는 예측에 근거한 과정은 도움의 비연속성을 초래한다.

몇 달 동안 발달이 관측되었고 학급 수행 능력은 프로그램에 참여하는 유아들의 경우, 높은 비율로 나타났다.

비주류 문화와 언어적 배경을 가진 유아들 중에서 낮은 성취도의 범주에 속하는 유아들은 읽기 회복 대상으로 선정된다. 그리고 그들의 문화적 · 언어적 다양성은 지도의 계획과 전달이 개인적 근거이므로 수용될 수 있다. 일반적 실제에 관한 Shephard의 지적은 읽기 회복의 이유를 명백하게 해 준다.

능력별 학급편성제도: 우열반 편성

세기 초기에 발달한 인지적 능력에 따라 집단화는 학교가 동질의 정예 집단을 교육하는 형태에서 더욱 이질화된 학습 수준의 유아들을 받아들이면서 발달하였다. 성취도는 학습자의 학습능력에 맞추어진 교수법이 제공될 때 향상된다고 기대하게 되었다. 연구결과에 의하면, 이러한 기대들은 좀처럼 충족되지 않았고 중하위 집단의 유아들은 학업적으로 실패하였다. 그들의 자아개념은 부정적 영향을 받게 되었으며 교사는 낮은 능력의 집단에게 단순화된 교육과정을 전달하게 되었다. 이러한 결과는 꼬리표 붙이기의 결과물이었다. 다른 연구결과에 의하면, 교사들은 많은 과제를 기대하고 도전적 질문을 많이 하는 기대 수준이 높은 상위 능력의 학생들을 가르치는 것을 좋아하였다.

읽기 회복은 이러한 능력별 학급편성제도와는 다르다. 읽기 회복은 초기에 극도로 성취도가 낮았던 유아들을 비주류화된 학급에서 완전히 참여할 수 있도록 노력하였다.

특수교육 편성

근본적으로 시각, 청각, 정신지체 유아들을 위해 계획되었기 때문에 특수교육은 유아의 장애를 인정하고 수용하는 특수한 지도를 포함한다. 그리고 이는 상대적으로 문제의 정도가 덜한 대부분의 대상으로 확대된다. 그럼에도 연구결과는 약화된 교육과정을 받은 학습자들은 일반 학급의 통제된 유아들과 비교할 때 학업적인 기반을 잃게 된다는 것을 보여 준다. 상대적으로 장애 정도가 낮거나 소수 인정 학생들의 경우, 부정적 효과는 더욱 크게 나타났다. 확인된 숫자는 학습장애(learning disability) 범주에서 1975~1990년 사이에 뚜렷하게 증가하였다. 연구결과에 의하면, 테스트가 기술적으로 부적합하며 성공적인 학습자들 중에 나타난 진단적 증후들을 장애로 해석하였다. 학습장애 학급편성을 위한 평가와 비용의 경우, 유아에게 전달될 프로그램의 디자인에서 전문가들의 결과에 동의할 의도가 없는 평균 6명의 전문가들을 참여시켰다는 점이 강하게 지적되고 있다. 유아에게 꼬리표를 붙이는 것은 대상 유아의 학습을 위한 담임 교사의 책임성에 관한 본질을 변화시킨다.

학습장애로 분류된 유아들의 절반 이상은 학습부진이며 비영어권 배경 혹은 이동 빈도가 높은 가정, 결석 빈도가 높은 유아, 버릇없는 유아, 고성장 지역의 중간 정도 가정이다. 이것은 마치 치료자들이 학습장애라는 과학적 정의를 포기한 채 '이 유아에게 특별한 도움이 필요할까? 만약에 그렇다면 그 유아는 학습장애여야 하는데?'라고 질문하는 것이다.

읽기 회복에는 유아들의 범주 구분이 없다. 개별적 기록과 특성은 무시되고 유일한 선정 준거는 보충적 도움에 대한 필요를 제안하는 낮은 성취도 지표이다. 테스트에 대한 의존도는 최소화되며 테스트 결과는 참과제에 관한 복잡한 과정의 관찰과 함께 이중으로 점검된다. 선택 비용이 낮은 이유는 읽기 회복 교사가 유아의 능력을 과제에 대한 관찰로 조사하며 이러한 참과제에서 발견한 것을 유아들의 첫 번째 수업을 위해 계획에 사용하기 때문이다. 유아의 교육과정이 확장되고 과제의 난이도가 증가함에 따라 새로운 능력이 가능해진다. 즉, 최소한의 장애를 가진 학습자들에게 긍정적 효과가 가장 빠르게 나타나며 장애가 큰 유아들의 경우 최대한의 차이가 극복된다.

잘 운영된 프로그램은 비주류 교육인 특수교육 상황으로 분류된 소수의 학습자들을 잘 이끌 수 있다. 학교는 학습자들의 다양성에 관한 책임을 인정하기 때문에 읽기 회복 프로그램 팀은 프로그램이 학교의 학생들에게 잘 전달되도록 한다. 보충적 도움을 위해 선정된 유아들은 학급에서 생활하면서 점차적으로 단기간 내에 평균 수행으로 옮겨 간다. 만약 유아가 프로그램에 약 20주 정도 참여하고 평균 수행 정도를 달성하지 못했을 경우, 학교의 읽기 회복 팀이 유아의 발달을 평가하게 되고, 유아에게 어느 정도의 기간 동안 학교 체계가 다소 다른 유형의 도움을 제공할 수 있도록 전문가를 추천하기 위해 학교가 결정을 내리게 된다. 모든 유아들은 아니지만 대부분의 유아들은 이러한 프로그램에서 성공을 거두며, 뉴질랜드의 경우 동류 연령 집단에서 1% 유아들만이 수행 정도에 못 미치는 것으로 나타났다.

학년 유급

학년 유급은 미국에서 다음 학년에 대한 기초 필수 능력이 부족하면서 특수교육 편성에 포함될 만큼 심각한 문제를 가지고 있지 않은 유아들을 위한 중재의 선택이다. 학년을 반복하는 것이 성취도 향상에 기여하지 않는다는 연구결과가 있지만 학년 유급의 효율성에 대한 신념은 강하다. 학년 유급 학생들은 다음 학년으로 바로 진급한 학생들보다 순위도가 낮으며 이들 중 20~30%는 전혀 학년 유급 경험이 없는 학생들에 비해 학교를 그만둘 확률이 높게 나타났다. 대부분의 연구결과에서 개인적 수정의 부정적 효과를 지적한다.

학년 유급의 특별한 형태는 유치원 수준에서 일어난다. 1학년 유아들을 위한 더욱 성공적이며 덜 고통스러운 해결책은 1950년 Ges의 연구와 1980년 미국의 발달 이론에서 찾을 수 있다. 이러한 이론들은 다양한 형태, 철학, 위기 상황으로 분류된 다양한 유아들은 포함한다. 이들은 취원 전에 발달적 유치원 같은 2년 프로그램과 1학년 취학 전 전이 단계의 1학년 직전 프로그램(예: junior-first, prefirst, readiness room)에 참여한다. 유아들이 다음의 세 가지에 해당될 경우 1년 유예기간이 주어지게 된다. 즉, (1) 준비도가 형성될 때까지 기다려야 할 경우, (2) 준비도 능력 테스트와 같은 교육과정에 관한 치료를 제공할 경우, (3) 유치원과 동일한 형태의 프로그램을 다시 운영할 경우(남아들이 주된 대상이며 결과는 부정적일 경우)이다.

> 16개의 통제 연구결과에 의하면, 1학년 전에 1년을 더 보낸 준비도가 부족한 유아들과 1학년으로 바로 취학한 위기 상황 유아들 간에 학업적인 차이가 없는 것으로 나타났다(Shephard, 1991, p. 287).

준비되지 않은 유아들이 유치원에서 함께 집단화되는 경향이 있으며 이러한 결과 자원을 필요로 하는 모든 유아들이 한 학급에 편성되고 특별한 요구는 준비된 능력과 분리된 채 반복 중심으로 진행된다.

읽기 회복은 학년 유급 초기 실제와 같은 편파된 방식으로 이루어지지 않는다. 만약 유아들이 유치원에서 유급되고 읽기 회복 프로그램이 주어진다면, 수업에서 배울 내용을 지원할 활동이 유치원에 없을 것이며 이들의 지속된 학습을 지원하고 확장시킬 수 있는 적절한 교실 프로그램이 없으므로 인해 유아들의 준비는 비연속성으로 이어질 수 있다. 유아들에게는 1학년 능력을 지원할 1학년 교실이 필요하다. 즉, 유아들을 유치원에 붙들고 읽기 회복 프로그램을 시행하는 것은 자원을 낭비하는 것이다. 실제로, 우리는 왜 유치원 프로그램이 유급을 만드는지 생각해야 한다.

Shephard는 수많은 국가에 있는 수만의 공립학교 유아들이 특별 프로그램의 노력에도 불구하고 실패하고 있다고 결론짓는다. 테스트와 교사의 판단에 의해 분류되고 꼬리표가 붙은 유아들은 동질집단에 맞는 적절한 지도와 능력에 따른 지도를 제공받기 위한 통제적 상황에 배치된다. 이러한 정책들의 결과를 분석하면, 특수교육과정과 특별 편성으로 격리된 유아들은 요소에 대한 과대강조와 복잡성의 간과에 둔감한 더 열악한 수업을 전달받을 확률이 높으며 언어적·문화적으로 상이한 배경의 유아들이 이러한 경우로 선정될 확률이 더 높아진다.

보다 오래된 심리학 이론

Shephard는 인간 능력과 학습에 관한 보다 오래된 심리학적 이론들이 이러한 불만족스러운 특수교육 실제를 어떻게 지지했는지 기술한다. 유아들을 분류하고 범주화한 과거의 두 가지 유형의 이론들은 위에서 기술한 다양성에 관한 수용을 유도하였다.

심리학자들은 인간의 인지적 능력에서의 차이점에 관한 일반적 강조로 개별 차이에 관한 연구를 시작했다. 즉, 위에서 기술한 능력별 학급편성은 측정한 잠재적 인지에 의해 유아들을 분류하고 예측한 것이다. 현재 상태에 대한 과거 학습 경험의 영향을 인정하지 않는 고유성으로서 인지 이론은 IQ테스트 비난에 의해 아주 강하게 도전받고 불신을 받고 있다. 즉, 관찰된 능력에 있어 환경 영향력에 관한 증거와 인지적 사고가 학습에 의해 가능하다는 증거 등이라고 하겠다. 과학자들은 점진적으로 선천성의 상대적 영향력에 관한 추정을 수정하고 있다. 그러나 Shephard에 의하면 교사들과 일반인들은 인지적 심리학, 사회학, 혹은 문화적 인류학으로부터 연구 관점을 따라가기 힘들다는 것이다. 단순하면서 일반적 관점은 선천성과 환경 혹은 이 두 가지 기여의 합이 유아가 학습하는 방법에 관한 공정하고 근거 있는 제한점을 제공한다는 것이다(p. 290).

새로운 환경적 이론은 많은 교사들의 의식 속에 선천성 이론을 자리매김하고 있다. 대부분 교사들이 학교학습에 있어 유아의 결정적 · 유전적 기질에 관해 언급하는 것을 사회적으로나 정치적으로 수용하기 힘들다고 하지만 교사들은 유아의 가정경험을 훼손시키는 학교에서의 실패를 환경적 설명으로 대체하며 이는 결손 모델로 알려져 있다. 교사들은 개선이 불가하다 할지라도 상대적으로 영구적이며 환경적으로 결정된 무능력에 관해 이야기하며 심지어 보충학습 기회를 상실한 것에 관해 거의 반응하지 않는다. 구체적으로 취침 전에 이야기 듣기를 좋아하는 유아는 읽기 학습이 도움이 된다는 것을 안다. 그런가 하면 그러한 경험이 없는 유아는 상실된 경험을 보충할 수 있는 풍부하고 가속적인 환경이 요구된다. 유사하게 사람들의 쓰기 활동, 연필로 하는 여러 가지 활동, 펜의 움직임을 본 적이 없는 유아들은 작가의 쓰기를 관찰하고 이러한 활동을 시도할 수 있는 보충 기회들이 필요할 것이다. 이러한 점은 유아의 가정에 관한 비난이 아니라 오히려 이러한 보충 기회를 제공하지 못한 학교의 책임이라고 할 수 있다.

읽기 회복은 유아들을 대상으로 인지능력을 결코 측정하지 않으며 이는 이러한 측정의 사용이 문해 학습에 관한 개인의 성공을 예측하기에 너무나 많은 문제점을 야기하기 때문이다. 또한, 읽기 회복은 어떤 문제를 유전적으로 본다 하더라도 환경과 선천성과의 상호관계를 예측하지 않으며 광범위한 조기 중재 프로그램은 심리학자가 아닌 교사가 선정을 주도하도록 한다. 즉, 유아의 선천성, 심리적 혹은 문화적 제한에 상관없이 읽기 회복 교사는 성취도가 낮은 유아에게 다시 한 번 학습할 기회를 제공한다. 현재의 학습 기회에 주력하고 환경적 학습의 결과에 대한 반응은 수정한다는 가정에 근거하여 효과적 문해 학습 반응은 인과적 원인에 상관없이 특이한 반응 레퍼토리들에서 도출될 수 있다. 보충적 학습 지도로 교사는 유아가 20주 이내에 독립적 문제해결을 할 수 있도록 시도한다. 일부 소수 유아들의 경우, 이러한 집중적 노력으로 희망적인 결과를 도출해 내지 않으며 장기적 도움이 요구되기도 한다. 다양성 수용의 도전은 일시적으로 충족되고 학습자에게 특이하게 반응적이며 시간 제한적인 교수법이다.

Shephard는 1950년 이후 미국에서 학습의 지배적 이론으로 특수교육에서의 열등한 결과에 대한 책임감 있는 이론을 제시하였다. 교육가들은 복잡한 학습은 구성적인 능력으로 해체되고 학습자들은 규정된 계열에 따라 단순한 것에서부터 복잡한 것으로 요소별로 학습해야 한다고 가정하였다(Resnick & Resnick, 1990; Stallman & Pearson, 1990). 한 번 학습되면, 이러한 분절된 요소들은 복잡한 능력으로 전이되고 개념적 이해를 위해 단위들을 어떻게 통합해야 하는가에 관한 관심은 거의 주어지지 않는다. 일반적으로 이러한 단순주의 모델은 자발적으로 분절된 요소들을 통합할 수 없는 학습자들에게 열등한 결과를 가져다준다. 일반적으로 구성적 능력의 교수법은 적용될 맥락의 밖에서 일어났으며 연습책에 의한 장기적이며 광범위한 연습의 그 예라고 하겠다.

이러한 실제에서의 문제점은 사고력과 이해력 등과 같은 고난도 발달의 경우, 학습자들이 힉습의 요소들을 숙지할 때까지 지연된다는 가정에 있다. 3세 유아가 간단한 이야기의 의미에 관해 이해하는 방법 등과 같이 복잡한 학습은 사고력을 요구한다는 인지적 심리학의 놀라운 증거에도 불구하고, 고전 모델에서 예측한 지도는 일부 프로그램에서 학습자들이 기초 필수 요소들을 획득할 때까지 사고하기에 관한 기회를 제한하는 결과를 만들었다. 그런가 하면 성공적 학습들은 복잡한 학습에 관한 그들 자신의 기회를 창조하기 때문에 실제에 있어 우수하게 나타났다.

학습 이론에 관한 이러한 해석들은 성취도가 낮은 학습자들에게 전달되는 지도의 질에 관한 상당한 효과를 주었으며 교사들의 기대로 전달되었다. Allington은 좋은 읽기 학습자는 자기 주도적이며 이들의 과제를 통해 읽기의 목적이 의미의 이해라는 것을 제시한다고 했다. 이와는 반대로 열등한 읽기 학습자들은 아주 다른 방법으로 가르쳐졌으며 외적으로 통제된 유창한 해독하기를 강조하였다. 교사들은 열등한 읽기 학습자들을 종종 방해하게 되었으며 이들에게 이해에 관한 질문을 거의 하지 않거나 능력과는 별개의 과제에 참여하게 하였다(p. 346). 필자의 논문은 교사가 성취도가 낮은 학습자들의 요구를 만족시키기 위해 다양성과 상호작용하기 위한 여러 가지 다양한 방법이 필요하다는 것이며 읽기 회복 유아들에게는 규정적이며 점진적·계열적 학습 모델이 부적합하다는 것이다.

새로운 이론, 새로운 실제 그리고 일반 원리

인지적 심리학, 구성적·발달적 심리학, 그리고 광범위한 체계 속에서 이해와 학습에 관한 사회·문화적 이론 등이 발현되었다. 이들 이론들은 모두 학습이 사회적 혹은 학업적이며 적극적·구성적 과정이지만 구성주의의 다중 의미는 정의를 어렵게 한다고 강조한다. 읽기 회복에 관한 이 신이론들의 관계성을 설명하려면 Shephard가 보고한 두 가지 구성주의 원리의 교수법에 대한 함의에 관해 논의해야 할 것이다.

1. **인지와 사고하기는 발달된 능력이다** Shephard의 설명에 의하면, 인간은 시도해 본 사고하기의 모델에 근거하여 사고하는 방법을 학습한다. 초인지 과정은 학습자에 의해 구성된다. 문제를 해결하고 종합적 사고를 위해 자기점검을 하는 동안 이루어지는 계획하기, 평가하기, 문제에 관한 정신적 표상 개발하기, 이전 학습 개념에 관해 유추하기 등은 모두 학습된다. 일부는 자연적으로 혹은 일부는 더 전문적인 사람과의 상호작용으로 혹은 좀 더 형식적 개인지도 상황 등에 의해 모두 학습된다. 학습을 위한 학습하기 전략들은 상당히 내용 중심적일 수 있다. 인지 연구가들은 지식구조의 구성, 관련 정보의 연결, 구체적 내용 해결을 위한 전략적 학습 등과 같이 개별 학습자의 머릿속에서 일어나는 의미의 구성에 근본적으로 관심을 갖는다. 대부분의 경우 그러한 학습이 사회적으로 구성된다는 것을 인정한다(Bruner, 1990). 인류학자, 사회학자, 그리고 발달적 심리학자들은(Valsiner, 1987; McNaughton, 1995) 문화 속에서 개별 학습자들 간의 의미의 협력적 구성과 협의에 관심이 있다.

만약 교사들이 좀 더 효과적 상호작용 교수법을 개발하거나 인지발달이라는 새로운 이론이 교사와 학습자들 간의 상호작용 교수법의 방법에 관해 그들 자신 혹은 동료들과 함께 논의될 수 있도록 방향을 제시해야 한다면, 구성주의적 사고를 가지고 가르칠 수 있다. 이러한 상호작용 교수법의 변화를 위한 몇 가지 제안들은 다음과 같다.

• **개별 학습자들을 면밀히 관찰한다** 학습자가 상호작용 교수법에 기여하는 것은 유아별로 다를 것이며 이것은 이해에 대한 구성을 나타낸다. 변화는 서로 다른 학습자들 간에 서로 다른 출발점에서 시작되며 다른 방법과 비율로 진행될 것이다. 교사들은 개별 학습자 각각을 다르게 만드는 과정에 의해 새로운 학습이 시작된다는 것을 이해해야 한다. 만약 교사가 동질 집단을 발견할 수 없다면, 좋은 교수법은 참여자들을 신속하게 이질적으로 만들어야 한다.

• **개별 차이에 주력한다** 수십 년간 교사들은 학습자 간의 신체적, 연령적, 인성적 차이에 관해 가르쳐 왔으며 다른 사회 · 문화적 교육이라는 엄청난 적용을 위해 일부분 적용하고 있다. 상호작용 교수법의 향상은 좀 더 추가적인 것을 요구하며 교사로 하여금 개별 학습자가 정보를 수용하는 방법과 학습 과정의 개별적 본질에 따라 순응하도록 요구한다. 교사는 많은 질문들을 고려해야 한다. 유아가 어떻게 문해 영역에 참여할 수 있을까? 어떻게 교사와 함께 의사소통할 수 있을까? 숙련성과 확실성을 어떻게 획득할 수 있을까? 학습자는 어떤 맥락에서 더 잘할 수 있을까? 다음과 같은 어떤 질문들은 직접적이며 중요하다. 현재 과제의 복잡성 속에서 학습자는 어떻게 참여하고 있는가? 학습자는 잘못과 부조화를 인지하고 문제해결을 시작할 수 있을까? 학습자의 이해에 있어 무엇이 이러한 과제를 가장 어렵게 만드는가? 이러한 학습자가 활동에 참여하는 방법에 있어 차이점을 만드는 것은 무엇인가? 요컨대, 전문적 교사는 상호작용 교수법에서 반복적으로 일어나는 차이점을 인정하고 구성적으로 이들을 사용한다.

• 개별 학습자와 대화를 나누어야 한다 위의 모든 것을 한다 하더라도 교사들은 다른 사람들이 이해하는 것을 이해하지 못하는 학습자들과 함께 협의할 기회를 만들어야 한다. 담임 교사는 개별 학습자들을 가르치는 데 아주 성공적이며 학습자들이 자신에 관해 교사와 함께 이야기할 기회를 제공한다. 오늘날 학습자가 이해를 구성하는 방법에 관한 이론들에 의하면 대화를 통해 이야기하고, 재생하고, 완성할 것을 요구한다.

한편 학교에서는 많은 내용 영역에서 개별화가 체계적으로 운영되며 이들은 프로그램화된 학습과 컴퓨터 학습의 형태로 개발된 재료와 기술에 의한다. 그런데 이들 프로그램은 교사/지도자들과 함께 이해의 협의에 관해 거의 제공하지 않는다. 오늘날 개별화라는 용어는 잘못 정의된 채 쉽게 사용되며 개별에 대한 교수에 관해 언급하지 않고 있다. Scriven(1975)이 지적하였듯이 "개별화는 각자 새로운 경향에 따라 가기 위해 가치를 과장하는 것과 전망이 밝은 새로운 학설이 교실에서 아무런 결점 없이 적용되지 못한 것에 대한 불가피한 낙담 사이에서 흔들리고 있다."

• 교사는 '구성적 유아'와 상호작용해야 한다 구성적 유아란 무엇인가? 20년 전 언어 획득에 관한 연구는 유아가 어떻게 말하기를 학습하게 되고, 직접적 교수가 아닌 의사소통 과정을 통한 의미 협의에 의해 이해에 관한 필요를 느끼며 학습한다는 확신에 찬 진술을 제시하였다. 언어 획득의 기적은 개별 유아에 관해 잘 알고 있는 부모, 형제들과의 대화를 통해 일어난다. 교실에서의 집단 전달과는 다르다고 할 수 있다. 이러한 상호작용으로부터 유아들은 원하는 것을 찾게 되고 그들 자신의 인지적 능력을 구성하게 된다.

의미 협의에 관한 대화는 교실에서 상호작용 교수법에 관한 사고의 출발점이며 현재의 불만족스러운 교사의 대화를 대체한다(Cazden, 1988). 우리는 유아들의 구성력을 그들 자신의 발달에 관한 관심으로 연결하도록 해야 하며, 이렇게 함으로써 학습자가 시기적절하게 교사의 도움 없이 수행할 수 있도록 하는 방법을 알아야 한다. 우리는 다양성 교수법의 문제를 우리 자신의 힘으로 완전하게 해결할 필요는 없다. 오히려 구성적인 학습자가 능력 있는 동류가 되도록 해야 한다.

Cazden(1992)은 유아와의 대화뿐만 아니라 대화 혹은 과제를 개별화하는 것이 중요하다고 지적하였다. Cazden의 예에 의하면, 사회교육 시간에 사모안 소년에게 자신과 네안데르탈인의 삶을 비교하라고 하였을 때, 소년은 교사에게 '제 삶의 어떤 세 가지 중에서 비교해야 하나요?'라고 질문했고 이에 대해 사모안 섬에서의 삶, 도시 생활, 교회 생활 등에 대해 설명했다. 학습자들에게 그들의 경험 범위를 드러내게 하는 기회는 그들의 의미 구성이 상호작용 교수법에 합류되도록 하는 것이다. 이러한 점은 Shephard의 논문에서 강조되었다.

2. 새로운 이해를 가능하게 하려면 학습자가 이미 알고 있는 것을 사용해야 한다 학습이 구성적인 과정이 되려면, 학습자들은 그들에게 의미 있는 과제에 참여해야 한다. 예컨대, 학습자들은 종합적인 맥락을 경험해야 한다. 또한, 학습자가 이미 알고 있는 것이 전략적이고 지식 중심의 새로운 학습과 교류되어야 한다. 사전 지식은 단순히 규정된 과거의 학교학습이 아니며 학습자들이 새로운 것에 대해 이해하기 위해 의존하는 모든 이미지, 언어 유형, 사회적 관계, 그리고 개인적 경험을 포함한다.

• 가능한 범위 내에서 과제를 발달시킨다 행정가들의 정책, 연구 평가기관, 교육과정 개발, 교사의 기대 등에서 변화가 일어날 필요가 있다. 그러나 나는 구성적 학습자의 이론이 수업 전달에 있어서 필수적 변화를 요구한다는 것을 강조하고 싶다. 우리는 계열적 체계 속에서 새로운 개념을 학습하는 점진적 발달에 관한 진술에서 탈피해야 한다. 어떤 규정된 계열적 지도이건 어떤 학습자들은 계열의 초기에 뒤처지게 되며 아무런 보충의 수단도 제공받지 못한다. 어떤 의미에서 읽기 회복은 다시 회복할 수 있는 기회를 제공한다.

교사의 레퍼토리의 일부분인 가치 있고 색다른 접근은 필자가 창안한 용어인 '범위에 따른 과제' 사용이다. 이러한 접근은 학습자들이 어떤 경험을 가지고 학습에 참여하건 그 과제를 문제해결과 새로운 지식 구성의 도구로 사용한다. 만약 교사가 모든 유아들이 자신의 수준에 이를 수 있는 과제를 계획한다면(예: 한 것에 관해 이야기 쓰기, 첫 번째 발견하지 못한 의미를 찾기 위해 텍스트 다시 읽기), 학습자들이 현재의 상태에서 다른 어떤 상황으로 이동할 수 있는 가능성이 존재할 것이다. 이러한 상황은 대화에서 일상적으로 발생한다. 반대로 규정된 계열에 따라 지식, 기술 혹은 개념에 따른 직접적 과제는 다른 출발점을 인정하지 않기 때문에 교육과정의 계열성은 다른 경로와 이에 따른 결과를 인정하지 않는다. 규정된 학습은 일반적으로 거의 필요하지 않지만, 형식적 계열화는 교육 전달의 지배적인 경향이 되고 있으므로 유아기 교육에 구성적 학습을 위해 근본적인 강조가 필요하다. 범위에 따른 과제는 주도적 학습자가 교사의 기대보다 더 많이 학습하게 된다는 우연한 기회를 제공하게 된다.

읽기 회복에는 일부 논쟁가들이 지정된 교수법으로 오해한 수업의 체계가 있다. 각 차시 수업에서 요구되는 것은 교사가 다른 방향에서 복합적 학습 상황으로 옮겨온 개별 학습자들을 위한 학습 기회를 창조할 수 있는 한도 내의 범위에 따른 과제 제시이다. 매 수업에서 유아는 (1) 가족 책 읽기, (2) 어제 읽었던 책을 다시 읽기, (3) 단어를 사용하여 혼자 단어 만들기와 분리하기, (4) 이야기를 짓거나 쓰기, (5) 이야기 퍼즐의 일부를 다시 모으기, (6) 새로운 책 소개하기, (7) 최초로 책 읽기 등을 경험한다. 수업마다 일어나는 것은 활동의 수준이 높아지거나 다른 대부분의 유아들이 과제를 완성할 때까지 개별적 일정에 있어 어려움이 증가된다는 것이다. 교사는 학습자의 참여를 지지하거나 과제의 일부를 완성하기 위해 필요한 과제를 공유하고자 하기 때문에 과제는 '전체적'인 것으로 간주된다. 교사들이 예방적으로 이러한 체제를 사용하는 것이 가능하지만 구성적 유아를 위한 범위를 제공하기 위해 교사를 훈련시키는 것이 더 유용하다.

• **전달 변인의 변화** 읽기 회복에서 다양한 학습자들을 위한 적절한 지도는 다른 전달체계와 학습 기회의 계획에 있어 변화를 요구한다. 수업은 추가적 훈련을 받았거나 위의 전문가들에 의해 개별적으로 고안되며 제한된 반응 레퍼토리를 가진 유아들을 위해 광범위한 대안적 범위를 사용하는 교사에 의해 가능하다. 이와 같은 점은 학급 유아들보다 더 빠른 속도로 학습을 가능하게 하였고 일반 유아들과 같은 수

준이 되는 데 필요한 필수적인 가속화된 발전을 만들었다. 유아 반응에 관한 교사의 일화기록은 (1) 성공을 위한 특이한 경로를 증명하며, (2) 효과적 프로그램을 위해 읽기 회복 팀이 사용할 수 있도록 하였고, (3) 연구분석을 위해 활용될 수 있다.

담임 교사들이 모든 유아들을 개별로 가르치려고 할 때, 개별 교수를 위한 충분한 시간을 할애할 수는 없다. 결과적으로 수업은 너무 광범위하게 조절되고 새로운 편견이 생기게 된다. 개별화 교수법은 학급에서 교수를 위해 선호되는 방식이 아니지만, 하루 종일 학교 생활에서 지식 구성에 관한 대화를 통해 학습자 간의 개별적 상호작용을 하는 것은 개별 차이를 수용한다고 전제할 때 필수적이다.

비전형적 전달체계에 의한 세 가지 프로그램은 학교교육의 변화와 향상을 열망하며, 장점에 근거한 모든 학습자의 학습 능력과 교사와 학습자 간 결과에 책임감 있는 의사결정 역할에 관한 역량강화라는 신념을 공유한다. (1) 성공적 학교 프로그램(Accelerated Schools Project)의 책임자, Henry Levin은 전체 학교의 변화를 연구하고 있으며, (2) 고난은 사고 능력 프로그램의 Stan Pogrow는 초등 상급학년의 학습자들에게 수학과 과학에 관한 보충적 도움을 제공하고, (3) 읽기 회복은 '기회의 창문' 이라는 결정적 시기에 개별 유아들의 문해 학습을 목표로 한다.

각각의 경우에서 전체 학교는 변화를 지원하기 위해 참여하고 있으며 중재의 목적은 항상 지역 교육체계와 개별 학습자를 돕고자 하는 것이다.

전달체계에 있어 극적 변화는 변화 발전에 있어 가장 어려운 부분이다. 그러나 교수-학습 변화에 있어 조직적 전달 기여의 중요성이 간과되어서는 안 될 것이다.

• **바람직한 학습 결과를 위해 상이한 방법을 인정한다** 인지활동의 다소 복잡한 영역에서 다중 약점이 있는 유아들의 다양한 집단이 주어졌을 때, 교사들이 어떻게 만족스러운 기능적 수준으로 이들을 이끌 수 있을까? 교사들은 학습이 얼마나 많은 과제들은 갖고 있는지 무시하기 때문에 정형화된 계열적 지도는 특별히 이민자들과 성인들의 경우, 많은 교육 영역에서 상해를 생산한다.

읽기 회복은 또래 집단과 비교할 때 주목할 만하게 신뢰성 있는 극히 수행능력이 낮은 유아들을 대상으로 한다. 유아들은 다양성으로부터 벗어나지 않는 한 그들의 학우들보다 빠른 속도로 학습해야 하는 다양성 집단이다. 그러나 이 유아들은 다양한 경로를 경험하게 되며 동일 연령 집단 유아들과 비교할 때 학교의 일반적 결과를 성취하기 위해 다양한 학습 상황을 필요로 한다.

복합 과제에 관한 인지 구성하기

일단 문해 능력이 구성되면, 읽을 것이 없는 것 같아 보인다. 쉬운 과제는 의미를 이해하기 위해 집중을 요구하며, 쓰기는 계속적으로 도전을 제공한다. 읽기와 쓰기는 모두 복합적 능력이 문해 지도의 첫 2~3년간 필요하다고 하였다.

복합 과제에 관한 시도

언어학습은 복잡하지만 유아들은 성공적으로 말하기를 배우게 된다(Lindfors, 1987). 형식적 지도가 없다면 개인적 비용이 대화에서 발생한다. 가정은 다양한 언어, 즉 어휘, 구조, 지역언어, 내용, 상호작용 유형, 다양한 장르 노출, 유아마다 다른 이야기하기 등을 사용한다. 그러나 이러한 다양성으로부터 유아들은 영어의 형태, 중얼거림에 필요한 규칙, 선행 학습에서 벗어난 언어 능력의 확장 방법 등을 배운다. 이러한 것들은 두 가지 일반적 결과에 대한 다양한 경로의 결과다. 두 가지 결과란, (1) 유아들의 언어 사용 방법에 관한 이해와, (2) 유아들의 제한점을 확장시키는 방법에 관한 이해를 말한다.

읽기 회복에서 문해학습은 다소 유사한 방식으로 일어난다. 교사들은 문해학습이 복잡하며 유아들이 도전적인 과제에 집중하도록 돕는다고 가정한다. 교사들은 복잡한 과제를 일시적 난이도가 있는 요소로 배정하는데 이것은 교사들이 유아가 한 번에 학습할 수 있는 것은 조직된 총체성이라고 생각하기 때문이다. 처음의 기초적 반응은 더욱 복잡한 반응들을 구성하는 데 사용될 수 있다(Lewin, 1954). 이야기 읽기와 메시지 쓰기 등과 같은 참과제는 학습자가 성공적인지 혹은 그렇지 못한 방법인지 인식하게 할 수 있는 아주 의미 있는 것이다.

읽기 회복의 하루 중의 수업에서 나타난 이야기 읽기와 메시지 쓰기의 집중 관찰에 의하면 일반적 유아가 어려움을 느끼는 지점을 제시해 준다. 즉, 교사가 이것을 알아내도록 한다. 복잡성 속에서 어떤 것이 이러한 과제를 어렵게 만드는 것일까? 교사는 자세한 교사 일화 기록을 통한 유아의 수행 능력 레퍼토리와 단기 보충 프로그램 동안 이루어진 시행 내역을 알고 있다. 따라서 이것은 유아들을 앞으로 어떻게 어디서부터 가르쳐야 하는지에 대한 건전한 사고 기반이 된다. 과제 복합성과 필요성에 관한 분석은 매일의 상호작용을 통해 실행된다. 교사들은 아마도 세 가지 혹은 두 가지 과제를 고안하여 그들의 가정을 검증하려고 할 것이다. 향후 중요한 단계는 새로운 지식에 몇 가지 요소를 첨가하는 것이 아니라 한 가지 결론에 이르기 위해 다중 정보 자원(예: 세계 지식, 인지, 인식, 언어, 움직임)을 선택하는 방법을 학습함으로써 성취된다.

읽기 회복 교사들은 성공적 읽기와 쓰기 학습의 연구에서 도출된 지속적인 텍스트에 관한 유아의 일반적 의사결정에 주력한다(Clay, 1991). 이 모델은 유아들이 가능한 반응들 간에 선택을 하기 위해 문자 텍스트 속에 있는 정보의 연계망에 주의 집중할 필요가 있다고 가정한다. 텍스트, 의미, 단어, 글자, 소리 등과의 경험을 통해 학습자들은 지식 요소를 저장하지만 이러한 것들이 그 자체로 읽기 학습자에게 읽는 것을 이해하게 하지는 않을 것이다. 인식적 활동에 사용된 인지론적, 인지적, 언어적 전략뿐만 아니라, 문해 학습자는 인쇄화된 연속적 텍스트에 시각적으로 제시된 언어를 이해하기 위해 전략적 행동을 발달시켜야 한다. 시각적 텍스트에 음소적 인식과 음운론적 연계를 발달시키는 것은 특별한 도전으로 알려져 있다. 어린 학습자들은 이러한 전략적 행동을 읽기 및 쓰기 텍스트에서 학습한 그들의 경험에서 이끌어 내며 그들이 구성한 발달 체계는 새로운 사건을 해결하기 위해 변화한다.

구성주의 이론을 실행하는 담임 교사들은 유아들의 복합성을 조절할 수 있는 정도의 전체적 과제의 복합성을 지지하며 교사들은 다양한 방법으로 과제를 공유하고 학습자에게 도전을 제시한다. 그러나 읽기 회복 교사들은 발달이론이 담임 교사들이 필요로 하는 더욱 구체적이고 상세한 복합적 학습 과정에서 복합 학습이 되게 한다. 새로운 정보가 활용 가능하게 됨에 따라 변화에 개방적인 것이 바로 역동적 이론이며 더욱 활용 가능한 도구가 될 때까지 도구로 사용된다. 만약 새로운 사고가 (1) 실제의 신뢰도, (2) 연구 상황, (3) 전문적 연계를 만들어 준다면, 이러한 점들은 읽기 회복 교수법을 위한 대안적 방법으로서 인정될 수 있을 것이다.

학습자들에게 사고방식에 관해 질문할 수 있을까

만약 교사가 일반적 학습자들의 현황과 이들의 사고 방법에 대해 알고자 한다면, 교사들이 학습자들에게 질문을 하기만 하면 될까? 대답은 '아니다' 이다. 왜냐하면 이러한 종류의 대화에 참여할 수 있는 학습자들은 실제로 프로그램을 그만두어도 되기 때문이다. 이러한 주장은 향후 분석을 보장한다.

신 Piaget 주의자들이 유아들에게 그들의 사고에 관한 논리에 대해 구두화하기를 요구하는 것은 Piaget 연구의 제한점 중의 하나라고 본다. 왜냐하면 Piaget는 유아들이 사고 방법에 관해 설명하도록 했으며 모든 학습자들이 할 수 있는 것에 대해 질문하지 않았기 때문이다. 연령이 높은 유아들이 그들의 사고에 대해 이야기하는 것은 어린 유아들보다 훨씬 쉬우며, 이 유아들은 너무나 정교해서 자신의 관점을 생산물과 과정에 의존해야 하는 초보자가 더 이상 아니다. 대부분 교사들은 어린 유아들이 그들의 사고, 학습, 기억, 망각, 이해 등에 있어서 초인지적 해석을 쉽게 할 수 있는 방법에 개인적 차이가 있다는 것을 알고 있다. 때때로 이론가들은 학습에 관한 사고를, 교사와 동일한 단어를 사용하면서 수업을 통해 자신의 방법에 관해 이야기할 수 있는 능력이라고 하였다. 읽기 회복 유아들은 교사의 이야기를 흉내 내는 것을 배울 수 있다. 그러나 초인지적 발달과정에 직면하게 될 때, 유아들은 인쇄문자를 효과적으로 다룰 수 있는 어떤 방법을 먼저 배워야 하며 다음으로 읽기와 쓰기 과제에 있어 어떻게 텍스트에 관한 효과적 활동을 할 수 있는지에 관한 인식으로 옮겨간다. 우리는 텍스트가 갖는 어려운 부분의 문제해결에 반응하는 것을 보면서 유아들이 인지해 가는 것을 알게 된다. 그리고 이러한 것은 학습자가 인식하도록 만드는 방법이 된다. 만약 우리가 유아들이 하고 있는 것에 관해 구두화하는 것에 귀 기울인다면, 학습자가 단순히 교사의 이야기를 흉내 내는 것인지 혹은 생산적 반응에 대해 반영적인 것인지 쉽게 결정할 수 있다. 어떤 유아들은 그들의 사고를 교사에게 드러낸다. 또 어떤 유아들은 잘 배우지만 반영적인 것을 발견하는 것은 어렵다. 가르치기 때문에 유아들은 종종 수동적 학습자가 되기 시작한다. 그러나 문제해결에 있어 독립심이 증가함에 따라 학습자들은 그들이 현재 하고 있는 것에 관해 이야기하고 그들의 경험과 문해성 활동 간의 일반적 연계성을 찾기 시작한다. 유아가 수업에서 학습한 언어를 사용하여 하고 있는 것과 이유에 대해 이야기하기 시작하면 과제에 관한 교사와 학습자 간의 대화가 향상되기 시작한다. 그러나 관련 영역에서 거의 성공적 경험이 없는 초보적 학습자들에게 그들의 사고와 학습 방법에 관해 명료화하게 하는 직접적 요청은 초기 반응을 거부하거나 혹은 교사의 강요를 요구하게 된다. 유아들의 초기 변화는 학습의 전략적 사용에 대한 생산적 반응이 증가함에 따라 행동에서 인식으로 바뀐다. 어떤 유아들의 경우, 이것은 초인지적 반영으로 연결되기도 한다. 아마도 이것은 인지적 기능이라는 관점의 구체적 언어의 또 다른 사례다. 학습자들에게 학습되어야 할 최소의 주의 집중, 직접적 행동의 시각 운동 학습, 문자/문자 집합/단어 등과 같은 시각적 인지에 대해 유아들이 언제 가장 유연하고 빠른 실행 능력으로 인지적 결정을 요구하는지에 관해 질문하는 것은 일반적으로 부적합하다. 인식론적, 인지적 발달 영역의 발달은 유사하다는 Bruner의 설명을 인정하지만(Bruner, 1957), 연령이 낮은 읽기와 쓰기 학습자들은 사용할 수 있는 인식론적 실마리를 2년 이내에 선택해야 한다. 부진한 인지적 논의와 자기 반성을 위한 시간이 없다. 교사가 접하는 사실은 이것이 유아의 사고결과가 아니라 발달 그 자체라는 것이다. 지각적 운동 관점에서 문해성 획득은 실제 읽기의 목적과 동떨어진 인간 발달 장치인 기억하기와 사고하기에 관해 이야기하는 교사와 지나치게 자극된 인지적 주의력에 의해 지연되고 있다(Johnston, 1985). 빠른 지각적 반응이 있는 성공적 학습자는 메시지에 주의를 기울이는 것에서 자유롭다. 교사들은 다양하고 능력 있는 학습자들에게 그들이 하고 있는 것과 하려는 것에 관해 질문하게 될 것이다. 그러나 성취가 없는 유아들에게 그들의 발전에 관한 초인지적인 질문은 비생산적이다. 읽기 회복 교사들은 유아들이 기록화된 관찰 행동에 근거하여 인쇄문자에 관해 참여하는 방법을 유추하고 이러한 추론에서 발생 가능한 오류에 관한 속단을 내리지 않도록 주의해야 한다. 유아들이 말하는 것과 교사가 제공한 정보에 관한 이해 혹은 오해는 유아들의 이야기 읽기 및 쓰기에서와 마찬가지다. 교사는 심지어 학습자들이 사고할 수 있는 방법이 발견될 수 있는 상황을 마련할 것이다(Cazden, 1992).

읽기 회복의 구체적 특징

구성주의적 이론 이외에 읽기 회복에서 필요한 것은 무엇인가? 혼란의 발생과 밀착된 시작과 프로그램에 할애된 제한된 변수(12～20주)는 문해 학습에 구체적이다. 매일 수업은 읽기 회복 교사의 숙련된 훈련가들에게서 형성된 것으로 만약 교사와 학습자가 과제 학습의 흔적을 따라서 그것을 공고히 할 수 있다면 필수적이라는 것이다. 반면에, 교사들은 일반적 결과를 위해 고심해야 한다. 교사들은 개별 유아가 인쇄문자의 어떤 특성에 주력할 수 있는 방법을 학습하기를 원하고 일단 방법론이 획득되고 학습자가 주의 환기 없이 독립적으로 학습할 수 있다면 인쇄문자의 새로운 경험들이 적용된다. 만약 교사들이 복합 과제를 분절화하고 분리해서 가르친다면 이는 복잡한 의사결정과 기술행동의 조율의 기회를 방해하게 될 것이다. 만약 교사들이 유아의 발달적 전략이 허락하고 다양한 학습자들에게 장애의 요소로 전진 도약하게 허락한다면(좋은 수업에서 일어나듯이) 교사들은 학습의 연속 계열을 통하여 진보를 가져올 수 없다.

읽기 회복 교사들은 인쇄 텍스트를 읽고 창조하는 학습자들과 협력적으로 과제에 참여한다. 교사들은 이야기를 탐색하고 유아들이 문제해결을 상세화하도록 하며, 익숙한 반응을 회상하고, 학습자가 새로운 도전을 접하고, 독립적 시도를 형성하고, 새로운 성취를 향해 이동함에 따라 비슷한 것을 인정하고, 정확한 반응에 따른 변화를 인정하고, 지식의 경계에 있어 문제해결을 위한 집중에서 자유로운 숙련성을 칭찬하고, 과제의 난이도를 점진적으로 증가시킨다. 프로그램을 통하여 궁극적 성공을 위해 학습자의 기능 면에서 약점이 있는 영역이 있다 하더라도 이는 수행에 기여해야 한다는 것이다. 교사들은 학습자의 의존성을 막고 학습자가 사고하는 사람과 학습자로 독립될 수 있게 해야 한다.

개별 유아의 다양성에 관한 교수

우리는 인간 다양성에 둘러싸여 있다. 우리는 자신의 개성이나 사랑하는 사람들의 특성이 진술된 정형이나 계열과 맞지 않을 때, “아, 예, 개인은 다양하지요.” 하고 말하게 된다. 우리가 일반적으로 우수함이라고 할 때, 스포츠에서의 탁월한 능력과 지능에서부터 미술, 음악, 피겨스케이팅 등에 관한 창의성으로 항상 생각한다. 우리는 개인적 특성—표정, 체격, 반응시간, 수면 필요, 시각적 지각, 시청각적 지각, 보기, 듣기, 근력, 노래 부르는 능력, 기타 등등에 있어서 차이점을 인정한다. 심지어 쌍둥이의 경우에도 서로 다르고 사고에 차이가 있다는 점을 준비된 채 받아들인다. 그런데 우리는 각각 개별 유아의 학습 기회의 기록이 어떻게 다르며, 가족구성원이 서로 어떤 점에서 다르고, 인생에 있어 어떤 종류의 경험을 성취했는가에 대해 점차 과소평가하고 있다. 이러한 경우 문해성 지도는 문화적으로 민감해야만 한다.

교육은 학습의 속도를 늦추고 내용을 단순화함으로써 다양한 학습자들에게 반응한다. 그러나 다양한 학습자들에게 복잡한 것을 가르치기 위한 기술은 이미 고안되었다. 문해 학습에서 이것은 학습자들이 복잡한 활동을 수행하도록 돕는 것이며 성공을 유지하면서 난이도를 높여 가는 것이다. 인지에 관한 구성주의적 관점뿐만 아니라, 우리는 문해 학습을 지속적 텍스트 속의 메시지에 연결된 복합적 과제로 간주한다. 일반적으로 텍스트의 난이도를 높여 감에 따라 성공적 학습자들이 할 수 있는 것을 아는 것은 교사들로 하여금 다양한 학습자들이 유사한 수업을 통해 반드시 필요하지는 않지만 동일한 종류의 변화로 옮겨 가게 한다.

가르치기 힘든 유아들이 점차 문해화가 된다면, 우리는 (1) 효과적 수행의 하위구조를 구성하는 심리학적 유능감에 관한 이론(예: 언어학습과 지각 학습), (2) 상호작용 교수법과 학습의 사회적 맥락의 영향에 관한 이론, (3) 다양한 학습자들로부터 선정한 광범위한 교수 레퍼토리에 관한 이론, (4) 교육체계에 있어 효과적 프로그램

적용에 관한 이론 등을 필요로 하게 될 것이다.

읽기 회복 교사들은 모든 학습자들을 잠재적 학습자들로 인정하며 각 학습자의 학습 출발점을 파악한다. 이들은 모든 활동이 순조롭게 진행될 때 유아들이 쉬운 과제에서 어떻게 행동하는지 관찰한다. 또한 신중하게 유아들의 상호작용과 발의한 것들에 관해 반응함으로써 시간을 확장한다. 이 교사들은 새로운 것에 관한 유아들의 행동을 면밀히 관찰하며 예측하지 못한 재능이 발현될 때 놀랄 준비가 되어 있다. 이러한 개인적 분석은 일시적으로 학습자를 약점이 있는 영역에서 도전받도록 함과 동시에 그것을 바탕으로 공고한 기반을 제공하기 위해 장점들을 정의하는 것을 포함한다. 유아들의 활동, 책, 발달에 관한 것은 일반적 유아의 특이한 발전에 따라 다양해야 한다. 또한 수업체계는 이러한 것을 허용하도록 준비되어야 한다. 다음 날의 수업에서 강조점은 오늘의 관찰로부터 발생하며 이것은 이야기 읽기 및 쓰기 등과 같은 내일의 참과제에 유아가 참여하도록 하는 맥락에 사용될 것이다. 상호작용 교수법은 매일 4~6명을 가르치는 교사에 의해 차이 난다는 것을 알게 될 것이다.

읽기 회복 교사들은 다양한 유아들이 교실 유능감과 향후 독립적 문해 학습을 학습할 수 있는 대안적 교수법을 위한 광범위한 레퍼토리를 가지고 있어야 한다. 이러한 상황은 반복된 훈련과 질적인 교실 교수법을 요구한다. 구성주의의 원칙과 대안적 교수법의 향상된 레퍼토리는 대부분의 경우 훈련을 처음 시작하는 읽기 회복 교사들에게는 새로운 것이다. 이들은 문해 체계를 구성하는 유아들을 지지하기 위한 상호작용적인 전문가가 될 필요가 있다. 올해 장기간 시행된 현장 교사 연수 과정은 가르치기 힘든 유아들에 관한 교사의 초임 1년과 관련된 것이다. 이러한 유아들의 다양성에 반응적이려면 1년의 실제와 논의가 걸린다. 곤혹스러운 유아들과 직면할 때 교사들은 이들과 어떻게 함께 해야 하는지 가능한 방법들을 찾게 된다. 이러한 교사들이 다양한 개별을 위한 수업을 계획할 때 어떻게 임시성과 유연성을 최상의 수준까지 유지할 수 있을까? 읽기 회복 교사들의 사고에 접근하는 평균적 기대와 하위집단 전형은 잘하는 것에 관한 관심(예: 일반적 특성 찾기와 비일상성 포기하기)으로부터 멀어져야 한다. 교사들은 유아들의 개별적 변인에 민감해야 하며 이러한 변인에 따라 가르쳐야 한다. 그들의 결정은 학습자와의 상호작용에 따라 변화할 수 있기 때문에 교사들의 결정은 임시적이어야 한다. 임시성과 유연성은 프로그램의 두 가지 핵심 용어다. 이것은 왜 읽기 회복이 교사, 학교, 지도사, 그리고 국가들 간의—문제해결의 지속적 과정에 있어 개별 학습자들을 지원하는 전문가—의사소통 연계망을 격려하는가에 관한 설명이다.

학급 담임은 교실 수업의 요구와 모호성이 이러한 전달체계 상황 속에서 일어나는 것에 관해 알고 있을 뿐 정보력이 없다는 사실에 관해 아마 정당한 논쟁을 펼 것이다. 불행하게도 학급 교사들은 이해에 관해 협의하기 위해 교사들에 반대하기보다 함께 하고자 할 것이며 많은 구성주의적 학습자들을 만나게 된다. 만약 인지발달의 새로운 이론이 교실에서의 교사-유아 상호교환의 질과 개별차이를 선도한다면, 읽기 회복은 더욱 일반적으로 적용될 것이다. 예컨대, 읽기 회복의 경험은 미래 교실에 있어 더욱 개별화된 상호작용 교수법에 관한 변화를 예측할 것이며 학습자들이 외국어, 일반 과학, 수학의 영역 등과 같은 새로운 영역을 공부하기 시작할 때 학습자를 면밀하게 모니터링하도록 격려할 것이다. 그러나 다양성을 수용하는 읽기 회복의 모델은 특수교육처럼 누군가에 의해 학습장애 혹은 부진 등으로 꼬리표가 붙은 학습자들을 위한 통합 혹은 주류화 정책들을 포함하기 때문에 대부분 특수교육 영역에서 제공된다.

제11장
쓰기와 쓰기 학습

GUNTHER KRESS

서론

문해에 관한 문제는 다양한 측면에서 다루어지는데, 형식적 · 언어적 관점에서, 역사적 관점에서 비교학적으로, 민족지학적으로, 인류학적으로 다루어진다. 쓰기에 관한 이슈와 쓰기 학습에 대하여 교육적 · 발달적으로 접근하는 경우, 사회적 · 문화적 표상 이론은 본질적인 배경이 된다. 표상 이론은 쓰기 표상의 전통적인 체계를 이용하는 아동들의 행위를 이해할 수 있게 하고, 동시에 아동이 그렇게 행하는 데 있어 중요한 변화의 특징을 이해할 수 있게 한다. 두 가지 모두 쓰기 교육과정 개발과 수행에 있어 가장 적합한 교수법에 선행되어야 할 조건이다. 내가 채택한 이론적 접근은 사회 기호학적 접근이다. 그것은 상징 제작자가 의사소통에서 행하는 사회적 구조와 문화적 체계 측면에서, 상징 제작을 가장 그럴듯하게 설명하는 어떤 행위로 간주한다. 결정적으로, 이러한 접근은 복잡한 정서 문제를 모든 기호학적 활동의 중심적이고 계속적인 형식화로 중대하게 다루어야 한다.

내가 강조하고자 하는 몇 가지가 있다. 두 가지는 기초적인 것이다. 첫째, 아동들은 곧 어떤 매개에서 상징을 만들고 의미를 구성하는 경험을 함으로써 쓸 수 있게 된다. 아동들이 당연한 것으로 사용하는 거대한 범위의 기호학적 매개는 학교교육에서 채택되지 않는다. 대신 학교교육은 색칠하기, 그리기, 구성하기, 그리고 다양한 종류의 놀이와 같은 다른 형식에 대한 주의와 격려(학령기를 통해 점점 적어지긴 하지만)를 포함하여, 문자화된 표상—'문해'—의 단순한 매개에 초점을 둔다. 둘째, 아동들의 상징은 의미와 형식의 결합에 의해 동기화된다. 즉, 아동들이 만들고자 하는 의미에 대해 충분히 표현함으로써, 상징의 형식(그리고 유형)이 만들어진다. 상징의 형식들은 글자 그대로 완전한 의미다. 그러한 성향을 가진 상징 형식들은, 학습자가 임의적으로 구성한 모든 측면의 상징 체계를 지닌 쓰기가 된다. 이것은 상징이 무엇인지 그리고 그것이 어떻게 작용하는지에 대한 그들 자신의 이해에 덧붙여진 것이다. 더욱이 쓰기에서 그들의 방식을 촉진하기 위한 과제는, 특히 언어의 임의성과 상징의 임의성에 대한 현재 확실히 정착된 상식을 공유한다.

당연하게도, 이것은 몇몇 아동-학습자들에게 커다란 장애를 제공한다. 나는 상징의 특징과 상징에 대한 아동의 성향 혹은 습관에 초점을 두면서, 그 문제의 측면들을 다룰 것이다. 가정된 상징의 임의성, 특히 쓰기에 관한 문제는 중요한 이슈다. 두 번째 이슈는 분명하게 다른 구문론과 말하기 및 쓰기의 원문 조직, 그리고 쓰기 학습에 대한 그것의 효과에 관한 이슈로, 전이의 순간에 아동에게 나타나며 종종 학령기와 성인기에도 지속된다. 나의 접근에서는 아동들을 많은 기호학적 방식으로 상징을 제작하는, 유능하고 실천적인 상징 제작자로 간주한다. 그리고 그러한 관점에서 아동들이 쓰기 학습에서 직면하는 문제들을 이해하려고 노력한다.

본 장의 주제는 쓰기다. 그러나 읽기는 그 문화의 사람들이 어떻게 상징을 사용하는지에 대해 학습할 기회를 아동들에게 제공하기 때문에, 쓰기는 읽기에 대한 이해 없이 이해되거나 이론화될 수 없다는, 상대적으로 확고한 의견 일치가 있다. 읽기와 쓰기는 단순한 인지적 그리고 기호학적 복합성의 국면이다. 내가 읽기에 대한 간단한 섹션을 포함하는 이유는 단지 계속성을 재주장하기 위해서이고 나의 설명에서 인지적/기호학적 복합성이 갖는 입장에 대한 어떤 간단한 암시를 제공하기 위해서다. 중요하게도, 나는 '읽기' 가 가능하다는 증거가 무엇인지, 그리고 그 증거가 유용한 것인지에 대한 결정적인 의문을 가진다.

표상에 대한 사회 기호학적 이론

[그림 11-1]에 제시된 그림은 3세 남아가 그린 것이다. 아이는 아버지의 무릎에 앉아 자신이 그리고 있는 그림에 대해 이야기하였다. "나를 보고 싶니? 나는 자동차를 그릴 거야. 2개의 바퀴를 가진……, 그리고 뒤에 2개의 바퀴. 그리고 2개의 바퀴는 여기……. 참 재미있는 바퀴야." 아이가 그림을 다 그리고는 "이것은 자동차야." 라고 말했다.

나는 시각적 표상을 이해하는 데 관심을 갖게 되었고 우리 아이 2명의 그림, 낙서 등을 모으기 시작하였다. 나는 장난감의 배열, 레고 블록의 구성물, 의자와 담요, 그리고 쿠션으로 만든 우주선을 사진으로 찍기 시작했다. 아들은 3세가 되었을 때 처음으로 그림에 이름을 붙였고, 이러한 사실은 처음으로 나를 당혹스럽게 했다. 이것이 어떻게 자동차일까? 물론, 아들은 자신의 설명을 통해— '여기에 바퀴가 있어.' — 그림을 이해하는 데 중요한 단서를 나에게 제공했다. 그에게 자동차는 분명 처음이었고, 바퀴를 가지고 있다는 표준적인 특징에 의한 최초의 정의였다. 그의 표상은 표상되는 대상의 외형에 초점을 맞추었고 자동차의 표준적 특징, 즉 '바퀴' 를 표상하기 위해 이용 가능한 수단을 가지고 있었다.

바퀴는 3세 정도의 아이들에게 자동차의 그럴듯한 표준적 특징이 될 것이다. 3세 아이의 응시는 자신이 걷는 것처럼 자동차에 달려 있는 바퀴에 집중하는 것 같다. 실제 자동차에서처럼 장난감 자동차에서 바퀴가 움직이는 것은 가장 두드러진 묘사

[그림 11-1] "이것은 자동차야." 3세 남아 그림.

가능한 특징일 것이다. 그래서 3세 아이의 자동차에 대한 흥미는 바퀴에 대한 흥미로 집약되고 표현된다. 바퀴는 바퀴의 물리적 · 시각적 외형 측면에서 그리고 의태적 표상 측면에서—'빙글빙글' 돌아가는, 의태적으로 반복되는 바퀴의 움직임을 원으로 만들기 위해 순환하는 손의 움직임—둘 다 원으로 그럴듯하게 표상된다.

내가 이러한 형식으로 표상된 자동차를 본 것은 처음이었다. 나의 추측은 모든 3세 아이들(정말 모든 아이들)의 자동차 그림(혹은 다른 그림)에서 정확하게 이러한 특징을 나타낸다는 것이다. 표상/상징은 그 순간 유아들의 흥미를 나타내며 또한 그것의 형식적 측면에서 유아가 그 순간에 그 대상에게서 중요하다고 생각하는 대상의 특징을 의미한다. 이러한 흥미는 생리학적, 심리학적, 정서적, 그리고 문화적 요소들로 인해 초기 단계에서조차도 항상 복잡하다. 그리고 흥미는 상징이 만들어지는 맥락 내에서 특수한 요소에 의해 중점적으로 다루어진다. 이러한 대상의 외형들은 완전하게, 적절하게, 혹은 충분하게 표상된다. 그것은 결코 표현되는 '대상의 전체' 가 아니라, 단지 어떤 표준적 외형일 뿐이다. 이러한 외형들은 표상적 매개(그림, 의자와 담요, 레고 블록, 언어 등)에서, 그리고 이러한 매개를 가진 가장 적절하고 그럴듯한 이용 가능한 특징으로 대표된다.

이것은 두 단계를 거치는 은유의 구성과정이다. '자동차는 바퀴이다(바퀴와 거의 같다).' 그리고 '바퀴는 원이다(원과 거의 같다).' 이러한 구조가 형성됨에 따라 기호학적 수단은 유추의 수단이 된다. 그 결과는 하나의(이중의) 은유다. 원은 자동차다(원은 바퀴와 같다. 바퀴는 자동차의 기준이다). 상징은 유추가 구성 원리인 은유과정의 결과다. 유추는 분류의 과정이다. X는 Y와 같다(표준적 방법에서). 은유는 분류적 진술이고, 문화적, 사회적, 그리고 인지적 방식에서 중요하다. 현존하는 사회적 관계, 특히 상징 제작자/은유 간 권력 관계는 어떤 은유가 우세한지를 결정하고 '자연적인', 중립적인 표현으로서 기호학적 체계로 바뀐다. 성인들과 같이, 아동들은 은유의 구성에 끊임없이 참여한다. 한편으로는, 성인과 달리 아동들은 문화나 기존의 은유적 배열에 의한 구속을 덜 받는 반면, 일반적으로 다소 권력이 약한 입장이어서 그들의 은유/상징들이 덜 우세한 듯하다.

상징은 상징자(형식)와 의미자(의미)의 결합을 유도한다. 상징 제작자들은, 그들이 상징을 만드는 어떠한 매개에서, 그들의 의미를 표현하기 위해 적절한 형식을 사용한다. 아동들이 판지로 된 상자를 해적선으로 여길 때, 아동들은 자료의 형태(상자)가 의미(해적선)의 표현을 위한 하나의 적절한 매개가 되는, 어떤 상징을 만들고 있는 것이다. 왜냐하면 아동들이 '해적선' — '봉쇄', '이동성' 등—의 표준적 외형으로 간주하는 것이 상자의 형태에서 적절하게 표현되기 때문이다. 언어도 예외적이지 않다. 모든 언어 형식은 의미의 표현에서 동기화된(비임의적인) 수단으로 사용된다. 유치원 시기 아동들의 경우, 표현에 있어서 더 많이 자유롭기도 하고 덜 자유롭기도 하다. 더 많이 자유로운 이유는, 아동들이 상징 제작을 문화적, 사회적으로 촉진된 매개에 국한시키도록 학습되지 않았기 때문이고, 또한 유아들이 인식하지 못하는 관습에 의해 상징 제작에 있어서 상대적으로 덜 구속되기 때문이다. 덜 자유로운 이유는 아동들이 상징을 만들 때 이용할 만한 풍부한 문화적 · 기호학적 자원을 가지고 있지 않다는 것이다.

어떤 남자아이가 가파른 비탈을 오르려고 애쓰면서 "이것은 험한 언덕이야"라고 말할 때, 그 아이는 '가파른' 이란 단어를 이용 가능한 기호학적 자원으로 부득이하게 사용하지 않았다. 구문론의 기호학적 자원, 그리고 원문 형태의 기호학적 자원을 가진 경우와 같다. 그러나 '험한 언덕' 에서 '험한' 은 동기화된 상징이다. 아동은 언덕을 올라가는(많은 에너지가 소모되고, 몹시 고단한), 특수한 측면에 초점을 둔 것이고 그의 의미를 표현하기에 적절한, '이용 가능한 형식' 의 사용에 초점을 둔 것이다.

'이용 가능한 것' 을 활용하는 것은 아동들에게 지배적인 전략이며 그들의 활동을 지켜보는 부모, 교사, 혹은 교육자/이론가들을 위한 하나의 방법이다. 그러나 둘 다 너무 제한적인 관점이며, 모든 상징 제작에서, 특히 아동들에게 중요한 측면을 놓치는 왜곡된 것이다. 중요한 초점으로서 '이용 가능성' 은 이슈가 되지 않는다. 일반적 의미에서, 그것은 언어학습의 '획득' 모델에 속한다. 아동들은—성인들처럼—그들 자신의 표상 자원을 이용 가능한 것으로 인식한다. 표상 자원은 획득되는 것이 아니라 개별 상징 제작자에 의해 만들어지는 것이다. 달리 말하면, 단순한 반복으로서 혹은 모방으로서의 '이용 가능성' 은 아동의 행위에 대한 오해다. 아무리 경미하다 하더라도, '모방' 은 항상 개조하는 것이다. 이용 가능한 자원은 우리가 우리의 표상을 끊임없이 개조하는 재료가 된다.

위에서 언급한 자동차에 대한 단순한 표상조차도 처음의 '순환적인 긁적거림' 에서 '원형' 으로의 점차적인 일반화를 거쳐, 원의 산출에 이르기까지 계속적인 개조와 변화가 있었다. '순환적인 긁적거림' 에서 원으로의 이동은, 10개월 시기의 그림에서, 그 시기 아동에 의해 행해지는 인지적이고, 개념적이고, 변형적인 활동으로서 충분하다. 그 아동은 자동차를 그릴 때 자신이 '이용할 수 있는' 표상적 자원을 개발했다. 이것은 또한 아동이 의미를 표현하기 위한 하나의 수단으로서 '원' 이 적절한 이유를 암시한다. 순환적 긁적거림의 표현적이고, 활동적인 움직임은 이러한 표상적 자원에 대한 아동의 발달/변화를 지속시키며, 따라서 (순환적) 움직임은 원/바퀴, 그리고 바퀴들/자동차에 대한 의미의 일부분이 된다.

아동들은 어떠한 종류와 크기의 상징을 계속적으로 만들어 내는 일부로서 이미 만들어진 상징이 새로운 상징으로 변형되고, 이미 만들어진 '상징물' 이 새로운 상징 생산에서 변형된다는 점에서, 그들 '자신의' 표상적 자원을 만들어 내는 제작자들이다. 아동들이 문화에 노출되면서, 그들의 변형적 실제는 이미 문화적으로 형성되어 있는, 그리고 읽기와 쓰기를 통해 직면해 있는 자료에 점점 더 전념하게 된다. 이러한 방식으로 아동들은 그들 자신의 문화적, 사회적 구성을 위한 대리인이 된다. 상징 제작에 대한 변형적이고, 생산적인 태도는 동시에 상징 제작자의 주관성의 변화가 된다. 아동들의 상징-제작 실제는 아동 주변 성인들에 의해 언급된다. 이들(예: 언어, 그리기, 구성하기) 중 어떤 것은 평가된다. 많은 것들이 언급되지 않으며 또 평가되지 않는다. 예를 들면, '놀이' 의 범주로 분류된다. 평가되는 것들은 문화와 사회의 규정적인 중재를 받게 된다. 이들 중, 언어와 문해에 아동들이 직면하는 것은 성인들의 가장 많은 주의와 규제를 받는다. 아동의 기호학적 습관은 대부분 제도적인 환경에서는 인식되지 않는다. 더욱 심한 것은, 대부분의 성인들(교사, 학자, 그리고 건강과 복지 분야의 전문가들을 포함하는)이 이러한 문제에 대해 가지고 있는 일상적 이론(folk-theoretical) 개념은 아동-학습자들의 성향과 기본적으로 모순되는 교수법과 교육과정을 이끌어 낼 수 있다는 것이다.

물론, 어떤 경우라도 이 분야는 항상 사회체제의 규정적 힘에 종속된다. 정치 조직의 틀과 그들의 관념론적 영향을 받는다.

말하기와 쓰기의 특징

언어의 사회 지향적 이론 중 하나는 사회적 맥락의 변화에 따른 언어 형식의 변화다. 상관관계—'언어적 특징 x 혹은 언어 형식 x는 사회적 맥락 y와 상관이 있다'—에서 결정—'언어적 특징 x 혹은 언어 형식 x는 사회적 행위자 y에 의해 혹은 사회적 맥락 y에 의해 만들어진다'—까지 설명은 다양하다. 사회 기호학적 접근은 후자의 입장을 취하며 다음과 같은 특징을 갖는다.

첫째, 의사소통의 요건은 의사소통에서 참여자들이 특별한 상황에서 가장 효과적으로 이해할 수 있는 그들의 메시지를 만들고 싶어 할 것이라는 것이다. 이것은 각 참여자가 다른 참여자들에게 어쩌면 최대한으로 솔직한 표현의 형식을 선택하는 것을 필요로 한다. 의사소통은 사회적 행위로서, 그것은 권력 차에 의해 필연적으로 나타나는 사회 구조 속에서 발생한다. 이것은 각 참여자가 '최대의 이해'에 대한 개념을 어떻게 이해하는지에 영향을 끼친다. 과도한 권력을 통해, 타인에게 해석에서 더 많은 노력을 하도록 의도적으로 강요할 수 있는 참여자는, 해석에서 최소한의 노력을 요하는 메시지/상징을 만들려고 노력하는 참여자와는 다른 '최대의 이해'에 대한 개념을 가진다. 혹은 표상 체계의 자원에 대한 요구 부족으로, 해석에서 보다 많은 노력을 하도록 하는 메시지/상징을 만들어 내는 참여자—아동, 혹은 새로운 언어를 학습하는 학습자—와는 다른 개념을 가진다. 후자의 경우 학교에서 혹은 아무도 그 언어를 사용하지 않는 어떤 나라의 기차역에서, 그 메시지/상징을 해석하는 데 필요한 노력을 하도록 하는(노력을 하든 하지 않든) 그 가능성은 다른 참여자들에게 달려 있다.

의사소통의 결과는 성인들처럼 아동들에게도 계속적인 압력으로 작용한다. '성공'과 '실패'는 각각 다양한 방법으로 다음 상징을 만드는 데 영향을 끼친다.

둘째, 표상의 필요 조건은 내가 표상/상징 제작자로서, 나의 의미를 표현하는 데 적절하고 그럴듯한 형식—내가 마음속에 가지고 있는 대상, 사건, 사태를 표상하기 위한 하나의 형식—을 선택하는 것이다. 이전의 예들은 다음과 같은 실례들이다. 즉, 바퀴가 되는 원들, 그리고 자동차가 되는 바퀴들, '의미 있는 노력' 이 되는 '험한' , 그리고 언덕의 가파른 비탈을 오르는 데 필요한 행위가 되는 '의미 있는 노력' 이다. 학습자로서 나 자신을 프랑스어로 표현하려고 할 때, 나는 구문론적 지식과 사전적 지식이 부족하므로 똑같은 전략을 가지고 정확하게 똑같은 상황으로 나를 유도할 것이다. 나는 가지고 있는 의미를 표현하기 위해, 내가 가지고 있는 형식 중 가장 근접하며 그럴듯한 형식을 선택한다. 나의 성공 혹은 실패에 대한 평가는 나의 관용구 책에서, 나의 프랑스어 문법에서 혹은 도움이 되는 주변 사람으로부터 보다 적절한 표현 수단을 찾기 위한 압력으로 작용한다.

일상생활에서 표상의 필요 조건은 다양하지 않다. 그것들은 단지 덜 명백하다. 상징을 만드는 순간에 표상/상징 제작자의 흥미는, 어떤 대상을 표상하기 위해 그들이 표상하고자 하는 대상의 어떤 한 측면 혹은 여러 가지 측면(그 당시 기준이 되는)을 선택하도록 한다. 그러고 나서 상징 제작자들은 표상을 위한 가장 그럴듯하고 가장 적절히 이용 가능한 형식을 선택한다.

메시지의 이러한 두 가지 측면(의사소통적 그리고 표상적)은, 학령기 동안 아동들이 만든 표상을 이해하는 데 중요하다. 그것은 행위에 대해, 그리고 학교교육에 참여하면서 직면하는 문제에 대해 통찰력을 제공하고, 학습과정을 이해하는 데 중요하다. 또한 그것은 구두 형식 및 문어 형식에서 언어의 형식적 조직의 차이를 설명하고 이러한 형식적 차이에서 표현된 의미를 설명한다. 아동-학습자의 경우, 두 가지 관심(말하기와 쓰기에서 언어의 차별적 조직과 상징-메시지의 생산으로 분리되어 있는)은 학습 및 일상적 의사소통과 관련된다. 두 가지에서 중요한 고려사항은 메시지 생산자의 흥미이고, 자신들을 부호의 대표자(역사)로서 표현하는, 메시지 생산자 집단의 흥미다. 쓰기 학습은 두 가지 종류의 흥미를 결합하는 문제다.

말하기와 쓰기의 사회적, 심리적, 인지적 상황은 근본적인 방식에서 차이가 있다. 표상의 기호학적 매개의 실체는 부가적인 이슈다. 이러한 요인들은 보다 오랜 역사적 시대를 지나면서, 발화 단위의 특징(단기 기억의 제한점을 제공하였던 너무 거대한 길이가 아닌 한 단위, 발화 산출의 생리학적 관점에서, 한숨의 짧은 단위)에 대한 폭넓은 일치를 증가시켜 왔다. 이것은 보다 강한 혹은 약한 강조를 나타내기 위해 '목소리를 낮추거나 높이는' 고저 변화에 의존하는 정보 단위의 기초를 형성한다. 구어 상호작용에서 참여자들의 지식 구조 특징 때문에 대화자에게 보다 새로운 것으로 여겨지는 (공유되고 있다고 가정된 '기존의 것' 보다는 오히려 '새로운 것') 정보를 나타내기 위해 사용된다. 결국 이러한 단위는 어떤 사건 혹은 표상되는 세상의 대상 간 관계를 부호화한다. 영어와 같은 언어에서, 이것은 일관성 있고 단순한 개념적 실체로서 제시된 하나 혹은 그 이상의 명사들과 결합된, 어떤 구술과정을 이루는 하나의 단위다. 예를 들면, '어젯밤에 비가 많이 왔다.' ('rained' 에 다소 직접적으로 관련된 3개의 명사를 가진), 즉 하나의 절이다.

소리 매개의 실체는 연속성(한 가지 요소 이후 또 다른 요소가 일시적으로 연속해서 일어나는)이 말하기의 필수적인 기호학적 요인이라는 것을 내포한다. 이것은 말하기의 조직적 논리를 형성한다. 어떤 것 하나는 이후 또 다른 것에 의해 언급되어야 한다. 화자가 마음속에 가지고 있는 개념적 구조가 무엇이든 간에 화자는 시간 순서의 논리에 제한된다. 구어 문화는 이러한 필수 요인을 극복하거나 회피하기 위한 정교한 책략을 만들어 내지만, 이것은 단순히 그렇게 하기 위해 필요한 기호학적 노력을 설명한다. 읽고 쓰기에 관한 서구 문화에서, '문화인' 의 주요 기호학적 노력은 말하기에 쓰기의 위계적 구조를 활용하는 것에 존재한다.

이러한 일치는 하나의 절을 말하는 방식에서 언어의 특수한 형식적 조직을 만들어 낸다. 그 하나의 절은 정보 단위로서 기능한다. 다양한 방법으로(억양 그리고 종종 사전적으로 다양한 종류의 접속사를 통해) 다음 절의 단위/정보 단위와 결합된다. 특징적으로, 이것은 독백적 발화-장르에서 지배적인 개념적/원문적 구조(발화-단락)와 아주 오래 '연결' 되는 경향이 있다. 대화 유형의 발화-장르에서, 구조는 매우 유능한 화자에 의해 잘 이해된(반드시 고수하지 않는다 하더라도) 일반적인 규칙에 따라 모든 참여자에 의해 형성된다.

개념 발달은 연속성, 정교성, 재진술, 그리고 반복(억양이 가장 발달되고 정교화될수록 접속사의 복잡한 체계에 의해 미묘한 차이를 보이는)에 의해 이루어진다. 대부분의 주류적 언어 이론(그리고 일상 언어학)이 여전히 문장에 초점을 둔다 하더라도, 언어는 항상 담화로 나타난다. 문해 교육과정에 관한 초기 질문은 전형적인 발화-장르, 개별 아동, 혹은 아동 집단이나 아동 공동체가 쓰기 학습을 위한 언어적 자원으로 가지고 있는 형식적 특징에 관한 것이다. 가정이나 또래집단에서 대화적 발화-장르에 보다 많이 참여하는 아동들은, 발화 이상의 쓰기에 가치를 두고 대화 이상의 독백적 형식에 가치를 두는 사회에서, 보다 독백적 유형의 장르를 경험하는 아동들과 관련하여 불이익을 받게 될 것이다.

쓰기의 경우, 일시성과 연속성의 한계점은 훨씬 덜 중요하며, 종종 주의 깊은 교정을 통해 개발된 삽입과 같은 복잡한 구문론적 설계과정으로 대체된다. 생리학과 심리학, 그리고 사회학에 의해 동시에 강요된, 발화에서 단위의 크기에 관한 한계점은 다소 결여되어 있다. 나는 '다소' 라고 말한다. 왜냐하면 한편으로는 많은 화자들의 경우 발화의 구조가 계속해서 쓰기의 토대를 형성하도록 하기 때문이다. 예를 들면, 구두법 형식에서 증명된 것처럼(Kress, 1997 참조) 말이다. 다른 한편으로 그것은 보다 발화에 맞는, 그리고 보다 쓰기에 맞는 구조 간의 가설적 연속선상에서, 글쓴이들이 그들의 쓰기(혹은 그들의 발화, 고도의 문해 능력이 있는 발화자를 위한)를 하고자 하는 곳에 관한 개개인의 판단 문제의 의미 있는 범위에 대한 것이다. 쓰기의 매개 실체는 시각적인 것이다. 그리고 일시성은 공간성으로 대체된다. 일시적 연속성의 논리는 공간적 배열의 논리(위계성)로 대체된다. 특수한 방식으로의 결합보다는 오히려 삽입을 사용하여 절 단위의 복잡하고 위계적인 상호관련성의 산출에 의해 개념 발달이 이루어진다.

이러한 관점을 보다 구체화하기 위해서는 다음과 같은 문장을 고려해야 한다. 다음의 문장은 구문론적으로 통합된 문장에 절 단위들을 통합하는 점진적 단계를 설명한다. 그것은 일련의 변형에서 3.과 같이 나타나는, 일상 의사소통에서의 한 텍스트로부터 나온 실례에 기초한 것이다.

1. "That rejection casts us out to sea on the question 'What might that relationship be?' "

2. "That rejection casts us out to sea on the question 'What might that relationship be.' "
3. "That rejection casts us out to sea on the question of what might that relationship be."
4. "That rejection casts us out to sea on the question of what that relationship might be."
5. "That rejection casts us out to sea on the question what that relationship might be."

접속사를 수반하지 않는 두 개의 절인 작은 단계의 연속을 통해 실제의 예를 거쳐 각 두 개의 절이 다소 더 밀접하게 통합되어, 하나의 절이 다른 절과 명확하게 종속되는 마지막 구조까지의 연속성은, 쓰기를 대표하는 인지적이고 기호학적인 작업을 의미한다. 내가 간단히 언급하고자 하는 또 다른 점은 다음과 같다. 형식 3.의 글쓴이는 정확하게 이 점에서 통합과정을 멈추기 위해 무엇을 야기했는가? 어떤 인지적/지적인 상태가 이러한 형식에 의해 부호화되는가?

이러한 위계 구조답게 문장에는 두 가지 종류의 동기가 있다. 하나는 글쓴이의 의도에 적절한 개념적 구조를 만들고자 하는 글쓴이의 바람이다. '나는 무엇이 적절한 개념적, 의사소통적 본질이라고 생각하는가?' 다른 하나는 글쓴이가 개발하고 있는 보다 광범위한 일반적인 원문 구조에 적절한 본질을 만들어 내려는 욕구다. 문장은 두 가지 논리의 우연성을 야기시킨다. 하나는 전반적인 원문 개발의 논리다. 이 속에 두 번째 논리가 있다. 두 번째 논리는 텍스트(즉, 문장)를 구성하는 요소의 개념적 개발의 논리다.

쓰기는 명백히 독백적 장르의 매개다. 말하기와는 달리 쓰기에서 독자의 필요조건은 주요한 고려사항이 아니다. 의사소통 상황에서 참여자들 간에 획득하는 지식 구조는 중요한 요소를 뒤로 하고 텍스트의 적절한 위계적 개념 구조의 필수 조건으로 대체된다.

공학 발전은 말하기와 쓰기에서 상대적으로 안정된 사회적 상황의 기본적인 변화를 초래하고 있다. 동시에 과거 20년 혹은 30년에 걸쳐, 사회적 발전은 일반적인 형식의 측면이 덜 안정적인 권력의 안정적인 형태에 의존하도록 만들었다. 이러한 변화는 쓰기 구조에 영향을 끼친다. 변화는 예견하기 어렵지만 문해 교육과정 설계에서 염두에 둘 필요가 있다. 두 가지를 언급하면 다음과 같다. (1) 의사소통의 전자(electronic) 형식은 지금까지 역설적 상황—즉, 물리적 분리 그러나 두 대화자의 의사소통적 공존—을 만들어 내고 있다. 그리고 (2) 두드러진 시각적 의사소통의 증가는 쓰기의 사회적 상태—여러 상황에서 덜 중요시되는—에 영향을 끼칠 뿐 아니라 쓰기의 형식적 측면에도 영향을 끼친다. 쓰기의 상태 변화—정보의 중요한 매개에서 시각상 비평 매개로—는 구문론을 포함하여 쓰기의 형식적 측면에서의 변화를 통해 쓰기의 장르 변화를 야기한다.

아동들은 말하기의 형식적 자원을 가지고, 말하기의 일반적 형식에 대한 다양한 경험을 쓰게 된다. 몇몇은 다른 것보다 쓰기의 상징을 만들기 위한 기준으로 보다 유용하다. 쓰기에서는 힘이 개인에게 있고, 말하기에서는 집단(적어도 두 사람)에게 있다. 특히, 쓰기에서 상징을 제작하는 데 있어 아동의 흥미는 촉진되거나 유발되어야 한다. 아동들은 종종 흥미가 없을 때도 쓰기를 하도록 기대된다.

쓰기 그 자체는 임의적 구성의 상징체계로서 존재한다(그리고 실제 1수준에 있다). 아동들이 동기화된 상징 제작자로서 이 단계에 이르게 되면, 이것은 아동에게 이해할 수 없는 것이다. 이러한 문제가 인식되지 않는다는 사실은 여전히 서로에게 장벽이 된다. 나는 본 장에서 이것에 대해 이후에 상세히 언급할 것이다.

이전 장에서, 나는 표상 영역에서 아동의 학습에 대한 가장 유용한 은유가 획득이기보다는 오히려 (자신의) 산출이라는 것을 지적했다. 쓰기 학습은 그 방식대로 진행한다. 특별한 의미에 대한, 가장 적절하고 이용 가능한 표현 형식을 사용하기 위한 전략을 활용하는—동기화된 상징을 만드는 데 있어—아동들은 그 의미를 구성하기 위해 이용할 수 있는 표상 수단을 사용한다. 이것은 우리가 아동의 상징을 (이용할 수 있는 표상 수단으로서 가지고 있는 것을 사용하면서) 그들의 흥미로부터 나온 것이라 생각하게 하고 그럼으로써 모든 의미에서 완전히 의미 있는 것으로 생각하게 하며, 아동들의 행동을 그들 자신의 표상적 자원의 산출/변형으로 이해하게 한다. 교사의 역할과 문해 교육과정의 역할은 아동-학습자들이 새로운 자원을 변형시키는 데에 이용할 새로운 표상 자원을 이용하도록 하는 것이다. 이것은 교사들이 Vygotsky 학파와 Freire 학파 관점에서 '아동들에게 어떻게 다가가는지' 에 관한 것이다. 또한 이것은 아동들이 어떻게 문화 속으로 흡수되는지, 그리고 실제로 기존 문화의 자원을 활용하여 문화 속에서 자신의 방식을 어떻게 만들어 내는지에 관한 것이다.

두 개의 관련 문제—원문 구조와 문장—에 대한 이해를 발달시키고 있는 한 아동을 예로 들어 보자. 그 아동이 이 과제에 대해 가지고 있는 자원은 발화로서의 언어 자원이다. 이것은 일반적 구조들을 포함한다. 그 구조들은 연속되는 사건들— '줄거리' , 이야기, 사건에 대한 설명, 아동이 읽은 것으로부터 학습한 이야기 구조의 유형에 대한 이해—에 대한 텍스트, 그리고 상호작용적인 대화 유형의 텍스트와 같은 것이다. 또한 그것은 '텍스트-내의' 문법 구조, 절-연결, 그리고 절-내부 구조의 자원을 포함한다. 이것들은 쓰기 학습(Kress, 1994)에서 보다 상세하게 논의된다. 여기에서 나는 이슈에 관한 두 가지 간단한 예를 제시할 것이다. 다음은 8세 여아에 대한 예이다.

Birds

(1) I have not got a bird but I know some things about them. (2)—The have tow nostrils and They clean Ther feather and They eat seeds, worms, bread cuddle fish, and lots of other things. (3) and they drink water. (4) When he drinks he Puts his head up and it gose down. and a (5) A budgie cage gets very dirty and people clean it.

이 텍스트에서 세 가지 의문점이 있다. (1) 글쓴이(아동)가 문어 표상을 위해 자신이 이용할 수 있는 수단으로서 이용 가능한 표상적, 문해 자원은 무엇인가? (2) 글쓴이가 새로운 상징을 만들기 위해 이러한 자원을 어떻게 활용하는가? (3) 어떤 변화가 일어났는가—즉, 글쓴이의 상징 제작 행위의 결과로 어떤 새로운 표상 자원들이 만들어졌는가? 아동은 이용할 수 있는 발화 문법 자원(단순히 결합된 단순 절)을 가지고 있다. 아동은 문장의 새로운 상징을 만들기 위해 이러한 자원을 사용한다. 아동은 기본 문장을 만들기 위해 절을 결합한다. 이러한 절-결합의 원칙은 필수 요소를 한 단위 속에 삽입하는 것인 듯하다. 이것은 문장 구조에 잠정적인 영향을 미치며, 그 결과 이후 단계에서 보다 근접한 절 통합이 이루어질 수 있다—예를 들면, 반복되는 발음을 삭제함으로써 'They clean their feathers and (they) eat seeds.' 4번 문장에서 5번 문장으로의 변형에서, 문장을 구성하는 것에 대한 정확한 문제에 대하여 갖는 아동의 사고에 관한 증거가 있다. 아동은 2번 문장에 'and they drink water' 를 결합했지만, 'eating' 이 'drinking' 과는 유의미하게 다른 행위라고 결정을 내렸고, 그 결과 자신의 분류 원칙에 따라 'and they drink water' 는 당연히 그 문장에 존재할 만한 가치가 있는 것이다.

따라서 우리는 다음과 같은 의문이 생긴다. '아동이 구성하고자 하는 개념적, 그리고 문맥적 의미의 표현을 위해 발화 문법에서 문법적 자원이 적절하고 적당한가?' 그 대답은 다음과 같다. '이 단계에서 그것은 가장 적절하고, 최상의 이용 가능한 자원이다—그리고 문장의 새로운 문법적 상징을 만드는 과정에서, 아동은 새로운 표상 자원과 기호학적 자원을 만들고 있는 것이다.'

다음의 예는 9세 여아의 '프로젝트' 일부로 쓰인 텍스트에서 발췌한 것이다.

Building Material

The building material was very simple because Mylor has lots of gold mines they soon found that stone was available in lots of placese and easy to get.

Another comonx common building material was wood because the amount of tressx trees around Mylor most of the land around was full of tressx trees and they were easy to get.

But they needed xsomething to Ix put inbetween the stone and wood they found mud but you could only get it in the winter so they looked harder then they found clay which was the best.

글쓴이에 의해 사용된 절-문법은 많은 관점에서, 방금 논의되었던 텍스트의 그것과 유사하다. 문장 구성의 원칙은 원칙적인 완전성이다. 그리고 일반적으로 아동의 이전 혹은 동시적인 발화 표상에 접해 있거나 발성적으로 연결되어 있는 단순 절들이 있다. 'the amount of trees around Mylor most of the land around was full of trees…….' 혹은 접속사에 의해 연결된, 'around was full of trees and they were easy to get' 이다.

문장 간의 변형은 이전의 예에서보다는 여기에서 의미론적으로 보다 강력하다. 즉, 문장 내에서 단위의 내적 결합은 문장 경계를 넘어선 단위의 결합보다 더 강력하다.

그러나 본 예와 이전의 예 사이에는 두드러진 차이점이 있다. 'because' 와 같은 접속사는 연속성에서 인과성으로의 개념적 발전을 나타낸다. 'Most people think that Goyder was the founder of Mylor but he wasn't' 문장에는 세 개의 절이 있다. 한 개의 절('that Goyder was the founder of Mylor')은 주요 절인 'Most people think' 에 구문론적으로 삽입되어 있고, 마지막 절은 'but' 이라는 반대 접속사에 의해 결합되어 있다. '구문론적 삽입' 은 형식 수준에서, '나의 생각 대 타인의 생각' 에 대한 구별에서부터 메타언어의 발달에서 중요한 '거리' (관점)의 발달을 위해 둘 다 복잡한 상호통찰로까지 변화하는, 대단히 의미 있는 유형의 개념적 · 인지적 과정을 나타낸다.

이것은 'Birds' 의 예로부터 유의미한 유형의 변화이고, 이상에서 인용되지 않은 부분인, 'the drainage of the South East', 'the planting of Pinus Radiata' 와 같은 복잡한 명사구의 혼합과 유사하다. 이러한 명사화는 명백한 구조에서 복잡하다(보다 완전한 절 구조인 'The South East was drained by him' 으로부터의 변형 결과). 그리고 비록 그것들이 교사에 의해 제공되는 모범 텍스트에서 '발췌한' 것이라 하더라도, 그것은 일련의 이용 가능한 자원의 확장을 의미한다. 그것들은 단순히 발췌된 것 이상이다. 여기에서 명사화(their)의 어색한 사용은 아동-글쓴이가 자신의 텍스트 속에 또 다른 텍스트의 일부분을 혼합한 것을 나타낸다. 그것은 글쓴이가 소설을 사용한 것이고, 또한 일련의 이용 가능한 자원을 변화시킨 것이다.

Model	Child' s Text
(1) …… the then South Australian Surveyor-General, Mr. Goyder……	(1) …… Goyder was the founder of Mylor. …… He was South Australia' s Surveyor General.
(2) …… his interest in drainage in the South East and the planting of the Pinus Radiata were also recommended by him.	(2) The drainage of the South East and the planting of Pinus Radiata. It was recommended by him.

이러한 간단한 예는 어떤 문장이 변화되는지, 그리고 어떤 문장이 아동을 위해 변화될 수 있는지를 나타낸다. 이러한 문장 형식을 사용할 수 있는 글쓴이는, 그리고 'the drainage of the South East' 와 같은 복잡한 구문 형식을 사용하기 시작하는 글쓴이는, 성인 글쓰기의 구문론적 문해 자원을 아주 적절히 관리하고 있다. 그러한 과정에서, 아동은 기본적인 방식으로 그 자체를 변형시킨다. 또한, 아동은 교사가 자신에게 이용 가능하도록 해 준 표상 자원을 변형시킨다.

표상 자원과 주관성

현 세기에 각광받는 언어 관점은 Saussure의 『일반 언어학 강의(*Course in General Linguistics*)』를 읽음으로써 알 수 있다[일반 언어는 체계(langue)를 사용하지만 그것의 사용(parole)에 있어서 그 체계 내에서 어떠한 변화도 만들어 내지 않는, 개별 언어 사용자의 영향을 넘어서는 하나의 체계로서의 언어]. 비록 Saussure 자신이 역사에 강한 관심을 가졌다 하더라도, Saussure 사상의 지배적 읽기를 제안하는 사람들은 Saussure 이론의 비역사적인 측면에 초점을 두며, 따라서 역사와 사회에, 그리고 개별 언어 사용자들의 효과적인 행위에 도움이 되는 언어에 관한 주류 언어 연구의 결과를 정당화시키고 가능하게 하고 있다. 물론 이것은 이 시기의 모든 언어 연구에 관한 적절한 기술은 아니지만[그것은 Hjelmslev의 연구, 프라하학교 언어학(Prague School linguistics)의 연구, Firth와 Halliday의 연구, 그리고 Sapir와 Hymes와 같은 미국의 인류학자와 민족지학자의 연구는 다루지 않았다], 그것은 매우 대략적이지만 그럼에도 불구하고 유용한 미국 언어학의 주류에 대한 개략적 진술이 될 것이다.

이러한 지배적 관점은, 특수영역 언어가 단순히 자극, 투입, 상황, 혹은 특수한 관점을 잘 표현해 주는 은유와 관련하여, 다소 유기적으로 관련된(예를 들면, '언어 획득 기제' 의 개념) 언어에 대한, 선천적인 지적 성향의 존재를 가정함으로써(Chomsky 학파 학교에서 만들어 낸 다양한 모델에서처럼), 언어 획득 개념을 지지해 왔다. 언어 학습자의 과제는 이러한 사실 언어를 획득하는 것이다.

이들 접근의 지속적인 한 가지 효과는 은유 획득을 의미한다는 것이다. 은유 획득은 한편으로는 획득자가 독립적으로 획득한 체계를 다루고, 다른 한편으로는 획득자의 역할을 상대적으로 비활동적인 것(단순히 획득 그 자체)으로 다룬다. 비사회적(asocial) 개성에 대한, 특별한 형식의 사회성에 대한, 그리고 주관성에 대한 함축적 개념을 포함하면서, 이러한 모델에 대한 보다 많은 시사점이 있다. 종종 심리학, 교육학 등에서 함축적인 은유라 할지라도, '획득' 은 여전히 우세하다.

대안적 관점은 언어를 사회적으로, 문화적으로, 그리고 역사적으로 만들어진 체계로 이해한다. 특별한 뇌 구조가 인간 언어를 가능하게 한다는 것을 부정하지 않는 반면, 이러한 대안적 관점은 언어의 개별 사용자들(혹은 인간의 표상체계 사용자들)이, 그들의 사회적, 문화적 역사와 현재 입장에서 나온, 그리고 상징 제작 시 그들의 흥미에 해당하는, 정서적 성향으로부터 나온 표상체계의 사용자들이고 제작자들이라는 것을 주장한다. 개개인의 흥미는 각 개별 상징을 만드는 데, 그리고 개개의 표상체계를 형성하는 데 계속적으로 영향을 끼친다. 결론적으로 표상체계들은 개개인의 행위 결과이고 사회적 · 문화적으로 이용 가능한 자원들의 영향 둘 다이다. 모든 사회적 · 문화적 집단의 표상체계들은 개개의 상징 제작자들의 집단적 행위의 결과들이다. 사회적이고 개인적인 기호학적, 의사소통적, 그리고 표상적 행위들은 복잡하지만 엄격하게 통합된 강으로 연결되어 있다.

개개인의 기호학적 작업은 인지적 작업이다. 그것은 기호학적 환경의 적절한 측면에 대한 끊임없는 '읽기' 상황에서 변형적인 작업이다. 이른바 상황이라고 하는 것은, 다양한 기호학적 방식으로 풍부한 상징 구조를 기호학적으로 말하는 것이고, 그것은 계속적으로 수정된 적절성의 조직화 측면에서 개개인에 의해 끊임없이 읽힌다. 복잡한 상징에 대한 매우 집중적이고 선택적인 읽기는, 어떤 특별한 순간에 개개인의 흥미를 불러일으키는 정보를 형성하고, 그것은 표상으로서 그리고 의사소통으로서의 상징 산출에서 중요하다. 상징 제작의 인지적/기호학적 과정은 개개인의 개념적 레퍼토리를 계속해서 변화시키고, 그렇게 함으로써 개인의 잠재적 인지 행위, 그리고 개인의 인지 상태를 변화시킨다. 변화되는 것은 개인의 주관성이다. '원' 의 표상 자원을 만들어 내는 아동은, 인지적 이해에서 이미 '원형적 긁적거림' 을 사용한 개인과는 다르다. 그의 의미 산출의 잠재 가능성은 증가하고 변화된다. 변화는 그가 누구인지 그리고 자신이 누가 될 수 있는지에서 발생한다. 변화는 아동 스스로에 의해 만들어진다. 변화된 주관성은 정체성에 대한 변화된 잠재 가능성을 의미한다. '정체성' 은 상대적으로 안정된 외적 표현인, '외적 인격' 을 말한다. 이 외적 인격은 특별한 내적 자원이나 상태로부터, 기존의 주관성에서 나온 것이다. 개인의 기호학적 레퍼토리에 대한 형식적 기술은 주관성의 특징에 대한 기술이다. '발달' 은 표상 가능성과 본질적으로 관련된 것으로 이해되어야 한다.

학교교육 상황에서, 다양한 기호학적 방식에 대한 표상적/인지적 잠재 가능성을 이해하는 것, 아동들에게 이용 가능하며 아동들에 의해 이용되는 표상 방식의 집합을 이해하는 것, 그리고 그들의 상호작용 잠재성을 이해하는 것은 중요하다. 교육 이론의 주류에서는 인지가 언어에 의존한다고 가정해 왔다. 혹은 다양한 표상 방식들(색칠하기, 그리기, 춤추기, 음악, '놀이' 등)이 고려된다면, 각각은 인지의 그리고 개인 행위의 독립된 영역으로 남는다고 가정해 왔다. 비주류 이론과 실제에서(예를 들면, Steiner와 Montessori의 연구에서), 통합된 접근은 교수와 학습을 통해 학교교육의 근본적인 기초를 형성해 왔다.

'표상 방식' 과 '주관성' 은 상호작용하고 상호의존적이다. 발달 정도와 각 매개의 연결인, 잠재성과 한계는 개개인에게 차별적인 주관성을 형성하도록 한다. 주관성은 복잡한 표상적, 의사소통적 방식을 사용하게 하고, 정서 양식으로 가득한 상호작용을 활용하도록 한다. 이러한 상호작용은 개인적 성향이 중요한 요인이라 하더라도, 공공 규칙과 가치의 결과다. 비록 학교 체제가 언어를, 특히 쓰기를 강조한다 하더라도, 만화가, 무용가, 목수, 물리학자, 화가, 음악가, 건축가, 디자이너, 수학자로 성장하는 아동이 있다. 그들은 표현, 표상, 그리고 의사소통에서 자신들이 선호하는 방식으로서, 다른 표상 방식을 사용할 것을 주장한다.

표상과 의사소통 방식에 대한 학교의 평가는 다양한 아동이 학교에 대해 가지고 있는 가치 체계와 독특하게 맞물려 있다. 만약 학교가 쓰기를 매우 높이 평가한다면, 말하기 형식을 더 지향하는 환경에서 아동들이 가지게 되는 언어의 형식들에 덜 민감할 것이다. 학교교육의 가치 있는 표상 형식에서 아동의 미래 행로에 대한 문제는 이른 시기에 이러한 것들에서 발견될 수 있고, 아동에 의한 그들의 평가와 아동에 대한 그들의 영향에서 발견될 수 있다. 구어와 문어 문화 간보다 광범위한 수준의 구분에서 말하기와 쓰기의 차이는, 이른바 문어 사회에서조차도 하나의 주요한 이슈다. 그리고 그것은 서서히 인식되고 이론화된다. 의사소통과 표상의 다른 방식에 대한 차별적 사용과 평가는 덜 인식된다. 그러나 그것은 동등하게 중요한 이슈다.

이러한 문제는 다문화 사회에서 반드시 인정되는 것은 아니라 하더라도 대단히 증가하고 있는 문제다. 만약 통합된 사회들이 다른 경제적 · 정치적 문제 사이에서 이들 요소에 대한 완전한 인식에 의존하지 않는다면, 결합의 형성과 학교교육은 여기에서 중요한 부분이 된다.

이러한 '대안적 설명' 은 사회적 가능성과 문화적 가능성 사이에서 주관성을 형성하도록 하고, 그것은 한편으로는 이용 가능한 자원과 권력 구조를 강요하며 상징 제작에서의 개인적 행위를 강요한다. 의사소통의 성-특정적 형식과 같은 이슈는, '강요' 와 '내면화' 의 모순된 상태를 해결하면서, 여기에서 의미를 찾을 수 있다. 아동들은 자신의 흥미를 반영하고 부호화하는 상징을 만든다. 그것은 기호학적 환경(적절성의 준거, 의사소통의 가능성 내에 있는 그들의 흥미)에 대한 '읽기' 를 포함한다. 그것은 '저항' 에 대한 '복종' 이라 불리는 성향으로 분류될 것이며, 파괴적이고 연대적인 것이 될 것이다.

연대성이든 파괴성이든 아동들의 표상 자원의 산출은 상호성과 관련하여 아동들의 주관성에 대한 그들의 산출과 본질적으로 관련이 있다. 다음 두 가지 인용문[(뉴사우스 웨일스(New South Wales) 교육 체제에서 고등학교 마지막 학년의 두 학생이 쓴 경제학 에세이에서 발췌)]은 이미 만들어지고 학습된 성정형화된 주관성의 계속적인 발달에 관한 몇 가지 제안점을 제공한다. 그것들은 이러한 이슈들을 이해하는 한 가지 가능한 수단으로서 여기에서 언급될 것이다.

경제학과 같은 보다 기술 지향적인 학과목은 여학생보다는 남학생들에게 적합할 것이라고 가정한다. '적합' 은 학과목과 관련하여 성별제도의 역사에 대한 복잡하고 완곡한 용어다. 인용문 B의 여학생 글쓴이는 인용문 A의 남학생 글쓴이의 텍스트보다 더 '유창한' 텍스트를 작성했다. 여학생 글쓴이는 20점 만점에 18점을 받았다. 남학생 글쓴이는 12점을 받았다. 그 과목에서 능력이 되는 각 '내용' 은 내가 두 가지 에세이를 여러 명의 경제학 선생님들에게 보여 주고 평가를 받았다.

인용문 A: 오스트레일리아 과세 개혁의 필요성

오스트레일리아 세금제도의 주된 형태는 소득세에 의존하는데, 그것은 인플레이션을 야기하는 경향이 있다. 또한 그것은 부분적으로 케인스 정책(Keynesian policies)에 의존해 왔고, 그 제도의 공정성은 균일하지 않은 소득 분배와 다른 문제들을 야기할 수 있는 것을 중지시켜 왔다. '세금과 당신(Tax and You)' 에서 시드니 모닝 헤럴드(Sydney Morning Herald)에 요약되어 있는, 그 제도를 향상시키기 위한 최근 제안들은 수도 소득세, 광역 간접세 제도(Broad Based Indirect tax system), 소매세, 재산세, 그리고 상속과 증여 의무(Gift and Death duties)다. 이상의 모든 세금은 그것들을 이행하는 데에 주요한 문제점을 가지고 있다.

개인 소득세에 매우 의존하는 것은 다른 세금에 대한 의존의 감소로 인한 것이며, 그것은 중요한 소득 징세원이다. 1948년에서 1983/84년까지, 거의 9.2%, 즉 42%에서 51.2%까지 증가했다. 회사 세금이 1948년 15.4%에서 1983/4년에 10%로 감소한 것은, 정부가 회사들에게 생산을 증가시키도록 노력한 결과 경제 성장을 이룩했기 때문이다.

이러한 제도가 인플레이션을 야기하는 이유는 다양하고 새로운 문제에 대해 낡은 방법을 적용하려고 하기 때문이다. 예를 들면, 정부가 생산을 증가시키는 데 필요한 투자 형식으로, 회사들에게 소득을 증가시키도록 한, 케인스 정책을 들 수 있다.

인용문 B: 12년 오스트레일리아 과세 개혁의 필요성

최근 오스트레일리아 과세 개혁에 대한 요구는 오스트레일리아의 과세제도가 균등하지 못하다는 사실에 의해 제기되어 왔다. 그러므로 오스트레일리아에서 세금 개혁을 위한 중요한 고려사항은 공정한 새로운 제도다.

현재 오스트레일리아의 세금제도는 PAYE 납세자들로부터 나오는 세금 수령액에 대부분 의존한다. 과거 35년 동안, 소득 납세자들에게 점점 더 과중한 부담을 갖게 했다. 전체 과세 소득의 분배는 1948/49년의 42%에서 1983/84년의 51.2%까지 증가했다. 이것은 회사 세금과 관세 의무로부터 과세 소득의 하락과 관련된다. 개인 소득 납세자들에 의한 이러한 매우 큰 부담은 과세 개혁의 요구에 대한 주요한 이유 중 하나다. 그래서 현재, 우리는 소득세에 매우 의존하고 있는 세금제도를 가지고 있다.

또한 오스트레일리아 세금제도의 공정성은 의문의 여지가 있다. 20년 전, 당신이 달러로 66c의 최고 납세계층으로 구분되기 전에는, 평균 주당 소득(AWE, Average Weekly Earnings)을 위해 17.6배를 벌어야 했다. 오늘날 이러한 형태는 AWE의 거의 2배가 떨어졌다. 이것은 중류층이 최고 납세계층으로 구분된다는 것을 의미한다. 그래서 과거에는, 모든 오스트레일리아 근로자들을 위한 급여 상승은 부유층에게 영향을 미치지 않으면서, 가난에서 벗어날 수 있게 하였지만, 중류층은 '큰 손해를 보았다.' 그들의 소득은(결코 엄청나지 않은) 그들을 최고 계층으로 포함시킨다.

여기에서는 매우 상세한 기술을 살펴보지 않고(보다 완전한 기술을 위해, Andrews, 1988 참조), 나의 설명을 하자면 다음과 같다. 말하기와 쓰기의 상대적인(사회적/성별적) 평가는 남학생과 여학생에게 서로 다르다. 남학생의 또래집단에서, 말하기에 부여되는 가치는 쓰기에 부여되는 가치보다 더 높다. 남성성 주변에 밀집되어 있는 전체 가치(예를 들어 학교와 관련한 반대 하위 그룹과의 동일시)는 남학생 글쓴이에게 문어의 구문론에 불편함을 느끼도록 하는 경향이 있다. 그러한 불안은 인용문 A의 첫 두 문장에 있는 말하기와 같은 절 구문론에서 나타난다. 첫 문장에 있는 두 개의 절은 약하게 통합되어 있어, 두 번째 문장에 있는 첫 번째 절과 두 번째 (주된) 절이다. 두 문장 모두 화자와 억양이 적절하게 연결될 때 좋은 문장이 된다. 두 문장 각각이 '적당한' 문장이 되는 것은 거의 불필요하다. 세미콜론은 적절한 쓰기에 적합한 관계를 표시할 것이다. 그래서 접속사는 '왜냐하면(beacuse)'이 된다. 보다 광범위한 사회적 가치 집단은, 특히 근로계층의 발화가 남성성의 가치를 표현한다는 것을 '의미' 한다. 이것은 남학생이 문어의 전체 표상 자원(그가 만들고자 하는 것이 아닌 것들과 관련된 일종의 주관성)을 스스로 만들어 내는 것을 보다 어렵게 만든다. 그러나 이것은 사례의 일부일 뿐이다. 경제학 논술의 기술 지상주의적 측면을 활용하는 그의 능력은 여학생 글쓴이의 능력보다 더 뛰어난 편이다(여기에서 나의 설명은, Trudgill, 1974와 Willis, 1978의 설명과 대체로 관련이 있다고 생각한다).

여학생의 상황은 또래집단에서 쓰기의 구문론적-문법 형식에 대한 산출, 그리고 그것의 보다 광범위한 평가의 산출에 대한 저항이 없을 것이다. 역으로, 이것에 대한 지지적인 평가체계가 있을 것이다. 그녀는 문어의 구문론에 대한 전체 표상 자원을 스스로 만들어 낸다(이러한 예로, 학교 경제학 과목에서). 그러면 복잡한 개념적/인지적 가능성과 사회적 가치에 이르게 된다. 어떤 점에서, 점수는 적어도 경제학에서 그녀의 능력만큼에 대한 보상이 된다. 이러한 텍스트의 분석은 쓰기의 사회적 상황의 개인 상호 간 측면에 대한 그리고 그녀의 논의에서 형태상의 구별에 대한, 민감하고 미묘한 차이를 지닌 주의를 나타낸다. 단지 어떤 지적을 하기 위해, 첫 두 단락은 ['우리(we)'의 마지막 문장에 있는 서문까지] 어조에서 '형식적'이다. 의인화 기법은 세 번째 단락의 두 번째 문장에 있는 '당신(you)'의 사용에서 확인된다. 또한 그것은 위협적인 인용의 사용을 통해 적절히 거리를 둔, 보다 덜 형식적인 '가난(the poor)', '부자(the rich)' 그리고 '큰 손해를 보았다(got it in the neck)'에서 더 증강된다. 그 결과는, 교과목으로 편안함을 전하는 형식적이고 친숙한 독자에 대한 강조이고, 그녀의 독자들과 비교하여 글쓴이에 대해 자신 있게 표현된 상태다. 두 번째 단락의 끝에서 'we'의 사용(그녀가 확실히 '객관적인' 어조를 형성한 후)과 세 번째 단락의 처음에서 'you'의 사용은 둘 다 점차적으로 비형식적인 어조를 준비한다. 예를 들면, '영향을 미치지 않다('left better off', 'didn't')' 그리고 아직은 거리를 둔 비형식적인 'got it in the neck' 등이다. 이러한 특징도 그녀의 문화 집단과 사회에서 '여성적' 평가를 받을 것이다.

교육과정 구성과 교수법 개발에 대한 광범위한 결론이 있다. 교수법만큼이나 교육과정은 주관성을 위한 계획이다. 이것은 '지금'에서 미래에까지, 능력에 대한 문제에서 주관성, 시민권, 그리고 사회의 형식에 대한 문제로까지 전반적인 논쟁을 야기한다.

쓰기 학습과 의미 학습: 문해 이전 재고하기

많은 교육 사상가와 실행가들이 언어보다 다른 표상 방식에서의 인지 발달 가능성에 대해 충분히 알아 온 반면, 나머지의 그리고 기본적인 상식적 입장은 동등하게 그러나 함축적으로, 구어 혹은 문어인 언어 발달을 수반하는 인지 발달이 된다. 문어 형식(문어 형식에서 언어의 문법으로서의 '문법')에서 언어와 언어를 동일시하는 민족 언어학에서처럼 언어 이론에서 또 다른 나머지 상식적 입장을 제공하자면, 인지 발달(능력)은 문어 형식에서 언어 통제와 동일하다는 뿌리깊은 가정이 남는다. 즉, '쓰기 학습의 의미 학습으로의' 변화다. 나는 이러한 입장에 대해 직접적으로 논박하고자 한다. 인지 발달은 모든 형식의 구어와 문어 발달을 통해 일어나고, 또한 광범위한 많은 다른 표상적 의미를 통해 일어난다. 나는 두 개의 예를 들어 대안적인 몇 가지 측면을 개략적으로 진술하고자 한다.

첫 번째 예는 6개의 그림으로 구성된다. 그 그림은 5세 남자아이가 그렸고, 그 아이가 덧붙인 그림에 대한 몇 가지 해설을 제시했다([그림 11-2] 참조). 그리고 학교 연습장의 한 페이지에 있는 그림이 있다([그림 11-3] 참조).

그림이 나타내는 내용은 다음과 같다. 어느 여름 일요일 오후에, 우리 5세 아들은 작은 사각형의 메모용지를 가지고, 전화기 옆에서 그리고 정원에서, 여섯 페이지에 걸쳐 그림을 그렸다. 나는 아들이 우리 집 복도에 [그림 11-2]에서 보여 주는 것과 같이, '순서대로' 카드를 짝지어 놓는 것을 우연히 발견하기 전까지는 실제로 주의를 기울이지 않았다. 내가 아들에게 무엇을 하고 있는지 물었을 때, 아들은 다음과 같이 말했다. (그림 1과 2를 함께 보여 주며) "남자아이는 살아 있어. 강아지는 살아 있어. 그래서 그것은 모두 좋아." (3과 4에 대하여) "비행기는 하늘에 있어. 그리고 날아가는 폭탄은 하늘에 있어. 그래서 그것은 모두 좋아." (그리고 5와 6에 대하여) "그 모형들은 함께 있는 거야."

2주 후(여름 후반에) 아들은 연습장을 집으로 가져왔다. 그 연습장에는 [그림 11-3]에 제시된 페이지가 있었다.

이 문제에서의 과제는 분류다. 집에서 이전에 이미지를 만들고 그것을 서열화했다. 나에게 흥미로운 것은 산출, 전이, 그리고 발달의 순서다. 이러한 연속에 대한 나의 가설적 재구성은 다음과 같은 것이다. 교사는 아이들에게 과제(언어/말하기)에 대해 말한다. 교사는 책/페이지를 소개하고 아이들에게 문제가 무엇인지를 보여 준다(물리적인 물건을 가지고/시각적 방식으로 '시범을 보이면서'). 아이들은 연필을 사용해서 연결 선을 긋는다(기호학적 행동만큼이나 활동적인 손의 행위다—5세 아이가 펜을 쥐고 선을 긋는 것을 본 사람이 평가할 때). 이 모든 것은 아동의 교실에서, 특히 정서적인 상태에서 일어난다. 정서적 상태는 이러한 활동이 어떻게 읽히고, 아동(인지적/기호학적 과정에서의 양식으로서 정서적인 아동)에 의해 어떻게 일어나는지에 영향을 끼친다(이것에 대해서는 이후 아동들과 함께 교사에 의한 논의로 언급될 것이고 몇 가지 평가적인 비평들도 함께 언급될 것이다). 그러고 나서 학교 과제는 완성된다. 이것은 '침묵'의 시기에 제시된다—적어도 2주 동안 아무것도 '보이지 않거나' '들리지 않지만' 그 시기 동안 아동에 의해 복잡한 일련의 전이 행동이 '내적으로' 계속된다. 이러한 내적 활동은, 아동의 비자극적인 그림의 재산출, 특히 정서적인 상태에서 그의 비자극적인 분류 활동, 그리고 부모의 질문에 대한 반응으로 그가 말한 해설을 통해, 글자 그대로 가시화된다.

'내적 표상'을 포함하는 일련의 다양한 표상 매체를 사용하여, 계속적인 인지 활동이 이루어지고 있다. 아동은 계속해서 만들어 내고 변형시킨다. 여기에서 이것은 교사에 의해 제시된 자원에 대한, 그리고 교사에 의해 촉진된 과제에 대한 반응의 일부다. 이러한 활동은 언어 매개로 제한되지 않으며, 아마도 주요 표상 자원으로서 그것의 중심에 언어를 드지 않을 것이다. 언어의 기능은 의사소통(즉 교사와 유아들 간에, 대화와 다양한 매체 간 '교환'을 포함하는 상호적인 '대화'에서, 다양한 인지 영역을 넘나들며, 아동과 부모 간 의사소통)에서만큼 그렇게 인지에 의존하지 않는다. 이것은 언어를 인지의 중심 매개로서가 아니라, 필수적인 전이 매개로, 그리고 일종의 일반적, 기호학적 해결책의 하나인 의사소통 매개로 간주한다. 결국 이러한 인지적/기호학적 전이의 연속에서 어떤 매개가 어떤 기호학적, 인지적 가능성을 가지고 있는지, 그리고 어떤 효과가 있는지를 아는 것은 중요하다. 이미지에서 그리고 그것의 분류에서 부호화된 복잡성은 구어에서 아동의 표현 능력(혹은 개념/형식화의 능력)을 능가할 것이다. 시각적 매개는 이해/표현의 가능성과 언어에서 이용 가능한 것에 앞서서 인지의 가능성을 제공한다. 일단 표현되고 시각적으로 분류되면, 의미는 적어도 일부분에서는 언어 표현을 위해 이용 가능한 것이 된다. 그러나 그들의 언어적 방식에서의 '표현'은 말하기나 쓰기에서, 언어적 방식의 범주 측면에서 전이를 구성한다.

다양한 방식과 표상 형식에 대한 표상적 · 인지적 잠재성에 대한 질문은 학습, 인지, 주관성에 대한 이슈의 핵심이다. 지난 20년에 걸쳐 그러했던 것처럼, 만약 과학이 언어적 표상에서 시각적 표상으로 변한다면(예, 교재에서), 여러 가지 의문이 야기될 것이다. 과학의 인식론에 대한 표상 형식의 효과는 무엇인가? 자연 현상에 대한 다양한 설명이 촉진되고, 가능해지는가 혹은 제외되는가? 다시 말해, 이론적 설명이 표상 형식뿐 아니라 표상 방식과도 관련되는가(Olson, 1994 참조)? 다른 의문은 또다시 주관성에 대한 것이다. '새로운' 과학 교재 페이지들을 읽는 암묵적인 독자는, 대부분 인쇄된 페이지를 읽는 보다 나이 든 독자의 특성과는 근본적으로 다른 특성을 지닌 독자다. 만화 캐릭터, 풍자만화, 선화(line drawings), 사진을 담은 현대의 교재에 익숙한 독자들은 과학이 무엇인지에 대한 다양한 개념을 가질 뿐만 아니라, 과학이 지니고 있는 것이 무엇인지에 대한 다양한 개념을 가진다. 그들은 권위,

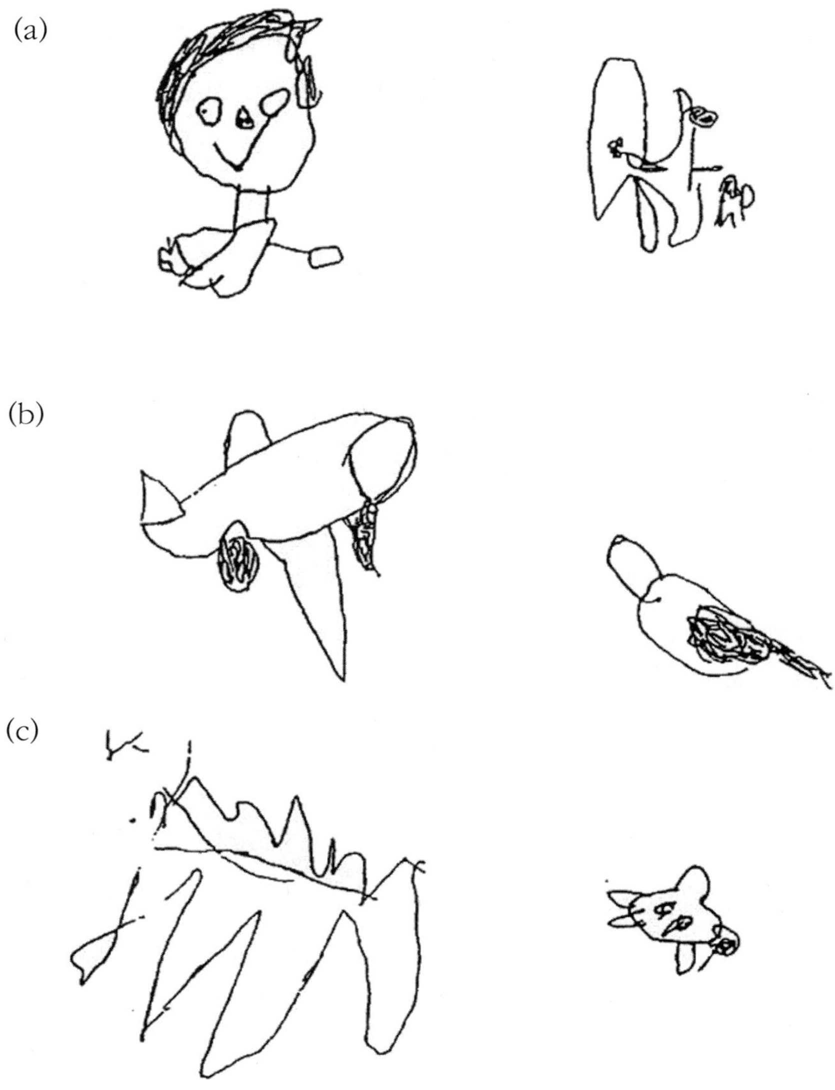

[그림 11-2] 시각적, 공간적 분류를 보여 주는 5세 남아의 그림

(a) '나와 강아지는 살아 있어. 그래서 그들은 바른 순서로 놓여 있어.' (b) '날아가는 폭탄은 하늘에 있고, 비행기도 하늘에 있어. 그래서 그것들은 바른 순서로 놓여 있어.' (c) '그 형태들은 바른 순서로 놓여 있어.'

[그림 11-3] 비슷한 것끼리 짝짓기. 학교 연습장에 있는 분류

학문 분야로서의 과학의 지위, 인식론적 입장에 대한 다양한 개념을 가지고 있고, 이러한 질문에 대해 꼭 그 페이지의 표시처럼 '보다 오래된' 페이지의 표시 개념과는 다른 개념을 가진다.

쓰기에 대한 이슈와 쓰기 학습에서 중요한 것은 그러한 페이지에 쓰인 언어의 상태다. '보다 오래된' 페이지에서 언어는 기본적인 매개다. 그것은 정보의 매개다. 이미지들은 문자로 이루어진 논의를 설명하는 기능을 가진다—즉, 명료한 매개로 문어의 내용을 제시하는 기능을 가진다. 이전 예에서, 독자의 주관성은 문어 방식에 대한 형식적인 조직화에서 형성된다. 그것은 언어를 자연스럽게 정보의 매개로, 그리고 쓰기의 구문론에서 상대적으로 명료하게 전해진 진리의 매개로 간주하는 주관성이다. 그것은 지속적이고, 집중적인 분석에 익숙한, 그리고 위계적으로 조직화된, (과학적인) 쓰기(집중, 주의, 분석, 반영에 기초한 쓰기)의 구문론으로 구성된 정보에 익숙한 주관성이다. 역으로, 우리는 새로운 페이지에서 이미지들이 정보의 중심 매개라는 것을 안다. 언어의 역할은 해설의 매개 역할이 된다. 이미지(페이지의 레이아웃을 포함하는)는 논의를 다룬다. 독자의 주관성은 시각적인 방식이 아마도 우세한, 혼합된 기호학적 방식으로 형성된다. 그것의 잠재능력인 형식적 조직화에 의해 형성된다. 그것은 명료하게 제시된 시각적인 것에 대한 빠른 이해를 위해 엔터테인먼트를 통해 알리는 데 익숙한 주관성이다. 사실에 대한 즉각적인 이해는 관심을 보다 신중한 분석으로, 엔터테인먼트에서의 정서적 측면인 기쁨의 강력한 활용으로 바꾸어 놓았다.

그 변화는, 과학의 권위가 더는 인정되는 것이 아니라고 생각되는 과학적 지식, 그리고 사회적, 문화적 가치 전승자의 권위도 마찬가지로 더 이상 인정되는 것이 아니라고 생각되는 교육에 대한 사회적 평가에서 권력과 권위의 변화된 관계에 기초한 것이다. 권위는 인정되는 것이라기보다는 오히려 성취되어야 하는 것이다. 권력 및 권위와 관련한 학생/독자의 주관성은 이전 형식의 주관성에서 변화된다. 이전 형식의 주관성은, 많은 학생들의 경우, 학생들이 스스로 그들을 내면화하는 것과 동떨어져 있을 때조차도 과학과 교육에 대한 사회적 평가를 받아 왔다.

물론 이 모든 것은 공공의 의사소통에서의 변화와 관련이 있고, 시각적 전자 매체의 지배와 관련이 있으며, 많은 기관의 인쇄 매체에서 시각적인 것의 지배와 관련이 있다. 표면적인 지표는 대학들이 만들어 낸 안내서들이다. 의사소통 방식의 활용은 그들이 호소하고자 하는 예비 학생들의 주관성에 대한 변화된 인식을 나타내며 그들의 상태에 대한, 그들의 학문 분야에 대한, 그리고 그들의 사회적 역할과 기능에 대한 불확실성을 나타낸다.

이것은 과거 20년 동안 서양 과학의 기호학적 조망을 휩쓸어 버린 혁명이며, 언어, 쓰기, 그리고 쓰기의 학습에 대한 고찰은 위기상황에서 그것을 무시한다. 새로운 상황은 그 경우에 항상 있어 왔던 것을 드러낸다. 말하기든 쓰기든, 언어는 어떠한 텍스트(구어와 문어)의 산출을 자극하는 전체 방식 중 단지 하나의 방식으로 항상 존재해 왔다. 문어 텍스트는 어떤 재료(종이, 나무, 피지, 돌, 금속, 바위 등) 위에 쓰이는 것이다. 그것은 어떤 것(금, 잉크, 판화, 잉크의 점 등)을 가지고 쓰인다. 문자는 미학적, 심리학적, 실용주의적, 그리고 다른 고려사항에 의해 영향을 받는 체계 내에서 형성된다. 텍스트는 종이, 암벽, 혹은 광택이 있는 황동 액자에서 원재료에 대한 레이아웃을 가진다. 방식들 각각은 기호학적으로 형성되고, 텍스트의 복잡성에 기여하는 의미에서 풍부하다.

언어(문어)의 문법적 구성 매개(추상적인)에 대한 선택적인 집중은, 이른바 '문해 이전' 이라고 불리는 것에 대한 교육적 고려사항에, 특히 명시적으로 영향을 끼쳐 왔다. 문해 이전은 문해에 대한 추상적인 개념에 의해 예기적으로 구조화된, 문해를 아동이 완전하게 사용하기 이전의 기간을 말한다. 그것은 아동의 문해에 대한 성인 아젠다의 부가적인 관심에 의해 만들어진, 아동의 기호학적 아젠다에 대한 대단한 왜곡이다. 아동들은 적어도 어떤 매개에서는 상징 제작자다. '음악' 으로 구성된 소리 매개를 통해, 방이나 정원의 한구석에서 혹은 방의 한구석에서 마음속으로 조용히, 보드지 상자나 낡은 옷과 담요를 가지고 하는 '놀이' 란 용어로 뒤덮인 매우 다양한 기호학적 활동에서, '장난감' 이라는 용어로 뒤덮인 다양한 매개에서 상징 제작자다. 이러한 각각의 방식은 다양한 인지활동을 위한 잠재 가능성을 제공한다.

문해는 각 아동에게 차별적으로 이것을 시작한다. 아동들의 탐색적인 눈은 마치 그들이 주변의 모든 다른 문화적, 기호학적 특성을 사용하듯이, 문해의 특성을 사용한다. 그리고 그들이 상징 제작 시에 문화적, 기호학적 특성을 변형시키는 것과 같이, 그들은 문해의 재료 특성을 변화시킨다. 쓰기에 대한 아동들의 초기 탐색(이름, 이야기, 어떤 재료에 대한)이 꼭 그러하다. 이러한 예들은 잘 알려져 있다. 나는 단지 내가 생각하고 있는 것을 제시하기 위해 아래에서 두 가지를 논의할 것이다. [그림 11-4]는, 1년 1개월 동안 이름(의 글자)에 대한 표상에서 한 아동에게 나타난 일련의 변화과정을 보여 준다. [그림 11-5]는 '신문' 의 장르에서, 오빠와 여동생인 두 아동에게 나타난 변화를 보여 준다.

문해의 사용(혹은 강요)은 중립적이거나 순수하지 않다. 부모들의 문화적, 사회적 걱정에 의해서든지 혹은 학교교육의 필요성에 의해서든지, 그것은 아동에게 자유로운 실험 영역이 되지 않으며 될 수도 없다. 그 가능성을 반대하는 두 가지 이유가 있다. 하나는, 대부분의 이론적인 입장을 포함하는, 언어에 대한 일반적인 견해를 확고히 하는 것이다. 다른 하나는 3,000년 혹은 그 이상의 기간 동안 쓰기 체계에 대한 협회의 증가는 기호학적 체계를 사용하는 사람이 완전히 그것을 활용할 때까지, 그것을 동기화된 상징체계로 다룸으로써 '성공' 할 수 있도록 했다는 사실이다. 언어학자, 교육학자, 그리고 부모들은 개인적 경험에서 얻은 아동 자신의 개념을 충족시켜 주는 언어 이론에 의존한다. 아동들은 그들 개인적 성향(예를 들면, '창안적 철자' 라 불리는 것의 경우) 측면에서 이해하려고 할 것이다. 창안적 철자의 예는 neclse/necklace, racder/recorder, patnan/pattern, washas/watches 등과 같다. 자주 지적되어 왔듯이, 이것은 기표(signifier)에 대한 기의(signified)인, 그럴듯한 방식으로 소리를 형식적인 구현화에 맞추려는 주의 깊은 노력이다. 성인들의 반응('창안된 글자' 와 같은 이름으로 이미 부호화된)은 상식에 기초한 것이며, 그것은 성공을 측정하는 척도로 활용된다. 아동들은 이러한 새로운 체계를 이해할 수 없다. 교사나 부모들은 아동의 문제를 이해할 수 없다. 왜냐하면 교사나 부모들은 아동의 기호학적 성향뿐 아니라 기호학적인 언어 구성을 이해하지 못하기 때문이다.

교사와 학생들 사이의 이러한 문제는 결국 대부분의 아동들이 전이 활동에 계속적으로 참여하고자 하는 인내와 의지에 기인하는 것으로 해결된다. 교사, 언어학자, 그리고 교육 이론가들은 여전히 보다 많은 비율의 아동들을 위한 이론과 실제의 표면적인 성공에 의해 재확인되고 강화된 상식에 머물러 있다. 계층, 성별, 민족성과 같은 사회적 혹은 조직화의 요소는 이미 나머지 아동들의 실패에 대한 설명과 실제와 이론의 계속성에 대한 정당화를 제공한다. 교사들은 이용 가능한 이론에 의존해야 한다. 그리고 교사들은 그들 자신의 실제적 경험에 대한 통찰을 위해 공적으로 지지하는 이론과 그들이 그 이론으로부터 구성한 보다 많은 비형식적인 이론적 입장을 왜곡하는 중요한 문제에 직면한다.

[그림 11-4]에서의 순서는 다기호학적 매개로서 인쇄/쓰기의 강력한 분석적 활용을 나타낸다. 그것은 적어도 다음의 특징—(문자) 모양, 요소의 공간적 방향, 문자의 서열, 문자들의 순서, '단위' 글자의 전체적인 형태, 방향성, 그리고 '표현 양식'—로 아동에 의해 분석된다. 이러한 각각에는 하나 이상이 분석적 조사 대상이 되는 시기가 있다. 예를 들면, (1)에서 49개월에, (1c)는 형태에서 '정확한' 수의 요소를 가지고 있는 반면, (1b)와 (1a)는 그렇지 않다. 문자의 공간적 방향은 (특히 E의 경우) 하나의 이슈다. 문자의 공간적 방향은 문자의 모양이 된다(E에 얼마나 많은 '줄'이 있는가?). 요소의 순서는 중요한 이슈가 아닌 것 같다. 중요한 이슈는 오히려 적당한 수의 특징적 요소/문자가 나타나는 순서인 듯하다. 이러한 이유 때문에 '방향성'(왼쪽-오른쪽 혹은 오른쪽-왼쪽)이 이슈가 되는지 아닌지를 아는 것은 어렵다. 그러나 순서와 방향성 모두 1개월 후 2에서 (표면적으로 설정된) 이슈가 된다. 여기에서 비록 '정확한' 요소를 가지는 것은 아니라 하더라도, '적절한 수의 요소들'은 이슈가 된다. E에 있는 줄들은 6개에서 4개로 변화한다. 그것은 이 단계에서 '복수'인 '중복'의 전조가 되기에 충분한 듯하다.

쓰기만큼이나 '읽기'에 대한 증거가 있다. 즉, 아동은 자신에게 중요하게 여겨지는 문화적 자원들로부터 상징을 구성하고 동화시키려고 한다. 따라서 E에 대한 아동의 읽기는 (분석과 관련된 원칙과 특징에 대한 하나의 예처럼) 오른쪽 각에 붙어 있는 다양한 선에 대한 하나의 긴 선이 있다는 것을 의미한다. (2)에서 '공간적 방향'은 성인의 측면에서 '정확하다.' (6)에서 6개월 후에 E가 형성된다. 그러므로 (6)과 같은 시기에 나타나는 (5)는 직선적인 순서와 문자 모양이 관련되어 있는 한(그것은 흐트러질 수 없다), 여전히 상대적으로 전이 단계가 된다. (5)에서 자화상의 왼쪽 상단

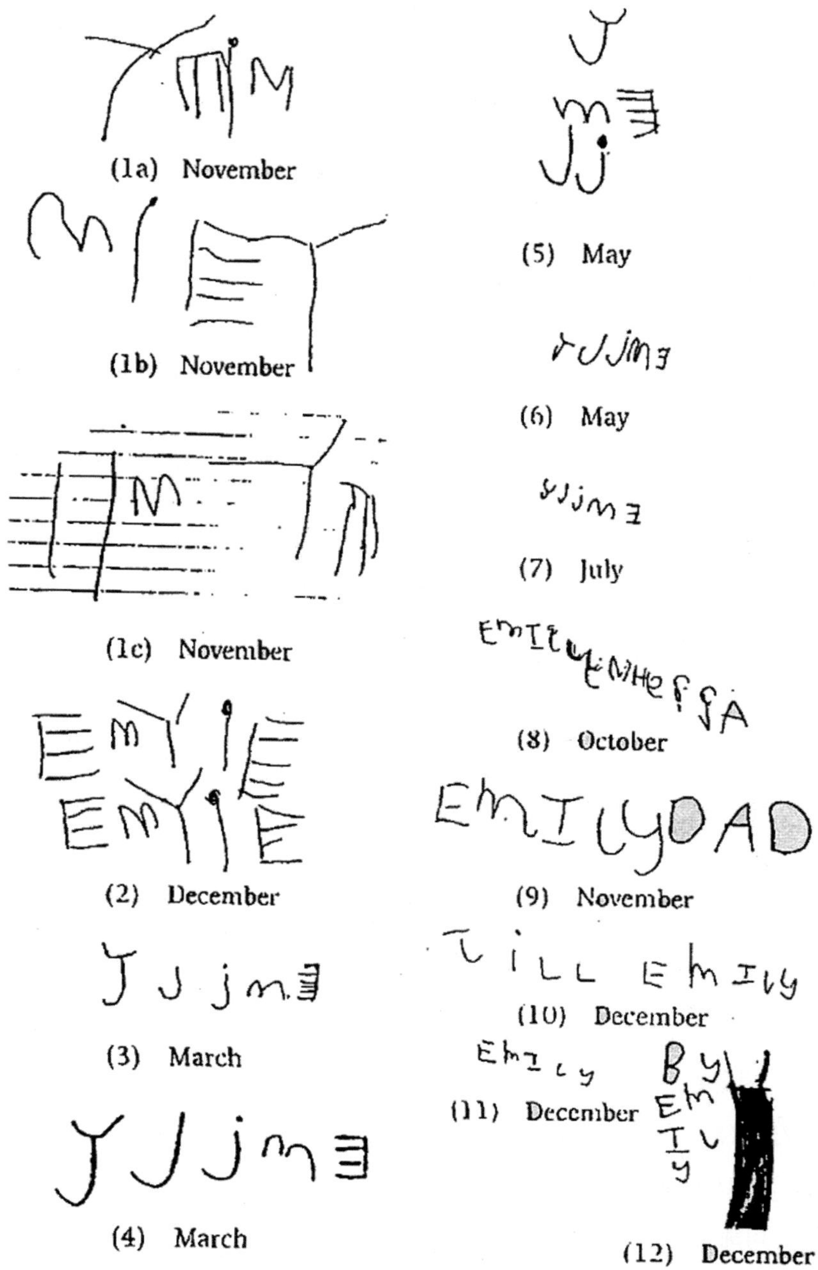

[그림 11-4] 쓰기의 발달. 아동의 이름에 대한 표상(1993년 11월～1994년 12월)

에 이름이 나타났는데, 그것은 비록 아동이 이름 쓰기에서 정확한 순서로 문자를 썼지만, '단어' 의 공간적, 선형적 형태를 깨고 일시적으로 이전의 E로 돌아가는 데 자유롭다고(혹은 강제적이라고) 느끼는 것 같다 하더라도, 직선적인 순서를 방해하는 제한된 공간일 것이다.

(6)과 (7) 모두 문자 모양을 형성하는 것과 '표현 양식' 에 대한 이슈를 보여 준다. 표현 양식은 모든 단계—예를 들면, (1)과 (2)—에서 하나의 특징이 된다. (8)에서 적절한 왼쪽-오른쪽의 순서와 방향성이 형성되고, '방향' 에 대한 문제가 있다. I에서 '갈고리 모양' 은, 'y' 에 있는 '갈고리 모양' 처럼(그것을 제외한 3, 4, 5, 6, 7에서 갈고리 모양은 왼쪽을 가리키고 있듯이), 오른쪽이라는 똑같은 방향으로 쓰여 있다. (9)에서 그것은 분류된다. (8)에서 I와 y 문자의 '방향' 에 대해 간단히 입증된 문제는, 단지 어떤 복잡한 성취가 외관상 단순한 구조로 부호화되는지를 보여 준다. 또한 (9)에서 문제가 해결되었다. (7)과 (6)에서 i, I, 그리고 y의 세 번 연속하여 왼쪽으로 향하는 갈고리 모양은 이제 분류된다. I는 오른쪽, y는 왼쪽을 정확하게 가리키며, i는 문자의 대문자 형식을 사용함으로써 갈고리 모양을 가지지 않는다. 8개월 동안, 이러한 순서로 수행된 복잡한 기호학적 분석을 강조하는 것은 중요하다. (3)에서 (8)까지 작용하는 원리는 갈고리 모양이 문자의 방향과 똑같은 방향으로 향하느냐 하는 것이다. 처음에는 왼쪽으로, 그러고 나서 아동이 전통적인 쓰기의 방향성을 발견했을 때는 오른쪽으로 향한다. 이 모든 것이 왼손으로 쓰일 때 완전한 성취가 된다. 결국, (9)에서 왼손으로 쓰고, 왼쪽에서 오른쪽으로의 방향성과 '갈고리 모양' 의 다양한 방향성이 나타난다.

특별한 표현 양식에 대한 상대적인 안정기가 있으므로, 우리는 아동이 쓴 특별한 형식을 기간별로 묶을 수 있다. (1)과 (2)의 양식, (3), (4), (5), (6), (7)의 양식, (9), (10), (11)의 양식으로 묶을 수 있는데, 내가 '상대적인 안정성' 이라고 하는 이유는 계속해서 전이 활동이 일어나기 때문이다. 예를 들면, (9), (10), (11)의 기간 동안 m을 실험하고 있다. 그리고 어떤 특징들이 안정되어 있는 이 기간 동안 다른 특징들은 상대적으로 유동적이다. (5)에서처럼 쓰기가 그림을 동반할 때, 공간적 수평선의 방향이 나타나고 여기에서 수직 방향으로 대체된다. 그리고 왼쪽-오른쪽 수평 방향성은 수직 방향성으로 대체된다.

한 가지 중요한 점은 아동이 동기화된 상징의 개념 측면에서 '읽는다'는 것이다. 그리고 아동은 암시적인 의문 하나를 갖게 된다. 이러한 형식의 동기부여에 기초하여 무엇이 그럴듯한 것이 될 수 있는가? 아동의 읽기는 지속적인 분석의 활동이고, 기존의 문화 자료를 끊임없이 변형시킨다. 이러한 계속적인 읽기-전이-산출에서, 아동은 문화를 사용하고, 문화의 어떤 부분을 다시 만들며, 이러한 문화적 자료를 이용하여 아동 자신과 자신의 표상 자원을 다시 만든다. 개개인의 행위와 산출은 대체로 사회적, 문화적으로 관련된다.

쓰기에 대한 두 번째 탐색의 예로서, [그림 11-5]는 신문 장르에서 텍스트 수준의 간단한 변화를 보여 준다. 두 아동(오빠와 동생)들은 4.9세와 5.3세, 그리고 7.0세와 7.6세 각각에서, 6개월 간격으로 신문을 만들었다. 그 연령에서, 신문은 많은 아동

[그림 11-5] 63개월 된 여아가 만든 신문의 한 페이지. 그리고 아동이 (말한) 제목: '존 프린스 가(John Princes Street)에서 누군가 죽었다.'

들에게 친숙한 것이다. 이러한 산출은 우리에게 아동들이 그 장르에 대해 이해하고 있는 것, 아동들이 읽은 것, 그리고 아동들이 자신의 상징으로 이해하고 있는 것으로부터 스스로 만들어 낸 것에 대한 몇 가지 생각을 하게 해 준다.

보다 어린 아동에 대한 이전의 예들은 레이아웃의 규칙성과 뚜렷한 문자들이 장르의 한 표시가 될 것이고, 언어적 텍스트와 시각적 이미지의 결합은 또 다른 것이 되는 몇 가지 '쓰기'로 이루어져 있다.

여기에서 설명되지 않은 두 번째 신문은 단지 언어적 텍스트만 포함한다. '그들은 미국에서 회의를 하고 있었다. 강도가…… 창문으로 침입했다.'

보다 나이가 많은 오빠의 신문은 첫 단계에서 (부모가 써 준 제목을 가지고 있는) 그림으로 되어 있다. 두 가지 예는 다음과 같다. '다우닝 가(Downing Street) 10번지가 태풍에 휩싸였다.' 그리고 '어떤 사람이 굉장히 많은 빨래를 널고 있다. 누군지 아시나요? 만약 그 사람에게 전화하고 싶다면, (집 전화번호).' 둘 다 '뉴스캐스터 목소리'로 말했다.

6개월 후, 두 사람의 신문은 $8\frac{1}{4}'' \times 11\frac{3}{4}''$ 종이를 포개어, 앞면과 (사용하지 않은) 뒷면이 있고, 안쪽에 두 페이지로 만들어졌다. 여동생의 신문은 아버지의 이름과 자신의 이름이 앞면에 있고, 안쪽 페이지에 그림과 몇 가지가 쓰여 있으며, 세 번째 페이지에 '크리스마스 날(Christmas time)'이라는 단어가 적혀 있다. 두 번째 페이지에 그녀가 말한 해설은 '크리스마스가 다가오고 있다' 였고 세 번째 페이지에서는 '크리스마스 날이다' 였다. 그녀의 초기 신문들은 새로운 유형의 내용을 매우 많이 사용했다. 그것은 '신문 언어'의 변형을 사용한 것이다. 이제 신문의 물리적 특성, 실체, 기호학적 형태와 레이아웃은 보다 최전면에 놓인다.

보다 나이 많은 아동의 신문은, 깔끔한 첫 페이지가 있고(매우 큰 태양 그림이 있고 이 태양을 가로지르는 비행기 그림이 있으며 태양이라고 적혀 있다), 안쪽 페이지에는 일기도를 보여 주고, 그리고 세 번째 페이지에는 '뉴스, 전쟁'이라고 적혀 있다. 서로 싸우고 있는 두 대의 비행기와 추락하는 한 대의 비행기 그림이 있는 이러한 틀(자신에 의해 '창안된')을 사용한다. [그림 11-6]은 또 다른 예를 보여 준다.

많은 특징이 뉴스 장르에 관한 아동의 이해에 대한 통찰력을 제공한다. 예를 들

[그림 11-6] 최고의 날(The Big Day). 7.5세의 남아가 만든 신문

면, 제목에 대한 개념이 있다. 다양한 내용 소재(스포츠), '뉴스' 에 대한 개념, 설명 언어('Airplane cashas')에 대한 개념이 있다. 또한 '오늘의 경기', '최고의 날' 과 같은 특정한 언어 사용역을 포함하는 전문 용어가 있다. 아마도 가장 중요한 지표는 아동의 '기호학적 조망' 에서 언어의 위치에 대한 아동의 평가가 될 것이다. 그리고 시각적 이미지는 쓰기보다 더 중요할 것이다.

나의 설명에 포함된 프로젝트는 지금까지 항상 필수적이었으나, 이제는 공공의 의사소통 형식에서의 혁명을 제공하는 결정적인 것이다. 다양한 방식의 인지적, 문화적 잠재 가능성은 학교에서 표상 교육과정의 일부가 되어야만 한다. 그 순간 그리기, 색칠하기, 운동, 촉각 재료는 교육받은 표상에 대한 관심에서 서서히 사라진다. 아직은 다문화론, 과학기술, 경제의 세계화, 그리고 미디어의 세계화 영향하에서, 그들은 공공 의사소통의 중심으로 이동하고 있다. 쓰기 교육과정을 지지하는 이론은 다음과 같은 중대한 결점을 가지고 있다. 초등학교에 입학하거나 현재 초등학생 아동들의 욕구와 관련지어 볼 때 학교의 표상 교육과정은 이미 시대에 맞지 않다는 것이다.

읽기

읽기와 쓰기의 결정적인 구분은 인지적인 것도 아니고 기호학적인 것도 아니며, 오히려 사회적인 것과 문화적인 것이다. 그러나 읽기와 쓰기는 인지적이고 심리학적인 영향을 받으며, 이를 통해 이후 사회적이고 문화적인 영향을 받는다. 구분은 쓰여 있는 텍스트의 사회적 상태와 문화적 상태를 고려해야 하며, 또한 텍스트를 만들고 텍스트를 읽는 차별적인 접근을 고려해야 한다. 이것 자체가 사회적이고 경제적인 영향이며 현재의 사회적 형태다. 쓰기 학습은 아동이 성장하는 사회 집단에서 가장 특징적인 언어의 형식에 대한 접근 유형에 의해 상당한 영향을 받는다. 이러한 접근은 아동의 쓰기 경로에 대한 초기의 결정적인 구조를 제공한다.

기호학적으로 말하면, 읽기와 쓰기 간에는 연속성이 존재한다. 쓰기는 기존의 이용 가능한 자원으로부터 만든 새로운 상징이며 그래서 읽기가 된다. Peirceian 용어로, 읽기는 '해석'의 구성이다. 그것은 독자(혹은 비평가, 혹은 감지자)가 읽히는 상징인, 외부에서 이용 가능한 상징으로부터 새로운 상징을 내적으로 산출하는 것으로 구성된다.

읽기는 새로운 기호학적 자료를 나에게 이용 가능한 것으로 만드는 수단이다. 내가 어떤 기호학적 자료에 접근할 것인지, 어떤 종류의 자료들이 있는지의 여부는 내가 경험할 전이 과정의 종류에 영향을 끼치며, 이러한 전이 과정에서 어떤 종류의 기호학적 구조가 나타날 것인지에 영향을 끼친다. 인지적으로 읽기에서만 상징을 만들어 낼 가능성과 외부 상징의 산출 간에는 중요한 차이가 있다. 후자는 내가 집단에 참여하여 표상적 자원을 계속해서 재산출하도록 하는 사회적 결과를 초래한다. 또한 그것은 여전히 사회에서 가치 있는 방식으로 나 자신의 표상자원을 산출하는 사람이 되게 하는 인지적이고 주관적인 결과를 초래한다. 이것은 어떤 글쓴이에 의해 'writing it down'이 아래에 쓰이고 있는 'its'에 앞서 'it'이 존재하지 않는 상황에서, 이러한 'it'을 새롭고 생산적이며 이용 가능한 방식으로 만들어 내는, 공통된 경험 그 이상도 이하도 아니다. 구체화와 객관화는 인지 발달에서 중요한 과정이다.

내가 본 장에서 앞서 다루었던 쓰기의 사회적 · 기호학적 이론에서, 읽기는 새로운 자료가 어떻게 해서 '동화' 될 수 있는지, 개개인이 가지고 있는 자원의 측면과

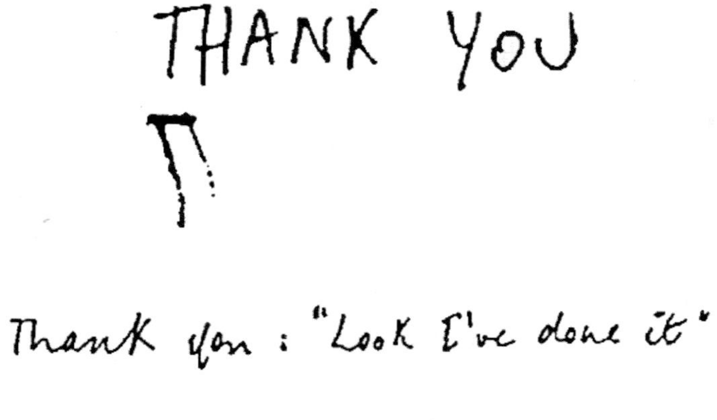

[그림 11-7] 부모의 모델과 아동의 '읽기'

아동의 주관성 측면에서 어떻게 전이될 수 있고 전이되는지의 과정이다.

여기에서 유추된 읽기 이론과 읽기의 실제는 주관성의 형성에서, 그리고 새로운 상징의 산출 가능성에서 중요하다. 만약 텍스트가 다양한 형태라면, 상징은 만들어지고, 다양한 방식의 복잡한 상징을 단순하고, 일관성 있는 읽기로 통합해야 한다는 측면에서 읽기는 독자가 다양한 방식에 주의를 기울여야 하는 복잡한 활동이다. 읽기의 다양한 실제는 다양한 주관성을 수반한다. 단순한 방식을 강조하고 명확한 경계를 가진 면밀하게 정의된 단위를 강조하며, 하나의 변형보다는 오히려 부호화 관점을 지니는 이론은 구체적인 유형의 주관성을 예견하고 장려한다.

읽기의 과정과 결과에 대한 증거는 항상 간접적이다. 직접적인 관찰이 불가능하고, 비록 독자를 관찰하는 것이 고찰을 위한 자료를 제공할 수 있을지라도, 그것은 단지 그 자체일 뿐이다. 내가 초점을 두고 있는 증거는 다소 다르다. 그것은 다음의 몇 가지 읽기(일반적으로 즉시적인 읽기, 그러나 반드시 그렇게 하는 것은 아닌)를 하는 독자가 만들어 낸 상징으로 구성되어 있다. 예를 들면, [그림 11-7]에서 제시하는 예

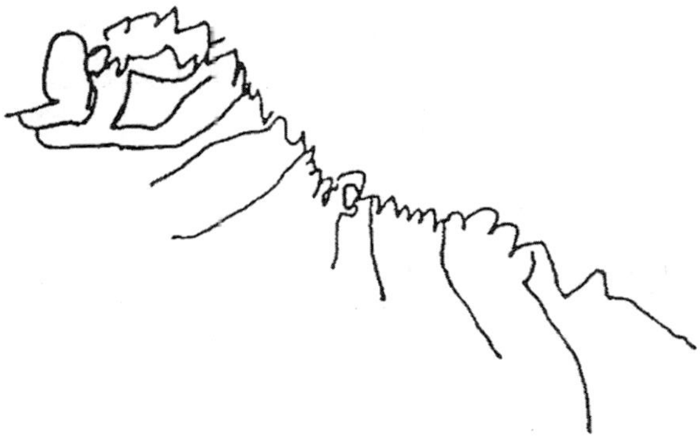

(a)

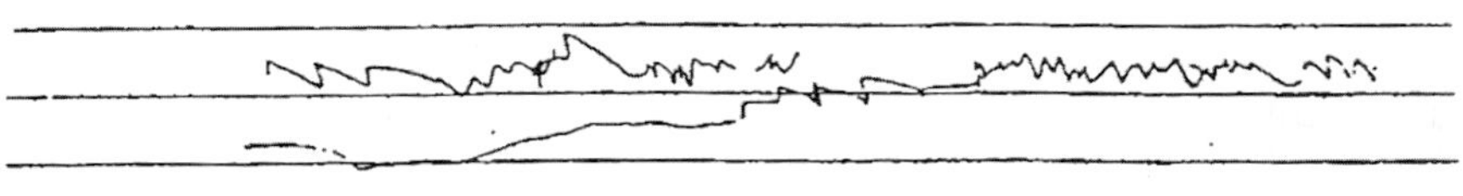

(b)

[그림 11-8] (a) 티라노사우루스 렉스의 '쓰기' 모델, 그리고 (b) 두 줄의 쓰기 '그림'

를 보라.

4세 아동이 친구에게 줄 카드에 'thank you'를 쓰기 위해 부모에게 써 달라고 요구했다. 아동은 그림으로 상징을 만들었고 부모에게 그것을 보여 주며 흥분한 목소리로 "보세요, 제가 썼어요!"라고 했다. 그 상징은 쓰기에서와 같이 읽기에서 사용된 기본적인 원칙이 동기화된 상징이라는 것을 보여 준다. 여기에서 기표와 기의를 결합하기 위한 동기는 '요소를 함께 연결'하게 될 것이고, (이후에) '결합'이라는 보다 광범위한 개념으로 일반화될 것이다. 이것은 부모가 하나의 단위로 무관심하게 쓴 THANK YOU에서 아동이 초기의 두 가지 요소를 읽을 수 있도록 해 준다. 아동의 복잡한 흥미는 (가정된/추론된) 내적 상징의 산출을 위한 동기를 제공한다. 'thank you'를 쓰고자 하는 바람은 아동이 그 모델에서 구성 단위에 대한 원칙을 찾도록 해 준다. 언어적 표상, 특히 쓰기에 대한 단순한 초점과 집중은 쓰기와 같이 읽기와 관련하여 갖게 되는 보다 일반적인 질문을 모호하게 만든다. 마지막 두 가지 예는 [그림 11-8]에서 보여 준다.

전통적으로, (a)는 나무로 만든 티라노사우루스 렉스의 골격이며 그림으로 간주될 것이고, (b)는 '초기 쓰기'로 불릴 것이다. 나는 3세 아이가 그것을 보고 어떻게 두 가지를 만들어 냈는지가 궁금하다. 나는 아동이 완전히 현실적 감각으로, 나무 모형을 '읽고' 있었는지 그리고 유사한 방법으로 인쇄된 선을 읽고 있었는지가 어느 정도 의문스럽다. 나는 아동이 쓰기를 그림으로 그리고 그 모델을 쓰고 있었다고 말하고 싶다. 더 정확하게 말하면, '그리기'는 이미 성인에 의해 만들어진 기호학적 방식의 구별을 나타내기 때문에, 아동은 쓰기와 나무 모형을 똑같은 방식으로 표현하고 있었다.

미래

인간의 기호학적 체계는 사회적이고 문화적이며 따라서 역사적이다. 여기에서 나는 인간 개개인의 기호학적 행위를 인간 행위자인 아동 혹은 성인이 그들의 주관성을 형성하고 행동하는, 보다 큰 문화적, 사회적 형태와 관련짓도록 하는 이전의 입장을 지지한다. 또한 이런 방식으로 나는 개별 상호작용에 대한 미시역사와 기호학적 체계—발화, 쓰기(색칠하기, 몸짓, 음악 등) 그리고 다른 과제—에 대한 역사를 관련지어 왔는데, 이는 이러한 표상체계 역사와 보다 광범위한 문화적, 사회적 집단화의 역사와 관련시키기 위해서다.

현재 우리가 살고 있는 수십 년은, '서양'에서의 2세기 동안 축적된 변화(운송 혹은 정보의 공학기술에서, 경제의 세계화에서, 경제와 공학기술의 변혁으로 인한 대부분의 변화의 영향하에서, 국가-주와 같은 정치적 구조의 분열에서의 변화)의 갑작스러운 대변동의 영향을 받아 왔다. 국가 내부적으로든 혹은 외부적으로든 그러한 변화는 여전히 다문화론을 증가시키고 있다. 표상의 형식과 방식은 일부 식별 가능하고, 일부 잘 알려지지 않은, 기본적인 방식으로 영향을 받는다. 나에게 가장 긴급한 질문은 다음과 같다. 표상과 의사소통의 보다 광범위한 교육과정 내에서 어떤 문해 교육과정이 현재 학교에서 어린 학생들을 위해 적절한 것인가? 나는 여기에서 이전에 다루었던 것과 같은 것에 대한 설명, 즉 사회적 · 문화적으로 처해 있는 개개인이 그들의 표상 체계를 산출하는 데 있어 행위자(agentive)로 간주되는 설명에 그 답이 있다고 확신한다.

감사의 글

나는 상세하고 유익한 의견을 제시해 준 Denise Newfield와 David Olson, 그리고 난해한 원고에 대해 뛰어난 기술, 효능, 훌륭한 유머가 있는 문장으로 다듬어 준 Yvette Sutton에게 감사의 말을 전하고 싶다.

어떠한 실수가 있다 하더라도 그것은 나로 인한 것이다.

제12장
교육에서 정서의 역할을 다시 생각하기

KEITH OATLEY
SEEMA NUNDY

서론: 교육에서 정의의 중요성

전통적으로 학생들이 어떻게 학습하는가에 관한 연구는 기억, 사고, 추론, 지각, 그리고 언어에 집중되어 왔다. 학습의 정서적 측면은 비교적 크게 다루어지지 않았다. 최근 교육의 본질에 관한 이론화에 따르면, 아동은 단지 교육자에 의해 새겨지기를 기다리는 비어 있는 판이 아니라는 것이 더더욱 명백해져 가고 있으며, 타인의 마음을 포함하는 세계에 대한 아동의 개념에 기초한 학습 모델에 초점을 둔다. 사실상 교실에 들어서는 각각의 학생은 이미 일련의 신념을 가지고 기술과 지식을 조직, 그리고 재조직하는 발달 계열에 참여하고 있다. 정서(emotion)와 태도(attitude)는 가정에서의 경험에서 유래된 것을 포함하여 아동이 학교로 가지고 오는 것의 일부이며 또한 아동의 목적과 학교의 목적 간의 상호작용을 통해 유래된다.

직관적으로, 교육에서 정서 영역이 가지는 중요성은 명백하다. 사람들은 어떤 교사를 좋아하거나 싫어하느냐가 교과목의 선택 혹은 심지어는 직업 선택에 얼마나 영향을 끼쳤는지, 또래친구의 자살 혹은 사랑하는 누군가의 죽음이 자신의 학습에 얼마나 영향을 끼쳤는지, 불안함과 지루함이 자신의 성취에 얼마나 영향을 미쳤는지에 대해 말하곤 한다. 좀 더 형식적으로, 또래 압력 혹은 조화롭지 않은 가정과 같은 요인이 학습에 영향을 끼치는 장기적인 결과를 가지는 것은 너무나 명백한 것이다. 그렇지만 아동의 정서적 생활이 교육과 관련하여 이해되는 통합적 설명이 거의 없다. 이러한 분야에 대한 경험적 연구의 기여도가 비록 드물다 할지라도, 통합적 설명으로 나아가는 몇 단계를 간략한 개요를 통해 제공하는 데, 이 글의 목적이 있다.

대다수의 아동을 위한 형식적 학교교육을 가진 사회를 포함하여 어떠한 사회에서든, 교육은 문화화(enculturation)의 과정이라는 견해를 취할 것이다. 이때 문화란 집단 구성원들이 공통적으로 가지는 일련의 신념, 생각, 태도, 그리고 기술을 의미한다. 우리는 문화화를 크게 두 가지 구성요소로 나눌 수 있다. 첫 번째는 인지적인 요소다. 산업화된 사회에서 읽기, 쓰기, 수학, 구두 발표, 실제적 기술, 백과사전에서 찾을 수 있는 자료에 대한 선언적 지식과 같은 문화적 지식을 포함한다. 그러한 기술은 사람들에게 수입을 얻도록 하며, 영향력을 행사하게 하고, 사회에 기여하는 능력을 발휘하게 하고 자아감을 찾게 하며, 창의성의 형식을 포함하도록 한다. 두 번째 구성요소는 정의적인(affective) 것이다. 이는 감정, 태도, 흥미—학생들이 교사에 대해 혹은 학교생활에 대해 어떻게 느끼는지, 행복한지 혹은 우울해져 있는지 그리고 이 일 저 일을 하는 데 얼마나 능동적으로 몰두하는지—다. 이 장에서 우리는 학생의 주의 집중을 안내하고 학교에서의 성취에 주요 결정요인이 되는 정의적인 측면의 구성요소에 대해 논의할 것이다.

정서(emotion)에 관한 연구들은 지난 30년 동안 상당한 성장을 해 왔는데, 우리는 정의적 영역에서 사용되는 용어 중 일부 어휘를 여기서 제시한다. 비록 정확하게 기술적이지는 않다 하더라도, 이러한 용어들은 상당히 명확한 의미를 가지게 되었다.

- 정의(affect)란 것이 낡은 용어처럼 들릴 수도 있으나, 정서, 기분(감정, 분위기: mood), 그리고 아래에 제시된 다른 것들을 포함하는 일반적인 용어로 종종 사용된다.
- 태도(attitude)는 어떤 사물, 어떤 사람, 혹은 어떤 사회적 논쟁거리에 관한 평가

적인 경향으로, 전형적으로 좋아하는 혹은 싫어하는 것이다.

- 정서(emotion)는 목적 혹은 관심사의 우선순위를 변화시키며, 특정 행위의 목록(repertoire)을 준비하게 하고, 주의집중과 기억에 편향된 영향을 주는 몇 분 혹은 몇 시간 동안 지속하는 정신 상태다. 이는 관계적으로 정의된다. 정서는 목적 혹은 관심사와 관련한 사건을 평가하는 것을 통해 분명히 드러난다. 그래서 정서는 전형적으로 목적을 가리킨다. 만약 아동이 슬퍼한다면, 우리는 그 아동이 중요한 무언가를 잃어버렸음을 추론할 수 있다. 또한 '정서(emotion)' 와 '정서적(emotional)' 이라는 용어는 기분(mood), 정서장애(emotional disorder), 그리고 때때로 총체적인 정의적 영역을 의미하는 데 보다 일반적으로 사용된다.
- 정서장애(emotional disorder)는 어떤 기분의 지배를 포함하며 전형적으로 몇 달 혹은 몇 년 동안 지속되는 상태다. 아동의 경우 정서장애는 공격성으로 나타나고 분노에 근거한 외재적 장애, 그리고 위축으로 특징지어지고 불안, 슬픔, 혹은 둘 모두에 근거한 내재적 장애로 나눈다.
- 기분(mood)은 보통 여러 시간 혹은 여러 날 동안 지속되는 정서 상태(emotional state)다. 반면 정서의 에피소드는 일련의 행위로부터 또 다른 일련의 행위로 변하는 것과 연관되고, 질책을 받았을 때나 아동이 화가 날 때와 마찬가지로, 기분은 양립할 수 없는 사건의 방해에 저항하는 지속적인 정서상태다.
- 가치(value)는 집단 혹은 공동체가 가지고 있는 폭넓은 행동양식에 대한 태도다.

정서에 관한 기본적인 참고문헌은 Lewis와 Haviland(1993), 그리고 태도(attitude)에 관한 참고문헌으로 Eagly와 Chaiken(1993)이 있다.

우리는 교육에서 정의(affect)의 역할에 대한 재고가 필요하다고 믿으며 이는 두 가지 고려사항을 통해 촉구된다. 하나의 가설은 정서영역이 교육적 관심사에서 이차적인 것이라기보다 가장 중요한 것(일차적이고 기본적인 것)이며, 그리고 그것의 영향력을 무시하는 것은 교육의 인지적 과정에 대한 이해를 왜곡하는 것이라는 것이다. 다른 하나는 교육에 관한 중요한 함의를 내포하면서 지난 30년 동안 정서와 그 영향에 관한 엄청나게 많은 새로운 연구가 이미 밝혀졌다는 사실이다.

아동들은 시간을 어떻게 보내는가

우리는 좀 더 큰 규모의(사회학적) 과정으로 이 장을 시작하고, 그러고 나서 개인적인(심리학적) 과정으로 이동하고자 한다.

동서양의 문명에서, 가족은 가장 중요한 문화화 기관이다. 그다음 중요한 것으로, 형식적인 학교교육이 있다. 가정이 아동들의 전반적인 학문적 성취에 있어 학교보다 더 많은 영향을 준다는 사실은 연구를 통해서도 알 수 있다(Good & Brophy, 1986). 이것은 그 자체로 정의적 변인에 대한 중요성을 보여 주는데, 문화적 기술(cultural skill)에 관한 형식적인 수업으로 대부분의 시간을 보내는 것은 학교이기 때문이다.

교육은 순수하게 인지적인 측면–문화적 기술을 전수하는 데에 목적을 두며 획득, 표상, 전이, 그리고 지식의 사용과 같은 연구 용어로 정의되는 것으로부터 그러한 지식과 지식을 제공하는 교사에 대한 정서와 태도에 관한 용어로 정의되는 정의적

〈표 12-1〉 북아메리카의 평균 10세에서 11세 아동(5학년)이 주간 또는 연간 다른 활동으로 보내는 시간 측정

	주간(per week)	연간(per year)
수면(1일 10시간)	70	3,640
학교	30	1,044
학교에서의 학문적 작업	19.2	668
놀이	20.2	1,050
숙제(과제)	4.2	146
텔레비전 시청	15.3	796
학교 외에서의 독서	1.2	62

주: 수면, 학교, 학교에서 학문적 작업, 놀이, 숙제(과제)하는 데에 보낸 시간 측정은 Stevenson과 Lee(1990)의 미니애폴리스의 5학년에게서 나타난 것이고, 텔레비전 시청 시간은 Anderson, Wilson 그리고 Fielding(1988)의 연구에서, 학교 밖에서의 독서 시간은 Stanoich(1994)의 연구에서 인용했다. 연간 학교에 기초한 활동의 측정은 한 해당 34.8주(주당 5일)에 이른다(즉, Stevenson과 Lee의 측정에 따르면 미니애폴리스에서 당해 학년도 174일), 한편 다른 활동은 52주(주당 7일)로 환산하여 측정했다.

측면을 구별해 보자. 이 장에서 문화화(enculturation)의 두 측면인 인지와 정의가 분리될 수 없는 것이라는 관점에 대한 증거를 지적할 것이다. 문화적 기술 획득은 이러한 기술에 관한 혹은 그것을 전달하는 성인과 교육기관에 대한 정서와 태도로 분리할 수 없다.

약 5세에서 17세의 아동은 15,000시간을 학교교육으로 보내는 것으로 측정된다(Rutter et al., 1979). 이 시간 동안, 아동들은 읽기, 쓰기, 셈하기뿐만 아니라, 계획하기, 목적이 있는 행동 수행하기, 그리고 다른 사람들과 상호작용하기를 학습한다. 그들은 학문적 문제로 자신감 혹은 패배감을 느끼기도 하고, 그것을 대표하는 학교, 그리고 사회와 함께하기도 하고 무시하기도 한다.

우리는 〈표 12-1〉에 제시된 것을 통해, 아동들이 교육과 다른 활동에 참여하는 시간에 대한 간단한 개요를 살펴봄으로써 우리의 주제에 대한 기본적 이해를 할 수 있다. 예를 들어, 문화화의 영향력이라는 차원에서 1년 동안, 텔레비전을 시청하는 데에 보내는 시간이 학교에서 학문적 작업을 하는 데 보내는 시간에다 숙제하는 데에 보내는 시간을 더한 것과 거의 같다는 사실을 주목하자. 전문가의 연구(Ericsson, 1990)를 통해 인지적, 예술적, 혹은 체력적인 활동에서 숙련가가 되는 데에는 집중적으로 몰두하여 약 10년 혹은 10,000시간이 걸린다는 것을 우리는 안다. 아동들은 학교에서 지내는 동안 학교에서 일어나는 일, 즉 능숙한 학습자가 되는 것에서 숙련가가 될 시간과 기회를 틀림없이 가지게 될 것이다. 그러나 이것은 아동과 교사 양자 모두에게 정의적인 영역의 문제로, 전문성이 요구되는 지식을 즐겁고 능동적으로 지식을 조직하면서 이 시간 동안 주의 깊고 정서적으로 관여할 때 가능하게 될 것이다. 만약 지식을 전환하는 숙련가가 되는 데에 능동적으로 참여하지 않는다면, 아동들은 어떤 다른 것, 가령 학문적인 활동을 피하는 방법을 학습하는 것에 시간을 쓸 것이다.

아동의 정서장애

〈표 12-1〉과 대부분의 교육적 논의는 평균적 아동에 대한 자료에 기초한다. 그러

나 많은 개인 차가 있다. 학교에서 정서적 요인에 의해 심각하게 방해받는 아동들은 어느 정도의 비율인가? 정신병리학적 정의에 따르면 정서장애는 대체적으로 일상생활과 충동을 일으키는 상태를 말한다. 아동의 경우에는 학교교육을 받을 수 있는 이점을 상당히 방해하는 것을 의미한다.

아동 정신장애 역학(epidemiology of child psychiatric disorder)에 관한 첫 주요 연구로는 Rutter, Tizard 그리고 Whitmore(1970)의 연구가 있다. 이들은 잉글랜드 남쪽 해변에서 3마일 떨어진 와이트(Wight) 섬에 사는 모든 10세 아동의 부모와 보호자들을 접촉했다. 10세 아동의 행동과 정서에 관해 부모와 교사들이 질문지를 완성하도록 하여 1차적으로 아동을 분류했다. 그리고 나서 많은 문제를 가진 아동, 거의 문제가 없는 아동의 표본을 인터뷰했다.

그 이후 많은 역학 조사가 유럽과 북아메리카에서 이루어졌고, 학령기 아동들의 정신적인 장애의 유행이 12~18% 사이로 측정되었다(National Academy of Sciences, 1989; Offord, Boyles, & Racine, 1989). 또한 그러한 장애의 위험요인이 무엇인지도 알려졌다. 여기에는 여섯 가지 상황적 요인뿐만 아니라 기질적 요인도 포함한다. (1) 낮은 가정 수입, (2) 혼잡한 가정, (3) 우울한 어머니, (4) 반사회적 행동에 빠진 아버지, (5) 부모의 이혼과 별거, (6) 가정에서 멀리 떨어져 살아야 하는 아동(Rutter, 1989)이 여섯 가지 요인이다. 대체로 그러한 요인의 단 하나만으로는 정서장애가 일어나지 않지만, 그 위험요인이 두 가지가 되면 4배가 되고, 그리고 네 가지가 되면 12배가 된다.

정신적인 장애는 학교에서의 학습에 있어서 불리한 아동에게 적용되는 용어다. 이러한 아동들은 아동 수에 비례하지 않는 학교의 제한된 자원을 흡수한다. 그들은 교사에게서 부정적인 반응을 불러일으키고, 학급 관리상의 문제를 제기한다. 학교에서 정서를 유발한 사건이 분명할 때, 그리고 유발된 정서가 사회적으로 적절한 것으로 고려될 때는 교사에 의해 쉽게 이해되고, 다루어진다. 그러나 정서가 사건의 즉각적인 흐름에 적절하지 않을 때, 그것은 정서장애의 견지에서 고려되는 경향이 있다. 예를 들어, 만약 아동이 아무런 이유 없이 다른 아동을 자주 때린다면, 그 아동은 정서적으로 불안한 아동으로 보이고, 심리적 도움을 받게 된다. 때리는 것은 현재 사건에 의한 것이라기보다는 가정에서 학습된 스키마(schema)로 인한 것이라는 추론이다(Jenkins & Oatley, 1995). 그러한 행동을 보이는 아동은 교사들이 감당하기 어려운데, 이는 정서의 원인(예컨대, 그들의 가정생활)이 이러한 정서들이 표현되는 상황으로부터 떨어져 있기 때문이다.

정신의학적 접근은 문제를 확인하고 전문가의 도움을 구하는 데에 도움이 될 뿐만 아니라 정서장애가 학교교육에 영향을 주는 과정을 제안한다. 예를 들어, 아동 정신장애에 가장 널리 사용되는 질문지식 판별검사는 Achenbach, Conners 그리고 Quay의 아동 행동 체크리스트(Achenbach et al., 1991)이다. 외현화 장애(externalizing disorder)에 대한 문항에는 물건 훔치기, 무단결석, 공공시설 파괴, 약자 괴롭히기, 다른 사람의 물건 파괴하기, 그리고 싸움이 포함된다. 내면화 장애에 대한 문항은 말하기 거부, 수줍음, 허공만 바라보기, 두통, 메스꺼움, 보잘것없다고 느낌, 자의식(self-consciousness), 그리고 공포/불안을 포함한다. 이와 같은, 그리고 다른 문항에 있어서, 그러한 정서에 기초한 패턴들이 아동의 학교교육을 어떻게 방해할 수 있는지는 쉽게 알 수 있다. 학업을 하는 데 보내는 많은 시간은 단순한 지수(simple index)인 것처럼 보일지라도, 특정한 아동의 학교 출석과 같은 개인적 요소와 일반적 요소(학교에서의 과제물 양, 〈표 12-1〉 참조)를 비교할 수 있게 해 준다. 출석률은 아동들이 학교에 관심이 있는지(호감이 있는지) 혹은 회피하는지에 관한 행동 지표로 좋은 정서적 측정치다. 외면화된 증세에 관한 특징 중 하나인 무단결석은 저조한 출석률의 극단으로 생각될 수 있다. 런던 학교(London School)에 관한 종단 연구에서, Maughan, Pickles 그리고 Rutter(1990)는 몇몇 학교에서 이러한 측정으로는 특히 매우 저조했으나, 한 학교에서는 새로운 교장선생님의 부임 후 5년 동안 매우 저조함에서 매우 양호함으로 출석률이 향상될 수 있음을 발견했다.

외면화된 장애를 가진 아동들은 자신의 교육 가능성을 줄일 뿐만 아니라, 학문적 활동에서 보다 적게 시간을 보내게 하므로 인해 다른 학생들의 교육을 방해하는 경향도 있다.

또한 학교에서 어떤 영역에 있어서의 성취도를 인정받는 것이 가정환경에 기인한 심리적 장애의 위험으로부터 아동들을 보호하도록 돕는다고 알려졌다(Jenkins &

Smith, 1990). 대조적으로, 학교에서 잘 지내지 못하는 것은 그러한 장애를 악화시키는데, 이에 관해서는 다음에 논의할 몇몇 연구에서 제시할 것이다.

정서와 학교 풍토

최근까지 학교의 영향력이 얼마나 컸는지 혹은 그것이 어떻게 중재되었는지에 대해 알려지지 않았다. 이러한 질문에 대해 답하기 위해 나아간 연구는 런던 도심의 12개의 고등학교에 대한 프로젝트(Rutter et al., 1979)와 50개의 초등학교에 대한 프로젝트(Mortimore et al., 1988)로부터 시작되었다. 이들 연구는 학교의 효율성 측면에서 알려지게 되었다. 연구 대상은 개별 아동이 아니라 학교였다. 효과적이지 않은 학교들과 비교해 볼 때 효과적인 학교의 특성이 무엇인가?

두 구성의 변수가 존재했다. 하나의 구성은 학급당 아동의 수, 학교 내에서의 교수 양식, 상과 벌, 학생에 대한 사회적 조건, 그리고 그들에게 부여되는 책임감과 독립성의 수준과 같은 예측변인이다. 그다음으로 읽기, 수학, 그리고 구두발표와 같은 기술에 기초한 학문적 교과(skill-based academic subject)와 아동들의 학습태도, 정서장애, 출석률, 그리고 학교에서의 비행과 같은 정의적 결과 양자 모두에서의 아동들에 대한 결과변인이 있다. 연구에서 이룬 하나의 중요한 성취는 결과 측정이 한 도시에 있는 학교들이 표준화된 검사에서 가장 좋은 결과, 혹은 최악의 출석률을 얻는 차원에서 순위가 매겨지는 그러한 학교 순위도와 같이 그저 원점수를 사용하지 않은 것이다. 결과들은 아동이 학교에 출석한 여러 해 동안의 기술적인, 그리고 정의적인 결과물에서 각각의 아동에게 이루어진 변화에 대해 평가된다. 따라서 학교에 입학하는 아동들의 가정과 배경의 영향은 평가되고 그러고 나서 제외되게 된다.

정의적인 요소는 결과와 예측변인 모두로서 중요했다. Rutter 등(1979)이 보여 주었듯이, 더 나은 학문적인 성취를 조장하는 데에 성공적이었던 고등학교들은 아동들의 정의적 장애, 출석률, 그리고 청소년 비행과 같은 정의적인 측정에서도 또한 성공적이었다.

몇몇 학교는 인지적, 정의적 두 영역 모두에서 좋은 결과를 조장하는 데에 훨씬 불충분했다. 50개의 초등학교에 대한 연구에서, 이 가운데 14개 교는 인지적인 영역과 정의적인 영역에서 좋은 결과를 보였으나 5개 교는 양 영역 일반적으로 '인지적인 그리고 정의적인 결과 간에는 관련이 있다' 에서 효과가 없었다고 Mortimore 등(1988)은 밝혔다.

예측변인들에 있어서, Rutter 등(1979)의 연구의 가장 일반적인 결과는 학생들의 다른 능력들과 가정 배경들을 고려할 때 인지적인 수행과 정의적인 결과 양자 모두에 대한 최상의 효과는 그 학교의 정기(school ethos, 학교의 에토스)였다는 것이다. 이것은 학교에서의 상과 벌 체제, 교실에서 교사의 조직화 정도, 수업을 위한 교사의 준비 수준, 학생들의 기대, 교사들의 가치와 접근방법에 동의하는 정도를 포함하는 예측변인의 합체로 구성된다. 좋은 학교들은 순기능을 하는(well-functioning) 사회 공동체였고, 이는 단지 영리한 학생들에게만이 아니라 모든 학생들 간에 거의 공평하게 이로운 변화들을 조장했다. 유사한 결과들이 초등학교에서 Mortimore 등에 의해 밝혀졌는데, 이들은 교장과 교감의 영향에서부터, 교직원 구성원들의 참여, 교실에서의 질서와 목적의식, 그리고 비평과 벌보다는 상과 장려하는 분위기까지의 학교 문화와 조직에 관한 보다 구체적인 예측변인을 분리했다.

학교는 세계에 대한 아동의 학문적, 정서적 본보기에 영향을 주고 형성하는 사회적 기관으로 기능한다. Rutter 등과 Mortimore 등뿐만 아니라, 북미에서의 연구(Good & Brophy, 1986)에 따르면, 학교의 상호작용적이고 사회적인 환경은 심지어 가장 불리한 조건의 아동들에게도 최선을 다해 적응하고 역할을 배울 수 있게 해 주는 강하고 보호적인 분위기를 제공할 수 있다.

문화적 차이: 가정과 학교

학교의 효과에 대한 중요한 연구는 3개국, 즉 미국 · 중국 · 일본에서의 학교 비교, 그리고 부모의 태도 비교를 포함한다(Stevenson & Lee, 1990; Stevenson, 1992).

Stevenson과 Lee(1990)는 미국의 미니애폴리스, 타이완의 타이베이, 그리고 일본의 센다이로부터 각각 1학년 240명과 5학년 240명씩을 비교하여, 1,440명의 아동을 연구했다. 이 연구는 세 지역의 아동들의 IQ를 측정했고, 큰 차이가 없는 것을 발견했다. 그렇지만 그들이 알아낸 것은 5학년의 미니애폴리스 아동들 중 4학년 수준의 읽기 준거를 31%가 충족하지 못한다는 것이었다. 타이완에서 그에 해당하는 비율은 12%였고, 일본어가 세계에서 읽고 쓰기에 가장 어려운 언어로 악명이 높다는 사실에도 불구하고 센다이에서는 21%였다. 수학에서는 그 차이가 훨씬 컸다. 그러고 나서 세 나라의 5학년 아동들의 점수가 함께 고려되었는데, 최하위 점수자 100명 중 67명은 미국 아동들이었고 최고 득점자 100명 중 단 한 명이 미국 아동인 반면 89%는 일본 아동들이었다.

이러한 엄청난 차이는 어떻게 설명할 수 있으며 학문적, 비학문적 요인과의 관계는 무엇인가? 교육에 대한 일본과 타이완 어머니들의 태도가 미국의 어머니들과 크게 달랐는데, 태도는 교육에 부여되는 가치와 학습이 어떻게 향상되는지에 관한 신념에 의해 측정되었다. 일본과 타이완에서 부모들은 미국에서보다 아동들의 교육을 훨씬 심각하게 받아들인다. 학문적인 성취는 일본의 어머니들 간에 주요한 관심사였고, 이들은 아동의 성취에 대한 높은 기준을 가지고 있었다. 대조적으로 학문적 성취는 미국의 어머니들 간에는 주요 관심사가 아니었다. 이들은 자녀들의 전반적인 발달에 더 많은 관심이 있었다. 그리고 일본의 어머니들이 자녀의 능력에 대해 보이는 현실적 평가와는 대조적으로, 미국의 어머니들은 아동들의 능력을 과대평가했다. 일본 어머니들은 능력을 중요하다고 생각하지만 미국의 어머니들에 비해 노력의 중요성을 더 강하게 믿고 있었다. 태도에서의 이러한 차이는 미국 가족들보다 훨씬 작은 일본 가족들의 생활공간에도 불구하고 거의 모든 일본 아동들은 조용하게 공부할 공간을 가지고 있었다는 사실에 의해 나타났다. 일본의 5학년 학생 98%는 집에 책상을 가지고 있었으나, 미국의 5학년 학생은 단지 63%만이 책상을 갖고 있었다.

다른 차이는 학교에서 나타났다. 미국의 5학년들은 학교 시간에서 학문적 활동이 64%를 차지하였으며, 일본의 5학년들은 학문적 활동에 학교 시간의 92%를 보내고 있는 것으로 나타났다. 일본에서 학년도의 시간 수는 미국 아동들과 비교하여 더 많은데, 일본의 아동들은 수학에서 수업 시간 수가 두 배나 많았다.

또한 성취에 대한 측정은 정의적 측정과 유사했다. 예를 들어, 높은 성취 점수는 정의적인 불안에 관한 낮은 점수와 부합되었다. Stevenson과 그의 동료들에 의한 후속 연구에는 시카고와 베이징의 학교들이 포함되었다(Stevenson, 1992). 예를 들면, 베이징의 아동들은 시카고의 아동들에 비교하여 학교에서 안절부절못하는 경향이 덜했고, 더 주의 집중적이고 친교를 덜 추구하였으며, 정신적인 불안(피곤함, 두통, 위장병—내재화 문제들을 나타내는 Achenbach의 체크리스트로부터의 모든 증후군)이 더 낮았다. 그리고 학교를 피하고자 하는 바람이 적었다.

비록 우리가 그렇게 하고자 희망하더라도, 텔레비전 세트를 수입하는 것처럼 아시아의 교육 체제를 수입할 수는 없다. 우리가 이 장의 시작 부분에서 강조했듯이, 그것은 문화적 체제의 한 부분이고, 교육은 문화화다. 그러나 몇 가지 배워야 할 교훈은 있다. 하나는 아시아 국가들과 비교했을 때, 미국은 노력과 학문적 성취에 대해, 그리고 노력이 필요한 과제에 대한 가정과 학교 기반 사회적 지원에 대해 가치를 덜 부여한다는 점이다. 사회적 상호작용과 개별성을 강조하는 북미의 교육 경험이 일본보다 더 넓을 수 있을 것이다. 반면, 아마 서구사회에서 가장 중요한 문화화 기관의 두 번째인 학교가 그 사회에서 만족스럽고 생산적인 구성원이 되는 데 필요한 사회적 가치와 기술을 전해 주는 데 있어서는 일관성이 부족하고 덜 효과적이다.

가정과 학교 문화 간의 불일치

정서적 상호작용 패턴은 주로 가정에서 학습된다. 실제로 우리는 그것을 가정 문화에 대한 적응으로 생각할 수 있다. 더욱이 가정에서의 문화가 학교에서의 문화와 큰 차이가 있다면, "학교와 가정 간의 대조적 경험은 아동의 심리적 발달에 지대한 영향을 끼치며, 그리고 그로 인해 학문적 성취에도 영향을 줄 수 있다"(Comer, 1988). Comer의 지적에 따르면, 학교가 가진 주요한 문제점 중의 하나는 학생들의 문화적 배경에 대한 차이를 인정하기를 거부하는 것이다. 우리는 미국인, 이탈리아인, 혹은 덴마크인이 주류로 성장하는 일반적인 문화를 개념화할 수 있다. 그러나 모든 학생들이 주류 사회 출신인 것은 아니다. 이러한 문제는 사회가 보다 다양하게 이루어질수록 어렵다.

가정의 가치와 기대가 학교 주류의 가치와 크게 다르거나 혹은 정서발달이 가정에서 지연된 경우, 성공적인 학습이 학교에서 이루어질 수 없다(Stevenson, Chen, & Uttal, 1990). 가정의 정기(ethos)와 학교의 정기 간에 공통점이 없다면, 아동들은 교사와 유대를 형성하는 데에 어려움을 경험한다. 그러므로 학교에 기초한 발달과 학습은 방해를 받는다. 더욱이 가정 밖의 환경에서 명백한 위협이 있을 때, 예컨대 편견과 같은 위협이 있을 때 수행은 더욱 악화된다. Gougis(1985)는 45명의 흑인 대학생을 대상으로 시각적 · 언어적으로 흑인 인종에 적대적인 내용이 포함된 교재를 공부하게 했다. 통제집단은 같은 교재이나 유쾌한 정보가 포함되도록 요청받았다. 실험집단은 통제집단보다 많은 정서적 스트레스를 경험했다. 그 결과 그들은 대상 교재를 공부하는 데 시간을 더 적게 보냈고, 결과적으로 그들의 회상(recall)은 통제집단보다 더 낮아졌다. 차별, 학대, 약자 괴롭히기, 혹은 다른 스트레스 요인에 기인한 높은 정서적 스트레스의 수준은 학교에서의 학습에 포함되는 인지과정에 손상을 입힌다.

Comer의 연구(1980, 1988)는 학문적인 수행과 출석률 같은 정의적인 특성의 차원에서 코네티컷 주의 뉴헤이븐에서 가장 낙후된 지역에 있는 두 개의 초등학교에서 개입 프로젝트를 개발했기 때문에 중요하다. 1968년 이 프로젝트의 출발 시점에서 교직원들은 사기가 낮았고 이직률은 25%에 달했다. 99%의 아동들은 흑인이고, 그들 대부분은 빈곤층—거의 70%는 아동 부양 세대 보조(Aid to Families with Dependent Children)를 받고 있는—이었다. Comer의 개입 프로젝트로 인하여 이 두 학교는 도시 학교 중 거의 최상위까지 향상되었다. 1980년경에 아이오와 기본 기술 검사(Iowa Test of Basic Skills)에서, 이 두 학교는 그 도시에서 최상위 3위와 4위로 순위가 매겨졌으며, 1980년대 초반 그 학교 중 하나는 출석률에서 그 도시의 1위 혹은 2위로 순위가 매겨졌다. 1975년쯤부터 행동문제들은 감소하기 시작했으며, 1988년경에 "10년 이상 동안 두 학교 모두에서 심각한 행동문제들이 없어졌다" 고 Comer는 기술했다. 아동들의 정서장애는 부분적으로는 타고나는 것이며, 항상 처치가 매우 힘들다는 일반적 인식에도 불구하고, 이러한 결과들은 순기능하는 학교(well-functioning schools)들이 아동들의 정신 건강에 유익한 영향을 끼친다는 놀라운 증거다. 이 모든 것은 이러한 학교에 오는 아동들 가정의 경제적인 위상에서는 어떠한 변화도 없이 이루어진 것이었다.

그 개입은 매우 집중적이었으며, 많은 부분을 포함했다. 교사와 함께 작업하는 정신 건강팀, 그리고 가장 중요한 것으로 학교 관리(school governance)와 의사결정의 측면에서 부모와 교사가 함께 참여하는 것이었는데, 예컨대 부모가 학급의 보조자로 참여하는 것, 그리고 학교의 행사에 참여하는 것을 포함했다. 이러한 방법으로 부모의 가치와 학교의 가치는 상응하게 되었다. 동일한 설계의 개입이 또한 미국의 다른 학교들에서도 실행되었다. 다른 연구는 학교가 좋은 인지와 정의적 결과를 낳으면서 더 큰 공동체 내에서 효과적으로 행복하게 기능하고, 협력적인 조직으로 개선될 수 있음(Maughan et al., 1990)을 보여 주는 데 역시 성공적이었다.

개인 심리적 과정으로서의 정서에 관한 연구

우리는 이제 다른 연구 영역으로 이동한다. 개인과 개인 간 정서의 기능과 영향인데, 이는 여전히 사회학적 연구와는 불충분하게 통합되어 있다. 정서와 삶에서의 정서의 역할에 대한 이해는 지각, 기억, 사고, 그리고 언어에 대한 고려와 함께 천천히 이루어지고 있다. 교육의 맥락 내에서, 거의 그러한 문제는 지금까지 소외되어 왔다. Vygotsky(1978)는 Darwin(1872/1965)의 연구에 기초하여, 인간의 심리학적 특성 중 정서는 '죽어 가는 종(dying tribe)' 이라는 느낌을 받을 수 있다고 논평함으로써 이를 적절하게 표현했다. 그 함의는 교육과 교육과정에 관한 이해가 점점 더 성공적으로 되어 감에 따라, 정서는 정말 마지막에는 사라지게 될 것이라는 것이다. 여기서 우리는 교육을 포함한 정서영역을 심리학적 생활(psychological life)의 중심에 두는 반대의 견해를 제안하고자 한다. Vygotsky가 제안했듯이, 그 질문은 이와 같다. "성인 혹은 아동의 운명에서 왜 모든 중요한 순간은 정서에 의해 영향을 받는

가?" (1987, p. 335)

정서와 인과귀인

귀인이론은 교육심리학 교재(예: Gage & Berliner, 1992)에 영향을 끼친 정서에 관한 소수의 이론 중의 하나다. Weiner(1983)에 의하면, 인지의 가장 중요한 국면 중 하나가 인과귀인(causal attribution) 혹은, "왜 사건이 발생했는지를 발견하고 이해하고자 하는 개인의 탐구다. (중략) 원인 찾기는 어떠한 단일 동기 영역에 제한되지 않았다." 학습과 같이, 인과귀인은 우리가 경험하는 감정에 영향을 주는 의미를 구성하는 과정이다. Weiner(1983, 1990)는 우리가 사건의 원인에 관심을 갖는 귀인의 세 가지 차원에 대한 개요를 제시했다. 즉, 소재(locus), 안정성(stability), 그리고 통제 가능성(controllability)이다. 소재는 어떤 사건을 우리 자신이 행동한 데에 돌릴 때처럼 내적인 것이 될 수 있고 혹은 자신의 외부의 무언가에 대해 원인을 찾을 때 외적인 것이 될 수 있다. 원인의 안정성은 귀인의 시간적 측면을 말한다. 행운은 좀 더 일시적인 반면, 능력은 장시간 지속되는 것이다. 통제 가능성에 관해, 예를 들어, 발달 단계는 개인에 의해 통제될 수 없는 반면, 소진하는 노력의 양은 통제될 수 있다고 일반적으로 생각한다.

서로 다른 귀인 패턴은 성공과 실패의 결과에 기초하여 다른 정서를 야기한다. 성공을 능력이라는 내적이고 안정적 근원에 귀인한다면 자긍심과 유능감이 생기나, 실패를 능력이라는 근원에 귀인하면 무능감과 장시간의 우울감에 빠지게 된다. 예를 들어, Metalsky 등(1993)은 학생들이 시험에서의 실패를 내적으로 귀인하면 우울증이 될 수 있음을 보여 주었다. 대조적으로 성공에 있어 노력이라는 통제 가능한 근원에 귀인할 경우, 만약 성공한다면 안도감을 가지나, 실패한다면 죄책감 혹은 수치심을 느끼게 된다. 자신의 성공을 다른 사람이라는 외적 요인에 돌리면 감사하는 마음에 이르는 반면, 실패를 다른 사람 탓으로 귀인하면 분노에 이르게 된다. 행운이라는 불안정한 근원에 대한 귀인은 성공적인 결과가 있을 때 놀람과 행복이 더해지게 되나, 실패가 있을 때에는 놀람과 좌절이 더해지게 된다.

Weiner(1983)에 따르면, 동정, 분노, 죄책감의 정서는 교실에서 아주 중요한 것이다. 동정은 환경에 대한 통제를 잃은 것을 보았을 때 경험하는 것이다. 귀인 이론에 의하면, 분노는 결과가 부정적이며 그러한 결과가 생긴 원인을 다른 사람에서 찾을 때 따르게 된다. 죄책감은 부정적인 결과가 발생했을 때, 결과가 자기 자신의 통제 범위 내에 있을 때 발생한다.

교실에서 귀인 이론의 중요성은 교사와 학생들이 끊임없이 사람과 사건에 귀인한다는 것이다. 그렇지만 Weiner의 지적에 의하면, 이러한 귀인이 반드시 명백할 필요는 없다. 미묘한 힌트는 학생들에게 교사가 자신을 어떻게 인식하고 있는지에 대하여 종종 정보를 제공할 수 있다. 학생에 관한 교사의 인식은 학생 자신의 인식의 기초를 형성하고, 교사의 귀인은 그들의 성공 혹은 실패에 대한 이유를 합리화하기 위해 학생들에 의해 종종 채택된다(Weiner, 1983). 따라서 교사가 어렵지 않은 과제에 실패한 학생에게 거의 주의를 기울이지 않았을 때, 학생들은 자신이 능력이 낮다고 추론한다. 반대로 만약 교사가 쉬운 과제에서의 성공에 대해 과도한 관심을 보이고 많은 칭찬을 표현한다면, 또다시 학생들은 자신의 능력이 낮다고 해석할 수 있다.

교사가 교실에서 분노를 나타냈을 때, 이것은 학생들에게 무엇인가 했어야만 했다는 신호를 주는 것이다. 동정하는 모습을 보인다면 이는 학생 측의 능력 부족을 표시하는 것이나, 이는 또한 학생이 통제할 수 없는 부족함을 나타내는 것이다. 만약 학생이 이러한 귀인을 채택한다면, 이러한 반응 유형은 학생의 노력을 줄이는 경향이 있다. 따라서 교육적 관점으로부터, 정서에 관한 귀인적 접근은 자신에 관한 모델(model)이 어떻게 개발되는지를 이해하도록 돕는데, 이는 다시 독특한 동기 패턴을 개발하게 된다. 예를 들어, Dweck(1986)은 이러한 생각들이 수학과 언어에 기초한 교과에서 동기와 주의 집중에서의 성차(gender difference)를 설명하는 데 어떻게 사용될 수 있는지를 보여 주었다. Stevenson과 Lee(1990)의 국가 비교 연구에서, 중국과 일본의 부모와 아동들은 미국인들보다 유의미하게 노력이라는 통제 가능한 귀인 개념을 더 많이 사용했으며, 미국인들은 능력과 발달 단계라는 내적, 안정적 원인으로 설명하기를 선호했다.

정서에 대한 기능적 접근

귀인 이론은 사람들이 하는 인과 설명에 대한 이론을 제시하며, 정서가 어떻게 이러한 설명의 부산물이 되는지에 관해 설명한다. 최근 정서 그 자체, 그리고 '정서의 기능이 무엇인가?' 와 같은 질문에 대한 관심이 증가되고 있다. 세 가지 다른 접근방법이 급속하게 개발되고 있으며, 이들 간에 놀라운 의견일치가 이루어졌다. 즉, 금세기 초의 연구자들과는 달리, 정서는 단지 파괴적이고, 애처롭고, 쓸모없는 것이 아닌 것으로 간주되었으며, 우리는 지금까지 단지 정서장애에 대해서만 주의를 집중해 왔다고 생각했다. 정서는 기능적이며 실제로 정신적 · 사회적 생활의 중심에 있는 것이다.

첫째, Bowlby(1951)의 연구에서 출발한 발달심리학에서 정서 발달은 모든 다른 것을 구성하는 기초로 제시되어 왔다. 간략히 말해, 양육자와 자녀 간의 사랑은 또래와 교사의 관계를 포함하여 다른 사람과의 모든 사회적 관계에 대한 구조를 제공하고 있다. 양육자, 형제자매, 그리고 친구들과의 초기 정서적 상호작용은, 말하자면, 문화와 개인이 의존하는 사회적 이해를 위한 중요한 도식적인 구조를 제공한다(Dunn, 1988). 뉴헤이븐에서의 중재 프로젝트에서, Comer(1988)는 빈곤층의 아동들이 거의 대부분 중류층에 속하는 교사들과 정의적인 유대관계를 조성하는 것이 얼마나 필수적인지를 기술하고 있다.

둘째, 적어도 Simon(1967)의 연구 이래로 인지심리학에서 연구자들은 정서를 인간의 인지에서 비이성적인(irrational) 구성요소로 보기보다는 주의 집중과 행동의 통제를 관리하는 과정으로 보기 시작했다. 이 논쟁은 다음과 같다. 완전히 이성적인 행동은 체스에서의 끝내기와 같이 단지 가장 제한된 환경에서만 가능하다. 일반적으로 인간은 그에 대한 정신적 모형이 불완전하고 자원이 제한된 세계에서 살아가고 있다. 정서는 변화가 요구되고 다른 목적이 중요해짐에 따라 이러한 제한된 자원을 관리하는 기능을 한다. 정서가 인간의 정신적 생활의 비이성적 구성요소라는 것이 아니고, 불충분한 지식을 가진 혹은 완전한 이성을 가지고 행동하도록 충분히 발달된 계획이 없는 삶에서 우리를 유비쿼터스 상황으로 연결하는 것을 돕는 생물학적 발견 도구인 것이다(Oatley, 1992).

셋째, 진화론적 심리학에서, 정서는 더는 이색적이나 사라져 보이지 않는다. 그것은 행동의 목록이 반복되고 중요한 상황 협력, 위협, 실패, 혹은 좌절에 대한 반응에서 선택된 진화과정에서 연속성을 가지는 것으로 보인다(Tooby & Cosmides, 1990). 그러한 반응 목록은 오래된 동물행동학 문헌에 제시된 바와 같이 고정된 행동 패턴이 아닌, 진화의 기간 동안 유용한 것으로 선정된 그리고 문화적 · 개별적으로 구성될 수 있는 출발 프로그램으로 그들 소유주들에게 제공하는 질을 가진다. 실제로, 교육의 목적 중의 하나는 정서 이해와 상호작용에 관한 문화적으로 유용한 이해를 구성하는 것이다.

이 모든 세 가지 다른 영역에서, 정서는 행동과 행동에 대한 관리와 관련된 것으로 보인다. 정서는 관련(connection)에 대한 것이다. 정서는 외적인 세계(사건)에서 일어나는 것과 정신(목적과 신념)의 구성요소를 관련시킨다. 정서는 사람들이 독특한 종류의 행동에 대해 준비하고, 하나의 목적과 계획에서 또 다른 것으로 주의를 바꾸는 수단이다. 더욱이 정서는 사람들이 다른 삶과 관계를 맺는 주요 수단이다. 행복은 협력의 정서이고, 분노는 갈등의 정서, 두려움(혹은 불안)은 안정과 위험에 전념할 때 생긴다.

목적은 문화의 맥락 내에서 개인에 의해 설정된다. 이러한 목적은 충분한 가치가 있고 위계적으로 구조화되어 있다. 예상하지 못한 사건이 일어났을 때는, 목적의 순위를 재정리할 필요가 있다. 정서는 특정한 목적을 우선시키는 신호의 역할을 한다. 따라서 두려움(혹은 불안)은 안전을 우선시한다. 그것은 현재의 행동을 멈추고, 신중한 경계나 회피와 같은 반응을 준비하며 위험의 쟁점에 오로지 주의를 기울인다. 불안한 아동에 있어, 이것은 교사들이 우선시하는 것과 관계없이 아동이 앞으로 할 행동을 설정한다. 유사하게, 좋아함(취향: liking)과 정(affection)은 주류 문화 혹은 대안적인 문화로부터 나오든 간에 어떤 태도와 행동양식을 매력적으로 느끼게 할 것이다.

정서가 향하는 대상은 사람과 사건이지만, 이러한 대상과 학생들의 관련은 정신적 모형 혹은 도식에 의해 중재된다(Oatley & Johnson-Laird, 1995). 예를 들어, 아동이 교사를 두려워하고 있을 때, 일상적인 어투에서 교사들은 일련의 권력 및 다른 모습과 아울러 그 혹은 그녀의 배경에 의해 아동에게 부분적으로 알려지는 의도에 둘러싸여 권위적인 것으로 알려지게 된다. 그러한 모형은 종종 틀린 것이 된다. 그러나 몇몇 부정확성(틀린 것)은 전형적인 것인데, 왜냐하면 정신적인 모형은 항상 불완전하기 때문이다. 그들의 기능은 단편적인 정보에 대한 개요적인 반응을 따를 것이다. 세상에 대한 우리 정보의 부정확성과 불완전함은 정서를 필요하게 만들 것이다. 정서는 우리가 불완전한 지식을 관리하는 절차다.

정서의 영향

인간이라는 종(species)의 삶에서 순환되어 온 특정 유형의 상황(도달, 손실, 좌절, 위협과 같은)에 대한 준비와 행동의 목록을 제공하는 것과 별도로, 각각의 정서는 또한 인지적인 영향을 가진다. 정서는 개인들이 현재 계획과 행동을 재형성하도록 하는 우리의 환경에 대한 우리의 해석에 영향을 주고, 어떤 인지적 자원을 이용할 수 있게 한다. 예를 들어, 행복은 협력과 성취된 하위 목적에 관한 정서다. 그것은 현재 계획 혹은 상호작용에서 큰 변화가 필요하지 않다는 신호다. 이러한 방식으로 능동적인 계획을 하는 약속은 생산적일 뿐만 아니라, 창의적이고 만족스러운 경험이기도 하다(Csikszentmihalyi, 1990).

현재 행복의 영향에 관한 경험적 연구들이 상당히 있다. 문제해결 과제에서, Isen, Daubman 그리고 Nowicki(1987)는 행복이 창의성을 증가시킨다고 밝혔다. 연구 대상들에게 Duncker(1945)가 고안한 문제(압정 상자를 제공하고, 벽에 초를 고정하도록 하는 문제)를 해결하도록 했고, 원격연합검사(remote associates test)를 하게 했다. 자연적 혹은 부정적인 기분의 연구 대상들에 비해, 행복한 기분을 느끼는 연구 대상들 중 10분 내에 Duncker의 양초 과제를 해결한 사람들이 유의미하게 더 많았다. 행복한 기분의 연구 대상들은 또한 통제집단이 행한 것보다 좀 더 비전형적인 범주의 반응을 허용했다는 점에서 단어 연합에 있어 보다 창의적이었다. 또 다른 연구에서, Isen 등(1978)은 패배, 실패와 같은 부정적인 경험들은 기억에서 부정적인 자원에의 접근을 조장했다고 밝혔다. 접근할 수 있는 자료의 양과 유형에 영향을 줌으로써 그리고 이러한 접근을 조장함으로써, 정서는 "단지 나타나는 양보다는 자료가 처리되는 방식에 영향을 미친다"(Isen et al., 1987). 행복은 일반적으로 주의의 범위를 넓히고, 기억에서 긍정적인 자료에 대한 접근으로 향하게 한다. 그러한 자료들은 좀 더 복잡하고 광범위한 경향이 있다. 슬프거나 혹은 불안한 기분과 비교되는 행복한 기분은 또한 대상들 간에 좀 더 밀접한 관계를 형성하도록 하고, 따라서 창의성이 증가하게 된다.

또한 Schwarz와 Bless(1991)는 긍정적인 기분은 좀 더 다양한 지식과 행동 절차에 접근하도록 하고 따라서 창의성을 증가시키는데, 이는 긍정적인 상태에서는 자신에 대한 위협을 지각하는 것이 적게 되기 때문이라고 보고했다. 환경이 안전한 것으로 여겨지므로, 개인은 결과에 관한 많은 미지수를 수반하여 행동을 취하는 경향이 더 높아질 것이다.

대조적으로, 슬픔은 다양한 지식으로의 접근을 감소시키고 창의성을 줄이는 것으로 밝혀졌다. 그렇지만 슬픈 기분은 행복과 비교하여, 좀 더 체계적인 문제 처리과정을 장려한다고 밝혀졌는데, 지름길과 쉬운 발견적 학습법(heuristic)의 사용과 연관된다(Schwartz & Bless, 1991; Clore, 1992). 슬픈 기분과 비교되는 행복은 교육적 관점에서는 더 단순한 처리과정 전략을 장려할지라도, 아마 더 많은 절차를 생각하게 함으로써 이를 보완할 수 있을 것이다.

행복의 영향에 대한 결과들은 흥미에 관한 연구와 관련된다(Hidi, 1990; Hidi, Reninger, & Krapp, 1992). 흥미는 두 가지로 고려될 수 있다. 특정 주제에 대한 지속적인 성향(개인적 흥미)과 대상에 의해 생성되는 흥미(상황적 흥미)로 구분할 수 있다. 개인적 흥미에 맞는 자료는 다른 자료에 비해 좀 더 깊고 창의적으로 처리될 수 있으며, 그러한 자료를 가지고 참여하는 것은 행복한 정서를 함께 수반한다. 책을 읽을 때 자신이 흥미롭다고 생각한 책을 더 잘 기억하며, 글쓰기에서는 개인적으로 흥미 있는 주제에 대해 글을 쓰는 학생이 더 우수하다는 사실 또한 알려졌다. 수학에서의 성취동기는 수학에 대한 흥미와 깊은 관련이 있다. 그러나 그러한 흥미가 때때로 '학습자에게 이해하고 있다는 잘못된 감각을 제공하여' 학습과정을 방해할 수도 있기에 주의해야 할 필요가 있다(Hidi et al., 1992). 더욱이 흥미는 매우 광범위하므로, 교실에서 다루기가 쉽지만은 않다.

상황적 흥미에 있어서, 책의 흥미 있는 부분은 읽기 이해 검사에서 더 나은 수행을 가져온다. 교재에서의 몇몇 종류의 자료는 '매력적인 세부사항(seductive details)'으로 연구자들에게 알려졌다. 이는 책의 다른 부분들보다 더 흥미롭고 더 잘 기억된다고 알려졌으나, 이렇게 뛰어나게 기억되는 점이 책에서 가장 가까운 부분으로 확장되는 것은 아니다.

상당히 최근에서야 그 효과에 대해 연구되기 시작한 행복과 슬픔의 정서와는 대조적으로 두려움(공포)에 관한 정서와 그것에 부합하는 기분인 불안은 학업 수행의 많은 부분에서 쇠약효과가 있다고 오랫동안 알려져 왔다. Hembree(1988)는 그 분야의 562개 연구들을 재검토했다. 불안에 대한 쇠약효과는 특히 평균적인 학생들에게서 나타났고, 또한 요구된 작업과 수행이 어렵게 보일 때 나타났다.

두려움에 관한 연구에서 새로운 것은 그것의 개념화다. 두려움과 불안은 위험으로 인식된 어떤 것의 출현에 대한 신호이고, 이는 특히 주의에 강하게 영향을 끼친다. 최근 실험 연구의 한 예를 제시하기 위해, Mathews와 MacLeod(1985)는 개인의 불안 상태는 Stroop 과제[1]의 수정판에서 선택적으로 주의 집중에 영향을 끼쳤다고 밝혔다. 이 과제에서 연구 대상은 단어들이 하나씩 제시되었을 때, 각 단어가 인쇄된 색을 가능한 빨리 명명하도록 요구되었다. 그 과제는 그 단어의 의미에 주의를 기울이지 않는 것을 포함하는데, 사람들은 이것을 그렇게 쉽게 하지 못해서 단어의 의미에 주의가 분산되었다. 실험과제에서 다른 단어들은 위협과 관련이 없는 반면 몇몇 단어는 사회적 혹은 신체적 위협을 표상하는 것으로 선택되었다. 그 결과 불안한 연구 대상들(불안하기 않은 연구 대상들과는 반대로)은 모든 단어가 인쇄된 색 명명하기에서 더 느렸고 그들은 특히 위협과 관련된 단어의 색 명명하기에서 느렸다. 후속 연구에서는 그 영향이 안전과 동의어인 단어로 확장되어 제시되었다(Mathews & Klug, 1993). 특히 단어가 연구 대상의 독특한 불안과 일치될 때 그 영향이 두드러지게 나

1) 역자 주: Stroop이 개발한 과제로 빨강, 초록 등의 색을 뜻하는 단어가 그와 다른 색의 잉크로 제시되었을 때 색깔이나 단어를 말하는 과제(예컨대, 초록 파란색의 초록, 파랑 초록색의 파랑).

타났다. 결론은 불안이 주의적 편견(attentional bias)을 야기한다는 것이다. 과제의 요구에도 불구하고, 불안한 개인의 주의는 자신의 안전이나 위험과 관련된 것으로 다른 문제에의 주의 집중을 혼란시키며, 심지어 주의 집중 대상을 바꾸는 것 자체가 불안을 더 악화시킬 때로 그리하여 악순환이 이루어진다. 이러한 영향은 색 명명하기와 같은 단순한 과제에서부터 검사와 시험보기와 같은 복잡한 과제에 이르기까지 다양한 과제에서 나타났다.

이러한 종류의 영향은 많은 연구에서 확인되어 왔다(Mathews & MacLeod, 1994). 어떤 다른 과제의 확장이나 문제를 놓치면서 안전 그 자체가 주가 된다. 따라서 학생들의 불안은 당면한 학습과제를 무시하고, 안전과 위험에 대한 문제로 인지적 자원을 돌리도록 초점을 이동시킨다. 최소한으로 불안은 다른 문제로부터 시간을 빼앗고, 사람들을 도전하지 않도록 만든다는 증거도 상당히 있다. 따라서 불안은 교사가 설정해 준 목적에 아동이 초점을 맞추는 것을 어렵게 한다. 이러한 관점에서, 학문적인 학습이 가능한 쉽게 이루어질 수 있도록 학교는 학생을 위해 보호적인 환경을 제공할 필요가 있다. 불안에 관한 주의의 영향에 대한 실험실 연구 결과는 Mortimore 등의 연구(1988)와 같은 사회학적 연구와 연관되는데, 상과 격려가 함께하는 확고한 학급 경영을 포함한 긍정적인 분위기가 제공된 학교에 비해 벌, 그리고 그것에 수반되는 불안이 지배적인 학교는, 일반적으로 학문적 · 정의적 결과가 좋지 않은 경향이 있다는 것이다.

정서적 요인은 어떠한 교육과정의 개발에서는 결정적이다. 인간의 상호작용에서 정서의 역할과 학습, 문제해결, 그리고 교육의 다른 과정에 대한 영향을 다시 생각함에 있어서 어떠한 상황에서도 어떤 지식이든 획득될 수 있다는 듯, 교육자들을 위한 논쟁은 이러한 지식이 조직되고 전환되는 방법을 포함해야 한다는 것이 분명하다. 인지적 관점에서 인간의 사고를 알아보는 것은 중요하나, 정서와 동기 측면에서 그러한 과정을 조사하는 것 역시 똑같이 중요하다. 미분 방정식을 해결하기 위해 학습하는 동안 아동의 마음속에서 어떤 일이 이루어지는지에 대한 질문에 답하는 것은 왜 아동이 수학을 공부할 준비가 되어 있는가 혹은 되어 있지 않은가에 대한 질문에 답하는 것보다 더 중요하지 않다.

발달과 학습에 포함된 지식의 구조에 관한 우리의 이해, 혹은 개념적 사고의 숙련된 사용에 대한 우리의 이해와 비교할 때(Case, 1991), 교육에서 정서에 관한 연구는 단편적이고 분산되어 있다. 너무 오랫동안 우리는 학교를 대체로 정보를 보급하는 기관, 그리고 지식을 획득하는 기관으로 보았다. 그렇지만 Rutter 등(1979)의 지적에 따르면, 학교는 학교의 교육적 가치가 사회의 교육적 가치를 반영하는 사회적 기관이다. 학교에서의 교수(instruction)의 주된 목적은 아동이 인지적(읽기와 수학과 같은 문화적 기술) 그리고 정의적(가치, 태도, 신뢰, 그리고 다른 사람에 대한 정) 양자 모두를 학습하도록 하는 데 있다. 인지 및 정의적 과정은 따로 떼어 놓을 수 없다. 정서적 과정은 가장 추상적인 기술이 얼마나 쉽게 획득되었는지에 있어서 결정적인 차이를 만든다.

감사의 글

Keith Oatley는 이 장을 준비하면서 캐나다 사회과학 및 인문학연구 협회로부터 재정적 지원(#410-93-1445)을 받았음에 깊은 감사의 뜻을 표한다.

제2부

교수학의 생물학적 · 문화적 기초

제1편 교육의 가능성

제2편 인간 발달과 교육의 문화적 맥락

제1편
교육의 가능성

제13장
원숭이에게 교육과 모방이 가능할까

ELISABETTA VISALBERGHI
DOROTHY M. FRAGASZY

가르침에 대한 연구를 하면 할수록
가르침 없이 학습에 도달할 수 있다는 것을 더욱더 확실히 알게 된다.
(S. A. Barnett, 'The Instinct to Teach,' 1968)

이 장의 목적은 인지과정과 사회적 학습과정에서 인간과 유인원 사이에 나타나는 차이가 얼마나 심한지를 밝히는 데 있다. 이러한 차이는 모두 교육과 관련된다. 왜 우리는 교육을 경험하는가? 왜 동물은 교육을 하지 않는가? 교육을 통하여 이루어지는 것은 무엇인가? 형식적인 '훈련'으로 무엇을 이룰 수 있는가? 다른 사람을 통해서 혹은 스스로 어떤 것을 작업하는 적절한 기회를 가지고 적절한 시간에 적절한 장소에 존재함에 의해서 성취할 수 있는 것은 무엇인가? 비교의 관점을 가지고 사회적 학습의 차이점을 조사하는 것은, 인간의 학습과 가르침에 대한 관점을 보다 잘 해석할 수 있게 하여 다른 종에게도 적용할 수 있도록 한다.

많은 사람들은 사회적 학습에 대한 인간과 다른 종 사이의 큰 차이점을 바르게 이해하지 못한다고 믿는다. 인간과 다른 동물 사이의 차이점에 대한 판단의 문제는 교수와 학습의 영역보다 광범위하다. 그것은 사람들이 다른 종의 지식 또는 감정의 내면적 생태의 특징을 말하는 노력을 할 때 언제나 발생하는 일반적인 문제다. 과학자를 포함한 진지한 관찰자조차도 쉽고 경솔하게 자신들이 본 동물의 행동에 대해 지나친 해석을 할 수 있다. 비록 부당하지만 대체로 TV에서 방영하는 야생생물 다큐멘터리, 동물에 관한 대중서적, 인쇄물, 대중매체 등은 동물 행동에 대한 '흥미진진한' 해석을 제공한다. 이는 어쩌면 그들에 대하여 더 잘 알지 못하거나 '흥미진진한' 해석 그 자체가 독자나 시청자들에게는 매력적이기 때문이다. 이러한 매체들은 동물이 새끼를 훈련시키는 과정에서 발생하는 대단한 모성애와 어린아이 같은 실망, 부성적 흥미 등에 대하여 다룬다. 다른 종의 행동과 내면적 상태를 언어로 묘사하려 할 때, 인간들은 불가피하게 언어로 함축하여 동물의 감정, 기대, 의향, 지식, 계획, 그리고 감정의 다른 측면과 인지 등을 묘사한다. 이것은 정확한 과학에 근거한 보편적인 일탈이 아니다. 다른 종에 대한 근거 없는 가정을 사용함으로써, 인간들은 의식해야 하는 중요한 인간의 기본적 특성을 숨긴다. 이러한 문제점의 해결책이 곧 교육자와 연구자들이 조심해야 할 부분이다. 교육 연구가들이 정확하다고 하면서 사용하는 언어에 대한 주의 없이, 확실하지 않은 인과관계를 알리거나 집필했을 때 다른 사람들이 그대로 사용할 가능성에 대한 경계 말이다.

본 장은 모방과 가르침, 이 두 단어에 초점을 두고자 한다. 원숭이를 대상으로 한 몇몇 사례를 들어,[1] 일반인과 과학자들을 동등하게 만드는 지나친 해석의 몇 가지 사례를 소개하고, 비판적인 관찰로 인한 비슷한 행동에 관한 다른 해석의 사례도 소개할 것이다. 또한 모방 및 가르침과 관련하여 나타나는 원숭이와 유인원의 잠재능력 차이에 대하여 유인원을 사례로 들어 그 차이를 강조하고자 한다. 두 번째 이러한 예는 다른 이로부터 얻어지는 학습의 본질에 대한 인간과 유인원과 원숭이들 간의 차이를 강조하면서 논의할 것이다. 인간과 원숭이 사이의 차이점은 뚜렷하다. 유인원은 중간자 위치에 있다. 인간이 아닌 영장류는 그들의 사회적 삶과 그들 주위의 물질적 세계에 대해서 인간과는 뚜렷하게 다른 관점을 가지고 있음을 볼 수 있을 것이다. 어쨌든 인간이 다른 종처럼 '생각하는 것' 은 쉽지 않을 뿐 아니라 아마 불가능할지도 모른다. 그리고 다른 종이 인간처럼 '생각하는 것' 도 대단히 어려운 얘기다.

모방

모방이라는 용어는 철학, 심리학 그리고 동물행동학에서 오랫동안 논의되어 왔다. 그리고 인간 이외의 영장류가 모방에 익숙한 존재일 것이라는 생각은 이들을 표현하는 '영장류' 라는 단어가 '모방하기' 라는 뜻을 동시에 가지는 것으로도 증명할 수 있다. 예를 들어 이탈리아어의 'scimmiottare', 프랑스어의 'singer', 포르투갈어의 'macaquear', 독일어의 'nachaffen', 불가리아어의 'majmuna', 러시아어의 'obez' janstvovat', 헝가리어의 'majmol', 폴란드어의 'matpowac', 그리고 영어의 'ape' 는 모두 '모방한다' 는 의미를 지닌다. 그리고 여기서 제시되는 모든 단어는 영장류라는 어원에서 비롯되었다.

> 모방은 여러 가지 의미를 가질 수 있다(Galef. 1988). 예를 들어, Heyes(1993)는 모방적이고 비모방적인 사회적 학습의 차이를 구별했다. 비모방적인 사회적 학습에서 관찰자는 하나의 자극, 물체 또는 사건을 다른 형태의 자극, 물체, 사건과 구별하거나 이러한 관계에 대한 긍정적 또는 부정적인 입장을 취하기 위하여 이것에 대하여 배운다. 반면 모방 학습에서 관찰자들은 반응, 행동 또는 행동의 패턴에 대한 같은 종류의 관찰의 직접적인 결과로서 배운다(p. 1,000).

우리에게 인간 아닌 존재의 행동에 관한 연구가 유용하기 위하여, 한 개체가 새로운 기술을 습득했을 때 모방이 발생했다고 얘기할 수 있다(Visalberghi & Fragaszy, 1990). 이러한 점에서 모방은 교육 및 학습과 관련한 중요한 몇 가지 특징을 가진다. 첫째, 모방은 개인이 시행착오를 통하여 얻는 것보다 빠른 학습 방법이다. 그리고 예를 들어 동물이 먹잇감을 찾을 때 때로는 독학보다 안전하다고 할 수 있다. 둘째, 모방은 개인 간 약간의 문화적 정보와 행동 교환을 가능하게 한다(Heyes, 1993 참조). 셋째, 모방은 타인에 대한 관찰을 기초로 하는 근본적인 사회적 과정이라고 할 수 있다. 바로 이 점에서 모방은 문화적인 의미를 산출해 내는 구조화된 교육의 구성요소다. 이렇게 제한된 의미로 '모방' 이라는 용어가 사용된다. 즉, A와 B가 똑같이 익숙한 행동을 하는 경우는 모방이라고 할 수 없다.

모방에 대한 뚜렷한 증거를 제공하기 위하여 우리는 하나의 모델에 대한 관찰에 근거하여 새로운 행동에 대한 증거를 제시하여야 한다.

'모방' 과 '비모방' 의 해석이 가능한 경우를 설명하는 일곱 가지 원숭이 사례를 아래에 제시한다. 몇몇 사례는 증거자료에 대한 언어 사용과 정보 해석이 조심스럽고도 모호하다. 그러나 증거가 명백한 경우도 있다. 바로 이와 같은 사례가 일상에서 인간이 아닌 영장류에게 나타나는 새롭기보다는 비슷하게 나타나는 행동에 대한 해석의 어려움이다. 그래서 관찰자가 전문가로부터 배운다는 것이 쉽지는 않다. 따라서 동물 행동에 대한 해석은 조심스러워야 하며, 다분히 보수적인 관점에서 결과 해석에 대한 개요와 함께 각각의 사례를 해석해야 한다.

원숭이와 퍼즐

카푸친원숭이(Cebus apella, 남미 종) 한 마리가 뚜껑에 덮인 마지막 음식 한 조각을 들어 올려야 문제가 풀리는 조작 퍼즐을 맞추고 있는 다른 원숭이를 바라보고 있다. 그 원숭이는 먼저, 목표를 정하고 나서 퍼즐의 꼭지를 뽑아 들어 올린다. 그리고 마지막으로 결정한 음식 조각 덮개를 들어서 이동시킨다. 원숭이는 숙련된 원숭이들이 하는 것을 여러 번 보고 그 숙련된 원숭이가 없는 며칠간 혼자서 퍼즐을 해 왔다. 그러나 이 애송이 원숭이는 숙련된 원숭이가 퍼즐을 맞추는 것을 본 바로 직후에는 퍼즐에 실패했다. 대신 이 원숭이는 바로 퍼즐의 마지막 조각을 찾아 음식덮개 조각을 잡아당겼다. 비록 그것이 음식을 들어 올리지는 못했지만 이전에 이 원숭이가 음식을 덮고 끌어올리기 위하여 마지막 단계에서 했던 모방 행동임에는 틀림없다. 그 원숭이는 안타깝게도 단계에 대한 이해 없이 음식뚜껑을 들어 올리는 부분을 조작하지 않았기 때문에 이 과정을 제대로 수행할 수 없었다(Adams-Curtis & Fragaszy, *Handbook of Human Development and Learning*).

원숭이가 숙련된 원숭이로부터 배운 것은 무엇인가? 분명한 것은 퍼즐의 마지막 단계와 관련이 있다. 즉, 음식의 출현 시점이 관건이었다. 원숭이가 과연 문제 해결법을 배웠을까? 그렇지 않다. 그렇다면 원숭이는 모방을 했을까? 그렇지도 않다.

뱀과 그 외의 무서운 것들

붉은털원숭이 마카크(Macaca mulatta, 아시아 종)가 뱀을 보았다. 뱀을 본 적이 없는 이 원숭이는 놀라지 않고 뱀에게 약간의 흥미를 보인다. 이어 이 원숭이는 뱀을 보고 무서운 표정을 짓고, 이상한 소리를 내며 공포 자세를 취하는 다른 원숭이를 본다. 그리고 나서 다시 이 원숭이가 뱀을 만나자 그는 두려움과 공포의 반응을 보인다(Mineka & Cook, 1993).

이 원숭이는 다른 원숭이에게서 무엇을 배웠는가? 뱀이 무서웠다. 이것이 모방인가? 아니다. 왜냐하면 무서워한 행동은 새로운 것이 아니었다. 원숭이는 새로운 물체에 대한 '가치' 를 학습했다. 바로 이거야말로 모방이 아니라 일상적 사회학습에서 습득하는 매우 중요하고, 생물학적이고 분명한 과정이다. 이러한 연구에서 연구자들은 전형적인 조건반사 모델의 결과가 연구자에게 반응하는 것으로 설명한다. 결국 뱀은 원숭이에게 조건반응을 유도해 내는 조건적 자극이다(Mineka & Cook, 1993). 이것이 아마도 우리 입장에서는 보수적인 해석일 것이다. 최근 Suboski (1990)는 같은 자극에 같은 감정적 반응을 하는 같은 종류의 동물을 관찰함으로써 동물들이 재빨리 감정적 반응을 할 수 있다고 보고한다. 감정과 사회적 상황에 따른 학습, 바로 이것이 앞으로 우리가 얘기하고자 하는 중요한 주제다.

주름 펴기

거미원숭이(capuchin) 한 무리가 여러 개의 물체를 가지고 재빨리 움직이고 있다. 원숭이 한 마리가 나뭇가지 위로 옷을 옮긴다. 손으로 옷을 만지던 원숭이가 옷을 나뭇가지에 걸쳐 놓고 툭툭 치자 구겨졌던 옷이 펴졌다. 이것은 원숭이로서 행한 독특한 행동으로서 관찰자에게는 원숭이가 보여 주는 새로운 행동이었다.

두 달 후, 위의 같은 원숭이 그룹 앞에 옷을 포함한 여러 가지 물건을 놓았다. 그러자 이번에는 다른 원숭이가 옷을 가지고 나무 위로 갔다. 그 원숭이는 다양한 방법으로 옷을 만지고, 나무 위 큰 가지로 올라가 구겨진 옷을 때리자 주름이 펴졌다. 1시간 30분 후 세 번째 원숭이가 같은 행동을 했다(Chevalier-Skolnikoff, 1989, p. 571).

두 번째와 세 번째 원숭이의 행동은 첫 번째 원숭이의 행동에 영향을 받은 것인가? 이에 대한 답은 곤란하다. 우리도 여러분도 얘기할 수 없다. 다음을 생각해 보자. (1) 과연 그 행동이 원숭이에게 새로운 행동이었나? (2) 그 원숭이들은 과연 서로를 보았는가? 그리고 (3) 먼저(숙련) 원숭이를 보는 것이 나중(관찰) 원숭이가 보여 준 행동에 필수적이었나? 사실, 첫 번째 원숭이는 그 행동을 '창안' 한 것이었다. 만일 그렇다면, 다른 원숭이들 또한 첫 번째 원숭이의 그 행동을 모방하여 창조했을 수도 있다. 그러나 본 연구자가 이러한 점을 검증할 수는 없다. 원숭이가 옷에 대한 사전경험이 있거나 모델을 보았다는 점을 배제하고 얘기할 방법이 없다. 관찰자가 아무리 여러 해 동안 동물원에서 원숭이와 지냈다고 하지만 이러한 원숭이의 행동에 대한 관찰은 단지 몇 시간에 불과하다. 이런 경우에 우리는 모방 사례라고 얘기할 수 있을 것인가? 그렇지 않다.

음식물 씻기

일본 코지마 섬에 사는 일본원숭이의 감명 깊은 이야기는 널리 알려져 있다(Nishida, 1987). 텔레비전을 통해 다큐멘터리의 주제로 이 원숭이들이 자주 다루어졌고 원숭이의 행동이 원숭이 '문화' 의 가장 좋은 사례로 지속적으로 다루어졌다. 이야기는 이렇다. 오래전 작은 화산섬의 모래 해안에서 사육되고 있는 원숭이 무리에게 맛있는 감자가 주어졌다. 이때 이 원숭이들에게 달콤한 감자는 새로운 음식이었다. 한 원숭이가 짠물, 깨끗한 모래, 진흙에 감자 담그는 것을 발견했다. 그러자 감자 맛이 좋아졌다. 마침내 다른 원숭이들이 같은 방법을 시도했다. 깊이가 얕은 바닷물에 감자를 놓고, 손으로 감자에 물을 묻힌다. 이런 모습의 원숭이를 관찰한 후 내린 공통적인 해석은 다음과 같다. (1) 음식물 씻기는 유용한 행동이다. 그리고 (2) 음식물을 씻고 있는 원숭이를 관찰하게 됨으로써 다른 원숭이들도 음식물 씻기 행동을 서둘러 한다.

여기에서 우리는 어떻게 '씻기' 라는 특별한 행동이 음식물을 다루는 일반적인 방식으로서 원숭이들에게 어떻게 들어맞았는지 잠시 생각해 보도록 하자. 첫째, 다른 종의 많은 원숭이처럼 일본 붉은털원숭이도 습관적으로 손 사이에 음식을 두고 문지르는 버릇이 있다. 그들은 음식이 깨끗한지 더러운지, 젖은 것인지, 건조한 것인지, 흔한 것인지, 새로운 것인지를 이렇게 함으로써 알아본다. 어쩌면 우리는 먼지나 비위생적인 것(곰팡이나 기생충 같은 것들)을 섭취할지 모른다고 상상할 수 있다. 어쨌든, 원숭이들은 주어진 물건의 초기 상태가 무엇인지에 관계없이 조약돌과 같이 먹을 수 없는 작은 물체일지라도 물체를 문지르는 데에 동기화된 것 같다.

둘째, 다른 원숭이처럼 일본원숭이는 음식물을 깨끗이 하기 위해서가 아니고 습관적으로 물속에 음식물을 담근다. 예를 들어 원숭이들은 일단 음식물을 물에 담갔다가 입에 넣는 것처럼 땅콩도 먼저 물에 담갔다가 껍질을 까서 먹는다. Wheatley (1988)은 긴꼬리 성인 원숭이가 웅덩이 속 비닐 백에 땅콩을 넣고 봉합한 후 그 봉투를 열어 땅콩을 먹는 사례를 보고했다. 도쿄의 서쪽 산에 있는 지고쿠다니 원숭이 공원에서, 일본원숭이가 단단하고 깨끗한 사과를 시냇물에 담그는 것을 보았다. 왜 원숭이들은 이러한 행동을 하는가? 깨끗한 물속에 사과를 담그는 것은 사과의 맛을 변화시키지 않는다. 만일 원숭이들이 음식을 문지르고 물속에 담그는 것을 하고 싶을 때 동사 '씻다' 로 이러한 행동을 묘사함으로써 깨끗하게 하고자 하는 의지가 있는 것으로 오해하기 쉽다. 원숭이들이 음식을 씻는 것의 유익한 효과에 대해 증명한 예시는 없다.

두 번째 해석은 이 행동을 확산시키기 위하여 책임을 지고 수행할 과정과 관련이 있다. 이러한 경우 모방학습의 가설은 불합리한 것이라 생각한다. 우리는 일본원숭이가 무엇이든 물에 씻는 경향이 있고 물 같은 것에 음식을 담그고자 하는 생리적 특성이 있다는 것을 코지마 섬에서 발견했다. 원숭이들은 습관적인 행동을 할 때 웅덩이가 있는 바닷가 가장자리 바위에 앉는다(때론 모래 위에 앉는 경우도 있다). 그리고 바위 속 웅덩이의 물에 자주 들락거리며 물속에서 음식 조각을 집어 올리는 것을 목도한다. 어린 원숭이들은 서로 추격하다가도 종종 밀려드는 파도에 부딪힐 때면 서로 힘을 합쳐 음식 조각을 운반한다. 이러한 조건은 원숭이가 물속에 담근 음식을 취할 수 있도록 협동할 수 있는 물리적 · 사회적 환경을 제공한다. 더구나 이러한 행동이 사회 구성원 간에 유별나게 느리고 지속적인 비율로 확산된다는 것은 모방적 학습과정에 반하는 논란거리다([그림 13-1] 참조, Galef, 1990, p. 89; Visalberghi & Fragaszy, 1990). 만일 모방이 확산되어야 하는 행동이라면, "모방 확산 비율은……(같은 행동을 하는) 원숭이 수만큼 늘어나야만 할 것이다" (Galef, 1990, p. 89).

우리는 관찰 기록이 시간적으로 제한되기 때문에 이러한 행동이 어떻게 나타났는지에 대해 결코 확실하게 알 수는 없을 것이다. 단지 우리들은 그 행동이 그 집단에 그때 나타난 순서만 알 뿐이며, 누가 그것을 시작했는지 정확히 알 수 없다. 바로 이러한 예가 원숭이는 모방학습을 보여 준다는 연구보고를 조심스럽게 수용해야 한다고 경고한다.

도구 사용: '과업' 의 가치

막사 안의 원숭이 두 마리가 함께 막대를 사용해 투명한 튜브에서 음식을 밖으로 밀어내는 것을 카푸친원숭이(암컷) 한 마리가 지켜본다([그림 13-1] 참조). 원숭이들은 계속 반복하고 이 원숭이 또한 음식에 흥미가 있지만, 막대를 잡아 올리거나 사용하지 않는다. 그 후, 이 '과업' 을 하는 동안 만든 비디오테이프의 분석에 의하면 원숭이는 가까이에서 간간이 보이는 다른 원숭이들의 행동에 집중하지 않고, 문제해결을 위하여 다른 원숭이들의 행동에도 주의를 기울이지 않으며 튜브 밖으로 음식을 이동시키지도 않았다. 이 경우 다른 숙련된 원숭이들도 이 원숭이에게 관심을 주지 않았다. 하지만 '과업(Lesson)' 후 그전보다 자주 튜브에 막대를 갖다 대었다. 그러나 막대를 튜브 입구에 대지 않고 튜브 전체를 막대로 쓸어내렸다(Visalberghi, 1993). 때때로 간단한 유사 도구를 사용해 다른 원숭이들이 하듯 문제 해결을 했지만 그것은 다른 원숭이들이 하는 모습을 보고 배운 과업의 결과라기보다는 우연의

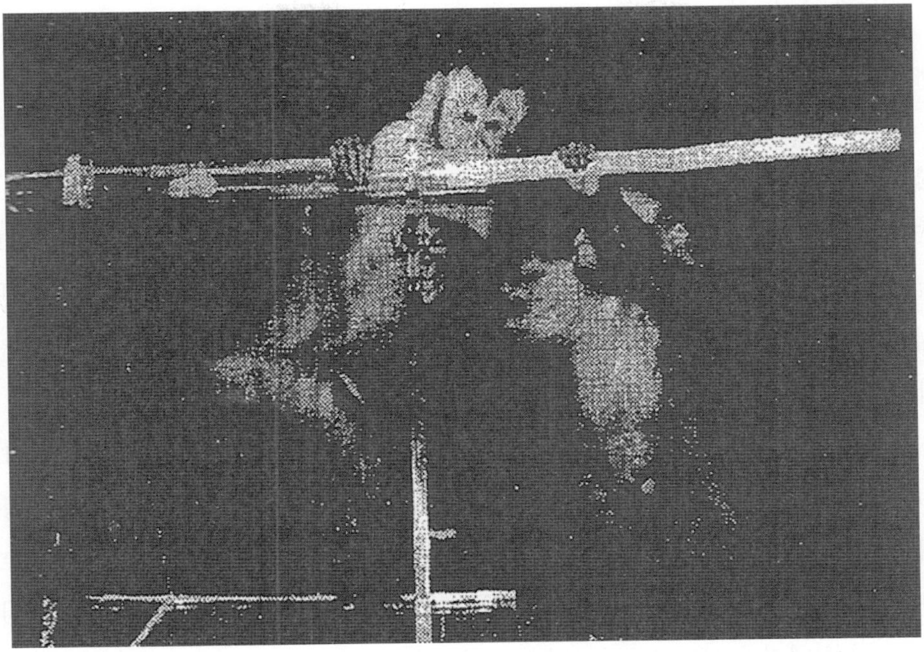

[그림 13-1] 위의 사진은 카푸친원숭이 샤로타가 막대로 문제를 해결하려고 열심히 노력하는 중이고 이 모습을 다른 원숭이 한 마리가 세심히 관찰하고 있는 모습이다. Visalberghi과 그의 동료가 수행한 일련의 실험에서 카푸친원숭이가 모방으로 문제 해결을 하지 않았다고 보고한다(Visalberghi & Limongelli, 출간 중 참조).

결과라고 해야 할 것이다(Fragaszy & Visalberghi, 1990). 이와 같은 관찰을 하는 동안, 다른 카푸친 두 마리도 문제 해결에 있어 학습 성공이라기보다는 과업과 유사한 상황에서 같은 결과를 얻기는 했다(Visalberghi, 1993).

'과업' 을 통해 배운 세 가지 주제는 무엇인가? 단지 원숭이들의 행동에서 현저한 변화는 음식을 얻기 위해서 막대와 튜브의 사용이 증가했다는 것이다. 그렇지만 이러한 행동은 이미 학습 전에도 일어났다. 과제 해결을 위한 기초로서 도구와 튜브 열기의 관계에 대한 정확한 지도는 없었다. 그러면 이것은 모방인가? 그렇지 않다.

흰개미 잡기

침팬지 한 마리가 흰개미 집 위에 앉았다. 긴 잔디 줄기로 흰개미 집을 들어 올렸다. 흰개미들은 잔디 줄기에 떼지어 있다. 침팬지는 줄기를 쓸어내려 흰개미를 자기 손에 털어 그대로 삼킨다. 새끼 침팬지는 어미 가까이에서 작은 유리 조각을 가지고 놀면서 때때로 어미 침팬지로부터 흰개미들을 얻기도 하지만 어떤 때는 어미 침팬지 행동에 전혀 관심을 보이지 않는다. 훗날 새끼 침팬지도 어미와 같이 흰개미들을 잡을 것이다.

흰개미 잡기에 처음으로 도구를 사용한 존재가 야생침팬지라는 이야기(Goodall, 1964)는 다음과 같은 이유에서 정당하다. 그것은 분명히 수없이 반복되는 연습을 통해서 습득된 행동이다. 아기 침팬지는 이러한 기술을 모방함으로써 '어미 침팬지로부터' 학습한다는 것은 매력적인 이야기다. 그러나 이것이 정당한 결론인가? 아니다. 아기 침팬지가 어미로부터 기술을 배웠다는 증거가 없다. 한편, 어미 침팬지가 흰개미 잡기를 하는 동안 그들 가까이에 아기 침팬지가 남게 했고, 아기 침팬지가 어미의 도구를 만질 수 있었으며, 어미로부터 흰개미들을 얻고, 어미가 하는 활동에 새끼도 관여했다는 다양한 서술적 정보가 있다. 원숭이들 사이에서도 모방이라기보다는 학습을 통한 새끼 훈련의 방법이 존재한다. 게다가 새끼 침팬지도 매우 어린 시기부터 이런 학습을 경험하지만 침팬지 스스로의 경험을 쌓기 이전에 다른 침팬지가 흰개미 잡기를 하는 모습을 일찍부터 보게 되는 것과 같은 경우다. 우리는 다른 문헌에서도(Bard, Fragaszy, & Visalberghi, 출간 중) 이 문제를 어린아이들의 사례로 다루었다. 너무 어린 침팬지가 능력 이상의 과업 수행에 대한 모델을 관찰하는 것은 침팬지에게 아무런 이득이 없다. 그러므로 만일 모방이 보였다면, 이후 아동기에 나타날 것이므로 모방은 개인 행동을 통한 학습과 구별하기는 어렵다.

독창적 동작

연구자는 4세와 5세의 어린 침팬지들에게 게임을 가르친다. 연구자는 어떤 활동을 반복한 후 침팬지가 이것을 따라 하면 칭찬해 주고 음식으로 보상한다. 연구자는 먼저 침팬지 소리를 흉내 내서 바닥을 자주 철썩 때리는 등의 침팬지 행동을 연출한다. 결국 그러한 행위는 연구자로 하여금 침팬지의 관심을 끌 수 있도록 긍정적인 작용을 한다. 그러고 나서 연구자는 침팬지에게 이상한 방법으로 팔꿈치를 만져 보는 등 이전에 전혀 해 보지 않은 행동을 해 보라고 한다. 처음에는 정확하지 않더라도 새끼 침팬지들은 그런대로 이런 흉내를 다양하게 낸다(Custance, Whiten, & Bard, 1994; Tomasello, Savage-Rumbaugh, & Kruger, 1993 참조).

이것은 모방인가? 이것은 새로운 행동 그리고 시범자의 행동을 관찰한 직후에 재현되었다는 점에서 우리가 제시하는 모방 조건에 맞는다. 그러나 달리 생각하면 이것은 즉각적이지 않았고 침팬지가 아닌 사람이 시범을 보였다는 점에서 적절하지 않다. 그러나 이것도 모방이기는 하다. 이 연구에서 침팬지가 어리다는 점이 주목할 만하다. 사람이 아니고 원숭이를 대상으로 하는 연구에서 밝혀진 인지습득 관련 증거는 많다(Bard et al., 출간 중; Lin, Bard, & Anderson, 1992). 그런데 사람의 경우 2세 이하의 영아가 어른들의 새로운 행동을 모방한다는 연구는 있지만 2세 이하의 침팬지가 그랬다는 연구는 아직 없는 것 같다.

모방: 그게 뭐라고

원숭이의 모방에 관하여 의미를 찾고 추측하며 조사하는 연구를 통하여 얻어진 일반적인 결론은 무엇인가?

- 지금까지 본 현상으로는 원숭이의 행동은 학습된 행동이지만 행동의 새로운 조합을 학습한 것은 아니므로 어떤 관찰 상황에서도 원숭이는 우리가 사용하는 의미의 모방을 하는 것처럼 보이지는 않는다.
- 그러나 절묘하게도 아주 짧은 시간 동안 다른 원숭이를 관찰한 후 교감적인 모습을 보이는 등 매우 예민하게 공포감을 드러낸다(앞에서 소개했던 뱀을 보고 놀란 원숭이처럼). 이것을 더 정확한 용어로 표현하면 전통적 조건의 '관찰조건

(observational conditioning)' 이라고 할 수 있다(Mineka & Cook, 1993). 관찰조건에서는 관찰자가 특별한 자극에 대하여 동질의 감정적 반응으로부터 특별한 자극을 얻는다. 이와 같은 사회적 학습 형태는 기본적인 생물학적 중요성과 함께 동물의 세계에 광범위하게 존재한다(문어에 대한 다음 논의 참조. Octopus vulgaris, in Fiorito, & Scotto, 1992). 집단 먹이활동, 먹이 인식활동, 새끼를 돌보는 일, 그 외에 무수한 활동 등이 이러한 방법을 통하여 개인에서 개인으로 전달되어 왔다. 조건화 과정에 대하여 세부적 논쟁이 있기는(Mineka & Cook, 1993과 Suboski, 1990 비교) 하나 과정의 보편성은 논박의 대상이 아니다.

- 원숭이는 자신 외에 다른 원숭이들에 대한 관찰의 결과로서 이런저런 행동을 변형한다는 점에서 다른 이의 행동에 민감하다(앞에서 제시했던 예를 기억하라). 이것 또한 학습과 관련한 사회적인 민감성의 기본적인 관점이다. 동물들은 서로를 돌보고, 서로를 지지하고 서로에게 간단한 협력을 학습할 수 있으며, 비록 그들이 모방을 할 수 없다고 해도 다른 이들로부터 제공받은 정보의 이득을 얻는다. 한 개인이 다른 개인으로부터 어떻게 정보를 제공받는지에 대한 주제는 나중에 다루려고 한다.

왜 원숭이는 다른 원숭이 앞에 가까이 앉아서 도구 사용법은 배우지 않고 도구로 견과류를 부지런히 내려치는 것을 볼까? 그것을 바라보고 있는 원숭이도 동등한 운동기능을 가지고 있고, 같은 도구를 사용할 수 있으며, 열매를 먹고자 하는 동일한 욕구도 갖추고 있는데 과연 무엇이 결여되어 있기에 그럴까?

같은 사건을 바라보는 인간 관찰자와 원숭이 관찰자들은 서로 다른 정보를 얻지 못하는 것 같다. 마치 우리가 아이들에게 기술만 떨어진다고 생각하거나 아이들이 어른들 행동의 세부적인 면, 우리가 저지르는 일련의 사건에 내포된 인과적 원리를 이해하지 못한다고 생각하는 것과 마찬가지다. 우리는 우리 자신이 같은 사건을 보면서 우리 모두 똑같이 생각한다고 결코 생각할 수 없다. 바로 이 단순한 원리를 우리는 인간일 때는 생각하지만 인간이 아닌 다른 생명체에 대해서는 잊어버린다.

원숭이가 다른 존재로부터 새로운 기술을 배울 때 겪는 한 가지 어려움은 사물 간 존재하는 다양성에 대한 몰이해다. 도구가 사용되는 상황에서 모방은 이해에 도움이 된다(Koehler, 1925; Piaget, 1962). 최근 연구에서는 특별한 과제를 해결하기 위하여 도구를 충분히 사용할 수 있는 원숭이가 과제 수행과정에서 사물과 행동의 인과관계를 이해하지 못한다고 밝히고 있다(Visalberghi & Limongelli, 1994, 출간 중). 만약 모델이 이러한 개념을 이해하지 못한다면, 관찰자는 왜 이 개념을 통달해야 하는가? 적절한 특징에 대하여 관심을 쏟는 연습 없이, 관찰자는 관찰 대상자가 보여주는 행동에 대하여 그러한 행동을 하도록 해 주는 관련 요소를 연결할 수 없다.

우리는 현재 원숭이들이 제스처라 할지라도 왜 인과관계에 대한 이해가 필요하지 않은 상황에서 모방하지 않는가에 대하여 설명할 수 없다. 원숭이의 소리는 흉내 낼 수 있어도 원숭이가 모방할 때 낸다고 생각되는 소리는 들어 본 적이 없다. 인간 사회에서 모방을 지지하는 인지과정에 대한 이해도 불명확하므로 다른 종에 대하여 우리가 모르는 것은 놀랄 일이 아니다. 어찌하여 앵무새는 원숭이보다 소리 흉내도 잘 내고 흉내 제스처를 잘 할까?(Moore, 1992 참조) 아직 미스테리다.

원숭이는 어떤가? 그들도 미스테리 선상에 있다. 많은 야생 침팬지 집단에서는 모방이 변형되어 여러 가지 다른 행동으로 나타난다. 그러나 이들의 행동이 어떻게 습득되었는지를 보고하는 현장 연구는 없었다. 반면 사람이 요구하는 제스처를 하고 도구를 써서 물체를 정확하게 맞추는 4세 침팬지에 대한 연구가 많다(Custance et al., 1994; Nagell, Olquin, & Tomasello, 1993; Tomasello et al., 1993). Russon과 Galdikas(1993)는 사람들이 한 행동을 관찰한 후에 일정한 행동을 해내는 오랑우탄의 모방에 대한 증거자료를 제시했다. 그렇다 할지라도 원숭이의 모방은 아동의 모방에 비하여 설명하기 어렵고 부족하기 짝이 없다.

가르치기

가르침이란 모방을 통하여 배우는 것과는 반대의 것이다. 교사의 과업은 학습자들이 이해하고 사용할 수 있는 정보를 전달해서 그 결과 학습자들의 행동을 변화시키는 것이다. 가르침을 통하여 매일의 생활에서 사람들 사이의 소통을 원활하게 한다는 점은 우리 모두가 알고 있는 가르침의 일반적인 특징이다. 즉, 교사가 생각하는 것은 학생의 행동 수정을 위하여 그리고 학습자에게 맞는 적절한 지식이나 기술을 알려 주기 위한 노력의 뜻이 담겨 있다(Cheney & Seyfarth, 1990a). 이러한 뜻이나 노력의 흔적은 관찰되기 어려운 부분이지만 다른 종(인간 외)의 행동 수정을 위한 것과는 별개의 것이다. 다행히 가르침에 대하여 교사의 관찰하기 어려운 어떤 의도와 무관한 객관적인 용어로 정의를 내리거나 정보를 학습자의 행동 수정과 분리하여 얘기할 수는 없다. Caro와 Hauser(1992)는 (가르침에 대하여) 다음과 같은 정의를 내렸다.

> 어떠한 즉각적인 대가도 지불하지 않고 관찰자 B의 어떤 행동이 수정되는 경우 개인 행위자 A는 가르친다고 얘기할 수 있다. 이때 A의 행동이 B의 행동을 격려 또는 질책하거나, B로 하여금 경험하게 하여 B의 행동 틀을 만들어 준다. 결과적으로 B는 다른 어느 곳에서 배울 수 없는 지식과 기술을 보다 일찍 그리고 빠르고 효율적으로 접한다고 할 수 있으나 이것이 학습의 전부가 될 수는 없다(p. 153).

간단하게 이야기하면, 교수 사례들은 어떤 특별한 활동이 학습을 촉진하는 것처럼 일상적 단편적인 행동이 획득되는 것이 아니라 정보가 분배되는 방식으로 어떤 활동이 수행됨을 증명할 수 있을 때 가르침이 일어난다고 얘기할 수 있다. 이 정의는 가르침이 인간에게 특권의식을 부여하거나 교수자의 의도를 추론하게 하지 않고 분류 집단 간의 행동에 대한 객관적인 비교를 가능하게 했다. 그러므로 이제 가르침에 대한 정의가 인간뿐 아니라 다른 생명체에게도 적용할 수 있을 정도로 확대되어야 할 것이다. 지적하듯이, 가르침이란 동물의 세계에서도 나타난다. 우리는 여기에 대해서도 앎으로써 그들의 삶을 지지하는 것도 의의가 있다. 그러나 객관적이고 기능적인 의미의 가르침에 대한 정의를 사용한다 할지라도 다음과 같은 점에서 강한 증거를 제시할 만한 종은 현재 없다고 본다. 첫째, 행위자는 초기 관찰자 앞에서 행동을 수정한다. 둘째, 행위자에게는 뭔가 보여 주려는 경향이 있다. 셋째, 어찌됐든 초기 관찰자 앞에서는 뭔가를 시도한다. 결국 Caro와 Hauser(1992)에 의하면, 인간 아닌 다른 종, 일반 원숭이에게도 가르침에 대한 증거는 거의 없고 다만 ape(꼬리 없는 원숭이)의 사례는 있을까 말까 하다. 침팬지와 달리, 집고양이와 치타의 경우 가르침의 증거가 있다. 다음은 그들을 관찰한 결과와 가르쳐 봄 직한 사례에 대하여 이야기하고자 한다.

개별 판단에 의한 음식 가림

원숭이를 포함한 많은 종의 동물이 위장장애를 유발하는 음식은 오랫동안 피해 왔다(Garcia & Koelling, 1966). 이러한 현상을 음식혐오 학습(food aversion learning)이라 하는데 동물뿐 아니라 인간에게도 나타났다(Galef, Mainardi, & Valsecchi, 1994 참조). 원숭이가 유해한 음식을 발견하면 즉시 먹기를 멈추고 다른 원숭이들에게 그것을 알린다. 위협적인 다른 동물이 나타날 때도 친구 원숭이들에게 위험 수위를 알리는 소리 신호를 보내는 등의 비슷한 반응을 보인다. 위험상황에서의 이런 소리 전달 경보는 영장류를 포함한 모든 동물의 세계에서 널리 알려져 왔다.

유해한 음식이라는 것을 알고 있는 원숭이가 그것을 먹으려 하는 원숭이에게 경고음 같은 것으로 정보를 서로 전달하는가? 이러한 의문에 대하여 Hikami(1991)는 떼지어 서식하는 짧은꼬리 어미 원숭이(macaques)와 새끼 원숭이 몇 쌍을 대상으로 일련의 실험을 했고, Fairbanks(1975)는 짧은꼬리원숭이와 거미원숭이를 대상으로, Jouventin, Pasteur 그리고 Cambefort(1976)는 개코원숭이를 대상으로 유사한 실험을 했다. 이 모든 실험 결과는 비슷했다. 독이 있다는 것을 알고 있는 원숭이는 다른 원숭이들이 그것을 먹으려 하는 데도 막지 않았고, 알고 있는 원숭이가 안 먹어도 모르는 원숭이는 독이 있는 음식을 먹었다. 유독 음식에 대한 기피는 개인적 경험에 의하여 습득되는 것이다. Hikami(1991; Hikami, Hasegawa, & Matsuzawa, 1990)는 유독 음식에 대한 경험이 풍부한 수컷 원숭이도 그를 지켜보는 다른 원숭이들과 자신이 낳은 원숭이들에게 유독 음식을 피하는 것을 가르치지 않고 새끼를 보살피는 암컷 역시 그러한 노력을 기울이지 않았음을 보고한다. 따라서 종족 보존을 위해 생물학적으로 안전을 고려해야 하는 강제적인 상황에서도 원숭이들 간 적극적인 개입이 관찰되지 않았고 그렇다고 하여 다른 동물들로부터 그러한 행위를 배우지도 않았다. 오히려 유독 음식이 발견됐을 때 자신은 그 해로운 음식을 이미 먹은 다른 동물을 먹으면서 자기의 혐오감을 줄이기를 반복할 것이다. 이렇게 눈앞에서 펼쳐지는 광경을 통하여 정보를 습득하는 것이 동물 세계에서는 더 쉽다는 것이다(다음 참조).

알림 신호음

버빗원숭이는 뱀, 표범, 맹금류가 나타날 때마다 각각 다른 소리를 내어 상대를 알린다. 새끼 버빗원숭이들은 어려서부터 어미가 내는 알림 신호음을 반복적으로 들으면서 처음에는 각각 소리를 구별 없이 모방해 내다가(예를 들어, 맹금류 알리는 소리를 독수리 알리는 소리로) 차츰 구별된 소리를 낸다. 이러한 일련의 과정을 지켜볼 때 아마도 새끼들이 어떤 소리를 어떤 동물이 나타날 때 내야 하는지를 어미들로부터 배운다고 추측할 수 있다. 여러분은 혹시 어미가 새끼를 가르친다고 생각하지는 않는가? 어미 버빗원숭이가 자기가 돌보고 있는 다른 원숭이들을 알고 있거나 무시하는 정도에 따라서 행동을 조절한다고 생각하는가?

자연적인 상황에서 이와 같은 질문에 응답하는 것은 불가능하다. 그러나 Cheney와 Seyfarth(1990a)가 했듯이 특정한 실험을 하는 것은 가능하다. 포획한 일본원숭이와 붉은털원숭이의 실험에서 새끼와 함께 또는 홀로 있는 암컷 앞에 음식이나 먹잇감을 놓고서 어미 원숭이들이 새끼에게 먹이를 챙기는지 그렇지 않은지를 살펴보았다. 그런데 어미는 먹잇감이나 음식 앞에서 새끼를 경계하지 않는 듯했고 별다른 행동 변화도 없었다. 이런 점으로 보아 연구자들은 암컷의 행동이 주변에 대한 인식에 좌우되지 않는다고 결론 내렸다.

어미와 새끼의 음식 나누기

금줄비단원숭이(Leontopithecus)는 긴밀한 가족 중심의 남아메리카 원숭이다. 가족을 살펴보면 특히 수컷이 장시간 동안 새끼에게 먹이를 먹이거나 데리고 다니는 등 새끼를 보살피고 부모 원숭이는 새끼들과 자주 음식을 나눈다. 먹이를 나눌 때 부모 원숭이는 특별한 소리를 내어 알려 주지만 새끼는 이런 소리가 안 날 때도 먹이를 달라고 보챈다. 이런 점으로 미루어 보아 어떤 종은 부모가 새끼들에게 먹을 음식에 대하여 가르칠 수 있음을 알 수 있다.

Price와 Feistner(1993)는 새끼 비단원숭이들은 자신들이 획득하여 먹는 것보다 부모로부터 더 많이 받아먹는다고 보고했다. 그러나 어른 원숭이들이 음식물의 식용 가능성 여부에 대하여 가르치는 것 같지는 않다고 보고한다. 낯선 음식이 등장할 때 새끼들은 평소 먹던 음식처럼 대했지만 익숙한 음식을 대할 때보다는 덜 보챘다. 어른 원숭이들도 음식이 풍부한 경우보다 부족할 때 새끼와 음식을 더 나누려는 것 같았다. 어른 비단원숭이들은 자신의 새끼들에게 정보 제공의 행동을 조절하는 것보다 음식이 가능한 정도에 따라서 자신의 행동을 조절하는 것 같았다.

음식을 나누는 방식은 새끼들로 하여금 나누고자 하는 음식이 귀하거나, 풍부하거나, 구하기 어렵거나 등을 확인시켜 주는 작업으로서 생물학적으로 아주 의미심장한 일이다. 그러나 이 작업이 결코 새끼들로 하여금 경험 많은 원숭이로부터 음식의 식용 가능성 여부를 배우도록 도와주는 일은 아니었다. 먼저 경우 새끼들이 주변 다른 원숭이로부터 부분적으로 배우는 것은 있었지만 '이 음식은 먹을 수 있다' 와 같은 정확한 정보는 다른 원숭이로부터 얻어진 정보의 결과였다기보다는 스스로의 반복적인 경험의 산물이었다.

전문가 증언

오하이오 주립대학의 영장류 인지 프로젝트('Primate cognition project')(Boysen, 1992)에는 침팬지가 등장한다. 특정 도구를 사용하여 문제 해결을 잘 해내는 수컷 침팬지 Darrell이 같은 문제에서 실패와 성공을 번복하는 Sarah라는 암컷 침팬지를 보고 있다. Sarah가 지속적으로 틀린 행동을 하자 Darrell은 낮은 소리로 살짝 Sarah의 실수를 알려 준다. 이런 일은 두 번쯤 일어나다가 그 후 네 번의 연속 시도에서 Sarah

는 실수 없이 그 일을 잘 해냈다(Limongelli, Boysen, & Visalberghi, 1995).

즉, Darrell의 행동은 Sarah 행동의 부정적인 결과를 미리 예견하여 감정적인 표현으로 대응했다. 그러나 Darrell이 Sarah가 실수할 때 달아날 보상을 눈치 채고 소리로 알려 주었는지에 대해서는 우리도 알 길이 없다. 확실한 것은 Sarah가 Darrell의 연속적인 신호음에도 불구하고 자신의 행동을 수정하지 않은 점이다. 아마 Sarah는 Darrell의 소리가 자기를 향한 것인지조차 알지 못하는 것 같다. 이런 경우 Darrell의 감정 표현은 Sarah의 실패가 자신에게 아무런 영향을 주지 않았다 하더라고 실패에 대한 예측이었다고 해석할 수 있다. 그러나 한편 Darrell은 Sarah가 실수하지 않기를 바라는 경고를 주었다는 점에서 가르치고자 했다고 해석할 수도 있다. 그러나 Darrell의 행동과 관련한 많은 흥미진진한 질문이 Darrell에게 직접 영향을 주지 않은 다른 동물의 행동에 대하여 할 말이 많더라도 이것은 불충분한 해석이다.

야생 침팬지의 열매 까기

서아프리카에 사는 침팬지들은 돌이나 다른 딱딱한 물체를 사용하여 딱딱한 열매를 부순다. 일반적으로 암컷은 수컷보다 열매를 더 자주 잘 까는데 새끼들은 어미와 수년간 함께 지내면서 자라는 동안 열매 까는 기술을 배워 나가며 주로 어미가 견과류를 깨부수는 그 장소 주변에서 같은 행동을 연습한다. 새끼들은 열매를 부수기 위하여 열매를 직접 바닥에 내려치거나 도구로 열매를 치기도 한다. 도구로 열매를 치고 열매를 잘 굴리면서 도구와 열매는 적절히 아귀가 맞음으로써 이 과업을 완성해 나간다. 열매를 부수기 위해 돌을 사용하거나 환경에 순응하는 적절한 방법으로 도구와 열매를 결합시키는 것은 매우 점진적으로 일어난다. Boesch와 Boesch(1983, 1990, 1993)는 수년간 아이보리(Ivory) 해안에서 침팬지의 열매 까는 모습을 관찰했다. 그 과정에서 열매를 잘 못 까는 새끼들에게 적극적으로 열매 까기를 가르치는 어미 침팬지는 불과 몇 마리 안 된다고 보고한다(Boesch, 1991). 이와 같은 사례는 이제까지 인간이 아닌 영장류에서 관찰된 '가르치기' 에 대한 유일한 증거이기 때문에 사례의 양은 적지만 Boesch는 이것을 '적극적인 가르침(active teaching)' 이라

명명했다. 그러나 틀림없이 드문 경우다. 더구나 마지막에 어미가 개입하여 새끼의 기술 습득을 도왔는지, 그 가르침이 효과적인지는 여전히 모르는 사항이다.

Boesch(1991)가 정의 내린 대로의 '적극적' 열매 까기 교수는 드물었지만 사회적 환경은 새끼들로 하여금 이러한 기술을 습득해야 한다는 점을 의심 없이 알려 주었다. 어미는 도구와 열매로 새끼의 행동을 자극했고 열매를 까야 하는 상황에서 새끼에게 기술을 습득하도록 만들었다. 어미의 행동은 새끼의 열매 까기 수행 정도에 따라 달랐다. 예를 들면 어미는 가끔 새끼 곁에 망치와 함께 열매더미에서 골라 낸 껍질 안 깐 열매를 놔두고 사라지곤 했다. 열매를 더 찾아야 할 때 새끼 없는 암컷은 열매나 도구 곁을 떠나지 않았다. 약간 더 자란 새끼는 능숙하게 사용하지 못하더라도 어미가 옮겨 놓은 열매를 도구를 사용하여 깨도록 했다. 이러한 행동은 새끼들을 적절한 도구와 적절한 훈련의 기회에 노출시키는 어미들의 과업임에 틀림없다. 그러나 지도하고 안내하는 개념의 교수와는 거리가 있다.

타이(Tai) 숲에 사는 침팬지들 사이의 열매 까기 기술의 발달은 적극적인 교수가 아니라 사회적 조력에 의하여 어떻게 복합적인 기술을 습득하였는가를 보여 주는 아주 좋은 예다. 적극적인 가르침이 침팬지나 다른 종의 행동 발달에 중요한 역할로 작용한다는 생각을 할 이유는 없다. 그러나 어미 침팬지가 새끼들에게 열매를 까거나 흰개미를 파내고, 둥지를 만들거나 어른 침팬지가 보여 주는 다른 재미있는 행동을 새끼들에게 어떻게 가르치는가에 대하여 종종 듣는다. 사람들은 분명히 침팬지가 복잡한 사회적 행동의 여러 측면을 보여 주기 때문에 침팬지가 자손들에게 그러한 행동을 일정하게 가르친다고 믿으려 한다(Goodall, 1986; de Waal, 1982, 1989).

해석자

일본 NHK가 제작한 다큐멘터리에 등장하는 어른 보노보(Kanzi)와 그의 어린 여동생(Tamuli), 그들의 인간 파트너(Sue Savage-Rumbaugh) 사이에서 벌어지는 자연스러운 상호작용은 우리들에게 감동을 안겨 주었다. 보노보 남매는 미국 동남부 조지아 주립대학교의 언어연구센터에 사는데 Kanzi는 두 살 반 아이 수준으로 영어회화를 이해하고 컴퓨터 자판 중 몇 가지를 알고 사용한다(Savage-Rumbauge et al.,

1993). Tamuli는 Kanzi와 마찬가지로 그들의 사람 파트너와 친숙하지만 Kanzi만큼 언어와 컴퓨터에 익숙하지는 않다. 화면에서 Sue는 Tamuli에게 그들이 평소에 그렇게 놀듯이 Kanzi를 손바닥으로 때리라고 했지만 Tamuli는 무반응이다. Tamuli 옆에 앉은 Kanzi는 계속 지켜보다가 Tamuli 옆으로 가서 잠시 후 그녀의 등을 몇 번 때렸다. 그다음, Sue는 Tamuli에게 Kanzi를 꼭 껴안으라고 했다. 이번에도 Tamuli는 응하지 않았다. Kanzi는 옆으로 가 Tamuli를 꼭 껴안았다. 마침내 Sue가 Tamuli에게 Kanzi를 돌보라고 요구했다. 그러자 Kanzi는 Tamuli의 손을 자기 가슴에 대고, 자기 가슴에 놓여 있는 그녀의 손에 자기 턱을 갖다 놓는 특이한 동작을 취했다. Kanzi의 행동에도 불구하고, Tamuli는 자신이 취할 행동이 무엇인지 몰랐다.

위의 예에서 다음과 같은 틀림없는 결과를 얻었는데, 그것은 첫째, Kanzi는 Tamuli에게 요구되는 것이 무엇인가 안다는 점, 둘째, Kanzi는 Tamuli가 요구에 부적절하게 대응하고 있음을 알고 있다는 점이다. 첫 두 번의 요구에서 그의 행동은 의도적으로 도움을 주는 것으로 보였다. 왜냐하면 Kanzi는 그에게 Tamuli가 자기에게 하도록 요구하는 행동을 그녀에게 했고 마지막 세 번째 요구에서, 그는 그녀가 취하기를 희망하는 행동을 할 수 있도록 도와주었기 때문이다.

이 침팬지들의 특별한 양육 경험 때문에, 이것이 유인원의 전형적인 것이라 할 수는 없지만 이것은 놀랄 만한 사례이고, 어떤 원숭이들은 다소 교육적인 요소도 소유한다는 것을 알 수 있다. 이러한 행동은 적어도 개인 원숭이의 행동이 다른 원숭이로부터의 요구사항을 완성하려고 행동하고 서로 역할을 바꾸기도 한다는 점인데, 이는 세 번째 예시행동을 통하여 드러났다.

가르치기: 그게 뭐

일반적인 정의가 그렇듯이 가르치기란 인간 활동과 관련된 정의다. Barnett(1968)는 가르치기가 동물세계에서는 없지만 동물세계에서 다른 학습과정은 매우 효과적이어서 관찰자는 항상 학습과정이 있음을 발견한다. Caro와 Hauser(1992)는 진화론적 관점에서 비인간적 생물체를 대상으로 하여 가르치기를 위한 대단한 노력을 기울였다. 그러나 Caro와 Hauser의 비교 문헌 연구에서는 안내된 교수란 동물의 세계에서는 정말로 드문 일이라고 밝힌다. Barnett가 제안한 대로, 학습된 행동은 대를 이어 가며 동질성을 창출하는 것과 관련된다는 수렴적인 기저가 있는데 가르침이나 유도된 학습도 그런 점이 아주 최소한 발견되는 기저 중의 하나다. 우리가 잘 알고 있듯이 인간 외의 다른 존재는 심지어 자기 새끼들과도 지적 교감을 하지는 않는다. 그 대신 드러나는 현실은 누구를 의식해서가 아니라 어찌됐던 그들이 늘 해 왔던 대로 하는 경험의 표출이다. 따라서 그들의 행동은 즉석에서 중요한 특징을 개별적으로 최소한 경험할 수 있는 상황이나 목적, 그리고 순간적 영향 등을 만들어 낸다.

유인원들은 위에서 제시한 일반적 진술에서 예외일지도 모른다. 우리 안에 갇혀 있는 유인원이나 자연 속에서 사는 유인원 모두 자기 외에 남에게 지식을 분배하고 적절히 자기 행동을 적응해 가는 능력이 있는 것 같다(Povinelli, Nelson, & Boysen, 1990; Premack & Woodruff, 1978). 그런데 유인원 중 어린 유인원들이 정보나 기술을 취득하는 것은 예사로운 일은 아니다. 그래서 인간과 비인간 영장류 사이를 차단하는 것은 없다고 해도, 기능적으로 교수 역량과 각기 다른 모습으로 각자가 전체 행동을 이루어 내려는 선구자들 간에는 분명히 중요한 기능적 차이가 있다.

이제 우리는 인간에게는 분명히 있지만 인간 외 존재에게는 없었거나 미약했던 교수/학습 관점에 대하여 생각해 보도록 하자. 구체적으로는 (1) 결핍으로 인한 학습, (2) 결핍에 대한 이해 및 결핍으로 인한 생산, (3) 감정적인 표현, (4) 인과적 이해, 이러한 모든 구성 요소가 사회적 맥락 안에서의 학습에 영향을 끼칠지도 모른다.

결핍에 기인한 학습

결핍, 삭제, 불발(不發)로부터 얻어지는 인식과 학습은 놀랄 만큼 어렵다. 동물과 인간은 그런 점에서 매우 적극적인 것 같다(Hearst, 1991, p. 432).

Hearst(1991)는 동물과 인간을 대상으로 하는 다수의 실험연구를 통하여 각자가 결핍보다는 존재를 감지하는 것이 더 쉽고, 자극의 제거보다 자극이 주어질 때 배우기가 쉽다는 사례를 제공했다. 사회적 학습에 관한 이러한 결론의 의미에 대하여 생각해 보자. 사회적 맥락 속에서 자극이 있을 때 각자는 관찰자의 관심이나 흥미를 높일 수 있다. 그러나 자극이 없을 때는 관찰자의 관심을 끌어낼 수 없다(언어로도). 마찬가지로 각자는 무엇을 먹고 있는지에 대한 관찰자의 관심을 끌어낼 수는 있어도 먹지 않을 때는(즉 자극이 제거되었을 때는) 관심을 끌 수 없다. 이런 식으로 동물은 다른 동물이 피하는 특별한 음식을 보았다고 하여 그 음식을 피하는 것을 배우지는 않는다는 설명은 이미 진부하다(이와 관련된 이야기는 이미 앞에서 언급했다). 동물들이 다른 동물들로부터 음식 가리기를 배우는 유일한 방법은 음식을 뱉거나 토하는 것을 볼 때다. 설혹 간접 경험을 통하여 이 사실을 알아 간다고 해도 원인과 결부시켜 생각하기에는 시간적 · 공간적 차이가 있어서 질병이 있거나 (특정 음식을) 맛없어 하는 것은 동물들의 표정으로는 찾아낼 수 없다. 결국 결핍 행동은 관찰자에게 영향을 줄 수 없고 사회적 파트너는 분명한 결핍자극을 만들 수 없다. 이것이 동물 세계다. 존재하지 않는 것에 다른 이들의 관심을 동원할 수 있는 정교한 의사소통이나 이해가 없다면 현존하는 사건이나 사물에 관하여 배우도록 해 주는 유일한 것은 사회적 맥락이다. 인간은 가상의 사건, 과거나 미래에 관하여 얘기할 수 있기 때문에 이러한 문제를 다룰 수 있다. 따라서 비인간에게는 가능하지 않은 교육의 전반이 인간에게는 가능하다.

특히 서양문화에서 인간은 '학습은 눈에 보이지 않을 때보다 존재함을 통할 때 더 쉽다' 라는 일반적인 원리를 많은 변증적인 상황을 통하여 적응시킨다(비록 모든 문화에서 같은 정도로 반드시 일어나지 않더라도 말이다. Rogoff, 1990 참조). 조심성 많은 서양 부모들은 아이들에게 먹으면 안 되는 위험물질(예: 비누 같은)에 대하여 가르칠 때 비누를 아예 없애지 않고 살짝 피하는 것으로는(말하자면, 부엌 싱크대 아래에 둔다든가) 해결되지 않는다고 생각한다. 오히려, 그들은 아이들이 비누에 가까이 다가갈 때 비누병을 만지지 말라고 아이들에게 적극적으로 말하고 그러한 지시사항을 상기하도록 비누병에 눈에 띄도록 라벨을 붙인다.

교수와 학습에서의 부정

바람직하지 않은 행동이 발생할 때라도 해서는 안 될 일은 중재나 체벌이다. 이것은 부정을 즉각 인정하는 행동으로 보일 수 있다. 모든 문화에서 부정은 인간 발달 초기에 언어 형태로 등장한다. 모든 부모들은 이구동성으로 '아니!'라는 말을 자녀에게서 듣는 첫 번째 언어라고 얘기한다. 언어를 사용한 각기 다른 인류에게도 '아니!' 라는 단어는 존재하며 이 부정적인 단어는 과거, 현재, 그리고 미래의 행동이나 사건들과 관련한 부정적 어구가 있다.

동화의 과정을 거쳐 아이들은 다른 사람이 사용하는 부정의 뜻을 이해한다(즉, 부모가 말하는 '안 돼', '그만' 등을 통하여). 마치 이해를 거쳐 무언가를 만들어 내듯이 아이들은 부정 언어를 들으며 이해하는 바를 부정 언어로 나타낸다는 것을 어른들은 알고 있다. 아이들은 저지당하는 행동이나 사건이 발생할 때 '싫어, 안 먹을 거야' 라고 말하거나 떼를 쓰면서 부정 의사를 밝힌다. 그 말은 명령에 저항하는 것처럼 들리고 하던 행동은 계속하려 한다. 후에 이 부정의 언어 '안 돼' 는 어떤 사건이 예상될 때 사용한다. 엄마가 어린 자녀를 두고 나가려 할 때 아이는 미리 '안 돼요' 하고 얘기한다. 결국 이 단어는 원하는 것이 안 보이거나(예를 들면 사탕), 원치 않는 분위기라든가(예를 들면 잔뜩 흐린 날), 하고 싶지 않지만 해야만 되는 상황(예를 들면 안 자고 싶은데 잠자러 가야 할 시간)에 사용된다(Volterra & Antinucci, 1979).

하지 말라고 알려야 하는 데 언어가 없어서 전달이 안 되는 비인간 세계에 대하여 생각해 보자. 이때 비인간은 방해나 벌 등의 행동으로만 부정해야 한다. 그들에게는 바로 지금에만 해당하는 메시지를 전달해야 하는 실질적인 목적상황이 있다. 따라서 그들에게는 시간을 초월하는 정보를 음성이나 몸, 또는 특별한 몸짓으로 전달할 수 없다. 엄마 원숭이가 아기 원숭이를 자기 곁에서 떨어지게 할 때 물어뜯어 떼어 놓듯이 원치 않는 행동을 직접 제지하는 것은 분명하고도 일반적인 부정적 행위다. 마치 엄마와 같이 길을 걷고 있는 아이에게 다가오는 차를 보고 미리 '안 돼' 라고 얘기하는 것은 원숭이에게는 적용되지 않는다. 만약 원숭이라면 이런 경우 특별히 위험이 예상되는 차가 아닌 모든 차를 보고 '안 돼' 라고 할 것이다. 원숭이가 소리로,

몸으로, 특별한 몸짓으로 눈앞에 보이는 위험스러운 음식에 대하여 주의를 주지만 다른 원숭이의 행동을 미리 저지하지는 않는다. 즉, 그들은 다른 원숭이가 불쾌한 음식을 먹거나 위험한 지역으로 이동할 때 그에 대비하여 위험을 알리는 어떤 특별한 행동을 하는 것으로 위험 방지를 위한 개입을 하지는 않는다(Cheney & Seyfarth, 1990a 참조).

부정(negation)은 사람을 가르침에 있어 중요하게 작용한다. 예를 들어, 한 사람이 무엇인가 단계를 거쳐 배워 나가는 과정에서, 도중에 빚어지는 실수의 시점에 교사가 제공하는 신호를 통하여 배워 나가는 것은 다 해 놓고 나서 실수를 지적받는 것보다 훨씬 유용하다. 인간 사회에서 개입과 동시에 부정하는 일은 안전에 관하여 부모들이 조기 교육할 때 '안 돼, 하지 마' 등의 말로 나타나는 중요한 특징이다. 이런 말들은 특별한 지적 언어능력을 요구하지 않는다. 일어나지 않은 사건이나 사물, 목적을 지칭하지도 않는다. 그것들은 매우 즉각적이고 언제 어디에서나 지속적으로 일어나는 행동이다. 비인간들에게 특별히 부정을 표현하는 것에 방해하는 요소가 있다고는 보지 않고 그들이 사용하지 않을 뿐이라고 생각한다.

비인간들은 부정의 개념이 복잡해서 사용하지 않는다고 생각하지 않는다. 비인간들에게 즉각적인 벌 등으로 나타내는 단순한 부정은 여전히 강력한 교수방법이다. 그러나 우리의 목적은 비인간이 실수를 미리 막기 위하여 개입을 하는 방법으로 가르쳐 나가는 존재라고 하기에는 한계가 있음을 알리는 것이다.

사회적 학습에서의 정서

인간의 사회지능이란 다른 사람들이 무엇을 하는지, 무엇을 아는지, 그리고 어떻게 느끼는지, 자신의 행동이 다른 사람에게 어떻게 느끼게 하는지 등을 가늠하게 해주는 행동과 마음, 감정을 표현하고 알도록 하는 것이다. 종종 감정은 인간관계에서 객관화된 '사실' 보다 더 중요한다.

Salovey와 Mayer(1989-1990)의 정의대로 감성지능이 '다른 사람의 기분과 감정을 간파하고 이것을 인간 사고와 행동 안내에 활용하는 능력(p. 189)' 이라고 한다면 사회성 지능은 감성과도 관련이 있다. 감성지능은 자신과 타인의 감정을 건설적으로 다스리는 데 활용할 수 있다. 그리고 이것을 감성지능이라고 칭하듯이 사람마다 그 정도가 다르고 인간과 비인간 영장류 간에도 차이가 있다.

다른 종들의 사회적 학습에서 감정의 표현과 지각에 대해서 우리는 무엇을 알고 있을까? 아는 것은 거의 없다. 사실, 우리는 다른 종의 감정에 대해 거의 모른다. 사회적 학습과의 관계만 생각해 보도록 하자. 과학자들은 수년간 동물의 감정이라는 연구 주제를 기피해 왔다. 그런데 최근 기후 변동이 인간과 영장류의 감정에 대한 과학자들의 관심을 새롭게 하고 있다. 강한 감정적 표현이 영장류들에게 무언가 공포대상에 대하여 취할 바를 가르쳐 준다는 것은 분명하다(Mineka & Cook, 1993; Boccia & Campos, 1987). 그러나 평이한 감정을 드러내는 일반적인 표현(예를 들면 먹이를 발견하고 우는 것이나, 영역을 사수하려고 찡그리거나 우는 것)이 다른 동물들로부터 배워서 일상생활에 드러나는 것인지 아닌지에 관해서는 비교 조사되지 않았다.

최근 지식에 관한 추측이나 해석이라는 의미로 강조되는 사회인지는 기본적인 초점을 잃고 있다. 존재론적인 동시에 계통발생적으로 나타나는 사회적 학습의 가장 중요한 요소는 다른 사람의 감정에 예민하다는 점이다. 감정과 객관적 정보의 조화는 사회적 학습에서 특별하고 강력한 점이다. 최근 '마음 이론' 에 관한 저서들(예: Whiten, 1991)은 감정과 객관적인 정보를 엮는 데 초점을 두지 않고 오히려 사회적 학습에서 활용된 정보에 많은 측면을 의존한다(이 점에 관하여 진행한 영장류 연구문헌은 Povinelli, 1993 참조). 분명히 종 간의 감정변화 과정은 사회적 학습 형태와 효율 간의 차이와 관련이 있다. 인간세계에서 감정은 사회적 학습의 원동력이다. 진실로 인간은 학습을 통하여 다른 사람들과 교제와 기쁨을 나눌 때 즐거움을 얻는다. 이런 점이 인간 아닌 다른 종에게서는 어느 정도 나타나는지 알아볼 필요가 있다.

인과적 이해와 사회적 학습

인과적 이해는 두 가지 물리적인 사건 간 필연적 관계가 있을 때 가능하다(예를 들어 내가 공을 치니까 공이 움직인다). 영아들은 생후 1년 이내에도 물체의 고형성이나 이동의 연속성, 관성, 탄력 등의 기초적인 물리적 개념을 사용한다(Spelke, 1991; Leslie & Keeble, 1987). 이러한 원리 이해 정도에 대한 비인간 대상의 연구는 아직 없다. 그러나 유인원(침팬지)이나 원숭이(카푸친)들에게 실행한 도구 사용 과업 연구에서 유인원은 움직이는 물체에 그들의 반응 효과를 계획할 수 있다고 했지만 원숭이는 그런 능력이 없다고 보고되었다(Visalberghi & Limongelli, 1994; Limongelli et al., 1995). 반면, 원숭이와 유인원 모두 거리 차이와 무관하게 이동을 계획할 수 있다고 밝혔다(가까운 거리, 즉 컴퓨터 모니터를 통해 본 우리 안에 갇힌 미로를 찾는 원숭이 연구, Washburn, 1992 참조; 먼 거리, 즉 집 안에서 움직이는 원숭이를 관찰한 연구, Sigg & Stolba, 1981 참조). 이렇게 인과적 이해에 관련된 연구에서 (독립변인이) 움직이는 물체인가 아니면 거리인가에 따라 서로 상반되는 연구결과가 나오는 것을 볼 때 이 주제에 관한 더 많은 연구를 통하여 일관된 결과를 밝힐 필요가 있다.

물리적 원리에 대한 이해는 모방과 교수 모두와 관련이 있다. 도구 사용에 대한 개인적 학습 행동에서 다른 개체들의 행동을 살펴보고 그들의 행동이 왜 효과적인지 비효과적인지 이해하는 것은 두말할 나위 없이 유용하다. 인과관계의 이해는 관찰자의 관심이 관련 행동이나 사물, 사물의 일부분에 신경을 쓰기 때문에 관찰자가 모델 행동을 좀 더 효과적으로 관찰하도록 허용한다. 이와 같은 이해가 없으면 관찰자는 관찰한 모든 사건과 행동을 암기하는 것에 의존해야 한다.

가르치기는 교사로서 과제 수행에서 해야 할 부분에 대한 이해를 필요로 한다. 어떻게 다른 방법으로 교사들이 학생들의 지식 혹은 능력을 향상시키는 것을 도울 수 있는가? 예를 들어 왜 학생들이 과제를 실패했는지를 이해하는 교사들은 (도구를 잘못 사용한다거나) 실패가 일어난 바로 그 부분에서 문제 해결을 위한 집중적인 대화에 귀 기울일 수 있다. 유인원들이 적어도 가끔씩 물리적인 인과관계의 이해를 다른 유인원에게 가르칠 수 있음을 보여 준다. 그러나 원숭이는 그렇지 않다.

예를 들어, 개인이 결정적인 사건을 보았는지 여부에 따라서 관찰자는 그 개인이 그것을 '할 수 있다' 혹은 '할 수 없다' 라고 결론 내리는 것처럼 사회적 귀착이 인과관계의 이해를 포함하는지는 논란의 대상이었다(Wimmer & Weichbold, 1994). 사회적 귀인이란 학생이 (가르치고자 하는 것을) 보지 않았기 때문에 경험을 통하여도 알 수 없는 것을 가르치는 것과 관련이 있다. 이런 능력은 유인원을 대상으로 한 실험연구에서 드러났지만(Povinelli et al., 1990; Povinelli, Nelson, & Boysen, 1992a), 원숭이에게는 그렇지 않았다(Povinelli, Parks, & Novack, 1991; Povinelli, Parks, & Novack, 1992b). 같은 논리로 인과적 이해하기는 개인 감정 상태의 외적인 원인을 추측하는 데 활용할 수 있고 반대로 경험된 감정 상태는 일련의 외부 사건으로 이해할 수 있다. 이러한 추론은 모두 원인에 대하여 합리화할 수 있는 능력을 요구한다. 물리적인 인과관계에 대한 이해는 정보로 인하여 얻어지는 지식을 이해하기 전에 개체 발생적으로 나타나는 것 같은데, 어쨌든 이 두 가지 능력 모두 인간 발달 초기 몇 년 사이에 발달한다. 이제 우리는 인과적 이해, 교수, 모방, 사회적 귀속을 동시에 묶어서 생각하도록 하자. 아이들에게, 어느 정도나, 어른 유인원에게는? 이 모두의 결합 결핍이 같은 연령의 원숭이들에게 같지 않다. 바로 이 점이 우리가 그들의 행동을 기술하는 방법에 대하여 주요한 점을 시사한다.

결론

종종 모방과 가르치기는 풍요한 사회적 삶의 중요한 요소로 작용하며, 유인원과 원숭이가 지능적으로 행동하도록 해 준다고 맹목적으로 (그리고 의인화되어) 가정되어 왔다. 그러나 원숭이는 모방과 가르침 없이도 잘 살아가고 있다. 사회적 환경은 개별학습에 매우 유익하여 원숭이들이 다른 원숭이들을 가르치고 모방한다고 우리로 하여금 오랫동안 바보같이(잘못) 생각하게 했다. 우리는 원숭이가 인간과는 다른 방식으로 주변을 보고 이해한다는 점을 직시해야 한다(Cheney & Seyfarth, 1990b).

원숭이들은 놀랍게도 인간과는 다른 인과성 감각을 소유하는데, 예를 들면 원숭이는 아무리 가까운 친족관계 원숭이에게도 동정심을 나타내지 않는다. 이해와 감정이라는 서로 다른 인간 소유의 특성과 더불어 모방과 가르치기 특성이 원숭이에게는 없다.

유인원은 중간적 입장의 사례를 제공한다. 그들은 다른 유인원에 대하여 어느 정도 아는 척하고 그들의 행동에 어느 정도 화합하려고 한다. 그리고 원숭이보다는 다양하게 감정을 드러내는 반응도 한다. 항상은 아니지만 유인원에게는 모방도 가능하다. 가르치기 역시 그렇다. 인과적 이해 능력에 관하여 적어도 한 연구가 밝힌 적이 있다(Limongelli et al., 1995; Premack, 1976 참조). 그러나 원숭이와 마찬가지로 유인원이 사는 사회적 환경도 대다수 유인원의 개별학습이나 유인원이 보여 주는 중요한 행동이 답습되도록 잘 도와준다. 지금까지 알려진 바라면 모방이나 교육적인 자질은 그들의 평범한 실재 활동에 그다지 중요한 것 같지는 않다.

영장류와 대조적으로, 인간에게는 사회적 학습을 증진시키는 인지적 · 정서적 영역이라는 별도의 일면이 있다. 그런 기제를 통하여 다른 사람의 감정을 읽기도 하고 '아니오(No)' 라고 하거나 결핍을 지적하고 다양하고 풍부하게 감정을 나타내고 표현한다. 더구나 원인과 영향을 연결하는 물리적 인과관계의 정교한 감각도 있어서 사건을 잘 연결하고 해석해 낸다. 영장류의 모방능력과 가르침은 인간의 어떤 면에도 근접하지 못한다. 인간들에게 모방은 누구에게나 출생으로부터 나타나는 일반적인 특성이다. 모방은 새로운 기술을 배우도록 도와주지만 오로지 모방만이 주요 역할을 하지는 않는다. 모방은 사회적으로 활용된다. 예를 들면 처음 만난 두세 살 아이들(더 어린 영아들도 마찬가지로)은 만나자마자 스스럼 없이 같이 잘 논다. 예를 들어 Meltzoff와 Gopnik(1993)의 연구에서 신생아와 영아는 개성이 발달하는 정상적인 과정에서 다른 사람에 대하여 관찰한 행동과 자신이 하고자 하는 행동을 일치시키기 위하여 모방한다고 주장한다. 따라서 모방은 사회적 상호작용의 탐구자 역할을 한다.

Steven Spielberg 감독의 영화 〈E.T.〉는 이 점에 대한 우리의 이해를 도와준다. 이 영화에 등장하는 외계인(E.T.)과 인간 어린이(Elliott) 사이의 상호작용이 그러한 이해를 확실히 해 준다. 영화 초기 화면에서 어린이는 관찰자의 입장에서 괴상한 외양의 E.T.에게서 지능과 친근함이 발견되기를 원한다. Elliott은 외계인 E.T.가 얼마나 인간과 흡사한지를 보여 주기 위하여 온갖 노력을 기울인다. Elliott에게 훌륭한 말솜씨와 어른처럼 능숙한 도구 사용 등 다양한 방법을 동원하지만 한편 영화감독 Spielberg는 언어의 사용을 배제하고 대신 멋진 화면으로 자신의 놀라운 아이디어를 전달하는 데 주력한다. 하찮아 보이는 존재를 돌보는 자의 입장에서 그가 당하는 곤경을 난처하게 바라보는 Elliott의 모습을 화면에 띄운다. 방심한 상태에서 Elliott은 E.T.를 쳐다보며 자기 손으로 코를 문질렀는데 E.T.도 Elliott의 행동을 보고 따라 하여 어린이는 깜짝 놀란다. 각각 서로를 보다가 아이가 자기 손가락으로 입술을 만지자 E.T.도 시험적으로 같은 행동을 반복했다. 여전히 불확실하지만 아이가 손가락으로 관자놀이를 만지고 나서 팔에 자기 손가락을 펼친 후 인지로 누군가를 가리켰다. E.T.도 교대로 그 아이의 행동을 받아서 자신 있게 했다. 이런 행동을 교환을 나누면서 아이와 E.T.는 모두가 행복해졌고 서로 긴장을 풀었다. 더 이상의 긴장은 이제 사라졌다. 이 시점에서 강한 유대감이 생겼다. 아이와 외계인 모두 서로를 바라보며 서로의 행동을 연결할 수 있음을 확인하며 친구가 되었다.

영화라는 예술을 통하여 감독은 외계인에게 인간 본성을 전달하는 '신'의 역할을 대신 해냈다. 그러나 실생활에서 비인간에게 인간적 특성을 나누어 주는 의인화 작업은 생각같이 단순하지 않은 매우 복잡한 과정이다. 동물의 어떤 행동에 대하여 동물의 감정과 동물의 수준 높은 사회적 지식이 결합했다는 투로 과대 해석하는, 이른바 문외한의 지나친 해석은 일면 관찰자들이 집요할 정도로 발견해 내는 동물행동에 대한 과학적 연구를 통하여 알려진 자료가 충분하지 않기 때문일 수도 있다. 만약 과학이 특정한 주제에 대한 흥미나 문외한의 관계를 밝힐 수 없는 부분이 있다면 아마도 '이상 과학'이 그 부분을 설명해 줄지도 모르겠다.

주

1. 원원류(prosimians)와 함께 원숭이, 유인원, 그리고 인간 모두는 유인원 안에 속한다. 남아메리카, 아시아와 아프리카에는 30종의 원숭이가 살고 있다. 이 장에서 언급한 종류는 긴꼬리원숭이, 짧은꼬리원숭이, 카푸친(흰목꼬리감기원숭이), 타마린(비단털원숭이)이다.
   그리고 몇몇 종류의 드문 유인원이 있는데 살펴보면 큰 덩치의 유인원(오랑우탄, 고릴라, 침팬지)과 조금 작은 덩치의 유인원(긴팔원숭이와 큰긴팔원숭이)이 있다. 이 유인원들은 아시아와 아프리카에만 분포하고 본 논문에서는 침팬지만 언급했다. 계통 발생적으로, 원숭이보다 유인원이 인간에 더 가깝다.

제14장
동물들에게 교육이 결여된 이유와 보다 교육적인 문화

DAVID PREMACK
ANN JAMES PREMACK

교육, 즉 개인이 다른 개인을 가르치는 것은 생물학적 신비이자 주로 인간에게 한정된 활동으로 나타난다. 만약 이것이 사실이라면 교육이 의존하고 있는 심리적인 기제는 무엇인가?

교육이란 중립적으로 얻어지는 것이 아니다. 교육은 문화의 진화 및 역사의 가능성을 허락하는데, 이것은 한 종이 생물학적으로 안정적으로 유지되어 가는 과정에서 겪는 변화의 결과다. 이러한 변화들은 문화적 변화이고 각 단계에서 과거의 중요한 면을 통합한다. 문화를 보존하고 전달하는 수단은 주로 교육이다. 사회의 변화가 빠르면 빠를수록 사람들은 교육에 더욱 의존한다.

이러한 문화 변화의 수많은 역사들이 인류에 대해 기록해 오는 동안, 그 누구도 침팬지나 다른 동물의 역사를 쓰지 못했다. 우리는 어쩌면 인간들이 어떻게 침팬지나 비버나 비둘기를 다루어 왔는지에 대한 역사는 쓸 수 있었지만 그 동물 자체에 대해선 쓰지 못했는데, 이는 동물들이 생물학적으로 안정적인 동안에 두드러진 문화적 변화를 겪지 않았기 때문이다. 예를 들면 침팬지들 사이에서는 기본 사회 관행이 그대로 유지되고 있다. '암컷은 500만 년 전에도 그랬듯이 오늘도 자기가 태어난

곳을 떠난다. 둥지를 짓는 '기술' 은 500만 년 전이나 지금이나 같다. 오늘날 침팬지에게서 발견되는 차이점은 아주 미약하다. 어떤 그룹이 A라는 열매를 먹고 어떤 그룹은 B라는 열매를 먹는 정도, 또는 어떤 그룹은 바위로 열매를 깨는데 어떤 그룹은 나무에 부딪혀 깬다든지, 곤충을 낚는 데 사용하려고 잔가지에서 껍질을 벗긴다거나 안 벗긴다거나 하는 정도의 차이에 불과하다.

역사란 인간 두뇌의 결과물도 아니고 문화의 부산물도 아니다. 인간 두뇌의 능력 정도를 가진 어떤 집단이 이른바 문화를 소유했을지는 모르지만 그 문화를 변화시켰다는 역사적 기록은 없다. 즉, 전통문화라는 것은 이와 같은 경우를 앞서 나가고 있다.

인류학과 무관한 많은 작가들이 문화의 개념은 애매모호하다고 한다. 따라서 '무엇이 문화인가' 라는 질문은 회피하고 '동물들이 문화를 가지고 있는가' 라는 질문을 한다. 이 질문은 '어떻게 동물 행동이 유전되는가' 로 재정리된다. 만일 '전통' 이 '적절한 사회적 기제' 에 의해 세대를 거쳐 전승된다면, 그 행동은 문화적인 것으로 간주된다(Galef, 1992). E. O. Wilson(1975, p. 168)은 '문화는 언어의 개입과는 별개로 아주 독특한 것이고, 정도에 있어서만 동물의 관습과 다르다' 라고 주장한다.

그러나 동물들에게는 문화도 역사도 없다(Premack & Premack, 1994). 더군다나 언어는 침팬지와 사람 사이의 유일한 차이점도 아니다. 즉, 사람은 언어만 더해진 침팬지에 불과한 것이 아니다. 인류학자들은 그 차이점의 중요성을 과소평가해 왔다.

이 장에서는 첫째, 인간과 동물 사회에서의 정보 전달방법의 차이를 비교하고자 한다. 둘째로는, 동물과는 달리 인간에게는 교육이 존재함을 보여 줄 것이고 인간에게 교육을 가능하게 하는 조건이 무엇인지를 규명할 것이다. 마지막으로 문화 속에서 교육의 역할, 인간의 교육의 존재를 설명하기 위한 진보된 미학 이론과 더불어 이러한 이론이 동물의 세계에서는 찾아보기 어렵다는 점도 밝힐 것이다.

사람과 동물 사회에서 정보의 사회적 전달

정보를 사회적으로 전달할 때, 생물학적 유전을 통해서라면 여러 세대가 걸릴 수도 있었던 것을 오후 반나절 만에 한 세대가 다른 세대에게 기술이나 지식을 나누어 준다. 이렇듯 빠르고 유연하게 전달하는 것이 인간이 문화를 상속하는 경우에 가장 잘 나타나 보인다 하더라도, 동물에게서도 동일한 정보의 사회적 전달이 발견된다. 이것을 문화원형의 전승이라 한다. 이 전달이 유인원과 원숭이에게 한정된 것이 아니라는 것에 주의하라. 심지어 쥐에게서도 발견될 수 있다. 쥐가 먹는 최초의 단단한 음식은 그 냄새가 엄마 젖에서 났던 것과 같은 냄새이기 쉽다(Galef, 1981). 젖을 뗀 후에는, 사회적 안내가 계속된다. 쥐는 자기 영역에서 그 음식 출처 지도를 발전시켜서 특정 음식을 찾기 위한 신호로 동료들의 몸에서 감지되는 음식 냄새를 이용할 수 있도록 한다(Galef, 1981).

이러한 정보의 사회적 전달 중 어느 것도 교육에 의존하지 않는다. 간단한 결합 학습이 그 모든 것을 설명할 것이다. 더군다나 원숭이들에게서 보이는 것과 같은, 예를 들어 짧은꼬리 일본원숭이에게서 나타나는 즉흥성이 넘치는 음식 먹는 기술처럼 더 복잡한 행동도 관찰 학습을 더함으로써 설명될 수 있다. 재능 있는 젊은 암컷 Imo에 의해 소개된 바, 고구마를 씻는 것과 곡류를 까부르는 것은 집단을 통해서 관찰학습을 바탕으로 보급된다(Kawamura, 1959). 가장 빠른 전파는 Imo를 바라보고 또 서로를 바라봤던 또래에게서 일어났던 반면 가장 느린 보급은 Imo를 보지 않고 다른 젊은 동물들을 보지 않은 늙은 수컷들에게서 일어났다(Itani, 1958; Kawamura, 1959).

Imo의 신기술에는 그 이상의 특징이 있다. 다음과 같은 면에서 그들은 자기 종의 능력 안에 포함된다. 그런 것들은 아무런 도움 없이 습득되었다. Imo가 속한 그룹의 다른 구성원은 Imo를 관찰할 기회만 필요했거나, 관찰한 바를 시도해 볼 기회와 더불어 Imo를 이미 관찰했던 한 마리의 동족이 필요했던 것이다. 즉, 그들에게 필요했던 것은 학습을 관찰하고 실수를 보완해 줄 적극적이고 비판적인 모델이 아닌 단지

수동적인 모델이었던 것이다.[1]

그러나 재능 있는 개인들에게서 보이는 관찰 가능한 신기술의 한 부분이 그 종의 기본적인 능력 안에 해당하지 않는다고 가정해 보자. 이 말은, 구성원 대부분이 도움 없이는 재능 있는 구성원이 가진 신기술을 습득할 수 없다고 생각해 보자는 뜻이다. 이 경우, 신기술은 자체 전달되지 않고, 그룹을 통해 보급되지 않으며, 세대를 거치며 사회적으로 전달되지 않을 것이다. 즉, 선구자가 죽을 때 함께 사장되는 것이다.

교육은 인간에게 한정되는 것인가

모방할 경우, 초보자는 모델의 행동을 따라하면서 관찰한다. 그러나 모델은 초보자를 관찰하지 않는다. 모델은 어쩌면 초보자가 거기 있는지도 모를 수 있고, 사실 거기 초보자가 있든 없든 모델의 행동은 변화가 없을 것이다. 교육은 관찰이 양방향이라는 점에서 단번에 모방과 구별된다. 초보자가 모델을 관찰하는 것뿐 아니라 모델도 초보자를 관찰하는 것이다. 관찰에서 더 나아가 모델은 내적 기준을 따라서 초보자를 판단하고 혹시라도 모델의 기준에서 벗어날라치면 그 행동을 고쳐 주기 위해 적극적으로 개입한다. 그러므로 교육이란 관찰, 판단 그리고 개입의 조합으로 구성된다.

게다가 우리는 교육의 동기적 기초에 대해 질문할 수 있다. 우리가 다 아는 바와 같이 교육의 동기는 다음과 같이 설명할 수 있다. 교육자는 초보자에게서 관찰되는 행동과 교육자의 내적 기준과의 격차를 줄이기 위해 행동한다.

교육이 인간에게만 한정되는지를 결정하는 데 있어 우리는 많은 동물에게서 발견되는 자손에 대한 부모의 투자를 고려해야 한다. 예를 들어 새의 먹이 잡는 기술의 복잡성과 부모가 새끼와 함께 있는 시간과의 상관관계는 잘 알려져 있다(Brown, 1975). 씨앗이나 곤충만 먹는 새보다는 연체동물을 까서 먹는 새가 그 부모와 더 오래 머물러 있는다(Norton-Griffiths, 1969).

부모 투자의 더 극적인 예는 부모 고양이가 새끼 고양이들 곁에 살아 있는 쥐들을 가져다 놓는 것이다. 자라는 새끼 고양이들은 곧 점점 더 능률적으로 먹이에 접근한다. 이러한 '도움' 은 애완용 고양이들에게 한정되는 것이 아니고 많은 육식동물에게 발견된다(Ewer, 1969; Leyhausen, 1979). 왜 이러한 부모 투자는 교육이 아닌가?

첫째로 비영장류의 부모 투자는 이미 의혹을 일으키고 있는 한 영역, 주로 먹이 기술 면으로 국한된다. 사람을 대상으로 하는 교육에는 그러한 제한이 없다. 즉, 인간 교육은 생각할 수 있는 모든 영역에 적용된다. 그 점이 인간의 인지 능력을 보여주는 것이고 이 인지 능력은 유연성을 나타내기 때문에 종종 인간을 동물과 구별하게 한다.

더군다나, 동물의 투자는 새끼로부터 오는 피드백에 대해서 분명한 민감성을 보여주지 못한다. 다음의 수사적인 질문을 생각해 보라. 만일 새끼 고양이가 서툴러서 다른 새끼들보다 뒤떨어진다면, 부모 고양이는 추가적인 훈련을 시키거나 더 많은 쥐들을 공급하거나 다른 새끼들의 진도를 따라잡을 때까지 이별을 늦추겠는가? 아니면, 새끼 고양이들을 둥지에서 내보내자마자 사냥기술이 부족한 새끼를 부모가 찾아내 훈련이 더 필요하다며 교정시킬 것인가를 생각해 보자. 간단히 말해서, 부모가 새끼의 수행능력을 평가하고 그에 따라서 '훈련' 을 조정할 것이냐는 것이다.

이런 증거가 부족한 것은 인간 관찰자들이 관찰을 제대로 못했기 때문이 아니다. 반대로 동물들이 자세하게 관찰되었고 애완용 고양이의 부모 훈련에 대한 Ewer의 설명(1969)이 그러했던 것처럼 상호작용을 자세하게 묘사한 경우가 있다. 이렇게 예리하게 묘사된 경우에, '부모 판단' 에 대한 가장 가까운 것이다. 도망친 쥐는 부모에 의해 다시 잡혀서 새끼 고양이들에게 끌려 간다. 이것이 새끼들에 대한 반응이 아니라 쥐에 대한 반응임에 주목하라. 그리고 고양이가 훈련하는 것은 쥐가 아니라 새끼 고양이들이다.

인간 교육에 좀 더 가까운 것을 인류 이외의 영장류에게서도 발견할 수 있다. 원숭이와 유인원 어미들이 새끼의 입속에서 넘기지 못한 식물 잎사귀를 제거해 주는 것이 관찰되었다. 또한 고릴라와 침팬지 어미들이 새끼들을 그들로부터 멀리 떨어뜨려 놓고 그들에게 걸어오도록 했던 것이 관찰되었다(Yerkes, 1943). 이전의 경우와는 달리, 이러한 예들은 종 특유(species-specific)의 특징이 아니고 먹이 기술에만 적용되는 것도 아니며 과도하게 단순하기는 해도 교육의 속성을 가지고 있다. 설혹 복잡하다 해도 이 예들은 빈도수가 너무 낮아서 무시할 만하다. 뛰어난 현장 조사자들인 Wrangham과 Nishida는 약 150시간의 현장 관찰 후에 새끼 입에서 이파리를 제거하는 것을 겨우 두 건 보고했다(1986, 개인적 대화). 인간 교육도 마찬가지로 어떠한 행동이 드물게 나타난다면 무시할 수 있을 것이다.

좀 더 빈번하게 관찰되는 예는 원숭이의 '배변 훈련' 의 예다. 새끼가 어미 품에서 방뇨했을 때 어미는 새끼가 멈출 때까지 멀리 떨어뜨려 놓는다. 새끼는 처음으로 편안한 자리를 빼앗겼을 때 소리를 질러 대지만 때가 되면 두 동물은 서로의 신호를 읽는 것에 익숙해져 새끼가 방뇨하기 전에 어미가 알아차리고 새끼를 풀어 준다. 이것이 교육인가? 아니다. 아무리 둘의 의사소통이 정교해진다고 해도 어미의 반응은 혐오스러운 자극에 대한 단순한 반응을 넘어서지 않는다.

짧은꼬리원숭이는 같은 식으로 새끼의 젖을 뗀다. 처음에는 그저 젖으로부터 새끼를 떨어뜨려 놓고 더 이상의 접근을 거부한다. 새끼가 계속 떼를 쓰면 새끼를 때린다(Barnett, 1968). 처벌은 분명히 동물들이 서로를 고치기 위해 사용하는 중요한 기제이며 짧은꼬리원숭이가 새끼의 젖을 떼는 방식은 하나의 좋은 예다. 처벌은 당하는 쪽의 관점에서 자기가 가장 원하는 행동을 할 때 받는 고통스러운 자극인 반면 처벌을 가하는 자의 관점에서는 혐오스러운 상태에 가하는 자연스러운 반응이다. 한 개인의 고통스러운 자극이 또 다른 개인에게는 카타르시스적인 응답이다.

그럼에도 불구하고 우리는 혐오스러운 자극에 대한 반응 중 관찰 가능한 좀 더 복잡한 경우를 찾을 수 있다. 예를 들어 수컷 망토개코원숭이가 자신과 멀리 떨어져 돌아다니는 암컷 원숭이의 목덜미를 깨무는(Kummer, 1971) 반응은 역시 부정적인 행위에 대한 본능적인 반응이다. 침팬지 어미가 새끼들이 비명 소리를 내며 지나치게 과격하게 노는 것을 멈추기 위해 개입하는 것(Goodall, 1988)은 위의 경우와 다를 바 없는 기본적으로 같은 사례다. 새끼의 비명이 혐오스럽다고 느끼면 어미는 그것을 멈추려 한다. 새끼는 어미의 개입에 이득을 볼 수도 있지만 이러한 보호는 교육이 아니다. 훈련 없이 어떤 식으로든 한 마리가 다른 한 마리를 돕거나 보호해 줄 수는 있다.

문제는 동물들이 서로를 교정하느냐가 아니다. 그들은 그렇게 행동한다. 한 마리가 우위권 다툼에서 지면, 그의 행동은 영락없이 교정을 받는다. 그러나 모든 교정이 교육은 아니다. 교육에서는 한 개인이 적절한 행동 수행에 대한 정신적 개념을 갖고 있고 그 개념과 다른 개인의 실제 행동을 비교하여 둘이 일치하도록 훈련시킨다. 개인은 정신적 개념을 가지고 있다는 것을 모르고 계획된 활동을 수행한다. 정신적 개념(과 계획)은 물론 관찰될 수 없다. 그러나 관찰되는 훈련의 복잡성이 그 가정을 정당화해 준다.

실험실에서의 복잡한 예들

동물들에게 나타나는 교육과 가장 비슷한 복잡한 경우가 실험실에서 발생했다. 실험의 결과로서가 아니라 우발적인 행동으로서 일어났다. 갇혀 있는 동물들이 적절하게 관리될 때, 야생에서 보이는 것보다 더 복잡한 행동 유형을 종종 보여 준다. 복잡하기는 해도 이런 경우는 드물다. 20년이 넘는 관찰기간 동안 이런 경우는 겨우 서너 번 봤을 뿐이다. 여기에 두 사례 중 첫 번째가 있다.

잡혀 있는 침팬지 중에서 우두머리에 의해 특권을 부여받은 침팬지는 위치를 바꾸게 될 때 동행하는 침팬지다. 따르는 동물들이 위치를 혼자서 바꾸는 반면, 우두머리들은 동행을 요구한다. 우두머리들은 따르는 무리들 앞에 자신을 위치시킴으로써 수렵을 하고, 돌보거나 휴식을 취하던 현재의 과업을 버리고 다음 장소로 인도한다. 그러면 그 두 마리는 우두머리가 선택한 새로운 장소로 함께 이동한다.

이동하기 전에 따르는 동물은 두 가지 방법 중 하나로 우두머리와 자신을 연결시킨다. 허리 뒤쪽을 잡든지 그 옆으로 나란히 서서 팔을 어깨에 두르는 것이다.

Sadie와 Jessie는 실험실에서 3년 이상 그룹으로 살아온 네 마리의 동물 중 어린 축에 속했다. 그러나 그들은 자연스러운 짝은 아니었다. 그들은 서로를 짝으로 선택하지 않았고 이전까지 한 번도 그들끼리만 수용소(벽으로 둘러싸인 $\frac{1}{2}$ 에이커 넓이의

들판) 안에 홀로 남겨진 적이 없었으며 함께 걸었던 역사가 없었다.

처음으로 둘이 함께 남겨졌을 때 Jessie는 Sadie가 다가갈 때마다 뛰어 달아났다. 그러므로 Sadie의 첫 번째 일은 극단적으로 겁이 많은 Jessie를 진정시키는 것이었다. 반복적으로 Sadie는 Jessie에게 다가갔다. 천천히, 얌전하게 마침내 Jessie가 달아나지 않을 때까지. 이제 Sadie는 Jessie 앞에 서 있고 Jessie의 어깨와 머리를 쓰다듬는다. Sadie의 다음 단계는 자신을 Jessie 옆에 두는 것이다. 그러고 나서 Sadie는 Jessie의 팔을 들어 올렸다. 머리를 숙이면서 Jessie의 팔을 자기 어깨에 떨어뜨려 놓았다. 왜 Sadie는 자기 팔을 Jessie에게 얹어서 일을 간단하게 만들지 않았는가? 사실 평범한 배열은 아니지만 우리는 알지 못한다. 이러한 사회적 교환 속에서 따르는 동물이 자기 팔을 우두머리에게 두름으로써 서로를 연결하는 것은 Sadie가 Jessie를 가르치는 규범적 형태였다.

일단 Sadie가 Jessie의 팔을 원래 있었던 곳에 내려놓았을 때, 두 동물은 분리되었다. Jessie가 Sadie에 비해 너무 작다는 것만 빼면 모든 것이 좋았을 수도 있었다. Jessie의 팔이 Sadie의 어깨에서 흘러내려서 두 팔과 모든 몸무게가 Sadie의 등에 실리자 Sadie는 멈추었다. Jessie는 달아났고 Sadie는 맹렬히 쫓아가지는 않았지만, 느리고 끈기 있는 접근으로 시작하는 그 전체 주기를 다시 했다. 두 시간이 지날 무렵 Jessie는 완벽하게 훈련되었다. 모든 두려움이 사라졌을 뿐 아니라 따르는 동물의 임무를 완벽하게 수행했다. Sadie가 접근할 때 Jessie는 자신이 현재 하던 일을 버리고 Sadie 옆에 나란히 서서 팔을 Sadie에게 두르고 둘은 함께 이동했다. Jessie가 상대적으로 키가 작다는 문제는 해결되지 않았기에 짧은 거리를 간 후에 Jessie는 Sadie 건너편으로 쿵 넘어졌다. 둘은 멈추었다. 그러나 이제 뛰어 달아나기보다는 Jessie는 자신을 바로잡고 둘이 다시 길을 떠났다.

이 경우는 인간의 인지적 복잡성을 가진 훈련이 침팬지에게서도 종종 발견된다는 것을 보여 주기 위해 자세히 묘사되었다. Sadie의 행동은 트레이너가 상대의 바람직한 행동 상태를 염두에 두고 있다는 것과 그 정신적 개념을 구현하기 위해 매우 신중한 계획을 실행한다고 주장하기 위해 바랄 수 있는 모든 조건을 갖추었다. Sadie의 행동은 혐오스러운 자극에 대한 단순한 반응이 아니다. 반대로, Sadie는 처음에는 비협조적이었던 Jessie를 때리거나 공격하는 기질을 성공적으로 억제했다. 억압된 공격을 하는 것이 아니라, 대신 조용하게 이루어졌고 심지어 몇 차례 토닥이기까지 했다. 또한 Jessie의 몸을 바람직한 위치에 놓는 이 아름답고 수동적인 지도는 도망치는 암컷을 쫓는 것이나 어미가 방뇨하는 새끼를 떼어 놓는 것과는 다르다. 다른 침팬지의 팔을 들어서 자기 어깨 위에 두르는 것은 아마도 기본 빈도수가 없을 것이다. 그것은 아마 다른 환경에서는 일어나지 않는다는 것이다. 그 행동은 이 상황을 위해 고안된 것이다.

하나를 제외하면 모든 면에서 Sadie의 Jessie를 향한 훈련은 교육의 완벽한 예다. 예외는 무엇이었나? 그 훈련은 트레이너의 이득을 위해 시행되었다는 것이다. 이를 증명할 수 있을까? 원칙적으로는 아주 쉽다. 그 구분은 이런 식으로 나눌 수 있다. Sadie에게 Jessie와 쌍둥이 자매인 Leslie를 훈련하도록 하라. Leslie의 경우 Sadie로 하여금 훈련시킬 기회뿐 아니라 훈련으로 인해 이득을 볼 수 있도록 허용하고 Jessie는 이득 없이 훈련만 하도록 한다. Sadie는 둘 다를 훈련할 것인가 아니면 Jessie를 무시하면서 Leslie에게 모든 노력을 집중할 것인가? 결국 Sadie가 Leslie만 훈련한다면 우리가 트레이닝의 초점이 트레이너의 이득을 위한 것이라는 것에 자신감을 갖는 것은 합당하다.

반대로, 같은 실험을 통해 교육자가 두 자매를 차별하지 않고, 교육자의 기준과 일치하는 수행을 추구할 수도 있다. 이 결과는 우리가 이전에 언급했듯이 교육의 목표다. 훈련의 목표가 바뀌어서 트레이너의 이득이 목표가 된다고 가정해 보자. 이러한 변화의 주된 결과는 교육이 일어나는 경우를 제한하게 될 것이다. 기준의 빛에 비추어 봐서 젊은이들에게 주목하여 그 행동을 조사하는 것이 더 이상 일어나지 않을 것이고 교육자는 향상된 행동이 이득을 가져다주는 이들에게만 훈련할 것이다. 예를 들어 교육자는 젊은이들에게 단순히 나무를 오르라고 훈련하지 않을 것이다. 적합한 행동이기 때문이 아니라 나무에 오른 놈들이 교육자에게 과일을 갖다줄 수 있기 때문이다.

Köhler의 스타 학생인 Sultan의 경우에, 우리는 교육 비슷한 행동이 약간은 다른 방식으로 아마도 동기 영역에서 실패하는 예를 찾을 수 있다. Köhler(1925)는

Sultan이 자기가 이미 해결한 문제로 덜 재능 있는 동료들이 씨름하고 있는 것을 보고 분명 도와주기 위해 갔다고 보고했다. 예를 들어, 한 번은 Sultan이 그들이 쌓지 못한 상자들을 쌓아 올려 바나나에 도달해서 그것을 내린 후, 바나나만 남겨 놓고 떠났다. 이것이 교육처럼 보일 수 있을지는 몰라도 교육은 아니다. Sultan에게 그의 동료들이 문제를 해결하지 못하는 것을 관찰하게 하되 Sultan이 들어가는 것을 허락하기 전에 동료들을 내보내라. 그럼에도 불구하고 Sultan이 들어가 상자를 쌓아 놓고 바나나를 두고 떠날까? 만약 그렇다면 Sultan의 행동은 교육이 될 자격이 없다. 오히려 Sultan은 그가 생각하기에 최적이 아닌 행동을 관찰하고 그렇기 때문에 고치고 싶어 하는 것이다. 무생물의 상태를 고치는 것은 교육이 아니다. 무생물 세계를 바꾸는 것이 미래에 대한 간접적인 효과만 있다는 것에 주의하라. 반대로 교육은 다음 세대의 능력을 신장시키는 데 있어 직접적인 효과가 있다. 젊은이들을 훈련시키는 데 교육자는 그가 세상에 더 이상 존재하지 않아서 변화를 만들어 내지 못한다 하더라도 그 세상을 최적의 상태로 이끌기 위해 효과적으로 조정한다.

마음 이론과 경험 공유하기

사로잡힌 침팬지의 행동은 침팬지가 교육을 실행할 인지 능력이 있다는 것을 보여 준다. 게다가 잡혀 있는 침팬지는 '마음 이론' (Premack, 1988; Premack & Woodruff, 1978)을 가지고 있는 것으로 간주되고, 마음 이론은 교육을 위한 중요한 전제조건으로 여겨진다. 마음 이론을 가지고 있는 존재들은 정신 상태를 다른 이들에게 귀인시키고 이러한 상태와 관련하여 그들의 행동을 이해한다(Leslie, 1987; Perner, 1991; Wellman, 1990; Wimmer & Perner, 1983). 예컨대 한 개인이 접근할 수 없는 음식에 도달하려는 것을 보면, 그들은 그 개인이 음식을 원하고 그것을 얻기 위해 애쓰고 있다는 것을 이해한다. 더 나아가 음식을 향한 시야에 무언가 가로막힌 것을 보여 주면 그들은 그 개인이 그 음식을 볼 수 없다고 이해한다. 이 지식은 한 존재가 다른 존재가 직면한 문제들을 해결하는 것을 가능하게 해 준다. 음식을 얻는다

거나, 장애물을 치우는 등으로 말이다.[2]

효과적으로 가르치기 위해서 한 개인은 다른 이가 무엇을 보고, 알고, 원하고, 성취하려고 하는지를 이해해야 한다. 놀랍게도 최근의 실험실 연구는 침팬지가 사람만큼은 아니더라도 어느 정도 그런 지식을 갖고 있다는 것을 보여 준다(Premack, 1988, 1993). 원숭이들에게서는 전혀 발견되지 않는 면이다(Povinelli, Parks, & Novak, 1991).

갇혀 있는 침팬지는 교육을 위한 능력과 예상치 못한 마음 이론을 가지고 있다는 것을 보여 주는 반면, 야생 침팬지에게서는 교육의 증거들이 나타나지 않는다. 왜 그럴까? 두 가지 주요한 이유가 있다. 하나는 인간에게는 매우 강하지만 동물들에게는 없거나 있어도 미미한 미학적 요소와 상관이 있다. 인간들은 타인을 훈련시킬 뿐 아니라 스스로도 훈련시킨다(Premack, 1984, 1991). 그들은 그들의 기술을 연마하는 데 수많은 시간을 쏟는다. 꼭 외부의 보상만을 위한 것이 아니라 하나의 기술을 통달하는 내적 만족감을 위해 연습하는 것이다. 연습 안에 내재되어 있는 표준이나 탁월함에 대한 감각은 교육에서 또한 작용하는데 이 감각은 인간 교육의 요건에 한몫한다. 개입(침팬지의 경우와 같이)이 주제를 벗어난 것이 아니라 아동이 표준에 이르기까지 계속한다는 사실 때문이다. 연습(스스로 훈련하기)과 교육(다른 이를 훈련시키기)은 함께 간다. 별개로는 서로를 절대 발견할 수 없다.

두 번째로 침팬지에게는 '지식을 공유하는' 식별 가능한 기질이 없다. 사람의 경우, 이러한 점은 유아 초기부터 발견되는 주요한 특징이다. 예를 들어 곰 인형에 애착을 보이는 6개월짜리 영아가 관찰자와 눈 접촉을 한 후에 시선을 곰 인형으로 옮긴다. 곰 인형의 존재와 그 아이가 그 인형을 소유하고 있다는 정보를 나누기 위해 관찰자를 초청하는 것이다. 몇 마디 말을 할 수 있게 되는 11~12개월 사이의 아이들에게서 더 명확한 증거를 찾을 수 있다. 아이들이 흥분해서 한 사물을 가리킬 때, 거의 항상 움직이는 버스, 트럭, 헤엄치는 물고기나 심지어 땅에 기어가는 개미 등을 가리킬 때 아이들은 관찰자와 눈을 맞추려 애쓰는 것과 대상의 이름을 반복적으로 부르는 것을 동시에 한다(Bates, 1979; Premack, 1990b). Premack(1990b)의 실험 결과처럼 아이는 그 대상을 요청하는 것이 아니라 그 아이가 대하고 있는 사물에 대한 흥분을 공유하도록 초청하는 것이다. 이에 비교할 만한 행동이 침팬지에게서는 나타나지 않으며 언어 이전 아이의 시각 행동과 유사한 행동도, (언어 훈련받은 동물의) 시각-언어 조합 행동도 좀 더 자란 아이의 행동과 유사한 것이 보고된 바가 없다. 우리가 알고 있는 바로는 경험을 공유하려는 경향은 인간이 가진 독특한 특징이다.

이러한 교육적 특징이 인류의 진화에 중요한 역할을 했을 가능성이 높다. Sadie가 Jessie에게 정교한 비언어 훈련을 했을 때 나타나듯이 언어와 교육은 독립적이고 이 두 분리된 능력의 조합은 원칙적으로 네 개의 종을 유발했다. 이는 곧 (1) 교육과 언어를 가진 존재, (2) 둘 중 둘 다 없는 존재, (3), (4) 둘 중 하나를 가진 각각의 존재들이다. 그러나 사실 우리는 교육 없이 언어가 있거나 언어 없이 교육이 존재하는 등의 경우를 알지 못한다. 오히려 우리는 두 가지 능력을 다 갖추고 있거나 둘 다 없는 종을 알고 있다.

논리적 가능성의 범위의 제한은 경험을 공유하려는 특징으로 설명할 수 있다. 이 요소가 주어지면 언어와 교육을 진화하기 쉽다. 결국 이 요소가 없으면 둘 다 안 된다. 일반적인 신호와 언어가 전제하는 상징의 공유는 경험을 공유하는 경향을 빼면 생각할 수도 없다. 이런 특징은 교육이 자신이 적용하는 표준에 일치시키기 위해 다른 이들을 이끄는 것을 포함하기 때문에 교육의 진화에 동등하게 필수적으로 보인다. 이 경향의 부재는 침팬지가 언어와 교육을 갖지 못한 것을 잘 설명해 준다. 표면적으로는 전적으로 두 번째 요소로 보이는 것을 갖지 못했기 때문에 치러야 할 엄청난 대가다.

어른 침팬지들은 어린 침팬지들이 성숙과 학습의 조합으로 스스로 습득하지 못하는 활동에 관여하지 않는다. 더군다나 우리가 보아 왔듯이 침팬지들은 자신들의 환경을 별로 바꾸지 않고 부모와 새끼가 실제로 같은 세계에서 자란다. 그렇기 때문에 새끼의 학습은 주로 부모의 학습을 반복하는 것이다. 반대로 아이들이 도움 없이는 습득하지 못하는 수많은 활동에 성인은 관여한다. 고대에는 스스로 고도의 석기 만드는 기술을 습득할 수 없었다. 오늘날에도 혼자서 읽기, 쓰기와 셈하기를 습득할 수 없다. 게다가 아이들의 학습은 어른들의 학습을 반복하지 않는다. 우리가 봤듯이 어른들과 아이들은 같은 세계에서 자라지 않는다.

인간 지능의 두 가지 특징—세부적인 특징과 엄청난 개인 간의 차이점이 존재한다는 것이 교육을 더욱 높이 평가하도록 해 준다. 이러한 특징은 다른 종들에게서 발견되는 것보다 더 전문적인 능력에 기여하여 '재능 있는' 연장 제작공, 사냥꾼, 요리사와 무당 등을 만들어 낸다. 이렇게 재능 있는 개인들에 의해 소개된 신기술들은 그룹을 통해 단순히 보급되지 않는다. 사실 그들은 다른 이들을 가르쳐야 한다. 교육은 인간 문화에 두 가지 역할을 한다. 이미 존재하는 기술을 전수하는 것과 재능 있는 구성원의 기술을 보존하는 것이다.

문화와 신념

앞서 우리는 비인류학자들은 '동물 문화'를 문화의 내용 그 자체로 보지 않고 어떻게 문화가 전수되는지, 즉 전수방법에 초점을 맞추어 보려고 한다는 점을 언급했다. 이것은 매우 유감스러운 일인데, 왜냐하면 문화의 전달 방식에서는 드러나지 않을 수 있는 문화의 내용이 곧 인간의 어떤 구별되는 면을 조명해 주기 때문이다. 특히 내용에 초점을 맞출 때는 신념의 속성과 근원에 집중하는 것이 필요하다.

신념에는 약한 신념과 강한 신념이 있다. 약한 신념은 우리가 지각한 것에 대한 진실성 여부에 의문을 가질 때 일어난다. 내가 정말 뱀을 봤나? 빨간 점이었나? 아니면 그냥 태양빛이 반사된 것인가? 인식은 보통 직접적으로 행동으로 연결되지만 이런 경우에 행동은 우리가 그 인식의 진실성을 묻는 동안 중단된다. 만약에 내가 인식한 것이 사실임을 입증한다면 그것을 믿고, 나는 행동할 것이다. 이러한 형태의 신념은 증거에 매우 의존하기 때문에 그리고 인식에서 겨우 약간만 움직인 것이기 때문에 약한 신념이다.

신념의 강한 형태는 인식으로부터 멀리 나간다. 증거와의 관계는 더 이상 간단하지 않고 매우 복잡하다. 복잡성은 종교적인 신념에 의해 잘 드러난다. 예를 들어 예수님이 하느님의 아들이라는 신념과 돼지고기를 소비하는 것은 죄악이라는 것, 악마는 타락한 천사라는 것과 증거 사이의 관계를 생각해 보라. 신념과 증거와의 관계가 단지 이 경우에서만 복잡하다고 단정하지 말자. 세균이 질병을 일으킨다든지 우주가 빅뱅으로 시작되었다든지 하는 신념도 있다. 이러한 신념이 널리 받아들여지고 있지만 우리들 대부분은 그것들을 지탱해 주는 증거 때문에 그 신념을 붙들고 있는 것이 아니다. 질병의 세균 이론을 확고하게 믿는 사람들 중 어느 정도가 실제로 세균을 봤으며 그들의 신념을 위한 하나의 조건으로서 세균을 보게 해 달라고 요청이라도 해 보았단 말인가?

질병 이론은 인간 문화의 표준 구성요소 중 하나다. 세균론은 인간의 몸과 영혼을 구별했던 상식적 이론, 즉 병은 영혼이 몸을 떠나서 생기는 것이고 그렇기 때문에 치료자의 일이란 영혼을 회복하고 몸으로 되돌리는 일이라는 믿음을 대체하는 것이다. 빅뱅 이론은 기원의 신비, 어떻게 세계가 시작되었는가를 설명하는 또 다른 인간 문화의 우주적 구성요소에 대한 버전이다. 어떤 인간 문화도 이런 설명이 없는 문화는 없다.

우리는 이런 종류의 신념이 인간 외 동물들에게서는 발견되지 않는다는 점을 밝혀 주는 증거 목록을 굳이 필요로 하지 않는다. 그런데 신념의 약한 형태가 발견될 수는 있어도 현재까진 강한 형태에 대한 증거가 없다. 강한 신념은 세상이 어떻게 시작되었는지, 그것의 구성 성분은 무엇인지, 이 요소들을 한데 모으는 것이 무엇인지, 무엇이 질병을 일으키는지 등과 같은 비공식적인 이론이다. 그러므로 이것은 좀 더 공식적인 이론에 의해 대두된 근거와 관련한 모든 질문을 제기한다.

이러한 문화적 신념이나 비공식적인 이론은 무엇에 의존하는가? 물론 궁극적으로는 언어다. 언어 없이는 전달할 수 없기 때문이다. 그러나 언어는 개체 발생론적으로나 계통 발생론적으로 신념이 발전한 단계에만 적용할 수 있는 마지막 전제조건이다. 좀 더 초기에 필요한 전제조건이 있다. 예컨대 아이가 세상을 나누도록 준비시켜 주는 일련의 분류 범주 같은 것이다—물리적 대상, 생각, 생물학적 종류, 최근에 인식한 사례 등 아이가 그 범주 안에 드는 구성요소에 대한 가정뿐 아니라 한 범주의 구성요소가 바뀔 수도 있는 특별한 변화 가능성에 대해서도 즐기면서 세상을 구분한다는 증거가 늘어나고 있다(Hirschfeld & Gelman, 1993).

예를 들어 무생물은 생물과 동적 특징에 의해 구분된다. 전자는 다른 대상에 의해서만 움직여지는 반면 후자는 자기 스스로의 움직임으로 가고 선다. 즉, 자체 추진력이 있는 것이다. 아이는 움직임의 두 종류에 대해 다른 해석을 할당한다. 예를 들어 한 대상이 다른 대상을 발진시키는 유도된 움직임은 유발된 것으로 해석하고(Leslie & Keeble, 1987), 자체 추진한 움직임은 유발된 것이 아니라 의도된 것으로 해석한다(Dasser, Ulbaek, & Premack, 1989; Premack, 1990a). 게다가 아이들은 생물적인 종류들을 특별한 특징을 가진 것으로 간주하는데, 이 특징이란 성장과 재생산, 질병을 포함한다. 무엇이 질병을 일으키느냐에 대한 강한 신념 혹은 비공식적 신념은 우리가 이미 보아 온 것과 같이 문화의 변하지 않는 구성요소다. 문화를 구성하는 이론의 종류는 영아에 의하여 인식되는 다양한 영역과 밀접한 관계를 가지는 것 같다. 모든 경우에서 문화 이론은 범주 특유의 변화와 더불어 영아가 문화 구성요소에 대하여 특별히 민감하다는 점을 설명할 수 있다.

인간이 아닌 동물에게 문화가 없는 것은 모방이나 교육을 통해 그들의 전통을 전승하지 않기 때문일 뿐만 아니라 문화적 신념의 토대가 없기 때문이다. 다시 말해서, 이 세상에 대한 이론을 지지해 주는 것으로부터 그들을 막아 주는 언어가 없어서가 아니라는 것이다. 좀 더 근본적으로 말해서 이론 구축을 위한 중요한 선수 조건인 범주의 구분이 없다는 사실이다. 아마도 그들은 어린아이가 그렇듯 구성원들이 특색 있는 변화를 겪게 되는 범주로 이 세상을 구분할 준비가 되어 있지 않을지도 모른다.

침팬지는 생물에 대해 무슨 개념을 갖고 있는가? 어린아이들이 그러하듯이(Keil, 1989), 침팬지는 같은 종류의 구성원들이 자신의 정체성은 지키면서도 신체적 변화를 겪으며 자란다는 것(무생물은 자라지 않는다는 것)을 이해할까? 테스트가 가능한 경우이지만 아이들에게 마찬가지로 적용되는 비언어적 과정에 의해서 이러한 질문은 해결되지 않았다. 추측컨대 동물들은 범주를 인식하지 못한다는 사실을 증명해 보이거나 혹은 그들의 범주 인식이 사람의 아이들이 하는 것보다는 덜 형성되어 있을 것이다. 이것은 그 자체로 동물들에게 문화가 없다는 것을 설명해 준다. 문화의 씨앗은 인간 아이가 가진 범주 인식에 심어질 수 있기 때문이다.

세상에 대한 이론을 갖는 데 있어서 사람들은 이 이론들이 이끌어 가는 질문에 의해서 둘러싸이게 된다. 경험을 공유하려고 그들은 이러한 질문을 함께 추구한다. 인간이 만들어 낸 최초의 환경 변화와 역사를 추진시키는 변화는 모두 실용적인 문제로부터 나왔다. 농업으로 변화, 집단 정착, 영구적인 안식처 등을 옮길 경우다. 실제적인 조정이 계속해서 환경의 변화를 초래했으나 최근의 변화들은 다른 데서 기인했다. 이 세상이 어떤 기본적인 입자로 구성되어 있는가? 어떤 힘이 이것을 함께 지탱해 주고 있는가? 어떻게 세상이 시작되었는가? 이러한 깊은 이론적인 질문에 대답하기 위한 협력적인 시도가 그 어떤 실제적인 문제에 의해 야기된 변화 중 가장 중대한 변화인 핵 혁명을 불러일으켰다. 참으로 실제적 사안과 직접적으로 연관된 역사적인 변화의 속도는 이론적 질문에 대답하기 위한 시도에서 기인한 변화의 속도에 비하면 미흡할 따름이다. 특수 과학을 발달하게 만든 모든 질문은 비공식적인 문화 이론 안에서 윤곽을 드러낸다. 이 질문을 언급하는 데 있어 인류는 역사의 맥박을 빠르게 해 왔고 동물들로부터 빼앗아 자신들의 영역을 넓혀 왔다.

교수학의 필요성은 무엇인가

교육을 닮은 행동 양식이 동물에게서 보인다 하더라도, 그것은 여러 가지 이유로 인간의 양식에 미치지 못한다. 어떤 면에서 자격을 주는 행동이나 바람직한 복잡성을 가진 행동은 드물 뿐 아니라 동기가 부적절하며 분명히 훈련자의 이득만을 위해 행해진다.

과연 교육은 자기주도 학습보다 더 효과적인가? 교육은 교육이 아니면 습득할 수 없는 기술과 지식을 개인에게 습득하도록 하는가? 대답이 단연코 '그렇다' 라고 할지라도 이 문제에 대한 논의는 추후로 넘기고 우리는 다시 교육의 필요성이 무엇인지와 어떻게 그 필요가 대두될 수 있는지에 대한 논의로 돌아가 보도록 하자.

교육에 대한 필요는 한 종(species) 내의 지능의 다양성이 충분히 늘어 가는 것 때문에 야기될 수 있었을 수도 있다. 지능에서 개인 간 차이점이 충분한 규모에 도달했을 때 재능 있는 구성원들에 의한 신기술이 그렇지 않은 자들의 범주를 넘어서게 된다. 후자는 도움을 받아서만이 그러한 신기술을 습득할 수 있는 것이다.

인간의 지능은 동물의 지능보다 참으로 다양하다. 그러나 동물의 지능과는 종(species) 내에서 엄청난 다양성을 갖고 있다는 점과 인간의 지능이 분리되어 있거나 전문화된 요소로 나뉠 수 있다는 점에서 동물과 구분된다. 이러한 구분은 동물에게 암시만이 존재할 뿐이다. 우리는 언어적 요소에는 강하고 수량적 영역에는 약한 침팬지나 사회성은 높지만 공간지각능력이 떨어지는 침팬지를 찾아내기 어렵다. 그리고 만약 우리가 그런 측면을 동물 안에서 발견한다면 사람에게서보다는 덜 표명될 것이 분명하다. 사람들 중에서는 어떤 요소 안에 있는 세부기술능력은 갖추고 있으면서도 다른 요소 안에 존재하는 기존 지식조차도 도움 없이는 습득하지 못하는 개인이 있다. 이것이 동물에게서는 좀처럼 찾아보기 어려운 조건이다.

인간 지능의 다양성과 모듈화가 교육이 필요하도록 만들어 주기에 충분한가? 지금까진 그러했다. 과학자들은 매일같이 이런 종류의 신기술의 예를 제공한다. 드물게나마 가정주부들도 그렇게 한다. 이 세상의 부엌을 자세히 들여다보면 전문 요리사만이 관찰을 통해 습득할 수 있는 새로운 음식 준비 방법이 있을 수 있다. 대부분의 사람들은 교육을 필요로 한다. 요즘엔 더욱 그렇다.

그러나 언제 처음으로 이런 조건이 일어났는가? 인간 지능이 전문화된 요소로 나눌 수 있다는 성질이 교육을 교육자에게가 아니라 당연히 (어느 경우에도 주요 수혜자가 되는) 동족에게 이득이 되도록 만들어 주는 중요성을 언제 획득하게 해 주었는가? 이 질문에 대한 명확한 답은 적절한 학자들, 즉 선사시대 역사가 및 다른 사람들에게 넘겨져야 하지만 우리도 이 문제에 대해 이미 알려진 도구의 다양성으로부터 생각해 볼 수 있다. 예를 들어, 호모 에렉투스의 오래도록 바뀌지 않는 연장 도구로부터 그 후의 빠른 성장에 이르기까지의 변천은 우리가 찾고 있는 변화의 종류를 제안한다(Jelinek, 1977). 이 변천은 교육을 이롭게 만드는 지능의 변화와 교육 자체의 등장을 나타낸다.

요약하면, 한 그룹의 상당한 비율이 재능 있는 구성원의 신기술을 모방과 학습의 일반적인 조합으로는 습득할 수 없기에 여기서 교육의 필요성이 야기된다. 물론 반드시 신기술자가 모든 가르침을 행하는 것은 아니다. 기껏해야 그는 다른 한 명의 개인만을 가르치면 된다. 비록 스스로는 신기술을 만들어 내지 못하더라도, 그 신기술을 이해하고 다른 이들에게 가르쳐 줄 구성원을 포함하고 있기 때문이다.

문화 속 교수학의 역할

교수학의 이점들

앞서 우리는 교육이 도움 없는 학습보다 더 효과적인지를 물었다. 우리의 답은 다음과 같은 이유에서 단호하게 '예' 라고 할 수 있다.

1. 교육자들은 우수한 피드백을 제공한다. 그들은 이상적인 생산품은 어떠해야 하는지를 알고 그에 따라 초보자를 판단한다. 반대로 초보자들은 이상형이 어떠해야 하는지 모르기 때문에 작동은 하지만 차선의 효율성을 가진 도구, 즉 명백히 열등한 생산품을 감수한다. 이 점에 대하여 필자는 자신에게 칼라하리 사막에서 음식을 나누어 주며 안내해 준 두 너그러운 젊은 인류학자들의 요리가 떠올랐다. 두 사람 모두 야외에서 요리하는 동료들을 관찰할 기회는 너무나 많았음에도 몇몇 세부사항은 그들에게서 도망쳐 나갔다. 그들은 요리도구를 예열하지도 않았고 기름을 두르지도 않았다. 스테이크는 차가운 팬 위에 놓였고 계란은 예열되지도, 기름을 두르지 않은 팬 위에 깨져 있었다. 어쨌든 그들의 모닥불에서 나온 이상한 물건들이 그들의 과정에 대해 질문하지 못하도록 만들었다. 사실 그들 요리의 특이함을 지적당한 후에야 수개월 혹은 수년 동안 먹어왔던 음식의 부적절함을 그들이 인식하고 말았다. 그러나 그들에게 예열과 기름 두르는 것을 교육했을 때, 그들은 곧장 실천에 옮겼다. 결국 교육자의 첫 번째 기여는 종종 일이 어떠해야 하는지를 초보자들에게 가르쳐 주는 것이다.
2. 교육자들은 초보자들을 격려한다. 초보자들은 몰라도 성취의 중간 지점에서의

일정 기간, 즉 정체기가 어떤 단계에서 끼어들 것이고 초보자가 최종적으로 탁월함을 획득하기 위해서는 이 기간을 넘겨야 한다는 것을 교육자들은 알고 있다. 교육자들은 또한 과제를 부분으로 나누고 눈치 빠르게 세부목표를 세워 줌으로써 초보자들을 격려한다. 이렇게 하는 것이 초보자들로 하여금 목표에 도달할 수 있게 하고 노력을 계속하도록 이끌어 준다.

3. 좀 더 고등 단계에서 교육자는 행동이나 기술의 목적을 초보자들에게 설명할 수 있고 그렇게 함으로써 초보자는 장님이 따라 하는 식의 학습을 더는 하지 않아도 된다. 기제의 인과적 의도를 이해할 때, 초보자는 그 의도의 측면에서 구성을 변형시킬 수 있다. 초보자는 교육자의 모델로부터 다소 동떨어져 새로운 신기술을 이룰 수도 있다.
4. 언어가 교육에 더해지면, 초보자들은 명시적 정의의 이점을 얻게 된다. 이제 교육자는 구체적인 정의를 넘어설 수 있다. 예를 들어 친인척 시스템의 경우에 사촌이나 숙모를 가리키는 것을 넘어서 이런 계층의 공식적 정의를 초보자들에게 제공할 수 있다.
5. 초보자들은 그들이 다른 사람보다 어떤 것을 더 잘한다는 것을 배울 수도 있다. 어떤 기술에 투자하는 것은 시간 낭비라든지, 그들이 재능을 보이는 기술에 노력을 쏟는 것이 더 낫다든지 하는 말을 듣게 된다. 그러면 초보자들은 그들의 생산품을 자기 것을 보완해 줄 만한 다른 개인의 물건과 교환할 수 있다. 이것은 초보자의 수준을 넘어서는 판단이라 하더라도 교육자에 의해서 이미 충분히 평가받을 수 있다.
6. 끝으로 몇몇 경우에 초보자들이 교육 없이 전혀 배우지 못하더라도, 또 다른 경우에 있어 교육의 이점은 효율성의 하나인 실수를 줄이는 것이 된다. 그러나 이런 이점조차도 과소평가되어서는 안 된다. 실험실에서는 실수의 대가가 적은 반면 실제 세상에서는 상당할 수도 있다. 때때로 초보자들은 두 번째 기회를 얻지 못하기도 한다.

문화의 기원

문화의 진화는 생물학적 진화에 불을 질렀다고 일컬어진다(예: Maynard-Smith, 1972; Mayr, 1982; Tinbergen, 1964). 이 분석에 따라 진화론에서 일단 거부된 한 행동은 자연 선택의 주요 자료로 떠올랐다. 원시인과 관련한 추측(Isaac, 1978; Washburn, 1963)들은 이 관점과 일맥상통한다. 원시인의 뇌가 현대의 유인원의 뇌보다 과히 크지 않던 시절에 원시인의 행동은 이미 원숭이의 행동과 달랐다. 직립 자세, 석기, 본거지와 음식을 공유하는 것이 원시인을 구별시켰다. (매일 밤마다 새로 지었던 둥지와는 대조적으로) 반영구적인 오두막에서 살았고 (껍질 벗긴 잔가지들이 아닌) 석기를 만들었으며 (서로에게서 빼앗기보다는) 음식을 공유했던 개인은 사회 조직을 구성했다. 그 조직의 복잡성이 지능을 높이 평가하게 만들고, 따라서 더 큰 뇌를 만드는 변이형을 선택하도록 하는 데 이르게 했을 것이다.

언어로 의사소통하는 능력이 사회의 복잡성을 증가시키고, 따라서 지능의 형식이 진화하는 데 압력을 가했을 거라는 데는 의심의 여지가 없다. 그러나 교육은 필적할 만한 효과를 가질 수 있다. 재능 있는 개인의 신기술적인 기술 보급을 증가시키는 교육과 같은 과정이 그 신기술이 일어나는 그룹의 복잡성을 증가시킬 것이다. 더욱이 이 효과는 언어에 의존하지 않는다. Sadie가 Jessie를 훈련하는 데 사용했던 수동적인 안내조차도 얼마나 효과적으로 훈련이 언어 없이 진행될 수 있는지를 보여 준다. 게다가 언어를 완벽하게 구사한다는 것 자체만으로는 그 능력이 교육적 목적으로 사용되리라는 것을 보장해 주지 않는다.

인류학자들은 도구를 만드는 일정 수준이 도움 없이는 습득될 수 없다는 것을 공통적으로 지적한다. 이들은 언어가 그렇기 때문에 이 수준에 도달하기 위해 그룹에게 필수적이라고 강조한다(예: Harris, 1975; Jelinek, 1977; Leroi-Gourhan, 1964). 언어와 교육을 혼동하는 것은 흔하게 저지르는 실수다. 인류학자들이 의미하는 것은 언어가 도움 없이는 습득될 수 없기 때문에 그 언어를 보급하기 위해 교육이 필요하다는 것이다. 그러나 우리가 보듯이 교육은 언어를 필요로 하지 않는다.

교수 인류학

현재의 인구수만큼 모든 인간 그룹이 교육이라는 것에 참여하는가? 교육에 대한 자료들은 놀랍게도 찾아보기 어렵다. 교육은 공식적으로 인류학적 범주가 아니다. 즉, 다양한 그룹의 교육적 수행 분류목록이 없다. 관계된 부분을 담고 있는 민족지학 자료를 찾는 것은 가능하다. 예를 들어 사회화 관련 자료 및 아이들 교육을 위해 제공된 단편적 연구서와 같은 것이다. 그러나 우리가 진정 원하는 답에 대한 질문은 과연 누가 교육자인가다. 부모인가? 형제인가? 아니면 다른 어떤 이인가? 질문은 계속된다. 얼마나 많은 교육이 언어로 되어 있는가? 수동적인 안내를 얼마나 신뢰할 수 있는가? 사회적 관행을 가르치는 데 사용된 교육이 기술을 가르치는 데 사용된 교육과 같은가? 아니면 체계적인 차이가 있는가? 이러한 질문에 대한 답은 아직 연구되지 않은 채 남아 있다. 교육에서의 인류학은 거의 없었다고 할 수 있으며 이에 대한 적절한 연구가 아직 시작도 되지 않았다.

!Kung족이나 칼라하리 사막의 부시먼들은 이런 부정적인 결론에서 예외가 될 수도 있겠다. 이 그룹의 영아들과 아동들은 대규모로 관찰되어 왔다(예: Draper, 1976; Konner, 1976). 그리고 이 관찰 중 일부는 교육이 부시먼 사이에서는 발견되지 않는 듯한 인상을 심어 주었다. !Kung족의 식량 찾기 기술은 간단하고 아이들에게 가르쳐 주지 않는다고 한다. 부모들이 식량을 구하러 나가면, 어린아이들은 함께 가지 않고 다른 어른과 나이 든 형제들과 함께 캠프에 남겨진다. 그러나 모든 !Kung족의 기술이 단순한 것은 아니다. 멜론을 따는 것은 쉬울지 몰라도 보석과 독화살을 만드는 일이나 가축을 도살하는 것과 같은 일은 단순하지 않다. 부시먼의 기술은 가변적이며 복잡하다. 예를 들어 !Kung족은 타조알 껍질 조각으로 보석을 만든다. 각 조각들은 구멍이 뚫리고 여러 특징적인 방식으로 실로 꿰어 붙이기 전에 다소 일정 형태의 모양으로 둥글게 다듬어진다. 어떻게 아이들이 이런 기술을 배울까? 독화살을 만드는 기술이나 그 그룹이 먹는 여러 큰 동물을 도살하는 기술은 또 어떻게 배우는 것일까?

한 그룹이 교육적인지 아닌지는 어떻게 결정할 수 있을까? 아마도 우리는 단순히

한동안 지켜볼 수 있을 것이며 만약 교육이 나타나지 않으면 없다고 결론 내린다. 그러나 이런 결론을 끌어내기 전에 얼마나 오래 관찰해야 하는 것일까? 하루에 얼마나 많은 교육적 개입이 평균의 부모에게서 나타날까? 어떤 기초 없이 이러한 비율을 측정하고, 명확하게 기술되지 않은 대상을 관찰하는 것은 별 정보를 제공하지 못한다. 아이들이 실제로 기술과 자기 문화의 사회적 관행을 습득하는 것을 관찰하는 것이 더 좋다.

더 나아가, 우리는 !Kung족의 아이가 강도 높은 훈련을 받게 되는 영역이 있다는 것을 알 수 있다. 그 영역은 우리 아이들을 훈련시키는 영역이 아니다. 왜냐하면 우리는 앉고, 서고, 걷는 능력에 훈련이 필요하다고 믿지 않기 때문이다. 그러나 부시먼들은 다르게 믿고 그 아이들에게 이런 초기 운동 능력을 강도 높게 가르친다(Konnor, 1976).

아동 발달에 대한 부시먼의 신념과 그들의 교육적 실천 사이의 연결성은 어떻게 교육이 모든 인간 그룹 안에서 작용하는지를 보여 주므로 시사하는 바가 있다. 대부분의 인간 성향은 타고난 성질이 아무리 강하다 하더라도 반사작용이 아니다. 인간의 성향은 인지적인 요소와 개인이 갖고 있는 신념에 의해 영향을 받는다. 그러므로 아동 발달에 대한 상이한 이론을 갖고 있는 그룹은 자신들의 교육을 다른 대상에게 행할 수 있는 것으로 예상된다. 우리가 아이들에게 걷는 법을 가르치지는 않아도 어떻게 먹는지는 가르친다. 부시먼은 반대로 하기 쉽다. 어떻게 먹는지가 아니라 어떻게 걷는지를 가르치는 것이다.

언어능력과 같은 중요한 능력이 교수활동 없이 습득될 수 있다는 점이 인간이 교육을 필요로 하는 정도를 가끔 격감시킨다. 우리는 아이들에게 문법을 가르치지 않는다. 우리는 심지어 문법적 오류를 고쳐 주지도 않을 때가 있다(예: Brown & Hanlon, 1970). 그러나 이 주장은 전적으로 옳은 것은 아니다. 왜냐하면 문학은 재미있는 반례를 제공하기 때문이다. 예를 들어 아이가 문법적 오류를 반복적으로 수정했는 데도 불구하고 사실상 다른 모든 것은 바꾸는데 그 오류만을 유지하는 경우가 있다(Cazden, 1965, 1968). 물론 만일 문법 교정 자체가 일어나지 않는다면, 우리는 그것이 효과적인지를 알기가 힘들 것이다. 그러나 이 경우는 다른 이유로 현재의 관점에서 보면 흥미로운데, 이는 교육이 효과가 없을 때라도 어떤 부모들은 여전히 그것을 적용한다는 점이다.

모든 문화에서 모든 인간 활동이 교육의 영향을 받는 것도 아니며 모든 인간 능력이 교육을 요구하는 것은 아니다. 언어는 이런 관점에서 문화와 구별되는 별개의 존재가 아닌 데도 교육을 필요로 하지 않는다는 점에서 특징적이다. 예를 들면 자신의 정신 상태를 다른 사람에게 분배하는 것과 마찬가지로 무생물에게 우연한 관계가 있다고 생각하는 것('theory of mind', Premack & Woodruff, 1978)은 명백히 자연스러운 능력인데 이러한 활동은 교수활동 없이 발전해 나간다.

다른 한편, 사람들이 배우는 것의 상당 부분은 자연적인 능력에서 도출되는 것이 아니다. 여기에는 기술과 모든 문화를 특징짓는 사회적 관행뿐 아니라 모든 인간 그룹이 즐기는 이론까지 관련되어 있다. 이들 이론은 어떻게 세상이 시작되었고 어떻게 돌아가는지를 상술하고자 한다. 이들 이론은 모두 교육을 통해 전달되고 인류의 기원을 추적하는 우주론, 예를 들어 자비로운 뱀의 기원을 찾는 이론은 그것을 대체하는 과학적인 이론보다 적지 않다. 이런 이론을 고수하기 좋아하는 것을 배우지는 않지만 이론 자체는 배운다.

교육의 내용은 문화권마다 다양하다. 실제적인 필요에 의해서뿐 아니라 어떻게 능력이 습득되는지에 관해 문화권이 고수하는 이론에 의해서도 영향을 받는다. 어떤 인간 능력의 습득은 명백하게 다른 능력보다 더 많은 지도가 필요하다 하더라도 교육의 필요를 인식하는 것은 인간 지식에 대한 백지(tabula rasa)의 관점을 보장해 주지 않는다.

미학: 교수학의 동기적 기초

교육자가 초보자를 효율성에 근거하여 판단하는 것처럼 보인다 하더라도 대부분의 경우에 그러한 판단은 교육자가 할 수 없는 복잡한 계산을 필요로 한다. 하나의 행동이나 생산품의 효율성은 그 모양새와 높은 상관관계를 갖기가 쉽기는 하지만 평가 자체는 전형적으로 빠르고 자연스럽게 이루어지므로 외양에만 근거를 둔다.

교육적 판단을 설명하는 데 있어 우리는 '내적 기준'을 참고로 해 왔다. 이 기준은 교육자들에게 동기를 부여하고 이끌어 주며, 초보자 행동에서 나타나는 모든 결함은 그 기준에 비추어 계산된다. 우리는 이러한 기준, 그 기원과 내용을 설명할 필요가 있다.

우리는 또한 왜 침팬지가 교육에 참여하지 않는지를 설명하기 위해 이 기준에 대한 설명을 필요로 한다. 야생에서 얻을 수 있는 예의 극단적인 단순성(예: 새끼 입속의 잎사귀 제거해 주기) 때문에 동물이 인지적으로 교육을 수행할 능력이 없다고 가정할 수도 있다. 그러나 이것은 갇혀 있는 동물의 사례로 인해 거부되었다. 침팬지들은 매우 정교한 방법으로 또 다른 침팬지를 훈련시킬 수 있는 인지적 능력을 가지고 있고 아주 드물게 이러한 훈련이 나타나기도 하지만 이것은 자기 자신의 이득을 위한 것일 뿐이다. 사람들을 이끄는 '내부의 기준'이 침팬지도 이끌지는 않는 것으로 보인다.

우리가 여기서 제시할 이론에서, 미학이란 궁극적으로 광범위한 사회적 결과물로 인정된다. 그것은 교육의 종합적인 부분으로 나타나며, 그러므로 한 개인이 다른 개인에게 행하는 것에 영향을 준다. 그럼에도 불구하고 우리는 처음으로 미학을 사회적으로가 아닌 개인적인 행동 안에서 접하게 된다. 스스로 개선하기 위한 인간의 투자와 인간이 정기적으로 참여하는 활동의 연습 안에서 접할 수 있다.

연습과 실천

우리는 구성원 개인이 스스로를 교정하지 못하는 종(species) 안에서는 서로를 고쳐 주는 것과 같은 교육을 별로 기대할 수 없다. 교육은 집에서 자가 교정하는 것으로 시작된다. 자가 교정 혹은 자가 개선에 대해 말하면 우리는 연습에 대해 말할 때 무엇을 뜻하는지를 염두에 두어야 한다. 악기, 스포츠, 요리, 연설이나 인간들이 탁월함을 추구하는 무한한 다른 많은 활동에는 연습이 있다. 연습을 학습과 혼동해서는 안 된다. 모든 종의 구성원은 배우거나 오류를 개선함으로써 예상 외의 것을 효과적으로 얻을 수 있는데 이것은 연습이 의미하는 바가 아니다. '연습' 에는 예상 외의 것이 없다. 행동 자체의 발달 외에 다른 결과는 없다.

연습은 인간이 아닌 동물에게는 매우 드물게 나타나 한 작가가 처음으로 그러한 경우를 봤을 때 세거나 기록하는 것을 멈추고 그저 보기만 했다. 앞의 예에서 등장했던 Jessie의 경우 한 번 더 복합적인 재주넘기를 연습한다. 시도의 대부분은 성공적이었다. 적절한 형태를 취했으며 그 동물을 앞쪽으로 데리고 나갔다. 그러나 가끔씩 그녀는 실패했고, 아이들이 처음 재주넘기를 배울 때처럼 옆으로 비틀거렸다.

그 실패들은 흥미롭다. 실패들이 Jessie를 다시 '시도' 하도록 이끄는 것으로 보였다. 시도한다는 말은 실패한 재주넘기에 이어서 Jessie가 좀 더 빠르고 훨씬 더 활기차게 재주넘기를 해낸다는 것을 뜻한다. 이러한 인상에 대해 옹호하는 설명이 침팬지가 재주넘기를 잘했든 못했든 그 이후에 각각 그만두게 되는 숫자를 셈으로써 시작될 수도 있었다(예컨대 5초 동안 재주넘기를 하지 않았다든가 하는). 가정적인 확률이 적절하다면 그들은 동물들이 '연습한다' 는 생각을 변호할 수도 있었을 것이다. 즉, 외부의 영향력과 무관한 행동에 참여하고 있었으며 잘한 것과 못한 것을 적극적으로 구분하지 못하는 것은 피하면서 잘하려고 하는 것이다. 그들 스스로는 그런 주장을 증명하지 못하고 추가적인 자료가 필요한데 그럴 수만 있었다면 그들은 증명을 시작했으리라.

연습은 세 가지 요소를 전제로 한다. (1) 행동은 외부의 영향력 없이 행해진다. (2) 잘한 행동은 못한 행동과 몇몇 기준에 의해 구별할 수 있다. (3) 개인은 잘하는 것을 극대화시키고 잘 못하는 행동을 최소화시키려고 행동한다. 세 번째 요소가 행해지는 방식은 개인과 상황에 따라서 다를 수 있다. 잘못한 행동에 이어, (Jessie의 경우에서 나타나듯이) 한 개인은 더 활발하게 응답할 수도 있고 지체하는 시간이 좀 더 줄어들 수도 있다. 또 다른 경우에 동일한 개인이 덜 활기 있고 더 긴 간격을 둔 후에 응답할 수도 있다. '거듭 생각해 볼' 시간을 가지고 특별히 신경을 쓰고 섬세하게 대답하기 위해서다. 필수적인 것은 잘 해냈을 때나 잘 못했을 때 체계적인 차이가 있다는 것이다.

우리는 인간이 아닌 동물에게서는 연습을 찾아볼 수 없다. 재주넘기의 경우는 모든 세 요소를 구현하는 것으로 보이기 때문에 드물다. 침팬지가 돌을 던지는 것이 더 전형적이다. 침팬지들이 부정확할 때는 건장한 돌 던지기 선수들이지만, 구경꾼들을 위험에 빠뜨리기에는 충분히 정확하다. 침팬지들은 절대로 돌 던지기를 연습하지 않는다. 그들은 누군가 거기 있을 때에만 돌을 던진다.

척추동물에게는 보편적인 행동이지만 놀이는 연습이 될 수 없다. 첫 번째 요소가 분명히 적용되기는 해도 두 번째나 세 번째 요소에 해당되는지가 분명하지 않기 때문이다. 즉, 동물이 놀 때 잘못된 형태를 거부하는지에 대한 중요한 증거가 없는데 심지어 잘 못한 행동보다 잘한 행동 뒤에 그만둘 확률이 더 높으므로 위에서 언급한 종류와 다른 가정적 가능성을 제공하기까지 하는 것이다. 아마도 새소리는 좀 더 연습의 예에 가깝다. 물론 여기서도 두 번째와 세 번째 요소가 적용되는지 확실하지 않기는 하다. 더 나아가 새소리의 발달과정에서 나타나는 잘못된 음의 단순한 제거는 자동으로 연습의 조건을 만족시키지 않는다. 정말이지 잘못된 음을 제거하는 것은 연습이 되기 위한 필요조건도 충분조건도 될 수 없다. 다른 한편, 한 개인이 음의 이동을 완벽하게 하려고 반복적으로 연습하고 나서 완전히 틀려 버려도 그것은 연습이라고 할 수 있다. 반면 틀에 맞지 않는 잘못된 형태가 자동으로 삭제된다고 해도 이것은 연습으로 이루어진 것이 아니다. 마지막으로 우리는 새의 경우에서 명확하게 드러난 바와 같이 오직 하나의 활동만이 '연습' 의 대상이 될 때 연습의 결과로 나타난 개선에 대하여 물어야 한다. 사람의 경우에는 이러한 통제가 없다. 하나의 행동이 하나의 연습의 결과물일 뿐 아니라 또 다른 연습의 결과이기 때문이다.

좀 더 흥미로운 예를 네모난 바퀴 속에 쥐를 넣음으로써 얻어 낼 수 있다. 그런 바퀴 속에 놓이게 되면 어떤 쥐들은 평상시보다 더 달린다(Kavanau, 1966). Kavanau가 이런 자료에 간단한 해석을 내렸음에도 좀 더 자유롭게 해석할 수 있다. 우리는 쥐가 네모 바퀴를 달리는 것이 능숙해져서 어느 정도 보통으로 달릴 수 있을 때까지 달린다고 할 수도 있다. 같은 과정이 다른 종의 동물에게 비교할 만한 효과를 줄 수도 있다. 새의 입속에 있는 돌, 말의 다리에 묶인 저울추, 물고기 지느러미에 붙어 있는 빨래집게, 이런 장애물이 응답을 높일 수 있고 각 동물이 어느 정도 종 특유의 행동 양식을 회복할 때까지 반응하도록 해 줄 수 있다.

방해물에 의해 유도된 투자는 인간의 연습을 자극시킬 수도 있다. 그러나 이것은 두 가지 핵심적인 면에서 연습과는 동떨어져 있다. 첫째로 인간의 연습은 장애물에 달려 있지 않다. 사람은 연습의 과정에서 자기 입속에 돌을 넣을 수는 있지만 도전의 강도를 높이기 위할 때만 그렇게 한다. 연습하는 행위는 돌이나 다른 장애물을 의지하지 않는다(더욱이 어떤 새도 자기 입에 돌을 넣지는 않을 것이다). 두 번째로 인간이 연습하는 행동은 종 특유의 형태를 가지지 않는다. 판에 박힌 형태와 응답 속도는 쥐와 비영장류의 특징이다. 쥐들이 정해진 속도로 핥는 것뿐 아니라(쥐가 태어나자마자 처음으로 핥을 때 정해진 속도로 핥는다는 것을 보여 주는 Schaeffer & Premack, 1991 참조) 그들은 정해진 속도로 먹고, 털을 다듬고, 교미하고, 달리고, 모든 규칙적인 행동을 수행한다. 공을 치는 것, 다이빙, 자동차를 운전하는 것, 막대기를 조각하는 것, 휘파람 부는 것, 말을 타는 것, 피아노 치는 것, 화살을 쏘는 것 중 어느 것도 종 특유의 형태를 가지지 않는다. 그들은 가능한 최고의 형태를 갖추기 위해 노력한다. 이것은 외부의 장애물이기보다는 사람을 자극하는 이상적인 것에 대한 감각이다.

연습은 모든 인간이 행동할 때 고려하는 미학적 제한에 대한 응답이다. 당연히 다양한 중요도로 제약은 모든 인간에게 어느 정도 존재한다. 침팬지에게는 거의 없는 연습과 교육은 전체적인 근거를 뒷받침한다. 모든 인간 능력이 침팬지에게서 나타날 수는 없다. 그리고 침팬지에게서 발견되는 것이 있다면 그것은 인간이 가진 것보다는 매우 약하다. 침팬지의 미학적 능력은 그들의 다른 능력과 분명히 잘 맞아떨어지는데, 이는 연습이나 그것의 사회적 대응 개념인 교육을 연상시키기에는 너무 약하다.

결론

우리는 시스템 내의 의도의 정도에 따라서 사회적으로 전달되는 정보를 세 단계로 구분할 수 있다. 하나의 시스템은 적어도 한 명의 초보자와 한 명의 모델로 이루어지고, 정보 전달의 가장 낮은 단계는 둘 중 어느 쪽도 의도 없이 교환되는 것이다. 예를 들어 쥐는 종종 그가 먹는 첫 번째 단단한 음식으로 어미 젖에서 접한 냄새를 풍기는 음식을 먹는다. 여기서 주고받은 정보는 의도적으로 교환되지 않았다. 신생아는 정보를 검색하지도 않았고 엄마도 정보를 전해 주려고 하지 않았다.

중간 단계에서 모델이 의도가 없어도 초보자는 의도적으로 행동한다. 이것이 전통적인 모방 혹은 관찰 학습이다. 예를 들어 원숭이, 유인원 혹은 아이들은 모델을 관찰하고 새로운 기술을 습득한다. 그러나 모델은 초보자가 거기 있든 없든 똑같이 행동한다.

가장 높은 단계에서 초보자와 모델은 둘 다 의도를 가진다. 초보자가 정보를 구할 뿐 아니라 모델도 역시 그것을 전달하려 한다. 초보자는 모방할 때 하는 관찰을 한다. 그러나 모델도 초보자를 관찰한다. 초보자를 관찰할 뿐 아니라 그가 표준대로 따르는 것에 실패할 때 판단하고 교정해 주기까지 한다. 이것이 교육이고 사회적인 정보 교환의 가장 효과적인 형태다.

교육의 전조가 동물에게서 보인다 하더라도, 제대로 된 활동은 사람에게서만 발견된다. 침팬지에게 교육이 없는 것은 인지적인 측면으로는 설명할 수 없다. 동기적인 설명이 필요하고 이것은 우리가 미학 이론의 형태 안에서 우리가 제공한 것이다. 그 이론은 두 개의 가정으로 이루어진다. 첫째, 인간이 인간을 묘사하는 세 가지 모든 영역(외모, 행동, 성격)은 미학적 판단의 대상이 된다. 모든 문화는 각 단계에서 긍정적인 가치와 부정적인 가치를 특징짓는다. 둘째, 사람들은 이 세 영역이 결합되어 심지어 우연히도 서로 연결되어 있다.

동물들도 미학적 종류에 대한 기호를 보여 주지만 이런 기호는 교육을 일으키기에는 너무 약한 기제에 바탕을 두고 있거나 사람의 것과 너무 다르고, 연습이든 교육이든 둘 중 어느 하나도 일으키지 못하는 메커니즘에 바탕을 두고 있다. 전자는 분명히 침팬지의 경우이고 후자는 일본 메추라기의 경우다.

동물 사이의 지능의 차이가 상대적으로 적기 때문에 재능 있는 개인의 신기술이 평범한 학습이나 모방으로 전달될 수 있다. 즉, 정보의 첫 번째와 두 번째 단계의 조합을 통해서 가능하다는 것이다. 그러나 이것은 사람에게는 사실이 아니다. 인간 지능에 더 큰 다양성과 조합성이 주어졌기 때문에 대부분의 사람들은 학습과 모방의 평범한 조합으로는 재능 있는 구성원의 신기술을 습득할 수 없다. 그들은 도움이 필요하다. 이것은 교육이 인류에게 주는 이점 중 하나다.

주

1. 관찰학습에 대한 의심을 버리고 단순한 학습이 코지마 자료를 설명할 것이라고 제안하는 최근의 증거가 전적으로 우리의 논점과 일치한다. 음식 연습이 종의 능력에 포함된다. 그들은 아무런 도움 없이 습득될 수 있다.
2. 침팬지들은 다른 침팬지를 쳐다보고 그가 무엇을 못하는지를 관찰하고 그것을 하도록 훈련할 뿐 아니라 놀라울 정도로 효과적인 방법으로 훈련할 수 있다. 상대가 하는 행동을 수정해 주는 것이 상당히 신념에 의존하는 것 같다. 그러한 훈련은 인지적인 가정을 가지지만 신념의 원인은 그것 중 하나가 아니다. 신념의 근원은 인간의 교육에서 중요하게 나타난다. 그것은 모든 인간사에서 나타난다. 그러나 그것이 필요조건은 아니다.

제15장
인간다움의 가능성: 교육과 마음의 범위

MARGARET DONALDSON

이 장의 앞부분에서는 정신 발달에 대한 심리학적 이론 중의 하나에 대하여 개관한다. 후반부에서는 이 이론이 교육학적으로 가지는 시사점에 대하여 알아본다. 이 이론에서는 정서와 인지를 동등하게 강조한다. 정서와 인지 간의 관계는 다양하지만 대부분의 경우 서로 밀접하게 연관되는 것으로 본다. 이 두 가지가 결국 어느 정도 분리될 수 있는지가 관심의 초점이다.

이 이론에서는 Piaget식의 발달단계라는 개념이 기능 모드(a mode of functioning) 개념으로 대체된다. 모드도 단계처럼 규칙적인 계열을 따르지만, 단계의 경우 한 단계를 지나가면 그 단계는 없어지는 반면, 모드는 한 번 정립되면 지속적으로 사용 가능하다. 또한 하나의 최종적인 발달상의 목적(예컨대 형식적인 조작적 사고)이라는 개념 역시 모드 목록(modal repertoire)이라는 개념으로 대체된다. 이에 따라 발달은 (1) 목록 확장, (2) 모드 내(within-mode) 학습, (3) 목록 통제의 향상이라는 세 가지 유형으로 구분된다.

이러한 제 발달의 측면에서 교육이 가지는 역할을 논할 것이다. 어떤 유형의 발달은 어떤 사회에서든 그 사회에 정상적으로 참여하는 데 의무적으로 필요한 것으로 인식된다. 이를 넘어서면 가능성의 문을 열고 선택권을 발휘하는 데 강조점을 둔다. 그러나 누가 그러한 선택을 할 것인가? 이에 대한 논의는 교육에 있어서 아동 중심(child-centered)과 문화 중심(culture-centered)이라는 개념 모두가 극단으로 갈 경우 매우 심각한 결점을 가진다는 결론으로 이어진다. 개인과 개인이 속한 사회집단 모두의 정당한 이익을 존중하는, 철저하게 탈중심화된 교육이 필요함을 강조한다.

배경

과학이란 공공의 일이며 따라서 사회적 영향을 상당히 많이 받는다. 때때로 집단적으로 무엇인가 흥미로운 것의 냄새를 맡게 되면 그 유행의 행렬을 따르려는 사람들이 몰려든다. 이들이 만들어 내는 열정을 보면 이렇게 뒤쫓아 가는 것도 필요한 게 아닌가 하는 생각이 든다. 재미있고 자극적이며, 지속적 탐구를 시작하게 하고 새로운 이해를 통해 계속적인 혜택을 얻을 수도 있을 것이다. 그러나 여기에는 위험 요소가 있다. 매우 선택적으로 무엇인가에 주의를 집중한다는 것에는 곧 선택적으로 다른 것을 무시하는 것이 포함된다. 따라서 지금, 그리고 또다시, 멈추어 서서 우리가 간과하고 있는 것이 무엇인지에 대하여 질문을 던지는 것이 필요하다.

지난 반세기 동안 발달심리학에서는 하나의 지배적인 방향으로만 주의가 집중되어 왔다. 다른 것에 대한 관심과 흥미가 완전히 배제된 것은 아니지만 확실히 많은 사람들의 탐구정신을 한곳으로 몰아 왔다. 이와 함께 근본적인 가정이 대부분 검토되지도 않고 그대로 흘러왔다. 둘 다 발달심리학이라는 학문 영역보다 거의 2,000년이 앞서는 성경 문구에 표현되어 있다는 것이 묘하다. "내가 어렸을 때에는 말하는 것이 어린아이와 같고 깨닫는 것이 어린아이와 같으며 생각하는 것이 어린아이와 같다가 장성한 사람이 되어서는 어린아이의 일을 버렸노라"(고린도 전서 13장 11절).

이 인용구에서 강조점이 인지(cognition)에 있다는 사실에 주목하라. 또한 '장성한 사람이 된다는 것' 은 어린아이의 일을 버리는 것을 의미한다는 주장에 주목하라. 이 주장은 발달을 연구하는 사람들 사이에서만이 아니라 상당히 보편적으로 당연시되고 있다. 이는 우리의 문화적 상식의 한 부분으로 자리하고 있다.

필자는 '어린아이의 일' 중 일부는 실제로 대부분의 사람들이 성장하면서 버리는 반면 일반적으로 우리가 생각하는 것보다 훨씬 더 많은 부분은 평생 동안 우리와 함께하며 일생 동안 필요하다고 주장하고 싶다. 즉, 우리는 우리가 그렇다고 생각하는 것보다 훨씬 더 어린아이에 가깝다. 또한 발달을 적절하게 설명하기 위해서는 부당하고 왜곡되게 인지를 강조해서는 안 된다.

왜 이러한 인지에 대한 강조가 오늘날의 심리학적 이론화에서 이처럼 두드러져 있는가? 왜 이렇게 유행이 되고 있는가? 사도 바울의 영향 때문으로 돌릴 수는 없을 것이다. 게다가 이 성경 문구의 경우, 즉각적인 주제인 이해(understanding)를 넘어서면 더 일반적인 주제인 '박애' 혹은 사랑이 있다. 오래된 역사적 기원이 무엇이든, 발달심리학 내에서 가장 밀접하고 강한 영향을 준 사람은 Piaget다. 그가 냄새를 맡고 뿔피리를 불어, 많은 사람들이 그를 따르게 한 것이다. 오해를 피하기 위하여 필자와 Piaget의 차이점을 명확하게 해 두고 시작하는 것이 좋을 듯하다.

Piaget(1983)는 최고로 발달된 형태의 지적 사고는 자신이 논리-수학적 경험이라고 하는 것을 제공하는 세상에 대하여 특정 형태로 직접 행위하는 것에서부터 나온다고 주장한다. 뒤에서 보게 되는 것처럼, 이것은 매우 한정적이며 좁은 유형의 경험이다. 이 이론에 따르면 경험을 낳는 행위, 예컨대 사물을 순서대로 배열하고 분류하는 행위는 이후에 내면화되어, 내적으로 '머릿속에서' 되는 것처럼 수행될 수 있다는 것이다. 또한 엄격하게 정해진 특정 구조를 형성하도록 조직된다. 이렇게 성취될 때 Piaget가 성인 지능을 구성하는 것이라고 여긴 조작(operation)이 되는 것이다. 조작적 구조는 그에 기초하여 우리가 사유하는 수단으로 여겨진다.

여기서 Piaget는 이러한 구조를 형성하는 것은 능동적인 자기조절(self-regulation)의 과정을 통해 가능하다고 믿는다. 그는 발달하는 정신이 수동적이라는 생각에 일관되게 반대한다. 근본적으로 중요한 유형의 학습이 유아의 마음에 그냥 새겨질 수 있다는 생각에 대하여 분개한다. 아마도 이러한 점 때문에 많은 사람들이 그가 인간의 정신을 얼마나 제한적으로 설명하는지를 제대로 보지 못하게 되는 것 같다. 필자의 경우에도 얼마나 많은 것을 그가 무시하기로 했는지를 깨닫는 데 오랜 시간이 걸렸다.

쟁점의 핵심은 이것이다. 명백하게, 때로는 노골적으로, Piaget는 우리의 일상적인, 풍부한 '삶으로서의 경험(lived experience)' (Piaget, 1971, p. 68)을 무시하기로 선택한다. 그는 이를 심리학자로서 자신의 관심사가 전혀 아니라고 보며, 때로는 이를 연구한다는 생각 자체를 경멸한다. 그에게 있어서는 모든 다양한 형태의 '삶으로서의 경험' 과 그에 내재된 '공통 기제(common mechanism)' 사이에는 결정적인 차이가 있다. Piaget의 이론은 바로 제한적인 논리-수학적 유형의 경험으로부터 나오는 이러한 기제를 주로 다룬다. 그런데 이러한 기제는 그가 **인식론적 대상**(epistemic object)이라고 부르는 것에 속하지, 일상적으로 생각하는 것처럼 **심리학적 대상**(psychological object)은 아니다. 사실 인식론적 대상이 대상으로서 생각할 수 있다는 자체가 매우 이상한 맥락에서만 가능하다. 그것(이때 '그녀' 혹은 '그'가 아니라 '그것' 이라고 불러야만 하다는 점에 주목하라)은 주어진 수준에서 모든 대상에게 공통되는 것으로 주장되는 기제로 구성된 기이한 유형의 인지적 평균인 것이다. Piaget의 연구는 컴퓨터 시대가 도래하기 이전에 이루어져 상당히 고생을 했다. 컴퓨터로 이를 '구현(embodiment)' 할 수 있었더라면 인식론적 대상의 의미를 설명하느라 그렇게 고생하지 않아도 되었을 것이다.

따라서 Piaget가 자신의 중요한 과제로 보았던 것에 비하면 심리학적 대상의 복잡한 풍부함은 도전이라기보다는 성가신 일이었다. 방해가 될 수밖에 없었다.

그러나 이제는 다양성의 상당한 부분을 제쳐 놓고는 그 어떤 발달 유형도 설명할 수 없게 되었다. 문제는 Piaget의 인식론적 대상에서는 인간 기능의 본질적인 부분이 (심지어 인간의 인지적 기능 측면에서도) 모두 제거되어 있어 그 이론이 상당히 부적절하다는 것이다. 필자는 Piaget의 이론이 부적합하다는 신념을 갖게 되었기에 다른 유형의 공통성을 탐색하게 되었다.

이러한 탐색을 통해 필자는 다음과 같은 결론을 내리게 되었다. 먼저 적절하게 설명하려면 정서에 중심적인 자리매김을 해 주어야 한다는 것이다. 심지어 사고에 대한 이론에만 관심이 있을 때에도 사고와 정서가 서로 연관되어 있기 때문에 그러하다. 그러나 사고와의 연관성이 정서를 중요시하는 유일한 이유는 아니다. 달리 표현하면, 필자는 정서를 종속적 역할에 두지 않는다. 발달의 틀 속에서 정서에 제자리를 찾아 주기 위해서 필자는 관습으로부터 벗어나고자 한다. 불행하게도 현대 서구문화에서는 이성을 자랑스럽게 여기는 반면 정서는 이성을 방해하며 하등한 기능을 하는 것으로 여기는 경향이 크다.

정서의 재평가

정서의 본성을 신선한 관점에서 바라보는 데에서부터 재평가가 출발되어야 한다. 정서의 본성이 잘 이해되어 왔는가? 전반적으로 볼 때 그렇지 않다고 생각한다. 그렇다면 정서를 촉진하는 상황에 대하여 상당히 일반적으로 무엇이든 이야기할 수 있는지 물어보는 것으로 시작해 보자. 언제 정서가 유발되는 경향이 있는가? 언제 그렇게 되지 않는 경향이 있는가? 이 중 후자는 자주 질문되지 않는 것으로, 더 많은 사실을 드러낸다.[1] 우리는 너무도 자주 정서적으로 되기에 정서를 불러일으키는 상황이 가지는 유사점을 찾기가 힘들다. 그러나 정서가 부재할 때의 공통 속성을 찾아내기는 훨씬 더 쉽다. 우리는 중요하지 않은 것에 대해 반응할 때는 정서를 느끼지 않는다. 어깨를 으쓱하며 무시한다. 그게 우리에게 무슨 의미가 있는가? 우리에게 어떤 차이라도 만드는가? 그러니 관심을 갖지 않는다.

정서는 우리가 관심을 가질 때에만 일어난다. 중요한 것에 대한 반응인 것이다. 이 점을 인식하는 것이 인간 삶에서 정서가 갖는 위치를 더 잘 이해하는 데 첫걸음이 된다.

그렇지만 이 주제에 대해서 많은 이들이 그랬던 것처럼 논지가 혼돈에 빠지지 않기 위해서 구분해야 할 것이 있다. 인간에게는 주로 지적인 방식으로 중요성을 평가하는 것이 가능하다는 것이다. 특정한 상황에서는 정서에 좌우되지 않는 가치판단을 내릴 수도 있다.

이는 분명, 정서적으로 되지 않는 것을 의미한다(그렇지만 중요한 어떤 것에 대하여 완전히 정서를 배제한다는 것은 결코 쉽지 않다). 그러한 가치판단의 한 예로는 어떤 예술작품이 진품인지 모조품인지를 결정하는 것이 있을 수 있다. 또 다른 예로 필자가 이 글을 통하여 발달 이론 안에서 정서의 중요성을 평가하고자 하는 시도를 들 수 있다.

그렇다면 정서는 가치 혹은 중요성에 대한 다른 판단과 어떻게 구분되는가? 가장 좋은 방법은 정서란 가치에 대한 느낌(feeling)이라는 점을 인식하는 것이다. 정서는 신체로, 즉 가슴과 내장기관, 팔다리, 그리고 척추를 따라 느껴지는 중요성에 대한 파악이며, 이는 종종 강하게 느껴지곤 한다.

이때 정서가 가치에 대한 느낌이라는 것을 강조하고, 이 점에서 정서가 배제된 가치판단과 구분하는 것이 정서가 우리의 인지 능력과 무관하다고 말하는 것은 아니다. 흔히 이를 암시하는 것으로 받아들이지만 그런 것이 아니다. 우리의 사고가 종종 그러하듯이 정서도 때로는 비합리적일 때가 있지만, 본질적으로 정서는 판단으로부터 단절된 것이 아니다.

다음과 같이 생각해 보자. 인간은 자신이 만나는 세상을 해석하고 그 의미를 알아내고자 노력하는데, 이러한 해석적 활동은 우리가 인지라고 부르는 것의 큰 부분이다. 이는 이해를 가져온다. 이것이 우리가 무엇을 중요하다고 여기는지, 그리고 이때 어떤 정서가 발생하는지에 대한 문제와 어떻게 분리될 수 있겠는가? 만약 어떤 것을 그릇되게 해석한다면 부적절한 정서가 뒤따를 것이며 그 결과는 바람직하지 못할 것이다.

요지는 대부분의 경우 정서는 인간이 사고하고 믿는 것에서 떼어 놓을 수 없다는 것이다. 실제로 그 관계는 너무도 밀접하기에, 정서를 고려하지 않고 인간의 인지를 연구한다는 것은 이상한 일이다. 어떻게 하다가 이를 정상으로 여기게 된 것일까? 이는 거의 사용되지도 않는, 좁은 인지 영역에만 주의를 집중하고 그 나머지는 모두 무시함으로써 일어날 수 있는 일이다.

이것은 현대 서구사회의 신화, 즉 이성(reason)의 신화가 갖는 권력 때문에 정당화할 수 있는 연구 방법이 된 것으로 보인다. 다음과 같이 정당화하는 것이다. 이성은 인간 정신의 위대한 영광이며 최고의 성취다. 이성은 논리적이고 정확하며 빈틈없고 유물론적 세계관에 적합하다. 이성은 주로 오랫동안 전통적인 서구식 교육을 받아 온 성인, 특히 남성에게서 발견된다. 이 사람들(이러한 소규모 집단의 구성원)은 대부분의 경우 이성적으로 기능할 수 있다는 차별성을 가진다. 그러한 사람들에게서조차도 유감스러운 실수가 일어나지만 일반적으로 그러한 실수는 완전히 기능이 떨어지는 정서의 방해로 인한 것이다. 따라서 정서는 느껴지더라도 나타내지 않는 것이 낫다. 정서를 느끼는 것은 가치 없는 일이다. 정서를 밖으로 내보이는 것은 더더욱 무가치한 것이다.

이러한 신화(매우 비이성적인 이야기)는 수세기 동안 서구문화에서 중얼거리는 배경소리, 종종 절반만 들리나 대체로 당연시되어 온 후렴구가 되어 왔다. 물론 어떤 이들은 이를 분명하게 들었고 어떤 이들은 이에 도전을 했지만 없어지지는 않았다. 그 속에서는 인지를 연구하는 데 있어 정서를 배제하는 것이 전혀 이상하게 여겨지지 않는다. '이성적인' 일로 보인다. 따라서 그렇게 행해져 온 것이다.

이때 정서가 사고를 방해한다고 말하는 것이 틀린 것은 아니다. 매우 자주 방해하며 상당히 심각하게 방해하기도 한다. 그렇지만 그것이 전부는 아니다. 정서는 사고에 힘을 실어 주기도 한다. 아무것도 중요하지 않다면 우리는 대체 얼마나 사고할 것인가? 역으로 사고가 정서를 방해할 수 있다고 말하는 것도 틀린 것이 아니다. 사실 이 둘 간의 관계는 복잡하고 다양하다. 필자는 이를 이해할 수 있는 가장 좋은 방법은 사고와 정서가 어떻게 발달하는지를 연구하는 것이라고 본다. 이러한 연구는 가장 근본적인 가정(assumption) 측면에서 그렇게 오랫동안 지배적이었던 Piaget식 관점과는 완전히 다른 새로운 개념적 틀 안에서 이루어져야 한다.

발달에 대한 모드 이론

새로운 개념적 틀은 삶으로서의 경험이 가지는 풍부한 복잡성을 다룰 수 있어야 한다. 어디에서 출발해야 하는가? 전형적으로 정신은 흥미 있거나 관심이 가는 어떤 대상을 향한다는 사실에서 출발하는 것이 도움이 된다. 즉, 정신 활동은 항상 무엇인가에 대한(about) 것이다.

무엇인가에 대한 것이 정신 기능의 특징이라는 인식이 새로운 생각은 아니다. 그 역사는 최소한 중세의 스콜라 철학자로 거슬러 올라간다. 그렇지만 이를 도입하여 심리학에 사용한 사람은 Franz Brentano(1874/1973)다. 스콜라 철학자들처럼

Brentano도 '대상성(aboutness)' 이라는 속성에 이름을 붙이기 위하여 '의도성(intentionality)' 이라는 용어를 사용했다. 오늘날에는 '의도성' 을 보다 좁은 의미로 사용하게 되었기 때문에, '관심사(concern)' 라는 용어가 더 적절할 것으로 여겨진다. 어떤 주어진 순간의 정신의 관심사가 정신활동의 대상이 되는 것이라고 하자. 이렇게 표현하는 것이 가장 일반적인 표현 방법이다.

이때 인간의 정신에 있어 가능한 관심사는 매우 다양하다. 따라서 심리학자로서 우리의 관심사가 이 모든 다양성 속에서 패턴을 찾는 일이라면, 우리는 한 단계 더 나아갈 필요가 있다. 그리고 발달 패턴을 찾고자 한다면, 사람이 점점 나이가 들면서 나타나는 변화를 다루어야 한다.

이러한 관점에 있어 매우 중요한 변화는 시공간적 범위의 확대다. 우리가 갖는 관심사의 무대는 매우 넓어진다. 그렇게 됨에 따라 상당히 급작스럽게 새로운 가능성이 열리는 지점을 발견할 수 있다. 이를 **출현**(advents)이라 부르기로 하자. 이러한 출현은 새로운 **모드**(mode)의 출발점이다.

출생 직후 아기는 지금 여기에 있는 것에만 관여할 수 있는데, 이것도 능동적, 정서적, 사유적 관심사의 여지를 많이 주기는 한다. 첫 번째 출현, 혹자는 돌발(break-out)이라고도 부르는데, 시공간상으로 다른 데 있는 것을 다룰 수 있는 능력이 시작하는 것과 더불어 나타난다. 정신은 더 이상 **지금, 여기**에 국한되지 않으며 **그때, 거기**라는 광대한 영역으로 옮겨 가기 시작한다.

그렇지만 아직 상당한 제한이 남아 있으며 당분간 그러할 것이다. 생의 초기 몇 달 동안 그러했던 것처럼 계속해서 관심사는 구체적으로 일어나는 일에 대한 것이다. 차이점은 이제 관심사가 시간 순서상 과거에 일어났거나, 혹은 가능한 것으로 여겨지는 미래에 일어날 사건일 수도 있다는 것이다. 이는 큰 차이점이다. 이보다 더 큰 차이가 곧 나타난다.

다음의 출현은 구체성으로부터 일반성으로의 놀라운 이동이다. **그때, 거기**에서부터 **언제, 어딘가** 혹은 **어떤 때, 어떤 곳에서든**으로 이동하는 것이다. 정신이 사물의 일반적인 속성, 세상이 이루어진 방식에 대하여 관심을 가질 수 있게 되기 시작한다.

일단 이러한 새로운 종류의 관심사가 형성되면 인간 한계에 도달한 것처럼 여겨질 수 있을 것이다. 시공간 개념의 점진적인 확대가 계속되는 것을 제외하고는, 변화의 이 측면에서 어떤 것이 더 나올 수 있을 것인가? 그렇지만 더 있다.

다음에 이루어지는 크나큰 범위 확장은 시공간에 전혀 자리 잡지 않은 관심사의 출현인데, 이는 이른바 시공간을 초월하는 관심사다. 이에 대한 명료하고 익숙한 예는 수학과 논리학에서 찾을 수 있다. 여기서의 관심사는 관계이며, 보다 구체적으로 관계의 패턴에 대한 체계적 연구다. 이러한 패턴이 시공간에서 **실증**(instantiation)된다 하더라도 우리가 형식적인 논리 혹은 '순수' 수학을 연구할 때의 관심사는 관계 그 자체에 대한 것이며 이는 어떤 시공간적 존재와도 완전히 독립적인 것으로 고려된다. Euclid에게 있어 선은 폭이 전혀 없는 길이다. 엄격한 의미에서 한 번도 그런 것을 본 적이 없기에 상상할 수도 없다. 그러나 정신은 궁극적으로 그러한 아이디어를 다룬다.

필자는 모드의 출현에 대한 증거를 상당히 자세하게 논한 바 있으며(Donaldson, 1992), 여기서는 이를 반복하지 않을 것이다. 현재의 논지에 있어 중요한 점은 시공간적인 **관심사의 소재**(locus of concern)에 따라 네 가지 기능 모드를 구분할 수 있다는 기본적 사실이다. 아동에게 가장 먼저 가능한 모드에서 관심사의 소재는 지금, 여기다. 이는 **점 모드**(point mode)라 불린다. 발달이 진행됨에 따라 두 번째 모드가 첨가되는데 바로 **선 모드**(line mode)다. 아동은 이제 과거로부터 회상되는 혹은 미래에 예상되는 구체적인 사태에 관심을 가질 수 있게 된다. 그다음에는 **구성 모드**(construct mode)가 뒤따르는데 관심사가 구체적인 것에서 일반적인 것으로 옮겨 가는 모드다. 아동은 이제 세상이 어떻게 돌아가는지에 대하여 사고하고 그에 대한 정서를 가질 수 있게 되는데, 여기에는 자신이 이 세상에서 어떻게 조화를 이루며 어울릴 수 있을지라는 중요한 문제가 포함된다. 선 모드에서도 이미 중요했던 상상의 구성 활동이 이 모드에서 매우 특별한 역할을 하게 된다. 마지막으로 뒤따르는 것, 혹은 뒤따를 수도 있는 것은 **초월 모드**(transcendent mode)로서 여기서의 관심사는 더 이상 시공간에서의 사물이나 사건에 대한 것이 아니다. 논리적 · 수학적 사고의 예는 인지적 기능에 있어서 초월 모드가 갖는 일반적 속성을 잘 예시해 준다. 이 모드에 있어서의 정서 문제는 이후에 논할 것이다.

지금까지는 확실히 아주 개략적인 설명이었다. 모드의 속성, 특히 매우 중요한 하위 범주에 대해서는 설명할 바가 훨씬 더 많다. 그렇지만 더 자세한 내용으로 옮겨가기 전에 반드시 분명하게 해 둘 필요가 있는 것이 하나 있다. 이들 모드는 발달적으로 서로 뒤따르지만 서로를 대체하는 것은 아니라는 점이다. 일단 획득되면, 뇌의 기능 상태에 손상이 생기지 않는 한 평생 동안 사용할 수 있게 남는다. 따라서 Piaget의 단계와는 근본적으로 다르다. 단계와 모드가 모두 동일한 출현 순서를 따르는 것은 사실이다. 그렇지만 유사성은 거기서 끝난다. 이를 더 명확하게 하기 위하여 차이점에 대하여 잠시 논하고자 한다.

Piaget의 시스템 내에서는 각 단계가 각각의 조직 혹은 구조에 의해 특징지어진다. 다음 단계로의 이동은 이 조직이 해체될 때까지 유보되며 따라서 한동안 그 시스템의 비평형(disequilibrium) 상태가 있기 마련이다. 그렇지만 특정한 유형의 자기 조절을 하는 것이 개별 유기체의 속성이기 때문에 기존의 것이 대체되고 이보다 '더 좋은' 새로운 평형상태를 유지하는 과정이 뒤따르게 된다. 구체적으로, 향상된 평형상태는 더 영속적이고 유동적이며 안정적일 뿐만 아니라 더 많은 수의 상황(contingencies)을 성공적으로 다룰 수 있다. 이 관점에 따르면 각 단계가 그 이전의 단계 위에 세워지면서 이전 단계는 사실상 사라진다. 다음 단계 속으로 삼켜지는 것이다. 앞으로도 사용할 수 있는 선택사항으로 남지 않는다.

이러한 점에서 단계와 모드는 극명한 차이를 보인다. 모드는 그 후속 모드가 형성되기 위해 해체되는 것이 아니다. 후속 모드의 형태 속으로 포섭되지도 않는다. 대체되거나, 사도 바울의 말을 다시 인용하면, '버려지는' 것도 아니다. 모드는 그 중요성이 감소되지 않고 지속적으로 기능한다. 새로운 모드가 나타나는 것이 이전 모드를 대신하거나 완결하는 것도 아니다. 정신의 발달이 이루어지는 데 있어 새로운 모드의 출현이 유일한 방법이 아니기 때문이다.

물론 정신의 발달이 이루어지는 한 방법은 새로운 모드의 첨가이며 이를 목록 확장(expansion of the repertoire)이라 부르고자 한다. 그렇지만 두 번째 방법은 기존 모드 내에서 그 능력을 넓히는 것인데, 어떤 수학적 사고를 이미 할 수 있게 된 후에도 이해의 범위를 넓히는 것과 비슷하다. 이것이 **모드 내 학습**(within-mode learning)

이다.

세 번째 유형의 발달은 이론과 교육 실제 모두에서 완전히 간과되곤 하는 것이다. 이것은 어떤 모드, 혹은 어떤 모드들이 주어진 시간과 목적에 가장 적합할지를 결정하는 능력의 발달이다. 이를 **목록 통제**(control of the repertoire)라 부르기로 한다. 이는 아주 큰 중요성을 가진다. 이를 개발하는 것(개발될 필요가 있기 때문에)이 교육 방법을 고안하는 데 있어 중심적 위치를 차지해야 한다.

인지 발달을 설명하는 것만이 주목적이라면 상당히 간략한 이 개관이 이론적 틀로서의 역할을 할 수 있을 것이다. 그러나 사고의 기능만 하는 것이 아닌 존재로서의 정신을 이해하고자 한다면 훨씬 더 복잡한 내용을 고려해야 한다.

지금까지 사고를 과도하게 강조하고 있는 오늘날의 현상을 바로잡기 위하여 무시되어 온 정서를 강조했다. 그러나 삶으로서의 경험에 가까이 가고자 한다면 최소한 행위와 지각도 다루는 틀을 제공해야 한다. 실제로 이것이 의미하는 바는 능동적인 정신 활동의 구성요소에 따라 모드의 하위 범주를 고려해야 한다는 것이다. 예컨대 관심사의 소재가 지금, 여기에 있는 점 모드를 생각해 보자. 정신이 현재의 특성에 몰입하는 가장 일반적인 경우 지각, 사고, 정서, 직접적 행위가 모두 어느 정도 관련되어 있다. 이는 확실히 유아의 경우에 정상적인 것이다. 유아에게 있어 정신 기능의 다양한 측면은 너무도 밀접하게 서로 연관되어 있기에 분리가 거의 불가능하다. 유아의 경우 관찰해 보면 전부 아니면 전무라는 특성이 현저하게 두드러진다. 그렇지만 이후에는 약간의 분리가 가능해지기 시작한다. 예컨대 아동이 가만히 앉아서 바라볼 수 있게끔 운동근육 활동의 범위를 통제할 수 있게 된다. 발달이 더욱 진행됨에 따라 요소들의 분리가 가능한 정도가 커진다. 따라서 선 모드에서는 과거와 미래의 사태(event)에 대해 사고와 정서는 가지지만 직접적인 지각이 없으며(초감각적 지각을 허용하지 않는 한), 또한 현재를 제외하고는 행위하지 않는다.

직접적인 행위와 지각이 제외되는 것은 구성 모드에서도 마찬가지다. 행위와 지각에 계속 의존하는 것을 포기하는 것이 정신이 가지는 관심사의 범위를 확장하게 되는 과정의 일부다. 여기까지는 선 모드와 구성 모드가 유사하다. 이미 살펴본 바와 같이, 이들 간의 차이점은 구체성에서 일반성으로의 이동에 있다. 구성 모드가 출현함에 따라 정신은 세계(매우 중요한 개인적, 사회적 세계를 포함)가 조직된 방식에 대하여 능동적, 의식적으로 관여하기 시작한다.

구성 모드에서 세 가지 하위 범주를 알 필요가 있다. 바로 핵심 구성 모드, 지적 구성 모드, 그리고 가치-감지 구성 모드다. 이들은 사고와 정서 간에 이루어지는 다양한 관계로부터 생성된다. 때로(사실상 통상적으로) 이 모드에서의 사고와 정서는 점 모드와 선 모드의 일반적 기능처럼 철저하고 일관되게 서로 연관되어 있다. 이 경우 정신은 **핵심 구성 모드**(core construct mode)에서 기능한다. 이는 대부분의 정치학, 이데올로기, 애국심, 그리고 종교에 해당하는 영역이다. 또한 자신의 자아상에 대한 모든 관심사도 여기에 속한다. 사고와 정서가 하나의 경험 속에서 서로 밀접하게 관계하고 있을 때 **핵심 모드**(core mode)라는 용어가 적용된다. 따라서 이미 기술한 선 모드와 점 모드도 이러한 형태의 구성 모드와 함께 이 범주에 속한다.

이는 구성 모드의 나머지 두 하위 범주에도 똑같이 적용되는 것은 아니다. 왜냐하면 여기에서는 '제외(dropping out)' 혹은 분리과정이 행위와 지각뿐만 아니라 정서와 사고에도 영향을 주기 때문이다. 최소한 어느 정도까지는 한동안 정서와 사고 중 하나를 중지하는 것이 가능해진다. 그렇지만 이러한 중지는 완전한 경우가 거의 없다. 분명 우리는 주로 인지적인 방식으로 기능할 수 있다. 감정에 영향을 받지 않는 사고를 시도할 수 있다. 그리고 어떤 측면에서는 성공할 수도 있다. 그렇지만 이런 경우에도 정서가 완전히 부재하는 경우는 흔치 않다. 무엇보다 이해하고자 하는 욕구에는 중요성을 어느 정도는 인식하는 것이 포함될 수밖에 없으며, 그 문제가 사소한 것일 때조차도 이러한 욕구는 완전히 냉정한 것일 수 없을 때가 대부분이다. 누군가에게 흥미라는 정서적 따뜻함이 완전히 없음에도 불구하고 사고하도록 의무적으로 요구할 때 교육자에게는 불유쾌하지만 흔히 보게 되는 상황이 전개되는데, 이런 경우 사고가 효과적으로 이루어지기는 힘들다. 과학자 Einstein은 자신을 열정적으로 호기심을 가진 사람으로 묘사한 바 있는데, 심지어 구성 모드에서 가장 사고지배적인 부분에 대한 속성을 구체화하는 데 있어서도 이해하고자 하는 진정한 욕구가 가지는 정서적 힘을 인정해야 한다. 사고가 강하게 지배하는 이러한 부분은 **지적 구성 모드**(intellectual construct mode)다. 그렇지만 활동의 정상적인 속성에서처럼 여기에서도 가능한 해결책을 발견하거나 새로운 패턴이 드러나는 것을 볼 때 오는 희열이 있다. 이러한 유형의 정서는 지적 노력에서 빠뜨릴 수 없는 부분이다. 그렇지만 자신의 입지에 대한 관심사와 같이 다른 이질적인 유형의 정서가 개입될 때면 더 이상 지적 모드에 있지 않다는 점에 유의하라. 그러한 동기가 들어서면 아무리 지적으로 여겨질지라도 그 활동은 핵심 모드로 이동한다. 정의에 따라 그러하다.

지금까지 구성 모드의 세 하위 범주 중 두 가지를 살펴보았다. 하나는 사고와 정서가 서로 자유로이 뒤섞이고 상호 연관되는 모드이고, 다른 하나는 적절한 유형의 특정 정서가 사고에 수반(그리고 실제로 사고를 지지)될지라도 사고가 지배적인 모드다. 세 번째는 무엇인가? 세 번째는 **가치-감지 구성 모드**(value-sensing construct mode)로서 정서가 지배적인 경우다. 사고는 부재하는 것은 아니지만 부차적인 역할을 한다.

이러한 유형의 정신적 기능은 지금까지 발달심리학의 주된 관심사가 되지 못했는데, 이 사실은 이론적 구조에 틈이 있음을 깨닫게 된 발달 이론가들에게 일련의 질문을 던져 준다. 이러한 인식에 뒤따르는 첫 번째 질문은 바로 인간이 자신의 정신 목록의 일부로서 그러한 틈을 채우는 무엇인가를 정말로 가지고 있는가 하는 것이다. 왜냐하면 원칙적으로 비어 있는 것으로 판명될 수도 있기 때문이다.

한 번 살펴보자. 그렇지만 우리가 발견했을 때 그것이 우리가 찾던 것인지를 어떻게 알 것인지에 대하여 명료하게 해 둘 필요가 있다. 가치-감지 모드는 어떤 의미에서 지적 모드와 대응하는 것으로 정의된다. '지적' 이라는 어휘가 특정 유형의 사고를 다른 유형으로부터 구분하는 것처럼 '가치-감지' 란 어휘도 특정한 유형의 정서를 구분하는 것이다. 그 구분은 이러하다. 가치-감지 정서는 지적 사고와 마찬가지로 특정한 개인 감정을 섞지 않은 특성을 가져야 한다. 물론 느끼거나 사고하는 개인은 항상 있지만 이 모드에 속하려면 그러한 사고나 감정이 더 일반적인 관심사에 대한 것이어야 한다. 그렇다면 사람들은 개인적인 것을 초월하는 관심사에 실제로 정서적으로 반응하는가? 어떤 목적에 대한 성공이나 실패, 칭찬받거나 비난받거나 사랑받거나 미움받는 것, 자기 자신이나 자신이 속한 사회 혹은 민족 집단이나 종교적 위치 등과 같은 구체적인 사태가 아닌 것에 대하여 정서를 경험하는가? 어떤 식으로든 자기 자신의 운명, 혹은 자신이 소중하게 생각하는 사람들의 운명에 대한 것이 아닌 것에 정서가 발생하는가?

이런 식으로 질문하는 순간 그 답은 자명하다. 물론 그러하다는 것이다. 미술이나 음악에 대한 상당히 공통된 유형의 반응, 그리고 특정 유형의 종교적 혹은 정신적 경험은 분명히 이 준거를 충족시킨다. 이러한 경험은 신체를 통해 강렬하게 느껴지며 가치나 중요성에 대한 판단이라는 특징을 가진다. 따라서 이는 정서다. 그렇지만 이해하고 판단하는 정서는 개인의 삶에서 도출되지 않는다. 그러한 가치를 인식하는 데는 개인적인 선행조건이 확실히 있겠지만 이에 대한 반응으로 느끼는 정서는 개인적 삶에 대한 것이 전혀 아니다. 지적 활동에 대한 개인적 선행조건이 있지만 활동 그 자체는 개인적 관심사로부터 독립되어야 한다는 점에서 지적인 측면과의 유사성이 유지된다는 점에 주목하라.

그러나 이때 주의해야 할 점이 있다. 바로 모든 미술적, 음악적, 혹은 정신적 경험이 가치-감지 모드에 속하는 것은 아니라는 것이다. 음악을 들으면서 이 음악을 과거에 자신에게 일어났던 일에 연관시키거나, 혹은 애국가의 경우처럼 조국이나 자신이 속한 축구클럽에 특별한 중요성을 가지기 때문에 정서를 느낄 수도 있다. 종교의 경우 천국에 대한 희망이나 지옥에 대한 공포로서의 정서를 갖고 있을 수도 있다. 이는 의심할 여지없이 핵심 모드에 속한다.

따라서 가치-감지 모드의 준거를 충족시키는지의 여부를 결정할 때 유의할 필요가 있다. 그렇지만 이는 지적 모드의 경우에도 마찬가지다. 지적 활동의 상당수가 그 속에 내재된 개인적 관심사가 두드러지기에 핵심 모드에 속하게 된다.

한 가지 더 중요한 질문은 지적/가치-감지 모드 간의 유사성이 어느 정도까지인지에 대한 것이다. 앞에서 살펴본 바와 같이 지적 구성 모드와 지적 초월 모드는 구분된다. 우리가 고려하고 있는 이 구분은 시공간적 경험으로부터 도출되는 심상(imaging)의 역할에 달려 있다. 대부분의 다른 사고에서는 심상이 자유로이 사용되고 큰 역할을 하지만, 관심사가 시공간에 전혀 있지 않은 지적 초월 모드에서는 심상에 의존하지 않을 수 있어야 한다. 그런데 가치-감지 측면에도 이에 필적하는 구분이 있는가?

정서 발달의 경우에는 **구성 모드**와 **초월 모드** 간의 구분이 덜 뚜렷한 것으로 보이나 필자는 여전히 이들을 구분하는 선이 있다고 본다. 이 복잡한 주제에 대한 논의를 보려면 Donaldson(1992)을 참조하기 바란다. 한 가지 어려운 점을 여기서 언급할 필요가 있다. 바로 정서가 더 이상 개인적 삶의 다양한 흥망성쇠에 대한 것이 아니기에 이에 대하여 이야기하는 것이 점점 더 어렵게 되며, 때로는 불가능해질 때도 있다. 흔히 말로 표현할 수 없는 것이라고 묘사된다. 그러나 그렇다고 하여 정신의 범위를 논할 때 이를 배제해서는 안 된다. 사실 우리 모두는 이에 대하여 알고 있다. 다만 이를 다른 것과 체계적으로 연관시킬 수 있도록 이론적 틀 속에서 그 위치를 인정해 주지 않아 왔던 것이다. 이들이 번성하고 있는 가지는 나무 본체에 굳건하게 붙어 있지만 어떤 식으로든 이러한 관계를 감추거나 다른 것으로 위장해 온 것이다. 그렇지 않으면 우리가 그저 눈을 돌려 다른 쪽만 보아 온 것이다.

교육적 시사점

이제 교육적 시사점을 살펴보고자 하는데, 발달이 이루어지는 세 가지 방법을 먼저 상기해 보자. 첫째로 목록 확장, 즉 이전에는 없었던 어떤 모드의 출현이 있다. 다음에는 모드 내 학습이 있으며 이는 이미 형성된 모드 속에서 능력을 확장하는 것이다. 그리고 마지막으로 목록 통제가 있는데 이는 우리가 이미 가지고 있는 정신 능력을 어떻게 사용할지 순간 순간 결정하게 해 주는 기술의 발달로 이는 지금까지 상당히 간과된 기술이다.

이러한 이론적 분석은 발달을 형식적인 조작적 사고와 같은 단일한 목적을 향해 나아가는 것으로 보는 그 어떤 설명과도 극명한 대조를 이룬다. 그리고 가장 분명하고 즉각적인 차이점은 바로 이것이다. 이 새로운 이론은 좁은 범위에 집중하는 대신 다양한 범위의 발달 가능성을 공평하게 고려하도록 해 준다는 것이다. 동시에 이러한 가능성이 어떻게 연관되는지를 밝혀 줌으로써 이에 대한 고찰이 체계적으로 진행될 수 있도록 해 주는 틀을 제공한다.

발달의 가능성이 다양하며 복잡하다는 인식이 곧 뭐든지 된다는 것을 의미하는 것은 아니며 따라서 중요성에 대한 판단이 요구된다. 오히려 이러한 판단을 할 필요성, 그리고 계속해서 판단해 나가야 할 필요성이 더욱 분명해진다. 많은 가능성이 열려 있다는 것을 인식하는 것은 또한 그러한 가능성 간에 곧 일어날 수 있는 갈등을 인식하는 것이다. 종종 이러한 갈등은 하나의 가능성을 실현하는 것이 다른 가능성을 차단하기에 발생하는데, 이는 무엇인가에 탁월하고자 노력하는 데는 일반적으로 시간이 많이 걸리기 때문이다. 훌륭한 수학자가 되는 데는 시간이 소요된다. 훌륭한 기타 연주자나 운동선수가 되는 것, 혹은 훌륭한 산문 쓰는 법을 배우는 것은 시간을 필요로 한다. 물론 서로 다른 발달된 기술을 여럿 결합할 수도 있지만 모든 기술을 가질 수는 없다. 삶에서 실제로 실현되는 것은 다른 가능했을 수도 있는 광범한 미지의 땅을 뒤로하는 것이다.

따라서 가능성이 고정되고 결정되어 있다는 생각, 우리가 아동과 교실에서, 혹은 다른 어느 곳에서든 앉아서 평가할 수 있는 것이라고 보는 옹색한 아이디어는 적합하지 않다. 한 인간의 가능성은 도로의 멈춤 표지판과 같은 것으로 간주해서는 안 되며, 다른 누군가가 멀리 떨어진 곳에서 미리 볼 수 있는 멈춤 표지판으로 간주해서는 더더욱 안 된다. 정신 발달을 하나의 단일한 목적을 향해 나아가는 것으로 보는 관점에 속하는 이러한 생각은 큰 상처를 입힐 수 있다. 이는 아동으로 하여금 삶의 초기에 단념하도록 만들 수 있으며, 그 장기적 결과는 심각하게 해로울 것이다.

물론 이런 식으로 판단받기를 거부하는 사람들도 있다. 일부는 저항하는 과정으로 인해 더욱 강해지고 도움을 받을 수도 있다. 그렇지만 다수는 잘못 규정된 측면에서의 자신의 가능성이 낮다는 판단을 그냥 받아들이고 일생 동안 그렇게 믿으면서 살아간다.

그렇지만 대개 그러하듯이 반대편 극단에 존재하는 위험도 있다. 이 경우 반대편 극단은 누구든 무엇이든 매우 잘할 수 있다는 신념을 가지고 있다. 그렇지는 않다. 인간은 서로 다르다. 적성에서 다르며 기호나 개인적 스타일도 다르다. 어떤 이는 도서관에 있기를 좋아하고 어떤 이는 신체적 움직임을 좋아하며 어떤 이는 대중 앞에 나서 공연하기를 즐긴다. 개인의 기질에 어긋나는 교육적 선택은 큰 고통과 실패로 이어질 수 있다.

그런데 이러한 선택이란 개인성이 존중되어야만 하는 문제이지만 이중적 의미에서 사회적 문제이기도 하다. 먼저 극히 드물고 가여운 상황을 제외하고는, 누구든 다른 사람들의 영향을 상당히 받으면서 발달한다. 둘째로, 이러한 다른 사람들은 우리가 성취하는 능력, 실현 가능성에 대해 정당한 이해관계를 갖고 있다. 우리의 삶에서 우리가 무엇을 하는지는 우리가 속한 사회집단과 무관한 문제가 아니다.

이때 개인과 마찬가지로 사회도 분명히 서로 다르다. 예컨대 어떤 시기에 직면하고 있는 당면한 어려움도 서로 다르며 현재의 문제를 해결하는 전통적 방식에서도 차이가 난다. 이에 따라 그 사회의 구성원에게 기대하는 바도 다양할 것이다. 각 사회마다 격려하는 것과 단념시키는 것이 있을 것이다. 또 금지하는 것과 요구하는 것이 있을 것이다.

상당한 교육적 함의를 가지는, 필수 요구사항(requirement)이라는 문제를 생각해 보자. 그리고 다양성에도 불구하고, 이 측면에서 모든 인류 사회집단이 공통적으로 요구하는 바가 있는지를 먼저 알아보자.

최소한 이 정도는 말할 수 있을 것이다. 즉, 정상적으로 기능하기 위하여 어떤 인간 집단의 성숙한 구성원이든 목록에 세 가지 핵심 모드를 가지고 있으며 이를 자유롭게 사용할 수 있어야 한다는 것이다. 어려운 물리적 여건으로 인해 즉각적인 생존에 필요한 기술을 가르치는 것을 강조한다 하더라도 그것만이 유일한 관심사는 아닐 것이다. 기억과 계획을 위한 기술을 연마하는 것은 항상 있어 왔으며, 어린 집단 구성원이 접하게 될 정서로 가득찬 신념들, 예컨대 인류와 동물의 일반적 속성에 대한 신념, 세계에 대한 신념, 우주에 대한 신념 등이 항상 있을 것이다. 핵심 모드 내에서 정상적, 필수적으로 학습해야 하는 것으로 여겨지는 사항은 상당히 다양하지만 모드 그 자체는 보편적으로 요구된다. 이는 너무도 자명하여 언급할 필요가 없는 것으로 보일지도 모르겠다. 그러나 더 발달된 모드에서는 그렇지 않아서, 매우 중요한 교육적 구분이 이루어지게 된다.

지금까지 다룬 핵심 모드 내에서의 발달 유형은 분명히 교육적 과정이다. 사회집단의 어린 구성원들은 보다 나이 많은 구성원들이 전달하는 유형의 지식과 능력에 대해 배운다. 그렇지만 이는 상당히 비형식적이고 자연발생적인 방식으로 이루어진다. 체계적인 목표나 교육과정, 그리고 평가가 없다. 무엇보다 그러한 활동을 위해 배정된 특정한 시간이 없다. 학습할 순간(a moment for learning)이 발생할 때 가르침이 이루어진다.

학습할 순간은 성인이 설명하거나 시연해야 할 필요성이나 최소한의 가능성을 볼 때인데, 이는 종종 아동이 어떤 어려움(직접적인 도움 요청으로 표현될 수도 있고 표현되지 않을 수도 있는 어려움)을 보일 때다. 그러나 학습으로 이어지는 상황에서 이만큼의 의도적 목적조차도 결여되어 있을 때가 흔히 있다. 아동들은 상당히 비계획적이고 노력을 들이지 않는 방식으로 대부분을 습득하는 것으로 보인다. 이러한 핵심 모드 학습의 초기 형태에서 가장 두드러진 것은 자연발생성(spontaneity)이다. 그 순간이 제공하는 것을 활용하는 것이다. 계속 일어나는 사태로부터, 또 일상의 상황 모두로부터 학습이 이루어진다.

이는 교수 및 학습 방법의 모형으로서 상당히 매력적인 것으로 증명되어 왔다. 그리고 많은 교육자들이 고통스러운 노력이 없다는 점을 반기고 아동들이 순응하도록 지시하는 유형의 교수로부터 벗어나는 데 만족하면서, 이를 보다 체계적인 환경 속에서 사용할 수 있도록 적용하고자 노력해 왔다. 그렇지만 이때 반드시 직면해야 하나 종종 회피해 왔던 질문이 야기된다. 초기의 핵심 모드에서는 그렇게 쉽게 되었던 자연발생적인 유형의 교육이 더 진보된 모드에서의 학습에서도 똑같이 이루어질 수 있는가? 최초의 세 모드에서처럼 쉽게, 노력을 들이지 않는 방식으로 목록에 들어가는가? 그리고 모드를 일단 획득한 후에는 이전의 비형식적 양식으로 그 모드 내의 구체적 학습 유형을 습득할 수 있는가?

이들 질문은 모드 간의 구분이 뚜렷이 이루어지기 전에는 생성될 수조차 없다는 데 유의하자. 이를 분명하게 하지 않는 것이 상당히 혼란스러운 사고와 쓸모없는 논쟁을 낳아 왔다.

필자는 목록 속에 보다 진보된 모드를 넣을 때 무엇인가 변화하는 것이 분명하다고 생각한다. 지적 모드는 오늘날 존재하는 모든 사회집단의 모든 구성원이 가지고 있는 것이 아니며, 이 점에서 우리만 특별한 것이 아님을 확신한다. 낮은 수준에서라도 한 집단의 모든 구성원이 지적 능력을 발달시킨다는 것은 거의 불가능한 것으로 보인다. 이는 가치-감지 모드의 경우에도 마찬가지이며 풍부한 사회에서조차도 그러하다.

결론은 불가피한 것으로 보인다. 즉, 핵심 모드는 다른 모드와는 다르게 우리에게 '자연적으로 생긴다(come naturally)'. 만약 진보된 모드를 갖추는 것이 중요한 사회에 산다면, 그 교육적 시사점은 상당히 커지며 또한 우리는 이로 인해 발생하는 어려움이 가지는 구체적 특성을 인식해야 한다.

여기서 오해의 소지를 예방하고자 한다. 핵심 모드가 '자연적으로 생긴다' 라고 할 때 사회적 영향이나 개인적 경험에 상관없이 자동적으로 전개된다고 말하는 것은 아니다. 전혀 그렇지 않다. 앞에서도 제시했지만, 때로는 명백하게 해 두는 것이 현명하다. 핵심 모드는 아동이 유전적으로 심각하게 비정상적이라거나 어떤 식으로든 초기에 큰 손상을 입지 않았다는 전제하에, 사회 속 평범한 인간 생활에서 비계획적 수단을 통해 일정하게 발생된다는 의미에서 '자연적으로 생긴다' 고 하는 것이다. 모든 것이 정상적으로 이루어진다면 만 4, 5세경까지 아동은 이러한 모드를 목록 속에 보유할 것이며 이를 현재 자유롭게 활용하고 또한 앞으로 모든 모드 내 학습에서의 추가적 발달을 위해 사용할 것이다. 그리고 이는 아동이나 성인에 의한 의식적인 목표 설정 없이 이루어질 것이다.

유아기의 모든 학습이 이런 식으로 이루어진다는 것은 물론 아니다. 의도적인 가르침과 배움 또한 일어나며 집중적으로 추구할 수 있다. 요지는 어느 정도가 자연발생적으로 획득되는가 하는 것이다. 이렇듯 모든 활동이 자연발생적이지는 않기에, 특정한 유형의 인간 성취는 다른 무엇인가를 필요로 함을 인식해야 한다. 이는 상당히 엄격한 학습을 요구한다. 즉 계획이 있어야 하며 그 계획을 달성하기 위한 헌신적 노력이 있지 않는 한 결코 이루어지지 않는다. 따라서 우리는 의식적 목적의 추구라는 의도적 교육의 영역으로 들어서는 것이다.

의식적으로 계획되고 실천되어야 하는 학습은 앞에서 논한 이유로 인하여 진보된 모드의 획득과 발전에 있어 매우 중요하다. 그러나 이는 모든 모드에서 중요하다는 점을 잊어서는 안 된다. 예컨대 매우 숙련된 가수가 되는 것을 생각해 보자. 오랫동안의 체계적이고 엄격한 연습 없이는 인간 목소리가 가지는 최고의 역량을 개발할 수 없다. 훌륭하고 체계적인 가르침이 기여하는 바는 매우 크다.

이 예나 비슷한 많은 예를 생각해 볼 때 거의 논쟁의 여지가 없다고 생각한다. 그렇지만 지력(intellect)의 발달이라는 경우, 흥미롭게도 문제가 달라진다. 최근 몇 년간 자연발생적 학습이 이상적이라는 의견이 매우 큰 영향을 끼쳐 왔으며 이는 문해학습에서 특히 그러했는데, 즉 구어가 널리 보급되고 열정적 지지를 받는 것과 마찬가지로 문어도 자연적으로 '발현(emerge)' 할 수 있으며 그러해야 한다는 생각이 주를 이루었다. 자연발생성의 매력은 문해학습에만 국한된 것은 아니었다. 의도적이고 체계적인 방식으로 전통적으로 지적 영역에 속하는 것을 가르치는 것, 특히 유아기에 그렇게 하는 것은 잘못된 것으로 생각하는 일반적 경향이 지속되어 왔다. 그 사조가 지나치게 심화되어, 보다 박식하고 지혜로운 교사들조차 사람들이 보낼 냉소를 두려워하면서 행동을 함께해 왔다.

체계적인 학습에 대한 이 기묘하고 해로운 저항은 핵심 모드와 지적 모드의 차이점을 인식하지 못하는 근본적 실수로부터 일부 야기된 것으로 보인다. 지적 모드에서의 숙련된 활동은 사고와 정서 간의 관계에 대한 일종의 통제를 요구하는데, 이는 핵심 모드에서의 활동에는 없는 것이다. 따라서 지적 능력을 발달시키고자 한다면, 새로운 방식으로 정신을 조절하는 방법을 배워야 한다. 이는 모두에게 어려운 방법이며, 특히 아동의 경우 처음 접하면 매우 낯설고 이상하게 느껴질 수 있는 방법이다. 이 사실을 직면하고 아동들이 이 새로운 유형의 학습을 하도록 도울 수 있는 올바른 종류의 도움을 제공하지 않는 한, 우리는 아동들을 실패로 이끌 것이다. 그러한 상황에서 아동들이 학습하지 못한다면 누구의 잘못인가?

'올바른 종류의 도움' 이 무엇인지 결정하기가 쉽다고 말하는 것은 아니다. 그러한 도움을 주는 것은 매우 섬세함을 요하는 문제다. 즉, 양옆에 똑같이 위험한 함정이 도사리고 있는 좁은 길 위를 걷는 것과 같은 문제다. 물질적으로나 사회적으로 불리한 상황을 다루어야 한다. 지적 능력을 발달시키는 데는 많은 시간과 상당한 지속적 주의 집중이 필요하다. 이는 학습자가 갑작스러운 위기, 혼란이나 불안을 겪지 않고, 상당히 편안하고 안정된 삶을 이끌고 있지 않은 한 제대로 이루어지기 힘들다. 조용하고 안정된 삶이 없이는 교육적으로 잘될 수 없다는 것이 아니라 그 가능성이 상당히 감소된다는 것이다. 어떤 아동이 굶주렸거나 춥다거나 지쳤다거나 자주 두려움을 느낀다면 어찌 차분하고 응집된 주의 집중을 기대할 수 있겠는가? 그리고 차분하고 응집된 주의 집중이 적절하게 일정 시간 동안 지속되지 않는다면 어떻게 '교육적 실패자(educational failure)'가 되는 것을 피할 수 있겠는가?

두 번째 장애물을 인지하기는 더 어려울 것이다. 이것도 역시 안정감과 관련되지만 보다 내면적인 유형이다. 진보된 모드는 특정 유형의 정서를 억제하는 능력, 특히 상당히 개인적 관심사로부터 나오는 유형의 정서를 억제하는 능력을 요구한다. 여기서 우리의 마음에 격랑을 일으키는 개인적 관심사의 대부분이 자아상, 즉 자신이 어떤 유형의 인간인지에 대하여 스스로 갖고 있는 그림과 관계된다는 것이 인간의 특징이다. 이 이미지는 유아기 동안 형성되기 시작하여 그 이후로 점차 복잡성을 더해 간다. 중요한 측면에서 부정적인 이미지를 갖고 있다면 걱정스럽다. 그 이미지가 지속적으로 마음을 혼란시킨다면, 이를 미뤄 두거나 무시하기 힘들 것이다. 최소한 잠시 동안이라도 옆으로 치워 둘 수 없다면, 즐겁게 지적 과제를 하는 데 정신을 집중하는 대신 그 과제를 해낼 수 있을지를 걱정하게 될 것이다. 혹은 문제에 대한 해결책을 찾기 바라는 대신 자신이 그 문제를 해결할 수 있다는 것을 증명하기를 원하게 될 것이다. 이러한 것은 불가피하게 지적 모드의 발달을 방해하게 된다. 가치-감지 모드의 경우에는 다른 사람들이 알아챌 가능성은 적지만 마찬가지로 발달이 방해받을 것이다.

학교에서 일어나는 일이 아동의 자아상을 손상시킬 수 있다는 사실을 부인할 수는 없다. 그렇지만 개인적 가치를 느끼는 것은 다른 곳, 즉 가정과 지역사회에 뿌리를 둔다. 가정에서 적절하게 사랑받고 존중받는 것이 모든 일의 초기에 있어서 가장 좋은 것이다. 그러나 이러한 이점을 가질지라도, 일반적으로 낮게 여겨지는 사회적 하층 집단에 속한 경우에는 아동이 겪을 어려움이 더 많아진다. 그럴 경우 한동안 편안하게 신경 쓰지 않을 수 있는 자아상을 세워 나가는 데 있어 극복해야 할 것이 훨씬 더 많다.

여기서 엄마를 신뢰하고 안정된 관계를 가진 유아는 뒤에 앉아 있는 엄마를 신경 쓰지 않고 새로운 환경을 행복하게 탐색하는 초기 발달 단계와의 유사성을 볼 수 있다. 엄마의 존재는 안도감을 느낄 수 있는 중요한 근원이지만, 엄마가 개입하지 않는 한 거기 없는 것처럼 여기고 탐색해 나갈 수 있다. 이와 비슷하게, 긍정적인 상황에서는 한동안 자아상이 뒤로 물러나면서 다른 관심사들이 들어서는 것이다.

지금까지 고려하고 있는 두 가지 장애물은 드물지 않으며, 쉽게 제거되지도 않는다. 확실히 이 장애물을 치우는 것은 종종 교육자의 능력 밖의 일이기 쉽다. 그렇지만 이에 대하여 조처할 수 있는 것이 무엇이든 이루어졌다고 가정하기로 하자. 그리고 이제 교사가 진보된 모드 기술을 의도적으로 길러 주기 위해 사용할 수 있는 긍정적 수단이 무엇일지 논의해 보자.

모든 교육 이론은 명시적으로든 암묵적으로든 아동에게 가장 이득이 되는 것과 그 아동이 살고 있는 문화에 가장 이득이 되는 것 간의 관계에 대해 나름의 입장을 취한다. 공식적 혹은 비공식적으로 문화는 특정한 유형의 승인과 순응을 어느 정도 강요하면서 교육을 제공한다. 아동들은 이에 여러 방식으로 반응하는데, 열정적인 반응에서부터 고집스럽게 거부하는 것까지 다양하다.

문화가 순응을 심하게 강요할 경우에는 저항이 뒤따르기 쉬워서 완강하고 지독한 싸움으로 이어질 수 있는데, 이러한 결과가 나타나는 경우가 드물지 않으며 지금까지 유익한 적이 없었다. 이에 대한 염증과 그 부질없음에 대한 인식은 오늘날 '아동 중심(child-centered)' 이라고 부르는 유형의 교육 이론을 발달시키는 데 기여했다. 그 정반대편에는 자주 쓰이는 용어는 아니지만 '문화 중심(culture-centered)' 이라고 부를 수 있는 것이 있다. 아동 중심 이론은 기회의 제공자로서의 역할을 제외하고는 문화의 역할을 최소화한다. 극단적인 형태에서는 사회가 목적이나 절차를 미리 정할 권리나 이에 상응하여 아동으로부터 그 어떤 것을 요구할 권리조차 인정하지 않는다. 아동의 개인성이 중심 무대에 자리하게 된다. '지금 그 아동이 무엇을 배우고 싶어 하는가?' 가 중요한 문제다.

이러한 생각은 강력하게 마음을 끄는 측면이 있으며, 많은 측면에서 상당한 근거를 가진다. 교사는 사실 항상 '지금, 여기' 의 이 아동에 대하여, 그리고 어떻게 지금, 여기에서 이 아동을 가장 잘 도와줄 수 있을지에 대하여 관심을 가져야 한다. 그렇게 하기 위해서는 아동의 입장에 서서, 학습과정상의 특정 지점에 있는 모든 것이 학습자에게 어떻게 보일지를 상상하여 이해하는 것이 필요하다. 교육은 공유하는 일이어야 하며, 교사와 학습자가 모두 그렇게 느끼지 않는 한 절대 성공할 수 없다. 그런데 반면 아동의 관점이란 제한되어 있다. 아동들은 앞에 놓인 여러 가능성을 알지 못한다. 이들은 지금 내리는 선택이 나중에 어떤 결과를 낳을지 판단할 수 없다. 이후에 선택할 수 있는 것 중 어떤 것이 현재 가능하거나 혹은 배제되어 있는지를 알 수 없다. 물론 아동뿐만 아니라 그 누구도 이를 확실하게 알 수는 없다. 그렇지만 교사는 앞에 놓여 있는 것, 열려 있거나 닫혀 있을 법한 문에 대하여 아동에 비해 더 많이 아는 위치에 있다.

이러한 사실이 시사하는 바는 바로 하나의 관점으로는 충분하지 않다는 것이다. 다양한 복잡성의 수준을 가진 일들을 다룸에 있어서 서로 다른 관점을 조정하는 것이 얼마나 자주 필요한지를 알면서, 왜 하나의 관점을 기대해야 하는가? 물론 학습 시점에서 아동이 가진 관점을 고려할 필요는 있다. 이를 무시하는 것은 교사로서 실패하는 것이다. 그렇지만 그 아동이 더 나이가 들어 뒤를 되돌아볼 때 우리가 지금 하는 일들이 어떻게 보일지에 대해서도 생각해 볼 필요가 있다. 지나친 아동 중심이 배반으로 여겨질 수도 있는 위험은 어떻게 해야 하는가?

학습자의 관점이 변할 것임을 인정하는 것도 물론 중요하지만 그것만으로는 여전히 충분하지 않다. 필자는 문화집단도 무시되어서는 안 되는 관점을 가지고 있다고 말하고자 한다. 새로운 구성원들이 어떻게 성장할지, 어떤 기술과 가치를 발달시킬지, 어떤 유형의 사람으로 될지는 어떤 집단에게든 중요한 문제다. 이를 중시하는 것은 합당한 일이다. 사회는 일정한 발언권을 가질 권리가 있다. 그리고 이를 넘어서서, 보다 멀리 떨어져 있으며 평가하기 힘든 또 다른 관점의 합당성도 인식해야 한다고 본다. 원칙적으로 인류 전체가 우리의 아이들이 어떻게 성장할지에 따라 영향을 받을 수 있다. 따라서 어느 곳에서 이루어지는 교육의 결과이든 우리 모두에게 정당한 관심사가 된다.

다른 관점들을 고려할 필요가 있다고 말하는 것은 Piaget가 **탈중심화**(decentering)라고 불렀던 것을 옹호하는 것이다. 탈중심화란 다른 사람들에게 어떻게 보일지를 안 다음 그러한 서로 다른 관점들을 관계 속에서 이해하는 능력이다. 일종의 전체상(overview)을 구하는 것이다. Piaget는 탈중심화에 있어서 아동이 스스로 할 수 있는 바를 지나치게 과소평가했지만, 이를 과대평가하는 실수를 해서도 안 된다. 특히 자신의 교육을 이끌어 가는 측면에서 아동은 그다지 탈중심화를 할 수 없을 것이다. 어떻게 할 수 있겠는가? 그에 따른 결과는 너무도 멀리 떨어져 있는 것들이다. 아동은 성장하여 뒤를 돌아보는 것이 어떤 것인지를 모른다. 그리고 자신의 문화적 유산에 대하여, 그 내재된 제한요소에 대해서든 그 자원의 풍부함에 대해서든 사전에 인식할 수도 없다. 우리는 아동에게 그런 기대를 해서는 안 된다.

결론은 극단적인 아동 중심과 문화 중심은 모두 위험하리만큼 제한적이라는 것이다. 문화 중심 교육은 아동의 관점을 무시하기 때문에 지나친 것을 요구하는 경향이 있다. 복종과 순응을 가치 있게 여긴다. 기준 목표는 반드시 달성해야 하는 것이며 이것이 가장 중요한 문제이다. 사회에서 정한 선을 벗어나서는 안 된다. 따라서 아동의 상상력, 탐색하는 능력, 새로운 사고능력은 저지된다. 동시에 이것이 얼마나 많은 반항과 권태를 낳을지를 인식하지 못한다.

반면 지도도 없이 한 번도 가 본 적이 없는 곳에서 아동 스스로 길을 찾아야 한다면, 같은 자리를 맴돌면서 상당히 방황하게 될 것이다. 이는 학습자에게 매우 혼돈스럽고 불만스러울 수 있다. 아동은 자신의 학업과정의 방향을 정할 준비가 되어 있지 않으며 특히 이것이 동떨어진 목적을 위한 준비일 때 더욱 그러하다. 따라서 아동은 이러한 측면에서 충분히 심사숙고를 거친 조력을 필요로 한다. 아동이 좋아하는지 싫어하는지에 조금도 신경을 쓰지 않는 사람이 강압적으로 강제하지 않는 한, 아동들은 그러한 도움을 필요로 할 뿐만 아니라 일반적으로 기꺼이 받아들인다. 다른 사람이 던져 주는 새로운 도전을 기꺼이 받아들이고, 혼자 남겨졌더라면 결코 바라지 않았을 새로운 형태의 숙달을 성취하는 데 관심을 가지는 것이 인간 본성의 한 부분이다.

Bruner(1965)는 전반적으로 아동은 문제를 찾는 것보다는 문제를 해결하는 데 훨씬 능숙하다는 사실을 지적한 바 있다. 이 점에서 아동은 대부분의 성인과 유사한데, 완전히 새로운 문제를 만들어 낸다는 것이 결코 쉬운 일이 아니기 때문이다. 물론 우리가 피할 수 없게 스스로 드러나는 유형의 문제도 있지만 다른 문제들은 파악하기가 더 어려워 찾고자 노력하여야 한다. 성인기에 이렇게 할 수 있는 능력, 예컨대 과학에서 아니면 철학에서의 문제 제기 능력은 매우 혁신적인 마음의 표식으로 인정되곤 한다. 물론 상당히 어려서부터 이러한 능력의 단초를 보이는 아동도 있지만, 그 경우에도 누군가가 제시해 주는 도전이나 새로운 목적을 가지는 것이 해가 되지는 않는다. 인류 문화는 풍부한 목표를 축적해 두고 있으며 이를 젊은 세대에게 제안하는 것은 교육의 기능에서 결코 적지 않은 부분이다.

그러나 이때 어려움이 발생하는데, 이는 바로 진보된 모드를 길러 주고자 하는 교육에 있어서 핵심적인 중요성을 갖는 어려움이다. 바로 목적들이 최종 목적의 가시도(visibility)에 있어서 서로 차이가 난다는 점이다. 어떤 경우에는 유아도 알아챌 수 있을 정도로 목적이 가시적이다. 그 목적을 향해 나아가거나 성취하는 것이 어떤 것인지는 잘 모르지만 어느 정도까지는 그 속성을 이해할 수 있을 것이다. 적어도 불가사의한 것은 아니다. 예컨대, 스케이트를 잘 탈 수 있게 된다는 것이 어떤 것인지 바로 알 수 있다. 자신이 직접 얼음을 지쳐 봤더라면 성취 결과에 대해 확실히 더 많이 이해하겠지만, 스케이트를 신어 본 적이 없을지라도 알 수 있다.

이렇게 가시적인 목적을 일찍 알아채는 것은 아동이 전문가와 가깝고 지속적으로 만날 때 촉진된다. 아동의 부모 중 한 명이 그 전문가라면 조숙한 발달이 가능할 것이다. 예컨대, 화가인 아버지를 둔 Yani라는 중국 여아는 아버지가 자신의 화실에서 작업하는 것을 보고 자라면서 두 살 때부터 아버지를 모방하기 시작했다. 그 후 몇 년에 걸쳐 놀랍도록 뛰어난 그림을 시리즈(Yani' s monkeys, 1984)로 그렸다. 아버지는 처음부터 딸의 노력을 든든히 격려했으며, 심지어 아버지의 그림 위에 목탄으로 여기저기 더럽혀도 쫓아내지 않았다. Yani는 사실상 자신이 속한 문화에서 가치 있게 여기는 목적을 받아들이고 있었던 것이다. 가시적인 목적, 시도해 볼 수 있는 기회, 열정적으로 지지해 주는 교사가 있었다. 그녀가 그린 그림들은 확실히 자신의 것이기도 하지만 정교한 중국 문화의 산물이기도 했다.

아동이 존경하고 사랑하는 사람을 모델로 삼아 삶을 형성해 나가는 것은 흔한 일이다. 그렇지만 가능성 있는 모델이 하고 있는 유형의 활동이 덜 가시적이고 이해하기 힘들다면 그 가능성이 적어질 것이며 최소한 일찍 쉽게 일어날 가능성이 적어질 것이다. 무슨 일이 일어나고 있는지를 보여 주는 외적 표시가 거의 없다면 어떻겠는가? 예컨대 가만히 앉아서 생각하는 활동이 어떻게 유아에게 어떤 목적이 있는 것으로 인식될 수 있겠는가?

따라서 어떤 문화에서 이렇게 멀리 떨어져 있으며 관찰하기가 더 어렵고 즉각적으로 매력적이지 않은 유형의 목적을 가치 있게 여긴다면, 이에 대하여 의사소통을 위하여 한층 섬세한 단계를 밟아 나갈 필요가 있다. 또한 중요한 목적의 경우 적합한 모델이 그저 우연히 있기를 바라는 데 머물러서는 물론 안 될 것이다. 중요한 목적을 제안하는 것은 교육 계획의 일부이어야 한다.

이때 한 인간으로부터 다른 인간으로의 목적 전이(transfer)를 법제화하는 것은 가능하지 않다. 이는 정부 체제가 아무리 엄격할지라도, 복종을 강요한다고 해서 달성할 수 없는 일 중의 하나다. 누군가에게 당신의 목적을 따르도록 강제할 수는 있지만, 그 목적이 진정으로 받아들여지기를 원한다면 다른 차원의 문제다.

목적에 순응하여 따르도록 하는 것으로 충분할지의 여부에 대해 문제를 제기할 수도 있는데, 그것으로 충분하다고 생각하는 것으로 보이는 문화 중심 교육의 옹호자들이 일부 있다. 그렇지만 필자는 근본적으로 그것이 교육으로 이루는 바의 전부라면 실패한 것이라고 생각한다. 학습자가 목적을 자신의 것으로 받아들이지 않는 한, 그 목적을 추구하는 것은 복종을 야기하는 상황 동안에만 지속될 것이다.

어떤 목적을 자신의 것으로 받아들이는 데는 이를 이해하고 핵심을 파악하고 목적을 예측하며 그 가치를 음미하는 것이 포함된다. 아동 중심 교육의 옹호자는 아동이 학습하는 것은 항상 그들의 삶에 관련된 것이어야 한다고 주장하는 경향이 있다. 이 의견에 내재된 직관적 통찰은 전적으로 건전하다. 아동은 무의미한 것을 하도록 강요받아서는 안 된다. 그렇지만 모든 것이 그대로의 삶과 직접 관련되도록 하는 것은 함정이 될 수 있는데, 왜냐하면 교육이 삶을 바꾸어 나가는 것이라는 사실을 무시할 수 있기 때문이다. 교육이란 삶이 진행되면서 관련성의 범위가 확대되도록 새로운 방향을 열어 주는 것이다. 이는 새로운 목적, 새로운 소망을 제안해 주는 것이다.

이에 동의한다면 어떻게 해야 할 것인가? 어떻게 아동들에게 쉽게 보이지 않는 동떨어진 성취에 대한 감각을 제공할 수 있을까? 궁극적으로 아동에게 가치-감지 모드나 지적 모드에서 높은 수준의 능력을 얻게 하고자 한다면 아동이 오랫동안 자제하면서 기꺼이 노력하고자 하는 것이 필요할 텐데, 어떻게 해야 그렇게 할 만큼 아동이 그 취지를 알도록 할 수 있겠는가?

이를 시도해 본 누구든 곧 발견하게 되듯이 쉬운 문제가 아니다. 멀리 떨어져 있는 목적을 즉각 선명하게 볼 수 있게 해 주는 마법의 망원경은 없다. 그렇지만 최소한 이를 더 성공적으로 만들 가능성이 두 가지 있다.

첫째, 좋은 계획이다. 앞에 놓여 있는 것이 무엇인지를 알 뿐만 아니라 충분히 생각하고 이를 바탕으로 어떻게 그곳에 도달할 수 있는지에 대한 개념을 갖는 것이 교사의 일이다. 적절하게 흥미로운 도전 요소를 설정해 주며 인간 정신에서 그보다 더 가치 있는 것이 거의 없다고 할 수 있는 의식적 숙달(conscious mastery) 경험의 기회를 주기 위하여 제공할 수 있는 중간 목적이 많기에 이를 적절히 계획하고 제공해야 할 것이다.

영향력 있는 또 다른 요소는 매우 다른 종류의 것이다. 이는 특정 시기에 그 문화에서 지배적인 영적 기운이나 풍조와 관련된다. 공동체에서 보편적으로 존중받고 가치 있게 여겨지는 것과 관련된다. 아동은 성인의 가치에 민감하며, 그 이유를 이해하지 못할 때조차도 그러하다. 사실 이러한 가치가 더 어려운 것일수록 더 많은 관심을 불러일으킨다. 인도의 전통적인 성자(holy man)를 생각해 보라. 한 성자가 마을에 오게 되고 아동들이 그의 행동을 관찰하게 된다고 생각해 보자. 아동들은 아무런 일도 하지 않으며 언뜻 보기에는 조금도 유용해 보이지 않는 이 사람이 가장 환영받는 것을 보게 된다. 음식이 부족하지만 그 성자에게 음식을 기꺼이 나누어 주고, 만약 그가 주위에 정착하기로 결정하면 앞으로 지속적으로 음식물을 소모하게 되는 데도 모두가 기뻐한다. 요컨대, 아동들은 이 사람이 가치 있게 여겨진다는 것을 알게 된다. 그는 숭배되는 인물이다. 따라서 하나의 명료한 메시지가 전달되는데, 즉 이러한 가치에 관련된 일에는 항상 즉각적으로 볼 수 있는 것보다 더 많은 것이 관련되어 있다는 것이다. 이것은 아동이 삶의 초기에 받을 수 있는 메시지 중 가장 중요한 것이다. 이는 아동이 이후에 포부를 넓힐 수 있도록 강력하면서도 미묘한 방식으로 준비시킨다.

프랑스의 대표적인 작가이자 철학자인 Jean-Paul Sartre는 자서전에서 어떻게 이러한 개념이 최초로 자신에게 전달되었는지를 말한 바 있다(Sartre, 1964). Sartre는 글을 읽을 수 있기도 전에, 할아버지가 서재에서 책을 다루는 것을 관찰하는 습관을 가졌다. 할아버지가 이 신비롭고 귀중한 물건을 얼마나 섬세하게 취급하고 경의를 표하는지를 보았다. 어디에 쓰는 것일까? 왜 중요할까? Sartre는 전혀 알지 못했다. 그런데 책을 읽을 수 없기는 했지만 할아버지의 행동을 읽을 수는 있었다. 따라서 그 정서적 중요성을 이해하게 되었다. 그러한 메시지를 전달받았으며 이는 이후 그의 인생 역정에 강력한 영향력을 행사했다.

어떤 교육 목적이 멀리 떨어져 있고 신비한 것일 때 이를 향하여 기꺼이 다가가는 것은 믿음에 기초한 행위다. 즉, 노력할 만한 가치가 있는 일이라는 믿음을 가져야 한다. 교사 개인이 이러한 믿음을 격려, 혹은 방해할 수 있지만, 교사가 유일하게 영향력을 가진 존재는 아니다. 사회도 유사한 역할을 하는데, 아동이 점차 이해하게 되는 대다수의 태도를 통해 이루어진다. 그렇다면 오늘날의 지배적인 태도와 그 효과에 대하여 어떤 이야기를 할 수 있겠는가? 특히 진보된 형태의 모드가 갖는 가치에 관해 어떠한 일반적인 문화적 메시지가 전달되고 있는가? 비록 이해하지는 못한다고 할지라도 아동이 어릴 때부터 그러한 모드를 존중하도록 배우는가? 필자는 그렇지 않다고 본다.

우리가 보편(universal) 교육을 요구하고 있는 것은 사실이다. 그리고 이를 통해 최소한 모든 시민들이 지적 모드를 알게 되도록 시도하고 있으며 이는 사소한 일이 아니다. 인류 역사라는 맥락 속에서 고려할 때 사실상 이는 상당히 새롭고 야심차며 비용이 많이 드는 일이다. 모든 사람들의 지적 기술이 고도로 숙련되도록 하는 데 목표를 두지는 않는데, 이는 다른 유형의 발달을 무시하게 만들기 때문에 어떤 경우에든 바람직하지 않은 목표다. 그렇지만 모든 아동들이 문어와 숫자를 다루는 어느 정도의 기술, 과학에 대한 어느 정도의 기본적인 이해, 일반적 주제에 대하여 어느 정도로 이성적, 체계적으로 생각하는 능력을 갖도록 하는 목표는 갖고 있다. 법적으로도 그렇게 규정되어 있으며 우리가 이를 잘 해내지 못하고 있다는 증거에 대해서는 일반 국민들의 우려가 쏟아진다. 이 모든 것으로 인해 지적 능력이 널리 존중받는다는 인상을 줄 수 있다. 불행하게도 이러한 인상은 잘못된 정보를 제공한다. 기초적인 문해와 수 개념을 가르칠 것을 주장하면서도 지력(intellect)을 이해하거나 그 가치를 존중하지는 않는 것이 가능하다.

어떻게 그럴 수 있는가? 단어와 숫자를 다루는 기술은 순전히 선 모드에 근거한 이유로 가치 있게 여겨지곤 하기 때문이다. 사람들이 인생에서 '성공'하도록 돕는 것이다. 이는 고대 이집트에서 이미 그 가치를 인정받았는데, 고대 이집트에서는 필경사(scribe)가 일반적으로 가장 중요한 인물이었으며 오래된 교재를 통하여 문어를 공부하지 않으면 일생 동안 끔찍하게 고생해야 된다는 이야기로 아동을 위협함으로써 문어를 공부하도록 타일렀다(Pritchard, 1955). 지금까지 그다지 변한 것이 없다. 문해능력은 여전히 그 선 모드적 유용성으로 인하여, 이것이 정신 발달에 실제 기여하는 것보다 더 많이 가치 있게 여겨지고 있다.[2]

이제 지적 모드에서부터 가치-감지 모드로 고개를 돌려 보면 놀라운 차이를 즉각적으로 보게 되는데, 바로 후자를 기르는 것은 물질적 풍요를 누릴 가능성을 높여주지 않는다는 것이다. 사람들이 중산층으로 올라가거나 유지하도록 돕지 않는다.

이는 두 가지 결과 중의 하나로 귀결된다. 첫째, 이러한 모드가 실제 양성될 경우에는 그 속성에 더 적합한 이유로 인한 것일 가능성이 높다. 따라서 왜곡하는 억압이 적다. 그러나 두 번째 결과는 가치-감지 모드를 완전히 무시하는 것이 더 일반적이라는 것이다. 사회의 특정 부분, 특히 도시 빈민지역에서는 이러한 측면에서 특히 극심한 결핍을 겪게 되지만(Ahern, 1990), 어느 정도의 결핍이 보편적으로 영향을 미치고 있다. 많은 사람들이 자신의 삶에서 무엇인가 빠져 있다는 것을 인식하지만 무엇을 결핍하고 있는지 알지 못한다.

무시의 원인을 전적으로 선 모드의 유용성 문제로 돌리는 것은 매우 잘못된 일일 것이다. 가치-감지 능력을 기르는 데 대한 대중적 관심이 없는 이유는 이것이 물질적 풍요에 영향을 거의 미치지 못하기 때문이기도 하나, 우리의 역사를 거슬러 올라가는 인간의 태도에 관련되는 보다 심층적이고 훨씬 복잡한 원인이 있다. 바로 가장 영향력을 떨쳐 온 철학자와 작가들이 오랜 시간 동안 이성이 인간의 가장 고귀한 능력이라는 관점을 취해 왔기 때문이다. 이는 최소한 유럽의 19세기 계몽주의 이래로 전통적인 관점이 되어, 사람들이 받아들이는 지혜가 되었다. 따라서 가치-감지 능력은 두 번째의 위치에 놓여 왔다. 정서는 가장 높은 수준의 것조차도 지력과 같은 자리매김을 하지 못하고 있다.

왜 자리매김을 제대로 하지 못하는가? 필자는 적절한 비교를 하지 못하는 실수가 지속적이고 체계적으로 이루어져 왔기 때문이라고 생각한다. 즉, 진보된 모드의 사고는 진보된 모드의 정서라는 진정한 상대가 아니라 핵심 모드의 정서와 흔히 비교되었기 때문이다. 정서가 이성적 사고와 진정으로 동등할 수 있다는 바로 그 생각 자체가 진지하게 받아들여지지 않았다.

적절한 구분(distinction)이 이루어지지 않는 한, 동등한 것끼리 비교하지 않는 이런 유형의 실수는 감지되지 않고 지속될 것이며 사고의 혼란이라는 결과를 야기할 것이다. 부분적으로는 그러한 구분을 제시하고 고려할 수 있는 이론적 틀이 없었기 때문에 교육적으로 중요한 많은 구분을 널리 인식하지 못하여 왔다.

제대로 구분하기 위해서는 어디를 잘라야 하는지를 아는 눈(최소한 내용에 대한 폭넓고 상세한 지식을 의미함), 잘 드는 칼(즉, 적절한 정확성을 지닌 개념적, 언어적 도구), 그리고 흔들리지 않는 손(하고 있는 것을 계속해서 해내는 능력)이 필요하다. 이는 그 어떤 사람에게든 요구하기에 무척 많은 내용이다! 게다가 구분하여 자르는 것은 단지 첫 번째 단계에 불과하다. 그렇지만 이는 관련성에 대한 연구 이전에 이루어져야 하기 때문에 핵심적인 단계라 할 수 있다. 계속 애매한 상태에 있는 사물들이 가지는 관계의 구조를 드러낼 수는 없다. 마찬가지로 지나치게 자주, 혹은 잘못된 위치를 자른다면 시스템의 연결을 제대로 나타낼 수 없다. 잘못 판단할 위험이 상당히 많다. 물론 필자가 여기서 제안한 모드 구조에 대한 설명은 개선될 여지가 있다. 그 구조가 임시적으로 이점을 가지기에 제시하는 것이다. 이제 특히 교육과 관련되는 것을 중심으로 요점을 정리하고자 한다.

모드 이론은 발달에 대한 여러 이론에서 보편적으로 다루는 것보다 그 범위가 더 넓다. 특히 무시되어 온 정서를 전면으로 부각시키며 그 긍정적인 중요성을 강조한다. 정서가 결코 본질적으로 비이성적이지도 않으며 인지에 완전히 융합되는 것도 아님을 보여 주는 방식으로 정서의 본성을 평가함으로써 그 가치를 다시 매긴다.

발달적 증거를 고려해 보면 사고와 정서는 하나의 단일한 방식 혹은 단순한 방식으로 관련되어 있지 않다. 그리고 모드라는 이론적 틀은 나이 들어 가면서 갖게 되는(혹은 갖게 될 수도 있는) 사고와 정서 간의 다양한 종류의 관계에 대한 개관을 제공한다.

교육적으로 결정적인 중요성을 가지는 한 가지 변화는 핵심 모드를 넘어서 이동할 때 이루어진다. 이러한 변화의 표식은 자연발생적 학습과 의도적 학습 간의 차이점에 관심을 집중시키며, 아동 중심 교육에 대한 논의를 재검토할 것을 제안한다.

마지막으로 모드 분석은 이성을 제 위치에 돌려놓는 한 방법을 제시한다. 그렇지만 그 위치는 좋고 안정된 것이다. 지력을 얕보고자 하는 것도 아니며 인간에게 합리성이 가능하다는 것을 부정하는 것도 아니다. 사실 이성을 적절한 위치에 두는 것은 이성이 잘못된 명성을 받아 왔음을 감지하고는 이를 완전히 허물어뜨리고자 하는 사람들로부터 보호하는 역할을 할 수 있다. 그러나 엄격하게 이성적인 사고는 우리에게 매우 힘들며, 순간을 넘어서서 지속적으로 유지되려면 연마되어야 한다는 것은 확실하다. 반면 이성을 적절한 제자리에 두는 것은 지력이 인간에게 있어 유일하게 위대한 성취물이 아님을 보여 준다. 많은 것들은 우리에게 달려 있다. 특히 지력의 발달과 유사한 발달이 가치-감지 모드에서 제자리를 찾아야 한다. 그러고 나서 이러한 가치-감지 모드는 획득하여 효과적으로 정신의 목록 속으로 넣으려면 비슷한 수준의 연마와 계발을 필요로 한다는 사실이 뒤따른다.

주

1. 이러한 정서의 이질성(heterogeneity)은 Oatley가 '일관된 심리적 상태'라 부르는 속성을 정서에 부여해 주지 않으려는 측의 주장으로 사용되어 왔다. Oatley는 이러한 주장을 거부한다(Oatley, 1992).
2. 문해와 정신 발달이라는 주제에 대해서는 Olson(1977, 1986)을 참고하기 바란다.

제16장
수용 가능한 무지, 협상 가능한 논쟁: 학습에 관한 대안적 관점

JACQUELINE J. GOODNOW

학습에 대한 분석은 전형적으로 무엇이 획득되고, 어떻게 이것이 발생하는가에 초점을 두는 데에서 시작한다. 나는 동전의 다른 면에서 시작할 것을 제안한다. 즉, 지식과 기술, 그리고 일어날 수 있을 거라 기대되지만 그렇지 않은 세계에 대한 관점으로부터 시작할 것이다. 그 시작점은 아마 '지연 발달' 혹은 '동기 문제' 에 대한 분석에서 시작할 것으로 기대된다. 나는 학습이 사회적인 가치와 사회적 관계의 틀 내에서 일어난다는 방식을 분명히 하는 대신 그것을 사용할 것이다.

그 접근법은 '훌륭한' 혹은 '지적인' 인지적 수행에 관한 판단에 내재된 사회적 가치에 대한 초기 분석법의 확장이다(예: Goodnow, 1976, 1986, 1990a). 처음에, 인지의 일부 가치에 대한 나의 관심은 내가 문화 간 비교의 과정에서 관찰한 것과 심리학과 교육학 내의 지배적인 '일상 심리학' 에서 제공된 설명 간의 일치 부족으로부터 촉구되었다. 예를 들어, 문화적 차이가 학문적 과업에서 나타날 때, 가장 빈번한 설명은 문제를 해결하기 위해 필요한 개념적 도구와 지원의 수용에서 혹은 역량에서의 차이에 관한 것이었다. 나 자신의 관점은 그 차이가 종종 검사 상황에서 하는 '현명한' 혹은 '합리적인' 것으로 간주되었던 것에서의 차이를 반영했다는 것이다

(Goodnow, 1976). 이를 기초로, 과업과 적절한 과업 행동의 정의는 한 집단이 다른 집단보다 '조금 못하는' 것에 대해 더 의미 있는 설명을 제공했다.

이후에, 학습에서 혹은 성취에서 '실패' 한 세 가지 다른 예와 관련하여 표준적 설명에 대해 비슷한 의문이 생겼다. 이들 예 중 하나는 수학에서의 성취와 성차에 관련이 있다. 여성들의 더 낮은 흥미 혹은 더 낮은 성취에 관한 최초의 설명은 여성 내에 확고히 자리잡은 변수들(여성들의 '성공에 대한 두려움', '타고난' 능력의 낮은 정도에 대한 믿음, 수학은 자신의 삶과 관련되지 않았다는 그들의 지각)을 강조했다. 또한 강조할 만한 것은 회피의 한 형식으로서 여성의 반응이다. 단지 이후에 차별적 접근과 격려, 그리고 대안에 대한 여성의 적극적 선택의 측면에서 논의가 이루어졌다(예: Eccles, 1986; Eccles & Jacobs, 1986; Walkerdine, 1989). 두 번째 예는 전문가-초보자 관계에 관한 연구다. 여기서 놀라웠던 것은 설명들이 전문가의 능력에 집중한 정도였다. 드문 예외의 경우(예: Verdonik, Flapan, Schmit, & Weinstock, 1988), 대부분의 설명들은 일단 전문가가 초보자의 수행에 적절한 비계 설정을 제공하는 방법을 알면, 학습이 일어난다는 것을 암시했다(Goodnow, 1990a). 그러나 그 설명은 전문가가 기꺼이 가르치고 학습자는 배울 열정이 있다는 것을 가정한다. 어떠한 가정도 타당하지 않을 것이다. 전문가는 항상 기꺼이 그들이 아는 모두를 거저 주려 하지 않는다. 초보자들은 항상 그들이 그렇게 하기 위한 능력을 얻자마자 책임감을 인계받고 싶어 하지 않는다. 사람들이 지식과 기술의 획득 혹은 표현을 포함하는 어떤 상황으로 가져오는 것(교사와 학습자 모두의 '마음' 에 있는 것)은 반드시 그들이 교수에서 혹은 학습에서 보여 주는 능력 수준보다 더 복잡하고 흥미로워야 한다.

나에게 의문을 갖게 하는 마지막 세 번째 예는 세대에 걸친 일치 혹은 조화에 관한 것이다. 이 이슈에서 대부분의 연구들은 부모와 그들의 자녀가 다양한 이슈(학교에서 성공하는 것의 중요성에서 목표로 해야 하는 직업의 종류, 순종의 가치, 혹은 맡은 일에 대한 책임의 중요성에까지의 이슈)에 대해 같은 관점을 가지는지의 정도에 초점을 둔다. 일반적인 기대는 동의가 반드시 있어야 하고 가치가 반드시 '알려져야 한다' 는 것이다. 이러한 가정에서 설명이 필요한 것은 동의가 없을 때다. 대부분의 설명은 두 가지 변수를 선호한다. 하나는 다시 오래된 세대의 능력 측면이다. 예를 들면,

그들이 자녀가 그렇게 해야만 하는 것에 대한 명확하고 적절한 근거를 제공해 온 정도다. 다른 하나는 부모와 자녀 간 관계의 온정을 다루어야 한다. 이러한 조건(적절한 근거와 온정적인 관계)을 함께 취하는 것은 동의가 있어야만 한다.

부모 문제가 지배적인 상황에서 동의 혹은 복종이 부모가 실제로 원하거나 기대하는 것인지의 여부와 그리고 동의하지 않거나 불복종하는 것은 '실패' 의 측면보다 다른 측면으로 개념화되어야만 하는지의 여부에 대한 질문이 제기되기 시작한 것은 최근의 일이다(예: Goodnow, 1992; Kuczynski & Kochanska, 1990).

그러나 보편적인 설명에 대한 불평은 단지 첫 단계일 뿐이다. 나는 심리학자로서 왜 우리가 오직 능력의 측면에서만 진술된 설명에 대해 그렇게 강한 태도를 가져 왔는지 이유를 찾기 시작했다. 또한 나는 '학습에서의 실패' 사례에 특별한 관심을 가지고 학습을 개념화하는 대안적인 방법을 찾기 시작했다.

첫 번째 이슈(능력에만 초점을 둔)에서, 설명의 일부는 Piaget 학파의 이론으로부터 특별히 차용한 부분에서 거짓으로 드러났다. 우리가 사회적 가치가 거의 없거나 전혀 없는 문제를 지닌(예를 들어, 대화를 이해하는 데 사회적 압력이 없거나 적은) 유아 혹은 성인을 소개할 때, 개인 간 불일치는 개인 내 차이(예를 들어, 그들의 논리적 능력 혹은 지적 호기심에서의 차이)로부터 시작할 것이다(Goodnow, Knight, & Cashmore, 1985). 유아가 그들 자신을 위해 생각하도록 남겨지지 않았으며, 그렇게 하도록 격려되지도 않은 내용 영역이 있다는 것에 관해 Piaget가 말해 왔던 모든 것에 대해 우리는 별로 주의를 기울이지 않았거나 혹은 '도덕 발달' 로 명명된 영역에서 분리된 것으로 여겨 왔다. 대신 유아들은 반성 없이 받아들이기가 기대되는 세계를 보여 준다. 이 내용 영역에는 오직 또래만이 견해 차이를 통해 사고에 대한 도전과 요구를 제공할 수 있고 심지어 그렇게 하지 않을 수도 있다.

두 번째 이슈(대안적 개념화)에서, 나는 사회적 맥락은 우리가 알아야 하거나 알지 않아야 하는 것에 관한 지식에서 중립적이 아니라는 사실을 더 강하게 고려하는 학습과 인지에 대한 설명을 찾기 시작했다. 그 결정은 일부 인류학자들과 사회학자, 특히 Bourdieu, Foucault 그리고 Habermas(1990년의 리뷰— Goodnow, 1990b—내가 인지심리학자들에 대해 발견한 것의 많은 부분의 요약)에 대해 더 적극적으로 읽게 만들었다(예: D' Andrade, 1981).

또한 나는 양쪽을 모두 고려한 '학습에서의 실패' 에 관한 사고방식을 찾기 시작했다. 그 조사는 내가 세대를 걸친 동의에 관한 연구를 다시 보게 만들었다(Goodnow, 1992, 1995). 그것은, 내가 성인과 유아 간 협상의 존재를 강조하는 '불복종' 혹은 '동의하지 않음' 에 대한 설명에 특별한 주의를 기울이도록 했다. 특히 Kuczynski(Kuczynski, 1993; Kuczynski & Kochanska, 1990 참조)와 Smetana (Smetana, 1988a, 1988b 참조)에 의해 제시된 재개념주의에 대해서다. 요약하면, 나는 사람들이 그들에게 기대되는 지식, 기술 혹은 관점을 받아들이지 않을 경우, 그러나 교사의 무능력 혹은 학습자의 지적 결점의 측면에서 설명들이 유용하게 사용될 수 없는 경우를 더 주의 깊게 고려하기 시작했다.

나는 대안적인 관점을 발달시키기 위해 형식적인 연구와 매일의 경험을 이용할 것이다. 또한 사회적 집단 간 비교(문화 간 비교하기, 시간을 거슬러 보기, 혹은 남자와 여자 대조하기)에 기초한 자료 또한 이용할 것이다. 이러한 것들은 '본성' 의 문제인 것처럼 여기고 반성이 적거나 없도록 하는 것을 우리가 당연한 일로 생각하게 되는 설명과 가치에 대해 우리가 자각하도록 돕는 비교다. 그것은 이 책에서 적절한 것이고, 본 장은 발달과 교육의 문화적 맥락에 관한 섹션의 일부다.

나는 무지 혹은 무능력의 특성에 주목함으로써 이렇게 긴 서문으로 시작한다. 모든 면을 비판하는 것과는 달리 종종 기능적이고, 너그럽게 봐 주거나 격려하고, 누군가의 사회적 지위의 마커로서의 역할을 다하는 것에 중점을 둔다.

수용 가능한 무지/무능력

우리 모두에게 무지와 무능력한 부분이 있다. 예를 들어, 나는 좀처럼 한 장소에서 다른 장소까지의 거리를 알지 못한다. 웩슬러성인지능검사 개정판에서, 나는 사실 거리에 관한 질문(뉴욕에서 파리까지)을 발견하고는 놀랐다. 나는 타자를 잘 치지 못하고 다림질도 잘 못한다(내가 하는 때는 거의 없다). 생일을 잊고, 무엇이 자동차를 작동시키는지에 관해 실제로는 이해하지 못하며, 북쪽이 어디인지 좀처럼 알 수 없다. 과학을 교육과정의 관련 부분으로서 보지 않는 여학교의 산물로서, 나는 물리, 화학, 혹은 생물(수학은 다행히도 주정부에서 요구했다)에 대한 가장 최소화된 지식을 가지고 있다. 그리고 나는 어떤 이유에서 적절한 대안으로 여겨지는 라틴어의 영향을 받아 왔다(나는 프랑스어와 독일어에 대한 지식과 영문학에 대한 애정을 가지고 있었다). 때때로 나는, 혹은 다른 이는 이러한 부족은 개선되어야 한다고 느끼지만 노력은 대개 오래가지 못한다. 나의 파트에서 내가 당연하게 여겼던 기술이 부족한 사람들(내가 '유능하다' 고 생각했던 사람들)을 발견했을 때 나는 놀랐다. 예를 들면, 나는 차를 운전하지 않는 친구들을 이해한다. 그러나 내 마음 깊은 곳에서는, 그들이 아주 '기초적' 으로 보이는 기술을 획득하기 원하지 않고 그렇게 하는 것을 피해 온 것이 특이하다고 생각한다.

그러한 무지와 무능력의 영역은 기술을 갖추는 것의 중요성, 계몽된 시민, 그리고 지속적인 자기향상의 가치가 강조되는 문화적 풍토 내에서 이상하게 보일지도 모른다. 어떻게 그들이 바뀔까? 내가 제안한 이 질문은, 학습하지 않은 어떤 특정 영역에 빛을 발하는 것만은 아니다. 그것은 또한 일반적인 학습 혹은 발달의 성질에 대한 다른 관점을 갖도록 도와준다.

허용될 수 있는 무지/무능력의 근원

기능으로서의 무지/무능력

세 가지 예가 이 점을 설명할 것이다. 첫 번째는 Garvey(1975)의 유치원 대화 분석이다. 한 유아가 다른 유아에게 요청(예를 들어, 어떤 활동에 참여하거나 다른 이가 원하는 어떤 것을 양보하는 것)을 단념할 것을 원한다. 무엇이 가장 효과적인 중지법이겠는가? 가장 효과적인 방법은 '난 못해' 라는 대답이다.

두 번째 예는 면책(disclaimers)에 관한 연구에서 들 수 있다(Hewitt & Stokes, 1975). 그것은 종종 도움이 되며, 지식의 면책에 대한 비평을 제시하기 위해 그들의 논쟁은 계속된다. '나는 전문가는 아니지만……' 이 그러한 면책이다. 나는 최근에 이런 말을 들었다. "나는 이 문제의 역사는 잘 모르지만, 이것은 어쩌면 이 예가 아닐까요?" 그 화자는 사실 종종 박식하다. 무지를 주장하지만 어떤 이로 하여금 의지할 방어선을 긋도록 한다. 혹은 지식을 수용하는 방식에서 단호한 것은 쉽게 허용되지 않는다.

세 번째 예는 집안일의 분석에서 들 수 있다. '난 못해' 는 '네가 훨씬 잘 하잖아' 와 함께 자주 말의 서두에 온다. 그러한 청원의 특징은 종종 어떤 이가 바라지 않는 말을 수용하는 것을 막는다(특히 만약 거절된 과제가 누군가가 다른 사람이 하기를 원하는 과제였을 때 그렇다). 이때 '못해' 의 기능은 '주지주의(voluntarism)' 의 출현을 유지하는 것이다(Backett, 1982). Backett에 따르면, '내가 할 수 있다면' , '내게 물어봤으면' , '내가 시간이 있었으면' 과 같은 구는 의지의 부족을 가장하는 '설명 구조' 를 제공하거나 혹은 한쌍이 마주하지 않는 것을 선호하는 불공평성을 제공한다. 그 구조는 파트너 모두가 기여하는 것이고, 그들 자신의 일부 혹은 그들 파트너의 이미지 일부가 되기를 바라지 않는 것을 원하는 것은 아니다.

Backett의 주장은 Goodnow와 Bowes(1994)에 의해 지지되었다. 집안일을 분담하는 부부들의 표본에서, 비자발성의 공개적 수락과 공개적 거절이 일어났다('내가 하지 않을 일들이 있어.' 한 남자를 인용하면, '먼지 털기와 세차하기'). 그러나 이러한 주장은, 공평하게 분담하고 있다고 확신하는 사람들이나 혹은 한 업무의 공개된 거절과 다른 일을 하는 자발성의 균형을 맞출 준비가 되어 있는 사람들로부터 나온다. 그들 사이에 무능력에 대한 부탁은 아마 심지어 환희를 위한 근원으로 간주될 것이다. 또 다른 한 남자의 인터뷰를 인용하면 "아 네, 그녀는 전기를 두려워해요. 그것이 그녀가 말한 겁니다. 그녀는 단지 퓨즈 바꾸는 것을 원하지 않아요."

이 예들은 아마 그것이 오직 기능적인 무지 혹은 무능력의 발휘인 것처럼 들릴 수 있다. 그것은 때때로 사실이다. 그러나 첫 번째 일에서 정보나 기술을 획득하지 않는 것이 유리할 경우, 다른 이에게 '내게 말하지 마' 라고 하는 것이 유용할 경우와 같이 '무지가 기쁨' 이 되는 경우가 있다.

이 예들은 또한 무지/무능력이 항상 선택의 문제인 것처럼 들리게 할 것이다. 완전히 반대로 그것은 기대되고 격려될 수도 있다.

사회적 지위에 예상되는 부분으로서의 무지/무능력

우리는 지식과 기술을 획득하는 것이 다양한 사회적 지위에 접근하는 길이라는 생각에 익숙해져 있다. 다양한 종류의 시험을 통과하는 것은 우리를 하나의 학년에서 또 다른 학년으로 이동하게 하고, 공인되게 하며, '성인' 으로 간주되게 한다. 그러나 그 역 또한 존재한다. 지식 혹은 기술의 부재(최소한 그것의 표현에 있어서의 부재)는 아마도 요구되는 것, 적절한 것으로 간주되는 것일지도 모른다.

그러한 예의 하나로, 나는 의견 조사에서 여자의 '모른다' 는 응답의 정도에 관한 Bourdieu의 해석을 지지했다. '프랑스는 반드시 알제리를 도와야 한다' 와 같은 항목에서, 예를 들어, '모른다' 라는 응답 수는 상당히 많았다. 대조적으로 '프랑스는 개발이 덜 된 나라를 도와야 한다' 의 수는 그 이상의 항목에서 훨씬 낮았다(남자의 '모른다' 라는 응답 발생률은 두 항목 간에서 다양하지 않았다). Bourdieu가 논하기를, 첫 번째 종류의 항목은 여성의 전통적인 영역은 아닌, 정치적인 지식을 내포한다. 대조적으로 두 번째 종류의 항목은 모든 여성(Bourdieu의 구에서 '마음의 전문가' 인)에게 있는데, 그들은 자유롭게 관점을 표현할 수 있다고 느낄 것이다. 사실, 전통적으로 여성들의 것인 지지적이고, 도움이 필요한 이미지와 일치된 관점을 가져야 한다.

두 번째 예는 지식과 관련한 성별 분석으로부터 나온 것이다. 그것은 많은 것에 대해 '조금 아는 것' 을 다루어야 하지만 깊이 다루지는 않는다. 많은 여성을 지지하는 사상은 그들이 반드시 다양한 사람과 지적으로 대화하고, 그들이 가장 선호하는 주제를 '이끌어 내기' 위해 충분히 알아야 한다는 것이다. 예를 들면, 유럽에서 '학교를 마치는 것' 의 목적은 전문가보다는 일반적 지식이 있는 사람을 만들기 위한 것이다. 전문적 지식과 열정적인 취미 등은 결혼까지 기다릴 수 있다. 그런 다음 여자는 파트너 특성(그의 직업적 흥미와 취미)을 그녀 자신의 것으로 받아들인다. 결혼 전에 그녀의 흥미를 너무 일찍 좁히는 것은 여성의 매력을 감소시키고 결혼시장에서 그녀의 가치를 감소시킬 수 있다. 여성이 지닐 수 있는 기술(간호사, 교사, 비서)을 가지는 것에 대한 오래된 논쟁은 유사한 근거를 가지고 있다. 내가 비공식적으로 말한 이 논쟁은 여전히 존재하나 그들은 낮은 수준의 기술을 제한할 필요가 없고 성을 제한하지도 않는다. 컴퓨터, 임상심리, 혹은 응급 의학 기술(요구가 많고 쉽게 한 장소에서 다른 곳으로 전이될 수 있는 기술)을 가진 남성들은 전문화가 지위 선택을 좁히게 하는 여성들에 의해 호의적으로 보인다.

마지막 세 번째 예로, 나는 Albert의 연구를 언급할 것이다(Albert, 1972, cited by Ochs, 1990, p. 297).

> 많은 사회에서, 보다 지위가 낮은 사람들이 보다 지위가 높은 사람들과 이야기하는 것은 어리둥절한 발화를 할 것이라 기대되거나 혹은 그렇지 않으면 그들의 청자만큼 알지 못한다는 것을 표시하도록 기대된다.

누가 그러한 현상에 생소할 수 있을까? 예를 들면, 그것은 유아 또는 여성의 '매력' 을 종종 발견하는 '혼란' 혹은 머뭇거림에서 명백하다. 그리고 그것은, 영국의 TV 시리즈 〈네, 장관님(Yes, Minister)〉처럼, 비서가 이미 알고 있는 것을 스스로 발견하도록 그의 상사를 격려하고, 그다음 상사의 통찰력을 극찬하는 훌륭한 개인 비서의 본질을 반복적으로 보여 준다.

촉진된 것으로의 무지/ 무능력

이전 섹션에서 제시한 예는, 지식 혹은 지식의 표현이 그들이 역할에 적절한 사람들을 변화시키는 하나의 방법으로서 무지(특히 어느 정도 '보다 적은 지식' 의 형식으로)가 격려된다는 주장에 가깝다. 그들은 '그들이 알아야 하는 것보다 더 많이 알지 못하거나' , 그들이 '알 필요가 있는' 것보다 더 많이 알지 못한다. 그러나 그러한 예에서 지식은 배제되지 않는다. 그것은 단지 적당하다. 지식과 반대되는 보다 강력한 제재에 대한 예로 인해, 나는 다양한 보고에서 세 가지를 다시 언급할 것이다. 초기의 예와는 달리, 이 세 가지는 성별을 포함하지 않는다.

첫 번째는 '조숙함' 에 대한 설명에서 나온 것이다. 대부분의 영어권 사회에서 또래보다 빨리 말하고, 읽고 혹은 걷는 아이에 관한 일반적인 관점은 긍정적이다. '늦게 발달하는 아이' 는 긍정적인 서술 혹은 예를 찾아야 한다(예를 들면, '아인슈타인은 말이 늦었다'). 그러나 이러한 조숙함에 대한 긍정적인 관점은 보편적이지 않다. 예를 들면, Blount(1972)는 루오족(Luo)에서는, 대부분의 또래보다 더 어린 나이에 말하는 아이는 걱정의 이유가 된다고 보고했다. 실제로 마력이 의심되는 것 같다. 조숙함에 대한 관점은 영어권 집단에서 항상 긍정적이지는 않다(Kett, 1978). 심지어 최근에 '조숙한' 성적 지식 혹은 돈이나 삶의 '이면'에 대한 '조숙한' 자각과 이해는 현대인들이 유아기에 대해 갖는 이미지의 일부인 '순진함'(본질적으로, 무지)과는 모순되는 듯하다.

두 번째 예는 Valsiner(1984)의 연구에서 도출한 것이다. 표준 방식에서, Valsiner는 어머니들이 스스로 먹는 기술과 혼자 움직일 수 있는 기술을 익히도록 자녀들을 격려하는 방법을 관찰할 목적으로 어머니와 어린 자녀(걸음마기) 간 상호작용을 관찰하는 것으로 시작했다. 그 연구는 '근접발달 영역'(도움을 받아 조작할 수 있는 상태와 혼자 수행할 수 있는 상태 사이)의 개념에 대한 흥미가 발단이 되었다. Valsiner는 어머니들이 기대되는 상황에 맞는 안내를 제공하는 것을 관찰했다. 그러나 또한 그는 자신이 세 가지 영역—근접발달 영역(촉진된 행동), 용인되는 수행의 영역, 그리고 금지된 행동 영역—을 제안하도록 하는 행동을 관찰했다. 예를 들면, 아이가 이미 충분한 양을 먹었다고 어머니가 판단한 이후에만 스스로 먹는 것을 그만두거나 계속하는 것이 허용되었다. 곧, 그 아이는 스스로 먹는 것과 계단을 탐험하는 것이 허락되었다. 그러나 어머니는 흥미에 대한 첫 신호와 능력이 나타나자마자 기술을 촉진시키려고 서두르지 않았다.

그러한 지식과 기술의 지연은 물론 걸음마기로 제한되지 않는다. "네가 나이가 들면(혹은 네가 16, 18, 21세, 또는 네가 결혼할 때) 배울 거야." 이 유형에 대한 비평은 빈번하다. 그들은 가족으로 제한되지 않는다. 내가 아는 2학년은 "너는 3학년까지 십진법을 하지 않아도 돼"라고 단호하게 이야기하면서, 나이 든 형제로부터 배웠던 기술로 산수 문제를 (자긍심을 가지고) 해결했다. 그런 경우, 그것은 오직 지식을 억제하는 것을 촉구하는 학습자의 사회적 지위만을 나타내는 것은 아니다. 전문가의 사회적 입장 또한 보호받아야 한다. 초보자와 전문가 간의 거리는 유지될 수 있고 전문가는 협의사항을 통제하는 것을 지속할 수 있다.

마지막 세 번째 예는 내가 특별한 여지를 두는 것이다. 그것은 마음 이론(교사의 이론, 아동의 이론)에 대한 이 책에서의 강조점과 특별한 관련이 있다. 다른 사람의 의도와 마음 상태를 이해하는 기술은 (자신의 것뿐 아니라) 획득해야 할 가치 있는 기술로 간주된다. 이는 Ochs가 '서구 유럽 사회'와 관련하여 표현한 것과 같다.

> 이 사회의 구성원들은 무엇이 다른 이의 마음에 있는지 혹은 있었는지에 관하여 깊이 생각하는 데 많은 주의를 기울이고 있다. 예를 들어 우리의 법률제도는 행동의 중점을 정신 상태의 관점에서 평가한다. 그리고 행동의 고의성과 행동이 일어났을 때 행위자의 정신적인 적절성에 관해 숙고한다. 게다가 이 사회에서 주요한 교수법적 절차는 초보자들이 교수자가 무엇을 생각하는지 명백히 추측하게 한다. 이러한 절차는 질문자가 정보를 알고, 다른 이들에게 질문자가 이미 마음에 담고 있는 정보를 이끌어 내는 테스트 질문에서 성문화된다. 또한 이러한 유형의 마음 탐구에 대한 관심은 수수께끼와 '스무고개', '나는 스파이'와 같은 게임에서 명백해진다. 이 게임은 다른 이들에게 무엇이 질문자의 마음에 있는지 언어적으로 가설을 세우도록 요구한다(Ochs, 1990, p. 298).

다른 사람이 '의미하는 것'(사실, 그렇게 하도록 요구되는 것)에 관해 깊이 생각하게 하는 이러한 자유는 또한 명확하지 않거나 '마음의 불특정 상태'를 나타내는 진술에 반응하는 특정한 양식을 이끈다.

> 중산층 주류 공동체의 양육자들은 하루에 수십 번씩 어린 유아들에 대해 불분명하게 형성된 생각에 관해 명확하게 추측한다. 양육자들은 유아들이 마음속에 가지고 있는 것에 대해 엉뚱하거나 혹은 경험에 근거한 추측을 하도록 하고, 유아들이 자신의 가설을 확인하거나 거부할 것을 요구한다(Ochs, 1990, p. 299).

더해진 추측과 질문은 ('이게 네가 생각하는 거니?') 유아의 정신 상태의 본질에 대한 다른 시도다. "너는 우리가 하는 것을 알고 있니? 우리는 티 파티를 하고 있어." 혹은 "너는 저 사람이 누군지 아니? 저 사람은 간호사야."(Ochs, 1990, p. 291).

'서구 유럽 사람들' 이 그렇게 자연스럽고 본질적이라 여기는 것에 대한 대안적 관점이 있는가? 대안적인 관점은 Ochs가 Samoa에 대해 그리고 Schieffelin이 뉴기니의 Kaluli에 대해 보고했던 것이다(예: Ochs, 1982; Ochs & Schieffelin, 1984). 이 사회는 '다른 사람이 생각하거나 느끼는 것에 대한 언어적인 추론을 강력히 선호하지 않는다.'

> 전통적인 사모아 주부들에게, 질문자는 전형적으로 테스트 질문을 제기하지 않으며 그들에게 마음을 읽는 게임이나 수수께끼에 참여하도록 하지도 않는다. 범죄의 법률적인 평가는 정신 상태의 특성에 의존하지 않는다. 그리고 이 주제에 대한 언어적인 결합은 법률적 과정의 부분이 아니다. 사모아의 양육자들은 어린 유아들의 명확하지 않게 표현된 생각을 듣는다. 그들은 생각에 관한 가설적 시험에 유아를 관여시키지 않는다. 오히려 다른 사회와 마찬가지로, 사모아의 양육자들은 더 지적인 사고의 재정리를 유도해 내는 것을 선호하거나(예를 들어 '네가 뭐라고 말했니?' 라고 묻기) 혹은 그 주제를 종결한다(Ochs, 1990, p. 299).

사모아에서 사색은 격려되지 않거나 불확실성과 관련한 표현들이 존재하지 않는다고 말할 수 없다.

> 오히려, 그들은 보고된 사건, 행동, 그리고 상태에 관해 깊이 생각하는 것에 전념한다. 이러한 경우에서 사색은 보고의 정확성을 다루고, 가능한 대안적인 설명을 주장한다(Ochs, 1990, p. 229).

그러나 타인의 마음 상태(그들이 의미하는 것, 그들이 의도한 것)를 탐색하는 기술을 격려하지는 않는다. 이 특정 영역에서의 능력은 Ochs의 용어인 '선호하지 않음' 을 사용하는 것이다.

학습의 일반적인 관점에 대한 시사점

무지 혹은 무능함의 허용도를 기록하는 것은 무시되어 왔던 학습과 발달의 측면을 강조하는 한 방식으로서 매우 좋은 일이다. 그것은 다음을 능가하는가? 그것이 수행하는 것을 내가 두 가지 종류의 함의로 제안하고자 한다. 첫 번째는 우리가 알려지거나 발달된 본성에 관하여 알고 있는 관점에 관한 것이다. 두 번째는 어떻게 학습이 일어나는가에 대한 관점이다. 우리가 지식과 기술의 소유자 혹은 비소유자가 되는 방식에 관한 것이다. 나는 이러한 종류의 함의에 관하여 각각 차례로 논의하고자 한다.

'무엇' 이 학습되는가에 관한 시사점

우리는 일반적인 논리적 능력의 획득 혹은 영역 특정적인 전문지식(제한된 영역에 관한 지식) 획득의 측면에서 인지 변화에 관한 사고에 익숙해져 있다. 그러나 무지에 관한 사고와, 무지에 대한 관심을 대조적인 영역에의 관심(인간이 반드시 가져야 하는 지식 혹은 기술)과 결합하는 것은 무엇이 획득되는가에 대한 다른 관점을 제안한다. 최소한의 첫 단계로서, 우리는 유아가 학습하고 있는 것에 대해 물을 때, 명시적인 교육과정의 이면을 바라볼 필요가 있다. 그러한 단계의 한 예는, 3학년이 교실에서 수행한 방식으로 학령기의 전 과정을 거치면서 나타나는 변화에 대한 Mehan(1979)의 분석이다. Mehan은, '유능한' 학급 구성원으로 간주되기 위해서 무엇을 했는가라는 질문을 했다. 그 해의 과정을 거치면서, 어린이들은 명시적인 교육과정의 부분인 지식만을 획득하는 것이 아니라 교사가 기대하는 질문-대답의 형식과, 이야기를 할 수 있을 때, 반드시 손을 들어야 할 때를 알게 되었다.

더 큰 규모에서, 우리는 사회적 집단(유아, 이민자, 사회적 지위가 바뀐 모든 이)의 모든 새로운 구성원은 유능하고 성숙하고 합리적인, 집단 구성원으로 판단되기 위해 학습할 필요가 있다는 네 가지 제안을 제시할 수 있다.

1. 지식과 기술의 영역은 다양한 사회적 가치를 가진다(긍정적 가치와 부정적 가치 모두).
2. 이러한 가치는 모든 이들에게 동등한 것은 아니다. 그 가치는 사람과 사회적 지위에 따라 다르다.
3. 학습, 사고, 그리고 문제해결 유형은 다양한 사회 가치를 가지고 있다(긍정적 가치와 부정적 가치 모두).
4. 이러한 가치들은 모든 사람들에게 동등한 것은 아니다. 그것 또한 사람과 사회적 지위에 따라 다르다.

각각의 제안은 다음과 같이 간단하게 구체화할 수 있다.

다른 내용 영역의 다양한 가치들

가치들의 존재는 학교교육과 관련하여 우리가 '기초'와 '가외(혹은 '가외'나 '선택'의 가치를 여전히 더 낮게 하는 용어인 '불필요함')'에 관해 말하는 방식에 따라 쉽게 나타난다. 또한 가치들은 우리가 연구에서 '유의미한' 문제와 '사소한' 주제에 대해 언급하는 방식에 의해 나타난다. Anne Oakley(1974)가 말한 것처럼, 가사일의 사회학은 그 당시에 '주류' 사회학자들에게 '유의미한' 연구 주제로 간주되지 않았다. 그 이후로, 특히 '가정 경제학'(경제학자들이 선호하는 용어, England & Farkas, 1986 참조)에 대한 연구로 재명명되면서 존중받게 되었다.

그러나 가치의 주장은 질문 없이는 이루어질 수 없다. 무엇이 그러한 변수를 상승하게 하였는가? 그 대답의 일부는 특정 영역에 대한 지각된 전략적 유용성에 존재할 것이다. 호주 학교 체제에서 고급 수학을 수강할 경우, 최종 점수가 경쟁적인 주 전체 시험에 등록되었을 때 여분의 가중치를 주는 것(비교 절차의 방식에 의한)이 종종 논의된다. 그 논쟁은 어떤 내용 영역에서의 진보된 수준은 같은 정도의 특권을 가져오거나, 혹은 그러한 특권은 존재하지 않는다는 주장으로 보통 응답된다. 그러나 매년 지역 신문은 같은 논쟁을 한다. 그 믿음은 명백하게 확립되어 있다.

또한 그 대답의 일부는 반드시 권력 혹은 특권을 가진 사람들과 관련한 지식 혹은 기술 영역의 정도에 있다. 이에 기초하여, '남성의 활동'은 보통 여성의 활동보다 더 선호되는 경향이 있다. Margaret Mead가 이전에 강조한 것과 같이, '당신은 요리를 하거나 베를 짜거나 인형 옷을 입히거나 새를 사냥할 수 있다. 그러나 만약 그러한 활동이 남성의 직업에 적합하다면, 전체 사회는 남성과 여성을 막론하고 그들을 중요한 인재로 주장할 것이다'(Mead, 1949, p. 168). 보다 낮은 수준의 특권과 몇 가지 기술의 결합은 반드시 강력한 요소로 동등하게 기대되어야 한다. 학생들이 자신을 'A 분반'으로 간주할 때, 'C 분반'으로 등록되는 것은 거의 기쁘지 않다. 학생들이 타이프 치는 것을 배울 것이라는 제안은, 내가 이전에 사용했던 예를 반복하는 것으로, 학생들이 읽기를 학습할 것으로 기대되었던 것과 마찬가지로(Goodnow, 1990a), 분반이나 성에 상관없이 모든 학생들이 타이프 치는 것(혹은 '워드 프로세싱'을 배우도록)을 학습할 것이라 기대되는 학교와 단지 더 낮은 분반의 학생들이 타이프 치는 것을 학습하는 학교는 매우 다른 함의를 가진다.

개인 내 변수들

타이핑의 예는 하나의 역사적인 시간에서 다른 곳으로 다양화되는 지식 혹은 기술의 특정 영역의 가치 방식을 지적해 왔다. 그것은 특정 유형의 지식 혹은 기술의 가치는 집단 내 모든 구성원들에게 같은 것으로 보이지 않는다는 사실의 징조를 보여 왔다. 고전적인 최근의 예는 여성들에게 있어 수학의 지각된 관련성이다(혹은 '어려운' 자연과학). 예를 들어 최소한 서양 세계에서 수학은 여아보다는 남아들에게 더 관련성이 높고 유용하다(Parson, Adler, & Kaczala, 1982).

그러나 그러한 성에 따른 변수는 두 가지 방식으로 부연될 필요가 있다. 하나는 성이 변수의 유일한 자원이 아니라는 것이다. 학습자의 지각된 '총명함'은 한층 더 한 자원이다. Jackson과 Marsden(1996)의 예를 가져오면, '고전문학(라틴과 그리스)'은 영국 학교 체제에서 가장 뛰어난 학자들(남성 혹은 여성)의 특별한 영역으로 간주되었던 시대(그렇게 오래전이 아닌)가 있었다. '과학'은 낮은 학급을 위한 것이었고, '예술'도 여전히 낮은 학급을 위한 것이다. 더 많은 설명을 하자면, 총명함에 근거하기보다는 성별 집단 내에서 변수가 발생한다. Eckert(1991)가 연구한 디트로 이트 고등학교의 남학생 사이에서 과학을 수강하는 것은(학교에 의해 선택하도록 촉진된), '소년들' 을 위한 것이 아니라 '소진해 버리기에 좋은 것' (시스템에 대해 더는 고군분투할 필요가 없는 사람들)으로 간주되었다.

다양한 수행 방식에 대한 다양한 가치들

학문적인 수행을 비평함에 있어 우리가 쉽게 사용하는 형용사에 대해 생각하는 것을 멈추었을 때, 이러한 가치들의 존재는 다시 쉽게 명백해질 것이다. 예를 들면, 우리는 꾸준히 일하는, 평범한, 사실의 설명, 독창적이지 않은 그러한 형용사를 싫어하거나 찬성하지 않는다는 것을 보류한 채, 좋은 질문, 흥미로운 대답, 그리고 명쾌한 해결에 대해 긍정적으로 말한다. 그러한 가치들의 가장 상세한 분석은 의심의 여지없이 Bourdieu(1979)로부터 시작되었다. 그에 의하면, 학문적인 수행에 대한 우리의 판단은 (음식과 몸에 대한 우리의 판단과 같이) '좋은 취향' 혹은 '좋은 형식' 에 관한 사고의 존재를 나타낸다. Bourdieu가 논하기를, 중산층에서 취향의 한 특정 측면은 내용보다는 형식에 더 높은 가치를 둔다는 것이다. 적어도, 두 가지 모두 대학 수준의 학문적인 수행에서 '좋은 것' 으로 판단되기 위해 제시될 필요가 있다. 그 제안은 특히 '프랑스어' 와 유사할 것이다. 즉, Kristeva(1992)가 제안했듯이, 프랑스는 특히 문헌 연구에서 차지하고 있는 가치에 의해 특징지어지는데, 그 연구는 한 번에 혹은 동시에 서로운 생각과 '독창적인 문체' 를 포함한다. 그러나 확실하게, 학문적인 결과에 대한 우리의 평가는 (그들이 '모든 사실과 무형식' 의 측면에 있거나, 혹은 '모든 스타일과 내용 없음' 의 측면이든지 간에) 문제가 해결되거나 지식이 보고되는 방식으로 간주되는 가치의 존재를 반영한다(Goodnow, 1990a).

개인 간 변수

나는 이미 낮은 지위의 사람들이 그들의 지식을 표현함에 있어 단정적이기보다는 머뭇거린다는 예상에 주목해 왔다. 이 점에 대해 특히 관심을 가진 Cazden(1993)의 예를 덧붙이고자 한다. Wertsch(1991)와 같이, Cazden은 Bakhtin의 '음성(voice)' 개념에 흥미가 있었고 다른 사람들보다 '더 나은' 혹은 더 '특권이 있는' 것과 같은 몇 가지 유형의 음성을 나타내는 학교교육 방식에 흥미가 있었다. 예를 들면, 교실의 과학 토론에서, 아동들은 귀를 기울이고 칭찬받는 방식이 '진실된' 혹은 '공식적인 과학' 의 음성으로 말하기 위한 것이라는 것을 학습한다. 예를 들면 돌의 '과학적' 특성을 언급하기 위해 그것이 어디에서 유래되었는지, 그리고 어떻게 깨어지지 않게 보존되어 왔는지에 대한 '개별적' 내력보다는 '보여 주고, 말하기' 로 제시되었다(Wertsch, 1991). Cazden(1993)은, 교실에서 학생들이 비록 약한 권위라 할지라도, 그들이 교사처럼 말하기 위해 교사의 '음성' 을 사용할 수 있을 거라는 기대와 직면한다고 지적했다. 그러나 영국의 Willis(1981)는 '남아들 중 한 명(one of lads)' 은 교사의 음성을 사용하지 않는다고 언급했다. '남아들' 은 교사가 하는 방식으로 말하지 않는다. Cazden이 물었다. '남아' 가 교사와 그의 또래집단 모두에게 관심을 끌기 바란다면 그다음에 무슨 일이 일어날 것인가? 누군가에 의해 발달된 기술은 Bakhtin의 '여러 소리 내기' 의 한 종류라고 Cazden은 설명했다. 예를 들어 "라파스는 페루의 수도가 아니에요, 선생님" 이라고 말하는 소년은 그의 지리학적 지식을 펼쳐 보임으로써 학교에서 똑똑한 소년 중 하나인 그의 지위를 나타낸다. 동시에 그가 신중하게 사용한 '아니에요(ain' t)' 는 적절한 학교 말씨에 의해 각인되지 않은 집단에서의 그의 지위를 보여 준다.

앞에서 언급한 두 가지 사항은 '취향' 의 문제(Bourdieu, 1979) 혹은 '지적 태도' (Goodnow, 1976)로서 인지적 수행의 논쟁에 필요했다. 첫째로, 기대된 학습 혹은 사고의 양식은 사람들에 의해서뿐 아니라 내용 영역에 의해서도 다양해진다. 미국에서 수학과 사회 과목을 가르친 방식에 대한 Stodolsky(1988)의 분석은 유아가 수학을 지시적 절차(이것은 네가 '하는' 것이다)에 의해 배울 것이라는 아주 명확한 기대를 가져왔다. 이에 반하여, 사회 과목은 프로젝트와 개인적 사고에 의해 가르쳐지고 이해될 수 있다. 두 번째 설명한 문제에 관한 논쟁(우리가 '사소한' 것으로 제쳐 놓았을지 모르는 논쟁)은 사실 심각한 결과를 가지고 있다. 학습, 사고, 그리고 문제 해결은 반드시 계속되어야 함을 이해하지 못하고, 지식이 반드시 드러나야 하는 방식을 이해하지 못하는 것은 단순히 경험되지 못한 것이 아니라 지능과 능력이 덜한 것으로 판단되는 위험을 가져오는 것이다. 이러한 위험은 특히 비주류나 혹은 사회 초년생들의 사례에서 나타난다(Bourdieu & Passeron, 1977; Goodnow, 1984; Mehan, 1979; Perret-Clermont, 1991; Schubauer-Leonie, Perret-Clermont, & Grossen, 1992).

학습이 일어나는 '방법'에 대한 시사점

나는 지금까지 '무엇이' 학습되는가에 관한 우리의 생각에 대한 시사점을 다루어 왔다. 그러나 무지 혹은 무능력에 초점을 맞추는 것은, 또한 우리가 '어떻게' 학습이 일어나는지에 대해 이해하는 방식에 관한 시사점을 제시한다. 어떤 것들은 용인되고(재미로 하거나 승인받지 못한), 그리고 어떤 것들은 여전히 적극적으로 방해되거나 금지되는 반면, 지식과 기술의 몇몇 형식은 격려되는 관점에서 우리가 출발한다고 가정해 보라.

즉각적으로 획득되는 것에 대한 견해는 사회적 실제가 인간 발달의 이론 혹은 학교 교육의 이론을 얼마나 대표하는지에 대해 궁금하게 만든다. 예를 들어, 나는 Piaget의 이론이(내가 많은 점에서 상당히 공감하는 이론) 학습자가 '자유 시장' 에서 작용하는 가정에 기초한 것이라고 여기게 되었다. 필요한 정보가 제시되고, 충족되고, 손쉽게 이용되도록 가정된다. 개인 간 변수의 유일한 근원은 모두에게 이용 가능한 것을 사용하도록 하는 그들의 능력이 되어야 한다. 그러나 '자유 시장' 이 가지고 있는 환경은(Goodnow, Knight, & Cashmore, 1985; Goodnow, 1990b) 비교적 드물게 마련이다. 실생활 속에서, Glick(1985)이 지적한 것처럼, 그들은 예외적인 경우가 되는 듯하다.

그러면 무엇이 대안적인 관점인가? 우리가 제쳐 놓은 인지적 변화가 구성적인 개인에 의해, 그들 자신에 의해, 그리고 쉽게 얻어지는 정보와 세계가 작동하는 방식에 대한 사고로부터 발생한다는 생각을 가정해 보자. 제자리에 있는 것은 무엇인가?

위로부터의 조절

하나의 강력한 대안은 지식의 '조절된' 관점이다. Piaget는 유아들이 그들의 생각을 시험해 보고, 질문하고, 혹은 반대의 관점을 가지도록 항상 격려되는 것은 아니라고 지적했다. 그러한 호기심이나 도전이 '복종' 혹은 '도덕성' 에 대한 요구를 거스를 때마다, 그들은 그들 자신의 반대적 입장을 발달시키도록 제안한 성인을 발견하는 것 같다(Piaget, 1965).

그러한 유형의 논쟁은 Bourdieu(1979)와 Foucault(1980)와 같은 학자들에 의해 많이 이루어졌다. 그들이 지적하기를, 지식은 어떤 이들에 의해 다른 제한된 사람들에게까지 분배된 유용한 것이다. 사실상, 지식의 흐름은 개개 교사, 교육기관에 의해, 그들의 '필요조건' 을 충족시키는 것에 관한 결정 방식에 의해, 활발하고 선택적으로 통제된다. 그리고 지식으로 수용되거나 전수될 것이다. 경제적 은유가 제안하는 것과 같이, 전문가의 특정 영역에 있는 '시장의 한 부분' 을 독점하고자 시도하는 어떤 이들 또한 있을 것이다. '자유 교육' , '자유 지식' , 혹은 '개방적 지식' 에 대한 이러한 종류의 가정은 심리학자들보다는 사회학자들 사이에서 더 친숙하다. 그러나 그러한 관점의 지식은, 발달 방식 혹은 교육 진보에 대한 심리학자들의 접근(Goodnow, 1990b)을 상당히 포함한다. 실제로, 이러한 유형의 견해는 대중 문화의 일부일 수도 있다. 나는 Foucault를 특히 좋아하는, '아는 것이 힘이다' 라는 문구가 새겨진 티셔츠를 입은 10세 아이를 보았다.

아래로부터의 조절

위로부터의 조절처럼 지식과 기술에 대한 시각에 의해 휩쓸리기 쉽다. 일방향의 조절에 대한 시각은 부적절한 것 같다. 아래로부터의 압력을 위한 장소 또한 반드시 있어야 한다. 수동적인 것과는 거리가 있고 제공되는 것을 열심히 흡수하는 사람인 구매자로부터 보다 적극적인 태도(어떤 지식 혹은 기술의 형식을 요구, 대안 사이에서 선택, 제공된 것을 지지하지 않거나 저항하기)를 취한다.

다시 한 번, 인지적 변화에 대한 기본적인 이론은 압력에 대한 이러한 형식에 짧은 변화를 주는 경향이 있다. 초기의 설명을 반복하면, 그것은 Vygotsky 학파의 학습 분석에서, '자발적인 교사와 열정적인 학습자' 의 그림으로부터 출발하는 전문가-초보자 상호작용에 대한 설명을 거의 발견하지 않는다. Valsiner(1984)와 Verdonik 등(1998)에 의해 제공되는 분석의 종류는 독특하다. 초기에 언급한 것과 같이 Valsiner의 분석은, 무엇이 격려되는지와 마찬가지로 무엇이 허용되고 금지되는지에 대한 관심을 이끈다. Verdonik과 그의 동료는 과제 형태를 구성하는 성인과 아동 간 힘의 차이에 관한 관심을 이끈다. 예를 들어, 그것은 누가 질문하고 보조하는지를 결정한다.

그러나 그것은 학습자 또한 요구, 결정 혹은 선택을 하고 있다고 간단히 말하는 것으로는 충분하지 않다. 그 진술은 즉각적으로 다시 사고하는 것을 불러일으킨다. 예를 들어, 학습자 혹은 사회화된 사람이 무엇이 학습되고, 수행되며, 믿어지는지에 관하여 어떤 적극적인 선택을 하고 있다는 제안을 받아들여라. '그곳에(out there)' 무엇이 있는지에 대한 어떤 대안이 있음에 틀림없다. 받아들여지거나 혹은 거부되는 것에 대한 어떤 단순한 입장이 있을 수는 없다.

실제로, 그것은 사회적 맥락에 대한 많은 분석가들에 의해 주장된 입장이다. 어떤 사회에서, 많은 인류학자와 사회학자들은 대부분의 이슈에 하나의 관점 이상을 담고 있다고 논쟁한다(Quinn & Holland, 1987을 하나의 설명으로서 보라). 예를 들어 현대 서구 사회는 형식적 의학과 대안 의학 모두 그리고 형식적 교육과 대안 교육 모두를 포함한다. Salzman(1981)의 구분에 의하면, 하나의 관점이 '우세하고', 다른 관점이 '후퇴할 수' 도 있다. 그러나 하나 이상의 관점이 존재하는 것은 기준이다. 게다가 대안적 관점이 서로 관련되어 있다는 방식에 관하여 묻는 것은 사회 간, 내용 영역 간, 학습 상황 간의 구별을 위한 기초를 제공한다. 누군가가 이 모든 경우에서 찾는 것은, 대안이 존재하고, 알려지고, 차별적인 상태를 가지며, 숨김없이 서로 경쟁하는 정도의 측면에서의 차이점이다. 사실상, 우리는 현재 학습자의 흥미뿐 아니라 이용 가능한 대안의 특성과 상태까지 질문할 필요가 있다.

'아래로부터의 조절' 개념은 또한 학습자의 질 혹은 흥미에서의 변화를 동반한 '그곳(out there)' 망에 대한 정보의 특성에서의 변화 방식에 관련한 질문을 촉진한다. 사실상, 그것은 지식에 대한 '복합적인' 혹은 '복수형의' 문화적 모델과 관련한 미약한 부분이다. 모델들은 '그곳' 에 무엇이 있는지에 대한 관점에 집중하는 경향이 있다. 그 차이는 Foucault(1980)가 제시한 제안에 대해 특별히 관심을 갖도록 한다. 대안(특히, 대안 의학과 교육에서)에 대한 흥미의 증가를 분석하면서, Foucault는 사람들이 기본적인 제공에 대한 불만족을 비평하고, 표현하는 방식으로서 대안으로 향한다고 제안했다. 대안으로 향하는 것이 커지면, 형식적인 시스템은 통합적인 부분 혹은 모든 대안으로 이동하고, 불만족이 다시 증가하는 것과 같은 그러한 시간까지 의견을 달리하는 사람들이 집단으로 되돌아온다고 한다. 이러한 추구과정에서, 보다 개방적인 관점은 훨씬 '가장자리에' 일단 제외된 대안을 취한다. 학교는 더 많은 자유(혹은 경우에 따라 더 많은 구조)를 제공하기 시작한다. 공식적으로 훈련받은 의사가 침술을 배우기 시작하는 것 등이 그 예이다.

그러나 이러한 사례에서, 주요 관점의 지지자는 특정 가치, 심지어 특정한 자기-흥미를 보여 준다. 이는 의견을 달리하는 이들을 수용하는 방식을 발견하는 데서 이루어지고, 의견이 다른 이들은 현재 수정되고 있는 주요 지위로 돌아가는 것을 쉽게 찾는다. 일단 두 지위가 정체성의 문제에 직면한다면, 그러한 조화는 쉽게 일어나지 않을 것이다. 예를 들어 형식적이고 대안적인 학교교육을 위한 제안을 통합하는 것은 식민지와 본국의 법에 대한 제안을 통합하는 것보다 더 쉽다. 그것은 단지 기초적인 가정이 모순되는 것뿐 아니라, 또한 두 시스템의 지지자들은 정체성의 상실과 관련된 법의 문제를 산출하는 것이다.

정체성에 대한 논쟁을 인간 발달과 교육영역으로 더 가까이 가져올 것이다. 그 영역 내에서, 제공되는 것을 거부하는 듯한 놀라움을 표현하는 사람들이 있다. 예를 들면, 호주 원주민들의 경우 백인의 학교에서 어떤 지점까지는 진보하고 그러고 나서 그들이 배웠던 '백인의' 기술을 '버린다'는 점은 놀랍다(Seagrim & Lendon, 1981). 또한 소수집단이 다수 언어를 듣고 배울 충분한 기회를 가졌음에도 불구하고, 사투리, 억양 혹은 '왜곡된 구문론'을 보유하는 것은 놀랍다(예: Shapira, 1978). 이러한 저자들이 제안하는 '실패'는, 분리된 정체성의 너무 많은 타협이나 손실과 같이, 배울 능력의 부족에 있는 것이 아니라 학습 혹은 이후의 학습에 대한 인식에 있다. 이러한 거부는, 내가 이전 섹션에서 타인이 자신의 사회적 위치를 표현하는 방식으로 언급했던, 무지/무능력에 대한 강요나 기대와는 다르다. 이제 지식은 개인차를 나타내기 위한 선택이 아니다. 여전히 강요의 측면들이 존재할 것이다. 선택하도록 하는 선택권은 여전히 사회적으로 구조화된다. 그러나 '학습자'와 '교사' 둘 다에 의한 능동적인 선택의 존재는 사회화 혹은 교육의 경우에서, 흥미, 요구, 선택,

그리고 고려되어야 할 필요가 있는 모든 부분의 자원을 기억하게 하는 것이다.

협상 가능한 논쟁

이상에서, 나는 학습되는 것과 학습이 발생하는 방법을 재고하기 위한 시작점으로서 무지/무능력의 예를 활용하면서, 무지/무능력의 예에서부터 시작했다. 이제 나는 시작점을 약간 변화시키고자 한다. 일반적인 특성으로 그것은 '초보' 집단이 '전문가'의 관점을 획득하지 않는다는 하나의 실례다. 그러나 특수한 형식에서, 그러한 현상은 아동들이 성인의 관점을 취하지 않는다는 것이다. 성인들의 지시를 따르지 않으며, 그들의 견해에 동의하지 않고, 계획에 동조하지 않으면서 성인들의 관점을 취하지 않는다. 이러한 거부는 무지 혹은 무능력에 대한 분석에 의해 나타난 것을 강조하며 이후의 입장을 첨가한다. 내가 인용하는 연구는 가정에서의 성인-아동 상호작용에 관한 문헌에서 발췌한 것이다. 그러나 그것은 쉽게 교실로 확장될 수 있다. 실제로, 그것은 학습할 내용, 지시를 지속하는 방법, 혹은 어떤 장소에서 교사와 학생이 교실로 가져오는 다양한 안건을 발견하게 될 것인지에 대해 학생들과 교사들이 협상하는 방식에 대한 분석에 적합하다(예: Davies, 1989; Martin, 1976; Mehan, 1979).

첫 번째 사례는 종종 순응이라 불리는 영역이다. 심리학자들은 부모가 지시하는 것에 대한 아동의 거부를 '불복종'이라 하였고, 그러한 불복종은 '문제가 있는 것'으로 여겨 왔다. 관점의 변화는 불복종의 경우를 아동들이 다양한 전략을 시도하는 경우로 지각하고, 부모들—북미 부모들—이 자녀에게 이견을 표현하거나 타협을 협상하는, 다소 허용적인 방법에 대해 가르치는 경우로 인식하는 것을 포함한다(Kuczynski, 1993; Kuczynski & Kochanska, 1990). Kuczynski의 제안은 주로 유치원생들과 어머니 간 상호작용을 관찰한 것에서 나온 것이다. 그러나 Smetana(1988a, 1988b)의 관찰은 이후 연령기(청소년기)에서 똑같은 종류의 현상을 지적한다. 그녀의 관찰에 따르면, 아동의 궤변이 부모의 궤변과 유사한 범위 내에서, 아동이 이유나 논박을 할 경우에는 부모의 규칙에 대한 아동의 도전이 불행한 갈등을 덜 확대시키는 경향이 있다.

Kuczynski에 의한 연구와 Smetana에 의한 연구는 북아메리카 사람들(Kuczynski는 캐나다, Smetana는 미국)을 대상으로 한다. 그들은 우리에게 언제 다른 문화가 순응보다는 오히려 협상을 허용하는지, 그리고 언제 그들이 이러한 기술에서의 실천을 조기에 제공하는지에 대해 의문을 갖도록 한다. 유아원 협상에 대한 Leonard(1993)의 연구에서 나타난 것처럼, 그리고 '야생 법률가' (즉, 자체-교수지만 논쟁과 반박에 대한 숙련된 메이커)라는 호주식 용어를 아동에게 적용함으로써 제안되는 것처럼, 호주는 확실히 북미와 마찬가지로 문화적 집단에 속한다. 아무리 논쟁의 과정을 끄는 것이 부모라 할지라도, 아동을 '야생 법률가' 라고 말하는 것은 결코 반대를 의미하는 것은 아니다. 또한 호주의 몇몇 교실에서는 협상하는 것을 배우지만 다른 교실에서는 그렇지 않은, 흥미 있는 교실의 예를 제공한다. 이 학교에서 몇몇 교실은 '개방적 계획(open plan)' 혹은 '교사 지시적인(teacher directed)' 이라는 표지를 공식적으로 붙인다. 그 용어들은 아동들 어휘의 일부가 된다(예를 들면, '나는 TD에 배치되기로 되어 있었지만 OP로 바뀌었어.'). OP에서는, 당신이 당신 자신의 프로젝트를 할 수 있거나 교사가 정해 놓은 것을 재정의했다. TD에서, 당신은 이미 정해져 있는 과제를 하였고, TD 형식의 교사가 협상과 수정 가능한 계약에 익숙한 수업을 양도받을 때까지 아동들에게 어려움을 야기시키지 않는 특성이 있다.

두 번째 사례는 세대 간 일치로 알려진 영역이다. 다시 여기에서, 심리학 이론은 일치가 심리학적으로 바람직하고 관련된 성인들이 바라는 결과 모두를 의미한다는 기대에서 출발하는 경향이 있다. 설명되는 현상은 사회화 혹은 교수로서 다시 언급되는, 차이 혹은 불일치의 현상이다(Goodnow, 1992).

대안은 무엇인가? 이러한 질문에 대한 한 가지 접근은 아동들과 그들 부모가 동의하지 않는 경우의 범위를 고려하는 것이다. 그 단계는 무엇보다도 불일치의 경우들이 똑같지 않다는 사실을 나타낸다. 그것들은 동일한 방식으로 일어나지 않으며, 모두 똑같은 방식으로 반응하지도 않는다.

우선, 아동들이 부모와의 차이점을 인식하는 경우와 인식하지 못하는 경우가 있다. 아동들은 부모의 견해가 자신의 견해와 같다고 추측한다. 유사하지 않은 견해 간 차이는 Cashmore와 Goodnow(1985)가 강조했다. 또한 아동 혹은 부모가 차이를 인식하지만 중요하지 않거나 재미있는 것으로 여겨지는 경우도 있다. 어떠한 변화를 시도하거나 또 다른 새로운 것을 시도하기 위하여 이러한 인식을 실행하고자 하는 사람은 아무도 없다. 역으로, 몇 가지 차이는 격차를 줄이기 위한 행위를 필요로 한다. 내가 변화하든지, 당신이 변화하든지, 혹은 우리가 모두 타협에 동의하는 것이다(Goodnow, 1992). 게다가 아동이 다른 견해를 가지는 경우들이 있으며 부모는 그 차이를 중요하게 여기고 적어도 그것을 칭찬한다. 사실상, 부모로서 나는 유사성을 항상 바라기보다는 오히려 내가 한 것(즉, 세상에 대해 혹은 가능한 것에 대해 다양한 관점을 갖는 것)보다 자녀가 훨씬 더 진보하기를 바랄 것이다(Goodnow, 1995). 마지막으로 격차를 줄이지 못하는 또 다른 설명인데 아동들이 차이를 유지하기로 결정한 경우가 있다. 부모가 그들의 입장으로 이동할 때, 아동은 비유사성에 대한 지속적인 주장에서의 차이에 대한 또 다른 영역을 취한다(Goodnow, 1995). 이러한 상황에서 획득되는 것 혹은 획득되지 않는 것에 대한 어떠한 견해도 일치에 대한 단순한 실패보다는 오히려 다양한 자원으로부터 나오는 불일치를 고려할 필요가 있을 것이다.

학습의 일반적인 견해에 대한 시사점

무지/무능력의 예를 고려하는 것이 그것의 여러 가지 형식과 기능을 끌어내고 학습 내용과 학습이 일어나는 방법을 재고하기 위한 기초 역할을 하듯이, 또한 불일치, 이의, 혹은 보다 중립적인 용어를 사용하여 관점에서의 일치 부족의 경우를 제시한다. 무지/무능력의 경우들은, 특히 학습 내용이 지식과 기술의 특별한 영역에 대한, 그리고 다양한 종류의 과제 수행에 대해 변화하는 사회적 가치라는 제안에 대한 기초로 여겨진다. 또한 그것은 학습이 자유롭게 이용 가능한 정보를 끌어내면서 스스로 구성하는 개개인의 도식(schema)으로 이루어진다는 제안에 대한 기초로 여겨진다. 보다 종종(아마도 항상) 우리가 필요한 자료와 자원의 흐름은 타인에 의해 그리고 지식의 소유자에 대한 신참자의 요구에 의해 조절된다.

불일치의 경우를 고려하는 것은 틀 내에서의 이동을 강화하고 증가시킨다. 나는 다시 학습되는 것을 고려함으로써 시작하여 학습이 발생하는 방법에 대한 시사점으로 이동할 것이다.

학습되는 것에 대한 시사점

나는 학습자, 아동 혹은 성인의 관점에서 시작하고자 한다. 당신이 특별한 방법으로 행동하는, 즉 어떤 특별한 관점을 획득할 것이라는 명백한 요구나 기대를 가지게 된다고 가정해 보라. 순응과 세대 간 일치에 대한 새로운 연구는 학습되는 것에 대한 중요한 부분이 이러한 기대의 질과 관련이 있다고 제안한다. 무엇이 당신을 무시할 수 있는가? 이러한 문제가 어느 정도 협상 가능한가? 당신에게 제안되는 것을 얼마나 친밀하게 취할 필요가 있는가?

불복종에 대한 새로운 관점은 특히 아동들이 획득하는 다양한 협상 전략을 강조한다. 지연('나중에, 좋아?'), 타협 제의, 동의하지 않는 이유 제시, 요구하거나 지시적이지 않은 것처럼 행동하기와 같은 전략을 강조한다(Kuczynski & Kochanska, 1990; Leonard, 1993). 아동들은 어떤 하나의 전략이 경우에 따라 효율성 면에서 변화(성인의 기분을 포함하는 변화)한다는 것을 학습할 필요가 있다는 것에 대해 명확히 하는 동일한 연구들이 있다.

나는 이러한 여러 가지 전략으로부터 학습되는 것에 대한 몇 가지 특수한 측면을 끌어낼 것이다. 우선, 학습자는 언제 어떤 요구가 전혀 충족될 필요가 없는지를 알 필요가 있다. '귀를 기울이지 않는 것' 혹은 몇 가지 애매한 승인을 하는 것은 충분할 것이다. 또 다른 것(그들이 정말 그것을 의미하는' 때를 인식하는 것)에 대한 기대의 중요도를 판단하는 것은 중요한 첫 번째 획득이다.

일단 기대가 수락되면, 학습될 필요가 있는 것은 충족될 필요가 있는 기대의 정도다. 학습과 '옳은' 것으로 여겨지면서 매우 좁은 범위 내에서 일어나는 수행인 문제해결에 대한 몇 가지 영역이 있다. 다트판이나 소총 목표물에서 유추해 보면, '명중'은 정확히 중심점에 있어야 한다. 다른 어떤 것은 생각되지 않는다. 어떤 답이

'근접한가' 가 아니라 오히려 '정확한가' 에 대한 셈하기 문제는 하나의 예를 제공한다. 수업 중심 어조(모방자를 제외하도록 고안된 어조)는 또 다른 예를 제공한다. 반대로 근접성이 긍정적으로 수용되는, 혹은 답이 아무리 멀리 떨어져 있다 하더라도 노력의 결과로 보상이 주어지는 학습 영역이 있다.

게다가 기대를 충족시키는 것은 수용할 수 있는 수행을 대체하는 정도에서 다양할 수 있다. 가사에 대한 불이행은 몇몇 다른 가사(예를 들면 아동은 가정 내에서는 쓸모없지만 정원에서 일하는 것을 좋아한다) 혹은 가정 밖에서의 일(예를 들면, 아동은 학교에서 잘한다)과 같은 현상에 특히 주의를 기울이게 한다. 한 가지 일에 대한 불이행은 다른 일이 적당히 수행된다면, 호주의 많은 어머니들에게는 무시될 것이다. 나는 수용할 수 있는 수행으로 대체되는 시간과 그렇지 않은 시간 사이를 구분하게 해주는 것을 이해하지 못하고 있다. 그러나 그 차이점은 내가 많은 교수에서 혹은 사회화 상황에서 중요한 것으로 인식하고 있다.

간단히 말해, 우리가 학습할 필요가 있는 중요한 부분은 다음과 같은 것을 허용하는 상황을 얼마나 많이 '제공하고', '줄이거나' '늘이는가' 다. 즉, 다른 사람이 기대에 대해 얼마나 강하게 느끼는지, 더 많이 혹은 더 적게 수용할 수 있는 수행을 대체하는 시기, 그리고 불순응, 불일치, 혹은 대체의 정도에 대한 한계점을 알게 되는 것을 포함하는 학습이다. 이러한 학습이 어떻게 나타나는가?

학습 '방법' 에 대한 시사점

이러한 관점에서, 불순응과 불일치에 대한 대부분의 설명은 알게 될 필요가 있는 것에 대한 것이다. 그러나 무지/무능력에 대한 경우처럼, 그러한 이해가 획득되는 방법에 대한 시사점이 있다. 내가 끌어내고자 하는 시사점은 다음과 같은 질문과 관계가 있다. 기대를 나타내는 사람들의 목적은 무엇인가? 그리고 이러한 기대가 충족되지 않는 것에 대한 가능한 방법은 무엇인가?

목적을 재검토하는 것의 중요성은 불순응과 불일치의 연구에서 나타난다. 목적은 성인을 위한 목적의 중요성 측면에서 그리고 목적이 성인 중심인지 혹은 아동 중심

인지의 측면에서, 즉 목적이 성인의 욕구와 흥미를 충족시키는 것인지 혹은 성인이 지각하는 아동의 욕구와 흥미를 충족시키는 것인지의 측면에서 구별할 필요가 있다 (Dix, 1992). 또한 목적은 시간과의 관련성 측면에서 구별할 필요가 있다. 지적했듯이, 연구자들은 단기적 순응의 목적과 장기적 순응의 목적 사이를 구별할 필요가 있다(Kuczynski, 1984). 교호적 어법에서, 성인들은 아동이 특수한 주제에 대해 동의하거나 특별한 기술을 획득하는 것과 같은, 특수한 경우에 성인들의 방식을 취하는 것에 대해 관심이 있다기보다 오히려 좋은 관계(장기적으로 중요한 목적) 유지에 더 관심이 있을 것이라는 것을 연구자들은 인식할 필요가 있다(Goodnow, 1992; Grusec & Goodnow, 1994).

성인과 아동 간 일치의 부족이 나타나는 여러 가지 방식을 위해서는 가능성에 대한 보다 상세한 논의가 세대 간 일치에 대한 분석에서 제시되는 것이다. 이러한 분석은 특히 하나의 단계 이상의 측면에서 어떤 결과를 고려할 필요성을 초래한다.

한 쌍의 가능한 단계에서, 첫 번째는 보내지는 메시지 수신자의 인식(요구, 지시, 혹은 기대에 대한 수신자의 인식)과 관계가 있다. 다양한 이유로 인해(예를 들면, 메시지의 송신자는 명확하지 않고, 수신자는 들은 것을 해독할 추리능력이 부족하다), 이러한 인식은 정확하거나 혹은 부정확할 수 있을 것이다. 이러한 쌍의 두 번째 단계는 인식된 메시지의 수용 혹은 거부와 관계가 있다. Cashmore와 Goodnow(1985)의 분석에서, 세대 간 일치의 부족은 두 가지 자원(부정확한 인식 혹은 거부) 중 하나 혹은 둘 다로부터 기인할 것이다. 게다가 두 단계는 다른 상황에 의해 영향을 받는 것으로 간주된다. 정보 관련 상황(예를 들면, 본래 메시지의 명료성 혹은 중복성)은 특히 첫 번째 단계와 관련이 있다. 반대로, 관계의 온정은 두 번째 단계(수용 대 거부)와 더 관련이 있는 것으로 여겨진다(Cashmore & Goodnow, 1985; Goodnow, 1992; Grusec & Goodnow, 1994).

두 번째 쌍의 단계는, 교수와 학습을 위해 표면적으로 고안된 어떤 상황이 공식적으로 의도된 결과로 귀착되지 않는 방법에 대한, 다른 시나리오를 제시한다. 이러한 쌍의 첫 번째 단계는 자각(이 경우에 순응하지 않는, 학습되지 않는, 동의하지 않는 또 다른 자각)과 관계 있다. 예를 들면, 가정이나 교실에서, 사람들은 어떤 이슈에 대해 다양한 견해를 가진다는 것을 자각하거나 혹은 자각하지 못할 수도 있을 것이다. 이러한 쌍의 두 번째 단계는 한 부분 혹은 두 부분 모두 인식된 격차를 줄이기 위한 책임감을 느끼는지의 여부와 관계가 있다(예: Collins, 1995; Goodnow, 1992). 몇 가지 차이는 해결을 시도하도록 유도하기보다는 오히려 '공존(lived with)' 할 것이다. 몇몇 사람이 어떤 상황에서 그들 자신의 입장을 변화시킴으로써 격차를 줄이도록 시도하거나 혹은 상대의 입장을 변화시키려고 시도하는 것에 대한 대항으로서 차이를 감수해야만 한다고 느끼도록 하는 상황을 우리는 아직 알지 못한다. 그러나 명백하게도 '책임감을 포기' 함으로써 나타나는 나태함으로 인해, 관찰자가 행위를 요구하는 것 같은 경우인, 차이를 수용할 수 있거나 견딜 수 있는 경우를 우리는 종종 발견한다.

내가 언급할 세 번째 단계는 일치에 관한 연구에서 대부분 무시된 것이다. 이것은 학습자들이 자신의 생각에 대한 자원을 깨닫는 데 그치고 그 자원을 자신의 것으로, 자기-생산적인 것으로 여기게 되는 단계다. 이 단계에서 제안하고자 하는 것은, 수용을 위해 가해지는 압력의 정도가 중요한 요소가 된다는 것이다(압력이 적을수록, 혹은 압력이 덜 명백할수록, 학습자는 입장을 자기-생산적인 것으로 더 많이 여기게 되는 것 같다. 예: Hoffman, 1986). 세대 간 차이가, 자기-구성('모두 나 자신의 일')만을 인식하는 다른 사람에 비해 생각을 '전수받은' 것으로 여기고 있는, 한 사람의 형식을 취하도록 하는 경우는 나에게 특히 도전적인 입장(차이에 대한 이후 분석에서 잘 이루어질)을 취하도록 한다.

이러한 여러 가지 제안은 가정에서 일어나는 학습 그 이상과 관련되는가? 교실에서 비교할 만한 현상은 무엇인가? 교사가 설정한 활동을 재정의하도록 허용되는 자유의 정도를 탐색하기 위하여 행해지고 있는 활동을 협상하기 위해 장소를 제공하는 교실과 아동들이 교사를 동일시하게 되는, 한 가지 예를 나는 이미 언급해 왔다(Davies, 1989). 이제 교실에서의 협상에 관한 또 다른 상세한 분석의 출처를 첨가하고자 한다. 이것은 교실이 뒤섞여 있는 두 가지 안건(교사의 안건과 학생들의 안건)을 포함하는 방법에 대한 Mehan(1979)의 설명이다. Davies(1989)와 Mehan(1979)은 학생들이 교사의 안건(정말로 원하는 것은 종종 명백하지 않다)을 포함하는 활동을 제시했다. 두 사람 모두, 두 가지 안건을 함께 취하기 위해('규칙을 따르면서' 그리고 '재미도 있도록' 하는 방법), 두 가지 안건('학습하는 것')에 있는 어떤 항목에 대해 의견이 일치하는 방법을 정의하기 위해, 그리고 일치가 어려울 때 균형적인 팁이 되도록 교사의 안건을 아동의 선호로 돌리기 위해(Mehan의 표현에서, '계획을 틀어지게' 하기 위해) 아동들이 사용하는 다양한 전략을 잘 제시했다. 요컨대, 성인의 입장에서 차이에 대한 협상 영역은 부모-아동 상호작용으로 혹은 가정으로 제한되지는 않는다. 협상 영역은 교실에서 잘, 그리고 진정으로 나타날 수 있다. 가정에서 일어나는 것에 대한 분석은 다른 상황에서 기대하는 것에 대한 우리의 생각을 분명하게 한다.

최종 논평

무엇이 학습되었고 어떻게 학습이 일어나는지에 대해 대안적인 관점을 제공하기 위해 나는 부정적인 예들로 시작했다. 능력과 기회에 기초해서 누군가가 기대한 것보다 획득하지 못한 것이 무엇인지에 대한 예로부터 시작했다. 이 시작점은 나로 하여금 무지 혹은 무능력과 세대 간의 불순응 혹은 불일치의 경우를 고려하도록 했다. 또한 이 시작점은 학습, 혹은 어떤 형태의 사회화가 가치와 사회적 관계의 구조 내에서 일어난다는 것을 제안하도록 했다.

나의 최종 진술은 다음과 같은 질문 형식을 취한다. 어디서 우리가 비교할 만한 유형의 논쟁을 찾을 수 있는가? 만약 이 유형의 논쟁이 어떠한 형태나 다른 형태 이전에 만들어지지 않았다면, 그것은 결국 특별할 것이다. 먼저, 내가 능력과 일치의 협상을 위해 제안해 왔던 것과 어떤 학급 분석가들이 질서 유지를 위해 제안해 온 것 사이에 명확하게 중복되는 부분이 있다. 논쟁이 다루는 질서는 교사와 학생들 간에 협상된 것만큼 그렇게 많이 강조되지는 않는다(예: Martin, 1976).

중복되는 두 번째 영역은 말하기의 방식에 대한 분석이다. 이 영역의 조사에서, 특정 상호작용에서의 특정 방식의 말하기 속에 담겨 있는 사회적 가치를 알기 위해 학습이 포함하는 범위에 대한 뚜렷한 인식이 있다(이 진술은 Higgins, McCann, & Fondacaro, 1982에서 개요를 제공한다). 이 영역의 연구에서, 메시지에 대한 아동의 이해와 타인의 이해 간 차이를 아동들이 인식하는 정도에 대한 명백한 관계가 있으며, 그러한 상황이 발생할 때 그들이 갖는 책임감의 특성과 관계가 있다.

보다 광범위하게, 논쟁은 조사, 설득, 혹은 교수에서의 모든 시도들이 알기 위해 혹은 모르기 위해 정당한 또는 적절한 것으로 간주되는 것에 관한 질문과 사람들이 제공하거나 철회하는 정보를 협상하는 방법에 관한 질문을 포함한다는 것을 제공할 것이다. Barnes(1979, p. 15)는 다음과 같은 논쟁을 제시했다.

> 사회 조사는…… 과학자, 후원자, 정보관리자, 그리고 시민들 간의 상호작용과 협상과정으로 여겨진다. (만약 인식이 없다면) 다양한 관심과…… 서로에 대한 권력뿐 아니라…… 목적에 대한 다양한 인식과 가능성 있는 조사 결과에 의해 이러한 협상이 촉진될 것이다. 나의 견해에서, 정당한 다양성에 대한 가정은…… 사회과학의 발전을 위한 필요조건…… 사생활에 대한 권리의 인식을 위한 필요조건, 그들이 그렇게 하는 것을 막는 것에 대한 시민들의 관심에 반하여, 발견하는 데 대한 과학자와 후원자의 관심 간에 균형을 이루는 데 대한 필요성을 위한 필요조건이다. 또한 사생활은 자신에 대한 무지에 존재하는 권리를 포함한다(p. 24).

요컨대, 조사, 설득, 혹은 교수의 어떠한 경우도 다양한 관심을 가진 부분 간 협상의 경우로 여겨질 것이다. 그러한 관심 사이에, 무지의 유지 혹은 촉진, 특별한 차이와 불일치의 유지 혹은 촉진은 학습이 포함하고 있는 것의 본질적인 부분으로 여겨질 필요가 있다.

감사의 글

감사의 글은 일반적으로 몇몇 특별한 사람들에게 국한된다. 나는 내용 전반(즉, 언급된 것이 거기에 모두 포함되어 있는가? 여기에서 빠트리고 있는 것이 무엇인가?)에서 나를 격려해 준 글이나 사람들(너무 많아 이름을 다 언급할 수 없다) 모두에게 감사를 드린다.

제2편
인간 발달과 교육의 문화적 맥락

제17장
문화적 학습과 학습문화

ANN C. KRUGER
MICHAEL TOMASELLO

인간 발달의 보편성과 문화적 다양성은 수세기 동안 인류학자들의 주요 연구과제가 되어 왔다. 최근 심리학자들은 문화적 맥락에서 발달을 이해하기 위해 관심을 기울이고 있다. 그러나 심리학자들이 문화와 발달에 대해 취하는 접근은 학자들 간에 현저한 차이가 존재한다. 뛰어난 학자인 Cole(1989)은 문화심리학에 매우 다른 두 가지 이론적 관점과 인간 발달에 대한 문화적 접근을 구별한다. 이 가운데 한 관점의 중심은 어떤 집단적 활동으로서의 문화에 두고 있다(예: Gauvain, 1995; Shweder, 1990; Super & Harkness, 1986). 이 관점에서는 모든 학습의 중요한 형태가 사회적으로 분포되기 때문에 개별 아동의 발달에 관심을 둘 필요는 없다. 아이들은 단순히 다양한 집단적 활동에 참여하는 동안 더욱 유능하게 된다(Lave & Wenger, 1991). 실제로, 문화심리학에 대해 보다 사회적인 관점을 강조하는 해석들은, 문화적 집단은 너무나 강해서 개개인의 발달에 관련한 어떤 정당화도 없다. "개인적, 상호적 그리고 사회 문화적 과정은 서로 구성요소가 되어 분리될 수 없다" (Rogoff, Chavajay, & Matusov, 1993, p. 533).

문화심리학의 다른 관점은 문화 안의 개인에 대한 전통적 심리학적 접근과 조화를 이룬다. 이 관점에서는, 개별 아동과 그들이 태어난 문화를 구별하는 것이 중요하다. 이 접근의 주요 관심은 아이들이 문화화 과정에서 가져오는 자신감과 이 자신감이 어떻게 그들의 문화 발달의 다양한 양상에 대한 내면화에 영향을 주는가 하는 점이다(Vygotsky, 1978). 이 관점에서 개인을 무시한 집단화에 대한 배타적 관심은 집단적 활동에 능숙하게 참여할 수 없는 자폐증 아이들과 문화 안에서 자랄 수 없는 비인간 영장류와 같은 개인들의 인지 발달을 이해하는 것을 불가능하게 만든다(Tomasello, 1990).

우리 자신의 선행 작업은 분명히 이러한 더욱 심리학적이고, 덜 사회 논리적인, 문화적 맥락 내의 인간 발달을 지향해 왔다. 예를 들면, 1993년 우리와 Hillary Ratner는 어떻게 어린이들의 사회적 인식을 개발하는 것이 문화적 활동 안에 새로운 참여 형태로 이끌고 그들 문화의 중요한 측면을 내재화하는 새로운 방식을 이끌어 내는지에 대해 설명하려 했던 문화 학습 이론을 제안했다(Tomasello, Kruger, & Ratner, 1993). 그 일례로, 우리는 아이들이 다른 사람들을 생각과 신념을 가진 정신적 존재로서 이해할 수 없다는 것과 몇 년 전 Vygotsky(1978)가 기술했던 개인의 내적 대화와 자기-조절적 언어와 같은 종류에 참여할 수 있다는 가설을 설정했다. 그 이유는 그런 대화들이 때때로 똑같은 상황에서 두 가지 뚜렷한 정신적 관점을 전제하고 있기 때문이다.

우리는 보다 더 심리학적 기초 위에 세워진 문화심리학의 관점을 단념시키는 어떤 자료도 본 적이 없고 어떤 논의도 들은 적이 없다. 그러나 특별히 문화인류학자들과 문화심리학자들로부터 받아 왔던 우리의 사고에 대한 반응에 기초할 때, 우리가 근본적으로 그것을 지나치게 개별 아동의 인지 능력에 집중하도록 나타내고 소개한 것이 분명하다.

보다 더 균형 있고 완전한 이론 정립을 위해서, 우리는 문화가 아이들에게 가져다주는 것에 집중하면서 아동이 문화에 가져오는 것에 관심을 두도록 보완할 필요가 있다. 우리는 더욱 완전한 설명을 제공하기 위해 특히 중요한 문화의 두 가지 양상이 있음을 믿는다.

첫째, 우리의 초기 진술에서는 언급하지 않았지만, 아동 발달에서 이미 존재하는 문화 구조의 역할을 강조하는 것이 중요하다. 즉, 그 문화에서 게임들, 기관들, 의식들, 문화적 모델들, 의도적 대본들 그리고 공공 활동들—간단히 말해 이런 '습관들'(Bourdieu, 1977)과 같은 역할을 강조한다. 아이들은 이런 구조나 활동의 어떤 한 형태 속에서 태어나고 이러한 특정한 문화 형태는 특정 발달 측면을 가능케 하고 다른 형태의 발달을 강요하거나 금지하기조차 한다. 많은 영역에 있어서 아이들은 명백하게 배우기 시작하는 시점도 없고 아무도 분명하게 그들을 가르치기 시작한 적도 없으나 자신이 행동하는 특정한 방식을 문화적으로 발달시킨다. 그들은 단지 문화에 의해서 구성된 활동 형태에 참여하고 그 결과로서 생각하고 행동하는 방법을 배운다. 우리의 이전 설명은 문화적 패턴이 아이들의 삶을 구성하는 방식에 적절한 관심을 기울이지 못했으며, 그래서 많은 인류학자들에게 그것은 불완전한 것이었다(Ingold, 1993). 우리는 이런 비판의 대부분을 인정한다.

둘째, 문화는 때때로 의도적 수업의 형태로 아이들에 부과된다는 것을 강조하는 것은 중요하다. 안내된 학습에 대한 이전 설명에서, 안내된 학습을 본질적으로 성인 수업에 대한 아동들의 내재화로 정의함으로써 우리는 분명하게 아동들의 관점을 취했다. 우리는 여기에서 이런 관점을 변화시키고 싶지는 않지만, 수업의 과정에 대한 완전한 설명을 보완하는 것은 반드시 필요하다. 특별히, 우리는 지나치게 서구적 방식에서 성인 수업에 대해 묘사했던 우리 이론에 대한 비평에 반응할 필요가 있다. 한편으로는, Rogoff 등(1993; Foreman, 1993)이 어떤 문화들에 있어서는 기본적으로 아이들을 위한 의도적 수업이 없으며, 성인 수업의 내재화로 가르쳐진 학습의 전체적 처치가 잘못 이끌어졌다고 논의했다. 다른 한편으로, Olson과 Astington(1993)은 단순하게 우리의 수업 처치가 다른 문화에 존재하는 수업 형태와 그런 것들이 성인에게 요구하는 인지 능력을 고려하지 않고, 상호 작용에서 성인 측면을 적절하게 설명하지 않았음을 지적한다. 우리는 이 논문에서 나타내기를 원하는 것처럼, 어린아이들을 의도적으로 가르치려 하지 않는 문화가 있다는 데 동의하지 않지만, 서로 다른 문화에 적용된 수업 유형에는 차이가 있고, 이런 점들이 아이들의 발달을 위한 중요한 결과를 가져온다는 점에 동의한다. 이 논문에서, 우리는 아동들의 관점으로부터가 아니라 문화 관점으로부터 문화적 학습과정에 대한 설명을 제공함으로써 문화적 학습 이론을 좀 더 완전하게 만들어 가기 위한 시도를 한다. 이 과정에서, 우리가 제시한 이론의 두 가지 단점에 대해 밝히고자 한다. 첫째, 우리는 이미 존재하는 문화적 유형을 문화화 과정의 중요한 부분으로서 간단하게 논의한다. 여기에 대해 큰 논쟁점이 없기 때문에 간략하게 설명하고자 한다. 우리는 단지 학습문화의 이러한 측면을 강조해 온 많은 인류학자들의 사고를 사용하기 원한다. 둘째, 우리는 수업과 가르쳐진 학습을 다룬다. 이런 경우에, 여러 가지 주요 사항에 대해서나 심지어 의도적 수업의 정의와 같은 기본적 측면에서조차 서로 다른 문화심리학자들 간에 불일치가 있기 때문에 더욱 상세하게 설명해야 한다. 우리는 인지 발달에서 의도적 수업의 역할과 교육과정을 위한 이론적 접근의 함의에 대한 간단한 논의로 결론짓는다.

개인적 문화 학습

Tomasello, Kruger 그리고 Ratner(1993)는 개인적 학습으로부터 또한 다른 형태의 사회적 학습으로부터 문화적 학습을 구별하려고 했다. 예를 들면, 우리는 많은 동물들이 그들의 어미와 다른 구성원을 따르기 때문에 노출되지 않을 어떤 학습 상황에 놓여지게 된다고 논의한다. 때때로, 성인들이 그들의 개인적 노력(예: 견과류를 까는 것)을 통해서 가져다주는 세계의 상태 변화들은 젊은이들에게 이전에 존재했던 것에 대해 몰랐던 환경의 가능성을 발달시키는 것으로 나타난다(견과류를 까면 안에 먹을 것이 있다). 우리는 이것을 경쟁 학습이라고 부른다.

그러나 문화적 학습의 정의는 아동이 견과류를 깔 수 있다는 물리적 사실보다 더 심층적으로 사회적인 것을 배우는 사회적 학습의 예들을 선택한다. 문화 학습에 있어서 아동들은 단지 생명이 없는 환경의 가능성에 대해 배울 뿐만 아니라 성인들의 의도적 상태에 대한 어떤 것—성인들이 어떤 행동을 실행하고자 한 것, 또는 그들이 생각하는 사고나 사용하는 전략을 배운다. 문화 학습에서, 아이들은 어른의 행위로부터 배우는 것이 아니라 진정한 상호주관적 방식에서 성인의 관점을 통해 배운다.

우리의 문화 학습의 정의에서, 많은 경우 아이들은 그런 만남으로부터 성인들의 의도적 태도를 내재화하고 그것들을 자신의 것으로 만드는 것이 중요하다. 이러한 정의 틀 내에서, 우리는 문화 학습의 세 가지 유형, 즉 모방적 학습, 훈련된 학습, 협동적 학습을 확인했다. 이 세 가지 학습 유형이—모방적이고, 훈련된, 협력적—변함없는 발달적 순서로 인간 개체 발생학을 나타나도록 한 사실은 다른 연령의 아이들이 적용할 수 있는 의도적 상태의 각기 다른 이해 수준—다른 사람들을 의도적, 정신적, 그리고 반성적 존재로서 이해하는 것—에 대한 참조를 통해 설명할 수 있다.

우리는 첫 논문에서 문화적 학습이 단지 소수 아이들의 학습 경험을 설명한다는 것을 명백히 했다. 그것의 중요성은 그것이 유일한 인간 문화 활동과 문화유산을 낳을 수 있도록 한다는 사실에 있다. 그 예로서, 학습과 관례적 상징부호와 언어의 사용이 있다. 그러나 아이들은 그러한 상호작용과 학습의 상호주관적인 형태를 불러일으키지 않는 방식에서 문화에 관한 많은 것을 배운다는 것은 분명하다. Bourdieu(1977), Quinn과 Strauss(1994)는 아이들을 특별한 발달 통로로 이끄는 문화적 '도식'과 같은, 문화 습관에 대해 언급한다. 예를 들면, 전통적 사냥-채집가들의 사회는 하루 종일 그들의 어머니 몸과 밀착해서 다니는 영아기 동안 특별한 종류의 실제에 노출된다. 아주 어린 나이부터 아기들은 그들 어머니의 피부 냄새와 걸을 때 전달되는 감각, 머리 위 태양의 따스함, 아이들을 운반하는 잠자리의 촉감, 그리고 모유의 맛에 친숙하게 된다. 아기가 발달함에 따라 그들의 경험은 폭넓어지지만, 그러한 경험은 항상 범위가 정해져 있다. 다양한 문화에서 성장하는 어린이들에게, 친숙하게 되거나 '제2의 본성'이 될 것은 그들의 어린 삶을 정의하는 특정한 경험의 집합에 기초하게 된다. 이런 경험을 야기시키는 세상을 보는 습관, 태도, 그리고 방법은 어린아이들이 배우기 시작하거나 아이들을 가르쳐야 하는 어떤 것들이 아니다. 그것은 단지 시간에 걸쳐 아이들이 참여하는 특정 사회의 습성의 한 부분일 뿐이다.

다른 종들도 역시 이와 같은 방법으로 그들의 사회적 집단 형태를 배우게 된 것이 흥미롭다. 그래서 많은 행동적 생태학자들은 침팬지의 '문화'를 언급한다(예: Wrangham, McGrew, deWaal, & Heltne, 1994 참조). 그들이 이 용어와 함께 기술하고 있는 것은 야생 침팬지의 행동에 있어 집단 간의 차이들, 섭취된 음식들과 사용된 도구들과 같은 습관들에서의 차이다. 그러나 이전에 언급했던 것처럼(Tomasello, Kruger, & Ratner, 1993), 폭넓은 증거에 기초하면, 침팬지는 좁게 정의된 문화 학습에 참여한다고 볼 수 없을 것 같다(Tomasello, 1994 참조). 그러나 그들이 인간과 비슷한 것처럼 집단의 습관적 행동 방식의 모든 것을 포함하는 그들 집단의 습성을 배우는 것은 가능하다. 그래서 다른 집단의 어린 침팬지가 어미를 따라 견과류 나무에 가서 반쯤 열린 견과류와 돌멩이를 발견하는 동안, 한 집단의 어린 침팬지는 어미를 따라가 흙더미 위로 기어올라가는 흰개미들과 함께 막대기가 있는 구멍들을 발견한다. 중요한 것은 많은 동물들이 뛰어난 개인적 학습자들이고 만약 다른 종들의 집단이 그들의 특별한 지역 생태계에 대한 적응 때문에 다른 행동적 실제들을 택했다면(또는 어떤 이유라 할지라도) 그들의 후손들은 다른 종류의 학습을 경험하게 될 것이다.

그럼에도 불구하고, 인간이 이런 과정에 참여하는 방식은 아직까지 두 개 종의 특성을 가지고 있다. 첫 번째이자 아마도 더욱 중요한 것은, 아이들이 단지 그들의 습성과 같은 물리적 환경뿐만이 아니라 그들을 고도의 구체적 학습 경험으로 이끄는 문화적 기관들과 같은 다양한 사회적 활동을 경험하게 된다는 것이다. 예를 들어, 어떤 문화 내에서 아이들은 폭넓은 확대 가족구성원들과 함께 자란다. 삶은 상호적이고 재료와 활동들은 형제자매들과 사촌들, 할아버지, 할머니 그리고 다른 사람들과 함께 나뉜다. 다른 아이들은 개인이 사적 자산을 소유하고 많은 활동을 단지 몇몇 다른 사람과 함께 또는 혼자서 행하는 데서 자란다. 이런 문화의 상호적 또는 사적 구조는 특별한 방식으로 아이들의 경험을 연결한다.

둘째, 아이들은 그들 집단의 외현적 실제를 '흡수'하는 것뿐만 아니라 추론에 의해, 그들 집단의 가치와 태도를 받아들인다. 예를 들면, 부모들과 같은 방에서 잠자는 아이들의 문화에서, 아이들은 어떤 사람이 분명하게 가치들을 표현하지 않더라도 친밀성과 공동체성의 중요성을 유추해 낸다. 자신의 방에서 혼자 잠자는 문화에서 자란 아이들은 그들 자신의 모든 것에서 개인성과 사생활에 대한 존중을 선호할 것이다. 다른 동물 종들의 경우, 개인 발달에 있어 집단 습성의 전수는 인간 종들에게 광범위한 영향력을 가진다는 의미인 추론 능력을 가지고 있지 않을 가능성이 있다.

이러한 습성에 관한 논의를 통해서, 우리는 문화 유형의 개인적 학습에 대한 설명과 함께 우리의 문화 학습 이론을 보완하기를 원한다. 만약 그런 문제들을 수량화할 수 있다면, 문화의 개인 학습은 우리의 매우 구체화된 정의 내에서 문화적 학습보다 다른 문화의 구성원들 간의 차이에 '더욱' 기여하는 것 같다. 그럼에도 불구하고, 우리는 많은 유일한 인간 능력이 우리가 초기에 그것을 정의한 것처럼 문화적 학습을 통해서만 가능하다는 것을 주장한다. 더욱이, 우리는 아이들이 그들의 문화 습관 내에서 개인적으로 배우는 많은 문화 유형이 근본적으로 문화적 학습, 특별히 협력적 학습과정을 통해서 생성된 형태라는 것을 지적하고 있다. 즉, 어떤 아이가 참여를 통해서 개인적으로 많이 또는 적게 배우게 되는 농사기술 같은 것도, 처음에는 상호주관적 방식에서 서로 협력하는 개인에 의해서 개발되었다.

의도적 문화 수업

의도적 수업이 인간 보편적 현상이라는 것을 함의하는 우리의 초기 연구도 비판을 받았다(Rogoff, Chavajay, & Matusov, 1993). 그 논쟁은, 많은 전통적 사회들은 그들의 교육이 비형식적이므로 의도적 수업을 하지 않는다는 것이다. 아이들은 일상의 삶 가운데 자신의 연습이나 손위 형제들의 활동을 관찰하는 가운데 배운다(Bruner, 1972; Childs & Greenfield, 1980). 학습을 위한 책임은 아이들이 진다. 어른들은 의도적으로 아이들을 가르치지 않는다(Greenfield & Lave, 1982).

우리는 이러한 입장이 개념적으로나 사실적으로 유지될 수 없다고 믿는다. 우리는 개념적으로, 비형식적 교육도 의도적 수업의 예이고, 의도적 수업이 인간 보편적인 현상이라는 우리의 제안은 분명한 사실이다. 그러나 덧붙여서, 우리는 사실적으로 모든 문화들이 형식적 교육을 실시하고 있다는 데 동의한다. 그들의 일부는 몇몇 제한된 맥락 내에서 시행된다. 이러한 논쟁을 지지하기 위해서 우리는 (1) 의도적 수업의 정의를 제시하고, (2) 의도적 수업의 세 가지 다른 과정을 확인하며, (3) 모든 문화는 이러한 세 가지 과정 내에서 어떤 범위에 해당된다는 증거를 제공한다.

비교적 관점에서의 의도적 수업

우리의 가장 가까운 영장류인 어미 침팬지들은 특별한 기술의 습득을 촉진하기 위한 모든 종류의 일을 수행한다. 예를 들면, 침팬지 어미들은 종종 새끼들이 스스로 움직이기 시작하는 나이가 되면 어린 새끼들과 떨어져 걷는다(Goodall, 1986). 만약 새끼들이 따라오지 않으면 어미는 멈추어, 뒤돌아보고 때때로 불쾌한 소리를 낸다. 새끼가 어미를 따르게 되면, 어미가 새끼들이 스스로 움직이도록 격려한다고 말할 수 있다. 그러나 이것은 또한 어미가 이동하기를 원할 때 새끼가 그렇게 하지 못하면 화가 난다고 말할 수도 있다. 그래서 어미의 의도는 새끼가 어떤 것을 배우는 것이 아니라 어미를 따라오는 것이라고 말할 수 있다. 잘 알려진 예화인, 침팬지 어미가 새끼로부터 독성을 가진 잎들을 치우는 것도 똑같다고 말할 수 있다(Goodall, 1986). 어미가 새끼들이 잎을 먹는 것을 막기 위한 것이지 그들이 잎을 먹지 못하는 것에 대해 배우게 하려는 의도가 아니다.

가르치는 것은 그 의도에 의해 적절하게 정의할 수 있는 행동이라는 점이다. 우리는 타인에 의해 어떤 행동을 촉진시키도록 하는 한 동물의 모든 행동을 '교수'라고 할 수 있다(예: Caro & Hauser, 1992). 그러나 그렇게 되면 그것의 모든 의미를 잃어버린다. 가르치는 것은 한 동물이 다른 동물에게 이전에 가지고 있지 않던 정보나 지식의 일부를 얻거나 또는 어떤 기술을 배우게 하려는 의도적 행동이다. 그런 의도적 정의는 절대 증명할 수 없는 것이 아니다. 차라리 아주 쉽게 확인할 수 있다. 교사는 학습자의 숙달 수준에 적절한 방식으로 행동할 필요가 있다. 예를 들면, 숙달 수준이 낮을 때 더 많은, 그리고 다른 종류의 수업을 제공하고, 학습자가 숙달되어 감에 따라 변화시키고 숙달 수준이 충분히 자기-만족이 되었을 때 멈추도록 해야 한다. 어떤 경우에, 만약 우리가 교수를 의도적 형태에 한정시킨다면—또는 만약 우리가 의도적 교수라는 용어를 교수의 하위 범주에 넣는다면, 비인간 세계로부터 가장 중요한 후보자들은 최근 Boesch(1991, 1993)가 보고한 연구물일 것이다.

거의 10년 동안 Boesch는 서부 아프리카에서 침팬지들이 호두를 까서 먹는 것을 관찰했다—그들은 매년 정확한 시기에 하루 종일 그렇게 관찰한다. 그들은 침골 모루(anvil)라고 불리는 뿌리 또는 돌과 같은 단단한 접촉면 위에 몇 종류의 견과류를 둔 다음 돌이나 무거운 망치라고 불리는 막대를 내려친다. 이것은 새끼들이 어른과 같은 수준의 기술을 얻기까지 배우기가 쉽지 않은 기술이며 전형적으로 (한 살에서 다섯 살 동안) 몇 년간의 연습이 요구된다. 이러한 상황에서, Boesch는 어미들이 그들 자녀의 견과류 깨는 기술을 향상시키기 위해 도와주는 여러 가지 방법에 대해서 관찰했다. 의도적 개념과 같은 맥락에서, 그는 그의 관찰을 '촉진'과 '적극적 교수'로 나누었다. 촉진에 대한 관찰은 새끼에게 주로 망치 또는 견과류를 사용하도록 하는(다른 동물들은 그렇게 하도록 두지 않는) 어미들에게서 상당히 일반적이고 지속적으로 나타났다. 그의 10년간의 관찰에서, Boesch는 적극적 교수라고 고려할 수 있는 경우는 단지 두 가지 예에서만 볼 수 있었다. 이것은 중요하기 때문에 각각을 따로 인용하려고 한다(Boesch, 1993, pp. 176-177에서 재인용).

> (1) 한 어미는 매우 단단한 호두를 깼고, 그녀의 아들 침팬지는 호두를 거의 다 먹고 있었다. 새끼는 스스로 다소 제한된 성공과 함께 다른 호두를 까려고 했다. 그러나 새끼가 성공적으로 까는 것에 도움이 되지 않는 방법으로 모루 위에 부분적으로 깨진 호두를 놓는 순간, 어미가 호두를 집어서 모루를 닦고, 모루 위의 정확한 자리에 호두를 놓았다. 그러자 새끼가 성공적으로 망치를 내려쳐 호두를 깼다.
>
> (2) 딸 침팬지는 울퉁불퉁하게 생긴 망치를 가지고 호두를 깨기 위해 성공적이지 못한 시도를 하고 있었다. 그때 어미가 딸과 함께했다. 딸은 별 소용없는 망치를 어미에게 내밀었다. 그러자 어미는 침착한 방법으로(거의 1분이 넘도록) 호두를 탕탕 치기 위해 호두의 가장 정확한 위치로 망치를 회전했다. 그래서 호두를 성공적으로 깨부셔 어미와 딸이 함께 먹었다. 그런 후, 어미는 떠나고 딸은 스스로 어미가 사용했던 방식으로 망치를 사용해서 혼합된 성공과 함께 스스로 시도를 계속 했다.

Boesch는 첫 번째 예에서, 어미가 아들의 절박한 실패를 예측했고 그의 성공을 도와주기 위해 개입했음을 주장한다. 아마도 그럴 수 있다. 그러나 어미는 자신의 이전 경험을 통해 호두가 깨질 수 있는 정확한 위치에 놓여 있지 않음을 알고 스스로 제

위치에 놓아서 아들이 활용하도록 했을 수도 있다. Boesch는 두 번째 예를 어미가 딸의 실수를 교정하고 정확한 방법을 보여 주는 것으로 해석한다. 아마 이것이 정확하다고 볼 수도 있다. 그러나 이것은 또한 어미가 일상적으로 해 왔던 것처럼 단순히 스스로 호두를 깨기 위해서 망치를 사용하는 것이었다는 해석도 가능하다. 이러한 관찰에서 수업적 해석을 위한 한 가지 행동적 증거는 어미가 매우 천천히 호두를 깨기 위한 시도에서 가장 효과적인 위치로 천천히 망치를 회전했다는 점이다. 그리고 비록 어미들이 이러한 단일의 상황에서 자신의 새끼가 호두를 성공적으로 깨도록 하는 의도를 가졌지만, 새끼가 성공하는 의도는 그들이 배우려 하는 의도와는 여전히 다른 것이다. 어떤 경우에도, 침팬지들의 삶에서 이러한 혹은 다른 맥락의 수업 활동 유형에 포함된다면, 여기의 두 분리된 관찰은 해석하기가 훨씬 쉬울 것이다. 현재, 우리는 어미의 의도가 새끼들이 호두를 효과적으로 깨는 것을 배우도록 돕는 것이었다는 점에서는 회의적이다.

결국, 인간의 의도적 수업과 비인간 영장류 간의 차이는 인간 성인은 아이들이 그들 스스로 기술을 배우도록 무엇이든지 할 수 있고, 그러고 나서 아이들이 어떤 수준으로 기술을 습득할 때 그만둔다는 것이다. 만약 한 아이가 초기에 성공적이지 않다면, 어른은 아이의 자기-충족적 유능감을 목적으로 수업을 필요한 데로 조정하면서 지속해 간다. 더욱이 Bruner(1993)가 지적한 것같이, 인간 삶의 많은 상황에서 아이들에게 지워진 짐이 있다. 아이들은 수업으로부터 배우도록 기대되며, 아마 그들은 언젠가 성인들을 도울 수 있을 것이다. 그리고 만약 그렇게 하지 않으면 엄하게 다루어질 것이다. 그래서 인간의 교육학적 의도는 그들 스스로 어떻게 일해야 하는지 아이들에게 보여 주는 성인의 경향과 그 결과로서 아이들이 더욱 자기-충족적이고 유능하게 될 것이라는 성인의 기대 모두를 나타내는 것이다.

의도적 수업의 세 가지 과정

비록 모든 인간 사회가 그들 자녀들이 배우기를 원할지라도, 어떻게 학습이 일어나고, 어느 정도 적극적인 수업이 필요한가에 대한 성인들의 신념은 문화 내에서나 문화 간에 다양하게 나타난다. 우리는 아동 학습에 관한 성인 이론의 세 가지 유형과 교육에의 성인 참여 수준에 대한 결과에 대해 모종의 가설을 설정한다. 이러한 가정된 유형은 실제적으로 본보기가 되는 원형이며, 가설적으로 순수한 경우들이다. 우리는 실제 삶이 우리의 이론보다 훨씬 덜 순수하다는 점을 인정해야 한다. 실제로, 이것들이 존재한다고 믿는 성인들의 신념의 본질은 우리의 원형과 닮았거나 혹은 유형 간의 경계선에 존재하거나 유형의 혼합일 것이다.

탐색을 위한 혜택을 누리기 위해 다소 무리이긴 하지만 단순화시키는 위험을 택하고, 어느 정도 이 세 가지 유형이 모든 인간 사회에 존재한다는 것을 강조한다.

첫째, 어른들은 아이들 스스로 어떤 기술을 숙달하는 데 '도달할 수' 있다고 믿는다. 그들은 자신들이 유능하게 자란 것처럼 아이들이 유능한 학습자라 가정한다.

이러한 기대는 자연이 아이들을 자라도록 도와주는 것처럼, 자연이 아이들에게 학습을 제공한다는 이론으로부터 생겨난 것이며, 그래서 이러한 과정에 성인의 참여는 요구되지 않는다. 이러한 경우에 어른들이 아이들의 학습에 무관심한 것은 아니다. 사실, 학습에 대한 그들의 관심은 실제적인 것으로 이끌어 주는 이론적 이해를 산출할 만큼 심오하다.

그들의 이론이 어떤 예에서는 오류가 있다는 것을 증명해야 한다면, 성인들은 아이들이 학습한다는 것을 확실히 하기 위해 이론과 실제 모두를 택한다. 예를 들면, 대부분 서양 문화에서 걷기 기술은 자연적으로 발달하기를 기대하지만, 만약 그렇지 않으면 성인들은 그 과정에 개입한다. 이런 학습에 대한 기대와, 필요가 있을 때 그것을 제공하려는 의도는, 인간 성인을 위에서 기술했던 다른 영장류 종의 어른들과 구별되도록 한다. 이런 경우에 교육에 대한 성인들의 접근은 자유방임주의라 할 수 있으며, 그것은 학습되어야 할 기술이 높은 가치가 아니거나 단순할 때 나타난다. 우리는 이러한 교육적 유형을 성인들이 아동 스스로 배울 것이기 때문에 학습이 자연스럽게 일어난다는 기대를 한다는 점에서 기대된 학습(expected learning)이라 부른다.

둘째, 성인들은 자녀들이 어떤 특정한 기술을 숙달하도록 '양육' 될 필요가 있는 복잡하거나 가치 있는 과업을 배우도록 지도하는 것이 필요하다고 믿는다. 그들은 비록 아이들이 궁극적으로 그들 스스로 그러한 기술을 배운다 할지라도, 그들의 개입이 아이들의 도전적 과제를 더욱 빠르고 효과적으로 습득하게 한다. 어떤 경우에, 성인들은 아이가 특정한 시간에 특정한 실제를 관찰하도록 요구한다. 또 다른 경우에 성인들은 아이가 현재 할 수 있는 범위에서 과제에 참여하도록 허락한다. 성인은 필요할 경우 과제를 더욱 단순화시키거나, 설명 혹은 시연을 덧붙일 수 있고, 아이가 성장해 감에 따라 난이도를 더하고 도움을 서서히 줄인다. 이런 유형의 실제는 분명하게 의도적이라는 점에서 다른 영장류에 의한 '가르침' 과는 쉽게 구별된다. 성인들은 아이들이 성공할 때까지 연습을 지속한다. 이러한 수준의 성인 개입을 비계 설정이라고 한다. 그것은 아이들의 성취에 대한 민감한 관찰이나 학습을 강화하기 위한 아동의 경험에 주의를 기울이도록 한다. 이러한 실제들의 형태는 제공된 구조의 양과 질 측면에서 형식적이고 비형식인 것 사이에 포함되는 반형식적이라 할 수 있다. 우리는 이러한 교육적 유형을 성인의 도움으로부터 혜택을 받는 학습 가운데 일어나는 아이들의 노력이라는 점에서, 안내된 학습(guided learning)이라고 부른다.

셋째, 성인들은, 어떤 상황에서 배움은 창조되어야 하는 것이며, 그들은 반드시 아이들이 어떤 기술과 기준을 '끌어내도록' 노력해야 한다고 믿는다. 그들은 아이들 홀로 결코 고도로 복잡하고, 추상적이거나 가치 있는 과제를 숙달할 수 없고 정

〈표 17-1〉 세 가지 유형의 의도적 수업과 그에 관련된 성인 신념 및 활동

	성인 신념	성인 활동	과제 유형	실천 유형
기대된 학습	성숙을 통해 학습이 일어난다.	자유방임주의	단순 혹은 가치 있게 여기지 않음	비형식적
안내된 학습	학습은 지원이 필요하다.	비계 설정	적절하게 복잡하거나 혹은 가치 있게 여김	반형식적
설계된 학습	학습은 강제성과 직접적 수업을 필요로 한다.	교수	고도로 복잡하거나 가치 있게 여김	형식적

교한 수업은 최종 숙달을 위해 필수적인 것이라 가정한다. 어른은 그러한 과제의 독특성과 중요성을 이해하고 이러한 과제를 배우기 위해서는 실제적으로 동기를 부여하고 설득적인 방법을 사용하는 것 외에 다른 방법으로는 불가능하다고 이해한다. 결론적으로, 성인의 개입 수준은 체계적인 방식으로 정보를 배우고 의사소통하기 위한 특별한 환경을 설정하기 때문에 높다. 이러한 유형의 실제는 형식적인 것이며, 그러한 성인의 활동은 교수라고 정의할 수 있다. 우리는 이러한 교육적 유형을 성인이 학습 환경을 창출하기 위해 노력하는 책임을 강조한다는 점에서 설계된 학습(designed learning)이라 부른다. 설계된 학습은 모든 문화에 의해 모든 상황에서 사용되지 않지만, 우리가 다음 부분에서 보여 주는 것처럼, 몇몇 영역은 모든 문화에 의해 사용된다. 이런 세 가지 수업 유형에 대한 설명은 〈표 17-1〉에 제시되어 있다.

다른 사회에서의 의도적 학습

아이들의 교육에 성인 개입의 이러한 세 가지 수준의 존재를 확인하기 위해, 우리는 여러 인간 사회를 위한 인류학적 문헌을 조사했다. 이들 사회는 광범위한 지리적 분포와 동지들로부터(보츠와나의 !Kung족 같은 약탈자들) 두목에 이르기까지(웨스턴 캐롤라인 섬의 풀루와트 사람들과 같은 무역업자들) 정치조직 내에서, 국가 내에 살아가는 사람들의(킬리만자로 산의 경사로에 사는 차가와 같은) 범위가 다양하다. 거의 모든 사람이 문맹인 사회들이다. 더욱 구체적으로, 이러한 문화들은 가장 작은 규모의 사회일지라도 단지 몇몇 그리고 특별한 과제들에서도, 의도적 가르침이 나타난다는 가설을 검증하기 위해서 선택되었다.

기대된 학습

작은 규모의 사회에 사는 사람들은 전반적으로 아이들의 교육에 대해 손을 놓아야 한다고 믿고 있다. 이것은 아이들이 자연적으로 발달한다고 가정하기 때문에 종종 많은 과제와 기술에 있어서는 사실이다. 예를 들면, 서아프리카 북쪽 가나에 있는 테일랜드의 탈렌시는 작은 규모의 농업사회다. Fortes(1970)에 따르면, 삶의 기술은(예: 썰기, 운반, 씻기) 일상 활동의 지속적인 흐름 안에 탈렌시 아이들이 참여함으로써 획득된다. 어른들은 시간이 지남에 따라 몸이 자라는 것처럼 연습과 함께 기술도 발달한다고 가정한다. 아이들은 학습에 대한 능력과 열정이 있는 것으로 생각되며, 그 결과 성인들은 그 과정에서 빠져나와 있다. 아동 발달에 관해, 성인들은 'Naawunmpaan ba(천국이 그들을 가르친다)' (p. 37)고 말한다. 이와 유사하게, 뉴기니의 마누스 사람들도(Mead, 1930) 물리적 기술과 자비조차, 자연적으로 가르친다고 가정한다. 비록 그들의 세계가 아이들에게 많은 물리적 도전을 제공한다 하더라도, 그들은 결코 학습되지 않는다. 아이들은 활동에 참여하고 그리고 똑바로 잠수함으로써 수영, 위험한 나무로 된 조각들 위로 걷는 것, 카누, 그리고 여러 가지 다른 기술을 배운다.

사모아 섬에서, 성인들은 아이들이 혼자 관찰하도록 두면 시간이 지남에 따라 성인들의 행동을 따르게 될 때 가장 잘 배운다고 믿는다. 결과적으로, 성인들은 어린 아이들에게 편의를 제공해 주는 일이 거의 없다. 예를 들면, 사모아 섬 부모들은 그들의 아들과 딸들에게 말할 때 그들의 언어를 단순화시키지 않는다. 대신, 아이들이 스스로 성인 언어 표준에 도달하기를 기대한다. 성인들은 '지식과 힘을 얻는 방법은 봉사하는 것이다(예를 들면, 돌보기)' 라 믿는다(Ochs, 1988, p. 205). 보츠와나에 있는 칼라하리 사막의 !Kung족은(Konner, 1982), 영아들은 '감각' 이 없기 때문에 운다고 주장한다. 성인들이 아기들이 무감각하게 되는 것을 막으려 하는 것은 소용없는 일이다. !Kung족은 아이들이 성장할 때, 그들 스스로 감각을 발달시킨다고 믿는다. 이런 성숙에 대한 기대는 어떻게 아이들이 나이와 함께 변화하는지에 대한 신념을 구성한다. 그러나 만약 어떤 아이가 스스로 중요한 과제, 즉 음식을 수집하는 것과 같은 것을 학습하는 데 실패할 때와 같이 그 신념이 경험에 의해 입증되지 않는다면, 어른들은 다르게 행동한다는 것에 주목하는 것이 중요하다. 그들은 그들의 이론을 조정하고 배우는 것에 대해 점점 더 독단적이 된다. 그러한 예에서, !Kung족 성인들은 '아마도, 이 아이는 먹는 것을 좋아하지 않는다' 와 같은 신랄한 비판을 한다(M. Konner, 개인적 대화, 1994). 이것의 함의는 일반적으로 더 이상 아이에 대해 애쓸 필요가 없다는 것을 요구한다. 우리가 이런 예에서 본 것처럼, 아동 발달의 성숙

이론을 소유하는 사회들과 자유방임주의적 교육을 실천하는 사람들은 또한 발달에 대한 다른 이론을 소유하고 있으며 개인, 과제, 그리고 영역의 독특성에 따라 참여 수준을 다르게 하고 있다.

안내된 학습

모든 문화에서 성인들은 적어도 어린이들이 더 복잡한 어떤 기술들을 배우기 위해 안내하는 신중하고 점진적인 프로그램이 필요하다고 믿는다는 증거가 있다. 이러한 상황 안에서, 성인들은 아이들이 궁극적으로 배우기를 기대하지만 그럼에도 불구하고, 그들은 아이의 능력 획득을 위해 비계 설정을 한다. 예를 들면, 탈렌시의 젊은 사람들은 가죽수선공처럼 능숙한 숙련자들에게 견습생으로 교육을 받는다. 비록 그 견습공들은 대부분 관찰과 연습에 참여하는 것을 통해 배울지라도, 필요할 경우 숙련자들에 의해 설명을 듣게 된다(Fortes, 1970). 마야의 어머니들은 단순하게, 그들의 딸들을 위해 만드는 납작하게 구운 옥수수빵 만들기 작업을 단순화시킨다. 기술을 발전시키기 위해 조언을 해 주고, 시연을 하며, 제안을 하고, 과업을 조정한다(Rogoff, 1990). 라이베리아의 견습 제단사들은 경력 초기에 비싸지 않은 옷감 조각들로 작업하도록 하며(그들이 일에 능숙하지 않은 경우), 밖으로 나타나지 않는 부분을 만들도록 한다(Greenfield & Lave, 1982). 시간이 지나 기술이 향상됨에 따라, 그들은 더욱 중요한 작업을 수행하게 되며, 결국 의복 전체 작업을 수행하도록 신뢰를 얻게 된다. 맥시코에서 지나칸테코 소녀들은 관찰하고 적극적으로 참여함으로써 옷감 짜는 것을 배우지만, 그들은 성인들로부터 단순화된 상황과, 교정받는 것과 같은 도움을 받으며(Childs & Greenfield, 1980), 성인들에 의해 제공되는 지원은 역으로 학습자의 기술 수준에 따라 다양해진다. 학습 상황에 대한 성인들의 구조화는 상당히 정교하다.

어떤 경우에 성인들은 단지 일반적인 관찰을 권장한다. 또 어떤 경우에 그들은 특별한 알림을 위한 어떤 사건들을 지적할 수도 있다(Rogoff et al., 1993). 비계 설정은 멜라네시아에 있는 한 로투만 부모가 작업을 하는 동안 단순히 아이 몸의 위치를 조정할 때처럼(Howard, 1970), 혹은 한 부모가 어린 소년에게 사냥을 연습시키기 위해 아주 작은 활을 만들어 줄 때, 또는 어린 소녀가 물을 나르는 데 사용하도록 작은 항아리를 만들어 줄 때처럼(Fortes, 1970) 비언어적이 될 수 있다.

이런 것들은 성인들이 학습자가 일의 한 부분을 망치거나, 혹은 실망하게 되는 것, 경로에서 벗어나 낙심하는 것을 막도록 개입하는 반형식적인 비계 설정적 상호작용의 예들이다. 성인들의 전문성은 아이들에게 가치 있는 것이며, 아이들의 생산성은 성인들에게 가치 있는 것이다. 아이들은 그들 스스로 가죽 작업이나, 재단하는 것, 옷을 짜는 것에 대해 재창조하거나, 또는 그것을 관찰과 연습에 의해 완벽하게 배우도록 기대되지 않는다. 성인의 동기 일부분은 의심할 바 없이 실용적이지만, 이러한 생산적 조력자를 위한 경제적 필요는 만약 견습공들을 그들 자신의 도구와 함께 그냥 내버려 둘 때 일어날 수 있는 것에 대한 그들의 이론적이고 경험적인 이해와 함께 일치한다.

비계 설정은 의도적인 교육에 해당된다는 것이 우리의 생각이다. 성인들은 아이들이 배우도록 기대하지만 그들은 또한 숙련된 조력자를 생산하기 위해서 개입해야 할 것이라고 기대한다. 성인들은 점진적 방식으로 아이가 더욱 독립적 작업을 할 수 있는 능력을 발달시키도록 지도하는 방식으로 돕는다. 그래서 성인의 행동은, 학습자는 반드시 초기부터 연습의 흐름에 적극적이어야 하며, 그러나 학습자의 그 과제에 대한 관점은 미성숙할 것이라는 이론을 반영한다. 따라서 전문가는 반드시 주의 깊게 아이의 변화하는 관점을 맞추기 위해 학습 경험을 구조화해야 한다.

설계된 학습

고도의 가치 있는 기술은 전통적인 사회에서조차 신중하게 학습되어 왔다는 증거가 있다. Super(1981)는 앉고 걷는 것과 같은 가치 있는 신체적 기술은 대부분의 전통적인 아프리카 문화에서 아기들에게 가르쳤다. 예를 들면, 앉는 것은 영아를 직립자세(Upright position)에서 천으로 감싸게 하거나 또는 앉는 위치를 지지해 주는 작은 구멍 안에 영아를 놓음으로써 가르쳤다. 이런 가르침은 수행하도록 기대되는 나이 이전 수개월 동안 매일 일어난다. 명백하게 전통적이고 문맹인 문화에서, 성인들은 단지 자유방임주의 교육이나 비계 설정조차도 실행하지 않는다. 그들은 적극적,

의도적으로 영아들에게 스스로 그런 기술들을 시도하기 이전이라도, 그들의 비일상적 연습 외에도 그런 기술들을 가르친다. !Kung족 사이에 사냥 연습은 식량 자원으로서 높게 평가되고 고도의 복잡한 기술이 요구된다. 소년들은 연습을 위해 작은 활이 제공되고 어른들을 따라다니거나, 그들이 참여할 수 있을 때 어른들과 함께 참여한다. 그러나 그들의 사냥 교육은, 캠프로 돌아왔을 때, 전문가들에 의해 지도되는 질문과 답변 시간들과 스토리텔링 시간들을 포함한다(Konner, 1981). 이러한 시간들은 매일 이런 기술을 연습하는 것으로부터 분리된 사냥 수업을 위한 것이다. 성인들은 아이들의 사냥 교육에 그들의 지식이 중요하고, 이론적이고 필수적이라는 그들의 신념을 반영하는 방식으로 행동한다.

가장 인상적인 가르침에 대한 표현 가운데 하나는 남태평양의 풀루와트 사람들 사이에서 발견된다(Gladwin, 1970). 풀루와트는 대양을 항해하는 카누를 설계하고, 만들며, 추측 항법으로 대양의 광범위한 열린 공간을 항해한다. 그들의 기술은 굉장하고, 그들은 다음 세대에 고도의 형식적 방식으로 기술을 전수한다. 항해에 대한 실습은 가장 신뢰할 만한 후보들에게만 기회가 주어지고, 이 견습은 약 20년 동안 지속된다. 일반적으로, 한 소년은 남자 친척에 의해 견습 훈련을 받는다. 실습할 친척이 없는 소년들은 훈련받는 특권으로 비싼 값을 지불한다. 실제적으로 견습 훈련생들의 절반 이하만이 훈련 코스를 마치고 항해사가 된다. 심지어 이들 가운데 극소수만이 장기간 홀로 항해할 수 있게 된다. 견습 훈련은 먼저 육지에서 이루어지는데, 이 기간 동안 훈련생들은, 수없이 많은 경로식별을 위해 별들이 뜨고 지는 패턴과 같은 많은 분량의 정보를 암기해야 한다. 별에 관한 정보를 가르치는 것뿐만 아니라 수많은 다른 주제들, 즉 해류, 조건, 파도, 위치, 암초, 기후와 바다 생활에 대해 배운다. 그런 수업을 위한 특별한 오두막과 방석, 돌들이 다른 적절한 환경적 요소를 나타내기 위해 융통성 있게 사용된다. 바다에서 수년간 연습한 후 따라오는 육지 수업들은, 안내된 훈련의 점진적 프로그램 내에서 이루어진다. 풀루와트 항해사들을 위한 견습 프로그램은 의학 교육의 현대 서양 시스템과 가장 비슷한 것처럼 보일 수 있다.

비록 다양한 문화들이 가치 있는 경제적 기술의 획득을 위한 교육 방법으로서 의도적 훈련을 사용한다 할지라도, 의도적 수업의 사용은 예절, 종교 그리고 다른 사회적으로 계획된 연습에서 더욱 분명하고 명백하게 나타난다. Fortes(1970)가 관찰한 것처럼, 아이들이 실제적 기술을 배울 때, 그들은 그들의 진보에 대한 평가로서 그들 자신의 목표 성취에 대한 생각을 가지고 있다. 그러나 아이가 기도나 겸손, 마술을 배울 때, 교육적 진보를 위한 유일한 검사 방법은 다른 사람들의 반응이다. 다른 사람들은 금기, 부적, 주소와 관련한 용어들, 그리고 복잡한 사회 규범과 사람의 개성을 형성하는 것에 대한 정보들을 소유하고 있다.

폴리네시아의 티코피아인들 사이에서, 부모들은 예절, 풍습 그리고 정중한 말씨에 대해 아이들을 지도할 책임이 있는 것으로 생각하고 있다(Firth, 1970). 북아메리카의 호피족 부모들은 아이들에게, 적절한 행동을 하도록 동기부여시키는 감정인, '좋은 마음' 을 만들어 내기 위해 부심한다(Eggan, 1970). 뉴기니 우게오 부모들은 아이들의 도덕 발달에 싱가라, 즉, '조정' 을 믿는다(Hogbin, 1970). 탄자니아 차가(Chaga) 부족의 부모들은 모든 가족 구성원이 가지고 있는 세 가지 종류의 이름에 대해 3세의 아이들을 연습시키기 시작한다. 6세까지 아이들은 정중한 말과 새롭고 정교한 예절을 배우게 된다(Raum, 1970). 우간다에서 에티켓은, 또한 가나인들의 아이들에게 알려지게 된다. 그들은 만나는 인사와 작별인사, 정중한 자세, 그리고 선물 주는 것에 관한 규칙의 표현을 반드시 숙달해야 하며, 실수는 엄하게 처벌된다(Mair, 1934). 탈렌시 사람들은 그들의 조상 제사에 대해 높은 가치를 두고 있고 그들이 다음 세대에 이것을 전달하는 것에 긍정적인 의무감을 가지고 있다. Fortes는 중요한 것을 말했다. "이 아이는 나의 아이이고, 나는 그에게 정직을 가르치고 있다. 만약 그가 내가 말하지 않은 어떤 것을 하려고 한다면, 결과적으로 그가 자라서, 스스로 바른 삶의 방법을 알게 될 것이다" (Fortes, 1970, p. 23).

성인 의식은 의도적 성인 교육의 예라고 볼 수 있다. 성인식 초기 동안, 차가 소년들은 성인들의 윤리적 가르침의 가혹하고 반복적인 훈련을 참아 내야만 한다(Raum, 1970). 특별한 분리, 금기사항 그리고 단어 훈련은 에스키모 소년들 중 견습 마술사에게 요구된다(Bernhard, 1988). 북아메리카 수족의 비전 탐구를 위해, 어른들은 소년들이 작고 깊은 구멍에 홀로 벗은 채로 있으면서 4일 동안 금식할 것을 요구한다.

일단 소년들이 성인식에서 살아남을 때, 나이 많은 교사는 그가 지금 성인이라는 것을 알리고 새로운 이름을 준다(Lame Deer & Erdoes, 1972). 뉴기니 하일랜드 삼비아족의 소년들은 7세에서부터 17세까지 지속되는 엄격한 성인식을 경험하도록 요구된다. 그 시기 동안, 입문자들은 전체적으로 입문하지 않은 남자들과 공동체의 모든 여자들로부터 분리된다. 성인 남자들은 남성의 가치와 금기에 관한 관습화된 이야기를 전해 줌으로써 입문자들을 가르친다. 그들은 또한 소년들이 더욱 주의 깊게 듣도록 하기 위해서 무서운 사건을 계획적으로 준비해서 아이들을 놀라게 만든다. 더군다나 성인들은 남성화를 개발시키기 위해 이 기간을 통해서 밤마다 관습화된 동성애의 활동에 참여하도록 요구한다(Herdt, 1981). 이러저러한 성인식에서 성인들은 의도적으로 아이들에게, 평생 지속될 깊은 인상을 주기 위해 의도적으로 경험을 이끌어 가고 있는 것이 분명하다.

Mead(1930)는 비록 마누스 부모들이 물리적 은총의 자연적 발달을 기대한다 할지라도, 그들은 의도적으로 두 가지 중요한 문화적 가치, 즉 재산권과 겸손을 가르친다고 보고한다. 예를 들면, 소유권의 규칙들이 성인들에게 극도로 중요해진 이래로, 그들은 직접적이고 반복적으로 그들 아이들에게 가르친다. 아이들은 그들이 소유하지 않은 물건에 손을 대지 않아야 된다고 분명하게 교육받는다. 단지 다른 사람의 재산에 한 번 피해를 주는 행동도 주요한 사회적 장면을 초래한다. 그것은 전체 공동체에 북소리를 내면서, 모든 사람들에게 집회가 곧 개최될 것을 알리면서 시작한다. 잘못된 아이의 범죄가 알려질 때, 어린 범법자는 모든 마누스 공동체 앞에서 비난받게 되고 수치심과 모욕감을 받는다. 이것은 추론에 의해 문화적 가치를 배우는 것이 아니다. 이것은 사회의 규칙에 대한 직접적이고, 의도적 학습인 것이다.

비슷하게, Lutz(1983)는 미크로네시아의 이팔루크가 협력적이고 비공격적인 문화적 가치를 가지고 있다고 보고한다. 부모들은 그들 스스로 아이들이 가치 있는 사회 구성원이라는 확신을 주기 위한 책임이 있다고 본다. 그들은 학습 도구의 하나로 올바른 행동과 이팔루크 관습에 대한 긴 토론과 강의들을 사용한다. 또 다른 도구는 그들이 메타구(metagu)라고 부르는 감정의 유도다. 아이들은 낯선 사람들 앞에서, 또는 그들이 부끄러움을 느낄 때마다 메타구를 느끼도록 부추김을 받는다. 만약 한 아이가 어떤 상황에 적절한 메타구 반응을 나타내지 못한다면, 아이 부모들은 아이가 숨어 있는 바다에서 멀리 떨어져 있는 섬에서 나오기를 간절하게 원하면서 영적인 모습(타리타; tarita)을 부른다. 아이는 이 환영이 작은 아이들을 납치해서 먹는다고 알고 있고, 아이는 부모들이 자신의 잘못된 행동 때문에 유령을 부른다는 것을 이해한다.

매우 무서운 유령(여성 가족구성원의 무서운 변장)은 집 밖에서 적절한 때에 나타나고 겁에 질린 아이는 부모의 보호에 매달린다. 아이의 이런 감정적 상태는 메타구 경험 학습을 위한 매우 좋은 기회로 여겨진다.

위에 인용된 예들은 성인들이 아이들을 위해 형식적, 의도적 학습에 참여하는 것을 보여 준다. 이것들은 매일의 활동 흐름으로 분리되는 언어적 만남이 있고, 아이들의 행동이 미리 세워진 어떤 기준에 도달할 때까지 필요하다면 반복된다. 성인들은 요구조건을 가지고 있고, 그들은 그것을 아이들에게 강요한다. 성인들의 이런 행동은 어떤 활동과 기준을 위해 아이들이 문화에서 허용하는 방법 내에서 훈련되어야 한다는 신념을 반영한다. 명백하게, 모든 방법이 가르치는 것을 요구하지 않지만, 문화적 연습이 높은 가치가 부여되고, 복잡하거나 추상적인 것일 때, 성인들은 그들의 아이들이 어른들을 당황시키지 않도록 하기 위한 의도적 교육방법을 사용한다. 그들은 자신의 아이들이 사회에서 적절하고, 존경받을 만한 일원이 되길 원하고 그래서 그들은 아이들 곁에 있으면서 바른 방법을 가르친다. 다양하고 멀리 떨어진 사회들을 포함하는 민족지학을 살펴보면, 모든 사회는 적어도 문화적 삶의 매우 중요한 측면을 위해 의도적 가르침을 사용했다.

인지 발달에서 의도적 수업의 효과

우리는 모든 문화에서 성인들은 아이들이 알고 있는 것과 그들이 어떻게 배우는가에 대한 신념을 가지고 있다는 증거를 제시하고 논의했다. 성인들은 자신의 후손들이 잘 적응하기를 바라는 것이나, 삶에서 짊어지고 있는 경제적 부담에서 그들의 자녀들로부터 도움을 받고자 하는 실질적 필요에서와 같은 이러한 신념에 의해 행동하도록 동기유발된다. 사랑 때문이든지 혹은 돈 때문이든지, 아이들의 발달에 영향을 주는 동기는 학습과정에서 성인의 개입으로 나타난다. 따라서 단지 인간 아동만이 교육학자들에 의해 정해진 발달적 범주 내에서 태어난다. 의도적 교육은 정상적으로 개발된 인간을 만들어 내는 처방전에서 핵심적인 요소가 된다.

우리는 의도적 수업이 인간 발달에 기여하는 두 가지 주요한 방식을 볼 수 있다. 수업의 한 가지 효과는 아이들이 문화적으로 많은 적절한 기술을 습득하도록 만들거나 강화하는 것이다. 우리가 본 것처럼, 비계 설정과 가르치는 것은 많은 영역과 과제를 학습하는 데 더욱 효과적이도록 이끈다. 아이들은 종종 새로운 기술을 습득하기 위해, 그들의 관심을 옳은 데로 돌리기 위해, 그리고 그들이 하고 있는 것에 대한 피드백을 받기 위해 성인들에게 의존한다. 성인들은 중요한 문화적 과업을 효과적이고, 적절하게 배우게 하기 위해 필요한 지원을 제공한다.

그러나 의도적 수업의 두번째이자 보다 심오한 효과가 존재한다. 어떤 수업 상황에서, 성인들은 아이가 새롭고, 더욱 성인과 같은 관점을 택하는 것과 같은 특별한 방식으로 배우도록 생각한다. 아이들은 자신의 의도와 관련해서 성인의 의도를 이해하고 성인의 이해를 취한다. 따라서 아이들은 지도된 학습을 경험한다. 그들은 학습 상황에서 상호주관성을 유지하는 새로운 이해를 가지고 있다. 우리가 Tomasello, Kruger 그리고 Ratner(1993)의 주장에 관해 논의한 것처럼, 아이가 성인들의 의도를 내재화할 때, 인지 발달에 결정적 효과가 있다.

이러한 것에 대한 효과의 기원은 영아기 초기에 성인들이 마치 다른 사람을 향한 의도를 가진 것처럼 아이들을 다룰 때 볼 수 있다. 서구의 어머니와 자녀들은 상호적 미소와 대화를 주고받는 것과 닮은 소리 내기 게임을 함께 한다(Trevarthen, 1979). 이런 운율이 있는 상호작용은 어머니의 구조화에 의해 충분히 지원되고, 영아의 행동은 어머니에 의해 의도적인 것으로 해석된다(Kaye, 1982). 이와 대조적으로, 마르키즈 섬의 어머니들은, 아기들이 나이가 든 아이들과 함께 상호작용 상대가 되도록 하기 위한 의도로 가정에서 다른 사람들에게 얼굴이 향하도록 아기를 안는다(Martin & Kilpatrick, 1981). 파푸아 뉴기니의 칼룰리 어머니들은 때때로 청소년들이 아기들과 이야기하도록 하기 위해 아기들에게 높은 목소리로 말한다(Schieffelin, 1990). 세계적으로, 어린아이에 대한 의도적 처치는 환경에 있는 존재에 대한 성인들의 관점을 포함한다. 성인들은 자료의 사용에 대해 설명하고, 환경의 특징을 지적하며, 몸짓, 소리 내기, 발표하기, 그리고 감정을 꾸미는 것과 같은 것에 의해 원인-결과 관계를 강조한다. 성인들은 아이들이 관심을 가지는 대상에 집중하도록 한다. 이러한 상황에서, 성인들은 마치 그들의 아기들이 의도를 가지고 서로 대화를 나누는 것처럼, 성숙한 상호작용 상대인 것처럼 행동한다. 결국, 의도와 기대가 있는 세상에서 살아감으로써, 그리고 그렇게 다루어짐으로써, 아이들은 의도한 것처럼 자신과 성인을 이해하게 된다. 그리고 인간의 아기는, 처음에 성인들이 보고 있는 곳을 보고(연관된 관심), 성인들이 느끼는 것을 느끼며(사회적 참조), 성인들이 하는 것을 따라할 때(모방), 이것을 '9개월 기적' 이라고 부른다. 그들의 세계에서 다른 사람들의 의도를 알아차림으로써, 그리고 이러한 의도를 자신의 것으로 채택함으로써, 아이들은 인지적으로 변화한다. 사람을 의도적 행위자로 생각하는 새로운 이해는 후기 영아들이 상징체계의 사용과 같은(Tomasello, 1995), 더욱 복합적인 능력을 획득하게 하며, 자아개념을 형성하도록 한다(Tomasello, 1993).

의도적 교육의 효과는 영아기가 끝나 갈 때까지도 멈추지 않는다. 4세경이 될 때, 아이들은 다른 사람들이 자신의 것과는 다른 독특하고, 주관적인 관점을 가지고 있다는 것을 이해한다. 아동의 사회인지에서 이러한 발달은, 때때로 의도적 교육의 형태 가운데 어떤 한 가지 맥락에서 더욱 정교한 문화적 학습을 지원한다. 예를 들면, 아이들은 그녀와 자신의 어머니가 한 과제에 대해 서로 다른 생각과 관점을 가지고 있다는 것을 이해하고, 이러한 차이를 탐색하는 대화에서 그 과제에 대해 이야기를 나누게 된다. 두 사람은 성인에 의해 통제된 방식에서 함께 일하고, 사고의 합일에 도달하려고 한다. 성인들은 아이들의 이해에 영향을 끼치고자 하며, 아이들은 이러한 의도를 알아차리고 성인의 의도에 근거한, 그 과제에 대한 새로운 이해를 만들어 내려고 한다. 진정하게 교육받은 아이들은 수업과정에서 참여자들의 정신적 표상의 통합을 나타내는 내재화된 대화와 같은 상호작용을 그만두게 된다(Vygotsky, 1978).

이외에도, 우리는 기술해 왔던 의도적 교육의 유형이 다른 동물 종의 인지 발달에도 지대한 영향을 끼친다는 점을 언급해야 한다. 예를 들면, 원숭이들이 인간에게 의도적 훈련을 받을 때—그들의 자연적 습성에서는 경험할 수 없는 형태로—그들의 인지적 그리고 사회인지적 기술의 본질에 중요한 변화가 일어난다(Tomasello, Savage-Rumbaugh, & Kruger, 1993).

교육을 위한 함의점

여기에서 우리는 교육자들의 신념과 실제에 대해 중점을 두었다. 그러나 어떤 수업 장면에서도 교사와 학습자라는 적어도 두 명의 다른 개인이 존재하며 동시에 과제에 대한 다른 관점, 어떻게 진행해야 하는가와 관련한 상이한 계획들, 그리고 그 개인과 다른 사람들이 알고 있는 것이 무엇인지와 같은 점이 존재한다는 것을 인식하는 것은 중요하다. 과거 교육적 실제에서는 교사와 학습자 간에 이러한 차이 가운데 하나, 즉 그들의 과제에 대한 부조화된 이해가 강조되어 왔다. 수세기 동안, 교사는 이해하고 있으며 아이들은 무지하다는 생각을 주장해 왔으며, 교육의 목적은 교사가 아동에게 이해한 것을 전달하는 것이 되었다. 이러한 학생에 대한 빈-용기 관점은 최근 더욱 관대한 대안에 의해 달라지고 있다. 예를 들면 Gardner(1991)는 아이들이 어떻게 세계가 작용하는지에 대한 순수한 이론을 구성할 수 있다고 주장한다. 학교교육을 받지 않은 이들은 텅 빈 상태가 아니라 더 많은 교육을 받은 사람에 비해 개발이 덜 된 것이라 볼 수 있다. 이러한 아이들의 마음에 대한 Piaget식 관점의 변형은 우리가 문화적 학습의 초기 형성에서 강조했던 것처럼, 반드시 과정의 중요한 부분으로서 다른 사람들의 아이들에 대한 순수한 이론을 포함하도록 확대할 필요가 있다. 여기에 강조하고자 하는 것은 교육 실제를 이해하고 강화하기 위해서, 이러한 아이들의 학습을 위한 완전한 모형은 아이들의 사고와 학습 기술, 그리고 어떻게 이것이 교육학적 방법의 선택에 영향을 끼치는지와 같은 교육자의 아동에 대한 이론 모형과 같은 입장에서 고려되어야 한다.

Olson과 Astington(1993)의 관점에서, 수업은 복잡한 사회 인지적 과정을 포함한다. 교사들이 효율적으로 되기 위해, 그들의 사고는 반드시 학습자의 이해에 대한 진술과 그 과제의 목적에 대한 진술을 통합해야 하며, 그들은 반드시 지속적으로 피드백의 효과를 관리하고 학습자의 향상을 자극해야 한다. 이러한 수업 과정은 과제 종류가 달라짐에 따라 차이가 생길 수 있을 것이다. 만약 토르티야(옥수수 반죽으로 만든 멕시코의 전통 음식)를 준비하는 것처럼, 학습자에게 어떤 것을 하는 방법을 가르치는 데 중점을 둔다면, 교사는 물리적 시연, 감독, 그리고 피드백을 적절하게 제공해야 한다. 만약 학습자에게 긴 여행을 위해 항해할 때, 어떤 해류와 풍속이 좋은지와 같이 어떤 것에 대해 사고하는 방법에 대해 가르치는 게 초점이라면, 교사는 학습자들이 대안을 고려하고 비판할 수 있도록 다른 학습자들과 토론하는 것과 같은 사람과 사람 간의 상호작용에 관심을 기울여야 한다. 교사가 학생들이 사실에 대해 사고하도록 하는 것과 관점에 대해 사고하도록 가르치는 것 사이에 더 분명한 차이를 제시할 수 있다. Phelps와 Damon(1989)은 곱셈표와 같은 사실을 배우기 위한 도전에 직면했을 때, 학습자 관점에서의 변화는 필요하지 않다. 곱셈에서의 사실은 문화 속에 '존재하는' 것이다. 학습자는 단지 그것을 습득하기만 하면 된다. 따라서 이러한 정보는 문화가 그것을 가능하게 한다는 가정하에서 다소 개인적으로 학습될 수 있다. 그러나 그 과제가 비율(이것은 저것과 상대적이다)과 같은 개념의 이해처럼 관점의 전환을 요구하는 것이라면, 아이들은 다른 사람과의 상호주관적인 상호작용을 통해 더 효과적이고 깊이 있게 그 개념을 배울 수 있다.

관점에 기초한 개념을 배우는 것은 사회적 상호작용에서 다른 관점을 비교하고 협상하는 것을 통해 촉진될 수 있다. 그래서 사물을 문화적 방식과 같은 새로운 방식으로 보는 것처럼, 두 번째 관점을 택하는 것이 아이들에게 더 중요할수록, 성인들은 더욱 의도적으로 가르치게 될 것이다. 학습 영역에 대한 교육자의 이론과, 어떻게 이것이 아이들의 학습 기술과 상호작용할 것인가 하는 것은 수업의 의미를 완전하게 하는 데 똑같이 중요한 부분이다.

문화적 학습에 관한 우리의 이론에서(Tomasello, Kruger, & Ratner, 1993 참조), 우리는 그동안 문화 심리에서 소홀히 한다고 느꼈던 과정의 측면, 즉 아이들의 인지, 특히 사회 인지를 강조했다. 이것은 우리들을 문화의 구조화 역할과 의도적 수업에 대해 충분히 강조하지 않도록 만들었다. 우리는 여기에서 문화가 아동 발달을 형성하는 방식—특별히 다른 사람들의 의도적 수업을 통해—을 명백하게 기술함으로써 균형을 잡으려 시도했다. 종-보편적이고, 종-특수적인 발달적 현상으로서, 문화는 인간 아동이 인간 성인이 되어 가는 과정의 통합적 부분이다.

제18장
교수-학습 모형: 학습자 공동체에 참여하기

BARBARA ROGOFF
EUGENE MATUSOV
CYNTHIA WHITE

이 장의 목표는 학습에 대한 관점을 사회문화적 활동에서 참여의 변형에 대한 공동체적 과정으로 생각하는 발달 이론 측면과, 전문가로부터 지식을 전수받거나 학습자 스스로 지식을 획득하든지 간에 학습에 대한 책임을 오직 교사나 학습자 가운데 어느 한쪽에 있다는 일방향적 과정으로서 학습을 조망하는 이론을 구별하고자 하는 것이다. 이러한 관점을 구별하고 참여 변형의 이론적 입장을 강조하기 위해, 전달 이론(transmission theory)적 관점을 적용하는 기관에 익숙해 있던 성인으로서 참여 이론을 적용하는 새로운 기관을 이해하려고 애쓰는 과정에서 일어나는, 이해에 있어서의 변형을 살펴보는 발달적 접근을 취하고자 한다.

이러한 이론적 견지에 대한 검토는 학습자 공동체로서 기능하는 공립 초등학교 프로그램(솔트레이크 시티 학교 구역의 'OC')에 참여한 부모들의 수업 모형에 대한 관찰을 활용하도록 한다. 이 대안 프로그램에서 부모들은 교실에서 매주 3시간 동안 지내게 된다.

이 프로그램에서 부모들에 의해 사용되는 대조적인 수업 모형은 학습에 대한 책임 소재와 관련한 이론적 논의와 부합한다. 교육은 반드시 '성인 중심' 이어야 한다는 부모들의 관점은 학습이 학생에게 지식을 전수하는 전문가에 의해 이루어지는 과정이라는 이론적 관점과 일치한다. 교육은 반드시 '학습자 중심적' 이어야 한다고 주장하는 사람들의 관점은 학습은 능동적 탐색을 통해 지식을 획득하는 학습자의 영역이라는 이론적 관점과 일치한다. 그리고 학습을 능동적 학습자와 리더십과 안내를 제공하는, 더욱 유능한 파트너 양자를 포함하는 '학습자 공동체' 로 보는 관점은 학습이 협동적 노력을 통한 참여의 변형을 의미하는 것으로 본다. 따라서 전달, 획득, 참여를 통한 변형과 같은 학습에 대한 이론적 관점에 포함된 개념은 학습을 증진시키기 위해 참여자들의 책임이 어떻게 나타나느냐에 대한 다른 관점을 취하는 수업 모형과 관련된다.

우리는 여기에서 학습이 어떻게 일어나는가(전달, 획득, 참여를 통한 변형)와 관련한 학습에 관한 이론적 관점과 이러한 세 가지 이론적 관점과, 같은 입장을 견지하나 어떻게 학습을 증진시키는지에 대한 관심에 더욱 집중하는(성인들이 과정을 통제하는지, 학습자가 과정을 통제하는지, 또는 다양한 책임감의 소재와 함께 학습자 공동체의 협력에 의해 일어나는지) 수업의 모형을 구별해 보고자 한다. 비록 수업 모형은 학습에 관한 이론적 관점에 근거한 것으로 보일 수 있음에도 불구하고(역으로서보다는) 학습과 수업 모형에 대한 이론적 관점은 일관성 있는 이론적 틀을 가지고 있다. 학습과 수업 모형에 대한 이론적 관점에 관한 개념적 틀은 사람들이 수행하는 '실제들' 로부터 구분할 수 있으며 어떤 의미에서는 그들의 이론적 기초와 관련짓지 않고도 구별할 수 있다. 사실, 가끔 어떤 특정 수업 실제가 수업의 다른 모형을 나타낼 수도 있다. 그러나 맥락 내에서 실제들의 모임들이 함께 검토될 때 그들이 하나 혹은 또 다른 수업의 모형과 연결된다는 개념적 근거를 밝혀 줄 수 있다. 따라서 우리의 개념 정의에서, 수업 실제의 일관성 있는 유형은 수업 모형에 근거하고 있으며, 수업 모형은 학습에 관한 이론적 관점에 기초하고 있다.

다음 절에서 우리는 어떻게 세 가지 수업 모형이 참여 이론의 관점으로부터 분석될 것인가에 대해 기술하며, 수업 모형을 더 상세하게 설명하고, 학습자 공동체 모형을 근거로 한 공립 초등학교에서 부모들의 참여를 통해 변형시킨 세 가지 수업 모형에 대한 관찰로 넘어갈 것이다.

세 모형에 포함된 학습의 참여 이론 분석

'성인 중심' 인 그리고 '학습자 중심' 인 두 가지 수업 모형은 한쪽으로 치우친 입장과 자유 사이에서 양극단적 입장을 취하고 있다. 이러한 양극단 사이를 왔다 갔다 하는 것과 같은 사고는 '학습자 중심' 혹은 설명 중심 접근이냐에 대한 평가 및 학교를 재구조화하는 문제와 마찬가지로 교실에서 그리고 가족 간에 자유와 통제에 대해 관심을 두는 연구자들 사이에 지속적인 관심사가 되어 왔다(Eccles et al., 1991; Giaconia & Hedges, 1932; Greene, 1986; Stipek, 1993 참조). 우리는 '성인 중심' 이거나 '학습자 중심' 인 모형이 학습을 행위의 일방향적인 기능(각각 다른 존재를 배제하고 성인이나 학습자)이라고 생각하는 이론적 가정을 가지고 있다는 점에서 밀접하게 관련된 것이라 생각한다.

학습자 공동체 모형은 왔다 갔다 하는 다양한 모형의 경향을 완전히 대체하는 것이다. 이 모형은 '성인 중심' 과 '학습자 중심' 사이를 절충하거나 '균형' 을 이루려 하는 입장이 아니다. 그것의 기저가 되는 이론적 개념은 학습을 성인과 학습자 모두 지지하고 노력을 공유하는 방향인 참여를 통한 변형의 과정으로 보는 것이다(Newman, Griffin, & Cole, 1989; Rogoff, 1990; Tharp & Gallimore, 1988; Wells, Chang, & Maher, 1990). 그러나 학습의 일방적 측면을 강조하는 이론적 관점을 가진 사람들(우리가 연구하는 학교의 새로운 부모 가운데 대부분)에게는 학습자 공동체 모형을 '성인 중심' / '학습자 중심' 인 양분화에 동화시키는 것을 피하는 것이 어렵다.

우리는 참여를 통한 변형의 이론적 개념을 학습자 공동체 모형뿐 아니라 비록 그들의 개념적 뿌리가 전달이나 획득의 산물이 되는 것으로서 학습의 대안적 이론 개념을 포함하고 있지만, '성인 중심' 과 '학습자 중심' 수업 모형에 나타난 학습을 분석하는 데 적용한다. 따라서 우리가 세 가지 수업 모형을 학습에 관한 세 가지 이론적 관점에 기초해서 보고 있을지라도, 학습에 관한 이론적 관점 가운데 어떤 것이라도 세 가지 수업 모형 가운데 어떤 하나에 따라 구조화된 활동에서 나타나는 학습을 점검하는 데 사용될 수 있다(이것은 학습의 획득 이론에 근거한 측정이 지역에서 혹은 프로그램에서 사용된 수업 모형인지 아닌지 여부에 관계없이 학습을 평가하기 위해 사용될 때 이루어진다).

우리는 학습이 어떤 상황에서도 일어나며 서로 다른 수업 모형은 사회문화적 활동에서 정보나 정보의 활용에 대한 학습자들의 관계에서도 다른 양상으로 나타난다고 생각한다. 이러한 관점은 학습과 발달이 그들 공동체의 사회문화적 활동에 참여함으로써, 그들이 참여하는 것에 대한 이해, 역할, 그리고 책임을 변형시키는 것으로서 일어난다는 사고를 주요 전제로서 취하는, 참여를 통한 변형의 이론적 관점에 기초하고 있다(Lave & Wenger, 1991; Rogoff, 1995; Rogoff, Baker-Sennett, Lacasa, & Gold-Smith, 1995; Rogoff, Baker-Sennett & Matusov, 1994).

참여를 통한 변형의 관점으로부터 세 가지 수업 모형 간의 차이는 한 모형에서는 학습이 일어나고 다른 모형에서는 학습이 일어나지 않는 것과 같은 문제가 아니라, 서로 다른 모형에 따른 학습활동 구조에서 일어나는 참여의 종류를 통해 무엇을 학습하게 되는가와 관련된 문제다. 전달, 획득, 참여를 통한 변형과 같은 이론에 근거한 수업 접근은 학교의 수업 교과를 학습할 때, 학습을 구조화하는 데 다양한 관점과 같은 점에서, 학습자들이 가르치는 정보를 다른 측면에서 활용하는 데 참여하게 되는 것과 같은 측면에서 무엇이 일어나는가에 대한 다른 개념을 가지고 있다.

우리는 세 수업 모형 모두 교과 학습을 자극한다고 생각하지만 수업과정에서 그들이 수행하는 다양한 역할에서 학생들은 정보 활용의 여러 측면을 배우게 된다는 점을 생각할 수 있다. 예를 들면, 학습의 전달 이론('성인 중심' 수업)을 근거로 한 수업에서, 학생들은 각각의 정보가 전달되었는지 검사하는 평가에 대비해서 인식되고, 저장된 정보를 진술할 수 있도록 배운다. 학습의 획득 이론('학습자 중심' 수업)을 근거로 한 수업에서, 학생들은 반드시 정보가 역사적으로 혹은 근래에 성인들의 세계에서 활용될 수 있는 것과 관련되어 있지 않을지라도 특수한 방식으로 탐색함으로써 정보를 학습한다. 학습의 참여를 통한 변형 이론을 근거로 한 수업에서 학생들은 역사 및 현재 지역사회와 명백하게 관련된 목적과 같은 활동을 수행하는 데 다른 학습자, 성인들과 협력함으로써 정보를 학습한다. 이러한 세 가지 형태의 수업 접근에서 학생들은 교과를 학습하지만 각자는 학습과정에서 그들의 다양한 참여를 통해 중요하다고 여겨지는 정보를 지역사회와 교과학습과 다른 관계에서 학습한다.

일방적 모형('성인 중심' 그리고 '학습자 중심') 간의 추이

'성인 중심'과 '학습자 중심' 모형은 학습을 관계에서 단지 한쪽 '측면'이라는 점에서, 일방향적 측면으로서 다루는 관점 가운데 다른 입장으로서 생각할 수 있다. 양자 모두 성인과 학습자를 적극적 참여자 간의 상호 협력의 과정으로서가 아니라 관계의 양극단적 입장으로서 다룬다. 두 관점 모두 학습과정에서 수동적 역할을 하는 것을 책임으로 간주하지 않는 관점과 함께 학습에 대한 책임감을 한쪽이나 다른 한쪽에 부과시킨다.

미국 초등학교에서(Bennett & LeCompte, 1990; Cuban, 1984; McDermott, 1993), 그리고 미국의 중류층 부모(Greene, 1986)들에게서 흔히 나타나고 있는 '성인 중심' 수업 모형에서, 학습은 교수의 산물 혹은 성인들의 정보제공으로 인식되고 있다.[1]

> 대부분의 교실에서…… 교사는 마치 채워야 할 것이 가득한 빈 용기인 것처럼 보이는 그의 수동적 학생들에게 '타성적인 정보들'을 전달하면서 교실 앞에 서거나 앉아 있다(Silberman, 1970, p. 148).

아동들이 저장고이고 지식은 산물이라면, 성인들은 아동들에게 지식을 가득 채워 주어야 할 책임자로 보인다. 아동들은 학습에 있어서 적극적 참여자로서가 아니라 지식을 전수받는 존재로 다루어진다. 아동들은 성인들이 분배해 주는 지식을 수용하고, 저장하는 역할 외에는 주어진 역할이 거의 없는 것으로 여겨진다.

'성인 중심' 모형은 교육정책 입안자, 교육행정가, 교사, 그리고 부모들의 교육철학과 실제에 따르는 미국 공립학교 체제의 특징으로 보인다. 우리는 이것을 개인에 의한 수업 모형의 명백한 선택으로부터 파생된 것이 아니라 교육의 이슈를 넘어서는 이유, 대부분의 미국 중류층 출신의 성인들이 교육받아 온(초등, 중등, 그리고 교사 교육을 포함하는 고등교육) 전통적으로 전승된 모형으로 보인다.

교실 수업에서의 거대한 영향력은 1900년대 초에 미국 교육에서 '과학적' 효율성 운동에 중심적이었으며, 이후 공립학교 교육에 지대한 영향력을 끼쳐 왔던 기업형 모형과 함께 나타난 '성인 중심' 모형의 극단적 형태에서 분명히 나타난다. 이 운동에서, 학교장들은 학습자의 수동적 역할과 함께 학습보다는 비용 절감에 무게를 둔 전문가들에 의한 경영과 같은 효율적 기업 모형의 학교 운영에 대한 공적인 압력을 받았다(LeCompte, 1990; Callahan, 1962). Callahan은 기업형 효율성을 따르는 것은 교사들이 가르치기를 희생시키는 대신 비용과 진보에 대해 기록하는 기록작업을 통해 결과의 질을 측정하기 위한 표준화 검사 개발을 촉진시키는 것으로, 그리고 교육 실제나 철학에 대한 지식이 거의 없는 중앙정부 행정가들에 의한 가르치는 것의 '관리'를 증가시키는 것으로 표현했다.

그 시기에 스탠퍼드대학 사범대 학장이었던, Elwood P. Cubberley의 1916년 교재는 학교 경영에 관한 가장 영향력 있는 저서로 알려졌는데, 그에 의해 제시된 리더십에 의해 감명받아 교육적 문제보다는 재정문제에 집중하는 분리된 전문성으로서의 학교 경영 개념을 발전시키게 되었다. Callahan은 Cubberley의 말을 인용했다.

> 우리의 학교들은, 어떤 의미에서 원재료들(아동들)이 삶의 다양한 요구를 충족시키기 위해 상품으로 만들어지고, 꾸며진다. 제조를 위한 구체적 설명은 20세기 문명의 요구로부터 도출되며, 제조는 학생들을 제시된 과업 지시서에 따라 만들어 가기 위해서 학교가 하는 사업이다. 이것을 하기 위해 훌륭한 도구들, 특별한 기계들, 지시대로 잘 따르고 있는지 보기 위해 지속적인 생산품을 평가하는 것, 제조에서 필요 없는 소비를 제거하는 것 등이 요구된다(Cubberley, 1916, *Public School Administration*, pp. 337-338; Callahan, 1962, p. 97에서 재인용).

학습이 어떻게 일어나는지에 대한 전달 이론에 근거한 수업의 극단적인 기업 모형을 신봉하는 한 교사의 예는 McRobbie와 Tobin(1995)에 의해 최근에 인용되었다.

그 순간 진행되고 있는 수업방식은 완전히 교사 지시적인 것이었다. 만약 내가 지속적으로 통제한다면 우리는 그 프로그램을 통해서 진전을 이루게 될 것이며, 학생들은 더 효율적으로, 더 많이 배우게 될 것이다. 나는 가능한 한 가장 효율적으로 아이들의 뇌에 정보가 도달할 수 있도록 준비한다(비록 때때로 그 계획은 학생들의 학습 요구를 충족시키기 위해 조정해야 하지만). 그리고 전달 교수 모형에 의해 나는 궁극적으로 더 많은 수의 학생들이 의도하는 지식의 양을 습득하도록 할 것이다. 우리는 정해진 계획표를 따르려 애쓰며 기준에서 벗어난 것을 참지 못한다. 나의 교수의 가장 위대한 부분은 바로 학생들이 과제를 수행하기 위해 지속적으로 함께 움직인다는 점이다. 우리는 공인된 작업 프로그램을 설치하고, 일정한 시간 내에 화학 과목의 일정 분량을 습득하기 위해 협상해 왔고 학생 성취에서 자격 과정의 외부 기준을 충족시켜야 하기 때문에 엄격한 계획표에 따라 작업이 끝나게 되는 것은 매우 중요하다.

나는 학생들의 수업 과목에서 필요한 모든 지식을 가지고 있다고 믿는다. 나는 학습자가 지식을 흡수하는 것을 보고 그 지식의 일부는 학생들이 노트 필기를 하도록 함으로써 전달한다.

이해에 도달하기 위해서 당신은 당신이 탐색한다는 기본적 사실을 기억하도록 한다. 만약 당신이 기본적 사실을 기억할 수 없다면 사실 사이의 관계를 분류하는 다음 단계에 도달할 수 없다. 거의 모든 학생은 많은 정보를 빨리 외우는 방법을 배워 왔고 나는 그들에게 그것을 가르칠 수 있다고 믿는다. …… 만약 학생들이 이해하지 못한다면 그들은 반드시 중요한 정보를 암기해야 하고 적절한 시점에 이해가 되도록 한다. 두뇌는 만약 그들이 기본적 지식을 암기하고 있다면 일정 기간 시간이 걸릴지라도 필수적인 연결을 할 수 있으리라 믿는다(pp. 7-8).

이러한 '성인 중심'인 모형의 극단적인 기업형 유형은 '성인 중심' 모형을 적용하는 다른 교사들에 의해 채택된 것은 아닐 것이다. 예를 들면, '성인 중심' 모형을 적용하는 모든 교사들이 단순 암기가 과학적 개념을 가르치는 데 가장 적절하다는 데 동의하지는 않을 것이다.

그러나 '성인 중심' 모형을 이끄는 기본 원리는 다음 예에서 분명히 나타난다.

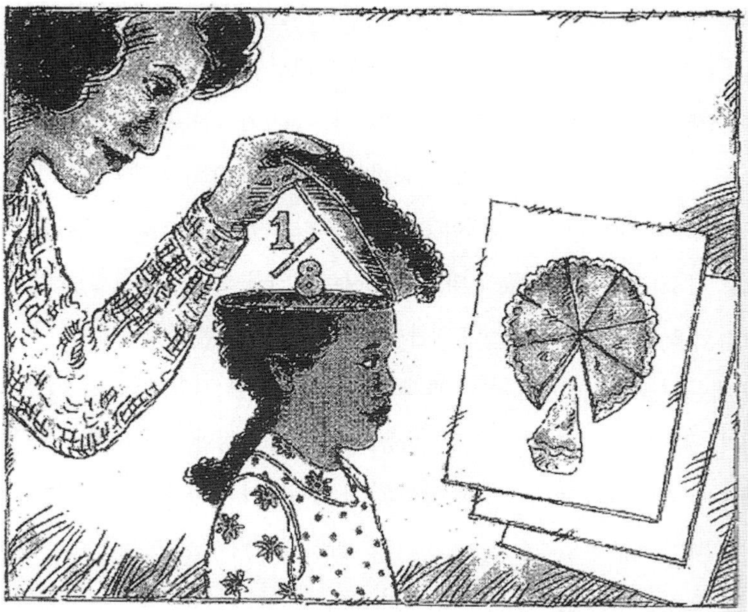

[그림 18-1]

미국 심리학회 권두 서문의 '심리학의 투입은 더 나은 성적으로 이끌어 준다'라는 주제는 하나의 채워져야 할 저장소로서 학습을 묘사하는 예를 보여 준다(1994, 6, 25권, p. 1). 정보는 단순히 아동의 뇌에 저장되는 것이며, 내부를 보도록 되어 있고, 성인은 아동이 지식을 습득했는지 여부를 평가할 수 있다(Sheila Harrington)

즉, 교사에 의한 학생들의 과제, 수단, 목적에 대한 일방적 정의에서 나타난다. 학생들의 역할은 다른 사람들과 탐구를 공유하기보다 성인이 정의한 탐구 세계로 들어가는 것이다. 학생들은 어떻게 문제를 해결하는지 배우지만 어떻게 문제들을 설정하는지는 모른다. 그들은 정답을 찾을 수 있지만 무엇이 옳은지 결정한 것에 대한 검토 경험을 갖지는 못한다. 과제에 어떻게 참여하는가에 대해서는 배우지만 그들 스스로의 개별적 관심사에 대해서는 배우지 못하며 교사에 의해 동기부여되는 법은 알지만 그들 스스로의 관심을 새롭고 어려운 탐구에 확장하도록 개발하거나 구축해 가는 법은 모른다. 학생들은 과제를 통해 이끌려 가는 법은 배우지만 탐구해서 스스로 혹은 다른 것을 관리하는 법에 대해서는 배우지 못한다. 그들은 교사가 설정한 절차와 규칙에 따라 행동하는 법은 배우지만 학습에 있어 대인관계나 자료 측면의 과정을 관리하는 절차를 개발하는 것에 대해서는 배우지 못한다.

'성인 중심' 모형에서 교사들이 할 일은 전달을 위한 지식을 준비하고 아이들을 수용적이도록 만드는 데 동기부여하는 것이다. 때때로 이것은 작은 기계적 단위로 과제를 세분하는 문제이고 학생들이 이 단계들을 통과하도록 강화물(또는 처벌에 대한 협박)을 제공하는 것임을 말한다. 순수한 '성인 중심' 모형에서 아이들의 역할은 단순히 정보를 수용하는 것이기 때문에 학습자가 제시되는 지식의 목적에 대해서 이해하거나 자신의 목적을 위해 그 자료에 관심을 가지게 될 필요는 없다. 교사들은 수업을 이끌도록 돕기 위한 상호적인 참여에 의지할 필요가 없으며, 정보의 전달에 필요한 수업의 양, 세분화 정도, 그리고 시간에 대해 계획해야 한다. 교사들은 학생들이 정보를 받아들이기 쉽도록 동기부여하는 교수법적인 전략을 찾고, 학생들이 소유한 지식의 양과 그들의 학습능력에 대해 다른 학생들과 비교하기 위해 표준화된 측정도구를 사용한다. 이러한 교수 항목은 학습이 지식과 기술을 소유한 사람들로부터 소유하지 못한 사람들에게로 일방적 전달의 결과로 일어난다는 가정으로부터 발생한 것이다.

'성인 중심' 모형에서 학생들의 역할은 수용적이 된다. 물론, 이것은 완전히 수동적인 것은 아니다. 그러나 학생들이 참여하는 활동의 종류는 인지적 활동이나 정보의 '전달' 에서 리더십 역할을 하는 것이 아니다. 아이들은 지적 탐구나 학습 진행과정에서 교사의 협력자 역할을 하는 것도 아니다. 그들의 역할은 교사의 교수계획에서 '협력' 이 있을 수 있으나, 그것은 계획을 만들도록 도와주거나 그 계획에 대해 이해하는 것을 포함하지 않는다. 그들은 공유된 노력의 형태로 참여하기보다는 교사가 그들에게 지시한 행동을 수행하는 것이 주요한 역할이다. 비록 교사와 학생들의 행동들은 어떤 의미에서 서로서로 조합하게 되지만 그들은 사람들의 사고와 흥미가 잘 조화되는 협동과는 다른 방식으로 구분된다.

Minick(1993)은 교사들의 지시를 소개할 때 그러한 분리는 학생들로부터 요구되는 행위의 고유한 동기와 합리적인 이론적 근거는 제공하지 못하는 것으로 묘사했다. 예를 들면, 교실 수업에서 한 초등학교 교사가 거울 대칭 개념을 소개하면서 아이들에게 거울과 기하학적 모양을 분리된 행동으로 수행해 보라고 요구했다. 아이들은 그들이 무엇에 집중해야 하는지, 또는 교사가 그들에게 무엇을 배우기 원하는지, 활동의 목적이 무엇인지에 대해서는 어떤 이야기도 듣지 못한다. 그 수업을 위한 교사의 동기는 학생들에게는 유용한 것이 되지 못했다. 학생들의 목적은 거의 추측 게임과 같은, 교사를 만족시킬 수 있는 행동을 찾아내는 것에 한정되었다. 결론적으로, 그 수업의 동기는 교사들을 '높은 수준의' 전문가로부터 학생들에게 지식을 전수하는 기관적 연계의 한 부분으로 간주하기 때문에 때로 교사 자신에게도 유용하지 못하다.

사람이 학습하는 것에 대해 전달 이론의 철학에 근거한 '성인 중심' 수업 모형은 Kliebard(1975)의 교육과정 설계의 비유적 근원에 대한 논의에서 잘 요약되어 있다. 그는 생산에 대한 비유를 다음과 같이 언급했다.

> 교육과정은 생산수단이며, 학생들은 고도로 숙련된 기술자의 통제하에서 유용한 산물이나 완성된 형태로 변형될 수 있는 원재료다. 그 생산과정의 성과는 엄격한 설계과정에 따라 미리 신중하게 계획된다(p. 84).

'성인 중심' 모형에 대응해서 많은 학자들과 실천가들이 아이들을 학습자로서 좀 더 능동적 역할로 참여하도록 하는 모형으로 전환하도록 제안해 왔다. 보통, 아이들이 적극적인 지식 구성자이며 성인의 참여는 학습에서 잠재적 장애물로 보이는 정반대의 일방향적 접근인, '학습자 중심' 수업으로 중심이 움직이는 형태를 취한다. '학습자 중심' 모형에서, 아이들은 그들 자신의 실제를 발견하거나 또래와 상호작용을 거치는 것이 이상적이다. 아이들은 학습에서 능동적 기관이 되며 성인의 세계는 수동적인 자료 공급원이거나 아이들의 싹트는 잠재 가능성을 방해하는 부정적 영향으로서 보인다. 아이들은 그들 스스로 인간 역사에서 축적된 지식, 기술, 그리고 공학을 발견하고 확장하도록 기대된다. 성인들은 아이들을 위한 학습 환경을 조성해 줄 수 있으나 아이들의 '자연적' 학습의 과정에 영향을 끼치는 것은 피해야 한다. Graubard(1972)는 1960년대와 1970년대의 많은 '자유학교'의 경우 아이들은 성인들이 그들의 방식에서 떨어져 있을 때 가장 잘 배울 수 있다는 태도가 두드러진 특징이라 했다. '학습자 중심' 모형에서 도전은 아이들을 위해 공동체가 가치 있게 여기는 기술 및 표준과 일치하는 '자연스러운' 학습 경로를 거치도록 하는 것이다.

자유와 통제라는 두 극단적 접근의 어떤 균형을 찾는다는 이상과 함께(Silberman, 1970), '성인 중심' 모형과 '학습자 중심' 모형 사이의 흔들림의 예는, 1975년 지역사회에서 기본적 기술 훈련으로 되돌아가라는 압력하에서 초등학교 개방교육 연구에 대해 인용한 Gold와 Miles(1981)의 신문사설에 나타났다. 사설에서 '기본이 되돌아왔다' 고 선언했지만 양 입장 사이에서의 흔들림에 대해서도 표현했다.

> 교사들, 학생들 그리고 부모들은 지역 고등학교에서 최상의 성적을 받고 졸업하는 많은 '뛰어난' 학생들이 언어 능력에서 뒤떨어진다는 불평을 해 왔다. 뛰어난 고등학교의 학생들이 'threw' 와 'through' 라는 단어 사용에서 차이를 알지 못한다. 많은 고등학교 학생들의 철자법 사용이 형편없었다. 초등학생을 둔 학부모들은 교사들이 아이들의 창의성을 억제한다는 이유로 철자 교정을 두려워하기 때문에 아이들의 철자가 교정되지 않는 것에 대해 불평한다.
>
> 따라서 진자의 회전이 되돌아오고 있다. 과거의 단순 학습은 미래의 시민을 구해내기 위해 다시 돌아와야 한다. 그 진자는 분명히 파괴적인 반발로 변할 수 있을 것이다.
>
> 1960년대의 의미 있고, 창의적이고, 적합하고, 혁신적인 교육을 향한 움직임은 이러한 후퇴의 시기에 분실되어서는 안 된다(pp. 204-205).

자유와 통제는 어느 한쪽이 적극적 입장을 취하면 다른 한쪽은 수동적이 되는 단일 차원의 양극단으로서 인식된다(대안적 개념화를 위해서 Kohn, 1993; Mosier & Rogoff, 1994 참조). '성인 중심' 모형과 '학습자 중심' 모형은 모두 성인과 아이들을 통제의 대상으로 보고, 통제를 하지 않는 쪽이 수동적 입장이 되는, 수업에 있어 일방향적 철학을 구성하고 있다. 이들 모형은 서로서로 편협한 대안으로서 보일 수 있다.

1880년대부터 이 나라에서의 교육과정 논쟁은 일방향적인 대안에 대한 관심을 반영해 왔다. Kiebard(1987)에 따르면, 젊은 시절 John Dewey에 격려를 보냈던 편집자 William Torrey Harris는 1880년에 교육과정은 반드시 아이들의 자발적 충동에 의해서가 아니라 문명의 거대한 근원을 기초로 세워져야 한다고 주장했다. Harris는 학습이 직접 경험하는 것이 되도록 최대한 논의하는 '지도 방향' 의 중요성에 대해서도 강조했다. Dewey는 1896년에 흥미('아동 중심' 모형에 해당하는)와 노력('성인 중심' 모형에 해당하는)의 중요성에 대한 논쟁에서 양쪽 모두 같은 오류를 범하고 있음을 제시했다.

> (Dewey는) 선택은 아동이 한편에서 단순한 오락에 참여하는 것과 다른 한편에서 의지 훈련의 한 부분으로서 동의할 수 없는 과제를 수행하도록 요구되는 것 간에 놓여 있는 것이 아님을 말했다. ……(양쪽 입장들) 진행되었을 때, 동일한 가정으로부터 Dewey에 따르면, 숙달되어야 할 '대상이나 사고의 외형, 수행되어야 할 행위, 자아' ……. Dewey는 교육과정과 아동 사이의 명백한 대립은 손상된 것으로서 재조정될 수 없다는 가능성으로 고민했다. 그 문제는 새로운 것을 나타나게 하도록 질문을 재구성하는 것으로서 두 개의 존재하는 대안 사이에 하나를 선택하는 것이 아니었다(Kliebard, 1987, pp. 55-57).

Dewey(1938)는 교육자들이 '옛 교육의 사상과 실제를 부인하고 반대의 극단으로 가는 것,…… 조직된 학문 주제가 적거나 없는 것, 마치 성인들에 의한 어떤 지시와 안내의 형태가 개인적 자유를 침범하는 것으로 나아가는 것' 일 때 나타나는 '이것 또는 저것의 철학' 을 비판했다. 그는 다음과 같이 주장했다.

> 이전의 교육은 지식, 방법, 그리고 성숙한 사람들이 어린 사람들에게 부과하는 규칙을 강요했기 때문에, 이것 혹은 저것 가운데 택하는 극단의 철학에 기초를 두는 것 외에, 성숙한 사람들의 지식과 기술은 미성숙한 경험을 위한 지도적인 가치를 가지지 못한다는 것을 따르지 않는다(p. 8).

이분법(Cahan, 1994 참조)을 넘어서도록 요구하는 Dewey의 관점과 같이, 우리는 학습자 공동체 모형이 이리저리 변하는 모형 가운데 하나가 아니라는 점을 논한다. 그것은 학습자를 교사로부터 다른 한 '측면' 이라는 가정을 제거하고, 공동의 노력에 상호 참여하는 존재로서 재조명하도록 한다.

학습자 공동체 모형

학습자 공동체 모형은 두 개의 일방향적 접근의 균형이나 '적절한 혼합' 이 아니라 다른 철학에 근거한 다른 수업 모형이다. 이 차이의 증거 가운데 하나는 학습의 전달 혹은 획득 이론(또는 '성인 중심' 혹은 '아동 중심' 수업 모형)의 관점으로부터 그 구조를 보려고 하는 개인들, 즉 OC에 들어오는 새로운 학부모들의 경우처럼 이들에게는 어려운 경험이라는 것이다.

학습자 공동체에서, 모든 참여자들은 능동적이다. 어느 한 사람이 모든 책임을 져야 하거나 어느 한 사람도 수동적이지 않다. 아동은 교사가 그들에게 지도와 안내를 제공하는 동안, 활동의 방향을 제시하는 데 기여하는 교사의 도움과 함께 그들의 학습을 수행하는 데 능동적 역할을 한다(그리고 아동은 때때로 성인들을 위해 그렇게 한다). 성인들은 모두가 기여하는 공유된 활동에 참여할 때 아동이 준비되어 있고 흥미를 느끼는 것에 관심을 둠으로써 아동의 학습과 발달을 지원한다. 학습 공동체에서, 아동과 성인들은 때로 역할의 불균형이 있을 수 있으나 탐구를 구조화하는 데 함께 적극적 역할을 하게 된다. 아동과 성인들은 학습 노력에서 협력한다. 성인들은 과정을 안내할 책임이 있고 아동은 자신의 학습을 관리하는 데 참여하는 것을 배운다(Brown & Campione, 1990, 1994; Dewey, 1916; Newman, Griffin, & Cole, 1989; Rogoff, 1994; Rogoff, Mistry, Göncü, & Mosier, 1993; Silberman, 1970; Tharp & Gallimore, 1988; Wells, Chang, & Maher, 1990).

아동이 지속적인 지역사회 활동에 상호성을 가지고 적극적 관찰과 참여를 통해 비형식적으로 배우거나, 더 유능한 지역사회 구성원들로부터 지원을 받는 많은 지역사회에서의 학습에 대한 접근은 비록 학교가 필수적으로 여기는 수업에는 덜 집중하는 경향이 있으나, 학습 공동체 모형과 일관성이 있다(Lamphere, 1977; Rogoff, Mistry, Göncü, & Mosier, 1993). 학습자 공동체로서 학교들은 자기-인식적 구조가 덜하며, 주 목적이 지역사회의 경제나 다른 기능에 실제적 기여를 하는 곳과 같은, 많은 비형식적 학습 실제보다는 학습과정에 대해 더 많은 반성과 관심을 가지며, 아동들의 학습을 증진시키기 위해 더욱 자기-인식적으로 조직된다(Rogoff, 1994).

학습자 공동체로서의 교실 기능에서 조직은 자신의 학습과 집단 기능에 기여해야 할 책임을 지도록 배우는 교실 구성원 사이에 역동적이고 상호 협력적인 집단 관계를 유지한다. 한 교사가 수업의 수용자로서, 학습자들을 한 단위로 다루려 노력하고, 많은 학생을 지도하고 관리하기 위해 시도하는 것 대신 그 조직은 하나의 공동체로서 체제에서 서로 다른(달라질 수 있는) 책임과 그들 자신의 활동에 대한 이해 정도에 따라 다양한 역할을 수행하면서 서로가 다른 사람들에게 자원으로서 함께 기능하게 된다. 여기에서 이루어지는 논의는 아동들의 참여를 방해라고 생각하는 일방적 방식보다는 교사의 리더십에 의해 이끌어지는 공통 주제에 대해 서로의 생각에 기초해서 세워진다는 의미에서 대화적이다.

우리는 학습자 공동체 모델 내에서 어떤 상황에서는 성인들이 집단을 돕기 위해 강한 리더십 혹은 광범위한 설명을 제공할 수도 있고, 어떤 상황에서는 아동들이 일차적 책임을 가질 수도 있다고 생각한다. 이것은 '성인 중심' 과 '아동 중심' 에서 일어나는 사상의 집합체가 아니다. 비록 학습자 공동체 모형이 수업의 정확한 형태를 암시하지는 않지만, 누구든지 리더십의 책임을 소지한 사람이면 신중하게 상대방을 지원하고 협력하는 공동의 노력을 하는 협동적 체제를 가정하고 있다.

학습자 공동체 모형은 다른 수업 모형에서 갈등을 일으키고 있는 부분에서 혁신적 기술을 만들어 낸다는 생각과는 다르다. 이에 대한 예로서는 학교에서 하루 일과 중 작은 부분을 할애하여 집단 프로젝트를 수행하도록 하며, 일과의 나머지 대부분은 모든 의사소통과 의사결정이 교사를 통해 일어나는 '성인 중심' 모형이 되는 고립된 방식의 협동 학습 기법의 사용이다. 만약 하루 일과의 대부분을 단지 한 번에 한 아동만 말하고, 교사에게만 말한다면, 협동적 집단 수업에서 아이들이 서로 가르쳐 주거나 함께 일하는 것이 협동 체제로서 일관성 있게 구조화된 그 자체로서의 학습자 공동체 모형이라고 할 수 없다.

Deering(1991, 1994)이 때때로 경쟁과 개인적 성취를 강조하며, 학생들을 협동하도록 강요한 교사에 대해 명료하게 묘사한 것처럼, 때때로 그러한 대조를 명백하게 하는 충돌이 일어난다. '성인 중심' 교실 구조에서 협동적 학습 기간을 추가하는 것과 같은 단편적 방식으로 실제를 변화시키는 것은 수업 모형의 근본을 변형시키는 것이 아니다(Cremin, 1962; Deering, 1991, 1994). 협동 학습 실제를 단편적으로 결합시키는 시도는 일방향적인 모델을 유일한 대안들로 보는 관점이 대다수임을 밝혀 주는 것이며, 그러한 모형을 지지하는 사람들이 학습자 공동체 모형과 같은 대안적 모형의 논리적 체계의 일관성을 이해하는 것이 어렵다는 것을 보여 준다. 일방향적('성인 중심' 혹은 '아동 중심') 모형의 관점을 취하고 있는 입장에서 학습자 공동체 모형을 이해하려는 것은 다른 문화 내에서 어떻게 기능하는가를 배우는 것과 같은 패러다임의 전환을 요구하는 것이다.

그러나 어떤 움직이고 있는 기관이 그 모형의 '순수한' 예보다는 다양한 변형을 포함할 것이라는 점을 주목하는 것은 중요하다. 일부 모형에서는, 기관들이 복수의 유권자들과 책임감을 가지고 있으며, 절충을 요구하는 다른 기관과 상호작용하기 때문이다. 구체적으로 학습자 공동체 모형과 함께, 다양한 실제(예를 들면, 역할 수행에서나 제공되는 리더십 종류가 다른 사람들 사이의 부조화의 범위에서)는 공동체의 지속적인 학습을 위한 자원이 된다. 만약 모든 교사가 항상 똑같은 실제를 사용한다면, 이것은 공동체가 전체적으로 발전이나 지속적 아이디어 충전을 위해 다양하게 변화하는 것을 멈춘다는 의미다. 학습자 공동체는 초심자가 오거나 그 과정에 지속적으로 참여하거나 간에, 그 전통을 이해하지 못하는 초심자도 지속적으로 개정된 전통 속으로 자신을 변형시키려 노력하는 사람이거나 항상 변형의 과정 내에 존재하게 된다.

OC 내에서, 교사들은 여전히 프로그램 전체를 통하여 '공통적인 줄기'를 유지하는 동안 교실에서 다양한 접근에 의해 주제를 필수적으로 변화시키는 것에 대해 언급하고 있다. 이 학교에서 철학의 일관성은 공동체의 모든 구성원들이 공동의 노력을 통해 다양한 역할을 수행하는 것으로 지속적 학습을 이루어 가는 것과 이러한 공유하는 주제 내에서 참여자들의 특정한 실제의 다양성의 가치를 받아들인다는 전제에 동의한다는 것을 의미한다.

학교에서 '성인 중심' 모형으로부터 학습자 공동체 모형으로 옮겨 온 초심자들

미국 학교에서 학습자 공동체 모형을 사용하고자 하는 시도는 미국 교사들과 학부모들이 교수와 학습에서 일방향적 모형(일반적으로 '성인 중심' 모형; Matusov & Rogoff, 1995) 내에서 자라났기 때문에 독특한 도전 상황에 부딪힐 수 있다. OC 내에서, 초심자의 교육적 배경과 학교 철학(예: 학습자 공동체 모형) 사이의 차이는 새로운 체제에 자신을 적응시키려는 초심자들에게 문화적 충격으로 다가올 수 있다. 학습자 공동체 모형에 대한 이해를 발전시키려 하는 동안 초심자들이 학교의 교육 실제가 어떻게 조화를 이루어 갈지에 대해 이해하는 것은 어려운 일이다.

우리가 진행하는 연구에서, 아동, 부모, 교사, 그리고 교육기관들이 어떻게 학습자 공동체로서 공립학교가 유지하고, 발전해 가는 과정에서 변형 가능한지, 그리고 어떻게 새로운 세대와 사건이 공동체의 실제에서 변화에 기여할지에 대해 탐구하고 있다. 학습자 공동체에 대한 초심자들의 이해 발달에서 공동체가 부딪히는 도전은 학습자 공동체의 본질과 패러다임 변화에 포함된 발달과정과 일방향적인 학습 모형 모두를 조명해야 한다.

OC는 18년 전 공립 초등학교를 혁신적 교육철학으로 개혁하기를 원하는 부모와 교사들의 모임에 의해 시작되었다. 그것은 부모들이 일주일에 3시간(한 아동마다)씩 교실에서 '조력자' 로서 수업, 교육과정 의사결정, 학급 경영에 기여하는 학부모와 교사들(그리고 때때로 경영자들)에 의해 협동적으로 모임이 진행되었다. 교실에서 조력자들의 대부분 시간은 조력자들(때로는 교사들)에 의해 계획된 활동에 3~6명의 아동으로 구성된 작은 집단을 이끌어 가는 데 보냈다. 유치원에서 6학년까지 대략

30명의 학생들이 예닐곱 개 교실에 각 두 개 혹은 세 개 학년 수준의 집단으로 나누었다.

그 프로그램에서 우리는, 두 명의 필자가 부모 '조력자' 로서 프로그램에 광범위하게 참여하였고, 세 명의 연구자들이 프로그램 시작부터 교사와 학부모 모임에서 이루어지는 철학과 실제에 대한 논의 및 교실에서 일어나는 실제를 기록하고, 가능한 프로그램 간행물과 기록물을 조사하였으며, 참여자들이 교실 실제와 철학에 대해 이해한 것을 묻고 조력자들 자신의 발전과 OC 철학 및 실제에 대한 반성들을 조사했다. 다음 페이지에서 보고하는 부모들의 인용은 부모 자신의 발전, OC 철학과 실제에 대한 20개의 개방적 질문에 대한 4페이지에 해당하는 조력자 반성 내용 설문으로부터 추출한 것이다. 설문은 아동들의 조력자 79%에 의해 완성되었으며, 모든 설문 인용부분은 4학년에서 6학년에 조력자로 참여한 사람들로부터 추출한 내용이다.

OC는 대부분의 성인들이 다녔던 학교, 즉 학습이 (수용자로서의) 아동들에게 지식을 채워 주는 것으로 보고 있는 것과는 다른 수업 모형인 학습자 공동체 모형과 부합하는 암묵적 철학 기저 내에서 통합된 일관성 있는 교육체제로서 기능한다. 초기에 부모들의 OC 참여는 새로운 가치체계와 교육 실제를 맞추기 위한 혼란이 있었던 시기였다. 그들이 교실에서 그러한 실제를 실행하기 위한 노력은 자신의 참여와 다른 사람들과의 토론, 관찰을 통해 그 철학을 풀어 나가는 것이었기 때문에 때로 불확실하거나 미숙한 것도 있었다. 새로운 교사들도 그들 자신의 커리어 발달과 교실에서 아동과 부모들과 함께 일하는 것에서 유사한 문제에 직면하곤 했다.

이 프로그램에 참여하기 위해 오는 공동체의 많은 새 구성원들에게는, 오랜 기간 동안 '합법적인 주변인 참여자' 로서(Lave와 Wenger의 용어를 사용함, 1991)—직접적 수업이 제공되나 주로 관찰, 토론, 그리고 참여 기회가 제공되는—의 역할이 요구된다. 그들은 학습자 공동체의 특정 수업 실제를 일관되게 연결시키고자 하는 시도로서 새로운 철학 이해를 위해 노력한다. 그들의 관심은 주로 '성인 중심' 과 '아동 중심' 수업 간에 중심을 잡는 것 혹은 몇몇 새로운 교육학적 기법의 단순한 적용에 관한 것이기보다는 학습에 관한 명백하고 일관된 철학을 실제에 실현해 보고자 하는 이해에 도달하고자 하는 데 있다. 처음에는 공동체에 새로운 성인들이 일상의 사건을 비구조화되고 혼란스러운 것으로 보았다.

유사한 학교 프로그램을 묘사하면서, Silberman(1970)은 초기의 인상에 대해 설명하고 있다.

> 알다시피, 모든 소음과 동작을 생각해 보면 첫인상은 혼란 그 자체일 수 있다. 대부분의 학교에서 그것은 잘못된 인상이다. 저자가 방문한 첫 학교의 여교장은 도움을 줄 만한 설명을 제공했다. "단지 목적이 없는 잡담인가요? 아니면 목적적 활동에 대해 이야기하고 있나요?" 그리고 방문자가 적응해 감에 따라 활동이 목적적이라는 것을 더욱 분명히 알 수 있게 된다. …… 낯설다는 생각이 사라질 때쯤이면 많은 것을 깨닫게 된다. 예를 들면, 교사의 존재에 대해서다. 처음에는 그녀가 존재했는지에 생각했던 데 비해, 혹은 그녀가 거기에 전혀 없었던 것같이 느꼈는데, 방문자는 교사가 거기에 있으며 책임을 수행하고 있다는 것을 알게 된다. 그녀는 항상 움직이고 있으며, 항상 아이들과 함께하고 있다. 이야기하고, 듣고, 지켜보며, 편안하게 하고, 꾸짖기도 하며, 제안하고, 격려했다. 방문자는 점점 그 구조를 이해하게 된다(pp. 225-226).

OC에 오는 초심자들에게, 구조와 교사 역할에 대해 인식하게 되는 과정은 급히 이루어지지 않는다. 그것은 수년이 걸리는 일이다(Matusov & Rogoff, 1995). 그 프로그램에서 5년째 되는 한 조력자는 우리의 설문에서 수년 동안 그는 더 많은 구조를 이해하게 되었으며, 최상의 교사들은 "때로 혼란스러운 환경에서 구성적 활동이 일어나게 된다"고 했다. OC에 처음 오는 사람들은 먼저 고립된 일과 생활로서 특정 실제를 보고 그것들을 따르려 시도하지만 이런 것들이 서로 어떻게 연결되어 있는지 이해하려 하지 않는다. 그들은 때로 새로운 실제들이 '성인 중심' 모형과 대조되는, 그들이 익숙한 다른 일방향적 모형, 즉 '아동 중심' 적 모형이라 가정하고, 새로운 실제를 단순히 과거와 반대되는 방식으로 실행하려 한다.

새로 오는 많은 사람들의 시도는 단순히 어떤 '측면' (성인 혹은 아동)을 능동적이게 하느냐라는 의미에서 전환을 시도하여 적용시키려 한다. Marris(1986)는 성인 발달에서, 우리는 익숙한 데 고착되는 경향이 있으며, 이미 존재하고 있는 데 대한 혁신적 도전을 하면 할수록, 변화에 대한 저항은 더 심해진다는 것을 이야기했다. Marris는 Piaget의 동화와 조절에 대한 생각을 언급했다.

> 동화는 이미 존재하는 조직구조가 그 경험과 통합하기 위해 충분히 개발되었는지에 달려 있다. 동화의 과정은 구조의 수정으로 이끌 수도 있다(조절). 그러나 John. H. Flavell이 말한 것처럼, 이는 연속성의 한계 내에서다(1963, p. 50).
>
> 동화는 일차적 기능이 오래된 것에 새로운 요소를 축소시키고 익숙하지 않은 것을 익숙하게 하려는 것이라는 점에서 보수적 성격을 지닌다. 새로운 동화구조는 반드시 바로 이전에 획득된 것의 변형이어야 하며, 이것이 바로 인지 발달의 점진성과 연속성을 확신시켜 준다.
>
> …… 삶을 급진적으로 다른 방식으로 재구성하는 것은 성인들에게 시간이 걸리고, 고통스러우며, 어려운 일이다. 그러나 성인들의 선입견은 지나치게 상황을 비관적으로 보게 만든다. 이런 의미에서 우리는 모두 심각하게 보수적이며 만약 우리의 기본 가정과 감정적 연결이 도전받을 때 즉각적으로 위협을 느끼게 된다(p. 9).

공동체 기능의 어떤 측면은 새로운 사람들에게 그들이 그 프로그램의 방향과 철학이 진정으로 일치하기 시작할 때까지 어렵게 느껴진다. 이전 OC 교사 Pam Bradshaw(출간 중)는 그 프로그램에 참여하기 위한 성인들(혹은 아동들)에게 요구되는 주요 자격으로 자신을 집단이 움직이는 방향으로 '일치' 시키려는 적극성과 준비성을 들고 있다.

OC 교사 Leslee Bartlett(2002)은 OC에 새로 오는 사람들의 발전 단계를 단지 혼란을 느끼는 데서부터, 일과의 작은 단편을 보는 것, 개인 자신의 활동 주위의 구조를 보는 것, 그리고 프로그램의 전체 구조를 보는 것으로 움직인다고 묘사했다.

그 과정은 초보자 개인적으로 구조의 일부분이 되는 것으로부터 참여하는 부분이 확대되는 것으로 일어난다. 이해를 하는 가운데 자신 스스로의 활동을 어느 정도 수행할 수 있는 조력자들은, 결과적으로 조력자들이 OC의 '여행' 을 통해 다른 사람들을 이끌어 갈 수 있으며, 일부는 프로그램의 많은 부분 혹은 전체 교실을 책임질 수 있는 데까지 간다. Bartlett은 교사로서 어떻게 그녀 자신이 교실로부터 잠시 동안 물러나 그녀 대신 책임을 수행할 수 있다고 여겨지는 조력자들에게 기회를 줄 수 있는지, 그녀는 돌아와 교실에서 일들이 어떻게 이루어져 갔는지에 대해 말하는 것 등에 대해 설명하고 있다.

그러한 학습은 지역사회에서 새로운 세대들이 구세대와 신세대의 역할을 하게 되는 것처럼[2] 전체 프로그램이 계속성 안에서 갱신과 변화의 지속적 과정을 이루어 가는 것과 구조의 일부분이 되어 가는 것을 포함한다. Bartlett이 지적한 것처럼, 인간은 학습을 '완료' 하는 일이 없다. 그녀와 다른 교사들은 그들이 이러한 고도의 헌신적인 프로그램에 참여하는 이유는 그들 스스로가 학습하기 시작하기 때문이라는 것이다. 경험 있는 조력자들에게 새로운 조력자들을 위한 조언을 부탁한 설문조사에서, 그들은 이러한 조언을 했다. 완벽함보다는 당신 자신이 배우기 원하고 향상에 집중하기를 기대해야 한다.

OC에 새로 오는 사람들은 오전 또는 오후 일정에 대해 알아차리기 시작한다. 전체 학급이 활동하는 계획을 위해서나 전체-집단 수업을 위해 ('원형' 으로) 여러 번 만나게 된다. 그러나 일과의 대부분은 교사나 조력자에 의해 이끌어지는 활동에서 소집단으로 참여하게 된다. 아동들은 여러 활동 시간 동안 참여할 활동을 선택하게 되고, 그들 자신의 계획과 다른 사람들의 계획에 따라서 또는 대안적 활동에 대해 참여할 수 있는 몇몇 필수 활동에서 선택할 수 있다.

초심자들은 OC가 학습자 공동체 철학을 이해하도록 요구하지 않는 다음과 같은 특징을 쉽게 알아낼 수 있다.

- 아동의 능동적 역할과 직접적 활동, 경험적 학습이 풍부함
- 교실에서 교사에 부가적으로 배치되는 약 3명의 부모들과 같은 성인-아동 비율
- 각 가정의 아동 학습에 대한 지원 및 전문적 활동과 같은 강화를 제공하는 교육과정에서 교육에 대한 가족의 헌신과 참여

• 개인의 흥미와 진보 속도에 대한 존중과 촉진적 환경(다양한 능력 집단을 피하는 것과 같은)

이들 항목은 우리의 설문조사에서 OC의 가장 두드러진 특징으로 나타났다. 대부분 조력자들은 왜 그들이 자신의 자녀를 최우선적으로 OC에 보내도록 선택했는지에 관한 질문을 했을 때 대답으로 이 중 몇 가지를 제시했다.

대조적으로 초심자들은 학습자 공동체 모형에 근거한 많은 OC 실제를 이해하는 데 어려움을 겪는 경우도 있다. 이에 대해 그들은 주로 '성인 중심' 구조에서 '아동 중심' 구조로 전환할 때 구조의 '부족'과 같은 왔다 갔다 하는 모형의 '수용적인' 극단 때문으로 여겼다. 학습자 공동체 모형을 이해하는 데 도달하기 위해 포함되는 발달적 과정은 11년 동안 조력한 부모의 관점에서 명백하게 나타난다. 설문조사에서 어떻게 그녀의 협력 기술과 교실 절차에 대한 이해가 경험에 따라 변화했는가 하는 질문에 그녀는 "처음에 나는 편안하게 생각했으며, 나의 '학교' 경험은 잊어버리고 새로운 것이 나를 가르치도록 두었다—융통성 있는 자세와 받아들이려는 자세, 개념을 강요하기보다 학습과 교수의 순간을 알아내도록 노력하는……" 이라고 썼다. 그녀는 또한 '성인 중심' 그리고 '아동 중심' 접근과 학습자 공동체 접근 간의 차이에 대해 언급했다.

> 어떤 부모들은 학구적 지향을 원하고, 어떤 이들은 자유를 원하며, 이들 집단은 서로 충돌한다. 나는 울타리 곁에 앉아 있는 관망자다. 나는 거미줄 모양을 원한다. 구조가 너무나 잘 짜이고 강해서 당신이 거기 있는지도 모른다. 그것은 선택의 자유를 허용하고 이러한 선택은 정교한 학습 경험을 제공하며 강한 기본 학업 기초를 제공하도록 계획되었다.

초심자들은 OC의 학습자 공동체 접근에 중심적 문제, 즉 그들은 수용적인 '아동 중심' 대안에 대한 선입견을 그들 자신의 학교교육 경험에 동화시키는 것 때문에 혼란을 겪게 된다. 아래에 제공된 이러한 중요한 문제들의 일부는, 직접적 수업자로서 보다는 리더나 촉진자로서 역할을 담당하는 성인들과 함께 학습의 산물로서보다는 학습과정에 수업의 초점을 맞추며, 아동과 함께 작업하고 관찰한 것을 통해 아동의 진보를 평가하는 것, 그리고 전체 프로그램을 통해 일어나는 협동 등을 포함하고 있다. 오직 '성인 중심' / '아동 중심' 의 일방향적 이분법적 사고에서 자유로워질 때 초심자들은 이러한 실제의 기저가 되는 학습자 공동체 모형의 철학을 이해하기 시작한다.

강조점은 바로 성인이 아동의 학습을 지원해 주는 학습의 과정에 있다. 문제 발견과 문제 해결을 교육과정 영역 전반에 걸친 통합, 그리고 학생들의 기여에 기초해서 이끌어 가기 위해 교육과정의 융통성 있는 계획을 포함하는 의미 있는 목적, 개념적 접근과 같은 활동 중심의 학습 상황 내에서 지속적 과정으로서(완성된 산물의 생산으로서보다는) 학습에 강조점을 두고 있다. 직전 OC 교사였던 Marilyn Osborne과 Monica Solawetz(1993. 7. 개인적 의사소통)는 아동이 학급 보고서 작성을 위해 그들의 연구를 하다가 발생한 흥미 있는 주제에 관하여 계속 읽어 나갈 때, 하나의 산물을 완성하는 것을 넘어 그 과정이 확장된다는 점을 지적했다.

처음에 초심자들은 교과서, 워크북, 시험지, 그리고 교육과정의 분리와 같은 익숙한 형태 없이 학습과정을 인식하는 데 어려움을 겪으며, 엄격하게 사전에 계획된 수업 단원을 기대한다. 그러나 교사 Carolyn Goodman Turkanis가 지적하는 것처럼, 만약 성인들이 그들 주변에서 일어날 수 있는 가르쳐야 할 순간에 민감하고 융통성 있게 준비되어 있다면 전체 교육과정이 학생들의 흥미와 관심 위에 세워질 수 있다.

우리가 진행한 설문조사에서, 새로운 조력자를 돕기 위한 조언을 요구했을 때, 많은 조력자들은 융통성 있는 접근을 취하도록 조언했다. 그들은 미리 준비하되 준비한 것을 많이 사용하기를 기대하지 말도록 했는데, 그 이유는 조력자의 구조화된 목적을 넘어서서 많은 '가르쳐야 할 순간들' 위에 기초하고 아동들의 흥미와 함께 가야 하는 것이 중요하기 때문이다. 그들은 새로운 조력자들에게 "아이들의 말을 들으라" 고 조언했다. 6년째 되는 한 조력자는 "교육과정을 계획할 때 돌 위에 세우지 않도록 하라—아이들은 변할 것이다—또는 당신이 생각하지 못했던 다른 방식으로 생각할 수 있다—그래도 괜찮다" 고 조언했다.

융통성 있는 과정에 대한 이러한 강조는, 성인들이 권위 있는 존재로서보다는 리더나 조력자로서 역할을 해야 한다는 의미다. 처음에 교사의 리더십은 나타나지 않고 초심자들은 교사들을 단순히 수용자로 생각한다. 초심자들은 누가 책임자이고, 어떻게 교실이 조직되는지, 혹은 더욱 교사 중심으로 조직되고 구조화되어야 하는 게 아닌지 등에 대해 염려한다. 프로그램 3년차인 조력자들에 의한 설문조사에서 흔히 제기되는 문제는 교사들이 더욱 명백하게 지시적이 되기를 희망하는 것이었다. 1년 차인 한 조력자는 이 답에 대해 OC 철학과 관련한 문제를 제기했다. '너무 자유롭고 당신이 원하는 것 무엇이든 해도 된다. 더 많은 구조를!' 2년 차인 한 조력자는 '너무 많은 것들이 진행될 때 다소 산만하다—소규모 집단은 괜찮지만 전체적으로 좀 더 구조화되는 것을 보기 원한다.'

같은 맥락에서, 초심자들은 '성인 중심' 통제 없이, '학문적인 것' 은 일어나지 않는다는 점을 염려한다. 왜냐하면 그들은 학습을 통제된 양식에서 가르쳐지는 것과 연관 짓기 때문이다. 그들은 종종 교사들이 아동들을 선택에서 책임감을 가지도록 돕거나 하루 동안 아동들의 학습을 지도하는 데 정교한 방식으로 도와주는 것을 보지 못한다. 몇몇 학부모들은 다른 일방향적 접근의 극단으로 전환하며 아동들은 학습자 공동체 접근처럼, 성인의 인도가 있는 상황에서 선택할 수 있는 가능성을 생각하는 것이 아니라, 그들 자신의 자유대로 두어야 한다는 입장으로 전환한다.

4년 차가 되는 한 조력자는 학구적인 범위에 대한 자신의 지속적 관심과, 공동체의 더 많은 경험을 가진 구성원들 및 다른 졸업생들을 관찰함으로써 재확인한 것을 반성했다.

> 매해마다, 나는 교실을 관찰하고 그 주의 기록을 읽는다. 그때 나는 '이 아동들이 학문적인 것을 충분히 배울 수 있을까?' 하고 걱정한다. 나는 숙제, 평가지, 기록물을 확인하고 부모, 교사와 이야기한다. 이 아동들이 다른 모든 것을 진행해 가면서 기본적인 것을 어느 정도 배운다. 아마 그들은 이웃 학교들과 다른 방식과 다른 속도로 배울 것이다. 그러나 내가 보는 것은, 그리고 내가 이야기 나눈 부모들이 나에게 말한 것은, 그들이 졸업할 시기가 되었을 때 그들은 그 기술을 가지게 되고, 그들은 그것을

배우는 데 즐거워했다는 것이다. 그것은 나의 딸에게도 확실히 일어난 일이다.

조력자들은 그들이 소그룹 활동을 진행해 갈 때 학습자 공동체에 참여자로서 발전해 가는 것처럼 보인다(Matusov & Rogoff, 1995). 교실 수업에 대한 조력자들의 접근에 대해 살펴보는 연구에서, 많은 새로운 조력자들은 '성인 중심' 접근을 사용하고, 활동의 의사결정과 권한을 가지며, 채찍질과 같은 지도를 하는 것으로 관찰되었다. 몇 년 동안 그 프로그램에 참여해 왔던 조력자들은 '성인 중심' 접근을 적게 사용했다. 그들은 조력자와 아동이 공유된 관심과 상호성을 가지고 활동에 참여하며, 조력자가 활동을 시작할 때 제공하는 리더십과 아동들의 탐구에 수업이 배여 있도록 그 과정을 관리하도록 도와주는 측면에서, 학습자 공동체 접근을 더 많이 사용했다.

4년 이상 함께한 부모들에게는 학습자 공동체가 가장 일반적 접근으로 인식되었다. 그러나 오랜 동안 '성인 중심' 혹은 '아동 중심' 접근을 사용했던 몇몇 조력자에게도 마찬가지로 효과적이었다. 교실에서 그들의 기여도 가치 있었다. 학습자 공동체 모형은 다른 시기에 다른 공동체 구성원으로부터 다양한 책임감과 함께, 공동의 노력에 상호 참여한 전반적으로 '공통의 줄기' 내에서 통합된 다양한 접근을 포함하고 있다.

내재적 동기는 개인이 선택한 데 대한 책임감을 발달시키는 것과 함께 증진된다. 처음에 '성인 중심' 모형의 배경을 가지고 있는 초심자들은 아이들이 선택하는 것을 보고 그들의 흥미를 학교 과업(재미있어 보이지 않는)을 희생하는 대신 즐기고, 놀이를 강조하는 태도로 본다. 그들은 성인들에 의한 충분한 훈육이 제공되지 않으면, 아이들이 시간을 낭비하고 잘못된 선택을 하는 것으로 생각한다.

그러나 아동들이 그들 자신의 학습을 관리하는 데 책임감을 갖도록 하는(그리고 학습을 좋아하도록 개발하는) 교육과정의 목표와 함께 캔디바, 성적, 별, 또는 잔소리와 같은 약속이나 협박으로부터 오는 것과 반대되는 활동에 고유하게 내재된 동기 위에 기초하는 활동에 참여하는 것이 필수적이다. 우리의 설문에서 OC 철학을 특징짓는데, 많은 조력자들은(특별히 더욱 경험이 많은 사람들) 그들 자신의 학습에 책임감을 가지며, 그들의 시간을 관리하는 것을 학습하고, 자신의 목표를 세우며, 어떻게 학습하는가를 배우는 아동—학습에 대한 좋은 감정을 개발하고, 실패를 두려워하지 않으며, 장기적 학습자가 되는 것—을 언급하고 있다.

고유한 동기를 강조하는 데서, OC 학생들은 때때로 그들에게 숙제가 없다고 생각한다. 그들이 학교에서 해야 할 프로젝트가 있을 때, 그들은 집에서 읽고 준비한다. 그러나 그들이 스스로 선택한 프로젝트가 있을 때, 그들은 거기에 투자하고 과제로 여기지 않는다(부가적으로, OC에서 학교와 집은 서로 분리되어 있지 않다. 그래서 학교와 가정에서 프로젝트와 참여는 분명한 차이가 나지 않는다).

선택하는 것과 함께, 아동들이 효율적 선택을 할 때나 시간을 낭비할 때, 성취하고자 하는 것에 시간을 모두 소비할 때 주위 사람들이 그들을 도와주는 것으로, 아동들이 자신의 선택에 대해 책임감을 느끼도록 배우게 한다. 이상적으로 아동 선택의 결과는 활동에 고유하게 내재되어 있다. 예를 들면, 각 교실에 발명대회가 있을 때 몇몇 어린이는 질 높은 프로젝트를 개발한 반면 다른 학생들은 그들의 프로젝트를 임시적인 것으로 다루었다. 다른 교실에 방문했을 때, 아동들은 그들의 프로젝트에서 사람들의 관심의 차이를 볼 수 있었다. 발명 프로젝트를 택한 아동들은 우연히 다음에 그들이 그러한 프로젝트 작업을 할 수 있는 기회를 가질 수 있다는 생각을 더 할 수 있었으며, 그들은 스스로 그 작업을 할 수 있는 시간을 더 가지거나, 조금 일찍 계획해서 마칠 수 있고, 또는 프로젝트를 다른 사람에게 더 명료하게 보이도록 만들 수 있었다(그리고 교실에 있는 성인들은 그들이 선택의 결과를 볼 수 있도록 했으며 어떻게 그들이 미래의 기회를 다룰 수 있는지 생각하도록 했다).

'성인 중심' 모형의 배경을 가진 성인들에게는 아이들이 훌륭한 선택을 하지 못할 경우 일어날 수 있는 일을 찾는 방식으로 아이들의 문제에 관여하고 '고치는' 식으로 하는 것이 쉽다. OC 교사인 Donene Polson(2002)은, 그러한 '잘못된 구출' 은 성인이 상황을 통제해 아동이 선택하거나 혹은 성인이 그들 선택의 결과로부터 아동을 구출하는 것으로부터 오는 것임을 지적했다. 예를 들면, 성인들은 때때로 아이들의 프로젝트를 이어받거나 혹은 그다음 날 학교에 가져올 준비물을 챙겨 주거나 아이들이 자신의 활동을 위해 책임지게 될 때 얻을 수 있는 혜택, 아이들의 사고 경로에서 막다른 길을 발견할 때 빨리 답을 제공한다.

'아동 중심' 모형으로의 전환은 학생들을 지원이 제공되지 않는 탐색의 입장으로 버려지게 하는 것이다. 아동들은 그들 스스로나 다른 사람들을 위해 자신의 선택의 결과를 알아낼 수 있는 안내의 기회가 제공되지 않거나, 지역사회의 참여나 학교교육의 목적과 일관성 있는 방식으로 그들의 활동을 관리할 책임을 개발할 기회가 없다.

학습자 공동체 모형에서—통제된 선택이나 자유로운 선택 어느 것도 아닌—어느 극단적 입장이 적용되는 것이 아니다. 개인들은 다른 사람들의 필요와 집단 기능을 함께 조정하는 가운데 개인적 필요를 맞추어 가는 방식으로 선택하고 문제를 해결하는 것처럼, 서로서로의 학습에서 책임을 가지도록 지원한다. 예를 들면, 아이들은 처벌에 대한 위협이나 보상물에 대한 유혹 없이 만약 그들이 다음 활동(재미있는)을 시작하기 전에 자료를 한쪽으로 치우고 활동할 공간이 있다면 다음 프로젝트를 실시하기가 쉬울 것이라는 진정한 이해를 통해—교사에 의해 지원되는—교실을 청소한다. 교사 가운데 한 명은 "그들이 물건을 그대로 두었을 때, 책상은 지저분해지고 작업할 장소나 그들의 자료를 둘 장소가 없어진다. 그래서 그것은 실제적으로 그들 자신의 이득을 위한 것이다"라고 했다.

활동이 아동들의 참여에 대한 내재적 동기 위에 기초한다는 것은 물론 아동들이 그 활동에 흥미를 가진다는 것을 요구한다. 우리가 아동들에게 새로운 조력자가 그들의 학습 활동을 효과적이 되도록 만들 수 있는 방법을 물었을 때, 아이들은 종종 "우리가 일을 어떻게 할 것인지에 대해 선택할 수 있을 때"라고 대답한다. 때때로 아이들은 "협력자가 그것을 좋아하는 것도 필요하다"고 덧붙인다.

만약 모든 참여자들이 그 활동을 즐긴다면 수업이 강화될 것이라는 아이디어를 지지하는, 8년째 조력자 역할을 하는 사람은 새로운 조력자에 대한 조언을 부탁하는 설문에서 "당신이 좋아하는 어떤 일을 하라. 아이들의 반응에 민감하게 반응하라. 그리고 레퍼토리를 만들라"고 제안했다. 성인들의 즐거움은 그들이 참여하는 주제뿐 아니라 아동들과의 관계와 참여를 포함할 수 있다. 3년째 조력자 역할을 하고 있는 한 사람은, "아동들에 대해 진정한 관심을 가지고 그들과 적극적으로 참여하라"고 제안했다. 경험 있는 조력자 가운데 대부분은 아이들에게 학습이 즐거워지도록 만드는 법과 그들 자신의 관심과 기술로 기여할 수 있는 방법을 배움으로써 조력자로서 자신의 발전을 특징적인 것으로 생각했다. 그들은 또한 이러한 협력의 측면은 초기에 자신들을 어렵게 했던 부분임을 지적했다.

아동과 함께 작업하거나 관찰을 통해 학생의 진보를 평가한다. 교사들과 조력자들, 그리고 학생들은 학습활동 맥락에서 아동들의 향상을 위한 필요나 진보에 관심을 가지고 반영한다. 성적을 평가하는 것은 금지한다. 이것은 나중에 조력자의 발달[3]에서 설명할 때까지 학습에 관한 상세한 정보를 제공하는 것으로서 이해될 수 없다. 자녀를 이웃 학교에서 전학시킨 4년 차 조력자는 "나는 늘 아이에게 '학교에서 무엇을 배웠니?', '나는 무슨 일이 일어나고 있는지 잘 알고 있어. 오늘 네가 해야 할 과제는 다했니?', '책 읽기는 다 끝냈니?', '나는 구체적인 것까지 다 추적할 수 있어' 라고 말해 왔다"고 진술했다.

아이들을 다른 아동들과 비교하기보다는 아이 자신의 진보에 강조점을 두어야 한다. 아이들의 학습과정에서 주기적 반성과 함께 성인의 일상적 참여는 향상을 위한 평가와 계획의 기회를 제공한다(이 접근은 학생들이 각자를 경쟁자로서보다는 자원이나 협력자로 여기도록 하며, 성인을 판단하는 사람보다는 협력자로 생각하도록 도와준다).

예를 들어, 한 아동이 보고서 쓰는 것을 도울 때, 지원하는 성인은 수업적 지원 제공과정에서 아이들이 사고를 형성하고, 정보를 찾기 위해 자원을 활용하며, 자신의 생각을 자신의 말로 기술하고, 철자와 구두법 기술을 이해하는 것과 같은 것에 도움이 필요할 때를 관찰할 수 있다. 더욱이 이러한 성인의 참여는 아이들이 특정한 활동에 들어가고 지속하는 스스로의 동기를 관리하도록 하고 도움을 더욱 효과적으로 찾거나 제공하도록 배우는 한도에서 중요한 정보를 제공한다.

학생 진보 평가는 학생들의 진보와 다음 달 목표를 평가하는 데 초점을 둔 교사와 부모 모임에서 학생들과 함께 참여하도록 한다. 이것은 대부분의 학생들이 교실활동의 어떤 측면이 쉽고 어떤 점이 어려운지 반성하는 데 교사의 지원과 함께 자기-평가에 익숙해지도록 한다. 그리고 기록으로 남긴 다가오는 달의 목적은 교실에서 학생들이 의사결정을 내리는 데, 아이들의 일상활동에서 성인들의 지원을 위한 하나의 자원으로서 역할을 할 수 있다. 이러한 자기-관찰 및 관리가 이루어지는 몇몇 학생은 교사와 함께 더욱 구체적인 '계약'을 맺는 도전기회를 가질 수 있으며 그들의 부모들은 아이들이 일상의 의사결정을 스스로 관리하는 것을 배우도록 도울 수 있다.

협력은 모든 구성원 간에, 전체 프로그램이 진행되는 동안 언제나 일어날 수 있다. 아동들은 다른 사람들을 자원으로 활용하는 것뿐만 아니라 집단 과정을 이끌어 가고 지원하며 학습을 지원하고 증진하는 방식으로 다른 아이들 및 성인과 협력하여 일한다. 처음에 초심자들은 이것을 수용성으로 보거나 사람 간의 문제 해결에 기여하는 기술로 보지 않을 수도 있으며, 집단과정을 '학문적' 학습에 적합한 것으로 볼 수 있다. 우리의 설문조사에서, 더욱 경험 많은 조력자일수록 리더나 집단 구성원 모두 상호 간의 문제해결기술과 다른 사람들과 함께 작업하는 것을 배우는 것의 중요성에 대해 지적했다.

서로의 사고를 협력적으로 구축하는 방법에 대해 배우는 것은 Matusov, Bell 그리고 Rogoff(1994)의 연구에서 지지되었으며, OC 아동들은 협동에 대해 강조를 적게 하는 이웃의 전통적 학교 학생들보다 합의를 이루어 함께 일하는 것을 더 좋아했으며, 서로의 생각을 협동적으로 구축하고, 구조화된 교실 밖의 과제에서도 서로 협동적 지원을 제공했다.

아동들은 그 체제의 단순한 산물이나, 성인들과 적대적 관계를 이루기보다는 성인들과 함께 협력하는 관계다. 비록 초심자들이 교실에서 수많은 활동과 달라지는 성인들에 대해 염려했지만, 하루에서 그다음 날로 연속성이 이어졌으며, 연속성의 중요한 자원은 아동과의 협력이었다. 예를 들면, 만약 아동들이 책-함께 읽기(shared-reading) 그룹에서 며칠 동안 다른 조력자들과 소설을 읽고 있다면, 그날이 시작되기 전에 무엇이 일어났는지(책에서나 혹은 그 집단에서)가 각 조력자에게 가장 최우선의 관심이 될 필요는 없다. 아이들은 그날의 조력자에게 무슨 일이 일어나고 있는지에 대해 말할 수 있다. 독서에서 그러한 반성과 집단의 노력은 아동들이 인위적이지 않은 목적(예: 단순히 아이들이 그 이야기를 이해하는지 그렇지 못한지에 대해 아이들을 평가하기보다는 조력자에게 정보가 필요한 경우)을 요약할 수 있는 기회를 제공해 준다. 아이들에게 "오늘 우리가 무엇을 하기로 되어 있니?" 라고 질문한 한 조력자는 아이들에게 그들의 활동에 대한 목적을 반성해 볼 기회를 주고 정보를 가진 성인이 아이들이 관리할 수 있도록 도울 수 있는 방법에 대한 이해에서 어려움을 보고 하도록 기회를 준다. 만약 성인들이 모든 것에 책임을 지고 '알고 있는' 존재라면, 아이들은 어제 무엇을 했는지, 오늘 할 일에 어떻게 연결되는지에 대해 반성할 필요가 없을 것이다.

프로그램의 협동적 특성은 참여한 아동뿐 아니라 성인에게도 적용된다. 이상적으로, 교사들은 교실에서 서로서로 밀접하게 연결되며, 각 교실에서 교사와 부모도 서로의 노력에 기반을 두게 된다. 초심자는 종종 각 아동들이 수업을 동등하게 받아야 한다는 점에 대해 염려한다. 오랜 경험자들은 전체적으로 아동들이 다른 활동에서 다른 사람들과 참여할 때 균형 있게 하는 것을 보기 시작한다. 그들은 교사들이 어려움을 가지고 있는 아동들과 보조를 맞추도록 도우나, 교사가 각 아동의 학습에 대한 더 큰 생각을 가지고 지도한다는 것을 신뢰한다.

학습자 공동체에서, 전체는 부분의 합보다 크고 서로 다른 사람들은 다른 역할을 수행한다. 공동체의 자원은 각 사람이 교과에 대해 참여할 다원적 기회를 가지고 있으며, 다른 개인들과 연결할 수 있다. 한 아동은 어린이 도서에 대한 광고를 쓰는 것에 흥분하는 데 반해 다른 아동은 조력자의 다른 활동에 참여할 수 있으며, 음식에 대한 시를 창작하는 데 대해서 열정을 가지고 그들의 글쓰기 경력을 시작할 수 있다. 6년째 조력자 역할을 하고 있는 한 사람은 "어떤 프로젝트는 어떤 아동들에게 많은 것을 줄 것이다. 다른 프로젝트나 조력자들은 한 개인이 놓쳤던 것을 알도록 해 줄 수 있다는 점을 인정하라" 고 조언한다.

참여를 통한 새로운 실제 학습하기

학습자 공동체를 이해하기 시작하는 성인 초심자들이 경험한 패러다임 전환은 학교 교육과정에서 아동의 학습이 일어나는 것처럼 성인들에게도 같은 과정, 즉 이해가 이루어진 사람들에 의한 촉진과 함께 학습과정을 강조하는 것, 선택에 대한 책임과 함께 생기는 내재적 동기, 참여과정의 평가, 그리고 협력에 의해 향상된다. 이전

OC 교장이었던 Carol Lubomudrov(출간 중), 그리고 이전 OC 교사였던 Marilyn Johnston, Theresa Cryns 그리고 Marcy Clokey Till(출간 중)이 지적하는 것처럼, 그 프로그램은 성인들 간의 협동적 의사결정과 학습과정이 학습자 공동체가 아이들과 함께 만들어 내려고 의도하는 과정을 반영하고 있다.

때때로, 공동체 구성원들은 위원회와 교실에서 이미 계획해 놓은('바퀴를 다시 발명하는 것') 의사결정과 절차를 재검토해야 하는 것 때문에 불쾌함을 표현한다. 그러나 새로운 교실의 아이들은 읽기와 셈하기, 그리고 문제해결과정에 참여해야 하며('성인 중심' 모형에서 그들에게 '전수된' 지식을 가지기보다는), 성인 참여자들의 새로운 기수들은 학습자 공동체를 이끌기 위해 학습과정에 참여해야 한다. 아동들 혹은 조력자들 모두 그들 자신의 과정을 발견하지 못하더라도('아동 중심' 모형에서), 구조화된 활동에서 다른 사람들과 함께 참여할 때 그들은 지속적이고 역동적인 교육의 실제 구조를 보게 되고 그것의 한 부분이 되기 시작한다. 이러한 과정은 Tharp와 Gallimore(1988)가 학교 재구조화에서 교사와 경영자 간의 협동적 역할에 대해 기술한 것과 일치한다.

서로 다른 관점을 존중하면서 참여하는 것을 격려함으로써, 경험 있는 OC 교사들은 '성인 중심'과 '아동 중심' 모형의 관점으로 일하던 지역사회 구성원들의 발달을 돕는다. 학습자 공동체 모형에 따라 그들을 안내하는 교사들과 함께 참여하는 과정에서, 초심자들은 그 안에서 일하면서 그들의 참여를 변화시키기 시작한다. 예를 들면, 계절 학기 OC 교사인 Leslee Bartlett은 아이들과 활동하는 한 조력자를 도와줄 때, 그들을 자신의 모형으로 개조시키려 노력하기보다 조력자가 활용하고 있는 것으로 보이는 관점과 철학적 모형으로부터 그들을 도우려 한다(1994. 7, 개인적 대화). 조력자 자신의 교수적 접근과 함께 교실 활동에서 조력자의 문제를 도와줌으로써 계절제 OC 교사는 조력자와 협력하고 학습자 공동체 모형에 참여하도록 지원한다. 예를 들면, 교사들은 왜 그 활동에서 '훈육 문제'('성인 중심' 모형의 관점으로 부터)가 생겼는지 혹은 왜 그 아동이 그렇게 하도록 요구된 대로 하기를 거부했는지를 반성하는 데 조력자와 협력적인 방식으로 참여한다. 이러한 교사와의 협력을 통해 조력자는 아동들과 협력하는 방법을 배우는 기회를 가지게 된다. 어떻게 경험 많은 교육자가 그녀의 교수를 증진시키기 위해 새로운 교사와 협력했는가에 대한 유사하고 상세한 설명을 Tharp와 Gallimore(1988)가 제공했다.

학습자 공동체 철학이 얼핏 보기에 많은 중류층 학자들, 교사들, 그리고 부모들에게 어렵게 보인다는 점, 그리고 그것이 종종 더욱 익숙한 일방향적 모형과 동일시된다는 점은 학습자 공동체 모형이 일방향적 '성인 중심'과 '아동 중심' 모형과 다른 패러다임을 가진다는 증거를 제공한다. 학습자 공동체 모형으로 오는 초심자들이 그들 스스로 자신의 사고를 그 철학과 일치시키기 위한 연습에 참여하고자 하는 관찰은 학습 그 자체가 공유된 노력에 의한 참여를 통한 변형의 과정이라는 생각과 일치한다. 참여를 통한 학습과정은 심지어 아동의 학습에서 그것의 중요성을 인식하고 있는 사람들에 의해서조차도, 종종 성인의 이해에서 변화를 가져오려 노력하는 것에 대해 간과하고 있다. 예를 들면, 학교 개혁을 위한 노력에서 R. Gallimore (1994. 6, 개인적 대화) 교사의 실제를 변화시키는 노력에 대해 논의하고자 했던 예를 제공한다. Gallimore의 경우에 목표는 더 많은 대화적 교실 논의 형태를 격려하는 것이다(학습자 공동체를 창조해 내는 것과 같은 것이 아니라 어떤 관련을 가진 개혁에 대한 노력).

> 역사적으로, 교사들은 대체로 학생들의 참여를 억제하는 방식으로 토론을 통제하는 경향이 있어 왔다. 교실 논의를 다양화하려는 노력은 학교 밖의 교수-학습 활동에서 더 대화적이고 다양한 형태로 나타났다. 어떤 종류의 문해 기능은 분리되어 있고, 묻고-답하기와 같은 계열을 통해서는 가르칠 수 없다. 더 많은 대화의 교류를 통해 아이들은 교재에 대한 다양한 해석에 대해 비판할 수 있고, 다원적 관점을 취할 수 있으며, 생각을 정리하고 증거를 소중하게 여기는 것을 배울 수 있다. 활동에의 참여 수준이 높을수록, 참여에 소극적인 학생도 '인지적으로 성취할 수 있다'.
>
> 적어도 1920년 이래로, 더욱 대화적 상호작용을 포함한 교사 논의를 다양화하는 데 대한 중요한 노력들이 있어 왔다. 아직까지 대부분의 이러한 노력들이 실패해 왔으며, 이는 초점이 전적으로 학생들의 경험에만 맞추어져 왔기 때문이라 볼 수 있다. 대부분의 연수들은 혁신가들이 교사들의 교실에서 축소하려 노력하는 똑같은 수업

> 모형에 기초하고 있었다. 연수자들은 교사들에게 그들이 하고 있는 것처럼이 아니라 그들이 말한 것처럼 행하라고 주문했다.
>
> 그러나 연수자들이 교사들에게 하기를 요구하는 것과 같이 행동했을 때, 더 나은 결과가 나타났다. 그것은 반사적 현상이다. 교사들은 대화적 수업을 어떻게 수행하는지 '훈련받거나' '가르쳐지는' 것이 아니었다. 대화적 수업과 학습은 목표 자체일 뿐 아니라 목표에 도달하는 수단이기도 하다.

Gallimore의 진술에서 볼 수 있듯이, 성인들이 교수와 학습에 대한 그들의 사고방식을 변화하도록 하는 것은 아동 자신의 학습을 위해 중요하게 보이는 참여의 종류와 같은 것이라 볼 수 있다.

참여 이론의 관점으로부터 세 모형 검토하기

이 장은 수업에 있어 학습자 공동체 모형이 수업의 일방향적 모형인 두 접근—'성인 중심' 그리고 '아동 중심'—으로부터 원칙과 방식에 있어 차이가 있다는 것을 논의하고 있다. 학습자 공동체 모형은 몇몇 참여자에 의해 제공되는 공동 협력에서의 안내와 함께, 학습에 대한 책임감을 공유하는 것으로서 참여자를 인식하는 것, 참여에 대한 사람들의 변형에 의한 학습에 대해 고려하는 것에 기초를 두고 있다. 이와 대조적으로, 일방향적 '성인 중심'과 '아동 중심' 모형은 전문가에 의한 지식 전달 혹은 학습에 대해 책임감 있는 존재로서보다는 수동적 역할을 가정하는 초보자에 의한 지식 획득으로 보는 학습 개념에 기초하고 있다. '성인 중심' 수업에서, 성인들은 아동들이 학습하도록 학습활동을 계획하고 운영한다. 아이들의 역할이 전달되는 정보를 수용하는 데 제한되면서, '아동 중심' 수업에서 성인들이 단순히 풍부한 학습 환경을 제공하거나 그대로 머무는 동안 아동들은 활동을 자발적으로 개발한다. 그래서 이러한 세 모형은 학습자 공동체 모형이 역할과 책임에서 부조화스러운 것이 생길 수도 있는 상호성에 근거하고, 다른 일방향적 모형은 단지 한쪽 측면(성인 혹은 아동)만이 학습을 촉진시키는 데 능동적이라는 가정에 근거한다는 점에서 다른 관점을 취한다.

세 모형 모두 각각에서 학습되는 것이 무엇인지를 고려하기 위해 참여 이론의 변형 관점에서 검토할 수 있다. 만약 학습과 발달이 참여의 변형과정으로 인식된다면(Rogoff, Baker-Sennett, Lacasa, & Goldsmith, 1995), 이러한 세 모형 가운데 어느 것에 기초한 학교나 가정에의 참여는 각각 참여과정에 동반하는 학습에 대해 검토할 수 있다. 즉, 학습이 일어나는 것은 학습자 공동체 모형에서뿐만은 아닌 것이다. 그러나 학습자 공동체 내에서의 참여자의 학습은 '성인 중심' 혹은 '아동 중심' 모형에 참여하는 사람들로부터 기본적인 방식에서 차이가 날 수 있다.

학습자 공동체와 '성인 중심' 모형에 따라 조직된 미국 학교들의 학생들 간에 학교의 학업성취학습에서 차이는 거의 없다(그러나 OC 졸업자들은 수학, 구어나 문어 표현, 과학, 사회과목의 개념적 이해에서 두각을 나타냈으며, 때때로 전통적 '성인 중심' 접근을 취하는 이웃 학교 졸업자들에 비해 철자와 구두점과 같은 기계적인 것에 관심을 적게 보인다).

학습자 공동체 모형에 근거한 학교와 전통적인 '성인 중심'을 사용하는 학교 간의 차이는 참여의 본질과 관련한 학생들의 다른 학습 측면에서 가장 큰 차이를 보여준다. 학습자 공동체에서, 학생들은 다른 사람을 이끌어 주고 지원하며, 어떻게 협력할지를 배우고, 자신의 학습을 스스로 관리하기 위해 조직되고 책임감을 갖도록 하며, 새로운 영역에서 배우려는 이전 관심에 기초할 수 있고 학습에 대한 동기를 유지하도록 하는 것을 배운다. '성인 중심' 모형에서, 학생들은 그들의 개인적 관심이 아니거나 자신에게 의미가 없어 보이는 과제를 수행하고, 기본적 교재의 형태에 맞는 답하기 기술을 보여 주며, 성인들이 그들의 성취를 다른 학생들과 비교했을 때 더 나은 기준을 알아내도록 하는 것과 같은, 다른 사람들의 성취와 비교해서 측정되는 개인적 성과를 어떻게 관리하는가를 배우게 된다.

명백하게, 이러한 학습 종류 모두 아이들이 성인 세계를 준비하는 데 역할을 할 수 있는 것처럼 보인다. 두 입장이 어떻게 한 아동이 준비하는 성인 세계를 바라보는가와 관련한 가치 판단을 요구하는 것에 대한 판단을 하게 한다. 부가적으로, 두 모형의 가치를 판단하는 것은 학교와 교육과정이 특별한 프로그램이나 고등교육과 같은 기회를 가질 아동들을 선택하는 것과 같은 국가의 정치적, 경제적 체제와 같은 다른 기능과 특별한 관심과 같은 고려들을 요구하고 있다.

Rogoff 등(1993)은 개인이 학습에 대한 한 가지 철학과 실제 이상에 '능숙' 해 질 수 있음을 제시했다. 실제로, Toma(1993, 개인적 대화)는 일본의 아동 발달에서는 학습의 중요한 측면이 여러 학습 모형에서 이루어지며, 각각의 다른 상황이 이해에 도달하도록 돕는다고 했다(학습자 공동체와 유사한 일본 초등학교와 '성인 중심' 수업처럼 더욱 구조화된 'juku' 학급의 방과후-학교 연구에서).

이 장의 핵심은 학습자 공동체 및 '성인 중심' 과 '아동 중심' 수업 모형 간의 철학적 차이를 살펴보고자 한 것이며, 어떤 선택이 이루어지더라도, 학습은 어떻게 사람들이 그들의 공동체 활동에서 참여를 통해 변화하는가의 문제라는 점을 논의하기 위한 것이다. 아이들은 이런 과정이 유용하게 되는, 공동의 협력으로 참여에 의한 변화를 통해 읽기, 쓰기, 셈하기 등을 배운다. 이처럼 교수와 학습의 철학에서 초심자인 성인들은 그 철학이 사용되는 곳에서 다른 사람들과 공동의 협력에 참여할 때 그들의 변형적 참여를 통해 이해하게 된다.

일방향적 모형 가운데 어느 것으로부터 학습자 공동체 모형을 명백하게 차이 나게 하는 것은 초심자들이 학습에 대한 새로운 철학의 일관성 있는 기초를 이해하는 데 직면하게 되는 어려움에 있다. 많은 학자들과 현장 실천가들, 그리고 부모들이—'성인 중심' 모형에 더욱 익숙한—학습자 공동체 모형을 이해하게 되고, 그것에 기초한 참여에 의한 변형 이론은 아동의 학습에 중요한 것으로 자주 인용하는 공유된 노력에 참여하는 것을 요구한다.

감사의 글

우리는 본 연구를 지원하고 연구의 정보를 제공한 Spencer 재단과 국립 정신 건강원(National Institute of Mental Hearth), 본 연구의 초고에 의견을 제공해 준

Leslee Bartlett, Carolyn Goodman Turkanis 그리고 Brewster Smith에게 감사한다. 우리는 특히 Salt Lake 시에 있는 학교구역과 OC의 교사들, 부모들, 그리고 학생들에게서 그들의 관점에서 배울 수 있는 많은 도움을 받았다. 이 장의 일부는 Rogoff(1994; 출간 중)에 의한 두 논문 내용과 일치한다.

주

1. 물론, 교실과 교실, 가족과 가족 간에 차이가 있다. 여기에서 우리의 목표는, 즉 미국 중류층 학교와 가족에서 수업이 무엇인가에 대해 정의하는 것(또는 학습은 무엇에 의존하는가)과 관련되는, 구조적 수준에서 작용하는 중요한 유형에 관심을 가지려는 것이다.
2. Lave와 Wenger(1991)가 제시한 용어와 생각에 대해 다시 감사한다.
3. 비록 OC에서 사용된 학습 철학이 전통적 테스트의 평가절차와 일치하지는 않지만, OC 학생들은 일반적으로 다른 학교 학생들과 같은 수준 혹은 더 나은 수준으로 수행한다. 중고등학교 교사들 사이에서 OC 졸업생들의 명성은 특별히 수학, 쓰기, 구두 표현, 자신의 학습 관리, 자원으로서 교사를 효과적으로 활용하는 것, 사회적 성숙, 그리고 집단과 공동체 리더십과 같은 개념적 측면에서 잘 준비되어 있다고 알려졌다. 최근 졸업생과 부모에 대한 인터뷰에서 OC 학생들은 학구적 측면, 그들의 시간과 자원 관리 측면, 학습에 대한 동기, 그리고 리더십에서 특히 잘 준비되어 있다는 일관성 있는 보고를 하고 있다(Rogoff, Matusov, & White, 미출판 자료).

제19장
'개인 대 사회'의 재고찰: 인간 발달 이론, 의사소통 이론, 교육 이론 간의 생산적 긴장

JAMES V. WERTSCH
WILLIAM R. PENUEL

'발달' 은 가정, 보육시설, 학교에서의 아동의 삶에 대해 이야기할 때 지속적으로 사용되는 용어다. 우리가 아동 발달에 대해 말할 때 용어에 대한 일반적인 합의가 이루어져 있는 것처럼 보이지만, 보다 자세히 검토해 보면 그 용어를 이해하고 사용함에 있어 연구자들 간에 혼란까지는 아니더라도 최소한 주요한 차이가 있음을 알 수 있다. 실제, 연구자가 이 주제에 대해 상반된 견해를 갖기 쉽다는 사실도 발견된다.

인간 발달에 관심이 있는 수많은 전문가들에게는 이러한 명백한 혼돈을 이해하는 것이 분명 중요한 일이며, 이들 전문가는 혼돈에 대해 공식화된 설명을 하기 위해 많은 노력을 기울여 왔다(이를테면 Piaget, 1971; Vygotsky, 1978; Werner, 1948). (이러한 외적 혼돈에 대한 이해는) 우리와 같은 보통 사람들이 아이들을 어떻게 양육할 것인지, 교육체계를 어떻게 조직할 것인지, 그리고 다른 과업을 어떻게 수행해 나갈 것인지에 관해 발달의 '문화적 모델' (D' Andrade, 1990; Holland & Quinn, 1986)을 채택할 때도 역시 중요하다.

이 장의 목표는 인간 발달의 수많은 이론을 두 개의 일반적 범주로 나누는 것에 대한 주요 이슈를 검토하는 데 있다. 이러한 분류에 대해 개관한 후, 이러한 이슈가 사실이나 합리적 논의보다는 가치에 기반하고 있다는 점을 논의할 것이다. 그리고 저자들은 의사소통의 적절한 이론을 통해 그러한 이분법의 모순적 입장을 벗어날 수 있음을 제안하고자 한다. 종국적으로는 Vygotsky와 Piaget 같은 발달 이론가들을 새롭게 연결 짓는 일련의 구성을 밝혀 보고자 한다.

발달에 대한 두 가지 모델

인간 발달에 대한 설명을 범주화할 수 있는 방법은 많다. 예를 들면, '텔로스(telos)' 나 이상적인 목표에 기반을 두고 분류하거나(Kaplan, 1983), 설명하고자 하는 인간 기능의 일반적 영역(이를테면 생물학적, 심리학적)에 따라 분류하거나, 또는 심리학과 같은 영역 내에서 전제하는 이론적 지향에 기초하여(이를테면 Freud 학파, Skinner 학파) 분류할 수도 있다. 이 장에서는 전혀 다른 기준, 즉 하나의 이론에서 '분석의 우선성(analytic primacy)' 이 어떠한 요인에 주어지는지에 초점을 두고자 한다.

좀 더 구체적으로 말하면, 우리는 사회적, 개인적 요인에 관심을 가지면서 이 두 요인에 대한 분석의 우선성 여부를 인간 심리발달의 이론을 광범위하게 두 가지 범주로 구분하는 기초로 다루어 보고자 한다. 사회적 과정에 분석의 우선성을 두고, 개인적인 그리고 심리적인 기능은 그로부터 파생되는 것으로 볼 수 있다. 반대로, 분석의 우선성을 개인적, 심리적 기능에 부여하고 사회적 과정을 파생적인 것으로 가정할 수도 있다.

적어도 몇 가지 경우에 있어, 이러한 이슈에 관한 견해 차이에는 학문적 지향성이 반영되어 있다. 예를 들어, 많은 심리학자들은 사회적, 문화적 현상을 개인의 심리적 과정으로 설명할 수 있다고 가정하는 경향이 있으며, 반면 많은 사회학자들은 심리적 현상을 크고 작은 규모의 사회적 과정으로 설명할 수 있다고 가정하는 경향이 있다. 이 이슈가 학문적 지향에 근거하든 혹은 다른 어떤 것에 근거하든 상관없이, 종종 분석의 우선성은 명시화되기보다는 암묵적으로 가정되고 있다. 인간 발달에 관한 설명이 사회적 과정에 의한 것인지 혹은 개인적 과정에 의한 것인지를 분명히 밝히는 경우는 아마도 예외적일 것이다.

그럼에도 불구하고 발달에 대해 설명할 때는 이에 대한 약간의 가정을 하고 있다. 명시적인 이론적 공식화의 일부가 되는 대신 이러한 가정은 실증적 연구에서의 방법론이나 추론 이면에 존재하고 있다. 참으로 분석의 우선성에 관한 가정은 명확히 표현되기보다는 암묵적이며 따라서 검증되지 않는다는 것은 이러한 가정이 다른 형태로 표현된다는 것보다 훨씬 더 강력한 사실이다. 발달에 관한 논의에 있어 수많은 혼란과 불일치는 이 이슈에 관한 암묵적이고도 검증되지 않은 가정의 영향력에서 비롯된 것이라 할 수 있다.

사회적 과정에 분석의 우선성을 두는 이론적 관점의 예로 L. S. Vygotsky(1978, 1981a, 1981b, 1987)의 저술을 고려해 보라. 마르크스주의적 심리학을 구성하려는 그의 목적을 일부 반영하면서, 그는 개인의 심리적 과정에 내재하고 있는 사회적 요인을 인식해야 한다고 주장한다. 이 점에 대한 그의 입장은 꽤 분명하며 다음과 같은 진술에도 반영되어 있다. '의식의 사회적 차원이 항상 그리고 모든 경우에 있어서 일차적이며, 의식의 개인적 차원은 파생적이고 이차적인 것이다' (1979, p. 30).

Vygotsky의 '사회적 구성주의(social formationism)' 는 그의 '문화의 발생론적 발달 법칙(general genetic law of cultural development)' 에 가장 명확하게 나타난다.

> 아동의 문화적 발달의 모든 기능은 두 번, 혹은 두 수준으로 나타난다. 먼저 사회적 수준에서 나타나며, 그다음 심리적 수준에서 나타난다. 먼저 심리 간 범주로 사람들 사이에서 나타나며, 그 후 심리 내 범주로서 아동의 내부에서 나타난다. 자발적 주의 집중, 논리적 기억, 개념의 형성, 의지의 발달, 모두에서 마찬가지다 …… 내면화가 그 과정 자체를 변형시키고 그 구조와 기능을 변화시키는 것은 의심할 바 없다. 사회적 관계 혹은 사람들 사이의 관계는 발생학적으로 모든 더 차원 높은 기능과 그 기능 간 관계의 기초가 된다(1981a, p. 163).

이러한 견해에서 보면, 개인('심리 내')의 정신 기능은 사회적('심리 간') 과정으로부터 그 존재와 형태가 파생되는 것이며, 그 결과 개인은 본질적으로 사회적 특성을 보유하게 된다.

> [고등 정신 기능의] 구성, 유전적 구조, 그리고 행위의 의미—한마디로 전체적 특성—는 사회적이다. 정신적[즉, 심리 내] 과정에 초점을 맞출 때조차도 그러한 과정의 특성은 준사회적이다. 인간의 사적인 영역에서도 인간은 사회적 상호작용의 기능을 보유하고 있다(Vygotsky, 1981a, p. 164).

위의 인용문에서도 나타나듯이, 사회적 기능과 개인적 기능 사이의 관계에 대한 Vygotsky의 중요한 통찰은 이 두 가지 수준(planes)이 단순한 고정적 방식으로 차별화되지 않는다는 것이다. 대신 이 두 가지 수준 간에 형태와 기능에 있어 본질적인 평행관계와 상호관계가 있으며, 이는 사회적 언어, 자아중심적 언어, 그리고 내적 언어와 같은 현상을 분석할 때도 반영된다(Vygotsky, 1987).

Vygotsky에게 있어 이러한 평행관계와 상호관계를 이해하기 위한 열쇠는 동일한 기본적 '행위의 수단(means of action)' 혹은 '중재적 수단(mediational means)' (Wertsch, 1985)이 두 수준 모두에서 사용된다는 것이다. 이러한 설명은 특히 Vygotsky의 언어에 대한 관점에 적용된다. 이러한 가정은 개념 형성과 내적 언어에 대한 그의 분석에 명백히 내재되어 있으며, 그의 작업 전체의 구성 틀로서도 작용한다. 모든 경우에 아동은 사회적 삶 속에서 만들어지고 만나게 되는 기호체계를 사용하며, 이러한 기호체계가 말하기, 생각하기, 그리고 또 다른 형태의 인간 행위를 변형시키는 강력한 역할을 한다는 것이 그의 주장이다. 이러한 접근방식의 기본적 분석단위는 '중재 행위(mediated action)' (Wertsch, 1985, 1991; Zinchenko, 1985)이며, 아동들은 점차 기호체계의 영향력과 통제하에서 행위하게 됨으로써 사회의 일원이 되어 간다고 주장했다.

Vygotsky는 문화발달의 발생학적 법칙의 형성에 있어서의 내면화를 언급함으로써, 수동적인 개인에게 어떤 식으로든 부과되는 정신 간 과정의 단순한 복제나 혹은 거울 이미지로 정신 내 기능을 이해하지 않았다는 점을 나타낸다. 그 대신 심리적 기능의 형성에 능동적인 개인이 수행하는 과정이 역할을 담당하는 것으로 보았다. 그러나 이러한 과정이 무엇이고 그러한 과정이 발달에 어떻게 기여하는지, 즉 사회적 과정에 분석의 우선성을 부여하는 그의 이론적 관점을 특징짓는 점에 관해서 Vygotsky는 어떠한 상세한 설명도 하지 않았다.

Vygotsky에 대해 논하면서 Bruner(1962)가 지적하였듯이, 사회적 과정에 분석의 우선성을 부여하는 것과 매우 유사한 추론이 미국의 실용주의자 George Herbert Mead(1934)의 저술에서도 발견된다. Mead와 Vygotsky가 동시대의 인물이고 Vygotsky가 Mead의 동료이자 스승인 John Dewey의 저술을 익히 알고 있었다 하더라도, Mead나 Vygotsky는 서로의 저술에 대해 직접적으로 잘 알지는 못했던 것 같다. 그럼에도 불구하고, 다음과 같은 Mead의 주장은 "의식의 사회적 차원이 항상 그리고 모든 경우에 있어서 우선이다"(1979, p. 30)라는 Vygotsky의 주장과 너무나 유사하다.

> 우리는…… 의식이 사회적 행위로부터 나타나는 것이라고 결론지을 수밖에 없다. 의식은 사회적 행위의 전제조건이 아니라, 사회적 행위야말로 의식의 전제조건인 것이다. 사회적 행위의 메커니즘은 의식의 개념화 없이도 행위 자체 내에서 분리 가능한 요소로서 그 윤곽을 그릴 수 있다. 따라서 사회적 행위는 보다 더 기초적인 단계나 형태에 있어 의식 없이, 혹은 의식과는 분리되어 발생하는 것이 가능하다(Mead, 1934, p. 18).

사회적 과정에 분석의 우선성을 부여했음이 매우 명확히 드러나 있다.

Vygotsky와 Mead가 자신들의 사고를 이끌어 내는 가정을 명확히 밝혔기 때문이기도 하지만, 그들은 사회적 과정에 분석의 우선성을 부여하는 전략에 너무 의존한다는 비판의 주된 표적이 된다. 그들은 '과잉사회화(oversocialization)' (Westbrook, 1991, p. 281)의 위험을 감수하거나, 사회적 힘에 너무 집중해서 인간의 정신 발달에 기여하는 능동적 개인을 간과하는 경향을 띤다. 그러나 적어도 Vygotsky는 능동적 개인을 중요하게 고려해야 함을 인식하고 있었다고 볼 수 있으며, 이것으로 말미암아 그를 단순히 사회적 환원주의자로 분류하기는 어렵다. 그에게 과잉사회화의 경향이 있다고 하는 것은 그의 일반적인 주장보다는 구체적인 이론적 연구, 그리고 경험적 연구의 초점과 보다 더 관련이 있다.

분석의 우선순위가 어디에 주어질 것인가에 관해 Vygotsky, Mead와 대조되는 인물로 Chomsky(1966, 1972)와 Piaget(1966)를 들 수 있다. 이들은 Vygotsky나 Mead와는 꽤 다른 방식을 취한다. Chomsky는 Descartes의 합리주의적 견해에 충실하며 분석의 우선성을 개인에게뿐만 아니라 개인의 신경학적 구성에도 부여한다. 좀 더 상세하게 말하면, 인간의 언어와 정신에 대한 적절한 설명은 신경 구성에 의해 형체를 이루게 되는 '생득적 아이디어(innate idea)' 에서 시작되어야 한다고 주장한다. 이러한 입장은 현대의 인지과학에서 기꺼이 환원주의의 필요성을 수용하는 학파인 '연결주의 학파(connectionist)' (예를 들어, Churchland, 1988)와 유사하다. 일반적으로 그러한 견해들은 발달에 있어서 사회적 과정이라는 것이 중요한 생득적 인지구조를 촉발할 수 있는 자극 정도의 작은 역할만을 할 뿐이라고 본다.

Piaget는 Chomsky와는 많은 점에서 뚜렷하게 차이가 난다. 그는 구체적으로는 인간 지식의 근원을 생득적 아이디어에 따라 추적할 수 있다는 가정을 거부하며 따라서 Descartes의 합리주의와 Chomsky의 저술이나 현대의 인지과학자들의 저술에서 발견되는 환원주의를 거부한다. Piaget는 인간 지식의 근원이 전적으로 환경으로부터의 입력에 있다는 입장 또한 거부하며, 따라서 현대 심리학의 실증주의적 접근법(예를 들어, 행동주의)을 거부한다.

이러한 두 가지 입장을 수용하지 않으면서 Piaget는 상호작용적 접근을 주장했다(Cole & Cole, 1989). 이러한 관점에서 보면, 개인이나 환경 (즉, '천성' 이나 '양육') 그 어느 것도 독자적으로 인간 지식의 발생을 설명할 수 없다는 것이다. 오히려 그러한 지식이 발생할 수 있는 것은 개인이 환경과 상호작용하는 과정에 있을 때뿐이다. 행위는 필연적으로 개인과 환경(특히 심리적 환경) 모두를 포함하고 있으며, 행위의 일반화된 양식인 '스키마(schema)' 에 Piaget의 상호작용적 관점이 반영되어 있다.

"스스로 학습하든 의도적으로 학습하게 되든"(Bruner, 1986, p.127) 어떻게 개인이 이러한 학습에 참여하게 되는지에 Piaget의 초점이 있다. 그렇다고 해서 그가 심리적 발달에 사회적 과정의 영향력을 무시했던 것은 아니다. 예를 들면, 지적 발달에 있어서 사회적 요인에 관해 다음과 같이 서술한 바 있다.

> 인간은 태어날 때부터 심리적 환경만큼이나 영향을 끼치는 사회적 환경 속에 있다. 어떤 면에 있어서는 심리적 환경보다도 오히려 사회가 개인의 구조를 바꾸기도 한다. 사회가 개인에게 사실(fact)을 인식시켜 주고 개인의 생각을 수정할 수 있는 이미 만들어진 기호 체계를 제공하기 때문이다.
>
> 분명 사회학은 사회를 하나의 총체로 그리고 사회를 구성하고 있는 개인들의 합(sum)과는 다른 것으로 파악할 필요가 있다. 이러한 총체가 개인 간의 관계나 상호작용의 전체 합(totality)일 뿐이라 하더라도 그러하다(1966, p. 156).

위의 진술을 Piaget가 개인적 과정보다 사회적 과정에 분석의 우선성을 두었음을 의미하는 것으로 받아들여서는 안 된다. 실제 그가 공식화한 것은 개인의 존재가—Mead의 용어를 차용하면—사회적 과정에 대한 일종의 '전제조건(precondition)'이며, 그 반대의 경우는 성립되지 않는다는 개념의 암묵적 수용이다. 이와 관련해서 사회가 '단순히 개인 간의 관계나 상호작용의 전체 합(totality)이다'라는 주장이나 혹은 사회의 "Durkheim이 명명했던 '집합적 표상(collective representation)'이 여전히 집단의 각 구성원 내에 존재하는 신경체계를 전제하고 있다"(1971, p. 368)는 Piaget의 진술에 주목할 필요가 있다.

Piaget는 개인적 과정과 사회적 과정 분석의 우선성에 관한 이슈를 분명하게 제기했다.

> 피할 수 없는 하나의 의문이 생긴다. '무리를 이룬다는 것(grouping)'은 협동의 원인인가, 아니면 결과인가? 집단화는 조작의 조화이며, 따라서 다양한 개인으로부터 얻어질 수 있는 관점 혹은 행위의 조화다. 협동은 다른 개인들로부터 발산하는 견

> 해나 행위의 일치다. 그들의 유사성은 명백해 보이지만, 개인 내에서의 조작적 발달이 다른 사람들과 협동하게 하는 것인가? 아니면 차후 개인 내부에서 내면화되는 외적인 협동이 조작적 체계 내에서 개인의 행위를 집단화하도록 하는 것인가?(1966, p. 163)

Piaget는 사회적 기능과 개인의 심리적 기능이 모두 일반적이고 내재되어 있는 논리의 표명일 뿐이라고 주장한다. "내면의 조작적 행위와 외적인 협동은 원래 하나이며 동일한 전체에서 두 개의 보완적 측면에 지나지 않는다. 그 이유는 한 측면의 평형(equilibrium)이 다른 측면에 의존하고 있기 때문이다"(1966, p. 166). 여기에는 논리가 개인적 실천이나 사회적 실천에서 표명되거나 현실화되는 방식에 관한 것보다는 '발생학적 인식론'(1970)이라는 일반 논리적 차원을 검증하려는 그의 학문적 지향이 반영되어 있다.

그러나 여전히 우리는 Piaget의 이론이 개인적 과정을 사회적 과정의 '전제조건'으로 간주한다는 의미에서 개인에게 분석의 우선성을 두는 경향이 있다고 주장한다. 위에서도 언급했듯이, 이러한 사실은 그가 제시한 공식화에서도 나타나지만 경험적 자료를 수집하고 결과를 해석하는 방식에서도 드러난다.

사회적 상호작용의 형태와 기능을 분석할 때 Piaget가 사용한 방법론적 절차에서 이러한 점을 알 수 있다. Piaget는 사회적 과정이 개인의 사고에 대한 도전이나 불평형을 야기하는 것으로 해석하는 경향이 있다. 사회적 과정은 어떻게 개인의 정신 기능에서 성장을 촉진시키는지의 관점에서만 다루어지는 경향이 있다. 이러한 관계의 일반적 특성을 Rogoff(1990)는 다음과 같이 요약한다. "사회적 영향력은 (개인적) 이해에 있어서 평형을 이루기 위해 다른 관점을 중재하고자 하는 아동의 인지적 갈등과 논리적 조작의 귀납을 통해 변화(즉, 개인의 인지적 구조에서의 변화)를 촉진시킨다"(p. 140).

아동과 가족구성원들 간의 사회적 상호작용을 분석하는 데 있어, Piaget는 "아동은 매순간 그의 생각이 인정되거나 부정되는 것을 보게 되고 다양한 방식으로 자신에게 가르치고 영향을 주는, 자신의 외부에 존재하는 거대한 사고의 세계를 발견하게 될 것이다"(1966, p. 159)라고 그 과정을 묘사한다. 다시 말해, 방법론적 전략은 개인의 인지적 과정의 관점으로부터 사회적 과정을 특징짓고 평가하는 것이다. 위와 같은 진술에는 Piaget의 저술에서 볼 수 있는 일반적 경향성이 반영되어 있다. 즉, Piaget는 개인적 과정이 사회적 상호작용을 특징짓고 평가하기 위한 기준을 제공한다는 점에서 분석의 우선성(이 경우에는 방법론적인 절차를 통해 반영된)을 개인적 과정에 두었다.

개인에게 분석의 우선성을 부여하는 Piaget의 경향을 보여 주는 명확한 증거는 사회적 과정이 개인의 정신 기능에 어떻게 영향을 끼칠 수 있는지에 관한 그의 주장에서 나타난다. 그 아동이 사회적 과정에 참여하거나 혹은 사회적 과정이 개인의 정신 기능에 영향을 갖는다는 것은 개인의 발달 단계에 달려 있다고 보았다. 이와 관련하여, Piaget는 "유아는 자신을 둘러싸고 있는 지적 환경의 영향에 의존적이기는 하지만 그러한 지적 환경을 유아 자신의 방식으로 동화시킨다. 유아는 자신의 관점으로 외부의 지적 환경을 축소시키고, 따라서 그러한 환경을 제대로 인식하지 못하고 왜곡한다"고 주장한다(1966, p. 160).

사회적 의사소통의 일차적 수단—언어—에 관한 Piaget의 언급은 개인적 과정에 분석의 우선성을 부여하는 경향성을 나타내는 증거다. 그의 관점에서 볼 때, 언어라는 사회적으로 조직된 매개체를 사용하게 되는 과정이 Vygotsky와 같은 학자들과는 달리(Vygotsky, 1978, p. 24 참조), 정신 기능의 질적인 변화를 이끌지는 않는다. 대신 언어의 숙달은 아동이 이미 보다 더 일반적인 '기호적 기능(semiotic function)' 을 갖추고 있을 때에만 가능하다. Olson(1995)은 다음과 같이 지적했다.

> Piaget에게 있어, 아동이 상징적 세계—표상의 세계—를 익히는 것은 자연 세계를 익히는 것과 기본적으로 다르지 않다. 언어가 표상적 혹은 상징적 기능을 창출하는 것이 아니라 오히려 대상이 없는 상황에서도 대상을 마음속에 유지할 수 있는 능력에 기반을 둔 표상적 기능이 언어 학습을 가능하게 한다(pp. 96-97).

여기에서 우리는 다시 한 번 사회 현상이 개인의 인지 발달에 따른 기초작업이 행해진 후에야 개인의 정신생활에 영향을 끼칠 수 있다는 Piaget의 경향성을 보게 된다.

따라서 논리와 발생학적 인식론의 이슈에 초점이 맞춰진 Piaget의 이론적 공식화, 즉 심리학적 관점이나 사회학적 관점 중에서 택일해야 하는 상황을 피하도록 하는 이론적 공식화가 명확하기는 하지만, 우리는 Piaget의 구체적인 방법론과 경험적 연구에는 개인적 요인에 대해 분석의 우선성이 부여되어 있다고 주장한다. 특히 사회적 과정을 개인의 인지 기능 측면에서 보는 그의 경향과 아동이 타인의 관점을 동화할 수 있을 때에야 비로소 사회적 과정에 참여할 수 있다는 그의 주장은 이러한 점을 반영하고 있다.

분석의 우선성과 '가치평가'의 역할

분석의 우선성을 개인에게 부여할 것인가 아니면 사회에 부여할 것인가의 문제는 최소한 수십 년 이상을 끌어 온 논쟁 중 하나다. 이러한 논쟁의 끝이 보이지 않는다는 사실, 이른바 개인 혹은 사회에 분석의 우선성을 부여해야 한다는 의견 차에는 합리적 주장이나 경험적 연구를 통해 해결할 수 없는 무언가 심오한 종류의 논란이 있다. 우리가 염두에 두고 있는 논쟁에는 개인과 사회의 관계와 관련 있는 본질적인 윤리적, 정치적 이슈가 내포되어 있다.

이러한 관계에 대한 많은 해석자 중, Elias(1991)는 우리의 추론과 일맥상통하는 설명을 했다. Elias에 따르면, 여기에서 이슈가 되고 있는 논쟁에는 모순(antinomy)이 포함되어 있으며 '서구사회의 특정 집단이 지속적으로 탐닉해 온 신기한 집단게임(curious party game)' (p. 54)과 유사하다. 대립되는 두 집단은 지속적으로 서로 다른 부류의 반박과 마주친다.

> 한 집단이 '모든 것이 개인에게 달려 있다' 고 하면, 다른 집단은 '모든 것은 사회에 달려 있다' 고 한다. 첫 번째 집단은 '그러나 이것은 하고 저것은 하지 않는다고 결정하는 것은 항상 특정한 개인이다' 라고 하고 이에 대해 다른 집단은 '그러나 개

> 인의 결정은 사회적으로 조건화되는 것이다' 라고 한다. 다시 첫 번째 집단이 '그러나 이른바 사회적 조건화(social conditioning)라는 것도 타인들이 무엇인가를 원하고 또 실제로 행하기 대문에 야기된다' 라고 하면 두 번째 집단은 '그러나 이 타인들이 원하고 행하는 것도 사회적으로 조건화된다' 고 응답한다(p. 54).

Elias는 이러한 '논쟁' 이 실제로 경험적 사실이나 합리적 주장에 근거를 두고 있는 것이 아니기 때문에 끊임없이, 그리고 별 소득 없이 계속될 가능성이 있다는 점을 제시한다. 그는 이러한 논쟁이 개인과 사회에 대한 '가치평가(valuation)' 에 기반하고 있다고 보았다. 이러한 가치평가는 하나는 수단이 되고 또 다른 하나는 목적이 되는 특수한 형태를 취한다.

> 가장 일반적인 형태로서, 한 전문가 집단이 '개인' 을 수단으로 '사회적 총체' 를 최고의 가치와 목적으로 제시하는 반면, 다른 집단은 '사회' 를 수단으로, '개인' 을 최고의 가치와 목적으로 제시한다. 그리고 두 경우 모두에 있어 때때로 이러한 정치적 사고와 행위의 이상과 목표는 사실인 것처럼 제시되어 왔다. 한 집단이 이러이러해야 한다(should)고 말하는 것은 마치 그것이 사실인 것처럼 생각되고 표현된다. 예를 들어 …… 개인의 주장이 집단의 요구보다 우선순위를 가져야 한다고(should) 열렬히 요구하고 바라는 집단 구성원은 개인들이야말로 실제로 존재하는 진정한 현실이고 사회는 그 이후에 존재하게 되는 것이며 개인보다는 덜 현실적이고 아마도 사고의 허구, 즉 추상화라고 믿을 수 있다. 간단히 말해서, '개인' 과 '사회' 에 대한 이해는 사람들의 희망과 두려움의 정도에 따라 다른 것이다(pp. 83-85).

개인과 사회의 모순에 대한 Elias의 설명은 인문과학에서의 연구를 이끌어 주면서도 종종 존재하는 것(is)이라는 단순한 주장에 따라 감추어지는 가치— '가치평가' —에 명확한 초점을 맞춘다. 그의 공식화는 이러한 논쟁이 단순히 학문적 논쟁거리만은 아니라는 점을 명백히 제시한다는 점에서 유용하다. 참으로 이러한 논쟁은 공개적인 논의와 보다 더 일반적인 문화적 모형의 일부인 가치 문제의 하나인 것 같다.

Vygotsky와 Piaget에 관한 우리의 주장은 '발달 이론에 있어서 현대의 두 거인'(Bruner, 1986, p. 136) 중 그 어느 쪽이라도 Elias가 요약한 두 가지 가치평가적 관점 중 하나에 완전히 들어맞지는 않는다는 것이다. 두 학자 모두 우리가 요약한 바처럼 어느 한쪽이나 혹은 다른 쪽으로 기울어지는 경향을 보이기는 하지만 두 이론가 모두 너무나 정교해서 가치평가적 관점의 어느 한쪽에 전적으로 또는 무비판적으로 종속시키기는 어렵다.

소비에트 마르크스주의가 개인을 수단으로, 사회를 목표로 간주한다는 것, 그리고 그로 인해 종종 비극적 결론이 도출된다는 점이 지적되어 왔다. 그러나 Vygotsky가 능동적 개인이 심리적, 사회적 발달에 기여할 수 있다는 점에 큰 관심을 갖고 있었다는 것은 여러 곳에서 찾아볼 수 있다. 그의 관점은 사회적 환원주의로 단순히 범주화될 수 있는 것이 아니며, 그는 사회적 목표에 대한 개인의 무분별한 순응성이라는 텔로스(telos)를 명백히 거부한다. 반대로, Piaget의 관점에서는 아동을 독립적인 발명가나 발견가로 간주하는 것으로 언급되지만(Bruner, 1986), Piaget는 개인이 어떤 식으로든 진공 상태에서 존재할 수 있을 것이라고 생각지는 않았다. 또한 그는 개인을 유일한 목적으로 그리고 사회를 수단으로 간주하는 의미로 당위(should)와 존재(is)를 공식화하지도 않았다.

이러한 단서조항이 주어진 상황에서 분석의 우선성에 관한 Vygotsky와 Piaget 사이의 두드러진 차이를 어떻게 해결할 것인가? 둘 중 한쪽이 옳고 다른 한 쪽은 그른 것인가? 이렇게 말한다는 것은 존재(is)를 위한 당위(should)를 믿는 실수를 범하게 되는 것이다. 두 학자 모두 어느 정도는 옳고 어느 정도는 그른 것인가? 이러한 맥락의 논쟁을 추종한다는 것은 우리가 회피하고 싶어 하는 또 다른 종류의 혼합으로서 원칙 없는 절충주의에 빠지는 것처럼 보인다. 이러한 경로 중 하나를 따르기보다 이러한 의문에 대한 원칙이 있는 해결방안은 두 관점 모두에 내재되어 있는 의사소통의 과정을 공식화하는 방식에서 찾아볼 수 있을 것이다.

의사소통 이론: 일의적 전달로서의 발화와 '사고 기제' 로서의 발화

Vygotsky와 Piaget 모두 의사소통을 인간 정신 기능의 발달에 관여하는 핵심적인 사회적 과정으로 인식했다. 이러한 점은 분석의 우선성을 기호학적으로 중재된 사회적 과정, 특히 말하기(speech)에 부여하는 Vygotsky의 경우에 있어서 명백하다. '사고의 교환 없이', 즉 의사소통을 통해 발생하는 교환 없이……"한 개인이 특정의 세밀한 방식으로 조작하고 있는지 이해하기란 대단히 어렵다"(1966, p. 164)고 했던 Piaget 또한 마찬가지다.

발달의 개념에서도 그랬던 것처럼, 두 이론가의 관점으로 의사소통의 개념을 이해하기 위해서는 먼저 두 이론가의 명시적, 암시적 가정부터 재고해야 한다. 이러한 가정과 관련하여 또 두 학자 사이에 주요한 차이가 존재한다. 의사소통의 기본적이고 지배적인 문화 모형, 즉 전달(transmission)의 개념에 기반을 둔 모형과 관련지어 두 학자의 입장을 재고해 봄으로써 두 학자의 차이를 분석해 보고자 한다.

Reddy(1979)와 같은 학자들이 제시하듯이, 의사소통에 대해 일반인들뿐만 아니라 이론가들조차 한 사람('송신자')으로부터 다른 사람('수신자')에게 정보를 전달하는 것으로 이해하는 경향이 있다. Reddy는 적어도 영어 사용권에 있는 사람들의 의사소통에는 우리가 달하고 생각하는 방식을 묘사하는 일련의 기본적인 은유가 반영되어 있다고 했다. 이러한 맥락에서 그는 영어의 의사소통에 관한 광범위한 은유를 다음과 같이 고찰했다.

> (1) 당신의 생각을 다른 사람에게 더 잘 이해시킬 수 있도록 노력하라. (2) 좋은 생각이 떠오를 때마다 그 생각을 언어화하는 연습을 하라. (3) 산문에서 핵심 아이디어를 추출해 낼 수 있는가?

분석에 기초하여 그는 '주요 구성 틀' 에 내재되어 있는 '도관 은유(conduit

metaphor)' 를 제시했다.

> (1) 언어는 생각을 송두리째 한 사람으로부터 다른 사람에게 전달한다는 점에서 도관처럼 기능한다. (2) 쓰기와 말하기에서 사람들은 자신들의 생각이나 감정을 말(words) 속에 삽입한다. (3) 말(words)은 생각이나 감정을 보유하고 다른 이들에게 전함으로써 전승된다. (4) 듣고 읽으면서 사람들은 말(words)에서 다시 한 번 생각이나 감정을 추출해 낸다(p. 290).

일반적으로 Reddy는 "실제, 당신이 모든 명백한 도관 은유적 표현을 사용하지 않고자 한다면 의사소통이라는 주제에 대해 거의 벙어리가 되고 만다"(1979, p. 299)고 하면서 영어의 의사소통이 도관 개념에 지나치게 치우쳐 있다고 생각한다. 그는 또한 정보 이론에 대한 잘못된 해석이나 적용상의 오류에 이러한 기본적 은유가 자리 잡고 있다고 본다. "영어는 의사소통을 개념화하기 위한 구성 틀을 이미 지니고 있기 때문에"(Reddy, 1979, p. 285) "결국 그 틀은 의사소통 자체의 최악의 적"(p. 286)이 되고 만다.

도관 은유로부터 나타나는 의사소통의 전달 모형은 도식적으로 다음과 같이 표현할 수 있다.

송신자 —(전달된 신호)→ 채널 —(수신된 신호)→ 수신자

도식화된 전달 모형에 대한 가장 공통적인 비판 중 하나는 화살표의 일방향성과 관계가 있다. 화살표가 단지 하나의 방향으로만 표시되어 있기 때문에 수신자는 수동적인 것('receiver' 라는 용어를 떠올려 보라)으로 간주된다. 수신자가 최소한 송신자만큼 능동적이고 중요한 역할을 하는 것이 대안적 모형이 될 것이다. 그러한 대안적 모형에서 수신자는 메시지의 구성자 혹은 공동 구성자, 또는 최소한 능동적 해석자인 것이다.

의사소통의 전달 모형과 그 대안의 주장을 모두 고려하는 접근방법은 Lotman (1988, 1990)의 저술에서 발견된다. 그는 "문화 체계에서의 텍스트의 기능적 이원성" (1988, p. 34)을 가정한다. 텍스트가 충족시키는 두 가지 기본 기능은 "적절하게 의미를 전달하기와 새로운 의미를 산출하는 것" (1988, p. 34)이다. 이 중 전자는 앞서 언급한 의사소통의 전달 모형이 전제하고 있는 기능과 매우 유사하다.

> 첫째 기능은 화자와 청자의 코드가 가장 완벽하게 일치할 때, 결과적으로 텍스트가 최고도의 일의성을 가질 때 가장 잘 충족된다. 그러한 조작의 이상적인 경계 역학(boundary mechanism)은 하나의 인공적인 언어와, 하나의 인공적인 언어로 된 텍스트일 것이다(p. 34).

Lotman은 우리가 '일의적 전달' 기능이라고 명명할 이 텍스트 기능이 수많은 현대 언어 연구의 핵심이 되어 왔다고 지적한다. 이에 대한 이유 중 하나는 "그것이 처리 수단과 더불어 쉽게 모형화되는 텍스트의 한 가지 측면이기 때문이다" (1988, p. 35). 그가 염두에 두었던 것은 르네상스 이후의 서양 세계에서 사고의 지배적인 '문해' 양식을 반영하는 이론으로서, 언어학자, 심리학자, 의사소통학자들에 의해 사용되는 이론들이다(Olson, 1994). 이러한 이론들의 지배적인 영향력은 일의적 기능이 "다른 측면을 흐릿하게 만들면서 때때로 하나의 텍스트로 동일시되어 왔다" (Lotman, 1988, p. 35).

Lotman은 텍스트의 첫째 기능과는 대조적으로 '대화적(dialogic)' 이라고 명명할 수 있는 둘째 기능에 대해 개관했다.

> 텍스트의 둘째 기능은 새로운 의미를 산출하는 것이다. 이러한 측면에서 텍스트는 투입(송신자)과 결과(수신자) 사이에서 지속적인 정보를 전달하는 수동적인 연결고리로서의 역할에 국한되지 않는다. 첫째 경우에 있어서 정보회로의 투입과 결과에서의 차이는 의사소통 채널의 결함에 의해 초래될 수 있으며, 따라서 이러한 체계의 기술적 불완전성에 그 책임이 있다. 반면, 둘째 경우에 있어 그러한 차이가 '사고 기

> 제' 로서 텍스트의 기능의 본질이다. 첫 번째 관점에서는 결함인 것이 두 번째 관점에서는 기준이 되며 그 반대의 경우도 마찬가지다(1988, pp. 36-37).

이러한 이슈들을 논의하는 데 있어서 Lotman의 주된 초점은 인간 의사소통의 어떠한 행위에도 텍스트의 두 기능이 모두 존재하고 있다는 것이다. 이것은 한쪽 기능 혹은 다른 쪽 기능이 특정 맥락에서 지배적일 수 있음을 부정하는 것이 아니라, '기능적 이원성(functional dualism)' 이라는 용어 자체가 두 기능 모두 항상 작동하고 있다는 개념에 대한 그의 믿음을 나타내는 것이다. 따라서 도관 은유에서 제시한 것과 같은 의사소통의 일의적 전달 모형은 Lotman의 관점에서 보면 틀린 것이 아니라 본질적으로 불충분한 것이다. 의사소통은 항상 정보를 전달하는 것과 정보 자체를 '사고 기제' 로 간주함으로써 발화를 능동적으로 해석하는 두 가지 모두의 문제다.

의사소통에 대한 Lotman의 분석은 의사소통과 발달에 대한 Vygotsky와 Piaget의 설명에 중요한 시사점을 가진다. 이 점과 관련해 분명히 해 두어야 할 요지는 두 이론가 모두 발화의 기능적 이원성에 관한 Lotman의 관점에는 미치지 못하는 의사소통의 관점을 지니고 있다는 것이다. 이것은 두 이론가 중 그 어느 누구라도 (두 사람 모두 영어 모국어 사용자가 아니다) 의사소통이 Reddy가 요약했던 기본적으로 오류를 발생시킬 소지가 있는 도관 은유와 더불어 단순히 혹은 엄격히 일의적 전달이라는 견해를 지녔다는 것을 의미하는 것은 아니다. 그러나 이 이유 하나만으로는 그들의 복잡한 관점을 설명하기에 부족한데, 그 이유 중 하나가 러시아어와 프랑스어는 어느 정도 그들 언어 자체의 도관 은유의 경향을 지니고 있기 때문이다.

만약 우리가 현재 검토하고 있는 두 이론가 중 어느 한 사람이 의사소통을 일의적 전달 문제로 간주하는 경향이 있다고 한다면, 그 인물은 명백히 Vygotsky일 것이다. 이것은 앞서 요약했던 바와 같이 분석의 우선성에 대해 그가 취했던 입장과 일치한다. 이러한 경향에 대한 보다 구체적인 증거는 개념의 발달 혹은 단어 의미에 관한 그의 진술에서 발견할 수 있다.

> 안정되고 잘 정의된 의미를 지닌 성인의 말은 일반화에 의해 발달적 과정을 결정

> 한다. 성인의 말은 아동의 복합적인 구성을 결정한다. 아동은 단어의 의미를 선택하지 않는다. 성인과의 언어적 상호작용을 통해 의미가 주어진다. 아동은 자유롭게 자신의 복합체를 구성하지 못한다. 아동은 주어진 단어에 의해 일반화된 일련의 구체적 대상을 완전한 형태로 받아들인다. 간략히 말해, 아동은 자신의 말을 창조하는 것이 아니라 자신을 둘러싸고 있는 성인들의 이미 개발된 말을 학습한다(1987, pp. 144-145).

위의 단락에서 Vygotsky의 초점은 사실상 의사소통보다는 발달의 개념에 맞춰져 있다. 그럼에도 불구하고, 그의 주장은 발화의 동의어적 전달에 기반을 둔 의사소통의 개념과 일맥상통한다. 이와 관련하여, 아동이 정보를 '받아들이는' 방법에 대한 그의 언급에 주목하라.

그러나 이렇게 말해도 Vygotsky가 Lotman이 주장하는 언어의 대화적 기능과 같은 개념을 위해 여지를 가지고 있음을 지적하는 것은 중요하다. 구체적으로, 아동들이 개발하는 개념적, 전 개념적('복합적') 구조가 성인들이 제공하는 것에 의해 '결정되기는' 하지만 성인들의 메시지는 사고 기제로서 다루어진다는 본질적 의미를 지니고 있다. 예컨대 아동과의 의사소통에서 성인들이 상투적으로 조직화된 의미로 단어를 사용한다 하더라도 아동들은 그 단어들을 성인들이 이해하는 형태로 '받아들인다' 고 볼 수 없다는 것이다. 따라서 아동들은 정보의 단순한 수신자로 간주되지 않는다.

> 이미 결정된 경로(성인들의 단어 의미에 제공된 경로)를 따르면서, 아동은 지능 발달의 특정 단계의 특성에 따라 사고한다. 아동에게 말을 하면서, 성인들은 일반화의 발달 경로와 발달의 목표지점을 결정한다. 즉 성인들은 종국적인 일반화를 결정한다. 그러나 성인은 아동에게 자신의 사고 양식을 전달할 수는 없다(1987, p. 143).

따라서 Vygotsky는 성인으로부터 특정 종류의 전달의 중요성과 성인들의 발화를 아동들이 사고 기제로서 능동적으로 채택하는 과정의 중요성 모두를 인식하고 있었다.

Vygotsky의 이러한 주장은 동의어적 전달 기능과 텍스트의 대화적 기능은 항상 협력하여 작동한다는 Lotman의 '기능적 이원성' 에 대한 설명의 조건과 일치하는 것처럼 보인다. 그리고 일반적 수준에서는 실제로 그러하다. 그러나 기능적 이원성에 기초를 둔 접근방법의 체제 내에서는 Vygotsky가 이론적, 경험적 연구를 행한 방식과는 균형이 맞지 않는다. 예를 들면, 아동이 수신하게 되는 의사소통적 메시지에 관해서 Vygotsky는 지극히 상세하게 다루고 있지만, '인지 발달의 특정 단계' 에 부과되는 제한점에 대해서는 거의 아무런 언급도 하지 않았다.

요약하면, Vygotsky의 의사소통에 대한 설명은 일반적 수준에서 기능적 이원성에 대한 Lotman의 주장과 통하지만 그의 이론적, 경험적 연구의 절대적인 초점은 동의어적 전달 기능의 측면에서 발화와 의사소통이 어떻게 간주되는지에 있다. 이론이 제시해야 하는 것에 대한 Vygotsky의 추상적 공식화와 그가 실제로 그러한 공식화를 구체적인 이론적, 경험적 연구의 문제로 변환하는 데 있어서의 차이는 Davydov와 Radzikhovskii(1985)가 '방법론자로서의 Vygotsky' 와 '심리학자로서의 Vygotsky' 를 구분할 때 염두에 두었던 것이며, 그들은 심리학자로서의 Vygotsky가 방법론자로서의 Vygotsky의 열망을 충족시키지는 못했다고 주장한다.

Vygotsky의 저술에 의사소통의 동의어적 전달 기능을 강조하는 경향이 있다고 한다면, 그와 반대되는 경향은 Piaget의 접근방식에서 발견된다. 앞서 그의 저술에서 제시된 바와 같이, Piaget는 적어도 일반적인 이론적 용어에 있어 발화의 동의어적 전달 기능과 대화적 기능 모두를 인식하고 있었다. 그러나 Vygotsky의 경우와 마찬가지로, 우리는 Piaget 또한 그의 구체적인 이론적, 경험적 연구에 있어서 위의 두 가지 중 한쪽에 초점을 맞추고 다른 쪽은 무시했다는 점을 주장하고자 한다. 구체적으로 말해서, 그는 의사소통에 접근하는 데 있어 메시지가 어떻게 전달되는지 그리고 개인에 의해 능동적으로 해석되는지에—즉, 대화적 기능을 묘사하는 데 있어서 Lotman의 용어를 사용한다면 메시지가 어떻게 사고 기제로 작용할 수 있는지에 초점을 맞춘다. Piaget에게 이것은 아동이 '동화' 할 수 있는 것에 초점을 둔다는 것을 의미한다.

> 언어는 이미 준비된 아이디어, 분류, 관계 체계—즉, 이전 세대를 형성했던 오래된 양식으로 각 개인이 재구성한 무한정의 개념을 개인에게 전달한다. 그러나 아동이 자신의 정신적 수준을 초과하는 모든 것에 대해서는 무시한 채 자신이 수용할 수 있는 만큼만 개념을 빌려 쓰는 것으로부터 시작한다는 것은 자명한 사실이다. 다시 말해, 빌려 온 것은 자신의 인지구조와 조화를 이루며 동화된다. 일반적 개념을 전달하도록 의도된 단어는 처음에는 단지 반(半)개인적, 반(半)사회화된 전 개념(preconception)을 발생시킨다('새'라는 단어가 익숙한 카나리아를 떠오르게 하는 것 등)(1966, p. 159).

위의 단락에서 보면 Piaget는 의사소통에 있어서 전달의 중요성에 대해서는 그다지 언급하지 않고 사고 기제로서의 발화 형태를 포함하는 동화에 대한 이슈를 중요시하고 있다.

따라서 Vygotsky와 마찬가지로 Piaget 역시 의사소통에 있어 전달의 개념과 능동적 해석의 개념—특히 그러한 해석 시 동화로 인해 나타나는 한계—모두를 인식했다. 그러나 전달의 개념을 강조하고 이해의 발달적 한계에 대해서는 거의 언급하지 않았던 Vygotsky와는 대조적으로, Piaget는 발달에 있어 의사소통의 역할을 다루면서 아동 측면에서의 능동적 동화의 중요성을 강조하고 전달되는 실체에 대해서는 그다지 강조하지 않았다. 간단히 말해서, 발달에 있어 의사소통의 역할에 대한 설명에서 Vygotsky는 무엇이 전달되는가에 관심을 두었고 Piaget는 무엇이 동화될 수 있는가에 초점을 맞추었다.

발달 이론과 의사소통 이론

이 장에서 우리는 Vygotsky와 Piaget를 검토하면서 몇 가지 이슈에 대해 두 학자가 어떻게 대조적인 견해를 갖고 있는지 강조했다. 특히 Vygotsky는 분석의 우선성을 사회적 과정에 부여하는 경향이 있는 반면, Piaget는 분석의 우선성을 개인의 기능에 두었다는 점을 강조해 왔다. 더 나아가 Vygotsky가 발화의 동의어적 전달 기능에 초점을 둔 반면 Piaget는 대화적 기능에 초점을 두었음을 강조했다. 이 두 학자가 서로 대립되는 두 측면의 중요성을 인식하는 지극히 일반적인 주장을 하면서도 자신의 구체적인 이론적, 경험적 연구에 있어서는 한쪽으로 치우쳐 있다는 점도 주목했다.

일반적으로 Vygotsky와 Piaget의 이론적 구성 틀은 너무 복잡하고 광범위해서 대조적인 측면을 간명하게 이분화하기는 어렵지만, 지향성에 있어서는 명확한 차이를 보여 준다. 이러한 차이에 대해 생각해 볼 수 있는 한 가지 방법은 복잡함의 소용돌이와 복잡하게 상호작용하는 세력 속으로 진입할 '출발점'을 선택하는 방식으로서 두 학자를 간주하는 것이다. 우리는 '어딘가에서 시작해야 하며' Piaget와 Vygotsky의 연구를 이해하기 위해 다양한 측면 중에서 출발점을 선택함으로써 두 학자를 해석할 수 있다.

우리는 두 학자의 입장에 있어서의 차이는, Elias가 주장했던 것처럼 본질적으로 다른 가치평가 체계의 지표일 수 있다는 점도 제시했다. 이것은 Vygotsky와 Piaget의 가치 지향에 관한 의문들, 너무나 광범위하고 우리가 여기에서 다루고자 하는 선을 넘어서는 질문을 제기하는 것이다.

초기에는 Vygotsky와 Piaget 모두 계몽주의 합리성을 깊이 신봉했다 하더라도, 이 두 학자가 자신의 믿음을 매우 다른 방식을 통해 연구 의제로 바꾸었다는 것은 별 의미가 없다. Vygotsky에게 그 믿음은 사회의 혁명과 새로운 사회적 형태에 어울리는 정신 기능의 혁명에 대한 관심으로 변환되었던 반면, Piaget의 믿음은 개인의 환경과의 상호작용이 어떻게 인간 행위와 사고를 지배하는 일반적, 논리적 구조를 등장시키는지에 관한 연구로 변환되었다. Bruner(1986)는 우리가 고려하고 있는 대조를 Piaget에 관해 진술하면서 예리하게 지적한다. "Piaget 학파의 정전에는 개혁도 없고 해방도 없다"(p. 141).

발달이나 의사소통과 관련하여 Vygotsky, Piaget, 또 다른 학자들에 대해 우리가 지적했던 바와 더불어, 지금까지 말했던 것으로부터 파생되는 훨씬 더 일반적인 이슈들이 있다. 논의에서 우리는 여러 입장을 대립, 모순, 이분법, 분할법이라는 용어로 공식화했다. 우리는 분석의 우선성을 사회적 과정 혹은 개인적 기능에 부여하려는 경향과 의사소통에 있어서 발화의 동의어적 전달 혹은 대화적 기능을 강조하는 경향에 관심을 두었다. 어느 정도 이분법에 대한 이러한 경향이 물론 우리 자신의 분석적 표상전략을 반영하는 것이기도 하지만 우리가 검토했던 이론적 관점과 우리가 사용했던 인용문에서 이러한 경향에 대한 증거를 찾아낼 수 있다.

이러한 양자택일적 대립의 강력한 경향은 우리의 관점에서는 Piaget와 Vygotsky의 사상에 관한 중요한 것을 드러내고 있지만, 보다 더 일반적으로는 발달과 의사소통에 관한 이론과 문화적 모형에 대해서도 시사점을 갖는다. 구체적으로 말하면, 발달과 의사소통에 관한 이론과 문화적 모형이 양자택일의 형태를 갖고 있다는 것을 나타내는 것이기도 하다. 이러한 사실은 우리가 약술했던 발달과 의사소통에 대한 이론적 입장을 대립의 의미로 공식화해야만 하는지 의문을 제기한다.

이와 관련하여 우리가 제시한 요점은 개인과 사회의 모순(이율배반)에 대한 Elias의 언급으로부터 추출된 것이다. Elias는 이러한 모순이 가치평가, 즉 '당위' 와 '존재' 의 오용에 토대를 둔 것처럼 합리적 논쟁이나 경험적 사실에 기반을 둔 것이 아니라는 것이다. 유사한 방식으로, 양자택일 혹은 이분법의 형태로 발달과 의사소통에 관한 이론과 문화적 모형을 조직하기 위해 지적했던 경향은 결코 겉으로 드러나지 않았던 가치평가에 대한 사실만큼이나 분석적 도구의 역량이나 적합성에 있어 사실이 아닐 수도 있다. 이 경우에 있어 우리가 염두에 두고 있는 것은 Elias가 제시한 개인-사회의 모순과 관련한 가치평가가 아니라 적절하고, 섬세하고 품위 있는 과학적 이론이나 문화적 모형과 관련한 가치평가다. 이러한 이슈는 최근에 Goodnow(1990)가 주장한 '인지적 가치(cognitive value)' 란 개념과 관련이 있다.

Lotman의 아이디어를 검토하면서 우리는 Lotman이 발화의 일의어적 전달 기능과 대화적 기능을 분석적으로 구분하는 한편, 두 기능 모두 발화를 항상 특징짓는다고 주장했음을 알았다. Lotman은 그러한 모순을 현상에 내재하고 있는 일종의 변증법 혹은 '환원될 수 없는 긴장(irreducible tension)' (Wertsch, 1991, 1995)으로 간주했다. Lotman이 옳다면, Vygotsky와 Piaget가 의사소통에 관한 주장을 자신만의 방식으로 설명하는 만큼 이분법의 경향에 대항하는 추론에 두 학자가 몰두했다고 할 수 있다. 기능적 이원성이라는 Lotman의 설명을 소개함으로써, 이분법을 지향하는, 범람하는 경향들의 저지선을 소개하고자 한다.

이와 관련하여 Lotman이 기능 사이에 구분을 두었던 것은 본질적으로 분석적인 것이며 현실과는 괴리되어 있는 현상에 대한 존재론적 약속과 혼돈되어서는 안 된다는 것을 강조할 필요가 있다. 이 문제와 관련한 그의 접근방식은 우리가 상상할 수 있는 가장 기본적인 분석단위가 요소들로 환원될 수 없다고 주장했던 Bakhtin(1986)과 Vygotsky(1987)와 같은 학자들의 전통을 그대로 따르고 있다. 분석의 기본적 단위에서의 환원될 수 없는 긴장을 수용하는 것과는 대조적으로, 발달과 의사소통에 관한 진실을 감추고 있는 수많은 강력한 오늘날의 설명은 Lotman, Bakhtin, Vygotsky와 같은 학자들이 금지하는 것, 즉 내재적 변증법을 지닌 분석의 기본 단위를 기본적 요소로 환원하는 것이다.

그러한 환원주의적 경로를 추종하려는 경향은 보통 사람들이 취하는 문화적 모형에서뿐만 아니라 학술적으로 담론화된 이론에서도 만연하고 있다. 이러한 경향은 일반적으로 발달과 의사소통에 관한 모형이나 이론에 관한 현대 서구의 담론을 이끌어 주는 일종의 가치평가, 혹은 인지적 가치의 문제에서 비롯된 것이다. 이러한 인지적 가치는 환원될 수 없는 긴장을 내포하고 있는 가장 기본적인 분석단위는 적절하지 않거나 미학적으로 수용될 수 없는 것이라고 가정한다. 대신, 하나의 단위를 더 세부적인 요소로 분할할 수 있는 방법을 모색해야 한다.

가치평가의 양식과는 대조적으로 Bakhtin과 Lotman과 같은 학자들은 우리가 취하는 분석의 단위는 항상 모종의 '기능적 이원성' 혹은 '대화성(dialogicality)'을 포함하고 있다고 가정하고 있다. 많은 현대 서구 이론가들과 첨예한 대조를 이루는 이러한 가정에 순응하거나 수용할 준비가 되어 있는 분석가들도 있다. 외현적 진술과 내재적 가정에 반영된, 이 문제에 대한 입장은 발달이나 의사소통과 같은 이슈에 대한 이론이나 문화적 모형의 형식을 이해하는 데 있어 중요한 요인이다.

Piaget와 Vygotsky 모두 어떤 형식으로든 자신들의 접근방식에 변증법적 과정이 있다고 주장한다. 그러나 우리가 살펴본 것처럼, 그들은(혹은 몇몇 경우에 있어서는 이들 두 학자에 대한 해석자들은) 구체적인 이론적, 경험적 연구를 수행하는 데 있어 이러한 변증법적 과정을 숙지하는 데 어려움이 있는 것처럼 보인다. 양자택일의 형태로 문제를 공식화하는 함정에 빠지지 않는 가장 효과적인 방법은 접근방식에서의 주된 이론적 구인을 양자택일의 방식을 취하지 않도록 공식화하거나 재공식화하는 것이다. Vygotsky와 Piaget의 이론에 대해 논의할 때, 기능적 이원성에 기반을 둔 의사소통에 관한 Lotman의 설명을 소개함으로써 이러한 방법이 가능하다.

교육 분야에서 대화적 접근방식을 따르는 한 가지 처방은 수업(instruction)을 양자를 포함하는 과정으로 간주하는 것이다. 이러한 관점에서 볼 때, 수업에는 정보의 전달과 새로운 의미의 생산이 반영된다. 이 관점에서 교실에서의 의사소통은 다른 상황과 그다지 다르지 않지만, 교실은 단지 전달만이 발생하는 곳으로 간주되는 경향이 있다. 많은 연구자들과 교사들이 전달 모형을 명백히 거부하는 상황에서도 실제로는 사정, 검사, 평가를 위해서 교육의 전달 모형을 택하고 있다. 예를 들어, Strauss와 Shilony(1994)는 가르침에 대한 교사들의 생각이 압도적으로 전달 모형에 치우쳐 있음을 발견했다.

기능적 이원성에 기반을 둔 교수 접근의 예를 Nemirovsky(1994)의 저술에서 찾아볼 수 있다. 그는 수학 교육에서 "수학을 배운다는 것은 '잘못된' 법칙을 버리는 것뿐만 아니라 새로운 상징적 법칙을 배우는 것" (p. 3)이라는 지배적인 견해를 거부한다. Brown과 Burton(1978), Matz(1982)를 인용하면서, Nemirovsky는 그러한 접근이 교사의 역할에 대한 가정을 만든다고 주장했다. 즉 교사는 특정 유형의 수학문제를 풀 때 사용되어야 할 바람직한 법칙이나 절차를 학생들에게 전달해야 한다는 가정을 이끈다는 것이다. 이러한 접근에서는 법칙과 절차라는 것이 특수한 상황 내에서 발생하는 상징적 과정이라는 사실을 놓치게 된다고 Nemirovsky는 주장한다. 이 장에서 언급된 용어로 표현하면, 법칙은 단순히 전달되는 진실이 아니라 학생들에게는 자신들의 현재 행동과 협력할 수 있는 사고 기제라는 사실을 잃게 된다는 것이다.

Nemirovsky(1994)는 법칙들이 역동적인 과정에서 어떻게 작동하는지를 이해하게 되는 행위를 '상징화의 방법 학습하기' (p. 6)라고 명명한다. 그의 관점으로 보면, 그래프 분석과 같은 학습은,

> 어떤 특정의 상징적 절차를 모사할 수 있는지의 문제가 아니다. 그래프 분석이란 상징-사용의 양식이 특수한 맥락에서 자연적이고, 효과적이며, 의미 있는 행위로 등장하는 것으로, 여기에는 그래프의 형태와 그래프에 의해 표현되는 상황의 의미에 관한 관점을 발달시키는 것이 포함된다(p. 6).

더구나 이러한 관점의 발달은 단순히 교사에 의해서 이루어지는 것만은 아니다. 학생들은 일상생활에 관한 자신들의 이론과 상당히 적절한 표상을 지닌 채 학급에 온다. 학생들은 수학이나 다른 형태의 의문에 대해 '아무런 생각 없이' 접근하는 것이 아니라 때로는 그들이 발견할 것에 대한 '명확하고도 광범위한 기대' (p. 37)를 품고 있다. 이러한 기대들이 수학적 설명으로서는 부적절할 수도 있지만, 학생들이 조작하는 실세계의 관점에서 본다면 '틀린' 것도 아니다.

수학적 개념의 학습 상황에서 교사가 제공해야 할 것은 학생들이 스스로 해석해야 하는 상징적 행동, 학생들의 기대에 항상 맞아떨어지지는 않는 행동에 대한 해석이다. 학생들이 수학적 기호체계의 법칙을 그들 자신에게 의미 있는 방식으로 사용할 수 있는 기회를 갖는 학생들의 관점에서 '혼란스럽고 의미 없는 상징적 행동들' (Nemirovsky, 1994, p. 39)에 직면함으로써 학습이 이루어진다. Nemirovsky에 따르면 가장 훌륭한 교사와 학습 환경은 '학습자가 자신에게 낯설고 혼란스러운 상징적 행위를 이해하기 위해 이미 알고 있는 것을 수정하도록 장려하는 상징-사용의 기회' (p. 40)를 제공하는 것이다. 이러한 과정 내에서 교사는 전적으로 지식의 전달자도 아니며 또한 단순한 대화의 상대도 아니다. 교사는 학생들이 수학적 법칙의 사용을 학습하는 데 있어 결정적인 역할을 한다.

이러한 접근방식을 '대화적' 혹은 의사소통에 있어서의 '기능적 이원성' 모형을 사용하는 접근의 예로 간주하게 하는 것은 이러한 접근방식이 의사소통의 전달기능과 사고 기제의 기능 모두를 핵심적인 것으로 간주하고 있기 때문이다. '수학 학습'이란 교육적 목표를 수업의 중심에 둘 때, Nemirovsky의 접근은 전달 모형을 다시 생각하게끔 한다. 수학의 '법칙' 은 학생들이 의미 있는 행위로서 그 법칙을 사용한다는 전제하에 의미가 있다고 주장하면서, 그는 그러한 법칙이 단순히 안정적인 의미 체계의 부분이라기보다는 '사고 기제'라고 간주한다. 더구나, 이 특수한 접근방식은 의사소통의 양자 포함 관점에 내포되어 있는 긴장에 관해 무엇이 생산적인지를 드러낸다. 학생들 자신의 의도와 목적을 수학적 사고의 중요한 부분으로 간주함으로써 법칙은 원래의 기준 정의보다 더 큰 가치를 갖는다. 학생들이 탐구활동을 통해 목표를 달성하기 위해서는 그래프와 차트 같은 상징을 학습하기 위한 수학 법칙의 정의를 이해하는 것 그 이상을 경험해야 한다.

우리의 논의가 Piaget와 Vygotsky에 있어서의 양자택일의 경향을 거부할 적절한 대안을 제시하지 못했다거나 혹은 우리의 주장을 예시할 만한 교수 절차의 적절한 예를 제시하지 못했다고 할 수도 있다. 그러나 이 문제에 관한 개인의 입장과는 상관없이 우리는 다음과 같은 보다 더 일반적인 의문을 고려할 필요가 있음을 밝힌다. 양자택일의 경향이 발달과 의사소통에 관한 이론적, 문화적 모형에 우선할 수 있는가? 만약 그러하다면 이 양자택일의 형태로 설명을 공식화하는 경향에 어떻게 효과적으로 대응할 수 있는가? 이들 의문을 설명하기 전에는 당위와 존재를 혼동하는 오류를 범하지 않은 방식으로 교육과 발달심리의 수많은 이론적, 실천적 이슈를 공식화하기는 어려울 것이다.

감사의 글

이 장은 Spencer 재단의 지원을 받아 작성되었다. 여기에서 밝힌 내용은 전적으로 저자들의 책임이다.

제20장
장르 중심 정신 모델의 교육적 함의: 텍스트 이해의 해석적 인지

CAROL FLEISHER FELDMAN
DAVID A. KALMAR

인지혁명 이후 인지심리학은 컴퓨터 모델링에 가장 적합한 인지의 측면—전후 상황(그리고 더 나아가서는 문화)과는 독립적이며 의식적으로 경험되지 않고 의미론이나 의미에 근거하기보다는 구문론에 지나지 않는 인지의 측면으로 교체되고 있다는 것이 그 분야 연구자들(특히, Brunner, 출간 중)에 의해 관찰되어 왔다. 문화적 상황에서의 일상 경험에 중점을 두기 때문에 일부 심리학자들에게는 대단한 관심거리였던 다른 인지 과정에는 사물의 의미가 관련되어 있어 컴퓨터 모델로는 그 과정을 만족스럽게 포착하기가 불가능하거나 어렵다. 이러한 견해를 컴퓨터의 옹호자(Fodor, 1980)와 반대자(Searle, 1982) 양쪽에서 모두 인정하고는 있지만 모든 관찰자가 동의하는 것은 아니다. 예를 들어 Boden(1990)은 사고에 대한 컴퓨터 모델이 적어도 일상생활에서 의미에 기반을 둔 과정의 주된 개요를 포착하는 데는 적합하다고 생각한다.

컴퓨터에 기반하여 이러한 과정을 설명할 수 있다는 Boden의 희망은 그녀가 그러한 방법으로만 인지심리학이 진짜 과학적이 될 수 있다고 상상하기 때문일 것이다. 일상생활의 해석적 과정에 대하여 컴퓨터-기반 연구만을 과학적인 것으로 인정할 수 있다는 주장이 인지과학자들과 인지에 관심을 가진 과학철학자들 사이에 만연해 있다. 물론 여기에도 예외는 있는데, Nagel(1986), Searle(1992), Penrose(1990), Putnam(1990), Toulmin(1990)과 같은 학자들이 해당된다. 최근까지도 의미의 인지(cognition of meaning making)는 심리학에서 거의 주목을 받지 못하고 있다(Bruner, 1990).

그러한 프로젝트의 길목에는 심오한 철학적, 참으로 형이상학적인 난관이 버티고 있었다. 실증적 심리학과 철학 모두에 있어 알려진 견해의 주류는 심오한 종교적/과학적 믿음의 파편으로, 실제적 검증도 없이 세상에서 실제로 존재하는 것은 물리적인 것이라는 물리적 일원론의 형이상학을 수용해 왔다. 관념론이 학문적 영역에서 사실상 사라진 현재, 남아 있는 대안으로 정신과 육체에 동일하게 사실성을 부여하는 Descartes의 이원론이 있을 뿐이다. 그러나 이러한 이원론 또한 현대의 철학 이론에서 그 권위를 상실하게 되어 분명치 않은 정신(fuzzy-mindedness)이라는 오명을 지니고 있다.

따라서 정신, 사고, 이해와 같은 것은 그러한 것의 물리적 실체가 규명되기 전까지는 무가치한 환상에 불과한 것으로 비쳐진다(Stich, 1983; Dennett, 1991 참조). 행동주의가 과거의 위세를 상실하고 있다 하더라도 실증주의는 인지가 뇌나 기계 혹은 경우에 따라서는 보다 은유적으로 그러한 것을 작동하게 하는 프로그램 형태의 물질적 표현에 있어서만 인지가 가능하다고 주장하면서, 여전히 우리들 곁에 남아 있다. 이러한 이유들로 철학적 사고와 심리학적 사고를 지배하는 광범위한 실증주의적 시대정신에 의해 인지과학으로의 선회는 지나치게 결정되어 있다.

심지어 일상생활의 경험을 학문적 관심이 필요한 핵심적인 인지 관련 주제로 간주하는 인지심리학의 대조적인 견해(Gergen, 1991; Shweder, 1991)에서는 철학적인 주류의 견해, 즉 해석적 경험이 비현실적이라는 것이 아니라 그러한 경험은 관점의 변화에 따라 계속적으로 변화하는 것이기 때문에 체계적인 과학적 검증을 영원히 제외시켜야 한다는 견해와 비슷하다. 이러한 사실로 인해 '관망하는 사람들' 은 어떤 류의 연구 노력이 자신들의 학문 영역과는 관련이 없는 것으로 간주하게 되었다. 처음에는 물리주의자들에게 용인되기 어색했던 것이 일치와 불일치를 정의하는 강력한 시대정신으로 인해 더욱 의미 있는 것으로 간주된다.

우리는 해석적 인지에 대한 실증심리학이 과학적으로 유용한 용어를 쓰지 않을 이유가 없다고 본다. 그러나 굳이 모순어법은 아니지만, 최근에 실행 가능한 경험적 연구에 철학적 의미를 부여하기 위해서는 비실증주의적 과학철학에서의 연구를 필요로 할 것이다.

인류학은 의미 체계에 지속적으로 관심을 가져 왔다. 인류학에서의 흥미로운 연구들(d' Azevedo, 1962; Duranti, 1993; Ochs, Smith, & Taylor, 1989; Rosaldo, 1980; Sansom, 1982)은 Geertz(1973)에 의해 접근방법의 주류로 인정받으면서 의미 만들기 과정에 대한 자체만의 과학적 기술방법을 개발했다. 엄격한 의미에서의 심리학자들은 인류학적 텍스트의 민감성과 심리학적 방법을 혼합하는 패러다임을 개발하려고 노력하고 있다. 우리 연구소 또한 그러한 노력의 중심에 있다.

이해의 인지심리학

문화심리학 내에서의 중요한 과정은 의미를 담고 있는 행동이다(Bruner, 1990). 정통 철학과 심리학에 부담이 되는 정신적 행동의 형이상학적 상태는 잠시 접어 두고, 세상의 사건을 해석하거나 의미를 부여할 때 사람들이 겪게 되는 과정이 무엇인지에 대해 경험적인 의문을 제기할 수 있다. 이해추론과정의 전방위적 초점과는 대조적으로 해석은 예측이 아니라 후방위적 회고에 초점을 맞추는 경향이 있다는 점(Feldman, 1994)이 지적된 바 있다.

그러나 과학적으로 기술되는 정신적 사건 그 자체가 과학적이 아니라는 사실은, 그러한 정신적 사건이 과학적 용어로 기술될 수 없다는 것을 의미하는 것은 아니며, 이것은 우리 학문 영역의 문헌에서 통상적으로 잘못 이해되고 있는 문제이기도 하다. 이와 같은 잘못된 이해는 과학적 연구의 접근에는 과학적 인지만이 가능하다는 (일반적으로 분석되지 않은) 믿음과 다를 바 없다. 그러나 이러한 결론은 두 가지 다른 차원의 사고, 즉 과학자나 이론가의 사고와 연구되는 주제에 대한 사고를 융합하는 것이다. 이 일반적인 문제가 인지가 의미 발달의 문제로 선회하기 이전부터 존재해 왔다는 것은 흥미로운 일이다.

Piaget의 전성시대에서조차, Feldman과 Toulmin(1976)은 형식적 조작 이론에 관한 주장에서의 이들 수준의 혼란을 지적했다. Piaget가 주장하는 청소년기의 과학적 사고에 대한 과학적 묘사는 논리학자 네 집단의 형태를 지닌 것인가, 아니면 청소년 자신의 묘사인가? 경우에 따라서는 이 두 가지 형태의 묘사는 자세하게 구별되지 않았다. 그럼에도 불구하고, 아동의 과학적 사고에 관심을 지닌 Piaget와 관련 있는 혼란은 과학적 인지심리학의 가능성에 관한 의구심을 유도하는 정도에 이르렀다. 반면 사고의 비과학적 형식을 관찰하는 데 초점을 맞춘 해석적 혹은 내러티브 인지 입장에 있어 이러한 수준의 혼란은 과학적 프로젝트 자체를 불가능하거나 심지어 모순으로 보이게 한다.

일단 의미의 행위를 풀어 나가면 그러한 행위의 과학적 불가해성은 사라진다. 의미 발달 그 자체가 과학적 사고의 패턴과는 전혀 다른 내러티브 패턴을 따르는 것이긴 하지만 과학자들은 그들 자체의 방법으로 의미 발달을 묘사하고자 한다. 이러한 과학적 방법이 문제가 없다는 것이 아니다. 왜냐하면 의미 발달에 대한 과학적 설명이 일반적인 과학적 작업의 경우가 아니기 때문이다. 그럼에도 불구하고, 새로운 맥락에서 과학적 묘사의 핵심적 양상을 보존하는 것은 가능할 것이다. 예를 들어, 의미 발달이라는 것 자체가 회고적 과정이긴 하지만 의미 발달에 대한 예측적인 과학적 설명을 하는 것은 가능할 것이다.

예를 들어, 과학적 사고의 예측적 기술이 설명(explain)을 위한 시도로 나타난다면, 일상생활의 회고적 해석적 기술은 이해(understand)를 위한 시도로 보일 수 있다. 이러한 구분은 von Wright(1971)가 매우 흥미롭게 논의한 바 있으며 또한 이전에 Lewin이 『성격의 역동적 이론(*A Dynamic Theory of Personality*)』(1935)에 제시한 전제이기도 하다. 그리고 von Wright와 Lewin은 각각 Galileo와 Aristotle에게 영향을 받았다. 이와 같은 맥락에서 두 가지 양식(mode)은 과학자들의 이론적 설명의 대안적 형태로 보일 수 있으며 본 연구에서는 이러한 양식을 새로운 영역, 즉 일상 정신생활의 형태로 확장하고자 한다. 이러한 확장은 단순히 은유적인 것은 아니며 보다 일반적으로는 예술에서처럼 과학자들의 기술이 일상생활에서는 평이한 설명으로 모방된다. 그리고 이 경우에 있어 형식 과학은 일상생활에 의해 마찬가지로 영향을 받을 수 있다. Aristotle와 Galileo의 이론에서 대체로 사람들에게 자연스러운 보다 추상적인 수준 양식의 사고에 어떠한 의혹의 여지도 없다. 어떤 경우에서도 이 양자는 보통의 사람들에 의해서 일상생활에서 다양한 종류로 묘사된다. von Wright의 용어로 표현하면 우리의 관심사는 다음과 같다. 우리는 심리과학이 우리들에게 일상생활에서의 사건에 대한 보통 사람들의 Aristotle적 이해를 Galileo적으로 묘사해 주기를 바란다. 우리는 이제 핵심적인 인지행위로서의 의미 만들기에 관심을 갖고자 한다.

학교에서의 텍스트 이해

이해에 관한 인지적 과정이 핵심적인, 그리고 참으로 강력한 관심사가 되는 영역은 교육 영역, 특히 읽기 지도에 있다. 읽고 쓰는 능력의 문제는 매우 중요하며 특히 그 문제의 본질은 아이들로 하여금 이해하며 읽도록 교육하는 데 있다. 그러나 이해라는 것이 무엇인가? 이해를 어떻게 가르칠 수 있는가? 이러한 질문은 난해하며 오늘날 교육 분야에서 가장 사려 깊은 일부 학자들의 관심을 끌어 왔다(특히, Snow & Dickinson, 1992; Palincsar & Brown, 1984 참조).

텍스트를 이해하는 것과 관련 있는 것은 무엇인가? 먼저 전문가들—문학비평가와 그들이 하는 일을 재고하는 일부터 출발할 수 있다. 문학비평가가 결코 될 수 없을 것 같은 아이들이라 할지라도, 아이들의 텍스트에 대한 이해는 전문적 이해의 기구(apparatus)와 몇 가지의 특징을 공유하고 있다. 그러나 전문가들은 내러티브적 해석의 도구를 지니고 있다. 이러한 내러티브적 해석은 일상적 학교에서는 거의 채택되지 않았던 단계다. 실제 이것은 다음에서 언급할 교육에서의 뿌리 깊은 관행과 충돌하는 것처럼 보인다.

Snow(1990)는 묘사(description)에서 스토리텔링으로의 이행이 세부적인 내용을 어떻게 바꾸는지 보고했다. 그림을 묘사하는 과제가 주어진다 하더라도, 일부는 자발적으로, 학교에서 최근에 해 왔음직한 그림에 대한 이야기를 하기 시작한다. 이것은 묘사로부터 내러티브로의 장르 이행이라고 이해할 수 있다. 비록 일부 세부사항이 누락되기는 하지만 일부의 내용은 보다 더 정확하게 강조되고 따라서 핵심적인 내용이 종종 더 잘 전달된다는 점을 Snow는 지적한다.

Palincsar와 Brown(1984)은 관련 연구 결과를 보고한 바 있다. 이들은 기술적(technical) 산문 문장을 접한 초보 독자(novice readers)들에게 주어진 문장이 어떤 질문에 대한 답변인지를 알아내도록 하는 읽기 프로그램을 만들었다. 일단 정확한 질문이 제시되고 나면 독자들이 세부적인 사항을 파악하고 상대적으로 덜 중요한 세부사항으로부터 중요한 세부 내용을 구분하는 것은 쉬운 일이었다. 질문하기는 해석에 적합한 내러티브 구조를 부여하는 것으로 간주될 수 있다.

장르는 기본적으로 내러티브 범주 혹은 내러티브적 유형이며, 내러티브적 범주는 해석자가 텍스트 내에서의 구체적인 사건을 이해하는 데 도움이 되는 형태로 텍스트에 부과되는 것이다. 이 장 뒷부분에서 보다 상세히 보고될 우리의 데이터를 포함하는 일례를 든다면, 생일 파티(긴 부츠에 술을 부어 마시는 무시무시한 경험을 같이 하자는 흉측하게 생긴 러시아인과 함께 하는) 초대에 대한 의미를 어떻게 해석해야 할 것인지의 결정은 그 이야기가 허구인지 혹은 자서전인지를 결정하기 전까지는 불가능하다. 픽션 구조에서는 그러한 초대가 재미있는 일이 되겠지만, 반면 자서전에서의 그러한 상황은 위협적인 것이다. 더구나 허구의 상황에서는 그러한 초대로 인해 이야기가 재미있는 하루로 전환될 수 있지만, 자서전 상황에서 그러한 초대는 결코 전환점이 될 수 없다. 오히려 자서전 상황에서의 전환점은 음주가 시작되는 바로 그 순간이다. 평온한 상태를 교란시키고 하루를 공포의 날로 전환시키는 것은 러시아식 음주 자체다.

장르 구조가 없는 내러티브적 사건은 기본적으로 이해 불가능하다. 그러나 그러한 상황이 이 경우에만 적용되는 것은 아니다. 왜냐하면 뼈대가 되는 이론이 없는 고립된 과학적 진술이나 관찰 또한 마찬가지이기 때문이다. 이러한 담론 구조는 항상 다른 구조의 예시이기 때문이다. 담론 구조는 일면에서는 다른 구조가 어떤 의미를 함유하고 있는가에 대해 가르쳐 준다. 다른 구조들이 예시하는 장르(혹은 질문, 혹은 이론)가 알려져 있지 않거나 발견될 수 없다면, 우리는 아무런 의미도 만들어질 수 없는 것에서 의미를 만들라고 독자에게 요구하는 꼴이 되고 만다.

인지 모델로서의 문학 장르

장르 분류법은 폭넓게 변화해 왔다. 진지한 장르 이론의 본원(fons et origo)은 비극에 대한 Aristotle의 논의에서 찾을 수 있다. 현대 가장 중요한 장르 이론가 Northrop Frye(1957)는 화자/작가와 관객/청중 사이의 차이에 기초하여 서정시, 서사시, 드라마, 픽션으로 분류했다. 장르에서 역사적 변화도 있었지만(예를 들어, 소설의 등장은 최근이다), 일반적으로 모든 시대에 걸쳐 특수한 장르에 대한 정의는 작문 기준으로서 충분히 폭넓게 수용되어 왔다(Cuddon, 1991; Fowler, 1982).

그러나 한편으로는 Frye의 분류법이 장르 분류법에 있어서 마지막이라고도 할 수 있는데, 그 이유는 Frye의 분류 이후로 대략적으로 말하면 장르의 중심이 텍스트에서 인지로, 그리고 작가에서 독자로 이행되었기 때문이다. 장르는 독자들에 의해 텍스트를 추론하는 과제를 초래하는 것으로, 심지어 독자의 이해의 방향을 따라 텍스트를 구성하는 것으로, 혹은 Fowler가 지적했듯이 비둘기집보다는 비둘기를 연상시키는 것으로 보인다. 그러나 인지적 장르 독자들이 마음에 지니고 있는 것은 자신들의 문화적 환경에서 보는 문학의 패턴과 완전히 결별할 수는 없다. 그러한 패턴은 문화적 환경으로부터 발생하는 것이다. 아마도 변화된 것은 기준 형태에 부과하는 힘일 것이다—즉 규범적인 것이기보다는 묘사적인 것으로 간주하는 것이다.[1] 어떠한 경우에서건, 장르는 텍스트 그 자체에서 그리고 문화화된 독자들의 마음속에 따로 존재하는데 이것은 장르들이 문화에 폭넓게 침투되어 있고 그러한 문화권 속에 있는 저자와 독자들에게 정보를 제공하기 때문이다.

Bakhtin(1986)과 같은 학자들이 지적하였듯이, 내러티브 장르의 전체 세트가 담론 유형의 아류, 즉 문학에서 발견되는 담론의 패턴으로 보일 수 있다. 이러한 방식으로 간주될 때, 담론 유형은 교실에서의 수업에 지극히 핵심적인 과학적 저술과 같은 문어적 텍스트 또한 포함할 것이다. 게다가 담론의 유형은 엄격히 구전 문화권(oral cultures)에서의 문예의 수준을 상승시킬 구전 담론 유형도 포함시켜야 할 것이다. 예를 들면 일롱고트(Ilongot) 부족 사이의 수사(Rosaldo, 1980)를 들 수 있다. 그리고 마지막으로, 담론 유형에는 교실에서의 대화의 산문적 구전 담론 패턴도 포함되어야 할 것이다.

이 모든 담론 유형이 해석을 필요로 하는 인지적 모델의 후보다. 왜냐하면 어떤 유형의 담론이라도 일정 패턴을 따른다면 그리고 독자들이 그러한 패턴을 읽어 낸다면, 그 패턴은 독자들의 지식의 일부가 되고 '내재되어' 있다가 인지적 모델 혹은 구성 틀이 되는 것이다. 이러한 과정을 통해, 예컨대 일상적 대화의 담론 패턴, 과학적 글쓰기, 혹은 심지어 교실에서의 이야기뿐만 아니라 문학 장르조차도 해석을 유도하는 정신적 모델이 될 수 있다. 이러한 문화에서 집필된 문학의 장르가 그러한 틀의 매우 핵심적인 사례라고 한다면, 그것은 아마도 그 구성원들이 수세기 동안 전문가인 학자 집단에 대해 관심을 가져왔으며, 그 결과 구성원들이 문화 전반을 통해(즉, 심지어 일상인들의 문화에서조차도) 두드러진, 심지어 규범이 되는 형태로 특징지었기 때문일 것이다.

학교에서 장르 가르치기

일반적이지는 않지만 일부 고등학교 영어 수업에서는 장르 유형에 주목하여 예문을 읽고 때로 그러한 예문의 특징적 패턴을 가르친다. 우리는 그러한 수업이 더욱 빈번해지기를 바란다. 이러한 맥락에서 볼 때, 우리가 이 글의 주제로 주목하고 있는 장르에 대한 어휘가 이상하게 사라져 버렸다는 것은 그다지 놀랄 만한 일이 아니다. 그들이 어떠한 이야기를 들었는지 물었을 때 무엇이라고 대답해야 할지 아이디어를 거의 갖고 있지 않다. 그들은 처음에 무슨 이야기를 했었는지도 종종 기억하지 못한다. 그럼에도 불구하고, 어휘학을 공부했든 아니든 상관없이, 대학 교육을 받은 대상들은 규범적이며 두드러진 이야기 유형을 지니고 있다.

문학 장르에 관한 집중적인 관심을 차치하더라도, 교실은 교사와 학생들이 한 주제와 과제에서 다른 주제와 과제로 넘어가게 됨에 따라 장르 유형에 대한 정보의 흐름을 제공할 수도 있다. 개별적인 과제와 주제가 그 자체의 두드러진 담론의 틀을 갖고 있기 때문이다. 교사는 이러한 틀을 드러나게 할 수도 있고 실제로 구성 양식으로서 담론의 패턴을 가르칠 수도 있다. 이러한 사실은 예술에서와 마찬가지로 과학과, 그리고 역사에서와 마찬가지로 수학과 관련이 있다. 교실에서의 모든 일은 담론의 틀 안에서 이루어진다.

교사들은 교실에서 교사와 학생 간의 이야기와 기본적인 독서 자료에는 장르가 없는 것이라고 생각하는 경향이 있다. 그러나 교실에 존재하는 장르는 목표에 따라 고도로 패턴화되어 있다. 교실 밖 교사의 말하기에서 나타나는 공통적인 형식적 동사(verb)가 대체로 교실 담론에서는 빠져 있다는 것이 초기 연구(Feldman & Wertsch, 1976)에서 지적된 바 있다. Latour와 Woolgar(1986)는 과학적 논문의 담론과 연구실에서의 대화(talk)가 이와 유사한 방식으로 차이가 있다고 지적한다. 교실에서의 담론 패턴은 광범위하게 공유되고 있는 교육적 이상(ideal)에 의해 지지를 받고 있다. 즉 교실의 수사법을 제거하고 교실에서의 대화(그리고 텍스트)는 '내포된' 정보에 초점을 맞추려고 한다.

그리고 또 다른 문제가 있다. 교사들이 교실에서의 이야기와 텍스트를 장르가 없는 것으로 인식하거나 혹은 다른 이유에서 그렇든 간에 교실에서의 담론은 보통 어떤 특정한 유형의 글이나 말로 표시되지 않으며 따라서 교실의 아동들은 그들이 작업하고 있는 것이 어떤 장르인지를 아는 경우가 거의 없고 이러한 현상은 시행착오를 통해 알게 되기 전까지는 계속된다. 아동들은 '장르'에 대해 배우지 않고 '내포되어 있는 정보'를 이해해야 한다.

지속적인 것은 아니라도 이러한 교실에서의 언어 형태는 장르가 없는 것처럼 보일 수 있지만, 한편으로는 최상의 혹은 최고의 담론의 유형(즉 가장 추상적이고, 탈맥락적인)으로 보일 수 있다. 그러나 교실에서 발견되는 탈맥락적 담론의 유형은 과학적 사고나 혹은 보다 일반적으로 추상적 사고를 지지하는 유일한 혹은 심지어 최상의 언어 유형이 아닐 수도 있다. 문맹인들에게는 우리 문화권에서의 젊은이들처럼(Feldman, 1992), 예술의 구전적 형태가 추상적 사고를 지지하도록 발달될 수도 있다(Feldman, 1991). 나쁜 장르가 아동의 마음으로부터 좋은 장르를 쫓아버린다는 추론적 개념은 명백히 잘못된 것이다(동일한 종류의 추론이 하와이 학생들의 두 가지 방언과 관련하여 유행한 적이 있었다. Feldman, Stone, Wertsch, & Strizich, 1977; Dyson, 1995 참조). 간단히 말해, 우리는 탈맥락적 담론과 과학적 글쓰기에 대해서 너무 걱정해 왔으며 보다 알기 쉬운 또 다른 장르를 지지하는 데에는 실패했다.

하나의 법칙이 현재 존재하고 있는 해석적 틀을 지배하게 됨으로써 실제로 우리가 학교에서 사용하고 있는 몇 안 되는 것까지 포함해서 어떠한 유형의 담론의 틀도 가르치지 못하고 있다는 사실은 매우 중요하다. 교실 텍스트를 특정 유형의 텍스트로 알 수 있도록 도와주는 문화적으로 보다 풍요한 가정환경의 아동들에게 담론 패턴의 신비가 쉽게 이해될 수 있다는 사실이 놀랍지는 않다. 우리는 보다 폭넓은 장르 유형에 노출되는 것이 중산층 아동이 가지는 언어적 이점의 근원이라 믿으며, 단순히 가정에서의 대화가 교사가 사용하는 교실 대화의 탈맥락적 장르보다 더 특별한 것을 포함하고 있다고는 가정하지 않는다. 교육 수준이 높은 중산층 가정은 탈맥락적 대화를 더 많이 하는 경향이 있으며, 이러한 대화에 노출된 아동은 학교에서 그러한 것들을 들을 때 도움이 된다. 그러나 이러한 설명이 충분한 것처럼 보이지는 않는다. 사실상 중산층의 아동들은 현대 생활에서의 읽고 쓰는 능력에 기반을 둔 문화적 도구를 쓰면서 훨씬 더 폭넓은 장르에 노출되기 때문이다.

중산층 가정 아동이 가정에서 다양한 장르를 접함으로써 학교에서 도움받게 될 것이라고 어떻게 생각할 수 있으며, 학교에서 동일한 구체적 장르를 접하지 않는다면 어떻게 되는 것인가? 우리는 그러한 노출을 통해 장르의 틀을 깨닫게 되고, 이것은 다시 아동으로 하여금 교실 대화에서 다양한 담론 유형을 구별할 수 있도록 해 준다고 본다. 아동들은 교실에서의 담론의 일부 영역을 배우지 않거나 심지어 표시되어 있지 않더라도 통상적으로 이러한 문제를 스스로 인식하기 때문에 매우 고무적이다.

교실 담론의 틀과 폭넓은 유형의 문학적 장르에 대해 가르치는 것은 중산층 아동보다는 덜 혜택 받은 또래들에게 분명 이로울 것이다. 이러한 이해의 문제가 이제는 사회계층으로까지 연결된다. 중산층의 부모들이 집에 머무르는 시간이 줄어들고 심지어 의식처럼 여겨졌던 저녁식사 시간의 대화조차 중산층 가정에서 빠른 속도로 사라지게 됨에 따라 일상생활에서의 구전 장르가 축소되고 있다는 것에 대해서는 의견이 다양하다. 이러한 문제에 관해서는 이 장의 후반부에서 언급할 것이다.

다음 절에서는 텍스트를 이해하기 위한 몇 가지 정신적 모델을 예시하는 일련의 연구를 다루고자 한다. 다음 절에 제시할 연구를 통해 장르 지식의 인지적 패턴에 관해 경험적 탐색을 하고자 한다. 이러한 패턴 중 어느 것도 단독으로서는 해석적 인지의 본질을 묘사하지 않으며, 또한 모든 것의 조합 또한 본질을 묘사하지는 못한다. 오히려 이들을 동시에 고려함으로써 과학적 연구가 이 영역에서 발견하기를 원하는 것의 몇 가지 종류에 대해 기초 자료를 제공할 수 있을 것이다. 이러한 방법으로 방법론적인 이슈의 본질적인 문제가 부각되고 그러한 점을 다루는 것은 과학의 절차를 의미 만들기의 영역으로 연장하고자 하는 일부 학자들의 관심을 이끌 수 있다. 우리는 이러한 연구를 이해의 경험적 인지심리학을 향한 첫걸음으로 제시한다.

장르 지식에 관한 경험적 연구

이야기(story)에 장르를 명명(genre label)하는 것만으로도 사람들이 이야기를 이해하고 해석하는 방식을 변화시키기에 충분하다. 예를 들어, 주어진 이야기가 자서전적인 것인지 허구인지에 대해 성인들은 이야기를 듣고 나면 해석에서 패턴화된 차이를 보인다는 것이 발견되었다. 유사하게, Kalmar(1996)는 이야기가 스파이 이야기 혹은 여행담으로 분류될 때 성인들의 해석에 있어서 차이가 있다는 것을 발견했다. 장르를 분류하는 것 자체만으로도 주체가 이야기를 이해하는 방식을 안내할 수 있다고 할 때, 주체는 과제가 주어졌을 때 장르의 패턴을 이미 '알고' 있다고 생각해 볼 수 있다.

사람들이 자신들의 인지적 도구를 통해 장르에 접근할 수 있는 길에는 적어도 두 가지가 있다. 한 가지 방법은 위에서 언급한 연구에서처럼 장르 분류를 통해서다. 두 번째 방법은 하나의 장르에 두드러진 텍스트의 특징을 통해서다. 즉, 독자는 이야기의 초반부에 장르 특유의 특징을 보거나 듣게 된다('옛날 옛적에 ……가 살았는데……'). 이 경우 독자는 여러 인지 모델 중에서 적합한 장르 패턴을 선택하게 된다는 것을 알 수 있다. 텍스트의 특징이 이야기가 이해되는 방식을 어떻게 안내하는지의 예가 Feldman, Bruner, Renderer 그리고 Spitzer(1990)에 의해 보고된 바 있다. 그들은 현대의 이야기로 씌어진 두 개의 다른 조망을 묘사하는 것으로부터 시작한다. 하나의 조망은 행위의 조망, 즉 이야기에서 보고되는 행동 사건의 패턴화된 순서다. 다른 조망은 의식의 조망, 즉 이야기 속 등장인물이 지각하고 느끼고 마음에 품는 세상이다. 그러한 텍스트의 특징이 이야기의 다양한 유형 혹은 장르를 구성할 수 있다.

그들의 연구에서는 동일한 이야기에 대한 두 개의 다른 번안(version)이 사용된다. 원래 쓰인 이야기의 하나는 '의식(conscious)' 번안이라고 불린다. 이 번안은 행위의 조망과 의식의 조망 모두를 포함하고 있다. 또 다른 번안['비의식(nonscious)' 번안]은 의식의 조망을 내포하는 정신적 언어를 삭제하며 만들어진 것이다. 이야기의 두 가지 번안을 듣는 주체 간에 흥미로운 차이가 나타났다. 의식의 번안을 듣는 이들은 이야기에 대한 해석을 주인공의 심리적 상태에 맞추어 패턴화했다. 그들은 또한 보다 자주 설명을 하고 주어진 것보다 더 많은 정보를 보고했다. 반면 비의식 번안을 들은 이들은 행위에 초점을 맞추었다. 그들은 또한 개별 행위를 줄거리에 짜여 있는 것으로 보고 전반적인 저자의 의도를 인식했다.

이 장에서는 다양한 연령대에 있는 사람을 대상으로 인지적 장르 모델을 환기시키는 몇몇 연구를 제시할 것이다. 일부 연구는 장르 분류를 사용할 것이고 또 다른 연구는 장르를 환기시키는 수단으로서 텍스트적인 자극을 사용했다. 모든 연구에서 연구 대상은 읽어 주는 이야기를 듣고 다양한 해석적 질문, 즉 '그 이야기에서 가장 중요한 것은 무엇인가?' 와 같은 질문에 대답하도록 했다. 보통의 경우에 그 이야기를 다시 말해 보도록 요구받기도 했다. 모든 실험 대상자의 반응은 녹화되고, 이야기에 대한 대상자의 이해의 단서를 얻기 위해 다양한 방법에 의해 분석될 수 있는 대상자의 말 그대로를 전사했다. 첫 번째 연구에서는 하나의 내러티브를 '자서전

(autobiography)' 혹은 '허구(fiction)' 라는 두 가지 다른 장르로 분류함으로써 나타나는 영향을 탐색했다.

35명의 초등학생에게 Primo Levi의 『멍키 스패너(*The Monkey's Wrench*)』의 발췌본을 읽어 주었다. 이야기 속에서 Falcone와 이름 없는 해설자는 러시아 여행 중 보트 여행을 하기로 결심한다. 보트를 기다리는 동안 그들은 Rasnitsa라는 러시아인을 만나게 된다. Rasnitsa는 그날이 그의 생일이라고 말하고는 두 여행자를 손님으로 초대한다. 일단 보트에 오르고 난 후 두 여행자들은 험상궂은 Rasnitsa의 친구들을 만나게 되고 그 친구들은 두 여행자에게 지나치게 술을 권한다. 그 이야기는 해설자가 점점 더 술에 취하게 되고 그것을 점점 더 걱정하게 되는 것으로 끝난다.

실험 대상자의 절반(18명)에게 "이 이야기는 자서전이며 기억에서 발췌한 것이다"라고 말해 준다. 다른 절반(17명)에게 "이 이야기는 허구이며 소설에서 발췌한 것이다"라고 말한다. 이야기를 읽고 난 다음 대상자들은 다음의 8가지 질문에 대답한다.

1. 먼저, 이야기 속 장면을 어떻게 보았는지 여러분 자신만의 언어를 이용하여 말해 보라.
2. 이야기의 이전(before) 내용은 무엇일까?
3. 왜 그것이 이 내용의 앞에 있었을 것이라고 생각하는가?
4. 이 내용 다음에 어떤 내용이 전개될까?
5. 왜 그렇게 생각하는가?
6. 이야기의 주인공에 대해 어떻게 생각하는가? 그들은 어떤 사람들일까?
7. 그들이 이 장면 뒤에 어떻게 되었을까? 어떻게 되기를 원하는가?
8. 이 장면을 통해 저자가 이루려고 했던 것이 무엇이라고 생각하는가?

분류	장르 언급	
	아니요	예
자서전	8	10
허구	15	2

질문 1, 6, 8에서는 연구 대상자들에게 텍스트의 장르와 관계가 있다면 언급하도록 했다. 이들 질문에 대한 반응을 검증했을 때, 허구라고 알려 준 집단보다 자서전이라고 알려 준 집단에게서 장르에 대한 언급이 더 많이 나타났다($x^2(1)=7.44$, $p<.01$). 이것은 허구보다 자서전으로 이름 붙은 경우가 보다 더 구체적인 장르를 환기시킨다는 것을 의미한다.

연구 대상자들이 그 이야기가 사실인지 혹은 지어낸 것으로 받아들이는지에 관한 응답도 코딩되었다.

분류	이야기 유형	
	사실	지어낸 이야기
자서전	7	11
허구	2	15

연구 대상자들이 그 이야기를 허구인 것으로 간주하는 경향이 많았던 반면, '자서전' 집단의 대상자들이 그 이야기를 사실로 간주하는 편향성도 나타났다. 이 차이는 통계적으로 유의미하게 근접해 있다($x^2(1)=3.37$, $p<.07$). 다만 이 결과는 대상자들에게 있어 자서전이 다듬어진 내러티브 형태라기보다는 단순히 보고서적인 것이었음을 나타낸다. 그러나 다음의 코드는 동일한 점을 보다 명확하게 한다.

다음은 저자의 글쓰기 유형에 대한 연구 대상자의 평가를 부호화한 것이다. 이야기는 보고하는 식으로 쓰였는가 아니면 '만들어진' 이야기인가?

분류	지각된 내러티브 유형	
	보고형	창조형
자서전	12	6
허구	5	12

그 이야기를 '자서전' 이라고 말한 후 들려준 연구 대상자들은 저자가 단순히 사

건을 보고하는 것으로 간주하는 반면, '허구' 라고 들었던 연구 대상자들은 동일한 이야기를 창조된 것으로 간주하는 경향이 있었다($x^2(1)=4.86$, $p<.05$).

이제 텍스트를 허구가 아니라 자서전적이라고 분류하는 것이 연구 대상자들로 하여금 주인공들을 묘사할 때(질문 6) 실세계의 상황적 특징에 주목하게끔 영향을 미치는지 알아보고자 한다. 이러한 종류의 한 가지 중요한 특징은 주인공들의 민족적/문화적 정체성(즉, 러시아인, 미국인)이다.

분류	국적 언급	
	아니요	예
자서전	15	3
허구	9	8

결과는 대단히 놀랍다. 이야기를 사실로 간주하는 경향이 있는 자서전 집단은 조망적 세부 내용을 지적해 내지 못한다. 그 차이는 통계적으로 유의미한 것에 가까우나($x^2(1)=3.75$, $p<.06$), 아래 내용에 의해 더욱더 지지를 받는다.

연구 대상자들은 질문에 보다 자유롭게 응답한 후, 잠재적인 장르 특징의 관련성을 평정하였다. 22개의 문항이 있으며 각 문항은 두 장르를 구분하는 특징을 검증하도록 되어 있다. 각 문항은 4점 척도로 관련성 여부를 평정하도록 되어 있는데, 예를 들어 1점은 '대체로 행위와 모험에 관한 것' 에서부터 4점은 '대체로 사람들의 사고와 감정에 관한 것' 으로 되어 있다. 인물의 창안(development)과 관련한 단 한 가지 문항에서만 두 집단 간에 유의미한 차이가 나타났다는 것은 그 자체로 상당히 흥미롭다. 왜냐하면 내러티브 패턴에 관한 지식 그 자체가 내러티브 형태에서 부호화되고, 그러한 지식은 고도로 내러티브화된 과제에 의해 가장 쉽게 획득 가능하기 때문이다.

하나의 중요한 특징은 '1점: 인물들이 충분히 깊이 있게 잘 만들어져 있다' 에서 '4점: 인물들에 대한 묘사가 부족하다' 까지의 범위에 걸쳐 있다. 허구 대상자 집단($M=1.82$)이 자서전 대상자 집단($M=2.67$)보다 인물들이 더 잘 만들어진 것으로 평가했다($t(33) = 2.68$, $p < .05$). 허구 집단이 주어진 이야기를 구성된 것으로 간주함으로써 실제로 들은 것보다 인물에 대해 더 많은 정보를 얻기 위한 추론을 하기 때문이다. 자서전 집단이 인물들에 대한 묘사가 빈약하다는 것, 그리고 인물들의 국적에 대한 언급이 부족했다는 점을 주목해 보라. 공통적인 메커니즘에 의문을 품게 된다. 자서전 집단은 저자의 의도와는 관계없는 주인공과 너무나 동일시되었고, 주인공을 염려해야 할 인물이라든가 좀 더 나은 모습으로 개발될 필요가 있는 인물로 보지 않는다. 아래에서 이 문제에 대해 더 많이 언급하게 될 것이다.

분석의 요지는 두 종류의 교수(지시)에 의해 나타나는 서로 다른 이해의 양식에 대한 전형적인 패턴의 명확한 청사진을 추가하지 않는 힌트에 있다. 지금까지 우리가 가진 모든 것은 특징들이다. 이러한 점에서 우리는 실제 대상자의 말을 하나의 텍스트로 간주하고 두 집단 간에 구성물의 패턴에 차이가 있는지 발견하고자 했다. 우리는 연구 대상자들이 텍스트 그 자체를 다시 읽어 봄으로써 그들의 정신적 장르 모델을 발견하기를 바랐다. 우리는 대상자의 말에서 두드러진 단어 사용 패턴을 관찰했다.

문맥 속에서의 단어 사용을 검증하기에 앞서, 각 집단의 단어 수를 세고 각 집단의 특징적인 단어들을 확인하기 위해 두 집단을 비교했다.[2] 13개의 단어가 자서전 대상 집단의 응답에서 유의미하게 더 많이 나타났으며, 11개의 단어가 허구 집단의

자서전 집단	허구 집단
another	a
around	birthday
between	each
coming	go
drank	invited
information	little
is	more
men	names
Nicolai	on
picture	people
someone	time
tall	
wrapped	

응답에서 더 많이 나타났다. 그 단어들은 다음의 표에 제시되어 있다.

문맥에서의 단어 사용을 검증함으로써 각 집단의 대상자들이 전형적으로 언급한 이야기가 어떤 종류인지 알 수 있다. 허구 집단에게는, 주인공인 여행자가 보트 여행을 위해 선착장으로 가게(go on) 되고 그들은 러시아 사람들(people)(그들끼리 서로 알고 있는지 아닌지는 알 수 없다)에 의해 생일(birthday) 파티에 합류하도록 초대를 받으며(invited) 러시아 사람들의 이름(names)은 기억나지 않지만 그곳에서 그들은 다소(more) (즐거운 혹은 괴로운) 시간(time)을 보냈다, 혹은 보내지 않았다(little). 파티에 관한 이야기에서 전환점은 초대에서 시작된다. 자서전 집단에 있어서는, 여행자[정보(information)를 얻으려는 중이라 관광객이라고는 할 수 없다]가 선착장에 도착하자, 또 다른(another) 부류의 혹은 또 다른(another) 국가로부터 온 범상치 않은 인물(someone)인 Nicolai가 보트에서 그들에게 그와 그의 친구들과 합류하자고 압박을 가한다. 두 명의 남자들(men)이 더 있었으며 그중 하나는 키가 컸다(tall). 여행자들은 두 남자 중 한 명을 사이(between)에 두고 앉았고, 두 남자 중 한 명이 신문으로 기분 나쁘게 포장한(wrapped) 음식과 많은 양의 질 나쁜 포도주를 내놓았다. 그들 모두는 과하게 마셨으며(drank) 러시아인들은 해설자에 더 마시게끔 강요했고 아무도 그를 도와주지 않았다(coming). 사악한 인물들에 의해 함정에 빠진 이 이야기에서 전환점은 음주가 시작될 때다.[3]

두 집단의 대상자들이 단어를 사용해서 이 이야기를 분석함으로써 우리는 연구 대상자들이 생각하고 있는 장르에 대한 궁금증을 갖게 되었다. 허구 대상자들에게 그 이야기는 〈경마장에서의 하루(A Day at the Races)〉(코미디언 Marx 형제의 영화)처럼, 즉 약간의 새로운 친구들과 모든 이들이 다소 즐거운 시간을 보내는 생일 파티와 같은 재미있는 만남으로 해석될 수 있다. 자서전 대상들에게는 그 이야기가 끔찍한 여행이며, 낯선 이들이 지나치게 접근하여 강압적으로 질 나쁜 술을 죽도록 마시게 하는, 거의 납치에 가까운 것으로 해석 될 수 있다.

두 번째 연구에서, 평행의 텍스트 처리(parallel text manipulation), 즉 1인칭 관점 대 3인칭 관점으로 된 텍스트에 대한 독자들의 이해를 탐색했다. 1인칭 글쓰기와 3인칭 글쓰기는 종종 저자가 의식적으로 선택하는 것이다. 일부 저자들은 두 스타일

사이의 차이가 거부할 수 없는 것이어서 자신들의 작품을 한 시점으로부터 다른 시점으로 새로 고쳐 써야 할 정도라고 한다. 예를 들어, Gottfried Keller는 1854년에 3인칭 시점의 소설, 『푸른 하인리히(*Der grüne Heinrich*)』의 초판을 출판하고 25년 후에 동일한 이야기의 1인칭 시점 소설을 발표했다(Romberg, 1962). 이와 유사하게, Franz Kafka는 소설 『성(*The Castle*)』을 1인칭 시점으로 쓰기 시작했다가 42쪽이 지난 후에 그의 초고를 3인칭 시점으로 바꾸어 다시 썼다(Cohn, 1968). 장르의 정의에 대한 논쟁은 장르의 효과가 Wellek와 Warren(1962)이 '외적 형식(outer form)' 이라고 명명했던 텍스트의 특수한 운율과 구조가 어떻게 표현될 것인가라는 문제로부터 발생하기도 한다. 그럼에도 불구하고, 1인칭 시점의 글쓰기와 3인칭 시점의 글쓰기 사이의 구분은 기본적인 것이다(Botheroyd, 1976). 개략적으로 말해서, 이 구분은 자서전과 허구를 구분하는 것과 마찬가지다.

여기에서의 의문은 1인칭 시점과 3인칭 시점이 대략적으로 자서전과 허구라는 분류에 대응하며 이야기를 구성하는 데 영향을 끼칠 것인지, 그리고 유사한 방식으로 영향을 끼칠 것인지에 관한 것이다. 이 연구에서 36명의 초등학생들은 Kafka의 『성』 발췌본을 두 가지 인칭 시점으로 들었다. 이 중 절반은 3인칭 시점으로 이야기를 들었으며, 또 다른 절반은 1인칭 시점으로 이야기를 들었다.

이야기를 들은 후, 대상 학생들은 다음과 같은 8개의 질문에 답변을 했다.

1. 마지막은 어떻게 되었는가?
2. 왜 그런 식으로 결말이 났는가?
3. 이야기에서 전환점은 어디인가?
4. 인물들에 관해 내가 이야기해 주지 않은 것들에 대해 말해 보라. 그는 어떤 사람이었을까?
5. 주인공은 어떤 곤경에 빠졌는가? 그가 직면하고 있었던 것이 무엇인가?
6. 저자가 이야기하려고 하는 것이 무엇인가? 즉 이 이야기의 의미는 무엇인가?
7. 이 이야기는 어떤 종류의 글인가? 미스터리 소설도 아니고 동화도 아닌데, 이 이야기를 무엇이라 불러야 할까?

8. 이제 그 이야기를 나에게 다시 해 보라. 당신 자신의 말로 이야기해 보라.

질문 8에서 12개의 기본적인 플롯 사건에 대한 두 집단의 다시 말하기를 비교한 결과, 각 집단은 평균적으로 8개의 사건을 말하는 것이 발견되었다.

질문 4에 대한 응답은 두 집단이 주인공을 다르게 묘사하고 있는 것으로 나타났다. 3인칭 시점의 이야기를 들은 대상자들은 주인공의 심리적 상태에 대해 더 많이 묘사하는 것으로 나타났으며($t(34) = 2.00$, $p < .06$), 1인칭 시점으로 이야기를 들은 대상자들은 주인공의 평소 상태(예를 들어, '그는 모든 것을 설명하기를 원치 않는 사람이었다')에 대해 언급하는 경향이 있었다($t(34) = 2.38$, $p < .05$). 3인칭 시점의 대상자들의 심리적 반응에서 '그는 어떤 전략을 구상하고 있는 것처럼 보인다'와 같은 묘사가 나타났다. 1인칭 시점의 대상자들은 마치 그 사람을 알고 있는 것처럼, 특히 그의 일반적 성격에 대해 알고 있는 것처럼 느끼는 반면, 3인칭 시점의 대상자들은 매 순간 (말하고 있거나 어떻게 보인다는 식의 묘사와는 대조적인) 그가 무엇을 생각하고 있는지에 대해 관심을 쏟는(그리고 심지어 그 부분을 창안해 내는) 경향이 있었다. 그들은 그가 실제로 어떤 사람인지 알 수 없으며 따라서 지속적으로 지켜보는 것이다. 1인칭 시점의 친밀함은 자서전 집단의 동일시에 해당하며, 3인칭 시점의 심리적 상태에 대한 집중은 허구 집단이 경험한 인물에 대한 풍부한 묘사에 해당된다.

이야기에서 저자가 말하고자 하는 의도를 묻는 질문 6에 대해 대상자들의 반응은 다음과 같은 6개 범주로 나타났다. 즉, 표지로 책을 판단하지 말 것, 권위에 대한 의문, 자신을 표현하기, 솔직해지기, 조종하기, 다큐멘터리 등이다. 흥미롭게도, 1인칭 시점의 대상자들이 '표지로 책을 판단하지 말 것'의 범주에 몰리는 반면에 3인칭 시점의 대상자들은 '속임수'에 몰리는 경향이 있었다($x^2(1) = 5.619$, $p < .05$). 이러한 결과의 흥미로운 근원은 1인칭 시점의 대상자들은 전반적으로 의혹을 갖지 않았으며, 그들 중 누구도 K가 실제로 토지측량사인지에 대한 의혹을 제기하지 않았다.

1인칭 시점의 대상자들은 본의 아니게 곤경에 빠진 것으로 보이는 토지측량사에게 훨씬 더 동정적인 경향이 있었다. 3인칭 시점의 대상자들은 그의 상황에 대해 희생자보다는 저자의 입장에서 그가 교묘하고 심리적으로 복잡한 경계를 지닌 인물이

1인칭 시점	3인칭 시점
and	although
bed	corner
room	course
treated	has
walked	having
who	inside
without	K.
	or
	phone
	remember
	sense
	sudden
	talking
	therefore
	though
	time
	whether

라고 추정한다. 따라서 3인칭 시점 대상자들은 주인공과 동일시하는 경향이 적고 허구 집단으로 분류된 대상자들과 마찬가지로 주인공의 심리적 복잡성을 찾는다.

이와 관련해서 동일한 질문에 대한 대상자들 응답의 확신 정도를 검증했다. 3인칭 시점의 대상자들은 1인칭 시점의 대상자들보다 자신들의 응답에 불확실함을 더 많이 나타냈다($t(33)=2.37$, $p<.05$). 텍스트 자체에 담겨 있는 내용을 넘어 보다 더 많은 추론을 이끌어 냈던 3인칭 시점의 대상자들이 추론 근거에 대해 불확실함을 보여 준다는 것은 대단히 흥미로운 일이다. 반면 인물들이 실제로 어떠할 것인지에 대한 전달받지 않은 지식을 가지고 있으면서 주어진 것 이상의 정보를 찾는 데에는 소극적이었던 1인칭 시점의 대상자들은 자신의 추론에 대해 3인칭 시점의 대상자들보다 더 확신적이었다. 요약해서 말하면, 3인칭 시점의 대상자들에게 주인공은 자신과는 멀리 떨어져 있으며 명확하지는 않지만 재미있는 사람이었던 반면, 1인칭 시점의 대상자들에게 있어 주인공은 가까이 있으며 선명하지만 다소 따분하게 느껴지

는 사람이었다.

위의 경우처럼, 담론 분석은 이야기에 관한 질문에 각 대상자들이 응답한 것에 기초를 두었다. 1인칭 시점의 대상자들에서는 7개의 단어가 두드러지게 자주 나타났으며, 3인칭 시점의 대상자들에서는 17개의 단어들이 자주 나타났다.

먼저, 3인칭 시점의 대상자들이 자주 사용한 단어들은 이야기 줄거리의 구조를 표시하기 위해 사용되었다. 즉, sudden은 줄거리에서의 전환점을 표시하는 'all of sudden' 에서 사용되었고, although, therefore, though는 줄거리의 요소를 구조화된 방식으로 배열하기 의해 사용되었다. 그리고 talking, phone, corner와 같은 줄거리 요소들이 발견되었다. 이러한 사실은 허구 대상자들이 이야기를 만들어진 것으로 간주하는 것과 맥을 같이한다. 이와는 대조적으로, 1인칭 시점의 대상자들의 단어에는 방(room)을 요청했으나 대신 마룻바닥에 침대(bed)를 얻게 되고 아무도 그가 실제로 누구(who)인지 아는 사람이 없었으며 그에게는 필요한 허가증도 없었기(without) 때문에 제대로 대우(treated)받지 못하는 슬픈 남자에 대한 내용들이 있었다. 더구나 Kafka의 저자로서의 의도를 고려해 볼 때 1인칭 시점의 대상자들이 자신을 토지측량사라고 하는 사람이 실제로 그런지에 대한 어떠한 의혹도 제기하지 않았다는 것은 대단히 흥미로운 일이다.

명백하게도 Kafka는 3인칭 시점으로 전환함으로써 훨씬 더 신비스러운 이야기를 만들어 내는 데 성공했다. 1인칭 시점의 인물이 가까이 있는 사람이라면 3인칭 시점의 인물은 멀리 떨어져 있는 사람이다. 이 같은 거리두기 과정은 K.를 보는 대상자들이 보여 주는 코드에 반영되어 있는데, 즉 3인칭 시점에서는 K.를 만들어진 구조의 담론적 틀 속에 존재하는 것으로 간주하는 반면, 1인칭 시점에서는 그 인물을 만난 적이 있었던 사람인 것처럼 응답하고 있다. 두 경우 모두에 있어, 위에서 언급한 자서전과 허구의 분류에 의해 발생된 해석의 패턴에 대응하고 있다. 따라서 분류하기와 텍스트의 변형이라는 서로 다른 두 실험적 조작이 유사한 해석적 모델을 발생시키는 것으로 보인다.

Feldman 등(1990)의 연구는 텍스트를 조작함으로써 대상자들이 하나의 이야기를 다른 방식으로 해석하게 한다는 것을 보여 준다. 행위에 대한 조망과 의식에 대한 조망을 모두 포함하고 있는 이야기는 대상자들로 하여금 이야기를 인물들의 심리에 관한 것으로 해석하도록 이끌었다. 이와는 대조적으로, 행위에 대한 조망만을 포함하고 있는 이야기는 대상자들로 하여금 행위와 사건에 맞추어 이야기를 해석하도록 했다. 이러한 패턴의 차이가 사실 장르와 같은 구분을 반영하고 있는 것이라면, 위에서 언급한 것과 같은 분류는 이 장르 모델을 성공적으로 만들어 낸다. 다음의 연구는 이 가설을 증명하고자 설계되었다. 대상자 모두 동일한 이야기를 듣지만, 대상자 중 절반은 그 이야기가 심리적인 것이라고 이야기를 듣게 되고, 나머지 절반은 그 이야기가 행위에 관한 것이라고 듣게 된다. 결과의 패턴이 두 이야기의 번안에서 얻어진 것과 유사한지를 물었다. 이야기가 심리적인 것이라고 분류된 것과 의식의 번안은 구성에 있어 하나의 동일한 패턴이 유도되어야 하고, 반면 행위라고 분류된 것과 비의식(nonconscious) 번안으로 분류된 집단에서 또 다른 구성의 패턴이 나타나야 한다.

40명의 학부 학생(평균 연령 19.5세)에게 Gill(1961)의 『진실과 결과(*Truth and Consequences*)』 원본을 읽어 주었다. 이야기에 대해 Feldman 등(1994)[4]은 다음과 같이 묘사했다.

> (이야기는) 처음부터 아들이 성직자가 되기를 원했던 어머니와 함께 신학교에 들어가기 전날 밤 여름 휴양지에서 휴일을 보내는 한 젊은 남자에 대한 것이다. 휴양지에서 그는 다리가 불편하며 맹세하기를 좋아하는 매력적이고 대담한 젊은 여성에게 끌리게 된다. 그들은 자신들의 계획, 즉 남자는 성직자가 될 것이고 여자는 결혼하게 될 것이라는 이야기를 나눈다. 그녀는 그에게 정말로 신의 부름을 받은 것인지에 대해 묻는다. 이야기는 황혼이 짙어질 무렵 그 남자의 어머니가 그들에게 다가오면서 끝이 난다(p. 256).

이야기가 심리적인 것이라고 분류한 집단의 대상자들에게는 "이 이야기가 한 젊은 남자의 심리적 발달에 관한 것"이라고 말한다. 이야기가 행위에 관한 것이라고 분류된 집단의 대상자들에게는 "이야기는 한 젊은 남자의 인생에서 중요한 사건에 관한 것" 이라고 말한다. 그런 다음 실험자는 이야기를 대상자 모두에게 읽어 준다. 이야기를 읽고 난 후, 실험자는 장르 분류를 반복했다. 그리고 대상자들에게 다음과 같은 6개의 질문을 했다.

1. 이야기의 주요 골자는 무엇인가?
2. 이야기에서 가장 중요한 것은 무엇인가?
3. 이야기에서 전환점은 무엇인가?
4. 마지막에는 어떻게 되었는가?
5. 마지막에 왜 그렇게 되었는가?
6. 이 이야기는 어떤 종류의 이야기인가? 미스터리(추리) 소설도 아니고 동화도 아닌 이 이야기를 무엇이라고 부를 것인가?

질문 4에서 흥미로운 해석의 결과가 나타났다. 그 이야기가 종결 혹은 해결된 것인지, 혹은 독자들의 생각에 열려 있는 채로 남은 것인지에 대한 대상자들의 반응을 분석했다. 행위에 관한 것이라고 분류된 집단은 결말이 해결된 것이라고 대체적으로 기술했고, 반면 심리-분류 집단은 결말을 개방된 것으로 간주했다($x^2(1)=4.286$, $p<.05$).

분류	결말 유형	
	개방	해결
심리	9	11
행위	3	17

질문 5는 이야기의 결말이 왜 그렇게 되었는가에 관한 것이다. 등장인물이나 저자의 의도와 관련지어 결말을 설명한 응답을 범주화했다. 등장인물의 의도의 예로는 '……아마도 그 여자가 그에게 진실을 말했기 때문에, 그리고 그는 그가 진짜로 원하는 것들이 어떤 것인지에 대해 이야기하고 그녀도 그가 그렇게 되도록 유도했을 것이다. 실제 그녀가 그에게 강요한 것이 아니라 그로 하여금 그녀에게 말해야

한다고 느끼게끔 했다.' 저자의 의도를 언급하며 결말을 설명하는 예로는 '…… 저자는 대화가 개인의 인생을 변화시킬 수 있다는 것을 말하고자 했다.' 심리-분류 대상자들은 등장인물의 의도에 호소하는 경향이 있으며, 반면 행위-분류 대상자들은 저자의 의도를 언급했다($x^2(1)=5.227$, $p<.05$).

분류	저자의 의도	등장인물의 의도
심리	4	16
행위	11	9

담론에 대한 분석 또한 이루어졌다. 5개의 단어가 심리-분류 집단에서 두드러지게 나타났으며, 6개의 단어가 행위-분류 집단에서 나타났다($p<.05$).

심리	행위
also else find not wasn't	a after everything man to young

행위 집단의 목록에는 주인공이 결정적이고 혼란스러운 경험과 직면하게 되는 순간—전환점—에서 발생하는 것에 의해 정의되는 하나의 이야기가 제시된다. 한 여자를 만난 후에(after), 신학교에 입학하려던 젊은 남자(young man)는 그의 소명과 모든 것(everything)에 대해 의문을 갖기 시작한다. 전환점에서 구조적 특징의 존재와 특수한 사건을 경험의 총체적인 범주로 대표하는 비유로 전환시키는 인물의 '그리고 모든 것(and everything)' 이라는 말의 사용, 모두 이 구성이 이야기를 특수한 형태로 만들어진 것으로 본다는 것을 의미한다.

심리 집단의 목록에는 등장인물의 점진적인 정신 생활에 의해 규정되는 이야기가 제시된다. 그가 실제로 성직자가 되고 싶어 하는지 아닌지(not)에 대해 알아내는

(find) 것, 삶이라는 것이 그 외에 다른 어떤 것을 제시할 수 있는 것인지, 그는 그의 소명에 대해 실제로 확신은 서지 않았다(wasn' t). 간략히 말해서, 이야기에 대한 조망은 전적으로 내면적인 것이며, 그 패턴은 이야기 틀의 외부, 즉 개인 자신 내부에서 발생하는 심리적 갈등의 시간에 영향을 받지 않는 논리에 따른다.

관찰된 장르 분류의 효과에 대한 우리의 설명은 다양한 장르 분류가 다양한 정신 장르 모델을 만들어 낸다는 것이다. 그러나 그러한 장르 분류가 이야기를 구성하는 전제 사이에서 대안적 선택을 제공할 뿐이라는 것도 가능한 설명이다. 이 이론에 따르면, 하나의 장르 분류에 따라 이야기를 듣는 대상자들은 이야기의 기본적 사건의 하위조합에 관심을 기울이거나 선별, 기억하게 되고, 다른 장르 분류의 대상자들은 다른 하위조합에 초점을 맞춘다는 것이다.

이 '전제 차이(proposition difference)' 가설을 검증하기 위해 문장 선택 과제가 사용되었다. 대상자들에게 이야기의 가장 기본적인 세 가지의 줄거리 요소를 설명하는 문장이 제시되었다.

1. Charles는 그의 어머니와 휴가 중이다.
2. Charles는 신학교에 입학하려고 한다.
3. Charles는 그의 어머니가 가까이 오자 그 여자의 손을 잡는다.

그다음 대상자들에게 이야기의 기본적인 (심리적 혹은 행위에 관한) 8개의 줄거리 요소에서 4개의 구성요소를 선택하여 이야기를 완성하도록 한다. 두 집단 간에 이야기 개요를 완성하기 위해 사용한 전제에 있어 차이가 나지 않았다.

전제 차이 가설을 다른 방식으로 검증하기 위해 '요점' 질문(질문 1)이 분석되었다. 각 응답은 4개의 기본적인 이야기 전제 각각에 대해 부호화되었다.

1. Charles는 성직자가 될 것이다.
2. Charles의 어머니는 그가 성직자가 되기를 원했다.
3. 그 여자가 Charles에게 영향을 끼친다.

4. Charles는 자신이 정말로 성직자가 되기를 원하는지 모르고 있음을 깨닫는다.

이야기의 요지에 이러한 전제를 포함시키는 데 있어 대상의 집단 간 차이는 나타나지 않았다. 집단 간에 전체적인 차이도 없었으며 각각의 전제에 대해서도 집단 간 차이는 나타나지 않았다. 이러한 결과는 이야기를 이해할 때 대상자들 모두가 동일한 기본적 전제구조를 갖고 있다는 것을 의미한다. 따라서 우리는 해석적 효과가 기본적인 줄거리에 대한 이해와 연결되어 있지 않다고 생각한다. 즉, 해석적 효과는 순전히 해석의 문제인 것이다.

다음의 연구는 평행의 텍스트 처리에 대한 것이다. 교육을 받은 중산층 24명의 성인을 검사했는데, 대상자들의 평균 연령은 약 30세였다. Feldman 등(1990)의 연구에서 사용되었던 『진실과 결과』의 두 번안이 사용되었다. 원본 혹은 '의식' 번안은 심리적 분류에 대응되는 것으로 행위와 의식의 특징 모두가 포함되었다. '비의식' 번안은 심리적 언어가 제거된 동일한 이야기이며, 행위 분류에 필적한다.

각 대상자들에게 이야기의 한 가지 번안을 읽어 주었다. 이 연구에서 읽어 주기는 정해진 곳에서 중단되었고, 대상자들은 이야기 해석에 관한 질문을 받았다. 이야기가 1/4 정도 진행되었을 때 대상자들은 다음과 같은 질문을 받았다.

지금까지 이야기한 것 중에서 가장 중요한 것은 무엇인가?

그 이유는?

이야기가 1/3쯤 진행되었을 때 위의 질문이 다시 주어졌다. 이야기가 절반쯤 진행되었을 때 다음과 같은 3개의 질문이 주어졌다.

이 이야기가 진행될 수 있는 방향에는 어떤 것들이 있겠는가?

이야기가 어떤 방향으로 진행될 것이라고 생각하는가?

그 이유는?

이야기가 끝나기 직전에 대상자들에게 위의 마지막 3개 질문이 다시 주어졌고, 이야기가 끝나고 난 후 대상자들에게 최종 질문들이 주어졌다.

> 주인공에 대해 내가 이야기하지 않은 것들을 이야기해 보라. 그는 어떤 사람일까?
> 이제 내가 한 이야기를 당신 자신의 언어로 이야기해 보라.

부호화 작업 결과는 다른 곳(Feldman et al., 1990)에서 보고되었기 때문에, 여기에서는 주된 결과에 대해서만 언급하고 새로운 담론 분석으로 넘어갈 것이다. 먼저, 의식을 포함하는 번안의 해석은 주인공의 심리 상태에 따라 추출되며, 반면 행위 번안은 그렇지 않다. 둘째, 비의식 번안에 관한 생각이 시간에 영향을 받지 않는 경향이 있는 반면 의식 번안은 보다 더 통시적이다. 셋째, 의식 번안이 주어진 것을 초월하여 더 많은 정보, 특히 주인공과 그의 발달에 대해 더 많은 정보를 내포하고 있다. 마지막으로, 두 번안이 해석적 차이를 이끌어 내기는 했으나, 두 집단으로부터의 이야기 반복은 동일한 수의 기본적인 줄거리 사건을 나타냈다.

대상자들의 인지적 모델에 관한 보다 세부적인 이해, 특히 이야기의 번안 유형에 따라 대상자들이 본 패턴에 대한 이해를 위해 위에서 언급된 바와 같이 담론 분석이 이루어진다. 각 7개의 단어가 '의식' 집단과 '비의식' 집단에서 관계 있는 것으로 나타났으며($p < .05$), 그 내용은 다음과 같다.

의식	비의식
Charles	'cause
feeling	had
haven't	keep
herself	moment
named	questions
open	show
this	well

의식 번안은 정신적 단어들(feeling과 open)과 인물(Charles, named, herself)에 관

해 초점이 있었다. 대조적으로, 비의식 번안은 해설자의 구조(cause, had, moment, questions, show, well)에 대한 대상자들의 관심을 유도했다. 이러한 분류는 위에서 언급한 심리/행위 분류 결과와 유사하다.

우리는 이제 같은 문제가 10대들에 의해 어떻게 다루어지는지를 보기로 한다. 14명의 고등학생 연령(평균 연령 16.5세)의 대상자들이 사립 고등학교에서 표집되어, 성인 표본에서와 동일한 절차대로 진행되었다. 8개의 단어가 '의식' 집단에서 나타났으며, 11개의 단어가 '비의식' 집단에서 나타났다($p < .05$).

의식	비의식
actually	hair
Charles	hand
he'd	obviously
realize	off
realizes	outside
understanding	red
wanted	though
wants	together
	walk
	were
	which

두 번안의 집단 간에 성인 표본에서와 마찬가지로 첨예한 차이가 나타났고, 이러한 구분도 성인 표본에서 나타나는 양상과 유사했다. 그러나 이러한 구분이 취하는 세부적인 형태는 상대적으로 젊은 층, 아마도 해석적 경험 부족에 의해 매우 영향을 받는 듯했다. 의식 번안 집단은 Charles의 이름과 realize(s), understanding, wants, wanted에서 보이는 것처럼 심리에 초점을 맞춘 단어를 이끌어 낸다. 성인들에게서처럼 해설 구조 단어들은 비의식 번안(were, which)에서 나타난다. 그러나 성인들에게서 나타나는 것처럼 지배적이지는 않다. 대신 줄거리에 의한 행위에 대한 보다 구체적인 내용을 담고 있는 것들(hair, hand, red, outside, together, walk)이 주를 이룬다.

명백히 성인의 심리적 장르가 행위 장르보다 더 일찍 획득된다. 왜냐하면, 이 시기에 플롯은 구체적인 행위보다 조금 더 자세하게 분류되기 때문이다. 심리적 장르에 있어서의 이와 같은 조숙함은 아래에 나와 있듯이 훨씬 더 어린 아이들에게도 존재한다. 타인의 내적인 삶을 이해하기 위한 구체적인 목적을 가진 해설적 도구를 습득하는 것은 아동들에게 매우 큰 동기를 부여한다. 그리고 내러티브 패턴이야말로 타인의 정신적 삶을 충분히 이해하게 되는 유일한 방법이라는 점을 고려할 때 그다지 놀라운 일도 아니다.

10대들의 번안 모두는 경계에 의해 특징지어진다. 의식 번안의 actually는 주인공이 실제로 내면적으로 어떻게 느끼는지를 표시하기 위해 사용된다. 비의식 번안의 obviously와 though 등의 단어는 플롯에 대한 발현적 이해와 이전 사건이 이후에 일어날 사건의 가능성을 어떻게 조율하는지에 대한 이해를 나타내기 위해 사용되었다. 거기에는 혼란에 직면하여 허세처럼 보일 수 있는 obviously에 관해 명확하다는 것을 모두 동일했다. 이것은 마치 이 시기의 대상자들에게 있어 비의식 번안의 의미에 대한 노력의 투쟁을 들을 수 있는 것과 같다.

마지막으로 동일한 문제를 아동들을 대상으로 조사했다. 12명의 10～12세의 대상자들(평균 연령 약 12세)이 위의 10대들이 표집된 것과 동일한 지역 사립학교로부터 표집되었으며 동일한 연구절차가 사용되었다. 13개의 단어가 '의식' 집단에, 그

의식	비의식
at	can
didn't	hand
everything	important
himself	make
how	they're
made	who's
maybe	
on	
realizes	
seem	
type	
up	
what's	

리고 6개의 단어가 '비의식' 집단에 포함되었다($p<.05$).

아동들은 번안을 구분하긴 하지만 다소 익숙한 방식으로만 구분한다. 의식 번안은 훨씬 약한 심리적 해석을 의미하기는 하지만 realizes와 didn' t(정신적 단어를 수정한) 같은 정신적 단어만을 포함하고 있다. 더구나 아동들에게 있어서 himself는 (주체로서 소년의 보다 명확한 역할뿐만 아니라) 그러한 생각의 대상으로서의 소년 자체를 의미한다. 그리고 그 패턴은 how라는 단어의 사용에서 보이는 것처럼 논리적 퍼즐에 대한 선호를 보여 준다. 이러한 이유로, 이 장르는 잘 정의되지도 않고 전적으로 익숙하지도 않다. 사실, 이 장르는 10대들의 비의식 번안 요소들, 즉 구체적인 행위를 지칭하기 위해 사용되는 전치사들(at, on, up)을 포함하고 있다(이와는 반대로, 아동들의 비의식 번안에서는 10대들이 보여 주는 세부적인 행위들이 포함되어 있지 않다). 더구나 아동들은 주인공의 마음속에서 어떤 일이 일어나는지에 대해서는 확신이 없으며, 이러한 사실은 maybe나 seem과 같은 불확실성을 나타내는 단어를 사용하는 것에서 알 수 있다. 아동들은 everything, type과 같은 단어들을, 구체적인 사건들이 플롯에 구체적으로 분류되지 않은 부류나 범주의 일원임을 나타내기 위해 사용한다. 다른 무엇보다도 이것은, 아동들이 이 시기에는 아직 의식 번안의 문화적 기준을 구성하는 데 있어 어려움을 겪는다는 것을 의미한다. 아동들의 불확실성은 아마도 아동들의 모델이 성인들의 의식과 비의식의 모델로부터의 요소를 혼합하는 방식에서 보여 주는 것처럼, 기준이 되는 장르의 문화적 어휘를 습득하지 못했기 때문일 것이다.

성인들의 기준으로서는 비정상적인 것이긴 하지만 아동들의 의식 번안에 대한 구성은 아동들이 마음속에 무언가 확정적인 것(아마도 감정이 어떻게 부류와 범주 그리고 감정들 사이의 논리적 관계로 패턴화되는지에 관한 어떤 것)이 있다는 것을 보여 준다. 놀라운 것이긴 하지만 전적으로 믿기 어려운 것도 아니다. 왜냐하면 3세인 Emmy라는 유아의 언어에서도 이러한 점이 발견된 적이 있기 때문이다(Feldman, 1989). 이러한 것은 해설적 해석을 위한 정신 모델이 물리적 세계에서의 예측을 위한 모델보다 더 어려우며, 적어도 더 늦게 습득되는 것이라는 점을 보여 준다. 반직관적으로 이것은 마치 아동들에게 있어 Galileo가 Aristotle에 선행한다는 것과 같다. 이것이 일반적인 문제이고 타인의 정신 상태를 이해하는 데 있어서 특별한 어려움으로 인한 것이 아니라는 것이다. 비의식 번안에 초점이 맞춰진 행위에 대한 아동의 해석이 훨씬 덜 성숙하고 최소한의 정도로만 구조화되어 있으며 성인의 모델을 겨우 모방하고 있을 뿐이라는 사실이 이를 보여 주고 있다.

비의식 번안을 해석하는 아동의 단어 모두는 사람들(people)이 무엇을 할 수(can) 있는지, 그들이 어떤 사람들인지[누가(who)가 성직자가 될 것인지], 그들(they're)이 함께 무엇을 하려고 하는지와 같은 단순한 이야기만을 언급했다. 사람들의 유형에 대한 이러한 범주적 구조는 이후 성인의 플롯 구조에 있어서는 호된 시련을 겪는다. 예를 들어 옛날이야기의 구조는 그러한 인간 유형을 넘어서기 때문에 성인들의 구조라는 것도 가장 단순한 형태에 있어서는 역시 범주적인 것이다.

교육적 시사점

이 글에서는 앎의 해석적 과정에 대한 실증적 인지심리학의 가능성을 보여 주는 경험적인 예를 제시하고자 했다. 이러한 자료들이 제안적이고 예시적이긴 하지만, 이 자료들은 우리가 이전에는 알지 못했던 것들을 알려 준다. 연구 대상자들의 해석이 이미 패턴화되어 있고 대상자들이 사용하는 해석 패턴이 그들이 실험실에 올 때 이미 그들의 인지적 도구의 일부였다는 것은 명백하다. 따라서 그들의 해석이 정신적(혹은 인지적) 모델(혹은 패턴)에 의해 유도된다고 생각할 수 있다. 더구나 이러한 정신적 모델이 대상자들의 문화적 환경에서 문학의 장르 패턴과 놀랄 만큼 유사하다는 점을 보게 된다. 문화적 도구의 일부가 되었던 모델은 좋은 구성의 원칙(Goodman, 1978) 혹은 좋은 형태(게슈탈트주의자의 prägnanz에 관해서는 Koffka, 1935 참조)로 간주할 수 있는 원칙을 따라 어떤 것들이 같은 것으로 분류되어야 하는지를 조율한다. 명백히 우리가 이 글에서 보았던 것보다 성인들이 활용할 수 있는 것이 훨씬 더 많고, 다양한 패턴이 존재한다. 그 모든 것을 발견하는 것은 지극히 어렵다.

이러한 정신 모델이 같은 종류의 문학에 있어서의 원칙과 많은 점에서 대응하고 있다는 것은 놀라운 일이 아니다. 문화 특유의 도구는 이해에 대한 우리의 형식에 영향을 끼치도록 되어 있다. 이러한 정신적 모델이 분류에 의한 것이든 텍스트의 기호에 의해 주어지는 것이든 외부로부터의 가장 최소한의 정보에 의해서 촉발될 수 있다는 점은, 의심할 바 없이 대상자들이 텍스트를 접하기 이전에 정신적 모델들이 이미 알려져 있다는 것을 의미한다. 그리고 동일한 혹은 유사한 모델이 다른 이야기에 의해서뿐만 아니라 장르 분류에 의해서 그리고 텍스트의 기호에 의해 발생할 수 있다는 사실은 모델이라는 것이 일반적, 혹은 추상적이라는 것을 의미한다. 마지막으로, 다양한 모델이 대상자들로 하여금 인물에 관해 우리가 알려 주지 않았던 것을 알려 주는 것, 즉 주어진 정보를 넘어선 정보를 창출하게 한다는 것은 생성적임을 의미한다.

이러한 해석적 모델이 발달적으로 꽤 늦게 나타난다는 것을 가정하는 데는 이유가 있다. 10~12세 아동은 성인들의 장르 모델과는 거의 같지 않은 (비록 긍정적인 의미에서의 선구자적인 것으로 보일 수도 있지만) 장르 모델을 갖고 있다. 더구나 사춘기의 해석과 관련하여 통상적인 장르에 대한 외관상 연령과 관계가 있는 해석 방식이 있으며 특히 어른의 경우보다 인간의 상황을 더욱 숙명적인 것으로 보는 경향이 있다(Feldman et al., 1994). 마지막으로, 해석적 모델은 이야기의 '순수 사실(bare fact)' 에 대한 습득이나 회상에 영향을 끼치지 않고 다양한 의미를 만들어 낸다. 해석적 모델이 영향을 끼치는 것은 중점을 두는 것과 배치, 중요성과 의미 같은 것들이다.

이 글에서 보고된 다양한 장르 연구들의 결과는 장르 교수가 교실에서 훨씬 더 활발하게, 그리고 더 다양한 방법으로 이루어져야 한다는 것을 보여 준다. 무엇보다도 가장 중요한 것은 지금까지 교실에서 암시적으로만 사용되던 다양한 장르 혹은 틀이 교사에 의해 명백한 설명과 장르를 분류하는 용어를 통해 특징지어진다는 것이다. 이것은 교실에서 일상적으로 접할 수 있는 두 가지 구성 틀에 있어 유용할 것이다. 즉, (1) 다양한 교과목과 관련된 것들(수학 이야기 대 역사 이야기, 뉴스 보고하기 대 뉴스 해석하기)과, (2) 다양한 교실 과제와 관련된 것들(네가 읽은 것들을 회상해 보라, 읽은 것들을 요약해 보라, 읽은 것들을 오늘 이야기한 것과 관련지어 해석해 보라, 읽은 것의 원칙에 잘 어울리는 상상의 세계를 만들어 보라, 읽은 내용의 분위기를 잘 보여 줄 수 있는 예술적인 것을 만들어 보라)이다. 앞서 언급했던 다시 말하기의 다양한 장르에서 핵심 사건이 유지되었음을 고려해 볼 때, 이러한 문제를 보다 명백히 하는 것이 구성 사실을 습득하고자 하는 노력을 빼앗을 수 있다고 두려워할 이유가 없다. 이와는 반대로, 틀을 명백히 함으로써, 그리고 여러 사실의 세트를 다양한 틀 상황에서 봄으로써, 어떤 사실이 반대 유형의 특색이고 어떤 것이 본질적인 것인지에 대한 혼란이 해결될 수도 있고 학생들로 하여금 핵심적인 사실을 구성하는 요소에 대한 보다 명확한 감각을 갖게 할 수도 있다.

틀(frame)을 만든다는 것은 틀에 따라 짜인 핵심 사실을 사실로 규정짓는 것을 가능하게 한다. 따라서 교사들이 제시하는 객관적인 초점은 다양한 장르를 보다 명확하게 특징 짓는 데 도움이 될 것이다. 규정되지 않은 틀이나 (이면에 다른 틀을 뒤집어 쓰고 있는) 그럴듯하게 보이는 '객관적인' 틀을 가지고 있을 때, 수업의 상황에서는 객관적 사실에 대한 초점을 맞춘 바람직한 목표가 사실에 의해 대체되고 만다. 더구나 많은 종류의 자료에 있어 내용을 중립적인 혹은 틀이 없이 접근하려는 노력은 학습을 더 어렵게 만든다. 그 이유는 이러한 접근이 서로 연결되어 있는 지식체를 단절된 위험 요소의 목록으로 만들기 때문이다. 이것은 명백히 중학교에서 다루고 있는 지식의 대부분을 차지하고 있는, 본질적으로 해석적 과정의 결과인 지식에 있어 거의 틀림이 없다. 예를 들어, 시민전쟁으로 인한 국가의 상황과 같은 미국 역사 그대로의 사실은 해석 틀에 따라 이해되며, 이러한 해석 틀은 현대의 다양한 행위자 집단이 동일한 사건을 어떻게 보는지와 관련 있다. 그러나 상대적으로 덜 해석적인 수업을 하는 초등학교에서도 마찬가지다.

성인인 우리는 사실을 해석적 체제(혹은 이론)하에 설정하고 사실은 이러한 해석적 체제로부터 파생되고 연결되어 있다. 우리 성인들은 사실을 그 시대 및 장르와 이론에 맞춤으로써, 즉 사실에 생명을 부여하는 체제에 맞추어 객관적 사실을 이해한다. 이것은 문화에 대한 지식을 습득하게 됨으로써 가능하며, 문화란 문화 자체를 구성하는 지식의 틀이 발견되는 곳이다. 교사의 '중립적인' 틀이란 중립성의 가면 뒤에 성인의 해석적 체제(교사 자신의 해석적 체제도 마찬가지)를 숨기는 것에 불과하다.

장르 속에 포함된 정보를 제공하기 위해 학교에서 다양한 장르를 사용하는 것은 성인과 마찬가지로 아동들에게도 정보에 대한 접근성을 향상시킬 수 있다고 믿는다. 학교에서의 틀은 훨씬 더 단순할 것이다. 많은 학자들이 지적하는 바와 같이, 교실이라는 공간은 그 자체의 문화를 가지며 자체의 과제와 생활 형태를 갖고 있기 때문에 학교에서의 틀은 성인 문화의 구성요소로서가 아니라 교실 문화의 구성요소로 간주되어야 할 것이다. 심지어 초등학교에 있어서도 보다 단순한 종류의 틀이 유용할 것이다. 우리 모두 수학, 쓰기, 사회에 대한 교사의 지침을 잘 알지 못하는 '모호한 상태의' 아동의 이야기를 잘 알고 있다. 때때로 아동들은 심지어 연습에서 무엇을 해야 하는지를 이해하고 있지만 정작 그 일을 하고 난 후에 그들이 무엇을 하고 있었는지 이해하지 못한다고 한다. 어떤 면에 있어서 이러한 사실은 교사로부터의 틀에 대한 몇몇 정보, 즉 어떤 형태의 생활이나 목적이 초등학교 저학년에게 주어지는 낮은 수준의 비해석적인 과제를 이끌어 내는지에 관한 정보인 것이다.

그러한 틀을 제시하는 것이 단순히 일을 더 혼란스럽게 하는 것인가?[5] 단절된 사실의 목록을 그냥 하나의 추가적인 사실이라고 할 것인가? 그러한 사실이 틀로 여겨지지 않을 때는 그렇게 할 것이다. 그렇게 보이지 않는 최소 연령이라도 있는 것인가? 아니면 지능의 상호작용의 연령인가? 틀은 어떻게 학습될 수 있는가? 여기에서 조사가 필요한 문제도 있고 틀의 제거는 현재 전문가의 표시인 것처럼 보이기 때문에 실제 교수의 문제점도 있다. 미국 내에 몇몇 실제 사례가 있다(경쟁이 치열한 사립학교와 뉴욕 주의 그다지 부유하지 않은 공립학교에는 Deborah Myers의 우수한 모델을 '최고' 라고 생각하는 학교들이 있다). 그리고 서구 세계의 다른 곳에서의 문예 모델도 있다. 예를 들어, 표준의(고도로 단일화된) 프랑스 고등학교 교과과정은 성인 문화의 해석적 양식을 중요한 것으로 간주하고 있다.

초등학교 교실에 걸맞은 장르 틀이 단순한 것이라면, 이후 교육에서 학생들에게 해석적 섬세함, 정확함, 기술을 더욱더 요구할수록 발달 시기에 맞는 장르 틀에 대한 요구는 점점 더 강해진다. 그러나 미국에서의 교수(가르치기)에 만연해 있는 장르 제거와 장르에 대한 불신의 습관은 진정한 능력의 본질인 고등학교 문학 수업과 현대 대수학에 걸쳐 나타나고 있다. 이제 우리는 필요한 접근이 무엇인지, 정확한 구성의 규칙이 무엇인지 학생들에게 말해 주지 않는 다양한 접근방식이 필요하다고 본다. 우수한 학생은 간접적으로 다양한 접근방식을 찾을 것이고 우수한 교사는 사실 사이에 이러한 방식을 살짝 집어넣지만, 어떤 것을 가르쳐야 할지에 관한 것보다 심각하게 받아들여지지는 않는다. 그리고 이러한 사실의 표면에 진짜 문제가 있다. 해석적 형태의 법칙에 대해 가르치지 않고, 오로지 한 가지 반응만이 적당한 해석이라거나 혹은 다른 어떠한 반응일지라도 문제가 있다는 인상을 학생들에게 주게 된다. 이러한 후자의 견해가 포스트모던 교육과정에 포함되어 있다는 이야기도 있다. 가장 잘못된 것은, 해석이 어떻게 느끼게 되는가 하는 정도의 문제이고, 해석에 대한 비판적 사고는 필요하지 않다거나 심지어 가능하지 않다고 제시하는 것이다.

고등학교에서는 모든 유형의 장르, 이론, 틀이 과거 많은 문학과 문학적 반응을 안내하는 구성의 문화적 형태임을 가르쳐야 하고, 알고 있는 기준을 다양하게 적용하는 것뿐만 아니라 정통적인 표현에 의해서도 가르쳐야 한다. 그리고 그 기준은 사람들이 폭넓게 공유할 때 만들어지는 형식이다. 우리는 장르나 기준 모두 누군가가 그것을 사용하고 잘 적응해 나가기 전까지는 구속에 불과하다는 것을 지적하기 위해 여기에서 몇 가지 세부사항을 개략적으로 보여 주었다. 우리는 사용하고 있는 장르를 인식하는 것, 보다 많은 장르 수업을 통해 얻을 수 있는 것이 남용에 대한 최선의 방어가 될 것이라고 생각한다.

초등학교와 중학교의 다양한 학과목과 과제에서 현재 암묵적으로 사용하고 있는 다양한 교실 담론의 틀을 분명히 하거나 명명함으로써 아동들로 하여금 고등학교에서의 장르에 대한 해석적 수업을 준비할 수 있도록 도와주고 있다고 본다. 그리고 사물을 초년기에 보다 쉽게 습득할 수 있다는 장점도 있는데, 아동들의 경우 각각의 총체적인 프로젝트의 특성을 보다 명확히 볼 수 있게 되고, 내용에서 접근방식을 분리시킬 수도 있으며 습득되는 객관적인 구성요소에 대해 보다 명확한 특징을 부여할 수 있게 되기 때문이다. 또한 모델을 통해 내용들이 어떻게 연결되어 있는지를 알 수 있도록 하는 데 도움이 될 것이다.

감사의 글

이 연구는 Jerome Bruner와 공동으로 수행하였으며, '문화심리학 연구'를 지원해 준 Spencer 재단에 감사를 전한다.

주

1. 심지어 이것에 관해서 혹자는 궁금해할 수도 있다. 캐논(canons), 즉 기준이라는 것은 주요한 예술가들이 옛 형식을 새로운 패턴에 밀어붙이며 모든 문학 시대를 통해 변화되어 온 것이다. 심지어 기준이라는 것 자체가 주로 인식된 패턴을 사용하는 주된 가치를 항상 갖고 있고, 따라서 기준은 자체로부터의 파생물을 식견 있는 독자와 의사소통할 수 있다고 생각할 수도 있다. 이러한 견해에서 보면, 문학의 의미 만들기는 기준으로부터의 파생물에 대거 의존하고 있다. 그러나 파생물과 그 의미들은 그러한 파생물이 파생되어 나온 기준을 알고 있는 문화화된 독자들에 의해서만 인식될 수 있을 것이다.
2. 두 명의 대상자는 이러한 분석에서 제외되었는데 그 이유는 그들이 사용한 단어의 수가 범위 밖이었기 때문이다. 즉, 그 두 명은 다른 대상자들에 비해 이야기가 훨씬 더 길었다. 이러한 절차에 관한 보다 세부적인 내용은 Feldman 등(1994)의 부록을 참고하기 바란다.
3. 두 집단들이 다르게 사용한 거의 모든 단어가 이러한 설명에 대부분 사용되었다. 그 범주 안에 포함되지 않은 단어는 5개뿐이었으며, 이 5개의 단어는 어느 쪽에 포함시키기에도 전반적으로 애매모호하다. 그러한 단어들 중 around와 is는 '자서전' 집단에서 나오며, 반면 a와 on은 '허구' 집단에서 나온 것이다. 이러한 단어들은 여러 번 사용되었으며 따라서 애매하게 사용된 것이다. 유일한 다른 단어는 '자서전' 집단의 아동들이 사용한 picture인데 이것은 만약 우리의 질문 중 하나에 포함되어 있는 것의 단순한 메아리가 아니라면, 꽤 흥미로운 무엇인가를 반영하고 있다. 연구 대상자들이 질문에 답변하면서 마음의 눈으로 상황을 '본다'는 것이다. 훨씬 더 인습적이고, 아마도 훨씬 덜 상징화된 접근을 제시한다.
4. 보다 세부적인 방법론적 논의에 대해서는 Feldman 등(1994)을 참고하기 바란다.
5. Olson(1994, pp. 229-230)은 사람들이 다른 장르의 스타일을 받아들임으로써 내용을 감출 수도 있다고 지적한다. Defoe는 진공 펌프와 관련한 실험을 묘사하는 Robert Boyle이 사용한 보고서 스타일로 『로빈슨 크루소(*Robinson Crusoe*)』를 썼다.

제21장
학습 사회를 위한 마음의 습관: 인간 발달을 위한 교육

DANIEL KEATING

현대 사회에서 성공하는 데에는 교육이 바탕이 된다. 교육은 특히 집단 및 기관의 유연성과 적응성이 가장 심각하게 도전받는 시기인 사회적 과도기에 중추적 역할을 한다. 이러한 상황에서 한 사회가 새로운 기술과 개념, 학습 패턴을 장려하는 능력은 교육기관과 교육 실제를 새롭게 바꾸는 것에 달려 있다.

지금 우리가 경제적, 사회적 패러다임의 심대한 전환으로 인하여 그러한 도전에 직면하고 있다는 데는 의심의 여지가 없다. 이러한 도전에 대응하기 위해서는 세 가지 핵심적 역동성을 이해해야 한다. 첫째, 사회 변화에 대한 압력과 기회를 만드는 기술공학-경제적(techno-economic) 패러다임 전환의 속성이다. 매우 자신 있게 경제적, 사회적 패턴을 예측할 수는 없을지라도, 기술공학적 혁신과 사회개혁 간의 역사적 상호작용으로부터 많은 것을 배울 수 있다(Keating, 1995b; Keating & Mustard, 1993).

두 번째 핵심적 역동성은 교육기관 자체의 속성이다. 현재의 구조와 실제가 어떻게 전개되어 왔는지, 특히 어떻게 변화에 저항하는 시스템으로서 기능하는지를 이해할 필요가 있다. 긍정적인 방향으로 교육을 변환시킬 수 있는 능력은 그러한 변화에 있어 지렛대의 구심점 역할을 찾아내는 능력에 달려 있다(Keating, 1995a).

세 번째 핵심적 역동성은 인간 발달의 특성에 대한 우리의 이해가 변화하는 데 있다. 이 역동성이 바로 이 책의 주된 초점이다. 인간 발달과 학습에 대해 사고하는 우리의 개념구조가 불완전하거나 잘못된 만큼 사회 및 교육기관을 진보적 방식으로 개혁하는 능력도 훼손된다. 이 책에 누적되어 있는 증거가 보여 주는 바와 같이, 인간 발달을 이해하기 위한 개념적 틀에 중대한 수정이 이루어지고 있다(Keating, 출간 중 b, c; Task Force on Human Development, 1992). 인지와 학습의 근본적인 사회적 특성, 개인적 인간 발달과 집단적 인간 발달의 상호 피드백, 인간의 다양성 형성에 있어 발달사(developmental history)의 역할은 이러한 수정된 이해에 있어서 중심적인 테마다. 교육에서 중대한 진보를 이룰 수 있는 우리의 능력은 발달과 학습에 대한 사회의 '일상 심리학(folk psychology)' 에 있어서의 근본적인 전환에 달려 있다(Bruner, 1990).

사회의 학습 및 적응 능력을 규정함에 있어 이러한 세 가지 핵심 역동성, 즉 사회 및 경제적 변환, 그러한 변환에 있어서의 교육의 역할, 그리고 인간 발달의 근본 과정에 대한 우리의 개념적 이해는 상호작용한다. 이들은 이해하기가 힘들지만 불가능하지는 않은 복잡한 사회체제를 함께 구성한다. 각 역동성, 그리고 역동성 간의 상호관계가 포함되어 있는 하나의 폭넓은 개념 틀이 있다면 이해하기가 더 쉬워질 것이다. 전체 체제에 대한 이해는 주요 사회기관의 점진적 변화를 위해, 특히 급변하는 변화의 시기에, 필수불가결할 것이다. 우리는 어떻게 그러한 사회를 형성할 수 있는가의 문제를 포함한 이 과제에 대하여 잠재적으로 가치가 있을 법한 개념 틀로서 '학습하는 사회(a learning society)' 라는 개념을 탐색해 오고 있다(Keating, 1995a, b, 출간 중 a; Keating & Mustard, 1993; Task Force on Human development, 1992).[1]

이 장을 통해 필자는 학습하는 사회라는 개념 틀을 초점으로 사용하여 주요 역동성 각각을 간략하게 탐색한다. 이러한 분석을 토대로 할 때 재개념화를 요구하는 하나의 주요한 쟁점은 인간의 다양성을 어떻게 이해할지, 그리고 교육기관에서 그러한 다양성을 어떻게 다룰지에 대한 것이다.

다양성을 바라보는 전통적인 관점은 그 과학적 범위가 지나치게 제한적이었을 뿐만 아니라 학습하는 사회를 만드는 데 부적합한 토대다(Keating, 1995a, b, 출간 중 c). 지식 기반 경제를 지지하기 위해서는 모든 사람에게 더 큰 폭과 깊이의 능력을 격려할 수 있는 방법을 찾을 필요가 있다. 또한 다문화적, 대도시 중심의 집단을 낳고 있는 인구학적 역동성으로 인하여, 그리고 이전에는 소외되었던 집단을 더 의미 있게 통합하는 요구를 부각시키는 정치적 동력으로 인하여 증가하고 있는 인류의 다양성을 수용할 필요가 있다.

정보 혁명: 지속적인 문명화의 실험

21세기에 들어서면서 직면하고 있는 빠른 사회적, 경제적 변화는 현대 사회에 복잡하면서 선례가 없었던 도전을 던진다(Keating, 1995b; Keating & Mustard, 1993). 이제 각 사회는 글로벌 경제에서의 경쟁, 새로운 능력에 대한 요구, 건강과 복지의 기회 제공, 다음 세대의 양육, 사회화 및 교육을 위한 사회체제의 유지를 동시에 다루어야 한다. 이러한 요구사항이 얼마나 잘 충족되는지가 다음 세대의 건강도와 능력, 그리고 곧 경제적 번영을 위한 토대를 이룬다.

종종 사회 변화의 속도, 범위와 복잡성이 너무도 압도적이고 통제 불가능한 것으로 느껴지곤 한다. 이렇게 통제력이 부족하다고 지각하는 것은 다시 다른 지각을 왜곡시켜, 변화에 반응하고 적응하는 우리의 능력을 더욱 감소시킨다. 이러한 핵심적인 역동성은 변화를 가속화시키고 통제감을 감소시켜 신중한 계획이나 개혁을 달성하기 힘들게 만든다.

호모 사피엔스의 근본적으로 사회적인 속성, 그리고 인간의 사회적 삶을 조직하는 다양한 패턴에 주목하면서 진화론적 관점과 역사적 관점을 결합하는 것이 이러한 악순환을 끊는 데 도움이 될 것이다.

인간은 사회적 종족이다. 우리는 일생에 거쳐 사회 집단 속에서 놀이하고 일하고 상호작용하고 학습하며 번식한다. 삶의 최초 순간부터 사회적 관계를 발달시키며,

생존을 위해서 다른 영장류에 비해 더 오랫동안 다른 사람의 보살핌에 의존한다. 생존하기 위하여 근저에서부터 사회적 집단을 필요로 하는 것이다. 우리가 어떻게 대처하고 학습하며 얼마나 유능해질 것인지에 있어서 유아기 경험(그 대부분은 사회적 상호작용을 통해 이루어진다)이 일생 동안에 걸쳐 중요한 역할을 한다. 따라서 우리가 그 속에서 성장하는 사회적 환경의 속성이 삶의 질을 결정하는 주된 요소가 된다. 다양한 삶의 결과(긍정적인 결과와 부정적인 결과)는 유아기 사회 경험에서 찾아볼 수 있는 차이와 밀접하게 연관되어 있다.

그다음으로, 인간이 가지는 사회 환경의 질은 그 사회 내에서 가능한 능력에 달려 있다. 집단의 새로운 구성원에 대한 양육, 교육 및 사회화는 더 성숙한 구성원의 기술과 헌신, 높은 수준의 세대 간 상호작용을 촉진하는 사회 장치에 달려 있다.

이러한 요구가 역사적으로 보아 새로운 것은 아니지만, 우리는 최근의 선조들조차 겪지 않았던 부가적인 도전에 직면해 있다. 인간은 다른 영장류들과 상당한 공통점을 공유하지만 의식적인 자기반성, 언어 및 다른 상징 수단을 통한 기술과 지식의 문화적 전수, 누적적인 기술공학의 발달과 문명화라는 측면에서 제 능력을 발달시켜 왔다는 점에서 독특하다. 진화론적인 의미에서, 이러한 것들은 인류의 삶에 있어 상당히 최근에 이루어진 변화라 할 수 있다(Keating, 1995b; Keating & Mustard, 1993).

달력에 의한 역년에 비유하면 이 최근성에 대해 더 잘 알 수 있다. 완전한 현대적 인간이 출현한 이후의 시간을 10만 년으로 보고 이를 1년이라는 척도로 바꾸어 본다면, 인간은 11월 말경이 되어서야 농업 발달의 도움을 받아 작은 도심지들로 처음 이동했으며 새해가 오기 직전인 12월 31일의 오후에야 산업혁명을 시작했던 셈이다. 그리고 단지 몇 분 전에서야 동시적인 국가 간 의사소통, 정보 기술공학, 다문화주의를 실험하기 시작한 것이다. 더 나아가 인간의 기원이 되는 도구 제작의 원시인(hominid)이 출현했던 시점에서 시작하여 이러한 가설적인 1년을 생각해 본다면, 정확한 그 출발선이 수백만 년 전에 이르므로 이러한 최근성을 더욱 실감하게 된다.

이러한 진화과정의 기원과 기제에 대해서는 여전히 논란의 여지가 남아 있지만 몇 가지 중요한 특징에 대해서는 상당히 광범위한 합의가 이루어져 왔다. 그 첫 번째 특징을 이해하기 위해서는 인간이 아닌 다른 영장류의 사회적 정교성을 고려해 보자. 우리의 복잡한 사회 제도와 행동은 단순히 문화적 경험으로 인한 것이 아니다. 다른 영장류들도 숙련된 사회적 전략을 갖고 있다(Tomasello, Kruger, & Ratner, 1993). 따라서 집단 속에서 기능하는 방법에 대한 우리의 직관적인 이해의 대부분은 기나긴 진화의 역사를 가지고 있다. 그런데 이러한 기존의 풍부한 사회적 요소에다 새로운 언어능력을 첨가함으로써 복잡한 의사소통의 가능성이 거의 무한하게 되었다. 언어는 훨씬 더 복잡한 사회적 의사소통을 가능하게 하는데, 이는 처음에 더 큰 집단 속에서의 응집력을 유지하기 위한 필요성에서부터 나온 것이다(Donald, 1991; Dunbar, 1992). 더 큰 집단 크기는 조직과 분업화의 측면에서 경제적 이익을 주며 이로 인하여 혹독한 주거환경과 원시적 형태의 공유된 위험을 더 효율적으로 바꾸는 것이 가능해졌다.

또한 특별한 기술의 교수-학습도 언어에 의해 증진되었으며, 기술공학의 발전이 뒤따랐다. 도구 기능과 상징 기능의 통합은 호모 사피엔스에게만 독특하게 나타난다. Vygotsky(1978)는 계통 발생적으로나 개체 발생적으로 이러한 언어와 도구 사용의 결합이 완전히 인간적인 지능의 출발점이 된다고 제안한 바 있다. 인간은 집단이나 종족 간의 연계를 구축하기 위하여 이러한 상징적 · 도구적 능력의 발달(즉 언어와 도구 사용)을 활용했다. 상징적 형태(특히 미술)의 놀라운 증가, 그리고 그 이전에는 100만 년 이상 동안 변하지 않았던 석기 기술이 더욱 정교해지면서 빠르게 전파했던 것을 증거로 볼 때, 이러한 패턴의 기원을 약 4만 년 전으로 볼 수 있다(Stringer & Gamble, 1993).

따라서 더욱 가속화되는 기술공학과 사회의 변화는 이전에는 엄격하던 집단의 경계선을 넘어 협력 학습할 수 있게 된 인간의 독특한 경향에 기초한다. 점진적으로 보다 효율적인 문화적 수단, 예컨대 구술 전승 역사, 형식적 수업, 글쓰기, 그리고 현재는 정보 기술공학을 통하여 이러한 학습을 부호화하고 증진시키는 인간의 능력이 이러한 가속화에 직접적으로 기여한다. 의사소통 수단의 변화는 인지활동, 즉 우리가 어떻게 생각하고 무엇을 알며 어떻게 학습하는지에 상당히 중요한 결과를 가져온다.

쉽게 이해할 수 있는 예로, 문해 실제와 논리, 논증, 반성, 그리고 메타인지적 이해의 발달 간의 관계가 있다(Cole & Scribner, 1974; Olson, 1994). 읽고 쓰는 문해능력이 펼쳐짐에 따라 그러한 정신의 습관(habits of mind)도 함께 펼쳐진다.

교수-학습의 모드 역시 이러한 광범위한 사회 및 기술공학의 변환에 발맞추어 진화해 왔는데, 직접적인 경험 중심의 도제식 교육을 넘어서 '책을 통한 학습'이 우세해진 것이 그 예다. 그 정의상, 진화적 변화란 시행착오의 연속이기 때문에 교육에서의 어떤 특정한 역사적 경향이 해로운지 유익한지를 확신할 수는 없다. Dewey(1963)가 형식적 교육이 지나치게 추상적이며 충분히 실제적이지 못하다고 적절하게 비판했던 것이 이러한 우려에 해당하며 많은 현대 교육 비평에서도 반영되고 있다(Bruner, 1960; Lave, 1988; Rogoff, 1990). 변화의 속도가 더욱 빨라짐에 따라 사회가 시행착오를 거쳐 적응할 수 있는 시간이 부족할 수 있다. 이러한 경우에 점진적인 변화를 이끌기 위해서는 핵심적 역동성을 이해하는 것이 더욱 중요해진다.

인류의 새로운 능력에다 새로운 의사소통 기술공학을 결합함으로써 이전에는 분리되어 있던 집단과 개인 간의 대화를 위한 강력한 새로운 매개체를 형성하며, 따라서 개혁을 위한 새로운 기회를 창출하고 있다. 사회적 의사소통(예컨대 언어, 문해, 정보 기술공학)에서의 변화에 발맞추어, 인간은 지구로부터 물질적 생존을 도와줄 새로운 수단을 계속해서 발견해 왔다. 먼저 농업혁명은 대집단의 사람들이 오랜 기간 동안 한 장소(즉 도시)에 모여서 거주하는 것을 가능하게 해 주었다. 농업사회의 생산 요구가 커서 전체 인구 중 상당히 많은 사람들이 신체적 에너지를 농업체제에 제공해야 했다. 따라서 단지 적은 수의 사람들만이 농업혁명에 의해 가능하게 된 지식의 획득과 확장에 직접 관여했다. 예컨대 문해 능력과 수리적 사고 능력은 역사적으로 오랜 기간 동안 계속하여 귀한 기술로 여겨져 왔으며, 풍요하지 못한 사회에서는 오늘날에도 그러하다.

사회 형태에 있어 그다음으로 주요 혁명이 이루어진 것은 최근의 일이다. 산업혁명은 물질 생산에 요구되는 직접적인 에너지 고리로부터 인간의 노동력을 해방시켰으나(Rosenberg, 1986), 노동 분업에 따른 훨씬 더 복잡한 제도적 장치를 만들었다. 기술혁명이 사회 구조 및 실제에서의 동시적인 변화에 달려 있다는 사실을 다시금 확인할 수 있다.

이러한 예들은 기술혁명과 사회혁명 간의 지속적인 상호작용, 서로가 서로의 원인이 되는 상호작용을 보여 준다. 우리는 분리된 하나의 원인이 특정한 결과를 낳는 단선적 모델이나 주효과(main-effect) 모델에 너무도 익숙해져 있기 때문에(Keating, 출간 중 c; Senge, 1990), 처음에는 이러한 상호작용 관계를 이해하기 어려울 수 있다. 그러나 인류의 역사에 있어서의 네 가지 주요한 전환을 거슬러 올라가 보면, 기술공학에서의 변화가 사회적 기능의 변화를 요구하며 이를 위한 기회를 생성한다는 것, 그리고 사회의 변화는 기술공학에서의 혁신을 요구하며 이를 위한 기회를 생성한다는 것을 알 수 있다.

1. 언어 및 복잡한 사회적 의사소통(지금으로부터 100년에서 5만 년 전 사이, Donald, 1991)
2. 부족 간(intertribal) 의사소통 및 문화적 교류(지금으로부터 약 4만 년 전)
3. 농업혁명과 도시에 정착한 문명화(지금으로부터 1만 년 전)
4. 증기로부터 전기로의 산업혁명(지금으로부터 500년에서 100년 전 사이)

기존의 정보 기술공학 형태(예컨대, 국제적 의사소통의 동시성, 무한한 지식 저장과 인출, 데이터 분석과 시뮬레이션을 위한 정교한 기술, 그리고 로봇 산업에서의 인공지능 설계)에서 이와 같이 급격한 전환의 순간이 또다시 다가오고 있는 것으로 보인다.

그렇다면 다른 종과는 달리 인간은 물질자원을 사용하는 방법과 사회적 삶을 조직하는 방법 사이에 시스템 이론가들이 이른바 반복적인 피드백 고리(feedback loop)라 부르는 것을 형성해 온 것이다. 문화와 사회 변화의 이러한 새로운 패턴은 우리가 그 속에서 살고 일하는, 그리고 이후의 세대가 성장해 나갈 생태학적 환경을 지속적으로 재구성한다(Keating & Mustard, 1993). 이러한 요구에 부응하는 교육체제를 개발하려면 인간 발달에 영향을 주어 온 폭넓은 역사적 힘, 개인 및 집단의 발달에 있어서의 근본적인 과정, 그리고 현대 교육 실제의 특성에 동시적으로 주의를 기울여야 한다.

교육의 변환

북미에서 현대 교육에 대한 비판이 널리 퍼지고, 때로는 절실하게 변화를 요구하는 것 같다. 그러나 실질적인 변화는 거의 일어나지 않고 있다. 여기에는 다음과 같은 몇몇 원인을 찾아볼 수 있다.

첫째, 그리고 너무도 종종 간과되는 원인은 바로 크고 복잡한 자기-조직적(self-organizing) 시스템에 있어 본질적인 특성이라 할 수 있는 안정성(stability)이다. 이러한 비활동성은 사람들이 종종 생각하는 것처럼 교육자들의 나쁜 의도나 무관심에서 나오는 것이 아니라 오랜 시기에 걸쳐 진화되어 온 기관과 실제가 서로 맞물려 스스로를 지지하는 특성이 있기 때문이다. 예컨대 대학기관이 학위 부여 기능에 매달리게 되면서 전문성 발달에 정말 도움이 되는 방식으로 수업을 바꾸어 나가는 것이 어려워진다(Keating, 1990a, 1991). 따라서 시스템의 그 어떤 부분에서 변화를 일으키든 그 시스템의 다른 많은 부분에도 변화가 이루어지게 된다.

이는 바로 두 번째 장애물로 이어진다. 즉, 에너지를 쏟아붓지만 궁극적으로 아무런 변화도 일어나지 않게 하는, 지나치게 단순하거나 유행을 좇는 해결책이 만연해 있는 것이다. 일례로 비판적 사고를 가르침에 있어, 이를 필요로 하는 세상에 관계되는 일관된 방식, 그리고 내용 지식, 개인적 성향, 정서적 몰입, 생산적인 사회적 상호작용 패턴으로서 가르치는 것이 아니라, 일련의 쉽게 가르칠 수 있는 단순한 기술로만 다루면서 비판적 사고를 증진시킨다는 프로그램을 개발하는 것을 들 수 있다(Keating, 1990c, 1991). 이와 같이 제한적인 해결책은 주효과만을 중심으로 해서 생각하는 경향, 즉 그저 이 측면만 바꾸면 다른 문제도 해결될 것이라고 생각하는 경향에 기인하는 것으로 보인다. 이러한 복잡한 이슈를 해결하려면 실제로 기능하는 전체 시스템의 역동성을 있는 그대로 이해하는 것이 필요하다.

세 번째 장애물은 제안되는 해결책이 현재와 미래보다는 과거에 초점을 두는 경우가 잦다는 것이다. 의식적인 변화를 위해서는 예측이 필요한데, 변화가 지금의 딜레마보다 과거의 딜레마를 해결하기 위한 것이라면, 그리고 이루어지고 있는 기술혁명과 사회혁명이 제공하는 혁신의 기회를 인식하지 못한다면 실패할 가능성이 크다.

한 가지 더, 상당히 주요한 장애물로 근본적인 문제가 무엇인가에 대한 두 가지 서로 다른 입장 간의 충돌을 들 수 있다. 이러한 갈등은 수월성(excellence)과 평등(equity) 간의 강요된 선택으로 그려지곤 한다. 종종 수월성을 옹호하는 사람들은 교육 기준이 낮아지는 것을 죄악시하는 반면 평등을 주창하는 사람들은 바로 그러한 기준이 문제의 근원이 된다고 본다.

기초로의 회귀

수월성을 옹호하는 집단은 경제적 측면에서 국제적인 경쟁력을 갖추는 데 필요한 전문성과 학습 기술을 발달시키는 측면에서 사회가 얼마나 잘 기능하고 있는지에 초점을 맞춘다. 수학 성취(이는 많은 이들이 새로운 지식-기반 경제에 있어서 핵심적 기술이라고 간주하는 것)에 있어서 북미와 아시아 간의 엄청난 차이는 특히 우려되는 바다(Stevenson & Stigler, 1992). 또한 지난 수십 년간 북미지역 학생들이 전반적 학업 수행에서 계속적으로 보여 온 명백한 하락 경향도 잠재적으로 교육 기준을 악화시키는 것이라는 우려를 낳고 있다.

이러한 우려에 대한 한 가지 대중적인 반응은 '기초로의 회귀' 로 묘사할 수 있다. 여기에서 병폐로 보는 것은 바로 학문적 기준이 여러 가지 방법으로 희석되어 왔다는 것이다. 예컨대, 전통적인 방식으로 이루어지는 수업을 받을 준비가 잘 되어 있지 않은 학생들을 통합시키는 것, 개인적 혹은 사회적 생활 경험에 관한 주제를 포함시켜 학문의 기초를 배울 시간을 빼앗는 것, 현재 학년 수준의 교재를 다 익히지 못한 학생들도 '사회성 측면을 배려한 진급(social promotion)' 을 시켜 주는 것을 포함하여 학습자의 자아존중감이 감소할 수 있는 그 어떤 형태의 등급이나 판단을 거부하는 사회적 분위기가 증가하는 것 등을 지적한다.

이러한 비판은 종종 특수아동의 통합이 학급 역동성에 영향을 준다는 지적, 그리고 특별하게 진단된 장애가 없는 아동들로부터 그렇지 않아도 부족한 자원을 빼앗아 간다는 점에서 상당한 부담이 된다고 믿는 것과 함께 이루어지곤 한다. 이 관점에서 선호하는 해결책은 교육 실제가 이런 식으로 희석되지 않았던, 자신들이 생각하는 과거의 모습으로 되돌아가는 것이다. 그러나 이 관점에서 암시하는 좋았던 황금기란 이들이 기억하는 것처럼 존재했던 적이 한 번도 없었다.

어떤 경우에든 현상(status quo ante)을 그대로 재생산하는 것은 미래에 필요한 요구를 충족시키는 데 충분하지 않으며, 이는 특히 실질적 요구가 증가하고 있기 때문이다. 급속하게 변하는 정보 기술공학을 다룰 수 있는 기술은 새로운 기대치의 명백한 한 예다. 더 나아가 기존의 교육 시스템은 대중을 이끌 수 있는 기술을 가진 소수의 엘리트만 필요할 것이라는 전제, 그리고 대중은 형식적 학습에 대하여 그저 약간만 친숙해지면 된다는 전제 위에 구축되었음을 인식해야 한다.

새로운 경제가 제대로 기능하려면 대중의 능력이 훨씬 더 깊고 넓게 확대될 필요가 있다. 경제적 측면에서 제한적인 기술만으로 충분하다면, 인도적으로는 아닐지라도 경제적으로는 많은 학생들을 포기하는 것을 묵인할 수 있을지도 모르겠다. 그렇지만 미래에는 인간 자원을 최대한 충만하게 발달시키지 못한다면 지식 기반 경제를 구축할 수 있는 잠재력이 손상될 것이다.

병폐로서의 기준

위의 관점과 경쟁하는 관점에서는 학교가 문제 해결을 위한 통로가 아니라 오히려 문제의 근원이라고 간주한다. 이 관점에서 볼 때, 비교에 의한 실패라는 잔인한 메시지를 전달함으로써 배우고자 하는 선천적 욕구를 손상시키는 것은 다름 아닌 학교다. 역사적으로 보아, 상대적으로 힘이 없는 집단은 자신들이 덜 유능하거나 심지어 무능하다는 말을 체제적으로 듣게 되는데 이때의 수행 기준은 대개 임의적인 것에 불과하다.

이 관점에 따르면 기준(standard) 자체가 편향되어 있기 때문에, 실패감이란 대체로 사람의 눈을 속이는 것이며 사회의 기존 권력 관계를 재생산하는 기능을 수행하는 것이다. 여기서 근본적인 문제는 기준을 별로 강조하지 않는 것이 아니라 지나치게 강조하는 것이 된다. 수월성과 엘리트를 지나치게 강조하는 반면 평등과 다양성에 대해서는 너무도 무관심한 것이 문제가 된다.

특수한 학습자를 가르치는 것을 둘러싼 현재의 교육 위기는 인간 발달에 있어 다양성에 대한 새로운 이해의 필요성, 그리고 형식적 교육에서 그러한 다양성을 생산적으로 다룰 수 있는 방법의 필요성을 보여 주는 가장 중요한 예다(Keating, 1990a, 1991, 1995a; Clay, 이 책 10장 참조).

몇 가지 기본 가정이 1960년대 중반 이후의 교육 실제에 극적인 영향을 끼친 특수교육운동(special education movement)을 점화시켰다. 첫 번째 가정은 근본적인 인권 문제로, 모든 아동이 적절한 교육 경험을 받아야 한다는 것이다. 두 번째는 배제된 학습자의 대부분이 쉽게 확인할 수 있는 구조적 결함, 특히 정신지체, 감각손상, 신체장애 등을 갖고 있다는 사실에서 나온다. 여기에서부터 결함 모형(deficit model)이 채택되었으며, 결함 모형에서는 이전에는 배제되었던 이러한 학습자들을 수용하기 위해 특별한 시설이 필요하게 된다.

특수교육 자원은 교육 예산에서 증액을 보이는 몇 안 되는 대표적인 영역이다. 이는 기대하거나 바라는 것보다는 발달 수준이 낮지만 명백한 장애는 갖고 있지 않은 아동들의 수가 증가하고 있는 것에 대한 우려가 커지는 것과 동시에 이루어졌다.

이러한 사태들의 결합으로 인해 미리 예측하지 못했던 결과, 그러나 돌이켜 생각해 보면 상당히 이해가 가는 결과가 뒤따랐는데 이는 바로 특수교육의 개념을 확대하여 훨씬 더 넓은 범위의 수행 미달 학습자들을 포함시키는 움직임이었다. 새롭게 이용 가능해진 자원을 사용할 자격을 가지려면 아동에게 특정한 결함이 내재한다고 가정하는 것이 필수적으로 되었다. 역사적으로 학습장애에 대한 연구는 튼튼한 과학적 증거보다는 이러한 정치적 문제에 따라 좌우되어 왔다(Keating, 1995a; Stanovich & Stanovich, 이 책 7장 참조).

이러한 독특한 역동성을 극적으로 잘 보여 주는 것은 부모들로 구성된 압력단체의 정치적 집회인데, 이들의 주된 목적, 즉 자녀들을 위해 적절한 교육자원을 확보하려는 목적은 그러한 자원을 얻을 수 있도록 자신의 자녀가 어떤 특정한 방식으로든 결함을 가지고 있다고 선언하는 실질적 목적으로 변모했다. 이러한 역사적 전환이 그렇게 쉽게 발생했다는 사실은 내재적 결함 모형이 가진 '자연성(naturalness)'

이 허울뿐임을 입증한다.

지금까지 전개되어 왔던 논리를 재구성하는 것은 비교적 간단하다. 즉, 정규적인 교육 실제는 정상적으로 발달하고 있는 아동에게 적합하다. 명백한 장애를 가진 아동을 배제하는 것은 받아들일 수 없는 일이나, 이들을 포함시키려면 부가적인 교육 자원을 제공하는 것이 필요하다. 이와 동시에 명백한 장애를 가지지 않은 아동 중 많은 경우 나타나는 수행 결핍도 우려가 된다. 그런데 이런 아동들이 정규적인 교육 실제의 혜택을 얻지 못한다면, 어떤 숨어 있는(covert) 장애를 가진다고 가정할 수 있다는 것이다. 따라서 숨어 있는 장애라는 범주를 만든다면 그러한 아동들에게 자원을 제공하는 것을 정당화할 수 있게 된다는 논리다.

그런데 이러한 왜곡은 정치적 수준에서만 일어나는 것이 아니다. 학습장애 분야에서 가장 빈번하게 이루어지는 연구설계의 하나는 학습장애로 확인된(이때, 연구에 따라 상당히 다른 준거를 사용하여 학습장애로 범주화된다) 아동과 정상적 아동을 비교하는 것이다. 대개 그러한 비교에는 두 집단에 인지 과제나 검사를 실시하는 것이 포함되는데, 그럴 경우 학습장애 아동이 유의하게 뒤처진다는 결과가 나오는 것은 사실상 필연적이다. 결과에 따라서 두 가지 추론이 동시적으로 일어난다. 첫째, 학습장애 범주는 타당하다. 그리고 둘째, 관찰된 차이의 원인이 그러한 결함으로 인한 것이라고 인과적으로 볼 수 있다는 것이다.

이상과 같이 단순하게(그러나 지나치게 단순화된 것은 아니다) 적었지만, 그 추론들이 가지는 어리석음과 유어반복은 명확하다. 대부분의 과제에서 평균보다 못한 것으로 확인된 아동들은 관련된 다른 과제에서도 평균보다 못한 수행을 보일 것이다. 이러한 가정된 장애의 기원이나 본질에 대한 구체적 가설을 검증하도록 설계된 연구는 거의 없다. 더 엄격한 준거를 사용하면, 학습장애아로 불리는 아동 중 구체화할 수 있는 인지적 처리상의 차이를 갖고 있는 것으로 보이는 학습장애아의 비율은 훨씬 적게 된다.

이러한 비판이 주의 집중이나 학습과정에 있어 아동들이 기능적으로 동일하다는 것을 의미하는 것은 아니다. 분명 그러한 차이점은 존재하며 또한 마찬가지로 이는 분명하게 최초의 대인 간 상호작용으로부터 시작하는 다양한 사회 및 대인 환경과 상호작용하는 유기체 요인(영아의 기질과 주의 집중 과정 등)이 결합된 산물이다.

그런데 사람들 사이에 다양성이 존재하지만 이러한 다양성은 유능 대 결함이라는 단선적인 준거에 따른 것은 아니다. 이러한 단선적 모형이 정말 진리인 것처럼 생각하고 교육 실제를 마련하는 우리의 선입견적 행동은 과학적 증거에 토대하는 것이 아니라 역사적 수반현상의 작용일 뿐이다.

이와 유사하게 잘못된 신념 체제가 통합(mainstreaming) 교육 모형을 지지하는 일부 옹호자들 사이에서 작용하고 있다. 이는 이전에 배제되었던 학습자들을 단순히 통합하는 것만으로 문제가 해결될 것이며 전체 학습자에게 모두 긍정적인 영향만을 주리라고 생각하는 그릇된 희망이다. 우리는 그 대신에 모든 학습자의 발달적 진보를 지지해 주는 제대로 된 체제를 고안하는 것이 얼마나 복잡한 과제인지를 인지할 필요가 있다. 이는 관련된 많은 측면에 대한 상당한 연구와 개혁을 요하는 과제다(Keating, 1990a, 1995a). 다양한 유형의 학습장애를 가진 학습자뿐만 아니라 발달적으로 앞서 있는 학습자의 요구를 충족시키는 데 있어서도 마찬가지다(Keating, 1991, 1995a).

학습하는 사회라는 관점에서, 수월성 혹은 평등을 핵심 쟁점으로 삼는 사람들이 가진 합당한 우려사항을 이해할 수 있다. 그렇지만 한 단계 더 나아가, 수월성과 평등이 서로 압박하며 경쟁하는 것이 아니라 상호 보완할 수 있는 방식을 찾아볼 수 있을 것이다. 인간 학습 및 발달을 수정하여 이해하는 것이 도움이 된다. 이러한 수정에서는 모든 아동이 반드시 필요로 하는 학습을 위한 발달적 지원체계, 그리고 서로 다른 수준의 능력을 가진 개인에게 협력학습의 기회를 제공할 수 있도록 학습의 근본적으로 사회적인 속성에 초점을 두어야 할 것이다(Bereiter & Scardamalia, 이 책 22장; Keating, 1990a, 1991).

산업시대에 적합하게 개발된 교육적 관점과 정보시대에 효과적인 관점을 비교함으로써 현대 교육 실제에 있어서 이러한 폭넓은 사회적 역동성의 영향을 파악할 수 있을 것이다. 〈표 21-1〉은 주된 차이점을 요약하고 있다(Keating, 1995a).

정보 기술공학, 특히 네트워킹으로 인해 지식을 너무도 쉽게 구할 수 있기 때문에 획득된 지식이 가지는 절대가치는 감소된다(Keating, 1995b). 따라서 지식 구축(knowledge building)을 목적으로 하는 사람들에게 유리하게 된다(Scardamalia &

〈표 21-1〉 산업시대 및 정보시대의 교육의 특징

	산업시대	정보시대
교육	지식의 전수	지식의 구축
주요 학습모드	개인	협동
교육목적	다수를 위한, 소수의 기초적 기술과 알고리즘의 개념적 이해	모두를 위한 개념 이해와 의도적 지식 구축
다양성의 본질	선천적, 범주적	교류적(transactional), 경험사적
다양성에 대한 대응	엘리트 선발, 대중을 위한 기초교육	대중을 위한 평생학습의 발달적 모형
예상되는 일터	공장 모형, 수직적 관료체제	협력적 학습 조직

출처: Keating(1995a).

Bereiter, 1993). 지식 구축은 순전히 개인 내에서 이루어지는 것보다는 서로 협력할 때 더욱 유리하다.

목적에서 상당한 차이가 있다. 산업시대에는 단지 소수의 사람들(이른바 '머리') 만이 계획하고 개혁하도록 요구되었으며 반면 대중(이른바 '손')은 그저 반복적인 과제를 수행하도록 기대되었다. 그러한 조직 속에서의 교육체제는 이상적으로는 가장 우수하고 똑똑한 이들이 머리가 되도록 보장하는 정직한 선발기제로서 기능한다. 그러나 실제에 있어서는 결코 그렇게 되지 않는다. 학교는 사회 속에 깊게 뿌리내리고 있기에, 특히 사회계층과 성별같이 관련 없는 요소에 기초하여 사회계층 구분을 재생산하는 경향이 있다.

어떤 경우든, 이러한 선발기제는 정보시대에 더더욱 부적절하다. 관료체제 속의 위치는 덜 안정적으로 되었고 사회적 지위를 보장하던 학위의 가치는 떨어졌으며 일의 속성은 급격하게 변화하고 있다. 공적, 사적 분야 모두에서 중간 관리층을 10분의 1로(혹은 그 이상으로) 감소시키는 것은 단지 하나의 예에 불과하다. 급격하게 변화하는 상황에 적응할 수 있는 기업체와 조직이 보다 우위를 차지하게 될 것이다.

이를 돕기 위해서는, 예전보다 더 넓고 깊게 모든 사람의 능력을 확대할 필요가 있다. 이러한 측면에서 수월성과 평등 간의 갈등, 전통적 기준의 옹호자와 반대자 간의 갈등, 정규교육과 특수교육 간의 갈등은 새로운 속성을 갖게 된다. 모든 교육이 더 명시적이고 개념적으로 정교한 발달모형에 기초하도록 해야 할 필요가 있다.

다양성의 근원: 전통적 관점 대 발달적 관점

앞에서 필자는 핵심적인 개념 구분을 다음과 같이 요약했다.

> 검사점수와 학업 수행에 따라, 현재의 사회 및 교육 실제에 가장 잘 적응되었다는 증거를 보여 주는 사람들은 더 적합한 근원적 구조로 인하여 가장 일반적으로 적응력이 높은(즉, 지적인) 범주에 속하는 것으로 정의된다. 두 가지 상당히 다른 개념을 이렇게 섞어 버린 결과, 교육상의 어려움은 학습자의 적응력 부족으로 인한 것이라고 설명하는 것이 정당하다는 가정이 뒤따른다.
>
> 발달적 관점에서는 특정한 생태학적 활동영역(niche)에서의 성공이 반드시 넓은 범위의 활동영역에서의 적응력을 나타내는 것은 아니라는 사실을 인지한다. 더구나 수업환경이 발달적 다양성에 맞게 적응하지 못하여 불가피하게 차별적인 발달이 이루어지는 기제를 찾게 될 가능성이 커진다. 책임 소재를 아동의 적응력 부족에서부터 주변 환경의 적응력 부족으로 옮김으로써, 그저 아동에게 있을 것으로 추정하는 구조적 결함을 찾기보다는 더 좋은 학습 환경을 마련해 줄 방법을 세밀하게 검토하기 시작할 수 있게 된다(Keating, 1990a, p. 264).

개인 차의 유전성을 무엇보다 강조하는 지능 이론에서는 표현형의(즉, 관찰되는) 다양성에 영향을 주는 유전적 요인의 분포를 형성하는 데 있어서 진화론적 역사(그리고 이에 따라 자연선택을 통해 작용하는 여러 상황적 요인)가 가지는 중요성을 강조한다(Eysenck, 1988; Galton, 1892/1962). 이와 대조적으로 서로 다른 삶의 경험을 통해 나타나는 다양성에 초점을 두는 지능 이론에서는 개인에게 작용하는 상황적 사건을 강조한다(Hunt, 1961).

유전 대 환경, 즉 유전적 혹은 발생적 설명 대 환경적 혹은 경험적 설명이라는 전통적인 이분법으로 인해 올바른 이해가 힘들게 되곤 한다. 두 세계관의 이렇게 극명한 대조를 놓고 볼 때 이 둘 간의 갈등이 모든 영역(과학, 정치, 문화 등)에서 가열되어 왔다는 사실이 놀랍지는 않다. 보다 실망스러운 사실은 상당 기간 동안 이러한 이분법적인 논쟁이 가지는 부정확성(Anastasi, 1958)이 인식되어 왔음에도 불구하고, 과학적 주장이 여러 측면에서 정치적 주장과 그다지 차이를 보이지 않는다는 사실이다. 유전 대 환경 요인이 가지는 상대적 영향력을 구분하는 것은 이러한 추정치의 정확성이 증가함에 따라 더욱 복잡하게 되었다(Plomin & Thompson, 1988).

물론 기능하고 있는 유기체에게 있어서 이러한 영향력은 결코 이분법적이지 않으며, 개체 발생 동안 완전히 통합된다. 이러한 통합의 좋은 예는 기초적인 신경, 면역, 호르몬의 패턴을 만드는 데 있어서 경험의 역사가 미치는 주된 영향력을 보여주는 최근의 연구(Cynader, Shaw, Prusky, & Van Huizen, 1990; Suomi, 1991)로부터 나온다. 어떻게 상당한 영향력을 지닌 이러한 두 요인이 인간의 지적 수행에서 관찰되는 다양성을 야기하는지에 대해 탄탄한 발달적 설명을 구성하는 데 지금까지 노력을 거의 기울이지 않았다.

그렇게 하기 위해서는 양쪽의 신념을 가진 연구자들이 각각 분리된 효과를 분석하는 데에서 벗어나, 인간의 발달과정에 걸쳐 다양한 영향력 간의 역동적 상호작용을 알아내는 보다 복잡한 과제를 향해 나아갈 필요가 있다(Anastasi, 1986; Bronfenbrenner & Ceci, 1993; Green, 1992).

또한 과거의 혼란 중 일부는 일반적인 지적 발달과 연관된 개체발생의 상황적 요인과 지적 성취에서 관찰되는 다양성과 연관된 상황적 요인을 제대로 구분하지 못한 데서 그 원인을 찾을 수 있다.

여기서 '정신 능력(mental abilitiy)' 이라는 다목적적 용어로 인해 가려지곤 하는 가능한 능력(capacity)과 획득된 능력(capability) 간의 구분을 명확하게 짓는 것이 유용할 것이다. 문해를 예로 들어 보자. 분명 거의 대부분의 인간은 적절한 경험이 수반될 때 글을 깨치는 것이 가능한 능력을 가진다. 그런데 학교 제도가 출현하면서 이전에는 글을 몰랐던 사람들이 읽을 수 있는 능력을 빠르게 획득하면서 높은 문해

율을 보이게 되었던 것이다.

인간 지능에 대한 연구 초기 팽배했던 이론적 가정들(예컨대 Terman, 1916)로 인하여, 이러한 두 개념(즉, 가능한 능력과 획득된 능력)은 실제 획득된 능력이 지적으로 가능한 능력을 신뢰할 수 있게 추정해 준다는 믿음하에 하나로 융합되었다(Keating, 1990c). 개체발생적 영향들로부터 독립된, 근본적으로 가능한 능력(예컨대 가능한 정보처리능력 혹은 신경계의 효율성)에 대해 보다 순수하고 신뢰할 수 있는 추정치를 얻기 위하여 이러한 개념을 분리하고자 하는 최근의 노력들은 혼재된 결과를 낳았다(Ceci, 1990; Hunt, 1978; Sternberg, 1990).

우리는 '순수한' 정보처리 파라미터를 만드는 일이 아직 성공하지 못했다고 주장한 바 있다(Keating, List, & Merriman, 1985; Keating & MacLean, 1987). 자연적인 발달적 통합의 과정이 이러한 영향력을 구분하는 것을 어렵게 만드는데, 이는 인간의 다양성이 가지는 속성을 발달 현상으로서 훨씬 더 자세하게 검토할 필요성을 다시금 강조한다(Gardner, 1983; Keating, 출간 중 b, c).

요약하면 이 분야에서의 논쟁은 '유전' 대 '환경'이라는 입장 간의 반사적 순환고리로 이루어져 왔다. 이러한 두 가지 광범위한 범주, 즉 유기체는 계통발생적 역사로부터 이루어진 내재적 구조를 가진다는 입장과 발달에 영향을 주는 물리적 및 사회적 환경 속에서 항상 개체발생이 이루어진다는 입장이 근본적으로 서로 불가분하다는 이해를 증가시키는 데 있어, 문제를 계속 이분법적으로만 몰아가는 것은 이해의 진전을 방해하는 보이지 않는 장애물이다.

지적 기능에 있어서 인간의 다양성을 이해하는 것을 방해하는 장애물의 일부는 지나치게 단순한 이데올로기와 방법론에 있다. 반면, 발달과정에 대한 이해에 있어서의 이론적 진보, 그리고 그러한 진보를 경험적으로 연구하는 능력에서의 방법론적 진보는 이러한 질문이 전통적인 이분법적 사고를 넘어서게 하는 기회를 제공한다.

그렇게 함에 있어 전통적인 모형을 사용하여 획득해 온, 인간의 다양성에 대한 확고한 경험적 증거를 먼저 인정해야 한다. 행동과학 및 사회과학에서 가장 확고하게 이루어진 연구 결과 중에 다양한 범위의 인지 및 지적 과제에서의 수행이 가지는 공변량(covariance) 구조가 있다(Keating & MacLean, 1988). 이러한 공변량 패턴이 얼마나 많은지를 상기하는 것이 유용하다. 충분히 이질적인 집단에서 매우 다양한 인지적 과제 간의 정적 상관관계는 실제로 확고하다. 또한 아동기와 청소년기 동안 연령의 증가에 따라 수행 평균이 증가하는 것도 모든 인지적 과제에서 실제 관찰된다(Case, 1992).

많은 인지적 수행의 측정에 있어서 이러한 확고한 개인 및 연령의 공변량 패턴뿐 아니라 안정된 집단 간 차이도 물론 있다. 사회계층, 인종과 성별을 포함한 인구학적 지표와 연관된 패턴이 정기적으로 보고되어 왔다. 유기체의 정신적 외상, 혹은 뇌 손상이나 다운증후군과 같은 유전적 비정상성(Cicchetti & Beeghly, 1990)도 인지적 수행 차이와 상관관계를 가진다. 개인 차의 패턴은 또한 학습장애와 같은 진단적 범주에 따라 분류되어 왔다.

이러한 다양성의 근원은 무엇인가? 위에서 기술된 패턴이 보이는 경험적 정규성으로 인해 일부 과학자들과 대다수의 대중은 단순하고 전반적인 구조적 차이가 원인이라고 억측하게 되었다. 종종 이러한 억측은 관찰되는 차이의 근본적 원인이 유기체에 내재한 차이(예컨대 신경계 효율성, 가능한 능력 혹은 힘의 차이)라고 믿는 형태를 취한다.

이러한 추론상의 비약을 해서는 안 된다. 인지처리라는 변량을 지식 토대라는 변량으로부터 분리하려는, 혹은 그 반대의 경험적 연구들은 상당한 방법론적 약점을 갖고 있다. 가설적인 근원을 오염되지 않게 측정했다는 증거가 여전히 미약하다(Keating & Crane, 1990; Keating, List, & Merriman, 1985; Keating & MacLean, 1987; Morrison, Morrison, & Keating, 1992). 아무리 확고할지라도, 공변량 패턴만으로는 어떠한 특정 기제의 작용도 충분하게 증명하지 못한다.

이 예는 데이터 구조와 추론된 정신 구조 간에 일어나곤 하는 혼동을 보여 준다. 이 두 가지는 동일한 것이 아니다. 인지적 수행 데이터가 보이는 확고한 패턴이 어떤 일관된 원인을 반영한다고 추정할 수도 있으나, 반드시 특정한 데이터 구조와 일치하는 유기체 구조가 있음을 의미하는 것은 아니다. 진화론의 논리를 빌려 오면, 예컨대 박쥐와 새의 구조적 차이가 아닌 표면적 유사성을, 그리고 거미와 게의 구조적 일치성이 아닌 표면적 차이점을 관찰하는 것이다.

일치성을 찾으려면 내재된 과정과 그 발달사를 알아낼 필요가 있다(Keating, 1990a). 여기에는 한 가지 더 나아가는 이해가 포함된다. 즉, 경험의 영향도 역시 계통발생과 개체발생 모두에 의해 형성되는 내적 구조에 의해 제한된다는 것이다. 다른 말로, 인간은 무한한 가소성을 가진 것이 아니며 교정적 경험이 항상 효과를 가지는 것도 아니라는 것이다.

이분법적 입장 간의 역사적 갈등은 인간의 다양성에 대한 중요한 질문을 해결하고자 하는 이론, 실제, 그리고 연구 방법을 불필요하게 속박해 왔다. 너무도 광범위하여 정보 가치가 거의 없을 정도인 유전과 환경이라는 두 범주가 발휘하는 영향력의 정도를 알아내는 것 이상으로 알아내야 할 필요가 있다. 어떻게 인간의 능력과 대처가 실제로 자기-조직적인 역동체제로 발달하는지를 알 필요가 있다. 교육의 변화를 위해 방법론적으로 정밀하고 경험적으로 탄탄하며 실제적으로 유용한, 발달적 다양성에 대한 일관된 개념적 이해를 생성하기 위해 이러한 전통적인 이분법을 초월할 필요가 있다.

연구 방법: 발달적 통합을 향하여

인간의 다양성에 대한 유전적 능력 입장과 환경론자적 입장에서는 종종 주효과가 가장 중요한 것인 것처럼 해석해 왔다. 따라서 두 가지 해석 모두 중요한 실재를 간과하고 있는 것이다. 단 하나의 진정한 인과관계는 시간이 흐름에 따른 유기체와 환경 간의 교류(transactions) 속에 있다는 것이다.

> 두(상관관계 및 실험) 방법은 모두 상호작용 효과보다 주효과를 선호하나 삶의 모든 측면에서의 발달은 (중략) 유전과 환경의 상호작용을 포함한다. 그러나 그러한 상호작용을 해부하는 것은 현재로는 불가능한 수준의 정확성과 상세함을 요구한다(Green, 1992, p. 331).

이러한 연구 계획을 추구하는 데 있어 한 가지 문제는 바로 연구자를 압도하리만큼 복잡하게 느껴진다는 점이다. 잠재적으로 중요한 변인의 수와 변인 간의 상호작용은 고차적 상호작용을 고려하면 기하급수적으로 증가하며, 시간의 경과에 따라 변인 간에 증가하는 상호작용을 알아보고자 한다면 더더욱 증가한다. 심지어 적은 수의 변인으로 시작해도 가능한 인과적 조합이 거의 무한대로 되는 것이 순식간일 것이며, 최소한 그중 일부는 통계적인 모형 적합성에 토대해서는 구분이 불가능할 것이다(Glymour, Scheines, Spirtes, & Kelly, 1987).

이러한 수준의 복잡성을 다루기를 희망할 수 있는가? 중요한 이론적, 실제적 문제를 해결하기 원한다면 그렇게 하는 방법을 배워야 한다. 구체적으로 말해, 많은 소스로부터의 분석을 확고하게 통합할 수 있는 발전된 방법론을 만들어 낼 필요가 있다는 것이다(Gould, 1986; Keating, 출간 중 c).

역설적으로 그러한 상호작용을 분석하는 것은 순수한 환경형(nurture type)만큼 순수한 유전형(nature type)에도 흥미로울 것이다. 인과관계를 가지는 것으로 간주되려면 유전의 관점에서 행동을 설명할 때 궁극적으로 그러한 유전적 변이성(variability)이 어떻게 행동으로 전환되는지에 대하여 발달적으로 설명해야 한다. 다른 말로, 기존의 행동 유전적 증거는 유전적 변이성이 행동 변이성에 관련되어 있다는 사실만을 말해 줄 뿐 어떻게 그러한 관계가 형성되는지를 알려 주지 못한다.

한 가지 가능한 설명은 어떤 방식으로든 유전적 변이성이 신경 효율성에 직접적으로 암호화한다는 것이다. 그러나 환경과 유기체 간의 교류 작용을 통해 이루어지는 신경 구성과 재구조화에 대하여 현재 나오고 있는 놀라운 증거를 두고 볼 때, 크기나 가능한 능력 혹은 효율성에 대한 직접적 암호화는 이제 더 이상 지지될 수 없는 가정이다(예컨대, Chang & Greenough, 1982; Cynader et al., 1990; Turner & Greenough, 1985). 또한 유전성은 조사한 집단의 연령에 따라 다르다는 사실을 언급할 필요가 있는데, 이는 유전형이 표현되는 발달경로가 특정한 표현형(phenotypic) 특성과 일대일 대응을 유지하는 것이 아님을 시사한다(Plomin & Thompson, 1988).

유능성에 관한 개인 차를 이해하는 데 있어서 또 다른 행동-유전 설명은 기질

(temperament)인데, 실제로 기질은 영아에게 있어 초기부터 안정된 차이를 보여 준다. 그러나 여기에서도 영아의 기질이 주된 양육자(대개 어머니)의 특징과 상호작용하기 때문에 영아의 기질과 이후의 행동적 결과 간의 일대일 대응은 불가능한 것으로 보인다. 원숭이의 일종(*Rhesus macaques*)을 대상으로 하여 유전을 통제한 한 실험연구(Suomi, 1991)에서 유전적으로 과잉행동을 하는(따라서 상처받기 쉬운) 영아 원숭이를 경험이 많고 매우 양육적인 어미 원숭이가 대신 키웠을 때 일반 영아 원숭이들에 비하여 집단 지도자가 될 가능성이 더 커졌다는 점에서 이러한 상호작용이 매우 분명하게 나타났다.

그렇다면 인간의 다양성에 대한 이해를 증진시키기 위해서는 유기체와 환경 간의 상호작용의 역사를 더 자세하게 검토할 필요가 있다. 이러한 연구에 있어서 우리의 진화론적 유산, 특히 영장류의 역사가 직접적인 연관을 가진다. 수많은 예가 즉각적으로 떠오른다.

대부분의 인지적인 활동이 갖고 있는 사회적 공유 속성(Resnick, Levine & Teasley, 1991)은 그 실제적 중요성이 증가하고 있는데, 대인관계와 사회적 유능성을 내포한다. 따라서 사회적 종으로서의 영장류의 역사는 유능성과 생산성에서 중요한 역할을 한다(Suomi, 1991). 게다가 최근의 연구에서는 인지에 있어서 정서적 측면이 가지는 주된 역할이 강조되고 있으며(Oatley & Jenkins, 1992), 이는 심리신경면역(psychoneuroimmune) 연계고리가 있음을 제기한다(Kiecolt-Glaser & Glaser, 1991).

이 모든 역사, 즉 진화적 역사, 문화적 역사, 개체발생적 역사 등을 아우를 수 있도록 인간 발달을 통합하는 데에는 많은 방법이 사용되어야 한다. 이러한 개개의 방법은 탄탄한 추론을 내릴 수 있는 능력 면에서 철저하게 검증받아야 하지만 패러다임적 준거를 가지고 이를 규정할 수 있다고 가정해서는 안 된다.

방법론에 있어서의 진보가 인간 지능을 연구할 수 있는 방법을 변화시켜 왔다(Keating, 출간 중 c). 이러한 변화를 반영하기 위하여 필자는 개인 차(individual differences)라는 용어 대신 더 포괄적인 발달적 다양성(developmental diversity)이라는 용어를 사용하곤 한다. 왜냐하면 개인 차라는 용어는 개인과 인지적으로 사회화하는 환경 간의 교류보다는 개인 내에 주된 원인이 있음을 암시하기 때문이다.

인간 지능에 대한 발달적 통합은 어떤 형태를 취할 것인가? 역사란 항상 우발적임을 알기에, 맥락주의자들은 결코 미래를 확실하게 예측하지 않는다. 그러나 지금 그 모든 다양성 속에서 이러한 가닥을 엮어서 일관된 인간 발달 이야기를 만드는 노력이 빛을 볼 가능성은 있다. 발달적으로 통합된 이야기를 하고자 하는 우리의 시도(Keating, 1990c; Keating & MacLean, 1988)는 인간 지능이란 전체 집단과 개인이라는 두 가지 주된 차원에 있어 역동적인 시스템이라는 전제에서 시작한다.

모든 유형의 지식(실제적 지식, 과학적 지식, 이론적 지식 등)이 항상 사회적 · 문화적 산물이라는 사실은 점차 명확해진다. 진보된 정보 기술공학이 보급됨에 따라 지식의 사회적 속성이 더더욱 명백해진다. 과학을 협력적이며 누적적인 대화로 간주하는 것이 하나의 주요한 자기-조직적 사회 시스템의 정수를 보여 준다. 각 사회가 지식의 사회적 속성을 얼마나 잘 활용하는지에 있어서의 차이가 성공적이며 개혁에 기초한 경제를 얼마나 효과적으로 구축할 것인지를 부분적으로 결정할 것이다.

다른 말로, 사회적으로 배분된 지능이 사회의 성공에 있어 점점 핵심요소가 될 것이라는 것이다. 이는 다시 전체 집단에 존재하는 재능의 다양성, 그리고 집단이 학습단위가 되어 상호작용하는 방식에 달려 있다.

인간의 지능은 개인 수준에서도 자기-조직적인 시스템이다. 몇몇 중요한 요소가 필요하다(Keating, 1990c; Keating & MacLean, 1988). 역동적 시스템(행동적, 생리학적 혹은 물리적 시스템)의 첫 번째 원리는 처음에 잘못 형성되었거나 혼란스러웠다고 하더라도 시간이 지나면서 조직화되는 능력을 보인다는 것이다. 이에 관련되는 중요한 추론은 시간의 경과에 따라 작용하는 단순한 피드백 과정으로부터 무한히 정교하고 형식적으로 정밀한 구조가 나올 수 있다는 것이다. 이는 역동적 시스템의 네 가지 중심 특성에서 나오는데, 그중 두 가지 특성은 기능에 대한 것이고 나머지 둘은 조작적 맥락에 대한 것이다. (1) 과정은 정기적으로 반복되어야 한다. (2) 과정에 피드백 고리가 있어야 한다. (3) 맥락에 시스템을 형성하는 내재적 구속(유기체에 있어서는 지금까지의 표현형 및 개체발생적 역사)이 포함된다. (4) 실제로 이루어지는 자기-조직을 제한하고 형성하는 외재적 구속을 맥락이 한다(Keating, 1990b; Keating & MacLean, 1988).

이러한 원리들이 일반적인 발달적 기능을 정의할 수 있다. 발달적 상호작용의 역사는 유기체 구조로 통합된다. 종의 진화에서처럼, 개인의 미래는 결코 과거에 의해 완전히 결정되지는 않지만 항상 과거에 의해 구속받는다. 역동적 시스템의 비선형적 속성에서부터 몇 가지 결과가 뒤따른다. 먼저 원인과 결과가 다차원적이며 종종 서로에게 원인이 된다는 것이다. 또한 원인과 결과의 크기는 항상 같은 것이 아니다. 사실 사소한 사건조차도 언제 일어났느냐에 따라 엄청나게 다른 사건을 야기할 수 있는데, 이것이 개인에게 미치는 결과는 원래의 결과보다 훨씬 더 큰 것이다.

마음의 습관: 유능성과 대처에서의 발달적 다양성

최근의 인지 발달 연구에서 이루어진 주요 발견 중 하나는 인지적 활동이 근본적으로 그 내용 및 맥락으로부터 독립적이지 않다는 것이다. 이러한 비독립성(nonindependence)과 비슷하지만 더 긍정적인 용어는 인지적 활동의 연관성, 혹은 통합성이다. 인지활동에서 일치하는 구조를 찾기 위해서는 현재의 기능과 함께 개체발생을 연구할 필요가 있다. 그러려면 인지적 수행과 연령의 상관관계를 보는 것 이상의 것이 필요한데, 이는 인지적 사회화(cognitive socialization) 환경이 비슷하게 만드는 효과가 상당히 있기 때문이다. 발현하는 인지구조와 그 구조가 발달하는 인지적 사회화 장소 간의 역동적인 상호작용을 연구할 필요가 있다(Ceci, 1990; Keating, 1990c; Resnick et al., 1991; Rogoff & Lave, 1984). 우리는 특히 영아기, 유아기, 청소년기에 있어서, 특정한 전문영역과 일반적인 정신의 습관 모두에 있어서의 유능성에 내재된 발달과정을 탐색해 왔다.

개념 지식의 초기 발달을 설명하기 위해서는, 우리가 어떻게 세상을 바라보며 이러한 사전에 조율된 지각 패턴이 영아기 동안의 경험을 통해 기본적인 개념 구조로 형성되는지를 결정하는 Gibson식의 현상학적 전제를 인식해야 할 것이다(Keating & MacLean, 1988; MacLean & Schuler, 1989). 삶의 초기에 습득된 직관적 개념과 오개념은 학교에서의 경험과 차별적으로 상호작용하게 되는데, 이러한 상호작용이 발달적 다양성의 또 하나의 중요한 근원이 된다(Gardner, 1983; Keating & Crane, 1990).

이러한 상호작용을 이해하는 데 있어 자동성(automaticity)의 역할, 절차적 지식과 선언적 지식의 조직과 내용, 자기조절적 인지활동(예컨대 초인지적 전략이나 통제과정)의 기능, 그리고 사회적 · 정서적 · 동기적 요인을 더 자세하게 살펴보는 것이 도움이 되는데, 이 모두는 지능 발달에 영향을 끼친다. 정서 조절, 주의 집중 조절 그리고 수행 간의 연계는 발달상 상당히 초기인 생의 첫 해에 나타나는 것으로 보인다(Lewis, 1993; MacLean, Keating, Miller, & Keenan, 1995).

개인이 전문지식과 유능성을 발달시킴에 따라, 어떻게 인지활동의 다양한 측면이 시간이 지나면서 서로 협응하는지를 연구할 필요가 있다(Keating, 1990a; Keating, List, & Merriman, 1985; Keating & MacLean, 1987). 통합적 접근법의 한 가지 가능한 결과는 전문지식 발달에 이르는 경로를 보다 자세히 기술하게 되는 것이다(Keating, 1990a). 발달적 측면에서 볼 때, 지능에 대한 일반 이론과 영역 이론 간의 오래된 논란은 해결 불가능하기보다는 생산적인 것이 되었다(Keating & Crane, 1990). 예컨대, 일반 지능 차원에서 상위 5%에 드는 청소년들 사이에서조차 목적, 장래 포부, 교외활동, 지각된 자기유능성 등과 같이 '비인지적' 요소와 강하게 연관된 유능성(언어적, 사회적, 기술적 유능성)이 다양하며 매우 일관된 패턴이 있다(Matthews & Keating, 1995).

이러한 맥락에서 정신의 습관이라는 은유는 정신 능력이라는 전통적 개념에 비해 몇 가지 이점을 가질 수 있다. 첫째, 정신의 습관에서는 특정한 구조적 결과가 가정되지 않는다. 사전에 정한 패턴에 억지로 맞추어 다양성을 축소하기보다는, 시간의 경과에 따라 무엇이 맞는지를 관찰하도록 한다. 둘째, 불가피하게 닫혀 있거나 고정된 구조와 명백한 가소성을 가진 발달 간의 균형을 더 잘 맞춘다. 우리는 습관에 대하여 어느 정도 알고 있다. 예컨대, 습관을 더 오랫동안 갖고 있을수록 변화시키기가 더 힘들지만 초기 단계에서는 매우 유동적이며 결코 완전히 고정되어 있지 않다. 셋째, 정신의 습관은 성향, 정서, 동기, 성격에 있어서의 다양성을 통합하는데, 이는 매우 바람직하다(Keating & Crane, 1990; Sternberg, 1989).

두 가지 유형의 정신의 습관을 구분하는 것이 유용한데 하나는 영역-특정적

(domain-specific) 전문성이고 다른 하나는 영역-일반적(domain-general) 전문성이다. 영역-일반적인 정신의 습관은 개인이 세상과 작용하는 방식에 있어 통례적인, 또는 보다 자동적인 경우에 주도한다. 지각, 사고, 학습, 타인과의 상호작용에 있어서의 선호방식은 개인이 어떻게 유능성을 획득하고 활용할지에 중대한 영향을 끼친다. 영아에 있어서도 그러한 패턴이 수행과 관련되어 보인다. 대상영속성 과제를 성공적으로 할 수 있는 9개월과 12개월된 영아들은 그 과제를 성공적으로 하지 못했던 영아들과는 주의 집중과 정서조절에서 차이가 나는 패턴을 보였다(MacLean et al., 1995). 더구나 이러한 패턴은 4, 5년 이후의 인지적 능력과 자기조절을 예측한다(Miller, 1995). 이후의 발달에 있어서 실수를 깨닫고 그로부터 배우는 것(Shafrir, Ogilvie, & Bryson, 1990; Shafrir & Pascual-Leone, 1990), 반성적 혹은 비판적 사고와 의도적 학습 및 지식구축(Bereiter & Scardamalia, 이 책 22장 참조)과 같은 인지활동에 있어서의 차이가 유능성의 성장에 핵심요소가 된다. 이러한 성향들은 유아기 발달에도 기원을 가지는 것으로 보인다.

이러한 발달은 다른 중요한 정신의 습관, 즉 대처(coping)와 정향(orientation)(Menna & Keating, 1992)과 밀접하게 연관되어 있을 가능성이 있다. 이는 또한 그저 인지적이기만 한 것이 아니라 사회적이며 정서적이다. 건강과 안녕에 가장 중요한 대처 습관(사회적 연계성을 유지하며 자신의 선택에 대해 합당한 통제력을 발휘하는 것)은 유능성의 습득을 형성하는 광범위한 정신의 습관과 유사하거나 심지어 동일하다는 사실을 발견할지도 모른다.

이후의 유능성과 대처를 위한 토대를 쌓는 데 발달적으로 가장 민감한 시기는 영아의 초기 사회적 상호작용 시기, 즉 아마도 생후 첫 2년 동안일 가능성이 높다. 어떻게 타인과 상호작용할지, 어떻게 세상에 주목할지, 무엇에 주의를 집중할지, 새로운 상황을 다루는 방법을 어떻게 학습할지를 이끄는 기본적인 정신의 습관은 이러한 주요한 사회적 관계라는 맥락 속에서 형성된다(MacLean et al., 1995).

특정한 영역의 경험에 있어서의 유능성 또한 생기기 시작하는데, 자기-조직적 시스템의 형태로 이루어질 가능성이 매우 높다(Keating, 1990b). 전문성이 영역-특정적이라는 관찰은 이 책에 포함된 여러 연구자들에 의하여 누적되어 왔다. 발달적 입장을 취한다면, 일반성 대 특정성으로 설명하는 입장 간의 긴장은 생산적인 것이다(Gardner, 1983, 1991; Keating, 1990a; Keating & Crane, 1990). 유능성과 대처에 있어 인간이 보이는 다양성을 이해하기 위한 연구에서는 발현되는 일반적인 유형의 정신의 습관과 영역-특정적인 전문성의 획득 간의 발달적 상호작용이 핵심적인 영역이다.

가장 쉽게 말하면, 인간의 다양성에 대한 전통적인 모형은 누가 보다 더 많거나 적은 능력을 가지고 있으며 그러한 차이는 무엇 때문인가 하는 질문을 초점으로 하였다. 이제 우리는 이를 벗어나 발달적 모형으로 나아갈 필요가 있는데, 여기서 초점이 되는 질문들은 다르다. 인간에게 보편적으로 가능한 능력(언어, 사회적 상호작용, 사전 계획, 추상적 사고 등)이 어떻게 실제 획득된 능력으로 바뀌는가? 그리고 아마도 가장 중요한 질문은 우리가 어떻게 인간의 사회적 환경을 구성하여야 전체적으로 유능성과 대처능력을 최대화하고 전문성 영역의 가치 있는 다양성을 유지하면서 협력 학습을 위한 생산적 네트워크를 촉진할 수 있는 사회적 틀을 형성할 수 있는가 하는 것이다.

가장 일반적인 수준에서, 학습하는 사회를 구축하는 데 있어 중추적인 정신의 습관을 발달시키도록 지원할 수 있는 방법을 이해할 필요가 있다. 더 넓은 역사적 · 문화적 관점에서 볼 때, 그러한 정신의 습관을 형성하려면 상당한 제도 개혁이 필요하며 특히 교육 개혁이 요구된다. 이러한 변화를 다른 주요한 사회 개혁과 연계하는 것도 필수적이며, 공동체와 보다 넓은 사회적 환경 속에서의 교육활동을 포함하고 있는 경우에 특히 그러할 것이다(Keating, 1995b, 출간 중 a).

주

1. 이 개념 틀은 캐나다심화연구기관(Canadian Institute for Advanced Research)의 인간 발달 프로그램과의 협력을 통해 개발되었으며 지속적으로 발달하고 있다. 이 활동을 위해 지원을 아끼지 않고 제공해 준 CIAR에 감사하며, 아낌없이 협력해 준 학제 간 팀원들인 Jeanne Brooks-Gunn, Robbie Case, Max Cynader, Barrie Frost, Clyder Hertzman, Dan Offord, Alan Pence, Chris Power, Tom Rohlen, Steve Suomi, Richard Tremblay, Doug Willms에 감사한다.

제3부 학교학습과 마음: 마음을 교육하기

제1편
학교교육의 언어와 문화

제22장
학습을 다시 생각하기

CARL BEREITER
MARLENE SCARDAMALIA

'학습' 이라는 용어는 학교에서 구구단을 배우는 학생들에서부터 예산이 삭감되는 것을 배우는 학장에 이르기까지 항상 광범위한 현상을 포함하고 있다. 최근에 그 범위는 갑자기 더 확장되어 가고 있다. 최근에 학습 관련 회사들이 나타나기 시작했으며, 심지어는 학습사회(learning societies), 제도적 기억(institutional memory), 분산적 전문성(distributed expertise)이라는 용어들도 일상적으로 사용하고 있다. Marshall McLuhan이 말한 "살아가는 것이 학습(Learning a living)" 이 광섬유 세대의 삶을 특징짓는 캐치프레이즈로 부활되었다.

학습에 대한 전통적인 개념은 이런 새로운 의견을 쉽게 받아들이지 않았다. 사람들이 그것들에 대해 이야기할 수 있다는 사실은 언어의 유연성에 대한 주목할 만한 증거이다. '학습' 이라는 용어는 은유적으로 확장되었지만, 우리의 기본적인 학습에 대한 이해에 변화를 가져오지는 못했다.

지금까지 교육을 이끌어 온 학습의 개념은 '일상 심리학' 에 기초한다(Bruner, 1990: Stich, 1983). 이것이 교육자들에 대한 특별한 비난이 될 수 없는 이유는, 인간 정신 활동과 관련되어 있는 법, 정신의학, 신학, 심지어 인공지능을 포함하는 모든 다른 전문 영역도 이와 동일하기 때문이다.

학습에 대한 많은 새로운 관점이 교육에 영향을 주기 시작했다. '구성주의적 학습', '상황학습', '사회문화적 학습' 이 바로 그것이다. 이런 것은 사실 새로운 가능성을 가리킨다. 하지만 종종 새로운 생각은 일상 심리학의 검증되지 않은 가설과 접목하고 있어서, 많은 혁신적인 잠재력의 손실을 가져온다. 이 장에서 우리의 목표는 일상 심리학으로 우리에게 접근하는 학습에 대한 기초 가설을 고찰하고, 오늘날 우리가 놓여 있는 교육적 생각에서 나아가야 할 필요가 있다고 믿는 학습의 확장된 개념을 제시하는 것이다.

마음에 대한 일상적 이론: 그릇과 같은 마음

간단히 말해 일상 심리학이란 사람이 사회 속에서 성장하는 과정 중에서 습득하는 심리학을 말한다. 근대 서구사회가 성장하면서 발달한 심리학에서는 개인에게 마음이 있다고 가정한다. 이 마음은 신념, 욕망, 의도, 그리고 과거 사건에 대한 기억과 같은 것을 포함하고 있다. 이러한 정신적 내용은 행동을 결정하는데 만일 당신이 다른 사람의 속마음을 알 수 있다면 그들의 행동을 예언할 수 있다는 것을 의미한다.

두뇌와는 달리 무형의 존재로서 마음에 대한 아이디어를 어떤 과학자들은 성가신 것으로 여긴다. 과학적 개념에서 이것을 제외시키려는 노력이 되풀이되어 왔다. 가장 주목할 만한 분야는 행동주의였으나, 최근 신경과학의 진보는 이러한 노력을 일축하는 제안을 제시했다. 그와 같은 제안들이 과학적 가치를 가지고 있는지의 여부를 이 장에서 논하지는 않겠다. 우리의 관심사는 교육적 사고를 진전시키는 데 적합한 개념 구조를 개발하는 것이다. 우리는 마음이 허구라는 것을 잘 받아들인다. 문제는 이것이 유용한 허구인지 하는 것이다. 우리가 정말로 그것을 필요로 하는가? 그것이 유용한 사고인가, 단지 특정한 목적을 위한 것인가? 그것이 우리를 주의해야만 하는 함정으로 이끌지는 않는가?

Jerome Bruner와 Zenon Pylyshyn 같은 서로 다른 관점을 가진 사상가들은 인간 행동에 대해 정신적 수준의 설명이 필요하다는 주장에는 동의한다. 정신적 수준의 설명 없이는 우리가 제시할 수 있는 인간 행동에 대한 이해가 너무나 빈약하고 단순하다는 사실을 그들은 보여 주었다. 그들의 주장이 매우 설득력이 있어서 대다수의 독자들이 비슷한 생각을 할 것이라고 가정하여 여기서는 그들의 주장을 논의하지 않았다. 그 대신, 우리는 교육에 마음의 개념이 필요하다는 것을 전제하고 논의를 시작하고자 한다. 우선 우리가 제시해야 할 질문은 교육이 일상 심리학을 필요로는 하는지 또는 교육이 일상 심리학이 우리에게 주고자 하는 마음에 대한 개념에 제한되어야만 하는지의 여부다.

일상 심리학에서, 근본적인 은유는 마음을 그릇으로 보는 것이다. 신념과 바람은 아이들의 마음에 대한 일상적 이론을 개발하고 연구하는 데 가장 흥미로운 마음의 내용에 속하는 항목이다. 하지만 일상 심리학은 마음에 포함할 수 있는 것의 유형에 대해 특별히 제한을 두지는 않는다. Freud가 무의식의 동기를 제안하거나 Piaget가 보편적 구조(structures d'ensemble)를 제안하거나 Newell과 Simon이 산출 시스템을 제안할 때, 일상 심리학은 사람의 마음에 있을지 모르는 어떤 대상을 받아들이는 데 아무런 문제가 없다. 어떤 대상은 마음속에서 빠르게 지나가는 존재인 반면, 어떤 것들은 마음속에 영구적일 정도로 존재한다. 학습은 마음속에 속한 보다 영속적인 대상에 의해서 처리되는 어떤 과정이다. 다시 말해, 일상 심리학은 새로운 개념이나 대상들이 마음의 개념에 포함되는 것에 상당히 허용적이다. 이것은 대화를 통해 교사의 지식이 학생에게 전달되는 것을 의미하는 지식의 전달(knowledge transmission)이라는 개념을 심리학의 주제로서 받아들이도록 쉽게 허용한다.

하지만 이것은 동시에 '지식은 학습자의 정신적인 활동을 통해 마음 안에서 만들어진다' 는 구성주의자의 생각과 또한 잘 조화시킬 수 있다. 그리고 비록 이것이 모호해 보이지만, Vygotsky 학파의 내면화라는 개념에 대해서도 근본적으로 반대하지는 않는다. 이른바 '인지 혁명' 때문에, 행동주의자들에 의해 배격받았던 일상 심리학이 교육자들 및 그와 관련한 사람들 또는 교육 종사자들에게 다시 관심의 대상으로 부각되었다(Carroll, 1976).

이러한 융통성에 근거하여, 누군가는 일상 심리학이 새로운 생각을 이해하고 적용하는 데 장애가 된다는 불평으로부터 안전하다고 가정할 수 있다. 바로 그 불평을 우리는 여기서 하고자 한다. 누군가가 충분히 노력한다면 일상 심리학에 대한 전제를 위반하지 않으면서 사고를 필요로 하는 어떠한 개념도 찾아낼 수 있을 것이다. 그러나 일상 심리학은 분명히 나름대로 편견을 갖고 있다. 어떤 방법이나 생각은 다른 것들보다 수행하기 훨씬 더 쉽거나 더 자연스러운 것처럼 보인다. 일반적으로, 사람들은 인지적인 문제를 그릇과 같은 마음이라는 은유에 맞는 방법으로 나타낼 때, 편안하게 느끼는 것으로 보인다. 이는 다음과 같다.

- 지식은 사실, 신념, 아이디어, 의도와 같이 마음속에서 가장 손쉽게 생각되는 구체적인 대상이다. 직관력이나 이해력과 같은, 덜 구체적인 지식의 부류는 개인의 마음에 붙어 있기가 어려워서, 학문 분야 내에서 '지식 상태' 로 자리잡기 힘들다.
- 정신 능력은 구체적인 마음의 대상으로 구분 가능한 것을 하는 것이라는 용어로 정의할 수 있다. 기억은 그러한 대상들을 유지하고 상기하는 것을 말한다. 분류하고 순서를 정하는 능력(사고 기술 프로그램의 핵심 요소)은 마음의 대상물을 배열하는 것을 필요로 하고, 추론 능력은 이미 존재하는 대상을 조합한 결과물인 새로운 마음의 대상물(결론)을 필요로 한다. 구체화될 수 없는 정신 능력은 신비롭게 취급되거나 혹은 구체적인 대상에 대한 조작으로 환원되지 못하면 무시되는 경향이 있다.

그릇 은유에 쉽게 적용되지 못하는 학습의 중요한 분야가 있다. 그 분야들은 교육학이 마음의 내용을 양육하는 기술로 진화해 왔기 때문에 일상적인 방법으로 가르치는 것이 어렵다. 그 학습분야들은 또한 그릇 은유와 밀접하게 관련되어 있는 내용을 검사하는 것이기 때문에 검사나 평가가 어렵다. 그리고 마음의 내용이라는 용어로 구체화될 수 없기 때문에, 교육의 목표로도 정의하기 어려울 수 있다. 동시에, 잘못된 학습이나 교육을 고려해야 하는 학습의 중요한 분야들이 있지만, 그러한 분야들이 마음의 내용으로 환원되지 못하면 파악하기 어렵다. 마지막으로, 지식 발달이라고 하는 큰 문젯거리가 있다. 이것은 종종 이론, 발명, 발견과 같은 구체적인 내용들의 형태를 취한다. 하지만 이러한 분야들은 자기가 스스로 생명력을 가지고 있어서 개인의 마음속에 자리잡고 있는 동일한 대상과 조화되기 어려운 경향이 있다.

다음 장에서, 우리는 그릇 은유에 맞지 않는 이러한 학습의 분야에 대해 자세히 살펴볼 것이다. 이들 분야는 과학철학으로부터 유도된 개념이 어떻게 마음의 그릇 비유를 벗어나 인간을 온전히 이해하는 데 도움이 되는지 보여 줄 것이다. 우리가 처음 상상한 것보다 교육적으로 더 중요한 영역을 다루고 있다.

정신적 내용이 없는 마음

구체적인 대상이나 행위로 환원할 수 없는 학습의 종류가 있다. 우리가 물리적이거나 추상적인 영역인 '나만의 길 찾기 학습' 으로 불리는 종류의 학습들이 있다. 그 뚜렷한 예가 장소 학습(place learning)(Woodworth, 1958)이다. 장소 학습이란 어떤 사람이 결코 길을 잃어버리지 않고 효과적인 방법으로 한 장소에서 다른 장소로 빠르게 길을 찾을 수 있는 것으로, 그것은 그가 물리적인 환경을 아주 잘 알고 있다는 것을 의미한다. 경험 있는 택시 운전기사나 빌딩 속의 쥐도 이것을 가지고 있다. 그래서 학습을 때때로 '마음의 지도' 를 습득하는 것이라고 말한다. 그러나 마음의 지도는 장소 학습의 초기 단계와 관련 있는 것으로 보인다. 장소 학습의 높은 수준에서, 사람들은 정신적이거나 다른 어떤 지도를 참고할 필요가 없을 것이다.

장소 학습과 매우 유사하고 교육적인 관심에 더 밀접하게 관련된 것은 수 감각(number sense)이다. 수 감각은 수 영역 '주변의 길을 아는 것' 이다. 이것은 산술적인 계산이 요구되는 장면에서 스스로 유연하고, 효과적이며, 노력 없이 수학적 사실을 활용하는 능력을 말한다(예를 들어, 63은 0보다 100에 더 가깝지만 100보다는 50에 더 가깝고, 이것은 홀수이고, 7과 9로 나누어 떨어지며, 여기에 7을 더하면 70이 된다). 그것은 간단한 계산, 실수 점검, 계산 그리고 상황의 특징을 이용하는 데 있어서 기초가 된다. 예를 들어, Scribner(1984)는 매일 트럭에 짐을 싣는 사람이 포장 케이스의 가로와 세로 배열을 이용하며 짐을 실을 때 계산을 위한 정보로 활용한다는 사실을 발견했다. 어떤 특정 수와 연산은 상대적으로 적은 수의 계산원칙들로 설명될 수 있으며 이들은 정신적인 내용의 항목으로 간주할 수 있다. 하지만 일반적인 계산 기술이 유연성과 상황성을 갖추도록 하기 위해서는 맥락에 민감한 예외적인 규칙을 상정해야 할 것이다. 그러고 나서도 우리는 새로운 상황에서 수리적 조작과 관련된 설명에 여전히 어려움을 겪는다.

'창의성' 은 마음속에 있는 정보의 항목과 법칙들로 설명할 수 없는 모든 종류의 생산적인 사고에 적용되는 이름이다(Bereiter & Scardamalia, 1993, 5장). 여기에서, 창의성이 마음 밖에 있는 원천(아마도 신성한)에 있다고 하는 믿음이 오랫동안 지속되어 왔다. 하지만 인간의 지능은 신이 간섭한다는 것을 믿기 힘들 만큼 셀 수 없이 작은 방식으로 거의 지속적으로 창의성에 관여한다. 대화 중에 우리는 종종 우리가 그것을 어떻게 끝마칠지 알지 못하고 문장을 시작한다. 때로는 우리가 문제에 빠져 다시 시작하게 되지만, 대부분 우리는 힘들이지 않고 우리의 의도에 충실하며 문법에 맞는 문장을 즉석에서 지어낸다. 이렇게 인간의 마음이 특별한 작용이라기보다는 보통의 상황에서 일어나는 것을 의미하는 것처럼 일상적인 창의성은 특수한 정신적 내용의 측면에서 그것을 설명하려는 의도를 거부한다.

그릇 은유에 맞지 않는 또 다른 학습의 중요한 분야는 문학을 공부할 때 나타난다. 문학 자체를 감상하는 사람은 좀처럼 교육과정의 가치에 의구심을 가지지 않지만, 기초 학습 기능(back to basics)으로 돌아가자는 논리에 대해 반박하는 데에는 어려움을 겪는다. 그들은 문학이 삶의 질을 높이고, 더 나은 사람으로 만들 수 있으며, 세상을 보는 방식을 바꿀 수 있다고 주장할 수 있지만, 정확하게 이러한 주장을 지지할 수 있는 근거는 무엇인가? 이러한 의문을 갖게 되면 갈등이 무엇인지 분명하게 드러나게 된다. 학생들을 대상으로 글의 내용에 대한 지식이나 작가에 관한 사실과 역사적인 내용에 대해 시험을 보거나, 그들에게 단락을 해석하게 하거나 평론문을 작성하게 할 수도 있지만 과제에서 반영된다고 가정되는 학습은 무엇인가? 문학 수업은 구체적이지만 우연히 발생하는 정보를 가르치는 것과 무엇을 읽든 간에 학생들의 마음에서 생각나는 무엇인가에 대해 이야기하도록 하는 것 사이에서 혼란스러워하는 것과 비슷한 경향이 있다.

그래서 그릇 은유는 인간의 학습과 지능에 적용하기에는 심각한 한계가 있다. 그러면 그것의 대안은 무엇인가? 1985년쯤, Jerry Fodor는 그릇 은유에 기초한 인지 이론에 대해 이것은 "마음에서 할 수 있는 유일한 게임"이라고 말할 수 있었다(McClelland, Rumelhart, & PDP Research Group, 1986; Rumelhart, McClelland, & PDP Research Group, 1986). 하지만 1년 뒤, 기념비적인 두 권의 연결주의에 관한 책이 출판되면서 두 번째 게임이 마을에 나타났다.

일상 심리학에서와 같이, 연결주의의 과학적 상태는 직접적인 관심사는 아니다. 우리는 이것을 단순히 정신에 대한 새로운 은유를 제공하는 것으로 볼 수 있다. 하지만, 인공지능(AI)에 대한 연결주의자의 업적은 그럴듯한 은유를 만들었다는 것에서 중요하다. 게다가 만들어진 은유가 심지어 알기 쉽기까지 하다. 전통적인 인공지능(traditional AI)은 마음의 그릇 은유와 완전히 일치한다. 전통적 인공지능을 개발한 사람은 어떤 법칙과 정보의 항목들이 마음을 모사할 때 포함되어 있는지를 당신에게 정확하게 말할 수 있다. 그러나 연결주의자들의 인공지능(AI) 프로그램은 어떤 규칙과 사실을 포함하고 있지 않다. 연결주의자의 프로그램은 단순히 수리적 계획에 따라 서로 상호작용하고 외부 세계와 연결되는 일련의 추상적인 대상들로 구성되어 있다. 이것은 그래서 본질적으로 패턴 탐지 장치다. 여기에 영어 단어(규칙적이거나 불규칙적인)의 철자나, 동일한 사람의 다른 초상화 또는 동물의 특성에 대한 정보가 입력되면, 이것이 내재되어 있는 패턴이나 범주 혹은 결정적인 규칙 등을 찾아내고 있는 것처럼 작동될 것이다. 하지만 프로그램 내부에서는 이러한 지식의 조각이 어디에서도 발견되지 않는다. Rumelhart(1989)가 제안한 것처럼, "모든 지식은 연결되어 있다." 그리고 이러한 연결은 양화될 수 있다고 믿는다.

그래서 연결주의자의 마음은 포함된 지식 없이도 아는 것이 가능하다(Bereiter, 1991). 이것은 우리가 일반적으로 정신 내용의 탓으로 돌리는 방식으로 작동하겠지만 이 경우 그 안에 내용이 없다는 것을 우리는 알게 된다. 연결주의자의 마음에 있어 더 중요한 것은 장소 학습, 수 감각, 그리고 언어 창의성이 모든 것을 완벽하게 얻을 수 있는 일반적인 능력이라는 것이고, 따라서 문학이 우리가 세상을 보는 방식을 바꾼다는 주장이 이상한 것은 아니다. 정확히 우리가 마음속에 기대하는 것은 받은 정보의 패턴 자체를 스스로 조정하는 것이다. 연결주의에 의해 제안된 새로운 은유는 정신이 패턴 인식기(pattern recognizer)라는 것이다. 연결주의의 발현에 앞서 중요한 제안이 있었지만(Lakoff, 1987; Margolis, 1987; Shaw & Turvey, 1981), 이것은 정신이 어떻게 작동하는지 제대로 설명하기 위해서는 연결주의라고 하는 개념을 필요로 했다. 이 아이디어는 정신이 패턴을 비축해서 새로운 경험을 그것에 연결시키는 것이 아니라는 것을 보여 준다(이것은 일상 심리학이 고안해 낸 방법이다). 다시 말하면 마음이 인지할 능력과 가능성(disposition)을 획득하여 다양한 패턴에 다양한 방식으로 인식하고 반응하는 것이지만, 그 패턴은 정신에 있지 않다. 우리는 그 패턴이 환경 안에 있다고 말할 수 있다. 더 신중하게 말하면, 그 패턴은 관찰자로서 우리가 마음과 환경 간의 관계를 묘사하는 방식이다.

정신적 내용이라는 용어로 학습을 정의하는 것이 쉽거나 자연스러워 보이지는 않는 것처럼, 우리는 교육자들이 학습을 이러한 방식으로 생각하기 시작할 수 있을 때까지, 인간 학습의 가장 중요한 종류의 대부분이 어둠 속에 남아 있을 것이라고 믿는다.

실천에 내재된 지식

로마에서 차량 흐름이 끊임없이 이어지는 넓은 도로 위를 가로지르기 위해서, 보행자는 마치 홍해를 가로지르는 것과 같이 그들 주변의 차량 흐름을 가르듯 대담하게 앞으로 걸어갈 것이다. 이것을 미국 북부 도시에서 시도한다면 끔찍한 교통체증을 일으킬 것이다. 우수한 기술과 재주를 가진 로마의 자동차 운전자에게 그 차이가 있다고 생각하는 것은 맞지 않다. 우리는 로마에서 차량을 가로질러 가는 보행자에게 적응하게 발전한 운전습관을 볼 수 있다. 이것은 운전자 개인의 훈련 양과 상관없이 만들어진 것이다. 게다가 이것이 그러한 곳이 아닌 곳에서 운전연습이 이루어지게 할 수 있는 방법은 없다. 이렇게 되기까지 차들의 교통량이 적고 그리 속도가 빠르지 않았던 오래전부터 시작했을 것이고, 이것은 차량이 더욱 많아지고 빨라지는 동안 계속해서 다듬어지게 되었을 것이다. 그러므로 우리는 학습궤적이 적어도 몇 세대에 걸쳐 있는 현상을 보고 있는 것이다. 오늘날 로마 운전자들은 그들 각각의 개인 운전 기술을 합한 것보다 더 숙련된 능력을 집단적으로 보여 준다. 로마의 운전자들은 아마도 그들이 지금 어떤 것에 기여하고 있는지 의식하지 못하는 상태에서 각자 자신의 학습 이력을 가지고서 사회적인 실천에 동참하고 있는 것이다.

학교교육이나 음주 습관과 같은, 어떤 문화적 실천은 더 긴 학습 이력을 가지고 있다. 홍수나 지진의 희생자가 비상사태에 적응하면서 일시적인 사회(공동체)를 형성하는 것은 이와는 대조적으로 빠르게 진행된다. 하지만 모든 경우에는 학습이 개인의 마음 수준이나 연결주의자 혹은 다른 것들로 온전히 설명될 수 없다는 것을 우리는 안다. 문화적 실천 그 자체는 지식의 한 종류이고 그러한 실천의 발전(진화)은 학습의 한 종류다.

학습과 지식이 문화적 실천 안에 내재되어 있다는 생각은 상황인지의 관점에서 이미 여기서 상당한 정도로 논의되고 있기 때문에 연결주의처럼 상세하게 논의하지 않겠다. 이 책의 몇몇 다른 장에서 그러한 생각은 다양한 맥락에서 더욱 자세하게 논의되고 있다(Case, 이 책 5장; Rogoff, Matusov & White, 이 책 18장 참조). 대신, 우리는 이 생각을 교육에서 효과적으로 다루기 위한 개념적 요건에 초점을 맞출 것이다.

일본 산업의 성공을 팀워크나 그룹 충성심에서 찾으려는 전문 경영인이 많아지면서 팀워크나 협력이 자연스럽게 세간의 관심거리가 되고 있다. 언어력이나 수리력과 같이 교육목표로 '그룹으로 일하는 능력' 이 거의 동등하게 중요시되고 있다. 우리는 그런 목표에 대해 어떻게 말하고 생각해야 할까?

상황 학습은 교육자들의 관심을 쉽게 끌었고 일상 심리학의 틀 안에서 볼 수 있는 방법을 안전하게 찾은 것처럼 보인다. 개인적인 수준을 넘어 지식과 학습이 마치 '실제' 학습에 대한 은유를 확장하여 더 거대한 그릇을 가지고 있는 것처럼 다룰 수 있다. 그리고 문화적 관습에 포함된 기술은 사회 경험을 통해 배우게 된 것을 제외하고는, 각 개개인의 사회 기술로 간주될 수 있다.

이러한 일상 심리학에서 설명하는 방식을 채택하는 것이 극단적으로 잘못된 것은 아니지만, 교육적 실천을 통해서 일어나는 매우 깊은 변화의 가능성을 축소시킨다. Thomas Rohlen(1989)은 일본의 사회화 연습을 유치원에서부터 직장에 이르기까지 연구했다. 그의 말에 따르면, 한 어린이가 학교에서 성인이 될 때까지 기억하는 사회적 기술을 얻는 것이 간단한 것은 아니다. 오히려 학교는 성인이 직장에서 조직의 유지를 위해 반복되는 내적인 기준과 태도를 학습하도록 특정 집단 실천의 발달을 촉진한다. 이런 식으로 학교에서부터 사회로 전이되는 중요한 부분은 단지 그들이 가지고 있는 개인적인 지식이 아니라 실천 그 자체도 함께 수반된다.

물론, 사회적 실천은 모든 학교 안에서 점진적으로 발전한다. 그들 중 어떤 것들, 특히 암송과 같은 것은 집에서 학교 놀이를 통해 배우기 때문에 아이들이 이미 학교에 가기 전부터 현저하게 나타나는 특징이다. 그러나 그러한 실천은 학교를 떠나서는 전이 가치(transfer value)가 없다. 불행하게도, 학교 밖에까지 전이 가치를 가지고 있는 것처럼 보이는 사회적 실천은 공식적인 제재 없이 발전하는 더 위험한 것들이다. 실례로, 학생들은 교사가 내주는 공부 요구 수준을 낮추는 데 있어 미묘하고 협의된 방법을 발전시키는 것이 관찰되었다. 이것은 학생들 개인이 갖고 있는 방법을 단순히 모아 놓은 것보다 그 이상이라는 것이 명백하다. 학생 각자는 자신이 집단 일원으로서 어떠한 집단적 실천활동에 참여하고 있는지 인식하지 못할 수도 있다(그것은 사회적 실천에서 흔한 일이다). 하지만 과제의 양을 줄이는 것과 유사한 목적을 필요로 하는 상황에서 비록 상황은 다를 수 있지만 실천의 결과는 쉽게 전이될 것이다.

만약 학교가 지식과 함께 생산적으로 일해야 하는 바깥세상의 상황에 광범위하게 적용할 수 있는 문화 실천을 개발할 수 있다면 어떻게 될 것인가? 그것은 '21 세기 교육'과 '세계 경쟁'을 위해 늘상 교육전문가들이 요구하고 주장하는 바일 것이다. 그런데 대신에 그들은 고등 수준의 사고기술과 집단 협력 기술에 대해 이야기한다. 나중에, 우리는 전이 가능한 문화 실천과 같은 '지식 구성(knowledge building)'에 대해 논의할 것이다. 하지만 일반적인 이해를 돕기 위해서 우리가 개인 학습을 장려하는 것과(이것이 개인적으로 수행된 것인지 아니면 집단 과정을 통해 수행된 것인지에 상관없이) 전이 가능한 사회적 실천에 내재되어 있는 지식을 촉진하는 것이 다르다는 사실을 인식해야 한다. 비록 서로 밀접하게 얽혀 있다 할지라도 그것들은 하나가 아니라, 학교가 해야 할 두 가지 임무를 묘사한다. 위에서 두 번째 것은 일상 심리학의 틀 내에서는 거의 다루지 않기 때문에 교육적인 사고와 실천 속에서 거의 주목을 받고 있지 못하다.

대상으로서의 지식

지식을 개인 마음에 있는 대상으로 일상 심리학에서 다루고 있음에도 불구하고, 과거에 오랜 기간 인정받아 왔던 지식을 다루는 또 다른 방법이 있다. 지식의 역사에서(아이디어의 역사와 과학의 역사를 포함한), 지식은 지식의 주체(knowers)로부터 별개로 존재하는 대상으로 구성되어 있는 것으로 은연중에 다루어져 왔다. 물론 어떤 아이디어를 다양한 사람들이 믿거나 믿지 못하는가 또는 이해하거나 이해하지 못하는가 하는 문제는 중요하다. 그것은 바로 아이디어의 역사란 것이 무엇인가를 보여 준다. 그러나 그러한 역사에 필수적인 것은 사람들의 태도와 행동의 대상인 아이디어 그 자체다. 따라서 아이디어는 예를 들어, Charles 2세가 영국 정치사에서 중요한 역할을 맡는 것과 매우 유사한 방식으로 화학의 역사에서 연소성 물질로 대변되는 플로지스톤(phlogiston)이라는 아이디어가 중요한 역할을 했다는 것이다.

어떤 지식에 대해 전문성이 약한 사상가뿐만 아니라 역사가들 대부분은 두 가지 논점을 조화시키는 문제로 인해 괴로워하지 않는다. 그 두 가지 관점의 하나는 주관적인 견해로 정신적 상태로서 지식에 관한 것이고, 다른 하나는 객관적인 견해로 지식이 그 자체로서 의미를 갖고 존재한다는 것이다. 교육자들은 이런 이중성에 대해 문제를 느끼지 않는다. 어떤 상황에서 교사는 우주 과학자나 생물학자의 모자를 쓰고, 지식은 수업 시간에 토론하거나 이해되도록 유도하기 위한 어떤 대상으로 취급된다. 또 어떤 상황에서 교사는 교육자의 모자를 쓰고 학생 개개인의 마음속에 숨어 있는 지식들을 끌어내기 위해 질문한다.

이 일상적인 이중성은 분명하게 학교에서 효과적으로 작동한다. 하지만 우리는 교육이 현재 지식에 대해 보다 더 체계적인 접근법이 필요한 지점에 와 있다고 믿는다. 모든 사람이 말하는 것처럼, 교육은 우리 사회가 제조업 중심에서 지식 중심의 경제로 이동하는 데 사회가 어느 정도 성공하느냐를 결정하는 것이 결정적인 역할을 하게 될 것이라고 믿는다(Drucker, 1994). 성공적인 사회는 새로운 지식을 가장 창조적으로 잘 다듬어 사용하는 시민들의 것이다. 산업사회에서, 지식과 지식을 적용하는 것을 구분하는 데는 문제가 없다. 말하자면, 만일 당신이 항공 엔지니어를 가르친다면, 이때 당신이 관심을 가지고 있는 지식은 엔지니어의 마음속에 있는 통상적인 종류의 지식이다. 지식이 적용되고 있는 대상은 사람들의 머릿속에 있는 것과 결코 혼동될 수 없는 거대한 기계 장치다. 그러나 만약 당신이 지식 근로자를 가르친다면, 이때 당신은 근로자의 마음속에 통상적으로 있는 지식을 다시 다루게 되지만, 그 지식이 적용되는 것 또한 지식인 것이다. 이제 근로자의 지식과 그것이 적용된 대상을 혼동하는 위험에 대해 생각해야 할 것이다.

만일 교육자들이 지식 기반 사회에 도움이 되는 역할을 보다 더 많이 하게 된다면, 지식을 개념화하는 여러 다른 방법 사이에 혼동 없이 유연하게 조정할 수 있게 될 것이다. 현재 이것은 모두 동일하게 제너럴 모터스(General Motors)라고 불리는 네 개의 회사 사이에서 복잡한 사업 협상을 하는 것과 유사하다. 우리는 다양한 의미를 갖는 지식을 구분짓는 용어들이 없으며 학습이라는 용어는 지식과 관련된 용어가 요구되는 곳에서 분별없이 적용되고 있다. 지식 철학자들은 현대 교육자들보다 덜 복잡한 세상에서 살았음에도 불구하고, 개념과 관련한 문제를 가지고 씨름해 왔다. 아마도 가장 완벽하게 지식의 문제를 정리하려고 노력한 사람은 Gottlob Frege의 연구 업적 바탕에 자신의 입장을 정리한 Karl Popper 경일 것이다. Popper(1972)는 서로 연관이 있지만 분리된 세 가지 세상을 정의했다. 세상 1은 물질적 세상, 그리고 세상 2는 우리 마음 안에 내재된 세상인 주관적 세상을 의미하며, 세상 3은 사람들에게 혼란스러울 수 있는 '객관적인 지식' 이라고 부르는 세상을 의미한다. 여기서 그가 의미하는 것은 '객관적인 진리' 나 '주관적 편견으로부터 자유로움' 이 아니다. 간단히 그는 대상으로 취급할 수 있는 것을 의미했다. 그래서 비록 누구도 그것이 진실이라고 주장하지 못하겠지만, 플로지스톤 이론은 확실하게 세상

3에 속하는 것이다. 게다가 이것이 세상 3 외에 다른 곳에 존재할 가능성은 없다. 현재의 지식에 따르면, 그러한 플로지스톤 같은 물질이 자연 안에 존재하지 않기 때문에, 이것은 세상 1에 속하지 않는다. 그리고 플로지스톤 이론을 믿고 사는 사람은 하나도 없기 때문에, 이것은 또한 세상 2에 존재한다고 말할 수 없다. 그러나 세상 3에 있는 대상으로서, 이것은 역사적으로 중요한 이론으로 살아남았다. 여전히 화학의 역사에서 플로지스톤은 탐구되거나 연구될 수 있으며 사람들에게 어떠한 매력을 가졌는지 분석해 볼 수 있다.

연결주의와 실천 속에 내재된 지식에서처럼, 우리는 그것이 진리나 보편적인 바람직함을 가지고 있다는 이유로 Popper의 세 가지 세상에 대한 스키마를 강요하지 못한다. 단지 교육이 더 앞으로 나아갈 수 있도록 또 다른 하나의 개념적 틀을 제공할 수 있다는 측면에서 제안하는 것이다. 하지만 개념적 틀에 추가하고자 하는 이유는 교육이 외부 세상과의 연결을 보다 쉽게 하도록 돕는 데 그 가치가 있기 때문이다. 과거에는 이 외부 세계와의 관계가 단순한 것이었다. 교실 밖의 세계는 지식의 원천이다(이 바깥 세계는, 물론 실제적인 사건만 의미하는 것은 아니며 과학이나 학문적인 내용을 포함한다). 교사들의 일은 이러한 지식을 학생들의 머릿속에 넣어 주는 것이다. 일부 소수의 학생들은 언젠가 지식 자체를 만들어 내는 사람이 될 것이며, 일부 소수는 대학 때부터 남들로부터 주목을 받게 될 것이다. 하지만 그러한 것들은 거의 학교의 관심사가 되지 못한다. Popper 학파의 용어를 빌리면, 학교의 전통적인 일은 세상 3으로부터 대상을 고르는 것이고 그들을 학생들 개인의 마음 안에 있는 세상 2의 대상으로 전환시키는 것이다. 그러나 만일 그렇게 하는 것이 전부라면, 우리는 Popper의 구조를 거의 필요로 하지 않는다. 교육과정 계획수립이라는 평범한 말로도 충분하다.

그러나 '지식 기반 경제' 라는 용어의 중요성은, 경제를 통한 부의 발생이 지식을 창조하고 전환시킨다는 것이다(Romer, 1990). (지식을 사용하는 것만으로 지식 기반 경제를 의미하는 것이 아니다. 그것이 원시적이든 불경기이든 간에 모든 경제는 거대한 양의 지식에 의존한다.) 이렇게 지식이 강조되는 것은 비록 아주 분명해 보이지는 않지만 어떤 교육적 함의를 가진다. 가장 이견이 없는 교육적 함의는 함의가 무엇인지에 관해 진지하게 생각해 보아야 한다는 것이다. 교사들은 비약해서 바로 결론을 내려서는 안 될 것이다. 즉, 교사들이 지식을 더 가르쳐야 하거나 혹은 덜 가르쳐야 하거나, 컴퓨터나 매체교육 혹은 평생학습능력을 교육해야 한다거나, 정보탐색기술 혹은 호기심이나 창의성과 협력학습기술을 가르쳐야 한다거나, 지식을 처리하는 기술을 가르쳐야 한다는 주장을 성급하게 해서는 안 된다. (다 좋은데 그러한 것들이 무엇인가? 그것들이 지난 과거에 먼지가 쌓여 있던 사고기술이란 사실을 의미하는 것은 아닌가?) 이것들은 모두 단어의 조합으로부터 만들어진 좋은 아이디어들이다. 심도 있는 분석으로 제시된 사고의 종류는 어디에 있는가? 우리가 이러한 주장을 하는 이유는 우리에게는 분석을 하기 위한 개념적인 도구가 부족하기 때문이다. 우리가 다음 장에서 보여 주려고 노력하는 것처럼, Popper의 세 가지 세상 스키마는 정확한 도구는 아니지만 일상 심리학의 이론이 제공하는 것과 비교해 볼 때 분석력을 제고하는 데 큰 도움이 된다.

형식교육에 대한 확장된 접근을 위한 개념들

이전 장에서 언급했듯이 교육은 다른 다양한 생각을 일관된 방법으로 다룰 수 있는 마음과 지식에 대한 포괄적인 이론을 가지고 있어야 한다. 부족하지만, 우리는 적어도 몇 개의 개념을 조합하여 필요한 구분을 짓고 새로운 아이디어를 지지할 수 있다. 우리는 Popper의 세 가지 세상 스키마, 연결주의, 그리고 상황 인지에서 유래한 아이디어들과 일상 심리학으로 얻은 다른 아이디어로부터 중요한 개념들을 조합할 수 있다고 믿는다. 이것은 누군가에게는 순진한 절충주의적 생각일 수 있다. 왜냐하면 Popper의 생각에 냉소적인 상황 인지주의자들, 연결주의란 행동주의로 환원하는 것으로 생각하는 일상 심리학자들, 마음이란 쓸모없는 개념이라고 주장하는 연결주의자들의 생각이 도저히 화합될 수 없다고 믿을 수 있다. 그러나 어디에나 근본주의자들이 있고, 우리는 그들의 배타적인 생각에 흔들릴 필요가 없다. 한 가지 접근방법으로는 현대 교육자들이 고려할 필요가 있는 지식의 모든 방법을 다룰 수는 없기 때문에 우리가 여러 가지 개념의 도구가 필요한 것은 사실이다. 이것과 관련하여 정신적으로 동요할 아무런 이유가 없다. 수질 관리, 고속도로 안전 또는 이동 통신과 같은 응용과학 분야에서 일하는 대부분의 사람들은 그들이 유사한 상황에 처해 있다는 사실을 안다.

비록 이것이 다소 무리가 있기는 하지만 Popper의 3가지 세상 스키마는 교육과정을 기본적으로 구분해야 한다는 사실을 보여 준다. 전형적인 교실 관련 담론은 세상 3대상의 아이디어, 이론, 설명과 관련이 있다. 그러나 이러한 대상은 실험, 관찰, 기억된 경험 등과 관련 있는 세상 1에 대해 언급한다. 하지만 교실 담론은 세상 2에서 학생의 정신적 상태를 변화시키기 위한 목적으로, 교사에 의해서 조정된다. 세상 3을 제외하면 학생들의 믿음(세상 2)은 실제 자연 상태의 사물(세상 1)과 일치하여 야기되는 순진한 사실주의에 빠지거나 비교할 대상이 없어 개선할 여지가 없는 학생 각각의 관점에 따라 상대주의적 잡담이 된다. 세상 1을 고려하지 않으면 학문적 논쟁에 빠지게 된다. 세상 2를 고려하지 않으면 개인적인 의미를 버리게 되고 세상 3 안에 있는 직관적인 진보의 원천을 버리게 될 것이다.

그러나 Popper의 스키마는 세상 2.5라고 불릴 수 있는 새로운 아이디어를 필요로 한다.

그것은 실천에 내재된 지식의 세상이다. 우리가 이미 살펴보았듯이, 이것은 개인적 마음인 세상 2로 환원할 수 없는 지식이다. 그러나 이것은 세상 3의 일부분도 아니다. 실천 안에 내재되었다는 것은 사실상, 지식이 토론되고 비교되고 수정될 수 있는 대상으로서 추상화되지 않았다는 것을 의미한다. 상황인지 이론가들 또한 실천에 내재된 지식을 인지하는 것뿐만 아니라, 도구(측정장치 같은)와 인공물(책을 포함해서)에 내재된 지식을 인지한다. 그것들이 세상 3의 지식에 대한 물리적 구현(physical embodiment)일지도 모르지만, 세상 3의 지식 자체는 아니다. 만일 학생들이 이론적인 논문에 대해 토론하고 있다면, 그들은 프린트된 종잇조각을 토론하고 있는 것은 아니다. 그렇다고 일반적으로 본문의 글을 가지고 토론하는 것도 아니다. 그들은 본문 안에 제공된 이론을 토론하는 것이다. 그것이 세상 3의 대상이고, 그것과 그것을 포장하는 것을 구별하는 것이 중요하다. 이것은 글로 표현된 것보다는 이론 그 자체가 중요하며 학생들은 그들에게 관심 있는 문제에 대해 흥미롭거나, 사소하거나, 진위 또는 적용 여부를 파악하기 위한 논쟁을 할 것이다.

세상 3 개념의 중요성은 우리가 교육의 목표와 관련지어 지식을 생각할 때 가장 뚜렷하게 나타난다. 따라서 마음에 대한 연결주의자들과 일상 심리학 사이의 차이점은 세상 3과 관련되어 고려될 때 중요성을 갖는다. 만일 우리가 마음에 대해 일상 심리학의 관점에서 본다면, 그때 세상 2는 세상 1과 세상 3이라는 표상을 담는 그릇이다. 즉, 교육은 이러한 표상의 적절성과 관련되어 있다. 그러나 세상 1과 세상 3 사이의 차이는 대부분 무시될 수 있다. 예를 들어, 우리가 학생들이 이집트가 어디에 있는지 알기를 원하지만 그것은 이집트가 물리적으로 지구 어디에 위치해 있는지를 아는 것(세상 1)을 의미하든지 아니면 세계지도(세상 3 구성의 결과)상에서 적절한 위치에 있는지를 뜻하는 다소 현학적인 이슈다.

만일 우리가 마음에 대해 연결주의자의 관점으로 본다면, 세상 1과 3에서 세상 2의 학생들의 관계는 더 복잡하게 되고 세상 1과 3 사이의 차이점은 더 중요하게 될 것이다. 학생의 마음은 물리적 세계와 사회적 실천 속에서 경험하며 패턴에 익숙해지는 것으로 보인다. 그러나 그러한 패턴에의 적응은 사회적 동물이나 인간의 학습을 특징짓는다. 그것은 바로 우리가 앞서 물리적 환경과 사회 환경에서 '자신만의 요령 배우기' 로 묘사했던 것이다. 인간 측면의 인지는 분명하게 세상 3과 관련된 학습이다. 교육받은 인간 역시 이 세상에서 자신만의 방법에 정통하게 된다. 즉, 생각, 설명, 문제와 이슈들, 이론, 이야기, 역사, 비판에 대해 자신의 견해를 갖게 된다. 일상 심리학처럼, 이것을 요약하면 이러한 대상에 대한 정신적인 사본을 얻는다는 것은 대부분 그런 지식을 얻는 데 중요한 것을 생략하는 것이다. 이것은 이 세상에서 어떻게 효과적으로 기능하는지 알게 되고, 그곳에서 발견하고 경험하는 것을 감상하며, 세상 3에서 편안함을 느끼면서 그 세계를 확장하고 탐구하는 것이다.

일상 심리학이 소홀히 했지만 개인의 마음과 관련되어 있는 세상을 인식하는 데 중요한 또 다른 인간 측면의 인지가 있다. 이것은 인간 인지에 대한 창조적이고, 구성적인 능력이다. 우리는 자연의 물리적 세계에 대해 그것을 있는 그대로 배우지는 않으며 우리의 목적을 위해 그것을 극적으로 조정하거나 수정한다. 우리는 새로운 사회 제도와 실천을 잘 고안해 낸다. 우리는 또한 세상 3을 있는 그대로 받아들이지도 않는다. 창조적인 활동의 환경에서 세상 3은 특별한 의미를 갖는다. 우리가 물리적 세계나 사회적 세계에 대해 가하는 변화는 점차적으로 무의식적으로 진화하지만 의도적인 생각과 상상력의 산물은 자주 세상 3에서 직접 해결된다. 그들은 아이디어, 계획, 혹은 설계로 생기며 실제적으로 구체화되기 전에 추상적인 형태로 논의되거나 수정된다. 지식 기반 사회가 된다는 의미는 물리적 사물이나 외현적 실천과 직접적으로 관련되기보다는 대부분 세상 3 안에서 생겨나는 활동을 의미한다.

비록 학교교육이 물질세계에서 학생들의 활동을 지원하고 그들을 실생활의 사회 실천과정에 참여하도록 돕는 데 있어 그 의미가 매우 제한되어 있다 하더라도, 세계 3의 활동을 지원하도록 잘 고안되어 있다. 물론, 책에 있는 지식을 전수하는 전통적인 학교의 역할은 분명하다. 이러한 불만스러운 제한적 학교의 역할 때문에 교육자들은 이 세기를 통해서 더 많은 물질적이며 사회적 세계를 학교 안으로 가져오기 위해 노력했다. 비록 이런 노력이 효과가 없음에도 불구하고, 학교교육은 자연과 사회 현상을 심하게 왜곡하는 경험만을 제공해 왔다. 교육자들이 단지 제공하는 것이 아니라 학생들에게 더 풍부하고 세상 3과 관련된 더 많은 가치있는 참여를 하도록 새롭게 시도하는 것이 얼마나 가능성 있는 일인가!

자유주의 교육의 옹호자들은 단지 정신적인 창고에 쌓기보다는 형식교육에 많은 것을 요구해 왔다. 그들이 말하는 유익은 이 세상 책과 아이디어 속에 포함되어 있는 지혜, 상상력, 인품에 몰입하는 것이다. 그러나 이런 광범위한 이익은 쉽게 사라질 수 있는 그림자와 같은 것들이었다. 일상 심리학에서 제시하는 학습의 개념은 어떻게 학생들이 책 밖에 있는 지혜, 상상력, 인품을 얻을 수 있는가에 대한 현실적인 방법을 제공하지 못하고 있다. 그들은 특별한 시의 선율이나 아이디어를 학습할 수 있고, 생각건대 이것들이 중요한 시점에 기억이 되거나 어떤 목적을 해결하는 데 도움이 될 거라고 생각한다. 그러나 우리는 그것이 가망 없고 더군다나 중요한 점을 놓치고 있다는 사실을 알고 있다.

연결주의자들의 입장에서, 글이나 정보의 특별한 항목의 기억을 유지하는 것은 우연적이며 설명하기에 매우 어렵다. 문화의 고전에 대해 지속적으로 노출될 때, 자연스럽게 예상되는 결과는 다음과 같은 방식으로 나타나는 일반적인 패턴 학습의 종류일 것이다.

1. 고전 작품에서 보이는 보편적인 사고방식이나 관심 있는 대상에 대해 가지는 친숙함.
2. Lakoff와 Johnson(1980)의 『우리가 살면서 함께하는 은유들(*Metaphors we live by*)』이라는 책 속에서 우리가 세상을 보는 방식에서의 변화
3. 우리의 도덕과 심미적인 판단의 직관적 기준의 변화. 요약하면, 기본적인 교육적 결과는 지혜, 상상력, 개성과 같은 속성으로 나타날 것이다.

교육은 계획할 때 어떤 수준에서는 이러한 심원한 학교교육의 결과들이 중요하게 받아들여진다. 그러한 내용은 최근 다문화교육 운동과 관련하여 교양의 기준을 바꾸도록 하기 위해 대학의 영문과나 공립학교 위원회에서 논쟁거리가 되고 있는 주제들이다. 그 논의는 학생이 어떤 문화에 대해 편안하게 느끼는가를 뛰어넘어, 세상을 어떻게 보도록 가르칠 것인가 아니면 누구의 도덕적, 심미적 판단 기준이 적절한가와 같은 것이다. 그러나 교육의 수준—교실 수업, 프로젝트, 시험들—에서는 이런 것들이 잊혀지는 경향이 있다. 그리고 우리는 이것이 학습에 대한 일상 심리학의 빈약한 관점에 상당한 정도로 기인한다는 점을 말하고 싶다.

만일 그릇으로 비유한 마음 은유가 세상 3에서 제시되는 업적에 대한 논의에서 초래되는 심도 있는 결과들을 정당화하는 데 실패한다면 세상 3에서 능동적으로 활동하고 공부하는 학습자를 돕는 교육의 잠재적 역할을 정당화하는 데에도 당연히 실패할 것이다. 우리는 다음 장에서 이 문제를 더 자세하게 다룰 것이다. 하지만 당면한 논의를 마무리하기 위해, 교육적 사고를 위한 개념적 틀의 일부로서 일상 심리학이 가지는 가치에 대해 인식할 필요가 있다.

현대 교육학에서 필수불가결한 일상 심리학에 기초를 둔 두 가지 아이디어가 있다.

첫 번째 아이디어는 대략 일상 심리학 자체만큼 오래되었고, 두 번째 아이디어는

과거 20년 동안 지속적으로 발전해 왔다. 그 오래된 아이디어는 의도성(intentionality)이다. 일상 심리학의 옹호자들과 비판자들은 모두 이것이 논의의 중심이라는 것에 동의한다. 일상 심리학은 추론된 의도에 기초해서 사람들의 행동을 이해하고 예언한다. 수업과정에서 학생의 목표에 대한 관심 없이 교사가 어떤 수업 과정을 정당하게 전달할지를 상상하기란 어렵고, 일상 심리학은 그렇게 하기 위해 아주 실제적인 원리를 제공한다. 이 새로운 아이디어는 정신 모델(mental model)이다(Gentner & Stevens, 1983; Johnson-Laird, 1983). 정신 모델은 믿음(belief)이라는 전통적 생각보다 좀 더 체계적인 용어다. 정신 모델은 학생의 행동이 어떤 논리를 가지고 있다고 할 경우에 적용될 수 있지만, 습관적이거나 의도된 것은 아니어야 한다. 예를 들어, 학생들이 "지구로부터 멀어지려는 것을 막기 위해 끌어당기는 것이 무엇이죠?" 와 같은 이상한 질문이지만 무작위로 범하는 실수가 아닐 때, 교사에게 유용한 전략은 학생의 관찰된 행동으로부터 내재된 학생들이 가지고 있는 이론이나 법칙을 상상해 보는 것이다. 일상 심리학 및 그것과 관련된 최근의 다양한 변형은 교사로 하여금 비록 직접 관찰할 수는 없지만 학생의 마음속에 실존하는 정신 모델에 대해 추측하도록 장려한다. 연결주의자들의 견해에서, 이렇게 추측된 모델은 교사에게는 단지 직관적인 목적으로 활용되겠지만 그러한 역할 면에서는 상당히 유용할 수 있다.

이번 장에서 우리는 어떤 종류의 새로운 교육적 비전도 소개하지 않았다. 우리는 단지 다양한 전통주의자, 구성주의자, 사회문화주의자 및 일반 소박한 사람들에 의해 발전된 교육적 아이디어를 포함시켰고, 지식 및 학습과 관련된 일련의 개념이 그러한 아이디어를 정당화하기 위해 왜 필요한지를 보여 주려 했다. 현재의 개념적 틀은 거대 아이디어와 날마다 반복되는 교육적 아이디어 사이의 두려운 단절로 유도하고 있다. 상위 언어 수준에서 우리는 교육이 무엇이어야 하는지에 대한 장대한 아이디어를 오래 이야기할 수 있다. 그러나 교실 수준에서는 이해하거나 발견한다는 의미가 무엇인지를 설명하는 데 적합하지 않은 커다란 아이디어보다 더 오래된 심리학에 의존하게 된다. 다음 장에서, 우리는 어떻게 일련의 확장된 개념들로 우리가 관심 갖는 바를 설명하는 데 도움이 되는지를 보여 줄 것이며 더 나아가 교육의 새로운 비전을 제시하는지 설명할 것이다.

Newton의 개 이해하기: 이해에 대한 연결주의자들의 관점

'이해의 학습' 은 현재 교육 개혁성의 캐치프레이즈다. 이것은 무엇을 의미하는가?

부분적으로 시스템화된 일종의 일상적 이론은, 예를 들면, 일반적으로 우리가 Newton의 이론을 이해하는 것이 무엇을 의미하는지 또는 Newton의 개를 이해하는 것이 무엇을 의미하는지에 대해 이야기하는 것과 연관된 질문에 적용된다. 마음에 대해 보다 발전된 이론은, 우리가 논쟁하고 있는 이러한 모순점을 제거할 것이다.

요즘 Newton의 이론을 이해하는 것은 다음과 같은 것을 의미한다. 매일의 경험을 통해서, 학생은 물리적인 세상에 대한 정신적 모델을 이미 가지고 있고, 세상의 대상들이 어떻게 움직이는가를 이미 알고 있다. Newton 역학을 공부하면서, 몇 가지 일 중 어떤 것이 일어날 것이다. 학생은 Newton의 법칙과 관계되는 교과서 문제들을 풀고 시험지에 적합하게 답변함으로써 새로운 인지 구조를 가지게 될 것이지만 반면 그 학생의 원래 정신적 모델은 바뀌지 않은 채로 남아 있다. 이것은 비행기에서 물건이 떨어질 때 어떻게 되는지를 기술하는 것과 같은 새로운 과제를 제시함으로써 나타나지만(자신이 예전에 생각한 대로 말할 것이라는 뜻) 그와는 달리, 학생의 정신적 모델이 변화를 받아 Isaac Newton의 마음에 있는(또는 마음속 또는 특정한 물리학자, 대리인처럼 행동하는) 모형과 거의 유사하게 변화될 수도 있다. 교사들은 현재 학생들에게, 전문가(Novak & Gowan, 1984 참조)에 의해 제시된 개념도와 비교될 수 있는, 그들의 개념 구조들(개념과 관계에 대한 네트워크)에 대한 지도를 그리도록 함으로써 그런 변화를 촉진할 수 있다. 따라서 이해가 무엇을 의미하는가는 당신의 마음속에서 옳다고 생각하는 무언가 또는 이미 이해한다고 가정하는 사람들의 마음속에 있는 무언가를 가지고 있는 것이다. 이것을 아무리 최신 인지과학 용어로 포장한다고 해도 마음에 대한 일상적 이론에 지나지 않는다.

그러나 Newton의 개를 이해하는 것은 보다 상식적인 방법으로 보인다. 처음에 우리는 모두 Newton의 개가 다양한 방법으로 이해될 수 있다고 인식했고, 거기에 모든 사람에게 예상되는 특별한 방식은 없었다. 하지만 모든 것이 이해되지는 않을 것이다. 누군가가 Newton의 개를 이해하는지를 판단하기 위해서, 우리는 다음과 같은 것을 찾아보게 될 것이다.

1. 개에 관하여 지성을 가지고 행동하는 능력. 어떤 사람이 이해하고 있는지의 여부에 의심을 갖게 하는 어리석은 행동. 어떤 한 가지 방식으로 행위하는 것이 지적이라는 것이 아니라 다양한 판단이 내려질 수 있다.
2. 개와 관련하여 문제가 되는 측면을 설명하는 능력. 만일 Newton의 개가 신경학적 특성을 나타내지 않았다면, 굳이 우리는 개의 신경학에 대한 강의를 요구하지 않을 것이다. 간단히, 설명하는 능력은 설명이 필요해 보이는 개에 관한 것과 관련되어 있다.
3. 앞에 언급된 두 가지 능력의 한계에 대한 인식과 그것들을 향상시키는 기질. 개에 관해 모두 안다고 주장하는 것은 안다는 것에 더는 무관심한, 제한된 이해에 대한 신호로 볼 수 있다.

우리가 본 대로, 이러한 일상적인 기준은 개의 정신적 모델 또는 마음속에 있는 다른 대상과 비교될 수 없다. 이해는 사람에게 그 대상과 관련된 질문할 마음이 생기게 하거나 할 수 있게 하는 대상에 내재되어 있다. 하지만 만일 질문의 대상이 Newton의 이론과 같은 것이라면, 일상적 이론은 이해를 학습자의 마음에 있는 어떤 특성으로 다루고 있는 것이다. 이해는 더 이상 능력이나 기질들에 내재되어 있지 않다. 그 대신 이해는 학습자의 마음속에 있는 것과 외부의 진실성 또는 누군가의 마음속에 있는 어떤 것을 대응하는 문제다.

하지만 Popper의 세상 3 개념과 연결주의의 조합으로, 우리는 Newton의 개에 대해 접근한 것과 동일하게 현명한 방법으로 Newton의 이론을 이해할 수 있다. Popper의 세상 3은 Newton의 이론이 세상 1에 있는 Newton의 개만큼 실존하는 세상이다. 연결주의자의 관점에서 본다면 우리가 논의해야 할 정신 내용이란 존재하지 않는다. 거기에는 단지 능력과 기질만 있다. 우리가 본 바와 같이, 능력과 기질은 우리 모두가 Newton의 개에 대한 이해 여부를 판단하는 데서만 이야기될 필요가 있다. 비록 비물질적적인 것이지만, 만일 우리가 Newton의 이론을 실제 존재하는 것으로 동일하게 취급한다면, 동일한 접근을 취할 수 있을 것이다.

전과 동일한 기준을 적용함으로써, 우리는 Newton의 이론에 대한 사람들의 이해를 (1) 그 사람이 Newton의 이론의 관점에서 얼마나 지적으로 행동하는지와, (2) 그 이론에서 설명이 필요하다고 판단되는 것을 설명하는 능력, (3) 처음 두 가지 기준의 결점에 관해 인식하고 그것에 관심을 갖는지의 여부를 가지고 판단하게 된다. 물론, 일상 인지론자는 유사한 기준을 가지고 학생의 이해를 평가할 것이다. 차이점은 물리학자가 숨어 있는 이론을 찾아내기 위해 그렇게 하듯이 일상 인지론자들은 학생들의 생각 속에 숨어 있는 이론을 나타내는 실마리로 관찰을 사용하고 있다는 것이다. 반면 연결주의자들은 이해라는 것은 단지 이러한 능력이나 기질이라고 생각하며, 마음속에 실제로 그들이 목표로 하고 있는 어떤 숨어 있는 것이란 없다.

결국 연결주의자의 관점은, 만일 우리가 마음을 열 수 있고 깊이 있게 분석해 들어간다면 우리는 이해할 수 있는 어떤 것도 찾을 수 없다는 것이다. 우리는 결코 누군가가 다른 환경에서, 혹은 동일한 환경이지만 다른 시간에, 무엇을 할 것인지 확실하게 알지 못한다. 하지만 이러한 불확실성은 변화무쌍한 환경과 관련하여 인지 시스템에 내재되어 있는 것이지, 그것이 우리가 관찰로서 마음에 접근할 수 없기 때문이 아니라는 것이다.

이해에 대한 이러한 접근법의 장점은 이것이 상대주의적 관점으로 붕괴되지 않고서도 자유로운 사고를 허용한다는 점이다. 요즘 과학 교육자들은 학생들의 순수 이론이나 권위 있는 지식과 비교하여 무엇을 할지로 번민한다. 생각에 대한 일상적 이론으로서는 이것이 혼란스러운 문제로 여전히 남아 있다. 만일 이론들이 단지 마음속의 것이라면, 학생들의 마음속에 있는 것이 물리학자의 마음속에 있는 것보다 열등하고 바뀌어야 한다고 누가 말할 수 있겠는가? 만일 우리가 진실에 호소하거나 엘리트의 합의에 호소하는 경우 모두 어려움에 봉착하게 될 것이다. 그렇다고 학생들의 이론이 Newton의 이론만큼 훌륭해서 질적으로 차이가 없다고 주장한다면 다른 사람들에게 단순하고 무지한 것으로 받아들여질 것이다.

하지만 Newton의 이론을 Newton의 개처럼 다룬다면, 우리는 교육의 문제에 보다 똑바른 방법으로 접근할 수 있다. Newton의 이론은 인류 모두에게 중요한 관심거리로서 과학교과에서 위치를 차지하고 있지만 Newton의 개는 그렇지 못하다. 그래서 Newton의 이론은 현명하게 행동하기 위해, 그리고 설명이 필요한 것을 설명하기 위한 학습 인식 차원에서 학생들이 이해해야 하는 대상이다. Newton의 이론에 대해 현명하게 행동하는 것은 그것을 다양한 형태로 인지할 수 있는 것, 그것을 총명하게 의논하는 것, 그것을 다양한 방식으로 사용하는 것 그리고 적절하지 못한 활용에 대해 인식하는 것 등을 포함한다. 문제점 있는 관점을 설명할 수 있다는 것은 예를 들어 만일 힘을 가하지 않는다면 움직이고 있는 물체가 멈추지 않을 것이며 동시에 우리가 관찰하고 있는 물체는 힘을 가하지 않는다면 언젠가는 완전히 멈출 것이라는 주장을 어떻게 펼칠 수 있는지 아는 것을 포함한다. 진실과 권위의 문제는 그래서 포스트모더니즘을 믿는 교육자들에게 중요하지 않다. 우리는 거기에 어떤 진실이나 올바른 이해가 있다고 주장하지는 않지만, 모든 것이 옳다고도 말하지 않는다. 행동과 설명은 비판될 수 있고, 개선이 강조될 수도 있다. Newton의 이론을 이해하는 것은 인간 행위의 자연섭리와 연합하는 것이며 그렇게 함으로써 우리가 다른 인간 행위를 다루는 것과 동일한 방식으로 다루도록 돕는다.

학습과 구별되는 지식 구성

Popper의 도식에서, 세상 3에 있는 지식 대상의 산물을 지칭하기 위해 '지식 구성' 이라는 용어를 사용해 보자.이 용어의 원뜻에는 광의의 의미가 있어서 과학자와 학자들이 사용하는 것을 포함해서 학생들의 생산적인 활동과 비슷한 것도 포함한다. 만일 학생들을 포함하고 있지 않다면, 지식 구성과 학습이 어떻게 관련되는가와 관련된 질문은 발생하지 않을 수 있다. 만약 당신이 과학자들이나 학자들에게 그들이

하고 있는 일에 대해서 물어본다면, 당신은 그 대답이 '학습' 이라고 생각할 수는 없을 것이다. 과학자들은 찾아내고, 설명하고, 입증하거나 반증하려고 노력하고 있는 것 또는 그들이 풀려고 노력하는 문제를 당신에게 말할 것이다. 물론, 그들은 그 과정 중에서 여러 것을 학습하지만 그것은 매우 자연스러운 현상이다.

하지만 때때로, 과학자나 학자들에게 '당신은 무슨 일을 하는가?' 라고 묻는다면, 그 대답은 '학습' 이 될 것이다. 예를 들면 때로 그 대답은 '배우려고 노력하는 중이다' 라는 것이나 다음과 같은 형태일 것이다. 즉, 어떤 새로운 소프트웨어를 사용하거나, 어려운 실험절차를 수행하고, 언어나 수학을 숙련하는 등을 포함하는 활동이다. 대개 학습은 어떤 사람의 일을 수행하면서 도구적으로 필요하게 되는 것으로 받아들여진다. 따라서 비록 학습이 임시적 역할이라 할지라도, 지식 구성의 세상에서 중요한 역할을 하는 것이다. 그러나 학습이 지식 구성과 같은 것으로 인식되지는 않는다.

재미있게도, 당신이 학생들에게 그들이 하는 일이 무엇이냐고 물어본다면, 지식을 구성하거나 학습을 하고 있다는 식의 대답을 얻기는 어려울 것이다. 그러한 질문들을 했던 연구자들은 학생들이 지금 실제로 하고 있는 것이 무엇인지 대답하는 경향이 있다는 것을 발견했다(Doyle, 1983; Lancy, 1976a; Lancy, 1976b). 그러나 과학자나 학자들과 달리, 학생들에 의해 인식된 공부는 지식 생산을 포함하고 있지 않다. 오히려, 이것은 다른 인공물이나 쓰기 활동의 결과물, 주어진 문제의 해결, 자기 스스로 선택한 학업 관련 과제가 중심이 된다. 물론, 학습은 활동을 통해서 일어난다. 그러나 학생들의 목표와 관련하여 학습이 초점이 되지만 이와 구분되는 학자와 과학자들의 실천에서는 그 초점이 학습 혹은 지식 구성에 있지 않다는 것이다. 일상 심리학과 사회문화 이론은 모두 지식 구성과 학습을 구별하지 않는다. 비록 학습의 본질을 완전히 개방시켰지만 Popper의 세 가지 세상은 그러한 구분의 근거를 제시하고 있다. 지식 구성은 세상 3의 변화를 향한 활동이며 학습은 세상 2의 변화를 지향하는 것이다.

지식 구성을 보충하는 학습

지식 구성과 학습에 대한 구분이 미흡한 것은 교육 혁신가에게 갈등을 가져왔다. 한 혁신적 교육 모임은, 비록 외관상으로는 구성주의적 접근으로 수학 수업에 학생들을 참여시킨 한 교사가 수업을 시작할 때마다 단순한 계산의 반복연습을 실시했음에도 불구하고, 훌륭하게 학생들로 하여금 수학을 새롭게 발견하도록 도울 수 있었다고 보고했다. 이러한 교사들은 그들이 채택한 구성주의적 이론을 뛰어넘어서 구별할 수 있는 직관을 가지고 있는 것으로 보인다.

우리는 수업시간에 한 번도 앞에 나오지 않고도 제한적(restrictive)이거나 비제한적 절(nonrestrictive clause) 사이의 차이점을 설명하는 교사들과 어린 학생들에게 어떻게 단어를 읽도록 가르쳐야 하나에 당황해 할 교사들을 만날 수 있다. 그러나 학생들에게 적용할 새로운 소프트웨어를 설명할 때, 그들은 직접 수업을 하거나, 완벽한 설명을 하고, 다이어그램, 시범, 복잡한 훈련에 따르기를 망설이지 않는다. 아마도 학습 소프트웨어의 사용은 엄격한 연결주의 철학에서 그들을 벗어날 수 있도록 하는 것 같다. 이것은 단지 교사가 구성주의 수업을 시작할 수 있도록 하기 위해 학생들이 배울 필요가 있는 것에 불과하다.

조금 더 정교화된 인식론을 가지고 이러한 교사들은 상당한 정도의 학교학습을 '단지 교사가 구성주의 수업을 계속해 나가기 위해 학생들이 배울 필요가 있는 어떤 것' 의 범주로 구분한다는 것을 발견할 수 있었다. 그들의 구성주의 수업은 지식구성이다. 이른바 '기초적 기능(basic skill)' 이라고 불리는 읽기, 쓰기, 셈하기의 구성요소는 이러한 구성주의 수업을 위해 필요한 범주로 구분된다. 예를 들어, 다양한 사실적 지식을 포함하고 있는 읽기 자료를 이해하기 위해 학생들은 국가의 위치에 대한 지식과 '문화적 소양' 으로 분류되는 많은 항목에 대한 지식을 사용할 것이다(Hirsch, 1987). 우리는 여기서 교육과정의 내용에 무엇을 포함해야 하는지에 대해서 권고하지는 않을 것이다. 어떤 내용을 학습 목표로 선정해야 하는지의 여부는 항상 논란거리가 된다. 학생들은 변인의 통제나 가설과 증거의 차이와 같은 원칙을 배워야 하는가? 중요한 것은 교사들이 이것을 구성주의 신념에 대한 신뢰 테스트가 아니라 전략적인 문제로 논의할 수 있어야 한다는 것이다.

경험이 풍부한 교육자들은, 우리가 여기서 시도하고 있는 구분에 대해 무의식적으로 이해하고 있지만, 일상적 이론의 개념적 틀 안에서 적용함으로써, 오해의 표현을 하는 경향이 있다. 예를 들면 "나는 구성주의를 믿는다. 그러나 어떤 것은 여전히 기계적으로 학습될 필요가 있다" 라고 말할 것이다. 만약 우리가 구성주의를 믿는다면, 우리는 기계적 학습이 구성주의의 과정이라는 것도 믿어야 할 것이다. "나는 지식 구성이 학교에서 중요한 활동이지만, 어떤 것들은 학습 목표로 신중하게 다루어져야 할 필요가 있다고 믿는다" 라고 더 정확하게 진술할 수 있다면 분명히 더 진보된 사람이다. 그러나 마음에 대한 일상적 이론의 개념적 구조로는, 그러한 진술을 해석할 수 없다. 그것이 우리가 세상 2의 공부와 세상 3의 공부를 구분하는 개념 구조가 필요한 이유다.

'구성주의 학습' 과 지식 구성

'구성주의 학습' 은 직접 교수법이 아니라는 것을 제외하면 최근에 일반적으로 매우 광범위한 교실 활동에 붙은 이름이다. 하지만 그것의 의미는 매우 다양하다. 우리가 세상 3 대상을 실제 구성 범위에 따라 다양한 접근으로 비교한다면, 그 차이는 분명하다. 다음은 모두 전형적으로 구성주의로 분류되는 종류들이다.

1. 이리저리 시험해 보기

학생들에게 장비나 재료가 제공되고, 학생들이 좋아하는 모든 것이 장려된다.

예를 들어, 빛과 어둠을 공부하기 위한 설정은 그림자 인형을 만드는 것으로 끝날 수 있다(Smith & Neale, 1987). 비록 학습이 신중한 활동에서처럼 그러한 활동에서도 일어날 수 있을지라도 교사가 하는 것처럼 지식의 객관화가 일어나지는 않는다.

2. 현장 중심 혹은 안내된 발견

특별한 수학적 또는 과학적 원리를 발견하는 목표를 이루기 위해 무엇을 해야 하는지에 대한 지침이 여기에 있다. 전형적으로 세상 3의 대상은 —질문의 원리—학생들에 의해 구성됨으로써 끝나야 하며, 그것을 만들 필요가 있을 때만 교사가 도와주는 것을 조건으로 한다. Roth, Anderson 그리고 Smith(1987)가 언급한 대로 운이 나쁜 경우에는 어린 학생들의 학습이 다음과 같은 결과를 초래할 수 있다. "식물이 살기 위해서는 빛이 필요하다는 것을 나는 벌써 알고 있어요. 그리고 지금 나는 그것을 또 알게 되었어요." 우리가 알고 있는 많은 예를 보면 원칙이 발견되자마자 탐구하기를 포기하거나 교재를 통해서 접근 가능한 지식으로부터 학습 활동을 고립시키는 것을 쉽게 발견할 수 있다. 이 모든 것은 단지 세상 1(물질적 대상에 대한 신체적 행동)과 세상 2(정신의 과정과 내용)를 인식하는 일상적 관점(folk view)을 반영한다.

3. 문제 해결을 통한 학습

학생들은 까다로운 수학문제에서부터 환경의 영향을 연구하는 것에 이르기까지 어떤 문제가 되는 과제를 협력하여 수행한다. 요즘 인기 있는 과제는 우주여행을 계획하는 것이다. 우주여행을 계획하거나 진행하면서, 학생들은 우주여행이 수반하는 많은 문제들을 다루어야 하고, 결과적으로 우주와 태양계, 인체 생물학, 로켓 과학, 일반적인 물리학과 수학에 대해 더 많이 배우기를 기대한다. 그러나 그러한 활동이 지식 구성이라고 불리기에는 상당히 미흡한 점이 있다. 학생들이 객관적으로 구성하고 있는 세상 3의 대상은 우주 미션을 위한 계획이다. 비록 그들이 과학적 이론이나 인정된 사실과 같은 다양한 세상 3의 대상을 사용할지라도 그들이 실제로 구성하고 있는 대상(계획)은 그 자체로서 가치를 가지고 있는 대상이 아니다. 그것은 학습을 양산하기 위한 교육적 매개물이다. 즉, 그 활동의 핵심 요체는 지식 구성보다는 그것으로부터 결과되는 학습이다.

4. 호기심 기반 탐구

교사의 까다로운 질문에 자극되어 호기심이 발동될 때, 학생들은 그들의 호기심을 충족시키고 질문에 답하기 위해 독서, 관찰, 실험 연구를 통해 정보를 얻는다. 그러한 활동은 세상 3 대상의 가치를 창조하는 결과를 가져오는 지식 구성이라고 생각한다. 전형적으로 주요 관심 사항은 세상 3이 아니라 세상 1이다. 즉, 동물, 전기회로, 또는 그것이 무엇이든 실제 호기심의 대상에 활동의 구체적 산물이 되는 보고서나 설명이 더해진다. 세상 3의 대상인 설명, 지식의 요약, 가설, 그와 유사한 것들이 생산되지만 탐구과정에서 그들이 좀처럼 신중하게 평가되거나 개선되지는 않는다. 대신 그 활동이 끝난 후에 교사들에게 그것을 평가하도록 남게 된다. 학생들에게 가설을 시험하고 증거를 숙고하도록 하기 위한 교사의 노력은 대개 이론, 증거, 과학적 방법에 대한 학생들의 불충분한 개념을 탓하는 어려움과 직면한다(Kuhn, 1989). 하지만 과학적 사고를 양성하기 위한 그러한 노력들은 탐구 활동의 구조가 조금 또는 전혀 지지할 수 없는 세상 3의 초점을 전제로 한다는 것에 주목해야 한다.

5. 이론 개선

학생들은 의문과 혼란스러움으로 탐구를 시작하지만, 최초의 이론이 학생들에 의해 제안되면 초점은 바로 세상 3으로 넘어가게 된다('추측'이 더 정확한 용어지만, 수업에서 '이론'이라고 부르기 때문에 여기에서도 그렇게 부르기도 한다). 그다음에 탐구와 논의의 초점은 이론의 개선에 초점을 두게 된다. 정보에 대한 추구는 이전의 접근방법으로 진행될 수도 있지만, 이미 획득된 정보는 이론 개선에 적용되고 그것의 관련성은 이론의 맥락에서 판단된다. 과학적 사고는 확실한 믿음을 시험하거나 입증하려는 노력에서 생기는 것이 아니라, 수정된 이론이 앞서 있던 것보다 얼마나 개선되었는지를 보여 주려는 노력에서 생기는 것이다(Scardamalia, Bereiter, Hewitt, & Webb, 출간 중).

비록 다섯 가지 수준에서 이러한 교육적 접근이 구성주의적 틀 안에서 나타나는 작은 절차적 변이로 단순히 취급되더라도 그것들은 실제로 근본적으로 차이가 있다.

학생들의 동기와 능력, 지식이 창조되는 방법, 그리고 어떤 학습이 주의 깊게 관찰될 필요가 있는지, 무엇이 경험을 통해서 자신만의 방법으로 개발하도록 허용되어야만 하는지에 대한 가정에는 차이점이 있다. 이러한 차이점들은 누적되어 학교교육이 무엇인지 또는 어떠해야 하는지에 대해 근본적으로 다른 관점을 양산한다.

학교에서 지식 구성에 관해서 보다 개선된 관점을 얻기 위해, 구성주의의 의미를 더 자세히 살펴볼 필요가 있다. 첫 번째 의미는, 얼마나 현장 학습에 가까이 다가가는지와 상관없이, 발견에 의한 학습은 자연세계의 현상을 발견하는 것이 중요하다는 것을 의미하지는 않는다. 그것은 세상 3의 대상 —원리 또는 이론—을 발견하고 이해하는 것이 중요한 문제인 것이다. 물론, 이러한 대상이 처음부터 발견되는 것은 아니다. 그것들은 학생들이 하는 것처럼 관찰된 사항을 이해하려고 노력하는 사람들에 의해 창조된다. 두 번째 의미는 학습자의 관점에서, 새로운 이론이나 설명을 창조하는 것과 이미 구체화된 이론을 이해하는 것 사이에 차이점이 거의 없다는 것이다. Popper는 이를 분명하게 지적했다.

> 나는 우리가 단지 이론을 고치거나 재구성하려고 노력함으로써 그것을 이해할 수 있고, 상상력의 도움으로 우리가 관심이 있고 중요하게 생각하는 이론의 모든 결과를 시험해 봄으로써 그 이론을 이해할 수 있다는 것을 제안한다. 누군가는 이해의 과정과 실제 생산과정이나 발견 …… (이론 등에 대한) 과정이 매우 유사하다고 말할 수 있을 것이다. 둘 모두는 창조하고 비교하는 과정이다(Popper & Eccles, 1977, p. 461).

따라서 정규 교육에서 학습의 관점과 지식 구성의 관점은 세상 3의 대상이 만들어진 교실에서 해석, 비평, 문화적으로 인지된 세상 3 대상이 추론될 때 융합된다. 세상 3의 대상을 알기 위한 강력한 방법은 그것에 기반을 둔 다른 세상 3의 대상을 만들어 내는 것이다. 이것은 과학, 학문 그리고 예술이 발달해 온 방법이다(Gombrich, 1959). 학습과 지식에 대한 개선된 이해는 이러한 종류의 발전이 학교에 적용될 수 있는 방법을 더 쉽게 볼 수 있게 해 준다.

학교에서 학습과 지식 구성: 초등학교 수학의 사례

연구소와 실험실은 최종 산출물로서 지식을 생산한다. 첨단기술 회사들은 수입의 근원이 되는 발전된 서비스나 상품을 제작하는 과정에서 만들어진 중간 단계의 산출물에 해당하는 지식을 생산한다. 학교에서 학생이 생산하는 지식의 상태는 무엇인가? 그것은 단지 학습의 과정에서 창조된 중간 단계 산출물인가? 비록 지식과 학습의 관계가 보다 복잡한 것은 사실이지만 그 질문에 대한 대답은 '그렇다' 이다.

학교가 재구조화되어 연구를 위한 실험실과 같은 기능을 얼마나 재현하는지와 상관없이, 사회는 세상 3의 지식을 학교의 최종 산출물로 수용하지 않을 것이다. 사회가 자녀를 학교에 보내고 돈을 지불하고 있는 이유라고 믿는 것은 학생들이 얻는 세상 2의 학습이다. 즉, 여기서 세상 2의 학습이란 학생들이 교육의 결과 자신의 마음속에 담게 될 지식과 역량인 것이다. 학교가 세상 3의 지식 구성을 촉진하기 위해 하는 어떤 활동도 세상 2에 얼마나 기여하는가에 의해 정당화될 수 있는 것이다. 이것은 아주 상당한 정도로 대학에서도 동일한 현상인데, 세상 3의 새로운 지식 산출물은 그들 역할의 일부라고 생각한다. 연구가 너무 많이 강조되고 있다는 간헐적인 불평은 연구가 교육의 질을 개선한다는 주장으로 답변되는 것을 보면 알 수 있다.

우리는 이중 역할을 담당하는 대학교처럼 학교가 인식되어 좀 덜 제한적인 태도를 보여 주기를 기대한다. 이것은 과학적인 진보가 초등학교에서 일어나기를 기대한다는 의미는 아니다. 그것은 지식 창조가 보다 높은 수준의 학교로 나아가는 과정에서 학생이 함께 발전해 나가는 것으로 보거나 추구할 만한 가치가 있는 사회적 활동에 어린 학생들을 참여시키는 것으로 보는 시각을 의미한다. 이러한 확장된 개념이 없을 경우 전통적인 관점은 학생의 지식 구성 활동을 불행히도 평가절하하게 된다. 학교에서 교육은 학습 활동으로 제한된다. 교육은 직접적인 수업에 의해 배우는 것이 아니라 탐구에 의한 학습과 같은 방법으로 배우는 학문적인 내용을 학습하기 위한 대안이거나 학문적인 역할놀이의 일종이다.

우리는 여기서 학습을 평가절하하고 지식 구성의 입장을 찬성하려고 주장하는 것은 아니다. 오히려 학습과 지식 구성을 구별하는 데 실패함으로써 교육자들이 둘 모두를 공평하게 취급하는 데 실패하지 않기를 주장한다. 이것은 초등 수학에서 아주 분명하게 볼 수 있다. 세상 3의 관점에서, 수학은 가장 좋은 예다. 정규 수학지식은 세상 3의 대상으로 구성되어 있지만, 과학적 지식과는 달리 그 대상은 물리적인 세계(Popper의 세상 1)를 언급하지 않는다. 오히려 그것들은 다른(세상 3) 대상과 관련된다. 예를 들어, 산수의 경우 그 대상은 숫자를 지칭하는데, 이것들은 또한 비물질적 대상으로서 인간의 지적인 구성물이다.

그러나 학교 수학이 완전히 세상 3과 연관되는 것은 아니다. 실제로, 일상적으로 보면 학교 수학은 세상 3 —수학적 생각의 세계는 개선할 수 있는 인간 해석으로 다루어진다—과는 거의 관련이 없다. 대신에, 이것은 개인적인 기술의 습득(세상 2)에 전념하는데, '교구(manipulatives)' 로 알려진(세상 1)의 대상을 포함하는 활동에 의해 어느 정도 보충되기도 한다. 물론, 10개 블록과 같이 교구는 중요한 수학적 생각을 표현하기 위해서 선택된다. 그러나 아이들은 이러한 생각에 아주 무감각하고 이를 단순한 물질적 대상으로 다루는 경향이 있다(Resnick & Omanson, 1987). 학교 수학에 대한 새로운 접근이 학생들을 세상 3 활동에 참여하게 하는 것으로 나타나고 있다(Lampert, Rittenhouse, & Crumbaugh, 이 책 31장 참조). 어떤 종류의 기술은 중요한 것으로 여겨지나, 옛날 기술이나 종이-연필을 이용한 계산은 그 중요성이 떨어지고 있다. 문제해결기술이 중요하게 부각되고 있으나, 이러한 기술이 동일하게 인식되는가? 그리고 그들이 예를 들면, 장제법(the way long division)과 같이 가르칠 수 있는 것인가? 그래서 학교 수학이란 학습 개념에 대한 도전적인 실험대라 할 수 있다. 이러한 논의에서, 우리는 학교 수학을 둘러싼, 어떠한 논쟁이라도 해결하려고 하는 것이 아니라, 단지 우리가 제안해 온 확장된 세트나 개념을 유용하게 구분하는 방법을 보여 주기 위한 것이라고 여겨야 한다.

상황과 결부된 수리 능력

상황 인지와 관련하여 최근 수행되고 있는 일련의 훌륭한 연구들이 있는데, 그것은 거리 행인들, 트럭에 짐을 싣는 사람들, 옷을 만드는 사람들, 그리고 유사한 것들에 관한 비형식적인 상황에서 일어나는 수학적 기술을 고찰하는 연구다(Lave & Wenger, 1991 참조). 그 연구들은 수학과 관련한 정식 교육을 전혀 받지 않은 사람들이, 정식 연산법을 사용하는 사람들보다 더 효과적인 방법을 사용함으로써, 인상적인 계산을 어떻게 수행하는지를 보여 주는데, 그 방법은 작업 특성과 그것을 수행하는 환경 특성을 이용한다. 이러한 연구들은 수학 교육과정에 실제 생활과 관련된 수리 활동을 많이 포함시키도록 학교에 압력을 넣었는데, 그렇게 놀랄 일도 아니다. 하지만 이것이 정당한 결론인가? 보다 근거 있는 결론은, 학교는 이러한 종류의 기술을 발전시키는 것이 불가능하기 때문에 이러한 부류의 기술에 전혀 신경 쓰지 않아도 된다는 것이다. 그 연구가 의미하는 것은 문화적 경험에 접목된 지식이라는 것이다. 각각의 실천적 지식은 특정한 실천공동체 내에서 점차 참여의 폭을 넓혀 가면서 획득되는 특별한 지식인 것이다. 그런 기술을 촉진하는 환경을 만들기 위해 일반 학교보다 더 나쁜 학교를 설계하지 않도록 주의해야 한다. 그러나 이렇게 명백하게 바람직한 학습의 목표에 대해 거절하는 것을 편안하게 느끼기 위해서는, 교육자들이 대안으로 추구하는 다른 종류의 학습에 관한 명백한 관점이 필요하다. 그래서 우리는 경험에 내재된 지식을 몇 가지 종류의 지식 중 하나로 볼 필요가 있으며 동일한 가치가 있고 학교 상황에 더 적합한 것으로 볼 필요가 있다.

수 감각

우리는 앞서 수 감각을 수리 영역에서 수의 이치를 잘 이해하는 것으로 정의했다. 이것은 숫자 자체에 대한 능력이지, 특별한 환경에 대한 수리적 관점이나 경험 활동에 대한 것은 아니다. 비록 사람들이 어떤 상황과 관련된 수리 활동에서 똑같이 숙달되었다 하더라도, 수 감각은 사람들 사이에서 매우 다양하다고 밝혀졌다(Stigler & Baranes, 1988). 그것은 또한 사회 경제적인 지위에 의해 크게 변하고, 학교 수학의 향상을 높게 예측하는 것으로 밝혀졌다(Griffin, Case, & Siegler, 1994). 추측하건대, 대부분의 수학자들은 수 감각을 풍부하게 가지고 있다. 하지만 누군가는 수 감각을 얻기 위해 수학책을 들여다보겠지만, 수학자가 만든 교과서와 지침서를 통해 수 감각을 얻으려 하는 것은 헛된 것이다. 그들은 수 감각을 수학적 이해와 구분하려 하지 않는다. 그러나 Popper의 세 가지—세상의 구조에서 둘은 전혀 다르게 구별되며, 수학적 이해는 세상 3이다—세상이나 수학적 원리와 관련되어 있다. 수 감각은 순수한 세상 2다. 그것은 개인의 마음과 관련된 속성이다.

우리가 일찍이 제안한 대로, 개념적으로 수 감각을 정립하기 어려운 이유는 마음과 같은 그릇이라는 비유에 적합하지 않기 때문이다. 우리가 이 비유에 제한을 받게 된다면, 그다음에는 수 감각을 구성하는 정신의 대상을 찾고, 그 명백한 후보는 학생의 마음속에 복제되는 교과서 원리다. 그러나 수 감각은 어떤 교과서에서도 발견할 수 없다. 틀림없이 수 감각에 대한 어떠한 특별한 실연(實演)도 수학 원리와 관련시켜 정당화될 수 있어야 한다. 그러나 학생은 원리들을 완벽하게 숙지하고 있어도 여전히 수감각에 있어서 부족할 수 있다.

비록 수 감각이 일상 심리학의 입장에서 신비하고 모호한 것처럼 나타나지만, 마음의 연결주의적 입장에서는 아주 자연스러운 것이다. 이것이 패턴 학습의 다양성이다. 이것은 학생들이 수적 관계에 대한 넓고 다양한 경험 후에 획득한 연결주의망을 기대하는 것과 같은 것이다. 수 감각을 가르치기 위한 가장 성공적이고 충분히 발달된 프로그램의 올바른 출발점은 이러한 종류의 경험들을 제공하고(Griffin, Case, & Siegler, 1994), 마음에 어떤 특별한 종류의 대상들을 주입하는 것보다는 전체 인지체계가 수적 관계를 이해하도록 조율하는 것으로 이해되어야 한다.

수학에서 지식 구성

앞서 언급한 것처럼 학습과 지식 구성의 차이점을 도식화하면, 우리는 수 감각의 발달을 학습으로써 확실하게 확인할 수 있다. 그렇다면 학교 수학에서 지식 구성은 무엇으로 구성되는가? 학생들이 창조할 수 있는 세상 3은 무엇인가? 명백한 대답은 지식 구성이 수학자들이 만든 법칙, 구조, 연산법, 설명과 정당화에 대한 증거 같은 대상을 학생들이 만들어 내는 것을 의미한다는 것이다. 일반적으로 말하면, 그것이 새로운 구성주의가 학교 수학에 접근해 가고 있는 방식인 것이다(Lampert, Rittenhouse, & Crumbaugh, 이 책 31장; Yackel, Cobb, Wood, Wheatley & Merkel, 1990). 이것을 세상 3의 활동인 지식 구성과 동일시하는 것은, 고려되어야 할 나머지 학교 수학과 관련된 내용을 보다 분명하게 독립된 영역으로 자리매김하는 것이다. 이것은 우리에게 일상 심리학의 언어로 명백하게 설명하기 어려운 질문을 물을 수 있는 자유를 제공해 준다. 이 지식 구성의 결과로서 학습된 것은 무엇인가? 그 질문은 지식 구성이 수학에서 다른 종류의 교육활동을 대체할 수 있는 범위와 그것을 보충하거나 강화할 수 있는 범위가 무엇인지 결정하는 데 중요하다. 아니면 지식 구성을 통해 배운 것이 전통적인 목표와 아무런 연관성이 없는가?(이러한 분석과 이론적 모델에 관해 궁금할 경우 Ohlsson & Rees, 1991 참조)

Popper의 세상 1과 세상 3 사이의 구별은 또한 학교 수학에서 지식 구성과 유용한 관계를 가지고 있다. 그것은 우리에게 경험 영역에서 지식을 구성하는 것보다 동기를 부여하는 것이 훨씬 더 어려운 이유를 이해하도록 도와준다. 우리는 학생들이 자연과 사회과학의 전 영역에 대해 의아스럽게 생각하는 것을 말하도록 했을 때, 생산적이고 도전적인 질문을 생성하는 것을 발견할 수 있었다(Scardamalia & Bereiter, 1992). 하지만 동일한 학생들에게 수학에 대한 의문이 무엇인지 질문했을 때는 말문이 막혔다. 그들은 수학에 관해서는 어떤 질문이나 의심이 있다는 것을 보지 못한다.

한 5학년 학생이 미심쩍어하면서 부족한 부분을 설명하려고 노력한다. "내가 벽장의 선반을 만들 때 나무가 충분한지 아닌지 하는 문제가 있어요. 나한테는 그게 문제예요. 그러나 그것은 다른 사람에게는 문제가 아니예요. 다른 사람들은 자신의 오토바이에 넣을 기름에 대한 문제가 있을 거예요. 내가 그것을 신경 써야 하나요?"

학생들은 자신이 가지고 있는 질문이 다른 사람들에게도 흥미를 불러일으키는지에 대해 관심을 가지기 쉬운데 이것은 경험 과학에서의 문제를 의미한다. '자석이 작동하는 원리가 무엇일까?'와 '왜 한 가족 사람들은 서로 닮아 보이나?' 와 같은 질문은 일반성을 갖추고 있다. 반면, 벽장 선반 길이에 대한 것이나 오토바이가 소비하는 연료에 관한 질문은 그러한 일반성이 없다. 물론, 선반 길이와 연료 소비는 수학적 질문이 아니다. 그러한 질문은 수학이 답변의 도구로 제공될 수 있는 실재 또는 가정된 세상 1의 특정 부분과 관계가 있다. 그러나 이것은 별로 흥미로운 질문이 아니다.

동기를 부여하는 문제와 관련한 하나의 접근법은 더 흥미로운 세상 1의 상황을 소개하는 것이다. 이것들은 Jasper Woodbury의 비디오에서처럼, 학교 안으로 실제 삶과 관련된 상호작용의 내용을 가져오는 것으로부터(예: Richmond, 1973) 복잡한 가상의 상황을 제공하는 것까지 다양할 수 있다(Cognition and Technology Group at Vanderbilt, 1992). 이 접근법이 도구로서 수학을 더 값지고 의미 있게 사용하도록 동기부여를 제공할 수 있을지는 몰라도, 그것이 세상 3의 수학적 대상을 학생들이 구성하도록 도움을 제공했는지의 여부는 확실하지 않다. 또 다른 접근법은 숫자들이 아주 실제적이어서 아이들이 형태를 추측하고, 논쟁하며, 조사하고 싶도록 만드는 것이다. 사실상, 만든 숫자들은 단순히 물질적 속성의 일부가 아니라 자연적 세상인 세상 1의 일부분으로서 충분히 그들 안에서 놀라움이나 수수께끼와 같은 의문을 자아낼 수 있다. 이것은 수학지식을 구성하도록 학생들을 유도하려 노력했던 Lampert와 그 외 사람들에 의해 제시된 접근법의 본질적인 부분이다. 우리는 하나의 접근이 다른 접근과 극단적으로 다르다는 것을 보여 주기 위해 그 접근 각각을 비교하여 판단하기를 원하지 않는다. 그리고 또한 다른 접근을 묶어 구성주의라는 꼬리표를 달아 주는 것도 보다 강화된 개념구조를 필요로 하고 있다는 증거다.

절차학습

수학 학습에 관한 논의에서, 우리는 초등학교에서 사실상 수학 프로그램 전체를 구성하는 학습에 대해서 경시해 왔다(때로는 고등학교도 똑같다). 이것은 바로 단계별 순서에 관한 학습이다. 예를 들어, 그것은 덧셈, 뺄셈, 나눗셈, 크기가 작은 정수에서 큰 수로, 분수에서 소수로, 그 이후에는 방정식을 푸는 과정과 같은 절차와 관련된 내용들이다. 이것을 마지막에 언급했다고 해서 절차학습이 중요하지 않은 것은 아니다. 그것을 마지막에 논의하는 데에는 두 가지 이유가 있다. 하나는 전통적인 학교 수학에서 방치되어 온 수학 학습에는 아주 중요한 것이 있다는 것과 이런 무관심이 적어도 지식과 학습에 대한 우세한 일상적 이론에 부분적으로 책임이 있다는 사실을 보여 주기 위함이었다. 다른 이유는, 초등수학에서 일반적으로 추구하는 종류의 절차학습에 있어서만큼, 일상적 이론에 근거한 학습 이론이 견고한 근거를 가지고 있는 것처럼 보이기 때문이다.

인지과학에서는 보통 절차학습과 기술학습이 동의어다. 가장 많이 발전된 기술학습 이론에서, 학습된 것은 마음 안에 '산출체제(production system)' 라는 규칙을 구성한다(Anderson, 1983; Anderson, 1987; Anderson, Conrad, & Corbett, 1989). 이 관점에 따르면, 두 자리 이상의 뺄셈 연산 수행을 학습하는 것과 수 감각을 획득하는 것 사이의 차이는, 온전히 학습된 규칙체계의 크기와 복잡성에 관한 문제다. 우리가 그들을 중요하게 다르다고 보기 때문에, 절차학습이라는 용어를 외현적이면서도 명백한 절차가 포함된 것을 의미하는 것으로 제한하고 걷기부터 창의적 글쓰기와 같이 명백한 절차의 범주를 넘어서는 것과 관련된 인간의 다양한 능력의 학습은 기술학습이라 정의하고자 한다.

그릇과 같은 마음이라는 비유를 배경으로 하는 인지 이론에서, 두 자리 이상의 뺄셈 학습은 비교적 설명하기 쉽고 수 감각은 어렵다. 우리는 이미 여러 자릿수 뺄셈을 정확하게 푸는 규칙을 알고 있다. 그래서 학생들이 사용하는 다양한 잘못된 규칙을 설명하는 데 활용할 수 있다(Brown & Burton. 1978). 대조적으로 수 감각은 수도 없는 맥락에 민감한 규칙들로 인해 설명하기 어렵다. 연결주의적 관점에서 보면 그 반대다. 수 감각은 단지 모든 종류의 학습이 나타내도록 기대되는 환경 조건에 아주 세밀하게 조율된 적응의 결과인 것이다. 그러나 명백한 규칙의 안내 아래 고정된 절차를 수행하는 방법을 학습하는 것은 그 안에 저장된 규칙을 어떻게 찾을 수 있는지, 그 방법에 관하여 어려운 문제를 유발한다(Beer, 1991). 어떠한 유기체이든 지능을 가지고 있다면 수 감각과 유사한 적응능력을 가지고 있을 것이고 반면 명백한 규칙을 찾아 활용하는 것은 아마도 인간 지능에 유일한 것일지도 모른다.

따라서 일상 심리학과 관련된 이론들은 명백하게 진술된 규칙을 설명하는 데 적합하다. 연결주의 학습 이론이 결국 그와 같은 학습을 충분히 설명할 수 있을지라도, 체계화된 일상적 이론은 수업에서 일어나는 현상을 설명하는 데 여전히 실용적인 것으로 남아 있게 될 것 같다. 학생이 의도적이면서도 어떤 순서를 가지고 잘못된 일을 하고 있을 때, 실제적인 도움의 첫째 단계는 학생들의 행동을 규칙의 형태로 해석하는 시도다(아마도 그중 일부는 학생들이 보고할 수 있는). 그리고 그 후 그와 같은 규칙을 촉진케 한 것이 무엇이었는지, 적응적 가치는 교수적 맥락에서 무엇인지, 학생이 그러한 규칙을 단념하도록 하는 데 무엇이 요구되었는지를 고려해야 한다. 연결주의 입장에서 그런 규칙 기반 모델이 허구일지라도, 그리고 심지어 학생이 명백하게 따르고 있다고 주장하는 규칙으로부터 벗어나는 실제 행동에 부분적으로만 관련된 것일지라도(Nisbett & Wilson, 1977), 그들은 절차학습의 문제를 다루는 데 유용한 허구일 수 있다. 그들은 또한 물리 교과서에서처럼 이미 공식화된 지식을 다루는 데 유용할 수 있다. 그러나 수 감각과 같은 보다 복잡하고 직관적인 종류의 기술과 이해에 적용할 때 그들은 위험한 허구일 수 있다.

결론

마음에 관한 서구의 일상적 이론의 중심은 마음을 그릇에 비유하는 것이다. 최근까지 이 비유는 마음이 개념으로서 나타나는 모든 이론에 영향을 끼쳤다. 따라서 학습은 관련되어 있는 과정과는 다른 이론으로 마음속에 있는 대상을 소개하고 수정하는 것으로 여겨져 왔다. 우리는 그릇의 비유가 너무 제한적이라고 논의했다. 그리고 현재의 삶에서 지식의 다양한 역할을 충분하게 설명하려면, 교육은 보다 확장된 일련의 개념이 필요하다고 주장했다. 마음의 그릇으로 환원될 수 없는 중요한 종류의 학습들이 있다. 그것들에 대한 정당성을 부여하기 위해서 그 자신이 어떠한 내용을 갖지 않으면서 논리적인 방식으로 작동하는 마음에 대한 개념을 제공하는 새로운 형태의 연결주의가 필요하다. 또한 사회문화 이론은 개인의 마음의 능력이나 내용으로 환원될 수 없는 문화적 실천과 인공물에 내재하는 지식이라는 개념을 제공해 준다. Popper의 세 가지 세상 도식은 연결주의적 마음(세상 2)을 생각하는 데 통합된 구조를 제공한다. 이 세상 도식에 의하면 개인의 마음과 문화적 실천 모두를 벗어나 자율적으로 존재하는 연결주의 마음(세상 2)의 지식 대상을 잘 설명한다. 어떠한 대상들이 만들어지고 평가되고 수정되는 것을 포함하여 지식 작업(knowledge work)이라고 불릴 만한 과학적 진보와 관련된 내용은 소위 Popper의 세상 3을 의미하는 것이다.

이런 확장된 개념 구조 내에서, 지식 구성과 학습 간에 구별이 가능해졌다. 지식 구성은 세상 3을 향해서 바깥으로 향하도록 유도된 활동이다. 학습은 정신적인 능력과 경향성의 세상 2의 변화로 안쪽을 향하도록 유도된 활동이다. 다음과 같은 질문을 고려할 수 있도록 하기 때문에 둘 다 모두 중요하다. 얼마만큼 충실하게 지식 구성과 학습이 학교교육에서 이루어지고 있는가? 특별한 지식 구성 활동으로부터 무엇을 배우는가? 어떻게 하나의 지식 구성 활동이 다른 것들과 연관되는가? 이 전 장에서 수학을 예로 들어 상세하게 질문을 살펴보았는데, 그와 같은 질문들은 어떠한 교과영역에서도 중요한 질문들이다. 여전히 그러한 질문들은 '구성주의 학습' 이나 '고등 수준의 사고와 학습' 과 같은 꼬리표를 달면서 길을 잃게 되는 경우가 많다.

지식과 학습에 대한 보다 정교하게 만들어진 개념으로부터 이득을 얻을 수 있는 사람은 단지 교육자들만이 아니다. Olson과 Bruner의 제안(이 책 2장 참조)에 따르면, 지식과 학습에 대한 학생 자신의 개념이 중요하다. 만일 일상적 이론이 제시하는 방법보다 지식과 학습에 대한 이해에 더 유익한 방법이 있다면, 학생들은 그 비밀을 알아야 한다. 만일 현재 학생이 지식에 가치를 더하고 그것을 배움으로써 자신의 경력을 쌓아야 한다면, 그들 또한 앎의 정신적 상태(세상 2)와 지식의 대상(세상 3)을 혼동하지 말아야 한다. 이것은 심지어 초등학교 수준에서도 비현실적인 목표는 아니다. 어떤 수업에서 지식 구성에 매우 열심인 학생들에게 자신들이 무엇을 학습했는지를 어떻게 알았는지 물어보았다(Scardamalia, Bereiter, Hewitt, & Webb, 출간 중). 한 5학년 여학생이 가장 조리 있는 대답을 했다. 다른 학생들의 대답들도 물론 비슷했다. 그 여학생은, "나는 어떤 것을 공부했는지 말할 수 있어요. 이미 알고 있는 어떤 내용을 설명하기 위해서 내가 구체적인 이론을 만들어 낼 수 있을 때 나는 그것을 배웠다고 생각해요. 물론 내가 전부 알고 모든 지식을 가지고 있다는 것은 아니고요. 단지 내가 그것을 이해하기 위해 알고 있는 것을 연결하고 질문에 대답하기 위해 나 자신의 이론을 만들 수 있다는 말이에요."

Karl Popper가 이 이상 좋은 설명을 할 수 있을지 의문이다.

감사의 글

이 장의 대부분의 내용은 저자들이 Palo Alto Research Center의 American Institutes for Research에 연구자로서 재직 시에 집필되었다. 우리는 AIR과 그 스탭들의 호의에 감사드리며 아울러 거기에서 연구가 가능하도록 연구지원을 해 준 James S. McDonnell 재단에 감사드린다.

제23장
이해의 발달

KIERAN EGAN

교육의 과정 중에 있는 학생들이 각자 방식은 다르더라도 개인 내에서 문화사 속의 발명과 발견을 새로이 반복하게 된다는 점은 오래전부터 알려진 사실이다. 읽고 쓰기를 배우는 어린아이는 수천 년 전에 발명된 방법을 내적으로 반복하고 있으며, 역사를 배우는 학생은 고대 근동(Near East)인의 이해(understanding) 방식을 재발견하고 있다. 어떻게 이러한 일이 일어나는지 구체적으로 설명하는 것은 어렵지만 교육적 발달이 문화의 발달과 연결되어 있다는 점은 분명한 사실이다. 이에 본 장은 Vygotsky의 개념을 가져와 교육적 발달과 문화의 발달이 어떻게 연관되는지를 밝혀 보고자 한다. 문화사와 교육 간의 연결은, 세계와 경험을 이해하는 방식에 영향을 끼치는 개인 내 지적 도구(intellectual tool)의 발달과 관련이 있다.

Vygotsky는 '매개(mediation) 형태의 출현이나 변형'이라는 용어로 발달을 정의한다(Wertsch, 1985, p. 15). Vygotsky는 단순한 지식의 축적이나 Piaget식 심리 단계와 같은 순차 이론으로는 인지 발달을 제대로 이해할 수 없다고 주장한다. 그보다는 한 사람이 태어난 문화에서 가질 수 있는 지적인 도구, 즉 매개 형태의 역할을 이해해야 한다는 것이다. 앎의 대상에 대해 알게 되는 사람 내에서 발달하는 이해의 종류를 결정하고, 알게 되는 사람과 알려지는 것 사이를 매개하는 것이 바로 이런 지적 도구들이다. Vygotsky는 특히 뚜렷한 기호 체계로서 구두언어(口頭言語)의 발달에 초점을 두었고 '기호 체계가 전체 심리적 과정을 재구조화한다' 고 결론지었다(1978, p. 35).

본 장에서는 이러한 개념을 보다 광범위한 문화적 자료와 함께 다루어 보고자 한다. 앞으로 논의할 매개 형태들은 구두언어, 문해력, 이론적 추상화, 고도의 반성(reflectiveness) 등을 포함하는 언어적 세련화의 단계다. 만일 Vygotsky가 옳다면, 기호 체계 속에 있는 복잡하면서도 분명한 이 단계는 사용자(사용자가 오래전에 살았든 현 시대의 학생이든 간에)가 경험한 것을 이해하기 위한 탐색이라는 점에서 의의를 가진다.

구두언어, 문해력, 이론적 추상화, 고도의 반성의 발달에 따라오는 체계를 간단하게 설명해 보고자 한다. 이들은 어느 정도 구분이 가능한 이해의 형태인데 나는 이것을 각각 신화적(mythic), 낭만적(romantic), 철학적(philosophic), 반어적(ironic)인 것으로 칭한다. 더불어 신체적(somatic)이라고 부르는 다섯 번째의 종류도 간략히 언급할 것이다.

이제부터 설명하려고 하는 것은 새로운 반복발생(recapitulation) 이론의 개관이라 할 수 있다. 19세기에 많은 반복발생 이론이 생성되었는데, 이들은 아동의 교육이 문화의 발달을 반복한다는, 다분히 직관적인 지식을 통해 진화론을 과학적으로 지지하기 위한 시도를 했다. Herbert Spencer는 눈에 보이는 모든 것을 설명하기 위해 진화론적 관념을 보다 활발하게 주창했던 사람 중의 하나였다. 그는 다음과 같은 말로 교육이 문화를 반복한다는 주장의 근거를 치밀하게 표현했다.

> 인류가 수많은 지식을 획득해 온 데에 순서가 있다면 모든 아동은 이와 동일한 순서로 그러한 지식을 획득하는 경향이 있을 것이다. (중략) 교육은 아이들 내면에서 문명화를 반복발생하는 것이어야 한다(1861, p. 76).

이는 '일상적(folk) 반복발생' 의 입장이라 할 수 있다. 좀 더 과학적이기 위해 반복발생 이론은 과거의 문화 발달과 현재의 교육적 발달 간에 있는 정밀한 인과적 관련성을 밝혀야 한다. 논의되어야 할 점은, 반복발생되는 것이 무엇이고 아이들은 왜 Spencer가 주장한 경향성을 지니고 있는지 정확하게 보여 주어야 하는 것이다. 또 다른 주장자의 말을 빌리면, "최대로 탐구되고 활용될 때 반복발생은 교육적 가능성이 몽상이 아님을 보여 줄 것이다." (Hall, 1904, Vol.2, p. 222)

두 가지의 일반적인 반복발생 이론이 있는데, 인식론에 기초를 둔 것과 심리학에 기초를 둔 것으로 분류할 수 있다. 이 둘은 일치하기보다는 대립적인 것으로, 한편으로는 문화적 발달을, 다른 한편으로는 교육적 발달을 설명하고 있다. 인식론적 반복발생 이론은 지식이 문화사 속에서 점점 발달하고 인류가 수많은 지식을 숙달해 온 그 순서들이 교육과정을 설계하는 순서로 사용될 수 있다는 논리를 관찰에 근거하여 주장한다. 우리는 교육과정 속에서 그 순서를 반복해야 하고 발달해 가는 아이의 마음이 최대한 쉽게 따라가도록 하여 뒤에 있는 '현대적' 이해의 정점에서 끝날 수 있도록 논리적 통로를 설치해 왔다. 이러한 이론의 중요한 가정은 마음이 누적해 온 지식이 그 마음을 만들고 있다는 것이다. 결과적으로 실재(reality)에 대한 이성적 이해로 그 '경로(race)' 를 이끌어 왔던 특정 지식으로 교육과정을 구성해야 한다.

심리적 반복발생 이론은 진화론과 생물학적 원리에 더 가까운 경향이 있다 (Gould, 1977). 이 이론에서 반복발생은 '야만인' 의 원시적인 심리적 상태에서부터 빅토리아시대 세련된 성인의 심리적 상태에 이르기까지 모두에게서 일어나고 있는 일로 생각된다. John Dewey는 최소한 횡행하는 관습적 틀을 깬다는 점에서 이 이론을 지지했는데, 그는 "아동의 본질적인 심리를 연구한 최초의 체계적 시도"라고 이 이론을 평가했다(1911, p. 241). 문화 발달과 개인 발달의 공통적인 심리적 절차를 밝히고자 하는 좀 더 현대적인 시도는 Piaget의 이론을 사용한 Hallpike(1979)에 의해 이루어졌다. Hallpike 이론의 중요한 가정은, 환경과의 정상적인 상호작용 속에서 마음은 발달 단계라는 정해진 순차를 따라가게 되며, 교육적 목적을 위해서 지식이 의미 있게 학습된다면 이러한 마음의 단계를 구성하게 된다는 것이다.

그러나 이제 반복발생 이론의 가능성은 완전히 없어졌거나 아주 미미하게 남게 되었다. 대부분의 연구자들은 인식론적 입장과 심리학적 입장의 측면을 조화시키려고 노력했다. 그 결과인 '문화–시대' 교육과정은 역사와 문학을 다루면서 '원시' 민족과 민속설화, 신화 등을 다루어 그럴듯해 보였다. 그러나 반복발생 이론은 수학이나 과학을 다루는 방식을 정교하게 설명할 재간은 없었다(예를 들면, Seely, 1906에서 Ziller의 주장 참조). 만일 인식론적 원리가 천동설을 믿는 아이에게 지적 혼란을 일으키지 못한다면, 심리학적인 원리와 연관되어 있는 생물학의 반복발생 개념은 포기되어야 하고 실패한 것으로 보였을 것이다(Gould, 1977; Richards, 1992). 따라서 인류가 논리학이나 심리학을 통해 쌓아 온 다양한 지식의 계열에서 견고한 인과적 관계를 보여 주는 대신 반복발생 이론은 불분명한 민속학적 원리에 의존함으로써 오히려 모호해져 버렸고 교육적 사고와 관련해서는 거의 사라지고 말았다. '이제 이 급진적인 개념에 대한 것은 거의 남아 있지 않다.' (William Kessen, in Phillips & Kelly, 1975, p. 354).

그러면 Vygotsky의 이론이 어떻게 반복발생 이론의 소생을 돕는가? Vygotsky에 기초해 보면, 반복발생되는 것은 지식이나 심리학적 과정의 측면이 아니라 지적인 도구와 (그것이 만들어 내는) 이해 형태 간의 매개라는 측면에서 찾을 수 있다. 우리는 또한 그 문제를 구조화하는 Spencer의 방식이 도움되지 않는다는 것을 알 수 있다. 즉, 문화사 속에서 일어났던 어떤 일이, 동일한 순서로 지식을 획득하는 아이들에게 그러한 능력을 가져다준다기보다는, 특정한 지적 도구를 획득함으로써 과거에 그러한 도구를 사용했거나 발명했던 사람들이 가졌던 것과 비슷한 종류의 이해를 현대인이 해낸다는 것이다. 즉, 과거 반복발생 이론이 범했던 실수는 오늘날 교육 속의 y를 가져오는 문화사 속의 x를 찾는 것이었다. 그러나 우리는 오히려 x와 y 모두를 가져오게 하는 매개적 지적 도구인 특정한 a를 찾아야 한다. 따라서 우리는 지적 도구로 연결되어 있는 문화적, 교육적 발달을 고려할 수 있는 바, 이 지적 도구는 두 과정 모두에서 공통적인 이해의 종류를 발생시킨다.

Vygotsky와 반복발생 이론을 결합시키려는 시도가 부적절하다는 반론이 있을 수 있다. 이는 Vygotsky가 개체발생은 뇌의 자연적 성숙과 관계가 있고 문화사의 과정은 전혀 그 역할이 없다는 점에 근거해서 반복발생을 받아들이지 않았기 때문이다(Wertsch, 1991, p. 23). 나는 여기에서 세 가지 반응을 할 수 있다. 첫째, 뇌의 자연적 성숙이 어떻게 개인의 이해에 영향을 끼치는지는 도구 사용을 습득하는 것과 비교했을 때 매우 불분명하며, 도구의 영향력을 성숙에 의지하지 않고 이해 방식의 변화 증거를 통해 설명하는 것으로 어쩌면 충분하다고 생각한다. 둘째, Vygotsky와 Luria는 아동의 발달을 '자연적 심리학' 과 '문화적 심리학' 이라 불리는 두 개의 노선으로 구분 짓고 후자를 정신 기능의 주 형성체, 즉 여기서 논의되는 스키마(scheme)와 일치되는 방향이라고 했다(Wertsch, 1985, p.23 참조). 셋째, Vygotsky가 마음속에 가지고 있었을 반복발생의 개념은, 그의 반론이 그 이후와 다른 방식에서 비평적이라는 점을 넘어서, 19세기에 이미 사라져 버린 그런 종류의 것이다.

'이해의 종류(kinds of understanding)' 는 교육적 담화에서 별로 익숙한 범주가 아니다. 그런 종류에는 어떤 것이 있는가? 이것이 바로 지금부터 설명하고자 하는 바이다. 그러나 인식론적 전통과 심리학적 전통을 끌어내 다양한 방법으로 그들을 접목시키고자 노력한다면 '이해(understanding)' 는 교육이 안고 있는 몇 가지 질문을 해결해 가는 데 도움이 될 유용한 범주일 것이다. 이러한 질문들은 교육적 과정의 역동적이고 기본적인 원천인, 너무나 다른 두 전통에서 나온다. 인식론은 교육을 지식의 누적으로 정의하고 심리학은 내적 발달과정으로 정의한다. 물론 하나의 입장만을 배타적으로 취하는 사람은 없을 것이나, 보다 인과적 중요성을 가진 것으로 둘 중 하나의 입장을 취함으로써 아동 중심 교육과 과제 중심 교육, 전통주의자와 진보주의자, 신보수주의자와 신진보주의자 간 지속적인 논쟁을 불러왔다. '이해' 라는 범주는 심리학적인 구인으로, Vygotsky가 주장하는 재구조화 과정이 기호체계의 매개를 통해 순차적으로 나타나는 데에 기인하는 것이다. 이해는 또한 인식론적 요소도 가지고 있는데 이해라는 것이 이해할 대상이 없이는 존재할 수 없다는 점에서 그러하다. 이는 사소해 보일지도 모르나 지배적인 인식론적 입장과 심리학적 입장을 연합시키려는 시도와 교육적 과정이 역동적이라는 그들의 개념은, 하나가 다른 것을 약화시키는 범위까지만 허락되는 소극적인 연합을 취하는 경향이 있다. 예를 들면 아동 중심 교육과정과 과제 중심 교육과정 사이에서 시도된 연합의 노력은 둘 중 최적인 것을 제시하지 못했다.

'이해의 종류' 라는 범주를 사용하는 것은 지식의 축적에 있어서나 심리적 발달의 과정에 있어서 교육적 과정의 역동성을 밝혀내는 데 더는 이용되지 않고 있다. 오히려 새로운 지적 도구의 사용을 발명하거나 학습하는 인간 마음의 생산적인 특징을 보여 준다. 즉, 이 설명 구조와 '이해의 종류' 라는 범주는 상상 속의 역동성을 보여준다. 그 상상이 어떤 것인지에 대해 거의 알지 못하므로 앞으로 나아가지 않는 것처럼 보일지 모르나 이 범주는 우리가 더 잘 이해하는 것을 선호하면서도 이해하지 못하는 것을 무시해 버리지 않는 미덕을 지니고 있다. 따라서 이 새로운 범주가 가진 역동성은 하나의 트로이카와 같다. 즉 Aristotle의 용어를 따르면, 상상은 효율적인(efficient) 원인이고 지식 축적과 심리적 발달은 '재료적' 원인이다. 다시 말해, 상상은 문화적, 교육적 발달의 과정에서 중요한 원동력이며, 인간 마음의 불가사의하고 생산적인 것이다. 그리고 지식이 축적되는 논리적 절차와 심리적 발달의 과정은 생산적 상상을 위해 가능한 것을 만들어 내도록 하는 강제적 힘을 가지고 있다. 적절하게 강제하는 것을 원인으로 간주하는 것은 아주 오래된 실수다.

이제 서양 문화사에서 발명되고 개발된 특정한 지적 도구가 만들어 낸 산물인 이해의 종류들을 구분지어 보고자 한다. 뿐만 아니라 이들이 오늘날의 교육에 대해 주고 있는 시사점을 간략하게 보여 줄 것이다. 먼저 신화적(mythic) 이해부터 시작하고자 하는데, 이는 문화사에서만 아니라 오늘날 아동들의 구두언어(말)의 발명 및 발달과도 관련이 있다.

신화적 이해

구두언어 사용자가 된다는 것의 한 가지 함의는 이야기에 대한 반응을 가지고 있다는 것이다. 어떻게 언어의 시작이 확장된 이야기(story)로 발달되는지는 여기서 답을 얻을 수 없고 다른 어디에서도 대답이 질문일 것이다. 그러한 발달이 전 세계적으로 보편적임을 아는 것만으로 현재의 목적 달성에는 충분하다. 우리가 알고 있는 모든 구두언어 문화(oral culture)는 이야기를 발달시켰고 이용했다. 논리적, 심리적 힘으로 인해 만들어졌기 때문에 언어의 발명은 불가피하게 이야기의 발달을 가져왔다.

이야기(story)란 무엇인가? 이야기는 다른 말과 어떻게 구별되는가? 만일 내가 "그는 톰을 쏘았다"라고 말하면, 여러분은 아마(자신이 톰이 아닌 한) 특별히 구체적인 반응을 보이지 않을 것이다. 만일 내가 이 말을 잘 다듬어 '그'가 잘생기고 단정하며 할머니를 사랑하는 젊은이고 톰은 보통 꾀죄죄하고 수염이 덥수룩하며 사람들 앞에서 잘난 척하고 아이들한테 비속한 말을 사용하는 사람이라고 덧붙인다면, 여러분은 오늘날의 소설에서 보듯이 '그'가 톰을 쏘았다는 것이 기분 좋게 느껴질지도 모른다. 그러나 만일 그 이야기가 더 확장되어, '그'와 할머니가 학교 밖의 아이들에게 마약을 판매하는 조직의 두목이고 할머니에 대한 그의 사랑이 입에 담을 수도 없는 종류의 것이며, 톰은 그의 호감 가지 않는 외모에도 불구하고 따뜻한 마음을 가진 사람으로 조모와 손자의 극악한 작전을 막으려 하다 위험에 처한 사람이라는 이야기를 들으면, 여러분은 아마 그가 톰을 쏘았다는 것을 유감스럽게 느끼기 시작할 것이다(물론, Plato는 좋아하지 않았던 이런 류의 이야기에서 영웅의 죽음에 대해 심사가 꼬이는 기호를 가지지만 않았다면 그러할 것으로 본다). "그가 톰을 쏘았다"에 대해 어떻게 느껴야 하는지를 온전하게 알고 있을 때는 우리가 그 이야기의 대단원에 이르렀을 때다.

그렇다고 본다면 이야기를 이루는 요소에 대해 우리가 갖는 감정의 방향을 결정하는 것은 설명하는 말(narratives)이다(Egan, 1978). 다른 어떤 것도 이를 대신할 수는 없다. 잠정적이고 일부에 불과한 이야기 속에 감정을 짜 넣으면서 우리는 그것을 사건과 사람과 우리 자신의 삶의 탓으로 돌린다. 우리는 이야기에 따라 환경에 감정을 이입시킨다. 신화는 구두 문화 속에 널리 퍼져 있는데 이는 신화가 두 가지 기능을 했기 때문이다. 첫째, 신화는 나열이나 비설화적 말보다는 내용을 훨씬 잘 기억할 수 있게 했고 한 부족 구성원들에게 이런 방식으로 구전 지식을 보존하는 것은 중요했다. 둘째, 이야기를 가장 중요한 사회적 발명품으로 여겨야 할 이유이기도 한데, 신화는 이야기 청자의 감정을 그 내용으로 끌어들이는 힘이 있다. 따라서 한 집단으로의 입문은 구성원으로서의 정체감과 지적 우주를 구성하는 데 도움을 주는 신화적 이야기 속에서 반복되는, 그 부족의 사회적, 경제적, 정치적 조건에 정서적으로 빠져들게 된다.

물론 수없이 많은 다른 형태로도 경험을 알 수 있기는 하나, 부분적이든 일시적이든 또는 전체든 간에 이야기 구성은 어느 정도 우리의 감정과 연관이 있을 것이다. 인간은 자신의 경험과 세계의 중요한 차원을 이야기 형태로 이해하는 존재다.

유아들과 관련이 있는 이야기를 생각해 본다면 쉽게 즐길 수 있는 전래동화를 들 수 있다. 옛날 구전 문화 시기 사람들과 글을 아직 모르는 현대의 영유아는 공통적으로 동화가 가진 많은 특징을 지니고 있다(그들의 마음에 공통적인 '원시적' 유사성이 있다기보다는 세련된 서구 학자의 마음과 크게 다르지 않게, 아무것이나 사용하지 않고 특정한 지적 도구를 사용한다는 점에서 그러하다). 신화나 전래동화와 더불어 어린 아이들은 주로 판타지를 좋아한다. 판타지는 언어 사용자가 가진 또 하나의 공통적 요소다.

판타지란 무엇이고 어디에서 시작되는가? 이에 대한 대립적인 많은 심리학적 설명은 모두 일정 정도의 타당성을 가지고 있다. 그러나 구두언어라는 지적 도구의 공통적 산물로서의 판타지에 대해 생각해 보면 훨씬 더 정확한 설명이 가능할 것이다. 어린 아동들이 자신을 둘러싸고 있는 현상적 세계를 어떻게 이해하는지 생각해 보라. 기온을 다루면서, 그들은 먼저 '뜨거운'과 '차가운'을 배운다. '뜨거운'이 '내 몸보다 더 더운'을 의미하고 '차가운'이 '내 몸보다 더 서늘한'을 뜻하므로 이렇게 접근할 필요가 있다. 바꾸어 말하면, 이것은 아이들이 구분할 수 있고 이름 붙일 수 있는 최초의 그리고 최고로 일반적 구별이 가능한 용어들이다. 딱딱한/부드러운, 젖은/마른, 큰/작은, 날카로운/뭉툭한, 빠른/느린, 쓴/단 등도 비슷하다. 이제 이것은 구조주의의 과장된 주장에서 온 이념의 잔여물인 논쟁적인 이슈에 접근하고 있다. 그러나 여기서 제한점을 분명히 밝히고 싶다. "논리적으로 A와 not-A라는 모순되는 형태로 기초적인 구분을 표현한다. 그리고 구분하는 능력이 모두 기초적인 인지적 과정이라는 점은 확실한 사실이다"(Hallpike, 1979, pp. 224-225). 혹은 Edmund Leach가 지적하듯이, "이분법적인 대칭은 인간 사고과정의 본유적인 것이다. 세계에 대한 어떤 언급도 'p'는 'p가 아닌 것(not-p)'이 아니라는 형태로 범주를 구분하게 된다"(1967, p. 3). 이것은 만일 '인간의 사고과정'에 대한 생각이 인간 사고에 대한 구두언어 발달의 영향으로 변환된다면 더 정확할지도 모른다. Bruno

Bettelheim은 이와 관련하여, 아이들이 "모든 것을 반대적인 두 개로 나눔으로써 그들의 세계에 순서를 매길 수 있는 방식" 이라고 말한다(1976, p. 74).

Ogden은 그 점을 좀 더 상세히 설명해 준다. "반대급부가 일단 세워지고 그 원리가 이해되고 나면 상대적이거나 다른 어떤 중간 위치의 용어도 즉시에 반대말이나 그 비슷하게 정의될 수 있다" (1976, p. 20). 이러한 반대급부들은 반드시 순수하게 논리적, 경험적(empirical) 반대에서 나올 필요는 없다. 오히려 앞서 개념을 파악한 부분에서 반대말을 끌어오기 때문에, 복잡한 현상에 포함된 개념적 목적을 이해하기 위한 반대말로 이루어진다. 따라서 예를 들면, 일단 반대말인 '뜨거운' 과 '차가운' 이 이해되면 그 중간 단어인 '따뜻한' 혹은 '시원한' 등도 거기에 비추어 이해될 수 있다. 이는 물리적인 세계의 연속체에 대해서는 매우 잘 맞아 들어간다. 그러나 삶과 죽음, 자연과 문화, 인간과 동물 등과 같은 불연속적인 반대말에 대해서는 문제가 생긴다. 이 경우에 어떤 일이 일어나는가? 환상(판타지)이 생겨나게 된다. '뜨거운' 과 '차가운' 등 사이의 중간 범주는 존재하고 인식될 수도 있다. 그러나 삶과 죽음 사이는 만들어져야 하는 것이다. 이분적 반대말과 중간어를 만들어 낼 수 있는 지적 도구의 사용은 현상적 세계에 대한 개념적 이해를 하는 데 매우 유용하다. 그러나 삶과 죽음과 같은 불연속적 반대말에 적용될 때는 '유령' 과 같은 중간어를 만들어 내게 된다. 즉, 유령은 따뜻함이 차가움과 뜨거움 사이에 있는 것처럼 삶과 죽음 사이에 있다. 중간어 범주는 반대말을 병합한 것이다. 그래서 인간과 동물이라는 두 극의 반대말은 예티(yeties, 설인)나 새스콰치(Sasquatches, 반인)와 같은 중간어를 만들어 냈다. 자연-문화라는 반대말은 세계의 신화와 동화, 연극 대사들을 가득 채우고 있는 말하는 동물이란 것을 만들어 냈다(간략하게 설명했기 때문에, 이것은 완전히 이론적인 것으로 보일 수 있고 어느 정도 그런 것도 사실이다. Freud나 Jung, 또 다른 정신분석학자가 말하는 무의식이라는 복잡한 기제가 필요 없을 것인가? 또 환상을 단지 과일반화된 언어적 기술의 산물로만 볼 수 있을 것인가? 더 많이 심사숙고해 보아야 할 가치가 있다).

Arthur Applebee는 『이야기에 대한 아동의 개념화(*The child's concept of story*)』(1978)라는 책에서 이야기를 이해하는 유아의 능력은 그 이야기 안에 있는 익숙한 부분 때문이라고 주장했다. 이는 아동에게 익숙한 내용으로 시작해야 한다는 일반적인 진보주의적 원리와 일치한다. Applebee는 "아동이 이야기 속에서 요구하는 친숙함의 종류는 주로 사회적인 것, 즉 아동이 그럴 것이라고 기대하는 사물의 행동이다. 따라서 '피터 래빗'은 2세 8개월인 Carol이, 이야기 속의 친숙한 가족적 장면 때문에 쉽게 이해할 수 있는 이야기다"(1978, p. 75). 그러나 유아에게 이야기를 가까이 느끼게 하고 의미 있도록 하는 것이 친숙함이라면, 우리는 왜 피터가 토끼인지를 의문시해야 한다. 또한 우리는 왜 야생 숲속이 안전한 곳이고 경작지인 정원이 위험하며 죽음이 그렇게 가까이 있는지 등을 질문해 보아야 한다. 그 이야기의 매력은 안전과 위험, 야생과 문명, 삶과 죽음, 자연과 문화, 복종과 불복종에 대해 극화된 사고로 더 잘 설명될 수 있을지 모른다. 또한 아이들에게 익숙한 감정과 의도, 희망, 두려움 등에서 이야기에 접근하도록 하는 친숙함을 찾을 수 있다. 그것은 이상한 세계가 될 수도 있겠지만 이해할 만한 것이다.

유아들이 쉽게 좋아하게 되는 환상적 동화에 대해 생각해 보면, 안전함과 위험함, 선과 악, 용기와 비겁함 등 비교적 완전한 반대말을 가지고 구성되어 있음을 알 수 있다. 이러한 이야기들의 두 가지 특징은 본 연구의 목적에서 볼 때 괄목할 만하다. 하나는 그들이 굉장히 감정적이라는 것이고, 또 하나는 그들이 추상적이라는 점이다. 같은 의미에서 언어는 추상성을 내포하고 있다. 즉, "언어는 자아와 대상 간의 거리를 만들어 낸다. 또 언어는 특수한 인식을 보편적인 것으로 변환시키면서 일반화한다. 그리고 언어는 실재(reality)를 추상으로 변형시킨다"(Coe, 1984, p. 253). 보다 복잡한 의미에서, 이름 짓거나 '언어화된(enlanguaged)' 구체적 사물을 접한 결과로 추상이 발달된다는 논의가 있어 왔다. 즉 구체적인 특정물을 기억할 수 있게 되는 것은 추상이 발달함으로써만 가능하다. "구체적 사상(事象)은, 특정한 감각, 지각, 이미지를 경험할 수 있기 위해 마음이 소유하고 있어야 하는 추상(abstraction)의 산물이다"(Hayek, 1972, p. 311). 그렇게 되면, 이것은 좀 더 정교화된 신칸트적 논의가 될 수 있다. 그러나 Piaget의 이론과 그 발달적 범주가 강조하고 있는 구두문화(oral culture)에 속한 유아와 성인들이 '구체적 사고자'라는 널리 알려진 관점은 그들이 또한 기본적으로는 추상적 사고자이기도 하다라는 견해를 흐려지게 만들었다.

Hayek는, 추상은 '마음의 작용'이라고 했으며, 이것은 언어의 발달이 가진 또 하나의 의미라고 할 수도 있다. 추상은 Hayek가 말했듯, 그 자체의 조작에 대한 마음의 반성적 사고(reflection)의 결과로 '의식'이 되고 '개념'이 된다. 그런데 추상적 개념의 형성 그 자체는 아이들이 언어를 숙달한 이후 그것의 사용을 보여 준다는 점에서 발달의 새로운 단계에 도달한 지표이기는 하나 반성적 사고(reflection)만큼 강하지는 않다. 그러므로 유아가 추상의 자각이 없거나 추상을 명료화하고, 의식적으로 조작하는 능력이 부족한 것은 추상이 그들의 사고작용 속에서 작동하고 있지 않다는 표시가 아니다. 이는 그들 자신의 사고와 언어 사용의 발달을 이끌어 줄 반성(reflexiveness)의 도구를 발달시키지 않았다는 것을 의미한다. 그러므로 언어 발달에서 추상이 늦게 나타나는 것은 그것이 태생적으로 구체성을 따르기보다는 구체물에 대한 반성적 사고를 함으로써 장기(長期) 작동 정신작용이 만들어지기 때문이다.

구두언어 사용의 의미이고 매개 형태이며, Lévi-Strauss의 용어로는 'bons-à-penser'인 이러한 지적 도구는 세계와 경험에 대한 특별한 종류의 '획득(take)'과 이해를 마음에 가져온다. 또한 아동들의 마음을 밝혀내는 명확한 방법을 보여 준다. 그리고 교육과정에 대한 정확한 접근법(Eagan, 1988)과 교수에 대한 방법론(Armstrong, Connolly, & Saville, 1994; Eagan, 1989)을 제시하기도 한다. 하나의 간단한 실례를 들자면, 구두언어 사용이 내포하고 있는 지적 도구들은 교사가 아동들에게 의미있는 수업을 계획하는 데 이론적 틀을 제공해 줄 수 있다. 이는 비단 Ralph Tyler의 연구(1949)뿐만 아니라 냉장고나 자동차 생산 등 생산 공정에서 널리 사용되는 목적-내용-방법-평가 방식에 대한 대안이 될 수 있을 것이다.

1. **중요성 파악**

   아동에게 중요한 주제는 무엇인가? 정서적으로 관련되어 있는 것은 무엇인가?

2. **이분적 반의어 찾기**

   어떤 반의어가 그 주제의 핵심을 가장 잘 잡아 내는가?

3. 내용을 이야기 형식으로 조직하기

3.1. 어떠한 내용이 최적의 이분적 반의어를 포함하고 있으며 그 주제의 중요성을 잘 보여 주는가? 이것은 아이들의 마음에 어떤 생동적인 이미지를 생성시킬 수 있는가?

3.2. 이야기 형태로 개발하는 데 어떤 내용이 가장 잘 맞을 것인가?

4. 결론

이분적 반의어에 내재된 갈등을 해결하는 가장 좋은 방법은 무엇인가? 어떤 중재적인 입장이 만들어질 수 있는가?

5. 평가

그 주제가 이해되었는지, 중요성이 받아들여졌는지, 그 내용이 학습되었는지 우리는 어떻게 알 수 있는가? 이와 같은 구조를 사용한 실례 중 가장 정교한 것으로 Armstrong 등(1994)을 들 수 있고 좀 더 간략한 것으로 Egan(1989)의 사례를 들 수 있다.

낭만적 이해

발달과정에서 이른바 낭만적 이해로 나가게 되는 지적 도구는 문해력이다. '문해력(literacy)'은 일종의 속기록이나 암호로, 쓰기와 읽기라는 능력 그 이상을 뜻한다. 물론 문해력의 의미에 대한 광범위하고 논쟁적인 문헌이 있다(Olson, 1987). 본 장에서는 읽기와 쓰기, 특히 그리스에서의 읽기와 쓰기의 사용이라는 의미로 그 용어를 쓰고 있다. 아래에서는 이러한 광의의 의미 중 일부를 설명할 것이나, 일반적으로는 단순히 말의 도식적 울림을 만들어 내기 위한 것이라기보다는 사고를 직접적으로 표현하기 위한 기술의 개발과 발달을 의미한다(Donald, 1991).

만일 당신이 전형적인 5세 아동에게 신데렐라 이야기를 해 준다면, '요정 아줌마가 어떤 이동 수단을 사용하나요?' 라는 질문을 받지는 않을 것이다. 그녀가 어디에 사는지, 이야기에 등장하지 않을 때에는 무엇을 하는지에 대한 질문도 없을 것이다.

그러나 만일 10세 아이에게 비슷한 환상적 동화인 슈퍼맨을 얘기해 준다면, 크랩튼 행성에서의 출생과 태양과 분자구조가 다른 행성 등에 대해 언급함으로써 슈퍼맨의 초자연적 힘을 설명할 필요가 있을 것이다(좀 더 생각이 깊은 사람이라면 이 시점에서 적절한 전문가를 찾아볼 시간을 가질 것이다). 나이 어린 청중에게 마법은 이야기 전개에서 거부할 수 없는 매력이다. 피터 래빗의 세계에서는 Richard Adams의 『워터십 다운(*Waterskip Down*)』에 나오는 토끼 헤이젤과 빅위그에게 실생활적인 적용을 하지 않는다. 예를 들면, 헤이젤은 빅위그에게 캐모마일 차 한잔을 대접하지 않는데 왜냐하면 앞발이 그것을 잡을 수 없기 때문이다.

이러한 차이를 보이는 5~10세 사이에는 무슨 일이 일어나는 것일까? 일상 심리학적 입장은 단순히 축적된 경험의 문제로 보며, 이 경험을 통해 아이들은 어떤 규칙성이 보다 신뢰할 수 있는지 이해할 수 있게 된다. 잭 프로스트와 이빨요정(Tooth Fairy)을 제외시키고 컴퓨터 프로그래머와 수도사를 포함시키는 현실성의 조건을 이해하는 데는 시간이 그냥 걸릴 뿐인 것이다. 그러나 지루한 현실에 점점 적응(accommodation)되는 것은 충분한 설명이 될 수 없다. 왜냐하면 설명할 필요가 있는 것은 바로 그 적응이기 때문이다. 환상과 마술이 세계를 설명하는 데에서부터 변화를 겪게 되는 서구에서는 보편적인 이 방식이 적용되지 않는 문화도 있다. 그리고 물론 이러한 전이가 서양에서조차 얼마나 보편적인가를 과잉추정하고 있는지도 모른다. 슈퍼마켓 계산대에서 널리 팔리는 신문을 흘낏 보면, 문해력을 가진 서구 사회의 개인들이 환상과 마술로써 세계를 이해하는 수준에서부터 어떻게 변화해 가는지에 대한 결론을 내리는 데 신중하게 된다.

고대 그리스에서 문자로 된 기록이 쌓이게 되면서 5세대를 거슬러 올라가 신으로부터의 가족사를, 12세대 동안 인간과 소원했던 신을 주장하는 설명과 조화시켜야 하고, 생명이 유한한 사제가 포함된 수백 세대 이상 내려오는 이집트의 여행자 이야기와도 조화시켜야 한다. 그러한 여러 주장 중에 좀 더 신뢰가 있는 것을 가려낼 기준이 필요해지고 이 같은 지적 활동으로부터 역사가 탄생했다.

역사의 아버지인 Herodotus는 '거짓말의 아버지' 라고도 불리는데, 이는 그가 목격할 수 없었던 것을 썼기 때문이다. 초기 문자가 가장 많이 사용된 것 중 하나는 문제가 있는 현실을 설명하는 일이었다. 사실, 의문을 가지고 살펴보아야 하는 대상인 현실(reality)이라는 개념은 문자가 가진 의미 중 하나인 것으로 보인다. 읽고 쓸 수 있음으로써 가능해지는 것은 실제로 일어났던 일을 좀 더 신뢰를 가장 기록할 수 있는 점이며 이는 환상적 신화를 대체하게 되었다. 그래서 Miletos의 Hecataios는 '그리스의 이야기들은 수적으로 많지만 우스꽝스러운 반면', 자신이 기록한 것은 사실이라고 하는 주장함으로써 계통학(Genealogies)을 창시했다. Thucydides는 펠로폰네소스 전쟁에 대해 쓰면서 말하기를, 트로이 전쟁이 구전 시(詩)로만 남겨져 버린 것처럼 펠로폰네소스 전쟁이 신화로만 여겨지는 일이 없도록 하기 위해 글로 쓴다고 했다.

산문사가(散文史家, logographoi: 이성적 산문 작가들)의 초기 관심은 Herodotos의 저서인 『역사(*The Histories*)』의 가장 완벽한 모델이 되었다. 그의 주제는 '대위업(mega ergon)' 에 대한 것이었다. Herodotos는 페르시아 황제의 위대한 업적과 동방 왕국들을 묘사하지만 이집트인에 대해 가장 길게 이야기하고 있다. "나는 이집트에 대한 저서(logos)를 길게 쓰려고 하는데, 이집트는 세계 어떤 나라보다도 더 많은 궁금증을 지니고 있기 때문이다. 세계 모든 나라 중 실제로 그것이 가진 평판을 넘어서는 위대성(erga)를 지닌 나라가 바로 이집트다" (The Histories, II, p. 35). 이 책은 고대 세계 기록의 기네스북과도 같다.

지금 내가 하고 있듯이, '역사(Histories)' 를 아무 페이지나 펼치고 리비아 탐험가 단체를 해쳤던 피그미 흑인들에 대해서나 바빌론에서 벨(성경에서는 바알)의 모습을 만들어 세우는 데 사용된 22톤의 금에 대해서, 또는 여자는 시장에 가서 사업을 하고 남자는 집에 있으면서 옷감을 짜며 여자는 서서 소변을 보고 남자는 반대로 앉아서 일을 보는 이상한 이집트인들에 대해서, 또 악어를 잡는 법에 대해서, 아마존 여성이 어떻게 스키타이 젊은 남성 군대에 보복을 하게 되고 전쟁에서 적을 죽일 때까지 결혼을 하지 않고 관습을 유지하는지, 비범한 교활성과 대범성, 잔인함, 예언, 성적 비행 등에 대한 끝없는 이야기를 읽어 보라. 그러면 그 책의 많은 부분이 슈퍼마켓 계산대에 있는 신문과 우연히 닮아 있는 듯한 인상이 들 것이다.

현실에 대한 초기 문자의 탐색은 극단적이기도 하고 이상하기도 하고 모호하기도

하며 훌륭한 점도 있다. 겨우 글을 읽게 된 아이들에게 세계에서 가장 인기가 있는 책 중 하나가 대위업이라는 Herodotos식의 매력을 지닌 『기네스북』이라는 점과, 가장 잘 팔리는 것이 『내셔널 인콰이어러(*National Inquirer*)』라는 타블로이드판 신문이라는 점은 단순히 우연적인 것은 아니다. 만일 당신이 11살짜리 초등학생들의 금요일 오후 수업에 흥미를 불어넣기 위해 두 가지 선택지를 고려할 수 있는 교사라면, '우리 이웃의 구조'에 대한 수업을 택할 것인가 아니면 '시대에 따른 고문 도구'에 대한 수업을 할 것인가? 대답은 분명하다(이것은 교육과정상의 권장사항은 아니다). 교수에 대한 민간 전승적 주장은, 세상에 대한 학생들의 탐색은 일상 경험과 관련이 있고 즉시적인 것으로서 시작될 때 좀 더 열정적일 수 있다는 것이다. 그러나 우리는 아이들의 흥미가 이국적이고 이상하고 멋진 것들과 가장 보편적으로 활발하게 관련되어 있음을 볼 수 있다.

이러한 새로운 문제적 현실의 탐색이 흥미로울 수 있는 반면 또한 위협적일 수도 있다. 위협은 그것을 가장 잘 극복할 수 있을 것으로 보이는 사람이나 사물과 관련됨으로써 경감될 수 있다. 따라서 이러한 관련은 일상적으로 구속하고 위협하는 세계를 뛰어넘는 인간 특성의 체현으로 형성된다. 즉, 그것은 대중 가수 마돈나의 천재성이나 축구 선수 마라도나의 기술과 기능, 또는 페르시아 전제군주의 거대한 힘과 맞서고 있는 작은 민주국가 아테네의 용기와도 연관될 수 있다.

아테네를 영웅시하는 Herodotos나 마돈나를 영웅시하는 소녀, 축구팀을 영웅시하는 소년은 호기심을 자아내는 심리적 행동을 하고 있다. 영웅시되는 대상은 뛰어난 자질, 즉 용기, 관습 탈피, 힘과 기술 등을 갖추고 있고, 현실에 구속받는 것으로는 결코 묘사되지 않는다. 그것이 고전적인 낭만의 부조화다. 즉, 결국은 벗어날 수 없는 것으로 알고 있는 구속을 벗어나려 하는 것이다. 이러한 영웅들과 연관을 시키는 것은, 말 조련사인 위대한 Hector에 대해서나 꾀 많은 Ulysses, 인간의 주인인 Agamemnon에게서도 느낄 수 있는, 심리적인 존경 따위와는 매우 다른 것이다. 그들의 행동은 신의 선택, 행위, 변덕과 연결되어 있다. 한편 Achilles는, 낮은 연봉계약으로 인해 자존심에 상처를 입고 더 높은 금액을 요구하며 시위를 벌이는 운동선수와 많은 공통점을 지니고 있는 것으로 보이는 반면, 초자연적 구조 속에 있는

Achilles의 위치 때문에 글을 읽을 수 있는 소년이 스포츠 영웅과 연결 짓는 부조화적인 낭만적 접근은 어려울 수 있다. 물론 우리는 Achilles나 Hector[1]를 낭만적인 영웅의 모습으로 만들 수 있다. 그러나 이를 위해서는 신들을 단순히 심리적 영역으로 밀어 넣고 그들이 원래 살고 있던 구두 사회(oral world)에서 모두 몰아내는 대가를 치러야 한다.

그러므로 초기 문해의 의미는 그것을 가능하게 하는 이해의 종류를 인식시키고 자극하고 발달시키기 위한 교육과정을 함축하고 있다(Eagan, 1990). 그리고 교육과정을 수립하는 데 있어 사람들은 『내셔널 인콰이어러』지(紙)보다는 Herodotos의 낭만적 이해의 예에 접근하기를 선호하게 될 것이다. 따라서 교사가 읽고 쓰기를 처음 배우는 학생들에게 보다 의미 있고 재미있는 수업과 단원을 자신있게 설계하도록 해 주는 또 하나의 이론적 틀을 구성할 수 있다.

1. 중심 특성의 파악

어떤 특성이 그 주제의 중심으로 느껴지는가? 그것은 어떠한 감정적인 이미지를 불러일으키는가?

2. 설화적 구조 속 내용 조직화

2.1. 초기 접근 방식

학생들의 일상적인 경험과는 다른, 주제에 대해 중심적이고 독특한 특징을 가장 잘 포함하고 있는 것은 어떤 내용인가? 현실이나 경험의 범위가 가진 어떤 한계 때문에 이러한 결과가 나오는가?

2.2. 수업이나 단원 전체 구성하기

주제의 설화적 구성에 가장 적절한 내용은 무엇인가?

2.3. 내용을 인간적이도록 만들기

인간의 희망, 공포, 의도, 혹은 감정이라는 점에서 내용은 어떻게 나타날 수 있는가? 내용의 어떤 측면이 경탄과 경외감을 가장 잘 자극할 수 있는가? 어

1) 역자 주: Homeros의 『오디세이』에 나오는 그리스 트로이 전쟁의 두 영웅.

떤 종류의 이상(ideal)이나 관습에 대한 저항이 그 주제에 들어 있는가?

2.4. 세부사항 살피기

학생들이 주제를 자세하게 파헤칠 수 있도록 하는 것은 어떤 내용인가?

3. 결론

더 확장된 주제나 또 다른 내용에 대해 언급하면서 이 주제에 맞게 만족할 만한 결론을 어떻게 끌어올 수 있을 것인가? 학생들은 어떻게 만족감을 느낄 수 있을 것인가?

4. 평가

학생들이 주제를 이해했고 상상력이 자극되었으며 활성화되었음을 어떻게 알 수 있는가?

철학적 이해

철학적 이해를 자극하는 전형적인 언어 발달은, 나의 견해로는 이론적 추상화(theoretic abstraction)다. 이것은 개별적인 지적 기술 그 이상을 다루기 위한 부호나 속기다. 특히 이러한 종류의 사고를 지지하는 사회도 경우에 포함된다. 그것은 사회를 유지하기 위해 필요한 제도와 별도로 존재하는 것이 아니다.

이는 기본적으로 철학적이라 할 수 있는데, 왜냐하면 Plato과 Aristotle가 정련했고 대단한 지적 권위의 무게를 가지고 원시와 현대 세계에 전해 준 프로그램 속에서 확고하게 발전했기 때문이다. 그들은 모든 사람의 반대 속에서도 유일한 진실의 저장고로서, "철학이나 하나의 특정한 철학 형태를 지키며 싸우는" 위엄 있는 전투병과도 같았다(Lloyd, 1990, p. 128). 이러한 형태는 고대 그리스 책들이 다시 한 번 널리 받아들여지고 영향력을 가지게 된 유럽 르네상스기 이후 더욱 관심을 받게 되었다.

그러면 지역사회의 역할은 무엇인가? 이론적 사고는 쉽지 않고, 추상적 언어의 사용이 어떻게 실제적인 문제를 다루는 데 효과적인 방법이 될 수 있는지도 분명하지 않다. 또 다른 고대 문명과 구두 문화에서 이런 종류의 사고의 예를 볼 수 있지만 고대 그리스에서만 독특한 것은, 언어의 수준을 체계적으로 세련화했고 세계와 경험에 대한 실재와 진리가 무엇인지를 알아낼 수 있는 것은 언어만이 유일한 형태라고 주장했다는 점이다. 이러한 이론적 담화를 유지하고 학습하는 어려움은 그것에 헌신적이었던 사회 때문에 부분적으로 극복되었다. 가장 초기 활발했던 곳으로 남부 이탈리아의 크로토네에 있는 피타고리아 지역을 들 수 있다. 이 지역은 철학적이고 과학적인 흥미뿐만 아니라 정치적이고 종교적인 목표, 혹은 그것들이 혼합된 곳이었다. 17세기 잉글랜드에서, 섭식과 위생 규칙은 이질적인 것으로 여겨졌을지라도 정치적, 종교적, 철학적, 과학적 혼합은 귀족 사회 설립자들이 전혀 이상하게 생각지 않고 받아들였을 것이다. 의학에 대해 합리적이고 과학적인 접근을 추구하려 노력하는 Hippocrates 실천자나 작가의 사회는 이오니아와 아테네의 논쟁적인 법정이 그랬던 것처럼 이론적인 사고를 개발하는 데 있어 또한 주도적이었다. 문자 속의 사건에 대한 진실을 공공성을 갖고 확인하기 위해 체계적 방법이 발달했고, 연설은 법정과 논쟁적인 민주주의 집회 사이에서 붐을 이루었다. 민주적 집회에서 반대 주장을 압도하기 위해 논쟁을 펼치는 작업이 긴박하게 이루어졌다(Lloyd, 1990; Vernant, 1982). 철학 책은 일부에서만 이러한 철학적 이해가 일어나기 때문에 사회가 이 같은 종류의 이해에 중요한 역할을 하게 된다. 즉 "현대의 냉소적이고 해석적인 사고에 대해 크나큰 기반이 되는 것은 글로 쓰인 것(책)에 대한 말로 된 담화다" (Olson & Torrance, 1991, p. 1).

체계적이고 학문적인 일을 하고 언어발달이 매우 훌륭한 학생에게서 철학적 이해의 종류를 발견할 수 있다. 보통 15, 16세쯤 학생들은 '사회', '진화', '문화', '환경' 등과 같은 단어를 사용하기 시작한다. 이 용어들은 이론 영역에 관한 인지 발달을 보여 준다. 비교적 갑자기 나타나는 것으로 보이고 Walter Ong가 '혼성어(portmanteau)' 라고 부른 그런 단어들은 보편적으로 결합가(valency)와 세력가(potency)에 대한 새로운 자각으로 발달된다.

일찍이 '낭만적' 인 학생들은 자신을 역사와 연결시켰는데, 예를 들면, 영웅적 인물, 극적인 사건과 빛나는 부분을 자신과 연결시켰던 것이다. 발달하는 이론적 언어는 그 빛나는 부분을 점점 일반적인 전체, 체계, 과정의 일부로 보게 되는 새로운 관점을 가지도록 하고, 한편으로는 그러한 관점을 소유하게 된 것을 드러내는 증표가 되기도 하며, 역사 속의 진실은 모두 전체로서의 역사적 과정의 본질을 이해하는 데서 나오는 것이라는 점을 알게 한다. 역사와 학생의 연결은 더는 낭만적 관련성을 통해서만 이루어지지 않는다. 즉 점점 학생들은 자신을 하나의 단일한 역사적 과정의 일부분으로 보게 되고 초월적인 존재로 보지 않게 된다. 그들은 자신에 대해서 '나는 과거를 가지고 태어났다' 고 하며(MacIntyre, 1981, p. 205), 과거는 이미 '자아' 를 의미 있게 구성하고 있고 미래에 대한 가능성까지 형성한다는 것을 깨닫게 된다.

고등학교 고학년이나 대학 시기 동안에 보편적으로 일어나는 교육적 발달의 특징은 일반 구조(general scheme), 즉 이념, 역사의 과정과 방향성에 대한 지식, 사회이론, 형이상학적 구조 등을 발달시킨다는 점이다. 이러한 일반 구조에서 볼 때, 그것이 역사와 사회에 대한 Marx 이론이든 진화론적 자유주의 사회 이념이든 간에 William James가 그랬던 것처럼 학생들은 '대문자 T' 로 표시한다. Pythagoras나 Plato이 살던 사회와 현대의 일부 고등교육 기관과 같은 지역에서 지지되는 이해의 종류는 추상적이고 이론적인 구조가 중심이고 진리의 저장소와 같은 것이다. '서양적 사고' 의 중심으로 다소 모호하게 정의되는 Plato과 Aristotle의 업적에 대해 가장 심하고 비타협적인 비평가들이 바로 이들 그리스인이 제시한 추상적, 이론적 용어로 그 비평을 진행한다는 점은 아이러니가 아닐 수 없다.

한 개인의 교육에서 철학적 이해가 수반하는 확실성(certainty)이라는 부적절한 관념은 고전 시대부터 현대에 이르기까지 숱한 반대에 부딪히고 있다. Plato은 자신의 교육 프로그램에서 이러한 점을 위험한 것으로 생각했다. "청소년(10대 후반)들이 대화적 교육과정(dialectic 또는 dianoia curriculum)의 묘미를 처음으로 알게 되었을 때 마치 가까이 있는 사람을 끌어당기거나 놀리기도 하는 강아지와도 같이 즐거워하면서 그들은 오직 반박을 위한 논쟁을 스포츠처럼 즐기는 것으로 보았을 것이다" (Republic, VII, 539). 확신이 지나친 젊은이의 문제점은 계몽주의를 통해 더 커졌다. "오만방자한 젊은 학생들이 자신을 가르치는 스승들보다 스스로를 더 지혜로운 듯 꾸민다는 점이 점점 더 커져 가는 이 시대의 어리석음이다" (Watts, 1741, pp. 102-103) 혹은 "자신의 판단에 대한 과대 확신과 더 오랜 세월을 살아온 사람들의 의견에 대해 건방지게 경멸하는 이러한 점들이 젊은 사람들의 어리석음과 무지를 가장 두드러지게 보여 준다"(More, 1777, pp. 92-93). 지금보다 심리학적으로 더 각성되었던 시기에 이러한 비평은 다음과 같은 형식으로 나타나기도 한다. "청소년기의 맹목적인 실험심이 젊은이들로 하여금 확신에 찬 이념에 취약하도록 만든다"(Spacks, 1981, p. 262).

특히 북아메리카와 오스트레일리아에서 교수와 교육과정에 큰 영향을 끼쳐 온 '수평선의 확장' 이라는 일반적 사고구조는 고등학교 고학년 학생들이 전체적으로 '자아' 와는 거리를 두고 내용을 다룰 수 있게 하는데, 이 자아에 대한 지식은 교육의 출발점이었다. 그러나 철학적 이해는 자아에 대해 새롭고 자세한 파악을 의미한다는 의견이 있다. 필자가 제안하는 바, 교육적 발달은 흥미와 지적 활동의 초점이 현실에 대한 고려는 거의 하지 않고 오히려 세계에 대한 '신화적' 구성을 가지고 시작하는 과정이며 그다음으로 '낭만적으로' 현실의 경계와 범위를 설정하게 되고, 그러고 나서 '철학적으로' 일반적 조직도표로서 세계의 특성을 지도로 그리게 된다. 이러한 '철학적' 활동에서 학생들은 그 자신을 복잡한 과정의 일부분으로 인식하고 심리적 긴급성을 가지고 과정에 대한 진리를 확립하게 되는데, 이는 진리를 확립하는 과정에서 그들이 자신에 대한 진리를 발견하게 되기 때문이다.

이러한 일반 이론적 구조가 가진 문제점은 관련된 모든 항목에 대해 적절한 설명을 할 수는 없다는 점이다. 일반 구조가 얼마나 포괄적이고 정밀하며 과학적이든 간에 상식을 벗어난 예외적인 일부 항목을 항상 가지고 있는 것 같다. Thomas Khun의 과학의 예외성에 대한 주장은 일반적 구조가 형성되는 모든 영역에서 어떻게 항목들이 진리를 반영하는 것으로 단순히 받아들이는 데 어려움을 주는지 나타내기 위해 사용되었다. 우리가 단순히 예외적인 항목(particulars)의 존재나 관련성을 부정할 수 있거나(이는 우리가 타협 불가능한 몽상가가 되는 경우다) 아니면 예외성이 많아지는 것은 일반 구조가 문제 있는 인식론적 상태임을 나타낸다는 것을 알게 된다. 예외적인 항목은 유용할지도 모르지만, 논쟁적인 그리스인들이나 Bacon 신봉자인 초기 과학자들, 계몽주의 철학자들이나 실증주의자들이 가졌던 기대를 견지할 수는 없다.

'철학적인' 학생의 이상적인 교사는 융통성, 민감성, 풍부한 관용성이 필요하다. 교사는 학생이 일반 구조(general scheme)를 발달시켜 가는 것을 지원해야 한다. 그러한 구조가 단순해 보이거나 불손할 때조차도 그러해야 한다. 교사는 학생의 과다 확신에 동조할 필요가 있고 일반 구조가 부적절한 것으로 위협받아 불안정한 두려움을 느끼는 순간에도 학생들을 지지해 줄 준비가 되어 있어야 한다. 교사는 학생들의 일반 구조 속의 보다 훌륭한 지적 세련미를 고무하면서 점차로 적절한 시간에 예외성과 부조화를 보여 주어야 한다. 이러한 행동이 교육의 시기 동안 가장 교육적으로 중요한 점일 것이다. 하나의 일반 구조를 학생이 가진 것과 경쟁시키는 것은 지적 세련화를 고무하는 데 있어 정신구조에 대한 점진적 예외성을 보여 주는 것보다 효과적이지 않다. 일반적으로 이 절차는 일반 구조에 진리를 위치시키는 것의 부적절함을 인식하도록 이끌어 가는 것이다. 그러나 어떤 교육 제도가 그러한 교육적 감각의 전형(典型)을 감당할 수 있겠는가? 우리는 분명히 이상적인 것보다는 못하지만 그럭저럭 해 나갈 수 있을 것이다.

이것은 추상적이고 아주 단조로운 언어로, 교육적 발달의 다소 복잡한 특성을 매우 간결하게 특징짓는 데 사용된다. 지적으로 열정이 넘치는 학생들을 가르쳐 본 사람은 쉽게 일반적 구조에 대한 이 혼란스러운 추상적 대화를 그들이 부딪히는 매우 현실적인 감정의 위기와 어려움으로 받아들일 수 있을 것이다. 즉, 고뇌, 비애, 우울, 자살, 마약 등은 현실세계 속에서 그 과정과 상호 관련성을 갖고 있다. 세계와 경험을 이해하는 데 사용되는 정신구조의 부적절성을 인지한 결과로 스트레스와 정서적 혼동을 받지 않고 단지 발견이 주는 흥분을 계속 유지하면서 지적 여정을 계속하는 학생은 행운아다.

그러나 철학적 이해가 주는 초기 흥분은 일반 구조가 우리가 알고 있는 모든 것을 다 함께, 그리고 명백하고 단순한 형태로 현실에 대한 진실을 보여 준다는 믿음에서 온다. 어두운 색의 유리에서 손을 뗐다 하더라도 결국 우리는 진정으로 '이해' 할 수 있다. W. H. Hudson은 자서전에서 15세의 그러한 변화를 다음과 같은 말로 설명하고 있다. "마치 내가 방금 인식하게 된 것 같다. 지금까지는 내가 완전히 인식한 적이 있었던지 의심스러울 지경이다"(1918, p. 292). 일부 사람들은 상대적으로 더

극적인 효과로 기억하기도 하지만 내가 조사했던 대부분의 교육받은 사람들은 어느 정도 비슷하게 느끼고 있었다. 호기심 많은 동물에게는 의외의 힘을 가지고 나타날 수 있다. 세월이 감에 따라, 또한 아이러니가 많아짐에 따라 초기 철학적 이해의 열정을 잊어버릴지도 모르고 환한 손전등보다는 희미한 불빛으로 부분적으로나마 나타나게 될지도 모른다. 어쩌면 파우스트가 영혼을 팔았던 것과 같이 느껴질 수 있다. 우리는 불 켜진 손전등이나 파우스트의 거래의 대부분을 학교나 대학에서 볼 수 있는 것은 아니지만 그 일부나 다소 많은 부분을 볼 수는 있다.

'철학적인' 학생들이 보다 쉽게 이해하고 의미를 가질 수 있도록 해 줄 지식에 초점을 맞추고 수업 계획을 세울 수 있도록 교사를 도울 또 하나의 교육 틀을 다음과 같이 구성해야 할 것이다.

1. **일반 구조와의 관련성 파악**

   전체적으로 일관성 있게 주제를 조직하는 데 어떤 일반 구조가 가장 좋을 것인가? 일반 이론과 이념, 형이상학적 구조와 가장 강력하고 뚜렷한 관계를 가진 것은 무엇인가?

2. **일반 구조 내 내용 조직화**

   어떤 내용이 일반 구조를 가장 분명하게 구체화하는 데 사용될 수 있는가? 이것은 어떻게 학생들에게 가장 생생하게 전달될 수 있는가?

3. **일반 구조에 대한 예외 도입**

   어떤 내용이 일반 구조에 대한 예외가 되는가? 어떻게 하면 사소한 예외성에서 시작해서 점차적으로 일반 구조에 더 크게 도전할 수 있도록 할 것인가?

4. **대안적 일반 구조 제시**

   어떤 대안적 일반 구조가 주제를 일관성 있게 조직할 수 있을 것인가? 학생들로 하여금 그러한 구조의 유용성을 잘 알 수 있도록 하는 데 가장 효과적인 것은 무엇인가?

5. **결론**

   일반 구조가 파괴되거나 굳어 버린 것이 아니라 근거를 볼 때, 새로운 인식론적 상태에 있음을 어떻게 확신할 수 있는가? 일반 구조라는 진실에 대한 믿음의 쇠퇴가 환멸과 자포자기로 변하지 않는다는 것을 어떻게 확신할 수 있는가?

6. 평가

학생들이 한 단원의 내용을 학습하고 이해했으며 포괄적인 일반 구조의 한계를 발달시키고 정교화하고 인지했다는 것을 어떻게 알 수 있는가?

반어적 · 신체적 이해

일반 구조에 대한 믿음의 쇠퇴, 특히 인간에 대한 믿음의 쇠퇴는 보편적으로 일반 구조가 표현되는 언어의 본질에 대한 새로운 반성적 사고의 발달로 나타난다. 반어적 이해로 이끌어 가는 반성적 사고는, 단어가 사물을 적절하게 표현할 수 없다는 것, 그리고 진리를 보장했던 철학적 합리성이 그럴 수 없다는 것을 알게 되는 것과 관계가 있는데, 이는 언어적 형태와 그것이 표현하고자 하는 바 간의 괴리 때문에 그러하다. 물론 단순화한 것이긴 하지만 이성을 통해 인간의 야만성과 좋지 않은 생활을 점차 나아지게 만들기 위한 계몽주의 프로젝트가 19세기에 이르러 시작되었다. 기민한 관찰자들이 병과 같은 문명화에 대항해서 일어나고 엉망진창인 것은 우리의 무질서가 아니라 바로 질서라는 것을 주장하기 시작했다[아니다. 그것은 Michel Foucault가 아니다. 그건 Charles Dickens의 『고된 시기(*Hard Time*)』의 통찰력에 찬사를 퍼부었던 Bernard Shaw다(Cunningham, 1994, p. 60)].

Nietzsche는 지식과 진리에 대한 주장을 급진적이고 반어적으로 불신한 선구자다. "사람이 어느 정도 접근할 수 있는 '진리'가 있어야 한다!" (Nietzsche, c. 1883-1888/1968, p. 249) 신화는 그저 마음이 약하고 단순한 이들을 편안하게 해 주기 위해 만들어진 것이다. 사람들은 이러한 현대적인 신화가 '만들어진' 것임을 잊어버렸고 그들이 잊고 있다는 사실조차도 잊어버렸다. 그러한 혼동은 우리가 물려받은 바로 그 언어 속에 녹아 있었다(그는 『우상의 황혼(*The Twilight of the Idols*)』에서 다음과 같은 유명한 말을 했다. "우리는 신에게서 벗어나지 못한다. 왜냐하면 우리의 문법

속에 신앙이 있기 때문이다"). 진리 그 자체만을 위해 진리를 추구하는 것을 주장하는 것에 그는 질려 있었다. 그에 있어 그러한 주장은 통제하고 정복하고 횡령하려는 욕망을 위한 가면 이상의 것이 아니었다. 진리 추구는 '월등해지고 싶음' 에 의해서만 동기가 부여되고 있었다(p. 249).

그의 과격한 반어는 Socrates의 유머러스하고 명랑한 반어에 대한 왜곡된 반성(reflection)이다. Thrasymachus는 습관적 풍자라고 Socrates를 신랄하게 비난한다(Republic, I, 336). 반어에 대한 관념은 세계에 대한 Socrates의 독특한 입장에서 크게 영향을 받았다. 그것은 기본적으로 Vlastos가 "인식론적 확실성에 대한 Socrates의 포기"라 일컬었던 것이다(1991, p.4). 아이러니아(ironia)라는 개념을 다듬었던 Quintilian과 Cicero는 그 과정에서 Socrates에게 의존하고 있고 현대에서 반어에 대한 가장 영향력 있는 논의라 할 수 있는 Kirkegaard의 논의 또한 Socrates적 특성의 연장된 명상에서 나온 것이다. Thrasymachus를 격노케 했던 것은 "Socrates가 자신이 뜻한 바를 단지 말하지 않았다는 점이 아니라 어떤 의미도 보여 주기를 거절했다는 점이다"(Bruns, 1992, p. 32).

Richard Rorty를 비롯한 많은 이들이 교육의 목표로서 이러한 조건을 추구할 것을 권고한다. 그의 '자유 풍자가' 는 '가장 중심적인 믿음과 욕망의 우연성' 을 받아들이고 "그러한 중심적 믿음과 욕망이 시간과 기회의 범위를 넘어서서 어떤 것에 의존한다는 관념" 을 포기한다(Rorty, 1989, p. xv). 우리가 우연히 구성한 의미(meanings)는 타인이 가진 의미를 넘어서서 현실에 대한 특권을 가진 것은 아님을 알고 있다. 그리고 그들의 목적은 우리로 하여금 다른 사람과 '결속' 을 이룰 수 있도록 하는 것이며 이는 타인에게 해를 끼치지 않으면서 잘 살기 위해서다.

내가 제안하고 싶은 반어적 이해라는 관념은 그것의 거부감이 있는 확실성이 아니라 반어라는 포스트모던적인 감각과 관련이 있다. 예를 들면 Lyotard(1979)와 같은 포스트모던 이론가는 모든 철학적 일반 구조나 거대담론(metanarrative)이라는 면에 회의감을 가지고 있으며 정교한 체계적 회의감의 정체(manifest)를 이론적으로 구성할 때, 그의 저작은 새로운 거대담론이나 일반 구조의 형태를 취하고 '모든 세대는 잘못이 있다' 라는 대담한 주장의 자기 논박적 위험을 지니게 된다.

계몽주의 프로젝트를 포스트모던적으로 폐기처분하는 것과 지식 진리, 객관성은 동지들 간의 우연적 동의에만 한정된다는 확신, 그리고 서구 과학과 합리성은 현실에 대한 접근이라는 측면에서 더는 뛰어난 담화가 아니라는 주장 등에 대한 반어적 이해의 저항은 반어적 이해 내에 신체적 이해가 유지되고 있다는 점에 근거하고 있다.

구조는 지적 도구(intellectual tool)가 축적되어 가는 장소다. 글을 읽고 쓰게 되는 것은 구두언어(말) 사용자이기를 그만둘 것을 의미하는 것이 아니며, 이는 구두언어 사용자가 되는 것이 세상에서 완전하다는 인간적, 선언어적 '이익(take)'을 포기하는 것을 뜻하지 않는 것과 마찬가지다. 즉, 과거에는 글을 알지 못해 귀먹고 말 못했던 어린 유아들과 신경계가 비정상인 사람들은 언어를 사용하지 않는 인간으로서 세상을 경험한다. 그들은 선언어적인 인간의 지력에 대한 단서를 주고 있다. 언어가 발달한다고 해서 선언어적인 이해력이 사라지는 것은 아니라는 사실을 인식하는 것은 중요한데, 이는 구두언어가 문자언어의 발달로 사라지지 않는 것과 마찬가지다. 선언어적 이해력과 언어는 어느 의미 있는 정도까지 연합한다. 신체적 이해력은 살아 있는 동안 우리와 함께하는 역량의 넓은 범위와 관련되어 있고, 앞서 잠깐 언급했던 언어 발달의 지적 도구에 의해 자극받는 능력과 다양한 방식으로 연합되어 있다. 여기서의 신체적 이해력이라는 뜻은 Merlin Donald가 '의사(mimetic)' (1991)라고 했던 것과 의미적으로 일치하며 "의도성, 생산성, 의사소통성, 참조력, 단서 해석, 그리고 무한한 수의 사물을 닮을 수 있는 기술"과 같은 그러한 능력을 포함하고 있다(Donald, 1991, p. 17). 이러한 것은 우리가 가진 모든 상식의 기초가 된다.

많은 포스트모던 이론은 인간의 이해력이 근본적으로 언어에 의지한 이해라는 가정에 근거하고 있다. Rorty는 다음과 같이 말한다. "언어가 적절할 필요가 있다는 선언어적 인식과 사물이 어떠하다는 것에 대한 심층적 관념을 우리는 가지고 있지 않다는 것이 나의 기본적인 생각이고 언어로 써 가는 것은 철학자들의 의무다." (1989, p. 21) 이것은 "진보된 사고를 가진 여러 학파를 아우르는 현대의 '송가'다." (Norris, 1993, p. 289) 그러나 신체적 이해력은 선언어적 인식이고 단순히 일시적인 감각으로 사용되는 것이 아니라 일생 동안 이해력의 한 부분으로서 유지되는 것이다.

반어적 이해의 특징은 단순히 이론 틀을 기획하는 것만 추구하지 않는다. 오히려 우리가 지속적인 것의 일부분이라는 점을 지적해 준다. 우리가 가져야 할 교육적인 원리는, 가르치는 내용에 대한 인식론적 이해의 안정성과 미래에 동료로서 생각하게 될 우리 학생들이 가진 이해력에 민감하게 귀를 기울이는 것, 다양한 입장을 인정하고 탐색하는 즐거움, 그리고 또 다른 오래된 학문적인 덕(virtue)에 대한 존중감을 가지고 있어야 한다. 물론 교육이란 것은 반어적인 방식으로 지식을 다루는 사람들을 가르치는 데에서는 틀린 말이다. 왜냐하면 그들은 각각의 이해 방식으로 발달된 지적인 도구의 전체를 사용하며 서구 사회에서 지적인 삶을 구성하고 있는 복잡한 대화 체계의 완전한 일원이 되었기 때문이다.

결론

부분적으로 연결되면서 축적되는 이해 종류의 계열, 즉 신체적, 신화적, 낭만적, 철학적, 반어적 이해 등의 순서는 교육적 발달을 관찰하는 대안적 방법을 보여 준다. 만일 우리가 교육의 목적을 각각 이해의 종류를 순차적으로 불러일으키고 자극하고 발달시키는 것으로 본다면, 우리는 서구 문화의 발달이라는 하나의 의미 있는 차원을 살펴보는 교육적 과정을 알게 될 것이다(현대 다문화 사회에서 그러한 구조가 갖는 시사점과 문제점을 여기에서 보여 줄 수는 없다. 그러나 그것이 치명적인 결함이 되는 것은 결코 아니며, 내가 생각하기에 이러한 구조는 아이러니하게도 학교에서 아이들이 보여 주는 그들의 문화적 배경에 따른 다양한 도구로 만들고 가치를 부여하는 방식으로 보여 주는 것이 분명하다).

지식이나 심리적인 과정보다는 매개적인 지적 도구에 초점을 맞춤으로써 최소한의 뚜렷한 발달적 구조를 만들어 내는 것이 가능해졌다. 그 구조는 의미를 가르치는 교육과정과 교수와 함께 내실화되고 충실해질 때 어떻게 교육이 '개인 속에서 문명의 반복' 이 될 수 있는지를 보여 주려는 진화론적 야망이라는 면에서 성공할 수 있을 것이다. 최근의 인식론적 동기와 심리학적 동기에서 비롯된 교육의 개념과 그들을 합쳐 보고자 하는 시드는 별로 성공적이지 못했으므로 대안적인 반복발생적 구조도 별뜻 없이 무시되고 말았던 것이다.

제24장
학습자가 경험하는 학습

FERENCE MARTON
SHIRLEY BOOTH

교육적 맥락에서 볼 때 학습은 세계를 경험하는 방식의 변화라고 할 수 있다. 학습은 서로 심하게 뒤얽혀 있는 두 가지 측면을 가지고 있는데, 첫째는 학습내용에 관한 '무엇(what)'의 측면이고, 둘째는 학습이 일어나는 방식에 관한 '어떻게(how)'의 측면이다. 학습자가 무엇을 학습하든 간에(what 측면) 결과에서는 질적 변화가 나타나고, 동시에 어떤 학습 과업이 수행되었든 간에 학습자가 과제에 접근해 가는 방식(how 측면)에 있어서도 질적 변화가 생긴다는 사실이 경험적으로 알려져 있다. 'how' 측면은 다양하기는 하지만 자세히 보면 어느 정도의 일관성이 있는데, 심층적인 접근과 표면적인 접근이라는 두 가지 전형적인 유형이 있다는 점에서 그러하다. 학습 과업에 대한 심층적 접근은 과제를 깊이 파고들어 내용에서 의미를 파악하고자 하는 학습자의 의도가 숨어 있는 반면, 표면적 접근은 과제의 요구를 맞추어 주는 데에만 포커스가 있다. 학습에 대한 접근방식과 그 결과의 질적 수준은 관계가 있다는 경험적 증거가 나타나고 있는데, 이는 인간의 지각이 가진 동시성을 고려함으로써 그 기능적 관계를 살펴보는 데에서 뚜렷해진다. 연령, 주제, 문화를 초월한 일반화와 교수(teaching)를 위한 시사점도 함께 논의되고 있다.

학습에 대한 새로운 관점

이 책을 지금까지 읽었다면 학습이란 무엇인가를 알 수 있었을 것이다. 그러나 우리가 가진 원칙 중 하나가 아무것도 의심 없이 그냥 받아들여서는 안 된다는 것이므로 권위를 인정받고 있는 Hilgard와 Bower(1981)의 짧은 정의를 먼저 살펴보고자 한다.

> 학습이란 주어진 상황에서 개인의 행동이나 행동 잠재력에 있어서의 변화를 말하는 것으로, 이는 상황 속에서 개인의 반복된 경험에 의해 일어나게 되며, 선천적 반사, 성숙, 일시적 상태(예를 들면, 피로, 만취, 충동 등)에 의해서는 설명될 수 없다 (p. 11).

이제 본 연구팀의 일원인 Eva Ekeblad와 컴퓨터 프로그램 작업을 하고 있는 남자 아이 간의 대화를 통해 이 개념을 이끌어 내 보도록 하자.

> Eva: 음…… 학습에 관해서 말인데, 학습은 네가 지금 작업하고 있는 동안 일어나는 일이니?
>
> G: 글쎄요, 학습은 지금은 할 수 없지만 나중에 할 수 있게 되는 것이죠.

위의 대화는 우리가 생각하는 학습이 무엇인지를 보여 준다. 즉, '할 수 없던 것(not being able to)' 으로부터 '할 수 있게 되는 것(being able to)' 으로의 변화를 우리는 학습이라고 생각한다. 아동의 학습에 대해 연구를 했던 Ingrid Pramling은 '할 수 없음' 에서 '할 수 있음' 으로의 이동, 즉 어떤 과정(무언가를 해 보거나 누군가로부터 듣거나 무엇을 눈으로 보거나 하는 과정)이 일어나 어떤 일을 할 수 있게 되고, 알게 되고, 이해하게 되는 변화를 설명하는 8세 아이들의 예를 많이 보여 주었다 (Pramling, 1983).

다음과 같은 두 개의 질문에 답하는, 학습에 대한 단순한 관점에서부터 논의를 시작하고자 한다.

학습되는 것은 무엇(what)인가?
그리고
그것은 어떻게(how) 학습되는가?

이런 근본적인 질문에 답하고자 한다면 이를 행하는 방법을 생각해 보아야 한다. 사람마다 사용하는 방법이 있다. 스웨덴에서는 유치원에 다니는 아이와 이야기할 때 나타나는 학습의 전형적인 경우로 자전거 타는 법에 대한 학습을 든다. 위의 두 가지 질문은 아이들이 학습하는 것을 바라보면서 단순히 해결할 수 있다. 학습의 내용(what)은 분명하다. 균형을 잃기 전에 균형을 잡는 방법이 그것이다. 또한 아이들이 그것을 하는 방식, 즉 학습의 방법(how)은 바로잡기와 실패, 실망과 보상의 반복을 통한 것이다. 만일 우리가 이 학습을 설명하고자 한다면 결과에 따라 설명하게 된다.

초중고생들이나 대학생에게 일어나는 학습의 전형적 경우는 책을 읽거나 교사의 수업을 듣는 것이다. 목표로 하는 방식으로 내용이 얼마나 이해되었는지 알아보기 위해 질문하기도 하고 새로운 정보가 얼마나 잘 활용되고 있는지를 알기 위해 문제를 제시하기도 해서 'what' 의 측면을 면밀히 검토하게 된다. 그러나 학생들이 읽고 질문에 답하고 문제를 풀 때 그들이 어떻게 하고 있는가를 알아보고자 한다면, 즉 'how' 측면을 알고 싶다면 그 이상의 다른 조치를 취해 볼 필요가 있다. 학생들의 머릿속에서 무슨 일이 일어나고 있는지를 알아내기 위해서는 학생들의 '내면' 을 들여다볼 수도 있을 것이다. 혹은 학생 스스로가 자신의 마음속을 들여다보고 무슨 일이 일어나고 있는지를 말하도록 할 수도 있다. 아니면 우리가 학생들을 관찰하고 어떤 방식으로든 내면에서 일어나고 있는 일을 '추론' 해 보려 하는 방법도 있을 수 있다. 학습에 대해 질문하는 이러한 접근법은 인간의 행동이 내적으로 결정되고 내적인 것은 외면에서 발견되는 실제에 어느 정도 일치한다는 믿음에서 나온다. 눈으로 확인할 수 있는 변화는 내적 상태의 변화와 원래의 외부 자극에 반응하는 과정의 변화라는 측면에서 설명되어야 한다.

추론에 대한 우리의 입장은 다소 다른데, 사람들이 세상에서 행동하는 방식을 이해하기 위해서는 그들이 보고 있는 세계를 설명해야 한다는 가설을 가지고 있기 때문이다. 과제가 각 학습자에게 동일하다는 것을 가정할 수는 없는데 이는 학습자 각자가 과제를 자신의 방식으로 읽기 때문이다. 즉, 학습자는 자기 자신의 삶의 배경에 비추어 자신의 관점을 가지고 책을 읽는다. 또한 학습자는 본 연구자와 동일한 방식으로 세상을 보고 있다고 가정할 수도 없다. 우리 연구는 학습자의 눈으로 학습을 보는 것이다. 이러한 방법은, 학습자의 행동 변화를 그가 세상을 경험하는 방식에 있어서의 변화라는 면에서 설명하게 한다.

연구 대상으로서의 경험

본 연구는 학습에 대해 알아보기 위한 것이고 연구 주제는 바로 경험이다. 이 책의 각 장에서 나타나는 바와 마찬가지로 경험적 자료, 즉 인터뷰와 생각을 소리내서 말하게 하는 내용은 현재 널리 사용되고 있다. 그러나 원칙적으로 이러한 경험적 자료는 경험 그 자체를 연구하기 위한 목적에서가 아니라 이를 도구적으로 사용하여 정신적 모델이나 정신적 구인, 사고과정과 같은 내부에 숨어 있는 실체를 밝혀내기 위해 사용되며 이러한 실체는 학습을 포함한 인지적 활동과 차례로 관련되어 있다. 지금 논의하고 있는 설명 모형에서 분명히 해야 할 것은, 학습은 학습자가 세계를 경험하는 방식의 변화에 의해 설명된다는 점이다. 즉, 경험은 그 자체로 연구되어야 하고 학습의 경험, 바로 그것이 연구 주제가 되어야 한다.

물론 제대로 정립된 경험의 과학, 즉 현상학이 존재하고 있으며 이는 현 세기를 통해 철학적 사고의 주류 학파 중 하나가 되어 왔다. 이는 독일의 수학자이자 철학자인 Edmund Husserl의 저서에서 성립된 것으로 알려져 있다. 처음부터 현상학은 철학에 잘 맞는 특정한 철학적 방법을 사용함으로써 경험에 대한 단일 이론의 개발에 초점을 맞추었는데, 여기서 방법이란 바로 철학자들이 그들 자신의 경험을 조사하는 것이다.

그러나 우리가 지향하는 것은 반대로 경험적(empirical)인 것이다. 우리는 타인의 경험을 연구하는 데 관심이 있고 특히 사람들이 자신을 둘러싸고 있는 세계 속의 현상을 경험하는 각자의 방식에 큰 관심을 두고 있다. 이러한 연구 경향을 '현상기술학(phenomenography)' 이라고 명명했다(Marton, 1981). 따라서 현상기술학과 현상학은 모두 연구의 주제가 경험이라는 기준에 의해 규정되는 지식 분야에 속한다는 점에서는 동일하나 그를 탐구해 가는 방식에서는 차이가 있다.

학습자의 경험을 통해 학습이라는 경험을 탐구하는 데 목적을 둔 연구를 할 때 우리는 근본적인 존재론적 질문에 직면하게 된다. 즉, '경험이라는 것은 도대체 무엇인가?' 하는 문제다. 이제부터 이 질문에 대해 논하고자 한다.

경험이란 항상 어떤 '것' 에 대한 경험이다. 우리가 관심을 갖고 있는 경험은 읽고 있는 책을 통한 경험, 어떤 종류의 문제에 골몰하고 있는 경험, 학습 그 자체의 경험 등이다. 일반적인 교과서 속의 내용을 생각해 보자. 경험은 한편으로는 교재 그 자체가 될 수도 있고 다른 한편으로는 그것을 경험하거나 생각하는 학습자의 방식도 될 수 있다. 독자로서의 학습자나 그들이 이해하는 방식과는 독립적인 것으로 교재를 보는 것이 바람직하다. 즉, 객체(교재 내용)와 주체(학습자)는 완전히 별개의 실체인 것이다. 이러한 관점은 다음과 같은 설명을 가능하게 한다. 즉, 학습자는 이성을 통해 객체에 대한 정보를 받아들이고 마음속에서 그 객체의 표상(representation)을 형성하게 되는 것이다.

개념이라고도 할 수 있는 경험은 외적이고 객관적인 세계에 대응하는 내적이고 주관적인 세계를 형성하는 정신적 표상이 된다. 마지막으로 하나의 교재에 대한 경험이나 교재에 대한 이해를 연구한다는 것은 '그 자체로서의 교재' 가 학습자의 마음속에서 어떻게 표상되고 있는지를 연구한다는 의미다. 즉, 연구자는 그 교재의 실재가 무엇인지를 밝히고 이러한 기준에 비추어 학습자가 내면에 가지고 있는 교재의 상(image)과 그 실재를 비교하게 된다. '경험이란 어떤 것인가' 라는 질문을 다루는 이러한 방식은 객체와 주체가 별개의 것이고 독립적이라는 신념, 즉 이중적 실재론(dualistic ontology)에 근거하고 있다.

이제는 비이중적 실재론(non-dualistic ontology)를 살펴보고자 하는데, 이는 객체와 주체가 별개가 아니라는 입장이다. 여기에는 '그 자체로서의 교재'는 존재하지 않는다. 즉, 교재는 어떤 방식으로든 사람에게 이해되므로 독립적인 존재가 될 수 없다. 비이중적 존재론적 관점에는 한편에는 실재인 객관적 세계, 다른 편에는 정신적 표상인 주관적 세계라는 두 개의 세계가 존재하지 않는다. 다만 인간이 다른 방식으로 경험하고 이해하는 실재(實在) 세계라는 하나의 세계만이 존재하며 이는 객관적이면서 동시에 주관적이기도 하다. 여기에서 경험은 객관과 주관을 모두 포괄하는 관계다. 경험은 객관의 일부이면서 또한 주관의 일부이기도 하다. 따라서 '경험'(우리는 이를 개념, 식별, 인식, 이해 등으로 부른다)은 객관과 주관 사이의 관계라는 의미에서 현상기술학적으로 '사물이 사람에게 어떤 방식으로 보이는 것'과 '사람이 어떤 방식으로 사물을 보는 것' 둘 다의 경우로 사용된다. 비록 객체와 주체 사이의 구분에 있어 그 관계가 중립적이긴 하지만 사물을 경험하는 사람의 방식은 두 가지 맥락에서 이해될 수 있는데, 상이한 사람들이 동일한 사물을 경험하는 방식에 관련된 것과 동일한 사람이 상이한 사물(사건)을 경험하는 방식에 관련된 것이 그것이다. 학생들 간의 차이를 조사하고자 하는 연구방법과 동일한 입장을 취하고 있는 전자의 경우는 객체적 측면에 강조점을 두고 있는 것이다. 반면 후자, 즉 본 연구자들이 이 장에서 탐구하고 있는 개인 내적 변화에 대한 다양한 설명을 찾아보는 것은 주체적 측면에 초점을 맞추고 있는 것이라고 할 수 있다.

다시 한 번 살펴보면, 현상기술학은 비이중적 실재론에 근거를 두고 있어 상식론(혹은 일상 심리학)과 모순되는데, 이들에게 경험은 형상과 개인 사이의 관계가 경험이 될 때 객관적이고 독립적인 존재를 가진 현상에 대한 경험이다.[2] 현상기술자에 있어 현상을 경험하는 사람과 경험되는 현상은 내적인 관계에서 관련을 갖는다. 두 구인(아는 자와 알려진 것, 학습자와 학습되는 것, 경험자와 경험되는 것)은 관계의 두 축이고 그 관계에 의해 '규정되는' 것이 아니라 '수정되는' 것이다. 그 축이 관계에 의해 '수정된다'고 말할 때 두 축은 어느 쪽도 관계(relation) 없이는 같아지지 않는데 이는 관계가 두 축의 상호적 의미의 일부이기 때문이다. '규정되는 것이 아니'라고 할 때 이는 각 구인이 관계성의 축보다는 그 자체로 더 크다는 의미다. 다시 말해, 어떤 사람이 한 현상을 경험하는 것은 단지 전체 현상의 한 측면이고, 다른 한편으로 그 현상을 경험하고 있는 사람은 경험 그 하나보다는 더 크다고 할 수 있다.

이제 관계의 두 축(즉 현상과 사람)을 내적 관계의 논리라는 점에서 살펴보자. 우리는 다음과 같은 질문을 할 필요가 있다. 내적 관계를 구성하고 있는 것으로 볼 때 현상은 무엇이고 사람은 무엇인가? 현상을 먼저 알아보자. 경험의 대상이 경험되는 방식과 별개의 것이 아니라는 이론은, 그 대상이 경험되는 방식과 동일하다는 것을 뜻하지 않는다. 우리는 그 대상을 '경험할지도 모르는' 모든 방식의 복합체로 보아야 한다는 입장이다. 우리는 '경험할지도 모르는' 점을 강조하고 있는데, 이는 우리의 목적을 위해 대상(혹은 현상)을 현재 경험되는 방식만이 아니라 어느 시간엔가 경험할 수 있는 잠재적인 모든 방식의 추상적 실재(entity)로 보아야 하기 때문이다. 그렇게 되면 '무언가를 경험하는 방식' 은 경험되는 그것을 함께 구성하고 있는 다른 국면의 단순한 부분집합이 된다. 따라서 어떤 대상에 대한 경험은 실재(real object)의 주관적 영상이 아니라 주관적이면서 동시에 객관적이기도 한 전체의 일부다.

관계성의 또 다른 축인 사람, 다시 말해 현상에 대한 사람(her)의 인식(awareness)을 살펴보자.[3] 학습에 대해 더 많이 이해하고 싶다면 우리가 초점을 두어야 할 것은 경험의 주관적 축인 학습자다. 이러한 관점은 한 현상에 대한 사람의 경험을 또 다른 현상에 대한 그의 경험과의 관계(또는 맥락) 속에 관심을 두고 있다. 우리는 다음과 같이 질문한다. '그 사람은 사실 여러 현상을 경험하고 있으면서 동시에 특정의 한 현상을 경험하고 있는 것인가? 그렇다면 그는 그러한 현상을 어떻게 경험하고 있는가?' 한 사람의 동시적 경험의 총체와 세계에 대한 관련성(relatedness)이 그의 인식이 될 것이다.

'의식(consciousness)' 과 '인식(awareness)' 은 동의어로 사용할 수 있다(그러나 '의식' 은 이중 의미로 많이 사용되므로 '인식' 을 선호한다). 이런 용어들이 일반적으로 사용되는 방식과는 대조적으로, 인식을 구조적으로 구분하는 것을 선호하며 일상적인 이분성은 피한다. 그 점을 좀 더 상세히 설명해 보자. 우리는 의식을 무의식의 반대말로 생각하고, 인식을 인식이 부족한 것의 반대말로 생각하는 데 익숙하다. 우리는 한 번에 최소한 하나 혹은 두세 가지를 인식하고 그 외 모든 것은 인식하지 못한다고 생각할 수 있다.

한 번에 한 가지만을 인식한다는 생각이 옳지 않음을 설명하는 것은 지금 이 순간 당신이 처해 있는 상황같이 경험하고 있는 것에 대한 단순한 사고 이상을 필요로 하지 않는다. 이 책의 독자인 당신은 이 구절을 읽을 때, 문장의 주제를 인식하고, 이 장(障)이 있는 책을 인식하며, 어느 정도까지는 책의 현재 부분까지 논의의 요지를 인식하고 있다. 당신은 아마도 어떤 면에서 이미 학습했기 때문에 최소한 여기에서 다루는 주제에 익숙할 것이고 그런 과거의 경험이 현재 독서의 배경을 만들어 주고 있다. 당신은 이 장을 왜 읽고 있으며 읽을 때 어떤 느낌인지 알고 있다. 당신은 자신이 누구이고 어디에 앉아 있고 지금이 무슨 계절이고 무슨 요일이며 몇 시인지, 좀 있다가는 뭘 할 계획인지 등을 인식하고 있다. 당신은 자신의 이름과 결혼 여부, 아이가 있는지 없는지, 부모님이 생존해 계시는지 등을 알고 있다. 비록 한 번에 무수한 것을 인식하고 있다 하더라도 모든 것을 동일한 방식으로 인식한다고 생각하는 것은 잘못된 것이다. 인식은 구조를 가지고 있다. 어떤 것들(즉, 뚜렷한 형체가 있고 주제가 되는 것들)은 전반으로 나서는 반면, 다른 것들(암묵적이고 부차적인 것들)은 배경으로 물러나 있다. 또 인식은 주인공과 배경, 주제와 부수적인 것, 표현하는 것과 암시적인 것 등 두 개의 범주로 나눌 수 있는 것이 아니다. 오히려 주인공답고 주제가 되며 명백한 것(또는 측면)이 인식 속에 어떻게 존재하는지 정도에서 차이가 있는 것이다.

우리는 당신이 이 책을 읽으면서 글의 의미를 인식의 한가운데에 두기를 바란다. 책을 읽는 동안 내용과 관련된 것들이 인식 전반에 있게 된다. Gurwitsch(1964)는 중심이 되는 인식 대상, 즉 주제(theme)와 그 주제를 포함하면서 관계있는 경험된 세계의 측면, 즉 주제 분야(thematic field)를 구분했다. 방금 보았던 예에서, 책은 주제이고 현상학적 기술론, 현상학, 경험의 본질, 그리고 학습에 대한 연구 등은 주제 분야가 된다. 물론 동일한 주제는 또 다른 주제 분야의 배경과는 대치되는 것으로 보일 수도 있다. 게다가 책을 읽는 것과 일시적, 공간적으로 공존하고 있는 것도 있는데, 위에서 언급했듯이 장소, 시간, 상태에 대한 상세한 모든 것들이 그러하다.

Gurwitsch는 내용이나 의미와 관계가 없으면서 주제와 공존하고 있는 모든 것을 일러 '주변(margin)' 이라고 불렀다. Gurwitsch가 주제 분야와 주변 간에 뚜렷한 구분선을 그은 것 그 이상으로 나아가, 우리는 그 두 가지가 주제와의 관련성에 있어 정도에 차이가 있는 것으로 이해해야 할 것이다.

주제와 주제 분야는 인식에 있어 안정적이고 정적인 구조가 아니다. 오히려 정반대다. 즉, 사람과 대상의 관계성이 지속적으로 발전됨에 따라 주제 분야에서 끌려나오고 다시 주제 분야로 들어가고 하면서 하나의 주제가 다른 것을 대치하게 되는데 Gurwitsch는 이를 의식(consciousness)의 흐름이라고 불렀다.

학습 경험의 질적 차이

지금까지 우리는 경험적 관점에서 학습의 의미가 무엇인지를 설명했는데, 그것은 어떤 일을 행한 결과로 또는 어떤 일이 일어난 결과로, '할 수 없는 것' 에서 '할 수 있는 것' 으로의 변화를 말한다. 또한 학습에 대한 두 개의 주요한 질문, 즉 '무엇이 학습되는가?' 와 '어떻게 학습되는가?' 도 언급했다. 더 나아가 학습 경험에 대한 질문을 심층적으로 탐구하기 위해서 연구 대상으로서 경험한다는 것이 무엇을 의미하는 것인가라는 문제를 제기했다. 이제 우리는 두 가지 질문에 대해 탐색한 두 개의 연구를 살펴보고자 한다. 두 경우 모두에서 가장 놀라운 결과는 학습을 경험하는 데에는 질적으로 차이가 나는 두 가지 다른 방식이 있다는 점이다.

독서를 통해 학습하는 경험

여기서 설명하고자 하는 첫 번째 연구는 Roger Säljö(1982)가 수행한 것으로, 90명의 연구 참여자를 학력과 직업에 따라 6개의 범주로 나누고 일반적인 학습과 특정한 교재를 읽고 학습하는 것에 대해 인터뷰를 실시했다. 교재는 학습 형태에 대한 것으로, 전체적인 설명이 매우 복잡하게 되어 있다. 교재는 극적인 인용문에서 시작해서 학습의 세 가지 주요 유형, 즉 고전적 조건화, 도구적 조건화, 언어 학습 등을 약 8페이지에 걸쳐 설명한다. [그림 24-1]은, 인용과 교재 나머지 부분을 다른 말로 설명한 것인데, 마지막 부분은 실제로 이 장(chapter)을 미리 보여 주는 것이다. 이러한 설정은 일반적으로 연구 참여자들에게 익숙하지 않을 것으로 생각된다.

사실 교재란 무엇인가? 앞서 말했듯이, 언어 학습에 관한 연구에서 연구자들은 참여자가 교재를 이해하는 방식이라는 면에서 어떻게 학습하는지를 조사하는데, 이때 그 교재가 객관적 실재라고 가정한다. 그러한 입장을 취하기 위해 연구자들은 교재가 무엇이고 구성 요소가 무엇이며 그것이 전체를 어떻게 조직하고 있는지 등을 미리 결정해야 한다. 교재나 그 구성에 대해 하나의 단일한 지각이 있다고 하는 믿음이 타당한가? 이미 밝혔듯이, 우리의 입장은 이 질문에 분명히 부정적인데, 독자들은 하나의 교재에 대해 서로 다른 경험을 한다고 생각하기 때문에 그러하다. 연구자들은 매우 민감하고 학구적인 독자일지 모르지만 그럼에도 그들은 다양한 독자 중 한 부류의 독자들인 것이다. 사람들이 교재로부터 무엇을 배우고 있는지를 연구할 때, 우리는 그 책의 '진짜 의미'에 대해 이미 알고 있다는 생각을 하지 않도록 애쓴다. '책을 읽음으로써 사람들은 무엇을 배우는가?' 라는 제일 중요한 질문은 그들이 그 책에 대해 알아가는 방식을 살펴봄으로써 가능하다.

Säljö(1982)는 연구 참여자들에게 '이 책의 내용은 무엇입니까?' 라고 물었고 그 결과 참여자들이 책을 두 가지 방식으로 이해하고 있다는 점을 발견했다. 하나는 학습 형태에 대한 책으로 보는 것으로, Pavlov의 개와 그를 실험하는 방법으로 예시되는 고전적 조건화와 Skinner의 쥐를 예로 드는 도구적 조건화, 그리고 Ebbinghaus와 Göteborg 학파에 의해 설명되는 언어 학습 등을 이야기했다. 책을 이해하는 또 다른 방식은, 그것이 타액 실험, 고전적 조건 형성, Pavlov의 개, 도구적 조건 형성, Skinner의 쥐, 언어학습, Ebbinghaus, Göteborg 학파 등에 관한 책이라고 이해하는 것이다. 예를 들면, 서론 부분에 대한 질문에서, Dave라는 참여자는 다음과 같이 말했다.

D: 서론은 하나의 인용으로 시작했어요. 그리스 정권에 의해 고문당하고 있었던 한

그리스인, 그리고 이것은 고전적 조건화의 한 예로 사용되고 있어요. 내가 생각하기에 이것은 Pavlov가 연구하고 발견했던 고전적 조건화의 한 예입니다(p. 97).

반면 Suzy는 기억나는 부분을 나열했다.

S: 예를 들면, Skinner, Ivan Pavlov, 심리학자인 Ebbinghaus와 연구 결과에 대한 것들이 많이 있어요. 그건 언제나 읽으면 재미있죠. 그다음에 그리스 정권의 고문 방법에 대한 내용이 있는데 그런 건 읽으면 재미는 있어도 기분이 나빠져요(p. 97).

같은 날 그들은 전기자극기를 새로운 방식으로 사용했다. 귀 뒤에 놓는 일상적인 방식 대신 나의 전신, 즉 팔, 다리, 온몸에 그것을 붙였다. 나는 내 몸속에 드릴이 있는 것처럼 느껴졌고 드릴은 내가 조각 부스러기가 될 때까지 계속 작동되는 듯했다. 탈곡기 속의 지푸라기 같았고 소용돌이 한가운데서 뒹굴고 있는 것 같았다. 가죽 끈 하나에 불이 붙자 그제서야 멈추었다. 나는 너무 두려웠다. 그들 중 하나가 내 심장을 살펴봤다. 그가 내게 뭐라고 했는데 나는 알아듣지 못했다. 그러고 나서 나를 들것 위에 놓았다. 나는 스스로를 추스를 수 없었고 어떤 생각도 할 수 없었다. 혼수 상태였다.
그때 들어온 자가 Karagounákis였는지 잘 기억이 나지 않고 유일하게 기억하는 것은 들것과 긴 가죽의자다. 새로운 장치였다. 이번에 나는 모든 것에 전기가 흐르는 것같이 느껴졌다. 미처 닿기도 전에 나는 그 전기자극기를 보자마자 전기 쇼크를 받았다. 나를 잡고 있던 녀석이 놀랐다. 그가 전기자극기를 내 눈앞에서 흔들었을 뿐이었는데 나는 계속 전기를 느끼고 있었다. 그가 전기자극기를 내 머리 뒤로 갖다 놓아서 더는 보이지 않게 되었다. 그러자 전기가 느껴지지 않았다. 그때 그가 전기자극기로 내 머리 뒷부분을 살짝 건드렸는데 그러자 다시 시작되었다. 다른 사람들이 더 잘 보려고 가까이 왔다. 그들은 전기자극기를 다른 각도로 시도했다. 그들이 어느 쪽에서 전기자극을 사용하든 똑같았다. 그러나 내 시야 속에 들어오는 순간 나는 전류를 느꼈다. 그날은 더 이상의 질문은 하지 않았다. 나를 들것에 실어 내 방으로 들어다 놨다.

60년대 말 그리스 군사정권의 한 고문실에서 일어난 비참한 사건에 대한 위의 기술은 몹시 극단의 방법이긴 하지만 학습의 한 형태를 묘사하고 있다. 전기자극기나 일종의 전기접촉기를 볼 때 전기 쇼크를 받는 것은 정상적이지 않다. 그러나 이 이야기 속의 죄수는 한 번도 전기 고문을 겪은 적이 없었다면 하지 않았을 방식으로 반응하게 되는 경험을 했다. 그 반응은 학습되었다고 할 수 있다. 이러한 학습의 형태가 '고전적 조건화'다.

전기가 흐르는 전기자극기(무조건 자극)에 닿으면 전기 쇼크(무조건 반응)를 받는 것이 당연한 일이다. 먼저 전기자극기(조건 자극)를 보여 주고 여러 번 그것을 느끼게 하면, 나중에는 전기 쇼크(조건 반응)를 주기 위해 단지 전기자극기를 보여 주는 것만으로도 충분해진다.

조건적 반응의 발견은 러시아 과학자인 Ivan Pavlov에 의해 이루어졌다. 그는 소화과정을 연구하고 있었는데 개가 매일 먹는 먹이를 보기만 하고도 침을 흘리는 것을 발견했다. 그의 유명한 실험의 출발점은 개가 입속의 먹이(무조건 자극)에 대해 무조건적 반응으로 침을 흘리는 것이다. 개가 먹이를 받기 바로 전에 종(조건 자극)을 여러 번 울리면 개는 그 종소리를 듣자마자 침을 흘리기(조건 반응) 시작한다.

고전적 조건화는 행동 변화의 몇 가지 유형을 설명할 수 있다. 특히 어떻게 특정한 반응이 그 반응을 원래 유발한 자극이 아닌 다른 자극에 의해 일어날 수 있는지를 보여 준다. 그러나 그러한 학습은 반사 반응에만 해당된다. B. F. Skinner가 연구한 도구적 조건화는 하나의 반응이 일어나는 비율이 어떻게 반응의 결과에 영향을 받는지에 관한 것이다. 따라서 도구적 조건화는 고전적 조건화에 필요한 반사 반응보다 훨씬 더 많은 종류의 반응을 의도가 통제된 상황에서 다루고 있다.

고전적 조건화와 도구적 조건화는 몇몇 행동의 원인을 설명하는 데 유용하고 그 설명은 인간이나 동물에 있어서의 변화에 대한 것이라는 점에서 학습의 한 형태를 설명하는 것이라고 할 수 있다.

유아기 이후 대부분의 학습은 세계와 자연에 대한 확장되고 심화된 이해에 관한 것이며 대부분 저술과 독서를 통해 이루어진다. 이는 언어를 통한 학습의 문제인데, 이상하게도 자연스러운 형태로는 미미한 수준에서만 연구되어 왔다. 언어적 학습은 이전 경험을 배제시키고 무의미한 철자를 사용함으로써 '순수한' 학습을 연구하고자 했던 Ebbinghaus의 패턴을 따라왔다. 학습은 일시적 근접성 속에서 일어나는 일들 간의 관계의 발생으로 보았으며 연구자들은 그러한 기제를 구조화한 것이 기억되는 방식에 관심을 두었다.

의미 있는 학습을 위해서는 이미 알고 있는 것과 이를 조직화하는 방법이 매우 중요하기 때문에 그러한 연구들은 일상적 학습을 특징짓는 것을 완전히 놓치고 있는데, 일상적 학습이란 이전의 경험 속에서 새로운 경험을 해석하고 기존 지식에 새로운 정보를 관련시키는 것을 말한다. 따라서 결국 똑같은 발표를 듣고 어떤 사람은 다른 사람들보다 더 많이 배우고 이해할 수 있는 일이 왜 일어나는지를 제대로 설명하지 못한다.

Gothenburg에 있는 우리 연구진은 수많은 연구에서, 학습의 질(quality)은 글을 읽는 동안 주의를 어디에 두는지와 깊은 관련이 있음을 보여 왔다. 더 잘 학습하는 사람들은 교재에 더 깊이 주의 집중을 해서, 그것이 무엇에 대한 것인지 그 의미를 찾아보고 이를 자신의 세계와도 관련지어 본다(이를 학습에 대한 심층적 접근이라고 한다). 반면 학습을 덜 하는 사람들은 그 교재의 표면에 초점을 두고 그 책 자체만 봐서 수동적으로 나중을 위해 기억만 해 두려고 한다(표면적 접근).

우리 연구 중의 하나에서, 연구 참여자들은 제안된 대학 개혁(UKAS)을 비판하는 신문기사를 읽도록 지시받았다. 기사의 저자는 몇 개의 표에 나타난 사실에 바탕을 두고 반대의견을 피력했다. 그다음에 참여자들은 그 기사에서 무엇을 기억하는지, 저자가 무슨 말을 하려는지 질문을 받았고 그들이 어떻게 학습하고 있는지를 알기 위한 질문에 답하도록 했다.

다음의 두 응답은 학습에 대한 심층적 접근과 표면적 접근이 어떤 것인지를 잘 보여 주고 있다.(I = 연구자)

I: 내용 이외의 어떤 것, 즉 글 속의 상황을 벗어난 다른 것에 대해 생각난 게 있나요? 마음속에 떠오른 게 있는지요?

D: …… 예. 난 전에 읽었던 것과 관련을 시켜봤어요. UKAS가 나오고 있잖아요. 당신도 알고 있지요? 당신은 그것에 대해 생각하고 그게 정말 어떤 건지, UKAS에 대해 알고 있는 것과 여기서 알게 된 것을 다시 생각해 보기도 하고요.

한편

I: 내용에 없는 다른 것에 대해 생각난 게 있습니까?

S: 나는 다른 건 생각한 게 없는데요. …… 음, 시간 내내 기억해야 할 것을 생각하죠. 내가 지금까지 읽은 것, 그걸 내가 어떻게 기억할 것인가? 난 이걸 절대 기억할 수 없을 것 같아! 이런 생각을 여러 번 했죠.

앞서 말한 것처럼, 학습에 대한 이런 접근방식과 실제로 학습하게 되는 것의 수준 간에 높은 상관이 있었다. 예를 들면, 학습에 대해 심층적 접근을 하는 사람들은, 제안된 전체적 개혁에는 반대하고 특수하고 부분적인 개혁 기사(저자의 입장)에는 찬성하는 취지로 그것을 이야기하려 했고 표면적 접근을 하는 사람들은 일반적으로 제안된 개혁에 대한 것으로만 그 기사를 보는 경향이 있었다.
이 장에서 우리는 학습, 즉 경험에 의해 만들어지는 유기체의 변화를 보여 주는 몇 가지 유형을 설명해 보려 했다. 물론 여기에서 다룬 그 이상의 많은 다른 형태가 있을 것이다. 그러나 중요한 것은, 학습을 결정하는 것은 학습의 종류에 따라 달라진다는 사실이다.

[그림 24-1] Säljö의 연구에 사용된 교재 요약

[그림 24-2]에서 D로 나타나 있는 내용 이해의 첫 번째 방법을 보면, 글의 부분 부분이 서로 연결되어 전체 주제를 이루고 있는데, 이 글은 학습 형태에 대한 것이다. 이런 유형의 구조에 내재된 관계성은 '유기적' 인 것으로, 임의적이지 않고 내용에 바탕을 두고 있다는 뜻이다.

두 번째 경우, 즉 S형의 이해로 설명되는 방법은 관계성이 내용의 순서를 보여 주는 것으로 [그림 24-3]에 나타나 있는 바와 같이 한 부분이 다른 부분을 뒤따르는 방법이다.

S형 이해를 보여 주는 독자들은 책의 주제에 대해 질문을 받으면 하나의 정답을 제시하는 것을 어려워한다. 똑같은 주제들이 등장하지만 그들의 구조적 기능은 상당히 다르고 그 주제에 부여된 의미가 다르다는 점에서 구조적 차이가 반영된다. 예를 들면, 자료 앞부분은 학습의 한 유형의 예로 이해할 수도 있고 고문이나 정치적 압박에 대한 것으로 이해할 수도 있는데 이는 D와 S 이해법 각각을 보여 준다. 즉, D에서는 학습 유형이라는 주제에 대해 고전적 조건화와 마찬가지로 부수적인 것으로 취급되지만 S에서는 그것이 전체 내용과 무관하게 그 자체로서의 의미를 가진 것으로 이해한다.

학습자가 특정한 내용을 이해하는 두 가지 다른 방식을 지금까지 설명했는데, 이는 현상기술적 연구의 한 사례로 질적으로 차이가 나는 이해의 방식을 설명하고 있다. 현상기술적 연구의 원리는, 학습의 대상이 되는 현상이 무엇이든 간에 학습자가 그것을 이해, 경험, 개념화하는, 질적으로 차이 나는 방식을 설명할 수 있다는 것이다. 이것은 학습의 결과에 대한 질적 차이, 즉 학습의 'what' 측면의 차이를 설명해 주는 하나의 모델을 제시해 준다.

지금까지 우리는 내용을 이해하는 상이한 방식에 대한 논의를 해 왔는데, 자연스럽게 다음과 같은 질문을 하게 된다. '어떻게 그러한 차이를 설명할 수 있는가?' 왜 어떤 사람은 이런 식으로 이해를 하고 다른 사람은 또 다른 방식을 사용하는가? 설명에 대한 우리의 모델은 사람들이 세계를 경험하는 방식과 관련되어 있다는 앞서 논의한 내용으로 되돌아간다면, 그러한 차이를 학습이라는 행동이 '경험' 되는 방식

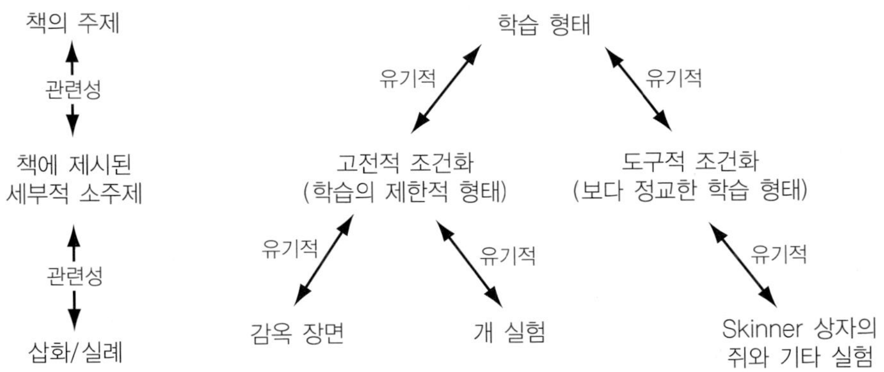

[그림 24-2] D 이해방식에서 본, 책의 내용에 대한 구조화(Säljö, 1982, p. 166)

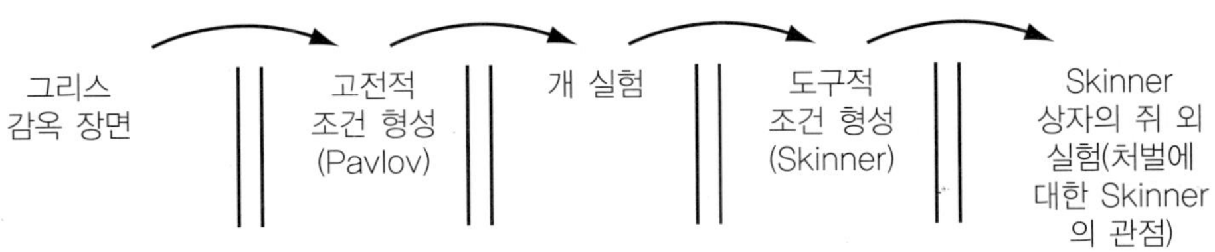

[그림 24-3] S 이해방식에서 본, 책의 내용에 대한 구조화(Säljö, 1982, p. 167).

이라는 측면에서 설명해야 할 것이다.

결과적으로 연구 참여자 모두가 동일하게 접한 읽기 자료에 대해 그것을 이해하는 방식에는 상이한 두 가지가 있음이 밝혀졌다. 이렇게 차이 나는 이해 방식은 읽은 자료를 피험자가 경험하는 전체의 일부로 보는데 인터뷰하기 위해 앉아서 책을 읽는 상황이 전체가 된다. 그리고 자료를 이해하는 상이한 방식에 대한 설명은 그들이 자신을 상이한 방식으로(경험하는) 상황에 관련시키는 것이고, 다시 말해 상이한 이해를 가져오는 방식으로 읽기 과제에 '접근' 하는 것이다. 이렇게 학습에 대한 서로 다른 접근방식은 심층적 접근과 표면적 접근으로 알려져 있으며 앞서 Säljö의 연구에서 규명되었다.

심층적 접근과 표면적 접근에 대해 살펴보고 학습 결과물과 이러한 접근방식의 기능적 관계에 대해 알아보기 전에 1974년에 이미 많은 연구에서 이러한 것들이 나타났음을 짚고 넘어가야 한다(Marton, 1974, 1975; Dahlgren, 1975; Säljö, 1975; Marton & Säljö, 1976, 1984). 또한 읽기가 아닌 다른 학습 상황에서도 이 같은 접근방법은 확인되었으며[Laurillard(1984)의 문제풀이 상황, Hounsell(1984)의 에세이 쓰기 상황, Hodgson(1984)의 강의 출석 상황, Whelan(1988)의 의료적 경우의 진단 상황, Booth(1992)의 쓰기 문제 상황 등] 학습 결과물의 질과 밀접히 관련되어 있음도 밝혀졌다. 이제 우리는 접근방식과 결과물 간의 기능적 관계성을 알아볼 것이다.

표면적 접근과 심층적 접근 간 주요 차이점은 표면적 접근이 초점을 두는 것이 기호(sign)인 데 반해 심층적 접근은 기호화(signified)된 것이 무엇인가 하는 점이다. 자료를 읽음으로써 학습되는 것에 관해 보면, 표면적 접근은 학습자가 그 자료의 단어 하나하나에 초점을 맞추고 있으나 심층적 접근은 그 내용이 의미하는 바에 학습자가 관심을 두게 된다. Svensson(1977, 1984b)은 원자적(atomistic) 접근과 전체적 접근 간의 차이를 구분했는데, 전자는 내용의 분절된 조각들이 서로 힘을 겨루고 있는 것이고 후자는 통합된 전체가 유지되는 것이라 했다. 그 차이는 Säljö가 글에서 보여 주었던 두 개의 인용에서도 찾아볼 수 있다([그림 24-1] 참조). 두 번째 사례(S)는 자료를 읽으면서 주변과는 동떨어진 채로 단어들을 기억하려 노력하고 있는 데 반해, 첫 번째 사례(D)는 자료를 읽으면서 그 자료 자체를 보는 것을 넘어서 좀 더 큰 현실 속에서 전체적인 의미를 찾고 있다.

교육적 실험에서 자료를 읽고 있는 사람들의 일상적인 생활은 어떤 모습일까? 그들은 분명히 현재 존재하는 다양한 것을 동시에 인식하게 되는 많은 다양한 상황을 경험한다. 즉, 어떤 특정한 장소에 있다는 것, 친구 몇 명과 이야기하고 있다는 것, 동시에 그들 사이에 놓인 탁자에 음식이 있다는 것, 또한 거기 놓인 포도가 얼마나 신맛일지 하는 점까지 인식하고 있는 것이다. 상황 내의 특정한 측면은 인식의 주제가 되는 반면 다른 측면은 주제의 주변을 이루고 있다. 또한 주제와 그에 상응하는 주변이 재구성되면서 주제들이 역동적으로 자리를 바꾸기도 하는데, 이는 전체적인 경험과 경험된 관계성에 따라 이루어진다. 이제 그들 중 몇몇은 비슷한 방식으로 자료를 이해한다. 즉, 자료의 다른 측면을 동시에 인식하고 각 주제를 배경과의 관련 속에서 보며 주제가 주제를, 또 배경이 배경을 대체할 수도 있음을 안다. 한편 다른 이들은 완전히 상이한 방식으로 동시성이 결여된 상태에서 이해를 하는데, 이들은 분절 분절로 내용을 읽고 의미의 여러 측면이 동시에 존재하고 있는 책에 대해 전체적인 이해를 결코 하지 못한다. 그들에게 있어 인식은, 부단한 인식의 재구성으로 주제와 배경을 유치하는 역동성이 부족하다. [그림 24-2]와 [그림 24-3]을 돌이켜 보면, 비슷한 점이 금방 눈에 띈다. 그것은 회상의 과정에서 부분들이 서로서로 관련되는 방식, 즉 학습의 결과를 보여 주었다. 그리고 여기에서는 독자가 열심히 책을 읽을 때 동시간적 인식의 감각에서 동일한 종류의 구조적 관계성이 발견된다는 말을 하고 있는 것이다.

어떤 사람에게는 언제나 인지하고 있는 주제가 있는데 그것이 현재 읽고 있는 그 부분에 대한 생각을 지배하고 있다. 이것이 바로 학습 형태의 예로 회상되는 이유인데, 전체적인 주제, 즉 '학습 형태' 가 이런 독자들에게는 언제나 머릿속에 존재하기 때문이다. [그림 24-4]가 이것을 보여 주고 있는데 [그림 24-2]의 오른쪽 부분과 동일하지만 다양한 항목과 주제에 대한 범위를 나타내는, 그림 아랫부분의 직선에 의해 확장되고 있다는 점이 다르다.

이런 사람과는 반대로 다른 유형의 사람들은 [그림 24-5]에서 보듯이, 전체적인 주제를 보는 시각이 없고 책의 부분 부분을 동일한 비중과 중요성을 가진 것으로 생각한다. 주제와 항목이 인식 속으로 들어갔다 나갔다를 반복하며 전체라는 것에는 전혀 관심이 없다. 만약 '책의 핵심 주제는 무엇인가' 라고 일반적인 질문을 한다면, 독자들이 보기에 충실하고 의미 있는 내용이라면, 그들의 응답은 분명 '주제는 책 여기저기에 다 있다' 라는 것일 것이다. 앞서 설명한 종류의 독서는 책의 주제에 대한 전체적인 인식을 계속 유지하고 있는 데 반해 후자인 경우는 그 주제를 결코 알아채지 못하고 책이 보여 주는 소재만을 둔한 시각을 가지고 수박 겉핥기 식으로 훑어볼 뿐이다.

이제 우리는 책을 읽는 방법이 독서의 결과물이면서 독서의 전체적인 경험 속에서 통일되는 것임을 알았다. 그러나 그런 차이를 가져오는 것은 도대체 무엇인가?

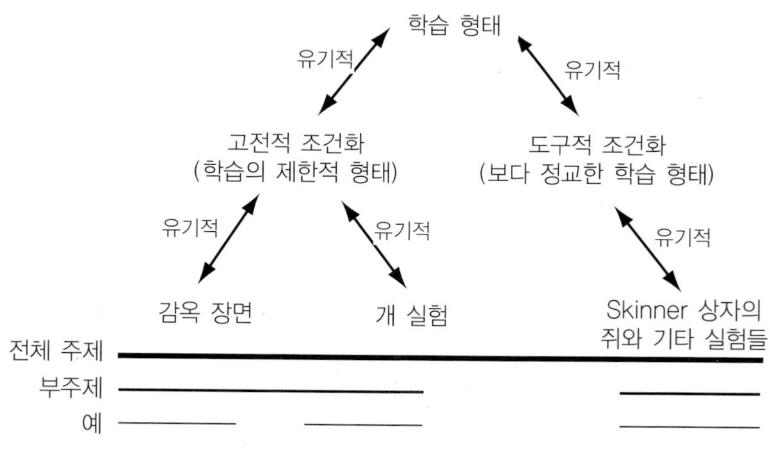

[그림 24-4] 전체 주제와 예로 책을 이해하는 구조

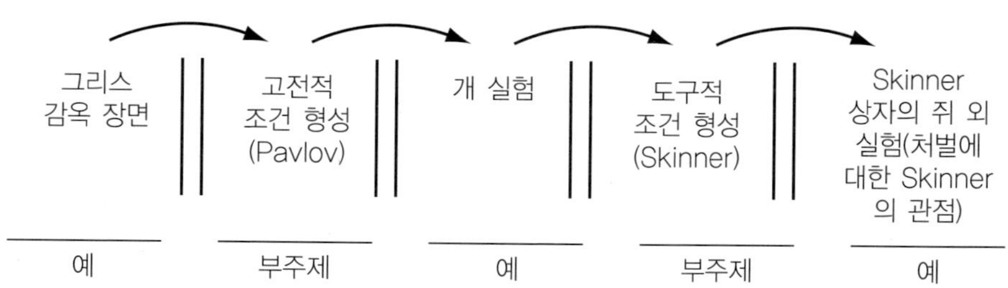

[그림 24-5] 항목의 순서로 책을 이해하는 구조

우리는 앉아서 책을 읽고 있는 사람들이 자신의 차이 나는 이력을 통해 그 상황을 보고 있다고 생각한다. 그들은 모두 책을 읽고 그에 대한 질문을 받을 것이라는 것을 사전에 기대하면서 거기에 있었고 그 상황에 대한 이해를 하고 있었다. 그들은 이미 설명된 바와 같이 학습이 무엇인지에 대해 차이 나는 개념을 가지고 있는데 현재 상황을 학습 상황으로 생각하기 때문에 그들에게는 다른 의미로 다가온다. 또 다른 이들은 자신들을 둘러싼 세계에 대해 알아내는 수단으로서 독서를 보고 따라서 책은 실재(reality)를 보는 창문이 되기 때문에 그에 따라 책을 다룬다. 전자가 책을 자신들과는 별도이고 관계가 없는 것으로 생각하는 반면, 후자는 책을 더 큰 세상의 일부분으로서 이해한다.

우리는 Roger Säljö의 연구에서 이에 대한 증거를 살펴보았다. 앞서 언급한 바와 같이, 각 연구 참여자는 책을 읽도록 요구받기 전에 연구자와 학습에 대한 일반적인 대화를 하게 된다. 그들은 책을 읽은 후 즉시 읽고 이해한 것과 그 상황의 경험에 대해 질문을 받았다. 이제 [그림 24-1]을 다시 보면, 끝으로 갈수록 이와 비슷한 연구 결과들이 설명되고 있음을 알게 될 것이다. 표면적 접근을 하는 피험자 중 누구도 책을 자기 자신의 상황과 관련지어 보지 않지만 심층적 접근을 하는 이들은 읽고 있는 책 속에서 자기 자신을 발견하게 되어 책을 자신의 실재 속으로 가져가고 자신의 실재를 책 속으로 가져간다. 처음에 인터뷰를 했던 Dora의 경우가 흥미로운데 그는 학습에 대해 대조되는 두 가지 시각을 가지고 있었다. Säljö의 말을 들어보면, 그녀는 다음과 같은 것을 보여 주었다.

> 그녀의 말을 보면, 대립적 의미를 지니고 경쟁적 위치에 있는 두 실재가 있다. 하나는 글이나 말로 된 내용에 집중하는 것으로, 그들의 표현을 빌리면 문서(document)와 같은 것이며 이는 통찰과 의미를 전달한다. 또 다른 하나는 책 내용(예를 들면 평가체계 수용)을 벗어난 외적인 요소가 큰 중요성을 가지고 있을 때 적절한 방식으로 거기에 집중하는 것이다(p. 86).

Dora는 책을 읽은 후 그 책을 읽은 경험에 대해 질문을 받았다.

> 아, 글쎄요, 처음에 이 책을 읽었을 때 나는 이렇게 생각했어요. '자, 이제부터 가능한 한 많을 것을 기억하자.' 그리고 계속 그렇게 했죠. 그러나 좀 더 지나서 글을 끝까지 읽고 나서는 크게 웃고 말았어요. 왜냐하면 저자들이 제가 처음에 생각했던 것과 똑같이, 가능한 한 많은 걸 학습하고 싶어 하는 사람의 유형을 그대로 그려 놓고 있었기 때문이에요. 그다음에 알게 된 게 있었는데 …… 뒤에 숨어 있는 의미를 알아야 한다는 거였어요. 그래서 제가 다시 그 책을 읽었을 때는 완전히 다른 방식으로 내용을 이해하려고 노력했어요.

이는 Dora가 책의 부분을 자기 자신의 실재로 만들어 간다는 것을 보여 주는 상당히 설득적인 증거가 되는데, 읽은 내용으로 인해 하나의 경쟁적 실재를 다른 형태로 바꾸었고 초기의 표면적 접근을 심층적 접근으로 바꾸었던 모습을 보여 준다. 즉, 하나의 특정한 방식(심층이든 표면이든)으로 학습에 접근할 수 없던 상황에서 그 방식으로 내용을 볼 줄 알게 바뀐 Dora에게 위와 같은 경우는 분명히 의미 있는 학습 경험이라 하겠다.

표면적/심층적 접근과 학습 결과와의 상호 연계성의 본질은 선행연구에서 잘 정립되어 있으며 Säljö의 연구(Marton & Säljö, 1976)에서 사용한 책에 나타나 있다([그림 24-1]). 이와 같은 결과는 몇몇 연구에서 반복되어 왔다. 특히, van Rossum과 Schenk(1984)의 연구는 학습에 사용하는 접근방식은 학습자의 학습에 대한 내적 인식에서 나온다는 사실뿐만 아니라, 접근방식, 결과, 관계성 등을 모두 보여 주었다.

임상적 진단을 학습하는 경험

지금까지 사례에서는 책을 읽는 것을 통한 학습만 주로 살펴보았고 학습에 대한 접근을 설명하는 데에서도 특히 독서와 관련한 학습만 다루었다. 다른 학습 과제에서도 질적 차이가 있는 접근방식과 학습 결과와의 관련성이 비슷하게 발견된다. 물론 자세한 사항과 정확한 설명은 그 과제의 구체적인 내용의 본질에 따라 다를 수 있다.

의대생이 수업 과정에서 반드시 배워야 하는 기술 중 하나는 임상적으로 진단을 하는 것이다. 여러 가지 복합적인 증상을 보이는 환자에게 자격 있는 의사는 의학적 원인을 밝혀 주고 병의 치료에 대해 설명해 줄 수 있어야 한다. 많은 의사들은 이러한 기술이 자연적으로 습득된다고 믿고 있다(Whelan, 1988). 또한 일부 의과대학들은 이것을 중요하게 생각하여 여러 과목에 내재된 요소나 그 자체로 하나의 과목으로 정하여 의학 교육과정 속에 포함하고 있다. 그러나 대부분은 다른 과목과의 협응 속에서 이 기술을 배우게 하고 크게 강조하지는 않고 있다.

학생들이 질병을 진단해야 할 상황에서 수행하는, 어둠 속의 칼부림 같은 그 행위에 당황한 Whelan은 이 문제를 체계적으로 연구했다. 그는 기본적인 과학 개념에 따라 진단할 수 있는 두 가지의 경우를 설계하고 여러 명의 1년차 임상의(의과대 4학년생)들을 대상으로 질문했다.

과제에 대한 뚜렷이 차이 나는 접근이 다시 한 번 확인되었다. Whelan이 '순서적(ordering)' 접근과 '구조적(structuring)' 접근이라고 명명했던 것은 학생들이 가진 문제에 대한 인식의 방향성을 말하는 것으로, 이미 설명한 표면적 접근과 심층적 접근이란 개념과 매우 유사하다. 순서적 접근에 대해 Whelan은 다음과 같이 관찰한 바를 서술하고 있다.

> 증상을 서로 관련짓지 않고 개별적으로 생각하거나, 증상을 무시하거나, 문제의 부분 부분을 순서대로 나열하고 전체를 함께 고려하지 않은 채 범주화하거나, 진단 과정이 문제점의 구조를 왜곡하거나 의미 있는 내용을 잘못 배치해 두게 되고, 혹은 만일 학생이 자신이 할 일을 설명할 수 없다면, 여기에서의 추출물은 임상적 문제 해결에 대한 순서적(혹은 원자적) 접근이라고 할 수 있다. 일반적으로, 이러한 접근법을 사용하는 학생들은 주어진 모든 정보를 제대로 충족시킬 해결책을 발견하지 못한다(p. 205).

그는 구조적 접근에 대해서도 다음과 같이 말한다.

> 만일 학생이 문제의 기저에 놓인 구조에 계속 집중하고, 자신의 생각을 뒷받침하는 증거를 사용하며, 이미 배운 기초 과학을 자신의 생각과 연관시키고 있음을 보여준다면, 이러한 결과는 임상적 문제 해결에 대한 구조적(혹은 전체적) 접근이라고 볼 수 있다(p. 205).

순서적 접근을 하는 학생들은 증상 리스트를 그 자체로 들여다보는 데 반해, 구조적 접근을 하는 학생들은 직접적으로 드러나고 있지 않은 원인과 관련해서 증상의 의미를 따져 본다.

그러나 이 연구는 접근에 대한 좀 더 복잡한 분석을 하게 하는데, 즉 학생들이 그 과제에 대해 실제로 해 가는 방법이라는 또 하나의 차원에서 해석해야 하는 것이다. 순서적 접근에서, 학생들은 위의 경우에 따라 하나 이상의 임상적 특성에 기반하여

1. 한 남자(기술공, 23세) 환자가 3주 동안 계속 심해지는 피로감과 무력함을 호소하고 있다. 계단을 오르는 것조차 힘이 드는데 그는 몸이 약해서라고 생각하고 있다. 그러나 한 계단 이상을 올라가려 할 때마다 호흡이 힘들어진다는 것을 깨달았다. 석 달 전에 처음으로 설사 증상이 있었고 거의 매일 4~6번씩 설사를 했다. 이 기간 동안 이 환자는 약 10kg이 빠졌다. 신체 검사결과는 이 환자가 명백히 체중 감소가 되고 있는 마른 남성임을 보여 준다. 신체적으로 다른 병적 증상은 없고 특히 복부 기관이 확장되어 있는 것도 없었다. 특별히 주의를 요하거나 민감한 부분도 없다.
2. 남편과 사별한 지 2년 된 55세의 여성 환자는 지난 6개월 동안 숨이 가빠져서 힘들다는 호소를 하고 있다. 그녀는 밤중에 숨이 가빠 힘들었던 일이 3번 있었다. 이러한 일은 마른 기침과 (천식으로 인한) 헐떡거림과 관계가 있다. 발작은 20분에서 길게는 7시간까지 계속된다. 허리를 세우고 앉아 있으면 조금 완화가 된다. 이 환자는 하루에 25개피의 담배를 20년 동안 피웠는데 13년 전에 끊었다. 몇 해 전에 의사가 발목 부은 것 때문에 라식(Lasix) 처방을 했다. 검사에서 비정상적인 증상이 나타나지는 않았다.

[그림 24-6] Whelan의 연구에서 사용된 두 가지 경우(1988)

진단을 내리는 유형연결(pattern matching) 방식으로 해결하려 하거나 혹은 잠정적 진단 내용에는 포함되어 있으나 주어진 경우에는 나타나 있지 않은 임상적 특징에 따라 하나하나의 진단이 배제되는 배제식(exclusion) 방식을 이용하기도 한다. 그러나 구조적 접근을 하는 학생들은 진단을 내리기 위해 진단적 통합(diagnostic integration)을 이용한다. 학생들은 곧바로 진단을 내리기보다는 원인을 알아낸다는 면에서 증상을 해석하는데, 그것으로 해석학적 기제의 논리적 순차를 통한 가설을 세우게 된다.

[그림 24-6]은 연구에 사용된 두 경우를 보여 주고 있다. 1번 경우에 대한 진단을 설명하고 있는 두 학생의 다음과 같은 인용문을 살펴보면 매우 분명하게 유형연결 방식을 볼 수 있다.

> 환자가 피곤해하고 약하다는 것을 읽자마자 나는 빈혈을 떠올렸어요. 내 생각에는, 그런 종류의 병(빈혈)에 대해 그 같은 증상이 병인(病因) 리스트에 있었죠?

> 내 생각에 문제점은 피로와 쇠약증입니다. 그러한 점에서 보면, 설사는 별로 관계가 없거나 우연히 겹친 일인 것으로 생각됩니다.

이 학생들은 하나의 증상에 초점을 맞추고 다른 것은 무시하고 있다. 2번 경우를 다루는 다음의 인용과 비교해 보라.

> 이 여자 환자는 아마도 심장에 문제가 있는 듯한데, 순환이 잘 되도록 유지하지 못하는 것 같습니다. 이는 고혈압 때문일 수 있겠는데, …… 왜냐하면 그녀가 흡연자여서 고혈압과 동맥경화가 상호작용을 일으킬 수 있기 때문입니다. 즉, 심장이 운동과 함께 상승되는 요구를 감당할 수 없는 지경에 이르렀습니다.

분명히 후자에서는 묘사된 증상의 의미가 다루어지고 있는 반면, 전자에서는 증상이 진단을 위한 도구로 사용되고 있다.

학습 경험에서 본다면, 이런 진단 세션은 학습 결과에서 뚜렷이 구분되는 차이를 가져온다. 학생들은 자신이 내린 진단을 설명하도록 요구받았고 이 과정은 그들이 기본적 의학지식을 이해한 정도를 보여 준다는 면에서 분석되었다. 만일 '임상적 특징이 해석학적 연관성이라는 면에서 설명된다면, 그리고 임상적 특징과 진단 사이의 중간 단계 설명을 해 주는 원인 관계를 알아챘다면, 또한 정적이고 부적인 관계가 모두 포함되어 있다면(즉 선택한 진단에 대한 지지적 또는 반대적 내용이 모두 논의된다면)', 진단은 '이해(understanding)'를 바탕으로 했음을 알 수 있다. 반대로, '논의가 증상과 진단 간의 단기적 인과관계로 특징지어지거나 단순히 기술적 용어로만 결과를 제시하거나, 혹은 학생이 진단을 내릴 수 없다면' 단순한 '기술(description)'이 진단의 주 특징이 되고 그 학생은 의학 지식에 기초한 진단을 내렸다고 볼 수 없다.

이제 이러한 학습 기회의 결과는 학생의 전체적 교육, 특히 지금까지의 기초 의학 공부와 앞으로 배울 임상 경험이라는 맥락 속에서 살펴보아야 한다. 이 같은 진단 연습의 결과는 Whelan의 용어로 이해와 기술이라는 이해 형태에 나타난다. 이 연구에 참여했던 48명의 학생들이 두 환자의 경우를 진단하도록 되었을 때 그중 대부분의 경우(83)에 순서적 접근이 사용되고 단 6명의 학생의 경우만이 이해로 분류될 수 있는 결과를 보여 주었다. 한편 구조적 접근을 사용한 7명의 학생들은 모든 경우 이해에 도달해 있었다. 결국 접근방식과 결과는 명백히 관련되어 있는 것으로 볼 수 있다.

만약 증상을 환자들에 관한 책에 비유한다면, 진단을 내리는 순서적 접근과 책을 읽는 데 대한 표면적 접근 간의 유사성을 볼 수 있다. 즉, [그림 24-5]에서 보듯이 의미보다는 기호에 초점을 맞추고 각각의 단위를 전체와 관련시키지 않고 하나의 단위에서 다음으로 차례차례 넘어가는 데 관심을 둔다. 이런 비유를 계속해 보면, 구조적 접근을 하는 학생들은 진단하고자 하는 근본적인 질병을 들여다보는 수단으로서 증상을 읽어 가는 데 반해, 순서적 접근을 하는 학생들은 자기 자신의 가치를 위해 증상을 읽는다. 순서적 접근의 경우에 인식(awareness)의 구조는 증상이 동시에 일어난다는 데 대한 감이 없이 하나의 증상이 다음 증상 다음에 온다고 보는 것이다.

반대로 구조적 접근은 증상을 동시적인 것으로 보고 있으며 진단 또한 항상 거기에 있다. 순서적 접근은 글로 적혀 있는 환자의 기술에 포함된 표시의 수준에서 멀리 나가지 않지만 구조적 접근은 그 경우 전체를 살아 있는 존재로 본다. 구조적 접근에서 각 증상은 그 자체로서, 또한 다른 증상과의 관계 속에서, 뿐만 아니라 진단과의 관계 속에서도 파악된다. 책을 학습하는 학생의 경우에 우리는 '그 책의 가장 중요한 초점은 어디에 있는가?' 라고 물었고 '책의 초점은 여기저기 모든 곳에 있다' 고 대답했다. 이제 우리는 '이 환자의 경우 의도된 진단은 어디에 있는가?' 라고 물으면 그 대답은 틀림없이 '진단은 이 환자를 기술한 내용 모두에 있다' 라는 것일 것이다.

학습에 대한 접근의 일반화 가능성

학습에 대한 접근과 학습의 결과를 설명하는 많은 연구들이 수행되어 왔다. 그들 중 두 가지가 보다 자세히 설명되어 왔고 접근의 일반적 구조는 내용 영역을 넘어서서 일반화될 수 있을 것으로 보이지만, 그 영역의 고유성을 구별시켜 주는 특징도 있다. 이제부터는 이러한 결과가 다른 쪽에서 일반화될 수 있는 정도를 살펴보고자 한다.

연령을 초월한 일반화

이 장을 처음 시작할 때 제시했던 바와 같이, 학습이 현상을 경험하는 방식이라고 보는 개념화와 자세하게 설명했던 예는 사람들이 학습에 사용하는 접근방식과 그 학습의 결과 사이에 내적 관계가 있다는 것을 보여 준다. 또한 사례에서 설명된 접근방식과 다양한 학습과제에 대한 연구에서 나온 접근방식은 그 본질적인 면에서 공통점을 지니고 있다. 심층적-표면적 접근은 이에 따라 자연스럽게 지어진 이름이다. 그러나 특정한 형태의 접근방식은 특정한 학습과제와 내용 영역을 고려하여 연구되어야 한다.

앞서 설명한 연구들은 대학생을 대상으로 한 것으로, 표면적 접근은 교육적 상황의 요구 조건을 보여 준다. 우리의 논의가 성인 학습자에게서만 확인된다고 생각될 수 있다. Pramling(1986)은 학습에 대한 접근 간에 차이가 나는 초기의 모습을 5세에서 6세 사이의 유치원 아동에게서 관찰할 수 있다고 주장한다. 색과 형태에 대해 배우고 있는 아이들(교사는 최소한 이를 의도하고 있다)에 대한 관찰연구에서 그는 이러한 주장을 보여 준다. 교사는 기본색과 혼합 색, 색깔의 차이에 대한 지식, 색의 음영에 대한 개념을 이해시키고자 했다. 또한 아동이 형태에 대한 개념, 원, 사각형, 삼각형 등을 알도록 했고, 크고 작음, 좁고 넓음 사이의 관계에 대한 통찰을 가르치려 의도했다(p. 29). 아이들은 다양한 색과 모양을 가지고 놀며 공부했고 교사는 그 개념을 말로 설명했다. Pramling은 아동들 사이에서 그 상황에 대해 뚜렷이 구분되는 두 개의 차이점을 밝혀냈는데, 이러한 차이는 표면적 접근과 심층적 접근 간의 차이와 매우 비슷했다.

일부 아동은 교사가 활동을 통해 학습하기를 의도한 것에는 관심이 없고 활동 그 자체에 초점을 맞추었다. 예를 들면, 면접자(I)가 Christopher에게 질문했을 때 그 아동은 다음과 같이 대답했다(p. 33).

I: 너, 그림을 그리고 있었다고 말했지? 왜 그림을 그리니?

C: 그리는 게 재미있어요.

I: 그럼, 선생님이 왜 네가 그림을 그리도록 했을까?

C: 내가 그림을 그리고 싶어 했기 때문이죠. 그런 애들이 많이 있잖아요.

I: 그럼, 왜 빨간색으로 그림을 그렸니?

C: 왜냐하면 그게 재미있다고 생각했으니까요.

I: 선생님은 네가 어떤 생각을 하길 바라실까?

C: 모르겠어요.

한편 또 다른 아동은 참여하는 활동을 통해 학습하도록 의도된 현상에 초점을 맞추고 있다. 예를 들면, Birgitta의 인터뷰를 보자.

B: 지금까지 우린 색깔에 대해 얘기했어요. 음, 그러니까 우린 색깔에 대해 배우고 있는 거죠. 다른 색깔들과 같이 섞을 수 있는 색깔 같은 거요.

I: 왜 그런 걸 하지?

B: 음…… 모르겠어요.

I: 그럼, 선생님은 왜 너희가 다른 색깔에 대해 배우길 바라실까?

B: 어떤 색깔을 섞을 수 있을까 하는 그런 모든 것 때문에요.

Ahlberg(1992)는 10세 아동들과 문제 해결에 대한 그들의 접근법에 대해 연구했는데, 제시된 문제들은 명백히 또는 암시적으로 수학적인 것과 수학이 아닌 문제들

각 서술을 5점 척도로 평정하시오.

심층적 접근

- 나는 대부분 처음에 어려워 보이는 것을 이해하기 위해서 많은 노력을 기울인다.
- 나는 듣거나 책에서 읽은 것을 강의 중에 자주 질문하는 편이다.
- 나는 읽어야 하는 것의 의미를 완전히 이해하기 위해 집중한다.
- 새로운 주제를 접할 때 나는 새로운 정보가 필요한 것에 대해 나 자신에게 질문해 본다.

표면적 접근

- 나는 학습해야 하는 것의 많은 부분을 기억하는 데 집중해야 한다고 본다.
- 기술적인 용어의 의미를 이해하는 가장 좋은 방법은 책에 나온 정의를 기억하는 것이다.
- 나는 자주 내용에 대한 진정한 이해 없이 책을 읽는 것 같다.
- 강사들은 불필요하게 복잡한 것을 단순한 진리로 만드는 데 열광하는 것 같다.

[그림 24-7] 랭커스터 검사지의 전형적인 문항

로 구성되었다. Ahlberg는 수학 문제를 해결하는 두 가지의 차이 나는 접근방식을 발견했는데, 그것은 지금까지 설명했던 심층적 접근 및 표면적 접근과 비슷했다. 첫 번째 접근(이른바 심층적 접근)에서, 아동들은 주로 문제를 이해하는 데 관심을 두고 있었다. 아이들은 문제 해결과정을 알아내고 문제 해결방식을 다양하게 시도해 보고 가설을 세우며 주어진 문제에 대한 자신의 관점에 변화를 주었다. 그들은 문제의 일부나 전체, 그 속의 숫자를 보면서 그들 간의 내적 관계를 알아내고자 한다. 두 번째 종류의 접근(표면적 접근)에서는, 아이들이 이전에 사용한 적이 있었던 널리 알려진 해결방식을 적용하려 하고 기존 패턴에 따라 주어진 문제를 푼다. 이들은 문제 해결과정을 찾아내지 않으며 문제를 푸는 과정이 뚜렷한 형태로 이미 머릿속에 자리 잡고 있는 것이다. 이 아동들은 대안적인 방법도 시도해 보지 않는다. 기본적으로 문제 속에 있는 수(數)에 집중했으며 계산하지 않고 어림짐작을 하기도 하고, 자신들이 알아낸 연산을 중심으로 계산해 내는 데 관심을 갖고 있었다.

위의 두 연구 모두 어린 연령에서 학습에 심층적 또는 표면적 접근을 사용하고 있음을 보여 주며, 이들 접근이 고등교육을 받고 있는 성인 학습에서만 유용한 개념이 아님을 증명한다.

상황을 초월한 일반화

학습에 대한 접근방식을 개인적 학습 유형이나 개인의 기질로 보지 않는다고 강하게 말할 수는 없다. 앞서 살펴본 두 개의 주요 실례에서 보면, 다른 경우의 학습과제에서는 어떻게 했을지 고려하지 않고 특별한 경우의 경험에 따라 학생들이 수행하는 과제에 대한 접근방법을 살펴보았다. 이런 과제의 결과는 특수한 상황에서 채택한 접근과 관련이 있었다. 개개인 학생들은 사실 특정 과제에서는 다른 접근법을 사용한다는 것을 보여 준 연구들이 있었다. 그러나 또 다른 연구자들은, 사람들이 학습과제를 해결할 때 주로 많이 사용하는 방법을 가지고 있다고 보는 것이 적절하고, 일반적으로 공부할 때 그들은 그 방법을 사용하려 애썼다. 랭커스터 대학의 Entwistle과 Ramsden(1983)은 대학 학과의 학문적 경향과 그 학과 학생이 채택하는 연구에 대한 접근법 간의 관계성을 조사하는 검사도구를 개발했다. 측정에 사용된 보기 문항이 [그림 24-7]에 제시되어 있다. 학과의 특성과 접근법 간에 체계적 관계가 발견되었다. 예를 들면, 공부해야 할 양이 많고 학생-교수 간 접촉이 별로 없으며, 과목과 방법론의 선택 범위가 좁고 기억력이 필요한 시험이 많은 것 등은 학생들이 학습에 대한 표면적 접근을 선택하는 것과 관련이 있다. 반대로, 수업이 훌륭하다는 인식이 높고 특히 교수-학생 간 빈번한 접촉을 통해 공부에 많은 도움을 받는다고 생각하며 무엇을 공부하고 어떻게 공부할 것인가를 선택할 자유가 주어진 학과의 학생들은 학습에 대한 심층적 접근을 사용하는 경향이 있다.

더 나아가 Biggs(1987)는 심층적 접근 및 표면적 접근과 전형적으로 관련 있는 학습의 특징을 사용해 학생들이 일반적으로 공부에 어떻게 접근하는지를 밝혀 주는 질문지를 개발했다. 이는 중등학교 수준을 위한 학습과정질문지(learning process questionnaire: LPQ)와 고등교육 수준을 위한 연구과정질문지(study process questionnaire: SPQ)다. 이 질문지들은 주로 호주와 동남아시아 국가에서 많이 사용하고 있다.

문화 차를 넘어선 일반화

최근 동양인 학습자, 더 구체적으로 말하면 중국인 학습자의 두 가지 전형적 유형과 관련해서 LPQ와 SPQ를 사용해 연구한 결과를 보면, 몇 가지 역설적인 내용(패러독스)이 발견된다. 첫 번째 전형적 유형인 '머리 좋은 동양인' 은 원칙적으로 호주와 미국의 고등교육기관에서 중국 학생들이 보여 준 성공의 결과다. 이러한 성공은 홍콩(일본도 해당) 출신 학생이 수학과 과학에서 특히 뛰어난 성과를 보인 데에서 증거를 찾을 수 있다(Torney-Purta, 1990). 두 번째 전형적 유형은 '암기자인 동양인 학습자' (Biggs, 1990; Kember & Gow, 1991)로, 기본적으로 중국 학생들과 관련되어 있지만 일반적인 동양인 학생 전체에 대한 말이기도 하다.

머리 좋은 동양인과 암기학습자인 동양인은 본 장에서 우리가 지금까지 구축해 온 사고의 틀 내에서는 병립할 수 없는 듯해 보인다. 학습 내용을 암기하도록 하는 것은 무시해도 좋을 정도의 세부 사항을 기억해 내는 것을 제외하고는 성과와 부적으로 상관이 있다(Biggs, 1979). 만일 이 두 가지의 전형적 유형이 타당한 것으로 밝혀진다면 우리는 여전히 패러독스가 있는 셈인데, 암기식 학습을 하는 학생들이 어떻게 머리 좋은 동양인과 똑같이 높은 성과를 보일 수 있는가 하는 점에서 그러하다.

LPQ와 SPQ을 사용해서 얻어진 연구결과는 중등교육이나 고등교육에서 동양계 학생(예를 들어 홍콩이나 네팔 출신)이 호주 학생들보다 심층적 접근을 더 지향하고 표면적 접근을 덜 사용한다는 것을 보여 준다(Biggs, 1990; Watkins & Regmi, 1990; Watkins, Regmi, & Astilla, 1991; Kember & Gow, 1991). 그러나 이는 표면적 접근은 암기식 학습을 사용하는 것으로 보고 심층적 접근은 이해를 한다는 것과 동일한 의미로 받아들인 결과인데, 이러한 해석은 우리가 앞서 설명해 온 바와 같이 심층적, 표면적 접근을 지나치게 단순화한 데 기인한다. 표면적 접근이 어떤 맥락에서 암기식 학습과 관련이 있을지도 모르나 이러한 학습 유형으로 '특징지어' 지는 것은 아니다. 오히려 표면적 접근은 학습 자료나 교재 그 자체에만 집중하고 심층적 접근처럼 교재 그 이면에 있는 의미나 의도는 고려하지 않는 것이다.

심층적 · 표면적 접근을 과도하게 단순화하면, LPQ와 SPQ 연구의 결과는 중국 학생이냐 호주 학생이냐에 따라 강조되는 심층적 · 표면적 접근의 정도를 보여 주는 데 실패하게 된다. 중국 학생들이 학습에서 실제로 사용하는 질적으로 다른 접근이 무엇인지를 밝혀내고자 하는 목적을 가지고 학습에 대한 중국 학생들의 접근을 조사한 연구는 없었고, 유럽 학생들이 사용하는 것으로 밝혀져 온 학습적 접근에만 온통 초점을 두어 왔다. Biggs(1990)가 지적했듯이, 심층적 · 표면적 접근 구분은 중국 학생들의 학습을 설명하기 위해 가장 적절한 방법이 아닐지도 모른다.

그러나 중국인 학습자와 관련한 패러독스는 여전히 남아 있다. 동양 학생들이 암기식 학습을 지향한다고 믿는 이유는 아시아(특히 중국 문화)에서 철학을 가르치고 실천하는 방법이 기억력을 요구한다는 점 때문이다. 실례로서, 이 사실은 Johnson과 Wen(1990)에 의해 확인된 바가 있다. 서양에서는 기억이 이해를 증진시키지 않고 오히려 기억과 이해는 상호 배타적인 것이라는 믿음이 있는데 우리가 앞서 논의했던 일련의 연구들이 이런 믿음을 강하게 만들기도 했다. 만일 동양의 교육체계가 기억을 하도록 이끌고 있다면 아시아 학생들이 그토록 높은 성취를 이뤄 낸다는 것이 가능한 일인가?

이 분명한 역설은 Marton, Dall' Alba, Tse(1993)의 연구 주제가 되었다. 앞에서 Säljö 연구를 설명하면서 학습에 대한 학습자의 접근과 학습의 의미에 대한 학습자의 개념은 구분이 불가능하도록 상호 얽혀 있다는 점을 지적한 바 있다. 중국 학생에 대한 연구에서 이러한 구분은 전혀 이루어지지 않았는데, 조사된 것은 학습에 대한 전체적 의미와 학습과제에 대한 경험 모두였다.

LPQ와 SPQ 질문지는 이해와 기억 사이에 놓인 심층적 접근과 표면적 접근을 구분하는 선을 그려 놓고 있다. 그러나 연구 결과는 중국인 학습자에게 있어 그 선은 이해를 하기 위한 기억과 기계적 기억 사이에 그려져 있다는 것을 보여 준다. 따라서 역설의 원천이 밝혀질 수 있다. 즉, 학습에 대한 심층적 접근을 하는 중국 학생은 사실은 기억을 하기 위한 노력을 하고 있는 것이고 동시에 이해를 하고 있는 것이다.

Marton 등이 수행한 연구 결과는 중국인 학습자에게 기억과 이해 간에 어떤 관계가 있는지를 밝혀내는 데 공헌했다. 기억을 하는 과정에 있어 기억되는 책의 내용은 여러 번 반복이 되는데 이는 밖에서 보기에는 암기식 학습으로 취급될 수 있다. 그러나 교육자를 대상으로 한 실험에서 많은 수의 참여자들은 반복의 과정이 이해에 도움을 주며 암기식 학습의 특징인 기계적 기억과는 다르다고 설명했다. 책 내용을 기억할 때 이해를 깊게 하는 방식으로 반복하게 되고 한 번 반복할 때마다 내용의 다른 측면에 집중할 수 있다. 반복을 통해 이해를 깊게 하게 된다는 개념은 완전히 동양의 것이기만 한 것은 아니다. 서양 학생들에 대한 초기 연구에서, 연구 참여자 중 몇몇은 책의 한 줄을 여러 번 읽는 것이 어떻게 이해의 증진을 가져올 수 있는지 설명했다. 또한 일부 참여자들은 한 줄을 읽는 각각의 경우가 어떻게 다른 방식으로 이루어지는지, 즉 내용의 다른 측면에 초점을 맞추는지 아니면 다른 시각을 가지고 읽게 되는지를 설명했다(Marton, Asplund-Carlsson, & Halász, 1992).

이러한 방법으로 반복하고 기억하는 과정에서 책의 의미를 완전히 이해하게 된다. 한 연구 참여자가 말하길, "반복하는 과정을 보면, 이건 단순한 반복이라고 할 수 없는데, 왜냐하면 너가 매번 반복할 때마다 몇 가지 새로운 개념을 이해하게 되고 또 오히려 더 잘 이해할 수 있게 되었기 때문이다"(Marton, Beaty, & Dall' Alda, 1993). 중국 학습자의 역설을 해결할 수 있는 것은 이해를 깊게 하기 위한 암기의 사용에 대한 것이다.

Marton, Dall' Alba 그리고 Tse(1993)는 중국 본토의 여러 지역 출신 교사 18명을 대상으로 연구를 수행했고 이들의 결과는 난징사범대학의 학생 30명을 대상으로 한 Wen과 Marton(1993)의 면접 연구에서 그대로 반복 확인되었다. Marton, Watkins 그리고 Tang(1995)이 수행한 또 다른 연구는 홍콩에서 고등학생을 대상으로 했고, 학습이라는 개념과 다소 구분이 어려운 학습 경험과 구분, 그리고 암기적 기억과 이해를 위한 기억 사이의 차이점을 분명하게 보여 주었을 뿐만 아니라 중국 학습자를 대상으로 한 연구를 통해 수정된 의미의 심층적 접근과 표면적 접근의 구분도 보여 주었다.

네 번째로는 Pramling, Asplund 그리고 Wen(사적 담화)이 진행 중인 연구가 있는데, 이들의 연구는 암기와 함께 이해를 지향함이 중국 어린이들의 '이야기 학습'과 '이야기로부터 배우는 것의 학습'에 어떻게 반영되고 있는지를 보여 주었다. 이 연구에서 사용된 Shel Silverstein(1964)의 『아낌없이 주는 나무(The giving tree)』는, 아동 중 일부는 현상적 원리에 따라 행동하도록 정해진 실험집단에 넣고, 나머지는 통제집단에 배치했는데 Pramling의 다른 연구에서 일찍이 사용된 적이 있었다. 먼저 행해진 연구는 책에서 소개되었고 후속 연구를 여기에 제시한다. 이야기는 한 소년과 그와 매우 가까운 친구인 나무에 대한 것이다. 시간이 지남에 따라 소년이 원하는 것이 변하고 나무와의 관계도 변했다. 조금씩 조금씩 나무는 자신이 가진 모든 것을 소년에게 주었다. 즉, 왕관을 만들기 위한 잎, 먹기도 하고 돈도 벌기 위한 사과, 집을 짓기 위한 가지, 멀리 나아갈 배를 만들 둥치 등등, 다 잘리고 그루터기만 남을 때까지 줄 수 있는 것은 모두 다 주었다. 그러나 그때쯤 되자 소년은 사과를 베어 먹기에는 이가 너무 상했고 가지에서 그네를 타기엔 너무 바빴으며 둥치에 오르기엔 너무 피곤해졌기에, 단지 필요한 것은 평화롭게 조용히 앉아서 쉬는 것이었다. 그루터기는 쉬기에 안성맞춤이었고 나무는 그래서 마지막까지 행복해했다.

5~6세까지의 중국 어린이 30명은 교사가 읽어 주는 이 이야기를 들었다. 그리고

〈표 24-1〉 스웨덴과 중국 아동의 회상 형태 단위: %

	스웨덴 집단	중국 집단
단편적 기억	20	17
이야기 구조	30	83
중심 주제	50	–
n	40	30

출처: Pramling, Asplund, & Wen(개인적 면담).

나서 그들은 개별적으로 그 이야기 중 기억하고 있는 것과 거기에서 배운 것에 대해 질문을 받았다. Pramling의 연구에 참여한 6~7세 스웨덴 어린이들과 비교했을 때 (통제집단) 중국 어린이들은 스웨덴 어린이들보다 나이가 어렸음에도 더 길고 정확하게 이야기를 할 수 있었다. Pramling은 아이들의 회상과 관련해 질적으로 차이가 나는 세 가지 형태를 발견했다. 즉, 어린이들은 일관성 없이 흩어진 조각조각의 이야기를 말하기도 했고, 이야기 구조를 따라 처음, 몇 가지 에피소드가 있는 중간, 그리고 끝맺음 등으로 이야기하기도 했으며, 몇몇 주제를 중심으로 기억 나는 것을 조직화하기도 했다. 〈표 24-1〉에서 보면, 다수의 중국 어린이들은 이야기의 구조를 따르고 있음을 알 수 있다.

중국 어린이들은 '이야기를 구성하는 단어 속에 갇혀' 있는 듯이 보였다. 면담과정에서 그들은 들은 것을 기억하려 애쓰면서 책에 쓰인 정확한 표현이 기억 나지 않으면 다른 방식으로 동일한 내용을 표현하기보다는 '모르겠어요' 라고 말했다. 그러나 스웨덴 어린이들보다는 이야기를 더 잘 이해하고 있었다. 이야기로부터 무엇을 배웠는지를 질문했을 때 (연구의 통제집단이었던) 스웨덴 어린이 집단의 5%만이 들은 이야기가 '양심의 목소리에 귀를 기울여야 한다' 거나 '친구를 기분 나쁘게 해서는 안 된다' 와 같은 도덕적 메시지를 품고 있다는 점을 이해하고 있는 것으로 나타났다. 예를 들면, Christopher는 다음과 같이 말했다.

C: 사람들은 모두 친구가 되어야 해요. 싸우지 말아야 해요. 또 친구에게 무엇이든

지 다 주어야 해요.

I: 아, 음.

C: 그리고 진정한 친구가 되어야 하고요.

I: 그래, 좋아. 또 그 밖에 알게 된 것은 없니?

C: 예, 친구가 되기 위해 꼭 닮을 필요는 없고요. 그리고 …… 외국 출신이냐 아니냐도 문제가 되지 않아요. 그리고요…… . (Pramling, 1994, p. 163)

중국 어린이 집단은 44% 이상이 이와 같은 이해를 보였는데 이는 현상적 원리에 근거했던 Pramling 인터뷰 프로그램에 참여한 실험집단이 단지 26%만 그러했다는 점과 비교될 수 있다(Pramling, 1994, p. 230).

이 모든 중국 연구에서 암기식 학습으로서의 기억과 이해를 위한 기억 사이의 이분화는 다소 과도하게 단순화된 감이 있다. 그러나 중국어 자체가 스웨덴어나 영어보다는 기억이라는 개념을 보다 잘 구별해 낸다는 것이 사실이다(Wen & Marton, 1993). 또한 중국어가 그림을 바탕으로 만들어졌다는 바로 그 사실 또한 이러한 연결을 생각해 보는 데 틀을 제공한다. 중국인 대상 연구 결과는 Nagel과 Marton(1993)의 연구와 대조될 수 있는데, 이 연구는 30명의 우루과이 아이들과 학습에 대해 인터뷰를 했고 이 어린이들은 내용을 이해하는 방식에서 다른 연구와는 굉장히 큰 차이를 보였다.

학습 경험에 관한 논의의 일반화에 대한 본 절을 결론짓자면, 학습에 대한 접근에 있어서의 비슷한 기본적 차이는 내용 영역과 연령집단, 또 상황과 문화에 따라 달라진다는 점을 발견한 것이다. 또한 인간 인식의 구조를 통해 학습에 대한 접근과 학습 결과의 질 간에 기능적 관계를 성립시켰기 때문에 내용 영역과 연령 집단, 상황과 문화를 구별하기 위해 일반화할 수도 있다. 그러나 그렇게 말한다면, 특정한 내용과 연령, 상황, 문화에 있어 차이의 특정한 '의미'가 각각의 경우에 그 자체에 따라 하나의 법칙으로서 새롭게 발견되어야 할 것이다.

'학습자가 경험하는 학습' 의 교육적 의미

학습되는 것은 무엇인가

연구 맥락에서 가장 기본이지만 자주 간과하는 질문은 '학습되는 것은 무엇인가?' 라는 것이다. 지금까지 제시했던 연구들과 관련시켜 이 질문을 살펴보면 두드러진 정답 하나를 발견하게 되는데, 그것은 바로 무엇인가를 어떤 특정한 방식으로 볼 수 있게 된다는 것이다. 앞서 나왔던 Säljö의 연구에서, 책을 읽은 자들은 학습을 새로운 방식으로 보게 되었다는 학습 결과를 성취할 수 있었다. Whelan의 의대생들은 증상에 대한 기술(description)과 그 아래에 존재하는 병리물리학적 조건 간의 관계를 이해할 수 있는 잠재력을 가지게 되었다. 이러한 학습 성과는 가장 중요한 형태의 학습 결과라고 볼 수 있다.

드물기는 하지만 그러한 학습 결과가 나타나고 있다는 많은 증거가 나와 있다. Säljö 연구에서 책을 읽었던 Dora는 앞서 설명했듯이, 실제로 그러한 변화가 일어났다는 것을 보여 주었으나 자주 일어나지는 않았다. Säljö의 연구는 학습에 대한 접근방식과 학습이 무엇인지에 대한 개념의 인식 간에 높은 상관이 있음을 보여 주었다. Säljö가 이론(異論)이 없는 학습 개념이라고 불렀던 것을 지닌 사람들은 벗어나야 할 불분명한 생각을 가지고 학습해 갈 수도 있다. 이들은 사물을 새로운 방식으로 보기 위한 잠재력에 가까이 있는 것이다. 한편 학습에 대해 주제 중심이거나 심층적인 개념을 가진 사람들은 학습에 대한 좀 더 분명한 목적을 가지고 과제를 수행해 간다. 이들은 시각의 변화에 대해 준비가 되어 있는 것이다.

학습방법과 개념적 변화

Prosser와 Millar(1989)가 수행했던 연구는 학습방법과 개념적 변화 간의 관계를 조사했는데, 이때 개념적 변화란 '어떤 특정한 방식으로 무엇을 보게 되는 것' 을 뜻한다. 이 연구는 물리학 전공 학생들에게 개념적으로 어렵다고 알려진 '힘과 운동'이라는 주제를 포함해서 6주간의 과정으로 이루어졌다. Newton의 첫 번째 법칙은 어떤 힘이 가해지지 않는 한 몸(신체)은 가만히 있거나 일정한 움직임의 상태로 유지하고자 한다는 것이다. 이는 한편으로는 힘의 그물망이 없는 휴식 상태나 일정한 운동 상태와, 다른 한편으로는 힘의 그물망이 존재하고 있음을 의미하는 일정한 운동의 변화(가속화하거나 더욱 느려지거나 하는 변화) 사이에 뚜렷한 구분선을 그어 놓고 있다. Aristotle가 공식화한 것과 같이 보편적 믿음에서 보면, 이러한 구분은 힘이 존재하지 않음을 의미하는 휴지(rest)와 힘을 의미하는 운동 간에 일어나는 것으로, 특히 변화에 대한 저항을 증명하는 정리다. Johansson, Marton 그리고 Svensson (1985)의 연구와 같은 선행연구는, 학생들이 Newton의 법칙에서 추론한 공식의 적용과 활용을 학습할 수 있는 반면 Aristotle의 질적 이해를 벗어나지 못하는 경향이 있음을 보여 주었다. 도구를 조작하기보다는 질적 이해가 추구되었던 까닭에 개념적 변화가 교수에서 강조되었고 학생들은 이해에서의 변화를 보여 주기 위해 서로 작업을 의논하도록 지시받았으며 실험실 수업시간은 '학생지침서' 의 실험을 넘어 문제 해결을 하도록 구성되었다. 그 과정의 시작 전후에 학생들에게 인터뷰를 실시하여 주요 개념에 대한 이해도를 평가함과 동시에 학습에 대한 접근방식을 살펴보았다.

사전-사후 검사에 사용된 하나의 예는 다음과 같은 전형적인 질문이다. '자동차가 직선 고속도로에서 일정하게 높은 속도로 달리고 있다. 이와 같이 움직이도록 자동차에 가해지는 힘은 무엇인가?' Newton의 설명은 균형을 이루고 있는 힘, 즉 저항을 무마시키는 운동력으로 인한 것이라고 하는 반면, Aristotle의 설명은 운동 방향에 있어서의 망력(net force), 즉 저항력을 초과하는 운동력이라 한다. 수업 전에 문제 해결을 위해 Newton식의 이해 방식을 보였던 학생은 아무도 없었으나 나중에는 14명 중 4명이 이러한 견해를 보였다. 이것을 수업(teaching)이라는 입장에서 보면 별로 인상적인 결과는 아니지만 힘과 운동에 대한 학습 성과를 보고한 다른 보고서와 비교할 때는 사실 훌륭한 결과라 하겠다.

수업과정이 완료된 후, '공부' 경험에 관한 인터뷰에 기초하여, 학생들은 하나의

〈표 24-2〉 학습에 대한 접근에 따라 구분된 개념화의 발달

	접근방법		
	심층적 접근	불분명	표면적 접근
개념이 발달됨	8	6	2
개념이 발달되지 않음	1	3	21

출처: Prosser & Millar(1989) 요약.

경우에 대해서가 아니라 전체 과정으로서의 학습에 대해 심층적 접근을 하는지 표면적 접근을 하는지에 따라 구분되었다. 주제와 수업과정 중에 표면적 접근을 하는 학생들은 학습 자료 내에서 관련이 없는 부분 부분을 범주화하고 암기하여 자신의 지식량을 늘리고 수업이 요구하는 조건을 충족시키려고 노력하는 것으로 나타났다. 심층적 접근을 하는 학생들은 공부하는 내용에서 의미를 추론해 내고 자신의 사고를 변화시키며 개인적으로 충분히 받아들여서 실재를 더 잘 설명하고 이해할 수 있도록 노력했다. 3명의 학생은 불분명한 경우로, 두 가지 접근의 특징을 모두 보였다.

더 많은 분석을 해 본 결과, 놀랍게도 사후검사에서 문제에 대해 조금 더 발달된 개념 획득을 보였던 그 4명의 학생들이 학습에 대한 심층적 접근을 분명하게 나타내는 것으로 밝혀졌다. 〈표 24-2〉는 네 개의 과제에 대한 결과를 요약해서 보여 주고 있는데 처음부터 가장 앞선 개념을 가지고 있던 학생들은 제외했다. 따라서 이 연구는 개념적 변화가 학습에 대한 접근과 같이 일어나는 것임을 보여 주고 있다.

학습자의 학습방법 계발하기

만일 학습에 대한 심층적 접근이 학습의 질적 성과에 대해 그토록 결정적이라면 심층적 접근을 하도록 학습자를 훈련시켜야 하지 않겠는가? 책을 이용한 학습에 관한 선행연구는 이미 그것을 시도해 왔음을 보여 준다. 심층적 접근을 적용하는 데 있어 우수했던 학습자들은 스스로에게 질문한다는 것을 알았으므로 그에 따라 성공

한 학습자들의 습관을 따르도록 연구 참여자들을 유도하기 위해 책을 읽는 동안 그들에게 질문을 했다(Marton, 1976). 예를 들면, 심층적 접근을 하는 학습자들이 했던 방식과 같이, 책을 읽는 동안 구조를 발견하는 데 관심을 기울이도록 할 의도로 질문했던 것이다. 결과는 참담할 정도였는데 그러한 개입은 의도했던 것의 반대 효과를 가져왔다. 질문 효과는 독서과정을 기술화해 버린 결과로 나타난 것이다. 즉, 책을 읽은 사람들은 내용은 보지 못하고 단순히 구조만을 찾는 심층 접근을 흉내낸 결과로 극단의 표면적 접근을 한 것과 마찬가지가 되어, 실제로는 배우는 것이 거의 없었던 것이다.

또 다른 연구들은 내용과는 무관하게 공부에 대해 특정한 접근방식으로 유도하려는 의도나 훈련은 전혀 의미가 없음을 보여 준다(Martin & Ramsden, 1987). 거기에서는 학생들의 학습력을 높이기 위해 두 가지 프로그램의 결과를 비교했는데, 한 프로그램은 교육과정과는 차이가 있는 일반적인 교재를 사용했고, 다른 프로그램은 '학습하는 방법을 학습' 하기 위해, 현재의 역사 교육과정에서 나오는 교과서를 사용했다. 두 번째 프로그램의 학생들이 학습에 대해 심층적 접근과 일치하는 좀 더 수준 높은 개념을 발달시킨 것으로 나타났다. 또한 논술시험에서 성적이 상대적으로 높았고 시험 점수도 높았다. 따라서 학습의 내용(what)과 방법(how)을 별개로 두고서 내용을 고려하지 않고 방법을 훈련시키는 것은 당연히 실패하게 되는 것이다.

교수의 원리

위의 내용에서 교수방법과 관련해 우리가 내릴 수 있는 결론은 무엇인가? 어떻게 가르치는 것이 질 높은 학습 결과를 수반하면서 심층적 접근을 계발시킬 수 있을 것인가? 대답은 너무 간단하다. 일반적으로 적용 가능한 규칙과 기준에서 그런 방법은 없는 것이다.

그러나 강조해서 말할 수 있는 것은, 좋은 결과를 얻기 위한 무엇보다 우선하는 원칙은 교수라는 그 활동 속에 학습의 내용과 활동을 모두 주제로 다루는 것이다. 교사는 학습내용을 알고 있어야 하고 훈육의 기본 틀 속에서 내용뿐만 아니라 학생 입장에서 이해하는 내용을 도두 알고 있어야 한다. 교사는 가르치는 현상에 대해 분석적인 자세를 취해야 하고 자칫 당연한 것으로 받아들일 수 있는 교육적으로 중요한 측면을 밝혀낼 수 있어야 한다. 교사는 학습자가 학습과제에 대해 진행해 가는 다양한 방법과 학습된 것을 이해하는 다양한 방식, 즉 학습내용과 방법을 내보일 수 있도록 격려해야 하고 학생들이 반성적으로 사고할 수 있게 해야 한다. 현상을 경험하는 방식이 다를 수 있다는 것을 알게 되고 그 다양함을 고려함으로써 학습자는 변화의 가능성에 개방적이게 되며 또한 Prosser와 Millar(1989)가 말한 바 있는 일종의 개념적 발달을 경험하게 될 것이다. 학습은 학습자가 세계를 경험하는 방식에서의 변화로 설명하고 있는 바, 교사는 책임지고 학습과제가 그 세계 속에 통합되어 있도록 해야 한다. 이 말은 학습과제에 관련한 것이 과제 그 자체를 초월한 것으로 보일 수 있게 해야 하며 동시에 학습자에게 사적인 의미를 가지고 있는 것이 되게 해야 한다는 뜻이다.

앞에서 인용했던 Ann Ahlberg 연구는 우리가 제시한 위의 원칙 중 마지막의 것, 즉 학습과제가 학습자 자신의 세계 속에 내재되어 있어야 한다는 점을 주장하고 있다. 그는 다양한 종류의 문제를 제시하고 이어서 수학 문제를 10세 아동들에게 주고 풀도록 했다. 앞서 주어진 것은 수학적 내용이 아니었고 다음에는 수학적 내용을 드러나지 않게 포함하고 있었으며 어떤 교과서에서도 찾을 수 있는 전형적인 수학 문제들이었다. 이러한 방법으로 Ahlberg는 모험 이야기와 가정에서의 이벤트라는 아동 자신의 세계 속에 문제를 녹아들게 했고 또한 수학 문제를 전체로서의 '문제의 세계' 속에 통합시켰다. 문제들은 아이들이 해결과정에서 다양한 수준으로 읽고 쓰고 이야기를 하고 그림을 그릴 수 있는 형태로 만들어졌다. 이러한 방법으로 그는 전체로서의 학교라는 세계 속에 문제 해결의 수학적 측면을 통합시킨 것이다. 아이들은 모둠으로도 공부했고 학급을 상대로 발표하기 위해 또 다른 해결책을 선택하기도 했다. 그러면서 문제를 가지고 공부한 내용과 활동의 다양함에 대해 표현하고 숙고해 보기도 했다. 이런 모든 방법을 통해 Ahlberg는 아이들의 수학 문제 해결 경험을 크게는 그들의 세계 속에 내재시키도록 연구했고 그렇게 문제 해결을 배우는 것은 단순히 산술적 원리를 주어진 상황에 적용할 수 있게 하는 것보다 훨씬 더 큰 변화의 경험이 될 수 있었다. 그 아동들은 전통적인 유형의 새로운 문제를 해결하는 데에 있어 통제 집단의 아동들보다 더 잘하는 것으로 밝혀졌다. 따라서 이 연구 기간 전체에 걸쳐 아동들은 훨씬 더 나은 문제 해결자가 될 수 있었고 잘하지 못했던 여자아이들이 가장 크게 진보되었음은 특히 흥미로운 결과다.

그다음 장에서 Ingrid Pramling은 이러한 원리를 유치원 교육에 어떻게 적용할 수 있는지를 보여 주는 사례를 들었다. 놀라운 결과는 Pramling이 그의 초기 연구가 아동들이 새로운 학습 상황에서 보다 효과적으로 학습하게 되는 능력을 발달시켰고, 이러한 결과는 이후 대규모 연구에서도 반복되었다는 점이다. 더 나아가 유치원에서의 그러한 교육적 개입이 아이들이 학교에 들어간 이후의 학습에서도 효과를 발휘하는 것으로 나타났다.

교사의 '교수' 경험

위에서 설명한 Pramling과 Ahlberg의 연구 등 두 가지 연구 사례를 살펴보면, 그들이 공통적으로 갖고 있는 것은 특별한 교수방법이 아니라 교수에 대한 태도이며 이는 학습자의 인식과 세계에 대한 태도임을 알 수 있다. 이 마지막 절에서는 학습에 대한 관점에 따라 달라지는 교수의 원리를 일반적인 수준에서 논하고자 한다. 그러나 다시 말하지만, 이는 그러한 원리에서 개발된 특정한 방법의 가능성을 의미하고 있는 것이 아니다. 오히려 교사는 자신의 수업 맥락에서 그 원칙을 활용하고 적정화해야 한다. 가르침에 있어 주의를 요하는 부분이 있다. 즉, 저학년 학생을 담당하는 교사는 아동이 학습하는 내용을 희생하고서라도 그 아동에게 초점을 맞추어야 하고, 반면 고등교육에서는 학생이 아니라 학습 내용에 초점을 맞추어야 한다 (Marton, 1993). 우리가 주장하고 있는 것은 교사들이 학습자나 내용 중 기본적으로 주의를 기울여야 한다는 것이 아니라 학습자가 학습하는 것으로서의 내용이나 내용을 학습하는 사람으로서의 학습자에게 완전히 초점을 맞추어야 한다는 것이다.

그러나 학생들이 특정한 내용을 특별한 방식으로 숙달하거나 이해하는 것을 목표로 하는 교사들조차 그러한 이해가 어떠해야 하고, 어떻게 성취되어야 하는지에 대해서는 상당히 다르게 생각한다. 첫째, 교수 내용 자체가 다르게 이해되므로 다른 교사들에 의해 다르게 가르쳐져야 한다. 예를 들면, Tullberg, Strömdahl 그리고 Lybeck(1994)은 화학 교사가 중등학교에서와 대학 수준에서의 화학 분자를 매우 다른 방식으로 이해하고 이러한 차이는 그들의 수업을 다르게 만든다는 상당히 설득력 있는 사례를 보여 주었다. 둘째, 주제의 본질은 교사에 따라 다르게 이해될 수 있다. Patrick(1992)은 교사들마다 물리학을 얼마나 다르게 이해하는지 그래서 학급 수준의 교육과정을 얼마나 상이하게 세우고 그에 따라 얼마나 다르게 가르치는지를 보여 준다. 교사들은 물리학을 학생들이 자신을 에워싸고 있는 물리적 세계를 이해하도록 발달시키는 데 관련된 것이라고 볼 수도 있고, 물리학의 과학적 실천, 즉 이론, 관찰, 실험 등에 익숙해지도록 하는 것이라 볼 수도 있으며, 수학적인 관련성을 다루고 변인을 조작할 수 있게 하는 것이라고 볼 수도 있다. Patrick은 물리학을 개념화하는 방식에서의 차이가 어떻게 그 내용(그의 연구에서는 조화로운 움직임)을 가르치는 방식에 반영되고 있는지를 보여 준다. 더 나아가 좀 더 일반적인 수준에서는 차이가 있을지도 모른다. 교사들은 교수라는 것이 무엇인가라는 데에 대해 상이한 관점을 가지고 있으며 이러한 차이점을 특정한 내용을 가르치는 수준에 자주 반영하게 된다(Prosser, Trigwell, & Taylor, 1944 참조).

이 장의 앞부분에서는 학습자에 대해 매우 포괄적으로 다루었고 동일한 방식으로 지금까지는 교사에 대해 살펴보았다. 교수, 교수의 목표, 교육과정상의 이슈 등과 같은 일반적인 다양한 측면에서 교사들은 상당히 다르고, 이러한 차이점은 구체적인 내용을 가르칠 때마다 교사의 인식 속에 고유하게 동시에 존재하고 있다. 따라서 교사의 인식은 가르치는 행동을 따라가게 된다. 중요한 것은 각 교사의 인식이 무엇보다 학습에 초점을 두고 있어야 한다는 것이다. 즉, 학습자는 학습하는 내용(content)을 배우고 내용은 학습(learning)되는 것이 중요하다. 그러한 인식은 내용이 다루어지는 방식의 다양함을 내재적으로 통찰할 수 있게 하고 그 내용이 이해되는 방식을 간파하게도 한다. 그렇게 되면 학습이라는 활동에 참여하고 있는 학습자는 교사의 인식에서 강력한 주역이 된다. 이런 경우라면 학습자의 인식 속에서 학습이 강력한 주역이 될 것이라는 가능성은 커지게 된다.

지금까지 학습이라는 학습자의 경험에 대해 중점적으로 본 장에서 논의해 왔다. 우리는 훌륭한 교수(teaching)는 항상 이와 같은 초점을 지니고 있어야 한다고 믿는다. 달리 말하면, 잘 가르치기 위해서는 학습자로부터 지속적으로 배우는 것이 절대적으로 필요하다는 것이다.

감사의 글

저자들은 본 장을 저술하는 데 재정적 지원을 해 준 '스웨덴 인문사회과학연구협회(Swedish Council for Research into the Humanities and Social Sciences)' 에 깊은 감사를 표한다.

주

1. 스웨덴에서 유치원은 5세부터 6세까지의 유아를 위한 교육기관이다.
2. '대상(object)' 과 '현상(phenomenon)' 은 구분할 수 있는 용어이나, 이 장에서는 둘을 비슷한 의미로 사용하고 있다.
3. '사람' 이라는 뜻의 스웨덴어인 'människa' 는 고어로 여성 대명사 형태(she, her 등)로 남아 있다. 우리는 이 장에서 스웨덴의 이 같은 언어학적 역사를 반영할 것이다.

제25장
학습자로서 아동을 이해하고 권한 부여하기

INGRID PRAMLING

이 장은 앞서 Marton과 Booth의 견해와 같은 관점을 취한다. 사람의 경험과 인식이 연구의 주요 목적이고 경험은 객체와 주체 간의 하나의 관계로 간주되는데, 그 둘을 모두 포함한다. 그렇지만 여기에서 연구 접근은 유아교육의 맥락에서 아동에게 적용된다.[1]

이 접근의 근거가 되는 가정은 우리는 주변의 세계를 이해하는 우리의 방식에 관련하여 행동한다는 것이다(Marton, 1988). 아동들이 주변 세계를 어떻게 개념화하고, 경험하고, 식별하고, 알고, 이해하는가는 아동의 능력과 지식의 바탕이 되는 기초다. 이는 유아교육에 있어 아동들은 주변 세계의 다양한 현상을 다양한 방식으로 지각할 수 있다는 것에 우선적으로 집중해야 한다는 의미를 함축한다. 무엇보다도 일단 우리는 아동들이 주변 세상을 경험하는 방식과 나머지 세상을 다루는 그들의 능력을 비판적으로 발견해야 한다. 이러한 관점에서 학습은 특별한 방식으로 세상 경험하기를 배우는 것이다.

이 장의 저변에 깔린 생각은, 우리가 아동들의 학습을 특징짓는 것을 발견하는 필요 이상으로 아동의 학습을 이해하기를 원하는가다. 만일 아동들이 학습을 특징화하는 것을 알기를 원한다면 우리는 어떻게 아동들이 그들 자신의 관점으로 세상을 보는지를 알아야 한다. 그리고 만일 아동의 학습에 관한 우리의 지식이 아동을 더 나은 '학습자' 로 만들어야 한다면, 우리는 아동들 자신의 학습에 관한 아동의 이해를 발전시켜야 한다. 결국 학습은 항상 활동과 내용을 갖기 때문에 발달하는 아동의 학습은 활동과 내용을 모두 발전시키는 것을 의미한다.

유아교육을 위한 접근

유아교육의 철학은 주로 아동 자신의 자유 활동에 따라 학습되도록 기대하는 놀이 지향적이거나, 아동들이 맥락을 기억하도록 반복적으로 과제를 수행하는 교육적이고 '학교와 같은' 것이다(Elkind, 1988a). 다른 나라와 다른 교실에서 이 두 가지 상반된 접근의 하나 또는 다른 하나의 다양한 정도를 볼 수 있다. 스웨덴식 유아교육의 방법은 반학교주의적 견해에 근거하고 있다. 그 방법은 어린 아동들을 교육하기 위해 놀이를 소개했던 Froebel에게서 나온 것이다(Johansson, 1992). 이 접근 이면에 있는 생각은 아동의 '정신생활' 이 행동으로 변환될 때 그들의 이해력이 발달할 수 있다는 것이다. 교사의 역할은 아동이 직접 현장을 방문하도록 데려가고 이야기를 하며, 놀이터에서 활동하도록 역할을 주고, 놀이를 자극하는 환경을 만들어 주는 등 아동이 현상을 경험하도록 돕는 것이다. 그러한 상황과 과제에서의 경험은 아동들의 활동과 행동하는 방식에 영향을 줄 것이고, 이는 아동들이 주변 세계를 이해할 수 있게 해 준다. 아동은 성숙 수준에 따라 자신의 행동으로부터 자신의 지식을 만든다.

반대의 견해는 아동들은 이미 모든 사실과 지식을 갖고 있어서 이해는 아동에 의해서 만들어진다는 것이다. 여기에서 교사의 역할은 '수업' 을 하고 아동들이 해결하도록 과제를 주는 것이다. 학습으로의 이러한 접근법의 표현으로서 '유치원 교재'가 전 세계에 보급되었다. 아동은 반복과 연습, 그리고 시험을 통해 이해하고 학습하도록 되어 있다. 지식은 주변 세계로부터 아동에게 전승되었다. 이 견해는 또한 학습은 처음에는 사실을 알기 위한 질문이고, 나중에는 어떤 것을 이해하고 결론에 이르도록 하는 '상의하달' 모델에 근거한 것일 수 있다(Brown, 1980; Smith, 1986).

이러한 두 관점의 첫 번째는 학교교육을 준비하는 아동들은 유아교육에서 일어나는 모든 것을 학교교육을 위한 준비로 보는 것을 의미한다. 두 번째 관점에서 이것은 학교와 같은 주제로 진행하되 더 쉽게 또는 더 천천히 해야 한다는 의미다. 즉, 알파벳 연습하기, 숫자 쓰기, 간단한 계산하기 등이다. 이러한 두 가지 시각은 학습이 무엇인지에 대한 다른 견해에 근거를 두고 있다(Pramling, 1992).

오늘날 스웨덴의 유아교육 현장에서는 대체로 아동 학습의 개발과 그들 주변의 세계를 이해하도록 하기 위해서는 공통적으로 두 가지 접근방법을 모두 사용한다. 아동의 발달을 위해 자유롭게 노는 시간을 갖도록 되어 있지만 교사들은 교과서 같은 책을 이용해서 위의 세 가지를 연습하여 아동이 사실의 실체를 습득하도록 한다. Singer(1992)는 이러한 모순은 가정과 학교를 통합하기 위한 시도로서 아주 초기 단계로부터 유아교육 프로그램으로 구성되었다고 주장한다. 이 이데올로기는 유치원에서 집과 같은 환경을 만들게 했고, 교사의 모델로서 좋은 엄마로 보이도록 했다(Johansson, 1992). 동시에 아동이 학교를 위해 준비하도록 강조했다. 이러한 두 가지 견해는 유아교육의 핵심으로 아직 통합되지는 않았다.

오늘날 다른 접근들(예를 들어, Schweinhart & Waikart, 1980; Katz & Chard, 1990 참조)이 있는데 많은 노력들이 세 번째 방식을 발견하도록 했다. 그러나 이들은 이 분야에서 단지 작은 섬에 불과하다. 또한 나는 이러한 접근은 아동의 일반적인 발달 이론에 근거를 두고 있다고 주장하고 싶다. 즉, 이러한 가정에서 특정 그룹의 아동은 교육의 과제들이 적용되는 특정단계에 들어서 있다. 유아교육 분야에서 교사에게 아동 발달에 대한 지식은 항상 중요하다. 하지만 아동 발달에 대한 지식은 교과과정에서 그것을 적용시킬 때 다양한 방식으로 활용되었다(Evans, 1982; Spodek, 1991; Weikart, 1992). 가장 잘 알려진 관점은 일반적인 분류체계적 단계의 견지에서 아동 발달을 보고, 활동의 원리로서 이러한 단계들을 사용한다는 것이다.

만약 우리가 이 장이 근거로 하는 이론적 접근을 사용하려고 한다면 이에 근거하여 아동의 일반적인 발달을 사용할 수 없다. 왜냐하면 아동의 이해는 특별한 연령이 아니라 아동의 경험과 관련이 있기 때문이다. 학습은 내용과 맥락에 의존하여 이루어진다는 것을 의미한다. 유아 시절에 좋은 프로그램에 대해서 이야기 할 때 '발달에 적합한 프로그램들' 이라는 개념에서도 알 수 있듯이 아동 발달은 여전히 초기 유년 시절 교육에서 매우 중요한 역할을 하고 있고, 또 해야 한다(Cullen, 1993). 그러나 이 장에서 제공하는 관점은, 교육의 초점이 되어야 하는 것은 발달 수준이 아니라 '어떻게 어린이가 발달하는가' 라는 것이다(Clay, 1991). 이 생각으로부터 우리는 학습의 내용과 맥락 안에서, 특정 아동의 반응과 표현으로부터 배워야 한다는 것을 알 수 있다.

그러면 우리는 유치원에서 관찰을 통해서 무엇을 볼 수 있을까? 유치원 교실에서 어떤 일이 일어나고 있는지 주의 깊게 관찰할 때, 교사들이 종종 아동에게 사실을 가르치려는 의도를 갖고 있음을 관찰할 수 있다(Pramling, 1987b). 그들은 구체적인 자료를 사용하고 아동들이 구체적인 활동에 의해서 배울 수 있다고 주장하지만 교사들의 목적은 여전히 지식체계를 전달하는 데 있다. 나의 한 연구(Pramling, 1986)에서 5～6세 아동들에게 시간에 대해 가르치는 것이 목적인 한 교사를 관찰했다. 그 시간 중에 아동들은 시계 만들기를 하고 있었다. 아동들에게 실습하는 동안 배운 내용을 질문했을 때 그들 중 대부분은 시계 만들기를 배웠다고 말했다. 그러나 이 학습의 관점은 '어떤 것을 하기를 배우기' 였다. 7세 아동들이 온도를 주제로 학습할 때도 같은 일이 일어났다. 그들은 온도계 만드는 법을 배웠다고 말했다(Pramling, 1986). 교사들은 교사 훈련기간 동안 아동이 구체적인 자료의 조작에 의해 습득한다고 배웠지만, 동시에 학습에 대한 그들 자신의 경험으로 인해 학습이란 어떤 사물에 대한 사실 체계를 습득하는 것이라고 여기게 되었다.

유치원에서 구체적인 활동이 일반적 수준의 아동의 이해력을 발달시킬 것이라는 유력한 믿음이 있다. 예를 들어, 형태에 관해 아동에게 가르치려고 할 때, 특별한 형태를 소개해 주고, 그것을 기억하도록 연습시킨다. 아동들의 형태에 대한 관념은 특별히 이야기되었던 형태에 관한 관념이 된다. 결국, 형태에 대한 개념이 발달된 것은 아니다(Pramling, 1986). 이전의 연구에서 보았던 것처럼 아동이 구체적이고, 특별한 예를 항상 일반화시킬 수 있는 것은 아니다. 그래서 다음 연구에서 다른 방법으로 교사의 주의가 집중되었던 구조가 소개되었고 아동에게 다르게 영향을 줄 것이 기대되었다.

아동은 교사 기대에 민감하고(Veinstein, 1986), Hundeide(1989)가 말한 것처럼 그들은 사회적 맥락을 읽으려고 노력한다. 유아교육 연구에서 우리가 알게 된 것은 교사들이 집단활동이나 주제 접근 활동을 계획하는 데 대부분의 시간을 보낸다는 것이다. 우리는 또한 교사들이 이 기간 동안 아동에게 다른 상황에 관해서 이야기하고, 아동이 기억하는지 못하는지를 점검하기 위해서 질문한다는 것을 알았다(Rubinstein-Reich, 1993). 아동들에게 배운 내용을 알지 못하는 다른 학생들에게 어떻게 가르쳐야 하는지 물어보았을 때, 그들은 모두 말로 이야기할 것이라고 말했다. 아동들은 그들 스스로 특정한 내용을 배우기 위해서 다양한 방법으로 접근했지만 아동들은 알기 위해 배우는 유일한 방식으로 언어적 전이를 보이는 경향을 보였다.(Pramling, 1987b).

아동들의 학습에 관해 가장 잘 알려진 자연스러운 견해는 그들이 무언가를 하려고 배운다는 것이다. 그러나 그들이 특별히 지식에 대하여 질문을 받았을 때 정보를 언어적으로 바꾸기 위해서 배운다고 말한다. 이것은 교사들과 아동들이 학습에 대해 다소 다른 개념을 가지고 있다는 것을 의미할 뿐만 아니라, 교사는 학습을 다른 사람들에 의해 구축된 지식 덩어리를 인수받는 것으로 보고 아동의 학습에 대해 다소 시대에 뒤떨어진 관점을 발달시킨다는 것을 의미한다. 이러한 발견은 오늘날 대부분 연구자들이 동의한 것과 비교하여 개관해야 한다. 즉, 학습은 구성의 과정이고 사회적, 문화적 맥락에서 이해하는 것이다(Bruner, 1988; Rogoff, 1990; Vygotsky, 1972).

교실에서 관찰로부터 배울 수 있는 것은 아동들의 학습에 대한 교사들의 생각이 항상 아동들의 생각과 일치하지는 않는다는 것이다. 교사의 활동은 아동 발달에 관한 '오래된' 이론에 근거한 것이다. 즉, 발달하는 아동을 위한 개입의 중요성에 대한 새로운 연구 관점이 실제로 교육에서 고려되었던 것은 아니다. 교육의 과제는 아동 주변의 세계에서 다양한 현상에 대해 아동의 이해를 발달시키는 것이고 '어떻게 우리가 이것을 할 수 있게 되었는가?' 라는 질문을 이끌어 내는 것이다.

유아교육에서 세 번째 관점으로 현상학적 접근법이 발달하게 되었다.

유아교육에서 현상학적 접근법

이전의 장에서 Marton과 Booth는 사람들이 그들 주변 세계의 다양한 국면에 대한 이해와 경험을 질적으로 다른 방식의 경험적 연구로서 현상학을 언급했다.

이 장에서 기술한 유아교육 접근은 어떻게 아동들이 그들을 둘러싼 주변 세상의 현상을 경험하고 인식하게 되는지에 초점을 맞추어 다루고 있다. 따라서 나는 유아교육에서 현상학적 접근이라고 부른다. 현상학적 접근은 다음의 다섯 가지 원칙에 의존했다.

1. **학습에서 활동과 내용 모두 강조된다** 다른 교실이나 상황에서 내용이 다양하더라도 그것은 활동과 관련해서 다뤄져야 하며 그 반대의 경우도 다루어야 한다. 활동뿐만 아니라 내용도 주제화되어야 한다. 교육을 위한 시작점과 목표는 둘 다 내용과 활동에 관한 아동들의 생각이다. 학습의 관점은 '무엇'과 '어떻게'다. 이 접근에서 활동은 상위인지적 특성을 갖는다. 즉, 그것은 아동들이 내용에 관해 생각하는 그들 자신의 방식에 주의를 집중할 것을 요구한다.

2. **주변 상황의 여러 가지 현상을 당연한 것으로 받아들이는 데 초점이 맞춰져 있다** 만일 아동이 현상을 깨닫지 못한다면, 현상에 관해 배우기는 불가능하다(Elkind, 1988b). 학습의 목표는 반드시 아동에게 관련 있는 것으로 나타나야 한다.

여기에서 중요한 것은 주변 세계에서 일어나는 어떤 것에 관심을 처음 갖게 된 사람이 교사이든 아동이든 관계없이 아동에게 무엇을 지도할 것인지를 알고 있는 사람은 교사이고, 아동이 배워야 할 것을 분명하고 적절하게 만드는 것이 교사의 임무라는 점이다. 다른 현상들은 일상생활에서 아동에게 다양한 정도로 눈에 띈다. 한 연구에서(Pramling, 1994) 나는 유치원생들이 수의 개념을 배우지 않고도 어떻게 수의 개념을 갖게 되는지 발견했다. 동시에 예를 들어, 자연의 어느 면들은 5～6세 아동들에게 누군가가 아동의 관심을 그곳으로 돌리도록 하지 않는 한 전혀 보이지 않는다.

최근에 상위인지 연구자들은 점점 더 '상위인지적 능력과 지식이 아동 학습의 중심이다' 는 견해를 취한다. 많은 연구자들은 만약 아동들이 생각을 조절하고 통제하는 상위인지 기술이 발달된다면 그들은 더 훌륭한 학습자가 될 것이라고 주장한다(Brown, 1985; Brown & Reeve, 1985). 그런데 다른 연구자들은 상위인지적 지식을 일반적인 지식의 발달보다 더 깊이 몰입되는 것이라는 관점을 가지고 있는 것으로 보인다(Flavell, 1977). 이 장에서 채택된 관점에서 상위인지는 아동의 상위인지에 대한 경험을 통해 얻은 관점이다(Pramling, 1987b). 아동들이 그들 자신의 학습에 관해서 질문받았을 때 마음으로부터 나온다는 생각은 아동의 학습에서 당연하게 받아들여지고 있는 접근이다. 예를 들어, 만약 한 소년이 자전거 타기나 손 씻기를 배웠다고 말한다면 그것은 소년이 그것에 관해 알고 있다는 것이다. 그렇지만 교사나 연구자는 아동의 표현과 행동에 따라서 아동의 인식 수준을 추적할 수 있다. 일반적으로 아동은 배우고 있는 것에 대해서 이야기하는 것이 아니라 그들이 배운 특정한 것에 대해서 이야기한다. 여기서 아동들이 상위인지적으로 발달한다는 것은 그들 자신의 학습에 대한 자각이 일어난다는 것을 의미한다. 만일 우리가 아동의 인식 단계를 올릴 수 있고, 그래서 그들이 교사처럼 같은 일에 집중할 수 있다면 무슨 일이 일어날까? 즉, 우리가 알기 위한 학습 또는 이해하기 위한 학습의 질문으로서 아동의 학습 개념화를 발달시킬 수 있다면 무슨 일이 일어날 것인가? 다시 말해서 만일 우리가 아동의 상위인지적 단계와 그들의 학습에 대한 이해력을 더 좋게 발달시킬 수 있다면 무슨 일이 일어날까?

3. **심사숙고는 교육에서 하나의 방법으로 사용된다** 아동들이 이야기하고 생각해 보도록 하기 위해서 그들은 여러 활동(자료, 상황, 놀이, 과제 등)에 반드시 참여해야 한다. 그리고 그들이 활동하고 배우는 것에 대해서 토론하고 생각할 수 있도록 허용되어야 한다.

4. 사고의 다양성이 사용된다 교사는 아동이 생각하는 방식을 드러내야 하고, 교육 내용으로서 이러한 개념을 사용해야 한다. 교사는 아동이 서로 배운다는 것을 인식하고 있어야 하고, 이것은 아동들 간의 유사성 대신 다름에 집중해야 한다는 것을 의미한다. 사고의 다양성으로 아동을 드러내는 것은 매우 다른 방식들, 예를 들어 그리기, 드라마, 놀이, 사물에 대해 말하기에서 양자택일 방법 같은 토론 방식 등으로 성취될 수 있다.

5. 학습은 총체적 경험세계의 부분으로서 관찰되기도 한다 총체적 경험세계는 새로운 경험 모두에 영향을 준다는 것을 의미한다. 경험들은 아동이 의미를 파악하거나 사물 간의 관련성을 파악하는 데 도움이 되거나 혹은 방해가 될 수도 있는 인식을 형성한다. 다른 의미들은 다른 방식으로 아동들에게 '두드러진다'.

이러한 다섯 가지 원칙에 교사들의 관점이 집중되어야 하고 실제로 행동해야 할 것이 나타나 있다. 나는 다른 곳에서 이러한 원칙들을 상세하게 설명했다(1994).

교사의 지식과 기술

위의 원칙에서 어떤 능력은 교사가 이 접근의 의도와 일치하는 활동을 하는지가 포함되어야 한다. 채택할 간단한 방법이 없기 때문에 교사들의 인식은 다음과 같은 쪽으로 유도되어야 한다.

1. 아동의 사고에 대한 현존하는 연구에 관해 정통하기[2] 여기서 현상학적 연구 결과들은 특별한 현상에 관해 생각하는 다양한 방식을 설명한다(Pramling, 1995). 이것은 교사가 현재의 접근방법과 조화롭게 일하기 위한 도구를 마련하는 데 기초 지식이 된다.

2. 방법론적 지식과 기술을 개발하기 방법론에서 중요한 영역은 아동 면담하기에 능통해지는 것이다(Doverborg & Pramling, 1993). 이것은 교실에서 보통의 질

문보다는 다른 질문을 할 수 있고 또한 가능한 한 아동의 생각을 계속 추적하는 것을 의미한다. 바꿔 말하면 아동의 생각을 있는 그대로 드러내게 하여 더욱 숙련되도록 하고 아동들이 그들의 생각을 교사나 다른 아동과 나누기를 원한다는 느낌을 갖도록 아동을 준비시키는 것이다. 아동은 그들 스스로 표현한다는 것에 즐거움을 느끼고, 다른 사람의 생각에 감동을 느껴야 한다. 이것을 성취하기 위해서는 교사와 아동들은 모두 똑같은 용어로 대화하고 그들의 경험을 나누기를 배워야 한다는 것이다.

교사들의 방법론적 지식의 두 번째 측면은 그들이 주제나 이야깃거리를 계획하고 실제로 수행하는 방식이다(Doverborg & Pramling, 1988). 아동의 자각이 유도되어야 한다는 견지에서 계획할 때 주제의 목표가 반드시 포함되어야 한다. 유치원에서 계획하기가 일어날 때 교사들이 목표를 소홀히 하고, 주제를 선택한 후 아동과 함께 할 활동의 종류를 계획하기 시작하는 일은 매우 일반적인 일이다. 즉, 교사들은 그들이 이해력을 계발시키기 위해 노력해야 한다는 것을 깊이 생각하지 않는다(Toshach, 1983).

다른 내용을 주제화하고 아동에게 가시화하는 것은 단지 특별한 내용을 소개하는 것뿐만 아니라 일상의 상황과 아동의 흥미를 유용하게 할 수 있음을 의미한다. 아동은 그들 주변 세계의 다른 현상을 인식하게 되는 기회를 가져야 하고, 그것에 대해 아동 스스로의 의문과 아이디어를 발전시킬 기회를 가져야 한다. 교사들에게 이러한 접근은 아동에게 발달하는 이해 형태를 자각하게 되고, 아동들의 생각의 다양성을 탐색하는 데 주어진 상황을 사용하도록 하는 것을 뜻한다. 이것은 다양한 맥락에서 똑같은 의문과 현상 등에 아동과 함께 직면한다는 것을 의미한다.

위에서 개발된 교사들을 위한 지식의 기초와 원칙이 두 연구에서 사용되었다(Pramling, 1990, 1994). 연구 1에서 교사들 스스로 내용을 선택했고, 연구 2에서 내용은 연구자들에 의해 개발된 '교과과정' 에 의해 정해졌다.

연구 1: 교수-학습

연구 1의 목적은 현상학적인 접근의 학습을 수행하고 평가하는 것이었다. 이것에 대한 근거는 자신의 학습에 대한 아동들의 개념 설명이다(Pramling, 1983). 이 설명은 3~8세까지의 아동을 면담한 것으로부터 얻어졌다. 학습의 '무엇' 과 '어떻게' 는 아동에게 다음 두 가지 질문을 함으로써 밝혀졌다.

1. 여러분이 배운 내용을 말해 주세요!(유치원에서 집단활동이나 놀이와 같은 여러 가지 다른 맥락에서)
2. 그것을 어떻게 배웠나요?(그들이 배웠다고 제시했던 것과 관련해서)

아동들이 배웠다고 한 것에 대한 자각은 활동하기, 알기, 이해하기와 같은 학습용어로 기술되었다. '활동하기' 학습은 아동이 솜씨, 활동 또는 어떻게 행동해야 하는가를 배움으로써 학습을 이해하는 것을 의미한다. 예를 들어 '나는 자전거 타기를 배웠다' 와 같은 것이다. '알기' 학습은 아동이 사실을 알게 되거나 또는 어떤 정보를 받아들이는 것으로써 학습을 자각하는 것을 의미한다. 예를 들어, '나는 캐나다라는 나라가 있음을 배웠다' 와 같은 것이다. '이해하기' 학습은 아동들이 사고방식을 바꾸는 것을 학습하는 것과 관련되고 사고방식이 질적으로 바뀌었다는 것을 의미한다. 예를 들어, '내가 3살이었을 때 나는 자동차에 대해서 알았지만 교통에 대해서는 전혀 아는 것이 없었다.'

아동들이 배운 개념은 변화될 뿐만 아니라 확장되어서 아동들은 나이가 들어 감에 따라 다르게 사고하는 방식이 증가한다. 8세 아동 중에서 오직 4분의 1만이 학습이란 어떤 것을 알게 되는 것이라는 개념이 발달한다. 이해하기 위해서 배우는 것이라는 학습의 개념은 오직 소수의 8세 아동들만이 인정하고 있었다.

무엇을 배웠다는 것에 대한 생각의 단계에서 어떻게 학습이 이루어졌는지에 대한 질적으로 다른 생각의 방식이 있었다. 어린 아동들에게 학습은 행동하기와 차별화

1단계 : 구체적인 내용 → 상위인지 수준
2단계 : 내용의 구조 → 상위인지 수준
3단계 : 학습과정 → 상위인지 수준

[그림 25-1] 경험적 접근에서 교사의 수업 구성

되지 않았다. 많은 어린 아동들은 학습을 부인했고 '내가 그냥 그것을 했다' 고 말했다. 자각의 다음 단계에서 아동의 학습은 연령과 관련 있었다. 즉, 어떤 연령에서 아동들은 어떤 것을 할 수 있을 것이라고 생각한다. 예를 들어, 아동들은 '내가 다섯 살이 되면, 나는 자전거를 탈 수 있을 것이다' 고 말할 수 있다. 그리고 마침내 가장 발전된 수준에서 아동들은 배우기 위해서는 경험을 얻어야 한다는 것을 이해한다.

학습이 행해지는 원천으로서 경험의 시각은 한 사건에 관련될 수 있다. 즉, 아동들은 어떤 것을 하고, 어느 날 확실히 기술을 터득할 것이다. 또는 연습에 의해서 영향을 받을 수도 있다. 이것은 첫 번째 경우 학습은 시간적으로 몰입되는 것인 데 반해 두 번째 경우 학습은 아동 자신의 자기통제와 관련된다는 것을 의미한다. 즉, 아동은 어떤 것을 더 빨리, 잘 배우기 위해 더 많은 연습을 하도록 결정할 수 있다. 다시 말해, 아동은 학습의 원천으로서 특별한 활동을 본다.

아동들에게 어떤 것을 하기를 배우는 것이 그들 자신에게 달렸다는 것을 이해했는지 질문했을 때 5세 아동은 33%, 6세 아동은 66%, 7세 아동은 89%, 8세 아동은 96%가 긍적적인 반응이었다. 이와 같이 학습의 의미는 아동 연령에 따라서 변화한다(Enerstvedt, 1988).

설계와 실행

학습에서 현상학적 접근을 평가하기 위해서 중산층의 5세와 6세(전원 76명) 네 그룹이 한 학년 동안 연구되었다. 4명의 교사들이 사범대학의 추천으로 선택되었고, 그들은 지도교사의 역할을 했다. 교사 중 2명은 그들이 평상시에 했던 방식으로 일을 하도록 요구받았고, 나머지 두 명은 학습에서 경험적 접근을 적용하도록 요구받았다. 경험적 접근은 주로 위에서 묘사했던 원칙을 사용하는 것이었고, [그림 25-1]에서 보여 주는 교육의 특별한 구조를 사용하는 것이었다.

경험적 접근의 구조는 보통 세 가지 단계로 작업하는 것을 포함한다. 즉, (1) 구체적인 내용, (2) 내용의 구조(관계들), (3) 학습과정의 세 단계다. 각 단계에서 교사들은 상위인지 수준에 관해 이야기했던 내용을 떠올리도록 요구받았고, 그것은 아동들이 구체적인 내용, 구조 학습과정에 관한 사고방식의 다양화를 깨닫도록 노력했음을 의미했다. 이것은 학습의 초점인 현상이나 세상의 측면이 항상 전체의 부분으로 고려되었다는 것을 의미한다. 예를 들어, 그것은 언제나 특별한 어떤 것과 내용에 관한 학습이다. 일반적으로 세 가지 단계로 작업한다는 것은 질문이 때로는 특별한 것으로부터 보다 일반적인 것으로 이동하고, 때로는 그 반대로 이동한다는 것을 의미한다. 어떤 경우에는 주의가 한 번에 세 가지 단계 모두에 집중되었고 어떤 경우에는 처음 한 단계에서 그다음에 다른 단계로 집중되었다.

반영하기에 관한 상황을 만드는 한 예로 '비와 물' 이라는 주제가 있다. 4명의 아동들이 교사와 함께 방에 앉아 있다. 그들은 각각 한 장씩 종이를 받았고, 그 종이를 반으로 접도록 요구를 받았다. 한쪽에는 좋은 날씨를 보여 주는 그림을 그리고, 다른 한쪽에는 나쁜 날씨를 보여 주는 그림을 그리는 과제를 받았다. 그들이 과제를 마쳤을 때 그들의 그림을 비교하도록 허락을 받고, 그다음에는 무엇이 좋은 날씨이고 무엇이 나쁜 날씨인지에 대한 교사의 상대성 질문의 도움을 받아 알아낸다. 한편, 어머니에게 나쁜 날씨는 눈 속에서 동생의 유모차를 끌어야 하는 날씨일 것이다(한 아동이 이것을 그렸다). 다른 한편으로 아동들은 이 날씨를 좋은 날씨로 생각한다. 왜냐하면 눈사람을 만들 수 있고, 썰매를 타러 갈 수 있기 때문이다. 이와 같은 상대성의 다른 예는 꽃은 비가 올 때 행복하지만, 그때 한 사람은 지나가는 자동차가 흙탕물을 튀겨서 기분이 나쁠지도 모른다는 것이다. 좋은 날씨 또는 나쁜 날씨라는 것은 어떤 사람이나 상황에 상대적일 뿐이라는 교사의 메시지가 아동들에게 분명해졌다. 여기에서 아동들은 좋은 날씨 또는 나쁜 날씨의 현상을 반영할 뿐 아니라 그들의 그림에서 표현된 것처럼 얼마나 다른 아동들이 다른 방식으로 생각하는지를 반영한다.

우리가 날씨에 관한 예에서 본 것처럼 아동들은 첫째, 그들의 상상을 사용해서 어떤 것에 관한 개념을 형성해야 한다. 그다음 단계에서 각자 다른 사람의 생각을 깨닫게 된다. 바꿔 말하면, 그들의 사고방식의 다양성이 나타난다. 인지와 상위인지 수준 간의 교체하는 이 방법은 대부분 학령기 학습 프로그램에 스며들어 있는 것이다. 우리가 아동들의 주의(생각)를 다양성과 보편성의 여러 단계로 묘사할 때 아동들은 누구나 다른 방식으로 생각한다는 것을 깨닫게 된다.

다른 경우에, 아동들은 눈송이가 무엇과 비슷하게 생겼는지 찾고, 그것을 그리는 과제를 받았다. 그들은 눈송이들을 비교하고 모든 눈송이는 6개의 각을 갖고 있다는 것을 알았다. 하지만 마치 사람들이 모두 다르듯이 눈송이도 모두 다른 패턴을 갖고 있었다. 교사가 "만약 여러분이 우리가 가을에 비가 어떻게 내리는지에 관해서 이야기했던 것을 생각해 본다면, 겨울에 눈이 온다는 것을 어떻게 생각할 수 있을까요?" 라고 질문했을 때, 한 아동은 "비는 응집되어서 함께 떨어지고, 얼음 결정체로 변해요"라고 대답한다. 다른 아동은 "자, 그것은 비와 똑같이 순환해요"라고 말한다. 교사는 계속 말한다. "거기에 비 대신 눈이 있었다면 더 추운 겨울이기 때문이에요." 아동들은 그들이 이전에 만들어 벽에 붙여 놓은 비와 물의 주기표를 쳐다본다. 지금 그들의 주의는 관계들(주기)의 형태에서 구조에 집중되어 있다. "우리는 실제로 비와 눈을 어떻게 얻을까요?" 교사가 질문했다. 아동들은 소그룹에서 이 문제를 해결해야 한다. 다른 해석들이 논의되고, 비교되었다. "여러분의 해석에서 우리가 눈과 비를 얻는 이유에 대해 얼마나 다양한 사고방식이 있는지를 볼 수 있을까요?" 주의는 지금 상위인지 단계에 집중되어 있다. 다시 말하면 구조에 관해서 어떻게 생각하는지 집중되어 있다.

다음 단계는 교사가 "여러분은 집에서 먹을 수 있는 물을 어떻게 얻을 수 있는지 궁금하게 생각한 적이 있어요?"라는 질문을 했을 때, 한 아동이 "파이프를 통해서요"라고 말하고, 다른 아동이 "그것은 처음에는 식물을 정화하게 돼요"라고 말한다. 그때 교사가 "식물을 정화하기 위한 물은 어디서 오지요?"라고 질문했고 한 아동은 "나는 바다로부터 온다고 생각해요"라고 대답한다. 다른 아동이 "파이프는 마당 안에 묻혀 있어요”라고 말한다. 그때 교사는 “왜 그들이 묻혀 있지요?”라고 질문했고 한 아동이 “우리가 그것에 발이 걸려 넘어지지 않고, 그래서 그것들은 부서지지 않아요”라고 넌지시 말한다. 교사는 작년에 물파이프에 구멍이 나서 물이 새는 바람에, 이웃 주민 어느 누구도 물을 사용하지 못한 것을 그들이 기억하는지가 궁금했다. 그들은 잠시 이 문제에 관해 이야기를 했다. 교사는 아동들이 물을 어떤 용도로 사용하는지 물었고, 아동들은 세탁하기, 설거지하기, 마시기, 화장실 물 내리기 등을 위해서 물을 사용한다고 대답했다. 그들은 그들이 많은 다른 일들을 생각했다는 것을 알아챘다. 교사는 “그다음 물은 어디로 가지요?”라고 질문한다. 누군가가 “바다로 가요”라고 말한다. “바다가 물을 정화할까요?”라고 교사에게 질문한다. “그럼, 사용하고 난 물은 유해하기 때문에 정화해야 해요.” 교사는 “그렇지 않으면 어떤 일이 일어날까요?” 이 논의는 물고기를 죽이는 문제가 일어나고, 공장들이 사용하고 난 물을 항상 정화하지는 않는다는 문제로 확장되었다. 아동들이 어떻게 정화하는가에 관해서 이야기하는 동안 교사는 벽에 있는 커다란 종이 위에 그림을 그렸고 그래서 그 사이클을 분명하게 볼 수 있게 되었다. 첫째, 관심은 어떻게 아동들이 물에 대해서 생각하고, 그때 사이클로서 구조를 얻게 되는가에 집중되었다.

‘지하세계’(수도관과 배수구)를 포함한 마을 그림을 그리는 데 여러 날을 보냈다. 이전의 논의에서 이야기했던 것과 같은 방식으로 물이 흘러가는 방법에 대해 학생들이 곰곰이 생각하도록 하기 위해서 교사는 일정 간격으로 중지한다. 그들은 또한 증명하기 위해 증기를 가지고 실험했고, 조용히 생각하도록 상황을 만들었다. 실험하는 동안 아동들은 왜 그들이 그것을 하는지 생각해야 하고 그들이 비와 물에 관한 문제를 해결하기 위해 다른 방식이 있는지 생각해 봐야 한다(학습적 측면).

아동들이 그들 자신의 학습을 반영하는지 그리고 그것에 관해 어떻게 생각하는지를 알기 위해, 그들에게 ‘날씨가 다음 날 좋아질 것이라고 생각하는가’를 질문했다. 아동들은 심사숙고한 후에 그다음 날 다른 방식의 일기예보를 찾아보는 과제를 받았다. 다음 날 아동들이 일기를 예측하는 특성을 찾을 수 있는 다양한 관찰 근거와 신호를 제공한 후 교사들은 그들이 어떻게 이러한 일을 발견했는가를 질문했다. 한 아동은 그의 어머니에게 질문했고, 다른 아동은 할아버지에게 질문했으며, Per는 책을 읽었고 Ulla는 TV 프로그램에서 보았으며, Elin은 자기 힘으로 해결했다고 말했다. 교사는 그때 아동들에게 날씨가 좋아질 것이라는 것을 발견하기 위해 그들이 얼마나 많은 다른 방식으로 생각할 수 있었던가를 지적했다. "여러분이 알고 싶은 것을 발견하는 다른 방식이 있을까요?" 그때 아동들의 성찰은 상위인지 수준이었다. 즉, 아동들이 학습하고, 기억하고, 아는 방식에 관해 어떻게 생각하는가를 보여 주는 수준인 상위인지 수준이었다.

'비와 물' 과 같은 주제의 어떤 면은 보통 세 가지 단계로 요약되었다.

1. 아동들은 비와 물(content)에 관한 그들의 생각(reflection)과 개념을 경험과 결합해서 표현한다. 교사는 사고방식(단어 또는 그림으로)의 다양성을 언급하도록 그들을 돕는다.
2. 아동들의 관심은 사이클 형성에서 구조 쪽으로 향한다. 즉, 그들은 이것에 관한 그들의 생각을 표현한다.
3. 아동들의 관심은 그들이 실험하고, 이야기하고, 그리는 것과, 어떻게 그리고 왜 그것을 하고 있는지, 다른 학습(생각하기, 발견하기, 행동하기, 정보를 얻기 등)에 대한 방법이 있는지로 향한다. 즉, 그들의 주의는 그들 자신이 학습한 쪽으로 기울어진다.

세 가지 단계에서 아동들은 시간의 흐름에 따라 내용과 구조와 학습에 관해 어떻게 생각하는가를 반영하는 교사들의 도움으로 그들의 지각을 바꾼다. 같은 단계가 물 공급과 도시에 하수설비하는 일과 관련해서 되풀이된다.

이 접근 이면의 이론적 가정은, 보편 원리는 보다 특수한 면과 그렇지 않은 면이 있다는 것이다. 그리고 이것은 아동들이 구체적 관념을 작동해서 보편성을 학습한다는 것을 의미하는 것이 아니다. 차라리 아동들은 구체적 활동을 심사숙고하고 이해의 원천인 개념을 조명하려 노력함으로써 발달한다는 것이다. 위에서 논의했던 연구에서 아동들은 보편성의 다른 수준을 학습하기 위해 주제만큼이나 그들의 학습 방법을 잘 설명하도록 심사숙고력 접근을 택하여 학습하도록 기대되었다.

결과

아동들이 그들의 실재를 다른 방식으로 이해하는 면에서 변했는지 안 변했는지를 발견하기 위해 그들 모두(실험집단과 비교집단)에게 자신의 학습 개념에 관해 학기 초와 말에 면담이 실시되었다. 학기의 마지막 달에 아동들은 세 가지 학습 경험에 참여했고, 그중 두 가지는 이야기를 듣는 것이고, 세 번째는 자연과학 박물관을 방문한 후 생태적 사이클에 관한 '수업' 을 하는 것이었다. 그때 아동들은 이야기에서 다른 주제에 관해 개인적으로 면담을 했고, 아동들이 참여했던 것을 알지 못했던 면담자에 의해 면담이 실시되었다. 학습 실험들은 프레젠트 접근에 참여했던 아동들의 학습에 대한 능력과 학습에 관해 생각하는 능력이 개발되었는지를 발견하기 위해 수행되었다.

종합적 결과는 학습에 관해 현상학적 접근(실험집단)에 깊이 개입되었는지 또는 개입되지 않았는지(비교집단) 그들 자신의 학습에 관한 아동들의 이해에서 많은 차이를 보여 주었다. [그림 25-2]에서 보여 주듯이 이 아동들은 상위인지적으로 발달되었다. 즉, 그들은 자신의 학습에 관한 자각이 발달되었다. 실험집단과 비교집단의 아동 대부분은 학년 초에 '학습활동' 으로서 학습에 대한 개념을 갖고 있었지만 실험집단 아동들은 '알기 위해 배운다' 라는 학습에 관해 생각하는 쪽으로 크게 변화

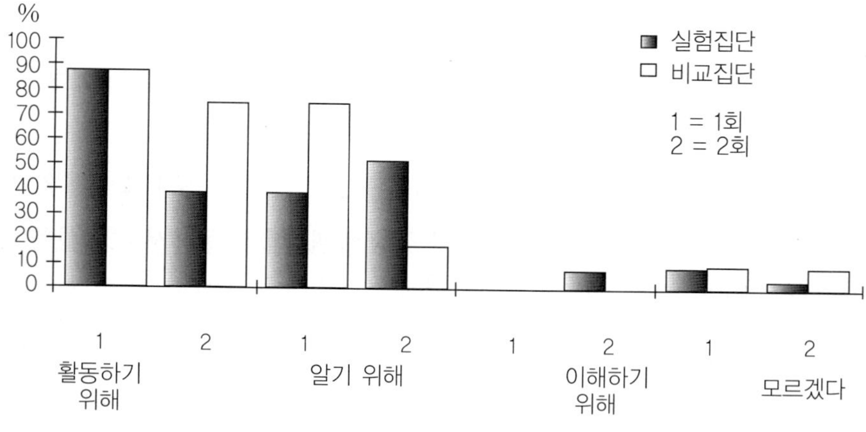

[그림 25-2] 실험집단과 비교집단에서 학습개념의 변화

했다. 더욱이 이들 중 몇몇 아동은 '이해하기 위한 학습'으로 학습의 개념이 발달했고 이 연령의 아동들에게는 매우 진보적이었다.

아동들의 상위인지 능력을 연구한 후에 '이러한 아동들은 전체적으로 새로운 내용을 잘 배울 수 있을까?' 라는 의문이 생겼다. 이것은 세 가지 학습 실험에서 연구되었다.

학습 실험 1 서로 혼합된 두 개의 사과에 관한 이야기인 '빨간 사과' 이야기를 각 집단에서 아동들에게 읽게 했다. 사과들은 캐릭터에서 캐릭터로, 사건에서 사건으로 모두 11번 이동되었다. 아동들의 이야기 고쳐 말하기에서 상기된 사건의 수가 기록되었다. 실험집단에서 38명 중 27명이 5~11개 사건을 다시 말했고 비교집단 아동 36명 중 27명이 단지 1~4개 사건을 다시 말했다. 유치원에서 현상학적 접근 방법에 참여했던 아동들은 더욱 상세하게 이야기 구조를 파악하도록 배웠다.

학습 실험 2 처음 실험에서 읽은 것과 유사한 이야기를 아동들에게 읽게 했다. 그러나 이야기 구조는 매우 달랐다. '강의 다른 쪽에서' 라는 제목을 가진 이야기에서 두 개의 강둑에 위치한 도시에서 살았던 사람들 간의 상호 호혜성의 개념을 제공했다. 이야기 줄거리에 대한 아동들의 자발적 표현은 실험집단의 37명 중 16명이 양쪽 강둑에 사는 사람들의 상호 의존성을 파악했고 비교집단 아동들은 전혀 그러지 않았다. 왜 사람들이 강에 새로운 다리를 건설했는지에 관한 질문의 응답에서 실험집단 아동의 29명과 비교집단 아동 12명이 그들이 서로 필요했다고 응답했다. 이와 같이 중재 프로그램에 참여했던 아동들이 전통적 유아교육 프로그램에 참여했던 아동들보다 확장된 이야기의 의미를 파악했다.

학습 실험 3 이것은 자연사박물관을 방문하는 동안 생태적 사이클에 관한 아동교육에 근거했다. 강사는 아동들에게 다른 동물과 식물들에 관해서 이야기했고 그때 사이클을 설명하기 위해 대상 사이에 화살표가 그려진 바닥에 생태적 사이클을 구성했다. 분명한 것은 아동들이 구성요소를 지명하고 단편과 먹이사슬과 사이클을 파악하는 것으로 범주화된 강사의 취지를 파악했던 것이 질적으로 다른 방식이었다. 다른 범주들은 사이클에서 대상 간에 더 확대되었거나 덜 확대된 관계들을 나타냈다. 비교집단 아동 35명 중 26명이 구성요소를 지명하거나 사이클의 단편을 지각했고, 실험집단 아동 38명 중 32명은 먹이사슬을 설명하거나 전체 시스템, 즉 생태적 사이클에서 모든 대상을 관련시킬 수 있다는 것을 보여 주었다. 이 결과는 실험집단 아동들이 비교집단의 아동들보다 발전적인 수준에서 박물관에서의 학습 취지를 이해했다는 것을 보여 주었다.

이와 같은 결과는 학습에서 현상학적 접근방법에 참여했던 아동들이 전통적 프로그램에 참여한 같은 연령의 비교집단 아동들에 비해서 자유놀이와 교사에 의해 구성된 학습과제를 결합해서 상위인지적 발달이 되었다는 것을 분명히 나타낸다. 현상적 접근에 대한 비평은 정보의 구조와 어떻게 아동들이 인지하게 되는지에 관련된 차원이다.

연구 2: 기술과 지식의 기초

연구 2는 연구 1과 몇 가지 유사성이 있다. 두 연구의 주 목적은 유치원 학습에서 현상학적 접근을 적용하고 평가하는 것이었다. 첫 번째 연구가 교사에 의해 정의되었다면 두 번째 연구에서 내용은 연구자에 의해 정의되었다. 초등학교에서 다른 내용 영역에 미래 학습의 기초를 형성하도록 되었기 때문에 내용은 더욱 확대되었다.

활동의 원칙은 보편성의 여러 단계에서 보았을 때, 구조와 같이 동일했다. 즉, 내용, 구조(관계), 학습과 각기 이러한 단계들에 대한 상위인지적 접근이었다. 활동과 내용은 모두 최근 연구에서 고려되었다(Pramling, 1994).

설계

연구를 위해 선택된 6명의 유치원 교사는 5~27년 현장에서 일한 경험이 있는 폭넓은 수준의 교사들이었다. 그들은 다양한 사회경제적 지역인 대도시에서 가르치고 있었는데, 3명은 데이케어센터에서, 3명은 유치원에서 일했다.[3]

첫해에는 다음 섹션에서 논의되는 교육과정이 개발되었다. 6명의 교사들은 한 달에 한 번씩 재직 중 훈련에 참여했고 그들은 교육과정 영역과 교수원칙에서 참고문헌을 논의했다. 교사들은 또한 대략 매 3주마다 그들의 교실 환경에서 지도를 받았고 그때 과제 진행자는 교실에서 일어난 일을 관찰했다. 이러한 관찰은 학습을 위한 접근을 개발하기 위한 논의 대상을 구체화했다.

두 번째 해는 그들이 연구했던 내용 영역 안에서 모든 아동과 면담을 시작했다. 그때 교사들은 그들의 학급에서 교육과정을 수행하기 시작했고 지속적인 관찰이 각 집단에서 이루어졌다. 프로그램은 이런 방식으로 5~6세 아동들과 함께 2년 동안 지속되었다. 6세 아동들은 1년 후 유치원을 졸업하고 초등학교에 입학했고 5세 아동은 2년 동안 프로그램을 유지하고 초등학교에 입학했다. 이런 일이 있기 전에 아동들은 처음에 했던 것과 같은 내용으로 다시 면담을 받았다. 그들 역시 학습 경험에 참여했었고 그들이 나중에 면담했던 요정 이야기를 들었다는 것을 의미한다.

첫 번째 아동 집단이 면담을 받았던 것과 같은 시기에 같은 면담과 학습 경험을 했던 아동들로서 6개의 비교집단이 선택되었다. 그 집단들은 표준에 근거해서 선발되었고, 교사들은 그 프로젝트에 참여했던 교사들에 필적하는 경험을 가졌으며, 또한 그들은 사회경제적 영역에서 일했던 경험이 있었다. 이와 같이 유치원과 가정환경의 맥락에서 유사성이 간주되었다. 교사들은 또한 그들의 일에서 사용된 내용과 방법에 관해서 면담을 했다. 그들은 당연히 훌륭한 '전통적' 유치원 교사로 고려되었다. 전체 77명의 아동들이 두 번째 프로젝트에서 개발된 접근에 참여했고 58명은 1년, 15명(4명은 이사)은 2년 동안 참여했다. 비교집단에는 38명의 아동이 참여했다.

'교육과정' 과 수행

본 연구에서 교육과정은 읽기와 쓰기, 수와 세기, 자연과학, 사회 그리고 학습의 다른 면에 대한 아동의 사고와 이해에 관한 연구에 근거해서 개발되었다. 이 유치원 교육과정은 주변 세계에서 현상에 초점을 맞추고 학교에서 가르치는 주제 과목 쪽에 부분적으로 근접되었지만 학교 교육과정과 일치하지는 않았다. 학교에서 아동들의 학습은 읽기 능력과 쓰기, 셈하기 또는 자연과학과 사회과학의 사실을 기억하기 등이었다. 이 선택적 접근은 학습을 위한 기초를 이해하는 조건으로 아동을 준비하는 데 중점을 두었다. 다음과 같은 내용에 대한 짤막한 설명이 있고, 유치원에서 수행으로부터 예를 들어 설명했다.

학습

연구 1과 같이 연구 2에서 초점은 그들 자신의 학습에 대한 아동들의 이해였다. 즉, 무엇을 배우고 이 학습은 어떻게 이루어지는가에 대해 그들이 깨닫는 것이다(Pramling, 1983). 앞에서(이 책 769쪽 이하) 묘사되었던 그들 자신의 학습에 있어 아동들의 깨달음에 대한 설명은 그들 자신의 학습에 대한 이해 발달의 근거로 사용되었다. 수행의 한 예를 살펴보면 아동 집단은 '성장하고 있는 새로운 식물' 이란 주제에 집중하고 있었다.

한 집단에서 어떤 소년이 "지구나 태양 중에서 어느 쪽이 더 커요?" 라고 묻자, "자 여러분은 어떻게 생각을 하나요?" 라고 교사가 질문했다.

Marcus: 지구, 지구에는 공기가 있기 때문이야!
Isaura: 태양, 해는 멀리까지 비출 수 있기 때문이야.
Zandra: 그것들은 같은 크기야, 해는 지구 전체를 비추기 때문에.

교사는 해는 더 크거나 작으며 같을 수 없다고 지적하고, 그들에게 어떻게 질문에 대한 대답을 찾았는지에 관해서 물었다.

Stina: 라디오를 켜요. 그들은 날씨를 알기 위해서 우주선 발사용 로켓을 가졌기 때문에 당연히 알아요.
Stig: TV를 켜요. 사람들은 하늘에 올라가 있고 날씨를 연구해요. 사람들은 찾을 수 있고 또는 여러분 스스로 거기에 갈 수 있어요.

Marcus: 나는 Håkan에게 물을 수 있어요. 그는 때로는 공중에 올라가요.

Gabi: 나는 그것에 관해 생각할 거예요.

Zandra: 책에서 읽어요. 엄마가 제게 읽어 주세요.

Nanette: 나도 책에서 읽을 거예요.

오후에 부모가 아동을 데리러 왔을 때 교사는 각 아동이 다음 날을 위해 알아야 할 것에 관해 부모와 아동들에게 이야기했다. 라디오 켜기를 원했던 아동의 부모는 매우 당황스러워 보였고 교사는 부모에게 말했다. "만일 어려움이 있을 때 전화번호를 찾을 수 있고 우리는 내일 여기에서 그들에게 전화할 수 있습니다." 7명의 아동들이 다음 날 각자 대답을 준비해 왔고 교사는 해와 지구의 세 가지 다이어그램을 그렸다. 그들 중 하나는 같은 크기로, 하나는 해를 크게, 그리고 세 번째는 지구를 크게 그렸다. 모든 아동은 대답을 해야 했고 교사는 그들의 대답을 다이어그램 옆에 표시했다. 잠시 후 그들은 해가 가장 크다는 것을 모두가 알았다는 것을 깨달았다. 그때 교사는 학습의 측면으로 관점을 다시 바꿨고 각 아동에게 그가 어떻게 알았었는지를 질문했다. 교사는 아동들이 자신의 대답을 얻기 위해 사용했던 많은 다른 전략에 아동들의 주의를 돌리게 하고 이 간단한 세션을 마쳤다.

교사는 한 사람씩 모든 아동에게 질문을 던짐으로써 그리고 그들이 생각해야 하고, 반영해야 하고, 그다음에 실제로 그들의 아이디어를 추적하도록 상황을 만듦으로써 아동들이 자각하도록 노력했다. 그리고 마지막으로 다시 한 번 어떤 것을 알아가는 다른 방식들 간의 다양성을 알 수 있었다. 이 연구를 위해 4개의 새로운 주제가 지금 설명될 것이다.

읽기와 쓰기

읽기와 쓰기 영역에서 아동들은 그들 자신의 능력에 대해 깨달았고 그들 자신의 경험의 부분으로 그것들을 가시화했다. 이뿐 아니라 구어와 문어 간의 관계가 가시화된다. 즉, 말의 흐름이 어떻게 낱말로 쪼개지는가, 읽을 수 있고 쓸 수 있다는 기능이 무엇이고, 상징이 의미하는 것은 무엇인가.

이 내용에 대한 지지를 아동들이 어떻게 읽기를 개념화하는가라는 Dahlgren과 Olsson의 연구(1985)에서 볼 수 있다. 그들은 왜 읽어야 하는지 또는 어떻게 읽기를 다루어야 하는지에 관해 아무런 생각이 없었던 아동들이 학교에서 학업을 익혔다는 것을 보여 주었다. 이에 비해 읽기는 책과 메시지를 읽기 쉽게 한다는 것을 알았던 아동들은 초등학교에서 신속하게 읽기를 배웠다. 이러한 활동에 대한 그들의 개념은 그들이 정말로 거기에서 배웠다는 것과 강하게 관련이 있었다.

한 예로 내용의 형태는 교사가 아동들에게 좋은 날씨와 나쁜 날씨에 대한 상징을 만들도록 요구했을 때 발생했다. 아동들은 그들 자신의 상징을 만들었다. 즉, 아동들은 그들 자신이 의미하는 것을 만들어 냈다. 그때 아동들은 다른 사람이 이해하는 데 가장 유익하고 쉬운 것을 비교했고 논의했다. 후일에 아동들은 버섯에 관해 이야기를 나누었고 한 작은 소녀가 독이 있는 버섯이 있다는 것을 알려 주었다. 그때 교사는 어떻게 그녀가 어떤 특별한 버섯은 독이 있다는 것을 다른 사람들에게 말할 수 있는지를 질문하는 기회를 만들었다. 소녀는 그것을 비교 · 검토하도록 독이 있는 버섯의 그림을 만들기를 제안했다. 다른 경우에 교사는 크리스마스 찬양 때 부모를 위한 퍼포먼스에서 그들이 불렀었던 노래들을 기억하기 위해 그들 자신의 노트를 만들도록 제안했다. 마음속으로 교사는 글로 씀으로써 우리가 상징을 공유하는 것임을 아동들이 깨닫게 되기를 원했다는 것을 알고 있었다. 교사는 당연한 일로 생각되는 이런 면을 아동에게 반영하기 위해 논제화한다. 교사는 또한 무엇이 발달하는가에 관해 확실한 개념을 가졌고 아동이 자발적이도록 하고, 사고의 다양성에 주목하고 반영하기 위해 기회를 가졌다.

프로그램에서 사용된 개념은 아동들에게 가능한 어떤 방식으로든지 쓸 수 있고 자신을 표현할 수 있다는 신호를 주는 '쓰기-놀이' 였다(Hagtvet-Eriksen, 1990).

이것은 아동들이 놀이에서 목표를 바꿀 수 있고 어떤 추론을 만들 수 있다는 것을 알기 때문에 훌륭한 개념이다. 이 학습 접근을 사용했던 아동들과 '쓰기-놀이' 의 개념을 사용한 교사들은 때로는 필기 주제에 주의를 집중했고 스스로 비교했다. 다음은 어린이 4명의 그림과 '쓰기' 에 대한 관찰 내용이다.

Alexander(3세): 나는 쓸 수 없어!

Muhammed(5세): 내가 너에게 보여 줄 수 있어.(그들 Alexander의 그림에 쓰는 시늉을 했다.)지금 이걸 Alexander가 거기에 썼다고 말해!

Danka(4세): (낙서하기 시작한다) 봐라, 내가 스톡홀름 행 버스라고 쓴 거야.

Alexander: Christina를 봐라, Christina는 다른 방식으로 써!

Christina(6세): 나는 글자로 쓰지만 이것은 낙서 또는 '쓰기-놀이' 야. 쓰기에는 여러 가지 방식이 있어. 그러나 학교에서는 알파벳으로 써야 돼.

수 경험

우리가 연구했던 다른 영역은 셈하기 절차를 수반하는 것이 아닌 수 경험이다. 우리는 수학적 기술은 아동들이 수의 의미와 셈하기에 대한 다른 면의 의미를 파악함으로써 발달한다고 믿는다.

Neuman(1987)은 아동들의 수학적 능력에 관한 연구에서 아동들이 학교에서 수 문제의 어려움을 갖을 때는 셈하기 절차의 부족함 때문이 아니고 수와 셈하기 활동에 대한 기초적 이해의 부족 때문이라는 것을 보여 준다. Neuman은 수의 의미와 셈하기의 의미가 다른 형태임을 파악하지 못한 아동들은 나중에(10 이상의) 수를 공부할 때 어려움을 느낄 것이라고 주장한다. 10 이상의 수를 계산하기 위해 아동들은 수를 상상할 수 있어야 하고, 전체 수의 구조를 알아야 하며, 어떻게 그것이 다른 조합으로 분해될 수 있는지를 상상할 수 있어야 한다. Neuman에 따르면 수를 상상하는 학습은 아동들이 패턴을 개념화하는 능력을 얻음으로써 — 예를 들어 '손가락 그림들' — 가능해진다. 기초 수학에 대한 유사한 견해가, 수학 문제 풀기는 아동들이 상징을 조작하고 실험하도록 하는 질문으로서가 아니라 집단 활동에서 교사와 아동들 간의 대화에서 수학 문제를 상상하는 것일 수 있다고 한 일본의 유치원에서 발견된다 (Gordon, 1987).

Doverborg(1987)는 두 유치원에서 아동들의 수학적 능력 발달을 연구했다. 한 유치원에서 교사들은 학교 방식으로 가르쳤고 수업 도중에 다른 수 기능을 가르쳤다.

다른 유치원에서는 일상생활의 맥락에서, 예를 들어 책상을 정리할 때 또는 바느질할 때, 빵을 구울 때 또는 요리할 때 마주치는 수를 이용했다. 평가는 후자의 경우에 참여했던 아동들이 더 교육적이었고 학교 방식에 참여했던 아동들보다 문제 해결이 더 좋았다는 것을 보여 주었다.

수 개념의 한 면은 나눗셈이다. 초기 연구들은 유치원 아동들은 사회적 조건을 공평하게 배당한다는 감각으로 분배 관점으로 나누기 문제를 해결한다는 것을 보여 주었다(Doberborg, 1987; Neuman, 1987). 그러므로 아동들은 나누기에서 나머지 수에 대해 질문을 받았을 때 문제가 있었다. 그러나 그들이 나누기에 대해 질문을 받은 것은 그들의 문제 해결능력을 위해 매우 중요하다. 한 그룹에서 12명의 아동들이 8조각으로 케이크를 나누어 문제를 해결하는 방식을 보았다. 세 명의 아동이 전체 케이크를 8조각으로 나누었고, 8명의 아동들은 8개의 비슷한 조각으로 자른 다음에 "That's left over"라고 말함으로써 나머지에 대해 의견을 말했다. 한 아동은 모두 동등하게 분배하지는 않았지만 케이크 위에 8개의 직선을 그었고 케이크를 9조각으로 잘랐다.

그때 교사는 세 가지 다른 방식의 문제 해결에 대한 아동들의 주의에 집중했다. 첫째, 아동들은 어떻게 문제가 다른 방식으로 해결되었는지를 보여 주었고, 다음에 그들은 그들 자신의 문제 해결방식에 대해 어떻게 느꼈는지 표현하도록 질문을 받았다. 케이크 나누기는 가시적 세계에 대해 아동을 이해시키는 데 아주 좋은 예다. 케이크는 조각으로 잘라질 수 있지만 조각이 똑같을 필요는 없다. 왜냐하면 성인은 아동들보다 더 큰 조각을 먹을 수 있고, 더군다나 다소의 케익을 안전하게 지키는 것이 완전히 현실적이다.

순서는 산수의 다른 면이다. 집단에서 아동들은 나비 주제에 관해 작업을 한 후 나비의 생애주기를 그리도록 요구받았다. 교사는 아동들이 나비에 관해서 알지 못하는 사람들에게 보여 주도록 나비가 발달하는 단계의 순서를 만드는 방법에 관해 주의 깊게 생각하도록 요구했다. 어떤 아동들은 이것이 읽기 방식이라고 설명하면서 왼쪽에서 오른쪽으로 그림을 그렸다. 다른 아동들은 나비 알과 애벌레와 번데기와 나비 사이에 화살표를 그려 넣었고, 또 다른 아동들은 각 단계에 번호를 매겼다.

한 아동이 칼럼 안에 그림을 그려 넣었고 몇몇 아동은 모든 단계를 기억하지 못하거나 경로를 이해하지 못했다. 그들이 벽에 그림을 붙여 놓은 후 순서에 관한 다른 사고방식에 관해 이야기 나누었다.

자연의 세계

세 번째 주제는 아동들이 생태주기에 대해 알도록 참여하는 자연의 세계를 이해하는 것이었다(Pramling, 1990). 즉, 성장(Russel & Watt, 1990), 삶과 죽음(Stepans, 1985), 계절의 변화와 자연의 변화(Maurice, Staeheli, & Montangero, 1990), 시간(Dionnet & Montangero, 1990), 과학(driver, 1982; Lybeck, 1981)에 관해 이해하는 것이었다. 각 영역 안에서 목표는 아동이 사실에 집중해야 하는 것이 아니고 그들의 사고방식을 계발하는 것이다.

프로젝트에서 아동 집단과 교사는 적어도 다섯 가지 다른 물건을 선택해서 그들이 되돌아올 때 가져오라는 지시를 받고 목초지를 걸어서 갔다. 유치원에 되돌아왔을 때 그들은 대상을 산 것과 죽은 것으로 목록화하도록 과제를 받았다. 아동들은 한 종이에는 산 것을 그리고 다른 종이에는 죽은 것을 그리도록 요구받았다. 그때 아동들은 각기 왜 산 것이고, 또 왜 죽은 것이라고 생각하는지 이야기했다.

5세의 Stina가 시작했다. "컵은 산 것이다. 그것은 깨지지 않기 때문에. 자작나무 씨와 버섯과 이끼와 떡갈나무 잎은 산 것이다. 나는 그것 중 어느 것도 늙었다고 생각하지 않아. 내가 늙을 때 그것들은 쇠퇴될 것이다. 노끈, 핸들과 플라스틱 고기는 죽을 수 있지만 그것들이 어떻게 죽는지 나는 알 수 없어. 그들은 인공적으로 만든 것이야." 다음 날 모든 그림은 벽에 걸렸고 아동들은 어떤 대상이 산 것과 죽은 것 집단에서 발견되었다는 것을 깨달았다. 새로운 주장과 함께 새로운 논의가 시작되었다.

6세의 Pelle는 이러한 주석을 제공했다. "버드나무 잎은 초록이다. 그들은 살아 있다. 솔방울은 죽은 것이다. 그것이 나무에서 자랄 때는 살아 있었다. 옥수수는 초록이었을 때는 살아 있었다. 옥수수대는 살아 있지 않다. 살아 있는 옥수수대는 나무 위에 있지만 지금은 그렇지 않다. 마가목 열매는 살아 있다. 시들을 때 그들은 죽는다."

사회

네 번째 주제는 우리 주변처럼 시간적 관점(역사)과 공간적 관점(문화와 지리학적 측면)으로부터 인공적 세계를 이해하는 것이었다. 이것은 사회에서 상점들(Pramling, 1991), 직업들(Furth, 1980), 사회적 상호작용(Damond, 1977), 협력(Klerfelt, 1991), 예술작업(Gustavsson, 1992) 같은 현상을 관찰함으로써 학습될 수 있다. 이 연구의 한 예는 사회 변화와 관련되었다. 다른 사회적 변화에 관해 작업한 후 아동들은 일찍이 앞의 집단에서 논의하지 못했던 문제 해결을 받았다. 그들은 네 명 또는 다섯 명의 소그룹으로 나뉘었고 사람들이 어디에서 어떻게 살았는지가 그려진 두 개의 작은 카드를 받았다. 그들은 어떻게 사람들이 함께 모여 살기 시작했는지를 아는지 질문받았다. 모든 아동은 학년 초에 지하실을 건축했을 때 사람이 동굴에서 살았다는 것을 알았다. 그때 교사는 아동들이 우리가 오늘날 살고 있는 방식을 설명하도록 요구했다. 아동들은 동굴에 대한 카드와 그들이 오늘날 살고 있는 집에 대한 카드를 이용해서 이야기했다. 그때 아동들은 사람들이 살았을지도 모르는 방식에 관해 주의 깊게 생각하도록 질문받았고 사람들의 집을 그리기 위해 그들이 원했던 만큼 많은 카드를 받았다.

한 아동이 동굴과 이글루, 통나무집, 초가집과 '보통' 집을 제시했다. 다른 아동은 동굴과 판잣집, 오두막집, 평평한 블록집을 그렸다. 다른 아동은 다른 조합을 제시했다. 그들은 역사적인 집에 대한 그들 자신의 아이디어를 고안했다. 다음 날 그들은 함께 다른 아이디어들을 모두 보았고 아동들은 어떻게 사람들의 집이 변화했는지, 그리고 어떻게 그들 자신의 생각이 변화했는지에 관해 탐색했다.

우리는 '교과과정' 과 어떻게 이것이 실제로 수행되었는지를 알았다. 그때 1년 또는 2년 동안 참여했던 아동들에게 무슨 일이 일어났을까?

결과

연구 결과의 일반적인 경향은 여기서 개발한 학습 접근에 참여했던 실험집단의 아동들은 비교집단 아동들보다 대부분의 주제 영역에서 보다 발전적인 수준으로 이해하는 것을 보여 준다. 보다 발전적인 수준이란 질문에 의존하는 것과는 별개의 것을 의미한다. 아동들은 교과과정의 5개 영역에서 대략 30개의 질문을 받았고, 세 개 질문은 동화와 관련되었다. 각 주제 영역으로부터 한 개 또는 두 개의 예를 살펴 보자.

'그들 자신의 학습 이해' 영역에 있어 우리는 [그림 25-3]에서 학습활동의 범주는 이 아동들에게는 뻔한 내용인 읽기, 쓰기, 셈하기 기술에 초점을 맞춘 특정 범주임을 알 수 있다. 그림에서 우리는 6~7세인 비교집단 아동들은 처음 면담 때, 즉 그들이 5~6세였을 때는 실험집단 아동들과 같은 수준임을 볼 수 있다. 아동들이 1년 동안 현상학적 접근방식 프로그램에 참여했을 때 비교집단이 21%인 데 비해 그들 중의 절반 이상(55%)은 유치원에서 읽기와 쓰기와 셈하기를 배운다는 사실을 지각한다. 실험집단의 1/4은 알기를 지각하고 비교집단의 오직 8%의 아동만이 알기

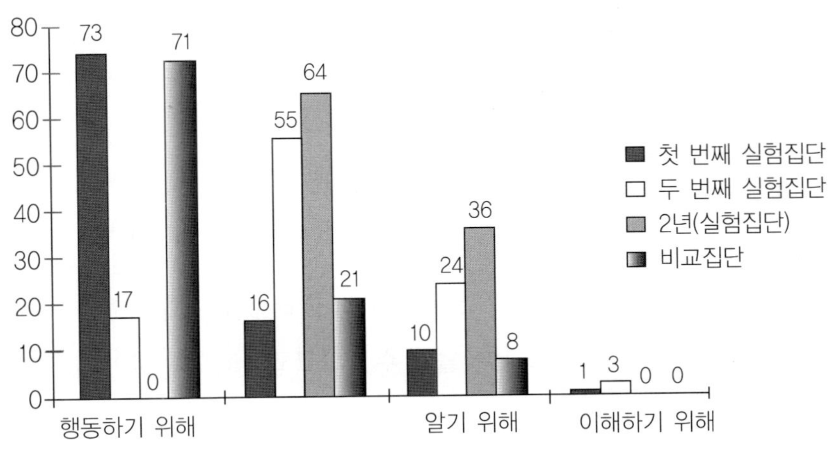

[그림 25-3] 유치원에서 배운 것에 대한 아동들의 개념

를 지각한다. 아동들이 특별한 프로그램에 2년 동안 참여했을 때 이 그림은 보다 높아진다.

새로운 내용을 배우는 아동들의 능력은 앞 장에서 Marton과 Booth가 언급한 연구, 즉 Silverstein(1964)의 『아낌없이 주는 나무』라는 동화를 듣기 능력과 연결한 연구에서 다루어졌다. 아동들에게 했던 질문 중의 한 개는 "여러분은 이 이야기에서 무엇을 배울 수 있었나요?" 였다. 질문에서 다루는 질적으로 다른 다섯 가지 방식은 아동이 (1) 읽기와 쓰기(알파벳, 숙련 등), (2) 이야기(외워서 이야기하기 같은), (3) 이야기 줄거리(이야기는 사실이 아니고, 나무는 말할 수 있다 등), (4) 삽화적 이야기(사과를 팔고, 보트를 만들고 등), (5) 이야기의 근본 취지 이해하기(도덕, 가치 등)를 배운다는 것을 주장하기 위한 것이다. 다음 면담은 이해에 대한 질문으로서 경험 학습이 의미하는 것이 무엇인가를 입증한다.

Elisabeth: 너는 해서는 안 되는 것을 배울 수 있어. 예를 들어 돈을 내지 않고 나무 다발을 사용하는 것이라든가 또는 네가 비슷하게 어떤일을 어떤식으로 해야 할까를 상상하는 것을 배운다면…….

면담자: 음, 네가 의미하는 것이 무엇이지?

Elisabeth: 자, 네가 들었다고 생각한다면 너는 사과를 따 먹을 수 있다. 그렇게 말하는 목소리를 들었다고 생각한다면, 또는 네가 해야겠다고 느꼈다면 네가 하고 싶은 것을 할 것이다.

면담자: 그래?

Elisabeth: 당신이 보통 하는 것이다.

면담자: 더 배울 것은 없니?

Elisabeth: 너는 또한 하지 않아야 되는 것을 배울 수 있다.

면담자: 네가 하기 좋아하는 것을 할 수 있다고 말하고 있는 것이지.

Elisabeth: 예.

면담자: 그것에 대해서 좀 더 말해 줄 수 있을까?

Elisabeth: 예, 당신은 조금 남은 샴푸를 버릴 수 있다고 생각할지도 몰라요. 남은 양이 얼마 없기 때문에. 그런데도 당신은 그렇게 해서는 안 되지요. 왜냐하면 그것을 아껴야 하기 때문에 그렇게 해서는 안 돼요.

면담자: 음.

Elisabeth: 그래서 당신이 어떤 것을 하기 전에 두 번 생각해야 해요.

Elisabeth와의 면담에서 보았듯이 그녀는 양심의 목소리에 관해서 이야기한다. 동화에서 이해를 배운 아동은 교재보다 앞서 가는 것을 의미하고, 교재에서는 명확하지 않기 때문에 아동에 의해서 구성되어야 하는 그들 자신의 의미로 그것을 해석한다는 것을 의미한다(Pramling, Asplund Carlsson, & Klerfelt, 1993).

이 동화는 출판되었을 때 아동에게는 너무 어렵다고 판단되었던 것으로 지적되었다. 26%의 실험집단 아동들이 이해하기 학습에 관련되었던 반면에 비교집단은 오직 5%의 아동만이 이해하기 학습에 관련 있는 것으로 비교되었다.

그들 자신의 학습에 대한 이해와 동화로부터 배우는 능력에 더해서 교과과정에 관련해 네 가지 다른 영역의 내용에 대한 이해가 조사되었다. 비교집단에 있던 아동들은 이러한 영역의 내용에 대해 약간의 경험이 있었지만 보다 전통적인 방식이었다.

왜 너는 읽고 쓰기를 배운다고 상상했는가라는 다른 질문이 아동들에게 제기되었다. 아동들이 설명한 것을 분석하는 데 제기된 개념의 범주는 미래(학교 또는 성인), 또는 메시지와 같은 활동이다. 가장 향상되었다고 고려된 범주는 읽고 쓰기 학습에 대한 이유로서 메시지를 이해하는 것이었다. 실험집단에서 50%의 아동들은 1년 후에 읽기와 관련해서 메시지를 이해했고, 64%의 아동들은 2년 후에 메시지를 이해했다. 비교집단에서는 오직 21%의 아동만이 메시지를 이해했다. 쓰기 학습에 대한 이유로서 메시지를 이해했을 때 차이는 보다 커서 실험집단에서 69%의 아동들은 1년 후에, 79%의 아동들은 2년 후에 메시지를 이해한 반면 비교집단에서는 18%의 아동만이 누군가에게 메시지를 주는 것으로 쓰기의 의미를 이해했다.

아동들이 누군가에게 편지 쓰기를 요구받았을 때 실험집단에서는 19%의 아동들이 1년 후에 완전한 문장을 썼고, 47%는 2년 후에 완전한 문장을 썼다. 반면 비교집단 아동들의 8%만이 완전한 문장을 쓸 수 있었다.

수와 셈하기 영역에서 아동들은 문제 해결과 산수의 다른 측면에 대한 개념을 표현하도록 요구받았다. 한 질문은 "왜 셈하기를 할 수 있는 능력이 가치 있는가?" 였는데 개념의 다른 범주는 이에 대한 응답에서 발견되었지만 가장 가치가 높게 평가된 것은 아동들이 셈하기를 아동 자신의 경험과 관련된 기능을 알기 위한 능력이라고 지적한, 즉 일상생활에서 사용되는 어떤 것이라는 사실을 알게 된 것이었다. 실험집단 아동의 40%는 1년 후에 이러한 깨달음을 표현했고, 57%는 2년 후에 표현했다. 비교집단에서는 오직 18%의 아동들만이 셈하기의 사용을 일상생활의 깨달음이라고 보았다.

일상 상황에서 나타났던 2+7＝__, 10−7＝__ 그리고 3+_＝7과 같은 단순한 산수 문제 해결의 결과는 현상학적 집단에서 많은 수의 아동들이 비교집단 아동들보다 문제를 잘 해결한다고 지적한 것과 유사한 경향을 보여 준다. 그러나 실험집단과 비교집단의 이러한 차이는, 다른 영역에서는 1년 후가 2년 후에서처럼 크지 않다고 해석되어야 한다.

이 영역에서 가장 흥미 있는 질문은 Neuman(1987)이 개발한 두 개의 상자에 아홉 개의 버튼이 숨어 있는 '추측 게임' 이다. Neuman은 우선 아동이 9개의 버튼을 셀 수 있다고 확신했다. 아동이 센 후에 Neuman은 그들에게 두 개의 상자 안에 버튼을 넣었다는 것을 아동들에게 이야기했고 그들은 각 상자 안에 몇 개의 버튼이 들어 있는지를 추측해야 했다. 본 연구에서 실험집단의 아동들은 1년 후에 60%가, 그리고 2년 후에는 67%가 문제를 바르게 해결했다. 반면 비교집단에서는 32%의 아동만이 그렇게 했다. 이것은 아동들이 바른 해결에 이르기 위해서 그들의 마음속에 전체와 부분을 동시에 유지해야 할 것을 요구하는 과제였다.

사회 영역에 집중된 주제에서 한 질문은 아동들에게 '현재' 그리고 '과거' 를 나타내는 두 쌍의 그림을 보여 주고 아동들에게 그림을 묘사하도록 요구했다. 그림의 한 예가 [그림 25-4]에 있다. 〈표 25-1〉에서 보여 준 것처럼 실험집단 중 81%의 아동들이 자연스럽게 '현재' 그리고 '과거' 를 나타낸 사진이라는 것을 지적했지만 비교집단 아동들은 26%만이 그렇게 지적했다. 이어지는 질문은 그림에서 물건이 왜 변화했는가였다. 면담자는 사진들이 과거시대와 현재시대에 관한 것이라는 사실에 아동들이 주목하고 있는지에 집중했다. 아동들은 이 변화에 대해 질적으로 다른 이해를 표현했다. 몇 명의 아동들은 그림 자체나 색깔에 관해 이야기하기 이상을 넘어설 수 없다. 다른 아동들은 이전에 사람들은 지금보다 가난했고, 오늘날은 더 부자라는 사실로서 변화를 관련시켰다. 다른 개념은 사람의 요구 차원에서 변화를 이해하는 것이었다. 이러한 범주에서는 어느 누구도 시간에 대한 감각이 없었다. 그렇지만, 여기에서 우리는 아동들이 사람은 사회에서 물건을 발명했고 발달시켰다는 이해를 표현하는 가장 향상된 범주 안에 있음을 발견한 특별한 프로그램에서 57%의 아동들이 이러한 개념을 표현했고 비교집단에서는 18%의 아동만이 이 개념을 표현했다.

마지막 주제 영역은 자연이었다. 아동들이 해결하도록 한 문제는 생태주기에서 표현된 사물의 그림 간의 관계를 정리하는 것이었다. 아동들의 이해가 묘사될 수 있도록 다른 범주들은 (1) 관계 없음, (2) 각기 다른 풀을 먹는 동물들, (3) 미생물의 분해과정, (4) 사이클이었다. 평가요소는 사건 간의 관련성의 이해를 끌어내는 것이다. 실험집단에서는 59%의 아동들이 사이클에서 각 그림들을 관련지었고 비교집단에서는 그렇게 하는 아동이 전혀 없었다.

요약하면, 우리는 대부분의 질문에 대한 답변에서 실험집단과 비교집단 간에 차이가 있었다는 것을 입증할 수 있었다. 비교집단에서 최소한 1년간 유치원을 다닌 적이 있는 7세 아동들은 실험집단에서는 유치원에 다녀 본 적이 없는 5~6세 아동들과 같은 수준이었다. 현상학적으로 접근에 참여했던 아동들은 나중에 학교학습에 기초를 구성한다고 믿어지는 현상에 대한 이해가 발달했다. 셈하기, 쓰기 능력에서 실험집단과 비교집단의 차이는 1년 동안 참여했던 아동들에게는 별반 드러나지 않았다. 그러나 2년 동안 참여했을 때 수학적 문제 해결과 쓰기에서 비교집단 아동들보다 훨씬 좋아졌다. 이것은 마치 현상학적 접근 학습에 1년 동안 노출된 후 아동들은 쓰기와 수학적 문제 해결에서 그들의 능력 개발에 영향을 받아 깨달음과 동기를 발달시킨 것처럼 보인다.

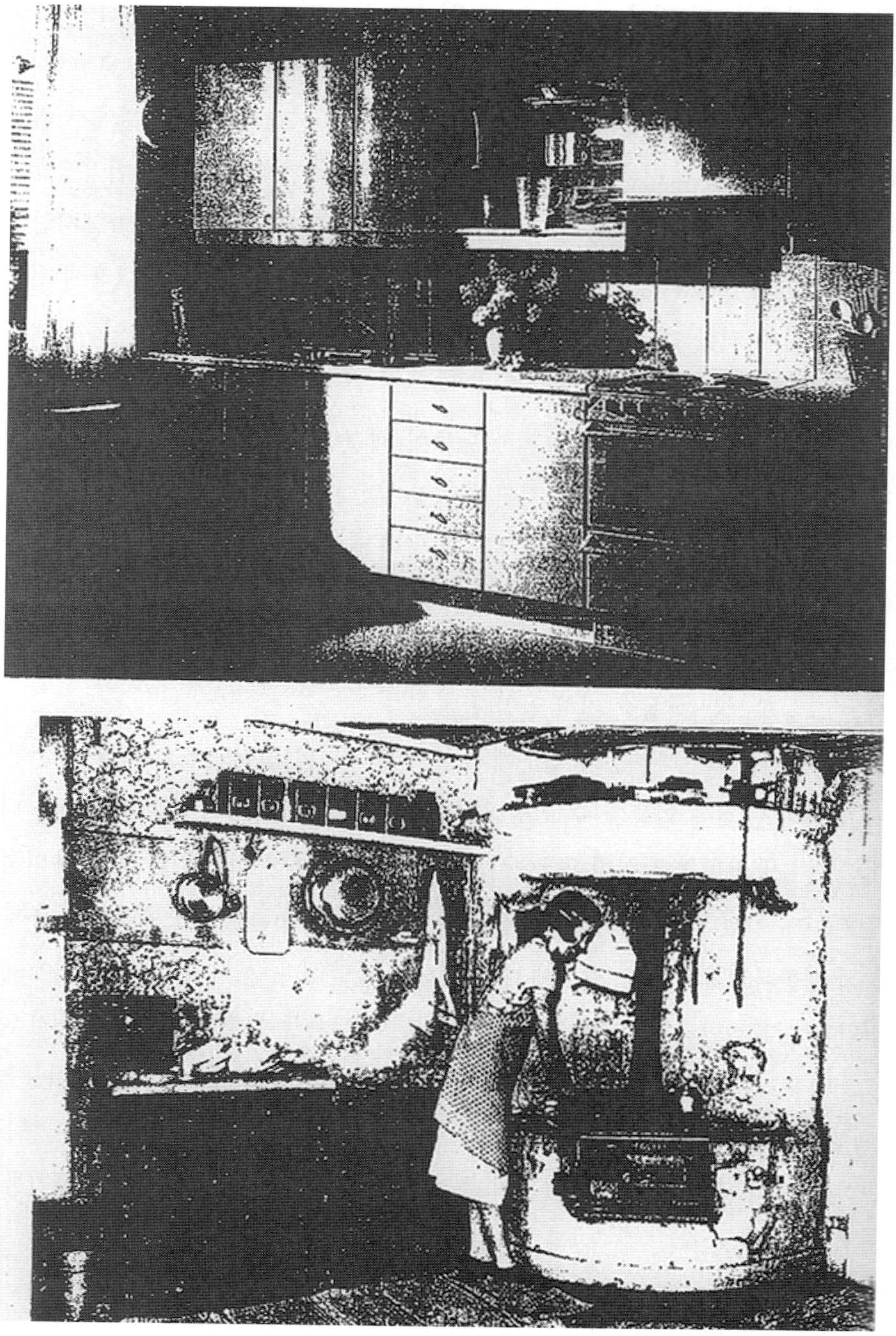

[그림 25-4] '현재' 와 '과거' 를 나타내는 한 쌍의 그림

〈표 25-1〉 아동의 '현재'과 '과거'에 대한 개념과 사회변화에 대한 추론

	실험집단의 %		비교집단의 %
	초기	1년	
자발적인 발견 이유는?	23	81	26
차이 없음	13	2	16
그림 자체	25	5	32
부자와 빈곤	29	16	29
변화된 요구들	21	21	5
사람들의 발명	13	57	18

결론

앞에서 다룬 접근 학습이 어떻게 해석될 수 있을까? 첫째, 높은 질의 학습이라고 간주된 질문은 아동의 '생활 세계'로 간주된 면으로 문제화되고 정의되었다. 아동의 세계는 그것이 초기 연구에서 활동의 측면을 주제 목록화하기에 충분하지 않다는 것을 보여 주었기 때문에 내용과 활동의 두 차원을 참조한다. 둘째, 학습은 이해 또는 이해하기에 관한 질문이다. Bruner와 Haste(1990, p. 1)는 "이해하기는 사회적 과정이다. 즉, 그것은 문화와 역사적 맥락 안에서 이루어지는 활동이다"라고 지적했다. 그들은 또한 오늘날 강조점은 심리학과 다른 과학 안에서 의미의 성취에 관한 것이라고 주장했다. 의미는 개인적인 것과 문화적인 것 모두에 집중되었고, 이 두 측면은 분리될 수 없는 현실이다. 그렇지만 나는 이러한 연구는 아직까지 학교 현장에서 수행된 적이 없다고 단언한다.

5세와 6세 아동들이 있는 세 곳의 유치원 연구(Pramling, 1988)에서 '가게'라는 주제로 2~3주 동안 작업을 했다. 두 명의 교사(A와 B)는 같은 방식으로 내용을 조직했다. 그들이 소비자의 관점에서 가게에 대해서 가르치는 동안 다른 시점에는 가게의 기능이 어떠한가를 가르쳤다. 세 번째 교사(C)는 그녀 자신의 방식으로 주제를 가르쳤다. A와 B 교사에 의해 공유되었던 특별한 구조에서 교사 A는 그들이 하고

있었던 일에 관해 무엇, 언제, 그리고 왜라고 질문함으로써 학습의 양상을 문제화하고 주제화하도록 요구받았다. 즉, 교사 A는 '상위인지적 대화'를 사용했다(Pramling, 1990). 이것은 교사 A가 관점을 바꾸고 준비된 주제와 학습에 대해 아동 자신의 사고에 관한 주의에 집중했다는 것을 의미한다. 교사는 학습을 당연한 것으로 생각한 것이 아니라 그들이 참여했던 다른 활동에 대해 심사숙고하여 아동에게 그것을 가시화하고자 노력했다.

그 결과는 3주 후 아동들이 학습했던 것과 학습이 어떻게 일어났는지에 대한 그들의 자각이 발달했다는 것을 보여 주었다. 그들이 주제로부터 배웠던 것을 질문받았을 때 실험집단 아동들은 왜 가게들이 광고를 사용했는지 또는 어떤 가게들이 그처럼 했는지를 배웠다는 것을 시사했다. 즉, 그들은 어떤 것을 알거나 이해하도록 배웠다. 다른 두 집단의 아동들은 그들이 가게 놀이를 하거나 시장을 보러 가도록 배웠다는 것을 시사했다. 즉, 그들은 어떤 것을 하도록 배웠다. 그러나 A집단 아동들이 그들 자신의 학습에 관해 상위인지 수준의 사고를 일으켰음에도 그들은 더 훌륭한 학습자가 되지는 않았다. 그들은 일반적으로 가게에 관해 작업했던 내용과 보다 향상된 수준에서 이해하지 못했다.

위의 연구에서 비록 아동들이 보다 훌륭한 학습자가 되지는 못했다 해도 그들은 자신의 학습에 대한 자각을 발달시켰다. 우리가 앞에서 제시했던 연구 1과 2는 어떻게 아동들이 인지와 상위인지 능력을 발달시키는지를 보여 준다. 이것은 어린 아동들에게 교육은 특별한 주제 영역과 그들 자신의 학습에 대한 이해에 집중되어야 할 필요가 있다는 것을 의미한다. 이것이 이루어졌을 때 실험집단의 아동들이 새로운 메시지를 이해하기를 보다 잘 배울 수 있고 훌륭한 '전통적' 프로그램을 뛰어넘는 수준에서 그들 자신의 학습을 이해하기를 더 잘할 수 있게 된다. 다시 말해서 현재 접근은 마치 학습행위에 대한 접근처럼 보인다. Marton과 Booth(이 책 24장)는 이 접근의 예를 발표했고 또한 호주에서도 현 접근이 시도되었고 유사한 결과를 보이고 있다(Allen, 1993).

주변 세계에 대한 아동들의 이해와 그들 자신의 학습에 대한 이해는 교사가 다른 현상에 관해 생각하는 것에서 아동들이 특별한 현상에 관해 어떻게 생각하는가로 관점을 바꿀 기회를 제공하는 상위인지를 사용함으로써 발달한다. 아동의 주의력은 내용과 행위 간에 번갈아 일어난다.

일반적으로 개입연구에서 문제는 장기간 관점에서 참여자들에게 생길 수 있는 차이를 아는 것이다. 최후에 효과가 일어날 것인가? 미래에 일어날 것 같은 효과는 무엇일까? Weikart(1992)가 보여 준 것처럼 유치원 프로그램에서 장기 효과가 발견될 수도 있지만 때로는 기대와 매우 다를 수 있다. 연구 2에 참여했던 아동들에게 미래에 어떤 일이 일어날 것인가? 우리는 알지 못하지만 아직 진행 중인 후속 연구에서 첫 번째 결과는 초등학교에서 이러한 아동들은 1년 후에 다양한 과목 영역에서 그들의 학급에서 선두를 유지하고 있다는 것을 보여 준다(Pramling, Klerflet, & Williams-Graneld, 1995). 7개월 후 학교에서 이루어진 후속 연구의 하나에서 아동들은 물의 사이클에 대한 비디오를 보았다. 아동들이 개인적으로 받았던 질문 중의 하나는 "이 비디오에서 무엇을 배웠는가?" 였다. 차이는 유치원에서 현상학적 접근 방식에 참여했던 아동의 38~60%가 물의 사이클을 이해했다고 표현했고 비교집단 아동의 0~36%만이 비디오에서 일종의 메시지에 대한 이해를 표현했다. 다른 학교 학급에서는 다양한 비율의 변화가 생긴다.

어린 아동들의 학습에 현 접근을 적용하기 위해서 교사들에게 요구되는 것은 무엇일까? 아동들이 다른 영역과 주제에 관해서 생각한다는 것을 아는 것과 아동과 아동의 생각을 적극적으로 몰입시키도록 숙련되는 것 외에도 교사들은 '아동들이 성취하기를 원한다는 것을 알아야 한다'.

이러한 목표들은 이해에 의해 명확하게 나타나고 교사는 아동 집단과 함께하는 것과 마찬가지로 아동 개인과 함께하면서도 이해가 작동한다는 것을 안다는 의미다. 교사는 당연하다고 여겨지는 아동의 주변 세계에 관해 알아야 한다. 유능한 교사는 발달 측면과 가시화되는 측면과 마찬가지로 아동에게 제공되는 경험의 종류를 안다. 이러한 관점에서 이것은 어떻게 아동들은 현상을 경험하는가를 곰곰이생각하는 특별한 취지로 인도되어야 하는 교사의 의식 활동이다(Alexandersson, 1994).

동시에 교사는 아동이 발달하기를 원하는 이해 쪽으로 아동들의 주의력를 돌린 채로 '끊임없이 아동들로부터' 배운다. 이렇게 유도된 개입에 참여하기 위해 교사는 아동의 사고방식을 이해해야 한다. 어떻게 아동들이 계속되는 과제를 경험하는가에 대한 이해 없이는 이러한 접근은 불가능하다. 교육은 아동들의 이해에 의해서 유도되고 인도되고 격려되지만 교육은 교사와 함께하고 아동들끼리 함께하는 아동들의 상호작용에 의해서 이루어지는 것이다.

주

1. 여기에서는 7세 이상을 의미한다.
2. 몇몇 예로서 다음 섹션 연구 2에서 교과과정에 대해 논의하는 것을 보라.
3. 스웨덴에 있는 데이케어와 유치원은 교사들에 대해 똑같은 가이드라인과 교육적 요구를 갖는다.

제26장
마음의 언어:
교수-학습에서의 역할

JANET WILDE ASTINGTON
JANETTE PELLETIER

이 장에서는 아동들의 마음 이론과 아동들의 마음에 관한 교사들의 이론, 그리고 아동과 교사 간의 언어적 상호작용 간의 관계를 논의하기 위해 학령 전 아동의 마음 이론의 발달에 관한 최근의 관점을 따라 움직이면서 언어와 마음 이론의 관련성을 탐색하고자 한다. 언어와 학습과 학교교육의 관계에 관해 많은 연구 결과물이 이루어졌다. 우리가 이러한 문제를 모두 고려한다면, 너무 많은 임무를 맡게 된다. 우리의 관점은 언어가 어떻게 아동의 학습 경험에서 아동의 마음 이론에 관련성을 제공하는가다.

학습과 교육에서의 언어

2장에서 Olson과 Bruner는 학습과 교육의 모델에서 마음 이론을 관련시키고 있다. Tomasello, Kruger 그리고 Ratner(1993)의 작업에서 그들은 다른 종류의 교육적 실천을 따르는 교육자들에 의해 유지되는 학습자의 마음에 관해 네 가지 다른 개념을 기술하고 있다. (1) 아동에 대해 뭔가를 하기에는 나약한 존재로 생각하는 것은 성인들로 하여금 그들이 모방하도록 시연을 제공하도록 할 것이다. (2) 아동을 무지한 존재로 생각하는 것은 성인들이 무지에 관한 정보를 아동들에게 제공하도록 할 것이다. (3) 아동을 어떤 것에 관해서 자신의 생각을 갖고 있는 존재로 생각하는 것은 성인이 아동의 생각에 관해 아동들과 논의하도록 할 것이다. (4) 아동을 사회적으로 지식이 풍부한 구성원으로 생각하는 것은 성인들에게 아동 자신이 알고 있는 것 이상의 세계를 알리도록 할 것이다. 명백하지는 않지만 절대적으로 이 네 가지 모델은 학습자 측에서는 발달적 진보를 나타내는 것이다. 즉, 아동들은 처음에 시연에서 도움을 얻고 그다음에 교훈적인 내용으로부터 도움을 얻으며 세 번째로는 협동적인 토론에 참여함으로써 도움을 얻는다. 그리고 마지막으로 '객관적' 지식 세계에 참여함으로써 도움을 얻는다. 이러한 도움들은 대신하는 것이 아니라 쌓이는 것이고 그래서 학습은 결국 이러한 방식으로 발생할 수 있는 것이다. 참으로 완전한 학습은 이러한 방식 전체를 포용한다.

우리의 관심은 Olson과 Bruner의 네 가지 모델에서 언어가 맡는 역할이다. 모델 1('어떻게 아는가' 에 대한 모방과 습득)에서 언어는 역할이 아주 적거나 거의 없을 수 있다. 교육은 언어 없이 수행할 수 있는 모방으로 시작한다. 영아들은 음성적 언어를 갖기 전에 의도적 의사소통과 모방에 몰입한다. 이러한 방식으로 언어와 타인의 마음에 대한 최초의 자각이 습득된다(Meltzoff & Gopnik, 1993). 약간의 언어를 익힌 아동은 두 번째 모델로서 사물에 관해 이야기가 가능하고 교육으로 배우는 입장에 처하게 된다. 모델 2(교수법과 명제적 지식의 습득)는 언어를 이해하고 세상에 관해 격의 없이 이야기하는 능력을 요구하지만 마음에 관해 이야기할 것을 요구하지는 않는다. 학습은 사물에 관해 이야기함으로써 일어난다. 그들이 이야기한 것이 화자의 마음속에 있는 어떤 것이라 해도 그것은 세상에 대한 실제로서 표현된다. 아동들은 자신이 아는 세상이 알려져 있지 않거나 다른 사람에게는 다르게 생각될지도 모르지만, 그들이 발견한 세상에 관한 사실(fact)을 습득한다. 그들이 이러한 이해를 했을 때 이야기하는 사물에 관한 용어(term)를 습득한다. "나는 박쥐가 새라고 생각했지만 지금은 그것이 포유동물임을 안다." 그러한 용어들은 마음에 확실한 준거를 만들고 세 번째, 네 번째 모델에서 교수-학습을 위해 필연적이다.

모델 3(협력적인 담론과 공동 주관적 지식의 발달)은 아동을 다른 사람이 세상에 관해 다른 믿음을 가질 수 있고, 그 믿음은 변화할 수 있는 주체라는 것을 이해하는 것으로 본다. 이것이 바로 협력에 의한 학습을 가능하고, 가치 있게 만드는 것이다. 이 같은 협력적인 논의에의 참여는 주제에 관해 이야기하고 상호 이해와 오해를 풀기 위해서는 약간의 정신적 언어가 필요한 것처럼 보인다. 후기 유치원 아동은 그들 자신과 협력자들의 정신적 상태를 언급하기 위해 사용될 수 있는 용어들(생각하다, 알다, 믿다, 기대하다, 놀라다, 추측하다, 기억하다)을 사용하기 시작한다.

학령기 아동들은 읽기를 배우고, 개인적으로는 알지 못하는 사람의 아이디어와 비록 살아 있는 사람이 아니더라도 그들의 작품 속에 남아 있는 아이디어에 직면하며 배우기 시작한다. 모델 4('대상' 지식의 관리)는 텍스트로부터 학습에 관해 초점을 모았다. 협력적 담론에서처럼 감각을 지지하기 위해 동작이나 억양이 없다. 즉, 텍스트는 언어로 전달되어야 한다. 정신적 상태 용어만큼이나 말하기 용어가 저자가 말한 텍스트의 단어, 즉 저자가 의미하는 뜻을 구별하기 위해서, 그리고 해석을 구축하기 위해서 요구된다. 모방, 지시적 교육, 협력적 담론, 대상 지식 세계에 참여로부터 이어지는 학습모델은 언어 발달에 의존한다. 처음에는 언어 자체의 습득을 통해, 다음에는 정신적 상태를 언급하기 위한 명백한 용어의 습득과 말하기 활동을 통해 발생한다. 즉, 우리는 Olson과 Bruner의 네 번째 모델을 통한 진행은 점차로 명백하고 세련된 '마음의 언어'를 전제로 한다고 주장한다.

마음에 관한 언어

어느 정도까지 모든 언어는 마음에 관한 언어다. 사람이 다른 사람과 언어적으로 의사소통할 때마다 언어활동에서 그들의 정신적 상태를 표현한다. 예를 들어 다른 사람에게 세상에 관한 정보를 전달할 때 우리는 세상에 관한 우리의 믿음을 의사소통한다. 그렇지만 정보 교환의 종류에서 우리의 초점은 마음에 관한 것과 우리가 믿는 사실에 관한 것이 아니라 세상에 관한 것이고 정보 교환에 관한 것이다. 우리는 애매함이나 불일치의 경우에 정신적 상태에 주의를 쏟는다. 즉, '너는 그것이 X라고 생각할지 모르지만 나는 Y라고 알고 있다', '그것은 다만 너의 의견일 뿐이고 나는 분명히 네가 틀렸다고 확신한다' 등이다. 우리는 또한 믿음보다는 정신적 상태를 언급한다. 예를 들어, '나는 그것을 원한다', '그것이 그의 계획이다', '너는 행복해 보인다', '너는 화난 듯이 말한다' 등이다. '마음에 관한 언어' 구절을 사용함으로써 우리는 사람의 믿음, 바람, 의도, 정서와 같은 정신적 상태를 언급하기 위해 명확한 의미론적 언어를 사용하여 언급한다. 어쨌든 용어들은 열린 교실에서 발생할 것이다. 즉, 동사(~라고 생각하다, ~라고 알다, ~을 원하다), 명사(견해, 계획), 형용사(확실한, 행복한), 부사(확실히, 화난 듯이) 같은 것이다(Tager-Flusberg, 1993). 명백하게 그들은 영어 단어의 광대한 범위를 형성한다. Roget의 개념별 분류 어휘집(1852/1966)에는 여섯 가지 주요한 항목이 있다. 추상적 관계, 공간, 물질, 지성, 결단, 그리고 사랑이다. 다른 용어들을 이 항목에 포함시킨다 해도 전체 도입부분의 절반 이상을 구성하는 마지막 세 가지는 마음의 언어에 속하는 용어들이다.

중요한 질문은 이 의미론적 구조가 무엇인가, 어떻게 마음의 언어가 주관적인 어휘목록에 조직되는가다. 성분 분석은 하나의 단어를 가장 기본적인 단위로 분해한다. 이를 어떤 학자들은 추상적이고 보편적이며 본질적인 특성을 지닌, 적어도 어떤 연구자들이 추정하는 것은 특별한 언어를 습득하는 과정에서, 특정 단어에 나타난다고 추정한다(Bierwisch, 1970). Roget의 것보다 단순한 사전분류표를 사용해서 연구한 Kay와 Samuels(1977)는 의미론적 어원으로 마음의 범주에 드는 300개의 항목을 분류한다(그들이 제시한 다른 범주는 세상, 몸, 사회다). 마음이라는 범주 안에는 기본적 구성요소 6개, 즉 '인지하다(cognize)', '말하다(say)', '바라다(want)', '느끼다(feel)', '소유하다(have)', '행하다(do)'가 있지만 그중 몇 개는 그 자체가 마음의 언어다. 언어의 성분 분석에 있어서 심리학자들이 어휘의 사전적 항목과 개념, 그 대상 간의 관계에 관여하는 것보다 언어학자들이 언어의 의미 관계에서 더 많이 관여한다. 그중에서도 시각과 의사소통 동사를 분석하는 데 Miller와 Johnson-

Laird(1976)가 사용했던 절차상 의미들은 언어의 성분 분석과 유사하지만, 이러한 접근은 세상에 대한 지식과 함께 사전적 지식과 지각의 과정을 연결하는 심리학에 가깝다. 그들의 이론은 상세하고 정확하지만 그들은 다만 한정된 개수의 용어들만 분석한다. 이 중 약간은 마음의 언어 부분이라 해도 많은 다른 용어들에 포함된다. 우리는 심리학적 관점으로부터 마음의 언어의 어의론적 분야 전체를 고려해서 분석을 시도하려고 한다.

약간의 다른 분류 계획안은 말하기 활동 이론의 일반적인 틀 안에서 연구하는 철학자와 언어학자들로 마련되었다. 그러한 계획안은 보통 언어 관습에 대한 개인적 이론가들의 체계적 분석과 현실, 진실, 의도, 의미(Austin, 1961, 1962b), 그리고 특히 수행적이거나 말하기 활동(Austin, 1962b)을 포함한 기본적 개념의 구조를 조명하기 위해 마음의 언어를 사용했던 Austin(1961, 8장)이 주창한 방법에 근거했다. Austin의 수행의 분류(1962a, 강의 7)는 확실히 마음의 언어의 용어들을 포함하지만 우리가 포함시키기를 원하는 많은 것들을 빠트린 말하기 활동에 초점이 맞춰져 있다. 그렇지만 Searle(1983)은 말하기 활동의 수행은 필연적으로 정신적 상태에 상응하는 표현이라고 지적한다. 그러나 말하기 활동 분류는 마음의 언어의 분류를 위해 템플릿을 마련할 수 있다. Vendler(1970)가 제안했던 것처럼, "세상에서 주장되고 제안되거나 부인될 수 있는 것은 생각 안에서 깨닫게 되고, 이해되고, 믿어지며, 기대되거나 의심될 수 있고……, 생각 안에서 행동하고 바라고 원하거나 하려고 의도하는 것은 또한 세상에서 약속할 수 있으며, 하려고 맹세하거나 굳게 서약할 수 있는 것과 같은 일이다"(Vendler, 1970, pp. 87, 89). Vendler는 말하기 활동 동사들을 대략 Austin(1962a)의 연구에 근거하여 분류하고, 각 학급을 통해서 그가 정신적 상태와 활동으로 기술했던 상응하는 정신적 동사를 확인했다.

유사하게 Searle의 말하기 활동 분류(1979a, 1장)는 정신적 상태의 분류에 대한 근거를 마련했다. 두 연구 간의 차이는 다음과 같다. 즉, 말하기 활동에 관한 Vendler의 분류는 '말하기는 최초의 현상과 그것을 끌어낸 사고다' (1970, p. 89)라는 주장에 근거하는 반면, Searle은 정신적 상태의 의도성이 유래된 현상을 말하게 하는 말하기 활동을 강요한다(Searle, 1979b)고 했다. 이와 같이 Searle은 말하기 활동의 '진실 조건' 을 사용한다. 즉, 그의 분류에서 주요한 특질은 언뜻 보아 알 수 없는 말하기 활동에서 표현된 심리학적 모드인 믿음은 주장으로 표현되고, 바람은 지향성(directives)으로 표현되며, 의도는 명령(commissives)으로 표현되고 정서는 표정으로 표현된다.

철학자들의 분류는 경험적 입증에 근거하지는 않았지만 그들 자신의 직관과 일반적 언어 사용의 체계적 분석에 근거한 것이다. 아동들의 이러한 어의론의 습득에 관심 있는 발달심리학자들은 아동들이 정신적 용어들을 언제, 어떻게 사용하는가를 결정하기 위해 자연 언어의 광범위한 자료를 조사했다. 불가피하게 그들은 분석을 조직화하기 위해 분류학상의 계획안이 필요하고 그러한 계획안을 고안하는 데 그들 자신의 언어적 직관에 의존하는 것 같다.

Bretherton과 그의 동료들(Bretherton & Beeghly, 1982; Bretherton, McNew & Beeghly-Smith, 1981)은 아동들의 마음의 언어 사용을 처음으로 평가했고, '내적 상태' 에 관한 언어의 용어들을 광범위하게 추론했으며 지각, 인지, 결단, 도덕, 정서, 그리고 신체의 6개 범주로 나누었다. 모든 다른 연구자들은 적어도 어느 정도 이러한 범주를 사용한다. Gearhart와 Hall(1982)은 인지, 지각, 사랑 그리고 상위 언어 용어로 분야를 나누었다. Shatz, Wellman 그리고 Silber(1983)는 오직 정신적(즉, 인지) 용어에만 관심을 가졌다. Brown과 Dunn(1991)은 세 개의 카테고리—정신적 상태(즉, 인지)와 바람, 느낌 상태(즉 정서와 생리적인 상태)—를 사용했다. Tager-Flusberg(1992)는 Brown, Dunn과 유사한 인지, 바람, 정서의 세 가지 범주와 네 번째 지각이라는 범주를 가진다. Bartsch와 Wellman(1995)은 인지와 바람의 용어를 조사한다. 일반적으로 이러한 분류들은 아동의 용어 습득을 연구하기 위해 사용되었고 그 자체가 이론적 분석의 주체는 아니었다.

언어학자, 철학자, 발달학자들에 의해 발의되었는지, 어쩐지 분류의 모두를 뒤집을 수는 없지만 정신적 상태의 세 가지 주요 부류를 관련시킬 수 있다. 어떤 분석자들은 이러한 세 가지 부류 내에서 더 세분화했고, 어떤 경험적 연구자들은 세 가지 모두를 주목하지 않는다. 그러나 이 세 가지는 의심할 여지가 없고 그것들은 마음과 세계 간의 관계의 필연적 관련성을 충분히 설명한다. Searle(1983)은 이것을 '적합한 방향' 이라는 용어로 설명한다. 믿음은 세상에 적합해야 한다. 즉, 틀린 믿음은 믿음을 바꿈으로써 사실(true)이 된다. 그러나 바람의 적합성은 다른 방향 안에 있다. 즉, 세상은 바람에 적합해야 한다. 즉, 다시 말해 충족되지 않은 바람은 세상이 그것에 적합하도록 바뀌면 만족된다. Searle에 의하면 비록 정서가 적합한 방향성이 있는 바람과 믿음을 전제조건으로 한다 해도 정서는 그 자체의 적합한 방향성은 없다. 모든 분류는 이러한 세 가지 상태—믿음, 바람, 정서—를 인정해야 한다. 실제로 그들은 Roget의 세 가지 상태, 즉 지성, 의지, 사랑을 반영한다.

우리는 마음의 언어의 이론적 분석이 정신적 어휘목록에서 의미론적 분야의 표상을 닮았다고 가정할 수 있을까? 이러한 분석을 반영하는 용어 중에서 사람의 직관과 의미 있는 관계로 관련되는지를 아는 것은 중요한 일이다. 여기에 그 문제와 관련한 경험적 연구가 있다. 인지적 문화인류학자 D'Andrade(1987)의 연구에 의하면 때로는 경험적 지지를 제공함으로써 언급하고 있지만 그는 우선 이론적 분석(Vendler와 Searle에 근거한)을 생각해 냈고, 5명의 학생들을 면담한 후 보고하기를 "비록 일부 자료는 꼭 그 모델로부터 추론되지 않았지만, 5명의 자료 제공자 중 어느 누구도 그 모델을 부정하지 않았다" (D' Andrade, 1987, p. 115.) Rips와 Conrad(1989)는 성인들이 정신적 용어의 많은 다른 짝에 관해 분류학적으로 판단하는지 또는 구성학적으로 판단하는지를 조사했다. 예를 들어 기억은 생각하기의 일종이고, 상상하기는 사랑하기의 부분이다(명명된 활동의 모든 경우에). 그들은 객관적 범주와 같지 않은 정신적 동사에 대해서 분류학적 · 구성학적 관계들은 상호 호혜적임을 발견했다. 즉, 첫 번째 활동은 다른 활동의 부분으로 판단되고 동시에 두 번째 활동은 첫 번째 활동의 일종이라고 판단된다(예를 들어 생각하기는 기억하기의 일부이고 기억하기는 생각하기의 일종이다). 그러나 자료는 오직 7개 동사가 '분석적', '비분석적' 등 두 가지로 나뉜 표 집단에서 줄어들고 분석되었다. 분류는 강요되었고 Schwanenflugel과 동료들이 함축했던 것처럼 연구자들에 의해서 발견되지 않았다(Schwanenflugel, Fabricius, Noyes, Bigler, & Alexander, 1994).

Schwanenflugel 등은 현재까지 가장 광범위한 경험적 연구를 마련했지만 오직 인지 영역에서뿐이었다. 즉, 그들은 대상들이 한 쌍의 동사들 간에 유사한 판단을 하도록 하고 기술적인 시나리오(예를 들면, 'TV를 시청한다' 에 관한 여러분의 마음을 이해하기)에 포함된 정신적 동사들을 선택하도록 질문함으로써 성인들이 30개의 동사들을 어떻게 조직하는가를 연구했다. 그들은 대상들이 범주 차원에 따라(예를 들면, '~을 알다' , '~을 생각하다' , '~을 추측하다') 동사들을 구별하고, 투입(예를 들면, '~을 관찰하다'), 과정(예를 들면, '~추론하다'), 그리고 기억(예를 들면, '~을 기억하다')의 세 가지 구성요소의 용어로 구별한다는 것을 발견했다. 그들은 성인의 일상적 인지는 쌍방향적이고 구성적 구성요소로서 순박한 정보처리 모델이라고 결론지었다.

홍미롭게도 Strauss(1993; Strauss & Shilony, 1994)는 아동의 마음에 관한 교사들의 확실한 모델과 학습은 그들의 교사 교육과정에서 들었던 Piaget와 Vygotsky 모델 보다는 정보처리 모델을 닮았다는 것을 발견했고 교사들은 확실한 교육보다는 그들의 순진한 이론에 더욱 의존한다는 것을 제안한다.

우리는 아동과 교사들의 마음의 언어 사용의 평가에 홍미가 있었기 때문에 우리의 관심사는 마음의 언어를 분류하는 방식이다. 우리가 알고 있는 것처럼 용어를 포함하는 분야는 (1) 인지(아마도 지각을 포함해서), (2) 바람과 의도, (3) 정서에 대한 용어를 포함한다는 일반적인 동의가 있다. 또한 각 항목 안에는 기본적인 용어에 관한 일치가 있다. 그러나 불일치는 종류의 경계를 넘어서 나타난다. 예를 들어 희망(hope)과 실망(disappointment)은 인지 용어인가, 바람 용어인가? 보다 중요한 것은 경계를 넘어선 분야다. 예를 들어 Hall과 Nagy(1986)는 그들의 정신적 용어의 목록으로부터 '술책을 쓰다(trick)' , '거짓말하다(deceive)' , '속이다(mislead)' 를 배제한다. 왜냐하면 이러한 단어들은 그 자체가 정신적 상태에 대한 것이라기보다는 정신적 상태에서 활동의 결과에 초점을 맞췄기 때문이다. 그러나 Kay와 Samuels(1977)은 그들의 분석에 '거짓말하다(deceive)' 와 '속이다(mislead)' 를 포함시키고 Shatz 등(1983)과 Tager-Flusberg(1992)는 아동들의 인지적 용어의 목록에 '술책을 쓰다(trick)' 를 포함시킨다. 포함되는 것과 포함되지 않는 것은 우리가 개인의 마음의 언어 용어와 다른 변인 간의 관계에 관련된 가설에 대해 평가하기를 피한다면 중요한 문제다. 예를 들어 Hall과 Nagy는 "아마도 내적 상태 용어의 크기는 보다 많은 독서와 관련이 있고 학교에서 성공에 많은 관련이 있을 것이다"라고 가정했다(Hall & Nagy, 1986, p. 27).

이것은 용법 관련 문제에 이른다. 정신적 용어의 사용은 필연적으로 정신적 상태를 참조하도록 하는 것은 아니다. 예를 들어 '가만있어 봐, 그것 있잖아' 는 의도를 끌어내기 위해 하는 말이고 '쓰레기 버리기를 원하니?' 는 요청을 말한다. 만일 개인이 이렇게 비정신적인 방식으로만 용어를 사용한다면 마음의 언어의 용어 부분으로 추측되어야 한다. 다시, 원형적이고 비정신적 용도는 위에서 예를 든 것처럼 쉽게 정의할 수 있지만 정신적 용도인 것과 정신적 용도가 아닌 것을 코딩하는 어려운 문제가 있다. Ortony(1987)와 Scholnick(1987)은 실용적 용도가 정신적 상태로 간주될지도 모르기 때문에 반사적으로 허용되지 않는다고 주장한다. 연구자들이 수반된 문제를 깨닫고 그들 자신의 코딩 규칙을 명확히 하는 것은 중요하다.

이 절에서 우리는 이야기될 수 있는 것이 좀 더 있기는 하지만 마음의 언어를 어느 정도 상세하게 논의했다. 우리는 그것이 어느 정도 독특하지만 교수-학습의 모든 모델은 아니라는 것을 주장하기 때문에 정신적 상태에 관해 상세한 이야기를 나누는 데 관심이 있다. 아동들은 학령 이전에 최근 연구의 초점이 되고 있는 마음 이론을 습득함으로써 이와 같은 용어를 사용하기 시작한다.

아동들의 마음 이론

학령 전

이론은 영역 안에서 현상을 예측하고 설명하기 위한 개념의 통합체다. 즉, 마음 이론은 정신적 상태에 호소하여 인간 행동을 예측하고 설명한다(Perner, 1991; Wellman, 1990). 이론은 그 예측에 증거를 드러내 직면할 때 시간이 지나면서 변화를 경험한다. 그 이론은 시간이 지나면서 생성된다는 것을 인식하면서 아동들의 마음의 '이론(theory)' 이라기보다는 '이론들(theories)' 이라고 부른다. 학령기 전 아동들은 사람에게 정신적 상태를 귀속함으로써 인간 행동을 이해하게 된다. 아동들은 그들 자신과 다른 사람들을 정신적 존재로서, 즉 믿음, 바람, 의도 그리고 정서라는 정신적 상태를 유지하고 있는 사람으로 보게 된다. 아동들은 지각할 수 있는 방법으로 사람 행동을 해석하게 하는 개념의 통합적 상황을 습득한다. 5세가 되었을 때 아동들은 사람의 믿음이 세상을 나타내는 것과 잘못 나타내는 것을 이해하고, 그들이 말하거나 행동하는 것을 결정하는 세상에 대해 사람들이 표현하는 것을 이해한다 (Astington, 1993).

마음 이론이 선천적인 것이라고 주장하지는 않지만 생애 초기 발달이 마음 이론 습득의 기초가 된다. 아주 어린 시기부터 영아들은 사람과 대상에 다르게 반응하고 다른 사람과 의사소통하려고 애쓴다. 아기들은 다른 사람에게 사물을 지적하고 다른 사람이 바라보는 곳을 보려고 고개를 돌리면서 다른 사람과 주의를 공유한다 (Bretherton et al., 1981). 행동에서 현저한 변화들은 언어와 가장놀이가 발달하는 18개월경에 나타난다. 곧 아기들은 마음에 관해 말하기 시작하고, 적어도 그들과 다른 사람들이 '~을 본다', '~을 원한다', '~을 느낀다' 는 것에 관해서 말하기 시작하고 가까운 다른 사람들과 상호작용에서 이러한 상태를 어느 정도 이해하고 있음을 보여 준다(Bartsch & Wellman, 1995; Dunn, 1988). 동시에 경험적 과제에서 2~3세 아동들은 사람들이 그렇게 할 것이라고 예측하는 그들의 능력에서 개념, 바람, 정서에 대한 이해를 보여 준다(Wellman, 1990). 3세 아동들은 그들과 다른 사람들이 '~을 생각한다', '~을 안다' 는 것에 관해 이해하기 시작하고 보이는 것과 아는 것 간의 관련성을 다소 이해함을 보여 준다.

4세쯤에 아동들은 틀린 믿음에 대한 확실한 이해를 보여 준다. 즉, 아동들은 사람의 믿음이 틀렸기 때문에 그들의 바람을 좌절시키는 방식으로 행동할 수 있다는 것을 안다. 고전적 과제(Wimmer & Perner, 1983)에서 이야기의 주인공이 없는 동안에 대상이 있던 곳으로부터 다른 장소로 옮겨졌다. 아동은 이야기의 주인공이 돌아왔을 때 물건을 어디에서 찾을 것인가를 질문받았다. 4세 아동들은 물건이 있다고 생각하는 원래 장소에서 찾을 것이라고 예측한다. 3세 아동들은 보통 물건이 옮겨져 있는 새로운 장소에서 찾을 것이라고 생각한다. 즉, 그들은 물건이 원하는 그곳에 있다고 생각한다. 4세 아동들은 또한 보통 다른 사람이 잘 알고 있는 상자에서 콘텐츠를 찾으려 한다고 이해한다. 만일 그들이 친숙한 사탕 상자 안에 연필이 있는 것을 발견했다면 상자 안을 보지 못한 다른 사람은 그 안에 사탕이 있다고 생각할 것이라고 예측한다. 반면 3세 아동들은 상자 안을 보지 못한 사람이 상자 안에 연필이 있다고 생각할 것이라고 예측한다(Perner, Leekam, & Wimmer, 1987). 4세 아동들은 그들 자신의 초기 잘못된 믿음에 대해 기억할 수 있다. 그래서 그들이 처음 상자를 보았을 때 그 안에 사탕이 있을 거라 생각했다는 것을 회상하지만 3세 아동은 그럴 수 없다. 즉, 3세 아동들은 그 안에 연필이 있을 거라 생각했다고 이야기한다(Gopnik & Astington, 1988). 4세 아동은 외양과 실재 간의 다름을 알지만 3세 아동은 알지 못한다. 4세 아동은 사탕이 들어 있는 상자처럼 보이지만 실제로는 연필이 든 상자라는 것을 이해한다(Flavell, 1986).

실험적 연구에서 이 구별을 이해하는 데 사용된 상위인지 언어와 함께 아동의 수행 능력이 증가하는 것을 입증했다. 1970년대와 1980년대 초에 수많은 연구들이 일반적으로 '정신적 동사들' 로 생각했던 것에 대한 아동의 능력 발달을 보고했다. 이 작업은 마음 이론 연구에 앞서 이루어졌다. 물론 문헌에서 보고했던 최초의 틀린 믿음 과제는 '~을 생각하다' 와 '~을 알다' 라는 용어에 대한 학령 전 아동의 이해에 관한 연구에서 사전조사되었다(Johnson & Maratsos, 1977). 이 연구의 초점은 용어에 대한 아동들의 명확한 이해에 관한 것으로 관련 용어를 구별하는 능력에 의해 평가되었다. 예를 들어 '기억하다(remember)' 는 선행지식을 함축하고 '추측한다(guess)' 는 지식의 부족을 함축한다(예를 들면, Johnson & Wellman, 1980; Miscione, Marvin, O' Brien, & Greenberg, 1978; Wellman & Johnson, 1979). 비록 아동들이 유치원에서 이런 용어를 사용하기 시작한다 해도 아동들은 학령 초기까지는 그들 간의 구별을 분류하지 못한다. 근래에 언어심리학 연구는 아동의 정신적 상태와 마음의 언어의 습득 간에 근접한 관련성을 입증했다(de Villiers, 1995; Moore & Furrow, 1991).

학령기 아동의 마음 이론

아동들이 밀접하게 관련된 인지적 동사 간의 적절한 구별을 이해하지 못할지라도 5세 아동들은, 세상에 관한 사람들의 표상이 작동한다는 것을 이해한다. 실제 상황을 잘못 표상하는 상황에서도 표상이 작동한다는 것을 이해한다. 즉, 정규교육이 시작될 무렵에, 아동들은 사람들의 제1수준의 믿음을 떠올릴 수 있고 추론할 수 있다. 즉, '*X*는 *p*를 믿는다'. 지금까지 아동의 마음 이론이 연구될, 5세 이후 일어나는 주요 발달은 마음에 깊이 새겨져 있는 제2수준의 표상을 다루는 능력이다. 즉, '*X*는 *Y*가 *p*라고 믿는다고 믿는다' (Perner & Wimmer, 1985). 6~7세 아동들은 그들 자신과 다른 사람들의 믿음을 곰곰이 생각할 수 있다. 그들은 4세 아동처럼 어떤 사람의 무지 또는 틀린 믿음을 떠올릴 뿐 아니라 그 자신의 관점에서 다른 사람의 믿음을 알 수 있다. 즉, 그들은 틀린 믿음을 가진 사람이 사실이 존재한다는 믿음을 갖고 있다는 것을 이해한다. 다시 말해서 그는 안다고 생각한다. 또한 그들은 자신이 틀린 믿음을 가지고 있을 때, 그들은 실제로 진실을 알지 못했고, 그들이 몰랐었다고 생각했다(Homer & Astington, 1995).

우리는 제2수준 이해의 발달이 제1수준 이해와 동등하게 중요하다고 논쟁했고 사회적 상호작용은 사람이 다른 사람의 믿음에 관해 믿는 것에 의존한다고 주장했음에도 문헌에서 많은 관심을 주지 않고 있다. 제2수준 이해의 중요성은 거짓말, 농담과 같은 언행과 아이러니를 구별하는 능력이 관련 있음을 보여 주고(Leekam, 1991; Winner & Leekam, 1991) 사건에 대한 책임감의 판단과 관련 있음을 보여 준다(Yuill & Perner, 1987).

높은 수준의 표상을 관리하는 능력은 아동의 인식론의 발달과 증거, 추론, 진리에 대한 인식적 개념 이해에 기초가 될 것이다. 예를 들어 어린 학생들은 가설적 믿음과 증거를 구별할 수 있고 실험하기 위해 어떻게 가설을 세우는지를 안다(Sodian, Zaitchik, & Carey, 1991). 그들은 또한 왜 사람이 그들의 믿음을 사실이라고 믿는지 그 이유를 설명할 수 있다. 즉, 믿음을 형성하기 위해 사람들이 사용하는 증거에 대해 그들은 이해하고 있다(Astington & Homer, 1995). 그렇지만 이 단계에서는 아동들은 여전히 이 세상에는 절대적 진리가 있다는 생각을 가지고 있다. 오로지 나중에 다른 해석은 다른 이론적 관점으로 바라봤을 때도 똑같이 사실일 수 있다는 것을 이해하게 된다(Chandler, 1987).

Fabricius와 Schwanenflugel(1994) 및 그의 동료들의 논문이 관련성이 있다. 그들은 8세와 10세 아동들의 기억, 주의력, 추론과 이해력을 포함한 정신적 활동 수준의 개념을 연구했다(Fabricius, Schwanenflugel, Kyllonen, Barclay, & Denton, 1989; Schwanenflugel, Fabricius, & Alexander, 1994). 8세 아동들은 주의력과 이해를 구별하지 못했고, 10세 아동들은 이해와 기억을 혼란스러워했다. 그들은 이 연령의 아동들이 복잡한 정신적 과정에 관한 것보다 정신적 활동의 결과에 더 관심을 모은다고 주장하고, 동일한 투입에 대해 다른 과정을 거치면서 다른 결과를 산출할 수 있다고 보는 마음 이론의 구성주의자는 청소년기까지는 발달하지 않는다고 결론짓는다.

확실히 청소년기에는 구성주의자가 정신적 활동이라고 특징짓는 데 사용된 상위 인지 용어에 관한 학생들의 이해력 발달이 대단함을 알 수 있다(Astington & Olson, 1990; Booth & Hall, 1994). 학령기는 아동들이 말하기 활동 단어들의 생산과 이해력이 발달하는 시기다(Astington, 1988a; Astington & Olson, 1990). 유치원 아동은 단지 '~을 말하다(say)', '~을 묻다(ask)', '~을 이야기하다(tell)' 란 단어를 사용하며, 마지막 두 단어는 학령기가 될 때까지는 잘 구별하지 못한다(Chomsky, 1969). 실제로 아동들은 학령 초가 될 때까지 말하기 활동에 대한 개념을 갖지 못하고, 말하기 활동의 기초가 되는 독립된 정신적 상태를 갖지 못할 수도 있다(Astington, 1988b).

학교교육에서 마음 이론의 관계

학교교육에 마음 이론이 관련 있다는 소수의 경험적 연구가 있다. 그러나 친숙하지 않은 다른 사람들의 의도를 해석하는 일부터 세상에 관한 믿음을 형성하고 수정하는 일까지 다양한 학교 활동은 마음 이론이 잘 발달되고 의도와 믿음에 관해 교사와 함께 이야기할 수 있는 아동들에게 더 쉬울지도 모른다. 처음 학교에 오게 되었을 때 아동들은 사람들의 동기와 생각에 관해 가족과 이야기했던 경험과는 범위가 다를 것이다. 부모 역할하기의 두 가지 형태 간에 비교가 이루어진다. 하나는 나쁜 행동을 처벌하고 순종을 요구하는 형태이고 다른 하나는 아동과 함께 추론하고 상황에서 사람의 다른 관점을 설명하는 것이다(Baumrind, 1971). 가족 안에서 다른 관점에 관해 이야기하는 것은 아동들이 사람은 세상에 관한 믿음을 갖고, 그들의 믿음은 다른 사람과 다를 수도 있으며, 믿음은 사람이 새로운 정보를 획득했을 때 바뀔 수 있다는 것을 이해하는 데 도움이 될 것이다. 이와 같이 일상에서 상위인지의 이해는 아동들이 학교를 이해하는 데 도움이 될 것이다. 지식이 단순히 교사로부터 아동에게 전달되지는 않지만 세상에 관한 그들의 믿음을 아동이 형성하고 수정함으로써 구성된다면 그와 같은 활동은 사람의 생각에 관해 가족 대화에 참여한 아동에게 더 쉬울 수 있다.

그렇지만 수많은 제안이 이러한 궤도에서 만들어졌다 해도 아동의 마음 이론이 형식적 교육 경험과 어떤 관련이 있는지 아직 알지 못한다. 아동의 사회적 행동 발달을 위해서 마음 이론의 발달의 중요성에 관한 강력한 주장이 있다(Moore & Frye, 1991). 이러한 주장이 드물게 경험적으로 연구되었지만, 마음 이론의 발달은 학업 수행과 관련이 있다. 틀린 믿음 이해에서 개인 차는 가장놀이 상황에서 자연스러운 행동의 어떤 측면과 관련이 있고(Astington & Jenkins, 1995) 그들의 나이나 언어능력과 관계없이 아동의 사회적 행동에 대한 교사 평가와 관련이 있다(Lalonde & Chandler, 1995)는 것을 잘 안다. 확실히 사회적 성숙은 학교에서 성공의 중요한 측면이다. 직접적인 관련성은 아동의 마음 이론 발달의 수준과 교수 협력에 의한 문화적 학습 간에 관련성이 있다는 Tomasello 등에 의한 제안이다(1993). 이는 또한 아동은 학교 환경에서 그들의 인지적 활동을 '셀프 모니터' 하기 위해서 마음의 이해가 필요한 것처럼 보인다(Meichenbaum & Biemiller, 1992). 특별한 주제 영역과 관련해서 아동의 마음 이론과 그들의 과학적 추론의 발달 간에 연관이 있을지도 모른다는 것을 일찍이 제안했다. 또한 어린 아동들의 이야기 만들기에서 마음 이론의 역할과 관련성이 있고(McKeough, 1992) 나이 든 아동들의 문학과 역사 교제의 해석과 관련 있음을 제안한다(Gardner, 1991). 실제로 Light(1979)는 5세~5세 반 아동들의 읽기 능력은 4세에서 관점 이해 능력과 관련이 있음을 발견했다. 이것은 다른 사람의 마음을 이해하는 측면이며 4세 아동의 IQ는 아니다.

이러한 모든 주장은 마음의 언어 발달에 의존한 관련성을 제안한다는 것을 주장할 것이다. 그처럼 언어는 스스로를 설명하고 해명하기 위한 사회적 성숙을 위해, 그리고 상호적 이해와 갈등에 관해 이야기하기 위한 협동적 학습을 위해 요구된다.

그러나 자신의 인지적 활동을 모니터하기 위해, 또 과학적 가설을 만들고 검증하기 위해, 이야기 주인공이 하려고 노력하는 것에 관해 이야기하기 위해, 그리고 문학과 역사적 주인공의 동기를 논의하기 위해 필요하다고 논의할 수 있다. 결국 이러한 목적을 위해 아동들은 설명을 할 때 질문과 추론을 제공하는 정신적이고 사려 깊은 언어가 필요하다. 그러므로 학교에서 아동들의 성공은 적어도 일부에서는 아동의 마음 언어 획득에 의존할 것처럼 보인다. 즉, 그들의 마음 이론은 언어에서 확실함을 만든다. 아동의 마음의 이해와 마음의 언어, 학업 경험과 학교 성공 간의 관련성에 관한 경험적 연구가 필요하다.

아동들의 마음의 언어 사용

우리는 아동의 마음의 이해와 관련해서 다양한 학교 같은 상황에서 아동의 이야기를 시험하기 시작했다. 우리는 아동의 인지에 관한 용어들(think, know, guess, remember, forget, understand, describe, explain, mean, learn, teach)과 학교 활동에 관련된 용어들(read, write, spell, say, count), 교수-학습의 형태에 관련된 용어들, 즉 모방(show, watch), 교육(tell, ask)과 협동(help)의 사용을 기록했다. 비록 help는 마음의 언어에만 한정된 용어는 아니지만 이 연구에서 아동들의 'help' 의 사용은 아동의 교사와 친구들의 도움을 받아 학습에서 적극적인 역할을 수행한다는 것을 인지 한다는 것을 나타낸다. 36명의 아동들, 즉 12명의 혼합계층 공립유치원 아동들(평균 연령 4년 9개월)과 14명의 대학 부설유치원 아동들(평균 연령 4년 9개월), 10명의 대학 부설초등학교 1학년(평균 연령 6년 10개월) 아동들이 참여했다.

아동들의 틀린 믿음 이해는 두 개의 과제로 평가되었다. 하나는 초기에 적용했던 장소 과제에서 기준 바꾸기였다(Wimmer & Perner, 1983). 즉, 이야기 주인공이 한 장소에 물건을 놓고 그가 없을 때 물건이 옮겨졌는데, 그가 돌아왔을 때 아동은 주인공이 물건을 찾으려고 하는 장소를 예측하도록 질문을 받았다. 두 번째 과제에서 아동들은 친숙한 크레용 상자에 실제로는 작은 인형이 들어 있는 것을 발견했고 그들은 친구가 그것을 열기 전에 상자 안에 무엇이 있다고 생각하겠는가를 질문받았다 (Perner et al., 1987). 각 그룹에서 바르게 응답한 아동은 공립유치원 아동 36%와 부설유치원 아동 75%, 1학년 아동 100%였다. 1학년들은 두 과제에서 그들의 2차 수준 믿음의 이해를 측정하는 추가적인 질문이 주어졌고, 78% 아동은 바르게 응답했다.

아동의 언어 사용 측정을 위해서 우리는 점진적으로 구성된 3개의 상황을 설정했다. (1) 한 쌍의 아동들이 학교 같은 소품들과 학생 인형들이 들어 있는 모형 교실에서 함께 놀았다. (2) 각각의 아동들은 장난감 학교와 작은 인형을 사용하면서 우리 중 한 명과 함께 학교 놀이를 했고 아동들 중 한 아동은 교사와 성인의 역할을 하면서 놀았다. (3) 우리는 각각 아동들이 게임놀이를 하도록 가르치면서 많은 상위인지 용어를 사용했고 그다음에 아동들은 다른 아동이 놀이를 하도록 가르쳤다. 첫 번째 상황에서 아동들의 이야기는 완전히 자발적이었고(spontaneous), 두 번째 상황에서 아동의 이야기는 우리의 질문에 의해서 자극받았으며(prompted), 세 번째 상황에서는 우리가 아동에게 게임놀이를 가르쳤을 때처럼 상위인지 이야기 시범을 보여 주었다. 아동들의 세 가지 상황이 비디오로 촬영되었고 항상 첫 번째는 자발적이고 두 번째는 자극했으며 세 번째는 시범을 보여 주었다. 비디오테이프가 재생되었고 인지와 학교 활동과 사용된 교수-학습 용어들을 부호화했다.

첫 번째 상황(spontaneous)에서 우리가 그들을 놀이에 초대했을 때 아동들은 기꺼이 '학교놀이를 했고', 출석을 부르기 위한 출석부를 상당히 정성스럽게 만들었다. 그러나 읽기, 쓰기, 철자법과 같은 학교 활동과 학교놀이에서 다루는 소도구에관해 이야기할 때도 아주 적은 양의 상위인지적 이야기를 하였다. 아동들은 주로 역할을 배정하고 수락하기에서 교사의 역할에 관해 많이 이야기했지만 가르치기와 배우기에 관해서는 전혀 이야기하지 않았다. 그들은 '알다(know)' 라는 용어를 많이 사용했고, 매우 가끔 '생각하다(think)', '기억하다(remember)', '잊어버리다(forget)', '의미하다(mean)'를 사용했다. 세 그룹 간에 차이는 없었다. 비록 아동들이 학교 활동에서 어떻게 '알다'를 사용했다 해도 아동들의 알다(know)의 사용은 주로 대화에서였다. 예를 들어 "나는 이 책을 어떻게 읽는지를 안다" 그리고 "너는 yes를 어떻게 쓰는지(철자가 무엇인지) 아니?"와 같은 경우다. 우리는 Olson과 Bruner의 모델 1이 이해의 순서와 '알아가는 방법(know how)'을 강조했다는 것을 생각해 낼 수 있다.

두 번째 상황(prompted)에서 아동은 처음에 장난감 가구와 인형으로 교실을 준비하고, 그때 교사의 역할로, 학생의 역할인 우리 중 한 사람의 도움으로 이야기를 만들었다. 이러한 기법으로 아동들은 개인적이고 의미 있는 맥락에서 표준 질문을 받을 수 있었다. 교실이 완성되었을 때 우리는('학생'으로서) "우리가 오늘 하려고 하는 것이 무엇이지?" 그리고 "아동은 학교에서 무엇을 하지?"라고 질문을 했다. 소품은 ABC 책과 산수책을 포함했고 우리는 인형들이 취하고 있는 입장을 유지하려고 노력했고, 그래서 우리는 책읽기와 셈하기에 관해서 질문했다. 예를 들어 "나는 이 책을 읽을 수 없어. 내가 무엇을 해야 할까?" 또는 "어떻게 이 책 읽기를 배울 수 있을까?" 또는 "어떻게 아이들은 셈하기를 배울까?" 우리의 인형은 왜 아동은 학교에 가고 선생님은 무엇을 하는지 선생님 인형에게 질문했다. 의심할 여지없이 우리는 많은 질문을 했다. 우리 중 한 명이 "어떻게 아동은 셈하기를 배우지?"라고 질문했을 때 한 유치원 아동이 "오직 내게 귀를 기울이고 이야기하지 않아야 배울 수 있어"라고 대답했다. 협력적 관점이기보다는 대단히 훈시적 관점으로.

성인과 함께한 가장놀이에서 아동들은 그리 많은 양은 아닐지라도 그들끼리 놀이했을 때보다 상위인지 이야기를 더 많이 사용했고, 교수-학습과 학교 활동에 관한 이야기를 더 많이 했다. 왜냐하면 우리가 이런 식으로 아동들에게 이야기했고 아동들은 우리가 사용했던 용어를 사용했기 때문이다. 아동들이 교수-학습에 관해 이야기했던 방식에는 그룹 간에 작은 차이가 있었다. 세 그룹 모두 동등하게 '~을 보여주다(show)'와 '~을 지켜보다(watch)'를 사용했고 대학부설 유치원 아동은 다른 그룹보다 '~이야기하다(tell)'와 '~질문하다(ask)'를 더 많이 사용했고 대학부설 초등학교 1학년 학생들은 다른 그룹보다 '~을 돕다(help)'를 더 많이 사용했다.

세 번째 상황(modeled)에서 우리 중 한 사람은 아동이 게임을 하도록 가르쳤고 다음에 아동은 친구가 게임을 하도록 가르쳤다. 게임은 두 개의 일치하는 카드가 있는 전통적인 의사소통 게임(Krauss & Glucksberg, 1969)에 근거한 것이었고 두 플레이어들은 작은 상자 옆에 있는 똑같은 카드를 곧장 집어 들었다. 플레이어들은 스크린 뒤에 카드를 감추었고, 그래서 각자는 자기 카드를 볼 수 있었지만 다른 사람의 카드는 볼 수 없었다. 그때 그들은 파트너가 같은 것을 집을 수 있게 하기 위해서 번갈아가며 그림을 설명했다. 이 교수 게임에서 우리는 할 수 있는 한 상위인지, 개념 그리고 의사소통 용어를 많이 사용했다. 예를 들어 다음과 같다. "나는 너의 그림을 볼 수 없고(can' t see) 너는 나의 것을 볼 수 없다. 나는 네가 생각하고 있는 것을 알지 못하고 너는 내가 생각하고 있는 것을 알지 못한다. 지금 너는 한 개를 선택할 수 있다. 그러나 내가 그것을 볼 수 없고 그것이 어떤 것이라는 것을 알지 못한다는 것을 기억해라. 너는 네가 집어 들었던 것을 나에게 이야기해야 하고 나는 똑같은 것을 집어들 수 있다. 너는 그것을 나에게 보여 줄 수 없고 너는 그것 중 한 개에 관해 나에게 이야기해야 한다. 알지? 그리고 너는 나에게 매우 신중하게 이야기해야 한다. 만일 네가 단지 '빨간 소녀' 라고만 말한다면, 거기에는 빨간 소녀들의 그림이 많이 있기 때문에 나는 네가 의미하는 것을 알지 못할 것이다." 아동은 어떻게 게임을 하는가 친구에게 가르쳤고 그 상황에서 아동의 이야기를 기록했다. 특히 나이 많은 그룹의 아동들은 어린 아동들보다 상위인지 이야기들을 상대적으로 많이 사용했고(아마 추측컨대 우리를 모방하여) 그들은 또한 게임을 설명하기 위한 단어를 더 많이 사용했다. 어린 아동들은, 특히 틀린 믿음 과제를 실패했던 어린 아동들은 결국 정말로 게임을 설명하지 못했다. 어린 아동들은 그들의 친구가 무엇을 하는지 알지 못했었다는 것을 이해하지 못했던 것 같다. 한 대학부설 유치원 아동이 우리의 장황한 지시언어를 모두 들으면서 우리 중 한 사람과 놀았고 다음에 그의 친구를 가르쳤는데, 그 아동은 친구에게 카드를 주면서 더는 설명 없이 "네 차례야(Your turn)" 라고 말했다. 우리는 특히 이 에피소드에서 드러났던 것처럼 아동들이 놀이, 학교에 관해 이야기하는 것, 누군가를 가르치려고 하는 것에 틀린 믿음의 수행에서 측정되었던 마음의 이해와 어떻게 관련되는지에 관해서 아동들의 학습 개념에 흥미를 갖게 되었다.

이 장난감 학교에서 교사 역할을 수행하는 동안 아동들 모두는 질문을 받았다. "왜 아동들은 학교에 가지?" 그리고 그들 중 대부분은 "배우려고"라고 대답했다. 몇몇 어린 아동은 알지 못한다고 말하거나 어린이는 학교에 가야 한다고 대답했고 또는 엄마와 아빠가 일터에 있기 때문에 학교에 가야 한다고 대답했다. 만일 아동이 "배우기 위해"라고 대답하면 우리는 "어떻게 배우지?"라고 질문했다. 가장 일반적인 응답은, 특히 나이가 많은 아동들의 가장 일반적인 응답은 "선생님이 가르친다"라고 말하는 것이었다. 그때 우리는 다시 "선생님이 무엇을 하지?"라고 물었고, 아동들은 선생님은 보여 주고 이야기하거나 도와준다고 말했다. 아마도 우리가 앞에서 언급했던 모방(imitation), 지시(instruction), 협력(collaboration)의 교수-학습의 세 가지 개념을 반영하는 것일 것이다. 우리의 표본수는 강한 주장을 하기에는 너무 적은 숫자이며 더 중요한 것은 세 명의 다른 교사가 세 그룹 아동을 지도했고 아동들의 응답은 아동 자신의 교사 스타일을 반영할 것인지도 모른다는 것이다. 그렇지만 마음안의 이러한 경고에서 우리는 마음 이론 이해의 다른 수준과 관련 있는 경향을 발견했다. 오직 나이가 많은 아동들만이 교사는 학습하는 것을 돕는다는 것을 이야기했다. 1학년 학생들은 협동 학습의 서술을 이와 같이 제공했다.

> 성인(아동처럼): 왜 아동들은 학교에 가지?
> 아동(교사처럼): 배우러.
> 성인: 아동들은 어떻게 배우지?
> 아동: 음, 도움에 의해서, 그리고 함께 무언가를 하지. 이런 것들로 배워.

앞 장에서 학습 에피소드의 다른 형태에 참여하기 위한 세 가지 수준의 이해를 자세히 설명했다. (1) 모방에 의해 배우도록 한다는 의도적 행위자로서 아동을 이해하기, (2) 지시로부터 배울 수 있다고 하는 정신적 행위자로서 아동을 이해하기, (3) 협동적으로 배울 수 있도록 하는 반사적 행위자로 아동을 이해하기다(Olson & Bruner, 이 책 2장; Tomasello et al., 1993). 우리의 자료는 참여뿐 아니라 학생들의 교수-학습의 개념이 그들의 마음의 이해 수준과 관련될 것이라는 것을 암시한다.

즉, 아동들이 마음에 관한 표상적 이해가 없을 때(1차 수준의 틀린 믿음 과제에 실패할 때) 아동들은 이야기함으로써 가르치는 것을 개념화하고, 아동들이 마음에 관해 반사적이거나 귀납적 이해가 있을 때(2차 수준의 틀린 믿음 과제를 통과할 때) 그들은 돕거나 협력하는 것으로서 가르치는 것을 개념화한다.

〈표 26-1〉의 A는 아동의 틀린 믿음 과제에 관한 점수를 보여 준다. B는 교수-학습의 세 가지 범주에서 사용한 용어, 즉 (1) 모방(보여 주기, 관찰하기), (2) 교육(이야기하기, 질문하기), (3) 협동(돕기)의 전체적 수의 비율을 보여 준다. 보여 주기/관찰하기는 틀린 믿음 과제가 낮은 점수의 아동들, 즉 아직 다른 사람들의 믿음을 이해하지 못한 아동들이 가장 높은 비율이다. 이야기하기/질문하기는 틀린 믿음 과제를 통과한 대학부설 유치원 및 초등학교 아동들에게 가장 높은 비율이고 돕기는 귀납적 이해가 가능한, 즉 2차 수준의 틀린 믿음의 이해가 가능한 1학년 아동들에게는 이야

〈표 26-1〉 아동들의 마음 이론과 학습과 교수-학습에 대한 이해

	공립유치원 (n=12)	대학부설 유치원 (n=14)	대학부설 초등학교 (n=10)
A. 틀린 믿음의 이해			
일차 순위	36%	75%	100%
이차 순위	X	X	78%
B. 전체 교수-학습 대비로 가장 놀이(장난감 학교에서 교사인형 아동)에서 사용된 교수-학습 용어			
(1) 모방(보여 주기/관찰하기)	.53(8)	.12(5)	.16(6)
(2) 지시 이야기(말하기/질문하기)	.33(5)	.74(31)	.45(17)
(3) 협동(돕기)	.13(2)	.14(6)	.39(15)
전체 산출된 용어	15	42	38
C. 게임놀이에서 친구 가르치기에서 이야기의 양	155	262	387
교수 장면에 따른 단어 수의 평균			

기하기/질문하기와 거의 동등한 비율이다. C는 게임에서 그들의 친구를 가르칠 때 각 그룹 아동이 만들어 낸 단어의 의미 있는 숫자를 보여 준다. 사용된 단어 수는 마음의 이해가 증가한 만큼 증가한다. 즉 틀린 믿음을 이해하지 못한 아동들은 이야기하기보다는 보여 준다.

이러한 예비 결과들은 다른 사람의 마음의 이해가 발달하면서 그들의 학습의 이해는 모방 상태에서 언어적 지시의 상태로, 그리고 나중에 협동의 상태로 바뀐다는 것을 암시한다. 물론 많은 요인이 아동이 사용하는 어휘 수에 영향을 끼치지만 나타난 증거는 마음 이해의 점진적인 변화가 아동의 학습 이해와 누군가에게 무언가를 가르치는 방식에 반영된다는 것을 지지한다. 유사한 방식으로 사람의 마음에 대한 교사들의 이해는 그들이 교수-학습에 관해 이야기하는 방식에, 그리고 그들의 가르치는 방식에 반영될 것이다. 그러나 우리는 이것이 교사들의 전문적인 교육과 경험에 의해 영향을 받을 것이라는 것을 예측할 수 있다.

아동들의 마음에 대한 교사들의 이론

이 장의 앞에서 인용했던 Strauss의 연구에서 교사들은 마음의 심리학을 충분히 교육받은 것에 의한 것처럼 그들의 타고난 마음의 이론에 의해 좌우될 수 있다고 주장한다. Strauss와 Shilony(1994)가 교사들의 학습 이론은 Schwanenflugel, Fabricius, Noyes, Bigler 그리고 Alexander(1994)가 발견했던 성인들의 인지에 관한 이론의 특징이었던 정보처리 모델과 닮았다고 보고했던 것을 회상해 보라. Strauss와 Shilony는 과학과 인문학에서 경험 있는 교사와 신출내기 교사들이 선택한 주제를 7세, 12세, 17세 아동에게 어떻게 가르치는지 질문하면서 면접했다. 교사들은 세상 밖에서 아동의 마음 안으로 지식이 '흘러든다(flow)' 라는 용어로 학습에 관해 이야기했다. 아동의 마음에 들어가도록 하는 것과 아동이 적절하게 한 번에 저장하도록 돕기 위해서 주제 자료를 쉽게 다루게 하고, 흥미 있게 만드는 것은 교사의 책임이었다. 비록 다른 연구(Yaakobi & Sharan, 1985)는 과학 교사가 인문학 교사가

하는 것보다 지식에 관해 상대적으로 보다 객관적인 관점을 갖는다고 보여 주고 있지만 Strauss와 Shilony는 다른 과목 교사 모델들 간의 차이와 경험 있는 교사와 신출내기 교사들 간의 차이도 발견하지 못했다. 교사들은 그들의 순수한 상식적 판단력 이론으로 접근하고 있었다는 것을 언급한다. 이 정보처리 모델은 교사들의 마음과 학습에 관한 직접적 질문에 대한 응답으로부터가 아니라 그들이 다른 연령의 아동들에게 주제를 가르치는 것에 관해 이야기하는 방식으로부터 추론되었다. 교사들은 그들의 교사 준비과정에서 가르쳤던 어떤 것이 아니라 아동의 마음과 교수-학습 이론에 관해 그들의 순순한 믿음을 표현하고 있었다. 교육학 문헌 내에서 좀 더 폭넓은 척도로 교사들의 학습에 관한 상식적 판단력 이론이 지식과 지식의 습득에서 전통적으로 다른 철학적 관심의 용어로 논의되어 왔다(사례는 이 책 5장 참조).

교사들의 이론에 관한 전통적 시각

교육학 문헌에는 교사들에게 기여했던 세 가지 전통적인 철학적 관점의 예가 많이 있다. 즉, (1) 성숙론자와 생득설론자의 시각, (2) 행동주의자와 학습주의자의 시각, (3) 인지적 발달과 사회문화적 관점을 모두 수용하고 있는 구성주의자들의 시각(Pelletier, 1994)이다. 이러한 믿음의 출처는 애매하지만 아마도 확실한 교육학적 이론에서처럼 학교 안과 밖의 경험에서 유래한 듯하다. 최근 '교사의 이야기' 와 '심사숙고하는 훈련' 에서 약간의 시도들이 학습에 관한 교수 이론의 복잡성을 검토하기 위해 시작되었다(Connelly & Clandinin, 1988; Gomez & Tabachnick, 1992). 믿음 체계들은 선재하는 믿음을 보완하고, 교사가 그들의 시각에 보다 편안함을 야기하도록 하는 방식으로 가르치기에 관한 새로운 정보를 해석하도록 하는 '필터' 로서 묘사되었다(Kagan, 1992). 결국 이것은 응집력 있는 믿음 체계를 형성하게 하거나 또는 교사들이 실제 교육을 통해 쉽게 지지할 수 있는 일상 교수학을 형성하게 한다. 이러한 이론들은 프로그램 목표와 교육과정 선택과 프로그램 평가로 옮겨진다. 우선 교사들의 이론과 마음 이론의 최근 논의에서 그들과 관련되는 세 가지 전통적 시각을 검토해 보자.

성숙론자들의 이론

성숙론자들의 이론은 낭만주의 모델(Spodek, Saracho, & Davis, 1991)과 역동적 모델(Evans, 1982), 권위 있는 모델(Oakes & Caruso, 1990)로 다양하게 세분화되었다. 이러한 모델들은 Rousseau(1762/1969)와 Gesell(1945)의 저술에서 시작되었다. 아동들은 발달을 나타내는 능력과 잠재능력을 가지고 태어나고, 성숙을 위해서는 지지적이고 건강한 환경이 필요하다. 가르치기에서 성숙론자 모델은 아동의 성숙 수준을 교과활동에 결부시키도록 시도하고, 그래서 아동은 '무능한 혼란' 에 직면하는 오류를 피할 것이며(Brophy & Good, 1986) 이 접근의 효과적인 목표들을 만족시키는 성공을 경험하도록 하는 접근이다. 가르치기에서 이러한 접근은 어린 아동들의 발달을 '서두르지' 않아야 한다고 믿는 교사들이 받아들인다. 교사들은 자신들의 프로그램이 아동의 놀이를 격려하고 교육으로부터 비켜 가지 않도록 하기 위해 설계한다. 성숙론은 아동들이 관찰을 통해서 기술을 배우고 성인 행동을 모방하면서 배울 것이라고 믿는다. 이러한 접근은 간혹 나이가 많은 아동에게 교육을 조력하도록 조성하지 않는다.

행동주의자들의 이론

행동주의자로 분류된 것들은 문화적 훈련 모델(Schwarz & Robinson, 1982)과 직접적인 교육 접근(Bereiter & Engelmann, 1966), 학교 또는 정규교육(Fromberg, 1989), 권위-통제 모델(Oakes & Caruso, 1990), 환경적 결정론(Evans, 1982), 완전학습(Puelo, 1986), 학습 이론 접근(Spodek & Clark Brown, 1993) 등이다. 행동주의 모델은 별개의 행동 변화에 대한 설명으로서 강화 원칙을 사용하는 학습 이론에서 생겨났다. 학습은 점진적으로 발생한다. 즉, 이런 식으로 교육과정 적용은 순차적인 목표와 기능 발달, 직접적인 교육의 순서를 포함한다. 아동이 만드는 오류는 불완전한 학습 또는 아동에 의한 부주의의 결과처럼 보이고 교사는 이와 같은 잘못을 바로잡기 위해 일한다(Brophy & Good, 1986). 주의 깊게 잇따라 일어나는 교육적 프로그램은 학습 기회를 놓치지 않고 교사의 지시 아래 남아 있는다. 많은 교사들은 이 접근이 아동에게 기본적 기술을 가르치고 나중에 '높은 수준'의 학습 단계를 설정하기 위해 최선이라고 믿는다. 실제로 수업의 이 형태는 오늘날 학교에서 교수 행동의 용적을 구성한다. 그럼에도 불구하고 철학적 차원의 다른 교사들은 보다 아동 중심적이고, 아동들은 직접적 교육에 힘겹게 의존하지 않는 방식으로 기술을 습득할 수 있다고 믿는다.

구성주의자들의 이론

구성주의자들의 이론은 아동이 스스로의 지식구조 구축에서 놀이하는 활동적 역할을 인정한다. 인지적 구성주의자들은 아동의 물리적 환경과 상호작용을 보다 강조하고, 사회적 구성주의자들은 다른 사람과 아동의 상호작용을 보다 강조한다. 인지적 이론들은 신 Piaget식 구조주의 모델(Case, 1985; Siefert, 1993)과 인지 지향적 모델(Hohmann, Banet, & Weikart, 1979), 개방체제 모델(Schweinhart, Weikart, & Larner, 1986), 진보주의 모델(Spodek et al., 1991)을 포함한다. 이들 모델에서 아동의 학습은 앞서 습득한 인지적 구조가 잘 조화되고, 새로운 상위 구조를 형성하면서 나타난다. 구조들은 '실제로' 학교 활동 안에서 마련되는 것과 같은 구체적인 경험으로부터 발달한다. 아동들의 사고는 상위 구조가 실제 작동을 안내하면서 조화를 이룰 때까지 보다 추상적인 사고를 시작하도록 하면서 남아 있다. 교실에서 아동들은 조작과 실험을 통해서 발견할 수 있는 많은 기회를 가질 수 있어야 한다. 이러한 기회들은 교사에 의해 조심스럽게 계획되고 이러한 학습 맥락에서 아동의 성공에 대한 관찰은 다음 학습 경험 계획에서 교사를 안내하기 위해 제공된다.

사회적 구성주의자 또는 교수의 사회문화적 모델은 인지적 발달이 사회적으로 중재된 과정이라고 믿는 Vygotsky 이론에 그들의 뿌리가 있다. 그 모델은 아동들의 학습에서 비계(Wood, 1986)와 학습자의 커뮤니티에서 아동들의 발견을 안내하고(Brown & Campione, 1994), 인지적 도제(Collins, Brown, & Newman, 1989)를 포함한다. 교사 및 동료 학생들과 함께하는 토론에서 아동들의 참여는 아동이 배워야 하는 문화적 기대에 관련하는 새롭고 적응할 수 있는 행동의 발달을 촉진한다. 아동들은 과제를 수행하는 동안 이러한 협력적인 대화에 참여함으로써 의사소통이나 'Vygotsky식 대화' (Tomasello et al., 1993)는 점진적으로 아동들의 사고 속으로 편입하여 그들 자신에 관한 유사한 과제를 성취하게 된다. 특별한 문화에서 성공을 위해 필요하다고 생각되는 지식과 기술의 습득은 학습자와 교사 간의 사회적 상호작용 과정을 통해서 결정된다. 그런데 성숙 이론은 학습의 발달을 드러내는 것으로 보고, 행동주의 이론은 학습을 교육의 성과로 보며, 구성주의 이론은 학습을 학습자와 교사의 상호작용의 결과이자 관점의 일치로 본다.

우리는 교사의 믿음 체계를 구별하는 데 사용된 세 가지 다른 이론적 관점을 재검토했다. 그렇지만 교사가 한 가지 특별한 이론적 입장을 취하고 모든 다른 이론의 입장을 반대하는 경우는 거의 없다. 믿음, 이론 또는 일상 교수학(folk pedagogy)처럼 실체가 없는 성과물은 쉽게 정의되지 않을 뿐 아니라 쉽게 어떤 범위 안에 포함되지도 않는다. 일반적으로 한 믿음 체계나 이론이 다른 것보다 탁월하다고 해도 중복이 발생한다. 문제는 정도다. 즉, 믿음과 실제를 넘어 절충주의의 다양한 정도는 보기 드물지 않지만, 아직까지는 대부분의 프로그램은 목표를 정하고 프로그램을 수행하는데 교사를 안내하는 하나의 우세한 일상적 이론(folk theory)을 심사숙고하지는 않는다(Evans, 1982; Pelletier, 1994). 교육적 실천에서 이론과 관련하여 가장 폭넓게 인지된 차이는 아동 중심의 범위다(Evans, 1982).

교육학적 실제에서 골칫거리로 남아 있는 것은 교사들이 어떻게 아동들이 학습하는가에 관한 자신의 믿음을 깨닫지 못한다는 것이다(Pelletier, 1994). 그렇지만 교사들은 수업에서 그들의 특별한 접근을 묘사한다. 일반적으로 학생으로서 자신들의 개인적 경험과 아동으로서 그들의 경험에 근거하여, 그리고 다른 특별한 학교나 이 사회에서 지지되었던 프로그램에 근거하여 묘사한다. 흥미롭게도 우리가 논의했던 세 가지 다른 이론적 관점은 발달심리학에서 최근 연구와 일반적으로 관련 있고, 특히 마음 이론은 최근 연구에서 화제가 되고 있다. 우리는 학습자의 마음을 이해하는 것과 관련해서 수업 접근을 바라보고 활동하는 교사들에게 확실히 이해시키도록 하는 방향으로 교육이 이동할 필요가 있다고 주장하려 한다(Astington, 출간 중).

마음에 대한 확실한 이해와 함께 전통적인 관점을 연결하기

교육적 실제는 물론 항상 아동의 마음 이해에 근거한다(Walberg & Haertel, 1992). 그렇지만 우리가 제안하는 것은 교사들이 학습에 관해 맹목적 가정에 근거한 교육학적 실천으로부터 아동들 또한 학습하기, 알기, 생각하기, 그리고 다른 정신적 활동 형성하기에 관한 가정을 갖는다는 것을 교사들이 꼼꼼히 이해하는 쪽으로 나아가는 것이다. 더구나 교사들은 지식에 관한 가정과 획득이 아동들이 성장하고 발달함에 따라서 변화한다는 것을 이해해야 한다.

우리가 교사의 믿음에 관해 전통적 시각으로 기술했던 교사들의 일상 교수학은 마음 이론에 관한 문헌에서 체계적인 방식으로 이야기한다. 학습에 관한 교사들의 믿음은, 예를 들어 Kruger, Tomasello와 그들의 동료들의 최근 연구의 출발에서처럼 마음에 관한 가정을 상대적으로 직접적 방식으로 그려낸다(Kruger & Tomasello, 이 책 17장; Tomasello et al., 1993). 성숙주의 관점으로부터 학습은 '하게' 되는 것으로 관찰된다. Kruger와 Tomasello는 '예정된 학습' 이라는 용어로 표현한다. 즉, 예정된 학습은 자연스럽게 일어날 것이다. 이 견해는 '아동은 역량이 있는 발육자인 것처럼 역량이 있는 학습자다' 라는 것을 가정한다(Kruger & Tomasello, 이 책 17장, p. 556). 아동들은 성인의 개입 없이도 어떻게 일을 해야 할지를 배울 것이다. Olson과 Bruner(이 책 2장)는 아동이 어떤 일을 어떻게 할지 '보여 줄' 수는 있지만 학습은 명제로 이루어지는 지식이나 이해의 습득을 수반하지는 않는다고 덧붙인다. 행동주의자들의 관점으로부터 학습은 '알도록' 되는 것으로 보인다. 아동은 교사로부터 직접적으로 전달되는 지식으로 채워지는 수동적 학습자로 보인다. 사실은 이야기함으로써 교체될 수 있고(Olson & Bruner, 이 책 2장) 사실의 습득은 형식적 테스트를 통해서 평가했다. Kruger와 Tomasello(이 책 17장)는 이 접근을 교사가 아동을 기술과 표준을 특성화한 수준으로 끌어올리는 '계획된 학습' 으로 묘사했다. 숙달감이 생기도록 하기 위해 교사는 정확한 교육적 방법론을 사용해야 한다. 구성주의자의 관점은 학습은 '이해하기' 로 보인다. Kruger와 Tomasello는 이 접근을 '안내된 학습' 으로 묘사한다. 아동의 학습은 아동의 수행을 주의 깊게 관찰함으로써 교사에 의해 촉진된다. 교사 개입은 필요한 만큼 증가되거나 감소된다. Olson과 Bruner의 모델 3인 학습자에 대한 설명은 가르치기에 대한 구성주의 시각으로 매우 적합하다. 아동들은 그들 자신의 관점을 가진, 그리고 세상을 그들 자신의 모델로 구성하는 생각자로 보인다. 교사는 아동이 논의와 협력을 통해서 그들 자신의 확실한 견해를 만들도록 돕거나 안내한다.

이와 같이 전통적인 교사 신념이나 마음 이론에 근거한 새로운 문헌에서 교사들의 마음에 대한 개념과 학습의 개념은 세 가지 일반적인 범주로 나타난다. (1) 아동은 '행동하기'를 배우고 교사는 의도적이든 그렇지 않든 모델을 제공할 필요가 있다. (2) 아동은 '알기'를 배우고 교사는 완전한 학습을 위해서 필요한 특별한 기술을 가르쳐야 한다. (3) 아동은 '이해하기'를 배우고 교사는 그들이 다른 사람과 함께 이해를 공유함으로써 논의하는 방식으로 아동을 안내한다. 결국 아동은 작가에 대한 객관적 이해와 과거와 현재를 공유하게 된다.

앞에서 우리는 발달적 변화와 교수-학습의 다른 개념화의 기능으로서 아동의 정신적 용어의 사용을 알아보았다. 우리는 또한 교사들의 다른 철학적 출처나 교수-학습 이론과 관련한 교실 환경에서 교사들의 정신적 용어의 사용을 연구했다.

교사들의 마음의 언어 사용

유치원 교사들의 신념과 실제 그리고 정규수업과 불어 집중 교실에서 아동의 이해에 관한 연구(Pelletier, 1994)에서 교사들의 상위인지 이야기의 사용이 두 가지 맥락에서 조사되었다. 즉, (1) 아동과 함께 그들의 정규교육의 관찰로부터, (2) 성인이 실시한 면담을 번역해서 조사되었다. 각 세션은 대략 한 시간 정도 지속되었다. 10명의 정규 영어반과 불어 집중반 유치원 교사들이 참여했다. 교사들이 가르치는 동안 사용된 상위인지 동사들은 다음과 같다. '~을 추측하다(guess)', '~을 알다(know)', '~을 생각하다(think)', '~을 배우다(learn)', '~을 잊어버리다(forget)', '~을 기억하다(remember)', '~을 상기시키다(remind)', '~인 체하다(pretend)', '~을 약속하다(promise)', '~을 입증하다(prove)' 등이었다. 불

〈표 26-2〉 교수관찰 동안 교사들의 상위인지 동사의 사용[a]

	성숙주의 (n=6)	행동주의 (n=5)	구성주의 (n=9)
불어 집중교육	0	6[b]	0
영어	0	6[c]	19[d]
전체	0	12	19

a 사용된 용어들은 guess, know, think, learn, forget, remember, remind, pretend, promise, prove를 포함한다.

b 한 불어 집중교육 교사는 5개의 불어 상위인지 동사를 사용했다.

c 한 영어 교사는 모두 6개의 상위인지 동사를 사용했다.

d 모든 영어 교사는 상위인지 동사를 사용했다.

어 집중 교사들은 불어로 된 용어들을 사용했다. 면담하는 동안 교사들은 다음과 같은 상위인지 동사들을 사용했다. 즉, '~을 생각하다(think)', '~을 알다(know)', '~을 가르치다(teach)', '~을 배우다(learn)', '~을 이해하다(understand)', '~을 기억하다(remember)', '믿다(believe)', '추측하다(guess)', '~할 작정이다(mean)', '~을 깨닫다(realize)', '~을 발견하다(discover)', '확신하다(convince)', '이상하게 여기다(wonder)', '기대하다(expect)', '계산하다(figure)', '~라고 생각하다(presume)', '~을 상기시기키다(remind)', '~을 상상하다(imagine)', '~에 집중하다(concentrate)', '가정하다(assume)', '무시하다(ignore)', '~인 체하다(pretend)' 등이며 모두 영어로 실시했다. 교사들이 가르치는 동안보다는 성인과 함께 면담하는 동안 상위인지 동사를 더 많이 사용하는 것이 발견되었다. 특히 20명 중 12명의 교사들은 가르치는 동안 상위인지 용어를 사용했는데, 12명의 교사들이 사용한 용어는 31개로 평균 2.6개였다. 이에 비해 면담하는 동안에 모든 교사들은 922개의 상위인지 동사를 사용했고 평균 46.1개의 단어였다. 이러한 결과는 교사들이 교실에서 학생들과 있을 때보다 그들의 동료들과 정신적 용어를 더 많이 사용한다는 것을 발견했던 Feldman과 Wertsch(1976)의 연구 결과를 지지했다.

교사들의 상위인지 언어 사용이 그들의 교수-학습에 관한 개인적인 이론과 관련

〈표 26-3〉 면담 동안 교사들의 상위인지 용어의 사용[a]

	성숙주의 (n=6)		행동주의 (n=5)		구성주의 (n=9)	
	전체	교사 평균	전체	교사 평균	전체	교사 평균
불어 집중교육	164	54.7	120	40.0	191	47.8
영어	164	54.7	106	53.0	177	35.4
전체	328	54.7	226	45.2	368	40.1

a 사용된 용어로는 think, know, teach, learn, understand, remember, believe, guess, mean, realize, discover, convince, wonder, expect, figure, presume, remind, imagine, concentrate, assume, ignore, pretend 등이 있다.

이 있는지 아닌지를 결정하기 위해서, 교사의 신념과 실제는 앞서 개관된 성숙주의, 행동주의 또는 구성주의 가운데 주로 어디에 해당하느냐에 따라서 평가되었다. 교사 신념과 실제에 대한 평가자 간의 신뢰성은 84~95%였다. 몇몇 교사는 절충적 접근을 갖는 것으로 평가되었다. 즉 그들의 교수법은 한 접근 이상의 병행 평가로 특징지어졌다. 그럼에도 불구하고 모든 교사들은 세 이론 중 한 이론에서 높은 점수를 얻었고 연구의 목적으로 첫 번째 접근을 채택함으로써 설명되었다. 전체적으로 6명의 성숙주의 교사(불어 교사 3명, 영어 교사 3명)와 5명의 행동주의 교사(불어 3명, 영어 2명), 9명의 구성주의 교사(불어 4명, 영어 5명)였다.

교실에서 교사들을 관찰하는 동안 성숙주의 교사는 가르치면서 상위인지 동사를 사용하지 않았고, 행동주의 교사는 12개의 상위인지 동사를 사용했다. 즉, 불어 교사는 5개의 상위인지 동사를 사용했고 영어 교사는 6개의 상위인지 동사를 사용했다. 구성주의 불어 교사는 결국 상위인지 단어를 사용하지 않았다. 그러나 모든 구성주의의 영어 교사는 전체 19개의 상위인지 동사를 사용했다(〈표 26-2〉 참조).

영어 교사 중에 흥미로운 것은 구성주의 범주에 있는 교사들이 상위인지 동사를 더 자주 사용한다는 것이었다. 구성주의 범주에서 모든 교사들은 교수활동에서 상위인지 용어를 사용했고 다른 그룹에 속하는 교사들보다 더 자주 상위인지 용어를 사용했다. 이러한 결과는 샘플 수가 적어서 해석에 제한이 있기는 하지만 해석에 대한 가능성은 흥미로운 것이었다. 즉, 만일 교수법에 대해 구성주의적 접근에 호의적인 교사들이 토론과 협동을 통해 '이해하는(coming to understand)' 것으로서 학습자를 생각한다면 마음 언어의 사용이 이 그룹에서 비교적 높다는 것은 놀라운 일이 아닐 것이다. 유사하게 성숙주의 접근을 선호하는 교사가 이러한 태도에서 성인과 함께 토론함으로써 교육하는 것보다는 또래와 함께 놀도록 격려함으로써 가르치는 동안 마음 언어의 사용을 내켜 하지 않는다면 그것 또한 놀라운 일이 아니다. 행동주의 태도를 선호하는 교사들은 직접 교육하는 동안 약간의 상위인지 용어를 사용하도록 기대될 수도 있다. 그렇지만 그들의 상위인지 언어의 사용은 기능 발달에 대한 그들의 학습 목표에 의존할 것이다.

전체적인 상황은 면담 때와는 상이하였다. 세 가지 접근과 관계없이 교사들은 성인과 대화할 때 다양한 상위인지 용어를 사용했다. 위의 관찰에서 묘사했던 교사 신념 범주에 관련된 그 형태는 면담에서는 간파되지 않았다. 세 그룹에서 교사들의 상위인지 동사의 사용은 아주 적은 차이가 있을 뿐이었다(〈표 26-3〉 참조).

이러한 결과에서 추론할 수 있는 것은 무엇일까? 한 가지 해석은 교사들이 어른들에 비해서 아동들과 상호작용할 때 상위인지 언어의 사용을 조정하는 것이다. 이것은 교사의 마음의 언어의 사용은 아동들의 마음과 성인들의 마음이 다르다는 절대적 가정에 근거한 것이다. 이와 같이 교사들은 쉽게 이 언어를 공유할 수 있는 성인과 대화할 때 마음의 언어를 보다 쉽게 사용한다. 다른 해석은 어떻게 아이들이 배우는가에 관한 믿음의 기능으로 교사들은 아동과 함께 상위인지 언어의 사용을 조절한다는 것이다. 아동들이 '활동하기(doing)' 에 의해 학습된다는 것을 믿을 때 교사들은 상위인지 언어의 사용을 덜 하게 된다. 아동들이 '알게 되기(coming to know)' 에 의해 배운다고 믿을 때 교사들은 상위인지 언어를 제한적으로 사용하고 아동들이 행동할 때는 직접적인 교육과 기능 발달의 맥락에서다. 아동들이 '이해하기(coming to understand)' 에 의해 배운다고 믿을 때 교사들은 마음의 이해를 촉진시키기 위해 상위인지 언어를 사용한다. 즉, 이와 같이 상위인지 언어는 이러한 목표를 달성시키는 데 필연적이다. 이러한 가능성은 무리한 것이지만 해석을 구체화하기 위해 보다 경험적 연구가 필요하다.

교사 교육을 위한 적용

학습자들의 마음에 관한 교사들의 지식은 그 자체가 교육의 산물이다. 즉, 사람의 마음에 대한 이해를 숨김 없이 하기 위해서 사람은 마음에 관한 이야기에 몰두한다. 이러한 종류의 이야기는 보통 교사의 교육 프로그램에서는 일어나지 않는다. 이와 같이 아동의 마음에 관한 교사들의 지식은 잠재적으로 남는다. 그러므로 대부분의 교수 행위는 교사들의 무언의 믿음과 과거 경험에 근거한 일상 교수학을 반영한다. 대개 교사들은 보다 전통적 이론으로 쉽게 발전하고 정신적 이해의 상태보다는 낯익은 경험과 믿음의 상태를 반영한다. 교사들은 종종 어떻게 아동들이 배우고 어떻게 아동들을 잘 가르치는가에 관해 일상적 이론(folk theory)의 경계에 남는다. 성숙주의, 행동주의 또는 구성주의 접근은 무조건적인 일상 교수법으로 남아 있고 결코 도전하지 않으며 심사숙고한 주제로 다루지도 않는다. 교사 교육의 변화를 통해서만 맹목적인 이론들은 구체화되고 마음에 대한 새로운 이해로 연결될 것이다(Astington, 출간 중).

결론

마음에 관한 다른 모델과 관련 학습 모델은 당연한 순서로 일어나는 발달적 순서를 만들어 낸다. 보다 복잡한 사회적 이해의 출현과 함께 학습의 초기 형태는 학습의 새로운 형태를 포함된다. 우리가 논의했던 것처럼 아동들은 보다 진보된 마음 이론과 이해를 확실하게 만드는 복합적인 상위인지를 습득하고, 보다 복잡한 교육방법으로 도움이 될 수 있다. 교사와 학습자들은 아이디어를 교환하고 공유된 이해를 발전시키기 위해 점점 더 언어를 사용하게 된다. 아동들이 점점 더 복잡한 방식으로 학습할 수 있게 되더라도 역시 아동들은 그들의 초기 학습 체계를 잃어버리지 않는다. 이런 식으로 아동들은 믿음의 이해와 교육으로부터 배우는 능력을 획득한 후에도 장

기간 모방에 의해서 배우기를 계속할지도 모른다. 더욱이 믿음에 관한 귀납적 이해를 습득할 때 아동들은 협동적인 학습 경험을 통해서라기보다는 교육을 통해서 보다 효과적으로 개념 배우기를 계속할지도 모른다. 교사들은 아동을 위한 교사의 목표와 가르쳐야 하는 개념에 따라 방법을 선택해야 할 책임이 있다. 확실히 어떤 개념은 협동보다 모방에 의해 비교적 쉽게 가르쳐진다. 한편 불행하게도 많은 교사들은 관심의 초점이 협동적인 학습 경험을 통해서 구축되는 아동들의 지식에 관한 것일 때 교수방법으로 지시적 방법 사용하기를 계속한다. 이러한 교수법의 형태는 교사들이 '학습자들은 그들 자신과 타인들의 믿음을 심사숙고할 수 있고 그들의 학습을 조직하는 이론을 갖는다' 는 것을 깨달을 필요가 있다.

아동들의 마음 이론에서의 연구와 교사 신념 연구의 통합이 교수-학습 상호관계의 새로운 개념으로 인도할지도 모른다. 만일 아동과 교사가 마음과 지식과 그것들의 습득에 관해 같은 이해를 공유한다면, 그리고 그들이 논의에서 상식적인 언어를 공유한다면 그들의 교실 상호작용은 더할 나위 없이 만족스럽고 성공적이 될 것이다.

감사의 글

Janet Wilde Astington은 여기 보고된 연구를 국립아카데미의 박사후 교육을 통해 지원해 준 스펜서 재단에 감사한다.

주

1. 온타리온 주에서 아동들은 네 번째 생일을 맞이한 해 9월에 2년제 유치원에 입학할 자격을 가진다.

제2편
교과내용의 교수-학습

제27장
학교교육과 실천적 지식의 습득

FRANK C. KEIL
CHANA S. SILBERSTEIN

이론의 대두

25년이 지난 지금 인지과학이 과학의 역사와 철학의 중심 주제를 차지하게 되었다. 따라서 우리는 과학적 개념이 어떻게 그 해석을 특징짓지 않고도 표현되고 습득될 수 있는지 충분히 이해하기 힘들다. 우리가 세상을 특징적으로 분류하고 특징에 대해 추론하거나 정의하든지 간에, 그런 정신적 사건은 반드시 해석이나 직관적 이론을 필요로 한다. 인간의 사고는 거대한 하나의 현상이다. 관념 연합론자들의 설명은 유사성과 공통점에 의지하기 때문에 인간의 추리능력을 설명하기에 부적절하다. 새로운 자극에 대해 설명하지 못하며, 관련한 유사한 특징의 선택을 이론 그 자체로 이끌기 때문이다(예: Hirschfeld & Gelman, 1994; Barsalou, 1985). 구조를 개념화하기 위해 해석을 기반으로 한 구성요소의 증거는 착각적 상관관계(Chapman & Chapman, 1969; Medin, 1989), 개념적 결합(Murphy, 1993), 귀납 패턴(Gelman, 1988; Gelman & O'Reilly, 1988), 개념 습득의 패턴(Keil, 1989), 모든 시대에서의 개념적 변화 패턴(Carey, 1985), 그리고 카테고리로 분류된 다양한 판단(Medin, 1989)

에서 보일 수 있다.

비록 새로운 '이론에서의 개념(concepts-in-theories)'에 대한 관점이 광범위하게 토론될지라도(예: Medin, 1989; Neisser, 1987; Murphy & Medin, 1985; Gopnik & Wellman, 1994) 어떻게 이 이론적 지식이 구성되고 표현되는지, 어떻게 이것이 다른 종류의 지식과 관련되는지, 그리고 어떻게 이것이 명확한 귀납에 관련되는지에 대한 연구가 그리 많지 않다. 물론 종종 과학에서 잘못된 개념과 이런 잘못된 개념이 가르침에 어떤 영향을 끼치는지에 대한 연구 보고서가 많지만(예: Krist, Fieberg, & Wilkening, 1993; Kaiser, McCloskey, & Proffitt, 1986; Mintzes, Trowbridge, Arnaudin, & Wandersee, 1991; Vosniadou & Brewer, 1992; Vosniadou, 1991; Smith, Carey, & Wiser, 1985), 이런 잘못된 개념에 대한 설명은 보통 매우 구체적이지만 잘못된 믿음만을 수반하고, 성숙한 규칙과 조화를 이루지는 못한다. 이들을 서로 연결시키기 위해 아동과 교사, 요구에 있는 정신적 모델에 대한 토론이 증가하고 있지만(예: Strauss & Shilony, 1994), 이러한 모델은 이론이 아닌 특정한 현상을 매우 구체적으로 나타내는 '시각화'를 보이는 경향이 있다. 모델과 이론 간의 차이는 이번 장의 뒷부분에서 다루도록 한다.

그러나 '이론'에 대한 강조는 인공 산물의 기능적인 면이나 데이터베이스의 목표에 기반을 둔 구조처럼 인간이 겪는 경험의 광범위한 범위에 들어맞을지라도, 어떤 이론도 자연의 성질만큼 충분히 발달되진 않는다. 전 세계의 모든 아동은 식물, 동물, 자연물질과 같은 자연현상에 대한 믿음을 놀랍게도 아주 어린 나이 때부터 키워나간다. 지난 10년간의 연구는 어떻게 취학 전 아동들이 인공물과 반대되는 자연물의 불규칙적인 다양한 패턴을 이해하는지, 또한 생물 대 무생물처럼 자연물 간의 근본적인 차이를 이해하는지에 대해 증명했다(Atran, 1987, 1994; Gelman & Wellman, 1991; Gelman & Markman, 1987; Keil 1989, 1994). 이 정보의 대부분은 자연적 관찰을 통해 함축적으로 습득된다.

아직까지도 이런 이론과 설명이 정신적인 면에서 어떻게 표현되는지에 대한 논쟁이 치열하다. 그것들은 다른 정보와 질적으로 전혀 다른가? 이론은 억지 사실이 기록된 후 발달의 과정에서 뒤늦게 나타나는가, 혹은 사실을 기록하기에 앞서 이론의 일부 요소가 필요한가? 이론들은 절대적일 수 있는가, 혹은 우리의 생각을 이끄는 명확한 이론과는 근본적으로 다른 자연에 대한 우리의 직관적 지식이 절대적인가? 이번 장에서는 교육적 실습의 문맥에서 이들 문제를 다루도록 한다.

자연현상에 대한 이론과 설명은 과학기술이 발달하기 오래전부터 존재했다. 따라서 이 범위에서의 믿음들이 어떻게 나타나게 되었고 학교교육과 어떻게 관련되는지에 대해 묻는 것이 적합할 것으로 보인다. 수많은 자연현상에 관하여, 아동들은 확실한 교육을 받지 않고도 직관적인 이론을 형성하고, 그러고 나서 직관적인 면에 비추어 교육을 받는다. 일반적으로 이론적인 개념들에 대한 토론과 특히 그중에서도 자연물에 대한 이해는 보편적으로 보급되어 있음에도 불구하고 학교교육에서는 상대적으로 많이 다뤄지지 않는다. 이는 초등학교의 교실에서 대부분 나타난다. 즉, 기본 산수풀이를 배우고 읽기와 쓰기를 배우는 것이 초등교육의 대다수를 차지하고 있는 것이다.

심지어 다른 주제들을 다룰 때에도 자연현상에 대하여 과학적으로 설명해 보기 어렵다. 역사를 배울 때에도 왜 사람들이 그렇게 했는지에 대해 생각해 보는 것이 아니라 누가 무엇을 언제 했는지의 식이다. 지리와 과학 역시 사실만 조금 배울 뿐 보충 설명은 없다. 수많은 학생들이 식물과 동물, 바다 조개의 분류법을 배우지만 우울하게도 열심히 노력해서 기억할 수 있는 불규칙적인 원리에 대해 배우는 경우는 거의 없다. 자연물의 개념에 대한 기본 인지과학 연구는 몇 가지 방식으로 교육적 문제에 관련한다(교육에서의 일반적인 연구에서 기본 인지과학의 타당성에 대한 체계적인 관점에 대해서는, Bruer, 1993 참조). 첫 번째, 그것은 자연물에 대한 이론과 설명이 과학기술의 시계나 사회적 구조와 관습을 위한 것과 다른 구조를 가지는지를 묻는다. 두 번째, 그것은 교육이 절대적인 학습에 어떻게 관련되는지를 묻는다. 마지막으로, 그것은 자연현상의 개념을 매일 다루는 어떠한 교육이 어떻게 직관적으로 발달된 이론을 고려해야 하는지를 묻는다.

이론과 연합: 필요한 혼성

비록 직관 이론과 설명의 정확한 형식에 대한 논쟁이 계속되고 있지만, 어떠한 적절한 모델이 적어도 근본적으로 다른 체계 간의 상호작용을 반영해야 할 것이라는 것은 점점 명확해지고 있다. 자연물의 개념의 혼합 구조를 짐작하는 것에는 원칙적이고 경험적인 두 가지 이치가 있다. 원칙적 이치에서는 어떤 이론도 현상의 종류와 관련한 모든 패턴을 설명할 수만은 없다는 것이 곧 분명해진다. 우리가 왜 새들이 나는지, 왜 식물들이 녹색인지에 대한 해석상의 이치를 가지고 있을지는 몰라도, 이들 설명 중 어떤 것이라도 더욱 세부적인 설명이 필요하게 될 때, 그것들은 곧 바닥을 드러내게 된다. 따라서 우리는 새들에게 날개가 있기 때문에 난다는 사실에 대해 논의하는 것이 좋다. 날개는 공중을 날 수 있는 형태와 물질, 무게로 되어 있기 때문에 날 수 있게 돕는 것이다. 전문가들이 이보다 조금 더 설명할 수는 있겠지만, 더욱 다양한 패턴에 대해서는 설명하지 못한다. 그러나 우리가 이렇게 설명하지 못하는 패턴이 있는 반면 여전히 우리가 주목하고 기억하는 패턴도 있다. 예를 들어 유럽울새의 가슴에는 빨간 털이 나 있고 오리들은 그들만의 특별한 소리를 낸다. 이런 패턴은 종종 그것들을 부분적으로 설명하는 이론을 더욱 발달시키기 위한 동기가 되곤 한다. 이런 패턴은 인문학적인 관념 혹은 더욱 근본적인 연결주의자(connectionist)(예: Cleeremans, 1993) 모델에 더욱 가까운 방식으로 습득되고 축적된다.

흔히, 이론은 빈번히 발생하는 원리에 미리 축적된 수많은 공분산 패턴을 설명하기 위해 관련 믿음이 점차 확장되며 발달된 것으로 보인다. 예컨대, 새에 대해 방금 배우기 시작한 사람은 단순히 깃털이 날 수 있게 해 준다는 것에만 관심을 가질 뿐, 깃털이 어떻게 날게 해 주는지에 대해서는 생각하지 않는다. 그럼에도 불구하고 공분산 패턴은 나중에 나타나는 이론을 위한 데이터로 저장된다.

나중에 형성된 이론의 기본이 되는 공분산 패턴의 축적은 자연적 개념의 일부로서 설명적인 구성요소를 보완하는 역할을 한다. 이것은 특히 우연한 체계가 대개 더 부유한 자연물에 대해 사실이 되기 때문에 많은 설명을 필요로 한다. 비록 공분산의 일부 패턴과 이런 패턴의 충분한 설명 없이 발생하는 사건의 빈번함을 축적해야 할지라도, 공분산의 가능한 모든 패턴을 축적하는 것은 불가능하다. 주목할 특성 간에는 수많은 막연한 상호작용이 있을 수 있고, 우리는 선택적으로 명확히 다른 것들과 비교해 뒷받침한다(Keil, 1981 참조). 예를 들어, 우리는 조류가 가지가 얼마 없는 나무와 가지가 많은 나무에서 각각 어떻게 나는지에 주목하지 않는다. 그리고 우리는 조류가 날씨가 좋은 날이나 흐린 날에 각각 어떻게 하는지에 주목하지 않는다. 우리는 어떤 종류의 패턴들이 서로 관련되는지에 대한 직관적 관념에 의해 수많은 상호작용을 감시하는 광범위한 컴퓨터의 로드(computational load)로부터 안전하게 보호되고, 실제 설명적인 가치가 되지 않을 공분산의 거대한 영역이 표로 작성되지 않도록 하기 위해 이 관념을 사용한다.

설명적으로 부적절한 상호작용을 이렇게 여과하는 것은 분명 나중의 이론 형성을 위해 사용 가능한 공븐산 데이터베이스를 수립하는 데에 필요하지만 공분산의 의미 있는 패턴이 시종일관 감시되는 경우처럼 심각하게 간과될 수도 있다. 또한 그것은 설명적인 예상에서 무작위로 상호작용을 알 수 있을 만큼 매우 강해지는 착각적 상호작용을 기록하도록 할 수도 있다(예: Chapman & Chapman, 1969). 이론을 바탕으로 하는 구성요소는 또한 단순히 어떤 성공적인 모델도 원인과 메커니즘 같은 요소들이 어떻게 공분산 패턴의 단순한 표에서 나타날 수 있는지를 보여 줄 수 없기 때문에, 지식 습득의 시작에서부터 필요할지도 모른다. 원래 다른 종류의 표현은 무의식적인 인과관계가 기능적 특성을 고려하는 가장 기본적인 직관을 사로잡아야 하는 것으로 본다. 이런 아이디어들은 연합 학습에 의해 만들어지는 패턴 인지에 반하여 강제적인 설명을 만들어 낸다.

요약해서 말하면, 자연물의 혼합 개념은 우리가 그것들의 표현과 습득을 어떻게 이해하는지에 대한 강력한 결과를 가지고, 이런 개념을 가르치는 것에 대한 토론은 연합적이고 설명을 기반으로 하는 구성요소를 모두 고려해서 이루어져야 한다. 연합적 구성요소는 빈번하게 강조되곤 한다. 왜냐하면 그것들이 충분하다고 여겨졌거나 그것들이 설명을 기반으로 하는 구조보다 발달상으로 앞선다고 가정되었기 때문이다. 우리는 모든 가설이 잘못되었고 부적절한 교육 전략으로 이끈다고 주장한다.

어떤 이론들이 소극적인 측면에서 정의되는가

이번 장에서 우리는 몇 가지 이유를 들어 이론적이거나 설명을 기반으로 하는 자연물 개념의 구성요소에 중점을 둔다. 첫 번째, 이 구성요소는 연합 부분을 더욱 간과한다. 두 번째, 이것은 자연물의 특징적인 성질에 매우 밀접하게 연결되어 있는 반면, 연합 구성요소는 모든 종류에서 동일한 방법으로 작용할 것이다. 세 번째, 이것은 대부분의 효과적인 교육적 중재가 가능하다는 점에서 이루어질 것이다. 그러나 이론을 더욱 잘 이해하기 위해, 우리는 무엇이 이론적 지식으로 적합한지를 명확히 해야 한다. 수많은 어려운 문제처럼, 가능성 있는 일부 후보들이 어떻게 부적절한지를 보여 주는 이론이 무엇인지를 이해하려고 애쓰는 것은 더 쉽다. 특정 이론의 경우 재빨리 떠오르는 수많은 정의는 쓸모없게 된다. 한 가지 주장은 이론들이 정신적 표현이라거나, 우리를 감각적이고 명확한 것 이면으로 이끈다고 진술한다는 것이다(Gopnik & Wellman, 1994; Wellman & Gelman, 1992). 이 주장의 동기는 표면적이거나 감각적인 유사성이 이론적 신념에 의해 구성되는 더 깊은 유사성에 의해 번복되는 것처럼 보인다는 최근 연구에서 비롯된다. 이 연구의 일부는 유아 연구에서 비롯되었고, 여기에서 유아들이 경험 없는 수리공 원리의 각도에서 해석될 때는 덜 익숙하지만 대부분 매우 익숙한 사건의 습관을 버리게 한다(Baillargeon, Kotovsky, & Needham, 1995; Spelke, Breinlinger, Macomber, & Jacobson, 1992). 다른 연구들 중 취학 전에 나타나는 귀납 패턴에 관한 것이 있는데, 이때는 표면의 유사성이 귀납을 이끄는 데에서의 카테고리 라벨에 의해 번복된다(Gelman & Markman, 1986, 1987). 이와 유사하게 성인들은 풋내기에 의해 보이는 감각적 유사성에 부합하지 않는 방법으로 이론적 물리학의 문제를 연구한다(Chi, Feltovich, & Glaser, 1981).

더 깊은 이론적 유사성에 대한 생각은 새로운 것이 아니고 그가 표면적이거나 감각적인 유사성으로부터 발달상의 변화를 어디에 두는지, 그가 '동물의 유사성'을 어떻게 부르는지, 이론적 종류와 관계에 의해 형성되는 더 깊은 유사성을 위해 Quine(1997)이 잘 설명한 에세이에 나와 있다.

이론에 대한 이런 특성이 수반하는 문제점은 다른 비이론적 형식이 표면적 유사성을 짓밟을 수 있다는 것이다. 예컨대, 많은 지각에 의한 전문적 지식의 범위에서 보이는 것은 풋내기에게 모든 것이 명백하지 않은 지각에 의한 관계들, 그럼에도 불구하고 이론이나 설명의 어떠한 특색을 가지지 않는 관계들이다. 풋내기에게는 분명하지 않은 기준을 바탕으로 새로 태어난 병아리들을 가려내는 전문 병아리 감별사는 얼핏 보고서는 식별하기 힘든 미묘한 단서를 잡아내는 방법을 단지 배웠을 뿐이다. 직접 보고 습관적으로 얻는 지식일 뿐 여기에 실제적 이론은 필요가 없다(Gibson, 1969). 이와 유사하게, 체스 전문가는 풋내기가 볼 수 없는 잠재적인 패턴을 볼지도 모른다. 마지막으로 논리학자들은 생략된 추론적 연결상태를 기반으로 하는 유사성들을 보여 주는 패턴을 볼 수 있을지도 모른다. 물론 숙련된 유사성의 범위들이 종종 이론적 지식에 의해 이끌어지기도 하지만 이것은 반드시 있어야 하는 것은 아니며 늘 적용되는 것도 아니다.

심지어 패턴의 인식 범위 밖에서, 표면적 유사성은 지식의 비이론적인 관점에 의해 짓밟힐 수 있다. 예를 들어, 어떠한 복잡한 카드 게임에서 어떤 일이 발생하는지, 전문가가 설사 다른 패턴이 풋내기들을 위해 더욱 유사하게 보일 수 있을지라도 많은 이익을 내려면 어떻게 해야 하는지를 아는 방법에 대해 생각해 보아라. 많은 경우, 포커 전문가들은 자신들의 전략을 설명하는 데 있어 풋내기들보다 나을 것이 없다. 오히려 그들은 맹목적으로 많은 시도의 결과를 표로 만들고 과거에 어떤 것이 효과가 있었는지 어떤 정보가 성공에 도움을 주었는지에 대해 생각한다. 즉, 이론적으로는 분명하지 않을지라도 새로운 유사성의 관계를 파악할 수는 있다.

게다가, 이론이 이따금 외적인 유사성에 완전히 적합할지라도, 숨어 있는 변수나 보이지 않는 것에 호소할 필요는 없다. 예를 들면, 우리는 행성들의 궤도가 태양을 중심으로 하고, 우주 대 지구를 중심으로 하는, 우주에 바탕을 둔 수학에 의해 설명된다는 이론을 가질지도 모르고, 비록 계산이 매우 효율적일지라도 천체의 외부적 경험이 다를 것이라는 것은 확실하지 않다. 그래서 이론들은 우리가 명백함을 능가할 수 있는 정신상태로 깔끔하게 분리될 수 없다. 많은 지각과 지각에 따른 전문지식은 설명 없이도 적용될 수 있다.

또 다른 주장은 종종 이론들이 예언할 수 있는 지식 구조라는 점에 대한 것이다. 그러나 여기에서 그 특징들은 부적절한 것처럼 보인다. 확실히 우리가 이론 없이 미래의 사건을 예언할 수 있는 경우는 많다. 예언은 그럴듯한 계산만을 근거로 하거나 혹은 순수한 논리적 추론만을 근거로 할지도 모른다. 예를 들면, 전형적이고 효력 있는 패러다임들은 광범위한 종류들이 앞선 패턴을 근거로 하는 미래에 있을 만한 사건을 어떻게 예언할 수 있는지를 설명한다(Schwarts, 1979).

그럼에도 불구하고 가장 중요한 것은 훌륭하고 유용한 이론들이 예언에 거의 쓰이지 않을 수 있다는 사실이다. 이런 주장은 성공적인 예언이 종종 과학적이지만 자연적으로 이론에 대한 비판적 테스트로 간주되기 때문에 비직관적이라고 보인다. 그리고 우리는 종종 특정한 예언에 따른 결과가 아닌 다른 방법에서 직관적 이론을 사용하기도 한다. 심리학에 대한 우리의 일상적 이론들이 종종 어떻게 적용되는지를 생각해 보라. 우리는 다른 사람들의 행동에 대해 거의 자세히 예언하지 않는다. 이런 예언들의 부족함은 아마 인간의 행동을 결정하는 수많은 상호작용 요소와 초반의 작은 차이가 엄청난 차이를 만들 수 있는 점에서 비롯될 것이다. 카오스 이론과 같은 영역에서 수학자가 갖는 수많은 선입견처럼, 인간의 행동은 본질적으로 예언하기 어렵다. 그러나 우리는 인간들과 인간들의 행동에 나타나는 성질에 대한 이론을 상세히 설명할 수 있을지도 모른다. 왜 그럴까?

우리가 그런 이론들을 어떻게 사용하는지에 대해 약간만 생각하면 그것들이 제공하는 다양한 기능을 밝힐 수 있다. 추수감사절 저녁 식사 때 삼촌의 괴상한 행동이나 최근 사장과의 불화와 같이 우리는 매번 이미 발생한 사건들을 설명하려고 시도한다. 사람들은 사건이 발생한 후 그 사건을 설명하는 것에 많은 시간을 할애하는 것 같다. 그렇다면 예언에 따라 결과가 나타나지 않는 것은 왜 그런 것일까? 그것은 바로 그런 설명들이 미래에 더 나은 예언을 고려하지 않겠지만 미래의 사건에 대한 더욱 정확한 해석을 가능하게 하며 더 빠르고 적절히 그것들에 반응하게 할 수 있기 때문일 것이다. 예를 들어, 만약 우리가, Harry 삼촌이 추수감사절에 심리적으로 불안하여 격렬하게 분노했던 것을 이해한다면, 앞으로 우리는 그런 분노에 화를 내지 않을지도 모른다. 우리는 사실 Harry의 행동을 예상하지 않는다. 오히려 우리는 Harry가 어떤 행동을 할 때 더 나은 반응을 보이는 방법을 배우는 것이다. 그런 사건이나 그와 유사한 사건이 재발할 때 더 효과적으로 반응할 수 있도록 더 정확히 그 사건을 해석하는 방법을 알기 위해 직접적인 예언이 반드시 수반되어야 하는 것은 아니다. 심지어 우연한 설명과 이론들이 그런 과정에 필요할지도 모른다. 설명들은 또한 미래의 사건 해석을 돕기 위해 더욱 강력한 축적과 회복 체계를 제공할 수 있기 때문에, 우리가 특정 사건이 위험하다고 해석되어야 하는지를 더 잘 판단할 수 있게 한다. 어떤 때에는 사건의 원인을 찾아내는 것에 매우 나약한 예언이 다시 수반되지만, 대부분의 설명이 갖는 힘은 이미 어떤 일이 발생했으며 그 결과는 무엇인지를 해석하는 데 달려 있다.

이와 관련한 오해는 이론들이 무효화될 수 있어야 한다거나 변칙 증거에 의해 논박될 수 있어야 한다는 생각이다(Gopnik & Wellman, 1944). 이것이 과학적 이론에 필요한 기준이고 그 목적이 지식의 발전이라고는 해도, 우리의 일상 경험을 형성하는 비공식 이론에 불필요한 것처럼 보인다. 별난 삼촌에 대한 이론은 만약 그것이 추수감사절 저녁 식사를 덜 충격적이게 만든다면 유용할 것이다. 이런 사실을 의학적으로 확증하거나 확증하지 않는 능력이 이론의 유용함에 반드시 영향을 끼치는 것은 아닐 것이다. 따라서 이론이 검증되지 않거나 심지어 잘못되었을지라도 그것이 환경에 대해 그럴듯한 반응을 제공하는 한, 이론은 가치 있을 것이다.

이런 이유로, 사건에 대한 옳거나 정확한 설명을 늘 제공하는 체계로서 이론을 생각하는 것은 부적절하다. 누구나 불에 대한 플로지스톤 이론이 비록 잘못되었다고 밝혀졌을지라도 수년간 그것이 광범위하게 도움이 되었다는 점을 알고 있다. 점성술과 연금술에서의 무수히 많은 예와 자연과학에서도 또한 그런 점을 발견할 수 있다. 왜 그런 잘못된 이론들이 수세기에 걸쳐 꾸준히 존재해 왔는지에 대해서는 한 가지 이유로 설명할 수 없다. 어떤 경우, 잘못된 이론은 그 이론을 계속 논의할 수 있게 하는 중요한 진리를 가지고 있기도 하다. 그러나 많은 경우에, 이론은 종종 옳은 것보다 잘못된 쪽으로의 예언을 야기시키기도 한다. 이론의 지속성에 대한 이유는 아주 다양할 것이다. 아마 이론은 적용되는 범위에서부터 부적절하게 확장될지도 모른다. 그리고 그 범위에서 극히 두드러진 몇몇 경우는 이론 해석을 나타낼 수도 있다. 많은 사회적 · 문화적 요소들은 종종 사람들이 경험적이지 않은 가치를 가진 이론들을 호의적으로 다루게 할 수 있는데, 그들이 종교에서부터 정치적 학설에까지 일관성 있게 믿음을 확장시키기 때문이다. 부적절한 이론은 또한 축적하고 상기하는 것을 더욱 쉽게 하면서 단순히 더욱 인식적으로 '치밀' 해질 수도 있다. 여기서는 왜 이론들이 경험에 근거를 둔 지지 없이 존재할 수 있는지에 대한 수많은 이유를 연구할 수 없고 그렇게 할 필요도 없다. 현상을 인지하고 그것이 갖는 의미를 이해하는 것으로도 충분하다.

블랙박스, 직관, 이론

이론적 지식이 반드시 완벽하게 진술될 수 있어야 하는 것은 아니다. 우리는 구두로 표현하지 않고도 충분히 설명할 수 있는 관념과 통찰력을 가질 수 있다. 기계적 혹은 음악적 이론이 예가 될 것이다. 일부 수학자들은 말과 대조되는 이미지를 가지고 생각한다고 말한다. 그리고 이런 방식은 우연한 관련성을 다루는 적합한 방식이 될 수 있다. 화학구조에 대한 은유로서 자신의 꼬리를 무는 뱀에 대한 Kekule의 유명한 이미지는 비언어적인 방법으로 표현되는 과학적 이론의 또 다른 예가 된다(Kekule, 1858).

그러나 이론적으로 비언어적인 지식을 뒷받침하는 데에는 절대적인 이론에 대한 증거로서 이론적 체계에 따르는 어떠한 행동을 기꺼이 받아들이는 위험이 있다. 많은 동물들은 우리가 적절한 이론을 소유함으로써 설명할 수 있던 방법들로 물질적인 사건을 예상할 수 있다. 빛이 굴절되는 각도에서 먹이를 잡기 위해 물 속으로 뛰어드는 물총새는 광학에 대한 직관적 '이론' 을 가지고 있는 것처럼 여겨질 수도 있다. 또한 늘 사용하는 많은 거미줄에서 움직임을 조절하는 거미는 고전적인 역학의 직관적 이론을 가지고 있는 것처럼 여겨질 수도 있다. 우리는 이런 정신상태는 '이론들' 자체를 거부하는 것이며, 그것은 컴퓨터 언어인 '블랙박스' 에 가깝다고 말하고 싶다. 자동차 안에 레이더 탐지기를 부착한 경찰이 그 탐지기가 어떻게 작동하는지에 대한 많은 것을 이해할 필요가 없는 것처럼 말이다.

게다가, 단순한 물리적 역학에 대한 갓난아기의 직관과 예상은 사실상 규칙적이긴 하지만 확실히 정의된 이론이 될 수 없다. 태어난 지 1년도 채 안 된 아기들은 물리적 물체의 움직임에 대해 그럴듯한 예견을 하며(Spelke, 1991; Leslie, 1994; Baillargeon, 1987), 그들의 예견은 매우 잘 구성되고 빠르게 생겨나는데 직접적인 경험보다는 천성적으로 갖고 태어난 기질에서 나온 것이다. 이러한 많은 예견은 또한 놀랍게도 모든 성인이 가지고 있는 믿음과도 관련된다. 그러나 이런 직관들이 원래 가지고 있던 심리학적 근원 이상을 반영한다고 믿을 만한 이유는 없다. 우리가 보통 이론들이 매우 체계적인 방식으로 이런 가설을 지지하고 연결시켜 주는 설명적 체제를 가지고 있다고 가정하는 것을 의심할 이유는 없다.

그러나 갓난아기의 원시적인 기술은 거미보다 이론의 관념에 더 가깝다. 위에서 언급했듯이, 나중에 이론이 성장하는 데에 필요한 데이터베이스는 일부 이론적 체계에 의해 이끌어져야 한다. 갓난아기들은 분명 선천적으로 진지함이나 지속성과 같은 관념에 관한 정보에 민감하도록 준비되었고, 결국 완전한 이론의 기초를 형성할 요소를 모으기 위해 이런 경향을 사용하도록 준비된 것처럼 보인다. 우리는 이것들을 이론 자체보다 해석의 선이론적 방식으로 간주할지도 모른다(Keil, 1994 참조).

발달상의 연구에서부터 최근의 또 다른 사례를 들어 보면, 아이들은 4세부터 원하고 소망하는 것과 하고 싶은 것들을 이해하고, 두 사람이 하나의 사건에 대해 서로 다른 의견을 가질 수 있다는 사실을 이해할 수 있는 능력을 갖게 된다고 한다(Wellman, 1990; Perner, 1991; Astington, 1993). 이런 능력의 선봉은 한 사람이 사건에 대해 생각하는 것은 실제 사건과 다르다는 것을 안다는 개념이다. 이 능력은 분명 2세부터 나타난다. 또한 중요한 것은 정신생활의 존재에 대한 이해, 갓난아기들이 사람의 얼굴을 계속 보고 익힌다는 것에 대한 이해, 사람들이 재잘거리는 소리에 반응하는 아기들의 민감성, 부모가 지시하거나 쳐다보는 물체를 바라보는 그들의 능력 신장에 대한 이해다. 복잡한 이론의 증거로서 이 행동을 취하는 것은 주제 넘는 이야기가 될 수도 있지만, 확실히 이런 체계적 경향 없이, 완전한 정신의 이론을 발달시키기란 쉽지 않을 것이다.

현 시점에서 왜 심지어 어린아이들조차도 자연물의 철학적 관념을 발달시키는지에 대한 또 다른 이유도 명확히 할 수 있다. 비록 우리가 거대한 우주에 대한 이론을 세울 수 있을지라도, 분명히 어떤 근거들은 인간에 관한 우리의 관념에 절대 없어서는 안 될 것이다. 생물학, 물리학, 심리학은 우리 주변 세계의 기본적인 해석 형식 안에 있고, 우리는 이런 영역을 더욱 포괄적으로 이해할 수 있게 하는 수단을 가지고 태어난다.

학교교육은 아동들에게 이런 지식의 범위와는 또 다른 학교 교과과정의 범위 간 차이를 뚜렷하게 드러낸다. 모든 평범한 아이들은 다양한 위치와 지도에서 수많은 생김새의 동물들을 쉽게 구별하고 확인하는 것을 배울 수 있다. 그러나 단순한 문자 교육은 어린 시절에 받는 2년에서 3년 이상의 교육과정을 종종 더 연장시킬 수도 있다. 특수한 경우 난독증과 같은 기능장애를 가진 아이들이 있을 수 있다. 이런 문제들은 상대적으로 지도 형식에 있어 변화가 거의 없이 배경적 지식에서 확실히 동떨어지는 결과를 낳는다.

비록 자연물에 대한 지식이 습득에 있어 그것의 용이함에 대하여 교육받은 명확한 지식의 또 다른 형태와 대조적으로 될 수 있을지라도, 이것이 모든 자연물에 적용된다고 가정하는 것은 실수일 것이다. 확실히 인간들이 명확한 이론을 따라가지 않고도 전문적이 될 수 있는 방법에는 여러 가지가 있다. 아마 언어가 그 한 예가 될 것이다. 3~4세 정도 되는 아이들이 말은 아주 잘하지만 구문론이나 어용론의 특성을 이론적으로 거의 이해하지 못한다. 또 다른 행동 발달의 예로 절차상의 행동이 있다. 비록 이론적인 관점에서 분석할 수 있을지라도, 이것은 우리에게 일반적으로 쉽게 다가올 수 있는 것이 아니다. 따라서 물체의 움직이는 경로를 관리하는 원리들을 묘사하는 것은 어렵다. 설사 우리가 그것들을 직관에 의해 적절히 파악할지라도 말이다. 이론적 과정에 접근할 수 있는 지식에 있어서 일부 미세한 차이들은 필요하다.

이론의 기본적인 매개 변수를 지도하는 것에 더하여, 맹목적인 정보는 다른 방식으로 이론을 이끌 수 있다. 우리는 이론을 위한 관념적 연합과 공분산의 중요성을 토론했다. 이런 관념 연합적 지식의 대부분은 어떠한 의식적인 인식 없이 미묘한 방식으로 이론에 영향을 끼치면서 수집된다. 따라서 주제들은 무작위로 매우 작은 범위까지도 무조건 인지될 것이다. 그것들은 우연적인 일에 매우 민감하게 반응한다. 그것들이 어떤 반응을 직관적으로 선택하는 이유에 관하여, 종종 이론적인 설명을 할 수 없을지라도 말이다(Reber, 1993; Berry & Dienes, 1993).

이런 절대적인 학습과정은 우연적인 일의 관계와 상대적인 빈번함에, 특히 민감하다. 절대적 학습은 데이터를 다루는 강력한 규칙이 있다면, 또 그 규칙의 체계가 낮은 수준의 관계 중의 하나에 가까워질 수 있다면, 효율적이라고 기대할 수 있다. 만약 새로운 형식의 규칙이 너무 복잡해서 명백한 가설에 의해 발생하기 어렵다면 절대적인 학습은 명백하게 가르치는 이론과 조화를 이루지 못하게 될 강력한 직관을 만들면서, 명백한 학습을 초월하도록 기대될 수 있다(Hayes & Broadbent, 1988). 종종 이런 직관들은 지식과 같은 이론에서 통합되기 시작한다. 다른 경우, 절대적으로 발생한 이론은 명백한 교육에 의해 습득된 것들과 매우 뚜렷한 차이를 보일 것이다.

반면 직관적으로 발달된 이론은 자연계에서의 연합에 대해 잘 밝힐 수 있을 것이다. 비록 아이들에게 받아들여진 학교에서의 이론이 종종 아이들이 뚜렷하게 인지하지 못할 상충되는 직관과 공존할지라도 말이다.

첫 번째 예를 고려해 보면, 직관적인 물리학의 개념은 지난 10년 동안 놀라울 정도로 성과를 거두었다. 약 15년 전에, 영향력 있는 연구들은 대부분의 성인들이 단순한 물리적 물체의 움직임에 대해 믿는다는 사실을 증명하기 시작했다(McCloskey, Washburn, & Felch, 1983; Kaiser, McCloskey, & Proffitt, 1986). 성인들은 종종 둥글게 돌면서 나타나거나 비행기에서 급속도로 하강하는 공처럼 물체의 궤도에 대한 잘못된 예언을 하는 것처럼 보인다. 몇몇 연구자들은 성인들이 '원시적인 힘의 이론' 으로 알려진 직관적 믿음에 대한 해석을 공유했다고 가정했다.

비록 이런 이론의 특성에 대한 논쟁이 계속될지라도, 그런 이론들이 정말 절대적이거나 직관적이라는 일치된 의견이 있는 것으로 보인다. 따라서 일부 성인들은 물체들이 추진력에 의해 움직였다가 점차적으로 궤도의 방향대로 흩어진 후 발사 전에 그것이 궤도에서 이탈하지 않도록 보호하는 힘을 가진다는 생각을 하는 것 같다. 이런 지식은 사람들이 종종 그것들을 명확히 이해할 때까지 판단하지 못한다는 점에서 절대적으로 보인다. 흥미롭게도, 이것은 물체의 움직임이 더욱 자동적이고 비이론적인 방식으로 기대된다는 점에서 절대적인 지식의 또 다른 수준이 있을지라도 발생한다. 따라서 주제들은 간혹 모토 패턴에 대하여 물체의 궤도를 예상할 수 있는 징후가 있다(예컨대, 던진 물체를 잡는 것)는 직관이 매우 저항적이라는 한 가지 이유는 그것이 빈번한 물리적 현상과 마찰이 큰 환경에서의 물리학에 대해 잘 설명될 수 있는 것처럼 보인다는 것이다. 따라서 그것은 물리적 움직임에 대한 상식적 이론의 2세대를 위한 근원이 될 것이다. 공분산 정보가 이 개념을 반복적으로 강화하기 때문에, 직관은 우위에 서는 것이 거의 불가능해 보인다. 그러나 상충되는 정보의 근원을 명확히 함으로써, 직관이 어떻게 잘못되는지 인지할 수 있는 더욱 복잡한 이론을 성인이 발달시킬 수 있는 것이 가능해진다.

잘못된 직관에 대한 다른 두 가지 예는 그것들의 광범위한 보급을 설명하는 데 도움이 된다. 한 가지는 사람들이 확실한 방법으로 행동하기 위해 하게 되는 성격과 특성에 대한 연구로부터 비롯된다. 그런 이론들은 또한 정확한 예상 및 설명과 동떨어져 있기 때문에 실수가 생기게 된다. 예를 들어, 다른 사람들의 행동은 주로 환경적 영향이 아닌, 그들의 내면적 성향의 결과라는 광범위한 절대적 믿음이 있다(Nisbett & Ross, 1980). 사회심리학에서의 서론에 나오는 명확한 용어로 이 생각을 말하는 대신에, 그 사람들은 잘 증명된 이런 방식으로 행동한다.

두 번째는 인식의 개념을 수반한다. 많은 사람들은 그들의 눈이 반사되는 빛을 추적하기보다 정보를 찾아내는 방법으로 환경을 훑어보는 광선을 내뿜는 과정으로서 시각적 인식에 대해 생각하는 것 같다. 그들은 인식의 특성에 대한 설명적 믿음처럼 나타내는 많은 질문에 대답하겠지만, 다시 그들은 그런 믿음을 유지하는 것을 배우는 것에 매우 놀라게 될 것이다.

이런 예들과 다른 예들을 자세히 들여다보면 절대적으로 발생하고 명확하게 가르친 이론 간에 있을 수 있는 차이를 제안하기 시작한다. 한 가지 차이점은 내부의 모순과 불일치가 허용되는 정도에 집중될 수 있다. 우리는 애매한 예감이나 직관을 써 내려갈 때, 그것이 쓰인 명제의 형식으로 표현하려고 노력할 때 나타난 모순과 불일치 때문에 그것의 직관적 우아함이 충분하지 않다는 사실을 빈번하게 발견한다 (Olson, 1997 참조). 쓰는 것 이면에서, 일반적으로 커뮤니케이션의 명백한 제안의 형태에서 직관적인 개념을 표현하는 것은 또한 많은 문제를 강조하게 될 것이다. 그것은 확실히 자연과학에서 존경할 만한 복잡한 이론이 일류 과학자들에 의해 주저 없이 받아들여진 후 내부의 모순을 가진다고 보이는 것과 같은 문제를 붙잡지 않지만 이런 경우 이론들은 더욱더 복잡해진다.

절대적으로 발달된 이론과 함께 나타나는 불일치는 더욱 극적이라고 볼 수 있다. 믿음과 직관은 경험과 노출을 바탕으로 하여 장기간 동안 생기기 시작하는 것이다. 시간이 흐름에 따라 이런 믿음들은 더욱 이론화될지도 모르지만, 전체적으로 통합되는 경우는 극히 드물다. 예를 들어, 많은 대학생들이 지구가 겨울철이 되면 태양에서 멀어진다고 말하고, 북반구와 남반구의 계절은 서로 반대가 된다는 것을 말하는 것으로 기온에 따른 변화를 설명한다는 사실을 생각해 보라(Chinn & Brewer, 1993). 그들은 몇 년 동안 이런 믿음을 지킬 수 있었지만 이 믿음들이 논리적으로 분명히 밝혀질 때까지 모순을 인지하지 못한다. 그들은 한 가지 일치하는 체제에서 동시에 이런 의문점을 명확하게 다룰 때까지, 절대 문제를 인지하지 못할 것이다.

절대적으로 발달되고 명확히 습득된 이론 간에 있을 수 있는 두 가지 차이점은 이론의 완전한 특성 및 그 이론과 자연물의 관계에 달려 있다. 한 가지 차이점은 절대적인 이론은 특성들이 우연한 힘에 관하여 특징지어질 수 있다는 개별적인 특징과 더 큰 부분 사이에서 특정한 관계에 관한 법칙에 관하여 설명할 수 있는 더 작은 부분을 가질 것이라는 점이다. 우연한 힘에 대한 생각은 예감을 강조하는 것이 당대 과학의 대부분을 이끈다는 인식과 함께 점점 더 많은 지지를 받고 있다(Salmon, 1989; Harré, 1988). 일상적인 일에 있어서 과학자들은 특정한 메커니즘이나 법칙에 대해 분명히 정의하지 않은 채 어떤 특성들이 효과가 있을 것인지를 자주 예측한다. 오로지 그런 예측들이 명확한 계획으로 옮겨질 때만이, 그것들은 고전적이고 비논리적으로 추론하는 형식으로 가까워지는 체제와 같은 법칙을 더욱 많이 갖게 된다. 비과학자들에게 있어 우연한 힘에 대한 이런 관념들은, 특히 법칙들이 문외한들에게는 더 복잡하다는 점에서 더욱 큰 역할을 할지도 모른다. 그리고 우연한 힘의 관념들은 적절한 대안을 제공하게 될 것이다.

두 번째 차이점은 직관적 이론들이 완벽히 이해되는 반면, 절대적 이론들은 더욱 더 복잡해진다는 점이다. 직관적 체제에서, 세상을 이해하는 방법은 자발적으로 세상을 이해하도록 타고나지 않은 우리들의 특성을 뒷받침해 준다. 이런 기본적인 형식들은 새로운 존재가 살아 있는 것, 인공품, 무생물 혹은 심리적 존재인지를 신속하게 판단할 수 있게 하여 모든 특성과 가능성 있는 관계를 제대로 이해할 수 있게 한다.

이론 대 스크립트, 도식, 기술

인지과학은 설명과 예견을 관장하고 있는 정신 구조에 대해 논의하는 다른 방법을 차용하여 왔으며, 왜 이러한 구조들이 이론과 동일하지 않은지를 보는 것이 중요하다. 가장 중요한 두 가지 경우는 스크립트와 도식(Schema)을 포함하는데, 우리가 지식의 국지적인 영역의 감각을 만들기 위해 시도할 때의 이론과 많은 면에서 비슷하다(Schank & Abelson, 1977). 어떤 상황에서는 우리가 적절하게 무슨 일이 일어나고 있는지를 충분하게 자각할 만한 명확한 정보가 없는 경우가 종종 있다. 그런 경우 문맥을 인지하는 것이 우리로 하여금 겉으로 보아서는 서로 연관이 없게 보이는 일련의 사실에서 일관성을 찾아낼 수 있도록 한다. '기분이 어때요?'라는 질문은 이웃사람이 물어보았느냐, 상사, 내과의사 혹은 치료사가 물어보았느냐에 따라 두드러지게 서로 다른 반응을 유도한다. 우리 모두는 종종 반복되는 유형의 상황에 적용할 수 있는 일련의 확고한 프로토콜을 발전시켜 놓으며 그와 같은 상황에서 하나의 사건을 해석하기 위해 이러한 프로토콜을 사용한다. 그러한 이유로 각개의 동일한 상황은 서로 다른 개념적인 도식에서 발생할 때에 전면적으로 다른 식으로 해석될 수도 있다. 이러한 프로토콜은 종종 스크립트라고도 하는데, 이것은 인지과학이나 사회심리학의 일정 분야에서 굉장히 유명한 개념이다.

스크립트가 눈, 귀, 코 그리고 목을 통해 예상이나 해석을 하도록 도와주는 이러한 능력에도 불구하고, 이론에 비해서 극단적으로 나약한 심리적인 구조처럼 보이는 때가 있는데, 특히 풍부한 설명을 제공하는 경우에 그러하다. 예를 들어 유명한 레스토랑 스크립트(Schank & Abelson, 1977)를 생각해 보라. 우리 모두 레스토랑에 무엇을 기대하는지에 관한 스크립트를 생각해 볼 것을 권유받은 경우, 일반적인 레스토랑 스크립트를 커피 전문점, 패밀리 레스토랑, 패스트푸드 가게와 같은 것에 대해 기대할 수 있는 일련의 것과 정식 저녁 만찬을 즐길 수 있는 장소에 관한 설명으로 세분할 수 있다. 이러한 스크립트는 웨이터, 요리사, 지배인과 같은 '연기자'와 일정한 '소품', 예를 들어 테이블, 카운터, 음식이나 계산서를 제공한다. 그렇게 하면서 스크립트는 연기자들이 그러한 소도구들을 가지고 무엇을 할지에 대한 국지적인 경험으로 이끈다.

그러나 그들은 왜 레스토랑의 구조가 그러한지와 같은 가장 근본적인 질문은 하지 않는다. 우리가 왜 레스토랑에서 먹는지, 왜 봉사료를 지불하는지, 또 무엇을 먹는지 그리고 가장 근본적으로 도대체 레스토랑은 왜 존재하는지와 같은 질문들은 정말 레스토랑이 무엇인지를 알기 위해서 해야 하는 핵심적인 질문임에도 불구하고 질문조차 하지 않은 채로 남게 된다.

우리는 국지적인 경험으로 이끌어 가는 정신 구조를 가질 수 있고 아마도 통상적인 관계를 보여 줄 수도 있지만, 그럼에도 불구하고 상세하고 폭넓은 설명에 대해서는 어떤 것도 제공하지 못한다. 우리의 스크립트는 오직 '표면'적인 것 근처의 서로 떨어져 있는 일련의 사건을 설명하는 데에 그치는 것처럼 보인다. 그것들은 왜 그 사건 또는 그 전체적인 사건이 반드시 존재해야 하는지, 그리고 왜 그것이 현재 가지고 있는 속성을 가지고 있는지와 같은 것에 대해서는 설명하지 않는다. 스크립트는 또한 목적물과는 반대로 해석하고 있는 사건 쪽으로 심각하게 편향된다. 개와 같이 가장 친밀한 대상을 이해하는 능력조차 그 전체적인 것이 다양한 시나리오에 어떻게 부합되는지를 아는 것에 크게 제한을 받는다.

어떤 이들은 스크립트가 발전되는 단계에서부터 특권적인 지위를 가질 수 있으며 어린이의 개념 형성과 카테고리의 대변까지도 지배할 수 있다고 주장하기도 한다(예: Nelson, 1985). 어린아이들이 반복되는 사건의 형태에 매우 민감할 수 있다는 면이 있기는 하나, 이러한 형태가 진정으로 발전되는 단계에서의 특권 또는 일종의 뒤에 오는 이론을 떠받치는 것인지를 제시하기에는 증거가 부족하다(Keil, 1986).

계획(scheme)이나 도식과 같은 개념은 심리학의 전반적인 역사를 통해 다양한 방법으로 사용되고 있다(예: Bartlett, 1932; Piaget, 1952). 그러나 일반적으로 그것들 역시 스크립트와 동일한 비평을 받는 것처럼 보인다. 그것들은 국지적인 경험과 예상으로 유도하고 사건의 지각과 해석을 향상시키는 문맥을 사용하는 방법을 제공할 수도 있다. 그러나 어떤 일정한 종류의 것들이 그와 같이 존재하는지에 대해서 우리가 이해할 수 있도록 하는 더 깊은 차원의 설명을 제공해 주지는 않는다. 그것이 체스게임이든 닌텐도 또는 납공사이든 간에 발전된 다양한 기술에 대해서 동일하게 이야기될 수 있다. 상세한 기술 자체는 비록 그것이 더 넓은 이론적인 구조에 비중 있게 의존하고 있다 하더라도 설명의 전체적인 개념을 잡아내는 데에는 충분해 보이지 않는다. 스크립트, 도식 그리고 기술들은 영역에서 정보의 실체를 잡을 수 있으며 우리로 하여금 상호 관련성을 넘어선 부분에서 그것에 대해 개념을 가질 수 있게 하기는 하지만 상호 관련성의 즉각적인 패턴을 넘어가는 그러한 능력은 이론을 가지는 것이라고 간주하기에 충분하지 않다.

기술은 '맹점' 과 유연성의 결핍을 동반할 수 있다. 전형적인 예는 '세트' 인데 일련의 문제가 특정한 방법으로 해결될 때, 훨씬 더 간단한 문제 역시 똑같이 복잡한 형식으로 해결되는 결말을 가져오게 되는데, 왜냐하면 학습자는 모든 문제를 동일하게 전제되어 있는 구조에 따라서만 해결된다고 인식하도록 주입되었기 때문이다. 예를 들어, 일정한 크기의 세 가지 용기를 사용하여 특정한 용량의 액체를 만들어 내도록 하는 문제가 주어졌다고 하자. 일단 첫 번째 용기에서 두 번째 용기로, 그다음 두 번째 용기에서 세 번째 용기로 물을 붓는 정확한 과정으로 문제를 해결하는 것이 첫 번째 용기에서 세 번째 용기로 바로 물을 붓는 것보다 훨씬 쉽게 해결하는 방법이다(Luchins, 1942). 상당수의 반복적인 일들이 이런 식인데, 가령 알파벳을 반대 순서로 외우는 것이라거나 도로의 다른 방향으로 운전을 하는 것 등 기술의 단계에서는 굉장히 복잡한 것이 되고 만다. 비록 기억 능력을 향상시키는 의미 있는 방법에서의 지식 재구성에도 불구하고, 일반적으로 기술의 자동화 역시 그것을 처음 습득할 때의 일련의 과정이나 상황에 긴밀하게 영향을 받는다. 일단 이론의 어떤 부분들이 자동적으로 되면, 이론의 나머지 영역 모두 그렇게 되려고 하는 경향이 생긴다.

이론의 힘은 데이터에 반응하고 결과로서 더 나아가 개발하는 능력에 있다. 그것은 자동적으로 실행되는 일정한 고정된 형태의 방향으로 움직이지 않으려는 경향이 있다. 그보다는 끊임없이 관련 예를 조금씩 더 포위하고 옛것을 더 잘 설명할 수 있는 방법으로 진화해 나가는 경향이 있다.

Karmiloff-Smith(1992)는 다양한 블록을 쌓으면서 균형을 잡으라는 지시를 받은 아동들의 반응에 대해 설명을 한다. 아동들은 알지 못했지만 블록 중 몇 개는 추가적인 무게를 포함하고 있어 중심에서 균형을 잡지 못하도록 만들어 놓았다. 가장 어린 아동들은 블록의 균형을 맞추기 위해 자기 수용적인 지식을 이용하는 정보 지향적인 반응을 보였다. 더 나이가 많은 아이들은, 모든 블록은 중심에서 균형을 잡는다는 원칙을 적용하고자 노력했으며 따라서 더 무거운 블록을 변칙적인 것으로 취급하여 사용하지 않고 옆으로 밀어 놓은 채 그들의 이론에 부합하는 블록에만 노력을 집중시켰다. 이 이론은 너무 원론적이고 유연성이 없어 비효율적이다. 가장 나이가 많은 아이들은 그들의 실험에 회전 우력의 개념을 사용하여 변형적인 데이터를 다룸으로써 훨씬 더 진실에 가까운 이론처럼 보이는 유연성 있는 구조를 가졌다. 가장 나이가 많은 아이들만이 가장 진실에 가까운 이론을 사용했는데 왜냐하면 유일하게 그들만이 이론들이 서로 연결되어 풍부한 구성을 가졌을 때 그들로 하여금 새로운 데이터에 대해서 유연하게 대처할 수 있도록 해 준다는 것에 대한 필요성을 인지했기 때문이다. 더 어린 학생들은 국지적인 기술 형태에 더 집착하는 것처럼 보였다.

우리는 이론에서의 메커니즘과 설명의 중심적인 역할을 강조하여 왔다. Karmiloff-Smith의 연구에서 가장 나이가 많은 아동들은 단순하게 평면적인 경험에 의존하여 단일적이며 무계획적인 이론을 가지고 시도하지 않았다. 단순하게 중심은 항상 균형을 맞추는 곳이라는 결과를 내리기보다는, 왜 중심이 통상적으로 균형을 맞추게 하는 포인트가 되는지 그리고 어떤 조건에서 중심이 균형을 맞추는 포인트가 되지 못하는지에 대한(예를 들어 시소에서처럼) 결론을 내릴 수 있었다. 저변에 깔려 있는 메커니즘에 대해서 더 완벽하게 이해를 함으로써, 그들은 훨씬 더 풍부하고 유연하며 이론과 같은 구조를 발전시켰다. 그것은 우리가 매우 간단한 계획과 기술로부터 더 복잡한 스크립트, 이론으로의 연속체로 생각하기를 원하는 경우에 있을 수 있는데, 이론은 어떤 시점에 갑자기 발생한 것이 아니라 정신적인 설명이 사건의 보이는 면에 적용할 수 있는 일반적인 메커니즘을 잡을 수 있는 이론의 풍부한 세트로 만들어 감에 따라 조금씩 조금씩 더 어쩔 수 없는 것으로 되어 가는 것이다.

따라서 이론은 아동들로 하여금 그 진행에 대해서 제대로 이해하는 것 없이 단순하게 행동의 적절한 결과를 예측하게 만드는 모델인, 마음의 '블랙박스' 모델과 천성적으로 양립할 수 없다. 극단적인 블랙박스 사례는 전형적인 기계나 항공역학 등에 대한 이해 없이 궤도에 대해 명확하게 예상한다거나, 또는 음향학에 대해서는 전혀 알지 못한 채 수중음파 탐지 안내를 수행할 수 있다거나 하는 등의 다른 종류에서 보인다. 사람들 역시 그러한 블랙박스를 가지고 있는데, 천성적으로 가지고 있을 수도 있고 열심히 노력해서 생긴 자동화된 기술을 통해서 얻은 것일 수도 있다. 그러나 그들은 동시에 훨씬 더 풍부하고 심도 깊고 유연한 어휘로 설명하고 이해할 수도 있다. 그와 같은 이유에서, 이론은 마음속에서 상황을 가장함으로써 그리고 언제 발생할지를 예상함으로써 이루어지는 현실을 '읽어 내는' 것 이상이다(Harris, 1991). 공의 궤도를 예상하는 아이들은 공을 잡기 위해서 판에 박힌 블랙박스 형태를 이용할 수 있으나(비록 어른의 경우 그러한 경로를 훨씬 더 잘 발달시키고 자동화시킬 수 있을 수도 있으나) 아동들은 또한 공의 움직임에 대한 이론과 같은 더 심도 깊은 이해를 가질 수도 있으며 현시대의 물리학과 공기 역학으로부터 분기될 수도 있지만 어쨌든 전혀 이론은 아닌 그러한 이해를 가질 수도 있다. 따라서 대부분의 경우, 아동은 고도로 자동화된 것이나 굉장한 연습으로 얻어진 반복적인 행동, 즉 자연계에서의 블랙박스와 같은 것을 볼 수 있는 것에 의존하기보다는 직관에 의한 이론에 조금 더 의존하는 형식으로 대상과 소통하는 것으로 볼 수 있을 것이다. 이러한 발달의 결과는 물체의 지식이 어떻게 발달해 왔는지에 대한 첫인상에 직접적으로 귀결된다. 따라서 물체의 초기 육체적인 활동은 캡슐에 들어간 블랙박스 루틴의 간단한 실행으로 나타나는 후기의 행동에 비해서 훨씬 더 순수했으며 더 직접적이고 직관적으로 발달한 이론의 반향이었을 것이다. 이러한 종류에 대한 변환의 또 다른 암시는 뇌졸중 발작 환자나 신경계에 손상을 입은 환자들이 걷는 것과 같은 행위를 다시 배워야만 하는 것에서 나타난다. 그러한 상황에서 그들은 과제의 이론적인 양상에 대해서 다시 한 번 생각을 해야 한다.

이론, 경험 그리고 전문적 기술

스크립트, 도식 그리고 이론의 토론은 늘 변함없이 어떻게 지식이 전문적인 기술의 영역에서 구성되는지에 대한 질문을 동반한다. 인지 능력의 발생에 관해서 얘기할 때, 경험과 전문적인 기술 간의 차이점에 대해서 인지하는 것이 중요하다. 경험은 종종 유연성의 결핍과 주의를 기울일 필요 없는 자동화로 귀결되는 반면, 진정한 전문성은 불가변성을 뛰어넘는 것으로 이해할 수 있다. Bereiter와 Scardamalia (1993)는 전문가가 과거의 상황과 가장 유사한 새로운 환경에 거의 적응하지 못하는 상황의 이론을 전개했다.

전문가는 항상 자신의 지식의 한계를 확장시키며 새로운 경험은 새로운 종류의 개념을 요구한다는 방식을 간주한다. 여기에서 의미하는 것은, 경험이 풍부한 간호사는 다른 사람들의 조언을 구할 만한 질문이 점점 더 적어지는 것을 발견하게 될 것이며, 일반적으로 간호의 직무가 시간이 지나감에 따라 점점 더 반복적인 일상이 되어 간다. 반면, 진정한 전문가는 새로운 문제와 도전 가능성을 볼 것이며, 저변에 놓인 개념적인 변화의 반향으로서 시간이 흘러감에 따라 변화하고 진화해 갈 것이다. 직업의 어떤 면들은 더는 전문가의 능력을 필요로 하지 않는 반면, 그전에는 문제조차 되지 않았던 것들이 점점 더 가시화되기도 한다.

전문성을 만일 광대한 경험과 새로운 상황을 다룰 수 있는 능력 모두를 요구하는 것이라고 정의한다면, 그 자체를 개발하는 데 수년의 시간을 요구할지도 모른다. 그러나 전문가와 같은 행동은 풋내기와 어린이 모두에 의해서도 보일 수는 있다. 그런 경우에 학습자는 오래된 개념에 문제를 쑤셔 넣기 위해 노력하기보다는 문제를 처리하기 위한 새롭고 더 나은 지식 구조를 확립하기 위해 끊임없이 노력한다. 이러한 과정에서의 대조적인 모습이 Piaget의 적응과 동화 간의 대조를 상기시킨다. 학습에 있어 서로 대조적인 스타일은 수많은 연구에서 보여 왔다. 예를 들면, 음악을 배우는 사람이 이전에 경험해 보지 못했던 새로운 형식의 음악을 접했을 때, 마치 Karmiloff-Smith 실험에서 아이들이 이미 알고 있는 중력의 법칙에 부가적으로 무게가 더해진 블록을 맞추기 위해 노력했던 것처럼, 그들이 이미 알고 있는 예전 형태에서의 유사한 점을 찾기 위해 노력한다(Ghent, 1989). 반면 전문적인 학습자들은 새로운 형태가 적합할 만한 새로운 카테고리를 만들 수 있으며 그것을 그것만의 새로운 항목에 성립시키기 위해서 노력한다. 그들은 기꺼이 자신의 이전 지식의 한계점을 확장시키고 데이터를 충족시킬 수 있는 지식을 받아들이고자 한다.

교육의 궁극적인 목적은 단순히 맹목적으로 그들에게 보이는 딱딱한 형태 속에서 반복시키기보다는 학생들로 하여금 자기 스스로 생각할 수 있도록 하며 그들의 삶과 사회의 지평을 확장시키도록 하는 것이다. 지식의 특정한 부분을 가르치는 것만큼이나 중요한 것은 학생들이 더 심도 있고 의미 있는 쪽으로 지식과 상호작용할 수 있도록 준비시키는 것이다. 만일 우리가 이런 의미에서 학생들이 조금 더 전문가와 같이 되기를 원한다면, 자연적인 집단(Natural kinds)에 대한 직관적인 이론이 가장 좋은 출발점이다. 우리가 보는 바와 같이 여기에는 통찰력이 필수적으로 구속되지 않으며 학습자들은 끊임없이 일상적인 이해의 새로운 경계점을 탐사할 수 있다. 거기에는 학습해야 하는 일정한 일련의 것들이 없으며 단지 발견해야 할, 풍성하고도 가면 갈수록 점점 더 심도가 깊어지는 일련의 일상적인 패턴이 있을 뿐이다. 그런 이유로 자연현상에 대한 교수와 학습은 다른 어떤 종류에 대한 교육보다 더 유연성 있고 탐구적인 형태로 활성화시킬 수 있다.

이론과 자연현상

직관적인 이론은 처음에는 자연적인 집단을 근본적으로 설명하기 위해 발전되어 온 것일 수도 있다. 대부분의 인간의 역사에서, 자연 세계는 자연현상이 이론의 주요 초점이 되는 일상적인 인간의 경험을 지배했다(Atran, 1987, 이 책 28장 참조). 그러한 비중 있는 초점은 오늘날에도 거의 확실하게 존재하고 있지만, 인공물과 사회적인 구조물들로 채워진 세계에 의해 어떻게든 위장되어 있다. 학교교육은 문자로 씌어 있는 언어나 수학과 같이 사회적으로 세워진 정보에 대해서 학습하는 것을 너무나 강조해 왔기 때문에, 그리고 하물며 다양한 전통적인 문화에서의 학습조차 인공적인 공예품에 대한 전문성과 관련한 도제살이에 초점을 맞추기 때문에, 교육적인 문맥에서 자연적인 집단은 마치 재미없거나 시대에 뒤처진 것처럼 보인다. 또는 최소한 다른 종류의 것을 위해서 행해지는 대부분의 지시가 자연현상으로 확장되기도 한다. 자연현상에 관한 직관적인 이론은 자연현상이 그들 스스로 무엇인지에 대해서 직접적으로 관련 있는 전혀 별개의 형태의 구조를 가지는 경향이 있기 때문에 이러한 추정의 패턴은 위험성이 있다. 그러한 이유로, 무엇이 자연현상이며 무엇이 아닌지를 여기에서 논의하는 것이 중요하다(Keil, 1995).

자연적인 집단은 단순하게 자연적으로 발생하는 형태의 것을 말하는 것이 아니다. 그러한 집단은 이론적인 개념이 전혀 가지지 않은 임의적인 것의 총체적인 집합으로도 정의할 수 있는 그룹을 포함하기 때문이다. 예를 들어, 1994년 7월 11일에 평균온도가 영하 또는 영상인 어떤 것은 한 물체가 자연적으로 그렇게 발생하는 것으로 대변할 수는 있지만, 충분한 인공적인 유발을 지탱하는, 이론적으로 조리 있는 그룹으로 보일 가능성은 거의 없다. 두 개 혹은 그 이상의 모음을 포함하는 영어 이름, 전기를 전도하는 물체, 두 개의 직각의 축에서 대칭적인 물체 또는 어떤 붉은 물체, 자연적인 집단은 단순히 그런 집단보다는 상위의 것이다. 왜냐하면 그들은 자신들의 특성과 특성의 상호작용을 지배하는 훨씬 더 풍부한 일련의 일상적인 관계를 가지고 있는 것에 부합하기 때문이다.

자연적인 현상은 또한 멸종된 식물이나 동물의 예에서 보는 것처럼 현재 존재해야 할 필요는 없다. 더 나아가 지금으로부터 우주 나이가 50억 살 더 많아졌을 때에나 발생할 은하수의 형태의 예에서처럼 그것은 반드시 지금까지 존재했던 것일 필요 또한 없다. 위 두 가지의 현재 존재하지 않는 것들 모두 자연적인 현상으로 간주할 수 있는 이유는 시간의 어떤 한 지점에서 자연적으로 발생하는 통상적인 패턴의 한 결과로서 그것이 존재했거나 또는 존재할 것이기 때문이다.

동일한 물리적인 실체가 하나 이상의 자연적인 현상의 구성체가 될 수 있다. 이 핵심 사항은 종종 못 보고 지나치며 자연적인 현상이 무엇인지, 그것들은 어떻게 연구되어야 하는지 그리고 우리는 그것을 다른 사람들에게 어떻게 가르쳐야 하는지에 대해서 엄청나게 잘못된 인식의 결과를 초래할 수도 있다. 인간이 아마도 가장 훌륭한 예가 될 것이다. 사람은 모든 고형적인 물체를 지배하는 법칙에 따르면 야만적인 육체적 물체로 인식될 수 있다. 사람은 또한 유전적이고 생리학적인 요인에 의해 생물학적인 개체로서 인식될 수도 있다. 그리고 마지막으로 동일한 그 사람은 심리학적인 종류로서도 인식될 수 있다. 그 외 다른 많은 예를 들 수 있을 것이다.

자연적인 현상은 독립적으로 필요하고 결합적으로 충분한 특징을 지닌 하나의 세트 용어에서 진정한 본질을 거의 가지지 못할 수도 있다. 살아 있는 개체 그리고 다른 결합과 요소 모두에 대한 본질의 빈번한 추정에도 불구하고, 그러한 추정은 통상 틀리다. 예를 들어, 호랑이 무리에 부합하는 정해져 있는 뉴클레오티드 조합은 없다. 호랑이 DNA는 호랑이들 간에 대체적으로 중복되는 조합의 분포일 뿐, 그렇다고 해서 모든 호랑이가 반드시 가지고 있는 정해진 조합이 있는 것은 아니다. 동시에, 호랑이의 특징은 간단한 가족 유사성 구조와는 동떨어져 있다. 호랑이는 자연적인 현상을 구성하는데, 왜냐하면 그들의 특징이 유사한 무리가 생의 전반에 걸쳐 영속하는 안정적인 구조를 형성하고자 하는 경향을 가지고 있기 때문이다. 세상에는 한곳으로 집중하는 임의적인 힘이 있는데, 이것이 다른 것의 존재를 지탱하는 호랑이의 다양한 특질을 낳고 특색의 완전한 복합이 안정적인 실체가 된다. 그러한 우연적인 집중성이 어떤 특질의 나열보다도 자연적인 현상의 진정한 본질에 훨씬 더 가깝다. 우리가 이러한 상호 간에 보완하고 있는 특질을 살아 있는 종에서의 항상성처럼 '항상성' 모델 특질로 간주하고 있다는 것이 제기되어 왔다(Boyd, 1984). 항상성 개념은 특질 집단이 역동적인 평형성의 한 종류 때문에 존재한다는 아이디어를 가지도록 한다(Keil, 1995).

이러한 자연적인 현상의 독특한 특질은 자연적인 현상에 관한 이론이 어린이들에게 다르게 나타나며 성인들에게서 중요하게 다른 식으로 종결될 수도 있다는 가장 실질적인 가능성을 제기한다. 만일 자연적인 현상이 인간의 행위와 관계없이 자주적으로 존재하는 것이라고 한다면, 그리고 만일 그들의 특질 군집이 안정적인 우연의 패턴의 결과라고 한다면, 자연적인 현상의 성공적인 이론은 반드시 그러한 우연의 패턴, 인위적인 공예품이나 다양한 사회적인 구조물과는 확연하게 다른 자연적인 것을 가지는 것처럼 보이는 패턴에 대한 최소한의 부분적인 통찰력이라도 얻어야 한다. 일각에서는 자연적인 현상 그 자체로서 임의적인 인간 범주 그리고 개인적이며 사회적인 필요의 산출물이라고 주장한다(Dupré , 1981). 그러나 그러한 주장은 자연적인 현상의 실제적인 발생을 설명하지 못하며 진보를 만드는 과학의 능력에 의문을 가지는 반(反)실체주의자들의 주장의 한 형태를 차용한다(Keil, 1989; Salmon, 1989). 자연적인 현상에 대한 잠재적으로 별개인 교육의 면을 이해하기 위해서 우리는 우리가 어떻게 직관적인 이론을 교수법에 포함시킬 것인지와 같은 조금 더 일반적인 질문부터 시작해야 하며, 그러한 논의에 기초하여 자연적인 현상의 이론의 경우로 방향을 돌려야 한다. 우리는 가장 풍부하고 가장 일반적으로 행해지는 유형의 직관적인 이론이 자연적인 현상에 대해 가지는 시각이라고 추정한다.

교육적인 함축과 결과

자연적인 현상은 이론적/설명적 사고의 양육과 지도를 위한 이상적인 활동 영역을 제공한다. 기초 작업의 대부분은 직관적인 이론의 형태로 이미 존재하고 있다. 취학 전 어린 아동들은 그들이 식물인지, 인간적인 인격 또는 어떠한 본질인지와 같은 자연적인 현상의 광범위한 영역에 대해 이미 어느 정도의 설명적인 편견을 가지고 있다. 교육이 이러한 구조에서 파악하고 그것을 활용해야만 하며, 따라서 아이들은 세계에 대한 그들 자신의 자발적인 궁금증과 학습에 의해서 발생한 궁금증 사이에서 연속성의 감각을 가질 수 있도록 하는 것은 명백한 것으로 보인다. 교육은 확실히 이론적이고 설명적인 지식을 향상시키는 것에 염두를 두어야 하지만 실질적으로 거의 그렇지 못하다.

전문적 문헌은 이론적인 통찰력을 어떻게 습득하는지에 대해 쉬운 답을 제공하지 않는다. 그것은 전형적으로 체스, 악기 연주, 예술 그리고 의학과 같은 다양한 분야에서의 진정한 전문가에게서 요구되는 것으로 이야기되는 10년의 경험과 함께 전문가의 효율성에서의 지식과 경험의 역할을 강조한다. 순수한 전문적 기술은 그것이 육체적인 문제든 체스게임에서처럼 심사숙고해야 하는 문제든 간에 외견상 엄청나게 복잡해 보이는 과제에서 무시무시한 속력으로 수행하는 것을 가능하게 한다. 종종 서로 연관되어 있기는 하지만 위대한 전문적 기술과 이론적 깊이는 동일한 것이 아니며 반드시 상호 의존적인 것은 아니다. 전문적 기술은 거대하며 효율적으로 조직되어 있는, 그래서 후에 이론적인 통찰력을 개발하는 데에 매우 강력하게 사용될 수 있는 정보의 데이터베이스에 접근할 수 있도록 하기 때문에 종종 그들은 서로 관련이 되어 있다.

그러나 전문적 기술의 현상은 그것 스스로 이론적인 통찰력을 가진다는 것이 무엇을 의미하는지 설명하지는 않는다. 그리고 앞서 논의한 바와 같이 위대한 전문적 기술은 종종 저변에 깔린 이론의 실질적인 증거 없이도 매우 효율적으로 존재하고 운용할 수 있다. 따라서 과학 분야에서는 특정한 하나의 방향으로 그들의 생각을 왜곡시킬 수 있는 함축적인 상호 연관성을 아직 수없이 발전시키지 않았기 때문에 하나의 문제에 대해서 완전하게 새로운 시각을 가지고 정밀하게 바라볼 수 있는 젊은 과학자들이 엄청나게 의미심장한 발견을 하는 경우가 종종 있다.

여기에서 다시 한 번 우리는 앞의 사항들에 대해서 상기하게 된다. 인지의 결합하기 쉬운 부분은 전문적 기술의 많은 부분이 그렇게 보일 수 있는 것의 많은 부분을 잡을 수 있지만 그것은 전문적 기술의 중요한 부분이거나 우리로 하여금 고도로 빠른 기술을 습득하게 할지라도 이론과 설명을 잡지는 못한다.

자연적인 현상의 순전한 이론이 제공하는 틀은 계산적으로는 불가능한 업무를 다루기 쉬운 것으로 만들기도 한다. 자연적인 현상에서 찾아볼 수 있는 헤아릴 수 없을 만큼 수많은 상호 연관성과 패턴이 있으며 우리의 이론이 종종 우리가 생각하는 것을 통렬하게 억제한다. 이것은 위치해 있는 인지가 약간의 도움이 되는 하나의 감각일 수도 있다. 인지가 자발적으로 환경에서부터 발생하지 않은 반면, 많은 자연적인 환경에서 문맥은 문제의 복잡성을 엄청나게 감소시키는 이론적인 틀을 유발한다(Norman, 1993). 예를 들어 어쩌면 위험할 수도 있는 개울을 어떻게 건너갈지에 대한 결심을 생각해 보라. 가능한 행위의 범주는 제한이 없으며 반대편으로 건너간다는 목적의 간단한 존재는 충분한 억압이 아니다. 왜냐하면 수많은 가능한 행동이 여전히 남아 있기 때문이다. 그러나 강력한 강제는 나뭇가지와 바위, 유속 그리고 사람 몸에 영향을 줄 물리적인 결과와 같은 다양한 대상에 대한 지지와 힘의 고유성에 대한 믿음에 의해서 만들어진다.

환경을 지능적으로 조종할 수 있는 로봇을 만드는 것이 어려운 이유 중 하나도 환경의 자연적인 억압 요소를 고려해야 하기 때문일 수도 있다. 어린이가 벽이나 절벽 같은 곳을 걷는 것을 배울 필요는 없다. 아이들은 앞으로 움직이기 위해서는 단단한 평면에 발을 위치시켜야 한다는 것을 알고 있으며, 그들은 자동적으로 그 환경이 지지하는 방향 쪽으로 필연적으로 발생시킨다.

이러한 이유로 때문에, 자연적인 과학적 이유의 가장 높은 단계의 전형적인 설명, 전형적인 운영(Inhelder & Piaget, 1958)은 거의 사용되지 않는다.

학습의 종점은 체계적인 분석자가 되어 기하급수적인 또는 기하학적인 수준까지 수없이 많은 가능한 모든 것을 테스트하도록 만들지 않는다. 탐색 나무를 이론이라는 도구를 이용하여 가지치기하면서 문제를 다루기 쉬운 것으로 만든다. 연관 이론을 가져옴으로써 거대한 범위도 이해할 수 있게 된다. 학습자들로 하여금 그러한 관련성 관계를 보고 탐구하도록 돕는 것의 가치를 인지할 때 지시는 굉장히 효율적일 수 있다. 이러한 지시적인 전략이 자연적인 현상 내부에서 작용하는 것만큼 효율적으로 운영될 수 있는 곳도 없다.

이러한 '관련성' 지시 종류를 훨씬 더 일반적으로 대부분의 과학 교과과정에서 사용되는 '판에 박힌 경험' 과 비교해 보라. 과제는 종종 그들의 즉각적인 지각에 의한 호소를 위한 것으로 선정된다. 즉, 과학 '마술' 시범의 매우 인기 있는 것으로 '오~' 나 '아~' 와 같은 것이 뒤의 학습에 대한 동기를 제공한다고 간주된다. 그러나 그러한 과제는 보통 설명적인 전략의 향상으로 연결되지는 않는다.

예를 들어 하얀 카네이션의 줄기를 쪼개고 그것을 빨간 잉크 속에 집어넣어 빨갛게 염색을 시킨 교사는 줄기 속을 통하는 액체의 이동을 이목을 집중시키는 형태로 시연한다. 그러나 연구가 이 시점을 지나서까지 확장되지 않는 한, 그것은 개념적으로 교과서가 줄 수 있는 것보다 그다지 더 풍부하지 않은 것을 제공해 줄 수 있을 뿐이다. 여전히 경험은 수많은 질문을 야기한다. 어떤 종류의 줄기가 다른 것들보다 더 효율적일까? 식물의 삶에서 이런 식으로 '염색' 을 하는 자연적인 종이 있을까? 다른 종에서도 이러한 유사성이 있는가? 염색이 유전되기 위해서는 얼마나 오랜 시간이 걸리는가? 이러한 일련의 행위는 어떻게 하면 속도를 높일 수 있을까? 혹은 속도를 낮출 수 있을까? 얼마나 먼 거리까지도 이것이 작용을 할까? 왜? 이러한 질문에 대한 답은 어떻게 하면 찾을 수 있을까? 갑자기 처음의 경험은 지식과 이론화에 기준선으로 중요한 것이 된다. 만일 교사가 이러한 특정한 질문들이 직면한 과제에 중요하지 않다고 생각한다면, 원래의 경험 또한 단지 교수법의 목적에 지나지 않는 것이 되고 만다.

판에 박힌 경험이 가지고 있는 또 다른 문제는 교사가 질문과 답을 알고 있다는 것과 따라서 교사가 의도하는 답으로 학생을 유도한다는 것이다.

해결해야만 하는 실제적인 문제는 없다. 따라서 그 상황을 이론적으로 다뤄야 할 필요 또한 없다. 어떤 방법이 결실을 맺을 수 있을지, 어떤 아이디어가 시간을 투자할 만큼 가치 있는지에 대한 감각을 키울 필요도 없다. 마지막에는 이러한 탐구가 결국은 지식을 축적하는 호사스러운 행위에 그치고 만다.

더 나아가 경험적인 프로그램은 너무 자주 그들 스스로 결과물을 발견하는 아이들에게 초점을 맞춘다. 사실 위에서도 언급한 바와 같이 이론은 우리의 일상생활에서 예상을 하기 위해서는 사용되지 않는다. 물론 모든 아동들이 과학자로 자라는 것은 아니며 그렇게 되는 아이들조차도 광대한 지식의 세계에 아주 작은 한 귀퉁이의 전문가가 될 뿐이다. 따라서 교육의 목표는 체계적으로 테스트를 하고 우리가 직면하는 모든 사실에 대해서 반증을 들기 위해 노력하는 것이 아니다. 그보다는 다른 것의 결과를 평가하기 위한 척도를 만들어 나가는 것이 중요하다.

우리는 아동들이 우리가 아는 것의 기초에 대해서 어떤 논의가 그럴듯한지를 볼 수 있도록 가르쳐야 한다. 만일 어떤 것이 진실이라고 하기에는 너무나 좋게 들린다면, 그것은 거짓일 수도 있다. 만일 언어를 마스터한 유인원에 대한 주장을 읽는다면, 이 주장을 평가하기 위해서는 그들은 어떠한 경험을 가져와야 할까? 그들은 자신들의 애완동물이 언어에 대해서 어떤 이해를 가지고 있는지에 대해서 무엇을 알고 있을까? 그들은 사고가 언어와 연결되어 있다는 것에 대해서 어떻게 생각하고 있을까?

어떤 종류의 활동을 그들은 언어로서 기꺼이 간주하고자 할까? 수많은 예에서 다루어지는 가장 도움이 되고 효율적인 경험의 종류는 탁상공론적인 추측이다.

아동들의 자연적 현상에 대한 경험, 직관, 그리고 이론은 그들로 하여금 지식의 평가를 개발하도록 하기 위한 잘 익은 바탕을 제공한다. 그들이 설명이 얼마나 설득적이며 유용한지를 고려하도록 하는 데에 윤택한 영역이며 특정한 이론적인 접근의 힘과 잠재력이다. 그것은 어떤 종류의 특질이 그리고 어떤 종류의 일상적인 패턴이 효과적으로 개발될 가능성이 있는지를 그들에게 얘기해 준다.

우발적인 구조에 의한 자연적인 현상은 전문가와 같은 분석과 통찰력 있는 평가를 가르치기에 훌륭한 영역이지만 이러한 접근은 후에 커리큘럼의 다른 부분에 접목시킬 수도 있다. 역사와 문학은 자연스럽게 사회적인 이론에 그들 스스로를 빌려주었다. 어떤 이론이 역사적인 사건에 대해 일관성 있는 설명을 줄 수 있겠는가? 우리는 언제 설명에서 선입견이나 선전과 같은 것을 의심해야만 하는가? 역사적인 교정주의의 체계적인 테스트에는 실험실이 없다. 그러나 아이들은 왜곡된 이야기를 간파해 내기 위한 자신들의 능력을 다듬는 것을 배울 수는 있다.

나이에 대한 이해는 그들로 하여금 시대착오적인 접근을 인지하는 능력을 가지도록 한다. 더욱 깊어진 이해와 평가적인 기술에 더하여, 이론적인 접근은 서로 분리되어 있는 많은 사실을 하나의 일관적인 전체로 연결시킴으로써 기억력을 향상시켜 줄 수도 있다.

결론적으로 교육자로서 우리는 먼저 사고가 종종 천부적으로 결정된 해석의 모드에 의해서 인도된다는 것을 인지해야 한다. 가르치는 것은 이미 알고 있는 설명 체계의 연관성을 보여 주며 그러고 난 뒤 각각의 예로서 그것을 체계화하는 것으로 구성되어 있다. 비록 오래된 개념에 대한 수정이 필요할 수는 있지만, 우리는 전적으로 새로운 설명의 모드를 거의 만들지 않는다.

두 번째로 교류를 계획하기 위한 마음의 강력한 능력은, 종종 의식하지 못한 채로 심도 있는 직관의 원동력이 되기도 한다. 어떤 경우에서는, 이러한 직관이 이론적인 개념을 향상시키는 데 크게 기여하게 될 것이다. 일면, 직관은 학습된 이론과는 노골적으로 사이가 좋지 않다. 이러한 잘못된 개념이 경험의 특정한 부분집합의 반향으로서 그렇게 큰 에러가 아니라는 것을 인지하는 것은 도움이 된다. 교사는 이러한 직관이 적합한 문맥 속에 자리 잡도록 도와줄 수 있으며 따라서 그들은 일반적인 이론과 상충하기보다는 향상시킬 것이다.

세 번째로 심도 있는 무작위 구조로 반영된 '필수' 의 개념은 교육적인 경험의 거대한 다양성 위에 평가적인 능력을 개발하는 데에 유용하다. 비록 그 영역에서의 지식 모두를 세세하게 탐구하거나 테스트하는 것은 불가능할지 몰라도, 우리는 학생들에게 사실일 것 같은 정보의 종류를 평가할 도구를 줄 수 있다. 학생들은 생물학적인 논쟁이 물리적인 그리고 화학적인 절차에도 호소력을 가져야 한다는 것과, 사회적인 논쟁이 의지나 믿음과 같은 심리학적인 실체에도 호소력을 가져야 한다는 것을 알아야 한다. 비록 그들이 상세하게 그 절차를 낱낱이 해부하지는 못할지라도 그들은 합리적인 절차가 어떤 모양이어야 하는지를 볼 수 있는 감각을 가지거나 가져야만 한다. 학생들의 관심을 이러한 능력에 환기시키는 교사는 학생에게 학교 생활을 해 나가는 데 그리고 후에 학습을 하는 데 강력한 도구를 주는 것이다.

따라서 자연적인 현상에 대한 연구는, 이론의 천성에 대한 강조와 함께 전문가와 같은 성장의 개발을 위한 강력한 하나의 방법이 된다. 우리는 학생들로 하여금 그들이 가지고 있는 저변에 깔린 추정에 대해서 생각하도록 가르치고, 그들의 함축을 조사하며 진실 증명을 평가하고 궁극적으로는 더 나아가 그들 대부분을 포괄하고 있는 영역에서의 지식의 경계를 확장시킬 수 있다.

감사의 글

우리는 본 논문의 초고에 대해 종합적으로 논평을 해 준 David Olson에 감사를 드린다. 이 논문에 제시된 많은 연구들은 F. C. Keil에게 수여된 NIH 연구장학금 R01-HD23922의 지원, 그리고 Chana S. Silberstein에게 수여된 NSF graduate 펠로십과 Olin graduate 펠로십의 지원에 의해 이루어졌다.

제28장
일상 생물학에서 과학적 생물학으로

SCOTT ATRAN

서론: 생물학에 대한 인식의 보편성

모든 사람은 종과 종을 높고 낮은 집단으로 나누는 분류에 의거한 유사한 일상적 생물학 개념을 가지고 있다. 이 분류 집단은 자연스럽게 순환하는 세계의 습관을 파악하기 위해 선택되는 선천적인 기질의 전형적인 모습을 어느 정도 보여 준다. 그 분류는 자의적이지 않고, 성운 속의 별무리 같은 문화 전반의 다양성도 없다.

생물학이나 자연의 역사에서 생명체의 비교연구를 위한 관련 체계를 만들기 위해 일련의 분류학적 양식이 나타났다. 박물학자들이 이미 규격화하고 있던 종, 속, 과, 강의 개념이 발달하면서 일반 사람들에게도 친숙해졌다. 결국 이 체계는 세계의 생명체에 대해 포괄적인 연구를 위한 실용적인 기반과 상호 관계의 이론적 정교함에 관한 개념적 기반을 마련해 주었다. 이러한 정교성은 결국 인간을 포함한 모든 생명체를 생물학 이론으로 포용했다.

일상적 종의 개념

모든 사람들은 과라니 인디언족과 현대 과학자처럼 동물과 식물을 기본적인 집단으로 분류한다(Simpson, 1961, p. 57). 이것이 일상적 종의 개념이며, 문외한들의 생물학에 대한 생각의 첫 번째 단서를 제공한다. 역사적으로 이 단서는 생물학적 세계에 대한 과학적 고찰에 범이론적 기반을 마련하며, 진화론을 포함한 생물학적 이론은 종간의 뚜렷한 유사성이나 차이점, 종의 항상성을 찾으려고 한다(Wallace, 1889, p. 1; Mayr, 1969, p. 37 비교 참조).

인과적 사고 양식

인간의 마음은 세계에 대한 인과적 사고 양식과 기본적으로 다른, 특정한 개념의 영역에 포함되어 있다. 다른 인과적 사고 양식은 인과관계에 연결된 필요충분조건을 사고하는 확고한 방식이다. 여기에서 초점은 인간이 아닌 동물과 식물의 종류를 비롯한 특정한 자연 분야다.[1]

인과적 사고에 대한 다양한 양식의 개념은 물론 새로운 것이 아니다. Aristotle는 물리적 본질 및 생명체의 자연적 발생과 인공물은 인과적 원인의 양식이 다르다고 주장했다. Aristotle에게 본질과 생명체의 상태에서 일어나는 상호작용과 변화를 지배하는 인과적 연결고리는 그들의 근본적인 물리적 특질(physis)에 내재하는 원리(aitia)에 따른 것이었다. 반면 인공물을 결정하는 인과론적 개념은 충분하지 않음에도 불구하고, 제작자나 사용자의 영혼이 만든 의도를 포함한 외부적 요인이 필요하였다(Atran, 1985).

Descartes(1681)는 육체의 행동을 지배하는 원인을 마음이 아니라 기본적으로 다른 존재론적인 종류라고 주장했다. Kant(1790/1951)는 생명체의 본질에 대한 판단(urteilskraft)은 우주의 진실한 인과적 메커니즘이 우발적이고 기계적이든 아니든 간에 피하기 어려운 목적(teleologisch)이라고 말했다. 이론의 여지는 있지만 그러한 인과적 원인의 양식은 Hume(1758/1955)이 '생각의 창고' 라 부르는 자유롭지 않은 마음의 좋은 후보가 된다. Geoffrey Lloyd(1990)는 서양 자연과학에서 '자연' 같은 일원적인 원인 개념은 일상적인 중국이나 다른 역사적 일상의 개념에 직접적으로 대응하지 않으며, 보편적인 의미에서의 개념은 같지 않다고 주장했다.

현대 과학이 불확정적이고 기계적인 관계의 단일 체계하에서 모든 인과과정을 단일화시키려 함에도 불구하고, 인지 인류학과 발달심리학의 최근 연구들은 문화인들도 이런 방식으로 자연스럽게 추론하지 않는다고 말한다. 따라서 매우 어린 시절부터 성인에 이르기까지 사람들은 상식적인 의료 분야(Baillargeon, 1986; Spelke, 1990; Carety et al., 1992), 상식 생물학(Atran, 1987; Keil, 1989; Gelman & Wellman, 1991), 상식 심리학(Leslie, 1995; Astington & Gopnik, 1991, Avis & Harris, 1991), 상식 사회학(Turiel, 1983; Cosmides & Tooby, 1992; Hirschfeld, 1994)을 포함하여 다른 분야들(Atran & Sperber, 1991; Wellman & Gelman, 1992)에 대해 색다르게 사고한다. 사람들은 성장이나 일부 및 전체와 관련한 유전 같은 동물과 식물의 종에 목적론적 발달과 자연발생적인 행동, 고정적인 본질을 불확정적인 동인의 탓으로 돌리고, 다른 이의 믿음, 욕망, 행동, 친족이나 인종 같은 집단 내 지위에 대한 고의적인 관계를 의무와 계약적 행동의 범위에 놓는다.

생명체에 대한 지각: 목적론의 역할

일상 의학, 일상 생물학, 일상 심리학, 일상 사회학에서는 보다 분명한 결과 산출을 위하여 서로 약간 성격이 다른 입력 자료를 수합한다. 예를 들어 생명체로서 개를 분류하면, 세계에서 인식하는 특징에 선택적으로 주의를 기울이게 된다. 선택된 특징은 대상의 형태, 크기, 행동, 질감, 소리, 냄새의 다양한 측면과 관련되어 있다. 그러나 선택된 특징이 확실한 유형으로 분류되는 생태계에 영향을 끼치는 인과적 추론에 의해 부분적인 역할을 한다. 하지만 강아지나 푸들, 허스키를 포함한 개, 올챙이를 포함한 두꺼비, 묘목과 분재를 포함한 나무, 새끼와 다리가 셋인 알비노, 돌연변이를 포함한 호랑이처럼 다른 종류 사이에 존재하거나 발견되는 형태적 다양성의 정도는 무시하게 된다.

이러한 방법의 투입과 대조하여 목적론적 개념은 생물학적 종, 혹은 속에 대응하는 생명체 분류를 만들어 낸다. 목적론적 추론은 자연발생적인 행동, 이질적인 부위 사이의 기능적 관계, 행동이나 형태적 변화의 일반적인 패턴, 변화하기 쉬운 외부와 잘 변하지 않고 인식하기 어려운 내부의 지표, 위의 모든 생식 작용 및 유전과 관련되어 있다. 다음을 고려해 보자.

생후 첫해에 아동은 움직이지 않는 고정적인 대상의 지각을 이끄는 직접적이고 예측 가능한 일시적인 행동보다는 예측하기 어려운 기묘한 각도에서 동물의 자발적인 행동에 특별한 주의를 기울인다. 또한 아동은 시야에서 사라지는 동물을 좇아 움직이며, 당구공과는 확연히 다르게 동물을 좇아 상호작용한다(Spelke et al., 1992; Mandler, 1992). 그러나 동작, 형태, 크기의 일반적인 측면은 생명체에 대한 인과론적 개념에 의해 선택된 인식적인 형태만이 아니다. 소리, 색깔, 냄새, 촉감 역시 미묘한 방식으로 연관되어 있다.[2]

다른 종들은 다른 생명체를 인식하는 데 있어 다양한 인지 자극의 종류를 다른 방식으로 다룬다(Boster & D'Andrade, 1989). 어떤 경우에는 동작과 형태가 부차적이거나 상관없을 때도 있다. 예를 들어 11cm의 가시가 달린 7cm 높이의 성숙한 둥근 선인장은, 부드러운 가시가 달리고 2m의 가지가 세 개 있는 호리호리한 선인장과 같이 분류할 수 있다. 다른 선인장을 분류할 때 크기나 자리 잡은 형태보다는 색, 윤곽, 촉감이 관여하는 것과는 달리, 적도 다우림의 캐노피 새(canopy bird)는 노래 부르는 소리로만 분류한다.

3~4세가 되면 아동은 자기 보존적 생물의 복잡한 상태로서 애벌레, 번데기, 나비 같은 동물의 특징과, 묘목과 도토리에서 자란 거대한 나무 같은 식물의 특징을 형태학적으로 인식하게 된다(Springer & Keil, 1989; Hickling & Gelman, 1992). 일상적 종 내에서 가능한 형태적 다양성에 대한 정확한 평가는 수년간의 환경 관찰로 배울 수 있다. 그러나 아동은 실수로 종들의 형태학적 차이를 생물학적 변형의 가능성으로 잘못 이해할 수 있으며, 본질적으로 다른 생물학적 종에 대한 일반적인 실패를 나타나는 데 그치지 않고, 뚜렷하지 않은 형태학적 다양성의 가능한 표현에 대한 아

동의 지속적인 탐색을 나타낼 수 있다.

예를 들어, 딱정벌레가 개구리가 된다고 생각하는(Keil, 1989; Jeyifous, 1985) 아동은 올챙이가 개구리가 된다는 예증에 기반하고 있을 수도 있다. 마야의 3세 아동은 어린 카란토 덩굴(karanto vine)이 yal 'iw(아기 'iw)란 소리와 상관없는 'iw 나무의 가지 아래에서 자란다고 믿으며(Stross, 1973, p. 132), 따라서 (1) 부모 나무의 주변에서 사는 아기 묘목이 큰 나무로 자라고, (2) 묘목이 풀처럼 보이지만 풀이 아닌 나무라는 것을 이해할 수 있다. 이런 방식으로 마야 아동이나 미국 아동은 한 작은 묘목이 풀이 아닌 나무라고 판단하는 인도네시아의 토벨로레스(Tobelorese)족 아동처럼 상당히 동일한 분류학적 이해를 얻게 된다(Taylor, 1979, p. 224).

아주 어린 아동들도 주어진 정보를 넘어서는 희미한 '추상적' 자극으로 생명체의 특질적인 구조를 파악하는 경향이 있다. 예를 들어, 아동은 선뜻 불규칙하게 튀어나온 이차원적인 생명체 그림을 수용한다. 주어진 그림으로 아동이 뾰족한 광물이기보다는 뾰족한 식물을 나타낸 그림이라고 믿는다면, 튀어나온 부분이 무엇을 위한 것인지 질문할 수 있다(Keil, 1994). 종에 관한 보완적인 기능의 분류 체계로서 생명체의 목적론적 추론은, 심리학과 형태학, 기능의 혼란인 질병, 궁극적으로 진화론을 포함한 생명체 사이의 체계적 관계를 이해하는 필수적인 요소다.

일상적 종의 개념: 인식의 진화에 대한 태도

인간 진화의 관점에서 심도 있는 개념은 그럴듯하게 우리의 조상이 환경을 극복할 수 있었는지 아닌지에 대한 균형 잡힌 행동을 보여 준다. 진화한 인간은 생존을 위해 지역에서 발생한 해롭거나 유익한 동물 또는 식물 종을 알아야 했다. 그들은 영양(羚羊)을 먹을 수는 있었지만 사자를 먹지는 못했다. 모든 영양이 한 종류이고, 모든 사자가 다른 한 종류라는 것을 앎으로써, 인간은 사자가 영양을 먹는다는 것을 배웠고, 사자를 추적하면 사자가 먹다 남긴 것을 청소함으로써 살아남을 수 있었다. 돌로 영양의 뼈를 부수고 영리하게도 사자가 빼내지 못하는 영양가 있는 골수를 긁어냈다.

일상적인 종의 개념은 한 시대에서 살아가는 생물학적 종의 관계를 인식하고 예측할 수 있게 해 주며, '무차원적(nondimension)' 인 종을 다른 것과 분류, 구별할 수 있게 한다. 사람들은 양식적으로 다양한 종이 본질적인 특징을 공유할 거라고 생각한다. 이런 생각은 사람들에게 그러한 특질 사이의 정확한 인과적 관계를 알지 않고도 종의 다른 특징을 연결할 수 있게 한다. 사람들은 줄무늬와 육식성, 포효하는 사지 동물로 호랑이를 알며, 줄무늬와 육식, 포효하는 공통적인 원인이 추론적인 무엇으로 호랑이 안에 있게 된다.

근원적인 본질에 대한 개념이 단순히 어떤 명사에도 적용되는 특징을 정의하는 언어적 개념이 아니라는 것을 알아야 한다. 따라서 의자는 그것이 제공하는 인간적 기능의 용어로 정의하며, 진흙은 그 물리적 특질에 대한 용어로 정의하지만, 어떤 단어의 대상도 눈에 보이지 않는 복잡한 인과의 독특한 결과를 추론하지 않았기 때문에 깊은 본질을 가지지 않는다. 어떤 것도 일반적인 물리적 특징의 개념만이 본질이 아니다. 예로 '붉은 것' 은 표면적인 자연 집단을 포함하지만 그 대상이 붉다는 것만이 공통점이며, 붉다는 사실로부터 얻는 특징은 아주 적을 것이다.

종의 보이지 않는 필수적인 특징을 추측하는 전 세계의 사람들은 그들이 인식하는 표면의 유사성에 대한 책임이 있다. 더 깊은 특질을 알려고 노력하지만 또한 종의 모든 본질에 대한 추론은 절대 완전할 수 없다. 종의 본질을 탐험하는 인식적 강박 현상은 둘러싼 자연세계를 더 많이 이해하기 위한 지속적이고 끊임없는 의무를 만든다. 이러한 의무에 기초한 본질주의적 추론은 인류의 조상 진화와 '일상적' 문화의 발달 같은 지역적 환경에서 일어난 생물학적 구성에 대한 평가를 촉진시킨다.

과학의 관점에서, 일상적 종의 개념은 인간이 직접적으로 이해하지 못하는, 시간과 공간의 지리적으로 광대한 차원에 걸쳐 있는 종의 진화를 탐구하는 분류 관계를 밝히는 데 부적절하다. 시간을 초월하여 분리되고 잘 구별되는 종에 대한 창조론자들의 견해가, 시간에 따라 불명확하게 확장 · 축소하는 고정되지 않은 종의 경계에 대한 진화론자들의 개념보다 더 일반적으로 보이는 이유가 여기에 있다. 오늘날 영양과 사슴, 사자와 호랑이, 유인원과 인간이 크게 다르게 보이지만, 같은 시대, 같은 조상을 가지고 있다.

고통을 감내하고 노력을 기울인 연구만이 과학처럼 문화적으로 갈고닦은 개념적인 방법으로 현상적인 세계의 선천적인 경계선을 초월하고, 자연의 신비한 계층을 확인할 수 있다. 그러나 그러기 위해서는 사색에 닻을 내리고, 정교한 생각을 떠오르게 하는 일반적인 직관력에 지속적으로 접근해야 한다.

일상적 분류학

우리의 선조들이 지구의 표면에서 퍼져 나가기 시작한 것처럼, 유사한 종들이 더 큰 집단을 이루는 능력도 익숙한 종들에 대한 지식을 동일한 집단의 낯선 종들에게로 투사할 수 있게 만들었다. 그 결과 낯선 종들에 대해 시행착오를 겪으며 배우지 않고도 그들의 행동이나 특질을 예측할 수 있게 되었다. 만약 영양과 사자에 대해 많이 알고 있다면, 영양과 사슴이 하나의 자연 집단에 포함되며, 사자와 호랑이가 또 다른 하나의 집단에 포함된다는 것을 추측할 수 있다. 그리고 사슴과 호랑이가 어떻게 연관되어 있는지 '자동적'으로 알게 된다.

따라서 유사한 종 집단이 있는 지역적 식물상과 동물상에 대한 자연적인 분류에 더해서, 기본적인 분류는 '역사적으로 가장 멀리 떨어진 시기부터 계층별로 분류된다' (Darwin, 1859, p. 431) 분류는 성운의 별을 나누는 것처럼 자의적인 것은 아니다. 높은 순서에 따른 계층적인 종의 분류는 사람들에게 친숙한 것으로, 종(species) 간의 유사성과 차이점을 고찰하고, 지구상의 다양한 생명체를 탐구하기 위한 주요 체계를 제공한다.

일상 생물학적 계층

민족 생물학은 지역의 생물상과 동물상을 이해하고 이용하는 문화의 방식을 연구하는 인식적 인류학의 한 갈래다. 한 세기가 넘은 민족 생물학 연구는 단일한 문화 내에서도 식용과 비식용, 유익과 유해, 야생과 가축 등의 특별한 용도를 위한 특정

이득에 의해 체계화되는 특별한 목적의 일상 생물학적 분류가 다양하다는 것을 보여 주었다(Hough, 1897; Gilmore, 1932). 지난 사반세기 동안에만 집약적이며 경험적이고 이론적인 연구들이 생명체에 대해 가장 넓은 가능성을 지지하는(Atran, 1990), 비교문화적으로 보편적인 '일반적인 목적'을 가지는 분류학을 발견했다(Berlin et al., 1973).

이는 생명체에 관련한 낯선 생물학적 특성, 낯선 생명체에게서 발견한 특성과의 상호 관련성의 그럴듯한 분포에 대한 수없는 귀납법을 포함한다. 예를 들어 원숭이의 유방암 발견은 유선이 있기 때문에 조류나 어류가 아닌 포유류만이 유방암에 걸린다는 추론을 증명할 수 있다. 그리고 유선이 있는 웜뱃은 털과 온혈 동물이라는 포유류와 관련 내외적 특성을 가지고 있다는 추론도 증명할 수 있다(Warburton, 1967; Rips, 1975).

귀납적인 생물학 정보 요약으로서 작용하는 '기본적인' 일상적 생물학 분류는 생명체의 포괄적인 계층이나 분류군의 정확한 계층으로 구성되어 있다. 각 계층에서 상호 배타적인 분류군은 실제적인 철저한 방식으로 인식된 생물상을 분할한다. 분류학은 동물이나 식물 같은 일상적인 계[3]와 곤충, 어류, 조류, 포유류, 목본, 초본, 관목, 균류 같은 생물 형태[4]와 각다귀, 상어, 울새, 개, 단풍나무, 밀, 호랑가시나무, 버섯 같은 종[5], 그리고 콜리, 리트리버, 사탕단풍, 홍엽 같은 아종[6] 등 대개 절대적으로 뚜렷한 적은 숫자의 계층적 질서로 구성된다.

중간 계층 역시 종과 생물 형태 계층 사이에 존재한다. 이 계층의 분류군은 고양이류나 콩과처럼 해당하는 데도 불구하고, 쥐와 생쥐를 합했지만 설치류가 아닌 것처럼 뚜렷한 이름이 없다. 이처럼 이름 없는 숨어 있는 분류군은 일상적 종이나 생물 형태처럼 뚜렷하게 정해져 있지 않거나, 상호배타적이고 실제적인 폭넓은 동등한 분류군으로 나뉘는 지역 생물상과 동물상처럼 고정된 분류학적 계층에 포함되지 않는 경우가 많다. 아직도 과학적으로 개, 산까치 같은 과와 육식, 연작류 같은 목 사이에 중간 분류군을 생성하려는 심리학적인 선호가 있다(Atran, 1983; Berlin, 1992).

계층의 중요성

생명체의 계층 혹은 분류군은 손쉽게 인식할 수 있는 단위적 특징에 의해 증명된다. 이 분류학적 특징은 최대한 공통되며, 각 단위는 공유하는 특징 사이의 뚜렷한 차이에 의해 분리되어 있다(Hunn, 1976). 등급은 근본적으로 현실의 다른 계층에 상응하도록 진화적으로 설계된, 절대적 계층 구조에 위치하는 분류군을 인식하도록 표시하는 것이다. 따라서 동물이나 식물처럼 분류된 생명체의 계층을 나타내는 일상적 계의 등급은 선천적인 존재론에 의해 선험적이고 고정적이다(Donnellan, 1971). 달리 말해, 동물이나 식물이라는 것을 알고 있는 경우에 한해서 생명체가 무엇인지 알 수 있다는 말이다.

생명체를 개, 나무 등으로 분류하는 일상적 종의 계층은 생명체의 최대한의 다양성 사이의 형태학적, 행동학적, 생태학적 관계에 대응한다. 바로 생물학적 특징이라고 생각하는 것과 거의 동일하다. 여기에는 유전, 성장, 지금까지 알려지지 않은 유기적 과정, 기관, 질병 같은 숨어 있는 생리학적 기능을 포함한다. 비글, 사탕단풍처럼 분류되는 생명체의 층인 일상적 아종 계층은 문화적 이득처럼 인류가 사용하는 자연적 다양성 범위에 대응한다.

조류, 목본 등으로 분류되는 생물 형태의 계층은 생명체의 특정 형태학과 행동이 역할에 맞는 것처럼 자연의 경제학에서 종의 역할을 지정하는 지역 생태학적 환경 분할에 대응한다. 예를 들어 다른 새들의 형태학과 행동은 경쟁적으로 대기에 적응하는 척추동물의 방식을 분류하는 데 상응한다. 서로 다른 나무의 형태학과 성장 패턴은 지구의 중력장 안에서 태양빛을 경쟁적으로 받아들이는 단일한 식물의 방식을 분할하는 것과 대응한다(30m 높이의 복합적인 수풀은 지구에서 물리적으로 불가능하다). 이러한 구분은 서식지와 관련된 특징과 행동을 공유할 뿐만 아니라, 지역 생태계와 생물학적으로 관련된 본질의 분포에 대한 추론을 조직화한다.

계층의 중요성은 모든 계층의 분류군에 걸쳐서 보편적이다. 예를 들어서 일상적 종 수준의 분류군에 있는 생물은 일반적으로 기능에 있어 안정적이고, 상호 의존적(항상성)인 생물학적 특징을 공유하고 있으며, 다른 분류군이 아닌 동일종 내에서 교배(생식적 격리)가 가능해야 한다. 생물 형태 수준의 분류군은 형태학과 대기, 땅, 물 같은 서식지 행동(이동)의 가장 폭넓은 적응(적응 방산: 放散)을 보여 준다.

동일한 계층의 분류군을 묶는 보편성은 한 분류군에 적용되는 보편성과는 다른 논리 형태다. 흰개미, 돼지, 레몬나무는 단순한 포괄적 계층 관계나 일반적인 계층적 접점으로 관련되어 있지 않으며, 그들의 일반적인 계층의 힘은 이 경우에 일상적 종의 수준으로 엮여 있다.

계층 체계가 단순한 위계질서가 아니라는 데 주목하자. 등급, 포괄적인 계급의 구조는 인공물의 영역을 포함한 많은 인지 영역에서 보편적이다. 의자는 가구에 속하지만 탈것에는 속하지 않으며, 자동차는 탈것에 속하지만 가구에 속하지는 않는다. 그럼에도 불구하고 인공물에는 계층 체계가 없다. 의자와 차, 혹은 가구와 탈것을 이어 주는 추론상의 연결이나 귀납적인 체계가 없으며, 인공물의 종이나 과 같은 일반적인 계층의 힘도 없다. 달리 말해, 많은 분야에는 등급 없는 위계질서가 있고, 오직 생명 분야에서만 등급이 존재한다.

그리하여 생물은 쉽게 찾을 수 있는 뚜렷한 차용어의 예를 제외하고는 다른 인지 영역에서 명백한 이중구조를 보여 준다. 즉, 모든 생명체는 반드시 하나 이상의 계층적으로 분류된 등급을 가지며, 단 하나의 분류군에 속하게 된다. 일상적이거나 과학적인 생물학적 등급은 종, 과, 계 같은 분류체계의 상대적으로 안정적인 집단이며, 사자, 고양잇과, 동물이라는 요소가 분류군이다. 등급은 다양하지 않으며, 그렇지 않다면 이론의 기능이나 신앙 체계처럼 문화에 걸쳐서 다양했을 것이다.

일상적 종의 등급과 기본 수준

물론 모든 일상적 생물학 분류 속의 분류군 대다수는 일상적 종의 수준에 포함된다. 대부분의 사회에서 인정받은 사람들이 생물학적 불연속성에 대해서 보고 말한 수준이다. 첼탈(Tzeltal) 마야 원주민과 다른 '일상적인' 세계 속에서 일상적 생물학 분야의 상대적인 특징을 비교한 인류학자 Brent Berlin과 동료들은(Berlin et al., 1974) 일상적 속(genera)이 생명체를 분류하는 가장 기본적인 개념이라는 것을 알아냈다(Hays, 1983, 뉴기니 참조). 일상적 종은 마야 아동의 첫 이름이며 이미지의 형태(Stross, 1973)이자, 마야의 성인들이 연설에서 가장 흔히 사용하며, 기억하기 쉽고, 쉽게 의사소통할 수 있는 자연 속의 일부를 나타낸다(Hunn, 1977).

심리학자 Eleanor Rosch와 그의 동료들이(Rosch et al., 1976) 시행한 일련의 실험에서는, 도시 미국인들의 일상적 생물 분류에서 나타는 가장 특징적인 항목이 '일상적' 종의 수준에 동일하게 나타나지 않았다(Zubin & Köpcke, 1986, 독일 참조). 개나 말 같은 포유류의 일상적 종만이 가장 기본적인 범주의 특징이 만들어지는 추상적 단계에 일관성 있게 포용된다. 그에 반해 나무, 새, 어류 같은 생물 형태는 그들 자신을 기본적인 범주로 다루어야 한다. 떡갈나무, 울새, 상어처럼 종속적이지 않은 일상적 종과 생물 형태 범주는 전체를 형성하는 견고한 이미지를 가진 범주, 환경을 인식하는 동안 만들어진 첫 번째 범주, 어린이가 이름 붙인 최초의 범주, 가장 축약적이고 기호적이며 언어에서 일반적인 범주로서 가장 포괄적인 집단으로 드러났다.

비교 문화적 증거는 Rosch의 견해에서 가장 기본적인 것이 일반적인 문화적 중요성의 기능과 개인적인 유사성 및 전문적 지식처럼 이동하는 다양한 현상이라는 것을 보여 준다(Dougherty, 1978). 따라서 산업 사회의 도시인들은 일반적으로 나무, 물고기, 새의 다양한 종에 대해 상당히 다른 친밀성과 지식, 용도를 가지고 있다. 이러한 사람들은 삶을 의지하는 지역의 생물상에 상세하게 아는 지방 사람이나 조상들보다 종에 대한 설명이나 이미지가 적다. 이야기책이나 TV의 자연 방송을 통해 산업 사회에 남아 있는 뚜렷한 문화적 중요성은 포유류뿐이며, 문화에 걸쳐서 언어적, 개념적, 기억의 특징에 필적한다.

그에 반해 등급은 우선적으로 절대적인 생물학적 중요성뿐만 아니라, 언어적, 개념적인 기억의 해독성의 상대적인 수준을 대변한다. 따라서 모든 떡갈나무나 울새는 다른 나무나 새에 비해 성장을 방해하고, 신체나 기능을 훼손시키는 몇 가지 질병에 민감한 것이 당연하다. 예를 들어서 도시인이나 독일인이 기본적인 수준의 범주에서 물고기, 새, 나무를 다룬다면, 이트사(Itzaj)나 첼탈(Tzeltal) 마야 원주민은 기본 수준보다 높게 그들을 다룬다. 그럼에도 불구하고 일련의 추론 연구에서 미국인들은 이트사 원주민들만큼 일상적 종 수준에서 귀납적인 가능성을 최대화했다. 중서부 미국인과 이트사 마야인 모두 나무가 떡갈나무 병에 걸렸다고 추론하기보다는 떡갈나무가 하얀 떡갈나무 병에 걸렸다고 추론했다(Coley, Medin, Atran, & Lynch, 출간 중). 이 결과는 단순히 대상이 더 상세한 범주로 보편화되었다는 사실로 생각할 수 없다. 사실, 두 문화의 대상인 떡갈나무가 하얀 떡갈나무가 가진 병에 걸렸다고 추론했지 하얀 떡갈나무에 반점이 있어서 하얀 떡갈나무 병에 걸렸다고 추론한 것은 아니었다. 동일한 발견이 일반적인 어류나 조류에 대한 추론과 반대로 새나 물고기의 일상적 종에 대한 추론의 경우에도 적용된다.

이러한 결과는 개념적인 '유사성' 이나 세계 '저쪽' 의 구조에 대한 비교 영역 개념으로 설명될 수 없다. 한편, 추론적 잠재성이 개념적 유사성의 단순한 기능 혹은 Rosch가 말한 기본적 수준일 경우, 미국인들은 생물 형태 수준을 귀납적으로 판단하고 있다. 아직 미국인들은 종의 수준을 마야인들같이 판단하고 있다. 반면 객관적 현실, 즉 종과 관련된 진화론적인 집단 내 생물학적 종의 실제적인 분포는 실질적으로 중서부 미국인과 이트사 마야인의 자연 환경이 다르지 않다. 그러나 마야인과는 다르게 미국인들은 종보다 생물 형태를 더 쉽게 개념적으로 구분한다. 사실 중서부 미국보다 페텐, 과테말라 지역의 나무처럼 지역적으로 더 인식하는 종이 있다. 그럼에도 불구하고 종 사이에서 인식하기 쉬운 진화적 차이, 두 가지 환경에서 나무 속(genera)의 뚜렷한 점유는 단일 특질로 두 환경에서 거의 동일했다. 만약 미국 환경이 더 적은 나무를 가졌다면 각 종은 나머지에서 더 부각될 수 있었을 것이다(Hunn, 1976). 새처럼 종들이 진화적으로 연관된 상대적 분포는 기온과 우림 환경에 걸쳐서 매우 넓게 분포한다(Boster, 1988).

이 관찰들로 일상적 생물학 내에서 근본적인 범주화 과정이 일반적인 지각 발견 학습 영역보다는 특정한 개념적 추론에서 비롯되었음을 알 수 있다. 고도 기술 문화에 반대하는 일상적인 사람들은 이름이나 생물학적 종류에 대한 지식이 쉽게 와 닿는 수준에서 보면 다르지만, 그럼에도 불구하고 동일한 계층이 생물학적 이론에 대해 허용하는, 같은 계층을 추론한다. 일상적 분류 명명법의 언어적 패턴은 계층이 인증되었음을 나타낸다(Gelman & Coley, 1991). 그러나 언어 하나만으로는 잘 알려지지 않은 종이 미국인에게 알려진 생물 형태보다 더 많은 생물학적 지식을 제공하리라는 기대를 충족시킬 수 없다. 적절한 꼬리표가 붙은 물건이 생물학적인 특질과 관계에 있어 깊은 인과적 관계의 중심이라고 추론하는가? 위에서 말한 바와 같이, 비교 문화적이고 발전적인 증거가 본질에 대한 선험적인 가정이나 고유함이며, 기본적으로 생물학적 현실의 알려지지 않은 측면과 관련된 기대, 추론, 탐구를 자연스럽게 밝혀 줄 것이라고 말했다.

요약하면, 등급은 생물학적 분야에 대해 독특한 영역 특징적인 현상이며, Rosch의 '추상적 개념의 수준' 은 영역-일반적인 자기발견 학습이다. 후자는 인공물을 포함하여 상황에 따라 다른 동일한 대상 같은 많은 종류의 대상에 적용할 수 있다. 예를 들어 토마토는 야채의 종류로 봤을 때 기본적인 것이지만, 관목의 종류로서 봤을 때는 하위에 있다. 상대적이며 절대적인 수준은 일상적으로 동시에 일어날 수 있다. 대상 인식과 정보 전달에서 가장 쉽게 접근할 수 있는 기준은 더 깊은 생물학적 중요성의 보이지 않는 특질을 나타내는 가장 유효한 수단이다. 그러나 도시화된 사회의 퇴보한 환경에서 영역-일반적인 단서는 영역-특징적인 개념적 추론과 동시에 일어나지 않는다. 더 일반적인 개념적 단서가 일상적 생물학 분야에 적용했을 때 추론적인 가치가 없다는 것을 의미하는 게 아니다. 반면 미국인들은 아직도 마야인보다 일반적인 나무가 떡갈나무 질병에 걸렸다고 추론할 수 있다. 영역-일반적인 단서의 중요한 역할이 생물학적 인식이 상대적으로 낮은 문화적 환경에서 추론적 이해를 위한 부차적인 방식으로서 기본적인 수준의 생물 형태를 표시한다는 것을 지적한다.

일상적 계통학에서 과학적 계통학으로

쉽게 인식할 수 있는 분류군(morpho type)의 특징은 깊이 공통적인 특징을 예측할 수 있으며, 생명체 범주에 대한 기반을 제공한다는 것이다. 처음에는 근본적인 구조를 알지 못했고, 단지 목적론적으로 생물학적 범주 내에서 보이는 규칙성의 원인을 추론했다. 이 인과적 연결과 인식적 표면, 그리고 내부 특징 사이의 상관관계가 완벽하지 않다는 인식에 이르는 노력에 주목하자. 이 특징에 대한 부가적인 지식이 범주 수정으로 이끌었다. 예를 들어 대부분의 성인 미국인들은 고래와 박쥐가 각각 어류 및 조류와 공유하는 특질이 매우 많음에도 불구하고 포유류로 분류하고 있다.

이 예시에서 보이는 분류학의 '독력(獨力)' 개정에도 불구하고, 일상적 분류학에서 주어지는 추상적인 위계질서적 개념도 엄밀한 의미로 관련된 종류조차 바뀌지 않았다. 제우스의 머리에서 튀어나온 아테나처럼 자연과학에서 새롭게 떠오르기 위한 박쥐, 새, 고래, 포유류, 어류는 일반적인 의미에서 사라지지 않았다. 먼저 지각한 종류들을 재분배했다. 바뀐 것은 종류의 결과인 재분배와 관계된 특질의 재평가 및 그러한 종류의 근본적인 특질에 대한 해석이다.

민족 생물학적 계층에서 생물학적 계층으로의 변화

균등하게 자리 잡지 못하는 중간에 있는 분류학적 계층에서는 모든 고양잇과에 속한 동물과 마찬가지로 고양이와 표범처럼 중간적 집단 내의 생명체에서 발견된 생물학적 특징을 추론하는 데 어려움이 없다. 왜냐하면 중간적인 집단은 척추동물이나 나무보다 작은 생물학적 과(family)나 척추동물이나 나무보다 큰 목(order)의 단계에 가깝기 때문에 추상적인 이미지가 전체로서 분류군을 쉽게 형성할 수 있다. 달리 말해서 그러한 단계에서는 형태학적으로 뚜렷하게 생물학적 본질에 대한 표식이 있다는 것이다.

나무와 새처럼 일상적인 종과 중간 계층보다 높은 단계에 있는 분류군까지 근본적인 특질에 대한 추론을 확장시키는 일이 '자동적'으로 되지 않는다. 새처럼 공통적으로 포함하고 있는 가장 포괄적인 단계의 분류군에서 닭과 독수리처럼 두 가지의 매우 다른 형태의 종에 속하는 생명체에서 발견할 수 있는 생물학적 특질을 추론하려면, 어떤 확실한 방법으로 행동, 형태, 혹은 생태학적 성향과 관련되지 않은 정교한 인과적 원칙을 반영할 필요가 있다. 이 근거로 주어진 계층의 분류군에 속하는 생명체는 외형상의 차이점을 제외하고 동일한 내부적 구조를 공유한다는 추론을 증명할 수 있다.

이러한 예측은 새로운 발견과 마찬가지로 오류로 흐르기도 한다. 그로 인해 분류학이 지탱하는 귀납법과 분류학적 구조, 분류군을 재구성하려는 운동이 일어났다. 예를 들어 박쥐가 새와 달리 포유류처럼 태생(胎生)을 하고 양육을 한다는 발견에 따르면, 조류에서 축출된 박쥐가 포유류에 포함되는 것이 합리적이다.

서양 과학은 Aristotle, 혹은 고대 그리스의 자연주의적인 일상과 함께 시작되었다. Aristotle에게 과업은 내재하는 독특한 근본적 특질을 가진 세계의 다양한 기본적 형태를 뚜렷하게 형이상학적인 자연의 체계 속에 통합하는 것이었다. 실질적으로 이는 다른 종의 생물 형태(megiston genos)로 통합하는 인과론적 원리에서부터 각각의 기본적 수준의 일상적 종(atomon eidos)으로 계통적으로 이끌어 가는 것을 의미한다. 유추법으로 다양한 생물 형태를, Aristotle의 계승자이자 그의 학원(Lyceum)의 후계자인 Theophrastus가 거의 동일한 방식으로 식물 분류를 나타낸 삶의 통합된 개념으로 결합시키는 것을 포함한다.

Aristotle 학파의 생물 형태는 이동, 소화, 생식, 호흡에서 본질적으로 동일한 기능을 가진 상사기관을 통해 구별 및 연관된다. 예를 들어 새의 날개, 네 개의 다리, 물고기의 지느러미 같은 근본적인 기관에 관해 더 혹은 덜한 정도에 따라 달라진다. 따라서 모든 새는 이동하기 위한 날개와 영양 섭취를 위한 부리를 가진다. 그러나 포식자인 독수리는 부분적으로 길고 좁은 날개와 날카로운 갈고리형 부리를 가지며, 다른 형태를 가진 거위는 짧고 넓은 날개 폭과 납작한 부리를 가지고 있다. 분할과 통합에 의거한 생물학적 분류는 모든 분류군이 모든 근본 기관들에 대해서 완벽하게 정의되었을 때 끝난다(Atran, 1985).

첫 지속적인 자연과학 연구 프로그램은 익숙한 순서를 설명하기 위해 개념에서 지역을 우선시하고 연결하려 했기 때문에 실패했다. Aristotle는 자신이 있던 환경에는 존재하지 않는 종이 있다는 것을 알았지만, 무엇이 지역적으로 뚜렷하고 무엇이 세계적으로 분포해 있는지 그 엄청난 차이에 대해서는 아무것도 알지 못했다. 자연스럽게 발생하는 종류의 자연현상 조사가 실제적으로 완벽하다는 잘못된 가정으로 Aristotle는 시행착오적 방법으로 본질적인 특성의 진실하고 지속적인 체계를 찾기를 희망했다. 그는 이국적인 형태의 도입이 모든 가능한 종류의 근본적인 구조의 발견을 위해 그의 발밑을 파고 있다는 것을 예측할 수 없었다.

그럼에도 불구하고 뚜렷한 종의 다양성이 생물의 본질과 인과적으로 어떻게 연관되어 있는지 조사함으로써 Aristotle는 생물학이 진화론이라고 불렸던 것처럼 자연사에 대한 이론적 프로그램을 구축했다. 이 프로그램에서 없어서는 안 될 도구는 인과적으로 분류학적 본질주의와 원칙주의의 도입이다. 이것으로 생물학적 관련성의 정도에 따라 식물과 동물을 분류하는 과학인 계통학에 체계를 도입하는 등급 개념을 사용할 수 있게 되었다.

모든 옛날 창고가 그렇듯이, 고대 그리스와 르네상스 시대 식물학자들은 500종에서 600종가량 되는 지역종에 만족해했다(Raven et al., 1971). 현상학적으로 두드러지는 기본 분류군은 개, 코요테, 레몬나무, 오렌지나무처럼 과학적인 종에 대응한다. 그러나 과학적 속(genus)은 자주 곰이나 삼나무처럼 종과 속을 지각적으로 공존시키는, 지역 발생 종 하나만을 갖고 있다. 이 현상은 포유류와 나무를 포함하여 대부분 현상학적으로 두드러지는 생명체와 함께 일어난다(Atran, 1990). 예를 들어 비교연구에서는 시카고 지역의 나무(40/58)와, 과테말라 지역 페텐 우림(158/229)의 69%가 단일종이었다.

서양 자연과학에서 기본적인 일상적 분류군은 결국 종(Cesalpino, 1583)과 속(Tournefort, 1694)으로 '분열' 되었다. 유럽의 탐험과 정복의 시대 동안 수많은 종을 정리할 중요성이 증가했다. 외래종은 의례히 가장 유사한 유럽 종, 즉 자연 계통의 속에 편입되었다.

중간에 위치한 일상적 집단의 유사한 분열은 종의 숫자가 다른 커다란 분류를 넘어섰을 때 일어났으며, 식물과 동물을 과(family: Adanson, 1763)와 목(order: Lamarck, 1809)으로 분류하기 위한 자연적 방법이 현대 계통학의 기초로 떠올랐다. 중간적 수준에서 지역적 차이를 완성시키기 위해 다른 환경을 탐구함으로써 박물학자들은 모든 환경을 포함하고 발견된 종의 증가하는 숫자를 기억하고, 기본 분류로 줄일 수 있는 전 세계적인 연속성을 발견하려 했다. 더 높은 분류군의 척추동물 형태는 생물학적 분류를 위해 필수적인 체계를 제공하며, 나무 같은 식물 형태는 직관적·생태학적으로 자연스러움을 버리고 철학적으로 무상하게 되었다(Linnacus,

1751). 마지막으로 현상학적으로 설명할 수 없는 생물 형태인 곤충에 대한 대부분의 중간 집단보다 모든 척추동물 형태가 내부적으로 덜 차이가 난다는 것을 깨달은 뒤부터 문(phylum)의 개념이 뚜렷해졌다.[7]

분류학: 생물학 이론 형성에의 전제 조건

이 시나리오의 어딘가가 정확하다면, 통합적이지만 기본적인 생물학 이론은 몇몇 과학자가 제안하는 것처럼 생명체의 존재론을 설명하는 인식력 있는 메커니즘이 될 수 없다(Murphy & Medin, 1985; Carey, 1985; Keil, 1989; Gelman & Coley, 1991). 달리 말해서, 기본 생물학 이론은 사람들이 인간이 아닌 동물과 식물에 적용시키는 종의 개념에 대한 이해와 구별되는 정교한 생물학적 인과관계 이론이 아니고 본질, 인공물, 혹은 사람에 대한 개념의 이해에서 온 것이다. 차라리 알려지지 않고 알 수도 없는 특별한 목적론적인 자연에 의해 종이 자연적인 종류로 구성되는 선험적 추정이 보편적으로 보이며, 분류군보다 더 나아간 종들이 자연스럽게 등급이 나뉜 분류학에 들어간다. 생명체를 본질적인 분류학에 집어넣는 자발적인 배열은 생명체 사이의 인과론적인 관계에 대한 모든 가능성 있는 이론 위에서 일련의 제한을 만든다. 최근의 비교문화 증거는 이것이 사실임을 강하게 주장하고 있다.

이트사 마야(Itzaj Maya)의 일상 생물학과의 비교

이트사족은 페텐 우림의 마지막 마야 원주민으로, 한때 일상적인 마야 문명의 중심지였다. 이트사족의 우주론적인 체계가 스페인 정복자들에 의해 산산조각 나고 억압받았다 해도, 실제적인 적용과 마찬가지로 분류학적 능력을 포함한 그들의 일상 생물학 지식은 놀랍게도 확고하게 남아 있었다(Atran, 1993). 생물학적 세계에 대한 중심 지식이 지성에 의해 자연스럽게 퍼지고 전달되어 역사적, 문화적 특성을 가진 제도화된 정보 전달이 거의 독립했다면 놀랄 일이 아니다.

이트사족의 분류학

이트사 마야인의 일상적 생물학은 일상 생물학의 보편적인 영역을 제한하는 특정한 분류학 구조를 보편화하고, 지역 생태와 문화의 영향을 받은 증거를 제공한다. 이트사족의 식물계에는 일반적인 어휘 표제어가 없지만, 하나의 옥수수 식물을 jun-teek ixi' im이라 하는 것처럼 식물에만 숫자 분류사 teek를 쓴다. 식물은 일반적으로 (1) che' (나무), (2) pok~che' (초본, 관목 같은 덤불), (3) ak' (덩굴), (4) su'uk(풀)의 네 가지 상호 배타적인 생물 형태 중 하나로 분류된다. 각 생물 형태는 그 생물 형태에 포함되는 종의 우선적인 특질이라고 믿는 특정한 계통 기질로 분류한다. 그러나 도입하고 재배되는 다수의 식물은 이러한 생물 형태에 들어가지 않으며, 선인장처럼 계통발생학적으로 독립된 식물로서 그저 jun-teek(식물 하나)로 표시된다. 땅돼지가 과학적 계통 순서를 나타내는 유일한 종으로 알려진 것처럼 틀림없이 몇 가지는 단일종 형태라고 생각된다. 모든 자료가 버섯(xikin~che': 나무의 귀)이 종의 특질을 가지고 있지 않으며 식물이 아니라는 데 동의하지만 버섯은 기생하고 있는 나무에서 생명력을 앗아 간다. 이끼나 지의류나 우산이끼 같은 선태류 식물은 식물로 간주하지 않는다.

동물에 대한 이트사족의 용어(b'a'al~che': 숲의 짐승)는 다의적으로 척추동물, 조류, 어류를 포함한 전체로서 동물계와, 양서류 · 파충류 · 포유류 같은 사지(四肢)동물의 제한적인 집단을 가리킨다. 사지동물은 걷는 동물(b'a'al~che' kuximal: 박쥐를 제외한 포유류)과 미끄러지는 동물(b'a'al~che' kujiltik ub'aj: 양서류와 파충류를 포함한 동물)의 상호 배타적인 형태로 나뉜다. 박쥐(sotz')를 포함한 조류(ch' iich')와 어류(käy)는 포유류와 유사한 내부 구조의 패턴을 보여 준다(Coley et al., 출간 중).

형태 및 생태학적 기질을 가진 무척추동물의 생물 형태(mejen b'a' al~che')는 인간이나 다른 척추동물과 매우 다르며, 일상과 현대 계통학의 일치는 과학적 사다리층으로서 흐려지고 있으며, 과학적 분류학에서 벗어난 예는 점점 더 뚜렷해지고 있다. 다른 것과 마찬가지로 이러한 측면에서 이트사족 일상 생물학의 범주 구조는 계통학과 진화론적인 계통학을 포함한 다른 일상적인 생물학 체계와 다르다.[8]

세계의 다른 일상처럼 이트사족 역시 상대적이고 안정적인 중간에 위치한 범주를 가지고 있다. 거북(aak), 뱀(kan), 벌(kab'), 야자나무(xa'an)가 중간 범주의 이름이다. 지역적으로 발생한 생물학적 과의 일부를 포함한 이름을 붙이지 않은 중간 범주는 원숭이(Cebidae), 아구티와 파카(Dasypractidae), 마호가니와 열대 삼목(Meliaceae) 등이다. 대부분의 중간 범주는 또한 원형종의 다의적 이름을 붙여, 넓은 의미의 고양잇과와 좁은 의미의 표범을 뜻하는 b'alum, 넓은 의미의 도마뱀과 좁은 의미의 이구아나를 뜻하는 juj, 넓은 의미의 사포타과와 좁은 의미의 치클나무를 의미하는 ya' 처럼 썼다.

이론 형성의 비교문화적 제한: 생식의 경우

만약 다른 문화가 생물학적 범주에 대해서 다른 이론이나 신앙 체계를 가지고 있다면, 생물학적 추론도 뚜렷하게 달라야 하지 않을까? 그럴 필요는 없다. 생물학적 범주나 관계에 대한 이론이나 신앙 체계에는 보편적인 분류학적 제한이 있기 때문에, 이론과 관련한 추론에서는 안정성과 비교문화적 일관성을 예측할 수 있다. 예를 들어 다른 문화가 생식에 대해 다른 믿음을 가지고 있다 해도, 두 종이 이종교배를 할 수 있는지에 대한 그들의 판단은 분류학적 거리에 대해 동일한 감소 기능을 보여준다.

따라서 Aristotle에게 후손은 아버지를 닮는 데 실패한 '부자연스러운 괴물' 로 간주되었으며, 선조까지 올라가는 일반적인 그리스의 계통수 안에 있는 마디(node)의 비례로 생각되었다(Atran, 1985). 유사하게 이트사족의 마야 최초의 연구는 강한 문화적 일치를 갖고, 이종교배하지 못하는 중간적 동물 집단 사이의 교배 가능성에 대한 개념과 크게 관련되어 있는 고도로 조직된 분류학의 발견으로 이어졌다(Atran, 1994). 예를 들어 표범의 동일한 특징, 퓨마의 공격성, 얼룩살쾡이의 작은 크기는 일반적으로 이트사족의 거대 고양잇과 분류군(b'alum) 내에 있는 이 세 종 사이의 교배를 불가능하게 만든다. 그럼에도 불구하고 이트사족은 이러한 교배가 감금이나 약물 같은 상상할 수 있는 특정한 상황과 조작으로 발생할 수 있다고 쉽게 믿었다.

생식이 어떻게 이루어지는지에 대한 이트사족의 설명은 이러한 조건을 실제적으로 충족시키는 것은 경험적으로 확인할 수 없다는 것이다. 이트사족은 자손이 동일한 성의 어버이로부터 태어나기 전에 미리 형성되어 있다고 믿었다. 왜냐하면 딸은 어머니를, 아들은 아버지를 닮으며, 반대로 교차하는 어떤 경험적인 반증이 없었기 때문이다. Aristotle의 생식과 세대 이론은 이트사족과는 분명히 다르지만, 양쪽 모두 동일한 분류학적인 제한이 작용한다. 사실 진화론 자체도 동일한 조건을 가지고 있다.

미국인과 마야인의 포유류 분류학

일상 생물학의 일반적인 체계에 대한 상세한 설명으로, 나의 동료들과 내가 미시간 시골과 이트사족에서 성장한 미시간 대학생들에게서 얻은 실험적인 결과를 참조해 보자. 우리의 가설은 분류학과 귀납법에서 동일한 일상 생물학적 제한이 다른 문화권에 있는 사람들의 성과를 보여 준다면, 근본적인 인지과정이 인간 본성의 일부라고 생각할 수 있는 근거를 발견하게 된다는 것이었다.

다음은 이트사족과 미시간 집단의 지역 환경에서 각각 나타나는 포유류의 발견에 대한 짧은 설명이다. 이트사족은 박쥐를 포유류로 간주하지 않았지만 우리는 박쥐를 포함시켰다. 현대에는 미시간 주에서 멸종한 상징적인 족제비도 포함시켰다. 각 집단은 각자의 언어로 시험했으며, 6명씩의 남녀로 구성되었다. 두 가지 일반적인 질문을 검증하기 위해 설계된 아래의 실험에서 남녀 사이의 어떤 통계적인 차이점도 발견되지 않았다.

각 종 간에서 일상적 생물 분류학은 과학적 지역 동식물 분류학과 어느 정도의 차이를 보이는가? 다른 곳에서(Atran, 1994) 나는 사회의 일상 생물학 체계에 대한 문화적 모델에 각각의 분류군을 넣는 수학적 기술과 마찬가지로 각개의 분류군을 유도하는 분류 절차를 설명했다. 그 결과 이트사족과 미시간 시골 학생의 개별적인 일상 생물 분류학은 생물학적인 세계에 비교할 정도로 확고한 문화적 모델을 충분히 표현했다. 자연과학적 모델과 다른 문화적 모델의 구조와 범위를 비교하기 위해 우리는 진화 분류학과 각 집단의 집합적인 분류학을 수학적으로 상호 관련시켰다(López, Atran, Coley, Medin, & Smith, 출간 중).

총 상관관계는 진화론과 이트사족의 분류학 사이는 $r = 0.81$, 자연과학과 미시간 학생의 일상 분류학 사이는 $r = 0.75$로 상당히 높았다. 놀랍게도 이트사족은 미시간 학생들보다 지역적 포유류 동물상에서 과학적 평가에 매우 가까웠다. 일상적 종을 제외한 높은 분류군의 비교는 이트사족이 $r = 0.51$, 미시간 대상이 $r = 0.48$로 상당한 상관관계를 보여 주었다.

양 문화의 포유류 분류군 중 압도적인 다수가 과학적 종과 일치했으며, 대부분의 분류군도 단일종 속에 일치했다. 75%(30/40)의 미시간 포유류 용어가 생물학적 종을 표시했으며, 그중 70%(21/30), 혹은 전체의 53%가 단일종 속이었다. 86%(36/42)에 달하는 기본적인 이트사족의 포유류 용어가 생물학적 종을 표시했으며, 그중 69%(25/36), 혹은 전체의 60%가 단일종 속이었다. 더 높은 계층에서 이트사족과 미시간 일상 계통수는 마디의 용어와 마디가 생성된 계층이 서로 [그림 28-1]과 [그림 28-2] 그리고 과학적 결과는 [그림 28-3]과 일치했다.

모든 포유류에 대한 과학적 분류학은 이트사족과 미시간 대상 모두 과와 목 사이의 아목에 위치하며, 양 문화의 일상적 분류학에서 실로 중간적인 계층을 보여 주고 있다.

이 계층에 형성된 모든 분류군은 아직 상상의 여지가 남아 있다. 예를 들어 아목 이하의 계층에서 과학적 층위와 동일한 [그림 28-1]의 레벨 3은 추상적인 이미지로 나타날 뿐만 아니라, 가끔 이름도 붙어 있다. 레벨 3에서 b'alum은 얼룩살쾡이, 스라소니, 표범, 퓨마 같은 대형 고양잇과를 포함하며, 레벨 2의 och는 형태적으로나 행동적으로 비슷하지만([그림 28-1]) 과학적으로는 거리가 있는([그림 28-3]) 스컹크, 주머니쥐, 호저, 족제비를 포함한다.

두 문화의 일상적 분류에서 매우 근접한 비교로 과학이 무시하는 일상 생물학 분류에 보편적인 인지 요소가 있다고 말할 수 있다. 예를 들어 고양잇과나 개과의 특정 집단에서는 고양잇과와 개과가 족제빗과 같은 다른 육식과에 비해 계통발생적으

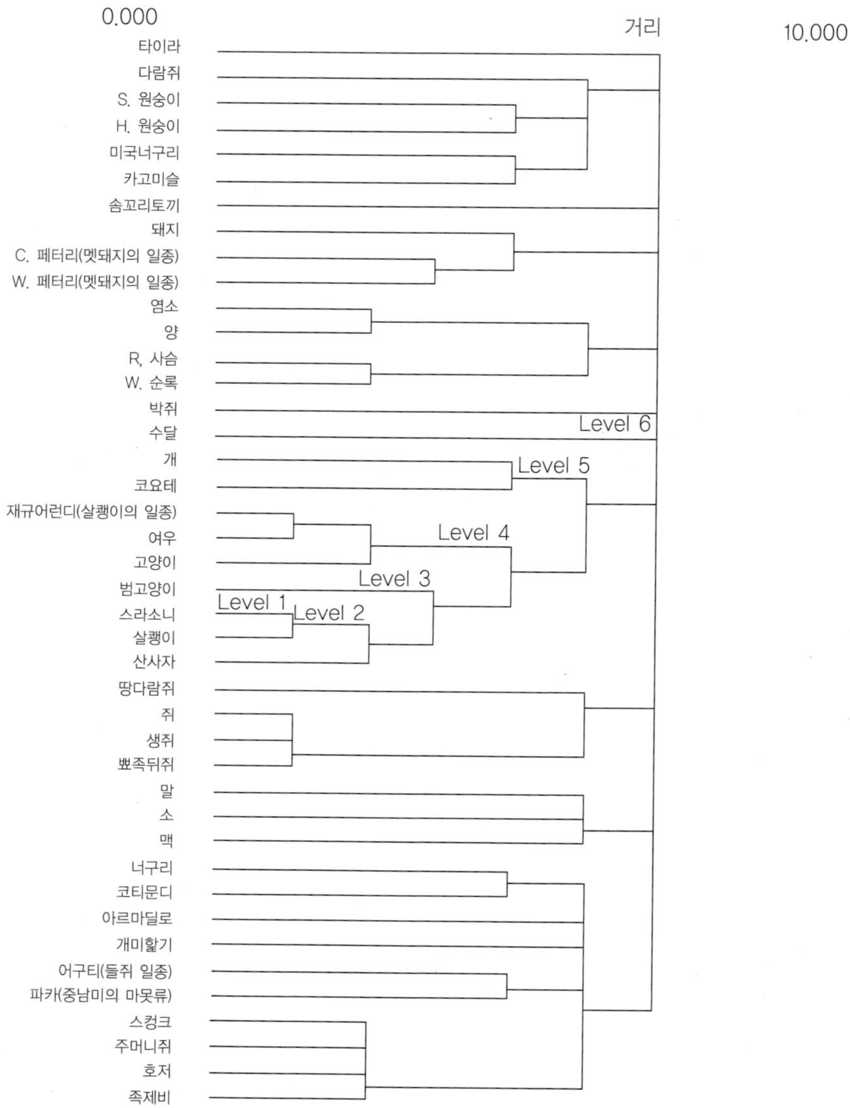

[그림 28-1] 이트사족 여학생을 위한 포유분류 샘플의 중간단계

체계적 선호분류기술분석에 의한 평균연계 계층 분석에서 나타난바와 같이, 여기의 포유류 일상 생물학적 분류표는 총 6단계로 구성되는데 1단계에서 엮이는 그룹은 모두 셋이다. 여우와 재규어런디, 삵쾡이와 스라소니, 생쥐, 쥐, 뾰족뒤쥐가 이에 속한다. 산사자가 이들 삵쾡이와 재규어와 2단계로 연결되고 이들은 범고양이와 3단계를 맺으며 고양이, 여우, 재규란디와 4단계, 코요테, 개와 5단계, 수달 등 나머지 포유동물과 6단계를 맺는다. 최하 단계에서 두 동물 간의 관련 정도는 분류표에서 서로간의 거리로 드러난다. 따라서 최하 단계 거리는 최고 일상 생물학적 관계와 상치한다. 예를 들어 산사자는 재규어와 관계되고(2단계) 다분히 고양이와도 관계되지만(4단계) 수달과는 관련이 없다(6단계). [그림 28-2]에 있는 Itza 포유류의 상응하는 과학적 가계의 기하학적 구조는 이러한 개별구조와 비슷하고 이 가계도 간의 기하학적 거리의 상호관계는 0.5이다.

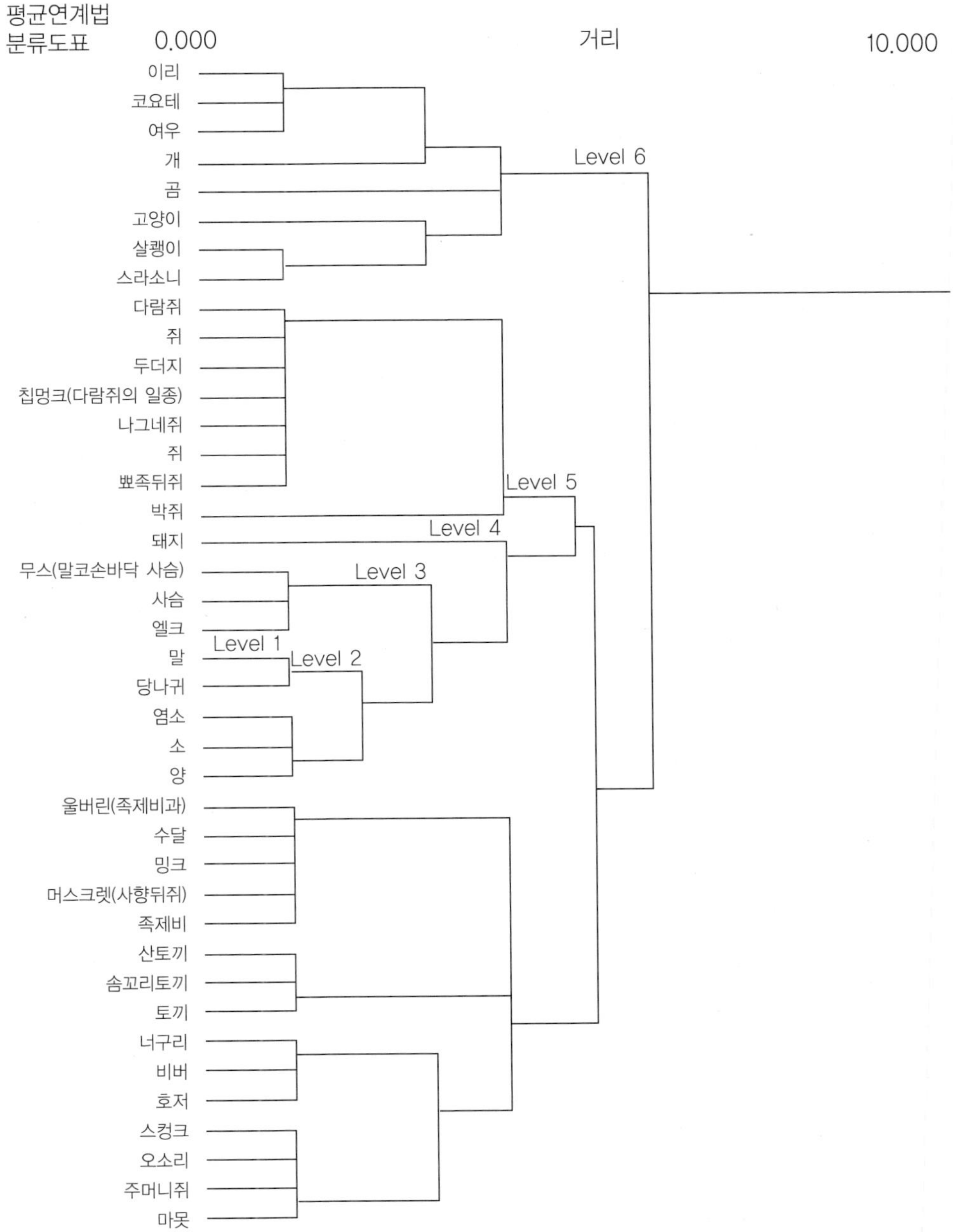

[그림 28-2] 미시간 남학생을 위한 포유분류 샘플의 중간단계

앞으로 나올 [그림 28-4]의 2차원의 과학적 분류표에서 최대한 거리를 두고 있는 너구리와 스컹크가 여기에서는 1단계 관계라는 점을 주목하라. 염소, 소, 양과 같은 소과의 동물이 말, 당나귀 등과 2단계에서 만나고 무스, 사슴, 엘크와는 3단계에서 만나고 있다. 그러나 과학적으로 말이나 당나귀가 아닌 소과와 사슴과가 되새김질을 한다. 박쥐는 설치동물과 4단계에서 만나고 5단계에서 송곳니과와 고양이과를 제외한 모든 포유동물과 다시 만난다. 송곳니과와 고양이과 동물은 자기들끼리 4단계에서 만났다가 다른 포유동물들과 6단계에서 재회한다.

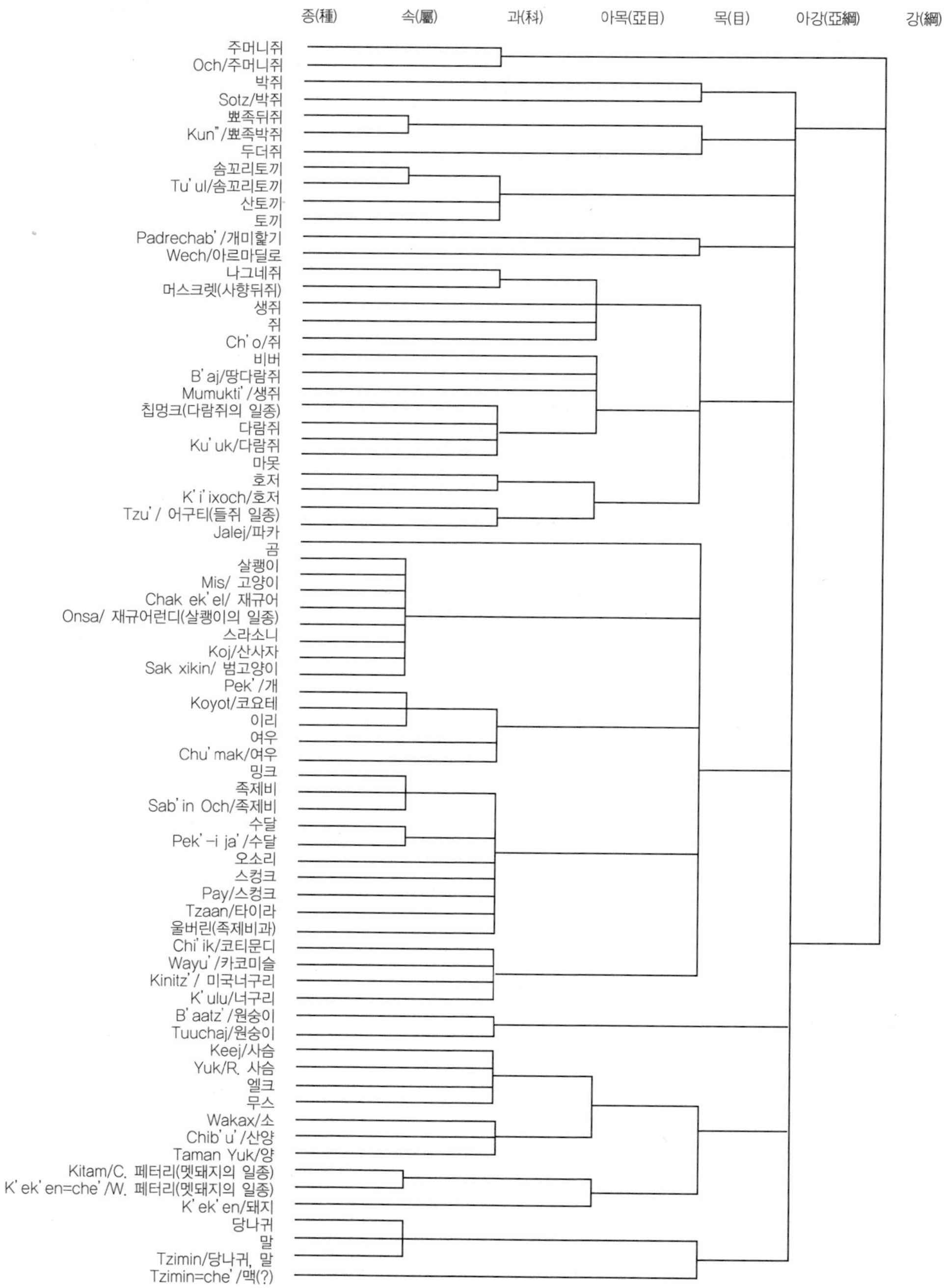

[그림 28-3] 연구에 인용된 모든 포유동물에 대한 과학적(진화론적) 분류

로 더 떨어져 있음에도 불구하고, 이트사족과 미시간 학생들 모두 공통점이 있었다. 크기와 광포함을 나타내는 거대 육식동물 집단은 두 문화에서 두드러진 분류상의 특징이 있었다(Henley, 1969; Rips et al., 1973). 그것은 지역 동물상에 대한 진화론적 분류와 일치하는 것을 뚜렷하게 보여 주지 못했다.

일상 분류학과 과학 사이의 차이점은 지역 생물상을 분류하는 세계적인 관점의 포용과, 해부학과 생리학의 이론으로 중요해진 생물학적 특징에 대한 신뢰와 관련되어 있다. 예를 들어 주머니쥐는 중앙 및 북아메리카에서 유일한 유대류다. 이트사족과 미시간 학생 모두 주머니쥐와 스컹크 및 호저가 뚜렷한 형태학적, 행동학적 특징을 공유하기 때문에 그들을 연관시켜 놓았다. 그러나 과학적인 견해에서 보았을 때, 주머니쥐는 분류군 내의 지역 포유류와는 분류학적으로 독립되어 있다. 따라서 일상 분류학과 과학 사이의 비교에서 주머니쥐를 제외하면, 상관관계는 이트사족이 $r=0.51$에서 0.60이고, 미시간 학생은 $r=0.48$에서 0.55로 현저하다.

과학자들이 그러하듯 모든 대상의 능력을 완화시키는 요소를 주머니쥐에 대입하면 주머니쥐와 관련되는 유대류는 없다. 결과적으로 새끼를 주머니에 넣어 운반하는 주머니쥐와 다른 지역 포유류 사이에서 가장 쉽게 인식하는 형태 행동학적(morpho-behavioral) 차이는 주머니쥐에서 다른 유대류와 연결되고, 비유대류와 다른 두드러진 차이점으로 이어질 수는 없다. 주머니쥐의 주머니는 단지 호저의 바늘이나 스컹크의 냄새처럼 또 다른 특징적인 형태 행동학적 특질이다. 미시간 학생과 이트사족은 주머니쥐에게 없는 태반의 생물학적 중요성에 대해 주의를 기울이지 않았다.

과학이나 일상 생물 분류학처럼 문화적으로 특별한 이론과 신앙 체계의 범위는 어디까지인가? 인상적인 일상적 편견은 이트사족의 뱀(kan)의 분류에서 두드러진다. 의문은 사람들이 특정한 뱀을 두려워하고 있다는 것을 보여 준다. 몇몇 뱀만이 독을 지니고 있지만, 모든 두려움은 날개와 여러 개의 머리를 돋게 하고, kukul~kan(깃털 달린 뱀)의 신앙의 문화적 생존자이자 마지막 희생자와 함께 바다를 건너갔다고 생각한다. 상세한 조사로 예상되는 위험은 뱀 분류에서 결정적인 요소이며, 이러한 분

류([그림 28-4])의 다차원적인 크기에 대한 설명을 지지한다.[9]

현상에 대한 첫 번째 설명은, 어떤 경우에는 생물학적인 목표가 지역 생물상 분포에서 쉽게 인식되는 표현형의 차이보다는 문화적으로 특별한 흥미에 의해 결정될 수 있다는 것이다. 그러나 생물학과 사회역사학의 증거는 더 복잡한 이야기를 나타낸다. 대부분의 인간은 감정적으로 뱀을 두려워하고(Seligman, 1971), 뱀의 집단(Munkur, 1983)처럼 비교문화적 주제에서 사회적으로 이 공포증을 의례화하도록(Marks, 1987) 영향을 받는다.

검이나 총, 핵폭탄 같은 더 치명적인 문화적 인공물에 대한 공포보다 뱀에 대한 공포를 더 자발적으로 표현한다는 사실은 진화적인 설명을 암시한다. 조상의 환경에서 부활하는 위험에 대해 자연스럽게 선택된 공포증은 특정 문화적 환경의 현존하는 위협에 대한 인지적 반응의 직접적인 자연 선택이 없었음에도 생존을 위해 더 퍼져 나갔다. 그리하여 일상 분류학에서 이트사족의 뱀 분류는 영장류 진화가 일어났을 때, 세계의 관습(habits of the world)이라는 자연적 환경의 재현을 획득하기 위해 생물학적으로 이미 조율된 심리적 습관(habits of mind)이라는 개념 구조를 자연적으로 선택한다는 규칙을 증명하는 예다.

그럼에도 불구하고 독이 있든 없든 뱀에 대한 인식은 문화적으로 조절된 흥미의 산물이 되었다. 최초의 발견은 치명적인 북살무사(Crotilidae)와 시각적으로는 다르지만 역시 위험한 산호뱀(Elapidae)의 지각적 유추는 다른 뱀이 독성이 있을 거라는 데 크게 영향을 끼쳤다. 다른 뱀을 죽이거나 먹는 뱀들은 살무사나 산호뱀을 형태학적으로 모방하지 않는 한, 독성이 없는 것으로 분류된다. 따라서 문화적 관심은 주의력에 영향을 끼치며, 인식의 유사한 패턴에도 영향을 끼친다.

미국 일상 생물학 이론의 문화적 영향력에 대한 최고의 예시는 물론 자연과학이다. 미시간 학생들의 과학적 교육에 대한 노출은 그들의 일상적 분류학에 작지만 뚜렷한 영향을 남겼다. 과학적인 견지에서 보았을 때 학생들의 분류는 이트사족보다 나은 것이 없었다. 과학의 영향력은 한계에 달해 있다. 예를 들어 과학은 이트사족과 미시간 학생들이 박쥐를 범주화한 방식과 다르게 피상적으로 관련시킨다. 이트사족은 박쥐를 포유류(b'a'al~che')가 아닌 조류(ch' iich')로 간주한다.

미시간 학생들처럼 이트사족은 박쥐와 생쥐 같은 작은 설치류 사이의 유사성을 인정한다. 왜냐하면 이트사족은 박쥐를 새로 분류했지만, 유사성은 오로지 표면적인 것이며, 분류학적 관계를 표시하는 것이 아님을 고려하기 때문이다. 이에 비해 미시간 학생들은 학교 수업으로 박쥐가 포유류라는 것을 알고 있었다. 그러나 이 지식은 일상 분류학에서 과학적 이론의 영향에 대한 증거로 받아들이기 어려운 것이었다. 박쥐가 포유류라는 것을 배웠음에도 불구하고 학생들은 이트사족이 박쥐가 새라는 것을 알지 못했음에도 그랬던 것처럼, 박쥐를 쥐와 생쥐에 관련시켜 놓았다. 그러나 진화론적인 견지에서 박쥐는 분류학적으로 고양이보다 쥐에 더 가까울 것이 없다. 학생들은 과학이 밝혀낸 생물학적인 관계에 큰 주의를 기울이지 않았다. 한편으로 일상적 생물학 지식에 대한 과학적 교육의 일차적 효과는 분류 범주를 수정하는 것이며, 범주는 주의와 귀납법의 패턴에 영향을 줄 것이다.

일상적 추론에 미치는 과학 교육의 영향은 과학 이론이 일상적 분류를 뒷받침한다는 자발적인 확신보다 실질적인 이론 지식을 덜 반영할지도 모른다. 특히 민간 부류 급에서, 일상적 분류와 과학 사이에 나타난 고도의 일치는 미시간 학생들이 일상적 분류가 다소 과학적 궤도에 있다고 믿는 확신에 대해 명백한 뒷받침을 제공한다. 과학이 인과적인 이야기라고 생각하여, 학생들은 같은 이야기가 일상적 분류를 꽤 많이 지지한다고 가정한다. 이런 믿음은 그들을 귀납적 오류에 빠지게 하지만 그런 오류를 제거하는 일이 비록 별로 많지는 않아도 과학과 좀 더 일치하게 된다고 깨닫게 된다.

예를 들어, 스컹크와 주머니쥐가 심층적인 생물학적 속성을 공유한다는 것을 고려하면, 미시간 학생들은 '모든 포유류가 속성을 공유한다'는 결론보다 '스컹크와 곰이 속성을 공유한다면'이라는 가정에 도달할 가능성이 크다. 과학적 견해에서 보면, 학생들은 정확한 추리 전략(다양성에 기반을 둔 추론)을 사용하는 반면 실제적인 분류(스컹크가 분류학적으로 주머니쥐보다 곰과 더 멀다는 믿음) 때문에 잘못된 결론에 도달하고 있다. 그러나 주머니쥐가 계통발생론적으로 곰보다 스컹크와 멀다고 한다면, 학생들은 올바른 결론을 내리기 위해 자신들의 분류를 선뜻 수정할 것이다. 그렇지만 과학적 이론에 따라 수정함에도 불구하고 어쨌든 학생들은 그들의 분류를

Coordinates in 2 Dimensions: stress of final configuration is .10861; proportion of variance (rsq) is: .93985.

Variable	Plot	Dimension 1	Dimension 2	
aj-chäk~tzitzi'	A	1.16	1.04	Ninia sebae (red coffee snake)
=aj-suk' in kan ("fasting snake")				Imantodes cenchoa/Leptodeira septentrionalis
ch' elpat	B	-.78	.09	Porthidium nummifer (jumping tommy pitviper)
aj-ek' ~u-nej	C	.21	-.74	Drymarchon corais ("black-tail")
aj-ek' ~xux	D	-.62	.45	Xenodon rabdocephalus (false fer-de-lance)
				Senticollis triaspis (juveniles only)
u-kan-il~ja'	E	-.69	-1.03	Thamnophus proximus ("water snake")
ix-koraal	F	-.77	.36	Micrurus diastema/M. nigrocintus (coral)
including "false corals," e.g.				Oxyrhopus petola/Sibon sartori/Tintilla moesta
aj-kuy zumbadora	G	.53	-.56	Coniophanes schmidti/Tantilla canula
including species variable				Dryadophis melanalomas/Drymobius margeriitif./
in color and cross-classified				Stenorrhina freminvillei, etc.
aj-k' än k' ok' o'	H	-.94	.35	Bothrops asper ("yellow fer-de-lance")
aj-ya' ax k' ok' o'				Botreichis schlegeli ("green fer-de-lance")
miikaj	I	.38	.21	Spilotes pullatus ("rat snake" =aj-kan~ch'o')
aj-och~kan	J	.58	-.84	Boa constrictor ("opossum snake")
ix-soj-b' ach kan	K	1.60	.02	Oxybelis aeneus ("dry-bone snake")
= kan-il ak' "vine snake," e.g.				Oxybelis fulgidus ("green vine snake")
aj-tz' aab' kan	L	-.92	.26	Crotalus durissus ("rattle snake")
ix-ya' ax kan	M	.25	.40	Leptophis ahaetulla ("green snake")

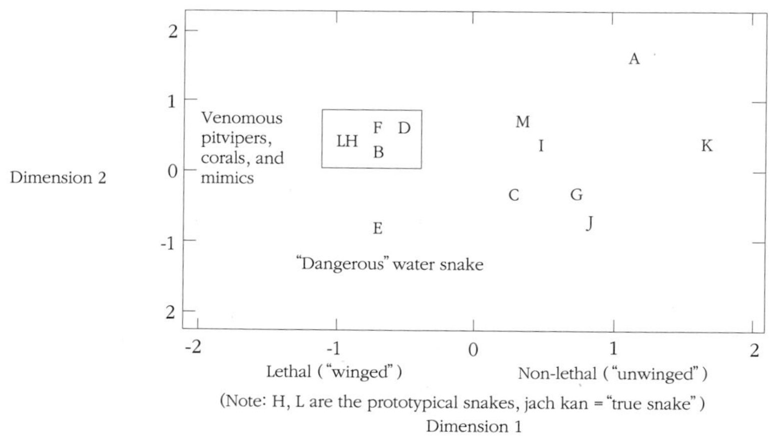

[그림 28-4] 이트사 뱀 분류를 위한 다면척도

수정하기 위해 이론을 사용했다는 주장은 피할 수가 없다.

미시간 학생들과 전형적 분류에서 상위 집단에 이르는 이트사족의 생물학적 속성 프로젝트는 최저 분류 거리에 의해 결정되었다. 그 거리는 상위 집단 내 분류와 그 밖의 모든 분류 사이에 있는 여러 가지 중재하는 계층적인 마디에 의해 계산되었다.

이로 인해 사람들이 병과 같은 알려지지 않은 것이 생물학적으로 같은 분류 범주의 다른 요인과 함께 많은 속성을 공유하는 특정 종에 의해 지배되는 속성과 관련되어 있다는 것을 배울 때, '부정형 종에 관해 같은 사실을 알았더라면' 이라는 결론에 도달할 가능성이 더 높다(Rips, 1975 참조). 그럼에도 불구하고 이트사족과 미시간 학생들은 전형적인 분류로 간주된 사항에 대해 다른 이해를 나타낸다.

예를 들어, 요즘 미시간 시골과 페텐 중심가에서 큰 고양잇과는 실제 큰 고양이와의 발생 빈도와 마주치는 빈도가 대략적으로 비교되기는 하지만 미국 특징 평가의 최하와 이트사족의 평가의 최상에서 나타난다. 반대로 다람쥐와 미국너구리가 마주치는 빈도는 미국 특징 평가에서는 최상이었지만 이트사족의 평가에서는 최하였다. 특징 평가는 직접적으로 분류 거리를 의미하는 분류 자체에서 비롯되거나 미국인에 대해 7점 척도로 평가하는 '전형적' 방법의 직접 대상 평가에서 비롯되거나 일반적으로 포유동물의 종의 특징을 '얼마나 대표하나를 생각하는 방법에서 비롯되었다. 이와 유사하게 Rosch(1975)의 미국인 특징 목록의 최상에 있는 새(참새 같은 무색 연작류)는 이트사족에 대해 결코 '순수 표본' (jach) 새(ch' iich')로 간주하지 않는다. 그에 반해 Rosch의 특징 목록 중 최하 부분에 있는 새는 칠면조와 같은 닭목이다. 미시간 시골과 페텐 중심가에서 무색 연작류의 발생 빈도와 마주치는 빈도는 거의 같음에도 불구하고 닭목의 발생과 마주치는 빈도보다는 그 경우가 항상 더 많다.

한 연구에서 중서부 미국인과 이트사족 모두에게 페텐의 새 중 104장의 비늘 모양의 새 그림 중 '가장 순종인' 새를 가리키도록 요구했다. 미국인들은 변함없이 딱새나 꾀꼬리와 같은 참새목을 목록 맨 위에 놓았고 홑눈칠면조, 볏이 달린 새, 큰 봉관조와 같은 닭목을 맨 아래에 두었다. 이트사족은 이와 정반대였다. 어떤 새가 다른 새들과 병을 함께 나눌 것 같은가 질문했을 때, 미국인과 이트사족 둘 다 강력히 각각 선택한 순종 새를 택했다. 선택의 정당성을 증명하면, 미국인들은 덜 두드러지지만 다른 대부분의 새와 같이 눈에 띄는 닭목보다 그 외 다른 대부분의 새와 더 비슷한 참새목을 만난 빈도수가 더 높다고 주장했다. 다시 말해, 참새목이 새와 갖는 유사성은 전체적으로 최대 평균치가 더 높다. 반대로, 이트사족은 닭목의 병이 다른 새를 포함하여 삼림 속 생명체에 미치는 영향은 훨씬 크다. 다른 특징 있는 새(포식자), 포유동물(큰 육식동물), 나무(큰 개암나무 및 과일나무), 인간에 대해 눈에 띄는 크기, 행동, 가치(먹이사슬 내) 때문이라고 가정하고 있다.

우리가 이트사족의 특징 평가를 감독한 각각의 경우, 대부분의 전형적인 일상 표본은 크고, 지각적으로 두드러지며 문화적으로는 물론, 생태학적으로도 중요하다. 표범과 그 동족들은 포유동물 생활양식을 갖추고 있고, 홑눈칠면조와 그 동족들은 조류 생활양식, 큰 삼각머리 독사와 그 동족들은 뱀의 중간 범주에 속하며, 캐비지 야자와 그 동족들은 야자의 이름 없는 중간 범주에 속한다. 각각은 크게 자랄 수 있지만 그 범주 내에서 가장 큰 것은 아니다(암소는 표범보다 크고, 독수리는 홑눈칠면조보다 크며, 보아뱀은 큰 삼각머리 독사보다 크고, 상아 야자는 캐비지 야자보다 훨씬 크다).

지각적, 문화적, 생태학적 특징의 3차원은 모두 표면상 특징을 결정짓는 데 필요하지만 혼자서는 충분하지 않다. 어떤 명확한 기준 집단도 어떤 한 차원을 결정하지 않는다. 각 전형 표본은 이와 달리 표범의 화려한 외피, 홑눈칠면조의 멋진 깃털, 큰 삼각머리 독사의 노란 목구멍, 숲을 덮고 있는 어린 캐비지 야자의 넓은 잎, 다 익은 커다란 캐비지 야자 열매와 잎 없는 줄기도 같이 물리적으로 인상적인 다른 방법으로 되어 있다. 각각 문화적으로 중요하지만 다른 방법으로도 중요하다. 표범은 삼림의 대장이고, 홑눈칠면조는 지역의 경계를 지으며, 큰 삼각머리 독사는 모든 동물 중 가장 무서운 동물이고, 캐비지 야자는 모든 종류의 피난처에 쓰일 이엉을 제공한다.

각각은 삼림의 생태학적 구성요소와 그 안에 인간을 놓는 것이 특징이지만 다른 방법도 있다. 50제곱미터 정도 되는 표범의 서식지는 삼림 지역 범위를 결정하고, 홑눈칠면조의 서식은 사냥감이 풍부한 지역을 가리키며, 큰 삼각머리 독사의 공격은 사람이 지나가기 두려워하는 지역을 결정하고, 캐비지 야자가 있는 곳은 사람이 정착해 살기 가능한 곳임을 결정한다. 실제로, 3차원은 다른 특별한 상황과 완벽히 구별하는 것은 가능하긴 하지만 힘들다는 사실과 밀접한 관계에 있는 것으로 보인다. 다시 말해, 이트사족의 특징은 문화적으로 관련 있는 인간 생태학의 꼭 필요한 부분이라고 생각된다.

생태학과 관련된 일상 분류를 통한 생태학적 이해

생태학에 대한 관심은 이트사족이 이른바 '다양성 원칙' 이라고 부르는 원칙을 생물학적 추론에 적용하는 데 '실패' 한 이유가 될 수도 있다. 이 원칙에 따르면, 동일한 생물은 (분류가 동일하게 전형적일 때) 분류학적으로 가까운 두 개의 분류(늑대와 코요테)가 공유하는 생태학적 속성은 분류학적으로 먼 두 분류(늑대와 땅 다람쥐)에 의해 속성을 공유할 가능성보다 상위 분류 집단(포유 동물)에 의해 속성을 공유할 가능성이 더 적다. 다양성 원칙은 과학적 분류에서 기초 유발 원칙에 해당한다. 두 가지 유기체 혹은 분류가 공유하는 속성은 두 개를 모두 포함하는 가장 작은 (혹은 최하 등급) 분류에 속하는 모든 유기체에 의해 공유될 가능성이 있다.

따라서 미국 대상자들은 과학자들이 하는 것과 같이 불확실한 면에 있는 것을 추론하는 데 익숙지 않다는 정보를 고려하여 생물학적 분류를 사용하는 것으로 보인다. 염소와 쥐가 지금까지 알려지지 않은 속성을 공유한다고 알려졌다면 염소와 쥐는 염소와 양이 속성을 공유했다고 알려진 것보다 포유동물 쪽의 속성을 더 많이 표현할 수 있다. 반대로, 이트사족은 그와 같은 가망 없는 사건이 발생하는 이유에 관하여 우연한 생태학적 설명을 찾기 위해 비슷한 구조적 분류를 사용하는 경향이 있다. 예를 들어, 박쥐는 염소와 쥐를 물어뜯어 그들에게 속한 속성을 통과했을 수 있지만 속성은 염소와 양이 공유하기 위해 생태학적 동인이 필요하지는 않다.

근본적으로 다른 종의 우연의 일치에 관한 이론이 없을 때, 최소한 이론의 추정만 있을 때, 생물학적으로 본질적 거리가 먼 두 종에서 혹은 두 종 모두에게 꼭 필요한 속성을 고려하기 위한 이유 중 억지스러운 것은 없다. 그런 상황에서 외부적으로 혹은 생태학적으로 '우발' 로 인한 결과가 나타남에 따라 다른 종에서 나타나는 반직관적인 속성의 실재를 더욱 이치에 맞게 고려할 수 있다. 이트사족이 다양성의 원칙을 이해하지 못하는 것이 아니다. 다른 범위에 있는 다양성에 근거한 추론과 관련한 실험에서, 그들은 집단으로서 실험을 성공적으로 수행했다. 예를 들어, 어떤 한 사람은 삼림이 자리를 잡거나 경작될지를 결정하기 위해 삼림의 한 부분을 방문하는 데 일정한 시간을 써야 하는지 여러 부분을 방문하는 데 일정한 시간을 사용해야 하는지 물었을 때, 이트사족은 반드시 후자를 선택했다.

미국인과 이트사족의 두 경우는 생물학적 유도 발생에 대한 원거리 미터법을 제공하는 분류를 비슷하게 구성했다. 미국인의 경우, 분류학적 거리는 표면적 관계보다 생물학적 공용 속성을 예측할 가능성이 더 높은 근본적인 원인의 범위를 가리킨다. 이트사족의 경우, 분류학적 거리는 표면적 관계에 따르지 않는 생물학적 속성을 예측하는 것과 관련한 생태학적 동인의 범위를 제안한다. 선천적으로 어느 입장이든 정확하다. 예를 들어, 병은 분명히 생물학적으로 관련되어 있다. 그러나 동물 개체 사이에 나타나는 지금까지 알려지지 않은 몇몇 병의 분포는 본질적으로 타고난 생물학적 감수성과 생태학적 작용에 좌우하는 유행병학적 요인과 관련된다.

좀 더 일반적으로, 생물학적 원인이나 속성으로서의 '변수'는 이트사족에 대해 하나의 생물을 반영할 수 있고 미국인에 대해 다른 생물을 반영할 수 있다. 이트사족은 생물학적 환경에 대해 반드시 자세하게 인식하고 살고 있으며 미국인은 자세한 인식과 그 필요성에 대한 생각이 좀 덜하다. 대부분의 이트사족의 경우, 생물학적 원인과 속성의 인식은 생태학과 직접적으로 관련될 수 있는 반면, 대부분의 미국인의 경우 생태학적 원인과 속성의 세분화는 불분명하게 남아 있을 수 있다. 역사적으로, 서양의 전 세계적인 과학 분류법의 발달은 생태학적 관계 무시 및 대부분의 밀접한 인식의 통로와 유기체 환경에 대한 접근 통로를 구성하는 색, 냄새, 맛, 감촉의 무시와 분명히 관련되어 있다.

일상적 생물학과 과학적 생물학 사이의 절충 실패

등급을 매긴 분류 구조와 종에 대한 본질적 이해에 관하여, 이트사족은 반복적으로 상위 등급을 추출하려는 커다란 지적 노력도 요구하지 않는다. 그 때문에 귀납적 능력을 이용하여 등급을 매긴 분류를 제공한다. 그러나 초기 가설(Atran, 1990)과 반대로 최근의 실험 연구는, 사실은 그렇지 않다고 밝히고 있다. 이트사족과 다른 일상 민족은 아마도 등급을 매기지 않는다. 그들은 상위 일상 생물학적 수준에서 임시법을 세우지 않고, 뛰어난 분류가 그들의 종이 공유하는 보이지 않는 우연 일치의 종류를 공유한다고는 가정하지 않는다. 즉, 종 사이에 있는 생태학적으로 중요한 관계를 체계화하는 등급의 잠재적 사용은 분명하고 일관성 있게 보인다. 그러나 이 잠재적인 도식체계화를 2차 범주(법이 지지하는 등급)로 변환함에 대한 인식적 이득과 필연적으로 나타나는 1차 범주(법으로 지속되는 분류) 사이의 우연한 관계에 대한 결과적인 재해석은 인식 비용을 능가하지 않는다. 다시 말해, 서로 관련이 없으며 부적응함을 증명할 수도 있다(Sperber & Wilson, 1986 비교).

그다음, 일상 분류가 인간이 갖게 될 대부분의 강력한 귀납 도구 중 하나로 변함에 따라 나타나는 '실패'에 대해 이트사족이 인식하는 것으로 보인다. 이 도구를 이용하여 이트사족은 커다란 귀납 잠재력의 깊고 숨어 있는 속성을 무시하기 위해 생태학 및 형태행동학적 관계에 1차적으로 관련하는 것을 중단해야 한다. 그러나 과학이 파악하려 노력한 이 잠재력은 관련 없는 중요한 범위이나 지역 생태학적 중요성에만 직접적으로 관련되어 있다. 사람들이 좀 더 보편적인 이해를 약속하기 위해 지역 환경이 잘 돌아가도록 이용한다는 추론을 중단하거나 단념하는 것은 세계에서 일어나고 있는 일에 관한 일시적 관심을 촉진한다. 몇몇을 제외한 부유한 사람들이 이 비용을 부담할 수 있다.

대학생을 포함한 대부분의 미국인들은 결국 진짜 과학자는 아니다. 비록 과학자처럼 형식적으로 추론할 수는 있지만 그들이 내리는 결론은 비논리적일 때가 많다. 그 이유는 미국인 분류 고용은 과학적 분류보다 일상 분류가 더 적합하기 때문이다. 과학자들은 다양성에 기초한 추론을 사용하여 생물학적 속성의 세계적 분포에 대한 가설을 만들어 실험을 통해 예측을 조사할 수 있고, 예측이 실패하면 이어서 분류학적 순위를 다시 구성할 수 있다. 이 범주가 과학이 발달시킨 예측 가설을 지지하는 데 실패했을 때, 즉 생물학적 법칙에 따른 자연류의 예측과 같은 기능을 성공적으로 수행하지 못했을 때, 과학자들이 일상에 기반을 둔 우선 범주를 저버리더라도 철저히 재해석하고, 바꾸도록 한다. 반대로 미국인들에게는 과학자들이 했던 다양성에 근거한 추론을 지지하는 생물학적 이론이 없다. 만약 가지고 있었다면 지금 그들이 사용하는 범주는 없었을 것이다.

예를 들어, 미국 학생들은 마치 이론에 근거한 범주처럼 계도(tree)를 사용하고 계도가 진화 계통을 가로지른다는 사실에도 불구하고 다른 나무 종 사이에 나타나는 생물학적 속성의 가상 분포에 대해 추론한다고 알고 있다. 그러나 생태학적 관점에서 보면, 계도에는 효과적인 범주가 남아 있다. 나무는 다른 식물이 자라는 방법과 동물의 종이 상호작용하는 방법을 결정한다. 이에 따라, 근본적으로 우연의 일치라는 추정에 관한 것보다 생태학적 원인과 동인에 관한 나무 사이의 관계에 대해 이트사족이 추론할 때 그 추론의 타당성은 편협하다. 그와 일관되게 미국인들은 과학자들이 하는 것처럼 정확하게 추론하기 위해 계도를 버리거나 이트사족이 하는 것과 같이 다소 추론하기 위해 생태학점 범주에 따라 계도를 유지해야 한다.

점점 도시화된 미국인들은 속박되어 있다. 계도는 마음과 사람들의 생활 양식에 강력한 영향을 주고 있지만 체계화 개념으로서의 사용법은 여러 국부적 관련성을 잃었고 과학자들이 생물학적 범주를 요구한다는 세계적 혹은 이론적으로 도출된 우주적인 중요성을 가진 듯 취급된다. 미국인들은 이런 요구에 이해 없이 민감히 반응하도록 교육받는다. 요즘, 미국 학생들에게 계도의 종류를 확인할 것을 요구할 때, 그들은 너도밤나무와 느릅나무의 차이를 설명하는 것보다 피자 식물과 겉씨식물을 구별하는 방법에 대해 분석적으로 설명할 수 있는 경향이 좀 더 크다. 사람들의 이해가 일상 지식과 과학 지식 사이의 틈을 통해 흘러감에 따라 그들이 살고 있는 생물학적 세계에 대해 의미 있게 이해할 수 있다.

요약하면, 이트사족과 미국 대상자들은 불확실한 형국의 세상에 대한 이해의 범위를 넓히기 위해 다소 다른 방법으로 비슷하게 조직된 분류를 사용한다. 원칙적으로, 어느 방법이든지 성공할 수 있다. 수세기에 걸쳐 이트사족은 안정적이고 현실 문제 중심적인 생태학 질서를 통합 및 유지하기 위해 일상 생물학적 구조 사용을 관리했다. 다른 방법으로, 좀 더 세계적이며 생태학적 관계에 대한 환경에서 자유로운 이해에 도달하기 위해 발견적 방법으로서 분류를 사용하는 과학자들은 표면적 외양을 따르지 않는 속성의 중요한 새로운 발견을 만들어 낸다. 미국인들은 생태학적으로 유효한 범주를 유지하지만 이론에 근거한 것처럼 그 범주에 대해 추론하는 절충안을 우연히 추구한다. 엉뚱한 결과도 자주 도출된다.

과학과 상식

Aristotle는 서구에서 최초로 (혹 다른 곳도 있을 수 있지만) 중요한 우연의 일치와 생물학적 종류뿐만 아니라 비활성 물리적 실체를 포함한 '자연류' 범위의 근본적인 합법적 획일성에 관한 이론적 가설을 향상시킨 인물이다. 이 전략은 결국 서구 과학이 각각의 종류 사이에 있는 지역적 관계에서 전 지구적, 전 우주적으로 '자연적' 범위를 확장하도록 만들었다. 그러나 과학자들이 상식을 뛰어넘도록 명백히 고안된 원칙을 명확히 하기 전에 이렇게 되기까지 2천 년의 시간이 걸렸다.

맨 첫 '실물과 다름없는' 후기 르네상스 식물과 관련해서, 예리한 과학 역사가는 이렇게 기록했다.

> 식물을 물에서 꺼내 뿌리를 씻었다. 따라서 우리에게 보이는 것은 물이 없는 수련이다. 이는 꽤나 모순적이지 않은가? 식물과 서식지 간의 모든 관계는 깨지고 감춰졌다(Jacobs, 1980, p. 162).

지역 서식지에서 유기물을 분리하고 서면으로 된 담화의 중립적 어조로 묘사하는 경우만 세계적인 생물학적 비교 및 대립 구조를 발달시켰다. 이는 문화적, 생태학적, 감각적 정보를 포함해 일상 생물학적 지식의 지역적 '미덕'을 희생하는 것을 의미했다.

Linné 시대부터 현재에 이르기까지, 생물학적 분류는 명백한 원칙 및 조직적 기준을 이용해서 일상 민족은 부차적으로 생각하거나 전혀 고려하지 않았을지 모른다(예를 들면, 식물의 꽃과 과일 구조의 기하학적 구성이나 동물의 혈액 화학검사의 수적인 분류). 그럼에도 불구하고 Linné처럼 현대 분류학자는 최초로 전통적인 일상적 평가에 명백하고도 중대하게 의존한다. Bartlett(1936, p.5)은 페텐의 마야 지역과 구체적으로 관련하여 언급했다.

> 새로운 열대 지역에서 일하고 있는 식물학자는 처음 보는 수많은 종을 마주했을 뿐만 아니라 그가 방문했던 계절과는 다른 계절에만 볼 수 있는 꽃과 과일 혹은 드문드문 산재한 것만 발견해서 풍부한 꽃과 과일을 찾을 수 있을 거란 희망을 갖기 어려웠다. 게다가 그런 식물은 생태학적으로 관련된 식물의 특성을 나타내기 쉽다. 그런 식물은 땅에서 발견하기 힘든 꽃이 달린 거대한 나무인 경우가 많다. 닿기 힘든 나무 꼭대기에 잎이 달린 리아나와 따기 어려운 곳에 달린 종려나무나 꽃을 발견하기 힘든 대나무도 있다. 이런 상황에 직면했을 때, 식물학자들은 원주민이 알고 있는 것과 같이 식물의 이름, 분류 기준(자실체를 완전히 무시하는 경우가 자주 있는), 서식지와 토지 유형의 용어를 이용해 식물에 대해 배운다면 마치 마술처럼 어려움이 사라지는 것을 발견하게 된다(동물학을 보려면 Diamond, 1966 참조).

과학적 분류에 관해, 전통적인 일상 생물학은 높은 곳에 다 오른 후 버려지는 사다리를 나타낼지 모른다. 그러나 전통적인 일상 지식이 부족하거나 그에 대한 평가가 불분명한 사람은 방임에 처하게 될 수 있다. 점점 도시화되는 사람과 정식 교육을 받는 사람에 관해, 포괄적인 과학 추론 기술 평가의 양은 일상의 생존을 위협하는 생태학적 인식의 손실을 보상할 수 없었을지 모른다.

나무와 새: 과학적이지는 않지만 그렇다고 진부하지도 않은

Joachim Jungius와 Caroli Linné 와 같은 계몽 자연주의자는 인간 생태학의 인식적인 계선과 과학 생물학(자연사)의 분류를 더 멀어지도록 했다. 그들은 식물학이 나무나 풀과 같은 직관에 의한 '자연적' 생물이지만 과학적으로는 '미정' 인 생물이 되는 것을 금지했다. 물론, 나무는 단일 계통 발생 가계를 구성한다(예를 들어, 콩류는 다양한 나무, 줄기, 덤불 등이다). 이제야 진화론적 이론가들이 다년간에 걸친 새와 파충류 같은 동물학적 생물의 '실재' 에 의문을 품기 시작했는데, 총체적인 분류 틀은 처음부터 생물학을 상상 가능한 것으로 만들었다. 예를 들어, 공룡에서 유래한 첫 생물이 새라면, 거북이 아니라 악어가 공룡과 직접적으로 관련되어 있다면, 악어와 새는 거북을 제외한 집단을 형성하게 된다. 혹은 악어, 새, 거북은 개별 집단을 이루거나 모든 생물이 하나의 집단을 이룬다. 어떤 경우든지 새와 파충류의 일상적인 계층 분리는 더는 과학적인 지지를 받을 수 없다.

그러나 현대 생물학 분야에 못지않게 Linné는 지역적 종의 배열을 수집하고 이해하기 위해 나무와 같은 대중적인 생물을 지속적으로 신뢰하려고 했다. 자연과 가까이 사는 사람들은 위험을 각오하고 그런 생태학적으로 두드러진 부류만 무시한다. 사람들이 서구 문화의 도시처럼 지역 생태학적 관계를 크게 무시하게 될 때, 그들은 나무(혹은 새나 파충류)처럼, 생물체 생활의 기억에 남는 부분과 인간 종의 진화론적 역사와 같은 생물체에 지속적으로 달라붙는다.

생기론의 영속적 특징과 생명 분류 계통수

생기론은 생명이 있는 것들—그리고 유지 부분, 특징과 과정은 비활성 물질에 적용되는 의존관계로 한정될 것이 없다고 믿는 것이다. 생기론은 문화적으로 다양하게 표현된다(Hatano & Inagaki, 1994 참조). 어떤 문화 내에서도 사람들은 다음 두 가지 믿음을 다양하게 해석하고 다양한 수준의 믿음을 보일 수 있다. 첫째, 종교적 성향을 가진 사람들은 '영혼' 적인 요소가 생물학적 인과관계를 결정한다고 생각한다. 그리고 둘째, 좀 더 과학적인 기질을 가지고 있는 사람들뿐 아니라 고대 그리스 원자학자들도 물리학과 화학에 적용되는 법칙이 반드시 생물학에 적용되는 것은 아니라고 주장할 수 있다. 대다수는 아니더라도 많은 현장 생물학자들(인지과학자들도 포함해서)은 생기론에 보이지 않게 적어도 최소한의 공헌을 하고 있을지도 모른다. 그들은 물리화학적인 법칙이 생물학을 설명하는 데 충분해야 하나 현재 형태의 그런 법칙으로는 충분하지 않고, 그 특성(예를 들어, 자연적 종류)이 비활성 물리법칙이나 화학법칙과는 다른 또 다른 법칙이 도입되어야 한다고 가정하고 있는 것이다.[10]

게다가 생리학, 형태학, 질병과 진화의 이해를 위한 강력하고도 풍부한 개념도를 버리지 않고 생물 이론에서 목적론적인 표현(기능적으로 정의된 개념)을 완전히 없애는 것이 가능할 수 있다. 인지과학에서, 마음/정신 같은 생물학적인 체계가 컴퓨터처럼 전자기학적인 회로로 완전히 수렴될 수 없다고 믿는 것은 널리 퍼진 생각이며 중대한 논란을 불러일으키지만 또한 상당히 창조적인 이론화를 이끌어 낸다. 그래서 이런 종류의 생기론은 과학이 결국 버리려고 할지도 모르는, 좀체 사라지지 않는 일상 사상(믿음)을 대표적으로 나타낸다면, 과학적 질문을 하는 데 중요하고 아마도 없어서는 안 될 인지적 발견으로 남아 있게 된다.

계통분류학에서 분류계층 구조를 사용하면 비슷한 점이 보인다. 현존하는 속(genera), 과(families), 강(classes) 등과 사라진 속, 과, 강 등의 범위를 표로 만들면, 분류학자는 생명의 역사를 거쳐서 변화한 다양성을 보여 주는 쓸 만한 일람표를 보여 줄 수 있다. 예를 들어, 과의 수를 만들어 봄으로써, 사지류(양서류, 조류, 포유류, 파충류 같은 육생 척추동물)가 곤충보다 더 다양한 그룹을 형성하는지 확실히 알아볼 수 있다.

게다가, 한 그룹에서의 분류학적 다양성이 다른 그룹에서 분류적 다양성의 기능으로 시간이 흐름에 따라 변하는지 아닌지를 계산해 보면 2개 그룹의 진화적인 상호 의존성을 찬성하거나 반대하는 증거를 모을 수 있다. 예를 들어, 곤충과 개화 식물의 상대적 과의 개수를 최근에 비교하게 되어 개화 식물의 출현 이전에 곤충은 분류학적으로 그 이후만큼이나 다양했다는 놀라운 사실을 알아냈다. 결국, 식물 진화가 곤충의 적응 방산(adaptive radiation)에 끼친 진화적 영향은 이전에(Labandeira & Sepkoski, 1993) 생각했던 것보다는 아마도 덜 중요했을 것이다. 다양한 분류학적 계층 사이에는 '진정한' 구분이라는 것은 존재하지 않는다는 것을 진화론자들이 잘 알고 있지만, 모두가 궁금해하는 과학적으로 공들인 일상적 전략에 대한 발견적(heuristic) 가치는 압도적이다.

일상적 사고에 끼치는 과학적 영향의 한계

'핵심' 이라고 하는 일반상식을 완전히 바꿔치기하는 것이 어떤 경우에는 아예 불가능할지도 모른다. 어떤 준비된 직관이 새 지식에 맞게 만들어질 수 없다면, 새 지식을 기본 영역에 동화시키는 데에는 태생적인 한계(내부적으로 결정된)가 있을 것이다. 일상 물리학을 예로 들면, 양자 역학의 방정식에 어떤 설명(별로 놀랍지 않은 직관)이든 완벽하게 가져다 붙일 수 있다는 것은 의심스럽다. 고전 역학의 경우와는 다른 결정적 의미에서 보면, 양자 역학을 이해하는 것은 그냥 수학을 이해하는 것이다. 양자 물리학자조차도 양자 방정식으로부터 나온 개념을 사용하지 않거나 또는 사용할 수 없어도 매일 물리적 사물과 상호작용하는 것을 이해하고 또 협상하고 있다고 사람들이 생각하는 것은 의심할 여지가 없다.

Eddington의 두 테이블을 생각해 보면, 한쪽에는 딱딱한 평범한 테이블이 있고 그 테이블이 안정을 유지해야지 가장 헌신적인 양자 물리학자조차도 음식을 먹고 연구를 할 수 있다. 다른 한쪽에는 우주적 관점에서 생각한 똑같은 테이블이 있는데 거기에는 빈 공간이 더 많고 비교적 아주 작은 물질로 되어 있으며 그 물질의 부분들이 아주 빠르고 다양한 속도로 움직이며 원칙적으로 가장 구별을 잘하는 도구를 가지고도 위치를 잡거나 관찰하는 것이 불가능하다. 양자 용어로 '테이블 아래로 소금 좀 주실래요?'에 대한 대답을 강요하는 것이 얼마나 어려운지 상상해 보라.

어떤 측면에서 보면, 종을 진화론적으로 이해하는 것은 양자 역학을 이해하는 것만큼이나 직관에 맞지 않을 뿐만 아니라 어렵다(Hull, 1991). 이종 교배를 하지 못하는 것이 아주 비슷하게 살아가는 유기체(생물)군을 구별하는 데 좋은 경험적 규칙이지만, 한 종에서 여러 종류나 다양성을 분류적으로 시간 내에 구별하는 절대적 규칙은 없다. 어떤 분자 규칙이나 유전 생물학의 법칙도 일관되게 모든 종 혹은 한 종에만 적용되지 않는다.

그럼에도 불구하고, 많은 철학자들과 과학자들은 종 분류군이 영속적인 자연적 종류인 것처럼 분류군에 대해서 논의를 계속하고 있다. 정말로 종의 개념을 과학적으로 주어진 것처럼 자연적인 종류의 것으로 인식하는 사람들도 있으며, 이것으로 보여 주려 하는 것은 상식과 과학 사이에 진보적 영속성이 있을 뿐만 아니라 '종'을 자연적인 것으로 보는 과학적 개념이 생명류 용어의 일반 상식적인 의미를 궁극적으로 나타내는 것이라는 것이다(Kripke, 1972; Putman, 1975; Schwartz, 1979). 오히려 현대 과학은 그와는 반대되는 것을 보여 준다. 종의 진화 개념과 진화 전 개념 사이에는 두드러진 비영속성이 존재하며 그와 동시에 과학에서 종을 자연류로 보는 개념이 아직도 남아 있는데, 그 개념이 시사하는 바는 과학에서 기본적인 개념은 다른 방법만큼이나 상식의 명령에 무용할 뿐이라는 것이다.

그런 기본적인 '상식'은 심리적으로 매일 세상을 이해하는 데 유용할지도 모른다. 그러나 광범위하게 그 차원을 확대하거나 축소한 현대 과학에서 인식론적으로 봤을 때는 쓸모가 없을 것이다. 확실히 초인지 능력은 더 많은 기본 모듈의 결과를 보여 주고 통합할 수 있도록 하며 새로운 종류의 정보를 만들어 낼 수 있도록 한다. 이렇게 공들인 지식은 기본 개념 모듈을 입력하는 상황을 충족시킬 목적으로 조작될 수 있다. 예를 들어, 동물 그 자체보다는 오히려 동물 그림과 이야기를 보여 주는 방법을 택할 수 있다. 그래서 자료정보를 바꾸고 자료구조에 영향을 끼침으로써, '핵심' 지식의 일부분조차(제한된 범위 내에서이긴 하지만) 바뀔 수 있다.

예를 들어, 수학과 관련되어 있고 많은 노력이 들어간 과학적 발견으로부터 그런 개념이 도출되었음을 알지 못할 가능성이 많지만, 우리 사회의 어린아이들조차도 지구와 다른 천체물을 구체로 된 대상물로 보는 현대적 개념을 이해하는 것으로 보인다(Vosniadou & Brewer, 1987). 이와 비슷하게, 우리 아이들은 고래와 박쥐는 포유류라고 생각할 수도 있다. 이런 구별을 가능하게 하는 해부학적 지식을 아이들이 단지 모호하게만 알고 있겠지만 말이다(Medin, 1989). 기본 개념화에 대한 초인지적(과학적)인 추론이 눈에 띄고 만연한 효과를 보일 때조차도 그 효과가 통일되어 있지도 않고 새 구조(예를 들어, 이론)로 완전히 대체된 일반상식 구조를 가지고 있는 것 같지도 않다(Dupré, 1981; diSessa, 1988).

기본 인지 특성으로 저평가된 일반상식 지식은 가장 세련된 과학적 개념과는, 비록 이 두 종류의 지식 사이에 미묘하고도 광범위한 상호작용이 있지만, 어느 정도 동떨어져 있을 수 있다(직관에 어긋나는 대부분의 경우에는 반드시 그렇지만). 내재적으로 결정된 이런 한계는 영역 특정적(domain-specific), 범문화적 공통성(universals) 개념을 의미 있게 만드는 '기본' 존재론과 핵심 영역 구조를 충분히 보유하는 것과 같은 것일지도 모른다. 이렇게 생각하면 핵심 원리가 여러 문화에서 같은 방법으로 배움을 안내할 것이라고 강하게 기대할 수 있다. 과학을 포함한 문화적 다양성이 형성되고 그 다양성을 이해하는 것이 여기에 달려 있다.

결론: 과학의 인류학

정신에 있는 뚜렷한 '모듈화' 습관은 종의 생존에 적절한 인류 환경이 가진 되풀이되는 특징을 잡아내도록 진화했다. 그래서 핵심에 모순되지 않는 생각들이 문화적 환경에서 한번 발산되면 수많은 사람의 정신에 '전염되어' 퍼질 것이라는 것이 놀라운 일은 아니다. 문화의 역사나 관습에서 그 이후 변화에 영향받는 일은 거의 없을 것이다. 격식을 갖춘 또는 그렇지 않은 가르침이 없이도 배울 것이고 한번 배우고 나면 쉽게 또는 완전히 잊어버리는 일은 없다. 그것들은 문화 내부에 지나칠 정도로 견고하게 자리 잡고 있고, 어느 정도 구조적으로 여러 문화에 걸쳐 같은 모습일 것이다.

비록 일상 생물학적 지식에 고도로 조직화되어 있고, 영역이 분명하며 인지적으로 공통되는 기본이 있는 것 같지만, 사람들이 하는 일에 자신이 알고 있는 것을 어떻게 사용하느냐에 있어서는 개인적이며 문화적인 다양성이 상당히 큰 것 같다. 예를 들어, 이트사 마야인들은 자신이 살고 있는 지역의 환경을 잘 알고 있어야 했는데, 자기들만의 생물 분류법을 사용해서 판단하고 종간의 생태학적인 관계를 더 잘 이해하는 것 같다. 반대로 미국 사람들은 주변 환경과는 덜 친밀하고 문화적으로는 과학에 영향을 받아서 외부적 모양이 보여 주는 것보다는 과학자처럼 생각을 해서 종간에 좀 더 깊은 생물학적인 연결고리를 만들려고 한다.

조사 과목을 수강하는 사람들은 일반적으로 구체적인 과학 기준에 노출되는 것이지 과학을 실제로 하는 것에 없어서는 안 되는 내재적인 기준에는 노출되지 않는다. 결국 일상적이기보다는 오히려 과학적인 사고방식을 계속 사용하는 것은 종종 세련된 것이라기보다는 오히려 맹목적인 믿음의 문제다. 반대로 이트사족이 다양성 원리를 계속 무시한 것이 그들 주변 일상 세계를 이해하는 데에 있어 그런 논리적 추론이 부적절하다고 계속 생각하는 것보다는 정확하게 사고할 가능성이 더 많다는 것을 반영할지도 모른다.

생물에 대한 과학은, 첫째 자연에 대한 역사로서, 그다음으로 생물학으로서, 한 번에 쉽게 이해하기 힘든 것을 더 잘 이해할 수 있도록 발달했다. 유럽 탐험의 시대 에는 많은 수의 새로운 종이 노출되었기 때문에 일반상식의 사고방식을 그 한계까지 늘렸다. 좀 더 최근에 발견된 이온(aeon)은 막연하게 화석화된 형태만 많이 있어서 결국 과학과 일반상식 사이에 인식론적인 균열이 일으켰다. 이 균열은 '사실' 이냐 '거짓' 이냐 사이에 대한 것이 아니다. 과학이 사실이라고 주장하는 것이 무엇이든지 간에, 그 균열은 오히려 '세상 그 자체로 어떻게 인간 관찰자에 독립적인가' 와 '세상이 인간에게 어떻게 보여야 하나' 사이에 있다. '과학 인류학' 의 연구 과제는 과학과 일반상식 사이의 인지 노력에 이런 분열이 일어난 것을 이해하는 것이며 일반상식의 사고방식이 서 있는 범위를 찾는 것이고 우리의 준비된 인지가 더는 진실을 약속하지 못하는 곳이 어디인지 우리에게 보여 주는 것이다.

감사의 글

여기에 보고된 비교연구는 과학재단(National Science Foundation)과 프랑스 고등교육부(French Ministry of Higher Education)의 지원을 받아 이루어졌다(No. SBR-931978). 생물학적 분류와 이에 대한 간문화적 사유에 참가한 연구자들은 Ximena Lois(CREA, 폴리테크니크 학교), Alejandro López(Max Planck 연구소), Douglas Medin, John Coley, Elizabeth Lynch(노스웨스턴 대학), Edward Smith와 Paul Estin(미시간 대학), Brian Smith(텍사스 대학 알링턴 캠퍼스) 그리고 Valentina Vapnarsky(파리 제10대학)이다.

주

1. Aristotle에 노출된 사람들을 제외하고는 인간과 인간을 제외한 기타 생물체를 같은 존재론적 분류에 포함시키는 문화는 없다. 그리고 인간을 제외한 생물체에 대한 정보를 처리하는 방식으로 인간에 대한 정보를 처리하는 사람 또한 없다. 그래서 카야포(Kayapó)족(아마존 동남부에 사는 인디언 원주민)

은 모든 생명체를 다음 네 가지로 분류한다. (1) 움직이고 자라는 것, (2) 자라기는 하지만 움직이지 않는 것, (3) 움직이지도 자라지도 않는 것, (4) 사람, 곧 모든 동물에 가까우나 독특하고 사회적 조직을 가지고 있어서 다른 대부분의 동물들보다 더 힘이 센 생물이다(Posey, 1981. p. 168).

2. 시각적 방식 내에서조차도 색깔과 모양을 처리하기 위한 구체적인 채널은 아주 세밀하고 시각을 중심으로 한 의미적 표현에 내포되어 있는 특화된 하위 요소다. 과일을 구별하는 데에(예를 들어, 딸기), 색이 모양보다 더 중요할 수 있다. 꽃에서는(예를 들어, 튤립), 모양이 색깔 정보보다 더 중요할 수 있다(Warrington & McCarthy, 1987).
3. 이 집단에게 이름이 있든지 없든지 간에 차이는 없다. 영어 사용자들은 '동물(animal)' 이라는 용어를 적어도 다음 세 가지 종류의 생명체를 지칭하는 것으로 애매하게 사용하고 있다. 즉, (1) 사람이 아닌 동물, (2) 사람을 포함한 동물, (3) 포유류(기본적 동물)를 지칭한다. 고어인 '짐승(beast)' 은 영어에서는 인간이 아닌 동물을 지칭하는 것 같지만 오늘날 거의 사용되지 않는다. 영어 '식물(plant)' 또한 애매하게 사용되며 식물계를 지칭할 때 사용하거나 나무가 아닌 식물계에 속하는 생물을 가리킬 때 사용한다. 일반적으로 마야어에는 그러한 의미의 '식물' 을 지칭하는 이름은 없다. 대신, 이런 언어들은 식물과 다른 생물을 다른 방법(모두 그리고 특정한 식물에 숫자로 된 독특한 식별자를 할당하는 방법으로)으로 분명히 구분하도록 한다.
4. 생물 형태는 문화마다 약간 다르다. 예를 들어, 고대 히브리나 현대 랑기(Rangi, 탄자니아)와 같은 문화는 곤충, 벌레와 다른 '기어다니는 동물' 에 파충류와 양서류를 포함시킨다(Kesby, 1979). 마야 이트사족과 대부분 서양 문화는 (최근까지) 파충류와 양서류를 '4족 동물' 로서 포유류에 포함시킨다(Atran, 1994). 로페포(Rofaifo, 뉴기니)는 화식조처럼 심하게 고립된 새를 포유류로 분류하는 것처럼, 마야 이트사족 같은 문화는 박쥐처럼 심각하게 고립된 포유류를 새로 분류한다(Dwyer, 1976). 생명-형태 그룹, 분류군 혹은 생명 형태 수준이나 급을 어떻게 형성을 하든지 간에 공통적으로 광범위하게 동등한 영역으로 생명 세상을 나눈다.
5. 식물학자들과 민족 식물학자들은 형태적인 기준을 강조해서 이런 기본적인 사람-생물학적인 수준을 과학적 속(genus)으로 구별하기를 선호하는(Bartlett, 1940; Berlin, 1972) 반면, 동물학자와 민족 동물학자들은 행동적(특히, 번식) 기준을 강조하고 종(species)으로 생물을 분류하려는(Diamond, 1966; Bulmer, 1970) 경향이 있다. 기본적 분류학에는 과학적으로 '애매한' 특성이 있어, 그 애매한 부분에 포괄적인 종(species)이라는 이름을 붙였다. 이 이름은 좀 어색한 용어인데 여기서 정확하진 않지만 더 편리한 일상 종(folk species)의 개념으로 대치했다. 확실히, 기본적 수준의 분류는 상호 배타적이다. 이것으로 관심의 방향을 돌리게 되면, 지금까지 알려지지 않았거나 잘 모르는 유기체는, 일반적으로 기본적인 분류군으로 할당된다는 점에서 봤을 때, 기본 수준 분류가 지역 동물군과 식물군의 분류를 실제로 소모적으로 했다는 것을 보여 준다.
6. 일상 하위 종은 일반적으로 여러 이름을 가지는 반면 일상 종은 일반적으로 단일 어휘를 가진다. 외부 유기체가 지역 환경에 갑자기 나타나면 하위 종으로 기본 분류군으로 동화되는 경우가 많다. 예를 들어, Lowland Maya는 스페인어로 원래는 '마을 맥(village tapir)' 인데, 이것은 마치 그들이 밀을 '카스틸리안 옥수수(Castillian maize)' 라고 한 것과 같은 맥락이다. 이와 비슷하게 토종 파카(pacas: 쥐목 아구티과 동물)와 토종 아구티(agoutis)를 '못된 토끼(bastard hares)' 라 했으며 이것은 마야 빵나무(breadnut tree)를 인디언 무화과나무(Indian fig)라고 한 것과 같다.
7. 사실 1829년, 척추동물(vertebrates)을 생명 분류 계통수(Tree of Life)에서 단일 '가지' (분기)로 한정시킨 사람은 Cuvier였다.
8. 그래서 Linné에게 자연 시스템은 '자연적 본능' , 즉 처음에는 우리에게 가장 가까운 사물을 알게 가르쳐 주고 맨 나중에 가장 작은 것을 알도록 가르쳐 주는 본능에 뿌리를 두고 있다. 예를 들어, 사람,

사족류, 새, 고기, 곤충, 진드기 순으로 또는 처음에 큰 식물에서 마지막에 가장 작은 이끼로까지 그 순서가 된다(1751, sec. 153).

9. 자주 언급된 이트사족 뱀 분류군 원형 종만 [그림 28-4]에 나와 있다. 우리는 지금까지 일상 생물학적인 분류군을 계속적으로 결정하며 사용해 왔다. 이트사족은 다른 뱀 분류도 사용한다. 그러나 우리의 생물학적인 뱀 목록은 너무 불완전해서 지금 그 분류를 포함시킬 수 없다.

10. Aristotle는 처음에 생명체와 내부적 존재 둘 다 본질적인 내재적 특성을 가지고 있다고 했다. Locke(1689/1848)는 이런 알 수 없는 종류를 자연의 '실재 종류' 라고 생각했다. 그리고 그 내재적 특성은 사람의 정신으로는 완전히 측정할 수 없다고 주장했다. Mill(1843)은 이런 종류를 자연 자체의 '제한된 다양성' 이라고 했고 그래서 그것을 과학적 법칙의 속성이라고 생각했다. Mill은 이런 종류를 생물학적 종과 불활성 물질(예를 들어, 납, 금)의 기본적 요소를 포함한 '자연적 종류' 라고 명했다. 전 문화에 걸쳐서, 불활성 물질이, 내재적 요소나 본질이라는 측면에서 인식이 되는지, 인지영역을 구성하는지는 불명확하다. 그리스의 땅, 공기, 불, 물이 보편적인 것이 아니라는 것은 분명하기 때문에 기본적 요소가 여러 문화에 걸쳐서 존재하는지도 명확하지 않다. 달리 말하면 '자연적 종류' 의 개념은 모든 종류의 자연 현상을 포함하며 심리적으로 실재하는 일반 사고(예를 들어, 인지과학에서 '자연적인 종류')적 특성이 아닐 수도 있다. 아마도 서양 과학과 과학 철학에 존재하는 특이한 인식 개념일 수도 있다.

제29장 직관적인 생물학 지식 획득에 있어서 인지와 문화 요인

GIYOO HATANO
KAYOKO INAGAKI

일반적으로, 아동은 물질세계에서의 몇 가지 중요한 양상에 관한 이론을 태어날 때부터 소유하고 있다고 여겨지는데, 이렇게 주장하는 이론 중 하나가 생물학적 현상에 관한 것이다(Wellman & Gelman, 1992). 실제로, 유아들을 관찰해 온 교육자들은, 유아들이 생물학적 현상에 관한 자신의 선천적 지식을 이용하여, 동식물을 관찰하며 그것에 대해 이해했고, 이와 관련한 일상생활의 문제를 해결했다는 예시를 보고해 왔다. 예를 들어 Motoyoshi(1979)는 5세 여아가 자라나는 꽃을 보며 뛰어난 분석으로 자신의 축적된 경험을 요약했다고 보고했다. "꽃은 사람과 같아요. 만약 꽃이 아무것도 먹지 않으면(물을 주지 않으면) 배고파서 꽃이 떨어져 버릴 거예요. 반대로 너무 많이 먹어도(물을 너무 많이 주면) 아플 거예요." 이것은 유아들의 생물의 의인화(personifying biology)가 식물 현상을 이해하는 기초로 작용할 수 있고, 따라서 Keil(1992)이 말하는 해석 모드(mode of construal)를 구성할 수 있다. Motoyoshi(1979) 또한 감탄할 만한 일화를 소개했는데, 동물의 이례적인 신체적 반응에 대하여, 유아가 어떻게 생물학적 원인의 속성에 근거하여 문제를 해결했는지 보여 주었다. 5세 유아들이 유치원에서 매일 돌보는 토끼가 평소와 다른 배설과정을 관찰했을 때, 사람과 같이 설사 때문에 아파서 그러는 것이라고 추론했다. 그룹 토의 후, 유아들은 복통에 먹는 약을 토끼에게 먹이는 것이 좋겠다는 결론을 내렸다.

그러나 아동이 생물학의 자발적 영역(autonomous domain, 신체 영역 중 심장과 같이 자발적으로 움직이는 기능이 있는 영역)에 대한 지식을 획득했는지는 최근까지 논란이 되고 있다. 한편으로, Carey(1985)는 10세 이하 아동들이 생물학적 현상에 대해 직관 심리학(intuitive psychology)—예를 들어, 의도적 인과관계 (intentional causality)—을 바탕으로 예측하고 설명한다고 주장했다. Carey에 따르면, 아동은 사고-신체 구분(mind-body distinction) 능력이 부족하다. 구체적으로, 아동은 신체 기능이 인간의 의도와는 상관이 없다는 것이나 성장이나 죽음과 관련한 생물학적 과정은 자발적이라는 사실을 인식하지 않는다. 또 다른 한편으로, 최근 몇몇 연구가 Carey가 주장한 것보다 훨씬 어린 나이의 유아들이 자발적 생물학(autonomous biology)에 대한 개념을 가지고 있다고 제안한다. 어떤 발달학자들은(예: Hatano & Inagaki, 1987) 만일 심리학과 생물학 간의 변별이 일어난다면, 그것은 Carey(1985)가 가정한 것보다 훨씬 이른 시기에 일어난다고 확신한다. 또 다른 학자들은 생물학적 현상이 초기부터 그 외의 현상과는 다르게 개념화된다고 주장한다(예: Keil, 1992).

그러나 생물학적 현상에 대한 유아의 이해를 연구하는 주요 학자들 사이에 이 문제에서 불일치보다는 개념적인 동의가 있다는 사실에 주목해야 한다. 그들 모두는 유아들이 생물학적 현상에 대해, 구체적으로 개인의 생존과 동식물의 재생산에 관련한 체내과정과 이 과정과 연관된 외적 행동과 성질에 대해 '이론'(또는 이와 동등한 인지적 실재)을 소유한다는 점에 동의한다.

여기서 '이론' 이란 인과적 설명의 이해를 포함하는 일관성 있는 지식체계를 의미한다. 즉, 생물학적 현상에 관한 유아의 지식체계는 원하는 결과를 획득하기 위한 사실이나 과정의 수집 그 이상의 것을 포함한다고 가정한다(Kuhn, 1989). 이러한 개념화는 전조작기인 유아의 경우, 논리적으로 설명하는 능력이 없다는 Piaget의 입장에서 확실히 벗어나야 한다.

그러나 동시에, 어떤 연구자도 유아가 근대 생물과학을 획득한다고 주장하지 않는다. Carey가 적절하게 말했듯, 유아는 “관련된 생리학적 기제에 대해 완전히 무지하다”(1985, p. 45). 유아는 투입(input)(예를 들어, 너무 많이 먹으면)이 산출(예를 들어, 뚱뚱해진다)과 관계가 있다는 것을 알지만, 생물학적/생화학적인 면에서 무엇이 그 매개 역할을 하는지는 모른다. 이 논쟁은 유아가 상식(naive) 생물학, 곧 심리학에서 분리된 민족 생물학 또는 일상 생물학(ethno-biology or folk biology)과 유사한 유아 수준의 내인성(內因性) 생물학(endogenous biology)적 지식을 소유했는지 아닌지에 관한 것이다.

본 장에서는 (1) 유아들이 교육 이전에 가지고 있는 ‘생물학’에 관한 상식적(naive) 이론의 본질, (2) 기술적으로 진보된 사회에서 유아의 생물학에 대한 유사성과 차이성, (3) 현대 사회에서 보통 성인 같은 직관적 생물학에 결과하도록 어떻게 상식 생물학(native biology)이 학교에서 배우는 생물학적 지식과 상호작용하는지 다룰 것이다. 본 단원에서는, 유아가 가지고 있는 상식 생물학(또는 상식 생물학적 지식, 유아가 태어날 때부터 가지고 있는 생물학적 지식, 학교 생물학 또는 과학적 생물학과 대조된다)과 성인이 가진 직관 생물학을 구분한다. 왜냐하면 비록 성인은 배웠던 지식을 대부분 잊어버린다고 해도, 후자는 다소 학교에서 배운 생물학 교수-학습에 영향을 받기 때문이다. 최근 연구를 근거로, 본 장에서는 유아가 학교에서의 학습 이전에 생물학적 현상에 대해 논리적인 예측과 해석을 가능하게 하는 잘 발달된 생물학적 지식체계를 소유한다는 점을 강조할 것이다. 유아의 생물학적 지식체계는 서로 다른 문화에 상관없이 공유되는 중요한 요소를 가지고 있으나, 문화마다 다르게 나타나는 요소도 있다. 학교 생물학(school biology, 학교에서 학습하여 습득되는 생물학) 또는 과학적 생물학은 상식 생물학을 거부하고 대체하기보다는, 더욱 정교화하고 확장함으로써 습득된다.

의인화와 물활론적 생물학

우리는 생물학적 현상에 대한 유아의 지식체계가 상식 생물학을 구성하는 데 있어 적어도 세 가지 요소를 가지고 있다고 확신한다(Inagaki, 1993b). 첫 번째 요소는 생물학에 해당되는 사물을 명확하게 하는 지식이다. 다시 말하면, 생물과 무생물의 구분, 사고와 신체의 구분에 관한 지식이다. 두 번째는 생물(biological kinds)의 특성이나 행동에 대해 일관적이고 논리적인 예측을 생산할 수 있는 추론에 관한 방식이다. 세 번째는 개별적 생존과 신체적 과정에 필요한 행동에 대하여 무의식적인 인과 설명 구조다.

생물학의 대상을 명시화하기 위해 필요한 지식

생물-무생물 구분

대부분 동물과 무생물 사이의 구별을 다루는 연구에 의하면, 어린 유아들조차도 스스로 움직일 수 능력(예: Bullock, 1985; Massey & Gelman, 1988), 특정한 초기에 관찰 가능한 속성(Gelman, Spelke, & Meck, 1983), 또는 시간에 따른 자연적 변화(Rosengren, Gelman, Kalish, & McCormick, 1991)를 관찰하여 동물과 무생물을 구별할 수 있다. 이러한 연구에서 예시를 보기로 하자.

Massy와 Gelman(1988)은 유아들에게 친숙하지 않은 의인화한 물체를 제시하여, 스스로 움직임을 시작할 수 있는 능력이 있는지 없는지에 따라 유아들이 생물과 생물이 아닌 것(inanimate object)을 구분할 수 있다는 것을 발견했다. 즉, 3, 4세 유아들에게 포유동물, 포유류가 아닌 동물, 익숙한 동물 형상과 부분을 가진 조각상(statues), 바퀴가 달린 탈것, 여러 부분의 단단한 물체 등 생소한 사물의 사진을 보여 준 후, 각각 이들 중 어떤 것들이 스스로 언덕을 올라가거나 내려올 수 있는지 물어보았다. 유아들은 동물은 스스로 언덕을 올라가거나 내려올 수 있는 반면, 무생물은 비록 동물처럼 보여도, 스스로 움직일 수 없다고 지적하면서 '예-아니요' 문제의 약 85%를 정확하게 대답했다. 이 결과는 유아 개개인의 반응에 대한 분석을 통해 입증된다. 대부분의 유아들은 모든 동물이 스스로 움직일 수 있다는 것과 모든 무생물은 외부에서 힘을 가해야만 움직인다는 규칙을 인식했다. 유아들이 자발적으로 또는 연구자가 물어서 '예-아니요' 의 이유를 설명한 것에 대한 해석들은 사물의 종류에 따라 자신이 하는 설명을 바꾸는 경향이 있다고 보여 주었다. 유아들이 동물에 대해 이야기할 때는 "다리가 있으니까 움직일 수 있어요" 와 같이 주로 그 동물을 움직일 수 있게 하는 신체 부분에 초점을 맞추거나 "이건 얼굴이 있으니까 동물이에요" 와 같이 대상물 외면의 일반적 특징을 언급했다. 바퀴나 단단한 물체와 같은 무생물에 대해서는, "이건 바퀴로 굴러갈 수 있어요" 와 같이 그 물체를 움직이게 하는 부분에 대해 지적하거나 "이건 밀어야만 갈 수 있어요" 또는 "누군가가 가지고 내려가야 해요" 와 같이 그 물체가 움직이기 위해 다른 어떤 힘이 필요하다는 것을 언급했다.

이러한 결과를 기초로 Gelman(1990)은 어린 나이의 유아들도 물체를 움직이게 하는 '인과 기제(causal mechanism)' 에 초점을 둔 골격의 원리에 대한 지식을 가지고 있다는 가설을 제안했다. 구체적으로 말하면, 유아들은 신체 내부의 기관들이 스스로 운동할 수 있다는 내장원리와 스스로 운동할 수 없는 물체에 적용되는 외부-대리자(external-agent) 원리에 대한 지식을 가지고 있다.

유아가 생물-무생물 구분에 대한 지식을 빠르게 습득할 수 있도록 하는 것이 바로 이러한 원리들이다. Gelman은 그녀와 동료들이 얻은 실험적 증거가 이 가설을 뒷받침한다고 주장한다.

몇몇의 연구만이 동물과 무생물뿐 아니라, 식물을 포함하여 생물과 무생물의 구분에 관한 것을 다루어 왔다. 동물과 식물 그리고 무생물 중 어떤 것이 살아 있는지에 대해 질문하는 연구에서, 유아들은 무생물은 생명이 없고, 동물뿐 아니라 식물도 생명이 있다는 점을 지적하는 것을 어려워했는데(예: Piaget, 1929; Richrds & Siegler, 1986), 유아들이 '살아 있다' 는 용어를 성인처럼 체계화하지는 못할 것이다. 왜냐하면 매일의 생활에서 '살아 있다' 는 용어가(은유적인 사용을 포함하여) 다양한 방법으로 사용되어 모호하기 때문이다.

최근의 연구에서는 생명 상태보다 더 구체적인 지표를 이용하여 유아들이 동물뿐 아니라 식물도 무생물과 구분할 수 있는지 실험했다. 그 연구들은 유아들이 어느 면에서는 구분할 수 있다고 지적했다. 예를 들면, Inagaki(1993a)는 유아가 성장의 관점에서 동물과 물건(artifact)을 변별할 수 있는지에 대한 Rosengren, Gelman, Kalish 그리고 McCormick(1991)의 연구를 확장하여 실험했다. 이 연구에서 6세 이전에 유아들이 성장에 초점을 두고(예를 들어, 시간이 지남에 따라 몸의 크기가 변화) 동물과 식물을 무생물에서 구분할 수 있다는 점이 발견되었다. 4세에서 6세 유아들에게 표준 자극 사진(standard stimulus picture)이나 꽃봉오리 사진(또는 새로운 물건이나 어린 동물)을 보여 주고 어떤 두 개의 그림이 몇 시간, 몇 달 또는 몇 년 후 같은 식물(물건 또는 동물)을 대표하는지 선택하라고 했다. [그림 29-1]은 각각의 식물, 물건, 동물의 전형과 선택 카드의 예를 보여 준다. 결과는 유아들이 물체는 '불변'(모든 사물은 몇 시간 이후, 몇 달 또는 몇 년 이후에도 크기에 변화가 없다는 것)하고, 동식물은 '성장' (몇 시간이나, 몇 달, 몇 년 이후 크기가 증가한다는 것)했다는 것을 알고 있다고 지적했다. 이 결과는 또한, 때로는 유아들이 동물뿐 아니라 식물도, 실제적으로 더 빨리 자랄 것이라고 예측하도록 이끄는 '성장하는 것' 으로서 특성화할 수 있다고 제안한다.

Hatoano 등(1993)은 이스라엘, 일본, 미국에 있는 5세와 6세 유아들이 '자란다' '죽는다(또는 시든다)' 를 동식물의 성질이나 무생물의 성질은 아닌 것으로 파악했다고 지적했다. Stavy와 Wax(1989)는, 대부분 11세 이하 이스라엘 아동들이 식물은 숨 쉬고, 먹고, 재생한다는 속성은 몰랐다 하더라도, 성장한다는 점은 맞게 지적했음을 밝혀냈다. Backscheider, Shatz 그리고 Gelman(1993)은 4세 유아들이 동식물은 손상된 부분이 있어도 다시 자라지만, 물건은 오직 사람이 개입해야 수리가 된다는 점을 깨닫고 있다고 보고했다. Springer와 Keil(1991)은 유아들이 색깔 전송과 관련된 인과 기제로 동식물을 물건과 변별한다고 지적했다. 유아는 동식물에 대한 색깔 전이에 있어서 자연 생물학적 기제를 선호했고, 반면 물건에서는 비생물학적 물리적(mechanical) 설명을 타당한 것으로 선택했다.

유아가 동물과 식물을 무생물과 다르게 다룬다는 것으로 생물에 대한 통합적 체계를 가지고 있다고 주장하기에는 부족하다.

유아가 동물과 식물 사이의 공통점을 인식하고 있다는 것을 증명해야 한다. Hatano와 Inagaki(1994a)는 5, 6세 유아들에게 몇 개의 식물 또는 사물이 동물을 관찰했을 때와 비슷한 현상을 보이는지 질문했다. 대부분의 유아들은 동물과 식물 간에 먹는다는 것과 시간에 따라 크기가 자라난다는 점에서 공통점이 있고 그것이 무

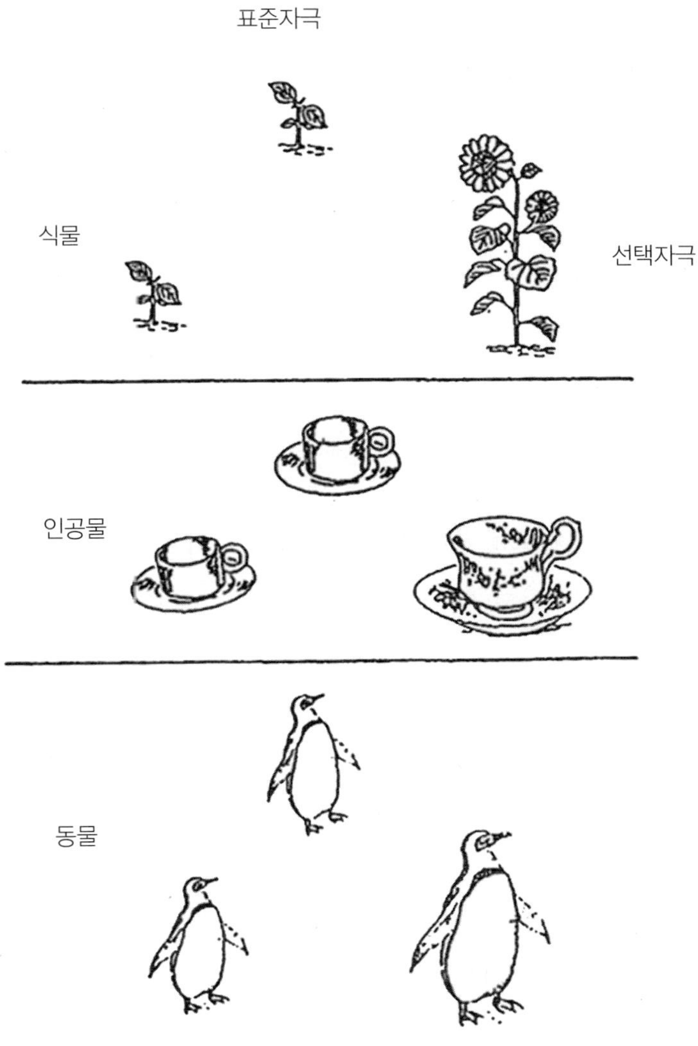

[그림 29-1]

생물과 다르다는 것을 인식하고 있었다. 더구나 유아들은 (음식을 주는 면에서) "튤립이나 소나무는 물을 주지 않으면 죽어요", (성장하는 면에서) "우리가 물을 주면 점점 더 커질 거예요" 등과 같이 동물에 대해 음식을, 식물에 대해 물을 대비함으로써 질문에 대한 답을 정당화했다.

더구나 실험 대상 중 절반 정도의 유아들은 생식에 의한 수의 증가와 관련하여 동물과 식물의 유사성을 인식했고, 그중 상당수의 유아들이 동물이 새끼를 낳거나 알을 낳음으로써 증가하는 것과 비슷하게, 식물은 씨를 통해 증가한다는 과정을 언급하여 자신들의 대답을 정당화했다. 이러한 연구들과 관련한 연구들을 근거로, 유아들은 6세까지 생물과 무생물의 차이를 습득한다고 결론지을 수 있다.

정신-신체 구분

유아들은 정신과 신체를 구분할 수 있을까? 이 문제에 관한 연구는 그다지 많지 않지만, 이것을 긍정한다. 즉, 유아들은 정신의 기능과 신체의 기능을 구별짓는다. 다시 말하면, 두 가지 모두 생명이 있는 것들의 부분 집합 중에서 관찰되는데, 사회적 또는 심리학적 현상에서 생물학적 현상을 구별할 수 있다.

Springer와 Keil(1989)에 의하면, 동물에 있어, 4세에서 7세 유아들은 생물학적으로 기능하는 결과를 이끄는 특성은 유전적이며, 반면 사회적 · 심리학적 결론을 이끄는 것은 유전적이 아니라고 생각한다. 유아들에게 이례적인 한 형체에 대해 묘사하는 것을 들은 후에, 그 새끼가 이러한 형체를 가지고 태어날 것인지를 질문했다. 이 연구는 유아들이 생물학적으로 기능하는 결과(예를 들어, 신체 안에 하얀 위를 가지고 있어서 많이 먹고 강하다)를 이끄는 특징은 유전적인 것으로, 사회적 · 심리학적 결과(예를 들어, 신체 안의 하얀 위는 그 동물을 매우 화나게 만든다)는 유전적이지 않다고 생각한다고 지적했다. Springer(1992) 또한 유아들(preschool children)조차도 생물학적 속성에 준하여 생물학적 관계(혈통)와 사회적 관계성(우정)을 구별한다는 것을 밝혀냈다. 그의 연구에서, 유아들에게 어떤 동물이 한 속성을 가지고 있다고 들려주고, 그 속성이 두 가지 동물 중 어떤 동물에게 기인한 것인지 질문했다(예를 들면, 그 동물의 새끼를 보여 주거나 가장 친한 동물이지만 다른 종류의 동물 중에서 택하는 것).

그 결과 유아들은 생물학적 속성이 비슷한 형태의 상관없는 동물보다, 비슷하게 생기지 않아도 관련된 동물에서 비롯된다고 보았다.

Carey(1985)가 지적한 것과 같이, 혈통 또한 사회적 관계다. 그러므로 Solomon, Johnson, Zaitchik 그리고 Carey(1993)는 4세에서 7세 사이 유아가 생물학적/심리학적 속성에 기인하는 데 있어 생물학적 혈통을 양자적(adoptive) 혈통과 구분하는지 실험했다. 실험 자료를 자세히 분석한 결과, 6세의 어린 유아들도 자신의 생물학적 부모와 그 생물학적 특성을 연관시켰으나, 양부모와는 심리학적 성질을 연관시켰다. 뿐만 아니라, 유아들은 출산이 생물학적 특성의 획득을 성립시키는 선택적 과정의 일부라는 것을 이해했다. Hirschfeld(1994)는 유아들이 한 인간의 모든 특성이 태어날 때 동등하게 결정된다고 생각하지 않으며, 인종의 피부색은 태어날 때부터 결정되는 것임을 쉽게 이해한다고 제안했다. 사실, Hirschfeld(1995)는 유아들이 병원에서 실수로 다른 아이와 바뀌었을 때조차도, 피부색은 생물학적 부모로부터 유전받았다고 생각하고 있다는 것을 발견했다.

Siegal(1988)은 4세에서 8세 아동들이 질병은 도덕적인 것이 아니라 의학적인 요소에 의해 생긴다는 것을 인식한다고 보고했다. 유아들은 질병을 유발하는 감염과 오염에 관한 실제적인 지식을 가지고 있었다.

Inagaki와 Hatano(1987)는 5세, 6세 아동들이 생물의 성장은 의도적인 조절 이상의 것임을 인식한다는 것을 발견했다. 예를 들어, 토끼는 그 주인이 자라기를 원해서가 아니라 스스로 음식을 먹기 때문에 자란다. 이러한 결과들은 유아가 생물학적 과정의 자율적인 성질(생물학적 과정이 자율신경계의 영향을 받고 있다는 것)을 인식하고 있다는 것을 뒷받침한다.

Inagaki와 Hatano(1993, 실험 1)는 다양한 질문을 통하여 사고와 신체의 변별에 관해 보다 체계적으로 연구했다. 이 연구에서, 4세와 5세 유아들도 어떤 수단에 의해서도 수정될 수 없는 특성(예를 들어, 성별), 신체적이면서 운동이나 다이어트로 변화 가능한 특성(예를 들어, 달리기), 정신적이면서 의지나 감독에 의해 변화 가능한 특성(예를 들어, 건망증) 사이에서, 어떤 것이 차별적인 수정 가능성을 갖고 있는지 인식할 뿐 아니라, 신체 기관(예를 들어, 심장박동)이 개인의 의도와 독립적으로 움직이고 있다는 것을 인식하고 있었다. 이러한 변별에 관한 또 하나의 중요한 증거는 사회-심리학적 현상이 아닌, 신체 현상에 대해 유아의 의도하지 않은 인과관계의 사용에서 볼 수 있다. 이것은 다음 단원에서 논의한다.

생명체에 대해 지식에 근거한 추측을 위한 수단으로서의 의인화

어떤 생명이 있는 물체에 대한 충분한 지식이 없을 때, 유아는 의인화나 인물 비유를 이용하여 제한적인 방법으로 지식에 근거하여 추측할 수 있다. 유아들은 인간의 특성에 익숙해서 인간에 대해 잘 알고 있는 자신의 지식을 친숙하지 않은 생물체의 특성을 유추하거나 그러한 생물체가 새로운 환경에서 어떻게 반응하는지 예측하는 자원으로 이용할 수 있으나, 인간에 대한 지식을 분별없이 사용하지는 않는다. 다시 말해서, 지나친 의인화로 인한 오류를 범하지 않고, 정답을 생각해 내는 적절한 방법 안에서 유아들은 의인화나 인물 비유를 사용한다. 어떻게 이것이 명료하게 짜인 특성(예를 들어, 모든 살아 있는 것의 특성, 동물의 특성) 체계를 습득하지 않은 유아에게 가능할까? 유아들이 인간에 대한 지식을 다른 살아 있는 생물체로 전이할 때, 두 가지의 제한성(constraints)이 도움이 되는 것 같다.

첫째는, 인물 비유를 적용하기 위해 대상물(target object)이 인간과 더 비슷한지 아닌지 생각해 보는 차별적인 적용(differential application) 또는 유사성 제한(similarity constraint)이다. Vosniadou(1989)가 주장했듯이, 그 비교 대상물과 유아가 가진 지식 자원 사이에서 인식된 유사성의 '깊이'가 아동이 가진 지식 기반의 풍부성과 구조에 따라 다양하다 하더라도, 유아는 두드러지게 나타나는 비슷한 점을 근거로 유사성의 원리를 적용하는 경향이 있다. 일반적으로, 대상물이 생물학적으로 인간과 비슷할수록, 유아는 더 빈번하게 그 유사성을 인식하고 인간의 유사성에 적용한다. 실제적으로, 유아가 인간과의 유사성을 인식하는 정도에 따라, 인간의 특성이 대상물에 있다고 여긴다는 것을 발견한 연구도 있다(Carey, 1985; Inagaki & Sugiyama, 1988).

두 번째 제한점은 Inagaki와 Hatano(1987)가 주장한 실제적인 검토 혹은 실현 가능한 제한이다. 이것은 그 목표 물체(target object, 의인유추를 이용하여 비교가 될 대상물)의 예상된 행동이 인간이 가진 유사성과 비교하여 실행 가능한지 살펴보고, 그렇지 않으면 그 추측은 받아들이지 않는다. 이것은 의인유추가 먼저 시도된 후에 작용한다. 즉, 먼저 목표 물체에 대한 사실적 지식에 근거하여 유사점을 이용한 추론이 타당한지 검토한다.

어린 유아들도 생물체의 '관찰 가능한 특성' 에 대해(예를 들어, 입이 있는지, 걸을 수 있는지, 사람에게 말할 수 있는지 등) 특정한 사실을 안다(예: Gelman, Spelke, & Meck, 1983; Inagaki & Hatano, 1987). 그러므로 유아들은 그 지식(관찰 가능한 특성들)이 어떤 것을 예측할 수 있을 만큼 유력한 것이 아니더라도, 의인유추를 통해 예측한 것이 타당한지 검토하기 위해 이 지식을 사용한다. Inagaki와 Hatano(1987, 1991)는 의인화에 있어서 타당성 제약에 관한 이 개념을 지지하는 증거를 제공했다.

그러한 연구 중 하나는 Inagaki와 Hatano(1991)의 연구다. 그들은 6세 유아들에게 세 가지 경우에서 메뚜기나 튤립의 반응을 예측할 수 있는지 물었다. 그 상황은 (1) 인간과 생물체가 유사한 상황에서 비슷하게 행동하여 의인유추가 특정 지식에 있어서 그럴듯한 예측을 할 수 있는 경우, (2) 생물체와 인간이 다르게 반응하여 의인유추에 근거한 예측이 목표 물체에 대한 유아의 특정 지식이 모순을 일으키는 모순적인 상황, (3) 생물체와 인간이 다르게 반응하나 의인유추에 의한 예측이 타당하게 여겨질 수 있는 양립할 수 있는 상황이다. 각각의 상황에 대한 질문의 예시는 다음과 같다.

유사 상황: "메뚜기를 집에서 키울 때, 보통 하루에 한 번이나 두 번 정도 먹이를 준단다. 만일 하루에 열 번 정도 먹이를 주면 어떻게 될까?" (튤립의 경우 먹이를 준다는 말 대신 물을 준다는 말을 사용한다)

모순 상황: "어떤 사람이 메뚜기를 샀다고 생각해 보렴. 집에 가는 길에, 그 사람이 통 안에 있는 메뚜기를 한 가게에 잠깐 놓았어. 쇼핑을 끝내고 그 사람이 메뚜기를 놓고 그 가게를 막 나가려고 할 때, 메뚜기는 무엇을 할 수 있을까?"

양립 상황: "만일 메뚜기를 매일 돌보던 사람이 죽는다면, 메뚜기는 어떤 느낌을 느낄 수 있을까?" (만일 아이들이 '네' 라고 대답한다면) "메뚜기는 어떤 느낌이 들까?"

연구 결과들은 유사 상황에서 많은 유아들이 의인유추를 이용하여 설명하면서 타당하게 예측하는 반면, 모순 상황에서는 의인화를 기반으로 예측하지 않는다고 보여 준다. 예상했듯이, 모순 상황의 경우, 적절한 지식(예를 들어, 두뇌와 느낌 사이 관계에 대한 것)의 부족으로 의인유추로 얻은 결과가 타당한지 검토할 수 없을 때, 유아들은 비합리적으로 예측했다.

다음은 각각 메뚜기와 튤립에 관한 질문에 대해 두 유아의 대답이다.

M.K.(6세): 유사 상황에서 '과식' 에 관한 질문에 대해, "그 메뚜기는 어지럽다가 죽을 거예요. 왜냐하면 메뚜기가 곤충이라고 하더라도 (이 점에서는)사람하고 비슷하니까요." 모순 상황에서 '남게 된 경우' 에 관한 질문에 대해, "다른 사람이 그 메뚜기를 데려갔을 거예요. 왜냐하면 메뚜기는 자기가 갇힌 통 뚜껑을 열 수 없으니까요." ("만일 누군가가 메뚜기가 든 통을 가져가지 않는다면 메뚜기는 그 상황에서 무얼 할까?") "그 메뚜기는 그냥 거기 있을 거예요." ("왜 메뚜기는 아무것도 하지 않을까? 왜 거기 그냥 있는 거지?") "메뚜기는 사람이 아니니까 (통에서 나와서) 걸어갈 수 없어요." 양립 상황에서 '관리인의 죽음' 에 대한 질문에 대해, "메뚜기는 불행하다고 느낄 거예요."

Y.S.(6세): 유사 상황에서 '과식' 에 관한 질문에 대해, "그 튤립은 아마 죽을 거예요.(왜?) 만일 물을 너무 많이 주면, 튤립은 그렇게 많은 물을 마실 수 없어서 시들 거예요." 모순 상황에서 '남게 된 경우' 에 관한 질문에 대해, "튤립은 말하지 않아요. 누군가가 그 튤립을 경찰서에 (주인을 찾아 주라고) 갖다주었을 거예요." ("만일 아무도 그러지 않았다면, 튤립은 무얼 했을까? 튤립이 할 수 있었던 것은 무엇일까?") "튤립은 다리가 없어서 움직이지 못해요." 양립 상황에서

'관리인의 죽음'에 대한 질문에 대해, "튤립은 분명히 슬펐을 거예요. '슬프다'라고 말할 수는 없어도 분명 마음으로는 슬프다고 느꼈을 거예요."

이러한 예시들은 상황에 따라 인간에 대한 지식을 유아들이 어떻게 다르게 적용하는지 잘 묘사하고 있다. 일반적으로 유아들은 합리적으로 제한을 사용한 의인유추를 통해 논리적으로 예측할 수 있다. 그러나 유사성을 근거로 예측을 검토하기에 충분한 지식이 부족할 때에는 의인유추를 잘못 사용한다.

유아들이 자주 사용하는 의인화는 생물학적 추론에 제한받지 않지만, 다른 행동적 영역에서는 제한받는 것으로 관찰된다. 그러나 인간은 고등동물이며, 다른 동물과 같이 신체와 생물학적 현상을 가지고 있으므로, 생물학적 추론에서 의인유추는 매우 유용한 도구다.

의도하지 않은 인과관계

지금까지의 실험적 증거에 의하면, 유아들은 생물체에 적용 가능한 일관성 있는 조직화된 지식체계를 가지고 있다. 이 지식체계는 인과적 설명 구조가 그 안에 포함되어 있을 때에만 이론이라고 부를 수 있는데, 이것은 생물학적 지식의 세 번째 요소와 관련이 있다. 여기에서 의도적 또는 비의도적 인과관계의 종류가 이론의 본질을 결정한다. 위에서 언급했듯이, Carey(1985)는 10세 이전 유아의 생물적 현상에 대한 설명이 의도된 인과관계에 근거한다고 했다. 왜냐하면 유아들은 관련된 물리학적 기제를 무시하기 때문이다. 반대로, 학교에서의 학습 이전에 유아들은 생물학적 현상을 설명하는 데 있어서 비의도적 인과관계(nonintentional causality)를 적용할 수 있고, 그리하여 심리학으로부터 구별되는 생물학이라는 형태를 갖고 있다.

생물학적 현상(예를 들어, 투입과 산출 관계를 성립시키는 신체적 과정)에 관해 개방형 질문으로 면담했을 때, 유아들은 명료한 기계적 설명(mechanical explanation)은 할 수 없었다(예: Gellert, 1962). 유아들은 가끔 인간-의도적 인과관계(person-intentional causality)의 언어로 생물학적 현상을 설명하려고 한다(Carey, 1985). 이러한 연구 결과들은 명백하게 유아들이 독립적인 영역으로서 생물학에 대한 지식을 가지고 있지 않다는 주장을 지지한다. 두 가지 종류의 인과관계, 즉 Carey(1985)가 제시한 의도적 인과관계(intentional causality)와 기계적 인과관계(mechanical causality)를 가정하는 한, 이 주장을 받아들이는 것이 불가피한 것 같다. 그러나 이 둘 사이에 인과관계의 중간 형태가 있다는 것을 제안한다. 생물학적 현상에 대해 의도적 인과관계를 사용하려 하지 않으면서, 아직 기계적 인과관계를 사용할 수 없는 유아들은 활력론적 인과관계(vitalistic causality, 활력론이란 생명현상이 물질의 기능 이상의 생명 원리에 의한다는 이론이다)라고 불리는 인과관계의 중간 형태를 자주 사용한다.

의도적 인과관계란 인간의 의도가 목표 현상(target phenomenon)을 야기하는 것을 의미한다. 반면 기계적 인과관계는 물리적 기제가 목표 현상을 야기한다. 예를 들면, 특정한 신체 조직은 인간의 의도와 상관없이 자체적으로 환경과 물질을 교환하거나 신체 각 부분으로 물질을 운반하거나 운반해 온다.

반면, 활력론적 인과관계는 목표 현상이 생물체처럼 '대리자(agency)' (즉, 행동을 시작하고 유지하려는 경향)를 가진 내부 기관의 활동에 의해 야기된다. 그 활동이란 특정지어지지 않은 물질, 힘, 또는 정보인 '생명 유지에 필요한 힘(vital force)' 을 전달하거나 교환하는 것이다. 활력론적 인과관계는 그 현상을 포함하는 조직 활동이 그 기관을 가진 인간의 의도와 독립적이라는 면에서 인간-의도적 인과관계와 명확하게 구별된다.

Inagaki와 Hatano(1990)의 연구에서, 신체과정에 관한 새로운 질문에 대해, 5세에서 8세 유아들은 생명의 힘과 같은 것을 매개물로 언급했다. 예를 들어, 피의 순환이 멈추면 어떻게 될지 한 유아에게 물었을 때, "만약 피가 손까지 오지 않으면 손은 죽을 거예요. 왜냐하면 피가 에너지를 손까지 운반하지 않게 되니까요" 라고 말했다. 다른 유아는 "우리는 아마 손을 움직이지 못할 거예요. 왜냐하면 피가 거기까지 갈 수 없으면 힘이 점점 없어지니까요" 라고 설명했다. 그러나 이렇게 말하는 유아들은 얼마 없었으므로, 다른 실험에서는 제시된 설명 중에서 타당하다고 생각되는 것을 유아들이 선택하도록 했다.

Inagaki와 Hatano(1993, 실험 2)는 유아들이 기계적 인과관계를 적용하지 못하며, 또한 활력적 인과관계를 설명할 수 없다 하더라도, 몇 가지 가능성 중에서 하나를 선택하라고 할 때 신체과정에 대한 설명에서 유아들은 활력적 설명을 의도적인 것보다 선호할 것이라고 예상했다. 이 연구자들은 6세 유아, 8세 아동, 대학생들에게 여섯 가지 신체 현상(예를 들어, 피의 순환과 호흡에 대해 각각 세 가지)에 대한 가능한 대답 중 한 가지를 선택하라고 했다. 그 세 가지 설명은 각각 의도적, 활력적, 기계적 인과관계를 대표한다. 호흡에 관한 세 가지 대안적인 설명의 예시는 다음과 같다. 왜 우리는 공기를 마실까? (1) 기분 좋게 하기를 원하기 때문에(intentional), (2) 가슴은 공기에서 나오는 생명 유지에 필요한 힘을 취하기 때문에(vitalistic), (3) 허파는 산소를 공급하고 불필요한 이산화탄소를 바꾸어 주기(mechanical) 때문이다.

이러한 연구 결과에서 6세 유아들은 가장 타당한 설명으로 활력론적 설명을 종종 선택한다는 것을 보여 준다. 이 경우 54%의 유아들이 활력론적 설명을 택했다. 연령이 증가함에 따라 유아들은 기계적 설명을 더 많이 선택했다. 8세 아동이나 성인보다 6세 유아가 의도적 인과관계를 선택하기 쉽다 하더라도, 6세 유아들의 75%가 비의도적(활력론적+기계적) 인과관계를 적용했다는 점을 주목해야 한다.

이러한 활력론적 인과관계는 아마도 의인화의 일반적 기제에서 나온 것으로 보인다. 불투명한 내부나 목표 물체의 상세한 것을 잘 관찰하는 피실험자는 종종 그것 자체, 또는 인간과 같은 그것의 부분을 가정함으로써 포괄적인 양식(global fashion) 내에서 이해하려고 노력한다(Ohmori, 1985). 그러므로 유아들은 내부 신체 기관의 작용을 인간 같은 (그러나 대화할 수 없는) 대리자처럼 여기며, 지구상에서 삶을 유지하는 특성, 즉 신체과정을 위한 활력론적 인과관계를 초래하는 특성으로 기관 활동을 생각하고 이해하려고 노력한다. 의약과 농업이 발전하기 시작한 메이지 유신 이전(신속한 근대의 시작)에서, 유사한 설명 형태를 일본 내생적인(endogenous) 또는 전통적 과학에서 찾아볼 수 있다(Hatano & Inagaki, 1987).

유아들은 생물학적 현상에 있어서는 활력론적 인과관계를 이용하는 듯하다. Inagaki와 Hatano(1993, 실험 3과 3a)가 밝혔듯이, 유아들은 임의적이고, 생존에 반드시 필요하지 않은 사회-심리학적 행동을 신체 부분이나 기관 대리자로 생각하지 않는다. 다음의 예시는 그러한 행동에 관해 이 연구에 사용된 질문이다.

"예쁜 여자아이가 방에 들어왔을 때, Taro라는 아이가 그 아이 옆으로 다가왔어. 왜 그랬을까?" 6세 유아 중 80%는 "왜냐하면 Taro가 그 여자아이랑 친구가 되고 싶었기 때문이에요"(의도적 설명)라는 답을 선택했고, 단지 20%만이 "Taro의 심장이 그 아이한테로 가라고 재촉했기 때문이에요"(활력론적 설명)라는 답을 선택했다. 기계적 인과관계를 제외한 것 외에, Inagaki와 Hatano의 실험 2에서 사용한 것과 같은 생물학적 현상에 관한 질문에서는 유아들이 의도적 설명보다 활력론적 설명을 선택하는 경향이 있었다.

이 시점에서, 두 가지 이론적 쟁점이 부각된다. 첫째, 유아들이 활력론적 인과 관계를 사용한다는 것은 Carey의 주장을 반박하는 것인가? 반드시 그럴 필요는 없다. 생물학적 현상에 호소하면서 아동들, 특히 유아들은 기관-의도적 활력론적 설명(organ-intentional vitalistic explanation)을 찾는다는 것이 가능하다. 이 경우, 생물학 영역이 심리학에서 구별되었다고 해도, 의도적인 상태를 포함한다는 면에서 유아들의 생물학은 여전히 '심리학적'이라는 결론을 내릴 수밖에 없다. 그러나 최근 연구에서 두 가지 종류의 활력론적 설명(즉, 기관-의도적, 기관-대행자적)을 선택하라고 질문했을 때, 6세 유아들뿐 아니라 5세 유아들도 후자를 선호한다는 것이 드러났다(Hatano & Inagaki, 1994c). 4세 혹은 더 어린 유아의 생물학적 지식에 대해 아직까지 알려진 바가 없다 하더라도, 유아의 생물학이 '심리학적' 이라는 가능성은 낮다고 볼 수 있다.

둘째로, 생물학적 현상에 대한 활력론적 설명과 "식물은 초록색이야. 왜냐하면 그래야 식물이 더 많아지도록 도울 수 있으니까"라는 설명과 같이, 생물학적 특성(properties)에 대한 목적론적-기능적(teleological-functional) 설명 사이의 관계성은 무엇인가(Keil, 1992)? 두 가지 모두 의도적인 것과 기계적인 것 사이에 있으며, 생물학 세계에서 타당한 관점으로 인식된다. 어떤 해석은 이 두 가지가 다른 강조점을 가지고 있지만 근본적으로는 같은 생각이라고 본다. 다만, 목적론적인 것은 '왜' 또는 '원인' 에 초점을 맞추고, 활력론적인 것은 '어떻게' 또는 '과정' 에 초점을 맞춘다. 또 다른 해석에서는 활력론적 설명이 책임 있는 기관 또는 (생명 유지에 절대적인) 신체 부분의 활동에 대해 언급하기 때문에, 필요할 때만 언급되는 목적론적인 것보다 기계적 인과관계가 더 근접할 것이라는 해석이다. 어쨌든 이것은 구체적인 실험 연구에서 유아의 '생물학적' 설명에 대한 특성을 살펴보는 계기가 될 것이다.

유아는 선천적으로 생물학 이론을 가지고 있다

지금까지의 연구 결과에 의하면, 6세 유아는 세 가지 근본적인 생물학 요소— (1) 생물/무생물, 사고/신체의 구분, (2) 의인화하려는 대상에 대해 일관적이고 합리적으로 예측하는 추론 양식, (3) 비의도적인 인과관계의 설명 구조(framework) —를 가지고 있다고 결론지을 수 있다. 이러한 요소들은 구조 이론의 특성을 나타내는 데 있어 Wellman(1990)이 요목화한 세 가지 특성— (1) 존재론적 구분, (2) 일관성, (3) 인과적 설명 구조—에 각각 대응한다. Carey(1985)와 반대로, 연구 결과들은 유아들이 학교에서의 학습 이전에 생물학의 형태를 습득한다는 것을 강조한다. 이러한 상식 생물학은 사실상 의인화하는 것이며, 활력론적인 것이나 심리학으로부터는 구분된다.

연구자들은 유아들이 생물학을 이해하는 근본으로, 동식물의 생명에서 각각의 생존과 성장을 강조한다고 하더라도, 생식(reproduction)이라는 면을 무시한다는 의미는 아니다. 종족이나 유전자를 보전하는 것은 살아 있는 것의 최고 목적일 것이며 어린 유아들도 자식은 부모를 닮는다는 직관을 가지고 있다(Solomon et al., 1993; Springer, 1992). 그러나 유아들이 유전에 관한 생물학적인 본질을 이미 이해하고 있다는 점은 논쟁의 여지가 있다(Springer, 1992; Springer & Keil, 1989; Hirschfeld, 1994; Solomon et al., 1993). 유아들의 경험은 영양을 섭취하는 것과 밀접하지만 아직은 생식에 관여하지 않기 때문에 유아들이 가진 상식 생물학적 지식은 영양 섭취 과정과 관련된 것으로부터 성립된다는 것을 가정할 수 있다. 살아 있는 생물체가 음식이나 물에서 생존에 필요한 에너지를 얻고, 힘을 유지하며, 남은 에너지를 성장에 이용한다는 점에서, 유아들은 생물체를 인간과 비슷한 것으로 간주한다. 이러한 음식과 물, 활동과 활력('음식에서 생존에 필요한 힘을 얻어 활동력 있게 되는 것'), 성장

('생존에 필요한 잉여의 활력을 가져온다')의 삼각구조 관계성은 동물에 쉽게 적용할 것이다. 유아들은 광합성의 이해가 부족하므로 이 관계성은 식물에게도 적용할 수 있다. 연구자들은 생물학적 종류나 상식 생물학에 대한 유아들의 이해에 있어서 이러한 관계가 그 '핵심'을 이룬다고 가정한다.

상식 생물학의 공통점과 차이점

이미 언급했듯이, 검토한 실험적 자료들은 6세 전후의 유아들이 학습 이전에 이미 생물학의 형태를 습득하고 있다고 강하게 주장한다. 이러한 상식 생물학 습득은 인간 발생학적 관점에서 본다면 놀랄 만한 것은 아니다. 왜냐하면 인간에게 있어서 가능한 식량으로서 동식물에 관한 지식(Wellman & Gelman, 1992)과 몸의 기능, 건강에 관한 지식(Hatano, 1989; Inagaki & Hatano, 1993)을 가지고 있다는 것은 필수적인 것이기 때문이다. 그러나 아주 어린 유아가 생물학적 지식의 어떤 형태(a form of biology)를 가지고 있는지에 대한 연구가 없기 때문에, 얼마나 어린 나이에 생물학의 독립적 영역을 습득하는지가 여전히 남아 있는 문제다. 상식 생물학이 상식 심리학(naive psychology)으로부터 점차적으로 발생되는지(Carey, 1985), 초기부터 구별된 이론이나 구조적 형태인 것인지는 여전히 논쟁의 여지가 있다. 모든 문화의 유아들에게 보편적으로 나타나는 유아의 상식 생물학이 어떻게 이번 단원의 주된 논점이 되었는지 토론하기 전에, 이 논점과 관련한 두 가지 질문에 대한 답변에 먼저 접근해 보도록 하자.

'얼마나 어린 나이에' 라는 질문에 대해 상식 생물학적 지식은 물리학이나 심리학적 지식보다 약간 늦게 습득된다고 연구자들은 가정한다.

보다 구체적으로, 상식 생물학적 지식은 선천적 제약(innate constraints, 유아들이 가진 내부적, 외부적 한계 또는 제한인데, 이러한 한계는 유아의 상식 생물학적 지식이 어떤 특정한 방향으로 형성되는 데 영향을 끼친다)을 기초로 하여 초기 몇 년 동안 매일의 경험을 통해 점차적으로 형성된다. 영아는 스스로의 건강을 돌보거나 음식을 찾으려 노력하지 않아도 되기 때문에 생물학적 지식을 필요로 하지 않는다. 더구나 자발적 생물학은 (외부의 힘 없이 활동을 시작하고 유지하는) 대행자를 가진 실체를 다루어야 하지만, 그러한 실체는 우리와 의사소통하기 어려우므로 사실상 의도적이지도 않고 기계적이지도 않은 인과관계의 형태를 적용해야 한다. 자발적 생물학은 동식물을 포함한 모든 생물의 통합적 범주에 대해 매우 다르게 나타나는 구조를 가정한다. 영아들도 스스로 움직임을 시작하는 능력을 가진 생물과 그렇지 않는 것을 구별할 수 있다는 증거가 있다 하더라도(예: Golinkoff, Harding, Carlson, & Sexton, 1984), 생물과 무생물을 구분하는 근거로 직접적으로 이용할 수 없다.

구별화에 관한 질문에서 연구자들은 절충적인 관점을 택하기로 했다. 또한 생물학 영역에서 독특하며, 초기부터 구별된 구조로 이끄는 선천적 제약이 있다는 것을 가정한다. 그러나 그 구조는 어떻게 사고가 작용하는지에 관련한 지식, 즉 더 어린 나이에 형성되는 심리학을 포함하여 습득된 지식에 의해 영향을 받을 수 있다. 생물학적 지식이 제한적인 매우 어린 유아들이 심리학적 지식을 이용하여 생물학적 현상을 해석하려고 시도하는 것은 가능하다.

이제 상식 생물학적 지식의 문화적 보편성에 대한 논점을 토론해 보자. 두 질문에 대한 대답을 진술하면서 언급했던 것과 같이, 복합적인 제약점하에, 구조의 관점을 선택했다. 좀 더 구체적으로, 다른 지식체계와 마찬가지로 상식 생물학적 지식은 다양한 제약점이 있는 상태에서 구성된다. 그 제약은 인지적 제한(선천적 경향성과 이전에 획득된 지식) (Gelman, 1990; Keil, 1981 참조)과 같은 내부적인 것과, 사회 문화적 제한(가공물이나 다른 사람들로서의 문화) (Hatano & Miyake, 1991 참조)과 같은 외부적 제약이다. 논리적으로 가능한 많은 수의 가설이나 해석을 미리 제거하는 이러한 제약 때문에, 아동들은 대부분의 경우, 쉽고 빠르게 합리적인 선택에 도달할 수 있다. 동시에, 그러한 동일한 제약이 타당한 가정을 생각하기조차도 어렵게 할 수 있기 때문에 부정적 효과를 갖기도 한다.

유아들이 생물학적 현상을 해석하고 상식 생물학적 지식을 구성할 때, 인지적 제약과 사회 문화적 제약이 모든 유아에게 같은 수준으로 동등하게 작용하는가? 그 점에 대해 동의하지 않는다. 특히 초기의 인지적 제약은 골격뿐이지만 강하고, 반면 사회 문화적인 것은 약하지만 매우 구체적이다. 결과적으로, 다양한 문화에서의 상식 생물학적 지식은 기본적인 인지적 구조를 공유하지만 동시에 문화에 따라 다르게 구체화된다.

문화적 보편성의 논점에 대한 연구자들의 견해는 Carey와 Spelke(1994)가 보는 관점과는 상당히 다르다는 점에 주목해야 한다. 그들은 개념적인 변화가 일어나기 이전에 상식 생물학적 지식의 모든 형태가 태어나면서 가지고 있는 원리(innate principle)가 더 풍부하게 된 형태이기 때문에 이 두 가지가 다소 비슷하다고 믿는 것 같다. 반대로, 연구자들은 선천적인 원리들은 너무나 기초적이기 때문에 상식 생물학적 지식이라고 하기 어렵고, 따라서 다양한 사회 문화적 제한성에 의해 구체화되어야 한다고 가정한다. 선천적으로 가진 지식이 상식 생물학의 시초적 형태라 하더라고, 결국 상식 생물학은 문화에 따라 다를 것이라고 믿는다.

상식 생물학적 지식의 인지적 근거와 보편성

상식 생물학적 지식의 조기 획득에 관해서, 앞서 살펴본 바와 같이, 타고난 또는 초기 인지적 제약이 인지 구조 형성에서 중요한 역할을 한다. 그것을 통해 경쟁하는 많은 가능성 있는 방안이 제거되기 때문에, 유아들도 생물학적 지식체계를 형성하는 다수의 전제를 신속하게 유추할 수 있다.

상식 생물학적 지식(naive biology) 획득의 기반으로 작용하는 선천적 제약성(innate constraint)은 내생 생물학(endogenous biology)의 어른 형태인, 일상 생물학(folk biology)의 보편성에 의해서도 강하게 주장되어 왔다. Atran(1990)이 제안한 것과 같이, 일상 생물학과 과학적 생물학에서도 공유되는 '상식(common sense)' 또는 핵심이 되는 신념을 찾을 수 있다. 그러한 핵심 신념의 정확한 본질이 무엇인지는 논쟁의 여지가 있지만, 지금까지 모든 일상 생물학적 분류는 과학적 생물학과 매우 밀접하게 부합하므로 생물 분류학(taxonomy of animate entities)이나 존재론적 구분의 집합(set of the ontological distinction)이 분명 그러한 신념에 포함될 것이다

(예: Boster, 1991).

마찬가지로, Piaget에 영향을 받은 많은 연구들(예를 들어, 생명 상태에 대한 아동의 속성과 다양한 사물에 대한 의식에 대한 연구)은 다양한 문화에서 아동의 생물학적 이해(또는 상식 생물학)가 유사하다는 것을 보여 준다. 동물과 지구상에서 생명이 없는 사물 간의 구별이 특히 강하다. 의인화와 상식 생물학에서 중요한 요소인 활력론적 인과관계를 빈번히 사용하는 것은, 몇몇 나라에서만 문서화되어 있기는 하나, 어느 정도 보편화된 것으로 여겨지고 있다.

어떻게 유아가 활력론적 인과관계의 틀을 획득하는지에 관한 연구자들의 고찰은 다음과 같다. 유아는 자신의 의도로 조절할 수 없는 몇몇 '사건들(events)' 이 몸 안에서 진행되고 있다는 것을 체지각을 통해 인식하고 있다. 유아는 신체의 내부를 볼 수 없기 때문에 의인화라는 일반적 기제(mechanism)를 통해, 즉 어떤 기관(organ)이나 신체의 일부를 의인화하여 '포괄적인 이해(global understanding)' 를 하려고 할 것이다. 선택적이고 제한적인 선에서 유아가 유추를 사용한다고 가정할 때(Inagaki & Hatano, 1987, 1991; Vosniadou, 1989), 이러한 방법으로 유아는 신체 기관에 대해 의인화를 이용하여 유추할 수 있을 것이다. 보다 구체적으로, 유아는 다른 것이 아닌(예를 들어, 의사소통 능력) 대리자(agency)와 연관된 사람의 속성을 이러한 기관에 적용하여 생각할 것이다. 또한, 유아는 의인화를 통해 다른 살아 있는 생명체에 인간의 몸에 대한 이러한 포괄적인 이해를 일반화할 것이다.

특정하게 타고난, 또는 상식 인지적 제약(cognitive constraint)의 체계는 상식 생물학적 지식 습득에 있어서 또 하나의 중요한 요인일 것이다. 아주 어린 연령의 유아도 특정한 신체적 반응을 특정 작용의 하나로—예를 들어 몸에 매우 해로운 어떤 것을 먹었을 때 설사를 한다고—생각하는 경향이 있는 것 같다. 이러한 성향은 신체적 현상에 대한 의도적 인과관계를 제지할 뿐 아니라, 신체과정에 대해 보다 특정한 신념체계를 만들어 가도록 촉진한다.

요약하면, '생물학에 적합하고' (Keil, 1992, p. 105) 특정한 인지적 제약에 적합한 의인화의 일반적 기제와 그 결과인 활력론적 인과관계가 있기 때문에, Atran(1990)이 주장한 바와 같이 같은 문화와 다른 문화 사이, 개인 간에 공유된 상식 생물학적 지식의 중심 요소가 분명히 있을 것으로 결론 내릴 수 있다.

상식 생물학 지식에 있어서 문화적 다양성

그러나 인지적 제약의 중요성을 언급하는 것은 유아를 둘러싼 문화에서 유아의 활동 중심 경험이 상식 생물학적 지식 습득을 돕지 않는다는 의미가 아니라는 것을 강조할 필요가 있다. 그러한 경험이 인간 삶에서 보편적이지만, 어떤 경험들은 다양하기 때문에 구체적으로 다른 형태의 상식 생물학적 지식을 형성할 수 있다. 예를 들어, 아동들이 동물을 키우는 일에 활동적으로 참여한다면, 그 아동들은 동물에 관한 풍부한 지식을 얻을 수 있고, 그 결과 다른 생물학적 종류에 대해 유사한 예측과 설명의 근본 자료로서 인간에 대한 지식뿐 아니라, 동물을 키우면서 얻은 지식도 사용할 것이다. 앞서 진술한 바와 같이, 생물에 대해 분석적으로 추론하기 위한 기초 자료로 매우 친숙한 동물에 대한 지식을 선택하는 것은 아마도 선천적 제약성을 근본으로 하는 보편적인 것이지만, 어떤 동물이 가장 친근한 것인지는 직접적으로 문화의 영향을 받을 것이다.

활동 중심 교육

사실상 그러한 활동은 기준이 되는 상식 생물학적 지식과는 약간 다른 종류의 지식을 형성할 것이라고 본 연구들은 밝혔다. Inagaki(1990a)는 집에서 금붕어를 오랫동안 적극적으로 키우는 유치원들생과 동물을 전혀 키워 본 경험이 없는 유치원생들의 생물학적 지식을 비교했다. 일반적으로 전형적인 동물에 대한 사실적 지식에서는 두 집단이 차이를 보이지 않았으나, 금붕어를 키워 봤던 아동들은 금붕어에 대해 풍부한 과정적 · 사실적 · 개념적 지식이 있었다. 더욱 흥미로웠던 점은, 그 아동들이 평소 잘 모르고 키워 본 적도 없는 '물에 사는' 동물(예를 들어, 개구리)의 반응을 예측할 때, 유추의 자료로서 금붕어에 관한 지식을 사용했고, 설명과 함께 논리정연하게 예측했다. 예를 들면, 금붕어를 키워 본 한 유아에게 아기 개구리가 계속해서 같은 크기로 있을 것인지에 대해 물었을 때, "아니요! 금붕어가 점점 자라는 것

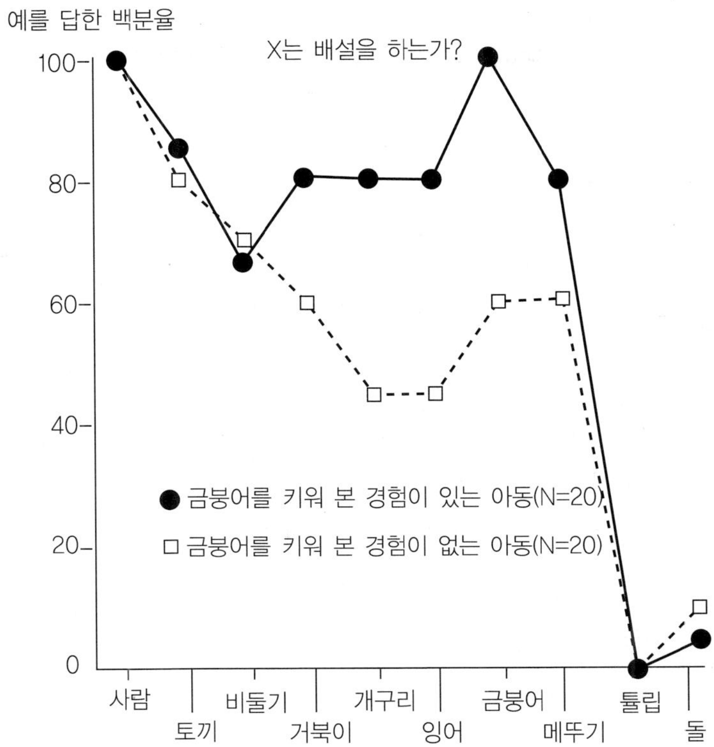

[그림 29-2] 금붕어를 키워 본 경험이 있는 아동과 경험이 없는 아동의 다양한 동물의 배설물에 대한 속성 패턴

처럼, 개구리도 자랄 거니까요. 제 금붕어는 예전에 작았는데, 지금은 커졌어요"라고 대답했다. 그 아동은 개구리에 대해 금붕어를 통한 유추뿐 아니라, 사람에 대한 유추도 사용하는 경향이 있었다. 즉, 금붕어를 키워 본 아동들은 유사한 예측을 하기 위해 두 가지 참고자료로 사람과 금붕어를 사용할 수 있었다.

또한, 다른 연구에서(Kondo & Inagaki, 1991; Hatano & Inagaki, 1992), 금붕어를 키우는 또 다른 그룹의 아동들이 이전에 가지고 있었던 동물에 대한 협소한 개념을 확장시켰다는 보고가 있다. [그림 29-2]에서 보여 주듯, 그 아동들은 인간과 공유된 동물적 속성(예를 들어, 심장이 있고, 배설을 한다)을 금붕어뿐 아니라 계통 발생적으로 인간과 금붕어 사이에 있는 대부분의 동물들에도 금붕어를 키운 경험이 없는 유아들보다 더 빈번하게 적용했다. 이 결과는 금붕어를 키운 경험이 유아가 가지고 있는 생물학적 유추의 방식을 바꿀 수 있다는 것을 반영한다.

문화적 언어학적 변인

다양한 문화에서 관찰된 유아들의 생물학적 이해가 동일하지 않다는 것은 그들 삶의 더 포괄적인 문화적 맥락이 상식 생물학적 지식을 형성하는 데 영향을 준다는 것을 강하게 제시한다.

지금까지 보고된 이러한 다양성에서 가장 주목할 만한 것은 식물에 대한 이스라엘 아동들에 관한 것이다. Stavy와 Wax(1989)는 6세부터 12세 아동들에게 동물, 식물, 그리고 무생물의 생명 상태를 판단해 보라고 질문했다. 그중 절반 정도의 아동들이 식물을 살아 있지 않는 것 또는 살아 있는 것도 아니고 죽은 것도 아닌 제3의 분류로 넣었다. 생명이 없는 사물에 대한 믿음(belief)도 문화마다 다른 것이다. 최근 북미에서의 연구들은 유아들이 생명이나 다른 살아 있는 것의 속성을 지구에 있는 무생물에게 좀처럼 적용하지 않는다(예: Dolgin & Behrend, 1984; Richards & Siegler, 1984)고 보고하는 반면, 일본 유아들은 정신적 속성을 움직임이나 생물학적 기능이 없는 돌과 같은 무생물에게조차 확장시킨다고 Inagaki와 Sugiyama(1988)는 보고했다.

Hatano, Siegler, Richards, Inagaki, Stavy 그리고 Wax(1993)은 2학년과 4학년 이스라엘, 일본, 미국 아동들이 가지고 있는 생명에 대한 개념과 살아 있는 것의 속성에 대한 이해에서, 보편적인 면과 문화적으로 특정한 면을 구별해 보려 했다. 아동들에게 각각 네 종류의 보기(사람, 다른 동물, 식물, 무생물) 중, 어떤 두 가지가 생명이 있는 상태인지(예를 들어, 살아 있다), 관찰할 수 없는 동물의 속성(예를 들어, 심장이 있다), 감각적인 속성(예를 들어, 고통을 느낀다), 모든 생물체의 공통적 특성(예를 들어, 자란다) 등 16가지의 각 속성을 갖고 있는지 물어보았다.

그 결과는 아동들의 생물학적 이해에서 문화 간 유사성과 차이성이 있다는 것을 보여 주었다. 모든 문화에서 아동들은 사람, 인간을 제외한 동물, 식물, 무생물은 다른 속성을 가진 다른 종류의 실체라는 것을 알고 있었는데, 인간에 관해서는 매우 정확하게 알고 있었고, 동물과 무생물에 대해서는 거의 정확하게, 식물에 대해서는 약간 부정확하게 알고 있었다. 동시에, 문화적 분석에서 예상했듯이, 이스라엘 아동들은 식물에 생명이 없다고 여기며, 생물체가 공유하는 다른 속성이 없다고 여기는 것 같다. 반면 일본 아동들의 경우, 무생물에 대해 생명이 있는 것들이 가진 독특한 특성을 더 많이 부여하는 것 같다.

이러한 차이들은 아동의 상식 생물학적 지식이 그들이 자라는 문화 내에서의 믿음에 영향을 받는다는 것을 보여 주기 때문에 흥미롭다. 미국이나 이스라엘 아동들보다 일본 아동들이 식물이나 무생물을 살아 있는 것으로 여기거나 생물의 특성을 부여하는 이유를 생각해 보자. 일본 문화는 식물을 인간처럼 여기는 경향이 있다. 이러한 태도는 나무나 풀잎조차에게도 정신(mind)이 있다고 생각하는 불교 사상이 반영된 것이다. 일본의 일상 심리학에서는 무생물도 마음이 있다고 여긴다. 예를 들면, 일본 사람들에게는 식물뿐 아니라 특히 크거나 오래된 사물에 생명 또는 신성을 부여하는 것이 적어도 어리석은 생각이 아니다. 더구나 일본 아동들이 사물의 속성을 판단할 때, 언어학적인 정자법적(orthographic) 요인들이 영향을 준다. 생명을 의미하는 Kanji(한자)는 '살아 있는' 이라는 의미뿐 아니라 '신선한' 또는 '부패하기 쉬운' 이라는 원형적 뜻을 가지고 있다. 따라서 Kanji는 케이크나 와인, 소스 등 부패하는 상품에도 적용될 수 있다.

문화와 언어의 이러한 유사한 특징은 이스라엘 아동들이 미국이나 일본 아동들보다 생명력이나 생명체의 속성을 식물에 부여하지 않는 점에 대해 설명할 수 있을 것이다. Stavy와 Wax(1989)에 의하면, 이스라엘 문화에서 식물은 생명이 있는지에 대한 상태에서 사람이나 동물과는 매우 다른 것으로 간주한다. 이러한 문화적 태도는 식물이 동물, 새, 곤충을 포함한 살아 있는 것을 위한 음식으로 창조되었다는, 이스라엘 학생들에게 잘 알려진 성경구절(창세기 1:30)에서 보여 주는 관점과 병행한다. 또한, 그들의 문화적 믿음을 반영하듯이, 히브리어로 '동물' 은 '살아 있는' , '생존하는' 이라는 말과 매우 비슷한 반면, '식물' 은 이러한 용어와 명백하게 관련이 없다(Stavy & Wax, 1989).

어떻게 문화가 생물학적 이해의 발달에 영향을 주는지는 아직 연구되지 않았다.

위에서 언급한 금붕어를 키운 아동들의 경우처럼, 문화는 아동들에게 특정한 생물학적 이해를 형성하도록 돕는 활동에 참여하는 기회를 주는 것 같다. 그러나 이것만이 문화가 영향을 발휘하는 유일한 방법은 아니다. 부모, 학교, 대중매체도 대화적 상호작용을 통해 유아에게 문화적 신념을 전달하는 방법으로 이용할 수 있다. 예를 들어, 일본 부모들은 평소 그들의 자녀들에게 명시적으로 이야기하지 않더라도, 식물이나 신성시하는 물건에 대한 이러한 태도를 행동을 통해 암묵적으로 전달했을 것이다. 이 시점에서 생물학인 것들과 인조물(artifact)에 관한 어머니와 유아의 상호작용을 자연적 상황과 실험적 상황에서 연구할 필요가 있다.

예를 들어, '아이가 꽃을 꺾었을 때, 엄마는 어떻게 말할 것인가?' '이것은 아이가 장난감을 망가뜨렸을 때와 어떻게 다른가?' 등의 질문에서 그 답을 찾아볼 수 있다.

상식 생물학적 지식과 학교 생물학이 상호작용하는 방법

마지막으로 다룰 내용은 유아들이 상식 생물학적 지식(naive biology)이 성장하면서 어떻게 변하는지와 일반적인 학교교육의 역할이나 그 안에서 과학적 생물학의 교수-학습 역할에 초점을 맞출 것이다. 우선, 유아의 생물학적 지식과 근대 생물학을 가지고 있는 기술적으로 진보된 사회에서 보통 성인의 직관적 생물학의 차이에서부터 시작하기로 한다. 즉, 유아의 상식 생물학적 지식이 성인의 직관적 생물학(intuitive biology)의 근간이 되기 위해, 무엇이 병합되고, 무엇이 수정되어야 하는지의 논점에서 출발하기로 한다.

이전 단원에서 유아의 상식 생물학적 지식의 강점에 대해 강조했다. 그렇다면 무엇이 약점인가? 그 약점들은 성인이 가진 직관적 생물학과 비교할 때조차 확연히 드러난다. 이 중 주요한 몇 가지를 나열해 보면, (1) 제한된 사실적 지식, (2) 복잡하고 체계적으로 조직화된 생물학적 분류를 근거로 하는 추론의 부족, (3) 기계적(mechanical) 인과관계성의 부족, (4) 개념적 장치의 부족(예를 들어, '진화', '광합성') 등이 있다.

복잡하고 체계적으로 조직화된 생물학적 분류를 근거로 하는 추론과 기계적 인과 관계성 사용은 이론이나 개념적 변화를 요구하는(즉, 근본적인 지식의 재구성) 반면, 사실적 지식의 점차적인 축적은 오직 지식을 풍부히 함으로써 얻을 수 있다. 과학적 생물학 또는 학교에서 배우는 생물학에서, 기본 개념적 장치를 습득하는 것이 이론의 수정을 동반하는지가 논점을 넘어서는 것은 아니지만, 이미 가지고 있는 지식체계에 그러한 것을 의미 있게 병합하는 것은 보통 지식이 재구성될 때 가능하다고 믿는다. 다음으로 이러한 변화에 대해 토론해 보도록 하자.

동식물 학습을 위한 사전지식으로서 상식 생물학적 지식

생물학 종류에 대한 유아의 사실적 지식은 제한적일 수밖에 없다. 그러나 이것이 치명적인 약점이 될 수는 없다. 왜냐하면 유아는 동식물에 관한 그러한 사실을 상식 생물학적 지식의 틀 안에서 이해가 될 만큼 매우 빠르게 배울 수 있기 때문이다. 최근 얼마나 신속하게 유치원생이 그러한 사실을 기억하는지에 관한 연구자들의 실험적 연구에서, 6세 유아에게 연관된 목록이나 임의로 짜인 목록을 제시하고 그 안에 있는 문장을 기억할 수 있는지 물었다. 각 문장은 보통 정도의 친숙한 동물을 주체로, 그 주체의 행동과 결과로 구성되었다. 연관된 목록에서는, 행동과 결과가 상식 생물학에서 인간으로서 대비할 때, 원인이 결과를 초래한다는 면에서 인과적으로 연관되었다(예를 들어, '여우가 썩은 음식을 먹고 배탈이 났다'). 임의적인 목록에서는 원인과 결과가 임의로 연결되었다(예를 들어, '악어가 아기 악어에게 우유를 주었더니 상처가 빨리 나았다').

썩은 음식을 먹는다고 여우가 아픈 것은 아니지만, 이러한 예에서와 같이 어떤 동물에 대해 잘못된 문장을 제시했을 때조차도, 유아는 연관성 있는 문장을 더 잘 회상한다는 점을 발견했다.

상식 생물학적 지식 또한 일상생활에서 동식물 자체와 그것을 보호하고 키우기 위한 의미 있는 학습과정의 기초로 역할을 한다. 즉, 유아들은 살아 있는 것, 특히 고등동물에 대한 과정적 지식을 어렵지 않게 풍부히 할 수 있을 것이다. 신체 내부 기능에 대한 포괄적인 이해는 이러한 목적에 충분하다. Inagaki와 Kasetani(1994)는 다람쥐를 키우기 위해 필요한 5세, 6세 유아의 이해와 학습에 대해 연구했다. 이 연구는 의인유추(person analogy)를 이용하는 것이 학습을 강화하는지에 대해 인간과 비슷한 점을 적용하는 것이 어느 정도 효과가 있다는 것을 발견한 연구이지만, 또한 유아는 그러한 참조 자료 없이도 상당한 정도 그 과정을 배울 수 있을 것이라는 점을 발견했다. 그 이유는 아마도 그러한 과정들(예를 들면, 다람쥐에게 다양한 음식을 줄 필요성)이 다소 인간에게도 적용할 만하기 때문일 것이다.

순수하게 생물학적인 생물학으로 발전

유아가 성장하면서, 앞서 말한 (2)와 (3)의 단점을 제거하며 의인화와 활력론적 생물학이 (만일 과학적이지 않다면) '비심리학적(nonpsychological)' 생물학으로 점차적으로 바뀐다. 즉, 범주를 근간으로 추론하고, 의도적 설명을 거부하되 기계적 인과관계 설명을 선호하게 된다. 이러한 변화(또는 근본적인 지식 재구성)가 적어도 기술적으로 발달된 사회에서 성장하는 아동들에게 대부분 보편화된 것이라고 짐작하고, 학교교육이 분명히 이에 대해 일반적으로 촉진하는 효과가 있다고 해도, 기본 개념적 장치의 습득과는 달리, 체계적인 생물학 교수 없이도 일어날 수 있다고 짐작한다.

관련된 몇 개의 실험적 연구를 살펴보자. Johnson, Mervis 그리고 Boster(1992)는 10세 아동이 영장류라는 범주 체계를 가지고, 인간을 그 안에 포함시키는 반면, 7세 아동은 인간을 원숭이와도 매우 다른 것으로 여긴다는 것을 발견했다. Carey(1985)는 귀납체계를 사용하여 비슷한 결과를 보고했다. 4세 유아는 인간에 대한 새로운 속성을 배울 때 강아지에 대해 배울 때보다 훨씬 더 많이 그 속성을 다른 동물과 대비시켜 생각한다. 반면, 개에 대해 배운 10세 아동과 성인은 사람에 대해 배운 것을 좀처럼 속성적인 패턴으로 구별하지 않는다. 오히려 개를 이용한 예측이 사람을 이용한 예측보다 약간 많았다. 이러한 결과는 인간의 상태가 개보다 더 많은 원형이 되지 않은 원형 상태로부터 변화한다는 것을 지적한다.

Inagaki와 Sugiyama(1988)은 어떻게 유아들의 인간 중심 또는 '유사성을 근본으로 하는' 추론이 성장하권서 변화하는가를 연구했다. 4세부터 10세 아동과 대학생들에게 "X는 Y라는 성질을 가지고 있나요?" 와 같이 어떤 대상의 속성에 관해 질문했다. 그 결과, 4세 유아들은 주로 유사성을 기본으로 하는 속성(similarity-based attribution, 대상과 인간 사이 인지된 유사성에 근거하여 특성을 파악하는 것)에 의지하다가 성인들의 범주를 기븐으로 하는 속성(category-based attribution, 그 대상이 상위 체계에 속한 것과 범주-속성 관계에 근거하여 속성을 파악하는 것)으로 진보가 있었다.

유사성 기본에서 범즈 기본의 추론으로 이동하는 것은, 지식의 증가뿐 아니라 상위-체계 범주의 유용성을 보다 더 높이 평가하는 상위 인지적(metacognitive) 신념의 발달로 유도된 것이다(Inagaki, 1989). 아동들은 친숙하지 않은 동물의 행동, 속성, 습성 등을 예측하는 데 있어, 상위체계 범주가 인간과의 유사성에 의거한 판단보다 더 신빙성이 있다는 것을 깨닫는다. 이러한 인식은 생물학적 추론이 요구되는 상황에서 그러한 범주의 사용을 촉진한다. Hatano와 Inagaki(1991a)는 속성에 관한 질문뿐 아니라 범주-기본과 유사성-기본의 추론을 의지하는 정도에 대한 아동들의 상위인지적 신념을 평가하기 위해 계획된 과제를 이용하여 이러한 생각을 확인하는 자료를 마련했다.

아동들이 성장하고, 교육의 경험을 쌓을수록, 내부의 신체적 기능에 대한 인과관계에서 발달적 변화가 일어난다. 유아들의 활력론적, 그리고 때로는 의도적인 설명과는 반대로, 나이 많은 아동들은 생물학적 현상에 대해 의도적인 설명을 제시하는 대신, 오직 기계적 인과관계만 사용하는 경향도 있다. Inagaki와 Hatano(1993)의 실험 2에서, 기계적 설명을 선호하고, 의도적 설명을 자제하는 면에 있어서, 6세 유아와 8세 아동 사이의 차이가 8세와 성인 간의 차이보다 더 크게 나타났다.

이러한 결과는 유아의 생물학적 지식이 나이가 많은 아동들이나 성인이 가진 것과는 질적으로 다르며, Carey(1985)의 주장과 같이, 4세에서 10세 사이 생물학적 이해에 있어서 개념적 변화가 일어난다는 사실을 제시한다. 그러나 Carey의 주장과 달리, 6세 정도의 어린 유아도 이미 생물학적 지식 형태를 가지고 있기 때문에, 그러한 변화는 심리학에서 생물학으로의 변화가 아니라 생물학의 독립된 영역 안에서 질적 변화로서 특징지어질 수 있다.

성인에게 있어 기본 전략으로서 상식 생물학적 추론

성인의 직관적 생물학은 더는 의인화를 하지 않는가? 직관적 생물학은 활력론적 인과관계와 상관이 없는가? 이 질문에 대한 대답은 확실하지 않다. 유사성을 근거로 하는 추론에서 범주를 근간으로 하는 추론의 전이가 있다는 사실은 연령이 많은 아동과 성인이 의인화를 전혀 사용하지 않는다는 의미가 아니다. Inagaki와 Sugiyama(1988)는 연령이 많은 아동뿐 아니라 상당한 수의 성인들도 여전히 다양한 생명체에 대해 정신적 속성을 부여하며 인간과의 유사성에 의존하여 이해한다고 보고했다. Morita, Inagaki 그리고 Hatano(1988)는 반응시간 측정을 이용하여, 대학생들이 매우 빠르게 반응해야 하고 그래서 어떤 생물에 대한 범주를 이용해 속성을 파악하거나, 그러한 속성의 관계를 사용할 수 없는 상황에서는 대학생들도 정신적 속성(mental properties)뿐 아니라, 해부학적/생리학적인 것에도 어느 정도 인간과의 유사성을 사용한다고 밝혔다. 이러한 결과는 성인들도 의인화(personification)나 의인유추(person analogy)를 대안전략(fallback strategy)으로 사용할 것이라는 점을 강하게 제안하고 있다.

대학생들이 활력론적 인과관계보다 기계적 인과관계를 더 많이 선호한다(Inagaki & Hatano, 1993, 실험 2)는 것은 어떤 상황에서든 활력론적 인과관계에 전혀 의존하지 않는다는 의미는 아니다.

Inagaki와 Hatano(1993)의 연구에서, 한 대학생은 지속적으로 활력론적 설명을 선택했는데, 실험 후 인터뷰에서 다음과 같이 대답했다. "학교에서 배운 것처럼, 보통은 '산소 또는 심장은 펌프처럼 작용한다' 등을 포함하는 그러한(기계적) 설명을 택합니다. 그러나 저는 다른 설명(활력론적 설명)을 선택했죠. 왜냐하면 그러한 설명들이 저에게 보다 더 확실하게 다가왔고, 이해 가능했던 것들이기 때문입니다." 이것은 활력론적 생물학이 이해를 돕는 근본 지식으로 지속적으로 작용하고, 이른바 과학적 생물학에 근거한 대답을 요구하지 않는다고 여겨지는 상황에서 계속 사용된다.

과학적 생물학 개념 통합하기

마지막에 언급한 취약점이나 위에서 언급한 필요한 변화, 즉 생물학적 세계를 과학적 개념의 도구로 보게 되는 것은 학교에서 배운 과학적 생물학 이해의 결과로 일어난 것으로 볼 수 있다. 생물학 안에서 '과학적으로' 이해하고 추론할 수 있기 위해서, 학생들은 주요한 개념적 장치로서 기초적인 생물학 개념과 원리를 알아야 한다. (예를 들어, 학생들이 광합성 현상을 모른다면 동물과 식물의 기본적 차이—즉, 식물은 스스로 자양물을 생산할 수 있다—를 이해하지 못할 것이며, 그리하여 물이 식물에게 작용하는 관계를 음식이 동물에 작용하는 관계로 연결하는 잘못된 유추를 받아들일 수도 있다) 위에서 언급한 추론과 인과관계에서의 개념적 변화와는 달리, 이러한 변화는 교육적 개입 없이 이루어지기 어렵게 때문에 몇몇 나이가 많은 아동이나 청소년들에게 일어난다.

학교 생물학(school biology, 학교에서 배워서 습득하는 생물학적 지식으로, 유아의 상식 생물학적 지식과 대비되며 과학적 지식, 과학적 생물학과 의미가 상통한다)의 교수는 반드시 상식 생물학이나 이와 모순된 것 이상의 내용을 포함시켜야 한다. 이러한 교수법을 어떻게 조직화할 수 있을 것인가? 최근 연구에서 보여 준 진화와 광합성의 두 가지 예를 보도록 하자.

생물의 변이는 분명 아동이 이해하기 어려운 개념일 것이다. 생물학자들도 완전히 받아들이기까지 두 세기가 걸렸다. 그러나 상식 생물학적 지식은 오직 살아 있는 것만이 생태 환경에 적응할 수 있다는 것을 가정하기 때문에 아동은 세대를 거치는 어떤 종류의 점차적이고 적응적인 변이를 받아들일 준비가 되어 있고, 그리하여 라마르크식(Lamarckian) 변이(생물이 살아가면서 얻은 형질이 유전되면서 생물의 진화가 이루어진다는 주장)에 대한 지식을 형성할 수 있다.

광합성이라는 주제는 더 어렵다. 왜냐하면 상식 생물학적 지식이 포함하는 모든 생물 중에서 공통성에 관한 직관적 이해에 반대하여 광합성이라는 개념이 습득되기 때문이다. 아동의 상식 생물학적 지식에 근거하여 이러한 문제점을 극복할 수 있는 두 가지 방법을 제안하고자 한다. 첫째, 동물도 물을 마신다는 사실에 아동이 초점을 맞추도록 하여 동물에게 음식과 식물에 있어서 물 사이에 관한 잘못된 유추를 반증하는 것이 효과적일 수 있다. 둘째, 광합성을 활력론적으로 해석한 생태학적인 과정으로 여길 수 있고, 그러한 과정은 다른 유추(예를 들어, 열을 이용하여 밀가루에서

빵을 굽는 것과 같은 적합한 수단으로 물질을 처리하는 것)를 이용하여 설명할 수 있다 (Yuzawa, 1988).

학교에서 배우는 생물학에서 아동이 다양한 개념을 배울 때, 사실 생물학 세계를 이해하는 아동의 방식은 바뀔 것이다. 다시 말해, 학교 생물학이 이미 존재하는 상식 생물학적 지식에 동화되어야 의미 있게 학습되는 것만은 아니다. Vygotsky (1978)가 주장했듯이, 생태학적 기제와 변이적인 관점을 첨가함으로써 상식 생물학적 지식을 깨달을 수 있고, 그리하여 인식된 지식체계가 다양한 생물학적 질문에 대한 답을 찾는 근본으로 효과적으로 사용될 수 있다.

교육적 함의

Carey(1985) 이후로, 유아의 상식 생물학적 지식에 관한 연구는 개념적 발달에서 흥미로운 주제가 되었다. 이 분야에 관심이 많은 학자들이 연구에 참여할수록 이 특정 영역에 대한 풍부한 자료들이 쌓이고 보다 정교한 개념화가 정립되고 있을 뿐만 아니라, 상식 생물학적 지식의 구조, 기능, 발생, 변화, 보편성 등과 같은 개념적인 의문을 해결하려는 시도를 통하여, 개념 발달의 이해가 증진되었다(Hatano & Inagaki, 1994b). 유아의 상식 생물학적 지식은 아마도 향후 몇 년간 흥미로운 주제로 부각될 것이며, 이와 관련된 연구 문제도 보다 타당한 답을 찾게 되고, 효율적으로 재해석될 것이다. 주요한 논제는 (1) 독특한 생물학적 인과관계의 틀이 나타나는 시기, (2) 상식 생물학적 지식 획득에 있어서 선천적 · 문화적 설명의 통합과 변화, (3) 이 영역에서 상식 생물학적 지식과 과학적 지식(scientific knowledge) 사이의 상호작용이다.

증가하는 상식-직관적 생물학적 지식(naive and intuitive biology)에 관한 연구는 교육, 특히 생물학의 교수-학습에 대한 중요한 논의를 시사한다. Olson과 Torrance가 지적한 바와 같이, 이것은 교사들의 많은 교육적 실제가 학습자의 사고, 지식, 의식에 관한 가정을 전제하고(이 책 1장 참조), 그 반대의 가정도 전제하기 때문이다. 어떻게 아동의 사고가 작용하고 성장하는지에 대한 연구자들의 이해에 따라 교수내용과 방법이 정해지고 구체화될 수 있다. 본 장에서 아동의 상식 생물학적 지식에 관한 연구들을 재검토해 본 바에 의하면, (1) 유아는 논리적인 예측과 설명을 가능하게 하는 상식 생물학적 지식을 독립적인 영역으로 소유하고 있다. (2) 유아의 생물학적 지식은, 몇 가지 중요한 부분을 공유한다고 해도 문화마다 다르다. (3) 유아의 상식 생물학적 지식은 학교 생물학의 기초가 되고, 그에 의해 변형된다. 각 결론에 대해 간략하게 교육적으로 논의해 보고자 한다.

첫 번째 결론은 지식이 교수(instruction)되기 이전, 학습자의 초기 지식 상태에 관한 것이다. 교수는 학습자 지식의 초기 상태에서 의도하는 목표 상태까지의 변화를 목적으로 하기 때문에(Glaser & Bassok, 1989), 초기 상태에 대한 자세한 설명은 효과적인 교수과정을 계획할 때, 매우 유용할 것이다. 아동의 상식 생물학적 지식을 독자적인 영역으로 인식하는 것에 대한 연구자들의 결론은 유치원 또는 저학년에서 생물 교육을 시작하는 것이 가능하고 효과적일 수 있다는 것을 시사한다. 이 같은 논의는 생물학이 학교에서 매우 새로운 학습 형태로 교수되고, 초등학교 5학년이 될 때까지 가르치지 않는다는 이유 때문에 유아에게 생물학적 지식의 형태가 없다고 하는 Carey(1985)를 비롯한 다른 학자들의 주장과 명확히 다르다.

두 번째 결론은 생물학을 이해하는 방법이 다양하고, 이것은 학생의 문화적 견해를 고려하여 생물 교육방법을 세우도록 교육자들을 장려한다. 이는 또한 교수 자료와 절차를 그 문화에 맞게 해석(ethnographic translation)해야 하고(Serpell & Hatano, 출간 중), 생물학 분야뿐 아니라 일반적으로 다른 문화의 교육 프로그램을 있는 그대로 수용하는 것을 반대한다는 논리를 합리화한다.

세 번째이자 마지막 결론은 현재 어느 정도 가설이기는 하지만 교육자는 학생이 비형식적인 생물학적 지식을 사용하도록 돕고, 그것을 정형화된(informal) 생물 교육에 최대한 관련지어야 한다는 점을 강하게 제안한다. 이는 또한 자연 상태에서 의인화하고 활력론적인 상식 생물학적 지식은 학교 생물학을 의미 있게 배울 수 있도록 학생들에게 개념적인 틀을 제공할 수 있다는 점을 암시한다. 상식 생물학과 학교 생물학 사이 상호작용에 관한 후속 연구는, 바라건대 어떻게 상식 생물학적 지식을 통해 학생들이 학교 생물학을 효과적으로 이해하도록 도울 수 있는지에 관한 것뿐 아니라, 어떻게 상식 생물학적 지식이 '과학적' 생물학을 추구하는 방향으로 정규 교수법에 의해 정교화되어야 하는지를 구체화할 것이다(Inagaki, 1994).

제30장 '일반 사람들'은 물리에 대해 무엇을 아는가

ANDREA A. DISESSA

서론

인간은 물질 세계와 수많은 교환(interchange)을 하고 있다. 무거운 또는 가벼운 짐을 들기도 하고, 미끄럽거나 거친 표면 위로 물체를 밀거나 굴리기도 하며, 몸을 움직이고, 비틀고, 돌리기도 하고, 몸을 벽에 부딪히거나 볼을 던지고 받는다. 이렇듯 사람들은 물질 세계와 '교환'할 뿐 아니라, 물리적 현상에 대해 어떤 특정한 수준의 능력을 갖고 있는 것 같다. 예를 들면, 일반적으로 사람들 대부분은 부딪힐 정도로 세게 벽을 향해 달리지 않으려고 한다. 또한, 매우 가벼워서 쉽게 던질 수 있는 물체가 아주 무거울 것이라고 추측하는 오류를 자주 범하지도 않는다.

그러므로 일반 사람들(물리학자와 같은 과학적 물리학 지식이 없는 보통 사람들. 즉, people, students, plain folk, ordinary people과 같은 의미로 사용한다)도 역학, 또는 보다 더 특정한 물리학 지식을 가지고 있는 것이 명백하다. 이 장에서 주요 논점은, 만일 일상 물리학(folk physics)이 존재한다면, 이것이 학교에서 배우는 물리학이나 물리학자들이 다루는 물리학과 어떤 관계가 있는가다. 이 질문에 대한 해답은 매우 복잡하며, 아마도 놀랄 만할 것일 수 있다. 이 둘 사이 연관성에 대한 본 연구자들의 관점은 최근 15년 안에 두 가지 대변혁을 겪고 있는 것으로 보아, 이에 대한 연구는 높은 수준의 발전(state of the art)이 가능하게 할 수 있다. 실제로 여기에서 주장하는 관점은 오늘날 이 질문을 생각하는 사람들이 동일하게 주장하는 것들과는 거리가 멀다.

일상 물리학에 관한 두 가지 관점

이 논점을 인식하고 이에 따른 관점을 갖기 위해서, 두 가지 대조적인 관점을 고려해 보기로 하자.

관점 1. '일상 물리학(folk physics)' 은 학교에서 배우는 물리학(school physics, 이하 학교 물리학. 과학적 물리학과 상통한다)과 본질적으로 아무런 관계가 없다 일반 사람들도 물리적으로 유능하다. 즉, 학교에서 물리학을 배우기 이전에 물리학적으로 사고할 수 있다고 보인다. 일반 사람들은 물리학적 지식이라고 논리적으로 말할 수 있는 것을 가지고 있지 않다. 오히려 사람들이 가진 그러한 능력은 분명하게 표현될 수 없다. 보통 사람들은 그것이 어떤 것인지에 대해 얘기할 수 없다. 일상 물리학은 그 역할을 제대로 할 수 없도록 억제되어 있고, 학교에서 배우는 물리학과 생산적으로든 부정적으로든 상호작용할 수 없다.

이 관점은 과학적이고 상식적으로 타당해 보이기도 한다. 예를 들어, 과학적으로 잘 알려진 Jerry Fodor의 모듈 유능성(modular competencies)이라는 개념으로 일상 물리학을 언급할 수 있다. 그것은 검증이나 자기 반성의 방법으로 드러날 수 없고, 다른 정신적 능력과 연결되어 있지 않다. 그러한 능력이 무엇인지 명확히 나타내기 어렵기 때문에, 오히려 그 능력이 없는 것처럼 여겨진다. Fodor(1983)에 따르면, 언어적 유능성(language competence)은 이러한 형태의 하나다.[1] 우리는 모두 문법에 맞게 말하지만 그 규칙들은 난해해 보이기 때문에 학교에서 처음부터 배워야만 하는 것처럼 생각한다.

상식적으로, 우리는 생각하지 않고 직관적으로 할 수 있는 것을 언어로 기술하기가 얼마나 어려운지 알고 있다. 또한, 문화적으로 사람들은 물리학이 난해하고 어렵다고 배운다. 미국의 경우, 물리학을 고등학교 전까지는 가르칠 생각도 하지 않는다. 필자가 학생들과 일반 사람들에게 어떤 물리 문제에 생각해 보자고 하면, 보통은 그들이 물리 수업을 들어도 그 주제에 대해 전혀 아무것도 모른다고 말한다.[2]

약 15년 전까지만 해도, 교육 심리학자들과 교육자들은 보통 사람들이 과학적 물리학과 관련한 물리 지식이 없으며, 그것은 기초부터 배워야만 알 수 있다고 주장하였다.

관점 2. '일상 물리학'은 과학적인 물리학처럼 실재적인(substantial) 방법 안에 있다

만일 이것이 사실이라면, 이와 같은 가능성을 높이기 위해, 일상 물리학과 과학 물리학 사이 이론적인 구분을 만들기 시작해야 한다. 다음의 짧은 논의는 이에 대한 최근의 두드러진 연구 발표를 제시하기 위해, 필요한 것부터 다양한 방법으로 단순화한 것이라는 점을 유의해야 한다. 뿐만 아니라, 이 장에서는 과학적으로 논쟁이 계속되는 개념과 이론에 초점을 맞출 것인데, 그럼에도 불구하고 이러한 단순화된 모델들은 일상 물리학을 이해하는 좋은 시작점이 될 것이다.

먼저, 일상 물리학의 형태와 내용을 과학적 물리학의 형태와 내용에서 분리해 보도록 하자. 위의 관점 1에 따르면 일상 물리학의 내용이 있는지 없는지 알기 힘들다(agnostic). 물리학적 유능성(physical competence, 물리학적 원리나 지식을 학교에서 배우지 않아도 직관적으로 아는 능력. 일상 물리학과 유사한 개념으로 사용된다)의 형태는 실제 물리학에서 사용되는 말이나 사고와 달라 그 형태를 파악하기가 불가능하다. 일상 물리학이 가진 지식의 형태가 과학적 물리학과 다르다는 것을 가정하면, 그 내용도 차이가 있다는 것은 당연하다. 어떤 종류의 형태가 있든, 직관적인 물리학적 지식은 적어도 물리학자들이 물리적 세계가 어떻게 작용하는지에 대해 주장하는 것과 양립하는 것처럼 보인다. 사실 (이 가정에 의하면) 직관적이면서도 과학적인 세계관은 서로 양립할 수 없는 형태이기 때문에, 실제적으로 양립할 수 있든 없든 '오직 학문적(only academic)'이기만 할 것이며, 양립하는지 아닌지 단정 지으려는 시도조차 상식적이지 않다.

그러나 이제 일반 사람들이 과학자들과 공통된 물리학적 지식의 형태를 가지고 있다고 가정하자. 이것은 관점 2가 어떤 의미인지와 관련이 있다. 물리학자들이 주장하는 세 가지 뚜렷한 사고의 형태인 개념(concept), 믿음(belief), 이론(theory)에 대해 생각해 보자. 이 세 가지 지식의 형태는 대략적인 체계가 있다. 합리적으로 어떤 믿음을 갖기 이전에 그에 대한 어떤 개념을 아는 것이 필요하다. 어떤 특정한 것을 지칭할 수 있는 집합적 용어로 개념을 생각해 보자. 우리는 힘, 원인, 운동이라는 개념을 가지고 있을 것이다. 주어진 용어로 많은 것을 말할 수 있다. '힘은 언제나 운동의 원인이 된다' 또는 '힘은 절대 운동의 원인이 되지 않는다' 와 같이 서술할 수 있다. 그런데 우리는 어떤 개념은 믿고, 어떤 개념은 믿지 않는다. 신념이란 개념의 맨 위에 있는 다른 측면의 것인데, 신념을 통해 우리는 생각해 볼 수 있는 모든 가능성 가운데서 우리가 믿는 것이 진실이라는 것을 선택한다.

이론은 또 다른 측면이다. 이론은 개념과 믿음의 단순한 집합이 아니라, 아마도 복잡하면서도, 개념과 신념이 짜임새 있게 연결된 체계일 것이다. 이론은 특히 현실의 특정 부분에 대해 초점을 맞춘다. 빛의 현상과 역학이 대부분 항상 우리의 경험과 결합되어 있는 반면, 물리학자들은 이것을 설명하기 위해 다른 이론을 가지고 있다. 유사하게 우리가 물리적 세계에 대해 가지고 있는 개념과 신념의 체계인 일상 물리학은 이론적으로 다중 이론들(multiple theories)로 나누어지는 것으로 보인다. 이 이론들은 또한 여기에서 분리된 1차 개념과 2차 개념을 가지고 있다. 그것은 주요한 원리들과 파생된 원리들을 가지고 있다. 단순히 여러 가지 생각을 임의적으로 이론이라고 하는 것이 상식적이지 않다는 것을 이해하기 위해 이론이 무엇인지 우리가 정확하게 결정해야 하는 것은 아니다. 중요하고 뚜렷한 요인은 지식의 통합과 연결 종류와 정도에 관한 것이다. 즉, 이론이란 체계적으로 연결(interconnect)되어 있는 사고이며, 어떤 현상에 대해 동일한 틀과 관련된 모든 생각이라고 할 수 있다.

이같이 단순한 지식의 형태 개념, 신념, 이론의 분류에서조차도, 일상 물리학과 과학적 물리학의 관계성에 대해 다른 많은 가능성이 있다는 여지를 남긴다. 이와 같은 개략적인 방법에서 그 근간은 개념이다.

비교를 시작하는 시점에서조차, 일상 물리학과 과학적 물리학 사이에 충분히 일치하는 부분이 있는지 없는지에 대한 것과 함께 많은 질문이 동반된다. 아마도 현재 이 분야에 관심 있는 대부분의 연구자들은 이 부분이 연구의 시작점이라고 생각할 것이다. 사실, '개념적 변화(conceptual change)' 라는 용어는 학교 물리학 습득 시, 학습자들이 어떤 과정을 경험하는지 설명할 때, 가장 많이 사용되었을 것이다. 이것은 보통 사람이나 과학자 모두 개념을 가지고 있다는 것을 가정하는데, 적합한 관계 안에서 어떻게 개념이 그들의 세계관을 보도록 변화하는지에 대해 이해하는 것이 필요하다.

만일 많은 사람들이 일상 물리학과 과학적 물리학 사이에 공유하는 부분이 없다고 믿지 않는다면, 물리학자와 물리학을 전혀 모르는(physics-naive) 사람들이 개념적으로 충분히 공유되는 부분이 있으므로 그 둘 사이의 주된 차이는 신념의 수준에 있다는 논리가 가능하다. 결국, 모든 사람들은 위치(position), 속력(speed), 무게(weight, 물리학자들은 질량이라고 한다)에 대한 것을 알고 있고, 물리학자들이 사용하는 정확한 말이 아니더라도 힘(force)이라는 말을 자주 사용한다. 아마도 일반 사람들은 자신들이 쓰는 이런 개념들이 물리학자들이 쓰는 것과는 다른 방식일 것이라고 믿는 것 같다.

이론은 어떠한가? 일반 사람들은 물리에서의 이론과 같은 것을 가지고 있을까? 이에 대해 가장 그럴듯한 이전의 대답은 '아니다' 인 듯하다. 이론들은 정규 과학(formal science)에 속한 것으로, Newton, Maxwell, Einstein과 같은 천재들이 이론을 설립하였기 때문에 보통 사람들은 물리학 이론을 갖기 힘들다고 생각한다.

그러나 보통 사람들도 물리학에서의 이론과 같은 것을 가지고 있다는 설득력 있는 타당한 이유가 있음이 밝혀졌다. 가장 강력한 주장은 개념들은 절대로 분리되어 이해되지 않는다는 것이다. 우리는 항상 서로 지지하면서 해석을 돕는 생각들(ideas)의 군집(families)을 찾는다. 그러므로 하나의 개념이 한 번에 바뀌는 것이 아니라, 개념적 변화 안에서 바뀌는 것이 바로 생각과 개념의 군집이다. 이러한 군집들은 이론적이라기보다는 그것의 작은 조각들 간에 흥미롭고 중요한 긴밀한 관계(family relationships)를 가지고 있어야 하는데, 그것들이 이론이라고 불리는 것과 불리지 않은 것은 의미론적 질문인 것 같다.

이 점을 역사적 관점 안에서 주의 깊게 생각해 보자. 1970년대 말에서 1980년 사이, 일상 물리학과 과학적 물리학 사이에 관계성이 없다는 주장 1을 뒤집는 다수의 실험 연구가 나타나기 시작했다. 이것은 총체적(collectively)으로, '오인 학습(misconceptions studies, 과학적인 물리학 문제를 비과학적 개념의 틀로 찾으려고 하는 것)('실패 학습' 이라고 지칭하기도 한다. 학교에서 학습되기 이전의 물리적 지식이 학교에서의 교수 이후에도 지속되어 학교에서의 학습이 아무 성과가 없는 것)이라고 알려졌는데, 이 작업은 다음과 같은 체계를 설립하였다.

a. 대부분의 경우, 학생들(또는 일반인들)은 정규적인 물리학 과정을 학습하지 않았더라도 많은 단순한 물리적 상황을 예상(expectation)하고 설명(explanation)할 수 있다. 일반 사람들이 가진 이러한 '물리적 세계에 대한 지식' 이 아무 역할을 할 수 없는 것이 아니다.
b. 간단하고, 질적인 물리 질문에 관하여 일반인들이 생각하는 해답은 무작위적이지 않으며 단순히 실수로 나온 것은 아니다. 비과학적 개념의 틀이라 하더라도, 그 대답은 개념을 바탕으로 한다. 즉, 일반 사람들이 물리 문제에 관해 다양한 대답을 하더라도, 몇 개의 공통된 대답을 보이는 경우가 많을 수 있다.
c. 이러한 답들은 학습되기 이전부터 형성되어 쉽게 바뀌지 않는데, 적어도 고등학교부터 대학 기초 물리학을 배울 때까지 오히려 확장되면서 놀랄 만큼 확고해진다. 이것은 바로 교수에서 '실패(disaster)'를 의미한다. 따라서 교수(instruction)는 물리학 지식 습득에 별로 도움이 되는 것 같지 않다(일상 생물학에 대한 이와 같은 유사한 결론에 대해, 이 책 28장에 있는 Atran의 주장 참조).

사람들이 물체를 공기 중으로 던지는 것을 어떻게 설명하는가를 통해, 어떻게 지속적으로 '오인' 하는지에 대한 전형적인 예시를 볼 수 있다. 일반 사람들은 중력에 대항해서 공기 중으로 물체를 던지는 손이 물체에 힘을 전달한다고 설명한다. 손에서 전달된 힘은 점차 감소하다가, 결국 물체가 떨어지기 직전, 가장 최고점에서 중력과 평형을 이룬다.

이후, 처음 손이 물체에 전달한 그 힘보다 중력이 더 강해져 물체는 땅으로 떨어지게 된다. 반면, 과학적 분석에 의하면, 물체를 위로 올리는 힘이 손에 있는 것이 아니다. 그 물체는 아마도 힘이 없는 상태에서 단지 어떤 속력이나 운동량을 가지고 움직임을 시작하여 영원히 멈추지 않는다고 설명한다. 그러나 이 경우, 중력이 지속적으로 물체의 속력을 바꾸는 것이다. 처음에는 중력이 물체의 속력을 감소시키다가 결국 속력은 0이 된다. 그러고 나서 처음 물체가 위로 올라가며 속력이 달라지는 과정을 아래 방향으로 계속하는데, 이것이 물체가 위쪽 방향으로 속력을 내고 아래로 떨어지는 이유다.

이와 관련된 예는 탁자에서 물건을 밀어내는 상황이다. 대부분 사람들은 탁자를 가로질러 물체를 밀어내는 원리를 일정한 속력을 가지고 있던 물체가 불균형으로 되기 때문이라고 생각한다. 손의 힘이 저항하는 물체(또는 마찰)보다 강하게 물체를 밀어내는 것이다. 반면, 물리학자들은 이것을 마찰과 손의 힘의 균형으로 본다. 즉, 이 사이 균형은 물체가 가지고 있는 운동량을 바꾸지 않는다.

또 다른 좋은 예는 중력이 물체를 아래로 당기고 있다는 사실에도 불구하고, 왜 물체가 탁자 위에서 움직이지 않고 있냐는 질문이다. 물리학자들은 탁자가 중력의 힘을 무효화하면서 (중력과) 동일하게 위로 올리는 힘을 발휘한다고 말한다. 반면, 일상 물리학에서는 일반적으로 탁자는 단지 물체의 움직임을 가로막고 있는 것이며 탁자와 같이 수동적인 사물이 힘을 발휘한다는 것은 상식에서 벗어난 논리라고 여긴다.

이 예시들은 관점 1에서 관점 2로 바뀌도록 뒷받침하는 흥미롭고 놀라운 발견이었다. 직관적 물리학은 존재한다. 이제 이것은 개념적이며 명확하게 표현될 수 있는 것으로 여겨지고, 과학적 물리학과는 반대되는 것처럼 보인다. 인습적인 교수학이 학습의 장애물을 제거하는 것에 실패하며 만만치 않은 어려움이 있었지만, 적어도 그 장애물이 무엇인지 발견한 것은 중요하다.

대략적으로 이와 같은 동의하에, 여러 연구자들은 다소 서로 다른 입장을 취하였다. 첫 번째 입장은 아마도 가장 일반적인데, 복잡한 동기가 있다. 생활 속에서 우리와 의견이 다른 사람들을 만날 때, 우리는 이러한 차이들을 다른 수준의 믿음으로 생각하는 경향이 있다. 사람들이 대부분 동일한 기본적 범주를 가지고 있다고 믿기 위해 우리는 민주적 충동(democratic urge)을 가지고 있다. 우리 모두가 생각하는 많은 관점 중 어떤 것이 진실이라는 것에 대한 믿음이 단지 우리와 다른 것이다. 만일 물리학 교수에서와 같이, 우리가 어떤 것(예를 들면, 일상 물리학)을 잘못된 것으로 믿는 데에 나름대로 타당한 이유를 가지고 있다면, 우리는 아마도 두 가지 신념의 틀을 합리적으로 설정해야 하며 어떤 것이 맞고 어떤 것이 틀린지에 대해 체계적으로 논의해야 할 것이다. '경험 없는 상식적(naive) 믿음(일상 물리학)을 끄집어내, 과학적인 신념과 비교하여 논쟁하며 판단하여, 과학적인 신념의 타당성을 찾고, 옛것(일상 물리학)은 버리도록 학생들을 확신시키는 것' 이 교육에서 하는 주된 주장이다.

또 다른 학자들은 개념적인 수준에 대해 더 고민한다. 그들은 학생들이 동일한 개념적 기초를 가지고 있다는 것에 대해 의심을 갖는데, 그래서 개념의 변화 없이 신념을 바꾼다는 것은 많은 논쟁의 여지를 갖는 것 같다. 사실, 새로운 개념을 재구성하거나 설립하는 과정은 복잡하고 시간이 걸리기 때문에 '신념이 변하는 데' 요구되는 방법이 필요하다는 생각조차 어려울 것이다. 학생들이 물리학자들의 개념적 구성을 이해할 수 있을 때까지, 그들의 신념은 과정상에서 문제가 없는 정도로 단순히 변화하는 것 같다.

학교에서의 학습 이전에 이미 학생들이 갖고 있는 '상식적 이론들(naive theories)' (학교에서 학습으로 배우기 이전의 이론들. 선험적 이론)' 에 대한 견해도 분분하다. 학자들과 교육자들의 경험적 자료에 근거하면, 학생들은 비교적 일관적이고, 체계적인 동일한 이론을 가지고 있다. 다른 이들은 특정한 상식적 이론을 소개하는 것에 더 초점을 맞추었다. 그러나 이들은 이론적 근거를 바탕으로 체계성을 추구하고, 포괄적인(global) 일관성을 보이는 어떤 정도의 수준이 나타날 것을 확실히 기대하였다. 여전히 상식적 이론에 관해 잘못된 신념을 가지고 있는 사람이 있거나, 적어도 상식적 이론이 있는지 없는지 아는 것 자체가 불가능하다고 믿는다(agnostic).

이후 논의에 대한 상식적 이론의 중요성 때문에, Michael McCloskey와 다른 학자들이 제안한 한 가지 상식적 이론을 언급하려 한다. Michael은 그것을 놀랄 만큼 정교하고 체계적으로 기술하였는데(McCloskey, 1983), 이것은 중세 철학자들이 논의한 것이다. '역학 이론(impetus theory)' 은 어떤 물체를 던지거나 강제적으로 움직이게 되었을 때, 어떤 종류의 내부적 힘이 그 물체에 분배된다는 이론이다. 그 힘은 물체가 다른 힘의 영향을 받거나 자연스럽게 점차적으로 멈추기 전까지, 물체가 계속적인 운동을 하도록 한다. 이것은 앞에서 예로 들었던, 물체가 위로 던져지는 상황에 대해서 학교에서의 학습 이전에 학생들이 이미 가지고 있는 초기의 설명(naive explanation)이다. 그 예시는 특정 사건에 대한 단순한 설명이 아니라 다양한 상황을 포함하는 이론으로 주장되었다.

요약하여 말하면, 관점 2는 일상 물리학이 실질적으로 과학자들의 개념, 신념, 이론으로 구성된 지식을 공유한다는 것이다. 물리적 세계에 대한 학생들의 해석이 학교에서 학습하기 이전의 지식에서 나왔지만, 그것이 정교하다는 것을 발견하였다. 그러나 관점 2와 같은 가정하에, 학생들로부터 나온 이러한 생각들이 그 내용으로 연관되어 있는 한 오개념(misconceptions), '상식적(naive)' 이론 또는 신념과 같은 부정적 용어로 표현되는 것이 불가피한 것 같다(왜냐하면 일상 물리학의 내용은 과학적이지 않은 것처럼 보이기 때문이다). 만일 우리(연구자)가 보통 사람들도 형태나 내용에 있어서 물리학자와 같은 물리학적 지식이 자발적으로 개발된다는 것을 발견한다면 이해를 넘어선 충격이 될 것이다.

새로운 관점

이제 일상 물리학에 대해 역사적이고 선험적인 지식의 관점에서 보다 원리적인 관점으로 이동해 보자. 일상 물리학이 처음으로 꽃을 피운 이후, 이에 대한 '오개념', '선험적 이론(naive theory)' 이라는 접근은 다음과 같이 논쟁을 거듭해 왔다.

1. '선험적 이론' 에 대해 자세히 설명한 사람이 아무도 없다. 물리학자들의 관점에서 주의 깊게 살펴보면, 학생들이나 물리학에 대한 경험이 없는(naive) 사람들은 물리학적 지식에 대해 일관성이 없고 체계적이지 않은 것처럼 보인다. 즉, 물리 현상에 대한 설명이 사람이나 상황마다 다르다. 이제까지 제안되어 온 선

험적 이론은 충분한 근거가 없는 것 같다. 예를 들면, 물건을 던지는 것과 비슷한 현상에 대해 기껏해야 역학 이론이 있을 뿐이다. 탁자에 있는 물체나 저울 또는 궤도에 대해 사람들이 어떻게 생각하는지는 설명하지 못한다. Newton 법칙의 적용범위를 측정하는 어떤 것도 일반 사람의 물리적 지식에는 존재하지 않는다. 이론 · 신념 · 개념의 세 가지 지식체계 중에 이론은 일상 물리학과의 가장 연관이 없을 것으로 확신하며 고려 대상에서 제외한다.

2. 일상 물리학과 관련한 신념에 대한 주장도 그리 타당성 있는 논리가 없었다. 즉, 믿음으로서의 선험적 물리학에 대해 논리적 설명을 찾아보기 힘들다. 더구나 '논리적인 주장' 을 가지고 분명히 설명하며, 일상 물리학에 대한 반대 논리에 맞서는 계속적인 전략이 부족하다. 대신, 반대로 생산적이고 통찰력 있는 사고 안에 세워진 다양한 전략은 일상 물리학의 논리성을 세우는 데 긍정적인 전망을 보였다. 예를 들면, Brown과 Clement(1989)는 문맥(contexts)을 사용하여 일반 사람들의 통찰력에 대해 언급하였는데, 일반 사람들은 문맥이 없는 것에서 있는 것으로 연결시킬 때 정확한 통찰력을 갖는다고 주장하였다.
3. 일상 물리학에서, 분석의 개념적 수준이 그리 나쁘게 전개된 것은 아니지만, 일상 물리학에 대한 확고한 이론을 설립하기에는 아직 제한적인 성과에 지나지 않는다. 개념의 기본 틀로 설득력 있게 나누는 어떤 논리들이 제시되지 않았다.

지금까지 논의된 점으로 볼 때, 필자는 일상 물리학에서 이론적인 것이 부족한 것이 근본적인 한계라고 확신한다. 과학적 물리학의 관계에서, 일상물리학과 그 속성을 설명하기 위해 개념이나 신념과 같은 거의 일반적인 지식 용어에 의존할 수 없다. 대신, 이론적으로 혁신적이며 보다 정확한 것이 필요하다. 양자 물리학이 이해되기 위해, '물질(matter)' 이라는 개념을 넘어서, 파장 기능과 미세 파장을 고안해야 했던 것처럼, '개념, 믿음, 이론' 이라는 용어에서 벗어나야 한다. 가능한 논리를 세우기 위한 필요한 작업이 이루어질 수 있도록, 실제적으로 현재의 접근과는 다른 어떤 것이 필요하다. 다음의 내용은 일상 물리학에 대한 최근 필자의 설명과 이론을 간략하게 서술한 것이다.

복잡한 지식체계의 전개

지식과 일상 물리학의 이해를 돕기 위해 네 가지 일반적인 원리가 이 접근을 정의한다.

1. **다양성** 여러 가지 다양한 정신적 형태, 양식, 수준, 고려되어야 할 지식의 배경(contexts)이 있다. 특히, 지식에 대한 대부분의 설명은 사실, 개념, 방법과 같이 지식의 '크고' 형식적인 형태로 치우치는 경향이 있다. 반면, 가장 필요한 것은 더 미묘하고, '작은' 지식의 요소를 이해하는 것이다. '느낌(impression)'은 모호한 것처럼 보이고 지식처럼 보이지는 않지만, 느낌과 세밀한 판단은 일상 물리학의 중요한 핵심을 구성할 것이다.
2. **복잡성** 개인의 지식 상태는 변화의 배경으로 매우 복잡하다. 일상 물리학에서 과학 물리학으로의 변화가 있는 것(또는 변화가 적은 것)을 이해하기 위해서는, 이와 같은 복잡성을 연관시켜야 한다. 복잡성은 개인의 이해 특성을 이해하기 위해, 특정 개인에 대해 많이 알아야 한다는 것을 암시한다. 즉, 개인 간에 통일성이 있다고 해도, 지식체계가 복잡하게 얽혀 있는 특성이 있다는 것은 그만큼 이에 대해 알아야 할 것이 많다는 것을 암시한다.
3. **분석의 체계 수준** 필자가 선호하는 분석의 형식이 요소에 따른 분석이더라도, 개인의 지식에 대한 중요한 많은 특성은 체계의 속성이라고 생각한다. 예를 들면, 일상 물리학 개념이 명백하게 확고한지의 여부는 그 체계에 달려 있다. 또한, 체계와 하위 체계 간의 상호작용을 고려하는 것은 매우 중요하다.
4. **지식 수준 분석** 인지(cognition)를 분석할 때, 일반적인 '인지적 장치(cognitive machinery)' [전형적으로, 일(work)은 인위적인 지식과 관련이 있다]를 이용하여 설명하려 하는 접근인 반면, 이 분석은 측정이나 기계적 접근을 보류하고, 주로 '지식의 구조'에 초점을 맞춘다.

이 책에서는 '새로운' 지식 형태의 목록을 그 형태의 특성과 하위체계로 설명할 것이다. 특히, 각 형태는 (1) 특징적인 속성과 그것이 사용될 때 나타나는 특징, (2) 다른 종류의 지식 형태에 대한 예시와 하위 체계와의 특정한 관계, (3) 일상 물리학에서 과학적 물리학으로 변형될 때, 개별 요소와 체계적 속성에 있어서 발달의 특징적 양식으로 설명될 것이다.

현상론적 초안

일상 물리학을 이해하는 데 있어서 지금까지 가장 중요한 지식의 형태는 '현상론적 초안(phenomenological primitive, or p-prim)'[1)]이다. 현상론적 초안으로 일상 물리학의 관찰된 특성을 가장 적절하게 설명할 수 있을 것이다. 이것이 가능한 이유는 현상론적 초안이 하위 개념적이라는 것이다. 즉, 개념이나 신념보다 더 작고 유동성 있는 지식의 부분이다. 여기에서는 개념, 믿음, 이론보다 하위인 새롭고 다른 종류의 지식을 소개하고자 한다.

인간은 몇백 개에서 몇천 개의 현상론적 초안을 가지고 있는데, 그것들은 현 세계의 상황과 행동에서 다소 쉽게 인식할 수 있다. 현상론적 초안에서 'P(phenomenological)'는 풍부하고 경험된 현상론적 실재와의 연계를 나타내기 위해 의도되었다. 그것은 현 세계와 그 안에서 일어나는 사건에 친숙할 수 있도록 돕고, 이해할 수 있도록 해 준다. 특히, 현상론적 초안은 어떤 것이 진실인지 거짓인지에 대한 판단과 타당한 설명이 자연스럽게 받아들여지는지 아닌지에 대한 우리의 느낌과 관련이 있다. 현상론적 초안에서의 '초안(primitive)'은 사건의 설명적인 서술적 묘사를 전형적으로 구성한다. 현상론적 초안을 적용한다면, '그건 원래 그런 거야'라는 설명 외에 더 필요한 것이 없다. 무거운 물건은 밀기 더 힘들고, 물체는 진공으로 이끌린다. 이러한 현상에 대해 '왜'라고 묻는다면 '그건 원래 그런 거야'라는 것 이상 대답할 것이 없다.

---

1) 역자 주: 현상론적 초안(p-prim은 현상과 관련한 작은 지식 구조로서, 더 이상 설명이 필요 없는 공리와 같은 역할을 하며 현상을 설명하는 데 기초로 사용된다. 결국, '그건 원래 그런 거야'라고 설명되는 가장 작은 지식의 구조다.

현상론적 초안은 유동적으로 사용되며 자료에서 근거하는 경향이 있다. 우리는 자주 하나의 현상론적 초안에서 또 다른 현상론적 초안으로 옮겨 가는데, 이것은 관심의 이동이나 고려된 상황에서의 사소한 변화 이상의 것을 동반하지는 않는다. 여러 가지 현상론적 초안이 불일치를 일으키는 상황에서, 우리가 그것을 해결하는 특정 지식을 갖고 있는 경우는 드물다. 현상학적 초안 사이에 엄격한 분류 기준이 있다거나, 포괄적으로 중요한 초안이 있다거나, 또는 본래의 현상론적 초안과 파생된 것 사이의 논리적 연결이 있는 것은 아니다. 물론 어떤 현상론적 초안은 다른 것보다 중요하고, 일상 물리학에 대해 중심적인 요소를 더 많이 설명할 수 있다. 또한, 현상론적 초안 가운데 서로 비슷하며 연관되어 있는 것이 있다. 그러나 현상론적 초안이 얼마나 단순하고 간략하게 기술될 수 있는가를 좌우하는 것은 여전히 경험 세계에서의 복잡성과 다양성이다.

발달적으로, 현상론적 초안은 친숙한 사건에 대한 비교적 단순한 추상적 개념에서 기원한 것으로 보이는데, 추상적 개념은 보다 더 광범위한 상황을 기반으로 할 때, 해석적인 역할을 한다. 물론, 학습은 때로 새로운 현상론적 초안을 개발하는 것을 의미한다. 그러나 한 가지 현상론적 초안이 적용될 만한 상황에서, 그리고 다른 현상론적 초안과 전체적으로 또 다른 지식의 종류가 전형적으로 연결되는 경우, 학습은 보다 중요성의 전이를 의미하기도 한다. 일상 물리학에서 과학적 물리학의 전이를 대체(replacement)로 보기보다는 재조직(reorganization)되고 정교화(refinement)되는 것으로 보는 것이 더 바람직하다.

현상론적 초안이 언어와 관련되어 있다는 것이 그것을 이해하는 데 오히려 어려움을 줄 수 있다. 다양한 단어를 어떻게 사용하는지 아는 방법으로 현상론적 초안을 가질 수 있다는 것을 일반 사람들은 모른다. 현상론적 초안은 그것들이 가진 본래의 '언어(language)' 가 시각적이거나 운동 감각적 양식의 하나이기 때문에 언어로 표현하기 어렵다. 우리가 현상론적 초안을 말하거나 설명할 수 있다고 해도, 현상론적 초안의 기능의 본질인 자신감과 적합성을 갖는 것은 순전히 언어적 수단만으로는 힘들다. 다른 이유를 포함한 이러한 모든 이유 때문에, 현상론적 초안 수준에서 즉각적인 학습은 일어나기 힘들다. 한 사람의 현상론적 초안은 경험을 통해서 점차적으로 전이되고 변화한다. 다음의 예를 살펴보자.

1. **Ohm의 현상론적 초안** 중심적이고 중요한 현상론적 초안을 Ohm의 현상론적 초안이라고 하는데, 그 초점은 다음의 세 가지이며 이들이 서로 연관된 곳에서 인식된다. 첫째, 반드시 역동적인 힘 또는 자극이 있어야 한다. 사람들은 그러한 자극을 원형적으로(prototypically) 공급할 것이지만, 그래서 물체를 기계화하거나 무생물화할 것이다. 둘째, 전형적으로 운동이나 행동의 형태와 같은 '결과' 가 있다. 마지막으로 자극과 결과 사이 저항하거나 방해하는 효과가 있다. Ohm의 현상론적 초안을 적용할 때, 예상되는 일반적인 행동 양식은 증가된 힘이 증가된 결과를 산출하는 것, 증가된 저항은 결과를 감소시키는 것 등이다. Ohm의 현상론적 초안은 무거운 또는 가벼운 물체를 대해 세게 밀거나 약하게 미는 상황에서부터(무게는 운동에 저항한다) 좋은 성적을 얻으려고 학교에서 열심히 일하는 것, 반대 의견을 줄이거나 타당한 논쟁을 증가시켜 다른 사람을 확신시키는 것 등 모든 종류의 상황에 적용된다.
2. **발동력** 매일의 경험 속에서, 우리가 어떤 것이 계속 일어나도록 할 때, 그것은 계속 생긴다. 바닥을 가로질러 의자를 밀었을 때, 의자는 우리가 밀었던 방향으로 움직이고 우리가 계속 밀고 있는 한 같은 방향으로 움직인다. 발동력은 Ohm의 현상론적 초안이 특정한 방향으로 이끌린 형태인데, 그것은 물체의 운동이 그것을 움직이게 하는 힘의 방향을 따른다고 규정한다.
3. **균형과 평형** 인간은 풍부하고 깊게 느껴지는 균형과 평형의 현상학이 있다. '균형' 적인 어떤 것은 그 상태에서 영구적으로 그러한 상태로 머물 것이다. 혼란하거나 비균형적인 상태에 있는 것은 자연적으로 평형을 이루려고 한다. 필자가 역동적인 균형(dynamic balance)이라고 부르는 이 특정한 균형적인 상태는 두 경쟁적인 영향력(힘)이 정확히 서로를 상쇄하여 어떤 영향도 서로 없게 되는 상태를 말한다.
4. **압도하기** 역동적 균형에서 하나의 영향력이 증가하거나 다른 하나가 감소한다면, 더 강한 힘은 다른 하나를 '압도' 해서 '그 힘대로 간다.' 사람들은 행동

의 특정한 양식 중 영향력의 변화와 관련된 것에 친숙하다. 어떤 상황(situation)은 주된 한 영향력으로부터 (그래서 또한 그 효과로) 역동적 균형이 이루어지며 압도하는 다른 하나의 힘의 영향력으로 나타난다.

5. **사라지기** 운동 또는 활동 부족은 무생물의 자연스러운 상태다. 유도된 행동이나 운동은 자연적으로 사라지며, 그렇지 않으면 그것을 유도한 주체가 (움직이도록 힘을 가한 것처럼) 계속적으로 움직이게 한다. 예를 들면 누군가가 종을 쳐서 소리를 냈을 때, 그 소리는 점점 사라져 간다.

6. **방해하기와 안내하기** 딱딱한 물체나 정지된 물체가 운동을 가로막거나 멈출 수 있다. 반대하는 힘(예를 들어, 책상 위의 책을 반대로 거스르는 중력)이 있어야 한다는 물리학자의 설명과는 달리, 방해하기는 보통 사람들의 초기적인(primitively) 설명이다. 이와 비슷하게 더 복잡한 설명이 없어도 기차는 트랙을 따라 안내되고, 튜브 안에서 움직이는 물체는 튜브를 따라가는 것 등이 있다.

이전에 언급된 것처럼, 어떻게 이러한 현상론적 초안이 초기의 개념을 설명할 수 있는지 독자들은 이미 알았을 것이다. 다음으로 간략하고 자세하게 하나의 경우를 제시하도록 하겠다.

심리적 모델

현상론적 초안과 달리, 심리적 모델은 종종 교수(instructed)된 복합적 지식의 형태로, 견해를 드러내고 발전시키는 과정이나, 문제 해결에 있어서 폭넓고 조리 있는 논쟁의 근간이 될 수 있다. 심리적 모델은 정교하고 잘 발달된 서술적인(descriptive) 요소에 의지하는데, 그러한 요소들은 공간적인 형태에 대해 서술하고 추론능력을 원형적으로 반영한다. 더구나 심리적 모델 안에 기초적 인과관계 사건의 중심 개념이 있는데, 아마도 우리는 몇몇 현상론적 초안과 관련된 것으로 그것을 이해할 수 있을 것이다. 논리적이고 가설적인 추론은 흔히 심리적 모델의 사용과 관련되어 있고, 우리는 추론을 명확한 방법으로 점검하는데, 현상론적 초안으로 가능하다면 그것은 전형적이지 않을 것이다.

컴퓨터 실행에서 명령된(instructed) 모델은 심리적 모델의 좋은 예시다. 사람은 상황[예를 들면, 변이(variables)]과 행동(예를 들면, 상징을 움직이는 것이나 제거하는 것)의 기초적 목록을 생각하는데, 그것은 정교화되고 점검 가능한 예측과 설명으로 연결될 수 있다. 유사하게, 전자회로의 명령(instruction)은 구성요소의 초기 행동적 또는 인과관계 모델에 따라 전극(elements)과 연결의 위상적인(topological, 기하학적인) 해석에 의지한다. 심리적 모델과 관련한 특정 체계는 매우 복잡해서 쉽게 완전한 분석이 힘들 것이다. 그러나 심리적 모델을 이해하는 사람들은 여전히 '원리' 로 그 장치(심리 모델)를 이해하고 있다고 느낄 것이다.

특정한 심리적 모델은 Newton 역학을 배우는 데 매우 중요한 것으로 보인다. 필자는 이것을 운동의 각 순간 설명 모델(moment-by-moment accountable model of motion)로 본다. 기본적으로, 어느 물체의 움직임을 순간(instants)의 연속으로 설명할 수 있는데, 매 순간마다 오직 특정 몇 개의 실체가 다음 단계에 어떤 일이 일어나는가를 결정하기 위해 상호작용한다. 당연히 매 순간 알아야 할 것은 물체가 어디에 있고, 속력은 얼마이며, 어떤 힘이 작용하는가다. 속력은 물체가 다음 단계에서 어디로 가는 것을 알려 줄 것이며, 힘은 속력이 어떻게 한순간에서 다음 순간으로 바뀌는지를 설명해 줄 것이다.

이러한 순간 설명 모델은 그 단순함(sparsity)으로 잘 알려져 있다. 오직 몇 개의 요소만 관련되어 있고 각각의 요소와 그 관계는 원리 안에서 보고 점검하기에 용이하다. 일반적으로 현상론적 초안은 이러한 방법으로 설명할 수 없다. 일반 사람들이 Ohm의 현상론적 초안 같은 지식의 요소를 갖고 있다는 것을 알았다고 해도, 그 적용을 어떻게 자세하게 조사할지는 알지 못할 것이다. 더구나 일상(folk) 분석과 현상론적 초안 분석은 특히, 종종 같은 관점으로 여러 현상을 보는데, 순간적이고 협소한 인과관계 분석 없이 매우 복잡한 인과관계 고리의 처음과 끝을 설명한다. 우리는 아마도 진동 전파의 기하학적 선에 대한 세부 분석이나, 어떻게 실제적으로 진동이 책을 선반에서 움직이게 했는지에 대한 설명 없이도 '지진 때문에 책이 떨어졌다' 고 말할 수 있을 것이다.

내러티브

오개념 연구의 주어진 배경에서, 역학의 어떤 부분은 배우기 쉽다는 사실이 놀랄 만한 것일 수 있다. 그러나 이것과는 달리 일상 물리학의 본성과 과학적 물리학의 관계는 알기 어렵다. 예를 들어, Ohm의 현상론적 초안의 발견은 왜 전자회로의 Ohm 법칙이 대부분의 학습자에게 매우 간단한 것처럼 보이는가를 고민하다가 얻은 결론이다.

내러티브는 물리학과 학생들 사이에서 찾은 용이하게 얻은 성과의 특정한 부류다. 이것은 설명적 물리학 이야기를 넘어서서 기본적으로 친숙한 사건의 이야기다. 전형적인 예는 물체 던지기에서 에너지에 대한 이야기다. '던져진 물체의 힘은 전적으로 동력학(운동 에너지)에서 시작하여, 운동 에너지가 0이 되고 모든 에너지가 잠재적으로 되는 최고점에 이를 때까지, 점차적으로 잠재 에너지(높이에서의 에너지)로 전이된다. 그 후, 물체가 떨어질 때 잠재 에너지에서 운동 에너지로 전환된다.' 사실상, 물리학을 수강하는 사람 중 이 이야기를 쉽게 배우고, 완전하게 이해할 수 없는 사람은 없을 것이다.

그다지 친근하지 않은 이야기는 최종 속력에 대한 것이다. 떨어지는 물체는 중력 때문에 점점 더 빠르게 낙하한다. 그러나 속력이 증가할수록 중력과 균형을 이루는 시점, 즉 물체 속력이 더는 증가하지 않는 시점까지 마찰력(위로 밀어 올리는 힘)도 증가한다.

내러티브는 아마도 배우기 쉬울 것이다. 왜냐하면 묘사된 현상이 글자 그대로 익숙한 현상이거나 기억하기 쉽기 때문이고, 그럴듯하게 덧붙여진 '물리학 이야기' 는 원리 그대로 이상의 어느 정도의 해석도 포함하고 있기 때문이다[예를 들면, 대화는 강력한 직관적 원리이고, 던지는 물체의 운동 에너지는(직관적으로) '관찰되기' 쉽다. 최종 속력은 단순한 이야기로 하면 '균형이 맞춰진다' 라고 말할 수 있다].

명시적 사실

학생들이나 물리학을 배우지 않은 평범한 사람들은 종종 물리학의 몇 가지 '기본 사실'을 알고 있다. '중력은 모든 물체에 동일하게 작용한다'는 공기 마찰을 무시할 때, 무거운 물체와 가벼운 물체는 같은 속도로 떨어진다는 Galileo 이야기와 같은 말이다. '모든 것은 상대적이다'와 '모든 행동에 동일하고 반대적이 반응이 있다'는 또 다른 예시적 사실이다. 이러한 명시적 사실은 종종 문장으로 표현되어 간단하고 기억하기 쉬운 형식을 가지고 있으며 때로는 표면적(현상론적 초안)으로 합리적인 논리를 가지고 있다.

발달적으로, 명시적 사실이 학습에는 너무나 극소한 영향뿐이라는 점은 매우 안타까운 점이다. 문제는 명시적 사실에 사용되는 용어가 종종 학생들에게 별로 의미가 없는 평범한 것처럼 보이기 때문에 사용하지 않으려 하고, 그러므로 그 안에 포함된 물리학에 대한 중요한 의미와 암시를 놓치기 쉽다는 점이다.

명확한 태도를 포함하는 사실

한동안 일반인을 포함한 학생들은 자신들이 가진 공식 원리에 대해 명확한 태도를 가진 논리를 세웠다. 예를 들면, '어떤 것을 움직이기 위해서는 힘의 불균형이 필요하다' 등과 같은 것이다. 명확한 태도를 포함하는 사실이 명시적 사실과 다른 점은 말하는 사람이 그것이 무슨 의미이고, 다른 방법은 없는지, 또는 왜 어떤 것들은 받아들이기 힘든 것인지 등 사실에 대해 폭넓고 깊게 생각하여 얻는 결과로서 그 사실을 지지한다는 것이다. 명확한 태도를 포함하는 사실은 아마 내가 존재한다고 믿는 '상식적 이론'과 가장 가까운 것이라 여겨진다. 그러나 이러한 사실 또한 과학적 이론을 상징하는 범위나, 풍부한 하위구조가 있는 것은 아니다. 더구나 이러한 사실은 많지 않으며 자발적이라기보다는 교수(instruction)에 의해 유발된다.

요약하면, 이와 같은 지식의 다섯 가지 종류, 즉 현상론적 초안, 심리적 모델, 내러티브, 명확한 태도를 포함하는 사실, 명시적 사실은 일상 물리학과 같은 지식체계를 구성하는 다양한 요소에 대해 더 풍부하고 이론적 설명을 가능하게 하였고, 실험적으로 다루기 용이한 관점으로 분류된 첫 번째 시도로 추측된다. 물론, 현상론적 초안이 일상 물리학을 이해하는 데 현재 가장 중요한 것이다. 일상 물리학이 매우 단순한 현상론적인 사고에 대해 폭넓고, 다양하며, 확고한 체계가 없다고 말하는 것이 부정적인 접근은 아닐 것이다. 한편으로, 자발적인 심리적 모델, 내러티브, 명시적 사실, 명확한 태도를 포함하는 사실은 많지 않아 현상론적 초안의 근본에 의지할 수도 있지만, 존재하는 것은 분명하다. 학습과정에서 이러한 지식 구조가 현상론적 초안과의 교류에서 발달되고 변화하는 것을 볼 수 있다고 확신한다.

행동에서의 지식 형태

다음으로, 여기에서는 J라는 학생의 사례연구를 소개하겠다. 이 연구는 '개념변화의 국지적 활동력(local dynamics of conceptual change)'[3]에 대한 광범위한 연구의 한 부분이다.

J는 기초 물리학을 수강하던 1학년 여대생으로, 필자와는 일주일에 한 번 1시간씩 총 7시간을 면담하였다. J는 고등학교 때 물리학 수업을 들었는데 그 수업을 좋아했고, 잘 배웠다고 스스로 생각했다. 그녀는 물리학에 뛰어난 감각이 있는 것도 아니고, 그렇다고 학습에 문제가 있는 것도 아닌 평범한 학생이다. 다만, 다른 학생들보다 물리학에 대한 자신의 생각에 대해 이야기하는 것을 즐겨하는 것 같았다. J는 가끔 직관적인 생각에 대해 말하기도 하였지만, 모든 점에서 필자가 1년에 걸쳐 실시한 다른 학생들과 비슷한 면담을 하였다.

필자가 J와 면담에서 분석한 자료를 첨부하는 이유는 다음과 같다.

1. 이 자료들은 대부분의 지식 형태를 나타내 줄 것이며, 앞서 언급한 구체적 예를 실제 상황에서 제공할 것이다.
2. 이 자료들은 지식 형태가 사실상 직관적 생각의 정보를 제공해 준다는 추상적

인 논쟁보다 일반적으로 더 설득력 있다.

3. 이 단원에서 일반적으로 주장한 것은 그 자체로 수용하기에는 제한점이 많지만, 이 자료들은 그러한 주장을 지지할 수 있다.
4. 이 자료에는 독자들 스스로의 분석에 도움이 되는 것들이 풍부하게 있으며, 위에서 짧게 언급한 이론에 대한 논의를 넘어 중요한 논쟁점을 제공할 수 있다.

처음 면담에서, J에게 공을 위로 던지는 과정을 서술해 보라고 하였다. 처음에 그녀는 전문가답게 묘사하였다. 설명하는 과정에서 해석의 형식을 제외하고는 실수하지 않고 정확하게 과학적 용어를 사용하기도 하였다. 특히, 공이 손에서 떠났을 때, 손으로부터의 힘은 공이 움직이는 데 작용하지 않는다고 J가 두 번이나 강조한 것을 주목해야 한다. "중력만 작용하고 있어요." 또한 힘에 대한 명확한 설명도 주목해 보자. 관련된 부분을 이탤릭체로 강조하였다.

J: 공이 막 손에서 떠나는 순간부터 공에 작용하는 힘은 중력밖에 없어요. 그래서 공이 손을 벗어나는 순간에 가장 빠른 속도로 위로 올라가기 시작하고, 점점 더 높이 올라가서, 위에서 멈추는 순간까지 속력이 감소해요. 그러고 나서 다시 공이 떨어지는데, 공을 잡을 때 이용되는 손의 힘을 제외하면 공이 위로 올라가서 내려오는 전체 시간 동안에 공에 작용하는 유일한 힘은 중력이죠. 그리고 손에서 공이 떠날 때, 공은 가장 빠른 속도인 운동 에너지를 가지고 있지만, 그것이 위에서 멈추었을 때에는 모든 것이 잠재 에너지이고 운동 에너지는 없어요. 그러고 나서 아래로 떨어지고 속력은 다시 빨라지죠.

약 30초 동안 일상적인 대화를 한 후, 공이 가장 높이 올라가 있을 때는 어떤 일이 발생하는지 자연스럽게 물었다. J는 직접적으로 대답하기보다는 자신이 이해한 대로 재구성하여 답하였다. 즉각적으로 그렇게 대답했다기보다는 잘 쓰이지 않고 물리학에서는 받아들여지지 않는 가설로 돌려 설명하였다. 공 던지기를 설명할 때, J는 놀랍게도 '역학 이론'을 언급하였다. "손이 처음에는 중력보다 강한 힘을 공에 전달하지만 점차 그 힘은 줄어든다. 공이 가장 높이 올라가는 시점에서, 힘에 균형이 있는데, 그것은 공 내부의 힘이 점차 사라져 중력이 작용하게 된다." 나중의 참조를 위해 면담 중간의 각 부분에 번호를 붙였다.

J: (1) 음, 공을 위로 던질 때, 공의 저항이 있어요. 공기……는 모든 방향으로 가기 때문에 공기를 저항해서 간다는 말은 아니고, (2) 공이 멈출 때까지 공기의 힘이 점점 강해져요. (3) 그다음으로, 중력이 아래로 당기는 힘과 위로 올리는 힘이 서로 같아져서, 균형을 이루고 떨어지지도 더 올라가지도 않죠. (4) 그러고 나서 중력이 공을 당겨요. (5) 그렇지만 공을 위로 던질 때는, 그러니까 공을 던지는 사람이 힘을 윗방향으로 던질 때는, (6) 그 힘이 공기와 중력에 반대하는 동안 지속할 수 있어요. (7) 실제로 공기보다 아마도 중력에 반대해서요. (8) 그렇지만, 던지는 사람이 처음에 힘을 주어 공이 계속 올라가다가, 중력이 당기고 또 당기기 때문에 점점 늦게 올라가요. 그리고 꼭대기까지 올라가면, 위로 올라갈 에너지가 더 이상 없게 되죠. 던지는 사람은 더 이상 힘을 줄 수 없기 때문에 공에 작용하는 힘은 중력이고 그래서 공이 아래로 떨어지게 되죠.

면담이 끝나자마자, J는 역학 이론을 다시 한 번 명확하게 설명하였다.

현상론적 초안에서 보면, J의 대답은 전형적인 것이다. 이 경우, (공을 던진 후, 최고점에 대한) 관심의 전환은 현상론적 초안을 근거로 표준적인 과학적 분석에서 일상 물리학으로의 분석에서의 전이를 가능하게 하였다. 더구나 J가 점차로 조합한, 보다 더 초안적인 부분들로부터 역학 이론을 끌어들였던 것만큼, 그 이론을 적용하고 있지 않은 것이 분명하다. 사실, 다른 자료에서도 J가 다른 여러 가지 상황에서 체계적으로 적용할 수 있는 명확하게 개념화된 것을 가지고 있지 않다는 것이 나타났다. 대신, J의 '오인' (이 경우, 역학 이론)은 이 상황에서 가장 두드러지게 나타난 체계(construction)이다.

필자는 우선, 현상론적 이론의 부분을 강조하기 위해 이 체계에 대한 이상적인 관점을 서술하였다. 그러고 나서, 이 체계에서 J에게 나타난 보다 더 특이한 점을 부가적으로 분석하였다.

공이 가장 높이 올라간 지점에서 어떤 일이 일어났는지에 대해 질문한 것은 세심하고 중요한 의도가 있었다.[4] 현상론적 초안 물리학이 균형과 평형 현상의 관점에서 매우 난해하고 강하기 때문에 이러한 점을 부각시키려 하였다. 공이 가장 높이 올라간 꼭대기 부분은 안정되었으며 움직임이 전혀 없는데 이것은 균형으로 설명될 수 있을 것 같다. 그 사이 균형을 가진 방향의 전환은 하나의 영향력이 다른 것에 의해 약화되는 압도적인 초안의 빈번한 예시일 것이다. 명백히 중력은 하나의 영향력으로 설명할 수 있으나, 또 다른 것이 필요하다. 손으로 공을 던질 때, 또 다른 영향력이 될 만한 것은 그 손에 의해 전달된 어떤 힘이나 에너지다. 결국, 그 '힘' (이 용어는 물리학 맥락에서 매우 적합해서 사용하지 않을 수 없는 것 같다)은 왜 중력보다 약해지는 것인가? 어떤 다른 것의 방해나 힘의 소진 등이 이것을 설명할 수 있을 것이다. 그러나 명확한 방해물이 없는 상황에서는 힘이 소진된다는 현상론적 초안이 설득력 있다. 그래서 현상론적 초안의 부분을 바탕으로 역학 이론에 적용해서 대답하지만, 사실 그것은 특정 질문에 대해서 상황적으로 특정한 현상론적 초안에 근거한 답이다.

J의 경우, 공의 최고점에서 힘의 균형과 압도에 대한 논리를 가지고 있었다. 그러나 그러고 나서 J는 다른 힘이나 영향력에 대한 설명이 필요함을 알았다. 면담 (1)에서, J는 이것을 공기 저항으로 설명하려 하였다('공기는 모든 방향으로 간다' 라는 J의 말은 필자가 여기서 설명하지 않은 특이한 그녀만의 이론이다). 사실, '최종 속력' 에 대한 것으로 여기에 꼭 맞는 것 같은 '공기 저항이 점점 강해져 균형을 이뤄요' 라는 (2)에 대해 공기가 어떤 단서가 되는 것 같다. (3)에서 J는 힘의 균형점부터 분석을 다시 시작하는 듯했다. (4)에서 그녀는 균형을 맞추기 위해 위로 끌어올리는 힘, 그러고 나서 중력에 압도되는 힘이 필요하다고 생각했다. 결국 (5)에서, J는 손에 의해 전달되는 힘을 '만들어' 냈고('최종 속력' 에서 나온 힘이 강해지는 것이 아니라), 약해지는 것에 대해 분석하였다. (7)에서는 공기와 중력의 저항이 '점차 소멸한다' 라는 말에 암시되어 있는데, 공이 올라가고 떨어지는 상황에서 주요한 역할을 한다고 생각했던 공기의 영향을 최종적으로, 그리고 완전히 없애면서 재빨리 자신이 말한 것을 수정하였다. 마지막으로 (8)에서 J는 공이 아래로 떨어지는 힘은 오직 중력 때문

이라고 말하면서 개입된 힘이 완전히 사라진다는 것을 강조하는 듯했다.

면담이 진행될수록 공 던지기에 대한 J의 설명은 멋지고 (아마도) 놀랄 만한 것이었다. 이 장에 상세히 다 쓸 수 없기 때문에 면담에 대한 전반적인 설명과 이 장의 주제와 관련된 두 개의 짧은 예시만 제시한다.

여러 차례의 면담 후, J와 공 던지기에 대한 이야기로 다시 돌아와, 몇 가지 상황을 관련지어 어떻게 그 상황에 대해 생각하는지 알아보았다. 놀랍게도 J는 여전히 자신의 직관적 분석을 사용하는 동시에, 상황에 근거한 보다 과학적인 단일 힘에 대한 설명을 사용하였다. J가 역학 이론 설명에 대한 문제점을 보도록 돕고, 비과학적인 확고한 직관을 수정하도록 도우며, 보다 정확한 과학적 설명을 할 수 있도록 점차적이면서 정확하게 대화를 이끌었음에도 불구하고, J가 학습 이전에 가지고 있었던 직관적 분석은 여전히 그녀의 생각 안에 있었다.

공 던지기 모델에서 J가 역학을 이용하여 설명한 것은 이론으로서 타당해 보이지 않음에도 불구하고, 그러한 방식으로 접근하기 쉽다. 그러나 이전에 언급한 모델의 정의에 따르면, 필자는 J가 움직임의 일반적인 모델이나, 던지기 모델조차 가지고 있지 않다고 생각한다. 사실, 이것은 과학적 물리학에 비교하여 일상 물리학이 가진 예상된 단점 중 하나다. 대부분의 경우, 주요한 기계적 현상에 대한 모델은 없다. 필자는 J가 정신적 모델의 어떤 형태도 가지고 있지 않다고 일반적으로 말하기보다는, 매 순간 설명 가능한 모델(moment-by-moment accountable model)을 가지고 있지 않다고 생각한다.

다음 두 차례 면담의 예에서, J는 힘에 관한 설명에서 일관적이지 않은 주요한 부분을 나타내려고 한다. 공을 던진 후, 최고점에서 J는 손에서 전달된 힘이 중력과 균형을 이룬다고 말했지만, 또한 손으로부터의 그 힘은 최고점에서 0이 되고 완전히 사라진다고 말했다. 물리학자에게서 이것은 확실히 모순이다. 매 순간 설명 가능한 모델에서 요구하는 것은 관련된 물리적 양(특히, 힘과 속력)이 각 순간에 어떠한 값(value)을 가지고 있고 왜 그러한 값을 가지고 있는지에 대한 설명이다. 다음의 예에서, 처음에는 J가 논리를 따르는 것처럼 보인다. 그녀는 초기에 손으로부터 공에 분배된 힘에 대해 설명할 때, 그 공이 이미 떨어지기 시작해야 할 것이라고 했다. 필자는 그녀가 깨달은 점을 강조하여 표시하려 하였으나 그다음의 예에서 J는 최고점에서의 균형과 힘이 사라져 가는 시간 사이가 너무 짧아서 고려할 필요가 없다고 주장하였다. J는 최고점에 이른 순간에서의 중요성을 수용하려고 하지 않는 것 같다.

A: 만일 손에서부터 분배된 힘이 사라지면 어떻게 (중력과) 균형을 맞출 수가 있는 것이죠?

J: 음, 균형이 맞춰지는 순간은 길지 않고, 그 순간에는 그 힘이 있어요. 천천히 그 힘이 없어지다가 중력과 동일한 순간이 있는 것이죠. 그래서 확실히 그 순간에는 힘이 사라지는 것이 아니에요. 만약 그 순간에 사라진다면 더 일찍 공이 떨어졌을 텐데, 그러니까 좀 더 아래에서 떨어지기 시작했겠죠. 그렇지만 이 경우, 공이 최고점에 이르렀을 때, 그 힘이 사라지기 바로 전 시점이에요.

A: 그렇다면 공이 떨어지기 시작하기 전 어디에서인가 그 힘이 사라진다는 말이겠네요?

J: 음, 공이 멈출 때는 손으로부터 전달된 힘이 중력과 동일한 순간이에요. 그렇지만 확실히 중력이 공을 끌어내리기 시작하는 그 시점에서는 그 힘이 없죠. 그래서 그 시점에서는 중력 외에 다른 힘은 없다고 말할 수 있겠죠. 그렇지만 공이 완전히 최고점에서 멈췄을 때, 떨어지지 않게 할 충분한 힘은 그 순간에 있어요. 그런데 그 순간이 아시다시피 매우 짧아서 더 올라가지는 않고, 잠시 머물러 있다가, 힘이 사라지고 아래로 떨어지게 되는 것이죠. 공이 올라갔다가 바로 떨어지잖아요. 그래서 매우 짧은 시간에 최고점에서 공을 지탱하다가 그 힘이 사라지게 되는 것이죠.

다음의 예에서 J는 전략을 사용하였다. 그녀는 손으로부터의 힘과 중력의 크기가 (힘이 0이 되므로) 같게 된다고 할 수 없다고 해도, 그 두 힘이 상쇄된다고는 말할 수 있다고 계속 주장하였다. J는 힘이 점점 사라진다면 중력과 균형을 이룰 수 없다는 것을 인식하였고, 자신의 주장이 어딘가 맞지 않다는 것을 필자가 말해 주려고 노력한다는 것을 알고 있음에도 불구하고, 그녀는 어떤 실체가 상쇄하는 것인지는 모호하게 말하면서 상쇄되는 것은 존재한다는 논리로 다시 되돌아갔다.

J: …… 최고점에서 공이 멈추기 때문에 손으로부터 나온 힘은 0이 돼요. 그렇지만 그 힘과 중력이 똑같다고 하기 힘들 것 같다고 말씀하시는 것 같은데요. 두 힘이 서로 상쇄되는 것 같아요.

A: 어떤 두 힘이 상쇄된다는 말이죠?

J: 제가 틀렸나 봐요. (웃음) 어떤 것에 대해서.

A: 저는 그냥 상세하게 알고 싶어서 그럽니다.

J: 최고점에 있을 때, 공에 작용하는 힘은 하나인 것 같아요. 아래로 떨어지게 하는. 그리고…….

A: 그래서 어떤 것이 상쇄된 것이죠?

J: 아무것도 상쇄된 힘은 없는 것 같아요. 힘들이 상쇄된다고 여전히 생각하지만 어떤 것이 상쇄되는 것인지 모르겠어요. (웃음)

위의 면담 후, J는 계속 물리학자들의 설명과 자신이 생각하는 '힘' 에 관한 설명을 모두 사용하였다. 모든 면담이 끝나갈 때, J에게 물리학자들이 주장하는 공 던지기에서 한 가지 힘 모델에 관한 모든 상세한 부분을 알려 주기 위해 컴퓨터를 이용한 개별 학습과정을 제공하였다. J는 이 과정에서 과학적인 사실을 배웠지만, 자신의 논리를 조금만 수정했을 뿐, 처음 자신이 주장했던 힘을 이용한 설명을 바꾼 것은 아니었다. 개별 학습과정 직후, 던지기 과정을 한 번 더 설명해 달라고 질문하였다. J의 처음 설명은 완벽한 과학적 분석이었다. 분석에서 에너지를 없애고 역학으로만 설명하였는데, 그녀는 손으로부터 분배된 힘에 대한 설명으로 다시 되돌아갔다.

A: 공을 위로 던지는 것에 대해 한 번 더 설명해 주세요.

J: 그러죠. 공 던지는 사람이 그 공에 초기의 속력을 넣어 주는데, 그 힘은 손으로부터 나와요. 그러고 나서, 그 탄력으로 움직이다가, 일단 공이 던져진 후에 어떤 다른 외부의 힘은 없는 거죠. 공에 작용하는 힘은 오직 아래로 떨어지려는 힘이

고 그것은 mg, 즉 공의 질량과 중력을 곱한 것과 같죠. 그래서 공이 위로 올라가고, 올라가려고 할 때, 외부로부터 어떤 에너지도 얻을 수 없기 때문에 공의 운동 에너지는 줄어들어요. 속도가 0이 되는 아주 짧은 순간인 최고점이 될 때까지요. 그 시점에서 모든 잠재 에너지는 가지고 있지만, 운동 에너지는 없죠. 왜냐하면 더는 운동 에너지를 가지고 있지 않으니까요. 그러고 나서, 아래로 떨어져요. 처음엔 천천히 내려오다가 아래로 당겨지는 힘 때문에 속력이 빨라지고, 결국은 던진 사람이 다시 받게 되는 거죠.

A: 그렇군요. 음, 힘이라는 것만 이용해서 그 상황을 얘기할 수 있나요?

J: 네. 손에서 공이 위로 던져지는 순간부터 시작하죠. 처음에는 공이 위로 올라가려는 힘을 가지고 있고, 어떤 힘은 내려가려고 해요. 위로 올라가려는 힘은 공을 던진 사람으로부터 나온 힘이에요. 그리고 내려오는 힘은 mg죠. 떨어지는 힘은 항상 같아요. 왜냐하면 올라가는 힘이 바뀐 것이니까요. 처음에는 강한 힘이었다가 올라갈수록 점점 작아져요. 벡터처럼 그 힘이 증가돼요. 그리고 속력이 더 이상 없는 최고점은 속력이 잠시 같아지는 곳이죠. 그러고 나서, 이 힘은 0이 되는데, 최고점 이전까지 이 힘이 공을 압도하다가 이후 다시 내려오게 되죠.

A: 어떤 벡터가 최고점에서 같다는 거죠?

J: 올라가고 내려오는 것이죠.

A: 아래로 내려오는 것은 무엇이죠?

J: mg, 중력이요. 그리고 올라가는 힘은 던지는 사람이 손을 이용해 공에 준 외부 힘이에요.

지금까지 필자는 J가 역학 설명을 만들어 가는 과정에서 현상론적 초안에 대해 서술하였다. 공 던지기 과정에 대한 설명에서, J가 계속적으로 에너지보다는 힘을 사용했던 사실에도 불구하고, 에너지 내러티브(energy narrative)가 반복적으로 언급된 점을 주시할 수 있다. 힘이 평형을 이루는 상황에서, J가 공기를 이끌어 내기 위한 근간으로서 논리적으로 보이는 최종 속력을 이용하였다. 또한 필자는 일반적으로 J가 움직임 또는 던지기에 대해 적어도 과학자들의 관점에서 말하는 어떤 모델도 갖고 있지 않다는 의미가 아님을 밝혔다. 마지막으로, 필자는 적어도 간략하게 명시적 사실(nominal fact)과 명확한 태도를 포함하는 사실(committed fact)에 대해 설명하였다.

J는 일반적인 명시적 사실을 보여 주었고, 연속적인 개념 발달에 있어 그 영향에 대해 전형적으로 관련된 한계를 보여 주었다. 그녀는 중력이 모든 물체, 즉 무거운 물체나 가벼운 물체에 동일하게 작용한다고 계속적으로 주장하였다. 반대로, 중력의 힘을 측정하기 위해 사용한 법칙은 'F=mg'라고 하였는데, m은 곧 물체의 질량이다. J는 자신이 주장한 동일한 영향에 대한 것과 중력의 힘을 나타내기 위해 사용한 법칙 사이에 모순이 있다는 것을 인식하지 못하였다. 사실, 그 모순을 인식하도록 했던 시도도 실패하였다. 무거운 물체와 가벼운 물체에 작용하는 중력의 힘이 같다고 언급한 이후, 필자는 무거운 물체와 가벼운 물체를 J의 손에 올려놓고 어떤 느낌이 드는지 물어보았다. J는 무거운 물체가 더 많이 아래로 당겨진다는 것을 인정했지만, 중력은 느낄 수 없다고 주장하였다! 물리학자는 중력의 힘, 즉 무거운 것과 가벼운 것의 다른 mg를 느낄 수 있다고 말한다. 이 이야기는 매우 복잡해서 여기서 자세히 설명할 수 없지만, J의 명시적 사실은 자기 수정의 과정으로 안내하거나, 또는 그녀가 아는 다른 것으로 변화하도록 단순히 그녀 자신의 경험이나 다른 물리적 지식과는 충분히 연결되지 않았다.

마지막으로, J는 놀랄 만한 결과가 있는 명확한 태도를 포함하는 사실(committed fact)을 개발하였다. 한 면담에서 J에게 책상 위의 책을 밀어 보는 상황을 생각해 보라고 하였다. 그 책에 가해지는 손의 힘과 책상 때문에 작용하는 그 반대의 마찰의 힘을 비교해 보라고 질문하였다. J의 첫 번째 직관은 다소 혼합된 것 같다. 처음에 J는 '동일하며 반대적인' 이라고 하였는데, 마찰력이 다른 힘에 의해 '압도되지' 않으면 어떤 움직임도 있을 수 없다는 생각 때문에 곤란에 처했다. 이때 J에게 Newton의 유명한 'F=ma'라는 법칙을 상기시켜 주면서 그녀의 설명에 '도움'을 주려고 하였다. 그 법칙은 만일 불균형한(leaving a net, 0이 아닌) 힘이 있다면, 가속도가 있어야 한다는 것을 필요로 한다. J는 책을 밀 때, 자신의 (가속도가 없는) 지속적인 움직임에 대해 불균형한 힘에 관한 설명이 문제가 있음을 알았다. 꼬리에 꼬리를 물어 생각한 후에, J는 어떤 물체를 움직이게 하기 위해서 불균형한 힘이 필요하다는 것을 자신이 정말 믿고 있고, 'F = ma' 가 단순히 실제 세계에 적용되는 것은 아니라고 결론지었다. "그런 엄청난 등식은 모든 것에 적용할 수 있는 것이 아니에요. 그것이 항상 옳은 것이 아니며, 생활 속에서 그렇게 되는 것도 아닌 것 같아요." J는 움직임이 가능하기 위해서는 불균형한 힘이 필요하다는 주장을 절대 굽히지 않았다. 이 면담 이후, Newton의 역학 등식을 정의하는 중심 원리는 '항상 진실일 수는 없다' 고 결론을 내렸고, 특히 식탁 위에 있는 책을 미는 것과 같은 단순하고 가장 전형적인 경우에도 진실이 아니라는 것이 J에게 문제가 되는 것처럼 보이지 않았다.

다음 내용을 준비하는 데 있어, 교육적 전망 측면에서 J의 사례연구가 증거하는 것과 제시하는 것이 무엇인지 되짚어 보는 것은 중요하다. 첫째, 항상 그렇지 않다고 하더라도, 많은 경우에 본 연구자들이 던진 질문에 대한 학생들의 대답은 잠재된 풍부한 인지적 생태학에 근거하여 매우 복잡한 구조를 가지고 있는 것이 확실하다. 운동력(impetus)을 이용한 J의 설명은 본 연구자들에게는 운 좋게 이에 관한 J가 가진 지식 구조의 한 부분이 드러나는 과정에서 나오게 되었다.

이것은 관찰만큼 간단해 보이지만 연구자나 교육자에게 매우 중요한 결과다. 직관적 물리학에 대한 연구 자료는 아쉽게도 '오개념(misconception)' 이라고 명명한 학생들의 대답에 대해 나열한 것뿐이며, 그 대답 이면에 내재된 원인에 대해서는 거의 분석되지 않았다. 개념 발달에 대해 적합한 설명을 하기 위해서는 이보다 더 심오한 분석이 있어야 한다. 교육적으로, 이와 같은 표면적인 '오개념' 을 원인보다는 증상으로 보기 쉬웠고, 그렇게 여기도록 잘못 안내되어 왔다.

J의 사례에서 얻은 두 번째로 중요한 점은 일상 물리학의 숨어 있는 세계는 그 자체로 풍부하고 복잡하다는 것이다. 만일 필자의 분석이 맞다면, 우리는 '일상 물리학의 원리' 나 학생들의 생각의 근간에 있는 치밀한 체계를 찾을 수 없다. 사실, 필자가 제안했던 직관적 물리학의 작은 요소인 현상론적 초안은 익숙하게 들어 본 지식의 종류는 아니다. 그것은 사실, 개념, 이론, 또는 신념이 아니며 발달과 적용에서 그 특성을 이해하기 위해서는 상식 수준에서의 추측 이상의 것이 필요하다. 더구나 너무 많고 다양한 특정 현상론적 초안이 있다. 아원자(subatomic) 물리학으로서 양

자 역학(quantum mechanics)이 필요한 것처럼 하부 개념적 심리학이 필요하다.

세 번째는 J가 다중적인 설명 체계를 명확하게 일관하였다는 점이다. 공 던지기에 대한 J의 직관적인 설명은 적절한 과학적 설명과 맞추어 이루어졌다. 뚜렷하게, 과학이 다른 이해의 방식을 대신해야 한다고 의미하는 예외적 원리는 없었다(이해의 다른 방식은 그 방식대로 역할이 있다). 오직 과학적 개념에 초점을 맞추는 전통적 교수법으로는 다른 방식으로 사고할 수 있다는 것을 간과할 수밖에 없을 것이다.

한편으로는, 공을 던질 때 손에서 분배된 힘이 최고점에서 0이 된다는 것과, 그 점에서 중력이 없다는 것이 모순이라는 것을 J에게 인식시키려고 했던 본 연구자의 시도는 실패하였는데, 그것은 과학적 사고에 대한 전통적 교수법을 일상적 사고에 역행하여, 논쟁을 단순히 추가하려 한 전략에 있어서의 한계점을 시사한다. 직관적 개념을 하위 평가하기 위해 사용하는 '논리' 라는 것이 모든 학생에게 명백한 것은 아니다. 이 경우, J는 움직임의 각 순간 설명 모델이 특히 제한적이라고 생각하지 않는 것 같다. J는 물리학자들이 부적합하다고 할 수 있는 기준에 대한(공이 최고점에 이르렀을 때 힘의 균형을 명명하고 그것을 정당화하려는) 자신의 설명을 책임지지 않았다. 따라서 결론뿐 아니라 합리화하는 패턴과 판단의 기준 또한 올바른 방향으로 학습되어야 한다.

교육적 전략

교육은 복잡한 사회적 실행인데, 학습을 돕는 사회적 · 물질적 구조를 창조하는 것은 그와 동등하게 복잡한 디자인을 하는 것이다. (논쟁이 필요하다면) 그것은 교수법에서 하나의 정답인 방법은 없다는 것을 의미한다. 지식과 학습에 대한 과학적 설명은 타당성 있는 해석과 관찰된 제한점을 마련하다. 그러나 훌륭한 학습 환경은 다양하게 중복되는 상황이 복잡하게 얽힌, 많은 장/단기 목적의 혼합체다. 그러므로 과학을 직접적으로 따르기 위한 실행의 대략적 틀이 있다고 기대하는 것은 매우 비합리적으로 생각된다. 이것은 확실히 친근한 것이어야 한다. 과학은 비행기 디자이

너에게 많은 자원을 제공하지만 특정한 디자인을 제시하는 것은 아니다.

다음으로, 필자는 일상 물리학의 존재와 특성에 대한 제언을 교육적인 디자인을 위한 네 가지 발견학습 원리로 요약하려 한다. 그러고 나서, 서로 다른 네 가지 원리를 따르고 많은 예시에서 성공적으로 적용된 특정한 한 가지 전략을 보다 자세히 소개하겠다.

1. **심오한 개념적 변화를 만들기 위해 확장되고, 누적된 학습에 의지하기** 보다 심오한 토론과 논쟁, 심지어 의도된 교수에도 불구하고, 공 던지기에 대하여 J가 지속적으로 직관적인 설명을 사용한 것은 우리가 희망하는 결과에 도달하는 데 있어 교사들이 직면하는 어려움을 표상하는 것이다. 오개념의 연구자들은 비슷한 어려움에 대해 많은 자료를 가지고 있다. 더구나 J의 자료를 해석하는 이론적 틀은 우리의 기대를 재조정해야 한다는 것을 지지한다. 현상론적 초안은 많고 다양한 데다, 그것을 쉽게 재현하고 사고하도록 하는 언어적 요령을 갖고 있지 않다. 심오한 변화는 확산되어야 하며 체계적이어야 한다. 단 한 번의 학습은 이 수준에서는 별 효과가 없다. 교과과정으로, 적어도 학생들이 일상 물리학에서 '실제' 물리학으로의 어떤 실질적인 전이를 경험할 것을 기대한다면, '적을수록 더 많이 배운다' 는 방식이어야 한다.[5]
2. **경험적 지식에 관여하기** J의 사례는 누적된 경험적 지식(현상론적 초안)이 고정된 '개념적 믿음' 이 아닌, 학생들이 개발하고 있는 지식에 대해 대안적인 방법을 제공한다는 것을 명확히 보여 준다. J는 던지기에 대한 역학 분석을 구성(constructed)했고, 숙고한 후에 '물체를 움직이는 것은 불균형적인 힘이다' 라는 원리가 많은 경우에서 'F = ma' 보다 나은 원리라는 결론을 내렸다. 에너지와 최종 속력이 쉽게 이해될 수 있다는 것이 암시적이기는 하지만 필자가 여기에서 충분히 보여 줄 수 없는 것은 얼마나 자주, 얼마나 효과적으로 순수한 현상론적 이론이 진부한 물리학을 배우는 일부에 사용될 수 있는지다.[6]

   전통적인 교수 전략은 일상 물리학이 어느 방향으로 가는지에 대해 어떤 입장도 취하지 않았는데, 이것은 일상 물리학의 장점이 사용되지 않고, 그 부정적 영향도 다시 고려되지 않았다는 것을 의미한다. 한편으로, 보다 정교하고, 체계적이고, (새로운 기준에서) 타당한 해석과 설명을 구성하기 위해 노력하지 않고 현상론적 초안에만 빠져 있거나, 또 다른 한편으로 일상적 개념을 오개념으로 여기고 체계적으로 도외시하는 일반적 태도는 최선의 도움이 되는 것 같지는 않다. 대신, 우리는 복합적이고 적합하게 고안된 전략이 필요하다. 적절하게 고안된 토론(어떤 토론 방법은 J와 면담을 그대로 모방하였다)이나 물리적 또는 컴퓨터 자료를 이용한 보다 직접적인 경험적 방법을 통하여 초기 지식이 관여해야 한다는 점을 찬성하는 이유는 추측해서 얻어진 것이 아니다. 사실, 필자의 연구 분야 중에서, 컴퓨터 모의실험(simulations)과 형식주의(formalisms)를 이용하여 물리적 상황에 대해 토론하는 것이 가치가 있다고 증명되었다(diSessa, 1995).

3. **설명과 서술에 초점 맞추기** 인습적인 교수는 서술적이고 설명적인 능력을 연습하는 것을 도외시하면서, 문제 해결 자체만을 중요시하였다. 설명하고 서술하는 방법을 배우는 중요성에 대해 강조하는 것을 학생들이 어떻게 생각하는지 주의 깊게 살펴보도록 하자. 사실, 오개념과 다른 연구들(예: Larkin, McDermott, Simon, & Simon, 1980)은 문제해결능력을 오도하는 것이 어떻게 개념적 변화의 측정으로 사용될 수 있는지 보여 준다. J의 사례연구와 관련한 많은 자료는 설명 가능한 두 가지 수준의 학습이 있다는 것을 제시한다. 물론, 학생들은 좀 더 물리학자가 하는 것처럼 보이는 설명을 해야 한다. 그러나 이에 필적하는 중요한 성과는, 물리학자들이 이에 대해 하는 보다 해명적인 설명에 대하여 학생들이 평가적인 태도를 받아들이도록 도울 수 있다는 점이다. J는 던지기에서 힘의 균형이 이루어지는 최고점에 대해 언급할 때, 그러한 설명을 부정하였다.

4. **학생들의 인지적 생태 환경을 이해하고, 이에 맞는 전략 개발하기** 경험적 지식을 사용하는 발견학습 2는 가르치는 상황에 있는 우리를 돕기 위한 이론적, 그리고 실험적 발달의 여지를 많이 남겨 놓았다. 복잡한 지식체계를 이용한 접근은 자세한 것들이 광범위하고 중요하다는 것을 암시한다.

대부분의 경우 J의 행동은, 이 장에 제시된 이론적 배경에 반대할 것이라고 예상했더라도, 예외적인 것은 아닌 것으로 나타났다. 그러나 물리학을 가르치는 대부분의 교사들이 J가 말했던 것에 대해 놀라지 않는다는 점에 놀랄 수도 있다. 필자의 경험으로는 물리학 교사들이 그것에 관한 면담의 주제가 친근한 것이 아니거나, 면담하는 기술에 결점이 있거나, 주어진 문제가 매우 어렵고 교묘하다고 불평한다. 연구자들이 잘 정립한 이론이나 교수방법론이 교사들에게 필요하든 그렇지 않든, 만일 교사들이 이러한 학습 현상을 인식하고, 학습자가 가진 일상 물리학 지식에 맞는 학습 방법을 교실에서 실험으로 시도하고, 이것을 효과적으로 이용할 수 있도록 자신의 전략을 개발한다면 더 많은 것을 얻을 수 있다고 필자는 강하게 믿는다.

벤치마크 교수방법

이 장에서는 전체 수업을 기준으로, 교사가 먼저 의도하고, 매개 역할이 가능한 토론을 중심으로 하여 Jim Minstrell이 개발한 바람직 교수에 대해 간략하게 서술하기로 하겠다. 이와 같은 종류의 교수는 위에서 나열한 자기 학습 개발(heuristic)원리의 모든 것을 일관적이고 효과적으로 개발할 실제 안에서 언급하였다. 보다 자세한 것은 diSessa와 Minstrell(출간 중)에서 참조할 수 있다.

벤치마크는 전형적인 도입적 교수법으로서 실제로 직관적이거나 그렇지 않은 주요 논점과 개념 파악을 목적으로 한다. 무엇이 주제인지가 중요하며, 재개념화에서 중요한 토대가 되는 상태에 관해 풍부한 관점을 가질 수 있도록 격려한다. 이 예시에서는 탁자가 중력에 대항하기 위해 위로 향하는 힘을 발휘하는지 아닌지 토의하는 것과 던지기를 어떻게 서술하느냐가 중요한 목표다.

벤치마크는 그 용어가 제안하듯이 기억할 만한 유용한 것이 되도록 계획되었다. 학생들에게 개념 발달에서 변화의 시작으로 스스로를 반성하도록 기대한다. 교수자는 많은 경우에 벤치마크를 다시 언급할 것을 기대한다.

학생들의 주된 일은 표준이 되는 토론을 하는 것이다. 이를 포함한 다른 이유 때문에, 토론의 주제는 주요 쟁점에서 다양한 관점을 일으킬 수 있어야 한다. 다행히도, 현상론적 초안 물리학의 풍부함은 이것이 드문 일이 아니라는 것을 말해 준다. 교사들의 역할 중 하나는 다양성이 더 혼란한 논쟁으로 빠지도록 하는 것이 아니라, 오히려 문제에 대해 원리화된 접근을 기술하는 몇 개의 선택으로 조직화되도록 하는 것이다.

또 다른 교사의 중요한 역할은 추리하도록 격려하고, 일반적으로 결론과 답보다는 원리와 추리를 강조하는 것이다. 그러기 위해서는, 실험과 시범이 벤치마크의 일부가 되어야 하는 반면, [전체 토론(whole discussion)의 목적과 마찬가지로] 원리와 추리의 목적이 일반적인 동의를 얻거나 명확성을 녹이기 위한 것이라고 할 수는 없다. 벤치마크는 장기적 과정의 시작이다. 추론과 합리화를 격려하는 것이 내용적 지식—개념과 원리—뿐 아니라 논쟁에 대한 표준을 목적으로 삼는다.

벤치마크 교수에서 주인의식은 주요한 특성이다. 교사가 지식으로 안내하고 어느 정도 조직화하지만 대부분 논점을 제시하고, 논쟁하고, 합리화하는 일은 바로 학생들의 몫이다. 교사가 제안 정도는 할 수 있지만, 그러한 제안은 그 이면에 그것을 따라야 한다는 권위가 부여되지 않아야 하며, 대부분의 경우 자연스럽게 제시되어야 한다. 또한 그것은 '맞는 방향으로 유도' 하기보다는 '일부러 모순되는 논점을 던짐으로써' 비판적으로 생각할 수 있도록 이끄는 제안이어야 한다. 인지적 도야과정(cognitive apprenticeship)(Collins, Brown, & Newman, 1989)과 상호적 교수(reciprocal teaching) (Brown & Palincsar, 1989)와 같은 다른 알려진 교수 전략과는 달리, 교수자는 학생들이 자신의 수준까지 알게 하기 위해 전문적 지식을 광범위하게 가르치지 않으며, 난해한 논점이나 노련한 과정을 이용하여 학생들을 직접적으로 지도하지 않는다. 교사나 교과서가 논의를 위한 용어(예를 들어, 기술적인 물리학 용어)를 정의하지 않는다.

벤치마크는 교사를 위해 축적되는 구조다. 이 교수법은 학생들이 무엇을 말해야 하는지를 듣는 데 있어서, 무엇이 예상되고 격려되어야 하는지 아는 데 있어서, 그리고 학생들이 어떻게 특정한 전략과 자신이 제안한 논점을 바꾸어 서술한 것에 대해 반응하는지 배우는 데 있어 많은 경험을 사용한다.

정리하면, 벤치마크 교수방법은 생산적으로 개념 발달을 격려하며 확장된 학습과정을 위한 기본 토대를 세우는 것을 돕는다(발견학습 1). 이 방법은 토의 이면에 있는 중심적 초점이며 토의를 이끄는 힘인 학생들의 상식적(naive) 생각을 이용한다(발견학습 2). 또한, 합리적이고 논리적인 사고의 설명과 과정을 강조하도록 고안되었다(발견학습 3). 마지막으로, 벤치마크는 학생들의 개념으로 논의의 장이 이루어지도록 하여 자발성과 다양성을 손상시키지 않으면서, 학생들의 생각을 예상하고 생산적으로 이용하는 것에 관한 교사의 축적된 전문성에 대하여 한 가지 특정한 방법을 이용한다(발견학습 4).

결론

이 단원에서는 두 가지 근본적인 점을 논의하였다. 첫째, 직관적인 '일상 물리학'이 실재한다는 것이다. 그것으로 인하여 중요한 제약이 있지만, 또한 물리학에서의 교수는 효과적이어야 한다는 점과 함께 수많은 긍정적인 기회를 제공한다. 둘째, 일상 물리학에서 인지적 생태(ecology)의 '식물상과 동물상(flora and fauna)' (한 지역의 동식물상, 즉 인지적 생태를 구성하는 다양한 지식)은 매우 복잡하다. 이것은 현상론적 초안과 같이 개념, 믿음, 또는 이론과 같이 일반적인 용어를 확장하거나 대신할 수 있는 혁신적인 범주를 지닌 하위 개념적 심리학을 요구한다.

학습에 대한 이러한 '복잡한 지식체계' 접근은 성공적인 교수 기법을 직접적으로 규정하지 않는다. 그 대신, 적합한 교수법으로 이끌 수 있는 기점이 되는 중요한 현상(예를 들어, 던지기에서 힘에 대한 설명을 J가 착안한 점, 그것을 확장하여 사용하는 동시에 보다 과학적 설명을 이용한 것, 자신의 설명에서 책임성 있는 물리학적 기준의 수용을 거부한 점)뿐 아니라 교수방법을 어떻게 생각하는지에 대한 새로운 제안을 한다. 또 다른 바람은 복잡한 지식체계라는 관점이 진보하는 연구 프로그램으로 추구되어 보다 많은 가치 있는 결과가 공급되는 것이다.

감사의 글

이 연구는 Spencer Foundation의 기금으로 진행되었고, 이 재단에 감사를 표한다. 본 저자의 의견은 반드시 이 재단의 의견을 반영한 것은 아님을 밝힌다.

주

1. '비문법적인(ungrammatically)' 이라는 말은 일반적으로 다른, 공식적이지 않는 문법으로 말하는 것을 의미한다.
2. 후에 있을 토의를 예상하여, 필자와 대화를 나눈 대부분의 사람은 물리학에 대해 토의하며 몇 시간을 보냈고, 대부분은 매우 흥미롭게 느꼈다.
3. David Hammer와 Bruce Sherin은 이 연구에 또 다른 공헌자들이다.
4. diSessa(1988)에서 필자는 J가 현상론적 초안 부분의 기초로 보여 준 역학 이론의 '유도(derivation)'를 본질적으로 짐작하였는데, 그것은 필자가 이미 발견하였고, 이 상황에서 균형, 갈등으로 시작하여, 매우 조용하게 극복되었다.
5. 자신이 가진 물리학적 지식의 본질과 그것에 대해 요구되는 변화에 대한 학생들의 이해는 성공적 학습에 중요한 특징이라는 많은 증거가 보인다. 그래서 이러한 변화를 경험하는 것은 성취를 확장하는 중요한 자력(bootstrap)일 것이다.
6. 현상론적 초안의 여러 가지 생산적인 역할에 대한 설명을 보기 위해 diSessa(1993)와 Smith, diSessa 그리고 Roschelle(1993)를 참조하라.

제31장
이견에 대해 동의하기: 사교적 수학 담론의 개발

MAGDALENE LAMPERT
PEGGY RITTENHOUSE
CAROL CRUMBAUGH

모든 학생은 학교에서 학습하려면 무엇을 해야 하는지에 대한 신념을 가지고 있다. 이러한 신념—그들의 '일상 학습 이론(folk learning theory)'—은 우리의 문화가 학교 지식이란 어떤 것이라고 믿는지 그것을 학습하려면 어떻게 해야 하는지에 대한 표현이다. Jerome Bruner(1990)는 다음과 같이 언급했다.

> 모든 문화는 가장 강력한 구성 도구로 일상 심리학을 가지고 있다. 이 일상 심리학은 사람들이 왜 그렇게 행동하는지, 우리 자신과 다른 사람은 무엇이 같은지, 무엇이 취하는 행동을 같도록 할 수 있는지, 살아가는 데 가능한 방법은 무엇인지, 어떤 일을 다른 사람에게 어떻게 떠맡기는지 등에 관한 조금 더 관련되거나 혹은 조금 덜 관련되는 일련의 표준 설명이다. 우리는 우리의 문화 속 일상 심리학을 더 일찍 배우고, 우리가 획득하는 언어를 사용하며 공동체 삶에서 요구되는 대인관계를 이끄는 것을 학습함으로써 일상 심리학을 학습한다(p. 35).

우리의 학습에 대한 일상 심리학을 구성하는 신념이 항상 명백하지는 않지만 그러한 신념은 학교 상황에서 상호작용에 영향을 끼친다. 학생이 가지고 있는 일상 학습 이론 중 한 요소로, 공부하고 있는 교과목이 무엇이고 그 교과의 지식은 어떻게 획득될 수 있는지에 관한 신념 체계가 있다. Lampert는 수학적 지식 및 수학적 지식 획득 특성에 관한 일반 가정이 수학 영역의 실천 이론과 어떻게 갈등을 빚는지에 대해 논한 적이 있다(Lampert, 1990, 1992; Putnam, Lampert, & Peterson, 1990). 이러한 갈등은 교실 현장을 수학 법칙을 발견하고 수학을 사용하는 사람들이 하는 것과 좀 더 유사하게 하려는 교육 개혁가들에게 문제가 된다.

이 장에서, 우리는 학생이 가지고 있는 일상 학습 이론에서 있음직한 문제에 대해 다룰 것이다. 즉, 학자나 개혁가가 믿고 있는 것처럼 학교에서 담론(discourse) 등이 학습을 촉진할 것이라는 것과 대중 앞에서 의견의 다름(disagree)에 대한 일반 상식 간의 잠재적 갈등에 대해 다룰 것이다. 비록 우리가 전통적인 학교 과제를 수행하는 데 어떤 학생에게는 특권을 부여하고, 어떤 학생에게서는 권리를 박탈하는 특정한 문화 규범 영역이 있음을 인정하더라도(Heath, 1983 참조), 이러한 이분법이 '개혁이 이루어진' 교실에서 학생이 수행해야 하는 학교 과제 등의 수행에는 직접 적용할 수 없음을 제안한다. 특히 우리가 또래의 서로 다양한 생각에 대한 의견의 다름을 이해하려고 할 때, 가정 규범과 학교 규범 사이의 이분법은 부적절한 듯하다. 우리는 학교 교실이 다양한 공동체 출신으로 구성되고 다문화 출신의 사람들이 있다고 가정한다. 그리고 교실은 각기 다른 가정환경을 가진 사람들이 모여 함께 일하고 배우는 장소로 받아들인다. 학자와 개혁가들은 의사소통 및 토론 실습을 통해 이해와 학습을 도모할 수 있다고 주장하면서 학교 공부에서 다양한 사고에 관한 공공 토론의 규범을 만들어 낼 것을 지지하지만 그들의 상대방인 대부분의 가정 문화에서는 쉽게 받아들이지 못하고 있다. 그런데 학교 구성원 대부분이 이들 가정 문화의 영향도 받고 있다. 여러 사람 앞에서 다른 의견을 주장하는 것에 대한 일상 심리학 이론과, 교수와 학습의 대부분이 교실 토론과 논쟁에 따라 결정된다는 이론 간의 불일치는 교사가 수학을 가르칠 때 필요한 것은 무엇이며 학생이 학교에서 수학(혹은 다른 교과목이라도)을 이야기하기 위해서 필요한 것은 무엇인가에 대한 우리의 사고방식에 많은 영향을 준다.

한 교실 수업에서의 수학적 대화

먼저 Lampert의 5학년 수학 수업 중 반 전체 학생의 토론[1]에서 벌어진 의견 다툼 이야기부터 시작하자.[2] 그러한 견해 차이는 Lampert의 교실에서는 흔히 일어나는 일이며 사실, Lampert는 학생들에게 문제를 제시할 때 이러한 점을 미리 고려하여 문제 해결에 대한 두 가지 전략과 해결방안이 나오도록 하여 모순을 느끼게 만든다. Lampert는 전체 학생들이 토의하는 동안 문제에 대해 서로 상반된 견해를 제시하고, 그들의 해결법을 모니터했다. Lampert는 또한 반 친구들과 함께 논쟁을 벌일 때에는 어떤 언어를 사용해야 적절한지에 대한 몇 가지 생각도 말해 주었다. 우리는 여기서 어떤 수학적 사고와 관련된 학생들의 견해 차이에 대한 사례를 제시하여 현재 우리 학자와 개혁가들이 주장하고 있는 일종의 교수-학습법의 실제에 대한 어떤 이미지를 보여 줄 것이다. Lampert가 여기서 취하고 있는 사회적이며 수학적인 토론에서의 교사 역할은 지금까지와는 상당히 다른 일련의 '사회 수학적 규범(sociomathematical norm)' 의 확립을 요구한다(Cobb, Wood, & Yackel, 1993).

지금부터 Lampert의 수업의 일부를 보자.[3]

> 1990년 4월 6일, 네 명씩 집단을 이루어 수업을 진행하였다. 아이들에게 여러 개의 순서쌍 집합(cluster of ordered pairs)을 제시하고 그 집합에서 쌍들 간의 관계를 찾게 하였다(Willoughby, Bereiter, Hiltom, & Rubenstein, 1990). 함수를 배우는 도입 차시에서, 다수의 학생들이 그 페이지에서 가장 어렵다고 말한 문제 중 하나에 집중시키기 위해 소집단 활동을 대집단 토의로 전환시켰다. '6번 문제' 는 많은 학생들이 그들 모둠에서 토의했던 여러 순서 쌍 집합 중 하나로 첫 번째 수열에서 그에 대응하는 두 번째 수열의 '결과' 를 구하는 '규칙' 을 어떻게 정하는가에 관한 상당한 논의가 이루어졌다. 나는 아이들에게 어떻게 첫 번째 수열과 그것과 대응하는 두 번째 수열의 수 사이 관계를 특징지을 수 있는지 물어보았다([그림 31-1] 참조). Ellie가 처음으로 대답했다.

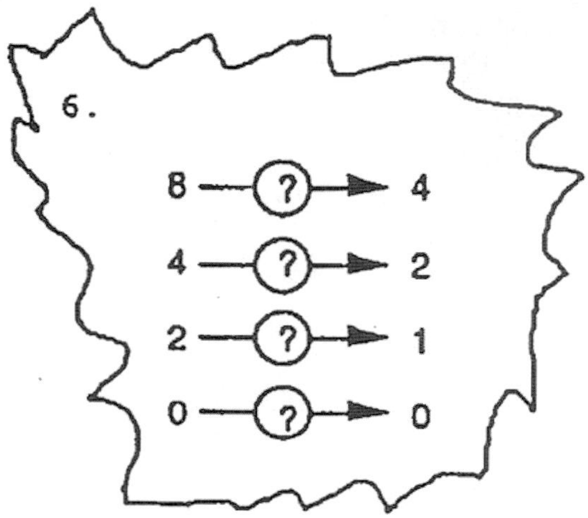

[그림 31-1]

Ellie: 음, 거기에는 전체 묶음, 그러니까 우리가 사용할 수 있는 규칙이 있는데, 음, 그것은 2로 나뉜다는 거야. 그럼 우리가 할 수 있지. 그러니까 $\frac{1}{2}$(one-half)을 빼야 돼.

나는 Ellie의 두 번째 주장에 흥미를 느꼈다. "그러면 8에서 $\frac{1}{2}$을 빼면 어떻게 되지?" 그녀의 답은 '4' 였다.

순간 교실은 무언가의 갈망에 고조되었고 다른 많은 아이들이 대화에 끼어들었다. 나는 '절반을 빼는 것' 의 의미를 Ellie에게 다시 한 번 확인했고 Ellie의 친구들은 Ellie가 한 말에 대해 놀라워했다.

내가 교사로서 이 상황에서 제일 먼저 해야 할 일은 이 5학년 교실에서 Ellie가 수학을 연습해 볼 권리를 지켜 주는 것이며, 그것은 토론을 모니터하면서 Ellie가 자신의 생각을 설명하고 자신의 주장을 증명할 수 있는 기회를 갖게 해 주는 것이다. 이러한 교수법은 Ellie와 다른 아이들에게 특별한 종류의 학습법을 가능하게 한다. 언어와 상징을 사용하여 자신의 생각을 표현하도록 하고, 다른 사람이 생각하는 바를 이해하려고 노력하며, '절반을 뺀다' 와 같은 연산을 가능하게 하는 정의에 동의할 수 있도록 한다. 그래서 Ellie의 생각에 논쟁하려고 했던 학생들을 지명하기에 앞서 나는 대화의 내용을 정리했다. "너희들은 Ellie의 생각과 다르게 표현할 수는 있지만, 동시에 Ellie의 생각에 대해서도 진지하게 이해하려고 해야 한다. 그 반에 있는 Ellie 친구들은 8 빼기 $\frac{1}{2}$은 4라고 한 Ellie의 주장을 믿었다. 이후의 토론 대부분은 반대 주장이라 할 수 있는 8 빼기 $\frac{1}{2}$은 $7\frac{1}{2}$이라는 주장으로 몰렸다.

토론 내용을 정리하기 위해 나는 아이들에게 더 많은 생각을 하라고 요구했고, 내 방법이 Ellie의 주장에 맞지 않을지라도 Ellie의 생각을 존중하면서 다양한 생각이 테이블 위에 쏟아져 나옴을 확인했다.

> "네 생각에는 4가 될 것 같다고? 다른 친구들은 어떻게 생각하지?" 나는 질문을 던지기 시작했다. 이는 학생들마다 다양한 생각을 가지고 있기 때문이다. 네 생각은 어떻게 다른지 들어보자. 네 생각대로 했을 때도 Ellie의 주장이 설득력 있는지 알아볼까? 네 주장을 Ellie도 이해할 수 있도록 설명할 수 있겠니? Enoyat?

여러 명의 학생이 손을 들었고, 나는 먼저 Enoyat에게 기회를 주었다.

이러한 방법으로 토론을 이끄는 것은 수학적 이유와 사회적 이유의 두 가지 목적이 있다. 수학을 발견하고 사용하는 사람들에게 주장의 정당성은 수학 공동체의 정해진 규준에 의거해서 이루어지기 때문에 주장의 정당화에 필요한 가정과 추론과정을 고려하지 않은 채 판단할 수는 없다. '8 빼기 $\frac{1}{2}$은 4' 라는 주장 또는 '8 빼기 $\frac{1}{2}$은 $7\frac{1}{2}$' 이라는 상반된 주장을 해석하려고 시도하는 과정에서, 학생들과 나는 함께 Ellie의 주장에 근거가 되는 가정과 정론에 대하여 확실히 알 수 있게 되었다. 규칙이 '2로 나누기' 가 되거나 '$\frac{1}{2}$을 뺀다' 가 될 수 있다는 Ellie의 주장은 수학적인 직관의 결과로 생각할 수 있다. Ellie는 연습을 통하여 순서쌍의 집합에서 관계를 '지각했다' . 그러나 Ellie는 자신이 지각한 것에 관해 적절히 말하는 방법을 찾지 못했다. Ellie가 다른 계산 문제를 풀 때를 고려해 본다면 나는 Ellie가 8 빼기 $\frac{1}{2}$을 풀지 못할 것이라고 생각하지는 않는다. 학생이 새로운 수학적 아이디어를 설명하지 못하는 것처럼 나도 그럴 수 있다. 수는 수량과 수량의 연산자 모두가 될 수 있다

(이 경우에, '$\frac{1}{2}$' 은 '수량 전체의 $\frac{1}{2}$' 또는 연산자 '$\frac{1}{2}$' 을 의미할 수 있다). 이 아이디어는 유리수를 사용하고 해석하는 방법을 아는 데 필수적이고 이러한 아이디어에 관한 혼동은 학생들에게 분수가 포함된 계산을 성공적으로 행할 수 있는 방법을 얻게 할 수도 있다. 더 중요한 것은 이 수행이 산술과 대수학 사이의 경계에서 일어날 수 있다는 것이다. 나는 이 연습이 학생들에게 변수에 대해 생각할 기회를 줄 것이고 2개의 변수 사이에 어떤 관계가 있는지 알 수 있게 한다고 본다. Ellie는 자신의 반 친구들에게 자신이 이해하는 함수 관계에 대해 설명하는 방법을 찾지 못했지만 많은 학생들은 실습에서 순서쌍의 특정 집합이 갖는 조건에 적합한 수학적인 진술을 만드는 자체에 초점을 맞춘다.

사회적인 측면을 고려해 볼 때, 내가 학생이 배워야 할 필요가 있다고 생각하는 것은 어떻게 정중하게 견해 차이를 표현하느냐, 어떻게 다른 의견에 대한 증거를 제시하느냐, 어떻게 또래들 간에 체면을 유지하면서 자기 자신의 생각을 수정하느냐다. 나는 참여의 공정성 때문에 Ellie를 '혼자 가게' 할 수는 없었다. — 몇몇 Ellie의 친구들은 Ellie의 아이디어를 깨뜨려 버리려고 으쓱했고 그래서 Ellie는 얼마 동안 다시 대화에 참여하려고 하지 않았다. 나는 또한 일부 학생들은 대화에 끼기 위해서 특별한 격려가 필요하다는 것 그리고 그들은 이미 형성된 논지를 재진술하는 것 이상은 하지 않는다는 것을 알았다.

수학적 측면을 고려해 볼 때, 나는 학생들의 대화가 연산자로서의 수와 수량으로서의 수 사이의 복잡한 차이에 관해 말하려고 하는 일종의 '첫 번째 밑그림' 정도일 것을 기대한다.[4] 나는 가끔은 추가 설명과 정당화를 요구해서 아이들이 자신들의 대화를 수정해 나가도록 돕기도 한다. 아이들은 차례대로 $\frac{1}{2}$의 의미에 관한 자신의 생각을 표현하고, 그것을 다른 수와의 관계에 비추어 어떻게 이야기할지 실험해 본다.

다음의 발췌에서 나타나는 것처럼, 학생들은 의견 충돌뿐만 아니라 의견이 일치될 수 있는 조건에 대해서도 표현한다. 나는 Ellie의 논변 후에 처음으로 Enoyat를 지목했다. 그것은 Enoyat가 Ellie의 논변에 다른 의견을 가지고 있음에도는 사실을 신사적으로 대답할 것이라는 사실을 알았기 때문이다.

Enoyat: 그래, 나는 Ellie 네 생각에 동의해. 너는 8에서 $\frac{1}{2}$을 뺄 수 있다고 했어. 그리고 그것은 8을 2로 나누거나 8 빼기 4를 한다는 것과 같은 거야.

Lampert: 8을 2로 나누면 4야, 8 빼기 4도 4니? 좋아, 그래서 Enoyat의 생각은 8에서 여러 가지를 뺄 수 있고 그 결과는 4라는 거야, 그렇지? Charlotte는 어떻게 생각하니?

Charlotte: 음, 저는 8 빼기 $\frac{1}{2}$은 $7\frac{1}{2}$ 같아요, 왜냐하면…….

Lampert: 왜?

Charlotte: 음, $\frac{1}{2}$은 분수잖아요. 그리고 정수 1의 반이고요. 그래서 뺀다면, 정수를 빼는 게 아니고 그래서 1보다 더 작은 수를 얻을 수밖에 없어요. 그렇지만 저는 Ellie가 하는 것을 보았는데요, Ellie는 처음 시작한 수의 반을 빼서 그 답을 얻었어요.

Lampert: 그러면 너는 8의 반을 말하는 거지? 네가 의미하는 게 그거지?

Charlotte: 네, 8의 반은 4예요.

Lampert: 그것을 어떻게 알았지?

Charlotte: 음, 그건 8과 $\frac{1}{2}$, 음, 8과 8의 반은 4, 그래서 두 그룹에 4가 있어서 8이 돼요.

이쯤에서, 나는 Ellie에게 확인하기로 했다.

Lampert: Ellie, 너는 어떻게 생각하니?

Ellie: 음, 저는 $\frac{1}{2}$이 8에서 $\frac{1}{2}$을 빼는 것이, 애들이 말했던 8에서 그것의 절반을 빼서 4가 되는 것을 의미했어요. 음.

Lampert: 누가 그렇게 말했지?

Ellie: 모르겠어요. 만일, 만일 제가 그렇게 알았다면, 무언가를 했다면, 제 대답은 틀렸어요.

Lampert: 음.

Ellie: 음, 8에서 그 절반을 빼는 걸 의미했기 때문에 아마도 4라고 한 거 같아요.

나는 많은 대화를 통해 대안들을 더 설명할 수 있음에 놀랐다.

Lampert: 다른 사람들은 어떻게 생각하지? Sam?

Sam: 음, 저는 Charlotte의 말에 동의하고, Ellie의 말에는 동의하지 않아요. 음, 왜냐하면 $\frac{1}{2}$은 정수가 아니고, 게다가 Ellie가 아이들에게 그렇게 말했을 때, 정말 괜찮은 수학자라면, 아마도 그들은 그것을 이해하는 데 그 수의 절반이 아니라 $\frac{1}{2}$이라고 이해할 테니 4가 아니라 $7\frac{1}{2}$이라고 썼을 거예요.

Lampert: 너도 알다시피 Charlotte가 얘기했을 때 $\frac{1}{2}$이 정수의 절반을 의미한다고 했었지. 너는 그것을 다른 방법으로 설명하는 것처럼 들리는구나. 그러나 Ellie도 $\frac{1}{2}$을 무언가 다른 의미로 설명할 수도 있었을 거야. Lev, 네 생각은 어때?

Lev: 음, 저는 8 빼기 8의 절반이라고 말한 Ellie의 생각에 동의해요. 8의 절반은 4이고, 4 더하기 4는 8이 돼요.

Lampert: 그럼, 너는 Ellie가 $\frac{1}{2}$을 8 전체의 절반이라고 의미했다고 생각하는 거구나. 그럼 그렇게 계산될 수 있지. 좋아, Tyrone?

Tyrone: 저는 Charlotte와 Sam의 말에 동의하고 Ellie의 말에 동의하지 않아요. 저도 Ellie가 4가 8의 절반이라는 것을 의미했다고 생각하긴 하지만 $\frac{1}{2}$은 1의 반이에요. 그렇지만 저는 그녀가 $\frac{1}{2}$을 8의 절반과 같다고 말했다는 Lev의 말에는 동의해요. 그리고 저는 8이 4의 절반과 같지 않기 때문에, 4는 아니고, 7과 $\frac{1}{2}$이라고 했던 Sam과 Charlotte의 말에 동의해요. 8이 전체이고, 한 수는 7과 $\frac{1}{2}$을 더한 $7\frac{1}{2}$을 말하는 거예요.

Lampert: 으음, 그러면 어제 우리가 했던 토론을 떠올려 보자. 너라면, 너의 설명이라면, 다른 편의 어떤 것으로부터 빼는 것을 의미하는 건 이해한다는 거지, 그렇지? Shahroukh의 말을 들어보자.

Shahroukh: 저는 2로 나눈 수를 한 수의 절반이라고 말했던 Ellie의 설명에 조금만 덧붙인다면, Ellie의 의견에 동의해요.

Lampert: 좋아. 너희들은 분수에 관해 중요하게 생각하고 있고, 분수는 무언가의 분수라고 생각하고 있어. 그리고 우리는 8의 분수인가 전체의 분수인가에 대하여 약간은 다른 동의를 하고 있어. 자, 먼저 Ellie의 의견에 동의하는 사람들의 얘기를 듣고 나서, 네 얘기를 좀 더 들어보자, 좋아? Darota?

Darota: 음, 저는 Ellie와 생각이 다른데요. 왜냐하면 만약 정수의 절반을 의미했다면 7을 얻을 수 있었고, 그 후에 다시 선생님께서 반에 대한 설명을 추가했을 때, 선생님은 $7\frac{1}{2}$인 걸 알았기 때문이에요.

Lampert: 좋아. Tyrone이 말한 것과 비슷하구나! 부가 설명은 뺄셈의 의미에 관해 생각할 기회였어. 그러나 또 너와 Tyrone 모두 반이 1의 반을 의미한다고 가정했어, 그렇지? Anthony?

Anthony:(소리없이)…… 만일 반이 원래 수의 반으로 생각한다면 정수의 반과는 다른 거예요. 이건 관점이 어디 있느냐의 차이인 거 같아요.

Lampert: 맞아. 아주 중요한 설명이었어. 좋아(Okay).

나의 '좋아(Okay)'는 토론이 끝에 왔음을 의미했고, 나는 또다시 Ellie에게 기회를 주었다.

Ellie: 음, 저는 Shahroukh의 말에 동의해요. 음, Charlotte가 말할 때, 음, 반이라고 말하기보다 8의 절반으로 말했어야 했다고 Charlotte는 생각했어요, 저는 그것들 모두가 8은 아니기 때문에 Charlotte의 생각에 동의할 수는 없어요. 모든 문제가 8은 아니잖아요.

Lampert: 좋아. 자, 수학에서의 약속 중 하나는 우리가 수에 대하여 말하고 어떤 것 또는 그것의 그룹과 수를 연관시키지 않을 때 이 상징이 한 정수의 반을 의미한다는 거야. 그래서 만일 네가 수학을 사용하는 사람들과 의사소통하려면 그들은 8에서 1의 반을 빼는 것을 의미하는 이것을(칠판에 써 놓은 '$8-\frac{1}{2}$'을 가리키며) 생각할 거야. 알겠니? Ellie?

Ellie: 음, 네. 저는—제 생각엔 8이 이것 모두— 모든 이 숫자들이 그 안에 있는 수라고…….

Lampert: 함수.

Ellie: 음. 숫자 6은, 그것은 모두죠. 그것들이 모두 반으로 나뉠 수 있고, 4에서 4

의 반인 2를 빼면 돼요.

Lampert: 좋아. 그래서 나오는 숫자들이 들어가는 수의 절반이구나. 좋아, 이 경우에는 맞지?

Ellie: 음.

Lampert: 1이 2의 절반? 0은 0의 절반?

Ellie: 음, 네.

Lampert: 그렇다면 이렇게 생각하는 건 어때? 너희가 아는 것처럼, 우리가 이걸 말로 써 보는 거야, 우리는 이 방정식들을 사용할 수 없지만, 좀 더 효율적이지. 넌 어때?

Ellie: 절반은…….

Lampert: 만약에 나온 수가 들어간 수의 반이라고 말한다면, 이해하기 더 쉽겠지?

Ellie: 제 말이 그 말이에요. 하지만 저는 거기에 그 수를 끼워 넣을 수는 없어요. 그게 제 생각이에요.

Lampert: 좋아. 하지만 나는 반을 뺀다는 네 생각에서 많은 흥미로운 질문들을 풀 수 있었다고 생각해.

이 수업에서, 학생들은 또래 및 교사와 함께 열심히 참여하여 수학을 공부했다. 아이들은 수학적인 담론 형태에 대해 배웠다. 양적 관계성에 관해 얘기하는 방법을 익히고, 숫자 사이의 관계 패턴에 관해 추론해 봤고, 그러한 추론을 논리적이고 수학적인 증거로 검증해 보았으며, 견해가 다른 아이들의 주장의 합리성을 고려해 보았다. 주장을 맞게 하거나 주장을 받아들일 수 있게 하는 것이 무엇인지에 대해 의문을 탐구하는 것은 이 교실에서 교육학과 수학 양쪽 다 중심이 된다. 그들은 '반' 이라는 것이 어떤 한 정수의 양적인 절반 이상의 다른 무언가를 의미하는가를 밝혀내는 동안에 교사와 학생들은 5학년 수준의 수학적 논쟁에 참여하고 있다. 수학적 논쟁에서 대화의 목적은 일련의 추론에 대한 수학적 합리성을 결정하는 일이며, 이러한 추론을 문제 상황에 적용하는 것의 적절성을 결정하는 일이다. 학생들은 또한, 우리가 '지식의 사회적 구성(social construction of knowledge)'[5]이라고 부르게 된 일에 적극적으로 참여하고 있는 것이다.

그러나 여기서 구성된 것이 수학적 내용 지식만은 아니다. 그리고 학생들은 이 구성 활동의 단순한 참가자가 아니다. 교사와 학생이 함께 활동함으로써 학교에서 수학을 배우는 새로운 형태의 활동과 상호작용을 만들어 내고 있는 것이다. 이 교실에서 성공한 수학 학습자로서 인정받기 위해서 학생들이 보여 주어야 할 것은, 교사의 권위나 교과서 혹은 '수학을 잘하는' 것으로 인정받은 학생을 통해 대답을 받아들이는 것보다는, 그들의 결론을 도출해 내기 위해 서로 협력하여 추론해 가는 모습이다. 이 학생들의 학습에는 교실 수업의 합리적인 목적으로서 '의미 만들기(making sense)' 를 받아들이는 것이 포함된다. 교사가 학생의 수학적 사고를 변화시키려는 자신의 방식이 성공했다고 만족하기 위해서는 학생이 권위에 의해 단순한 연습을 하기보다는 교사와 학생 모두 합리적인 논쟁을 통해서 그러한 변화가 일어나야 한다.

수학적 의도를 가르치기

1989~1990년에 Lampert 교실의 대다수 학생들은 전통적인 방식으로 수업을 진행하는 4학년에서 올라왔다. 4학년 교실의 수학 시간에 이루어지는 교사와 학생 간의 상호작용 경험은 이것과는 아주 달랐다.[6] 전통적인 수학 수업에서, '8 빼기 $\frac{1}{2}$ 은?' 이라고 하는 교사의 질문에 Ellie가 '4' 라고 대답한다면 그 결과는 학생들과 교사 모두 Ellie가 틀렸다는 것을 의미한다. 학생들은 '저런 바보 같은 대답을 하다니' 라고 투덜거리거나 Ellie가 똑똑하지 않음을 알리는 비언어적 신호를 보일지도 모른다. 교사 또한 정중하겠지만, 곧바로 Ellie가 모자란다고 판단할 것이다. 그래서 교사는 Ellie에게 왜 틀렸는지를 설명해 주거나 다음에 다시 8 빼기 $\frac{1}{2}$이 얼마인지에 대한 물음에 Ellie가 '$7\frac{1}{2}$' 이라고 대답할 수 있는 다른 방법을 사용해야 한다. 학생과 교사는 Ellie의 실수에 대해 반응하기가 두려워 잠자코 있는 일부 학생을 Ellie보다 '수학에서 더 뛰어난' 것처럼 판단할 수도 있으며, 만일 교사가 '정답' 을 말해 줄 친구로 지명한 누군가의 말을 Ellie가 받아들인다면 학습이 가능할 것으로 상상

할 수도 있다. 하지만 그들 또한 Ellie에게 미안하게 느낄 수 있을 것이다. 그리고 Ellie가 지금 굉장히 당황해 할 것이라고 짐작할 것이다.[7] 대부분의 경우, 토론은 하지 않으며, Ellie의 견해에 '동의' 하거나 '반대' 하는 법, 그리고 자신의 견해를 이치에 맞게 다른 사람들에게 확신시키는 방법을 알아야 한다고 학생들에게 기대하는 바도 없다.

대부분의 학교 수학 수업에서, 교사와 학생들은 하나의 주장이 나오면 그 주장이 진실인지 거짓인지 혹은 맞는지 틀리는지를 파악한 다음 또 다른 주장으로 넘어간다. 종래의 교수법에서 진실되거나 맞는 주장이란 교사의 권위나 교과서 혹은 '뛰어난' 학생에 의해 이루어졌다. 이와는 달리 우리가 앞에서 봤던 수업에서는 모든 학생이 수학적 근거를 가지고 그들 자신의 주장을 수정하며 정의해 가는 것을 보았다. 그들은 토론에서 자신의 용어를 명확히 해야 하며 자신의 가정을 점검하면서 자신들이 생각하는 방법과 다른 사람들이 그것에 대해 생각하는 것의 차이를 설명해야 한다.

이러한 토론이 일어나는 수업에서 교사는 학생들이 그러한 수학적 대화에 참여토록 하여 학생들에게 수학을 하는 의미가 무엇인지를 가르친다.[8] 교사는 도전 가능한 문제를 제기하고 견해 차이가 일도록 격려하면서 학생들이 본인의 사고를 명확히 하고 사고와 의사소통을 연결시키는 단계를 마련해 준다. 수업 시간에 가르치고 배우는 활동은, 교사와 학생이 여러 사람의 수학적 주장이 어떻게 정당화될 수 있는지에 대한 의문을 제기하는, 수학을 하는 실제와 관련이 된다. 학생들은 자신과 동료들에게 무엇이 합리적인지를 정당화하는 과정 속에서 수학적 언어를 구성하고 그러한 용어의 계열이 내적인 일관성을 가질 수 있도록 노력하게 된다.

이러한 토론식 교수법은 최근의 경향을 반영하는데 그것은 학습하는 과정과 알아가는 과정이 교과목이나 학교 수업 모두에서 개인적인 활동일 뿐 아니라 사회적인(social) 활동이라는 것이다. 지식을 획득한다는 것은 학습자와 교과목 간의 사적인 상호작용이거나 교사와 개별 학생 간의 일대일 상호작용으로 생각하지 않으며, 또래 간 혹은 지인들이 참여하는 넓은 범위의 사회적 연습으로 이해한다. 이러한 인식론의 경향은 미국수학교사협회(National Council of Teachers of Mathematics:

NCTM)에서 최근에 출판한 수학 교수를 위한 새로운 '기준'에 잘 반영되어 있다. 예를 들면, '담론에서 학생의 역할'에 관한 부분에서, 수학 교수를 위한 전문적인 기준은 다음과 같이 제시하고 있다.

수학 교사는 교실 토론을 장려해야 하고, 학생들에게 다음의 사항을 지도하여야 한다.

- 선생님이나 친구의 말을 듣고 대답하고 질문하기
- 다양한 도구를 사용하여 추론하고 연계하고 문제를 해결하고 소통하기
- 솔선하여 문제와 질문 제기하기
- 어림짐작하고 해결책 제시하기
- 어림짐작한 바와 관련된 사례와 반대 사례 찾아보기
- 어떤 표상, 해결법, 추측 및 대답의 타당성을 본인 및 친구에게 확신시키기
- 수학적인 증거와 논변에 의존하여 타당성 결정하기

(National Council of Teachers of Mathematics, 1991, p. 45)

다른 영역의 개혁 보고서에 따르면 이러한 새로운 기준은 교실 담론의 특성에 변화를 요구하여, 가르치고자 하는 영역의 정신을 이야기하도록 하는 경험을 담론에 포함시키도록 더욱 강조하고 있다. 즉, 학생들은 다른 사람의 주장을 고려하고 도전해야 하며, 심지어 교사에게도 도전하여야 한다. 물론 이때 수학적인 증거를 사용하여야 하며 자신의 주장의 합리성을 다른 사람들에게 확신시켜야 한다. 교수 기준(teaching standards)은 교실 담론의 특성이 학생들이 수학을 배우는 데에 중요한 영향을 끼친다는 가정을 전제로 한다. 학교는 수학 교실 환경에서 '주된 향상'을 이끌어 냄으로써 '현재의 수학 실제에서 학생들에게 힘을 실어 주는 방향으로 이동하도록' 가능하게 할 수 있다.

우리는 다음과 같은 향상이 필요하다.

- 교실을 단순한 개인의 모임에서 벗어나— 수학적 공동체로 만들기
- 정답의 유일한 권위자인 교사에서 벗어나— 논리와 수학적 증거로 검증하기
- 단순히 절차를 암기하는 것에서 벗어나— 수학적 논증하기
- 기계적인 정답 찾기 강조에서 벗어나— 어림짐작하기, 고안하기, 문제 해결하기
- 수학을 분절된 개념과 절차로 인식하기에서 벗어나— 수학적 사고와 응용으로 연계시키기(NCTM, 1991, p. 3)

여기서 '논증하기(reasoning)' 는 기본적으로 의사소통과 연관된 것이다. 어림짐작을 한다는 것은 자신이나 타인이 생각하는 임시적인 아이디어를 만들어 내는 것이다. 어떤 것이 진실한 것이라는 것은 사회적인 교환에 의해 결정되는 것으로 이때 수학적인 증거가 주장을 증명하는 데 사용된다. 학습의 사회적 특성은, 교실이 개별적인 학습자들의 모임이라기보다는 '수학적인 공동체' 이어야 한다는 관점에서 강조된다. 그러한 공동체는 담론의 규범이나 패턴을 설정하게 되며 이 규범과 패턴에는 어떻게 말하는가에 대한 방법뿐만 아니라 어떤 것이 믿을 만한 증거가 되는가도 포함된다. 그리고 그것이 결국 지식이 되는 것이다. 이러한 지식 생성의 관점은 그 영역 담론의 이상 위에 토대하며, 담론의 역할과 개인적 지식 성장에서의 견해 차이에 관한 현재의 심리 이론과 잘 일치한다(Strike & Posner, 1985; Wiser & Carey, 1983; Hatano & Inagaki, 1991).

NCTM은 교실에서 그러한 일이 일어나도록 노력하는 교사의 교육 활동을 '활성화' 라는 단어를 사용하여 설명함으로써, 이러한 종류의 말하기가 학교에서 학생과 교사 간의 적절한 공공의 상호작용 형식이라고 한다면, 과연 교사가 이러한 말하기를 가르치기 위해 필요한 것은 정확히 무엇인지 그리고 학생이 이러한 말하기를 배우기 위해 필요한 것이 정확히 무엇인지에 대한 질문에서 살짝 비켜섰다(Ball, 1991). 동시에, NCTM은 '모든 학생' 에게 적용할 수학의 교수 및 학습에 대한 기준을 정했음을 강조한다.

> 어림짐작을 만들고, 수학 증거를 사용하여 수학에 대하여 논증하며, 문제—아주 복잡한 것도 포함하여—를 만들고 해결하고 수학적 아이디어에 의미를 부여하는 등의 학습 목표가 일부 '똑똑하거나' '수학적으로 재능 있는' 집단에게만 해당한다고 생각하지 않는다. 모든 학생은 문제를 추론하고 해결하며 주제와 경험의 두터운 연결망을 만들고, 수학적인 아이디어로 의사소통하는 것을 배울 수 있으며 또 그래야만 한다(NCTM, 1991, p. 21).

학교와 대학에서 가르쳐 본 우리의 경험 그리고 연구자들 간의 교류를 통해 볼 때 이런 식의 담론은 쉽게 달성될 수 있는 것이 아니다. 이 어려움은 학생들이나 아니면 좀 더 고등의 학자들에게도 마찬가지다. 이 장의 나머지 부분에서 이 문제에 대해 점검할 것이다.

공개 논쟁의 적절한 형태에 관한 일상적 이론

NCTM 교수 기준과 같은 교육적인 이상을 만들어 내는 문화적 환경에 관해 우리는 어떻게 생각해야 할 것인가? 어떻게 견해 차이를 표명할 것이며, 어떻게 친구들과 논쟁할 것인가 등에 관한 지식을 학생들이 학교 외부에서 배워 오는 것을 우리가 어떻게 이해할 것인가? '논쟁하기(arguing)' 는 학교 안팎에서 대부분의 사람들이 개인적 그리고 공적으로 참여하는 활동이다. 심지어 사교적인 대화에서조차 사람들은 견해 차이를 보일 수 있다. 비록 우리가 다른 문화적 배경에서 자라 왔지만, 우리는 어떤 사람의 주장이 합리적이지 않다고 믿을 때에도 그 사람과의 관계를 유지하면서 그 사람의 견해에 동의하지 않는 다양한 목적을 충족하는 방법을 배웠다. 만일 그러한 관계의 유지가 다른 사회적이고 개인적 목적에 도움이 된다면, 우리는 견해 충돌을 피하거나 개선하는 방법을 찾는다. 우리는 우리의 견해와 차이가 있는 주장을 언제 무시해도 좋은지 배운다. 그리고 물리적 · 정치적 힘을 사용하여 주장을 강요할 때가 언제인지도 배운다. 경험으로 보아 우리는 이미 모델을 가지고 있으며, 이

모델을 통해 공개적으로 반대 의견을 내거나 이를 어떻게 성공적으로 해낼 수 있는지 안다.[9]

Roget의 유의어 분류사전에 의하면 우리는 사회적 의미에서 **논증하기**(reasoning)가 **논평하기**(commenting), **토의하기**(discussing), **조사하기**(inquiring)와 유사한 뜻으로 사용될 수 있음을 알 수 있다. 관용어로, 질문공세(torture a question)라는 구는 논증하기와 유의어로 사용된다. 좀 더 일반적인 의미를 찾는다면 논증하기는 또한 **선동**(agitating), **말다툼**(quarreling), **언쟁**(wrangling)과도 유의적으로 사용된다. 이러한 극단 사이의 어느 중간 정도에 좀 더 사회적으로 중립적인 논증하기의 유의어로 논쟁하기(arguing) 혹은 다른 의견 내기(disagreeing) 등이 있기도 하다.

학문 세계에서 아이디어에 관해 논쟁하는 것은, 비록 우리가 면 대 면으로 그러한 논쟁에 참여하는 일은 드물지라도 흔히 사용하는 상투적인 수단이다. 어떤 분야에서의 지식은 기존의 아이디어에 대해 이의를 제기함으로써, 그리고 부적절한 이론을 수정하면서 성장한다. 우리의 이상적인 학문 세계 시나리오에 따르면 지식의 탐구는 어림짐작에서 시작되고, 그 아이디어는 다시 어림짐작의 개선으로 정교하게 된다. 이상적으로 우리는 다른 사람들과 말다툼하기나 논쟁하기를, 학문적 담론의 수용할 만한 규범을 따르면서, 즉 '아무것도 모르는 것처럼' 원고를 개관하거나 제3자 입장에서 원고를 작성하는 방식으로 피한다(Swales, 1990).

학생들의 세계에서 논쟁하기와 의견의 다름은 선동하기나 말다툼에 가깝다—그것이 친구에게 해야 함 직한 일이 아니라면, 그리고 당신이 알고 있는 한 당신과 매일 함께 지내야 하는 사람 혹은 이 주, 이달, 이해의 나머지 기간 동안 내내 함께 지내야 하는 사람이 아니라면 말이다(Isaacs, 1971). 학생들은 놀이터나 급식실에서와는 달리 교실에서는 견해 차이에 대한 행동을 확실히 교정한다. 그러나 자신의 놀이기구를 떠나야 할 때에는, 누군가 공개석상에서 무언가를 말하고 그들이 그것이 틀렸다고 믿을 때 보이는 학문 영역의 논쟁과 유사하게 나타날 것이라고 우리가 인지하는 것을 수행하는 것 같지는 않다. 아이들은 주장의 진실성을 판단할 때 아이디어를 표현하는 사람과 그 사람이 표현한 아이디어의 질을 쉽게 분리하지 못한다(Olson & Astington, 1993). 아이들이 첫 번째로 그네를 탈 수 있는 아이에 대한 견해 차이를 표현하는 규범과 수학적인 관계성을 가장 적절하게 구성하는 사람에 관한 견해 차이를 표현하는 규범을 자연스럽게 구별하지 못하는 것 또한 당연하다.

5학년 학생들은 학교 수학적 견해 차이에 관해 어떻게 말해야 하나

아이들이 수나 공간 관계를 어떻게 생각하는가를 연구하는 것이 아이들에게 산수나 기하를 가르치는 방법을 찾는 데 도움이 되는 것처럼, 아이들의 지적인 논쟁을 이해하는 방식을 점검하면 학생들이 학교에서 생산적이고 사회적인 만남에 참여하는 방법에 관해 더 많이 이해할 수 있을 것이다. 학교학습자들의 일상 학습 이론을 연구하는 하나의 방법은 교사가 아직 아동의 상호작용 방식에 많은 영향을 끼치지 않았을 때 그리고 그들의 활동을 조절하는 교사가 없을 때 바로 그 시점에 학교에서 아동이 견해 차이에 대해 뭐라 말하는지 그리고 견해 차이가 발생했을 때 어떻게 행동하는지를 모두 살펴보는 것이다(Spradley, 1972; Holland & Quinn, 1987). 우리는 Lampert의 교실에서 수집된 자료를 통해 이러한 기회를 잡았다. 첫째로, '견해 차이' 라는 주제에 관해 교실 토론이 벌어졌다. 이 토론은 우리가 위에서 살펴보았던 수업 며칠 후 일어났다. Ellie는 많은 친구들이 '8 빼기 $\frac{1}{2}$' 의 의미에 관한 자신의 견해에 동의하지 않았기 때문에 견해 차이에 대한 토론에서 많은 말을 했다. 그래서 Ellie의 관점을 특별히 살펴볼 것이다. 또한 학기 초에 학생들은 별다른 교사의 개입 없이 소집단으로 활동하면서 문제에 대한 해결책을 찾는 사례가 여럿 있었다. 우리는 학생들이 견해 차이에 관하여 무엇을 말하는지 살펴본 후, 4명의 다른 학생 사이에서 학기 초에 벌어졌던 토론에 관하여 알아볼 것이다. 이 토론에서 학생들은 시간, 속도 및 거리에 관련된 문제를 수행하는 방법에 관하여 견해 차를 보이고 있다. 그 논쟁 가운데에 있는 학생은 Sam이었다. Sam은 겨우 한 주 전에야 수업에 합류했는데, 반 친구들에게 자신의 문제 해결방법을 보여 주려 한다.

위에서 언급한 '8 빼기 $\frac{1}{2}$' 과 관련한 토론이 있은 지 며칠 후, 동료 교사 한 명이

Lampert 교실을 방문하였다. 그는 Socrates식 대화 교수법에 관심이 있었으며 초등 수학 교실에서 이러한 교수법이 어떻게 적용되는지를 보고 싶어 했다. Lampert는 수학 시간 시작 초반, 몇 분 동안 학생들에게 질문한 다음 방문자에게 자신의 반에서 이루어지는 수학 토론에 대하여 말하였다. 그다음 수학 시간에 토론을 하는 것에 대해 학생들에게 어떻게 생각하는지 물었다. "토론 중에 좋은 것은 무엇이니? 토론 중에 싫어하는 것은 없니? 토론을 통해 너는 무엇을 배운 것 같니?" 이 학생들은 지난 10월 초부터 수학적 견해 차이에 관해 학급 전체 토론에 참여해 왔고, 지금은 4월이다. 학생들이 자신의 경험에 관하여 공개적으로 말하는 것은 이번이 처음이다. 그들의 '토론에 관한 토론' 은 수업 시간 중 계속되었다.

첫 번째 학생은 간단하게, "저는 선생님이 틀리셨을 때 토론이 좋지 않아요"라고 말했다. Lampert는 무엇이 그렇게 느끼게 하였는지 학생에게 물었다. 그러나 그가 대답도 하기 전에 다른 학생이 끼어들어 말하였다. "저는 다른 사람들의 관점을 경험할 수 있고, 다른 사람이 생각하는 것, 그들이 어떻게 문제를 해결하는지를 알 수 있는 방법이라고 생각해요." 세 번째 학생이 말했다. "저는 토론이 싫어요. 왜냐하면, 선생님은 제시만 하시잖아요. 선생님은 늘 선생님의 논증을 제시해야 하고 때때로 선생님은 한 문제만 생각하고 선생님이 그렇게 얘기한 것에 대한 이유에 대해 선생님은 생각하지 않기 때문에 싫어요." 그리고 또 다른 학생이 동의하지 않음을 표현하였다. "저는 Karim의 의견에 동의하지 않아요. 왜냐하면 선생님은 논증을 제시하는 걸 좋아하시고, 선생님이 문제에 대해서만 생각하는 것이라면 그리고 학생들을 위해 문제를 해결한다면 학생들은 어떻게 답을 얻었는지 알려고 하지 않을 거예요. 그리고 만일 선생님이 그 답을 어떻게 얻었는지를 말해 준다면 학생들은 답을 얻으려 하는 활동을 하지 않으려 할 거예요."

이들 학생 중 2명은 논증하기를 학문 세계의 논쟁에 관한 관례적인 생각과 같게 보는 듯하다. 그래서 우리는 현재 학교에서 좋은 학습법으로 생각하는 것과 조화를 이루는 성향을 표현하고 있다. 다른 사람들이 무언가에 관하여 어떻게 생각하는지를 알아내고, 대답이 검증되지 않은 것이라면 그 대답만으로 만족하면 안 된다. 또 다른 2명은 토론식 수학 활동에 대하여 다소 낮게 평가하고 있는데, 한 명은 공개적으로 틀리는 것이 좋지 않기 때문이고, 다른 한 명은 그가 생각한 바에 대하여 왜 그렇게 생각하는지를 항상 설명할 수 있도록 준비되어 있지 않기 때문이다. 이러한 균형 잡힌 의견을 교환한 후에, 학생들의 반응은 수학 토론에 참여하는 것에 대해 거의 완전히 부정적인 감정을 표현하는 쪽으로 바뀌었다. 우리는 여기서 Ellie의 공헌에 대하여 초점을 맞추려 한다. 왜냐하면 '8 빼기 $\frac{1}{2}$'을 어떻게 해석할 것인가에 대해 Ellie는 견해 차이를 보여 주는 역할을 했기 때문이다.[10]

처음 Ellie는 누군가의 합리적인 논거에 반대하는 형태인 견해가 다름을 싫어한다고 말했다.

> Ellie: 음, 나는 논증하기가 싫어. 왜냐하면 네가 틀린 답을 낼 때마다 사람들은 네가 틀렸다는 것을 증명하기 위해 아주 어렵게 노력해야 하거든.

친구인 Saundra가 Ellie에게 동의했다. Saundra도 그러한 상황에 처했을 때 당황했으며 어떤 때는 굴욕을 느끼기까지 했다고 말했다.

> Saundra: 음, 나는 Ellie의 말에 동의해. 왜냐하면 너희들도 알다시피 이것은 그 순간에 당황할 수 있기 때문이야. 왜냐하면 모든 사람처럼, 너희들이 무엇인가 말할 때 모두들 손을 들고 무언가 다른 것을 말하고 싶거나 그들 모두가 너에게 동의하지 않을 수도 있어. 그리고 그건 너희들을 구멍 속으로 숨고 싶게 하거나 죽고 싶게 만들 거야.

Ellie는 또한 견해 차이를 보일지 모르는 사람들의 끈질김에 대해 언급했고, 이에 화답하여 Saundra는 이러한 종류의 교류에 관련되는 것이 사회적인 불쾌감을 준다고 하였다.

> Ellie: 음, 그러니까 네 대답이 틀렸다는 것을 네가 깨달았을 때도 그들은 여전히 그것이 잘못되었다는 것을 너에게 증명하기를 원할 거야. 그 후, 음, 네가 했

던 것처럼, 네가 수업을 한 번 했고 네가 틀렸던 것처럼. 그리고 그 후에 다음 수업에서도 사람들은 손을 들어서 여전히 네가 틀렸음을 입증하려 들 거야. 그리고 말하겠지, '오 예! 그리고 이것에 대해 나는 ~ 때문이라고 생각해.' 음, 그럼 넌 책상 밑으로 기어 들어가고 싶게 되겠지.

그러나 Ellie는 지적인 측면도 있었다. Ellie는 견해 충돌에 직면했을 때 자신의 생각을 지킬 수 있는 자신의 능력을 걱정했다.

Ellie: 음, 때때로 나는 토론을 좋아하지 않아. 왜냐하면 너희들이 무언가를 증명하려고 노력하다 보면 무언가 다른 쪽으로 빠지게 되지. 그래서 너희들은 생각하는 바를 말하지 않게 되기 때문이야.

Ellie가 이렇게 말하고 나자 여러 명의 학생들이 웅성거리면서 동의를 표했다.

Ellie는 토론이 끝난 후에도 자신을 불편하게 만드는 토론 수업의 또 다른 측면, 즉 아이디어의 소유권에 대해서 여전히 말했다. 수학 시간이든 다른 수업 시간이든 교사가 협력을 장려하고 보상하는 교실에서는 개인의 생산성과 표상의 문제가 학생들의 마음에 명확하게 자리 잡는다. Ellie는 여러 학생들이 함께 협력하여 '대답' 에 이르지만 단지 한 사람만이 그들이 생각한 바를 전체 수업 토론에서 발표하는 상황에 대하여 언급했다. Ellie가 그런 말을 한 의미는 그러한 행동이 나쁜 느낌을 갖는 것을 뛰어넘는 어떤 결과가 있음을 암시하는 것이다. 만일 어떤 한 사람이 다른 사람의 대답을 '받았다면' 한 사람의 위기는 아마도 이전에 이미 신뢰했던 사람과의 연합으로 일시적인 추방된 상태에 놓이게 된다.

Ellie: 음, 나는 Shahroukh의 말에는 동의해. 나는 반대한다는 것이지. 왜냐하면 만일 네가 사람들 중 손을 든 유일한 사람이라면 손을 들지 않은 사람들 중에서 맞는 대답을 찾는 것은 우스운 일이지. 그러나 모든 사람이 자신의 손을 들었다면, 그런데 네가 호명되었다면 기분이 정말 안 좋을 거야. 음, 그러니까 누군가 정말 원하는데 음, 그러니까 자기가 대답을 하고 싶은데 말야. 그럼 때때로 사람들은 말할 거야. '너는 내 대답을 가져갔어.' 그리고 그들은 얼마 동안 너와 말하지 않을 거야.

토론이 진행되면서 Ellie는 약속이 있어 교실 토론을 그만두어야 했던 경우를 예로 들면서 그녀의 원래 관심사였던 자신이 다른 누구가의 의견에 동의하지 않을 때 자신이 생각한 것을 항상 말하지는 않는다는 것으로 돌아왔다. Ellie는 다시 학생들이 동의하지 않을 때에는 개인적인 불안감을 넘어서는 공개적인 결과(괴로움)가 있음을 우리에게 떠올리게 한다.

Ellie: 음, 선생님이 분수 계산을 할 때, 우리는 다시 칠판 그 자리로 가서 비율과 8에 관해 생각했고 어떤 차이가 있는지 살펴보았어요. 그러고 난 다음 우리는 무언가에 대해 활동하였고 모든 사람들이 나에게 동의하지는 않았어요. 그래서 나는 생각하는 바를 말하지 못했어요.

Lampert: 음, 그것에 대해 조금 더 말해 보겠니? 그것이 문제가 되는 것은 왜지?

Ellie: 음, 선생님께서는 선생님이 생각하는 바나 학생들이 생각하는 바를 학생들에게 말할 기회가 없기 때문에, 만일 학생들의 대답이 틀렸다면 그리고 만약에 선생님이 학생들에게 선생님의 논증과 선생님이 생각하는 이유를 말해 준다면 아마도 학생들은 생각할 거예요. 음, 아마도 학생들이 선생님을 더는 괴롭히지 않을 거예요.

Ellie는 반 전체 토론에서보다 소집단 토론에서 견해 차이에 관한 이야기를 하면서 좀 더 정교해졌다. 그러면서 짓궂게 괴롭히는 것은 학생들이 의견 충돌 시 자신의 얼굴을 보호하는 방식이라고 주장한다. 그래서 그들이 틀렸다는 것을 알았을 때도 '그들은 나쁜 기분이 들지 않는다.'

Ellie: 음, 제가 소집단에 대해 정말로 좋아하지 않는 것이 또 있어요. 그것은 마치 선생님이 옳은 것 같은데 한 학생만이 선생님이 틀렸다고 생각하는 것이지요. 그런데 선생님이 맞았다는 것이 밝혀지고, 음, 그래서 그들이 틀렸다는 걸 알았을 때, 선생님은 웃게 되겠지요. 만약 처음에 그러지 않았다면, 음, 그들은 나쁜 기분이 들지 않았을 거예요.

Ellie가 소집단에서의 토론을 좋아하지 않는다고 말한 다음 또 다른 학생인 Sam이 이를 뒷받침해 주었다. Sam은 전체 반 토론 수업과 비교하여 소집단 토론이 더 좋은 점은 수업이 끝난 후 관계 복원에 참여해야 할지도 모를 학생들의 수가 더 적은 것이라고 하였다.

Sam: 음, 저는 소집단 토론이 좋아요. 소집단 토론이요. 왜냐하면 Ellie가 말했거든요. 음, 그러니까 전체 반 토론은 상대가 틀렸다는 것을 입증할 거라고 했어요. 그러니까 (소집단 토론에서) 상대가 얻을 수 있는 대부분은 보통 상대가 틀리다고 입증할 수 있는 5명에 관한 것이에요. 음, 다른 사람들 그러니까 그 반의 나머지 친구들은 모두 그들 집단이기 때문이죠. 몇몇 사람은 아주 잘 해낼 텐데 그것은 누가, 그리고 얼마나 많은 사람들이 빠졌는지 아니면 들어 있는지에 좌우되지요. 음, 그래서 대부분 다섯이에요.

이러한 발화는 수학 수업에 참여한 사람이 사회적이고 개인적인 영향을 모두 받는다는 것을 의미한다. 얼마나 상대의 견해 차이를 다룰 수 있는지는, 심지어 완전히 의견 충돌에 참여한다 하더라도, 당신이 자신에 대해 어떤 느낌을 갖는지 그리고 다른 사람들은 당신에 대하여 어떤 느낌이고 당신을 어떻게 대할지에 대해 영향을 주게 된다. 우리는 이러한 대화를 들은 후 이 5학년들이 '토론' 이란 용어에 가장 적합한 유의어로 선택한 것이 '고뇌' 일 것이라고 상상했다. Sam이 우리에게 상기시켰듯이, 그것에 참여하는 사람이 적을수록 그 고뇌는 좀 더 약화될 것이다. 우리는 Sam의 말이나 Ellie의 말을 해석하지 않았다. 그들이 제안하는 것은 이러한 5학년 학생들이 소집단 또는 대집단 토론 모두에서 서로 서로에게 명백하게 비열하게 했다는 것이다. 그보다는 이러한 학생들은 개인적인 맹렬한 비난으로서 '사람들이 네가 틀렸다는 것을 입증하려 한다는 것을' 경험한 것 같다는 것이다. 비록 그 상황이 교사가 주장이란 수학적 증거로 검증되어야 한다고 말하는 상황이었지만 말이다.

학교 수학에서 5학년 학생들은 견해 차이에 관해 무엇을 하는가

이제 우리는 교사가 없는 상황에서 소집단으로 수학 문제를 해결하라고 했을 때 나타난 학생들의 의견 불일치에 대해 살펴보려 한다(Blunk, 1995 참조). 이 논쟁은 여러 논쟁 중 하나로 우리는 '소집단 시간' 동안의 학생들의 상호작용에 관한 대단위 자료를 수집하기 위해 비디오테이프로 녹화한 바 있다. 우리는 여러 개의 테이프를 보면서 이것이 가장 눈에 들어왔는데 이 집단에 속한 4명의 학생 모두 카메라에 찍히는 시간 동안 교사의 개입이 없었음에도 상당한 시간에 걸쳐 활동적으로 논쟁에 참여했기 때문이다. 우리가 이 대화를 선택한 또 다른 이유는 다른 집단에서도 논쟁에 비슷한 참여가 있었지만 이 4명의 학생 대화 대부분을 쉽게 들을 수 있었기 때문이다.

때는 11월 초순, Lampert의 5학년 수학 시간이다. 휴식이 끝난 후 교실에 들어가면, 그날 토론해야 할 문제가 칠판에 적혀 있다([그림 31-2] 참조).[11]

그해 이루어진 다른 수업처럼 이 수업에서도 학생들은 혼자서 혹은 또래와 함께 그날의 문제를 해결하는 데 한 차시의 반 정도가 소요되었다. 학생들은 이야기를 나눈 후 각자의 노트에 기록하였다. 학생들은 정보를 그림으로 그리고 형상화하며, 도표화하는 실험을 하기도 하고, 문제에 대해 어림짐작을 해 보기도 하고, 왜 자신이 생각하기에 자신의 해결책이 이치에 맞는지에 대한 추론을 적기도 하였다. 학생들이 소집단에서 어떤 합의에 이를 필요는 없었다. 다만 다른 학생들의 관점을 이해해야 했다. 수업의 후반부는 대집단 토의 시간이다. 앞에서 본 바와 같이 교사는 수학적인 대화에 참여하여 토론하는 적절한 방식을 보여 주거나 학생들에게 어떻게 서

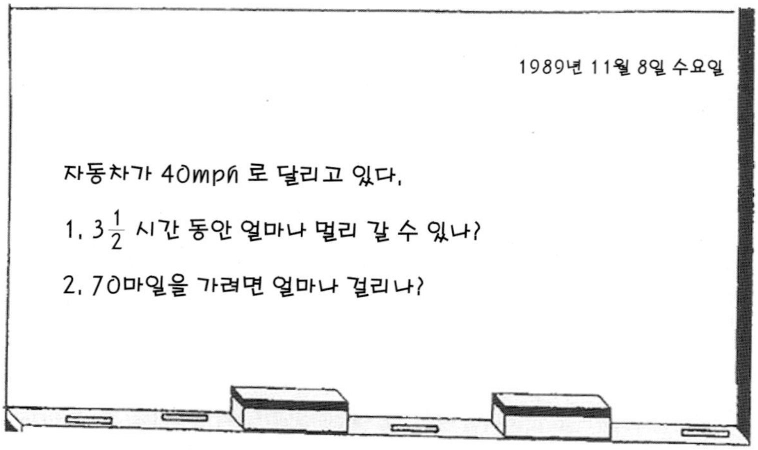

[그림 31-2]

로 소통하는지 그리고 자신의 주장을 세우기 위해 어떻게 수학적인 증거를 사용하는지에 관해 직접적으로 말해 주기도 하였다. 교사는 대집단 토론의 방향을 선택할 때 그 수업 전반부의 학생들의 수행에 관한 관찰 내용에 기반을 두었다. 학생들은 수업 전 · 후반부 모두에서 추측을 만들어 내고 자신의 추측을 방어해야 한다. 학생들은 교사나 다른 학생들의 말을 듣고, 대답하고, 질문해야 한다. 학생들이 제기한 모든 주장은 탐색할 가치가 있었으며, 종종 교사는 '왜 그렇게 생각하지?' 하면서 반응을 보여 주었다.

Lampert는 학생들에게 문제를 제시할 때 학생의 사고에 모순이 일어나게 하거나 학생들 간에 해결책을 제시할 때 의견 불일치가 일어나도록 몇 가지 관점을 포함하여 제시하였다. 우리는 학생들의 의견 불일치의 본성을 설명하는 맥락을 제공하기 위해 학생들이 이러한 문제를 풀 때 참여하기를 기대하는 수학에 대한 Lampert의 숙고를 제시한다.

> 이러한 문제를 제시했을 때 우리 반은 약 2주 동안 시간-속도-거리의 관계에 관해 연구하고 있었다. 나는 이러한 종류의 문제를 풀 때 필요한 일련의 규칙을 학생들

에게 제시해 주지 않았고, 학생들은 비와 비율 개념에 관한 그 어떤 형식 교수도 받지 않았다. 내가 학생들에게 참여하게 했던 수학적인 작업은 단순히 시간-속도-거리 문제에 대한 해답을 찾는 것이 아니다. 그것이 나의 목표였다면, 나는 학생들에게 공식을 알려 주고 학생들이 공식을 사용해서 문제를 푸는 연습을 시켰을 것이다. 그 대신 나는 학생들에게 변수 중 하나인 시간에 변화를 주고 이때 속도가 일정하다면 다른 변수인 거리에는 어떤 영향을 주는지를 추론하게 하였다. 전에 학생들은 위의 1번과 유사한 문제를 가지고 활동을 했다. 그때에는 속도가 제시되었고 문제는 교통수단이 주어진 시간 안에 일정한 비율로 얼마나 멀리 여행할 수 있느냐였다. 먼저, 나는 속도를 시간당 마일로 제시했고, 걸린 시간은 시간 단위로 제시했다. 학생들이 이 문제를 수행할 대 다음과 같은 추론이 가능했다. 만일 속도가 40mph라면 한 시간당 40마일을 가는 것을 의미한다. 학생들은 연속되는 덧셈 혹은 곱셈을 사용하여 한 시간 이상의 여헝에 대한 거리를 계산했다. 학생들은 이들 간의 관계에 관하여 이야기를 나누었고 도표에 나타냈다.

그다음 나는 위의 문제 1과 같은 문제를 제시했다. 여기서 시간은 단순히 한 시간의 곱이 아니며 한 시간의 일부를 포함하고 있다. 나는 이들 문제에서는 거리를 구하기 위해서 3개의 식이 필요하도록 하였다. 먼저 학생들은 이 자동차가 한 시간에 얼마나 갈 수 있는지를 알고 있기 때문에 이 정보를 가지고 이 자동차가 3시간 동안 얼마나 멀리 갈 수 있는가를 구해야 할 것이다. 다음에는 자신들이 알고 있는, 이 자동차가 한 시간에 갈 수 있는 거리에 대한 정보를 이용하여 이 자동차가 반 시간에 갈 수 있는 거리를 구해야 한다. 마지막으로 이 두 거리를 함께 더해야 할 것이다. 우리가 여기서 보았던 토론을 한 날이, 내가 학생들에게 거리에 대한 정보를 알고 속도가 일정할 때 여행에 걸리는 시간에 속도가 어떤 영향을 끼치는지에 관하여 추론해야 하는 수학 문제를 낸 첫날이었다.

그래서 당신이 알고 있는 것(위의 문제 2)은 그 차가 한 시간에 40마일을 간다는 것이다. 그리고 당신이 답을 구하는 데 필요한 것은 그 자동차가 70마일을 가는 데는 얼마가 걸릴까다. 학생들이 지금까지 친숙했던 발견학습법(즉, 40mph는 그 차가 한 시간에 40마일을 간다는 것을 의미)을 사용한다면 학생들은 이 여행에서 그 자동차

> 로는 일단 한 시간이 걸리며 그러고 나서도 아직 30마일이 남는다는 사실을 추론해 낼 것이라고 생각했다.
>
> 학생들이 산수 연산을 사용한다면 이것은 70마일 중 40마일을 빼면 30마일이 남거나 70마일을 시간당 40마일로 나누면 나머지가 30마일이 된다는 식으로 표상할 수 있을 것이다. 그러나 이렇게 할 경우에는 학생들에게 한 가지 풀리지 않는 의문이 남게 된다. 그럼 30은 뭐야? 이 나머지 '30'을 어떻게 시간당 40마일을 가는 자동차라는 제시된 정보와 연결시키지? 학생들이 다른 문제를 해결할 때 보였던 접근법에 근거할 때 학생들은 이 문제를 풀 때 첫 번째로 여기서 보여 주는([그림 31-3] 참조) 계산과 비슷한 무언가를 했을 것이다. 이러한 계산법을 통하여 학생들은 수학적인 해석 문제에 봉착한다. 뺄셈에서의 '30'과 나눗셈에서의 'r.30'은 학생들이 활동해 왔던 과제의 시간-속도-거리 관계와 관련하여 어떤 차이가 있는 것인가? 당신이 70에서 40을 뺐을 때와 30이 '남았다'고 할 때의 그 나머지가 의미하는 것은 무엇인가? 나머지란 도대체 무엇이란 말인가? 30분인가? 아니면 30마일인가? 아니면 또 다른 연산에서 처리해야 하는 수 30인가? 그것이 바로 내가 그날 학생들이 끙끙대면서 도전했으면 했던 바로 그 문제였다.

이 문제에서 30, 40, 70과 1 사이의 관계는 간단한 것이 아니다. 몫 '1'은 한 시간을 의미한다. 'r.30'에서의 30은 30마일을 의미하고 여기서 중요한 것은 30마일이 40마일의 $\frac{3}{4}$이라는 것이다. 다음 단계는 이 정보를 어떻게 사용해서 여행을 계속하는 데 얼마나 더 많은 시간이 걸리는가를 구하는 것이다. 이 문제를 해결하기 위해서는 비례 추론이 필요하다. 왜냐하면 30마일은 40마일의 $\frac{3}{4}$이므로 이 여행의 나머지를 마치는 데는 한 시간의 $\frac{3}{4}$이 걸릴 것이기 때문이다. 만일 누군가 걸리는 시간을 분으로 표현하기를 원한다면 비례추론 다음에 또 다른 계산이 필요하다. 한 시간의 $\frac{3}{4}$은 분으로는 몇 분인가? 그리고 마지막으로 나머지 30마일을 고려하면서 동시에 그 차가 이미 한 시간을 갔다는 사실을 기억해야 한다. 그래서 처음 40마일에 한 시간, 그다음 30마일에 한 시간의 $\frac{3}{4}$을 갔기 때문에 여행을 하는 데 걸린 총 시간은 1시간 45분이다.

학생들에게 11월 8일에 주었던 과제는 학생들이 나와 함께 흥미롭고 가치 있는 수학 여

[그림 31-3]

행을 하도록 의도적으로 고안한 것이었다. 나는 학생들이 이 문제를 어떻게 생각하는지 특히 '30'이 남는다는 것에 대해 어떻게 생각할지에 따라 모순이 일어날 수 있는 몇 가지 가능성을 예상했다. 나는 학생들에게 거리에 대한 정보를 주고 걸리는 시간을 묻기도 하고 학생들이 전에는 해 보지 못했던 방법으로 한 시간의 일부를 분수로 다루어 보는 등의 거리 문제를 제시하여 학생들이 생각을 많이 하게끔 시도했다.

나는 그날 과제를 소개하면서 이 문제의 두 가지 다른 부분 간의 차이에 대한 학생들의 해석을 알게 되었다.

Lampert: 좋아. 이 문제는 두 가지 생각해야 할 부분이 있어. 하나는 조건이야. 조건은, 자동차가 한 시간에 40마일을 간다는 거야. 그리고 그 조건은 문제 1과 문제 2 모두에 적용돼. 문제 1은 3시간 30분 동안 얼마나 멀리 가느냐이고, 문제 2는 70마일을 가는 데 얼마나 걸리나 하는 거야. 문제를 풀기 전에 너희는 문제 1과 문제 2의 차이를 알 수 있겠니? 차이를 안다면 손을 들고 말해 보자.

시간, 속도, 거리 및 그 각각의 양이 측정되는 단위 사이의 관계에 대한 얼마간의 토론이 있은 후에도 그 학급은 이 각각의 문제에 대한 해결책으로 단위를 어떻게 표현해야 하는지에 대한 질문에 가까이 다가가지 못했다. 나는 문제 풀기를 희망하는 학생들에게 그림을 그려 가면서 계산해 보거나, 그 계산법을 소집단으로 토의해 보면 문제 풀기가 점점 더 명확해진다고 격려했다.

Lampert: 좋아. 나는 이 문제를 모두가 연구했으면 좋겠어. 너희가 이것을 연구한 다음 그 해답이 시간당 몇 마일인지를 우리 모두 노력해서 알아내도록 하자. 우리가 여기서 앞으로 나가기 위해서는 수가 필요해. 나는 너희들이 이들 모두가 무슨 의미인지 생각해 내고 찾아내길 바란다. 그런 다음 그러한 내용을 노트에 기록했으면 좋겠어. 문제도 적고, 어떻게 실험했는지도 적고, 어떻게 추측했는지도 적기를 바란다.

나는 일부러 불분명하게 했다. 학생들은 4명의 집단에서 서로서로 말하면서 이 문제에서 나타나는 수의 의미에 대해서 알게 될 것이며, 그것들이 서로 어떻게 관련되어 있는지를 파악할 수 있을 것이다. 또한 학생들은 자신들의 수학적인 아이디어를 총동원해서 어떻게 하든, 이 문제를 그럭저럭 해결해 낼 것이다. 그러나 나는 '친구들과의 대화' 가 하나의 기준이 되어 지각 있는 해석과 해결책을 찾아내 주길 바랐다. 또한 이러한 사례를 통해 학생들이 수학에 관한 의사소통능력을 배우고 그들에게 무엇을 어떻게 가르칠 것인가에 대해 숙고할 기회로 생각했다.

이 수업의 목적에 관한 교사의 관점을 듣고 나서 우리는 학생 집단이 (위의) 문제 2를 독립적으로 풀어 가는 과정을 담은 비디오테이프 내용에 대해 살펴보기로 하자.

교실 뒤쪽에서 소집단 활동을 하는 동안 4명의 학생들은 크게 얘기하면서 서로에게 자신의 노트를 보여 주고 있다. 토론의 어조는 종종 조정을 하기 위해 중단되기도 하지만 아주 논쟁적이다. 학생들은 그 문제의 두 번째 부분에 대해 논의하고 있다. 한 시간에 40마일을 가는 자동차가 70마일을 가는 데는 얼마나 걸릴까? 처음 우리는 그 집단에서 소년 둘 즉, Sam과 Enoyat가 서로 이야기를 나누는 것을 본다. Enoyat는 자기 노트에 적어 놓은 것을 증명하려고 하며 Sam과 Connie가 서로 동의하지 못하는 이유가 무엇인지 알고 싶어 했다. 그러면서 Connie를 대화에 끌어들인다. 시간을 알아내려는 문제에 관해 잠시 논의가 있고 나서 이 문제에 대한 의견 불일치에 대한 관심에서 벗어나 '답' 이 마일에 대한 것인지 아니면 시간에 관한 것인지 쪽으로 관심이 쏠린다. 여기서의 의견 불일치는 Connie가 노트에 적은 내용을 잘못 읽는 데에서 기인하는 것처럼 보인다. 이러한 논쟁에서, Sam과 Connie는 서로 상대방의 마음을 바꾸려 노력하며 또한 그 집단의 다른 구성원들에게 자신의 접근법이 옳다는 점을 확신시키려고 한다.

[그림 31-4]는 Sam이 '추론' 이라는 제목으로 노트에 적은 내용이다. 카메라에 담긴 이 집단의 논의 과정에서 Sam이 말한 것을 제외한다면 Sam의 추론에 대해서 알 수 있는 것은 이것이 유일한 단서다.

Sam: 60을 3으로 나누면 20분이 돼. 그래서 1시간 20분이야, 맞지? 1시간과 20분, 120분이 아니고.

Enoyat: 1시간 20분?

Sam: 응, 1시간에 40마일을 갈 수 있어. 그래서 30마일이 남았어. 60을 3으로 나누면 20이잖아. 그래서 1시간과 20분. 이해하겠지?

Enoyat: 이제 내가 해 볼게, 응. 왜? Connie는 그것에 왜 동의하지 않지?(책상 맞은편의 Connie를 가리키며)

Sam: 그건 나도 몰라. Connie는 말이야, Connie는 답이 1시간 40분이라고 생각한다고 말했어.

Connie: 아니야, 나는 그게 뭔지 알아. 나는 답이 1시간 40분이라고 생각해.

Sam: 음, 너는 그걸 증명한 게 아니야. 그냥 추측한 것이잖아. 너는 내 수보다는 더 클 것 같다고 말했잖아.

Connie의 노트는 [그림 31-5]에 나타나 있다. Connie는 비례추론을 이용하여 40

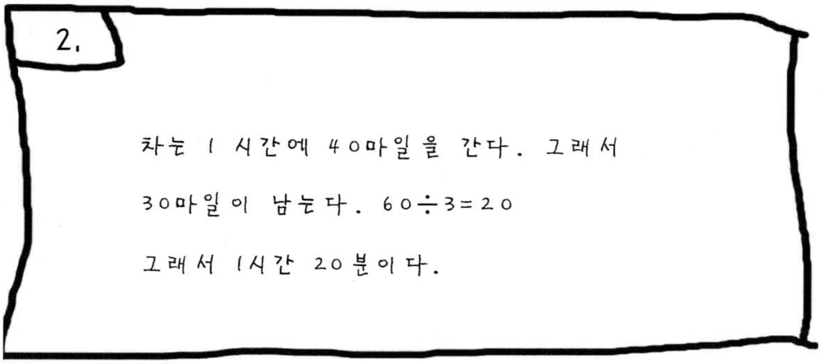
2.

차는 1 시간에 40마일을 간다. 그래서
30마일이 남는다. 60÷3=20
그래서 1시간 20분이다.

[그림 31-4]

더하기 20(총 60)을 셌다. Connie는 세어야 할 것이 아직도 10마일이 남아 있다. 그래서 Connie는 남은 10마일을 고려하여 10분을 추가한 것처럼 보인다.

Enoyat:(문제 1과 2를 살펴보며) 어떻게 둘 다 140분이 나올 수 있니?

Sam: 아니, 아니야. 한 사람은 마일에 관한 얘기를 하는 것이고, 다른 사람은 분에 관한 얘기를 하는 것이야.

Enoyat: 그래, 이것은 마일이 될 수 없어. 이것은 분으로 나와야 돼. 이건…….

Connie: 알았다. 1시간 40분이야, 마일이 아니고.

Sam:(Connie의 노트를 공격적으로 두드리며) 너는 마일이라고 썼잖아.

Connie:(자기 자신의 필기를 보면서) M-I-N-시간.

Connie는 일종의 자기-정답-방어 모드로 들어선 듯하다. Connie는 자신의 추론이나 가정을 여러 차례에 걸쳐 설명하려 하고 심지어는 자신의 필체까지 설명하는 시도를 한다. Sam의 억양이나 얼굴 표정, 그리고 노트를 두드리는 행동으로 보아 Sam은 Connie를 비판하는 것 같다. Sam은 집단의 다른 구성원들이 Connie에게 갖는 신뢰를 떨어뜨리고 싶어 한다. 이는 Sam이 Connie에게 '증명' 하지 않고 '추측' 했다고 비난하는 것에 잘 나타난다. Sam은 Enoyat를 '이해' 시키기 위해 자신이 했

※ 70마일을 가려면 얼마나 걸리나? 1시간 40분

추론

내 생각에 2번 답은 맞는 것 같다. 왜냐하면

만일 한 시간에 40마일을 가면 반 시간에 20마일을 가는 거니까 이것은 60마일이 돼.

그래서 10마일이 남았으니까 내 생각에는 1시간 40분이야.

[그림 31-5]

던 계산법을 반복적으로 시도한다. Sam은 왜 60을 3으로 나누었는지, 그리고 그 계산의 결과가 왜 20분이 되는지 설명하지 않는다. Connie도 자신의 해결법을 강하게 주장하지만 자신의 주장이 맞는다고 확신하는 이유를 설명하지 못한다. 대신 Connie는 수사적 표현의 힘을 발휘하여 자신이 맞는다고 '생각한다(think)' 고 표현하지 않고 자신이 맞음을 '안다(know)' 고 표현하며 이러한 표현이 동료들에게 자신이 맞다고 확신시키는 강한 효과가 있을 것이라고 믿는 듯하다.

Sam은 여행에 걸린 시간에 관해서 Connie와 의견의 일치를 보지 못하자 이제는 Catherine에게 자신이 생각하는 바를 설명한다. Catherine은 처음에 Sam의 주장을 따르는 듯했으나 곧 Connie가 끼어들어 Sam의 결론에 논리적인 도전을 한다.

Sam: 좋아, Catherine. Connie가 그 문제에 대해서 어떻게 생각하는지 너에게 말했지?

Catherine: 응.

Sam: 나는 1시간 20분이라고 생각해, 알지? 왜냐하면 차는 40으로 가기 때문이야, 맞지? 그러면 1시간이 걸려.

Catherine: 어.

Sam: 그래서 그렇게 되면 30마일이 남잖아, 그치?

Connie: 응.

Sam: 60을 3으로 나누면 20이잖아, 맞지?

Catherine: 응.

Sam: 그러니까 1시간 20분이잖아.

Connie는 이 토의를 듣고 있었고 게다가 Sam의 추론의 첫 번째 부분에 동의까지 했다. 하지만 Sam이 결론을 말하자 Connie는 또다시 강하게 부정했고, Sam과 함께 이유를 찾으려 시도한다.

Connie: 하지만 아니야! 그건 맞지 않아. 어떻게 30분 동안 20마일을 간다는 거야? 30마일이 남았잖아.

Sam: 20마일을 간 건 아니야. 맞아.

Connie는 '하지만 아니야!' 라는 소리로 강하게 동의하지 않음을 표현하며 개방식 질문을 하기 시작한다. Sam의 가정의 허점을 지적하고, Sam의 방법과 그 후속 해결책에 문제가 있음을 지적한다. Connie는 Sam과 논쟁하면서 수학자와 비슷한 기법을 사용했다. Connie는 Sam의 결론을 진실이라고 가정하고 난 다음 거꾸로 Sam의 결론이 그 문제에서 제시한 상황과 어긋나는 가정을 가지고 있음을 보여 준다. 차가 한 시간에 40마일을 가고 여행의 총 길이가 70마일이라면, 처음 한 시간이 지나고도 여전히 30마일이 남아 있다. Connie는 이 점까지는 Sam의 해결 과정을 뒤따른다.

그러나 Sam이 자신이 했던 계산을 반복하자—60 나누기 3은 20이야, 맞지?—Catherine은 동의했고 Sam은 '그러니까, 1시간 20분이야' 라고 결론을 내렸다. Connie는 이 부분에서 강하게 반발하며, Sam의 생각에 결점을 지적했고, Sam도 이를 인정한다. Sam은 Connie의 설명을 듣는다. Connie는 한 시간이 지난 후에 여행을 계속하려면 아직 30마일 더 남았고 그래서 만일 자동차가 한 시간에 40마일을 간다고 가정할 때, 나머지 거리를 가는 데에는 20분보다는 더 걸릴 거라고 설명한다. 그래서 Connie의 추론으로는, 답은 Sam이 계속 반복한 '1시간 20분'보다는 더 길어야 한다는 것이다. Sam도 이제 Connie의 관점을 받아들이기 시작하기 때문에 Connie의 견해에 강하게 반발하지 못하고 흔들리면서, '20마일을 간 건 아니야. 맞아' 라고 말한다.

만일 이 토론이 교사들이 좋아하는 형태로 진행되었다면 Connie가 더 강한 증거를 Sam과 그 집단에게 제시하여 그 차가 30마일을 가는 데 20분보다는 더 걸릴 거라는 주장을 관철시키는 형태가 될 것이다. 그러나 그 대신에 일어난 것은 추론과 사회적인 협상이 혼합되었다는 사실이다. 사회적 동인(social moves)과 수학적 동인이 서로 섞여, 학생들은 친구들 간의 관계도 유지하면서 교사가 요구한 문제를 해결해야 하는 이중적인 어려움에서 씨름하고 있다.

토론이 계속되면서 4명의 학생들 모두 70을 40으로 나눈 나머지인 '30' 의 의미를 찾아내기 위해 애를 쓴다. 학생들은 Connie의 말대로 비례추론도 해 보지만 그 결과가 어떤 종류의 수학적 해결로도 보이지 않는다. 심지어 Connie조차도 자신의 초기 확신에서 불안해한다.

Connie: 그래서 더 있어야 돼. 왜냐하면 30 아니, 30 이상을 얻어야 돼..

Catherine: 75라고 했잖아.

Connie: 70마일을 가야 하고, 30이 남았어.

Sam: 너는 30만큼 가야 해.

Connie: 그 후 한 시간의 반에 20마일을 갔어.

Enoyat: 한 시간의 반에는 30을 가야 해.

Catherine: 어?

Enoyat: 30분이야.

Sam: 아니야, 20마일을 갔어.

Enoyat: 아, 좋아. 나는 너희가 한 시간의 반이 20분이라고 말한다고 생각했어. 그래서 아니라고 한 거야.

Connie: 난 모르겠다.

이 혼란스러운 논쟁에서 Connie가 처음으로 '70마일을 가야 하고, 30이 남았어' 라고 말한다. 이것은 Connie가 나머지를 30마일로 생각함을 알려 준다. Sam은 Connie가 주장한 '30' 이 나머지임을 알고 이를 명확히 마일로 바꾸어서 '30을 가야 해' 라고 말한다. 그러나 그 후 Connie는 '그 후 한 시간의 반 동안 20마일을 갔어' 라고 말한다. 여기서 '30'은 분을 의미하며, 즉 '한 시간의 반' 을 뜻한다. Enoyat는 '한 시간의 반에는 30을 가야 해' 라고 말하면서 Connie와 Sam의 견해에 동의를 표하면서 이 둘의 아이디어를 함께 결합시키려는 듯하다. 바로 이 점에서 학생들은, 교사가 학생들이 파악했으면 했던 문제인 나머지 '30' 의 의미를 파악하려 애쓰고 있다.

그러나 이러한 분투는 사실 교사가 소집단 토의에서 대집단 토론으로 옮겨 가 다루기 위해 남겨 둔 것이다. 우리는 다음 전사된 인용문에서 Sam이 원래의 자기 입장으로 돌아가 '1시간 20분' 이라고 말하는 것을 보게 된다. Connie는 즉시 자신의 입장을 다시 내세우면서 '1시간 40분' 이라고 말한다. 여기서 학생들은 자신이 노트에 기록한 것을 말한다. 수학적으로 의견 불일치는 해결될 수 없다. 하지만 사회적으로는 Enoyat가 해결책을 내놓는다. 그래서 Connie와 Sam 사이에서 선택해야 한다는 불편한 느낌을 해결하려는 시도를 하게 된다.

Sam: 나는 1시간 20분이라고 적고 있어.

Connie: 나는 1시간 40분이라고 적을 거야.

Enoyat: 너희 둘의 평균을 쓰는 건 어떨까?

Connie: 싫어, 너는 네가 생각하는 걸 써.

Sam: 1시간 30분이라고 적어라. 난 상관 안 해. 너는 네가 답이라고 생각하는 것을 써. 너처럼, 너는 우리의 방법 중 하나로 결정하거나 네가 생각한 걸로 해.

Connie: 난 이렇게 하고 싶어.

Enoyat: 나는 너희들 방법 둘 다 좋아.

Connie: 난 이렇게 쓸 거야.

Enoyat: 난 너희 둘의 평균으로 쓸래.

Enoyat가 '나는 너희들 방법 둘 다 좋아' 라고 말한 것은 수학적인 추론 과정과는 전혀 관계가 없는 진술이다. Enoyat는 논쟁 대신에 Sam과 Connie 사이에서 어느 한 명을 선택하고 싶지 않다는 점을 상기시킨다. Enoyat는 그들 모두에게 동의하길 원한다. 대화의 다음 부분에서 Sam은 모두에게 그들이 각자의 노트에 '실험' 하기로 했던 점을 상기시키고 있다. Sam은 아마도 그가 답으로 써 놓은 것에 대한 증명으로 그의 실험을 사용하기로 한 듯하다. Connie가 자신의 초기 확신으로 되돌아왔다. Enoyat은 여전히 Connie와 Sam 사이에서 고민 중이고, Catherine은 Connie에게 Connie의 필체를 읽을 수 있다고 안심시켜 주는 역할을 하고 있다.

Sam: (자신의 노트를 가리키며) 실험.

Connie: 그래, 하지만 나는 여전히 이게 답이라고 생각해.

Enoyat: 차가 한 시간에 40마일을 갈 수 있어, 70마일을 가는 데 얼마나 걸릴까? 100—(Connie에게) 너는, 너는 뭐라고 썼어? 1시간 40분? (Sam에게) 그래서 Connie는 140분이라고 썼어.

Connie: 자, 봐. 한 시간 하고 점이 있잖아, 나는 1시간 40분이라고 썼어.

Enoyat: 나는 1하고 4하고 0인 줄 알았어.

Connie: 아무도 내 필체를 알아볼 수 없구나. 나 정말 못 쓰네.

Catherine: 아니야. (Catherine은 Connie의 필체를 옹호한다)

학생: 130.

학생: 140.

Enoyat: 먼저 내 추론을 써 보자, 좋아?

차 한 대가 40 m.p.h(시간당 40마일)을 간다.

◆ $3\frac{1}{2}$ 시간을 달리면 얼마나 가나? 140 마일

◆ 70마일을 가는 데 얼마나 걸리나? 1시간 30

실험

추론1: 만일 차가 시간당 40마일을 가면

그래서 40에 3을 곱하면 120

그리고 1시간의 반은 20, 이를 더하면 답은 140

추론2: 이것은 1시간 30분. 왜냐하면 한 시간에 40마일을 가고 30분이 남았으니까 그래서 답은 1: 30

[그림 31-6]

답

◆ 140마일

◆ 1 시간 30분

추론: 내 생각에 1번 답은 140이다. 왜냐하면 40을 두 번 곱하면 80이 나온다. 그리고 1시간 반을 곱하면 140마일이 나온다.

[그림 31-7]

Enoyat가 자신의 노트에 '문제 2' 에 대한 정답으로 정말로 Connie와 Sam의 대답의 평균값을 썼다. 하지만 Enoyat는 거기다가 토론 중 어디에서도 나오지 않았던 수학적인 증명을 첨가했다. Enoyat에게 이 상황에서의 추론은 지극히 사적인 문제로 친구들의 견해를 모두 들은 후 추론했다. 그는 답이 1시간 30분이라고 생각한다. 그 이유는 '30분' 이 '남았기' 때문이라고 말했다. [그림 31-6]이 Enoyat의 노트 내용이다.

Catherine이 자신의 노트에 마지막 손질을 가한 것은 문제 2의 정답으로 그것은 Connie의 답과 같다([그림 31-7] 참조). Catherine은 자신의 정답이 왜 옳은지에 대한 설명으로 '추론' 을 쓰지는 않았다.

의견 불일치에 대해 의견 일치에 이르기

수학 문제에 관한 이상의 토론에서, Connie, Sam, Enoyat, Catherine은 의견 불일치가 무엇을 의미하는지에 대한 그들의 '실제 현장 이론(theory in action)' 증거를 보여 준다. 수학 문제에 대한 그들의 답이 달랐을 때 그들은 교실에서 어떻게 행동해야 한다고 생각할 것인가? 교사가 소망하는 것처럼 그 문제는 몇 가지 인식적 갈등을 야기했으며 이해를 증대시키는 잠재적인 생산성이 있다. 그것이 계산과 관계된 것이든 아니면 대답을 이끌어 내는 방법에 관한 것이든 말이다. 그러나 학생들은 불편함을 경험하고 그것을 부드럽게 조절하는 것이 논쟁보다 중요하다는 사실을 알게 된다. 이 교실에서는 학생들에게 '생각함' 이 가치 있음을 알려 주고 있으며, 모든 사람에게 '생각하는 것에 대해 쓰는' 활동을 통해 갈등을 부드럽게 극복하도록 하고 있다. 그들의 협력활동은 단순히 이러한 대화에 어떻게 다른 의견을 제시하는가에 대한 신념 방식만을 표현한 것은 아니다. 그들은 상호작용하면서 이러한 신념을 역동적으로 형성해 나가고 있다(Mead, 1964; Blumer, 1977; Davidson, 1986).

Connie, Sam, Enoyat, Catherine은 문화 배경이 서로 다르다. 각각 아프리카계 미국 도시, 백인 도시 근교, 무슬림 아프리카 도시, 기독교 아프리카 시골 출신이다.

그러나 그들 모두는 여러 해 동안 소도시의 미국인 학교에 다니고 있다. 그들이 가족들로부터 의견 불일치에 관하여 배웠다고 해도 그들은 학교에 다니면서 문화적인 관례를 배우고 있다. 수학 문제에서 반 친구와 답이 달랐을 때 어떻게 해야 하는지 등 말이다. 우리는 학생들이 그러한 환경에서 상호작용하는 방법을 그들의 모델을 통하여 다듬어 왔다고 본다. 어떤 행동이 복잡한 일을 해결하는 데 좋은 기능을 하는지 고려하는 것이다. 교사를 기쁘게 하고 우정을 유지해 가고, 혹은 최소한 운동장에서 놀리거나 따돌림을 피하는 것 등을 포함해서 말이다.

수학에 관한 논쟁을 할 때 학생들이 해야 할 일은 답이 의미를 갖게 되는 수학적 증거를 사용하여 다른 사람을 확신시켜야 한다는 것임을 Connie만이 믿고 있다는 증거는 별로 없다. Sam은 자신이 맞고 Connie가 틀렸다는 것을 다른 아이들에게 확신시키기 위해 노력했다. 목소리를 높이고 제스처의 힘을 사용하여 계산을 반복하는 행동은 자신이 무엇을 했는지 듣기만 한다면 다른 아이들이 마음을 변화시킬 것이라는 믿음의 표현으로 해석할 수 있다. 즉, 그건 바로 그가 했기 때문이며 그가 계산을 정확하게 했기 때문인 것이다. 그는 그 특별한 계산의 정당성을 검증할 필요가 없다고 생각하는 것 같다. 그것은 그에게는 너무나 명백한 것이며 그렇기 때문에 다른 아이들에게도 명백한 것이라 생각되기 때문이다. Enoyat와 Catherine은 마치 수학적 논쟁에서 해야 하는 가장 중요한 일은 친화성을 유지하는 일이며 모든 사람은 자신의 생각에 매달아 놓았다가 종국에는 문제되지 않게 하는 것처럼 행동했다. Sam의 초기 행동은 이러한 토론이란 자신의 반 친구들이 자신에게 동조하도록 확신시키기 것이라는 것을 보여 주지만 나중에는 그의 수학적인 의도 또한 사회적인 것과 혼합되어 "네가 답이라고 생각하는 것을 써" 라고 말함으로써 모든 아이를 만족시키는 사회적인 선택을 하게 된다.

여기서의 해결법과 해결전략을 통해 모순을 해결하는 방법에 관한 이론은 누군가가 '생각하는' 것이 다른 방법이라도 그 방법은 좋다고 하는 것이다. 이 논쟁에서 이루진 것처럼, 5학년의 일상 학습 심리는 상대적인 것처럼 보인다. 모든 사람이 적어도 Sam이 '체면 유지' 를 하는 것은 중요한 것이고, 이것은 그 문제의 반 친구의 접근법이 더 합리적이라는 확신을 그 스스로가 느꼈을 때에는 성취되지 못할 것이다.

이러한 학생들은 그들이 교실에서 논쟁할 때 상호적으로 다양한 반 친구들 사이의 공적인 논쟁의 의미를 정의해야 한다. 그들은 다른 사람들의 행동을 고려하여 받아들이는 방법으로 행동하고, 그들이 학교에서 문화를 공유하기 때문에, 그들은 자신들의 행동을 동등하게 하고 이러한 상황에서 다른 사람들의 행동이 의미하는 것에 관하여 충분한 기초를 가지는 가정에 관하여 그들의 응답을 만들어 낸다. 다시 말하면, 이러한 학생들은 다른 사람의 말을 듣고 그들에게 그들의 이해를 소통하기 위한 시도를 적절히 수행할 수 있다(그들이 이것을 배우도록 되어 있거나 그들의 교사가 명백하지 않아서 그렇게 할 수밖에 없었기 때문에). 다시 말해서, 그들은 의견 갈등이 어렵고 불편하며, 서로에 관하여 그것을 어렵게 만들지 않을 책임이 있다고 느끼는 듯하다. 그들은 수학적인 증거와 추론을 통하여 밝힌 방법으로 그들의 의견 갈등을 해결하는 데에는 실패했다. 시간이 다 되어 Connie는 제시된 조건들로 알맞은 방법을 이용하여 그 문제를 생각하기 위해 다른 사람들을 확신시키지는 못했다. 그러나 학생들은 또 다른 문제를 해결했다. 그들은 수업이 소집단에서 대집단 활동으로 넘어가는 시점에서 사회적으로 편안함을 느끼기 위하여 목적이 그 집단의 모든 사람을 위한다면 성공적으로 판단할 수 있다는 것을 상호작용을 통하여 알아냈다.

이 대화에서 일어난 것은 공개적인 견해 차이에 맞서는 개념 형성을 표현한 것으로 볼 수 있다. 그러나 수학을 협력하여 알아내게 하는 이러한 실제는 심리학에서 상상하는 것처럼 교사들이 학습이 어떻게 일어나는가에 관한 자신의 이론을 뒷받침하기 위해서 있어야만 하는 것은 아니다. 그들은 이러한 실제를 수많은 수학 개혁 문헌에서 축하하지도 않았다. 관측된 자연 현상을 설명하기 위해 학습자들이 자신의 선행 신념을 새로운 과학 이론으로 조절하는 상황에서처럼,[12] 방금 우리가 여기서 본 것은, 교사가 제기한 공개적 논쟁의 새로운 이론에 대한 예시의 일시적인 진보이며, 학생들이 누군가 다른 답을 했을 때 어떻게 해야 하는가에 대한 이해를 위해 학생들에게 좀 더 친숙한 규범으로 전환한 것이다.

5학년 아이들의 말과 행동을 우리는 어떻게 해석하나

수학적인 토론이 이해를 이끌어 낸다고 믿는 교육자 또는 교사들의 전망에서 보면 이 집단에서 일어난 것을 몇 가지로 해석할 수 있으며, 다른 사람에게 그들의 주장에 대한 수학적인 감각을 확신시키는 일에 집중하도록 가르치는 몇 가지 보안적인 방법에 관하여 생각해 볼 수 있다. 이러한 사건은 아동의 사회적 발달 단계의 특징으로 볼 수도 있다. 좀 더 나이가 든 아동이나 어른을 생각해 보면 아마도 이들은 동료 사이의 정체성을 찾는 데 더 집중하며 좀 더 합리적으로 일관성 있게 주장할 것이다. 이러한 경우에 우리는 아이들의 견해 차이에 대한 자의식이 '성장' 할 때까지 그저 참고 기다릴 필요가 있다. 아니면 이 5학년 학생들은 효과적인 집단 상호작용 방법을 잘 모르거나 혹은 이들이 합의를 이끌어 내는 방법에 관한 수업 시 주의를 집중하지 않았거나 아니면 아직 더 많은 실습이 필요한 것으로 생각할 수도 있을 것이다. 이러한 경우라면 우리는 표준 규칙과 역할의 사용을 격려하여 학생들에게 어떤 증거와 논쟁이 반 친구들 사이에 인정되는지를 명확하게 알려 주기를 원할 수도 있다. 이 경우에 대한 세 번째 방식이며 우리가 여기서 논의하고 싶은 것은, 이 학생들은 사람들이 공개석상에서 어떻게 상호작용해야 하는가에 대한 문화적 신념을 반성하고 재창안하며 자신의 개인적 · 정치적 관심을 방어하고 있으며, 동시에 그것을 수학적인 논증을 실습하는 과정 속에서 통합이 가능하도록 노력하고 있다는 점이다. 이 학생들이 사회적으로 하고자 한 것은 제시된 문제와 자신의 대답 간의 모순을 해결하기 위한 수단으로 그것에 의미를 부여하는 것이다. 그들의 행동은 아주 기능적인 것으로 설명할 수 있다. 이는 특히 위에서 언급한 공개적인 견해 차이를 해석하는 방법에 관한 Ellie의 말에서 잘 드러난다.

그리고 이들의 행동은 전형에서 벗어나 있지 않다. Lynn Michel Brown과 Carol Gilligan(1993)은 몇 가지 사례를 제시했다. 이들은 사립학교 학생을 표집하였다. 표집 대상 아동은 또래나 어른에게 반대 견해나 도전하는 것이 자연스럽게 보이는 어린 연령의 여학생들이다. 이들은 9, 10세 정도가 되면 또래에게 부정적인 평가를 받지 않기 위해 자신의 생각을 억제하고 '예절 바르게' 하거나 '교과서에 배운 것처럼' 행동하는 것이 가치 있음을 배우기 시작한다. 이 소녀들은 논쟁한다는 것은 곧 관계를 잃는다는 것으로 연결시키기 때문에 다른 사람들이 어떻게 생각하는지 더 잘 알아내려고 하며, 동시에 다른 사람을 받아들이는 것이나 기쁘게 하는 것이 다른 견해를 보이는 것보다 더 안전하다고 결정한다. 한 소녀는 이러한 발달을 '자신의 마음 잊기' 로 간주하면서 그 대신에 '그녀의 머릿속으로 밀치고 들어오는 것은 무엇인가' 에 집중한다고 한다(Brown & Gilligan, 1993, pp. 93, 138).

Catherine과 Connie, Enoyat와 Sam은 교실에서 서로 상호작용하도록 기대되었고 그들의 주장을 뒷받침하기 위해 수학적인 증거를 사용하도록 했다. 그들 자신의 결정을 두고, 대신 그들이 했던 것은 그들의 입장만 반복해서 주장하면서 동의를 얻으려 했으며 또한 사회적이고 정치적인 지지를 모아 동의를 받으려고 했다(Connie를 제외하고). 이런 전략이 동의를 얻는 데 실패하면, 그들은 견해 차이가 있음에 동의한다. 학생들의 대화와 행동은, Brown과 Gilligan이 연구한 학생들처럼, 최소한 수학을 논쟁하는 것만큼 관계를 유지하는 것 또한 중요하다고 믿는다는 것을 암시한다. Ellie와 반의 다른 친구들이 '토론에 관한 토론' 에서 지적한 내용은 그들이 다른 사람들이 생각하고 받아들이는 방법을 찾아내는 데에서 야기되는 사회적인 불편함에 힘들어한다는 것이다. 그들은 의견 충돌이 일어나는 토론에 참여하는 것을 완전하게 거절한 것은 아니며 그래서 '8 빼기 $\frac{1}{2}$'에 대한 토론에서는 격려도 받았다. 그러나 그들이 이러한 수학 학습법에 완전히 마음을 터놓은 것도 아니다.

생각들 간의 차에 관해 말하면서 동시에 사회적 관계를 유지하는 것이 초등학교 고학년에게만 해당하는 문제인가? 사람들이 사회적 위치를 확실히 하기 위하여 그 문제에서 '떠나고자 하는' 어떠한 증거라도 있는가? 공개적인 의견 차이에 대한 어른들의 '일상적 이론' 에 대한 공식적인 연구는 없지만, 우리는 그들의 실습이 그러한 이론에 대해 말할 만한 것을 암시해 주는 두 가지 힌트에 대한 연원을 찾을 수 있다. 여기서 수학적인 의견 충돌에 관하여 쓴 후, 처음으로 우리는 실천가들이 논쟁 및 견해 차이에 관하여 믿는 바가 무엇인지에 관한 증거로 수학 수업의 실제를 분석해 볼 것이다. 그 후 그것이 교육적이든 아니든 간에 우리는 성인으로서 다양한 집단의 사람과 함께 견해 차이를 보이거나 논쟁을 벌이는 등의 다양한 아이디어를 토론하는 문화 속에서 우리가 가질 수 있는 경험을 살펴볼 것이다.

비록 NCTM 교수 기준에 반영되어 있는 것처럼 개정의 노력이 교실 수업의 실제를 수학 학문 영역의 실제에 가깝도록 고안되었지만, 우리가 학문 영역에서 성인들이 실제 하는 것을 살펴본 바에 따르면 기준으로 표현된 내용은 현실을 반영했다기보다는 이상에 불과하다고 인식한다(Lampert, 1992). 견해 차이를 해결하려는 수학자와 관련한 이야기에서 욕설과 사회적 수치의 대상이 되는 것이 일상적인 것은 아니다. 예를 들어 Imre Lakatos는 증명과 논증(Proofs and Refutations)에서 기하학 정리(定理)에 관해 논쟁하는 수학자들(자신을 포함하여) 사이의 상호작용을 묘사하면서 의견 충돌의 고통을 관리하는 방법 중 하나를 '스토아 학파식 오류 이론(Stoic theory of error)'이라고 말했다. 사람들은 누가 수학적인 실수를 하든지 간에 그를 '허약한 정신(sick mind)' 을 가진 채 대화한다고 할 것이다(Lakatos, 1976, p. 32). Lakatos는 토론에 대해 더 언급하면서 초기에는 동료들에게 '허약한 정신' 을 가진 사람으로 낙인찍힌 사람이라도 수학적 진실을 탐구하는 과정 속에서 그의 실수가 통찰로 바뀌기 때문에 협력으로 생각할 수도 있음을 동료 수학자들에게 제안하였다. 여기서 그는 우리가 교실 수업에서 일어날 만한 것이라고 생각하는 것의 어떤 이상을 표현하고 있다. 즉, 학생들은 자신의 실수나 상대방의 실수에 노출되어야 하며 수학의 내용과 담론 등에서 이러한 실수를 논의하면서 배워야 한다는 것이다. 그러나 Lakatos가 열거한 토론에서 참가자들 중 한 명은 5학년 아이들이 반 친구와 함께 한 토론에 관하여 말한 내용을 회상하는 방법으로 그의 이상주의에 반응했다. '알파' 는 '우리 편보다는 반대 편이 덜 당황하는 듯하다' 고 주장한다(Lakatos, 1976, p. 33)는 것은 만일 누군가 실수를 한다면 불편한 감정은, 어느 누구도 똑같은 실수를 한다는 것을 알고 있다고 해서 완화되는 것은 아니다. 수학의 수사학을 사회논리적인 측면에서 분석한 Philip Davis와 Reuben Hersch(1986, pp. 65-73)는 유사한 사회적 규범이 수학자들 사이에서 벌어지는 의견 충돌을 관리한다고 한다. 그들은 수학자들이 동료들을 동의하도록 설득시키는 다양한 방법을 제시하였다. 그것들은 '협박에 의한 증명', '저명한 권위에 의한 증명', 그리고 '(참가자들을) 기진맥진하게 하는 증명'과 같은 것이다.

사회적인 상호작용을 하면서 아이디어를 다듬어야 하는 어려움은 수학 영역 외부에서도 흔히 발견된다. 비록 우리가 지식이란 수정과 개선을 통하여 성장한다는 이상적인 견해를 가지고 있더라도 한 사람의 아이디어를 수정하거나 개선하는 일은 비록 그 일을 본인이 하는 경우에도 위험스러운 일이다.[13] 주장은 임시적이고 동료로부터 합리적인 도전을 받도록 개방되어 있다고 생각해 보자. 이러한 연구 방식에 대해 Peter Elbow(1986)는 '의심 게임(the doubting game)'이라 했고, George Polya(1968)는 '귀납적 태도(the inductive attitude)'라고 했다. 이러한 방식은 손에 손잡고 사람들의 자아와 감정을 해치는, 즉 사람들을 '비열한(mean)' 방식으로 다루는 것으로 나아가는 듯하다. 만일 그렇지 않다면, Polya는 훌륭한 과학자에게 요구되는 덕목이라는 지적인 용기와 현명한 억제를 말할 필요성조차 발견하지 않을 것이다. 이러한 것은 도덕적인 서약이라 할 수 있으며 이를 통해 우리는 자신과 다른 사람의 아이디어를 존중하는 방식을 관리하게 되는 것이다(Scheffler, 1960; Peters, 1959). 이러한 사회적 관행은 논리 규칙에 기반을 두지 않는다. 이것은 논리 규칙을 대치하지 않는다. 다만 그것은 인간들이 다른 방식으로 했을 때보다는 덜 고통받으면서 견해 차이를 표명할 수 있도록 해 준다.

학문 영역 바깥 세상에서 공개적인 견해 차이 표명은 어떨까? 우리 모두는 아이들과 어른들에게 '옳게 만들 만한' 장소나 진실로 받아들이도록 되어 있는 어떤 것으로 둘러싸인 상황에 있어 왔다. 왜냐하면 아무도 견해 차이를 표명할 용기를 가지고 있지 않으면 한 공동체 안에서 아이디어에 도전하는 과정 자체가 장황하고 지루하기 때문이다. 우리는 또한 모든 사람이 규칙에 의해서 놀이하기에 동의하는 상황에 대해서도 알고 있다. 심지어 그 규칙이 의미가 없는 경우에도 사람들은 직면하거나 당혹스러움을 피하기 위해서 이렇게 결정한다. 얼마나 많은 사람들이 교사나 누군가의 말을 듣고 반응하며 그들에게 질문하는 토론에 참여한 적이 있을까? 혹은 자신의 표상이나 해결, 어림짐작, 해답 등의 타당성을 자기 자신이나 남에게 설득하려고 얼마나 노력한 적이 있는가? 또는 타당성을 결정하기 위해서 수학적 증거나 논증에 얼마나 많이 의존해 본 적이 있는가? 비록 이러한 실제가 학문 연구 세계에서 좀 더 자주 일어난다고 가정하더라도 공개적인 견해 차이를 표명하는 것이 그리 일상적인 실제는 아니다. 그것은 무언가를 배우려고 할 때 대부분의 사람들이 흔히 생각하는 활동은 아니다.

문화에서 학문 세계의 논쟁이 우호적인 상호작용 방식으로 이루어지는 경우는 거의 없다. 비학문적인 세계에서는 성인이나 아이들 모두 문제에 대한 답을 정당화하기 위해 책이나 참고 도서 혹은 신문이나 텔레비전에 의존한다. 문제 접근에 타당성을 구하기 위해 교사나 부모, 그리고 책임자 등의 권위에 의존하는 것이 적절하다고 생각한다. 많은 사람들은 '기억' 이나 '타고난 천재성' 이 수학 문제의 올바른 답을 구할 수 있는 능력을 설명한다고 믿고 있다(Schoenfeld, 1985; Stigler & Baranes, 1998; Dweck, 1983). 만일 그렇다면 누군가가 잘못된 대답을 한다 해도 논의할 만한 것이 없게 된다. 금세기 초 과학적인 문제 해결이 시작되었기 때문에 전문적인 '전문가' 만이 자연적인 문제뿐 아니라 사회적인 문제의 해결책을 얻는 데 책임이 있다고 믿는 경향이 있으며, 그래서 나머지 우리들은 단순히 그들의 결과로부터 정보를 얻으면 된다는 식이었다.

학문 세계 안팎의 모든 공개 상황에서 사람들은 적절하게 상호작용하는 방식에 대한 신념을 가지고 있다. 그것은 학교 안에서 혹은 밖에서, 사람들 상호 간에 서로 배우려고 하는 것에 관한 그들의 선택을 만들어 내는 것 같다. '논쟁' 은 사람들이 예의가 없거나, 사이좋게 지내지 않거나, 자기 통제력을 잃어버렸을 때 하는 것으로 생각되기도 한다(Belenky, Clinchy, Goldberger, & Tarule, 1986). 의견 충돌, 특히 권위 있는 사람에게 견해 차이를 보이는 것은 공격적으로 보이며 어느 경우에는 반사회적인 행동으로까지 생각된다. 사람으로서, 미국인은 공적 합의를 합리적으로 결정하기보다는 더 고립을 향하는 경향이 있는 듯하다(Bellah, Madsen, Sullivan, Swidler, & Tipton, 1985). 우리는 이견을 결합시키고 시민의 사회적 만남을 지지하는 문화적 관습을 가지고 있지 않다. 학문 세계 밖의 어른들의 대화에서는 우리가 많은 학교 현장에서 발견하게 되는 다양한 종류의 사람들의 논쟁을 정기적으로 관찰할 수 있는 경우가 거의 없다. 이러한 형태의 대화는 텔레비전이나 라디오 등의 토크쇼 등에서 점점 더 자주 보게 되며 때때로 정치적인 논쟁도 보게 되는 경우가 있다. 그렇지만 최근의 경험에 의하면 이러한 상호작용은 탐구와 논증하기보다 욕설과 인물에 대한 명예 훼손에 더 많이 관련되어 있다.[14]

학생들이 자신들의 장치에서 떠난 뒤, 그리고 이러한 간섭이 합리적인 이유 때문일지라도 교실에서 자기 반 친구와 사회적 불편함을 완화시키려는 어떠한 노력도 없이 수학적 논쟁을 하려고 하지 않는 것은 놀랄 만한 일이 아니다. 학교 교실은 친구를 얻기도 하고 잃기도 하는 곳이며, 정체성을 발달시키고, 아이들에게 자존감과 부끄러움, 돌봄과 상처 주기가 동시에 일어나는 장소다. 그들이 사회적 상호작용을 통해 배우는 것은 문제에 대한 다양한 접근법 사이의 논리적 갈등을 잘 논의하여 해결하는 수학과 같은 것으로 간단하게 설명할 수 없다. 주장이 맞고 틀림을 증명하기 위해 증거를 모으는 일을 탈맥락적인 활동이라 볼 수는 없다. 교실 안에서 수학적 논쟁을 벌인 바로 그 상대와 함께 놀고, 함께 점심을 먹으며, 이웃에서 생활해야 하고 사랑에 빠져야 하는 것이다.

어린이들이 서로 상대방의 작품에 대한 평가를 요구받았을 때 제기되는 문제에 관한 최근의 연구에서 Tim Lensmire(1994)는 다음과 같이 관찰했다.

> 아이들은 놀이터나 카페테리아의 경험을 가지고 교실에 온다. 이 경험은 개인적이기도 하고 집합적이기도 한 학교 안팎의 역사를 가지고 있기도 하다. 이러한 경험은 친구나 청중으로서 서로에 대하여 평가하는 바탕이 된다. 우리는 어느 특정한 집단 아이들의 교사로서 아이들의 동료 관계의 중요한 측면에 영향을 주는 데 한정된 통제력을 가지고 있다. 우리가 이러한 관계에 영향을 끼치거나 강화시킬 수 있는 것이 아무것도 없다고 단언하지는 않는다. 상황에 따라서는 아이들이 서로 함께 관계를 유지하는 활동만을 하는 데도, 아니면 상황 내에서뿐 아니라 그들의 과거, 우리가 모르는 뒤에서, 교실 밖에서라도 우리가 줄 수 있는 정도 혹은 그 이상 커다란 영향을 주는 것이 가능할 수도 있을 것이다(pp. 73-74).

Lensmire가 말한 것처럼, 우리는 학생들이 학교에서 상호 간에 발달시킬 수 있는 관계성이 "영향을 끼치거나 강화시킬 수 있는 것이 아무것도 없다고 단언하지 않는다." 우리가 논증하려는 것은, 일종의 사회적 풍토를 학교로 가져와 학문적 논증에 도움을 주려고 한다면 문화적 규범에 주요한 변동이 요구된다는 점이다. 단순히 '수학 모임' 상호작용의 표준화 규칙을 제공하는 정도는 학생들의 불편함을 줄이고 변화를 가능하게 하는 데는 아마도 충분하지 않을 것이다. 만약 학생들이 '교사와 또래들의 이야기를 듣고, 반응하며, 질문하고……, 어림짐작해 보고 해결책을 제시하고……, (그리고) 그 자신이나 다른 사람들에게 특정한 표상, 해결책, 어림짐작, 정답 등의 타당성을 확신시키려 노력' 한다면 개인적 위험이나 사회적 위험을 최소화하여 진지한 논쟁을 방해하지는 않는 방식을 틀림없이 찾을 수 있을 것이다.

의사소통에 관한 대화에 이해를 연결시키는 것은 급진적인 생각이다. 이해는 각 개인의 정신의 기능으로 생각되었으며, 교수와 학습은 비록 교실에 동시에 학생 30명이 있더라도 교사와 개별 학습자 간의 교류라고 생각해 왔다. 그러나 학교 관계자들은 지식의 사회적 구성, 사고와 언어 간의 관계, 실제 문제를 해결할 때의 협력의 중요성 등을 감안하기 시작했다. 우리 연구가 제안하는 것은, 교사는 교실에서 일어나는 지식-생성 협력에서 파트너라는 것이다. 만일 교사의 개입이 없었다면 (본 장의 처음 부분에서 기술했던) '8 빼기 $\frac{1}{2}$' 등의 사례에서 나타난 것처럼 의미에 관한 견해 차이는 매우 다르게 나타났을 것이다. 교사는 학생들이 토론을 하면서 구성해 낸 언어 표현의 이면에 숨어 있는 기본적인 수학 구조에 대한 지식이 있었기 때문에 중요한 개념 차이가 분명히 드러나도록 하면서 견해 차이에 집중하도록 했다(Holyes & Noss, 1992 참조).

그러나 교사의 역할은 학생의 활동을 그 교과의 중요한 생각에까지 연결시키는 것 이상으로 능가할 수 있다. 학생들이 어떻게 자신의 사회적 상호작용을 구성하면서 '견해 차이에 서로 합의하기' 에 도달하는가를 연구한 우리의 분석에 따르면 교사의 개입 또한 사회적인 상황에서 중요함을 보여 준다. 공개적인 논쟁에 관한 상식적인 수준의 문화적 신념 및 이상적인 학문 세계의 담론과 상치되기 때문에, 그리고 학생들은 학교에서 배우는 방법에 대한 '일상적 이론' 을 공유하고 있기 때문에, 교사는 다양한 사회 규범의 모델을 보여 주어야 하며, 학생들에게 또래와 생각이 다를 때 어떻게 자신의 생각을 표출하는가에 대한 안전한 메커니즘을 제공해야 한다. 담론 중심의 개혁은 단순히 교실 구조를 소집단 형태의 문제 해결이나 또래 간의 모순된 생각에 대한 토론 등의 다양한 종류로 강제하는 간단한 문제가 아니다. 이러한 개혁은 학생들의 지식관이나 학습관에 대한 신념을 근본적으로 재구성하는 것이며 동시에 우리가 우리의 친구나 적과 이야기할 때 적절한 방법이 무엇인가에 대한 교실에 있는 모든 사람의 생각하는 방식을 재조직하는 것이다.

감사의 글

본 논문은 1994년 뉴올리언즈에서 열린 미국교육학회 정기학술대회에서 발표한 논문에 기반을 두고 있다. 저자는 본 논문의 초기 원고에 사려 깊은 코멘트를 해 준 Peri Weingrad, Mary Catherine O' Connor, Susan Florio-Ruane, David Cohen 등에게 감사를 드린다. 그리고 본 논문에 필요한 자료를 수집하는 데 필요한 기금을 제공해 준 미국과학재단(The National Science Foundation)과 자료를 분석하기 위한 재원을 마련해 준 Spencer 재단에게도 감사를 드린다. 본 논문에 제시된 자료와 언급된 글, 표현된 관점 등은 모두 필자의 책임이다.

주

1. 본 논문에서는 토론(discussion)과 대화(conversation)라는 용어를 서로 혼용해서 사용하며 이는 Lampert 교실에서 선생님과 학생들 간에 주고 받았던 이야기를 의미한다. 우리는 여기서 담론의 특성에 대한 학문적인 주장을 하려는 것이 아니다.
2. 1989~1990학년도 동안에 연구팀은 광범위한 자료를 수집했다. Lampert의 1학년 교실 수학시간의 교수-학습 실제를 1년 동안 깊게 연구하였다. 매일의 상호작용은 비디오테이프와 오디오테이프로 녹화 또는 녹음하였고, 학생의 작업을 일지로 작성하였으며, 학생과 인터뷰도 하고 교과 내용에 대한 Lampert의 생각도 수집하였다. 이를 위해 Lampert는 매일매일 일지를 작성했으며 우리와 정기적으로 인터뷰하였다. 수집된 자료의 일부분은 본 논문에서도 발견할 수 있다.
3. 우리는 많은 부분 Nan Jackson 의 도움을 받았다. 그녀는 본 수업장면을 심도있게 분석하였다. 1989~1990학년도 Lampert 교실의 다른 장면과의 관련성도 탐구하였다.

4. Douglas Barnes(1976)는 이를 '탐색을 위한 대화(exploratory talk)' 라 부르면서, 이러한 종류의 교실 담론과 기존의 교사 질문에 대답을 하게 하는 전통적인 방식인 이미 '탐색이 끝나 버린(finished)' 대화 간의 차이를 분석한다.
5. 우리는 이를 일종의 문제 개념으로 인식한다. 그리고 우리가 여기서 사용한 용어를 '지식의 사회적 구성' 이라고 정의하겠다고 주장하는 것은 아니다. 이 용어의 다양한 해석 방법에 대한 논의는 Driver, Asko, Leach 그리고 Scott(1994), Cobb(1994)을 참조하라.
6. 우리가 비록 우리 연구에서 이 부분에 대해 상세히 기록하지는 못했지만 우리가 이렇게 주장하는 바는 학생들이 Lampert 수업에 참여하기 전, 동안, 후에 인터뷰에서 밝힌 내용들을 분석한 결과에 기초하고 있다.
7. 미국 초등학교 고학년 수학 수업에서 이루어지는 일반적인 상호작용의 특징에 대하여는 Stodolsky(1988)를 참조하라. 이러한 미국 수학 수업의 전형적인 형태와 일본의 형태와의 비교를 위해서는 Stigler와 Baranes(1988)를 참조하라. 이들은 수학수업에서 학생들이 초등학교 수준의 실수를 어떻게 범하는지 설명하고 있다.
8. 이 학생들이 수학자가 되고 있다고 가정하는 것은 아니다. 그보다는 앎의 방식과 관련된 어휘에 딱 맞게 수학을 가르치고 있다는 것이다(Lampert, 1990). 수학적 활동, 수학적 언어, 수학적 지식 간의 관계성에 관한 논의는 Kitcher(1984)를 참조하라.
9. 여기서 미국문화가 한 덩어리라고 가정하는 것은 아니다. 우리 자신의 민족 배경들 간의 인식되는 차이에 근거해 볼 때 견해의 차이를 다루는 방식이 가정이나 공동체에 따라 많은 변이가 있음을 깨닫는다. 여기서 이슈가 되는 것은 다양한 민족 배경을 가진 사람들이 또 다른 다양한 배경을 가진 사람들이 존재하는 상황에서 견해 차이를 만났을 때 어떻게 대처하는가다.
10. Lampert 반 학생들이 좀 더 전통적인 6학년 수업을 1년 동안 받은 후에 인터뷰한 내용에다 전체 '논의에 관한 논의' 를 분석하는 진행 중인 논문
11. 이것을 '문제(problems)' 라고 부르는 것은 이것이 수학적 문제이며 학생들이 함께 참여할 수 있는 문제임을 의미하는 것은 아니다. 이것은 차라리 '과제(task)' 나 '질문(questions)' 이라고 부는 것이 더 적절할 것이다. 우리가 여기서 사용하는 것은 교실의 일상 언어를 사용하기 때문이다. 그들은 이를 '오늘의 문제(Problems of the Day)' 라고 부른다. 그러한 문제들과 학생을 함께 참여하게 만드는 수학 간의 교육학적 차이에 관한 분석은 Lampert(1990)를 참조하라.
12. 뉴튼식 물리학을 배우는 학생의 예에 대해서는 diSessa(1982, 1983)를 참조하라. 우리가 이러한 유추를 해내는 데에는 Mary Catherine O' Connor의 도움이 컸다.
13. 'Closing my eyes as I speaking: An argument for ignoring audience' 라는 제목을 단 Peter Elbow의 창의적 글쓰기에 관한 에세이와 Becker(1986)가 편집한 책에 실려 있는 Pamela Richard의 사회과학자들을 위한 글쓰기에 대한 자서전적 평론을 참조하라. Richard는 이렇게 말한다. "의자에 앉아서 글을 쓴다는 것은 나에게 위험천만한 일이다. 이것은 내 자신을 낱낱이 공개해야 한다는 것을 의미하기 때문이다. …… 글쓴 내용의 모든 조각은 내가 어떤 유형의 사회학자인지에 관한 증거로 사용될 수 있다. …… 사람들이 내가 어리석다고 생각하게 될 가능성을 직면할 수는 없다" (pp. 113-114).
14. 이러한 현상은 일부 1994년 미국 선거와 관련이 있는 듯하다. 이때에는 선거로 인해 많은 하원의원, 상원의원, 정부 관계자들이 등장하였다.

제32장
역사적 이해의 성장을 개념화하기

PETER SEIXAS

> 전문 역사가들의 조사 연구의 틀(investigative framework)을 사용할 필요도 없이, 또 그것과 상관없이 보통 사람인 우리들이 역사적 과거와 연결되어 있는 것은 분명한 것 같다(Carr, 1986, pp. 2-3).

교육학계는 수학과 과학에서 이해력(understanding) 개발이라는 문제에 상당한 관심을 기울여 왔다. 하지만 의외로 이와 관련한 역사학 연구는 극소수에 불과하다. David Lowenthal(1985, p. xxvi)은 보편적인 관심 주제라고 할 수 있는 보통 사람의 (과거에 대한) 판단, 평가나 이해에 대한 연구가 거의 없었다는 것은 놀라운 일이라고 주장했다. 교육학계에서는 1991년 Downey와 Levstik가 아동들이 (역사에 대해) 무엇을 알고, 어떻게 배우게 되는지에 대한 관심이 거의 없음을 지적하기도 했다. 이 분야에 대한 관심이 새롭게 등장하는 희망적 징후도 있지만, 사고(thinking)와 학습(learning)에 대한 역사적 연구는 여전히 과학이나 수학에 비해 훨씬 뒤처져 있다(Leinhardt, Beck, & Stainton, 1994; Carretero & Voss, 1994; Wineburg, 1994, 출간 중). 왜 이렇게 되었을까?

그 답은 복잡하게 얽혀 있지만 많은 사람들이 탐구해 온 '학문의 구조(structure of disciplines)' 라는 경로 위의 어딘가에 자리 잡고 있을 것이다(Lee, 1983; Shemilt, 1983; Wilson, 1988, pp. 214-253; Hirst, 1965; Bruner, 1960).[1] 개략적으로 말하면 한 학문 분야의 구조는 세계를 이해하는 하나의 방식을 만들어 낸다. 구조는 학문적 지식의 기초를 제공할 뿐만 아니라 해당 분야에서 (David Carr의 용어로는) 사전적 혹은 전(前) 이론적 이해(이론을 사용해서 이해하기 전에라도 이해가 가능하도록 하는)를 위한 파라미터(매개변수)가 무엇인지를 밝혀내는 데에도 도움을 준다(Gardner, 1991; Carr, 1986). 그러나 여기서는 '구조' 라는 용어를 한정해서 사용하지는 않지만(with reserve), 역사학 '구조' 는 역사적 지식의 성장을 촉진하기 위해 다루어야 할 상호 밀접하게 연계된 핵심 이슈의 집합(as set of core issues) 이상의 의미는 아닐 것이다.[2] 핵심 이슈를 해결하지 않고서는 역사학적으로 생각하거나, 보다 전문적으로 될 수는 없을 것이다. 반대로 핵심 이슈를 다루는 방식에 따라 역사학적 사고(historical thinking)도 달라질 것이다. 앞의 질문으로 돌아가, 각 분야에서 교육에 대한 연구 노력과 성과에 근본적으로 영향을 끼치는 방식의 측면에서 역사학 구조 및 수학과 과학의 구조는 어떤 차이가 있는가?[3]

VanSledright와 Brophy(1992, p. 841)는 과학적 사고와 수학적 사고는 '경험' 과의 연결 관계에서 차이가 있음을 알아냈다. 그들의 주장에 문제가 없는 것은 아니지만 역사에 대한 선험적 이해(prior understanding)의 문제에 대한 연구가 늦어질 수밖에 없었던 이유를 설명하는 데는 도움이 될 수 있다.

> (아동들은) 역사적 의미 구성과 이해를 발전시키기 위한 정보를 이끌어 낼…… 경험적 지식의 기반이 없다. 아동들은 자신들의 환경 중에서 직접 다룰 수 있는 것과의 직접적 · 경험적 접촉을 통해서 물리적 세계, 식물과 동물, 그리고 숫자와 양적 관계에 대해서 배우게 된다. 반면, 대부분 역사 이해(historical understanding)를 위한 경험적 근거가 부족하기 때문에…….

VanSledright와 Brophy가 (자연 현상에 대한) 원상태의 경험(raw experience)과

(역사적 현상의) 구성된 해석(constructed interpretation)을 비교한 것은 잘못된 것이다. 하지만 언어와 문화적 유산이 인간의 자연적 세계에 대한 경험을 형성하는 데 끼치는 영향을 무시할 수는 없다. 아동들의 의문 표현 방식(forms of interrogation)과 기대하고 받아들이는 답변 유형이 결코 '직접' 문화적으로 매개되지 않은 경험의 결과일 수는 없다(Driver et al., 1994). 한편 (나이가 많든 적든, 비전문가이든 전문가이든) 사람들은 역사적 질문과 가설적 답변(과학적 질문처럼 다시 깊게 문화적으로 매개된)을 만들어 내는 상이한 두 종류의 자극을 접하게 된다.

첫째, 인공물과 유물, 기록, 건조(建造)된 환경, 경관, 또는 보다 복합적인 수준의 제도와 언어에서 인류의 과거 흔적을 접하게 된다. 사실 우리의 문화는 역사 이해의 원재료로 채워져 있다. David Lowenthal(1985, p. 185)은 다음과 같이 말했다. "과거는 우리를 둘러싸고 배어들어 있다. 모든 장면, 모든 진술, 모든 행동에는 과거의 잔유물이 남아 있다. 모든 현재의 자각은 과거에 대한 지각과 행동에 기반을 두고 있고……. 수세기 동안의 전통이 순간순간의 인식과 창조의 기초가 되고, 인공물(artifacts)과 문화뿐 아니라 우리 몸속의 세포들마다 스며들어 있다."

둘째, 우리는 공식적인 역사교육이 아니라도 가족 이야기와 텔레비전 뉴스, 영화, 역사 영화, 광고에 차용되는 역사 등을 포함한 대중매체를 통해 접하게 되는 과거의 표상물에서 인류의 과거에 대한 언급을 접하게 된다. 어떤 언급은 너무 단편적이어서 과거에 대한 참조물이라고 부르는 게 더 적절할 수도 있다. 그럼에도 불구하고 문화적 참조물(cultural references)이 더 많은 이야기를 함축적으로 전달해 주기도 한다. Roger Simon(1993)은 Columbus 500주년을 기념하며 18개월 동안 있었던 도서, 영화, TV와 라디오 프로그램, 연극과 랩송뿐만 아니라 배지, 장식용 직물, 달력, 퍼즐과 게임 등의 생산과 판매를 예로 들고 있다.

역사 사상가들(비전문가든 전문가든)에 의해 다루어졌던 모든 문제는 궁극적으로는 편재한 역사적 흔적이나 언급 속에 내재되어 있다. 역사적 자취에서 제기되는 질문은 다음과 같다. 이것이 내가 생각하는 그것인가? 어떻게 해서 이렇게 되었는가? 이전에는 어떤 모습이었는가? 이것이 이런 종류로는 처음인가? 과거에 대한 언급에 의해 제기되는 질문은 다음과 같다. 누가 이런 설명을 만들어 냈으며 왜 그랬는가?

우리에게 어떤 의미를 가지는가? 동일한 사건/사람/현상에 대해 어떤 다른 설명이 있는가? 어떻게 왜 다른가? 어느 것을 믿어야 하는가?[4]

그러나 어떤 의미에서 볼 때 Lowenthal(1985, p. xv)의 주장처럼 '과거가 모든 곳에 있다' 면, 다른 의미에서는 과거는 되돌릴 수 없이 사라지는 것이다. 따라서 우리가 마주치는 것은 과거 그 자체가 아니라 오랜 시간 동안의 변화를 견뎌 낼 수밖에 없었던 역사적 흔적과 현재 우리에게 보이고 있는 과거에 대한 언급이나 해석 모두를 포함하는 과거의 표상(presentation)이다. 이런 모든 재료를 긴밀하게 조직화함으로써 제때에 우리 자신의 상황을 이해할 수 있도록 하는 것이 우리 각자와 모두가 해야 할 일이다. 어떻게 하면 학문 분야별로 이것을 가능하게 하는 특수한 역사 인식의 구조에 대한 이론화를 시작할 수 있을까?

Carr(1986, p. 167)는 담화체로 구성되지 않는 경험은 사람들이 쉽게 이해할 수 없기 때문에 경험을 담화체(narrative)적으로 구성해야 한다는 설득력 있는 주장을 하고 있다.

> 우리가 경험이나 행위의 주체로 참여하는 경우, 현재의 공유된 사건의 의미는 포함된 유사한 사건이 속하는 배경으로부터 그 의미를 알아낼 수 있다. 우리는 그 사건을 그러한 맥락 속에 두는 한도 내에서 참여하게 된다(즐기거나 괴롭힘을 당하거나, 함께 행동하거나, 우리가 하는 일을 이해한다). 거기에 둔다는 것은 우리가 우리 자신과 무엇을 하는지에 대해 서로에게 이야기하는, 필요하다면 다시 이야기하는 전체적 스토리의 함수다.

따라서 현재의 경험에 의미 있는 맥락을 제공하는 방식으로 과거의 집단적 경험을 구성하는 것—즉, 현재에 접하게 되는 과거의 흔적과 표상—은 역사 이해의 핵심 과제라고 할 수 있다[때맞춘 이해(sense-making)를 위한 필수적인 방식으로서의 담화에 대해서는 Bruner, 1986; Holt, 1990; Levstik & Pappas, 1992; Levstik, 1986, 1992; Mink, 1987; White, 1978 참조].

이 장의 핵심은 우리가 맞부딪혀야 할 역사 이해의 구조를 구성하는 이슈를 찾아내는 것이다. 그러나 우리 자신의 시간에서 역사적 의미를 축조하도록 도와주는 요소에 관한 글이 우리가 처한 역사적 순간의 특수성을 고려하지 않는다는 것은 매우 아이러한 것일 수도 있다. 이 글의 저자나 독자가 아니라면 누가 그 순간의 역사성을 인식해야만 하는가? 따라서 역사 이해의 구조에 대한 초역사적(transhistorical, 보편적) 분석을 시도하지는 않을 것이다. 교육에 이르는 핵심으로서의 역사학 분야(discipline of history)의 구조에 대해서는 20~30년간 활발한 논의가 이루어져 왔으며, 관련 논의는 역사학(historical scholarship)의 시초부터 있었고, 현재의 탐구는 급격한 사회적·문화적·경제적 변화가 이루어지고 있는 특정한 시점에서 이루어지고 있다. 근세 전 시대를 통틀어 '견고한 것은 모두 녹아 공기 중으로 날아가 버리는' 시기였다고 정의하면, 지난 20년은 훨씬 더 불안정한 시기였다(Berman, 1982). Harvey(1989)가 시공 압축(space-time compression)이라고 지칭했던 세계 정치경제 질서의 근본적 재구조화는 우리 문화 전반에 영향을 끼쳤다. 시간 흐름에 따른 변화와 관련하여 제기되는 질문에 대한 답은 시간 경과에 따라 가속화되는 변화에 의해 영향을 받을 수밖에 없다. 역사적 인식 구조에 직접적으로 큰 영향을 끼치는 현시대의 특성으로는 문화적 다양성에 대한 지각이 높아졌다는 것을 들 수 있다. 역사가 주로 '우리', 현재 우리 공동체의 기원, 유사물과 조상들에 대한 이야기로 구성된 것이라면 누가 '우리'의 의미를 규정하고, 어떻게 규정되는가는 매우 중요한 문제다(Hollinger, 1993; Appleby, 1992; Tyrrell, 1991; McGerr, 1991). 가속화된 변화 속도와 불안정하고 불확정적인 우리 공동체의 경계는 규범을 이완시키고, 과거의 확실성을 뒤흔드는 데 기여하고 있다(Gates, 1992). 오늘날에는 지속적으로 존재해 온 과거의 문제—현재의 우리 자신과 이미 사라져 버린 모든 것 간의 거리라는 문제—에 이러한 어려움이 가중되고 있다. 이 모든 것은 역사 이해의 구조가 발전적(developmental)일 뿐만 아니라 문화적이고 역사적이라는 것을 말해 주는 것이다.

현재의 역사 기술(historiography)이 현대적이든 혹은 비전문적(naive)이거나 초보적이든 간에 역사적 사고는 공히 동일한 문화적 조건에 의해 형성되어 왔다. 이런 이유로, 다른 수단으로는 밝혀내기 어려웠을지도 모를 우리 시대의 비전문적 역사적 사고에 영감을 제공했을 것으로 추측할 수 있다. 따라서 이 논문에서는 현재의 역사 기술을 활용하여 모든 역사가(historical thinkers)들이 직면했던 문제를 규명하고자 한다. 또 역사적 인지(historical cognition)에 대한 관련 연구도 소개한다.

역사학 구조의 요소

유의미성

George Herbert Mead의 지적처럼 '역사'는 항상 '현재에 대한 해석'이다(Trachtenberg, 1989, xxiii에서 인용). 과거에 대한 우리의 관심이 현재의 맥락과 연결(contextualize)되기 위해서는 역사적 사건(혹은 사람, 시대)의 유의미성(significance, 중요성)이 현재와 궁극적으로 연계성을 갖추고 있어야 한다. 특정한 사건의 유의미성은 다른 사건과 과정, 궁극적으로는 우리 자신과의 관련성의 심도(richness)와 복잡성(complexity)에 따라 달라진다. 역사적 유의미성에 대한 관심은 역사가들과 비전문가들을 연결해 주고 그들을 골동품 애호가나 연대기 작가들과 구분하게 해 준다.

Peter Rogers(1987, p. 6)는 역사적 의미 만들기(meaning-making)의 과정을 "가공되지 않은 여러 가지 사실의 다양한 구성 요소와 그 요소가 특정한 주제나 발전과 관련해서 가지고 있는 유의미성을 보여 주는 것"을 구분하는 것이라고 주장한다(Lomas, 1990, pp. 41-46; Polkinghorne, 1988 참조). 비전문적인 역사가이든 전문적 역사가이든 '가공되지 않은 사실(a mass of crude fact)'을 접하게 된다(아마도 교과서를 읽는 사람들만 이런 엄혹한 상황에 처하는 것일지도 모른다). 그러나 이해 형성(building an understanding)을 위해서는 다양한 단편적 흔적과 언급에 대한 분류와 감식(sifting), (궁극적으로는 우리 자신과의 관련성으로 종결되는) 관련성 도출(drawing of relationship)이 이루어져야 한다.

이 과정에서 나타나는 모순과 문제를 밝히기 위해 최근 역사학 연구의 전형적인 사례를 살펴보고자 한다. Laurel Thatcher Ulrich(1990)는 『어느 산파의 이야기:

Martha Ballard의 일기(*A Midwifė s Tale: The Diary of Martha Ballard*)』에서 18세기의 작은 마을인 메인 타운(Maine town)에서의 사회적 양식(social pattern)과 성에 대한 규정(gender definition)을 밝히는 데 도움이 되는 Martha Ballard의 자신의 삶에 대한 표현을 찾아냈다. Ulrich는 이전의 역사가들이 사소하고 의미 없는 것으로 여겼던 Ballard의 일기를 현대적 관심사와 연결하는 해석 망(web of interpretation)을 구축함으로써 의미를 찾아낸 것이다. 주변화(marginalized)된 여성의 일과 삶이 의미 있는 장소(locus of significance)가 되었으며, 이것은 20세기 후반의 여성들이 역사적 설명이 따라야만 하는 사람들과 연관 지어서 '우리(we)' 를 재규정하는 데 부분적인 이유를 찾을 수 있다.

하지만 Ulrich가 솜씨 있게 타협점을 찾았다는 것에서 모순이 발생한다. 훌륭한 역사는 과거의 탈맥락화(decontextualizing, 즉 현재의 관점에서 과거를 시대착오적으로 해석하는 것)를 피하면서도 현재에 대한 과거의 중요한 의미를 보여 줄 수 있어야 한다. 이러한 긴장관계를 인식하고 Ulrich(1990, p. 34)는 '역사적 재구성의 복잡성과 주관성'과 '역사와 소재(source) 간의 친밀감과 거리감(the affinity and the distance)'에 대해 쓰고 있다. 그래서 자신의 역할을 '20세기 독자를 위해 Martha의 책을 열어 보는 것'이라고 하고 있다.

역사적 사건과 현재 관심사 간의 연계성은 일련의 사건을 현재의 상황과 연결 짓거나(Carr, 1986) 혹은 현재의 문제와의 유사 비교(analogy)를 통해(Rogers, 1987) 인과적으로 연결되어 있음을 보여 주는 담화체적 사슬(narrative chain)의 형태를 띨 수도 있다. 그러나 적어도 두 종류의 문제로 인해 선험적 지식이 없는 비전문가들과 Laurel Thatcher Ulrich나 역사가들이 역사적 사건에 의미를 부여하는 방식에 차이가 발생하기도 한다. 첫째, 비전문가들은 역사가들이 가지고 있는 만큼의 폭넓은 정보를 가지고 있지 못하기 때문에 유의미성의 여부에 대한 판단에 무리가 따를 수밖에 없다. 반면 역사가들은 과거의 흔적이나 (기록 보관소, 문서, 동료 연구자들의 저술 등에 포함된) 언급을 찾는 데 몰두하지만 학생들은 단발적으로만 과거의 자취나 표상을 접하고 인지할 수 있을 뿐이다(Kunen, Tang, & Ducey, 1991; Frisch, 1990; Sleeper, 1973). '전쟁'이 가장 유의미한 역사적 사건이라고 생각하는 이유에 대해

"아마 누구나 잘 알고 있는 유일한 것이기 때문일 것" 이라고 답하는 학생도 있다(Seixas, 1993d). 둘째, (비전문가들은) 현재적 의미를 찾는 과정에서 역사가들보다 과거를 탈맥락화할 가능성이 훨씬 더 높다. 따라서 자신들의 준거 틀(frame of reference)로는 이해할 수 없는 역사적 행위와 결정이 자신의 삶에 미치는 의미를 알아채지 못하거나 역사적 행위자들이 배태되어 있는(embedded) 문화를 지칭하는 역사적 심성(historical mentalite)을 무시함으로써 공인될 수 없는 '교훈'을 이끌어 낼 수도 있다. 비전문가들에게 발생하는 이런 문제들은 과거와 현재 사이에 존재하는 긴장, 즉 Ulrich(1990, p. 34)가 말하는 역사와 소재 간의 친밀감과 거리감 사이의 타협책을 찾아내지 못할 위험을 초래한다.

인식과 증거

역사적 지식의 구성에서 또 다른 인식적 과제(cognitive task)는 입증된 것과 입증되지 않은 신념을 구분하는 것이다. 과거에서 배울 수 있도록 역사적 흔적(trace)을 다루려면 어떻게 해야 하는가? 과거에 대한 설명 중 어떤 것을 믿어야 하는가? 어떤 근거에서? 어떤 제한조건하에서?

다시 말하면, 역사가나 비전문가들이 가공되지 않은 사실을 다루는 경우, 문제는 원래의 사실과는 아주 다를 것이다. 역사적 인식론은 단순히 문서적 증거와 (인공)물적 증거에 반하는 사실에 대한 개인적 주장을 검증하는 것도 포함할 수 있다. 더욱 문제를 복잡하게 하는 것은 비전문가들이 일반적으로 보다 폭넓은 문화에서 적용될 수 있는 과거에 대한 설명과 흔적에 대한 역사적 사고에 기반하는 것과 마찬가지로 역사가들은 분리된(discrete) 사실이 아니라 다른 역사가들의 설명, 역사적 기록과 과거의 자취로부터 자신의 생각을 시작한다는 점이다. 따라서 역사적 사고에 있어서 첫 번째 질문은 '이러한 주장의 문제는 무엇인가?'와 '그것을 사실로 받아들여야 하는가 아니면 수정(revision)이 필요한가?'(Levstik & Pappas, 1992, p. 378)가 될 가능성이 높다. 보다 전문적인 수준에서 말하면 자신의 상황에서 지식과 특정한 설명이나 기록의 저자들의 관점이 어떻게 자신의 견해를 수정하고, 새롭게 해석하며, 옛이야기에 숨어 있는 새로운 의미에 다가갈 수 있도록 (그래서 새로운 이야기가 되도록) 하는가? Peter Novick(1988)이 보여 주었듯 최근에는 다른 역사가의 주장에 대한 또 다른 역사가의 새로운 해석이 지지될 수 있는지의 여부가 단순히 보다 많은 '증거'의 축적에 달려 있다는 주장은 점차 설득력을 잃어 가고 있다.

Denis Shemilt(1987)는 역사적 증거에 대한 젊은이들의 생각을 분석하기 위해 4단계 위계질서를 만들어 냈다. 가장 낮은 수준에서는, 소재의 진정성이나 신뢰성에 대한 의문이나 증거를 정보로 '사용'하는 것 이상의 의문을 가지지 않는다. 이 단계에서 학생들은 역사적 해석을 수정하거나 의미를 축소하여 받아들일 능력도 없다. 쓰여 있는 대로 받아들이는 것이다. 학생들의 증거 사용 범위는 (여전히 설명의 수정에 사용하지는 못하지만) 소재의 신뢰성과 진정성에 대한 의문을 통해, 다음으로는 증거를 과거에 관한 추론의 근거로 이해함으로써, 마지막으로는 모든 소재와 언급물의 역사성을 이해하는 최고의 단계에 도달하게 됨으로써 확대된다.[5]

역사적 인식—흔적 이외의—의 두 번째 근거는 전문 역사가 권위에서 찾을 수 있다. 우리들은 모두 전문가들의 지식에 선택적으로 의존하지만(Haskell, 1984), 어떤 권위를 믿을 것인지에 대한 젊은이들의 선택은 다소간 보증되어 있다. 그들이 전문가라고 생각하는 사람들은 무비판적으로 의존할 수도, 일반적인 회의를 표명할 수도, 혹은 신뢰할 수 있는 권위자들과 신뢰할 수 없는 권위자를 구별하는 기준을 명확하게 구분해 낼 수도 있을 것이다. Wineburg(1991)는 고교생들이 권위 있는 어투, 즉 단순한 이야기체로 쓰인 경우 설명이 동일한 수업시간에 제시된 주 근거(primary source)와 불일치하는 경우조차도 역사 교과서를 신뢰할 가능성이 높다는 사실을 밝혀냈다. Seixas(1993b)도 16세 청소년들은 대중적인 역사 영화를 마치 과거를 들여다보는 창처럼 여긴다는 사실을 밝혀냈다. 영화적 묘사의 신뢰성에 대한 의문을 제기하는 경우에는 (1) 자신들의 인간 본성에 대한 이해와 영화 간의 일치성, (2) 역사적 인물에 대한 묘사의 친숙성, (3) 학교에서 배운 역사적 설명과 영화의 일치성(compatibility), (4) 최근의 영화라는 사실, (5) 영화의 기술적 세련도, (6) 영화가 감정에 끼치는 영향 등이 영화의 신뢰성에 대한 믿음의 근거로 제시되었다. 이 중 몇 가지는 다른 것보다 훌륭한 신념의 근거다. 물론 이 모두가 학생들의 역사적 인식의 구성요소로 연구해 볼 만한 충분한 가치를 가지고 있다.

Epstein(1994b)은 학생들의 사회적 위치가 역사적 권위 문제에 대한 반응의 중요한 요인임을 밝혀냈다. Epstein은 아프리카계 미국인과 백인 학생을 비교함으로써 성, 인종, 민족과 계급에 관련한 의문을 암시적으로 제기했다. (암묵적이든 명시적이든) 존재론적 신념은 역사적 지식의 근거가 된다. 이러한 근거가 없다면 젊은이들이 과거에 대한 특정한 무엇인가를 믿을 어떤 이유도 없는 것이다. 젊은이들은 일반적으로 신념을 가지고 있다. 그러한 신념의 다양성과 함께 신념의 근저를 밝혀내는 것은 의미 있는 일이지만 밝혀지거나 조사된 것은 많지 않다(shemilt, 1980 참조).

지속성과 변화

지속성과 변화는 역사적 이해에서 근본적인 개념으로, 미역사가협회(the Organization of American Historians)는 '지속성과 변화'를 어떻게 다루는지를 범위가 확대된 학술지의 논문을 선택하는 기초적인 기준으로 제시하고 있다(Thelen, 1992). 지속성과 변화는 상호 연관되어 있다. 역사적 변화를 파악하기 위해서는 그 현상을 변화하지 않은 혹은 지속되고 있는 사건의 배경과 대비해 보아야 한다. 예를 들면, 교통수단의 장기적 변화에 대해 연구하고 싶다면, 역사와 무관하게 고안된 '교통'이라는 지속적인 범주를 사용한다. 초역사적 범주가 없다면 그 범주 내에서의 변화를 이해하는 것은 어렵거나 불가능하다. 반대로 장기간에 걸친 특정 현상의 지속이라는 개념은 다른 장소 혹은 다른 현상에서 나타나는 변화의 배경에 의존한다. 따라서 지속적인 사회경제적 혼란기에 정치체제의 지속성에 대해 이야기할 수도 있다. 사회, 경제, 정치적으로는 명백하게 드러난 변화가 없었던 것으로 보이던 전통적 사회에서 일정 기간이 지난 후에 보면 근본적인 변화로 여겨지는 발전이 있었던 것을 발견할 수도 있다. 모든 것이 정적(static)이라면 '지속성'은 '변화' 이상의 의미를 가지지 못할 것이다.

변화와 지속성의 개념 간의 상호 연관성은 비전문 역사가들에 대한 고려와 관련한 일련의 문제를 제기한다. 비전문가들은 사회, 정치 혹은 경제적 생활의 특정 측면에서 심대한 변화를 고찰하는 경우에도 삶의 다른 측면에서는 실제 이상으로 지속성을 가정하는 경우가 있다. 예를 들어, 학생들이[영국에서는 '발전 연구(development studies)' 라고 불리는 것의 한 예인] 사진 기술의 변화를 살펴보는 경우, 사진의 목적, 사진과 카메라 장비의 사용 가능성, 사람들이 사진을 '읽는' 다양한 양식 등에 있어서의 변화를 고려하지 못할 수도 있다. 전면에 있어서 변화의 예를 부각시키는 것은 오히려 의도하지 않게 변화의 배경에 대한 비역사적인 억측을 만들어 내는 데 기여할 수도 있다. 변화의 전면이 부각될수록 상황(picture)은 더욱 복잡해진다.

이러한 교육의 문제는 이전에는 탐구 대상이 되지 않았던 삶의 측면에 대한 역사가들의 관심이 증가했던 지난 20년 동안의 역사 기술에서 문제의 요점이다. 결과물, 예를 들면 성, 유년기, 죽음, 신체, 욕망, 레저, 일, (가장 문제 소지가 있는) 지식 자체가 역사화되었다(예: Scott, 1988; Laqueur, 1990; Aries, 1962; Wilson, 1990; Novick, 1988). 지식의 역사성에 대한 인정은 물론 역사 쓰기의 역사화를 의미한다. 이러한 학문적 발전은 학생들이 인간생활의 더 많은 측면을 역사 탐구의 주제로 삼도록 하는 것과 같은 말이다. 특정한 시기에 이를 때까지 상황은 더욱 복잡해진다. 그 시점이 지나면 어떤 지속적인 기반이 변화를 관찰하기 위한 토대가 되는지가 중요한 질문이다(Seixas, 1993c). 모든 고체가 녹아 기체로 변하는 이미지로 돌아가게 되는 것이다.

역사적 변화에 대한 사람들의 경험은 변화와 지속성의 개념화와 직접적인 관련이 있다. 연령은 경험에 매우 중요한 요인인 것이 명백하다. 인지 발달에 있어서의 차이는 차치하고라도 20세기의 북미에 사는 60세의 노인은 10세 아이보다 더 많은 역사적 변화를 겪으며 살아왔고 세상이 어떻게 근본적으로 변화될 수 있는지를 직접 경험했을 것이다. 그러나 연령이 그러한 역사적 경험에 기여하는 유일한 요인은 아니다. 그 사람의 역사적 위치 또한 중요하다. 전쟁이나 쿠데타를 경험하면서 살아온 사람, 다기화된 기술혁신을 경험한 사람, 새로운 나라로 이민해 왔거나 인근 지역에서의 인구 구성적 변화의 영향을 경험한 사람은 전통적 안정의 상황에서 살아온 사람들과 역사적 변화의 경험에서 차이가 있다. 사회 질서가 무너지는 시기를 살았다면, 그 성인 혹은 아동이 근본적인 역사적 변화의 미묘한 차이에 민감하게 반응할 가능성은 얼마나 더 높은가?

또, '토론되어야 할 것일 뿐 아니라 토론의 조건에까지 영향을 끼치는 변화의 소용돌이(Harvey, 1989, p. 11) 내에서 발견되고 규정' 되어야 하는 의미를 필요로 하는 역사적 변화의 속도가 젊은이들에게 미치는 영향은 무엇인가? 예를 들면, 교사(혹은 인지과정을 조사하는 연구자)보다 더 많은 사회적 · 문화적 불안정을 경험한 젊은이가 있을 수도 있다. 앞에서 제시한 것과 달리 불확실성과 불안정의 시기에 성장한 젊은이들은 어른들보다 빠른 변화에 대해 더 깊은 경험을 가지고 있을 수 있고, 지속성과 안정보다는 깊고 넓으며 안정 파괴적인 변화를 당연한 것으로 여길 수도 있다(Elder, Modell, & Parke, 1993; Giroux, 1994). 광범위한 문화적 조류와 함께 변동하는 시대의 대변자들은 중요한 도전의 시기를 겪고 있다(Kammen, 1992; Gutman, 1987; Cruikshank, 1991; Samuel & Thompson, 1990; Ermarth, 1992; Jameson, 1991). 이렇게 볼 때 지난 20년간의 역사 편찬에 있어서의 문제는 역사가와 비역사가들이 격변기의 시간에 자신들을 위치시키는 문제에 대처하는 것처럼 문화 전반에 걸쳐 다양한 방식으로 느껴져 왔던 존재론적 도전의 일면일 뿐이다(Entrikin, 1991).

진보와 쇠퇴

과거를 현재와 관련하여 구성하는 가장 기본적인 방식은 진보와 쇠퇴의 개념의 관점에서 보는 것이다. 역사가 교과서의 저자나 일반인들에게 불명확한 경우도 있지만 진보 혹은 쇠퇴라는 관념은 과거에 대한 대부분의 설명의 바탕이 되고 있다. 최근의 담화체적 이론의 역사가들에 대한 영향이 나타나기 이전까지는 역사적 지식의 의미 형성에 있어서의 역할에 대해 그다지 관심을 받지 못했다(White, 1978). Cronon(1992)은 대평원의 역사(Great Plains history)에 대해 진보와 쇠퇴로 보는 설명이 동시에 존재함을 보여 줌으로써 역사적 해석에 대한 여러 가지 의문을 제기했다. 동일한 역사적 현상이 현재와의 관련하에서 전혀 다른 의미를 얻을 수 있으며, 상치되는 설명을 어떻게 다루어야 할지가 당황스러운 문제로 남아 있음을 보여 주었다(Novick, 1988 참조). '증거'가 필요하지만 그 이야기가 '옳은' 것이라고 확신할 수 있을 만큼 충분하지는 않다.[6]

Columbus 500주년 기념에 대한 역사적 수정주의(historical revisionism)는 과거에 대한 대중적 생각이 어떻게 진보나 쇠퇴 또는 둘의 조합으로 구성되는지를 보여주는 분명한 예라고 할 수 있다(Simon, 1993; Maxwell, 1993). 교과서는 전형적으로 휘그당의 역사를 민주주의와 지식의 성장, 점진적인 계몽으로 기술하고 있다. 다른 방향으로의 지향은 Kammen(1989)이 '세습 현상(heritage phenomenon)'으로 지칭하는 잃어버린 좋은 시절에 대한 향수 어린 시각에 호소하려는 시도다. Samuel(1990)은 영국 역사에 대한 대중적 관심을 유사한 관점에서 설명하고 있다. 일반적으로 수용되는 '쇠퇴주의(declinism)'의 개념이 진보와 쇠퇴에 대한 대중적 개념화에 있어서의 근본적 전환의 계기가 된 것이 당연할 수도 있다(Heilbroner, 1993).

주관식 질문(open-ended questioning, 정해진 답이 없는 질문)은 학생들의 개념 구조에 통합되어 있는 과거에 대한 느낌을 표현하는 기회를 줌으로써 진보와 쇠퇴에 대한 느낌을 파악할 수 있다. 역사적 진보와 쇠퇴에 관한 최근의 한 토론에서 11학년 학생(고 2)들에게 20세기 말에 가까워지면서 사람들의 삶이 점차 어려워지고 있는지 아니면 좋아지고 있는지에 대한 의견을 물어본 적이 있다.

학생: 아! 확실히 좋아졌죠.

면담자: 왜 그렇게 생각하죠?

학생: 그러니까 〈초원의 집(The Little House on the Prairie)〉이라는 드라마에서 본 것을 생각해 보면, 가령 열 살 정도 된 여자애가 농사일을 하고 자기가 먹을 계란을 받아야 하며 빵과 버터를 만들어야 했지만 지금은 가게에서 살 수 있고, 인스턴트 식품도 있어서 시간을 훨씬 절약할 수 있거든요. 물론 다른 면에서는 범죄가 많아진 것처럼 나빠진 면도 있죠. 그래도 그런 것들은 제가 중요하게 생각하는 것은 아니기 때문에 그렇게 심각하게 보지는 않아요.

면접자: 그 외에 제시할 만한 다른 증거는 없나요?

학생: 아, 이틀 전쯤에 엄마가 소득세에 대해 투덜대신 적이 있어요. 그리고 계산기가 없었던 10년 전에는 어떻게 살았는지 상상이 안 된다고 말씀하셨거든요. 옛날에는 많이 힘들었고 이런 계산기 같은 것도 없이 일하는 것은 상상도 할 수 없다는 말씀이었죠.

이 학생은 위에서 표현한 것처럼 텔레비전 시청(〈초원의 집〉), 일상적 경험(인스턴트 식품), 뉴스 보도("더 많은 범죄…… 하지만 그렇게 심각하게 보지는 않아요"), 엄마에게 들은 말(계산기의 사용)을 통한 경험에서 역사적 진보에 대한 자신의 느낌을 조합해 냈다. 내 질문은 삶이 '어려워졌는지 혹은 쉬워졌는지' 라는 말로 표현되었지만 다른 가치(안전, 건강, 민주주의)로 대치하거나 비교할 수 있다(Szacka 참조, Lowenthal, 1985, p. 36에서 인용). 내재화되고 신념화된 과거에 대한 설명을 현재에 대한 인식과 비교하는 것은 개인과 전체로서의 문화적 차원에서 과거를 사용하는 가장 두드러진 용법으로 보인다. 이러한 설명은 역사적 탐구를 위한 출발점이 될 수도 있다.

다름과의 대면: 공감과 도덕적 판단

과거의 삶이 어땠는지를 조사하는 것에는 어떻게 다르고 얼마나 현재보다 좋거나 나빴는지(위의 내용 참조)의 질문이 포함되어 있다. 과거에 사람들은 다른 환경(예를 들면, 기술, 주거와 정치제도의 차원)에서 살았을 뿐 아니라 다른 신념체계를 통해 세상을 경험하고 해석하기도 했다. 그러나 비전문가들은 과거의 다름을 대면했을 때 다른 상황에서 살았던 사람들임에도 불구하고 기본적으로 유사한 방식으로 생각했을 것이라는 잘못된 가정을 할 수도 있다. 여기에서 과거에 대해서 모르는 것이 무엇인가를 깨닫지 못하는 실수가 나타나게 된다. 우리 자신들과 다른 사람들과의 지적 관계의 두 가지 측면은 공감(empathy)과 도덕적 판단(moral judgement)이다.

공감과 관련해서 Peter J. Lee(1983, pp. 34-35)는 "아동들이 역사를 배울 수 있게 하는 데 필요한 것이 무엇인지를 논할 때 사용할 수 있는 개념(notion)이 많지 않고 관련 연구도 거의 없다"고 주장한다. 연구에서는 개념의 문제가 해결되지 않고 있다. 어떤 사람들은 공감을 학생들이 역사적 인물과 인간적인 공통성을 느끼게 하는 정서적 활동으로 보기도 한다. 캘리포니아 역사-사회 과학 프레임워크(California History-Social Science Framework)(California State Board of Education, 1987, pp. 12-13)에서는 다음과 같이 설명하고 있다.

> 과거에 대한 상상적 재구성도 역사 연구에 포함된다. …… 역사적 감정이입은 드라마의 세계에 들어가는 것과 상당히 비슷해서, 다른 시대에 대한 감각을 얻기 위해 이미 알고 있는 결말에 대한 지식은 접어 두고 당대인의 희망, 공포와 함께 지내는 것이다.

위와 같이 역사적 공감을 규정하는 경우 과거의 흔적으로부터 얻은 불충분한 증거를 근거로 이루어지는 비역사적인 '상상적 재구성'에서 완벽하게 벗어날 수 있게 해 주는 구체적인 수단이 무엇인지를 알아낼 수가 없다. 공감을 통한 이해에 대해 Jenkins(1991, pp. 42-43)의 재미있는 비판의 초점도 아주 다른 상황에 있는 자신을 상상한다는 점이다.

> 여우, 눈송이, 성난 왕이 된 것처럼 생각할 수 있도록 해 보라는 권유에 따라 상상의 도약을 한다고 생각해 보라. 그런 권유는 학생들로 하여금 더 열중하고 더 많이 참여할 수 있게 하고, 모든 학생이 큰 차이 없을 만큼 설득력 있고/가치 있는 의견을 학교로 가져온다면, 자신의 의견을 표현할 수 있는 기회가 더 많이 주어져야 한다. 과거에 대해 무엇을 생각하는지, 그들에게 역사는 무엇인지, 어떻게 설명하는지—중세 왕자의 마음 상태가 되도록 노력하고 그렇게 되도록 만들어 주어야 한다.

학생들은 상상적 도약을 위한 근거 자료가 없고, 자료가 부족한 상태에서 무엇을 느꼈는지를 주장할 경우 모두 그럴듯하게 보일 수 있다는 점에서 위의 예는 적절하지 않다.

Lee(1983)는 '특별한 힘이 아닌 성취나 활동'으로서의 역사적 감정이입에 대한 보다 실질적인 개념을 제시했다. 그의 주장에 따르면 우리는 역사적 행위자를 증거(즉, 과거의 자취)에 대한 연구를 통해 이해하며 감정이입은 그 연구의 산물이라는 것이다. Ashby와 Lee(1987)는 역사적 공감 개념을 당대 및 역사적 주제와 관련된 시대 간의 차이에 대한 학생들의 이해를 연구하는 데 사용하고 있다. 이들의 역사적 공감 수준에 대한 정의에 의하면, 때로는 전혀 다를 수도 있는 옛날 사람들의 생각을 더 많이 받아들일수록 공감 수준이 더 높다고 본다. Downey(1994)도 이 문제를 연구하면서 5학년 학생들이 역사적 인물의 관점을 받아들이는 능력에 대해 조사했다. 그 결과 학생들은 '관점 수용의 시작 단계'에 있지만 '대부분 그 단계를 넘어설 수 없다'고 결론 내렸다. 역사적 공감이 제대로 이루어지기 위해서는 '일상생활의 기본적 구조와 과정'에 대한 충분한 정보가 필요하다고 주장했다. 또 "역사적 사고를 가르칠 때 과거와 현재 간의 지속성보다는 차이점에 더 초점을 맞추어야 할지도 모른다"고 조언하고 있다(Downey, 1994, p. 18).

Jenkins(1991)의 과거 세계의 재구성은 자신의 준거 틀 내로부터 이루어질 수밖에 없다는 주장을 근거로 역사적 공감 개념을 비판하고 있다. 자신의 준거 틀을 가지고 있지 않다면 준거 틀이 전혀 없는 것과 마찬가지다. "전제 없는 과거에 대한 해석이 없고 과거 해석은 현재 시점에서 구성된다면, 역사가가 현재의 허물에서 벗어나 과거의 누군가가 될 수 있는 가능성은 낮아 보인다"(Jenkins, 1991, p. 40; 예: Jenkins & Brickley, 1989; Harlan, 1989).

완벽한 '전제 없는' 과거 지식(만약 이것이 말이 된다면)이 불가능하다는 점에서 Jenkins는 아동과 다른 모든 사람이 모든 역사지식을 포기할 것처럼 보인다.

그러나 이해 수준은 다양할 수 있다. 역사 교사는 학생들이 다른 상황에서 살았던 역사적 인물이 자신들과 같은 가정, 의미, 목적과 가치의 틀을 가졌다고 비역사적인 생각하는 오류를 정확하게 발견할 수 있다. 그래서 Ashby와 Lee는 색슨족이 신성재판(practice of ordeal) 전에 단식(fasting)하면서 성수를 마시는 것을 '어리석은 관습적 잘못'이라고 해석하는 학생들에 대해 논했다. 그들 중 하나는 "요즘 사람들은 그렇게 바보가 아니니까 그런 일을 하려고 하지는 않을 거예요"라고 말했다(Ashby &

Lee, 1987, p. 70). '자신들의 조건'에 비추어 역사적 인물을 완벽하게 이해하려는 것이 인식론적으로는 전혀 전문적이지 않을지 모르지만, 다소간의 전문적인 이해는 남게 된다. 역사가들은 의견의 특이성을 보다 완벽하게 이해할 수 있는 해석을 제공함으로써 달리 설명이 불가능한 행동과 주장을 이해하려고 노력한다. Jenkins는 '모 아니면 도(all-or-nothing)' 식의 설명에서는 비전문적인 것과 전문적인 역사적 문서 자료 증거 판독의 차이가 없어지게 된다고 했다.

Ashby와 Lee의 학생들의 현대적 사고방식(혹은 현대적 견해)은 교사, 영화 제작자와 역사 소설가에게서는 다른 양상으로 나타난다. 역사적 이야기의 저자들은 자신들의 문화에서 볼 때 친숙한 행동, 동기, 가정이나 관습에 대해 서술함으로써 그들이 다루는 인물들이 당대의 청중들에게 '살아나도록' 만들려고 노력하기도 한다. 그 결과로 시대착오는 대중매체에서 흔하게 볼 수 있게 되었다. 예를 들어, 굉장히 유명하고 큰 성공을 거두었던 〈늑대와 춤을(Dances with wolves)〉에서 미국의 원주민들이 백인 침입자들을 어떻게 대해야 할지에 대해 토론하는 것을 본 후 한 학생이 폭로하듯 말했다. "그냥 '한 무리의 인디언'이 아니라 이 사람들은 실제 사람이고 실제 문제를 해결하려고 노력하고 있다는 걸 느낄 수 있어요." 왜 이 영화가 '실제'처럼 보였을까? "거의 똑같은 것에 대해 이야기하는 백인 무리들을 아주 쉽게 볼 수 있어요." 따라서 영화의 힘은 1863년의 원주민들을 오늘날의 '백인'들처럼 친숙하게 만드는 데서 나온다. 그 학생은 자신과 근본적으로 같은 사람으로 '타인'을 표현한 역사적 설명에 공감하는 반응을 보인 것이다. 결국 비슷한 상황에서 비슷한 행동을 할 수 있다고 믿을 때 다른 사람들의 행동을 이해하게 되는 것이다. 따라서 공감의 패러독스는 매 순간 자신의 의미의 틀(frameworks of meaning)을 타인에게도 적용하도록 부추기는 다름에 맞서기 위해서는 노력이 따라야 한다는 것이다. 다시 말하면 우리가 극복해야 할 문제는 '친밀감과 거리감' 사이의 타협의 일종으로, 우리가 살고 있는 시대의 특수한 문화적 의미 해석을 초역사적인 것으로 받아들이는 잘못을 범하지 않으면서 인간의 공통성을 이해하는 것이다. 현재 순간에 대한 인식적 혼동 문제에서 이것은 특히 어려운 과제라고 할 수 있다.

역사에서 도덕적 판단도 유사한 문제를 초래한다. 우리는 역사적 행위자를 개인적 혹은 집단적으로 윤리적인 중요성을 가진 결정을 내려야 하는 사람(agent)으로 이해하고 판단한다. 도덕적 판단을 위해서는 우리와 역사적 인물의 도덕적 세계나 이데올로기적 분위기가 다름을 이해하는 공감적 이해가 필요하다. 지금까지 줄곧 말해 왔던 것처럼 우리는 과거가 '외국' 같은 것이기 때문에 역사적 판단을 버려야 한다는 상대적 역사주의(relativistic historicism)에서 벗어나기를 원한다(대개 그렇게 한다). 우리는 이 문제를 정확히 역사적 공감의 문제를 다루었던 것과 정확히 일치하는 방식으로 다룬다. 역사에 대한 도덕적 판단 능력은 역사적 행위자의 개인에게서 우리들의 인간다움을 인식하는 역사 초월적인 인간의 공통성 개념을 호의적으로 받아들이는 것을 필요로 하는 동시에 우리와 다르기 때문에 지속적으로 잘못 이해할 수 있는 위험이 매우 크다는 것을 받아들이고 그 가능성을 항상 열어 두어야 한다.

Kieran Egan(1990, p. 232)은 친밀성과 거리감의 패러독스를 역사교육의 해결책을 제시하는 데 이용하고 있지만 과거에 대한 모순적 접근일 수 있음을 받아들이지는 않았다. 한편 다음과 같이 주장하고 있다.

> 우리는 Alexander 대왕이나 Florence Nightingale에 대해 이야기하고 그들의 용기와 열정을 칭송하는 것에 대해 배우는 것은 아니다. 그보다는 그들을 우리들에게서 발현된 용기와 열정이 투영된 인물로 인식한다.

과거 인물의 분투는 학생들의 분투로 전환된다. 한편으로는 "역사의 보다 이색적인 측면을 위한 시간이기도 하다. …… (그리스인의) 이국적 측면에 대해 알고 싶어 한다. 기이한 의례와 의식에 대해 알아내려고 한다." 이건 아마도 우리 모두이겠지만 정체성(탈맥락화된 과거)으로서의 친밀성의 대안과 '기이하고' 도 이색적인(이해하기 힘든 과거) 거리감 사이의 위치에 서 있는 것이다.

역사적 대리인

역사적 대리인은 역사적 인과성(historical causation) 문제의 한 측면이다. 그러나 대리인의 개념은 권력 관계에 초점을 맞추고 있다. 누가 어떻게 역사적 변화를 초래하는가?(Mahoney & Yngvesson, 1992) 지난 30년간 역사 기술에서 핵심적인 문제는 이전에는 무시되었던 사람들을 희생자나 교과서의 '보조자료(sidebars)' 로서가 아니라 적극적인 참여자로 역사학 영역 내로 끌어들이는 것이었다. 역사가들과 역사 활동가들은 사회적 지위와 역사적 지위의 제약 속에서 움직였던 상대적으로 영향력을 갖지 못했던 집단의 역사적 대리인을 이해하기 위한 방법을 모색해 왔다. E. P. Thompson(1963)은 노동자-계급 역사학파가 만들어지는 계기가 되었던 역작인 『영국 노동자 계급의 형성(*The Making of the English Working Class*)』에서 노동자 계급은 '그 자신들에 의해 형성되었음' 을 설득력 있게 주장하고 있다. 그러나 역사 변화의 설명 근거로서의 적극적인 대리인의 개념은 저항의 문화에 기원을 두고 있다(Anderson, 1980; Calhoun, 1982; Fink et al., 1988). 유사한 논쟁은 페미니스트 역사가(예: Cott, 1977; Scott, 1988; Gorgodn, 1988), 아프리카계 미국인의 경험에 대한 역사가(예: Gutman, 1976; Genovese, 1974)와 기타 역사가들(예: Goodwyn, 1976) 사이에서도 일어났다.

젊은이들은 역사적 인과관계에서 민주적 의미를 어느 정도까지 이해하고 있는가? 그들 자신의 사회 변화에 대한 관련성을 어떻게 보고 있는가? 그에 대한 기술이 엘리트에게만 의미를 두고 있다는 사실이 적극적일 수도 있는 잠재적인 자신들의 역할에 영향을 끼치는가? 역사 교과과정에 대한 가장 신랄한 비판은 국가적 여론의 역사가 한계 집단에 미치는 심리적 영향에 관한 주장과 관련이 있다. 여성, 인종과 노동계급 역사의 옹호자들은 그들의 역사가 학생들이 스스로를 역사 변화의 주요 동력임을 인식할 수 있는 기회가 될 수 있음을 설득력 있게 주장하고 있다. 물론 반대자들은 그런 사실을 두려워할 수(Coulter, 1989; Schlesinger, 1992)도 있다. 다양한 사회적 · 역사적 상황에 처해 있는 젊은이들이 어떻게 자신들의 생활 속에서 이루어지는 활동을 역사 변화의 한 부분으로 이해하느냐 하는 것은 중요한 문제이기는 하지만 아직 이에 대한 연구는 이루어지지 않고 있다.

새로운 역사교육을 향하여

역사는 과거의 잔재(흔적과 기술)를 현재의 우리들에게 의미 있는 형태로 조직화하는 학문 분야다. 역사는 단순히 '사실의 집합' 이나 허구의 모음이 아니라 이 논문 앞부분에서 언급한 문젯거리가 되는 이슈에 바탕을 둔 지식의 한 형태다. 젊은이들은 처음으로 역사교육을 공식적으로 경험하기 전에 이런 문제를 접하고 단편적 분석을 통해 과거에 대한 생각을 발전시키게 된다. 현재의 개념적 · 경험적 연구 기반을 고려할 때 그런 정도의 분석이 전문성의 연속선상에서 특정한 위치를 차지할 수 있을지, 몇 단계 혹은 수준으로 구분했을 때 어떤 단계에 해당하는지를 판단하는 것은 너무 성급한 것일 수도 있다. 그러나 연구자들은 다음과 같은 질문을 하는 위치에 있다. 아동들의 연령이 높아질 경우 어느 정도까지 역사적 사고가 개발될 수 있는가? 역사적 지식의 문제에서 명시적인 교수방법(explicit instruction)이 개발을 촉진시킬 수 있는가? 학생들의 역사적 사고 발전에 있어서의 차이는 무엇으로 설명할 수 있는가?(예: Shemilt, 1980; Kuhn, Amsel, & O' Loughlin, 1988)

그동안 많은 공식 역사교육은 학생들이 과거에 대한 선험적 아이디어(prior idea)가 없는 것으로 보고 시작된다. 또 많은 경우 역사적 사실에 대해 많이 알게 될수록 역사에 대한 이해도 높아질 것이라는 암묵적 가정하에서 교육이 이루어지고 있다.

전문 역사가들조차도 분석하기 어려운 일련의 문제로 구성된 역사 이해의 구조 파악은 다양한 유형의 역사교육을 위한 기초를 제공한다. 이런 문제들에 근거한 교과과정은 공식적 학교 교육과정에서 제시된 역사적 흔적과 기술을 바탕으로 하는 의미 있고 중요한 역사적 이해를 개발할 수 있는 능력을 촉진시킬 수도 있다. 문제 인식과 정의는 역사적 사고에 관한 연구 의제를 설정하는 것뿐 아니라 역사교육을 발전시키기 위한 효과적인 전략을 보다 신속하게 개발하는 첫 단계다.

Peter Lee(1983, p. 44)는 학교 교육과정에서 젊은이들이 역사에 대한 '오개념(misconception)' 이 드러날 수 있는 기회를 만들어야 한다고 주장한다. 이 논문에서 살펴본 내용은 '오개념' 은 아니지만 회피할 수 없을 만큼 복잡하게 얽힌 문제들이다. 역사가들은 비전문가들과 마찬가지로 과거와 현재 간의 거리의 문제를 다루어야 한다. 전문가나 비전문가들은 현재 존재하는 흔적과 문서자료에서 시작해서 무슨 일이 발생했으며 그 의미가 무엇인지에 대해 정도의 차이가 있을 수 있지만 일관되고 입증할 수 있는 결론을 이끌어 내야 한다.

시간에 대한 인식(temporal bearings)이 없다면 우리는 삶을 이해할 수 없다. 이런 인식을 얻기 위해 의미를 부여하고, 문서자료들을 평가하며, 변화를 개념화하고, 진보와 쇠퇴 여부를 판단하고, 인간 행위자의 공감, 도덕적 판단과 아이디어를 활용한다. 이 논문에서 보여 주려 했듯이 이러한 지적 과정은 쉽고 잘 닦여 있는 길이 아닌 인식적 지뢰밭이다. 전문 역사가들에게도 매우 어렵고 힘들 수 있지만 가장 비전문적인 역사 사고가들은 모든 순간 이들 문제에 직면해 있다. 오늘날 폭발물은 이전보다 더 지표면에 가깝게 놓여 있는지도 모른다. 역사적 이해를 연구하는 연구자의 역할은 교사와 학생들이 서로 상처 입지 않고 나아갈 수 있도록 먼지를 걷어 내어 폭발물을 노출시키는 것이다.

주

1. 물론, 그 차이점은 이런 지식의 형식들의 본질상의 차이점이기보다는 제도적이거나 역사적인 요인에 내재되어 있을 수도 있다. 그러나 그러한 차이점에 대한 탐구는 여기에서 내가 다루고 싶어 하는 것 그 이상으로 상이한 교과(내용)를 구성하고 있다.
2. 역사적 '기능' 의 목록뿐만 아니라 실체적인 역사적 개념들의 리스트를 거절하면서 Peter Lee는 증거, 원인, 공감, 변화, 그리고 '일상의 선택' 으로서의 시간들을 포함하면서 그가 '구조적인 2차적 개념' 이라고 부른 것을 탐구한다. Lomas(1990)는 유사한 리스트를 작성하면서 중요성을 포함시키고 감정이입을 삭제한다.
3. 선수(先修) 역사적 이해는 '그것이 무엇에 대한 선수인가?' 라는 질문을 함축하고 있다는 점에서 문제가 되는 용어다. 그럼에도 불구하고 나는 이 장 전체에서 이 용어를 사용한다. 그 이유는 이 탐색을 다른 학문에서의 선수 이해나 선수 지식에 관한 연구에 연결시키기 때문이다. 나는 또한 이 분야에서 비전문가의 의미를 내포하는 상식적(naive)이라는 용어를 사용한다. 비록 이 용어에 다소간의 위험이 있다는 것을 알지만 말이다. 다른 후보들은 Carr(1986)가 충분히 해명해 온 '전(前) 이론적인' 역사라는 용어이다. 그러나 충분한 설명이나 해명 없는 그 용어의 의미는 직접적으로 분명하지 않으며, 다른 하나는 역사보다는 과학이나 수학에 보다 적절한 것으로 보이는 직관적인 이해(Gardner, 1991)다.
4. Kuhn, Amsel 그리고 O' Loughlin(1988)은 과학적 사고의 핵심에 있는 이론과 증거를 규명하였으며,

그들의 연구 프로그램은 과학적 사고가 발달할 때 이 두 개 간의 관련성에 대한 발달적 틀을 제공하는데 목적이 있다. 역사적 사고에서 설명과 자취의 추적은 과학적 사고의 이론과 증거에 대응된다. 자취는 역사적 사고가(탐구자)가 발생한 것의 설명(이론)을 조합하는 수단이 되는 증거를 제공한다. 한편, 흔적(증거)에 대한 선정과 독해는 우리가 질문을 던지는 설명에 의해 풍부해진다. 그러나 거기에는 차이점이 있을 수 있는데, 그 차이점이란 내러티브 구조가 역사적 설명에는 근본적이고 과학적 이론에는 덜 근본적인 정도라는 차이점이다. 더욱이 Kuhn, Amsel 그리고 O'Loughlin은 역사가들이 정확한 설명을 지향하면서 연구하는 것은 매우 문제가 되는 일이라는 의미를 지닌 '정확한 이론' 이라는 용어를 지칭하였다.

5. Terrie Epstein(1994a)과 Marcy Singer Gabella(1995)가 수행한 최근 연구는 역사적 증거로서 예술에 관한 전도유망한 통찰을 제공해 준다. 증거의 사용은 United Kingdom의 역사 국가 교육과정(National Curriculum History Working Group, 1990)에 구성되어 있다. Booth(1993; 1987 참조)는 그런 단계는 학생들의 역사적 능력의 포괄적 측정으로서 무의미하다고 주장하면서 국가 교육과정에서 특정 내용과 분리된 단계의 사용을 비판하고 있다.
6. 쇠퇴(멸망)의 문제에 대한 역사가들의 새로운 흥미는 18세기 International Congress of Historical Sciences의 프로그램에서 뚜렷하게 나타나며, 여기에서의 주제 중의 하나는 역사적 개념으로서의 쇠퇴다.

참고문헌

1장

Bruner, J. S. (1960). *The process of education.* Cambridge: University Press.

Cremin, L. A. (1964). *The transformation of the school: Progressivism in American education 1876-1957,* New York: Vintage Books, Random House.

Donaldson, M. (1978). *Children' s minds.* New York: Norton.

Dewey, J. (1902/1956). *The child and the curriculum.* Chicago: University of Chicago Press.

Dewey, J. (1934/1958). *Art as experience.* New York: Capricorn Books.

Dewey, J. (1938/1972). *Experience and education.* New York: Collier Books.

Gardner, H. (1991). *The unschooled mind.* New York: Basic Books.

Gillham, B. (1980). *Reconstructing educational psychology.* London: Billing.

Lagemann, E. (1989). The plural worlds of educational research. *History of Education Quarterly, 29,* 185-213.

2장

Astington, J., Harris, P., & Olson, D. (Eds.). (1988). *Developing theories of mind.* Cambridge, England: Cambridge University Press.

Bereiter, C, & Scardamalia, M. (1993). *Surpassing ourselves: An inquiry into the nature and implications of expertise.* Chicago: Open Court.

Brown, A. (1975). The development of memory: Knowing, knowing about knowing, and knowing how to know. In H. W. Reese (Ed.), *Advances in child development and behavior* (Vol. 10). New York: Academic Press.

Brown, A. L., & Campione, J. C. (1990). Communities of learning and thinking, or a context by and other name. *Contributions to Human Development, 21,* 108-126.

Bruner, J. (1961). *The process of education.* Cambridge: Harvard University Press.

Bruner, J. (1990). *Acts of meaning.* Cambridge: Harvard University Press.

Bruner, J. (1995). From joint attention to the meeting of minds. In C. Moore and F. Dunham (Eds.), *Joint attention.* New York: Academic Press.

Bruner, J. S., & Olson, D. R. (1973). Learning through experience and learning through media. In G. Gerbner, L. P. Gross, and W. Melody (Eds.), *Communications technology and social policy: Understanding the new "cultural revolution."* New York: Wiley.

Cheney, D. L, & Seyfarth, R. M. (1990). *How monkeys see the world.* Chicago: University of Chicago Press.

Dewey, J. (1902/1966). *The child and the curriculum.* Chicago: University of Chicago Press.

Egan, K. (1988). *Primary understanding.* New York: Routledge.

Donaldson, M. (1992). *Human minds: An exploration*. London: Allen Lane, Penguin Press.

Feldman, C. F. (1991). Oral metalanguage. In D. R. Olson and N. Torrance (Eds.), *Literacy and orality* (pp. 47–65). Cambridge, England: Cambridge University Press.

Fouts, R. S., Fouts, D. H., & Schoenfeld, D. (1984). Sign language conversational interaction between chimpanzees. *Sign Language Studies, 42,* 1–12.

Gardner, H. (1991). *The unschooled mind*. New York: Basic Books.

Gladwin, T. (1970). *East is a big bird*. Cambridge: Harvard University Press.

Goodall, J. (1986). *The chimpanzees of Gombe: Patterns of behavior*. Cambridge: Harvard University Press.

Hacking, I. (1975). *The emergence of probability: A philosophical study of early ideas about probability, induction and statistical inference*. Cambridge, England: Cambridge University Press.

Hacking, I. (1990). *The taming of chance*. Cambridge, England: Cambridge University Press.

Kuhn, T. (1962). *The structure of scientific revolution*. Chicago: University of Chicago Press.

Latour, B., & Woolgar, S. (1986). *Laboratory life: The social construction of scientific facts*. Princeton: Princeton University Press.

Marton, F., Hounsell, D., & Entwistle, N. (Eds.). (1984). *The experience of learning*. Edinburgh: Scottish Academic Press.

Nagel, T. (1986). *The view from nowhere*. New York: Oxford University Press.

Pea, R. D. (1994). Seeing what we builder together. Distributed multimedia learning environments for transformative communications. *The Journal of Learning Science, 3*(3), 219–225.

Perner, J. (1991). *Understanding the representational mind*. Cambridge: Bradford Books/MIT Press.

Popper, K. (1972). *Objective knowledge: An evolutionary approach*. Oxford, England: Clarendon.

Rogoff, B., Mistry, J., Goncu, A., & Mosier, C. (1993). Guided participation in cultural activity by toddlers and caregivers. *Monographs of the Society for Research in Child Development, 58* (8, serial no. 236).

Ryle, G. (1949). *The concept of mind*. London: Hutchinson.

Savage-Rumbaugh, E. S., Murphy, J., Sevcik, R. A., Brakke, K. E., Williams, S. L., & Rumbaugh. D. L. (1993). Language comprehension in ape and child. *Monographs of the Society for Research in Child Development, 58* (3–4, serial no. 233).

Scardamalia, M., Bereiter, C., Brett, C., Burtis, P. J., Calhoun, C., & Smith Lea, N. (1992). Educational applications of a networked communal database. *Interactive Learning Environments, 2*(1), 45–71.

Stock, B. (1983). *The implications of literacy*. Princeton: Princeton University Press.

Strauss, S., & Shilony. T. (1994). Teachers' models of children' s minds and learning. In L. A. Hirschfeld and S. A. Gelman (Eds.), *Mapping the mind: Domain specificity in cognition and culture* (pp. 455–473). Cambridge, England: Cambridge University Press.

Tomasello, M., Kruger, A. C., & Ratner, H. (1993). Cultural learning. *Behavioral and Brain Sciences, 16*(3), 495–511.

Turner, V. (1982). *From ritual to theater: The human seriousness of play*. New York: Performing Arts Journal Publications.

Visalberghi, E., & Fragaszy, D. M. (1990). Do monkeys ape? In S. T. Parker and K. R. Gibson (Eds.), *"Language" and intelligence in monkeys and apes: Comparative developmental perspectives* (pp. 247–273). Cambridge, England: Cambridge University Press.

Wellman, H. M. (1990). *The child' s theory of mind*. Cambridge: Bradford Books/MIT Press.

Wundt, W. (1916). *Elements of folk psychology* (E. L. Schaub, Trans.). New York: Macmillan.

3장

Aiello, R. (1994). Music and language: Parallels and contrasts. In R. Aiello and J. Sloboda (Eds.), *Musical perceptions* (pp. 43-63). New York: Oxford University Press.

Arnheim, R. (1974). *Art and visual perception: The new version*. Berkely: University of California Press.

Association of American Geographers. (1965/1979). *Geography in an Urban Age*. New York: Macmillan.

ATLAS. (1994). *Authentic teaching, learning, and assessment for schools*. Cambridge: Harvard Project Zero.

Bamberger, J. (1991). *The mind behind the musical ear*. Cambridge: Harvard University Press.

Bamberger, J. (1994). Coming to hear in a new way. In R. Aiello and J. Sloboda (Eds.), *Musical perceptions*. New York: Oxford University Press.

Basso, A., & Capitani, E. (1985). Spared musical abilities in a conductor with high global aphasia and ideomotor apraxia. *Journal of Neurology. Neurosurgery, and Psychiatry, 48,* 407-412.

Bates, E. (1976). *Language and context: The acquisition of pragmatics*. New York: Academic Press.

Bever, T. (1992). The logical and extrinsic sources of modularity. In M. Gunnar and M. Maratsos (Eds.), *Modularity and constraints in language and cognition* (pp. 179-212). Hillsdale, NJ: Lawrence Erlbaum.

Bluestein, N., & Acredolo, L. (1979). Developmental changes in map-reading skills. *Child Development, 50,* 691-697.

Bruner, J. S. (1965). The course of cognitive growth. *American Psychologist, 15*(1), 1-15.

Bruner, J. S. (1990). *Acts of meaning*. Cambridge: Harvard University Press.

Bruner, J. S., Olver, R. R., & Greenfield, P. M. (1966). *Studies in cognitive growth*. New York: Wiley.

Carey, S., & Gelman, R. (1991). *The epigenesis of mind*. Hillsdale, NJ: Lawrence Erlbaum.

Cassirer, E. (1953/1957). *The philosophy of symbolic forms*. New Haven: Yale University Press.

Cheng, K. (1986). A purely geometric module in the rat' s spatial representation. *Cognition, 23,* 149-178.

Collier, G. (1994). *The social origins of mental ability*. New York: Wiley.

Comer, J. (1980). *School power*. New York: Free Press.

Csikszentmihalyi, M. (1988). Society, culture, and person: A systems view of creativity. In R. Steinberg (Ed.), *The nature of creativity* (pp. 325-338). New York: Cambridge University Press.

Davidson, L. (1989). Observing a Yang Chin lesson. *Journal of Aesthetic Education, 23*(1), 85-99.

Davidson, L. (1994). Songsinging by young and old. In R. Aiello and J. Sloboda (Eds.), *Music perceptions*. New York: Oxford University Press.

Davidson, L., & Scripp, L. (1988). Young children' s musical representations. In J. Sloboda (Ed.), *Generative processes in music*. Oxford: Oxford University Press.

Davidson, L., & Scripp, L. (1991). Tracing reflective thinking in the performance ensemble. *The Quarterly of Music Education, 1,* 17-45.

Davidson, L., & Scripp, L., & Welsh, P. (1988). "Happy Birthday": Evidence for conflicts of perceptual knowledge and conceptual understanding. *Journal of Aesthetic Education, 22*(1), 65-74.

Deutsch, D. (1975). The organization of short-term memory for a single acoustic attribute. In D. Deutsch and J. Deutsch (Eds.), *Short term memory* (pp. 108-151). New York: Academic Press.

Deutsch, D. (Ed.). (1982). *The psychology of music*. New York: Academic Press.

Dewey, J. (1899/1967). *The school and society*. Chicago: University of Chicago Press.

Dewey, J. (1916). *Democracy and education*. New York: Macmillan.

Dowling, W. (1994). Melodic contour in hearing and remembering melodies. In R. Aiello and J. Sloboda (Eds.), *Musical perceptions* (pp. 173-90). New York: Oxford University Press.

Dowling, W., & Harwood, D. (1986). *Music cognition*. New York: Academic Press.

Dyer, F., & Gould, J. (1983). Honey bee navigation. *American Scientist, 71,* 587-597. Eco, U. (1976). *A theory of semiotics.* Bloomington: Indian University Press. *Educational Leadership,* 1994, February. 51(5), 4-23.

Egan, K. (1992). Review of the Unschooled Mind. *Teachers College Record,* 94, 2, 397-406.

Ericsson, R. A., & Charness, N. (1994). Expert performance: Its structure and acquisition. *American Psychologist, 49, 8,* 725-747.

Erikson, E. H. (1963). *Childhood and society* (2nd edn.). New York: Norton.

Feldman, D. (1980). *Beyond universals in cognitive development.* Norwood, NJ: Ablex.

Feldman, D. (1986). *Nature' s gambit.* New York: Basic Books.

Fodor, J. (1975). *The language of thought.* New York: Crowell.

Gallistel, C., Brown, A., Carey, S., Gelman, R., & Keil, F. (1991). Lessons from animal learning for the study of cognitive development. In S. Carey and R. Gelman (Eds.), *The epigenesis of mind: Essays on biology and cognition.* Hillsdale, NJ: Lawrence Erlbaum.

Gardner, H. (1973a). *The arts and human development.* New York: Wiley, Reprinted by New York: Basic Books, 1994.

Gardner, H. (1973b). Children' s sensitive to musical styles. *Merrill-Palmer Quarterly, 19,* 67-77.

Gardner, H. (1982). *Art, mind, and brain.* New York: Basic Books.

Gardner, H. (1985). *The mind' s new science: A history of the cognitive revolution.* New York: Basic Books.

Gardner, H. (1989). Zero-based arts education. *Studies in Art Education: A Journal of Issues and Research, 30(2),* 71-83.

Gardner, H. (1991). *The unschooled mind: How children think and how schools should teach.* New York: Basic Books.

Gardner, H. (1993a). *Multiple intelligences: The theory in practice.* New York: Basic Books.

Gardner, H. (1993b, June.), *Progressivism in a new key.* Paper presented at the conference on education and democracy, Jerusalem.

Gardner, H. (1993c). *Creating minds.* New York: Basic Books.

Gardner, H. (1993d). *Fremes of mind: The theory of multiple intelligences.* New York: Basic Books.

Gardner, H., & Boix-Mansilla, V. (1994). Teaching for understanding in the disciplines and beyond. *Teachers College Record, 96*(2), 198-218.

Gardner, H., & Nemirovsky, R. (1991). From private intuitions to public symbol systems: An examination of creative process in Georg Cantor and Sigmund Freud. *Creativity Research Journal,* 1991, 4(1), 1-21.

Gardner, H., & Wolf, D. P. (1983). Waves and streams of symbolization. In D. P. Rogers and J. A. Sloboda (Eds.), *The acquisition of symbolic skills.* London: Plenum Press.

Geertz, C. (1983). *Local knowledge.* New York: Basic Books.

Gombrich, E. H. (1960). *Art and illusion.* Princeton: Princeton University Press.

Goodman, N. (1976). *Language of art.* Indianapolis: Hackett.

Graham, P. (1967). *Progressive education from arcady to academe.* New York: Teachers College Press.

Gregg, M., & Leinhardt, M. (1994). Mapping out geography: An example of epistemology and education. *Review of Educational Research, 64*(2), 311-361.

Gunnar, M., & Maratsos, M. (Ed.). (1992). *Modularity and constraints in language and cognition: The Minnesota Symposia on Child Psychology* (Vol. 25). Hillsdale, NJ: Lawrence Erlbaum.

Harris, L. (1981). Sex related variations in spatial skill. In L. Liben, A. Patterson, and N. Newcombe (Eds.), *Spatial representation and behavior across the lifespan* (pp. 82-125). New York: Academic Press.

Heath, S. B. (1983). *Ways with words.* New York: Cambridge University Press.

Hewes, D. (1982). Pre-school geography. *Journal of Geography, 81,* 94-97.

Holton, G. (1988). *Thematic origins of scientific thought*. Cambridge: Harvard University Press.

Kagan, J. (1993). *Galen's prophecy: Temperament and human nature*. New York: Basic Books.

Karmiloff-Smith, A. (1992). *Beyond modularity*. Cambridge: MIT Press.

Kessen, W., Levine, J., & Peindich, K. (1978). The imitation of pitch in infants. *Infant Behavior and Development, 2,* 93-99.

Kohlberg, L. (1969). Stage and sequence: The cognitive-developmental approach to socialization. In D. Goslin (Ed.), *Handbook of socialization theory and research* (pp. 347-480). New York: Rand McNally.

Krumhansl, C. (1990). *Cognitive foundations of musical pitch*. New York: Oxford University Press.

Landau, B. (1988). The construction and use of spatial knowledge in blind and sighted children. In J. Stiles-Davis, U. Bellugi, and M. Kritchevsky (Eds.), *Spatial cognition: Brain bases and development* (pp. 343-71). Hillsdale, NJ: Lawrence Erlbaum.

Landau, B., Spelke, E., & Gleitman, H. (1984). Spatial knowledge in a young blind child. *Cognition, 16,* 225-260.

Langer, S. (1942). *Philosophy in a new key*. Cambridge: Harvard University Press.

Liben, L., & Downs, R. (1991). The role of graphic representations in understanding the world. In R. Downs, L. Liben, and D. Palermo (Eds.), *Visions of aesthetics, the environment, and development*. Hillsdale, NJ: Lawrence Erlbaum.

Mandler, J. (1983). Representation. In P. Mussen (Ed.), *Handbook of child psychology* (Vol. 3) pp. 420-494. New York: Wiley.

Margules, J., & Gallistel, C. (1988). Heading in the rat: Determination by environmental shape. *Animal Learning and Behavior, 10,* 404-410.

McFarland, H., & Fortin, D. (1982). *Archives of Neurology, 39,* 725-727.

Mead, G. H. (1934). *Mind, self, and society*. Chicago: University of Chicago Press.

Newell, A. (1980). Physical symbol systems. *Cognitive Science, 4,* 135-183.

Ogden, C. K., & Richards, I. A. (1929). *The meaning of meaning*. London: K. Paul.

Olson, D. (1994). *The world on paper*. New York: Cambridge University Press.

Pepper, S. (1942). *World hypotheses*. Berkeley: University of California Press.

Piaget, J. (1929). *The child' s conception of the world*. New York: Harcourt Brace.

Piaget, J. (1962). *Play, dreams, and imitation*. New York: Norton.

Piaget, J. (1983). Piaget' s theory. In P. Mussen (Ed.), *Handbook of child psychology* (Vol. 1) pp. 103-128. New York: Wiley.

Piechowski. M. (1993). "Origins" without origins. *Creativity Research Journal, 6(4),* 465-469.

Resnick, L. (Ed.). (1989). *Knowing, learning and instruction: Essays in honor of Robert Glaser*. Hillsdale, NJ: Lawrence Erlbaum.

Richards, I. A. (1929). *Practical criticism*. New York: Harcourt Brace.

Rock, I. (1974). *Orientation and form*. New York: Academic Press.

Rogoff, B. (1990). *Apprenticeship in thinking*. New York: Oxford University Press.

Rumelhart, D., & McClelland, J. (1986). *Parallel distributed systems*. Cambridge: MIT Press.

Scribner, S., & Cole, M. (1973). Cognitive consequences of formal and informal education. *Science, 182,* 553-559.

Scribner, S., & Cole, M. (1981). *The psychology of literacy*. Cambridge: Harvard University Press.

Sergent, J. (1993). Music, the brain and Ravel. *Trends in Neurosciences, 16,* 5.

Sizer, T. (1984). *Horace' s compromise*. Boston: Houghton Mifflin.

Sizer, T. (1992). *Horace' s school*. Boston: Houghton Mifflin.

Sloboda, J. (1994). Musical performance: Expression and the development of excellence. In R. Aiello and J. Sloboda (Eds.), *Musical perceptions*. New York: Oxford University Press.

Smolensky, P. (1988). On the proper treatment of connectionism: *The Behavioral and Brain Sciences, 11*(1), 1-74.

Stiles-Davis, J. (1988). Spatial dysfunctions in young children with right cerebral hemisphere injury. In J. Stiles-Davis, U. Bellugi, and M. Kritchevsky (Eds.), *Spatial cognition: Brain bases and development*. Hillsdale, NJ: Lawrence Erlbaum.

Stevens, A., & Coupe, P. (1978). Distortions in judged spatial relations. *Cognitive Psychology, 10,* 422-437.

Swanwick, K., & Tillman, J. (1986). The sequence of musical development: A survey of children' s composition. *British Journal of Music Education, 3,* 3.

Torff, B., & Winner, E. (1994, August). Don' t throw out the baby with the bathwater: On the role of innate factors in musical accomplishment. *The Psychologist,* 25-29.

Tversky, B. (1981). Distortions in memory for maps. *Cognitive Psychology, 13,* 407-433.

Viscott, D. (1970). A musical idiot savant. *Psychiatry, 33,* 494-515.

Vygotsky, L. (1978). *Mind and society*. Cambridge: Harvard University Press.

Werner, H. (1948). *Comparative psychology of mental development*. New York: Wiley Science.

Werner, H., & Kaplan, B. (1963). *Symbol formation*. New York: Wiley.

White, J., with Rumsey, S. (1993). Teaching for understanding in a third-grade geography lesson. In J. Brophy (Ed.), *Advances in research on teaching* (Vol. 4) Greenwich, CT: JAI Press.

Whitehead, A. N. (1929). *The aims of education*. New York: Free Press.

Willats, J. (1977). How children learn to represent three-dimensional space in drawings. In G. Butterworth (Ed.), *The child' s representation of the world*. New York: Plenum Press.

Winner, E. (1982). *Invented worlds*. Cambridge: Harvard University Press.

Witelson, S., & Swallow, J. (1988). Neuropsychological study of the development of spatial cognition. In J. Stiles-Davis, U. Bellugi, and M. Kritchevsky (Eds.), *Spatial cognition: Brain bases and development*. Hillsdale, NJ: Lawrence Erlbaum.

Witkin, H., Dyk, R. B., Faterson, H. D., Goodenough, D. R., & Karp, S. (1962). *Psychological differentiation*. New York: Wiley.

4장

Benjamin, W. (1978). The work of art in the age of mechanical reproduction. In H. Arendt (Ed.) and H. Zohn (Trans.), *Illuminations* (pp. 217-251). New York: Shocken Books.

Danto, A. C. (1981). *The Transfiguration of the Commonplace*. Cambridge: Harvard University Press.

Deming, A. H. (1993). *Science and Other Poems*. Baton Rouge: Louisiana State University Press.

Dewey, J. (1916). *Democracy and Education*. New York: Macmillan.

Dewey, J. (1934). *Art as Experience*. New York: Minton. Balch.

Dewey, J. (1927/1954). *The public and Its Problems*. Athens, OH: Swallow Press.

Dewey, J. (1953). *Experience and Education*. New York: Collier Books.

Dewey, J. (1958). *Experience and Nature*. New York: Dover.

Green, T. F. (1971). *The Activities of Teaching*. New York: McGraw-Hill.

Hirsch, E. D. (1987). *Cultural Literacy*. Boston: Houghton-Mifflin.

Iser, W. (1980). *The Act of Reading*. Baltimore: John Hopkins University Press.

Merleau-Ponty, M. (1967). *Phenomenology of Perception*. Evanston, IL: Northwestern University Press.
Morrison, T. (1992). *Jazz*. New York: Knopf.
Ryle, G. (1949). *The Concept of Mind*. New York: Dover.
Ryle, G. (1967). "Teaching and Training." In R. S. Peters (Ed.), *The concept of education* (pp. 105-119). London: Routledge and Kegan Paul.
Schutz, A. (1967). *The Problem of Social Reality* (Collected Papers I). The Hague: Martinus Nijhoff.
Twain, M. (1884/1935). *The Adventures of Huckleberry Finn*. New York: Harper' s.
West, C. (1993). *Race Matters*. Boston: Beacon Press.

5장

Anderson, J. R. (1982). Acquisition of a cognitive skill. *Psychological Review, 89*, 369-406.
Astington, J. W. (1994). *The child's discovery of mind*. New York: Cambridge University Press.
Astington, J. W., Harris, P. L., & Olson, D. R. (1989). *Developing theories of mind*. New York: Cambridge University Press.
Baldwin, J. M. (1896/1968). *Mental development in the child and the race*. New York: August M. Kelly.
Baratta-Lorton, M. (1976). *Mathematics their way*. Menlo Park, CA: Addison-Wesley.
Beilin, H. (1992). Piaget' s new theory. In *Piaget' s theory: Prospects and possibilities* (pp. 1-19). Hillsdale, NJ: Lawrence Erlbaum.
Bereiter, C. M., & Engleman, S. (1966). *Teaching the disadvantaged in the preschool*. Engle wood Cliffs, NJ: Prentice-Hall.
Bereiter, C. M., & Scardamalia, M. (1985). Cognitive coping strategies and the problem of inert knowledge. In S. Chipman, J. W. Segal, and R. Glaser (Eds.), *Thinking and learning skills* (Vol. 2) *Research and open questions* (pp. 65-80). Hillsdale, NJ: Lawrence Erlbaum.
Biemiller, A. F. (1993). Lake Wobegon Revisited. *Educational Researcher, 22*(9), 7-12.
Biggs, J., & Collis, K. (1982). *Evaluating the quality of learning: The SOLO taxonomy*. New York: Academic Press.
Brademas, J. (1991). Melding education and politics. In D. L. Burleson (Ed.), *Reflection Personal essays by 33 distinguished educators* (pp. 24-31). Bloomington, IN: Phi Delt Kappan.
Bradley, L., & Bryant, P. (1983). Rhyme and reason in reading and spelling. *International academy for research in learning disabilities* (Monograph 1). Ann Arbor, MI.
Brown, A. L., & Campione, J. C. (1994). Guided discovery in a community of learners. In K. McGilly (Ed.), *Classroom lessons* (pp. 229-272). Cambridge: Bradford/MIT Books.
Brown, J. S., & Duguid, P. (1991). Organizational learning and communities of practice: Toward a unified view of working, learning, and innovation. *Organization Science, 2*, 40-57.
Bruner, J. S. (1965). *Man: A course of study*. Cambridge: Educational Services.
Carey, S. (1985). *Conceptual change in childhood*. Cambridge: MIT Press.
Carpenter, T. P., & Fennema, E. (1988). Research and cognitively guided instruction. In E. Fennema, T. P. Carpenter, and S. J. Lamon (Eds.), *Integrating research on teaching a learning mathematics* (pp. 2-19). Madison: Wisconsin Center for Educational Research.
Carpenter, T. P., & Moser, J. M. (1984). The acquisition of addition and subtraction concepts in grades one though three. *Journal of Research in Mathematics Education, 15*, 179-202.
Case, R. (1985). *Intellectual development: Birth to adulthood*. Orlando, FL: Academic Press.
Case, R. (1992). *The mind's staircase: Exploring the conceptual underpinnings of children's thought and*

knowledge. Hillsdale, NJ: Lawrence Erlbaum.

Case, R. (in press). Classical and contemporary views of children' s cognitive structures. In R. Case and Y. Okamoto (Eds.). The role of central conceptual structures in the development of children' s thought. *Monographs of the Society for Research in Child Development.*

Case, R., & Bereiter, C. M. (1984). From behaviorism to cognitive behaviorism to cognitive development: Steps in the evolution of instructional design. *Instructional Science, 13,* 141–158.

Case, R., & Okamoto, Y. (2000). The role of central conceptual structures in the development of children' s thought. *Monographs of the Society for Research in Child Development.*

Cazden, C. B. (1992). Richmond Road: A multilingual/multicultural primary school in Auckland. In C. B. Cazden. *Whole language plus: Essays on literacy in the United States and New Zealand* (pp. 242–273). New York: Teachers College Press.

Chi, M. T. H. (1988). Children' s lack of access and knowledge reorganization: An example from the concept of animism. In M. Perlmutter and F. E. Weinert (Eds.), *Memory development: Universal changes and individual differences* (pp. 169–194). Hillsdale, NJ: Lawrence Erlbaum.

Chi, M. T. H., & Rees, E. (1983). A learning framework for development. *Contributions to Human Development, 9,* 71–107.

Cole, M. (1990, May). *Cultural psychology: Some general principles and a concrete example.* Paper presented at the second international congress of activity theory, Lahti, Finland.

Cole, M. (1991). Cognitive development and formal schooling: The evidence from cross cultural research. In L. C. Moll (Ed.), *Vygotsky and education: Instructional Implications and applications of sociohistorical psychology* (pp. 89–110). New York: Cambridge University Press.

Cole, M. (in press). *Culture in mind.* Cambridge: Harvard University Press.

Collins, A. (1985). Teaching reasoning skills. In S. Chipman, J. W. Segal, and R. Glaer (Eds.), *Thinking and learning skills* (Vol. 2.) *Research and open questions* (pp. 579–586). Hillsdale, NJ: Lawrence Erlbaum.

Descartes, R. (1641/1647/1954). *Philosophical writings.* Toronto: Nelson.

Deutsch, M. (1965). The role of social class in language development and cognition. *American Journal of Orthopsychiatry, 25,* 78–88.

Diaz, R. M., Neal, C. J., & Amaya-Williams, M. (1991). The social origins of self regulation. In L. C. Moll (Ed.), *Vygotsky and education: Instructional implications and applications of sociohistorical psychology* (pp. 127–154). New York: Cambridge University Press.

Drucker, P. F. (1994, November). The age of social transformation. *Atlantic Monthly,* pp. 53–75.

Feuerstein, R. (1980). *Instrumental enrichment: An intervention program for cognitive modifiability.* Baltimore: University Park Press.

Feyerabend, P. (1970). Against method. *Minnesota studies in the philosophy of science.* 4. Minneapolis: University of Minnesota Press.

Flavell, J. H. (1963). *The developmental psychology of Jean Piaget.* Princeton, NJ: Van Nostrand.

Frake, C. O. (1985). Cognitive maps of time and tide among medieval seafarers. *Man, 20,* 254–270.

Gage, N. (1991). Reflections on research in teaching. In D. L. Burleson (Ed.), *Reflections: Personal essays by 33 distinguished educators* (pp. 173–187). Bloomington, IN: Phi Delta Kappan.

Gagne, R. M. (1968). *The conditions of learning.* (2nd edn.) New York: Holt Rinehart and Winston.

Gagne, R. M., & Briggs, L. J. (1979). *Principles of instructional design.* New York: Holt.

Galbraith, J. K. (1967). *The new industrial state.* Boston: Houghton Mifflin.

Gardner, H. (1985). *The mind' s new sciences: A history of the cognitive revolution.* New York: Basic Books.

Gardner, H. (1991). *The unschooled mind.* New York: Basic Books.

Gaudia, G. (1972). Race, social class, and age of achievement of conservation of Piaget' s tasks.

Developmental Psychology, 6, 158–165.

Ginsburg, H. (1972). *The myth of the deprived child.* Englewood Cliffs, NJ: Prentice-Hall.

Glaser, R. (1985). Learning and instruction: A letter for a time capsule. In S. Chipman, J. W. Segal, and R. Glaser (Eds.), *Thinking and learning skills* (Vol. 2): *Research and open questions* (pp. 609–618). Hillsdale, NJ: Lawrence Erlbaum.

Graves, D. H. (1983). *Writing: Teachers and writers at work.* London: Heineman Educational Books.

Greeno, J. G., Collins, A., & Resnick, L. (in press). Cognition and learning. In R. Calfee and D. Berliner (Eds.), *Handbook of Educational Psychology.*

Greeno, J. G., Smith, D. R., & Moore, J. L. (1993). Transfer of situated learning. In D. K. Detterman and R. J. Sternberg (Eds.), *Transfer on trial: Intelligence, cognition, and instruction* (pp. 99–167). Norwood, NJ: Ablex.

Griffin, S. A., Case, R., & Siegler, R. S. (1994). Rightstart: Providing the central conceptual prerequisites for first formal learning of arithmetic to students at risk for school failure. In K. McGilly (Ed.), *Classroom lessons: Integrating cognitive theory and classroom practice* (pp. 25–50). Cambridge: M.I.T. Press.

Haertel, E. H., & Wiley, D. E. (1993). Representations of ability structures: Implications for testing. In N. Frederiksen, R. J. Mislevy, and I. I. Bejar (Eds.), *Test theory for a new generation of tests* (pp. 359–384). Hillsdale, NJ: Lawrence Erlbaum.

Harvey, D. O. (1990). *The condition of post modernism.* New York: Scribner.

Hayes, J. R. (1981). *The complete problem solver.* Philadelphia: Franklin Institute Press.

Hull, C. (1943). *Principles of behavior.* New York: Appleton-Century-Crofts.

Hume, D. (1748/1965). *An inquiry concerning human understanding.* New York: Bobbs-Merrill.

Kamii, C., & DeVries, R. (1977). Piaget for early education. In M. C. Day and R. Parker (Eds.), *The preschool in action.* Boston: Allyn and Bacon.

Kant, I. (1781/1961). *Critique of pure reason.* New York: Doubleday.

Karplus, R. (1964). The science curriculum improvement study. In R. E. Ripple and V. N. Rockcastle (Eds.), *Piaget rediscovered* (pp. 113–118). Ithaca, NY: Cornell School of Education Press.

Kaufmann, W. (1980). *Discovering the mind: Goethe, Kant, and Hegel.* New York: McGraw Hill.

Keating, D. P., & Mustard, J. F. (1993). Social and economic factors in human development. In D. Ross (Ed.), *Family security in insecure times* (pp. 87–105). Ottawa: National Forum on Family Security.

Kuhn, T. S. (1962). *The structure of scientific revolutions.* Chicago: University of Chicago Press.

Lakatos, I. (1970). Falsification and the methodology of scientific research programmes. In I. Lakatos and A. Musgrave (Eds.), *Criticism and the growth of knowledge* (pp. 91–196). New York: Cambridge University Press.

Langer, J. (1969). *Theories of development.* New York: Holt Rinehart and Winston.

Lampert, M. (1990). When the problem is not the question and the solution is not the answer. *American Educational Research Journal, 27,* 29–63.

Larkin, J. H. (1985). Understanding, problem representations and skill in physics. In S. Chipman, J. W. Segal, and R. Glaser (Eds.), *Thinking and learning skills* (Vol. 2) *Research and open questions* (pp. 141–160). Hillsdale, NJ: Lawrence Erlbaum.

Lave, J., & Wenger, E. (1991). *Situated learning: Legitimate peripheral participation.* Cambridge, England: Cambridge University Press.

McClelland, J. L., Rumelhart, D. E., & Hinton, G. E. (1987). The appeal of parallel distributed processing. In D. E. Rumelhart and J. L. McClelland (Eds.), *Parallel distributed processing: Explorations in the microstructure of cognition* (Vol. 1) (pp. 3–44). Cambridge: MIT Press.

Miller, G. A., Galanter, E., & Pribram, K. H. (1960). *Plans and the structure of behavior.* New York: Holt,

Rinehart, and Winston.

Moll, L. M. (1990). *Vygotsky and education: Instructional implications and applications of sociohistorical psychology*. Cambridge, England: Cambridge University Press.

Moses, R. (1992). Multiplying the meagre numbers. *Science, 258,* 1200–1201.

Newell, A., Shaw, J. C., & Simon, H. A. (1958). Elements of a theory of human problem solving. *Psychological Review, 65,* 151–166.

Newman, D., Griffin, P., & Cole, M. (1991). *The construction zone: Working for cognitive change in school.* New York: Cambridge University Press.

Noddings, N., & Maher, C. (1990). Constructivist approaches to mathematics education. *Monographs of the National Society for Teachers of Mathematics Education*. Reston, VA.

Nuffield Foundation. (1964). Nuffield Foundation Science Teaching Project. London.

Olson, D. R. (1994). *The world on paper: The conceptual and cognitive implications of writing and reading.* New York: Cambridge University Press.

Overton, W. (1983). World views and their influence on psychological theory. In H. W. Reese (Ed.), *Advances in child development and behavior, 18,* 191–226.

Pea, R. (1987). Integrating human and computer intelligence. In R. D. Pea and K. Sheingold (Eds.), *Mirrors of minds: Patterns of experience in educational computing*. Norwood NJ: Ablex.

Pepper, S. C. (1975) *World hypotheses*. Berkeley: University of California Press.

Piaget, J. (1970). Piaget's theory. In P. H. Mussen (Ed.), *Carmichael' s Handbook of Child Development* (pp. 703–732). New York: Wiley.

Porter, M. E. (1990). The competitive advantage of nations. New York: Free Press.

Pressley, M. (1982). Elaboration and memory development. *Child Development, 53,* 296–309.

Rabinow, P. (1984). *The Foucault reader*. New York: Patheon Books.

Riley, M. S., Greeno, J. G., & Heller, J. I. (1983). Development of children's problem solving ability in arithmetic. In H. P. Ginsburg (Ed.), *The development of mathematical thinking*. (pp. 153–196). New York: Academic Press.

Rogoff, B. (1990). *Apprenticeship in thinking*. New York: Oxford University Press.

Rohlen, T. R. (1994). *The learning society*. Unpublished manuscript, Stanford University Press.

Rorty, R.(1991) *Objectivity, relativism, and truth*. Cambridge, England: Cambridge University Press.

Rosenberg, N., & Birdzell, L. E. (1986). *How the west grew rich*. New York: Basic Books.

Rumelhart, D. E., Hinton, G. E., & McClelland, J. L. (1987). A General framework for PDP. In D. E. Rumelhart and J. L. McClelland (Eds.). *Parallel distributed processing: Explorations in the microstructure of cognition* (Vol. 1) (pp. 45–77). Cambridge: MIT Press.

Scardamalia, M., Bereiter, C., & Lamon, M. (1994). The CSILE Project: Trying to bring the classroom into World 3. In K. McGilly (Ed,), *Classroom lessons: Integrating cognitive theory and classroom practice* (pp. 201–229). Cambridge: MIT Press.

Siegler, R. S., & Shrager, J. (1984). Strategy and choices in addition and subtraction problems: How do children know what to do? In C. Sophian (Ed.), *Origins of cognitive skills*. Hillsdale, NJ: Lawrence Erlbaum.

Simon, D. P., & Simon, H. A. (1978). Individual differences in solving physics problems. In R. S. Siegler (Ed.), *Children' s thinking: What develops?* (pp. 325–348). Hillsdale, NJ: Lawrence Erlbaum.

Simon, H. A., & Chase, W. (1973). Skill in chess. *The American Scientist, 61,* 394–403.

Skinner, B. F. (1954). The science of learning and the art of teaching. *Harvard Educational Review, 24,* 86–97.

Spearman, C. (1992). *The abilities of man: Their nature and measurement*. New York: Macmillan.

Spelke, E. (1988). Where perceiving ends and thinking begins: The apprehension of objects in infancy. In A. Yonas (Ed.), *Perceptual development in infancy: Minnesota symposia in child psychology* (pp. 197-234). Hillsdale, NJ: Lawrence Erlbaum.

Spindler, G., & Spindler, E. (1987). *Interpretive ethnography of education: At home and abroad*. Hillsdale, NJ: Lawrence Erlbaum.

Starkey, P. (1992). The early development of numerical reasoning. *Cognition, 4,* 93-126.

Terman, L. M. (1916). *The measurement of intelligence*. Boston: Houghton Mifflin.

Thorndike, E. L. (1926). *The measurement of intelligence*. New York: Teachers College Press.

Vacca, R. T., & Vacca, J. L. (1986). *Content area reading* (2nd edn.). Boston: Little, Brown.

Vygotsky, L. S. (1934/1962). *Thought and language*. Cambridge: MIT Press.

Watson, J. S. (1914). *Behavior, an introduction to comparative psychology*. New York: Holt, Rinehart, and Winston.

Wellman, H. M. (1990). The child' s theory of mind. Cambridge: Bradford/MIT Press.

Willowby, S., Bereiter, C. M., Hilton, P., & Rubenstein, J. (1981). *Real Math*. Peru, IL: Open Court Publishing.

Wiser, M., & Kipman, D. (1988). *The differentiation of heat and temperature. An evaluation of the effect of microcomputer models of students' misconceptions* (Report TR 88-20). Cambridge: Educational Technology Center, Harvard University.

Wood, D. J., Bruner, J. S., & Ross, G. (1976). The role of tutoring in problem-solving. *Journal of Child Psychology and Psychiatry, 17,* 89-100.

Yackel, E., Cobb, P., Wood, T., Wheatley, G., & McNeal, G. (1990). The importance of social interactions in children' s construction of mathematical knowledge. In T. Cooney (Ed.), 1990 *Yearbook of the National Council of Teachers of Mathematics* (pp. 12-21). Reston, VA: National Council of Teachers of Mathematics.

6장

Ames, L. B. (1989). *Arnold Gesell: Themes of his work*. New York: Human Sciences Press.

Baruch, D. (1942). *You, your children, and war*. New York: Appleton-Century.

Beatty, B. (1995). *Preschool education in America: The culture of young children from the colonial era to the present*. New Haven: Yale University Press.

Burk, F., & Burk, C. (1899). *A study of the kindergarten problem*. San Francisco: Whitaker and Ray.

Clark Universality Summer School. (1899). *Kindergarten Magazine, 12,* 22. Summer School Records, Clark University Archives, Worcester, MA.

Clinchy, E. (1994). Higher education: The albatross around the neck of our public schools. *Phi Delta Kappan, 75,* 744-751.

Comer, J. P. (1980). *School power: Implications of an intervention project*. New York: Free Press.

Comer, J. P. (1986). Parent participation in the schools. *Phi Delta Kappan, 67,* 442-446.

Cremin, L. A. (1961). *The transformation of the school: Progressivism in American education, 1876-1957*. New York: Vintage Books.

Cuban, L. (1990). Reforming again, again, and again. *Educational Researcher, 19,* 3-13.

Cuban, L. (1993). *How teachers taught: Constancy and change in American classrooms, 1880-1990* (2nd edn.). New York: Teachers College Press.

Darling-Hammond, L. (1993). Reframing the school reform agenda: Developing capacity for school transformation. *Phi Delta Kappan, 74,* 753-761.

Dewey, J. (1895/1972). Plan of organization of the university primary school. In J. A. Boydston (Ed.), *John Dewey: The early works, 1882–1898* (Vol. 5) *Early essays, 1895–1898* (pp. 224–243). Carbondale and Edwardsville, IL: Southern Illinois University Press.

Dewey, J. (1896/1972). The university school. In J. A. Boydston (Ed.), *John Dewey: The early works, 1882–1898* (Vol. 5) *Early essays, 1895–1898* (pp. 436–441). Carbondale and Edwardsville, IL: Southern Illinois University Press.

Dewey, J. (1898/1972). The primary-education fetich. In J. A. Boydston (Ed.), *John Dewey: The early works, 1882–1898* (Vol. 5) *Early essays, 1895–1898* (pp. 254–269). Carbondale and Edwardsville, IL: Southern Illinois University Press.

Dewey, J. (Ed.)(1900). *The elementary school record.* Nos. 1–9, February–December. Chicago: University of Chicago Press.

Dewey, J. (1902). *The child and the curriculum.* Chicago: University of Chicago Press.

Dewey, J. (1916). *Democracy and education: An introduction to the philosophy of education.* New York: Macmillan.

Dewey, J. (1931/1984). The way out of educational confusion. In J. A. Boydston (Ed.), *John Dewey: The later works, 1925-1953* (Vol.2) (pp. 75–89). Carbondale and Edwardsville, IL: Southern Illinois University Press.

Gesell, A. (1923). *The preschool child.* New York: Houghton Mifflin.

Gesell, A. (1929). The guidance nursery of the Yale Psycho-Clinic. In *Twenty-eighth year book of the National Society for the Study of Education.* Chicago: University of Chicago Press.

Grant, J. (1992). *Modernizing motherhood: Child study clubs and the parent education movement.* Doctoral dissertation, Boston University.

Hacking, I. (1990). *The taming of chance.* Cambridge, England: Cambridge University Press.

Hall, G. S. (1893). *The contents of children' s minds on entering school.* New York: E. L. Kellogg.

Hill, P. S. (1894–1895). The free kindergarten as the basis of education. In Louisville Free Kindergarten Association, *Report for 1894–1895.*

Horn, M. (1989). *Before it' s too late: The child guidance movement in the United States, 1922–1945.* Philadelphia: Temple University Press.

James, W. (1958). *Talks to teachers.* New York: Norton.

Joncich, G. (1968). *The sane positivist: A biography of Edward L. Thorndike.* Middletown, CT: Wesleyan University Press.

Kessen, W. (1965). *The child.* New York: Wiley.

Kindergarten Day at Clark University. (1896). *Kindergarten News, 9,* 36–41.

Kliebard, H. M. (1987). *The struggle for the American curriculum, 1893–1958.* New York: Routledge.

Lagemann, E. C. (1989). The plural worlds of educational research. *History of Education Quarterly, 29,* 185–214.

Lubeck, S. (1994). The politics of developmentally appropriate practice: Exploring issues of culture, class, and curriculum. In Mallory, B. L., and New, R. S. (Eds.), *Diversity and developmentally appropriate practices* (pp. 17–43). New York: Teachers College Press.

Mayhew, K. C., & Edwards, A. C. (1936). *The Dewey school: The laboratory school of the University of Chicago, 1896–1903.* New York: Appleton-Century.

National Society for the Study of Education. (1929). *Twenty-Eighth Yearbook.* Chicago: University of Chicago Press.

New, R. S., & Mallory, B. L. (1994). Introduction: The ethic of inclusion. In Mallory and New, *Diversity and developmentally appropriate practices* (pp. 1–14). New York: Teachers College Press.

Ravitch, D., & Vinovskis, M. (Eds.) (1995). *Learning from the past: What history teaches about school reform.* Baltimore: Johns Hopkins University Press.

Ross, D. (1972). *G. Stanley Hall: The psychologist as prophet.* Chicago: University of Chicago Press.

Schlossman, S. L. (1981). Philanthropy and the gospel of child development. *History of Education Quarterly, 21,* 275-300.

Shapiro, M. S. (1983). *Child's garden: The kindergarten movement from Froebel to Dewey.* University Park: Pennsylvania State University Press.

Siegel, A., & White, S. H. (1982). The child study movement: Early growth and development of the symbolized child. *Advances in Child Behavior and Development, 17,* 233-285.

Strickland, C. (1973). *The child and the race: The doctrines of recapitulation and culture epochs in the rise of the child-centered ideal in American educational thought, 1875-1900.* Doctoral dissertation, University of Wisconsin.

Thom, D. (1924). *Habit clinics for the child of preschool age.* Washington: Children's Bureau.

Tyack, D. B. (1974). *The one best system: A history of American urban education.* Cambridge: Harvard University Press.

Tyack, D. B. (1985). *Managers of virtue: Public school leadership in America, 1820-1980.* New York: Basic Books.

Tyack, D. B. (1995). Reinventing schooling. In D. Ravitch and M. Vinovskis (Eds.), *Learning from the past: What history teaches about school reform* (pp. 191-216). Baltimore: Johns Hopkins University Press.

Tyack, D. B., & Tobin, W. (1994). The "grammar" of schooling: Why has it been so hard to change? *American Educational Research Journal, 31,* 451-479.

Vinovskis, M. (1995). School readiness and early childhood education. In D. Ravitch and M. Vinovskis (Eds.), *Learning from the past: What history teaches about school reform* (pp. 243-264). Baltimore: Johns Hopkins University Press.

Watson, J. (1928). *The psychological care of the infant and child.* New York: Norton.

Wheelock, L. (n.d.). *My life story.* Unpublished autobiography, Archives, Wheelock College, Boston, MA.

White, S. H. (1990). Child study at Clark University: 1894-1904. *Journal of the History of the Behavioral Sciences, 26,* 131-150.

White, S. H. (1991). Three visions of a psychology of education. In L. T. Landsmann (Ed.), *Culture, schooling, and psychological development* (pp. 1-38). Norwood, NJ: Ablex.

White, S. H. (1992). G. Stanley Hall: From Philosophy to developmental psychology. *Developmental Psychology, 28,* 25-34.

Woolley, H. T. (1925). David: A study of the experience of a nursery school in training a child adopted from an institution. *Child Welfare League of America, Case Studies, No. 2,* 3-26.

Woolley, H. T. (1926). Agnes: A dominant personality in the making. *Pedagogical Seminary and Journal of Genetic Psychology* (March), 569-598.

Zenderland, L. (1988). Education, evangelism, and the origins of clinical psychology: The child study legacy. *Journal of the History of Behavioral Sciences, 24,* 152-165.

Zigler, E., & Muenchow, S. (1992). *Head Start: The inside story of America's most successful educational experiment.* New York: Basic Books.

7장

Adams, M. J., & Bruck, M. (1993). Word recognition: The interface of educational policies and scientific research. *Reading and Writing: An Interdisciplinary Journal, 5,* 113–139.

American Psychiatric Association. (1987). *Diagnostic and statistical manual of mental disorders* (III–R). Washington.

Anastasi, A. (1988). *Psychological testing* (6th edn.). New York: Macmillan.

Applebee, A. N. (1971). Research in reading retardation: Two critical problems. *Journal of Child Psychology and Psychiatry, 12,* 91–113.

Aram, D., Morris, R., & Hall, N. (1992). The validity of discrepancy criteria for identifying children with developmental language disorders. *Journal of Learning Disabilities, 25,* 549–554.

Arkes, H. R., Christensen, C., Lai, C., & Blumer, C. (1987). Two methods of reducing overconfidence. *Organizational Behavior and Human Decision Processes, 39,* 133–144.

Arkes, H. R., & Hammond, K. (Eds.). (1986). *Judgment and decision making*. Cambridge, England: Cambridge University Press.

Arkes, H. R., & Harkness, A. R. (1983). Estimates of contingency between two dichotomous variables. *Journal of Experimental Psychology: General, 112,* 117–135.

Aronowitz, S., & Giroux, H. A. (1985). *Education under siege*. South Hadley, MA: Bergin and Garvey.

Baddeley, A. D., Logie, R. H., & Ellis, N. C. (1988). Characteristics of developmental dyslexia. *Cognition, 30,* 198–227.

Barlett, D., & Steele, J. (1992). *America: What went wrong?* Kansas City: Andrews and McMeel.

Baron, J. (1985). *Rationality and intelligence*. Cambridge, England: Cambridge University Press.

Barron, R. (1981). Reading skill and spelling strategies. In A. Lesgold, and C. Perfetti (Eds.), *Interactive processes in reading* (pp. 299–327). Hillsdale, NJ: Lawrence Erlbaum.

Beech, J., & Harding, L. (1984). Phonemic processing and the poor reader from a developmental lag viewpoint. *Reading Research Quarterly, 19,* 357–366.

Ben–Dror, I., Pollatsek, A., & Scarpati, S. (1991). Word identification in isolation and in context by college dyslexic students. *Brain and Language, 40,* 471–490.

Bentin, S. (1992). Phonological awareness, reading, and reading acquisition. In R. Frost and L. Katz (Eds.), *Orthograph, phonology, morphology, and meaning* (pp. 193–210). Amsterdam: North–Holland.

Birnbaum, R. (1990). IQ and the definition of LD. *Journal of Learning Disabilities, 23,* 330.

Bishop, D., & Adams, C. (1990). A prospective study of the relationship between specific language impairment, phonological disorders, and reading retardation. *Journal of Child Psychology and Psychiatry, 31,* 1027–1050.

Block, N. J., & Dworkin, G. (1976). IQ, heritability, and inequality. In N. J. Block and G. Dworkin (Eds.), *The IQ controversy* (pp. 410–540). New York: Pantheon Books.

Bloom, A., Wagner, M., Reskin, L., & Bergman, A. (1980). A comparison of intellectually delayed and primary reading disabled children on measure of intelligence and achievement. *Journal of Clinical Psychology, 36,* 788–790.

Bowers, P., Steffy, R., & Tate, E. (1988). Comparison of the effects of IQ control methods on memory and naming speed predictors of reading disability. *Reading Research Quarterly, 23,* 304–319.

Bowey, J. A., Cain, M. T., & Ryan, S. M. (1992). A reading–level design study of phonological skills underlying fourth–grade children' s word reading difficulties. *Child Development, 63,* 999–1011.

Bowles, S., & Gintis, H. (1976). *Schooling in capitalist America*. New York: Basic Books.

Bradley, L., & Bryant, P. E. (1978). Difficulties in auditory organization as a possible cause of reading backwardness. *Nature, 271,* 746–747.

Bradley, L., & Bryant, P. E. (1985). *Rhyme and reason in reading and spelling*. Ann Arbor: University of Michigan Press.

Bronfenbrenner, U., & Ceci, S. J. (1994). Nature-nurture reconceptualized in developmental perspective: A bio-ecological model. *Psychological Review, 101,* 568-586.

Broniarczyk, S., & Alba, J. W. (1994). Theory versus data in prediction and correlation tasks. *Organizational Behavior and Human Decision Processes, 57,* 117-139.

Brown, G. D. A., & Watson, F. L. (1991). Reading development in dyslexia: A connectionist approach. In M. Snowling and M. Thomson (Eds.), *Dyslexia: Integrating theory and practice* (pp. 165-182). London: Whurr Publishers.

Bruck, M. (1988). The word recognition and spelling of dyslexic children. *Reading Research Quarterly, 23,* 51-69.

Bruck, M. (1990). Word-recognition skills of adults with childhood diagnoses of dyslexic. *Developmental Psychology, 26,* 439-454.

Bruck, M. (1992). Persistence of dyslexics' phonological awareness deficits. *Developmental Psychology, 28,* 874-886.

Bruck, M., & Treiman, R. (1990). Phonological awareness and spelling in normal children and dyslexics: The case of initial consonant clusters. *Journal of Experimental Child Psychology, 50,* 156-178.

Bryant, P. E., Maclean, M., Bradley, L., & Crossland, J. (1990). Rhyme and alliteration, phoneme detection, & learning to read. *Developmental Psychology, 26,* 429-438.

Carpenter, P. A., Just, M. A., & Shell, P. (1990). What one intelligence test measures: A theoretical account of the processing in the Raven Progressive Matrices Test. *Psychological Review, 97,* 404-431.

Carrier, J. G. (1986). *Learning disability: Social class and the construction of inequality in American education.* New York: Greenwood Press.

Catts, H. W. (1991). Early identification of reading disabilities. *Topics in language Disorders, 12*(1), 1-16.

Ceci, S. J. (1986). *Handbook of cognitive, social, and neuropsychological aspects of learning disabilities* (Vol. 1). Hillsdale, NJ: Lawrence Erlbaum.

Ceci, S. J. (1990). *On intelligence. . . more or less: A bio-ecological treatise on intellectual development.* Englewood Cliffs, NJ: Prentice-Hall.

Ceci, S. J. (1993). Contextual trends in intellectual development. *Developmental Review, 13,* 403-435.

Ceci, S. J., & Liker, J. K. (1986). A day at the races: A study of IQ, expertise, and cognitive complexity. *Journal of Experimental Psychology: General, 115,* 255-266.

Cohen, L. J. (1981). Can human irrationality be experimentally demonstrated? *Behavioral and Brain Sciences, 4,* 317-331.

Cole, K. N., Dale, P. S., & Mills, P. E. (1990). Defining language delay in young children by cognitive referencing: Are we saying more than we know? *Applied Psycholinguistic, 11,* 291-302.

Coles, G. S. (1978). The learning-disabilities test battery: Empirical and social issues. *Harvard Educational Review, 48,* 313-340.

Coles, G. S. (1987). *The learning mystique.* New York: Pantheon.

Critchley, M. (1970). *The dyslexic child.* London: William Heinmann Medical Books.

Cronbach, L. J. (1984). *Essentials of psychological testing* (4th edn.). New York: Harper and Row.

Davidson, D. (1984). On the very idea of a conceptual scheme. In D. Davidson (Ed.), *Truth and interpretation* (pp. 183-198). Oxford University Press.

Davidson, J. E. (1990). Intelligence recreated. *Educational Psychologist, 25,* 337-354.

Dawes, R. M. (1988). *Rational choice in an uncertain world.* San Diego: Harcourt, Brace Jovanovich,

DeFries, J. C., Fulker, D., & Labuda, M. (1987). Evidence for a genetic etiology in reading disability in twins. *Nature, 329,* 537-539.

Dennett, D. (1978). Intentional systems. In D. Dennett (Ed.), *Brainstorms* (pp. 3-22). Cambridge: MIT Press.

Detterman, D. (1982). Does "g" exist? *Intelligence, 6,* 99-108.

Doehring, D. G. (1978). The tangled web of behavioral research on developmental dyslexia. In A. L. Benton, and D. Pearl (Eds.), *Dyslexia* (pp. 123-135). New York: Oxford University Press.

Eisenberg, L. (1978). Definitions of dyslexia: Their consequences for research and policy. In A. L. Benton and D. Peal (Eds.), *Dyslexia* (pp. 29-42). New York: Oxford University Press.

Ellis, N., & Large, B. (1987). The development of reading: As you seek so shall you find. *British Journal of Psychology, 78,* 1-28.

Ennis, R. H., & Millman, J. (1985). *Cornell Critical Thinking Test.* Pacific Grove, CA: Midwest Publications.

Evans, B., & Waites, B. (1981). *IQ and mental testing: An unnatural science and its social history.* London: Macmillan.

Evans, J. B. T. (1989). *Bias in human reasoning: Causes and consequences.* London: Erlbaum Associates.

Farris, H. & Revlin, R. (1989). Sensible reasoning in two tasks: Rule discovery and hypothesis evaluation. *Memory and Cognition, 17,* 221-232.

Felton, R. H. & Wood, F. R. (1992). A reading level match study of nonword reading skills in poor readers with varying IQs. *Journal of Learning Disabilities, 25,* 318-326.

Fischhoff, B. (1988). Judgment and decision making. In R. J. Sternberg and E. E. Smith (Eds.), *The psychology of human thought* (pp. 153-189). Cambridge, England: Cambridge University Press.

Fletcher, J. M., Espy, K., Francis, D., Davidson, K., Rourke, B., & Shaywitz, S. (1989). Comparisons of cutoff and regression-based definitions of reading disabilities. *Journal of Learning Disabilities, 22,* 334-338.

Fletcher, J. M., Francis, D. J., Rourke, B. P., Shaywitz, B. A., & Shaywitz, S. E. (1992). The validity of discrepancy-based definitions of reading disabilities. *Journal of Learning Disabilities, 25,* 555-561.

Fletcher, J. M., Shaywitz, S. E., Shankweiler, D., Katz, L., Liberman, I., Stuebing, K., Francis, D. J., Fowler, A., & Shaywitz, B. A. (1994). Cognitive profiles of reading disability: Comparisons of discrepancy and low achievement definitions. *Journal of Educational Psychology, 86,* 6-23.

Forness, S., & Kavale, K. (1991). Social skills deficits as primary learning disabilities: A note on problems with the ICLD diagnostic criteria. *Learning Disabilities Research and Practice, 6,* 44-49.

Frankenberger, W., & Fronzaglio, K. (1991). A review of states' criteria and procedures for identifying children with learning disabilities. *Journal of Learning Disabilities, 24,* 495-500.

Frankenberger, W, & Harper, J. (1987). States' criteria and procedures for identifying learning disabled children: A comparison of 1981/82 and 1985/86 guidelines. *Journal of Learning Disabilities, 20,* 118-121.

Fredman, G., & Stevenson, J. (1988). Reading processes in specific reading retarded and reading backward 13-year-olds. *British Journal of Developmental Psychology, 6,* 97-108.

Frith, U., & Showling, M. (1983). Reading for meaning and reading for sound in autistic and dyslexic children. *British Journal of Developmental Psychology, 1,* 329-342.

Galaburda, A. (1991). Anatomy of dyslexia: Argument against phrenology. In D. Duane and D. Gray (Eds.), *The reading brain: The biological basis of dyslexia* (pp. 119-131). Parkton, MD: York Press.

Galaburda, A. (1994). Developmental dyslexia and animal studies: At the interface between cognition and neurology. *Cognition, 50,* 133-149.

Galaburda, A. M., Sherman, G., Rosen, G., Aboitz, F., & Geschwind, N. (1985). Developmental dyslexia: Four consecutive patients with cortical anomalies. *Annals of Neurology, 18,* 222-233.

Gardner, H. (1983). *Frames of mind.* New York: Basic Books.

Gardner, H. (1986). The waning of intelligence tests. In R. J. Sternberg and D. K. Detterman (Eds.), *What is intelligence?* (pp. 73-76). Norwood, NJ: Ablex.

Gaskins, I. (1982). Let' s end the reading disabilities/learning disabilities debate. *Journal of Learning*

Disabilities, 15, 81-83.

Gathercole, S. E., & Baddeley, A. D. (1987). The processes underlying segmental analysis. *European Bulletin of Cognitive Psychology, 7,* 462-464.

Goldman, A. I. (1986). *Epistemology and cognition.* Cambridge: Harvard University Press.

Goldman, A. I. (1993). *Philosophical applications of cognitive science.* Boulder, CO: Westview Press.

Goswami, U., & Bryant, P. (1990). *Phonological skills and learning to read.* Hove, England: Lawarence Erlbaum.

Gould, S. J. (1981). *The mismeasure of man.* New York: Norton.

Greenberger, E., & Sternberg, L. (1986). *When teenagers work: The psychological and social costs of adolescent employment.* New York: Basic Books.

Greenwood. J. D. (Ed.). (1991). *The future of folk psychology.* Cambridge: MIT Press.

Greider, W. (1992). *Who will tell the people?* New York: Simon and Schuster.

Hammill, D. D. (1990). On defining learning disabilities: An emerging consensus. *Journal of Learning Disabilities, 23,* 74-84.

Hammill, D., Leigh, J., McNutt, G., & Larsen, S. (1981). A new definition of learning disabilities. *Learning Disability Quarterly, 4,* 336-342.

Harris, A. J., & Sipay, E. R. (1985). *How to increase reading ability* (8th edn.). White Plains, NY: Longman.

Hessler, G. L. (1987). Educational issues surrounding severe discrepancy. *Learning Disabilities Research, 3,* 43-49.

Hilliard, A. (1984). IQ testing and the emperor' s new clothes. In C. R. Reynolds and R. T. Brown (Eds.), *Perspectives on bias in mental testing* (pp. 189-220). New York: Plenum.

Holligan, C., & Johnston, R. S. (1988). The use of phonological information by good and poor readers in memory and reading tasks. *Memory and Cognition, 16,* 522-532.

Humphreys, L. G. (1979). The construct of general intelligence. *Intelligence, 3,* 105-120.

Hynd, G. S., Marshall, R., & Gonzalez, J. (1991). Learning disabilities and presumed central nervous system dysfunction. *Learning Disability Quarterly, 14,* 283-296.

Hynd, G. S., Marshall, R., & Semrud-Clikeman, M. (1991). Developmental dyslexia, neurolinguistic theory and deviations in brain morphology. *Reading and Writing: An Interdisciplinary Journal, 3,* 345-362.

Ingram, T., Mason, A., & Blackburn, I. (1970). A retrospective study of 82 children with reading disability. *Developmental Medicine and Child Neurology, 12,* 271-281.

Johnson, D. J. (1988). Review of research on specific reading, writing, and mathematics disorders. In J. F. Kavanagh, and T. J. Truss (Eds.), *Learning disabilities: Proceedings of the national conference* (pp. 79-163). Parkston, MD: York Press.

Jorm, A., Share, D., Maclean, R., & Matthews, R. (1986). Cognitive factors at school entry predictive of specific reading retardation and general reading backwardness: A research note. *Journal of Child Psychology and Psychiatry, 27,* 45-54.

Kamhi, A. G. (1992). Response to historical perspective: A developmental language perspective. *Journal of Learning Disabilities, 25,* 48-52.

Kamhi, A., & Catts, H. (1989). *Reading disabilities: A developmental language perspective.* Austin: PRO-ED.

Kahneman, D., Slovic, P., & Tversky, A. (1982). *Judgment under uncertainty: Heuristics and biases.* Cambridge, England: Cambridge Undershirt Press.

Kavale, K. A., & Nye, C. (1981). Identification criteria for learning disabilities: A survey of the research literature. *Learning Disability Quarterly, 4,* 363-388.

Kavanagh, J. F., & Truss, T. J. (Eds.). (1988). *Learning disabilities: Proceedings of the national conference.* Parkston, MD: York Press.

King, P. M., Kitchener, K. S., Davison, M. L., Parker, C. A., & Wood, P. K. (1983). The justification of beliefs in young adults: A longitudinal study. *Human Development, 26,* 106-116.

Kitcher, P. (1993). *The advancement of science.* New York: Oxford University Press.

Kitchener, K. S., & Brenner, H. G. (1990). Wisdom and reflective judgement: Knowing in the face of uncertainty. In R. J. Sternberg (Ed.), *Wisdom: Its nature, origins, and development* (pp. 212-229). Cambridge, England: Cambridge University Press.

Kitchener, K. S., & King, P. M. (1981). Reflective judgment: Concepts of justification and their relationship to age and education. *Journal of Applied Developmental Psychology, 2,* 89-116.

Kuhn, D. (1991). *The skills of argument.* Cambridge, England: Cambridge University Press.

Kuhn, D. (1993). Connecting scientific and informal reasoning. *Merrill-Palmer Quarterly, 38,* 74-103.

Kunda, Z., & Nisbett, R. E. (1986). The psychometrics of everyday life. *Cognitive Psychology, 18,* 195-224.

Larsen, P. J., Hoien, T., Lundberg, I., & Odegaard, H. (1990). MRI evaluation of the size and symmetry of the planum temporale in adolescents with developmental dyslexia. *Brain and Language, 39,* 289-301.

Lerner, J. (1985). *Learning disabilities* (4th edn.). Boston: Houghton Mifflin.

Lesser, R., & Paisner, M. (1985). Magical thinking in formal operational adults. *Human Development, 28,* 57-70.

Lindgren, S. D., De Renzi, E., & Richman, L. C. (1985). Cross-national comparisons of developmental dyslexia in Italy and the United States. *Child Development, 56,* 1404-1417.

Lyon, G. R. (1987). Learning disabilities research: False starts and broken promise. In S. Vaughn and C. S. Bos (Eds.), *Research in learning disabilities* (pp. 69-85). Boston: College Hill Press.

Manis, F. R., Custodio, R., & Szeszulski, P. A. (1993). Development of phonological and orthographic skill: A two-year longitudinal study of dyslexic children. *Journal of Experimental Child Psychology, 56,* 64-86.

Manis, F. R., Szeszulski, P. A., Holt, L. K., & Graves, K. (1990). Variation in component word recognition and spelling skills among dyslexic children and normal readers. In T. H. Carr and B. A. Levy (Eds.), *Reading and its development: Component skills approaches* (pp. 207-259). San Diego: Academic Press.

McGill Franzen, A. (1987). Failure to learn to read: Formulating a policy problem. *Reading Research Quarterly, 22,* 475-490.

Morrison, F. J. (1991). Learning (and not learning) to read: A developmental framework. In L. Rieben and C. Perfetti (Eds.), *Learning to read: Basic research and its implications* (pp. 163-174). Hillsdale, NJ: Lawrence Erlbaum.

Mulder, G., Wijers, A., Smid, H., Brookhuis, K., & Mulder, L. (1989). Individual differences in computational mechanisms: A psychophysiological analysis. In R. Kanfer, P. Ackerman, and R. Cudeck (Eds.), *Abilities, motivation, and methodology* (pp. 391-434). Hillsdale, NJ: Lawrence Erlbaum.

Neisser, U. (1976). General, academic, and artificial intelligence. In L. B. Resnick (Ed.), *The nature of intelligence* (pp. 135-144). Hillsdale, NJ: Lawrence Erlbaum.

Nisbett, R., & Ross, L. (1980). *Human inference: Strategies and shortcomings of social judgement.* Englewood Cliffs, NJ: Prentice-Hall.

Nozick, R. (1993). *The nature of rationality.* Princeton, NJ: Princeton University Press.

Oakes, J. (1985). *Keeping track: How schools structure inequality.* New Haven: Yale University Press.

Oakhill, J., & Garnham, A. (1988). *Becoming a skilled reader.* Oxford, England: Basil Blackwell.

Olson, R., Kliegl, R., Davidson, B., & Foltz, G. (1985). Individual and developmental differences in reading disability. In G. E. MacKinnon and T. Waller (Eds.), *Reading research: Advances in theory and practice* (Vol. 4, pp. 1-64). London: Academic Press.

Olson, R. K., Rack, J., Conners, F., DeFries, J., & Fulker, D. (1991). Genetic etiology of individual differences in reading disability. In L. Feagans, E. Short, and L. Meltzer (Eds.), *Subtypes of learning disabilities* (pp. 113–135). Hillsdale, NJ: Lawrence Erlbaum.

Olson, R. K., Wise, B., Conners, F., & Rack, J. (1990). Organization, heritability, and remediation of component word recognition and language skills in disabled readers. In T. Carr and B. A. Levy (Eds.), *Reading and its development: Component skills approaches* (pp. 261–322). New York: Academic Press.

Olson, R. K., Wise, B., Conners, F., Rack, J., & Fulker, D. (1989). Specific deficits in component reading and language skills: Genetic and environmental influences. *Journal of Learning Disabilities, 22,* 339–348.

Owen, D. (1985). *None of the above: Behind the myth of scholastic aptitude.* Boston: Houghton Mifflin.

Pennington, B. F. (1990). The genetics of dyslexia. *Journal of Child Psychology and Psychiatry, 31,* 193–201.

Pennington, B. F., Gilger, J., Olson, R. K., & DeFries, J. C. (1992). The external validity of age-versus IQ-discrepancy definitions of reading disability: Lessons from a twin study. *Journal of Learning Disabilities, 25,* 562–573.

Pennington, B. F., Gilger, J., Pauls, D., Smith, S. A., Smith, S. D., & DeFries, J. (1991). Genetic and neurological influences on reading disability: An overview. *Journal of the American Medical Association, 266* (11), 1527–1534.

Pennington, B. F., McCabe, L. L., Smith, S., Lefly, D., Bookman, M., Kimberling, W., & Lubs, H. (1986). Spelling errors in adults with a form of familial dyslexia. *Child Development, 57,* 1001–1013.

Pennington, B. F., Van Orden, G., Kirson, D., & Haith, M. (1991). What is the causal relation between verbal STM problems and dyslexia? In S. A. Brady and D. P. Shankweiler (Eds.), *Phonological processes in literacy* (pp. 173–186). Hillsdale, NJ: Lawrence Erlbaum.

Perfetti, C. A. (1985). *Reading ability.* New York: Oxford University Press.

Perkins, D. N., Jay, E., & Tishman, S. (1993). Beyond abilities: A dispositional theory of thinking. *Merrill-Palmer Quarterly, 39,* 1–21.

Rack, J. (1985). Orthographic and phonetic coding in developmental dyslexia. *British Journal of Psychology, 76,* 325–340.

Rack, J. P., Snowling, M. J., & Olson, R. K. (1992). The nonword reading deficit in developmental dyslexia: A review. *Reading Research Quarterly, 27,* 28–53.

Reed, J. C. (1970). The deficits of retarded readers-fact or artifact? *The Reading Teacher, 23,* 347–357.

Resnick, L. B., Levine, J., & Teasley, S. (Eds.). (1991). *Perspectives on socially shared cognition.* Washington: American Psychological Association.

Reynolds, C. R. (1985). Measuring the aptitude-achievement discrepancy in learning disability diagnosis. *Remedial and Special Education, 6,* 37–55.

Rogoff, B., & Lave, J. (Eds.). (1984). *Everyday cognition.* Cambridge: Harvard University Press.

Rutter, M. (1978). Prevalence and types of dyslexia. In A. Benton and D. Pearl (Eds.), *Dyslexia: An appraisal of current knowledge* (pp. 5–28). New York: Oxford University Press.

Rutter, M., & Yule, W. (1975). The concept of specific reading retardation. *Journal of Child Psychology and Psychiatry, 16,* 181–197.

Scarborugh, H. S. (1990). Very early language deficits in dyslexia children. *Child Development, 61,* 1728–1743.

Scheffler, I. (1985). *Of human potential.* New York: Roultledge and Kegan Paul.

Semrud-Clikeman, M., Hynd, G. S., Novey, E., & Eliopulos, D. (1991). Dyslexia and brain morphology: Relationships between neuroanatomical variation and neurolinguistic tasks. *Learning and Individual Differences, 3,* 225–242.

Senf, G. F. (1986). LD research in sociological and scientific perspective. In J. K. Torgesen and B. Y. L. Wong (Eds.), *Psychological and educational perspectives on learning disabilities* (pp. 27–53). Orlando, FL: Academic Press.

Shankweiler, D., Crain, S., Brady, S., & Macaruso, P. (1992). Identifying the causes of reading disability. In P. Gough, L. Ehri, and R. Treiman (Eds.), *Reading acquisition* (pp. 275–305). Hillsdale, NJ: Lawrence Erlbaum.

Share, D. L. (1995). Phonological recoding and self-teaching: Sine qua non of reading acquisition. *Cognition, 55,* 151–218.

Share, D. L., Jorm, A., McGee, R., Silva, P., Maclean, R., Matthews, R., & Williams, S. (1990). *Word recognition and spelling processes in specific reading disabled and garden-variety poor readers.* Unpublished manuscript.

Shaywitz, B. A., Fletcher, J. M., Holahan, J. M., & Shaywitz, S. E. (1992). Discrepancy compared to low achievement definitions of reading disability: Results from the Connecticut Longitudinal Study. *Journal of Learning Disabilities, 25,* 639–648.

Shepard, L. (1980). An evaluation of the regression discrepancy method for identifying children with learning disabilities. *The Journal of Special Education, 14,* 79–91.

Siegel, L. S. (1985). Psycholinguistic aspects of reading disabilities. In L. Siegel and F. Morrison (Eds.), *Cognitive development in atypical children* (pp. 45–65). New York: Springer Verlag.

Siegel, L. S. (1988). Evidence that IQ scores are irrelevant to the definition and analysis of reading disability. *Canadian Journal of Psychology, 42,* 201–215.

Siegel, L. S. (1989). IQ is irrelevant to the definition of learning disabilities. *Journal of Learning Disabilities, 22,* 469–479.

Siegel, L. S. (1992). An evaluation of the discrepancy definition of dyslexia. *Journal of Learning Disabilities, 25,* 618–629.

Siegel, L. S. (1993). The development of reading. In H. Reese (Ed.), *Advances in child development and behavior* (Vol. 24, pp. 63–97). San Diego: Academic Press.

Siegel, L. S., & Faux, D. (1989). Acquisition of certain grapheme–phoneme correspondences in normally achieving and disabled readers. *Reading and Writing: An Interdisciplinary Journal, 1,* 37–52.

Siegel, L. S., & Heaven, R. K. (1986). Categorization of learning disabilities. In S. J. Ceci (Ed.), *Handbook of cognitive, social, and neuropsychological aspects of learning disabilities* (Vol. 1, pp. 95–121). Hillsdale, NJ: Lawrence Erlbaum.

Siegel, L. S., & Ryan, E. B. (1988). Development of grammatical-sensitivity, phonological, and short-term memory skills in normally achieving and learning disabled children. *Developmental Psychology, 24,* 28–37.

Siegel, L. S., & Ryan, E. B. (1989). Subtypes of developmental dyslexia: The influence of definitional variables. *Reading and Writing: An Interdisciplinary Journal, 1,* 257–287.

Silva, P. A., McGee, R., & Williams, S. (1985). Some characteristics of nine-year-old boys with general reading backwardness or specific reading retardation. *Journal of Child Psychology and Psychiatry, 26,* 407–421.

Smith, S. D., Kimberling, W. J., & Pennington, B. F. (1991). Screening for multiple genes influencing dyslexia. *Reading and Writing: An Interdisciplinary Journal, 3,* 285–298.

Snowling, M. (1980). The development of grapheme–phoneme correspondence in normal and dyslexic readers. *Journal of Experimental Child Psychology, 29,* 294–305.

Snowling, M. (1981). Phonemic deficits in developmental dyslexia. *Psychological Research 43,* 219–234.

Snowling, M. (1991). Developmental reading disorders. *Journal of Child Psychology and Psychiatry, 32,* 49–

77.

Stahl, S. A., & Murray, B. (1994). Defining phonological awareness and its relationship to early reading. *Journal of Educational Psychology, 86,* 221-234.

Stanley, G., Smith, G., & Powys, A. (1982). Selecting intelligence tests for studies of dyslexic children. *Psychological Reports, 50,* 787-792.

Stanovich, K. E. (1981). Relationships between word decoding speed, general name retrieval ability, and reading progress in first-grade children. *Journal of Educational Psychology, 73,* 809-815.

Stanovich, K. E. (1982). Individual differences in the cognitive processes of reading. I: Word decoding. *Journal of Learning Disabilities, 15,* 485-493.

Stanovich, K. E. (1986a). Cognitive processes and the reading problems of learning disabled children: Evaluating the assumption of specificity. In J. Torgesen and B. Wong (Eds.), *Psychological and educational perspectives on learning disabilities* (pp. 87-131). New York: Academic Press.

Stanovich, K. E. (1986b). Matthew effects in reading: Some consequences of individual differences in the acquisition of literacy. *Reading Research Quarterly, 21,* 360-407.

Stanovich, K. E. (1988a). Explaining the differences between the dyslexic and the garden variety poor reader: The phonological-core variable-difference model. *Journal of Learning Disabilities, 21,* 590-612.

Stanovich, K. E. (1988b). The right and wrong places to look for the cognitive locus of reading disability. *Annals of Dyslexia, 38,* 154-177.

Stanovich, K. E. (1989). Has the learning disabilities field lost its intelligence? *Journal of Learning Disabilities, 22,* 487-492.

Stanovich, K. E. (1991). Discrepancy definitions of reading disability: Has intelligence led us astray? *Reading Research Quarterly, 26,* 7-29.

Stanovich, K. E. (1992). Speculations on the causes and consequences of individual differences in early reading acquisition. In P. Gough, L. Ehri, and R. Treiman (Eds.), *Reading Acquisition* (pp. 307-342). Hillsdale, NJ: Lawrence Erlbaum.

Stanovich, K. E. (1993). Dysrationalia: A new specific learning disability. *Journal of Learning Disabilities, 26,* 501-515.

Stanovich, K. E. (1994). Reconceptualizing intelligence: Dysrationalia as an intuition pump. *Educational Researcher, 23*(4), 11-22.

Stanovich, K. E., Cunningham, A. E., & Carmer, B. (1984). Assessing phonological awareness in kindergarten children: Issues of task comparability. *Journal of Experimental Child Psychology, 38,* 175-190.

Stanovich, K. E., Cunningham, A. E., & Freeman, D. J. (1984). Intelligence, cognitive skills, and early reading progress. *Reading Research Quarterly, 19,* 278-303.

Stanovich, K. E., Nathan, R. G., & Zolman, J. E. (1988). The developmental lag hypothesis in reading: Longitudinal and matched reading-level comparisons. *Child Development, 59,* 71-86.

Stanivich, K. E., & Siegel, L. S. (1994). The phenotypic performance profile of reading disabled children: A regression-based test of the phonological-core variable-difference model. *Journal of Educational Psychology, 86,* 24-53.

Steinberg, L., Fegley, S., & Dornbusch, S. M. (1993). Negative impact of part-time work on adolescent adjustment: Evidence from a longitudinal study. *Developmental Psychology, 29,* 171-180.

Steinmetz, H., & Galaburda, A. M. (1991). Planum temporale asymmetry: In-vivo morphometry affords a new perspective for neuro-behavioral research. *Reading and Writing: An Interdisciplinary Journal, 3,* 331-343.

Sternberg, R. J. (1985). Implicit theories of intelligence, creativity, and wisdom. *Journal of Personality and Social Psychology, 49,* 607-627.

Sternberg, R. J. (1988). The triarchic mind. New York: Viking.

Sternberg, R. J., Conway, B., Ketron, J., & Bernstein, M. (1981). People' s conceptions of intelligence. *Journal of Personality and Social Psychology, 41,* 37–55.

Sternberg, R. J. & Detterman, D. K. (1986). *What is intelligence?* Norwood, NJ: Ablex.

Sternberg, R. J. & Wagner, R. K. (1986). *Practical intelligence.* Cambridge, England: Cambridge University Press.

Stevenson, J. (1991). Which aspects of processing text mediate genetic effects? *Reading and Writing: An Interdisciplinary Journal, 3,* 249–269.

Sternberg, J. (1992a). Genetics. In N. Singh and I. Beale (Eds.), *Learning disabilities: Nature, theory, and treatment* (pp. 327–351). New York: Springer–Verlag.

Stevenson, J. (1992b). Identifying sex differences in reading disability: Lessons from a twin study. *Reading and Writing: An Interdisciplinary Journal, 4,* 307–326.

Stevenson, J., Graham, P., Freeman, G., & McLoughlin, V. (1987). A twin study of genetic influences on reading and spelling ability and disability. *Journal of Child Psychology and Psychiatry, 28,* 229–247.

Stich, S. (1990). *The fragmentation of reason.* Cambridge: MIT Press.

Taylor, H. G., & Schatschneider, C. (1992). Academic achievement following childhood brain disease: Implications for the concept of learning disabilities. *Journal of Learning Disabilities, 25,* 630–638.

Thomson, M. (1982). Assessing the intelligence of dyslexic children. *Bulletin of the British Psychological Society, 35,* 94–96.

Thorndike, R. L. (1963). *The concepts of over-and under-achievement.* New York: Teachers College, Columbia University.

Torgesen, J. (1985). Memory processes in reading disabled children. *Journal of Learning Disabilities, 18,* 350–357.

Torgesen, J. K. (1986). Controlling for IQ. *Journal of Learning Disabilities, 19,* 452.

Torgesen, J. K. (1991). Learning disabilities: Historical and conceptual issues. In B. L. Wong (Ed.), *Learning about learning disabilities* (pp. 3–37). San Diego: Academic Press.

Torgesen, J. K., Wagner, R. K., & Rashotte, C. A. (1994). Longitudinal studies of phonological processing and reading. *Journal of Learning Disabilities, 27,* 276–286.

Treiman, R., & Hirsh–Pasek, K. (1985). Are there qualitative differences in reading behavior between dyslexics and normal readers? *Memory and Cognition, 13,* 357–364.

Tschirgi, J. E. (1980). Sensible reasoning: A hypothesis about hypotheses. *Child Development, 51,* 1–10.

Tunmer, W. E., & Hoover, W. (1992). Cognitive and linguistic factors in learning to read. In P. B. Gough, L. C. Ehri, and R. Treiman (Eds.), *Reading Acquisition* (pp. 175–214). Hillsdale, NJ: Lawrence Erlbaum.

Tunmer, W. E., & Nesdale, A. R. (1985). Phonemic segmentation skill and beginning reading. *Journal of Educational Psychology, 77,* 417–427.

van der Wissel, A. (1987). IQ profiles of learning disabled and mildly mentally retarded children: A psychometric selection effect. *British Journal of Developmental Psychology, 5,* 45–51.

van der Wissel, A., & Zegers, F. E. (1985). Reading retardation revisited. *British Journal of Developmental Psychology, 3,* 3–9.

Vaughn, S., & Bos, C. S. (1987). *Research in learning disabilities: Issues and future directions.* Boston: College–Hill Press.

Vellutino, F. (1978). Toward an understanding of dyslexia: Psychological factors in specific reading disability. In A. L. Benton and D. Pearl (Eds.), *Dyslexia* (pp. 59–111). New York: Oxford University Press.

Vellutino, F. (1979). *Dyslexia: Theory and research.* Cambridge: MIT Press.

Vellutino, F., & Scanlon, D. (1987). Phonological coding, phonological awareness, and reading ability:

Evidence from a longitudinal and experimental study. *Merrill-Palmer Quarterly, 33,* 321-363.

Vernon, P. A. (1987). New developments in reaction time research. In P. A. Vernon (Ed.), *Speed of information-processing and intelligence* (pp. 1-20). Norwood, NJ: Ablex.

Vernon, P. A. (1991). The use of biological measures to estimate behavioral intelligence. *Educational Psychologist, 25,* 293-304.

Voss, J., Perkins, D., & Segal, J. (Eds.). (1991). *Informal reasoning and education.* Hillsdale, NJ: Lawrence Erlbaum.

Wagner, R. K., & Torgesen, J. K. (1987). The nature of phonological processing and its causal role in the acquisition of reading skills. *Psychological Bulletin, 101,* 192-212.

Wasserman, E. A., Dorner, W. W., & Kao, S. F. (1990). Contributions of specific cell information to judgments of intervent contingency. *Journal of Experimental Psychology: Learning, Memory, and Cognition, 16,* 509-521.

Wassermann, S. (1987). Teaching for thinking: Louis E. Raths revisited. *Phi Delta Kappan, 68*(6), 460-466.

Watson, F., & Brown, G. (1992). Single-word reading in college dyslexics. *Applied Cognitive Psychology, 6,* 263-272.

Watson, G., & Glaser, E. M. (1980). *Watson-Glaser Critical Thinking Appraisal.* San Antonio, TX: Psychological Corporation.

Willows, D. M., Kruk, R., & Corcos, E. (Eds.). (1993). *Visual processes in reading and reading disabilities.* San Diego: Academic Press.

8장

Astington, J., Harris, P., & Olson, D. R. (1988). *Developing theories of mind.* Cambridge, England: Cambridge University Press.

Bauer, P., & Mandler, J. (1989). Taxonomies and triads: Conceptual organization in one-to-two-year-olds. *Cognitive Psychology, 21*(2), 156-184.

Bereiter, C., & Englemann, S. (1966). *Teaching disadvantaged children in the preschool.* Englewood Cliffs, NJ: Prentice-Hall.

Brain, M. D. S. (1971). The acquisition of language in infant and child. In C. E. Reed (Ed.), *The learning of language.* New York: Appleton-Century-Crofts.

Bredekamp, S., & Shepard, L. (1989). How best to protect children from inappropriate school expectations, practices, and policies. *Young Children, 44,* 14-24.

Brown, A. Domain-specific principles affect learning and transfer in children. *Cognitive Science, 14,* 107-133.

Brown, R., & Hanlon, C. (1970). Derivational complexity and order of acquisition in child speech. In J. R. Hayes (Ed.), *Cognition and the development of language* (pp. 11-53). New York: Wiley.

Bruner, J. S. (1966). *The process of Education.* Cambridge: Harvard University Press.

Bruner, J. S. (1983a). *Child' s talk.* New York: Norton.

Bruner, J. S. (1983b). *In search of mind: Essays in autobiography.* New York: Harper and Row.

Bruner, J. S. (1986). *Actual minds, possible worlds.* Cambirdge: Harvard University Press.

Carey, S. (1986). *Conceptual change in childhood.* Cambridge: Bradford/MIT Press.

Carey, S. (1991). Knowledge acquisition: Enrichment or conceptual change? In S. Carey and R. Gelman (Eds.), *Epigenensis of mind: Studies in biology and cognition* (pp. 257-291). Hillsdale, NJ: Lawrence Erlbaum.

Carey, S., & Gelman, R. (1991). *The epigenesis of mind.* Hillsdale, NJ: Lawrence Erlbaum.

Carey, S., & Spelke, E. (1994). Domain-specific knowledge and conceptual change. In L. Hirschfeld and S. A. Gelman (Eds.), *Mapping the mind: Domain specificity in cognition and culture* (pp. 169-200). Cambridge, England: Cambridge University Press.

Chomsky, N. (1986). *Knowledge of language: Its nature, origin and uses*. New York: Praeger.

Comenius, J. A. (1633/1956). *The school of infancy*. E. Eller (Ed.), Chapel Hill: University of North Carolina Press.

Consortium for Longitudinal Studies. (1983). *As the twig is bent: Lasting effects of preschool programs*. Hillsdale, NJ: Lawrence Erlbaum.

Day. B. (1980). Contemporary early childhood education programs and related controversial issues. In D.C. Range, J. R. Layton, and D. L. Roubinek (Eds.), *Aspects of early child-hood education: Theory to research to practice* (pp. 39-86). New York: Academic Press.

DeVries, R., & Kohlberg, L. (1987). *Programs of early education: The constructivist view*. New York: Longman.

Dewey, J. (1902/1956). *The child and the curriculum*. Chicago: University of Chicago Press.

Durkin, D. (1973). What does research say about the time to begin research instruction? In R. Karlin (Ed.), *Perspectives on elementary reading* (pp. 135-143). New York: Harcourt Brace Jovanovich.

Fischer, K. W., & Bidell, T. (1992). Constraining nativist influences about cognitive capacities. In S. Carey and R. Gelman (Eds.), *The epigenesis of mind* (pp. 199-235). Hillsdale, NJ: Lawrence Erlbaum.

Fodor, J. (1983). *Modularity of mind: An essay on faculty psychology*. Cambridge: MIT Press.

Fodor, J. (1992) A theory of the child' s theory of mind. *Cognition, 44,* 283-296.

Gallistel, C. R. (1990). *The organization of learning*. Cambridge: Bradford/MIT Press.

Gallistel, C. R., & Gelman, R. (1992). Preverbal and verbal counting and computation. *Cognition, 44,* 43-74.

Gelman, R. (1990). First principles organize attention to and learning about relevant data: Number and the animate-inanimate distinction. *Cognitive schience, 14,* 79-106.

Gelman, S. A. (1988). The development of induction within natural kind and artifact categories. *Cognitive Psychology, 20,* 65-95.

Gelman, S. A., & Kremer, K. E. (1991). Understanding natural cause: Children's explanations of how objects and their properties originate. *Child Development, 62,* 296-314.

Gelman, S. A., & Wellman, H. M. (1991). Insides and essences: Early understanding of the nonobvious. *Cognition, 38*(3), 213-244.

Gleitman, L. R., Gleitman, H., Landau, B., & Wanner, E. (1988). Where language learning begins: Initial representations for language learning. In F. J. Newmeyer (Ed.), *Linguistics: The Cambridge Survey* (Vol. 3, pp. 150-193). Cambridge, England: Cambirdge University Press.

Gopnik, A. (1993). *The "theory theory" of cognitive development*. Paper presented at the Society for Research in Child Development, New Orleands.

Gopnil, A., & Wellman, H. M. (1994). The theory theroy. In L. Hirschfeld and S. Gelman (Eds.), *Domain-specificity in culture and cognition* (pp. 257-293). New York: Cambridge University Press.

Gould, S. J. (1981). *The mismeasure of man*. New York: Norton.

Hilgard, E., & Bower, G. (1966). *Theories of learning* (3rd ed.). New York: Appleton Century-Crofts.

James, W. (1939). *Talks to teachers about psychology*. New York: Holt, Republished in 1983 *as Talks to teachers on psychology and to students on some of life' s ideals*. Cambridge: Harvard Universiry Press.

Karmiloff-Smith, A. (1992). *Beyond modularity: A developmental perspective on cognitive science*. Cambridge: MIT Press.

Keil, F. (1989). *Concepts, kinds, and cognitive development*. Cambridge: MIT Press.

Keil, F. (1990). Constraints on constraints: Surveying the epigenetic landscape. *Cognitive science, 14,* 135-

168.

Klahr, D., & Wallace, J. G. (1973). The role of quantification operators in the development of conservation. *Cognitive Psychology, 4,* 301-327.

Lenneberg, E. (1967). *The biological foundations of language.* New York: Wiley.

Lesile, A. M. (1988). The necessity of illusion: Perception and thought in infancy. In L. Weiskrantz (Ed.), *Thought without language* (pp. 185-210). Oxford, England: Clarendon Press.

Lombard, A. D. (1994). *Success begins at home: The past, present, and future of the home instruction program for young children.* Guilford, CT: Dushkin Publishing Group.

Medin, D. (1989). Concepts and conceptual structure. *American Psychologist, 44,* 1469-1481.

Meisels, S. (1987). Uses and abuses of developmental screening and school readiness testing. *Young Children, 42,* 4-6, 68-73.

Meisels, S. (1992). Doing harm by doing good: Iatrogenic effects of early childhood enrollment and promotion policies. *Early Childhood Research Quarterly, 7,* 155-174.

Meltzoff, A. N., & Moore, M. K. (1983). Newborn infants imitate adult facial gestures. *Child Development, 54,* 702-719.

Miller, G. A. (1977). *Spontaneous apprentices: Children and language.* New York: Seabury Press.

Morphett, M. V., & Washburne, C. (1931). When should children learn to read? *Elementary School Journal, 31,* 496-508.

Newport, E. (1990). Maturational constraints on language learning. *Cognitive Science, 14,* 11-28.

Olson, D. R., & Astington, J. W. (1993). Thinking about thinking: Learning how to take statements and hold beliefs. *Educational Psychologist, 28* (1), 7-23.

Perner, J., & Wilde Astington, J. (1992). The child' s understanding of mental representation. In H. Beilin and P. B. Pufall (Eds.), *Piaget' s theory: Prospects and possibilities* (pp. 141-160). Hillsdale, NJ: Lawrence Erlbaum.

Piatelli-Palmerini, M. (1980). *Language and learning: The debate between Jean Piaget and Noam Chomsky.* Cambridge: Harvard University Press.

Pinker, S. (1990). Language acquisition. In Posner, M. (Ed.), *Foundations of cognitive science* (pp. 359-399). Cambridge: MIT Press.

Range, D., Layton, J., & Roubinek, D. (Eds.). (1980). *Aspects of early childhood education: Theory to research to practice.* New York: Academic Press.

Ristau, C. A. (1991). *Cognitive ethology: The minds of other animals.* Hillsdale, NJ: Lawrence Erlbaum.

Rogoff, B. (1990). *Apprenticeship in thinking: Cognitive development in social context.* New York: Oxford University Press.

Rousseau, J.-J. (1762/1979). *Emile, or on education* (A. Bloom, Trans.). New York: Basic Books.

Shepard, L., & Smith, M. L. (1986). Synthesis of research on school readiness and kindergarten retention. *Educational Leadership, 44,* 78-86.

Shepard, L., & Smith, M. L. (1987). Effects of kindergarten retention at the end of first grade. *Psycholoy in the Schools, 24* (October), pp. 346-357.

Shepard, L., & Smith, M. L. (Eds.). (1989). *Flunking grades: Research and policy on retention.* Philadelphia: Falmer Press.

Simmons, B., Whitfeld, E., & Layton, R. (1980). The preparation of early childhood teachers: Philosophical and empirical foundations. In D. L. Range, J. R. Layton, & D. L. Roubinek (Eds.), *Aspects of early childhood education: Theory to research to practice* (pp. 1-38). New York: Academic Press.

Smith, M. L., & Shepard, L. A. (1988). Kindergarten readiness and retention: A qualitative study of teachers' beliefs and practices. *American Educational Research Journal, 25(3),* 307-333.

Spelke, E. (1991). Physical knowledge in infancy. In S, Carey and R. Gelman (Eds.), *The epigenesis of mind* (pp. 133-169). Hillsdale, NJ: Lawrence Erlbaum.

Stern, D. (1985). *The interpersonal world of the infant: A view from psychoanalysis and developmental psychology*. NY: Basic Books.

Stitch, S. P. (1983). *From folk psychology to cognitive science: The case against belief.* Cambridge: MIT Press.

Teale, W. H., & Sulzby, E. (1986). *Emergent literacy*. Norwood, NJ: Ablex.

Tyler, F. T. (1964). Issues related to readiness to learn. In E, Hilgard (Ed.), *Theories of learning and instruction. The 63rd yearbook of the National Society for the Study of Education* (pp. 210-239). Chicago: University of Chicago Press.

Von Frisch, K. (1954). *The dancing bees*. London: Methuen.

Wellman, H. M. (1990). *The child's theory of mind*. Cambridge: MIT Press.

Wellman, H. M., & Gelman, S. A. (1992). Cognitive development: Foundational theories of core domains. *Annual Review of Psychology, 43,* 337-375.

Weikart, D. P. (1967). *Preschool intervention: A preliminary report of the Perry Preschool Project.* Ann Arbor, MI: Campus Publishers.

Zigler, E., & Meunchow, S. (1992). *Head Start: The inside story of America' s most successful educational experiment*. New York: Basic Books.

9장

Adams, M. (1990). *Beginning to read: Thinking and learning about print*. Cambridge: MIT Press.

Andersen, E. (1990). *Speaking with style: The sociolinguistic skills of children*. London: Routledge.

Baker, C., & Freebody, P. (1989). *Children' s first school books*. Oxford, England: Basil Blackwell.

Blum-Kulka, S., & Snow, C. (1992). Developing autonomy for tellers, tales, and telling in family narrative events. *Journal of Narrative and Life History, 2,* 187-217.

Bowerman, M. (1982). Reorganizational processes in lexical and syntactic development. In E. Wanner and L. Gleitman (Eds.), *Language acquistion: The state of the art*. Cambirdge, England: Cambridge University Press.

Bruner, J. (1986). *Actual minds, possible worlds*. Cambridge: Harvard University Press.

Calkins, L. (1991). *Living between the lines*. Portsmouth, NH: Heinemann.

Chomsky, N. (1957). *Syntactic structurees*. The Hague: Mouton.

Clancy, P. (1986). The acquisition of communicative style in Japanese. In B. Schieffelin and E. Ochs (Eds.), *Language socialization across cultures* (pp. 213-250). Cambridge, England: Cambridge University Press.

Crago, M., & Eriks-Brophy, A. (1994). Culture, conversation, and interaction: Implications for intervention. In J. Duchan and R. Sonnenmeier (Eds.), *Pragmatics: From theory to practice* (pp. 43-58). Englewood Cliffs, NJ: Prentice-Hall.

Delpit, L. (1992). Acquisition of literate discourse. *Theory into Practice, 3,* 296-302.

De Temple, J., & Beals, D. (1991). Family talk: Sources of support for the development decontextualized language skills. *Journal of Research in Childhood Education, 6,* 11-19.

Dorr-Bremme, D. (1990). Contextualization cues in the classroom: Discourse regulatio and social control functions. *Language in Society, 19,* 379-402.

Dyson, A., & Genishi, C. (Eds.). (1994). *The need for story: Cultural diversity in classroom and community.* Urbana, IL: National Council of Teachers of English.

Edelsky, C., Altwerger, B., & Flores, B. (1991). *Whole language: What' s the difference.* Portsmouth, NH: Heinemann.

Egan, K. (1987). Literacy and the oral foundations of education. *Harvard Educational Review, 57,* 445–472.

Elster, C. (1994). "I guess they do listen" : Young children's emergent readings after adult read-alouds. *Young Children, 49,* 27–31.

Gallas, K. (1994). *The languages of learning: How children talk, write, dance, draw, and sing their understanding of the world.* New York: Teachers College Press.

Gallaway, C, & Richards, B. (1994). *Input and interaction in language acquisition.* Cambridge, England: Cambridge University Press.

Gee, J. (1990). *Social linguistics and literacies: Ideology in discourses.* London: Falmer.

Goodman, K. (1982). *Language and literacy: The selected writings of Kenneth S. Goodman* (Vol. 1). London: Routledge.

Goodman, K., & Goodman, Y. (1979). Learning to read is natural. In L. Resnick and P. Weaver (Eds.), *Theory and practice of early reading* (Vol. 1, pp. 137–154). Hillsdale, NJ: Lawrence Erlbaum.

Goodman, Y. (1989). Roots of the whole-language movement. *Elementary School Journal, 90,* 113–127.

Graves, D. (1983). *Writing: Teachers and children at work.* Exeter, NH: Heinmann.

Hall, N. (1987). *The emergence of literacy.* Postsmouth, NH: Heinemann.

Hemphill, L., Feldman, H., Camp, L., Griffin, T., & Wolf, D. (1994). Developmental changes in narrative and non-narrative discourse in children with and without brain injury. *Journal of Communication Disorders, 27,* 107–133.

Hemphill, L., Wolf, D., & Camp, L. (1993, April). *Narrative competence: Local patterns usage.* Paper presented at the biennial meeting, Society for Research in Child Development, New Orleans.

Hicks, D. (1990). Narrative skills and genre knowledge: Ways of telling in the primary school grades. *Applied Psycholinguistics, 11,* 83–104.

Holdaway, D. (1979). *The foundations of literacy.* Sydney: Ashton Scholastic.

Holdaway, D. (1986). The structure of natural learning as a basis for literacy instruction. In M. Sampson (Ed.), *The pursuit of literacy: Early reading and writing* (pp. 56–72). Dubuque, IA: Kendall Hunt.

Hudson, J., & Shapiro, L. (1991). From knowing to telling: The development of children's scripts, stories, and personal narratives. In A. McCabe and C. Peterson (Eds.), *Developing narrative structure* (pp. 89–136). Hillsdale, NJ: Lawrence Erlbaum.

Hyon, S., & Sulzby, E. (1992, April). *Black kindergartners' spoken narratives: Style, structure, and task.* Paper presented at the annual meeting of the American Educational Research Association, San Francisco.

Karmiloff-Smith, A. (1979). *A functional appproach to child language.* Cambridge, England: Cambridge University Press.

Karmiloff-Smith, A. (1992). *Beyond modularity: A developmental perspective on cognitive science.* Cambridge: MIT Press.

Leont' ev, A. (1979). The problem of activity in psychology. In J. Wertsch (Ed.), *The concept of activity in Soviet psychology* (pp. 37–71). Armonk, NY: Sharpe.

LeVine, R., Dixon, S., LeVine, S., Richman, A., Leiderman, P., Keefer, C., & Brazelton, T. (1994). *Child care and culture: Lessons from Africa.* New York: Cambridge University Press.

Lieven, E. (1994). Crosslinguistic and crossculutural aspects of language addressed to children. In C. Gallaway and B. Richards (Eds.), *Input and interaction in language acquisition* (pp. 56–73). Cambridge, England: Cambridge University Press.

McCarthey, S. (1994). Authors, text, and talk: The internationalization of dialogue from social interaction during writing. *Reading Research Quarterly, 29,* 200–231.

Michaels, S. (1981). Sharing time. *Language in Society, 10,* 423-447.

Michaels, S. (1987). Text and context: A new approach to the study of classroom writing. *Discourse Processes, 10,* 321-346.

Michaels, S. (1991). The dismantling of narrative. In A. McCabe and C. Peterson (Eds.), *Developing narrative structure* (pp. 303-354). Hillsdale, NJ: Lawrence Erlbaum.

Minami, M., & McCabe, A. (1991). Haiku as a discourse regulation device. *Language in Society, 20,* 577-599.

Moorman, G., Blanton, W., & McLaughlin, T. (1994). The rhetoric of whole language. *Reading Research Quarterly, 29,* 309-329.

Nelson, K. (1986). *Event Knowledge.* Hillsdale, NJ: Lawrence Erlbaum.

Newman, J. (Ed.). (1985). *Whole language: Theory in use.* Portsmouth, NH: Heinemann.

Ochs, E. (Ed.). (1988). *Culture and language development.* Cambridge, England: Cambridge University Press.

Ochs, E. (1992). Indexing gender. In A. Duranti and C. Goodwin (Eds.), *Rethinking context: Language as an interactive phenomenon* (pp. 335-358). Cambridge, England: Cambridge University Press.

Ochs, E., Taylor, C., Rudolph, D., & Smith, R. (1992). Story-telling as a theory-building activity. *Discourse Processes, 15,* 37-72.

Pappas, C. (1993). Is narrative "Primary"? Some insights from kindergartenres' pretend readings of stories and information books. *Journal of Reading Behavior, 25,* 97-129.

Purcell-Gates, V. (1991). Ability of well-read-to kindergartners to decontexualize/ recontextualize experience into a written narrative register. *Language and Education, 5,* 177-188.

Ruddell, R. (1992). A whole language and literacy perspective: Creating a meaning making instructional environment. *LanguageArts, 69,* 612-620.

Schieffelin, B., & Ochs, E. (Eds.). (1986). *Language socialization across cultures.* Cambridge, England: Cambridge University Press.

Shannon, P. (1990). *The struggle to continue: Progressive reading instruction in the United States.* Portsmouth, NH: Heinmann.

Smith, F. (1983). *Essays into literacy.* London: Heinemann.

Snow, C. (1995). Issues in the study of input: Fine-tuning, universality, individual and developmental differences, and necessary causes. In P. Fletcher and B. MacWhinney (Eds.), *The handbook of child language* (pp. 180-193). Oxford, England: Blackwell.

Snow, C., Barnes, W., Chandler, J., Goodman, I., & Hemphill, L. (1991). *Unfulfilled expectations: Home and school influences on literacy.* Cambridge: Harvard University Press.

Snow, C., & Dickinson, D. (1990). Social sources of narrative skills at home and at school. *First Language, 10,* 87-103.

Sydow, K. (1990). The oral language acquisition analogy in early literacy research. *ERO, 14,* 43-50.

Teale, W. (1982). Toward a theory of how children learn to read and write naturally. *Language Arts, 59,* 555-570.

Tizard, B., & Hughes, M. (1984). *Young children learning.* Cambridge: Harvard University Press.

Ulichny, P., & Watson-Gegeo, K. (1989). Interactions and authority: The dominant interpretive framework in writing conferences. *Discourse Processes, 10,* 309-328.

Vacca, R., & Rasinski, T. (1992). *Case studies in whole language.* Fort Worth, TX: Harcourt Brace Jovanovich.

Walkerdine, V. (1988). *The mastery of reason.* London: Routledge.

Weaver, C. (1994). *Reading process and practice: From socio-psycholinguistics to whole language* (2nd edn.). Portsmouth, NH: Heinmann.

Wells, C. (1981). *Learning through interaction.* Cambridge, England: Cambridge University Press.

Wells, C. (1986). *The meaning makers.* Portsmouth, NH: Heinemann.

Wertsch, J. (Ed.). (1979). *The concept of activity in Soviet psychology*. Armonk, NY: Sharpe.

Willinsky, J. (1990). *The new literacy: Redefining reading and writing in the schools*. New York: Routledge.

10장

Allington, R. (1984). Content coverage and contextual reading in reading groups. *Journal of Reading Behavior, 16,* 85-95.

Bruner, J. (1957). On perceptual readiness. *Psychological Review, 64,* 123-152.

Bruner, J. (1990). *Acts of meaning*. Cambridge: Harvard University Press.

Cazden, C. B. (1988). *Classroom discourse: The language of teaching and learning*. Portsmouth, NH: Heinemann.

Cazden, C. B. (1992). *Whole language plus: Essays on literacy in the United States and New Zealand*. New York: Teachers College Press.

Clay, M. M. (1982). *Observing young readers*. Portsmouth, NH: Heinmann.

Clay, M. M. (1985). Reading Recovery: Systemic adaptation to an educational innovation. *New Zealand Journal of Educational Studies, 22* (1), 35-58.

Clay, M. M. (1987). Learning to be learning disabled. *New Zealand Journal of Educational Studies, 22* (2), 155-173.

Clay, M. M. (1990). Developmental learning puzzles me. *Australian Journal of Reading, 14,* (4), 263-276.

Clay, M. M. (1991). *Becoming literate: The construction of inner control*. Auckland, New Zealand: Heinemann Education.

Clay, M. M. (1993). *Reading Recovery: A guidebook for teachers in training*. Auckland, New Zealand: Heinemann Education.

Caly, M. M., & Cazden, C. B. (1990). A Vygotskian interpretation of Reading Recovery. In L. B. Moll (Ed.), *Vygosky and education* (pp. 203-222). New York: Cambridge University Press. Reprinted in Cazden (1992).

Clay, M. M., & Oates, R. E. (1985). Round about twelve: Studies of Form 2 children in 1978. Auckland, New Zealand: University of Auckland Educationa Department.

Ferreiro, E., & Teberosky, A. (1982). *Literacy before schooling*. Portsmouth, NH: Heinemann.

Gaffney, J., & Anderson, R. (1991). Two-tiered scaffolding: Congruent processes of teaching and learning. Technical Report No. 523, Center for the Study of Reading, University of Illinois at Urbana-Champaign.

Gentry, J. R. (1978). Early spelling strategies. *Elementary school Journal, 79,* 88-92.

Gittleman, R. (1985). Controlled trials of remedial approaches to reading disability. *Journal of Child Psychology and Psychiatry, 26,* 843-846.

Hansen, V. R., & Robenhagan, O. (1993). *Abdullah's genuine Indonesian curry powder,* Copenhagen: The Danish National Institute for Educational Research.

Johnston, P. H. (1985). Understanding reading disability: A case study approach. *Harvard Educational Review, 55,* 153-177.

Learning Media. (1992). *Dancing with a pen*. Wellington, New Zealand: Ministry of Education.

Levin, H. (1990). Building school capacity for effective teacher empowerment: Applications to elementary schools with at-risk students. Stanford, CA: Stanford University School of Education.

Levin, I., & Korat, O. (1993). Sensitivity to phonological, morphological and semantic cues in early reading and writing in Hebrew. *Merrill-Palmer Quarterly, 39*(2), 213.

Levin, I., & Tochinsky-Landsmann, L. (1989). Becoming literate: Referential and phonetic strategies in early reading and writing. *Merrill-Palmer Quarterly, 12*(3), 369-384.

Lewin, K. (1954). Behavior and development as a function of the total situation. In L. Carmichael (Ed.), *Manual of child psychology*. New York: Wiley.

Lindfors, J. W. (1987). *Children' s language and learning*. Englewood Cliffs, NJ: Prentice-Hall.

McNaughton, S. (1995). *Patterns of emergent literacy: Development and transition*. Auckland, New Zealand: Oxford University Press.

Nicholson, T. (1985). Experts and novices: A study of reading in the high school classroom. *Reading Research Quarterly, 19*(4), 436-451.

Pogrow, S. (1990a). Challenging at-risk students: Findings from the HOTS program. *Phi Delta Kappan* (pp. 389-397).

Pogrow, S. (1990b). A Socratic approach to using computers with at-risk students. *Educational Leadership* (pp. 61-66).

Resnick, L. B., & Resnick, D. P. (1990). *Tests as standards of achievement in schools*. Proceedings of the Educational Testing Service Invitational Conference on the Uses of Standardized Tests in American Education. Princeton: ETS.

Scriven, M. (1975). Problems and prospects for individualization. In H. Talmage (Ed.), *Systems of individualized education* (pp. 199-210). Chicago: National Society for the Study of Education Yearbook.

Shephard, L. (1991). Negative policies for dealing with diversity: When does assessment and diagnosis turn into sorting and segregation. In E. Hiebert (Ed.), *Literacy for a diverse society: Persectives, practices and policies* (pp. 279-298). New York: Teachers College Press.

Stallman, A., & Pearson, D. (1990). Formal measures of early literacy. In L. M. Morrow and J. K. Smith (Eds.), *Assessment for instruction in early literacy* (pp. 7-44). Englewood Cliffs, NJ: Prentice-Hall.

Stanovich, K. E. (1986). Matthew effects in reading: Some consequences of individual differences in the acquisition of literacy. *Reading Research Quarterly, 21*(4), 360-406.

Valsiner, J. (1987). *Culture and the development of children' s action*. Chichester, England: Wiley.

11장

Andrews, R. (Ed.). (1988). *Narrative and argument*. Milton Keynes: Open University Press.

Bachmair, B. (1991). From the Motorcar to the Television: Cultural-historical Arguments on the Meaning of Mobility for Communication. *Media Culture and Society, 13*, 521-533.

Bahkin, M. M. (1986). *Speech genres and other essays*. Austin: University of Texas Press.

Bernstein, B. (1990). *The structuring of pedagogic discourse-class codes and control* (Vol. 4). London: Routledge.

Bissex, G. L. (1980). *Guys at work: A child learns to write and read*. Cambridge: Harvard University Press.

Bourdieu, P. (1991). *Language and Symbolic Power*. Cambridge, England: Polity Press.

Bruner, J. S. (1983). *Child's talk: Learning to use language*. New York: Norton.

Bruner, J. S. (1990). *Acts of meaning*. Cambridge, England: Cambridge University Press.

Ferreiro, E. (1985). Literacy development: A psychogenetic perspective. In D. R. Olson, N. Torrance, and A. Hildyard (Eds.), *Literacy, language, and learning* (pp. 217-228). Cambridge, England: Cambridge University Press.

Ferreiro, E., & Teberosky, A. (1982). *Literacy before schooling*. New York: Heinemann.

Freire, P. (1972). *Pedagogy of the oppressed*. New York: Herder and Herder.

Halliday, M. A. K. (1979). *Language as social semiotic*. London: Edward Arnold.

Halliday, M. A. K. (1985). *An introduction to functional grammar*. London: Edward Arnold.

Hodge, R. I. V., & Kress, G. R. (1993). *Social semiotics*. Ithaca, New York: Cornell University Press.

Kalantzis, M., & Cope, W. (1993). The powers of literacy. A genre approach to writing. London: Falmer Press.

Kress, G. R. (1988). Textures and meaning. In R. Andrews (Ed.), *Narrative and argument* (pp. 9-21). Milton Keynes: Open University Press.

Kress, G. R. (1989). *Linguistic processes in sociocultural practice*. Oxford: Oxford University Press.

Kress, G. R. (1994). *Learning to write*. London: Routledge.

Kress, G. R. (1997). *Before writing: Rethinking preliteracy*. London: Routledge.

Kress, G. R., & van Leeuwen, T. (1995). *Reading images: The grammar of visual design*. London: Routledge.

Lakoff, G. (1987). *Women, fire and dangerous things: What categories reveal about the mind*. Chicago: University of Chicago Press.

Olson, D. R. (1994). *The world on paper*. Cambridge, England: Cambridge University Press.

Olson, D. R., Torrance, N., & Hildyard, A. (Eds.). (1985). *Literacy, language, and learning*. Cambridge, England: Cambridge University Press.

Ong, W. (1982). *Orality and literacy: The technologizing of the word*. London: Methuen.

Peirce, C. S. (1940/1965). *Collected papers*. Cambridge, MA.: Belknap Press.

Ricoeur, P. (1986). *The rule of metaphor*. London: Routledge and Kegan Paul.

Trudgill, P. (1974). *The pronunciation of English in Norwich*. Cambridge, England: Cambridge University Press.

Saussure, F. de (1974). *A course in general linguistics*. London: Fontana.

Voloshinov, V. N. (1973). *Marxism and the philosophy of language*. New York: Seminar Press.

Vygotsky, L. S. (1978). *Mind in society*. Cambridge: Harvard University Press.

Willis, P. (1978). *Learning to labour*. London: Saxon House Press.

12장

Achenbach, T. M., Howell, C. T., Quay, H. C., & Conners, C. K. (1991). National surve of provlems and competencies among four-to sixteen-year-olds. *Monographs of the Society for Research in Child Development, 56,* serial no. 225.

Anderson, R. C., Wilson, P. T., & Fielding, L. G. (1988). Growth in reading and ho children spend their time outside of school. *Reading Research Quarterly, 23,* 285-303.

Bowlby, J. (1951). *Child care and the growth of love*. Harmondsworth, England: Penguin

Case, R. (1991). *The mind' s staircase*. Hillsdale, NJ: Lawrence Erlbaum.

Clore, G. L. (1992). Cognitive phenomenology: Feelings and the construction of judgement. In L. Martin, and A. Tesser (Eds.), *The construction of social judgments*. Hillsdale, NJ: Lawrence Erlbaum.

Comer, J. P. (1980). *School power: Implications of an intervention project*. New York: Free Press.

Comer, J. P. (1988, November). Educating poor minority children. *Scientific American, 259,* pp. 42-48.

Csikszentmihalyi, M. (1990). *Flow: The psychology of optimal experience,* New York: Harper Collins.

Darwin, C. (1872/1965). *The expression of the emotions in man and animals*. Chicago: University of Chicago Press.

Duncker, K. (1945). On problem solving. *Psychological Monographs,* 58 (5, Whole No, 270).

Dunn, J. (1988). *The beginnings of social understanding*. Cambridge: Harvard University Press.

Dweck, C. S. (1986). Motivational processes affecting learning. *American Psychologist, 41,* 1040–1048.

Eagly, A. H., & Chaiken, S. (1993). *The psychology of attitudes*. Fort Worth, TX: Harcourt Brace Jovanovich.

Ericsson, K. A. (1990). Theoretical issues in the study of exceptional performance. In K. J. Gilhooly, M. T. J. Keane, R. H. Logie, and G. Erdos (Eds.), *Lines of thinking: Reflections on the psychology of thought: Skills, emotion, creative processes, individual differences and teaching thinking* (Vol. 2, pp. 5–28). Chichester, England: Wiley.

Gage, N. L., & Berliner, D. C. (1992). *Educational psychology (5th edn.)*. Boston: Houghton Mifflin.

Good, T. L., & Brophy, J. E. (1986). School effects. In M. C. Wittrock (Ed.), *Handbook of research on teaching* (pp. 570–602). New York: Macmillan.

Gougus, R. A. (1985, August). *How a prejudice-based stressor disrupts the emotional state and academic achievement of Black-American students*. Paper presented at the Summer Institute for Cognition-Emotion Interrelations. Winter Park, Colorado.

Hembree, R. (1988). Corelates, causes, effects, and treatment of test anxiety. *Review of Educational Research, 58,* 47–77.

Hidi, S. (1990). Interest and its contribution as a mental resource for learning. *Review of Educational Research, 60,* 549–571.

Hidi, S., Renninger, K. A., & Krapp, A. (1992). The present state of interest research. In K. A. Renninger, S. Hidi, and A. Krapp (Eds.), *The role of interest in learning and development*. Hillsdale, NJ: Lawrence Erlbaum.

Isen, A. M., Daubman, K. A., & Nowicki, G. P. (1987). Positive affect facilitates creative problem solving. *Journal of Personality and Social Psychology, 52,* 1122–1131.

Isen, A. M., Shalker, T. E., Clark, M., & Karp, L. (1978). Affect, assessibility of material in memory, and behavior: A cognitive loop? *Journal of Personality and Social Psychology, 36,* 1–12.

Jenkins, J. M., & Oatley, K. (1995). The development of emotion schemas in children: The processes underlying psychopathology. In W. Flack and J. Laird (Eds.), *Emotions and psychopathology*. New York: Oxford University Press.

Jenkins, J. M., & Smith, M. A. (1990). Factors protecting children living in disharmonious homes: Maternal reports. *Journal for the American Academy of Child and Adolescent Psychiatry, 29,* 60–69.

Lewis, M., & Haviland, J. M. (Eds.). (1993). *Handbook of emotions*. New York: Guilford.

Mathews, A., & Klug, F. (1993). Emotionality and interference with color-naming in anxiety. *Behavior Research and Therapy, 29,* 147–160.

Mathews, A., & MacLeod, C. (1985). Selective processing of threat cues in anxiety states. *Behavioral Research and Therapy, 23,* 563–569.

Mathews, A., & MacLeod, C. (1994). Cognitive approaches to emotion and emotional disorders. *Annual Review of Psychology, 45,* 25–50.

Maughan, B., Pickles, A., & Rutter, M. (1990). Can schools change? Outcomes at six London primary schools. *School Effectiveness and School Improvement, 1,* 188–210.

Metalsky, G. L., Joiner, T. E., Hardin, T. S., & Abramson, L. Y. (1993). Depressive reactions for failure in a naturalistic setting: A test of the hopelessness and self-esteem theories of depression. *Journal of Abnormal Psychology, 102,* 101–109.

Mortimore, P., Sammons, P., Stoll, L., Lewis, D., & Ecob, R. (1988). *School matters*. Berkeley: University of California Press.

National Academy of Sciences, Institute of Medicine. (1989). *Research on children and adolescents with mental, behavioral, and developmental disorders*. Washington: National Academy Press.

Oatley, K. (1992). *Best laid schemes: The psychology of emotions*. Cambridge, England: Cambridge University Press.

Oatley, K., & Johnson-Laird, P. N. (1995). The communicative theory of emotions: Empirical tests, mental models, and implications for social interaction. In L. L. Martin and A. Tesser (Eds.), *Goals and affect*. Hillsdale, NJ: Lawrence Erlbaum.

Offord, D. R., Boyle, M. H., & Racine, Y. (1989). Ontario child health study: Correlates of disorder. *Journal of the American Academy of Child and Adolescent Psychiatry, 28,* 856-860.

Rutter, M. (1989). Isle of Wight revisited: Twenty-five years of child psychiatric epidemilogy. *Journal of the American of Child and Adolescent Psychiatry, 28,* 632-653.

Rutter, M., Maughan, B., Mortimore, P., & Ouston, J. (1979). *Fifteen thousand hours: Secondary schools and their effects on children*. Cambridge: Harvard University Press.

Rutter, M., Tizard, J., & Whitmore, K. (1970). *Education, health and behavior*. London: Longman.

Schwarz, N., & Bless, H. (1991). Happy and mindless, but sad and smart? The impact of affective states on analytic reasoning. In J. P. Forgas (Ed.), *Emtion and social judgments*. Oxford, England: Pergamon.

Simon, H. A. (1967). Motivational and emotional controls of cognition. *Psychological Review, 74,* 29-39.

Skinner, E. A., Wellborn, J. G., & Connell, J. P. (1990). What it takes to do well in school and whether I' ve got it: A process model of perceived control and children' s engagement and achievement in school. *Journal of Educational Psychology, 82,* 22-32.

Stanovich, K. (1994). Does reading make you smarter? Literacy and the development of verbal intelligence. In H. Reese (Ed.), *Advances in Child Development and Behavior, 24,* New York: Academic Press.

Stevenson, H. W. (1992, December). Learning from Asian schools. *Scientific American, 267,* pp. 70-76.

Stevenson, H. W., Chen, C., & Uttal, D. H. (1990). Beliefs and achievement: A study of black, white, and Hispanic children. *Child Development, 61,* 508-523.

Stevenson, H. W., & Lee, S. Y. (1990). Contexts of achievement: A study of American, Chinese, and Japanese children. *Monographs of the Society for Research in Child Development, 55,* serial no. 221.

Tooby, J., & Cosmides, L. (1990). The past explains the present: Emotional adaptations and the structure of ancestral environments. *Ethology and Sociology, 11,* 375-424.

Vygotsky, L. S. (1987). Emotions and their development in childhood. In R. W. Rieber and A. S. Carton (Eds.), *Collected works of L. S. Vygotsky* (Vol. 1. pp. 325-337). New York: Plenum.

Weiner, B. (1983). Some thoughts about feelings. In S. G. Paris, G. M. Olson, and H. W. Stevenson (Eds.), *Learning and motivation in the classroom*. Hillsdale, NJ: Lawrence Erlbaum.

Weiner, B. (1990). History of motivational research in education. *Journal of Educational Psychology, 82,* 616-622.

13장

Adams-Curtis, L. E., & Fragaszy, D. M. (submitted for publication). The influence of a skilled momdel on the behavior of conspecific observers in capuchin monkeys (*Cebus apella*).

Bard, K., Fragaszy, D., & Visalberghi, E. (in press). Acquisition and comprehension of a tool-using behavior by young chimpanzees (*Pan troglodytes*): Effects of age and modeling. *International Journal of Comparative Psychology*.

Barnett, S. A. (1968). The "instinct to teach." *Nature, 220,* 747-749.

Boccia, M. L., & Campos, J. J. (1987). Social attentional processes in human and non-human primate infants. *Primate Report, 18,* 3-10.

Boesch, C. (1991). Teaching among wild chimpanzees. *Animal Behaviour, 41,* 530–532.

Boesch, C., & Boesch, H. (1983). Optimisation of nut-cracking with natural hammers by wild chimpanzees. *Behaviour, 83,* 265–286.

Boesch, C., & Boesch, H. (1990). Tool use and tool making in wild chimpanzee. *Folia Primatologica, 54,* 86–99.

Boesch, C., & Boesch, H. (1993). Transmission of tool use in wild chimpanzee. In K. R. Gibson and T. Ingold (Eds.), *Tools, language and cognition in human evolution* (pp. 171–183). Cambridge, England: Cambridge University Press.

Boysen, S. (1992). Pongid pedagogy: The contribution of human-chimpanzee interaction to the study of ape cognition. In H. Davis and D. Balfour (Eds.), *The inevitable bond* (pp. 205–217). Cambridge, England: Cambridge University Press.

Caro, T. M., & Hauser, M. D. (1992). Teaching in nonhuman animals. *The Quarterly Review of Biology, 67,* 151–174.

Cheney, D., & Seyfarth, R. (1990a). Attending to behavior versus attending to knowledge: Examining monkeys' attribution of mental states. *Animal Behaviour, 40,* 742–753.

Cheney, D., & Seyfarth, R. (1990b). *How monkeys see the world.* Chicago: University of Chicago Press.

Chevalier-Skolnikoff, S. (1989). Spontaneous tool use and sensorimotor intelligence in *Cebus* Compared with other monkeys and apes. *Behavioral and Brain Sciences, 12,* 561–627.

Custance, D. M., Whiten, A., & Bard, K. A. (1994). The development of gestural imitation and self-recognition in chimpanzees *(Pan troglodytes)* and children. In J. J. Roeder, B. Thierry, J. R. Anderson, and N. Herrenschmidt (Eds.), *Current primatology: Selected proceedings of the Fourteenth Congress of the International Primatological Society, Strasbourg. Vol. 2. Social Development, Learning and Beahaviour* (pp. 381–387). Strasbourg.

Fairbanks, L. (1975). Communication of food quality in captive. *Macaca nemestrina* and free ranging *Ateles geoffroyi, Primates, 16,* 181–189.

Florito, G., & Scotto, P. (1992). Observational learning in *Octopus vulgaris. Science, 256,* 545.

Fragaszy, D. M., & Adams-Curtis, L. E. (1991). Generative aspects of manipulation in tufted capuchin monkeys *(Cebus apella). Journal of Comparative Psychology, 105,* 387–397.

Fragaszy, D. M., & Visalberghi, E. (1990). Social processes affecting the appearance of innovative behaviors in capuchin monkeys. *Folia Primatologica, 54,* 155–165.

Galef, B. G. (1988). Imitation in animals: History, definition, and interpretation of data from the psychological laboratory. In T. R. Zentall and B. G. Galef (Eds.), *Social Learning* (pp. 3–28). Hillsdale, NJ: Lawrence Erlbaum.

Galef, B. G. (1990). Tradition in animals: Field observations and laboratory analysee. In M. Bekoff and D. Jamieson (Eds.), *Interpretation and explanation in the study of animal behavior* (pp. 74–95). Boulder: Westview Press.

Galef, B. G., Mainardi, M., & Valsecchi, P. (Eds.). (1994). *Behavioral aspects of feeding: Basic and applied research on mammals.* Chur, Switzerland: Harwood Academic Publisher.

Garcia, J., & Koelling, R. A. (1966). Relation of cue to consequence in avoidance learning. *Psychonomic Scinece, 4,* 123–124.

Goodall, J. (1964). Tool-using and aimed throwing in a commuity of free-living chimpanzees, *Nature, 201,* 1264–1266.

Goodall, J. (1986). *The Chimpanzees of Gombe.* Cambridge: Belknap Press, Harvard University Press.

Hearst, E. (1991). Psychology of nothing. *American Scientist, 79,* 432–443.

Heyes, C. M. (1993). Imitation, culture and cognition. *Animal Behaviour, 46,* 999–1010.

Hikami, K. (1991). Social transmission of learning in Japanese monkeys *(Macaca fuscata).* In A. Ehara, T. Kimura, O. Takenake, and M. Iwamoto (Eds.), *Primatology Today* (pp. 343-344). Amsterdam: Elsevier.

Hikami, K., Hasegawa, Y., & Matsuzawa, T. (1990). Social transmission of food preferences in Japanese monkeys *(Macaca fuscata). Journal of Comparative Psychology. 104,* 233-237.

Jouventin, P., Pasteur, G., & Cambefort, J. P. (1976). Observational learning of baboons and avoidance of mimics: Exploratory tests. *Evolution, 31,* 214-218.

Koehler, W. (1925). *The mentality of apes.* London: Routledge and Kegan Paul.

Leslie, A. M., & Keeble, S. (1987). Do six-month-old infants perceive causally? *Cognition, 25,* 265-288.

Limongelli, L., Boysen, S., & Visalberghi, E. (1995). Comprehension of cause and effect relationships in a tool-using task by common chimpanzees *(Pan troglodytes). Journal of Comparative Psychology, 109,* 18-26.

Lin, A. C., Bard, K. A., & Anderson, J. R. (1992). Development of self-recognition in chimpanzees *(Pan troglodytes). Journal of Comparative Psychology, 106,* 120-132.

Meltzoff, A., & Gopnik, A. (1993). The role of imitation in understanding persons and developing a theory of mind. In S. Baron-Cohen, H. Tager-Flusberg, and D. Cohen (Eds.), *Understanding other minds.* Oxford, England: Oxford University Press.

Meltzoff, A., & Moore, M. (1977). Imitation of facial and manual gestures by human neonates. *Science, 198,* 75-78.

Mineka, S., & Cook, M. (1993). Mechanism involved in the observational conditioning of fear. *Journal of Experimental Psychology: General, 122,* 23-38.

Moore, B. R. (1992). Avian movement imitation and a new form of mimicy: Tracing the evolution of a complex form of learning. *Behaviour, 122,* 231-263.

Nagell, K., Olguin, R. S., & Tomasello, M. (1993). Processes of social learning In the tool use of chimpanzees *(Pan troglodytes)* and human children *(Home sapiens). Journal of Comparative Psychology, 107,* 174-186.

Nishida, T. (1987). Local traditions and cultural transmission. In B. Smuts, D. Cheney, R. Seyfarth, R. Wrangham, and T. Struhsaker (Eds,), *Primate societies.* Chicago: University of Chicago Press.

Piaget, J. (1962). *Play, dreams, and imitation in childhood.* New York: Norton.

Piaget, J. (1971). *The construction of reality in the child.* New York: Ballantine Books.

Povinelli, D. J. (1993). Reconstructing the evolution of mind. *American Psychologists, 48,* 493-509.

Povinelli D. J., Nelson, K. E., & Boysen, S. T. (1990). Inferences about guessing and knowing by chimpanzees *(Pan troglodytes). Journal of Comparative Psychology, 104,* 203-210.

Povinelli, D. J., Parks, K. A., & Novak, M. A. (1991). Do rhesus monkeys *(Macaca mulatta)* attribute knowledge and ignorance to others? *Journal of Comparative Psychology, 105,* 318-325.

Povinelli, D. J., Nelson, K. E., & Boysen, S. T. (1992a). Comprehension of role reversal in chimpanzees: Evidence of empathy? *Animal Behaviour, 44,* 633-640.

Povinelli, D. J., Parks, K. A., & Novak, M. A. (1992b). Role reversal by rhesus monkeys, but no evidence of empathy. *Animal Behaviour, 43,* 269-281.

Premack, D. (1976). *Intelligence in ape and man.* Hillsdale, NJ: Lawrence Erlbaum.

Premack, D., & Woodruff, G. (1978). Does the chimpanzee have a theory of mind? *Behavioral and Brain Sciences, 1,* 515-526.

Price, E. C., & Feistner, A. T. C. (1993). Food sharing in lion tamarins: Tests of three hypotheses. *American Jouranl of Primatology, 31,* 211-221.

Rogoff, B. (1990). *Apprenticeship in thinking.* New York: Oxford University Press.

Russon, A. E., & Galdikas, B. M. F. (1993). Imitation in free-ranging rehabilitant orangutans *(Pongo pygmaeus). Journal of Comparative Psychology, 107,* 147-161.

Salovey, P., & Mayer, J. D. (1989-1990). Emotional intelligence. *Imagination, Cognition and Personality, 9,* 185-211.

Savage-Rumbaugh, E. S., Murphy, J., Sevcik, R. A., Brakke, K. E., Williams, S. L., & Rumbaugh, D. (1993). Language comprehension in ape and child. *Monography of the Society for Research in Child Development,* serial no. 233.

Sigg, H., & Stolba, A. (1981). Home range and daily march in hamadryas baboon troop. *Folia Primatologica, 36,* 40-75.

Spelke, E. (1991). Physical knowledge in infancy: Reflections on Piaget' s theory. In S. Carey and R. Gelman (Eds.), *The epigenesis of mind* (pp. 133-169). Hillsdale, NJ: Lawrence Erlbaum.

Suboski, M. D. (1990). Releaser-induced recognition learning. *Psychological Review, 97,* 271-284.

Tomasello, M., Savage-Rumbaugh, S., & Kruger, A. C. (1993). Imitative learning of actions objects by children chimpanzees, and enculturated chimpanzees. *Child Development, 64,* 1688-1705.

Visalberghi, E. (1993). Capuchin monkeys: A window into tool use activities by apes and humans. In K. Gibson and T. Ingold (Eds.), *Tools, language and cognition in human evolution* (pp. 138-150). Cambridge, England: Cambridge University Press.

Visalberghi, E., & Fragaszy, D. M. (1990). Do monkeys ape? In S. T. Parker and K. R. G. Gibson (Eds.), *"Language" and intelligence in monkeys and apes* (pp. 247-273). Cambridge, England: Cambridge University Press.

Visalberghi, E., & Limongelli, L. (1994). Lack of comprehension of cause-effect relationships in tool using capuchin monkeys *(Cebus apella). Journal of Comparative Psychology, 108,* 15-22.

Visalberghi, E., & Limongelli, L. (in press). Action and understanding: Tool use revisited through the mind of capuchin monkeys. In A. Russon, K. Bard, and S. Parker, *Reaching into thought. The minds of the great apes.* Cambridge, England: Cambridge University Press.

Volterra, V., & Antinucci, F. (1979). Negation in child language: A pragmatic study. In E. Ochs and B. B. Shieffelin (Eds.), *Developmental pragmatics* (pp. 281-303). New York: Academic Press.

de Waal, F. (1982). *Chimpanzee politics.* London: Jonathan Cape.

de Waal, F. (1989). *Peacemaking among primates.* Cambridge: Harvard University Press.

Washburn, D. A. (1992). Analyzing the path or responding in maze-solving and other tasks. *Behavior Research Methods, Instruments and Computer, 24,* 248-252.

Wheatley, B. P. (1988). Cultural behavior and extractive foraging in *Macaca fascicularis. Current Anthroplogy, 29,* 516-519.

Whiten, A. (Ed.). (1991). *Natural Theories of Mind.* Oxford, England: Basil Blackwell.

Wimmer, H., & Weichbold, V. (1994). Children' s theory of mind: Fodor' s heuristics or understanding informational causation. *Cognition, 53,* 45-57.

14장

Barnett, S. A. (1968). The "instinct to teach." *Nature, 220,* 747-749.

Bates, E. (1979). *The emergence of symbols: Cognition and communication in infancy.* New York: Academic Press.

Brown, J. L. (1975). *The evolution of behavior.* New York: Norton.

Brown, R., & Hanlon, C. (1970). Derivational complexity and order of acquisition in child speech. In J. R. Hayes (Ed.), *Cognition and the development of language* (pp. 155-207). New York: Wiley.

Cazden, C. B. (1965). *Environmental assistance to the child' s acquistion of grammar*. Doctoral dissertation, Harvard University, Cambridge.

Cazden, C. B. (1968). The acquisition of noun and verb inflections. *Child Development, 39,* 433-448.

Dasser, V., Ulback, I., & Premack, D. (1989). The perception of intention. *Science, 243,* 365-367.

Draper, P. (1976). Social and economic constraints on child life among the !Kung. In R. Lee and I. Devore (Eds.), *Kalahari hunter-gatherers* (pp. 199-217). Cambridge: Harvard University Press.

Ewer, R. F. (1969). The "instinct to teach." *Nature, 222,* 698.

Galef, B. J., Jr. (1981). The ecology of weaning. In D. J. Gubernick and P. H. Klopfer (Eds.), *Parental care in mammals* (pp. 211-241). New York: Plenum.

Galef, B. G. (1992). The question of animal culture. *Human Nature, 3,* 157-178.

Goodall, J. (1988). *The chimpanzees of Gombe Stream*. Cambridge: Harvard University Press.

Harris, M. (1975). *Culture, people and nature*. New York: Crowell.

Hirschfeld, L., & Gelman, S. (Eds.). (1993). *Domain specificity in cognition and culture*. Cambridge, England, Cambridge University Press.

Isaac, G. L. (1978). The food-sharing behavior of proto-human hominids. *Scientific American, 238* (4), 90-108.

Itani, J. (1958). On the acquisition and propagation of a new food habit in the natural group of the Japanese monkey at Takasakiyama. *Primates, 1,* 84-98.

Jelinek, A. J. (1977). The lower paleolithic: Current evidence and interpretations. *Annual Review of Anthropology, 6,* 11-32.

Kavanau, J. L. (1966). Wheel-running preferneces of mice. *Zeitschrift für Tierpsychologie, 23,* 858-866.

Kawamura, S. (1959). The process of sub-culture propagation among Japanese macaques. *Primates, 2,* 43-60.

Keil, F. (1989). *Concepts, kinds, and cognitive development*. Cambridge: MIT Press.

Köhler, W. (1925). *The mentality of apes*. London: Routledge-Kegan.

Konner, M. J. (1976). Maternal care, infant behavior and development among the !Kung. In R. Lee and I. DeVore (Eds.), *Kalahari hunter-gatherers* (pp. 218-245). Cambridge: Harvard University Press.

Kummer, H. (1971). *Primate societies*. Chicago: Aldine.

Leroi-Gourhan, A. (1964). *Le geste et la parole: Techinque et langage*. Paris: Albin Michel.

Leslie, A. (1987). Pretense and representation: The origins of "theory of mind." *Psychological Review, 94,* 412-426.

Leslie, A., & Keeble, S. (1987). Do six-month-old infants perceive causality? *Cognition, 25,* 265-287.

Leyhausen, P. (1979). *Cat behaviour: The predatory and social behaviour of domestic and wild cats*. London: Garland.

Maynard-Smith, J. (1972). *On evolution*. Edinburgh: Edinburgh University Press.

Mayr, E. (1982). *The growth of biological thought: Diversity, evolution and inheritance*. Cambridge: Harvard University Press.

Norton-Griffiths, M. N. (1969). Organization, control, and development of parental feeding in the oystercatcher. *Behavior, 34,* 55-114.

Perner, J. (1991). *Understanding the representational mind*. Cambridge: MIT Press.

Povinelli, D. J., Parks, K. A., & Novak, M. A. (1991). Do rhesus monkeys *(Macaca mulatta)* attribute knowledge and ignorance to others? *Journal of Comaprative Psychology, 105,* 318-325.

Premack, D. (1984). Pedagogy and aesthetics as sources of culture. In M. Gazzaniga (Ed.), *Handbook of cognitive neuroscience* (pp. 15-35). New York: Plenum Press.

Premack, D. (1988). "Does the chimpanzee have a theory of mind?" revisited. In R. W. Byrne and A, Whiten (Eds.), *Machiavellian intelligence* (pp. 94-110). Oxford, England: Clarendon Press.

Premack, D. (1990a). The infant' s theory of self-propelled objects. *Cognition, 36,* 1-16.

Premack, D. (1990b). Words: What are they, and do animals have them? *Cognition, 37,* 197-212.

Premack, J. (1991). The aesthetic basis of pesagogy. In R. R. Hoffman and D. S. Palermo (Eds.), *Cognition and the symbolic processes: Applied and ecological perspectives* (pp. 303-325). Hillsdale, NJ: Lawrence Erlbaum.

Premack, D. (1993). Prolegomenon to evolution of cognition. In T. A. Poggio and D. A. Glaser (Eds.), *Exploring brain functions: Models in neuroscience.* New York: Wiley.

Premack, D., & Collier, G. (1962). Analysis of non-reinforcement variables affecting response probability. *Psychological Monographs, 75*(whole no. 524).

Premack, D., & Premack, A. J. (1994). Why animals have neither culture nor history. In T. Ingold (Ed.), *Companion encyclopedia of anthropology: Humanity, culture and social life* (pp. 350-365). London: Routledge.

Premack, D., & Woodruff, G. (1978). Does the chimpanzee have a theory of mind? *Behavioral and Brain Sciences, 1,* 515-526.

Schaeffer, R. W., & Premack, D. (1961). Licking rates in infant albino rats. *Science, 134,* 1980-1981.

Tinbergen, N. (1964). Behavior and natural selection. In J. A. Moore (Ed.), *Ideas in modern biology.* New York: Natural History Press.

Washburn, S. L. (1963). Behavior and human evolution. In S. L. Washburn (Ed.), *Classification and human evolution* (pp. 190-203). Chicago: Aldine.

Wellman, H. (1990). *Children' s theories of mind.* Cambridge: MIT Press.

Wilson, E. O. (1975). *Sociobiology: The new synthesis.* Cambridge: Harvard University Press.

Wimmer, H., & Perner, J. (1983). Beliefs about beliefs: Representation and constraining function of wrong beliefs in young children' s understanding of deception. *Cognition, 13,* 103-128.

Yerkes, R. M. (1943). *Chimpanzees: A laboratory colony.* New Haven: Yale University Press.

15장

Ahern, G. (1990). *Spiritual and religious experience in modern society: A pilot study.* Oxford England: Alister Hardy Research Centre.

Brentano, F. (1874/1973). *Psychology from an empirical standpoint.* London: Routledge and Kegan Paul.

Bruner, J. S. (1965). The growth of mind. *American Psychologist, 20,* 1007-1017.

Donaldson, M. (1992). *Human minds: an exploration.* London: Allen Lane/Penguin Press.

Oatley, K. (1992). *Best laid schemes: The psychology of emotions.* Cambridge, England: Cambridge University Press.

Olson, D. R. (1977). From utterance to text: The bias of language in speech and writing. *Harvard Educational Review, 47,* 257-281.

Olson, D. R. (1986). The cognitive consequences of literacy. *Canadian Psychology, 27,* 109-121.

Piaget, J. (1971). *Structuralism.* London: Routledge and Kegan Paul.

Piaget, J. (1983). Piaget's theory. In W. Kessen (Ed.). *Handbook of child psychology.* New York: Wiley.

Pritchard, J. B. (Ed.). (1955). *Ancient near eastern texts.* Princeton: Princeton University Press.

Sartre, J. -P. (1964). *Words.* London: Hamish Hamilton.

Yani' s monkeys. (1984). Beijing: Foreign Languages Press.

16장

Backett, K. C. (1982). *Mothers and fathers*. London: Macmillan.

Barnes, J. A. (1979). *Who should know what? Social science, privacy, and ethics*. Cambridge, England: Cambridge University Press.

Blount, B. G. (1972). Parental speech and language acquisition: Some Luo and Samoan examples. *Anthropological Linguistics, 14,* 119–130.

Bourdieu, P. (1977). *Outline of a theory of practice*. Cambridge, England: Cambridge University Press.

Bourdieu, P. (1979). *Distinction: A social critique of the judgment of taste*. London: Routledge and Kegan Paul.

Bourdieu, P., & Passeron, J. -C. (1977). *Reproduction in education, society and culture*. Beverly Hills: Sage.

Cashmore, J., & Goodnow, J. J. (1985). Agreement between generations: A two-process model. *Child Development, 56,* 493-501.

Cazden, C. (1993). Vygotsky, Hymes, and Bakhtin: From word to utterance and voice. In E. A. Forman, N. Minick, and C. A. Stone (Eds.), *Contexts for learning* (pp. 197–212). New York: Oxford University Press.

Collins, W. A., & Luebker, C. (1993). Resolving discreoancies in parents' judgements of adolescence. In J. Smetana (Ed.), *Parents' sociocognitive models of development: New directions* (pp. 65–80). San Francisco: Jossey-Bass.

D' Andrade, R. G. (1981). The cultural part of cognition. *Cognitive Science, 5,* 179–195.

Davies, B. (1989). *Life in the classroom and playground: The accounts of primary school children*. London: Routledge and Kegan Paul.

Dix, T. H. (1992). Parenting on behalf of the child: Empathic goals in the regulation of responsive parenting. In I. E. Sigel, A. V. McGillicuddy-DeLisi, and J. J. Goodnow (Eds.), *Parental belief systems: The psychological consequences for children* (pp. 319–346). Hillsdale, NJ: Lawrence Erlbaum.

Eccles, J. S. (1986). Gender-roles and women' s achievement. *Educational Researcher, 15,* 15–19.

Eccles, J. S., & Jacobs, J. E. (1986). Social forces shape math attitudes and performance. *Signs: Journal of Women in Culture and Society, 11,* 367–380.

Eckert, P. (1991). *Jocks and burnouts: Social categories and identity in the high school*. New York: Teachers College Press.

England, P., & Farkas, G. (1986). *Households, employment and gender*. New York: Aldine.

Foucault, M. (1980). *Power-knowledge: Selected interviews and other writing*. Brighton, England: Harvester.

Garvey, C. (1975). Requests and responses in children' s speech. *Journal of Child Language, 2,* 41–63.

Glick, J. (1985). Culture and cognition revisited. In E. Neimark, R. DeLisi, and J. L. Newman (Eds.), *Moderators of competence* (pp. 99–115). Hillsdale NJ: Lawrence Erlbaum.

Goodnow, J. J. (1976). The nature of intelligent behavior: Questions raised by cross cultural studies. In L. Resnick (Ed.), *The nature of intelligence* (pp. 169–188). Hillsdale, NJ: Lawrence Erlbaum.

Goodnow, J. J. (1984). On being judged intelligent. *International Journal of Psychology, 19,* 193–205.

Goodnow, J. J. (1986). The socialization of intelligence: Comments on Sternberg and Suben. In M. Perlmutter (Ed.), *Intelligence: Minnesota Symposium on Child Development* (pp. 237–251). Hillsdale, NJ: Lawrence Erlbaum.

Goodnow, J. J. (1990a). The socialization of cognition: Acquiring cognitive values. In J. Stigler, R. Shweder, and G. Herdt (Eds.), *Culture and human development* (pp. 259–286). Chicago: University of Chicago Press.

Goodnow, J. J. (1990b). Using sociology to extend psychological accounts of cognitive development. *Human Development, 33,* 81–107.

Goodnow, J. J. (1992). Parents' ideas, children' s ideas: The basis of congruence and divergence. In I. E. Sigel, A. V. McGillicuddy-DeLisi, and J. J. Goodnow (Eds.), *Parental belief systems: The psychological consequences for children* (pp. 293–318). Hillsdale, NJ: Lawrence Erlbaum.

Goodnow, J. J. (1995). Acceptable disagreement across generations. In J. Smetana (Ed.), *Parents' models of development: New directions* (pp. 51–64). San Francisco: Jossey-Bass.

Goodnow, J. J., & Bowes, J. A. (1994). *Men, women, and household work.* Sydney/New York: Oxford University Press.

Goodnow, J. J., Knight, R., & Cashmore, J. (1985). Adult social cognition: Implications of parents' ideas for approaches to development. In M. Perlmutter (Ed.), *Social cognition. Minnesota Symposia on Child Development* (pp. 287–324). Hillsdale, NJ: Lawrence Erlbaum.

Grusec, J. E., & Goodnow, J. J. (1994). The impact of parental discipline methods on the child's internationalization of values: A reconceptualization of current points of view. *Developmental Psychology, 30,* 4–19.

Hewitt, J. P., & Stokes, R. (1975). Disclaimers. *American Sociological Review, 40,* 1–11.

Higgins, E. T., McCann, C. D., & Fondacaro, R. (1982). The "communication game": Goal-directed encoding and cognitive consequences. *Social Cognition, 1,* 21–37.

Hoffman, M. L. (1986). Affect, cognition, and motivation. In R. M. Sorrentino and E. T. Higgins (Eds.), *Handbook of motivation and cognition* (pp. 244–280). New York: Guilford.

Jackson, B., & Marsden, D. (1966). *Education and the working class.* Harmondsworth, England: Penguin.

Kett, J. F. (1978). Curing the disease of precocity. In J. Demos and S. S. Boocock (Eds.), *Turning points: Historical and sociological essays on the family* (pp. 183–211). Chicago: University of Chicago Press.

Kristeva, J. (1992). *Nations without nationalism.* New York: Columbia University Press.

Kuczynski, L. (1984). Socialization goals and mother-child interaction: Strategies for long-tern and short-term compliance. *Developmental Psychology, 20,* 1061–1073.

Kuczynski, L. (May, 1993). *Evolving metaphors of bidirectionality in socialization and parent-child relations.* Paper presented at the annual meeting of the Canadian Psychological Association, Montreal.

Kuczynski, L., & Kochanska, G. (1990). Development of children's noncompliance strategies from toddlerhood to age 5. *Developmental Psychology, 26,* 398–408.

Leonard, R. (1993). Mother-child disputes as arenas for fostering negotiation skills. *Early Development and Parenting, 2* (3), 157–167.

Martin, W. B. W. (1976). *The negotiated order of the school.* Toronto: Macmillan.

Mead, M. (1949). *Male and female.* New York: Morrow.

Mehan, J. (1979). *Learning lessons: Social organization in the classroom.* Cambridge: Harvard University Press.

Oakley, A. (1974). *The sociology of housework.* London: Martin Robertson.

Ochs, E. E. (1982). Talking to children in Western Samoa. *Language in Society,* 12, 157–169.

Ochs, E. E. (1990). Indexicality and socialization. In J. W. Stigler, R. A. Shweder, and G. Herdt (Eds.), *Culture and human development* (pp. 287–308) Chicago: University of Chicago Press.

Ochs, E. (1992). Indexicality and socialization. In J. W. Stigler, R. A. Shweder, and G. Herdt (Eds.), *Cultural psychology* (pp. 287–308). Cambridge, England: Cambridge University Press.

Ochs, E., & Schieffelin, B. (1984). Language acquisition and cosialization: Three developmental stories. In R.

Shweder and R. LeVine (Eds.), *Cultural theory: Essays in mind, self, and emotion* (pp. 276-326). Cambridge, England: Cambridge University Press.

Parsons, J. E., Adler, T. F., & Kaczala, C. M. (1982). Socialization of achievement attitudes and beliefs: Parental influences. *Child Development, 53,* 310-321.

Perret-Clermont, A. -N. (1991). The social construction of meaning and cognitive activity in elementary school children. In L. Resnick, J. M. Levine, and S. B. Teasley (Eds.), *Perspectives on socially shared cognition* (pp. 41-62). Washington: American Psychological Association.

Piaget, J. (1965). *The moral judgment of the child.* New York: Free Press.

Quinn, N., & Holland, D. (1987). Culture and cognition. In D. Holland and N. Quinn (Eds.), *Cultural models in language and thought* (pp. 3-42). Cambridge, England: Cambridge University Press.

Robinson, E. J. (1981). The child's understanding of inadequate message and communication failure: A problem of ignorance or egocentrism? In W. P. Dickson (Ed.), *Children's oral communication skills* (pp. 167-188). London: Academic Press.

Rodman, H. (1963). The lower-class value stretch. *Social Forces, 42,* 205-215.

Salzman, P. C. (1981). Culture as enhabilmentis. In L. Holy and M. Stuchlik (Eds.), *The structure of folk models* (pp. 233-256). London: Academic Press.

Schieffelin, B. (1990). *The give and take of everyday life: Language socialization of Kaluli children.* Cambridge, England: Cambridge University Press.

Schubauer-Leonie, M. L., Perret-Clermont, A. -N., and Grossen, M. (1992). The construction of adult child intersubjectivity in psychological research and inschool. In M. von Cranach, W. Doise, and G. Mugny (Eds.), *Social representations and the social bases of knowledge* (pp. 69-77). Lewiston, NY: Hogrefe and Huber.

Seagrim, G., & Lendon, R. (1981). *Furnishing the mind: Aboriginal and white.* New York: Academic Press.

Shapira, E. C. (1978). The non-learning of English: Case study of an adult. In E. M. Hatch (Ed.), *Second language acquisition: A book of readings* (pp. 246-255). Rowley, MA: Newbury House.

Smetana, J. G. (1988a). Concepts of self and social convention: Adolescent's and parents' reasoning about hypothetical and actual family conflicts. In M. Gunnar and W. Collins (Eds.), *Minnesota Symposia on Child Development* (pp. 79-122). Hillsdale, NJ: Lawrence Erlbaum.

Smetana, J. G. (1988b). Adolescent's and parents' conceptions of parental authority. *Child Development, 59,* 321-335.

Stodolsky, S. (1988). *The subject matters: Classroom activity in mathematics and social studies.* Chicago: University of Chicago Press.

Valsiner, J. (1984). Construction of the zone of proximal development in adult-child joint action: The socialization of meals. In B. Rogoff and J. Wertsch (Eds.), *Children's learning in the zone of proximal development* (pp. 65-76). San Francisco: Jossey-Bass.

Verdonik, F., Flapan, V., Schmit, C., & Weinstock, J. (1988). The role of power relationships in children's cognition: Its significance for research on cognitive development. *Quarterly Newsletter of the Laboratory of Comparative Human Cognition, 10,* 80-85.

Walkerdine, V. (1989). *Counting girls out.* London: Virago Press.

Wertsch, J. (1991). *Voices of the mind.* Cambridge, England: Cambridge University Press.

Willis, P. (1981). *Learning to labor: Working class kids get working class jobs.* New York: Columbia University Press.

17장

Bernhard, J. G. (1988). *Primates in the classroom: An evolutionary perspective on children's education.* Amherst: University of Massachusetts Press.

Boesch, C. (1991). Teaching in wild chimpanzees. *Animal Behavior, 41,* 530-532.

Boesch, C. (19930. Aspects of transmission of tool use in wild chimpanzees. In K. Gibson and T. Ingold (Eds.), *Tools, language, and cognition in human evolution.* New York: Cambridge University Press.

Bourdieu, P. (1977). *Outline of a theory of practice.* Cambridge, England: Cambridge University Press.

Bruner, J. S. (1972). Nature and uses of immaturity. *American Psychologist, 27,* 687-708.

Bruner, J. S. (1993). Do we "acquire" culture or vice versa? *Behavioral and Brain Sciences, 16,* 515-516.

Call, J., & Tomasello, M. (in press). The role of humans in the cognitive development of apes. In A. Russom, K. Bard, and S. Parker (Eds.), *Reaching into thought: The minds of the great apes.* New York: Cambridge University Press.

Caro, T. M., & Hauser, M. D. (1992). Is there evidence of teaching in nonhuman animals? *Quarterly Review of Biology, 67,* 171-174.

Childs, C. P., & Greenfield, P. M. (1980). Informal modes of learning teaching: The case of Zinacanteco weaving. In N. Warren (Ed.), *Studies in cross-cultural psychology* (Vol. 2) (pp. 269-316). London: Academic Press.

Cole, M. (1989). Cultural psychology: A once and future discipline? In J. Berman (Ed.), *Nebraska symposium on motivation, 1989: Cross-cultural perspectives* (pp. 279-335). Lincoln: University of Nebraska Press.

Eggan, D. (1970). Instruction and affect in Hopi cultural contimuity. In J. Middleton (Ed.), *From child to adult: Studies in the anthropology of education* (pp. 109-133). Garden City, NY: Natural History Press.

Firth, R. (1970). Education in Tikopia. In J. Middleton (Ed.), *From child to adult: Studies in the anthropology of education* (pp. 75-90). Garden City, NY: Natural History Press.

Foreman, E. A. (1993). What is the difference between cognitive and sociocultural psychology? *Behavioral and Brain Sciences, 16,* 518-519.

Fortes, M. (1970). Social and psychological aspects of education in Taleland. In J. Middleton (Ed.), *From child to adult: Studies in the anthropology of education* (pp. 14-74). Garden City, NY: Natural History Press.

Gardner, H. (1991). *The unschooled mind: How children think and how schools should teach.* New York: Basic Books.

Gauvain, M. (1995). Thinking in niches: Sociocultural influences on cognitive development. *Human Development.*

Gladwin, T. (1970). *East is a big bird: Navigation and logic on Puluwat Atoll.* Cambridge: Harvard University Press.

Goodall, J. (1986). *The chimpanzees of Gombe: Patterns of behavior.* Cambridge: Harvard University Press.

Greenfield, P. M., & Lave, J. (1982). Cognitive aspects of informal education. In D. Wagner and H. Stevenson (Eds.), *Cultural perspectives on child development* (pp. 181-207). San Francisco: Freeman.

Herdt, G. H. (1981). *Guardians of the flutes: Idioms of masculinity.* New York: Columbia University Press.

Hogbin, H. I. (1970). A New Guinea childhood: From weaning till the eighth year in Wogeo. In J. Middleton (Ed.), *From child to adult: Studies in the anthropology of education* (pp. 134-162). Garden City, NY: Natural History Press.

Howard, A. (1970). *Learning to be Rotuman.* New York: Teachers College Press.

Ingold, T. (1993). A social anthropological view. *Behavioral and Brain Science, 16,* 526-527.

Kaye, K. (1982). *The mental and social life of babies: How parents create persons.* Chicago: University of

Chicago Press.

Konner, M. (1981). Evolution of human behavior development. In R. H. Munroe, R. L. Munroe, and B. B. Whiting (Ed.), *Handbook of cross-cultural human development* (pp. 3-51). New York: Garland STPM Press.

Konner, M. (1982). *The tangled wing: Biological constraints on the human spirit.* New York: Holt, Rinehart and Winston.

Lame Deer, J., & Erdoes, R. (1972). *Lame Deer, seeker of visions.* New York: Simon and Schuster.

Lave, J., & Wenger, E. (1991). *Situated learning: Legitimate peripheral participation.* New York: Cambridge University Press.

Lutz, C. (1983). Parental goals, ethnopsyhology, and the development of emotional meaning. *Ethos, 11,* 246-262.

Mair, L. P. (1934). *An African people in the twentieth century.* London: Routledge.

Martini, M., & Kirkpatrick, J. (1981). Early interactions in the Marquesas Islands. In T. M. Field, A. M. Sostek, P. Vietze, and P. H. Leiderman (Eds.), *Culture and early interactions* (pp. 189-213). Hillsdale, NJ: Lawrence Erlbaum.

Mead, M. (1930). *Growing up in New Guinea.* New York: Mentor.

Ochs, E. (1988). *Culture and language development: Language acquisition and language socialization in a Samoan village.* New York: Cambridge University Press.

Olson, D. R., & Astington, J. W. (1993). Cultural learning and the educational process. *Behavioral and Brain Sciences, 16,* 531-532.

Phelps, E., & Damon, W. (1989). Problem solving with equals: Peer collaboration as a context for learning mathematics and spatial concepts. *Journal of Educational Psychology, 81,* 639-646.

Quinn, N., & Strauss, C. (1994). *A cognitive framework for a unified theory of culture.* Unpublished manuscript.

Raum, O. (1970). Some aspects of the indigenous education among the Chaga. In J. Middleton (Ed.), *From child to adults: Studies in the anthropology of education* (pp. 91-108). Garden City, NY: Natural History Press.

Rogoff, B. (1990). *Apprenticeship in thinking: Cognitive development in social context.* New York: Oxford University Press.

Rogoff, B., Chavajav, P., & Matusov, E. (1993). Questioning assumptions about culture and individuals. *Behavioral and Brain Sciences, 16,* 533-534.

Schieffelin, B. B. (1990). *The give and take of everyday life: Language socialization of Kaluli children.* Cambridge, England: Cambridge University Press.

Shweder, R. A. (1990). Cultural psychology-what is it? In J. W. Stigler, R. A. Shweder, and G. Herdt (Eds.), *Cultural psychology: Essays on comparative human development* (pp. 1-43). New York: Cambridge University Press.

Super, C. M. (1981). Behavioral development in infancy. In R. H. Munroe, R. L. Munroe, and B. B. Whiting (Eds.), *Handbook of cross-cultural human development* (pp. 181-270). New York: Garland STPM Press.

Super, C. M., & Harkness, S. (1986). The developmental niche: A conceptualization at the interface of child and culture. *International Journal of Behavioral Development, 9,* 545-569.

Tomasello, M. (1990). Cultural transmission in the tool use and communicatory signaling of chimpanzees? In S. Parker and K. Gibson (Eds.), *Language and intelligence in monkeys and apes: Comparative developmental perspectives* (pp. 274-311). New York: Cambridge University Press.

Tomasello, M. (1993). On the interpersonal origins of self-concept. In U. Neisser (Ed.), *The perceived self* (pp. 174–182). New York: Cambridge University Press.

Tomasello, M. (1994). The question of chimpanzee culture. In R. Wrangham, W. McGrew, F. deWaal, and P. Heltne (Eds.), *Chimpanzee cultures* (pp. 301–317). Cambridge: Harvard University Press.

Tomasello, M. (1995). Joint attention as social cognition. In C. Moore and P. Dunham (Eds.), *Joint attention: Its origins and role in development.* Hillsdale: Lawrence Erlbaum.

Tomasello, M., Kruger, A. C., & Ratner, H. H. (1993). Cultural learning. *Behavioral and Brain Sciences, 16,* 495–552.

Tomasello, M., Savage-Rumbaugh, S., & Kruger, A. C. (1993). Imitative learning of actions on objects by children, chimpanzees, and enculturated chimpanzees. *Child Development, 64,* 1688–1705.

Trevarthen, C. (1979). Communication and cooperation in early infancy: A description of primary intersubjectivity. In M. Bullowa (Ed.), *Before speech: The beginning of interpersonal communication* (pp. 321–347). Cambridge, England: Cambridge University Press.

Vygotsky, L. S. (1978). *Mind in society.* Cambridge: Harvard University Press.

Wrangham, R., McGrew, W., deWaal, F., & Heltne, P. (1994). *Chimpanzee cultures.* Cambridge: Harvard University Press.

18장

Bartlett, L. (2002). Seeing the Big Picture. In B. Rogoff, L. Bartlett, and C. Goodman Turkanis (Eds.), *Sharing circles: Principles of learning in a community.* New York: Oxford University Press.

Bennett, K. P., & LeCompte, M. D. (1990). *The way schools work: A sociological analysis of education.* New York: Longman.

Bradshaw, P. (in press). What does being qualified mean? In B. Rogoff, L. Bartlett, and C. Goodman Turkanis (Eds.), *Sharing circles: Principles of learning in a community.* New York: Oxford University Press.

Brown, A. L., & Campione, J. C. (1990). Communities of learning and thinking, or a context by any other name. In D. Kuhn (Ed.), *Developmental perspectives on teaching and learning thinking skills* (Vol. 21). *Contributions to Human Development* (pp. 108–126). Basel: Karger.

Brown, A. L., & Campione, J. C. (1994). Guided discovery in a community of learners. In K. McGilly (Ed.), *Classroom lessons: Integrating cognitive theory and classroom practice* (pp. 229–270). Cambridge: MIT Press/Bradford Books.

Cahan, E. D. (1994). John Dewey and human development. In R. D. Parker, P. A. Ornstein, J. J. Reiser, and C. Zahn-Waxler (Eds.), *A century of developmental psychology* (pp. 145–167). Washington: APA Press.

Callahan, R. E. (1962). *Education and the cult of efficiency.* Chicago: University of Chicago Press.

Cremin, L. A. (1962). *The transformation of the school: Progressivism in American Education, 1876–1957.* New York: Knopf.

Cuban, L. (1984). *How teachers taught: Constancy and change in American classrooms, 1890–1980.* New York: Longman.

Deering, P. D. (1991, November). *Show me that you want to work in groups: An ethnographic study of cooperative learning in a multiethnic middle school.* Paper presented at the meetings of the American Anthropological Association, Chicago.

Deering, P. D. (1994, April). *Is "cooperative learning" either, both, or neither? Tales from three middle school classrooms.* Paper presented at the meetings of the American Educational Research Association, New Orleans.

Dewey, J. (1916). *Democracy and education.* New York: Macmillan.

Dewey, J. (1938). *Experience and education.* New York: Macmillan.

Eccles, J. S., Buchanan, C. M., Flanagan, C., Fuligni, A., Midgley, C., & Yee, D. (1991). Control versus autonomy during early adolescence. *Journal of Social Issues, 47,* 53–68.

Giaconia, R. M., & Hedges, L. V. (1982). Identifying features of effective open education. *Review of Educational Research, 52,* 579–602.

Gold, B. A., & Miles, M. B. (1981). *Whose school is it, anyway? Parent-teacher conflict over an innovative school.* New York: Praeger.

Goodman Turkanis, C. (in press). Creating curriculum with children. In B. Rogoff, L. Bartlett, & C. Goodman Turkanis (Eds.), *Sharing circles: Principles of learning in a community.* New York: Oxford University Press.

Graubard, A. (1972). *Free the children.* New York: Pantheon Books.

Greene, M. (1986). Philosophy and teaching. In M. C. Whittrock (Ed.), *Handbook of research on teaching* (3rd edn.) (pp. 479–501). New York: Macmillan.

Johnston, M., Cryns, T., & Clokey-Till, M. (in press). Teacher collaboration. In B. Rogoff, L. Bartlett, and C. Goodman Turkanis (Eds.), *Sharing circles: Principles of learning in a community.* New York: Oxford University Press.

Kliebard, H. M. (1975). Metaphorical roots of curriculum design. In W. Pinar (Ed.), *Curriculum theorizing: The reconceptualists* (pp. 39–50). Berkerly: McCutchan.

Kliebard, H. M. (1987). *The struggle for the American curriculum, 1893–1958.* New York: Routledge and Kegan Paul.

Kohn, A. (1993, September). Choices for children: Why and how to let students decide. *Phi Delta Kappan,* 8–20.

Lamphere, L. (1977). *To run after them: Cultural and social bases of cooperation in a Navajo community.* Tucson: University of Arizona Press.

Lave, J., & Wenger, E. (1991). *Situated learning: Legitimate peripheral participation.* Cambridge, England: Cambridge University Press.

Lubomudrov, C. (in press). Who is responsible?: Decision-making in a community of learners. In B. Rogoff, L. Bartlett, and C. Goodman Turkanis (Eds.), *Sharing circles: Principles of learning in a community.* New York: Oxford University Press.

Marris, P. (1986). *Loss and change.* London: Routledge and Kegan Paul.

Matusov, E., Bell, N., & Rogoff, B. (1994). *Collaboration and assistance in problem solving by children differing in cooperative schooling backgrounds.* Unpublished manuscript.

Matusov, E., & Rogoff, B. (1995). *Newcomers and oldtimers: Educational philosophy of parent volunteers in a community of learners school.* Unpublished manuscript.

McDermott, R. P. (1993). The acquisition of a child by a learning disability. In S. Chaiklin and J. Lave (Eds.), *Understanding practice: Perspectives on activity and context* (pp. 269–305). Cambridge, England: Cambridge University Press.

McRobbie, C., & Tobin, K. (1995). *Restraints to reform: The congruence of teacher and student actions in a chemistry classroom.* Submitted for publication.

Minick, N. (1993). Teachers' directives: The social construction of "literal meanings" and "real words" in classroom discourse. In S. Chaiklin and J. Lave (Eds.), *Understanding practice: Perspectives on activity and context* (pp. 343–374). Cambridge, England: Cambridge University Press.

Mosier, C., & Rogoff, B. (1994). *Young children's autonomy and responsibility within the family: Cultural variations.* Unpublished manuscript.

Newman, D., Griffin, P., & Cole, M. (1989). *The construction zone: Working for cognitive change in school.* Cambridge, England: Cambridge University Press.

Polson, D. (2002). Responsible choices. In B. Rogoff, L. Bartlett, and C. Goodman Turkanis (Eds.), *Sharing circles: Principles of learning in a community.* New York: Oxford University Press.

Rogoff, B. (1990). *Apprenticeship in thinking: Cognitive development in social context.* New York: Oxford University Press.

Rogoff, B. (1994). Developing understanding of the idea of communities of learners. *Mind, Culture, and Activity, 1,* 209–229.

Rogoff, B. (1995). Observing sociocultural activity on three planes: Participatory appropriation, guided participation, and apprenticeship. In J. V. Wertsch P. del Ri0, and A. Alvarez (Eds.), *Sociocultural studies of mind* (pp. 139–164). Cambridge, England: Cambridge University Press.

Rogoff, B. (in press). Finding the "common thread": Learning through participation in a community. In B. Rogoff, L. Bartlett, and C. Goodman Turkanis (Eds.), *Sharing circles: Principles of learning in a community.* New York: Oxford University Press.

Rogoff, B., Baker-Sennett, J., Lacasa, P., and Goldsmith, D. (1995). Development through participation in sociocultural activity. In J. Goodnow, P. Miller, and F. Kessel (Eds.), *Cultural practices as contexts for development* (pp. 45–66). San Francisco: Jossey-Bass.

Rogoff, B., Baker-Sennett, J., & Matusov, E. (1994). Considering the concept of planning. In M. Haith, J. Benson, R. Roberts, and B. Pennington (Eds.), *The development of future-oriented processes* (pp. 353–373). Chicago: University of Chicago Press.

Rogoff, B., Mistry, J. J., Göncü, A., & Mosier, C. (1993). Guided participation in cultural activity by toddlers and caregivers. *Monographs of the Society for Research in Child Development, 58,* 7, serial no. 236.

Silberman, C. E. (1970). *Crisis in the classroom: The remaking of American education.* New York: Random House.

Stipek, D. J. (1993). Is child-centered early childhood education really better? In S. Reifel (Ed.), *Advances in early education and day care.* Greenwich, CT: JAI Press.

Tharp, R. G., & Gallimore, R. (1988). *Rousing minds to life: Teaching, learning, and schooling in social context.* Cambridge, England: Cambridge University Press.

Wells, G., Chang, G. L. M., & Maher, A. (1990). Creating classroom communities of literate thinkers. In S. Sharan (Ed.), *Cooperative learning: Theory and research* (pp. 95–121). New York: Praeger.

19장

Bakhtin, M. M. (1984). *Problems of Dostoevsky's poetics* (C. Emerson, Ed. and Trans.). Minneapolis: University of Minnesota Press.

Bakhtin, M. M. (1986). *Speech genres and other late essays* (C. Emerson and M. Holquist, Eds: V. W. McGee, Trans.). Austin: University of Texas Press.

Brown, J. S., & Burton, R. B. (1978). Diagnostic models for procedural bugs in basic mathematical skills. *Cognitive Science, 2,* 155–192.

Bruner, J. S. (1962). Introduction to L. S. Vygotsky. *Thought and speech* (pp. v–x.). Cambridge: MIT Press.

Bruner, J. (1986). *Actual minds, possible worlds.* Cambridge: Harvard University Press.

Chomsky, N. (1966). *Cartesian linguistics: A chapter in the history of rationalist thought.* New York: Harper and Row.

Chomsky, N. (1972). *Language and mind.* New York: Harcourt Brace Jovanovich.

Churchland, P. (1988). Reductionism, connectionism, and the plasticity of human consciousness. *Cultural Dynamics, 1,* pp. 29–45.

Cole, M., & Cole, S. R. (1989). *The development of children.* New York: Scientific American Books.

D'Andrade, R. (1990). Some propositions about the relations between culture and human cognition. In J. W. Stigler, R. A. Sherder, and G. Herdt (Eds.), *Cultural psychology: Essays on comparative human development* (pp. 65–129). Cambridge, England: Cambridge University Press.

Davydov, V. V., & Radzikhovskii, L. A. (1985). Vygotsky's theory and the activity-oriented approach to psychology. In J. V. Wertsch (Ed.), *Culture, communication, and cognition: Vygotskian perspectives* (pp. 35–65). New York: Cambridge University Press.

Elias, N. (1991). *The society of individuals.* (M. Schroter, Ed.; E. Jephcott, Trans.). Oxford, England: Blackwell.

Goddnow, J. (1990). The socialization of cognition: What's involved? In J. W. Stigler, R. A. Shweder, and G. Herdt (Eds.), *Cultural psychology: Essays on comparative human development* (pp. 259–286). Cambridge, England: Cambridge University Press.

Holland, D., & Quinn, N. (1986). *Cultural models in language and thought.* New York: Cambridge University Press.

Kaplan, B. (1983). Genetic-dramatism: Old wine in new bottles. In S. Wapner and B. Kaplan (Eds.), *Toward a holistic developmental psychology* (pp. 53–74). Hillsdale, NJ: Lawrence Erlbaum.

Lotman, Yu. M. (1988). Text within a text. *Soviet Psychology,* Spring, 26 (3), 32–51.

Lotman, Yu. M. (1990). *Universe of the mind: A semiotic theory of culture.* Bloomington: Indiana University Press.

Matz, M. (1982). Toward a process model for high school algebra errors. In D. Sleeman and J. S. Brown (Eds.), *Intelligent tutoring systems* (pp. 25–50). New York: Academic Press.

Mead, G. H. (1934). *Mind, self, and society from the standpoint of a social behaviorist.* Chicago: University of Chicago Press.

Nemirovsky, R. (in press). On ways of symbolizing: The case of Laura and the velocity sign. *Journal of Mathematical Behavior.*

Olson, D. R. (1994). *The world on paper: The conceptual and cognitive implications of writing and reading.* Cambridge, England: Cambridge University Press.

Olson, D. (1995). Writing and the mind. In J. V. Wertsch, P. del Rio, and A. Alvarez (Eds.), *Sociocultural studies of mind* (pp. 95–123). New York: Cambridge University Press.

Piaget, J. (1966). *The psychology of intelligence.* Totowa, NJ: Littlefield, Adams.

Piaget, J. (1970). *Genetic epistemology* (E. Duckworth, Trans.). New York: Columbia University Press.

Piaget, J. (1971). *Biology and knowledge: An essays on the relations between organic regulations and cognitive processes.* Chicago: University of Chicago Press.

Reddy, M. J. (1979). The conduit metaphor: A case of frame conflict in our language about language. In A. Ortony (Ed.), *Metaphor and thought* (pp. 284–324). Cambridge, England: Cambridge University Press.

Rogoff, B. (1990). *Apprenticeship in thinking: Cognitive development in social context.* New York: Oxford University Press.

Strauss, S., & Shilony, T. (1994). Teachers' models of children's minds and learning. In L. A. Hirschfeld and S. A. Gelman (Eds.), *Mapping the mind: Domain specificity in cognition and culture* (pp. 455–473). Cambridge, England: Cambridge University Press.

Vygotsky, L. S. (1978). *Mind in society: The development of higher psychological processes* (M. Cole, V. John-Steiner, S. Scribner, and E. Soubermsn, Eds.). Cambridge: Harvard University Press.

Vygotsky, L. S. (1979). Consciousness as a problem in the psychology of behavior. *Soviet Psychology, 17* (4), 3-35.

Vygotsky, L. S. (1981a). The genesis of high mental functions. In J. V. Wertsch (Ed.), *The concept of activity in Soviet psychology* (pp. 144-188). Armonk, NY: M. E. Sharpe.

Vygotsky, L. S. (1981b). The development of higher forms of attention in childhood, In J. V. Wertsch(Ed.), *The concept of activity in Soviet psychology* (pp. 189-240). Armonk, NY: M. E. Sharpe.

Vygotsky, L. S. (1987). *The collected works of L. S. Vygotsky.* (Vol. 1) *Problems of general psychology.* (N. Minick, Trans.). New York: Plenum.

Werner, H. (1948). *Comparative psychology of mental development.* New York: International Universities Press.

Wertsch, J. V. (1985). *Vygotsky and the social formation of mind.* Cambridge: Harvard University Press.

Wertsch, J. V. (1991). *Voices of the mind: A sociocultural approach to mediated action.* Cambridge: Harvard University Press.

Wertsch, J. V. (1995). The need for action in sociocultural research. In J. V. Wertsch, P. del Rio, and A. Alvarez (Eds.), *Sociocultural studies of mind* (pp. 56-74). New York: Cambridge University Press.

Westbrook, R. B. (1991). *John Dewey and American democracy.* Ithaca, NY: Cornell University Press.

Zinchenko, V. P. (1985). Vygotsky's ideas about units of analysis for the analysis of mind. In J. V. Wertsch (Ed.), *Culture, communication, and cognition: Vygotskian perspectives* (pp. 94-118). New York: Cambridge University Press.

20장

Bakhtin, M. (1986). *Speech genres and other late essays.* Austin: University of Texas Press.

Boden, M. A. (1990). *The creative mind: Myths and mechanisms.* New York: Basic Books.

Botheroyd, P. F. (1976). *Ich und er: First and third person self-reference and problems of identity in three contemporary German-language novels.* The Hague: Mouton.

Bruner, J. S. (1990). *Acts of meaning.* Cambridge: Harvard University Press.

Bruner, J. S. (in press). Does the cognitive revolution ever stop? In D. Johnson and C. Erneling (Eds.), *Reassessing the cognitive revolution: Alternative futures.* Oxford, England: Oxford University Press.

Cohn, D. (1968). K. enters The castle: On the change of person in Kafka's manuscript. *Euporion, 62,* 28-45.

Cuddon, J. A. (1991). *A dictionary of literary forms and literary theory* (3rd edn.). Oxford, England: Blackwell Reference.

d'Azevedo, W. L. (1962). Uses of the past in Gola discourse. *Journal of African History, 3* (1), 11-34.

Dennett, D. C. (1991). *Consciousness explained.* Boston: Little, Brown.

Duranti, A. (1993). Truth and intentionality: An ethnographic critique. *Cultural Anthropology, 8* (2), 214-245.

Dyson, X. (1995). Writing children. *Written Communication, 12,* 4-46.

Feldman, C. F. (1989). Monologue as problem-solving narrative. In K. Nelson (Ed.), *Narratives from the crib* (pp. 98-122). Cambridge: Harvard University Press.

Feldman, C. F. (1991). Oral metalanguage. In D. Olson and N. Torrance (Eds.), *Literacy and orality* (pp. 47-65). Cambridge, England: Cambridge University Press.

Feldman, C. F. (1992). On reading Paley. Special issue on Vivian Paley. F. Kessel (Ed.). *Quarterly Newsletter of the Laboratory for Comparative Human Cognition. 14* (3), 73-77. La Jolla: University of California at San Diego.

Feldman, C. F. (1994). Genres as mental models. In M. Ammaniti and D. N. Stern (Eds.), *Psychoanalysis and development: Representations and narratives* (pp. 111–121). New York: New York University Press.

Feldman, C. F., Bruner, J. S., & Kalmar, D. A. (1993). Reply to Olson and Salter's discussion. *Human Development, 36* (6), 346–349.

Feldman, C. F., Bruner, J. S., Kalmar, D. A., & Renderer, B. (1993). Plot, plight, and dramatism: Interpretation at three ages. *Human Development, 36* (6), 327–342.

Feldman, C. F., Bruner, J. S., Kalmar, D. A., & Renderer, B. (1994). Plot, plight, and dramatism: Interpretation at three ages (with a methodological appendix). In W. Overton and D. Palermo (Eds.), *The nature and ontogenesis of meaning*. Hillsdale, NJ: Lawrence Erlbaum.

Feldman, C. F., Bruner, J. S., Renderer, B., & Spitzer, S. (1990). Narrative comprehension. In B. Britton and A. Pellegrini (Eds.), *Narrative thought and narrative language* (pp. 1–78). Hillsdale, NJ: Lawrence Erlbaum.

Feldman, C. F., Stone, A., Wertsch,, J., & Strizich, M. (1977). Standard and nonstandard dialect competencies of Hawaiian Creole English speakers. *TESOL Quarterly, 11* (1), 41–50.

Feldman, C., & Toulmin, S. (1976). Logic and the theory of mind. *Nebraska Symposium on Motivation, 1975,* 409–476.

Feldman, C. F., & Wertsch, J. (1976). Context-dependent properties of teachers' speech. *Youth and Society, 7* (3), 227–258.

Fodor, J. A. (1980). Methodological solipsism considered as a research strategy in cognitive psychology. *Behavioral and Brain Sciences, 3,* 63–110.

Fowler, A. (1982). *Kinds of literature: An introduction to the theory of genres and modes*. Cambridge: Harvard University Press.

Frye, N. (1957). *Anatomy of criticism: Four essays*. Princeton: Princeton University Press.

Geertz, C. (1973). *The interpretation of cultures*. New York: Basic Books.

Gergen, K. J. (1991). *The saturated self: Dilemmas of identity in contemporary life*. New York: Basic Books.

Gill, B. (1961). Truth and consequences. In R. B. Goodman (Ed.), *Seventy-five short masterpieces: Stories from the world's literature*. New York: Bantam.

Goodman, N. (1978). *Ways of worldmaking*. Indianapolis: Hackett Publishing.

Kalmar, D. A. (1996). The effect of perspective on recall and interpretation of stories. Doctoral dissertation, Yale University.

Koffka, K. (1935). *Principles of gestalt psychology*. New York: Harcourt Brace and World.

Latour, B., & Woolgar, S. (1986). *Laboratory life*. Princeton: Princeton University Press.

Lewin, K. (1935). *A dynamic theory of personality*. New York: McGraw-Hill.

Nagel, T. (1986). *The view from nowhere*. New York: Oxford University Press.

Ochs, E., Smith, R., & Taylor, C. (1989). Dinner narratives as detective stories. *Cultural Dynamics, 2,* 238–257.

Palinscar, A. S., & Brown, A. L. (1984). Reciprocal teaching of comprehension-fostering and comprehension-monitoring activities. *Cognition and Instruction, 1* (2), 117–175.

Penrose, R. (1990). Précis of The emperor's new mind: Concerning computers, minds, and the laws of physis. *Behavioral and Brain Sciences, 13,* 643–705.

Putnam, H. (1990). *Realism with a human face*. Cambridge: Harvard University Press.

Romberg, B. (1962). *Studies in the narrative technique of the first-person novel*. Stockholm: Almqvist and Wiksell.

Rosaldo, M. Z. (1980). *Knowledge and passion: Ilongot notions of self and social life*. Cambridge, England: Cambridge University Press.

Sansom, B. (1982). The sick who do not speak. In D. Parkin (Ed.), *Semantic anthropology* (pp. 183–195). London: Academic Press.

Searle, J. R. (1984). *Minds, brains and science*. Cambridge: Harvard University Press.

Searle, J. R. (1992). *The rediscovery of the mind*. Cambridge: MIT Press.

Shweder, R. A. (1991). *Thinking through cultures: Expeditions in cultural psychology*. Cambridge: Harvard University Press.

Snow, C. E. (1990). *The correlations of imponderables: Assessing relations between language proficiency and academic achievement*. Unpublished manuscript, Harvard University, Graduate School of Education.

Snow, C. E., & Dickinson, D. K. (1992). Skills that aren't basic in a new conception of literacy. In E. Jennings and T. Purvis (Eds.), *New conceptions of literacy* (pp. 179–218). Albany, NY: SUNY Press.

Stich, S. (1983). *From folk psychology to cognitive science: The case against belief*. Cambridge: MIT Press.

Toulmin, S. (1990). *Cosmopolis: The hidden agenda of modernity*. Chicago: University of Chicago Press.

von Wright, G. H. (1971). *Explanation and understanding*. Ithaca, NY: Cornell University Press.

Wellek, R., & Warren, A. (1962). *Theory of literature* (3rd edn.). New York: Harcourt Brace and World.

21장

Anastasi, A. (1958). Heredity, environment, and the question "How?" *Psychological Review, 65,* 197–208.

Anastasi, A. (1986). Experiential structuring of psychological traits. *Developmental Review, 6,* 181–202.

Bronfenbrenner, U., & Ceci, S. J. (1993). Heredity, environment, and the question: "How?" In R. Plomin and J. McClearn (Eds.), *Nature, nurture, and psychology*. Washington: American Psychological Association.

Bruner, J. S. (1960). *The process of education*. Cambridge: Harvard University Press.

Bruner, J. (1990). *Acts of meaning*. Cambridge: Harvard University Press.

Case, R. (1992). *The mind's staircase: Exploring the conceptual underpinnings of children's thought and knowledge*. Hillsdale, NJ: Lawrence Erlbaum.

Ceci, S. J. (1990). *On intelligence. . .more or less*. Englewood Cliffs, NJ: Prentice-Hall.

Chance, F., & Greenough, W. T. (1982). Lateralized effects of monocular training on dendritic branching in adult spilt-brain rats. *Brain Research, 232,* 283–292.

Cicchetti, D., & Beeghly, M. (Eds.). (1990). *Children with Down syndrome: A developmental perspective*. New York: Cambridge University Press.

Cole, M., & Scribner, S. (1974). *Culture and thought: A psychological introduction*. New York: Wiley.

Cynader, M., Shaw, C., Prusky, G., & Van Huizen, F. (1990). Neural mechanisms underlying modifiability of response properties in developing cat visual cortex. In B. Cohen and I. Bodis-Wollner (Eds.), *Vision and the brain: The organization of the central visual system* (pp. 85–108). New York: Raven Press.

Dewey, J. (1963). *Experience and education*. New York: Collier Books.

Donald, M. (1991). *Origins of the modern mind: Three stages in the evolution of culture and cognition*. Cambridge: Harvard University Press.

Dunbar, R. (1992). Why gossip is good for you. *New Scientist, 136,* 28–31.

Eysenck, H. J. (1988). The concept of "intelligence": Useful or useless? *Intelligence, 12,* 1–16.

Galton, F. (1892/1962). *Hereditary genius: An inquiry into its laws and consequences*. Cleveland: World Publishing.

Gardner, H. (1983). *Frames of mind: The theory of multiple intelligences*. New York: Basic Books.

Gardner, H. (1991). *The unschooled mind*. New York: Basic Books.

Glymour, C., Scheines, R., Spirtes, P., & Kelly, K. (1987). *Discovering casual structure.* Orlando, FL: Academic Press.

Gould, S. J. (1986). Evolution and the triumph of homology, or why history matters. *American Scientist, 74,* 60-69.

Green, B. F. (1992). Exposé or smear? The Burt affair. *Psychological Science, 3,* 328-331.

Hunt, E. (1978). *Mechanics or verbal ability.* Psychological Review, *85,* 109-130.

Hunt, J. McV. (1961). *Intelligence and experience.* New York: Ronald Press.

Keating, D. P. (1990a). Charting pathways to the development of expertise. *Educational Psychologist, 25* (3 and 4), 243-267.

Keating, D. P. (1990b). Developmental processes in the socialization of cognitive structures. In *Development and learning: Proceedings of a symposium in honour of Wolfgang Edelstein on his 60th birthday.* Berlin: Max Planck Institute for Human Development and Education.

Keating, D. P. (1990c). Structuralism, deconstruction, reconstruction: The limits of reasoning. In W. F. Overton (Ed.), *Reasoning, necessity, and logic: Developmental perspectives* (pp. 299-319). Hillsdale, NJ: Lawrence Erlbaum.

Keating, D. P. (1991). Curriculum options for the developmentally advanced: A developmental alternative for gifted education. *Education Exceptionality Canada, 1,* 53-83.

Keating, D. P. (1995a). Educating for a learning society: The transformation of schooling. In J. Lupart, A. McKeough, and C. Yewchuk (Eds.), *Schools in transition: Rethinking regular and special education* (pp. 119-139). Toronto: Nelson.

Keating, D. P. (1995b). The learning society in the information age. In S. A. Rosell (Ed.), *Changing maps: Governing in a world of rapid change* (pp. 205-229). Ottawa: Carleton University Press.

Keating, D. P. (in press a). Families, schools, and communities: Social resources for a learning society. In D. Ross (Ed.), *Family security in insecure times* (Vol. 2). Ottawa: National Forum on Family Security.

Keating, D. P. (in press c). Habits of mind: Developmental diversity in competence and coping (with commentary and reply by the author). In D. K. Detterman (Ed.), *Current topics in human intelligence: The role of the environment.* Norwood, NJ: Ablex.

Keating, D. P. (in press d). Understanding human intelligence: Toward a developmental synthesis. In C. Benbow and D. Lubinski (Eds.), *From psychometrics to giftedness: Essays in honor of Julian Stanley.* Baltimore: Johns Hopkins University Press.

Keating, D. P., & Crane, L. L (1990). Domian-general and domain-specific processes in proportional reasoning. *Merrill-Palmer Quarterly, 36,* 411-424.

Keating, D. P., List, J. A., & Merriman, W. E. (1985). Cognitive processing and cognitive ability: A multivariate validity investigation. *Intelligence, 9,* 149-170.

Keating, D. P., & MacLean, D. J. (1987). Cognitive processing, cognitive ability, and development: A reconsideration. In P. A. Vernon (Ed.), *Speed of information processing and intelligence* (pp. 239-270). Norwood, NJ: Ablex.

Keating, D. P., & MacLean, D. J. (1988). Reconstruction in cognitive development: A post-structuralist agenda. In P. B. Baltes, D. L. Featherman, and R. M. Lerner (Eds.), *Life-span development and behavior* (Vol. 8, pp. 283-317). Hillsdale, NJ: Lawrence Erlbaum.

Keating, D. P., & Mustard, J. F (1993). Social economic factors in human development. In D. Ross (Ed.), *Family security in insecure times* (Vol. 1, pp. 87-105). Ottawa: National Forum on Family Security.

Kiecolt-Glaser, J. K., & Glaser, R. (1991). Stress and immune function in humans. In R. Ader, D. L. Felten, and N. Cohen (Eds.), *Psychoneuroimmunology* (2nd edn., pp. 849-867). New York: Academic Press.

Lave, J. (1988). *Cognition in practice: Mind, mathematics, and culture in everyday life.* Cambridge, England:

Cambridge University Press.

Lewis, M. D. (1993). Emotion-cognition interactions in early infant development. *Cognition and Emotion, 7,* 145-170.

MacLean, D. J., Keating, D. P., Miller, F., & Keenan, T. (1995, April). *Emotion and attention regulation in object permanence performance.* Paper presented at the meeting of the Society for Research in Child Development, Indianapolis.

MacLean, D. J., & Schuler, M. (1989). Conceptual development in infancy: The understanding of containment. *Child Development, 60,* 1126-1137.

Matthews, D. J., & Keating, D. P. (1995). Domain-specificity and habits of mind: An investigation of patterns of high-level development. *Journal of Early Adolescence, 15,* 319-343.

Menna, R., & Keating, D. P. (1992, June). *Coping with emotions in adolescence and early adulthood: Developmental changes.* Paper presented at the meeting of the Canadian Psychological Association, Quebec City.

Miller, F. (1995). *Attention regulation, emotion regulation, and competence from infancy to school entry.* Master's thesis, Brock University, St. Catharines, Ontario.

Morrison, G. R., Morrison, S. R., & Keating, D. P. (1992). On estimating processing variance: Commentary and reanalysis of Kail's "Developmental functions for speeds of cognitive processes." *Journal of Experimental Child Psychology, 54,* 288-307.

Oatley, K., & Jenkins, J. M. (1992). Human emotions: Function and dysfunction. *Annual Review of Psychology, 43,* 55-85.

Olson, D. R. (1994). *The world on paper: The conceptual and cognitive implications of writing and reading.* Cambridge, England: Cambridge University Press.

Plomin, R., & Thompson, L. (1988). Life-span developmental behavior genetics. In P. B. Baltes, D. L. Featherman, and R. M. Lerner (Eds.), *Life-span development and behavior* (Vol. 8, pp. 1-31). Hillsdale, NJ: Lawrence Erlbaum.

Resnick, L. B., Levine, J. B., & Teasley, S. D. (Eds.). (1991). *Perspectives on socially shared cognition.* Washington: American Psychological Association.

Rogoff, B. (1990). *Apprenticeship in thinking: Cognitive development in social context.* New York: Oxford University Press.

Rogoff, B., & Lave, J. (Eds.). (1984). *Everyday cognition: Its development in social context.* Cambridge: Harvard University Press.

Rosenberg, M. (1986). Self-concept from middle childhood through adolescence. In J. Suls and A. G. Greenwald (Eds.), *Psychological perspectives on the self* (pp. 107-136). Hillsdale, NJ: Lawrence Erlbaum.

Scardamalia, M., & Bereiter, C. (1993). Technologies for knowledge-building discourse. *Communication of the ACM, 36* (5), 37-41.

Senge, P. M. (1990). *The fifth discipline: The art and practice of the learning organization.* New York: Doubleday.

Shafrir, U., Ogilvie, M., & Bryson, M. (1990). Attention to errors and learning: A cross-task and a cross-domain analysis of the postfailure reflectivity measure. *Cognitive Development, 5,* 405-425.

Shafrir, U., & Pascual-Leone, J. (1990). Postfailure reflectivity/impulsivity and spontaneous attention to errors. *Journal of Educational Psychology, 82* (2), 378-387.

Sternberg, R. J. (1989). Domain-generality versus domain-specificity: The life and impending death of a false dichotomy. *Merrill-Palmer Quarterly, 35,* 115-129.

Sternberg, R. J. (1990). *Metaphors of mind: Conceptions of the nature of intelligence.* New York: Cambridge

University Press.

Stevenson, H. W., & Stigler, J. W. (1992). *The learning gap: Why our schools are failing and what we can learn from Japanese and Chinese education*. New York: Summit Books.

Stringer, C., & Gamble, C. (1993). *In search of the Neanderthals: Solving the puzzle of human origins*. London: Thames and Hudson.

Suomi, S. J. (1991). Early stress and adult emotional reactivity in rhesus monkeys. In *The childhood environment and adult disease*. (Ciba Foundation Symposium 156). Chichester, England: Wiley.

Task Force on Human Development (1992). *The learning society*. Canadian Institute for Advanced Research, Research Publication #6. Toronto: CLAR.

Terman, L. S. (1916). *The measurement of intelligence*. Boston: Houghton Mifflin.

Tomasello, M., Kruger, A. C., & Ratner, H. H. (1993). Cultural learning. *Behavioral and Brian Sciences, 16,* 495–552.

Turner, A., & Greenough, W. T. (1985). Differential rearing effects on rat visual cortex synapses: Synaptic and neuronal density and synapses per neuron. *Brain Research, 329,* 195–203.

Vygotsky, L. (1978). *Mind in society: The development of higher psychological processes*. M. Cole, V. John-Steiner, S. Scribner, and E. Souberman (Eds.). Cambridge: Harvard University Press.

22장

Anderson, J. R. (1983). *The architecture of cognition*. Cambridge: Harvard University Press.

Anderson, J. R. (1987). Skill acquisition: Complication of weak-method problem solutions. *Psychological Review, 94,* 192–210.

Anderson, J. R., Conrad, F. G., & Corbett, A. T. (1989). Skill acquisition and the LISP tutor. *Cognitive Science, 13,* 467–505.

Astington, J. W., Harris, P. L., & Olson, D. R. (Eds.). (1988). *Developing theories of mind*. New York: Cambridge University Press.

Barzun, J. (1944). *Teacher in America*. Boston: Little, Brown.

Beer, R. D. (1991). *Intelligence as adaptive behavior*. Cambridge: MIT Press.

Bereiter, C. (1991). Implications of connectionism for thinking about rules. *Educational Researcher, 20,* 10–16.

Bereiter, C., & Scardamalia, M. (1993). *Surpassing ourselves: An inquiry into the nature and implications of expertise*. La Salle, IL: Open Court.

Brown, J. S., & Burton, R. R. (1978). Diagnostic models for procedural bugs in basic mathematical skills. *Cognitive Science, 2,* 155–192.

Bruner, J. S. (1990). *Acts of meaning*. Cambridge: Harvard University Press.

Carroll, J. B. (1976). Promoting language skills: The role of instruction. In D. Klahr (Ed.), *Cognition and instruction* (pp. 3–22). Hillsdale, NJ: Lawrence Erlbaum.

Churchland, P. S. (1986). *Neurophilosophy: Toward a unified science of the mind-brain*. Cambridge: MIT Press.

Cognition and Technology Group at Vanderbilt. (1992). The Jasper experiment: An exploration of issues in learning and instructional design. *Educational Technology Research and Development, 40,* 65–80.

Doyle, W. (1983). Academic work. *Review of Educational Research, 53,* 159–199.

Drucker, P. F. (1994, November). The age of social transformation. *Atlantic Monthly*, pp. 53–80.

Fodor, J. A. (1985). Fodor's guide to mental representation: The intelligence auntie's vade-mecum. *Mind, 94,*

76–100.

Gentner, D., & Stevens, A. L. (1983). *Mental models.* Hillsdale, NJ: Lawrence Erlbaum.

Gombrich, E. H. (1959). *Art and illusion: A study in the psychology of pictorial representation.* London: Phaedon Press.

Griffin, S., Case, R., & Siegler, R. S. (1994). Rightstart: Providing the central conceptual prerequisites for first formal learning of arithmetic to students at risk for school failure. In K. McGilly (Ed.), *Classroom lessons: Integrating cognitive theory and classroom practice* (pp. 25–50). Cambridge: MIT Press.

Hirsch, E. D., Jr. (1987). *Cultural literacy: What every American needs to know.* Boston: Houghton Mifflin.

Johnson-Laird, P. N. (1983). *Mental models: Toward a cognitive science of language, inference and consciousness.* Cambridge, England: Cambridge University Press.

Kuhn, D. (1989). Children and adults as intuitive scientists. *Psychological Review, 96,* 674–689.

Lakoff, G. (1987). *Women, fire, and dangerous things: What categories reveal about the mind.* Chicago: University of Chicago Press.

Lakoff, G., & Johnson, M. (1980). *Metaphors we live by.* Chicago: University of Chicago Press.

Lancy, D. F. (1976a). *The beliefs and behaviors of pupils in an experimental school: Introduction and overview* (Technical Report No. LRDC-1976/3). University of Pittsburgh, Learning Research and Development Center.

Lancy, D. F. (1976b). *The beliefs and behaviors of pupils in an experimental school: The science lab* (Technical Report No. LRDC-1976/6). University of Pittsburgh, Learning Research and Development Center.

Lave, J., & Wenger, E. (1991). *Situated learning: Legitimate peripheral participation.* Cambridge, England: Cambridge University Press.

Margolis, H. (1987). *Patterns, thinking, and cognition.* Chicago: University of Chicago Press.

McClelland, J. L., Rumelhart, D. E., & PDP Research Group (Eds.). (1986). *Parallel distributed processing: Explorations in the microstructure of cognition* (Vol. 2). *Psychological and biological models.* Cambridge: MIT/Bradford.

Nisbett, R. E., & Wilson, T. (1977). Telling more than we can know: Verbal reports on mental processes. *Psychological Review, 84,* 231–259.

Novak, J. D., & Gowin, D. B. (1984). *Learning how to learn.* Cambridge, England: Cambridge University Press.

Ohlsson, S., & Reese, E. (1991). The function of conceptual understanding in the learning of arithmetic procedures. *Cognition and Instruction, 8,* 103–179.

Popper, K. R. (1972). *Objective knowledge: An evolutionary approach.* Oxford, England: Clarendon Press.

Popper, K. R., & Eccles, J. C. (1977). *The self and its brain.* Berlin: Springer-Verlag.

Pylyshyn, Z. W. (1984). Computation and cognition: Toward a foundation for cognitive science. Cambridge: MIT Press.

Resnick, L. B., & Omanson, S. F. (1987). Learning to understand arithmetic. In R. Glaser (Ed.), *Advances in instructional psychology* (pp. 41–95). Hillsdale, NJ: Lawrence Erlbaum.

Richmond, G. (1973). *The micro-society school: A real world in miniature.* New York: Harper and Row.

Rohlen, T. P. (1989). Order in Japanese society: Attachment, authority, and routine. *Journal of Japanese Studies, 15,* 5–40.

Romer, P. M. (1990). Endogenous technological change. *Journal of Political Economy, 98,* 158–161.

Roth, K. J., Anderson, C. W., & Smith, E. (1987). Curriculum materials, teacher talk, and student learning: Case studies in fifth-grade science teaching. *Journal of Curriculum Studies, 19,* 527–548.

Rumelhart, D. E. (1989). The architecture of mind: A connectionist approach. In M. I. Posner (Ed.),

Foundations of cognitive science (pp. 133-159). Cambridge: MIT Press.

Rumelhart, D. E., McClelland, J. L., & PDP Research Group (Eds.). (1986). *Parallel distributed processing: Explorations in the microstructure of cognition* (Vol. 1) *Foundations*. Cambridge: MIT Press.

Scardamalia, M, & Bereiter, C. (1992). Text-based and knowledge-based questioning by children. *Cognition and Instruction, 9* (3), 177-199.

Scardamalia, M., Bereiter, C., Hewitt, J., & Webb, J. (in press). Constructive learning from texts in biology. In K. M. Fischer and M. Kirby (Eds.), *Relations and biology learning: The acquisition and use of knowledge structures in biology*. Berlin: Springer-Verlag.

Scardamalia, M., Bereiter, C., & Lamon, M. (1994). The CSILE project: Trying to bring the classroom into World 3. In K. McGilly (Ed.), *Classroom lessons: Integrating cognitive theory and classroom practice* (pp. 201-228). Cambridge: MIT Press.

Scribner, S. (1984). Studying working intelligence. In B. Rogoff and J. Lave (Eds.), *Everyday cognition: Its development in social context* (pp. 9-40). Cambridge: Harvard University Press.

Shaw, R., & Turvey, M. T. (1981). Coalitions as models of ecosystems: A realist perspective on perceptual organization. In M. Kubovy and T. Pomerantz (Eds.), *Perceptual organization* (pp. 343-415). Hillsdale, NJ: Lawrence Erlbaum.

Smith, D. C., & Neale, D. C. (1987, April). *The construction of expertise in primary science: Beginnings*. Paper presented at the annual meeting of the American Educational Research Association, Washington.

Stich, S. P. (1983). *From folk psychology to cognitive science: The case against belief.* Cambridge: MIT Press.

Stigler, J. W., & Baranes, R. (1988). Culture and mathematics learning. *Review of Research in Education, 15,* 253-306.

Woodworth, R. S. (1958). *Dynamics of behavior*. New York: Henry Holt.

Yackel, E., Cobb, P., Wood, T., Wheatley, G., & Merkel, I. (1990). The importance of social interactions in children's construction of mathematical knowledge. In T. Cooney (Ed.), *1990 Yearbook of the National Council of Teachers of Mathematics* (pp. 12-21). Reston, VA: National Council of Teachers of Mathematics.

23장

Applebee, A. N. (1978). *The child's concept of story*. Chicago: University of Chicago Press.

Armstrong, M., Connolly, A., & Saville, K. (1994). *Journeys of discovery*. Melbourne: Oxford University Press.

Bettelheim, B. (1976). *The uses of enchantment*. New York: Knopf.

Bruns, G. L. (1992). *Hermeneutics: Ancient and modern*. New Haven: Yale University Press.

Callahan, R. (1962). *Education and the cult of efficiency*. Chicago: University of Chicago Press.

Coe, R. (1984). *When the grass was taller*. New Haven: Yale University Press.

Cunningham, V. (1994, February 18). Fight, fight, and fight again. *Times Literary Supplement,* p. 6.

Dewey, J. (1911). Culture epoch theory. In P. Monroe (Ed.), *A Cyclopedia of Education* (Vol. 2, pp. 240-242). New York: Macmillan.

Donald, M. (1991). *Origins of the modern mind*. Cambridge: Harvard University Press.

Egan, K. (1978). What is a plot? *New Literary History, 9* (3), 455-473.

Egan, K. (1988). *Primary understanding: Education in early childhood*. New York: Routledge.

Egan, K. (1989). *Teaching as story telling*. Chicago: University of Chicago Press.

Egan, K. (1990). *Romantic understanding: The development of rationality and imagination, ages 8-15*. New York: Routledge.

Egan, K. (1992). *Imagination in teaching and learning.* Chicago: University of Chicago Press.
Gardner, H. (1991). *The unschooled mind.* New York: Basic Books.
Gould, S. L. (1977). *Ontogeny and phylogeny.* Cambridge: Harvard University Press.
Hall, G. S. (1904). *Adolescence* (2 vols.). New York: D. Appleton.
Hallpike, C. R. (1979). *The foundations of primitive thought.* Oxford, England: Clarendon Press.
Hayek, F. A. (1972). The primacy of the abstract. In A. Koestler and J. R. Smythies (Eds.), *Beyond reductionism* (pp. 309-333). New York: Macmillan.
Hudson, W. H. (1918). *Far away and long ago.* London: Dent.
Kuhn, T. S. (1962). *The structure of scientific revolutions.* Chicago: University of Chicago Press.
Leach, E. (1967). Genesis as myth. In J. Middleton (Ed.), *Myth and cosmos* (pp. 1-13). New York: Natural History Press.
Lloyd, G. E. R. (1990). *Demystifying mentalities.* Cambridge, England: Cambridge University Press.
Lyotard, J. -F. (1979). *The postmodern condition: A report on knowledge* (G. Bennington and B. Massumi, Trans.). Minneapolis: University of Minnesota Press.
MacIntyre, A. (1981). *After virtue.* Notre Dame, IN: University of Notre Dame Press.
More, H. (1777). *Essays on various subjects, principally designed for young ladies.* London: Wilkie and Cadell.
Nietzsche, F. (c. 1883-1888/1968). *The will to power* (W. Kaufmann, Ed.; W. Kaufmann and R. J. Hilingdale, Trans.). New York: Vintage.
Norris, C. (1993). *The Truth about Postmodernism.* Oxford, England: Blackwell.
Ogden, C. K. (1976). *Opposition.* Bloomington, IN: Indiana University Press.
Olson, D. R. (Ed.). (1987). Understanding literacy. Special issue of *Interchange, 18,* 1/2.
Olson, D. R., & N. Torrance (Eds.). (1991). *Literacy and orality.* Cambridge, England: Cambridge University Press.
Phillips, D., & Kelly, M. (1975). Hierarchical theories of development in education and psychology. *Harvard Educational Review, 45* (3), 351-375.
Richards, R. J. (1992). *The meaning of evolution.* Chicago: University of Chicago Press.
Rorty, R. (1989). *Contingency, irony, and solidarity.* Cambridge, England: Cambridge University Press.
Seeley, L. (1906). *Elementary pedagogy.* New York: Hinds, Noble, and Eldredge.
Spacks, P. M. (1981). *The adolescent idea: Myths of youth and the adult imagination.* New York: Basic Books.
Spencer, H. (1861). *Education: Intellectual, moral and physical.* London: G. Manwering.
Tyler, R. (1949). *Basic principles of curriculum and instruction.* Chicago: University of Chicago Press.
Vernant, J. -P. (1982). *The origins of Greek thought.* Ithaca, NY: Cornell University Press.
Vlastos, G. (1991). *Socrates: Ironist and moral philosopher.* Cambridge, England: Cambridge University Press.
Vygotsky, L. (1978). *Mind in society: The development of higher psychological processes.* M. Cole, V. John-Steiner, S. Scribner, and E. Souberman (Eds.). Cambridge: Harvard University Press.
Watts, I. (1741). *The improvement of the mind: Or, a supplement to the art of logick.* London: James Brackstone.
Wertsch, J. V. (1985). *Vygotsky and the social formation of mind.* Cambridge: Harvard University Press.
Wertsch, J. V. (1991). *Voices of the mind: A sociocultural approach to mediated action.* Cambridge: Harvard University Press.

24장

Ahlberg, A. (1992). *Att möta matematiska problem* [Meeting mathematical problems]. Göteberg, Sweden: Acta Universtiatis Gothoburgensis.

Biggs, J. B. (1979). Individual differences in study process and the quality of learning outcomes. *Higher Education, 8,* 381–394.

Biggs, J. B. (1987a). *Student approaches to learning and studying.* Hawthorn, Victoria: Australian Council for Educational Research.

Biggs, J. B. (1987b). *The Learning Process Questionnaire (LPQ): Manual.* Hawthorn, Victoria: Australian Council for Educational Research.

Biggs, J. B. (1987c). *The Study Process Questionnaire (SPQ): Manual.* Hawthorn, Victoria: Australian Council for Educational Research.

Biggs, J. B. (1990, November). *Approaches to learning in secondary school and testing students in Hong Kong: Some comparative studies.* Paper presented at the seventh annual conference, Hong Kong Educational Research Association, University of Hong Kong.

Booth, S. A. (1992). *Learning to program: A phenomenographic perspective.* Göteberg, Sweden: Acta Universitatis Gothoburgensis.

Dahlgren, L. O. (1975). *Qualitative differences in learning as a function of content-oriented guidance* (Göteberg studies in Educational Sciences, 15). Göteberg, Sweden: Acta Universitatis Gothoburgensis.

Entwistle, N., & Ramsden, P. (1983). *Understanding student learning.* London: Croom Helm.

Gurwitsch, A. (1964). *The field of consciousness.* Pittsburgh: Duquesne University Press.

Hilgard, E. R., & Bower, G. H. (1981). *Theories of learning* (5th edn.) Englewood Cliffs, NJ: Prentice-Hall.

Hodgson, V. (1984). Learning from lectures. In F. Marton, D. Hounsell, and N. J. Entwistle (Eds.), *The experience of learning* (pp. 90–102). Edinburgh: Scottish Academic Press.

Hounsell, D. (1984). Learning and essay writing. In F. Marton, D. Hounsell, and N. J. Entwistle (Eds.), *The experience of learning* (pp. 103–123). Edinburgh: Scottish Academic Press.

Johansson, B., Marton, F., & Svensson, L. (1985). An approach to describing learning as change between qualitatively different conceptions. In L. H. T. West and A. C. Pines (Eds.), *Cognitive structure and conceptual change* (pp. 233–257). New York: Academic Press.

Johnson, K., & Wen, Q. F. (1990). A pilot study of beliefs about EFL learning in China. Unpublished manuscript, Department of Education, University of Hong Kong.

Kember, D., & Gow, L. (1991). A challenge to the anecdotal stereotype of the Asian student. *Studies in Higher Education, 16,* 117–128.

Laurillard, D. (1984). Learning from problem-solving. In F. Marton, D. Hounsell and N. J. Entwistle (Eds.), *The experience of learning* (pp. 124–143). Edinburgh: Scottish Academic Press.

Martin, E., & Ramsden, P. (1987). Learning skills, ot skill in learning. In I. T. E. Richardsson, M. W. Eysenck, and D. W. Piper (Eds.), *Student learning* (pp. 155–167). Milton Keynes, England: Open University Press.

Marton, F. (1974). Some effects of content-neutral instructions on non-verbatim learning in a natural setting. *Scandinavian Journal of Educational Research, 18,* 199–208.

Marton, F. (1975). On non-verbatim learning. I: Level of processing and level of outcome. *Scandinavian Journal of Psychology, 17,* 41–48.

Marton, F. (1976). On non-verbatim learning. II: The erosion of a task-induced learning algorithm. *Scandinavian Journal of Psychology, 17,* 41–48.

Marton, F. (1980). Innehállsrelaterad pedagogisk forskning–en programförklaring. I *Innehállsrelaterad pedagogisk forskning* [Content related educational resesrachöra manifesto]. Stockholm: Stolöverstyrelsen.

Marton, F. (1981). Phenomenography–Describing conceptions of the world around us. *Instructional Science, 10,* 177–200.

Marton, F. (1993, August). *On the structure of teacher's awareness.* Keynote address delivered at the sixth international conference on teacher thinking, Göteborg, Sweden.

Marton, F. (1994). Phenomenography. In T. Husén and T. N. Postlethwaite (Eds.), *The International Encyclopedia of Education* (2nd edn.). London: Pergamon Press.

Marton, F., Asplund–Carlsson, M., & Halász, L. (1992). Differences in understanding and the use of reflective variation in reading. *British Journal of Educational Psychology, 62,* 1–16.

Marton, F., Beaty, E., & Dall'Alba, G. (1993). Conceptions of learning. *International Journal of Educational Research, 19,* 277–300.

Marton, F., Dall'Alba, G., & Tse, L. K. (1993, August). *The paradox of the Chinese learner.* Paper presented at the fifth European Association for Research on Learning and Instruction conference, Aix–en–Provence.

Marton, F., & Säljö, R. (1976). Qualitative differences in learning. I: Outcome and process. *British Journal of Educational Psychology, 46,* 115–127.

Marton, F. & Säljö, R. (1984). Approaches to learning. In F. Marton, D. Hounsell, and N. Entwistle (Eds.), *The experience of learning* (pp. 36–55). Edinburgh: Scottish Academic Press.

Marton, F., Watkins, D., & Tang, C. (1995, August). *Continuities and discontinuities in the experience of learning: An interview study of high school students in Hong Kong.* Paper presented at the sixth European Association for Research on Learning and Instruction conference, Nijmegen, The Netherlands.

Nagle, A., & Marton, F. (1993, August). *Learning, knowing, and understanding: Qualitative changes in student teachers' views of the relationship between some educational phenomena during the first term of pre–school teacher education in Uruguay.* Paper presented at the fifth European Association for Research on Learning and Instruction conference. Aix–en–Provence.

Patrick, K. (1992, November). Teacher and curriculum at year 12: Constructing an object of study. Paper presented at the 1992 joint conference of the Australian Association for Research in Education and the New Zealand Association for Research in Education, Deaking University, Geelong, Victoria.

Pramling, I. (1983). *The child's conception of learning.* Göteborg, Sweden: Acta Universitatis Gothoburgensis.

Pramling, I. (1986). *Barn och inlärning* [Chidren and learning]. Lund, Sweden: Sweden–litteratur.

Pramling, I. (1990). *Learning to learn.* New York: Springer Verlag.

Pramling, I. (1994). *Kunnandets grunder: Prövning av en fenomenografisk ansats till att utveckla barns sätt att uppfatta sin omvärld* [The foundations of knowing: Trialing a phenomenographic approach to developing children's ways of experiencing their worlds]. Göteborg Studies in Educational Sciences 94. Göteborg, Sweden: Acta Universitatis Gothobergensis.

Processr, M., & Miller, R. (1989). The "how" and the "what" of learning physics. *European Journal of Psychology of Education, 4,* 513–528.

Processer, M., Trigwell, K., & Taylor, P. (1994). A phenomenographic study of academics' conceptions of science learning and teaching. *Learning and Instruction, 4,* 217–232.

Silverstein, S. (1964). *The giving tree.* New York: Harper and Row.

Svensson, L. (1977). On qualitative differences in learning. III: Study skill and learning. *British Journal of Educational Psychology, 47,* 233–243.

Svensson, L. (1984a). *Människobiden i INOM-gruppens forskning: Den lärande människan* [The image of man in the research of the INOM-group: Man as learner]. Report 1984:03 Pedagogiska institutionen, Göteborg universitet.

Svensson, L. (1984b). Skill in learning. In F. Marton, D. Hounsell, and N. J. Entwistle (Eds.), *The experience of learning* (pp. 56-70). Edinburgh: Scottish Academic Press.

Svensson, L. (1985, August). Contextual analysis-The development of a research approach. Paper presented at the second conference on qualitative research in psychology. Leiden, The Netherlands.

Säljö, R. (1975). *Qualitative differences in learning as a function of the learner's conception of the task.* Göteborg, Sweden: Acta Universitatis Gothoburgensis.

Säljö, R. (1979). *Learning in the learner's perspective. I. Some common-sense conceptions.* Reports from the Department of Education, no. 76, University of Göteborg.

Säljö, R. (1982). *Learning and understanding: A study of differences in constructing meaning from a text.* Göteborg, Sweden: Acta Universitatis Gothoburgensis.

Säljö, R. (1988). Learning in educational settings: Methods of inquiry. In P. Ramsden (Ed.), *Improving learning: New perspectives* (pp. 32-48). London: Kogan Page.

Torney-Purta, J. (1990). International comparative research in education: Its role in educational improvement in the US. *Educational Researcher, 19,* 32-35.

Tullberg, A., Strömdahl, H., & Lybeck, L. (1994). Students' conceptions of I mol and educators' conceptions of how they teach "the mole." *International Journal of Science Education, 16,* 145-156.

van Rossum, E. J., & Schenk, S. M. (1984). The relationship between learning conception, study strategy and learning outcome. *British Journal of Educational Psychology, 54,* 73-83.

Watkins, D., & Regmi, M. (1990). An investigation of the approach to learning of Nepalese tertiary students. *Higher Education, 20,* 456-469.

Watkins, D., Regmi, M., and Astilla, E. (1991). The Asian-learner-as-a-rote-learner stereo-type: Myth or reality? *Educational Psychology, 11,* 21-34.

Wen, Q. (1990). *Learning approaches of successful and unsuccessful Chinese EFL learners and their relation to traditional Chinese educational philosophies and practices.* Doctoral dissertation. Department of Education, University of Hong Kong.

Wen, Q., & Marton, F. (1993, August). *Chinese views on the relation between memorization and understanding.* Paper presented at the fifth European Association for Research on Learning and Instruction conference, Aix-en-Provence.

Whelan, G. (1988). Improving medical students' clinical problem solving. In P. Ramsden (Ed.), *Improving learning: New perspectives* (pp. 199-214). London: Kogan Page.

25장

Alexandersson, M. (1994). *Metod och medvetande* [Method and consciousness]. Göteborg, Sweden: Acta Universitatis Gothoburgensis.

Allen, L. (1993). *Facilitating metacognitive awareness in early childhood: A classroom intervention with year one children.* Master's thesis, Murdoch University.

Brown, A. (1980). Metacognitive development and reading. In R. J. Spiro, B. Bruce, and W. Brewer (Eds.), *Theoretical issues in reading comprehension* (pp. 453-481). Hillsdale, NJ: Lawrence Erlbaum.

Brown, A. (1985). *Teaching students to think as they read: Implications for curriculum reform.* Paper presented at the American Educational Research Association, Washington.

Brown, A., & Reeve, R. (1985). Metacognition reconsidered: Implications for intervention research. *Journal of Abnormal Child Psychology, 13* (3), 343-356.

Bruner, J. (1988). *Actual minds, possible worlds.* Cambridge: Harvard University Press.

Bruner, J. (1990). The transactional self. In J. Bruner and H. Haste (Eds.), *Making sense* (pp. 81-96). London: Routledge.

Bruner, J., & Haste, H. (Eds.). (1990). *Making sense.* London: Routledge.

Clay, M. (1991). Developmental learning puzzles me. *Australian Journal of Reading, 14,* 263-276.

Cullen, J. (1993). Why retain a developmental focus in early childhood education? In E. Mellor and K. Coombe (Eds.), *Issues in early childhood services: Australian perspectives* (pp. 53-64). Dubuque, IA: Wm. C. Brown.

Dahlgren, G., & Olsson, L. E. (1985). *Läsning i barnperspektiv* [Reading from children's perspective]. Göteborg, Sweden: Acta Universitatis Gothoburgensis.

Damond, W. (1977). *The social world of the child.* San Francisco: Jossey-Bass.

Damond, W. (1984). Peer education: The untapped potential. *Journal of Applied Psychology, 5,* 331-343.

Dionnet, S., & Montangero, J. (1990, August). *The development of diachronic thinking in children: Intuitive physics: time and causality.* Poster presented at the fourth European conference on development psychology, Stirling, Scotland.

Doverborg, E. (1987). *Matematik i förskolan?* [Maths in preschool?]. Publication no. 5. Institutionen *för* pedagogik. Götborgs universitet.

Doverborg, E., & Pramling, I. (1988). *Temaarbete. Lärarens metodik och barns förståelse* [Topic work. The teacher's methods and children's understanding]. Stockholm: Utbildnings*för*laget.

Doverborg, E., & Pramling, I. (1993). *Understanding children's thinking: Methods for interviewing children.* Report no. 5. Department of Methodology in Teacher Education, University of Göteborg.

Driver, R. (1982). Children's learning in science. *Educational Analysis, 4,* 2.

Elkind, D. (1988a). The Resistance to developmentally appropriate education practice with young children: The real issue. In C. Wanger (Ed.), *Public school early childhood programs.* Alexandria: Association for Supervision and Curriculum Development.

Elkind, D. (1988b). Early childhood education on its own terms. In S. L. Kagan and E. Zigler (Eds.), *Early schooling: The national debate* (pp. 98-115). New Haven: Yale University Press.

Enerstvedt, R. T. (1988). *Barn virksomhet og mening* [Children's activity and meaning]. Oslo: A/S Falken Forlag.

Evans, E. D. (1982). Curriculum models and early childhood education. In B. Spodek (Ed.), *Handbook of research in early childhood education* (pp. 107-134). London: Macmillan.

Flavell, J. (1977). *Cognitive development.* Englewood Cliffs, NJ: Prentice-Hall.

Furth, H. (1980). *The world of grown-ups.* New York: Elsevier.

Gordon, B. (1987). Cultural comparison of schooling. *Educational Research, 16,* 6.

Gustavsson, E. (1992). *Barn och konstbilder. En didaktisk utvecklingsstudie* [Children and art: A didactic developmental study]. Uppsats PEF 30. Institutionen *för* pedagogik. Göteborgs universitet.

Hagtvet-Eriksen, B. (1990). *Skriftspråksutveckling* [Written language development]. Stockholm: Natur and Kultur.

Hundeide, K. (1989). *Barns livsverden* [The child's experience of the world]. Oslo: Cappelens Forlag.

Johansson, J. -E. (1992). Metodikämnet i *för*skollärareutbildningen. [Methods in teacher education]. Göteborg, Sweden: Acta Universitatis Gothoburgensis.

Katz, L, & Chard, S. (1990). *Engaging children's minds: The project approach.* Norwood, NJ: Ablex.

Klerfelt, A. (1991). *Barns uppfattningar om samarbete* [Children's conceptions of cooperation]. Uppsats från

PEF 30, Institution *för* pedagogik. Göteborgs universitet.

Lybeck, L. (1981). *Arkimedes I klassen* [Archimedes in the classroom]. Göteborg, Sweden: Acta Universitatis Gothoburgensis.

Marton, F. (1988). *Revealing educationally critical difference in our understanding of the world around us.* Paper delivered at the American Educational Research Association, New Orleans.

Maurice, D., Staeheli, F. S., & Montangero, J. (1990, August). *The development of "diacromic thinking" in children: Intuitive biology: Forest damage.* Poster presented at the fourth European conference on development psychology, Stirling, Scotland.

Neuman, D. (1987). *The origin of arithmetic skills.* Göteborg, Sweden: Acta Universitatis Gothoburgensis.

Pramling, I. (1983). *The child's conception of learning.* Göteborg, Sweden: Acta Universitatis Gothoburgensis.

Pramling, I. (1986). *Barn och inlärning* [Children and learning]. Lund, Sweden: Student-litteratur.

Pramling, I. (1987a). *Vad är metakognition?* [What is metacognition?]. Publikation från Institutionene *för* pedagogik nr 7, Göteborgs universitet.

Pramling, I. (1987b). Entrance to the world of knowledge. In R. Säljö(Ed.), *The written code and conceptions of reality* (pp. 151-160). New York: Springer-Verlag.

Pramling, I. (1988). Developing children's thinking of their own learning. *British Journal of Educational Psychology, 58,* 266-278.

Pramling, I. (1990). *Learning to learn: A study of Swedish preschool children.* New York: Springer-Verlag.

Pramling, I. (1991). Learning about "the shop": An approach to learning in preschool. *Early Childhood Research Quarterly, 6,* 151-166.

Pramling, I. (1992). To be six years old in Sweden in the 1990s. *Early Years, 12*(2), 47-50.

Pramling, I. (1994). *Kunnandets grunder* [Becoming able]. Göteborg, Sweden: Acta Universitatis Gothoburgensis.

Pramling, I. (1995). Phenomenography and practice. *New Zealand Journal of Educational Studies, 30* (2), 227-239.

Pramling, I., Asplund Carlsson, M., & Klerfelt, A. (1993). Lära av sagan [Learing from a fairy-tale]. Lund, Sweden: Studentlitteratur.

Pramling, I., Klerfelt, A., & Williams-Graneld, P. (1995). *Barns möte med skolans värld.* [Children's meeting with primary school]. Rapport från Institutionen *för* Metodik, Göteborgs universitet.

Rogoff, B. (1990). *Apprenticeship in thinking.* Oxford, England: Oxford University Press.

Rubinstein-Reich, L. (1993). *Samling i förskolan* [Circle-time in preschool]. Stockholm: Almqvist and Wiksell International.

Russel, T., & Watt, D. (1990). *Growth.* Primary SPACE project. Liverpool, England: Liverpool University Press.

Schweinhart, L., & Weikart, D. (1980). *Young children grow up: The effects of the Perry preschool programs on youths through age 15.* Ypsilanti, MI: High/Scope Press.

Silverstein, S. (1964). *The giving tree.* New York: Harper and Row.

Singer, E. (1992). *Child care and the psychology of development.* London: Routledge.

Smith, F. (1986). *Insult to intelligence.* New York: Arbor House.

Spodek, B. (1991). Early childhood curriculum and cultural definitions of knowledge. In B. Spodek and O. N. Saracho (Eds.), *Issues in early childhood curriculum.* New York: Teachers College Press.

Stepans, J. (1985). Biology in elementary schools: Children's conceptions of life. *The American Biology Teacher, 47* (4), 222-225.

Toshach, I. (1983). *"Barn med behov av särskilt stöd" och förskollärarens planeringsarbete* [Children with special needs and preschool teachers'planning]. Rapport från Institutionen *för* pedagogik, Göteborgs universitet. Nr. 132.

Veinstein, R. (1986). The teaching of reading and children's awareness of teacher expectations. In T. E. Raphael and R. Reynolds. (Eds.). *The context of literacy*. New York: Longman.

Weikart, D. (1992, November). A developmentally appropriate program to young children. Paper delivered at the EDC-CARE conference, Copenhagen.

Vygotsky, L. S. (1956/1972). *Taenking og språg 1 og II*. [Thinking and language]. Copenhagen: Mezhdunarodnaja Kinga og Hans Reitzels Forlag A/S.

26장

Astington, J. W. (1988a). Children's understanding of the speech act of promising. *Journal of Child Language, 15,* 157-173.

Astington, J. W. (1988b). Promises: Words or deeds? *First Language, 8,* 259-270.

Astington, J. W. (1993). *The child's discovery of the mind*. Cambridge: Harvard University Press.

Astington, J. W. (in press). Reflective teaching and learning: Children's and teachers' theories of mind. *Teaching Education*.

Astington, J. W., Harris, P. L., & Olson, D. R. (Eds.). (1988). *Developing theories of mind*. New York: Cambridge University Press.

Astington, J. W., & Homer, B. (1995, April). *Children's understanding of second-order beliefs and its relation to their ability to distinguish between causes and reasons*. Paper presented at the Annual Meeting of the American Educational Research Association, San Francisco.

Astington, J. W., & Jenkins, J. M. (1995). Theory of mind and social understanding. *Cognition and Emotion, 9,* 151-165.

Astington, J. W., & Olson, D. R. (1990). Metacognitive and metalinguistic language: Learning to talk about thought. *Applied Psychology: An International Review, 39,* 77-87.

Austin, J. L. (1961). *Philosophical papers*. J. O. Urmson and G. J. Warnock (Eds.) Oxford, England: Oxford University Press.

Austin, J. L. (1962a). *How to do things with words*. Cambridge: Harvard University Press.

Austin, J. L. (1962b). *Sense and sensibilia* (Reconstructed from the manuscript notes by G. J. Warnock). Oxford, England: Clarendon.

Bartsch, K., & Wellman, H. M. (1995). *Children talk about the mind*. New York: Oxford University Press.

Baumrind, D. (1971). Current patterns of parental authority. *Developmental Psychology Monographs,* 4 (1, Part 2).

Beretier, C., & Engelmann, S. (1966). *Teaching disadvantaged children in the preschool*. Englewood Cliffs, NJ: Prentice-Hall.

Bierwisch, M. (1970). Semantics. In J. Lyons (Ed.), *New horizons in linguistics* (pp. 166-184). Harmondsworth, England: Penguin.

Booth, J. R., & Hall, W. S. (1994). Role of the cognitive internal state lexicon in reading comprehension. *Journal of Educational Psychology, 86,* 413-422.

Bretherton, I., & Beeghly, M. (1982). Talking about internal states: The acquisition of an explicit theory of mind. *Developmental Psychology, 18,* 906-921.

Bretherton, I., McNew, S., & Beeghly-Smith, M. (1981). Early person knowledge as expressed in gestural and verbal communication: When do infants acquire a "theory of mind"? In M. E. Lamb and L. R. Sherod (Eds.), *Infant social cognition* (pp. 333-373). Hillsdale, NJ: Lawrence Erlbaum.

Brophy, J., & Good, T. (1986). Teacher behavior and student achievement. In M. Wittrock (Ed.), *Handbook of research on teaching* (pp. 328–375). New York: Macmillan.

Brown, A. L, & Campione, J. C. (1994). Guided discovery in a community of learners. In K. McGilly (Ed.), *Classroom lessons: Integrating cognitive theory and classroom practice* (pp. 229–270). Cambridge: Bradford Books/MIT Press.

Brown, J. R., & Dunn, J. (1991). "You can cry, mum": The social and developmental implications of talk about internal states. *British Journal of Developmental Psychology, 9,* 237–256.

Carter, K. (1990). Teachers' knowledge and learning to teach. In R. Houston (Ed.), *Handbook of research on teacher education* (pp. 291–310). New York: Macmillan.

Case, R. (1985). *Intellectual development: Birth to adulthood.* Orlando, FL: Academic Press.

Chandler, M. J. (1987). The Othello effect: Essay on the emergence and eclipse of sceptical doubt. *Human Development, 30,* 137–159.

Chomsky, C. (1969). *The acquisition of syntax in children from 5 to 10.* Cambridge: MIT Press.

Collins, A., Brown, J. S., & Newman, S. E. (1989). Cognitive apprenticeship: Teaching the crafts of reading, writing, and mathematics. In L. B. Resnick (Ed.), *Knowing, learning, and instruction: Essays in honor of Robert Glaser* (pp. 453–494). Hillsdale, NJ: Lawrence Erlbaum.

Connelly, M., & Clandinin, J. (1988). *Teachers as curriculum planners: Narratives of experience.* Toronto: Ontario Ministry of Education.

D'Adrade, R. (1987). A folk model of the mind. In D. Holland and N. Quinn (Eds.), *Cultural models in language and thought* (pp. 112–148). Cambridge, England: Cambridge University Press.

de Villiers, J. G. (1995, March). *Steps in the mastery of sentence complements.* Paper presented at the biennial meeting of the Society for Research in Child Development, Indianapolis.

Dunn, J. (1988). *The beginnings of social understanding.* Cambridge: Harvard University Press.

Evans, E. (1982). Curriculum models and early childhood education. In B. Spodek (Ed.), *Handbook of research in early childhood education* (pp. 107–134). New York: Free Press.

Fabricius, W. V., & Schwanenflugel, P. J. (1994). The older child's theory of mind. In A. Demetriou and A. Efklides (Eds.), *Intelligence, mind, and reasoning: Structure and development* (pp. 111–132). Amsterdam: Elsevier.

Fabricius, W. V., Schwanenflugel, P. J., Kyllonen, P.C., Barclay, C. R., & Denton, S. M. (1989). Developing theories of mind: Children's and adults' concepts of mental activities. *Child Development, 60,* 1278–1290.

Feldman, C., & Wertsch, J. (19760. Context dependent properties of children's speech. *Youth and Society, 7,* 227–258.

Flavell, J. H. (1986). The development of children's knowledge about the appearance–reality distinction. *American Psychologist, 41,* 418–425.

Fromberg, D. (1989). Kindergarten: Current circumstances affecting curriculum. *Teachers' College Record, 90,* 329–403.

Gardner, H. (1991). *The unschooled mind.* New York: Basic Books.

Gearhart, M., & Hall, W. S. (1982). Internal state words: Cultural and situational variation in vocabulary usage. In K. Borman (Ed.), *The social life of children in a changing society* (pp. 219–252). Hillsdale, NJ: Lawrence Erlbaum.

Gesell, A. (1945). *The embryology of behavior.* New York: Harper and Row.

Gomez, M., & Tabachnick, B. (1992). Telling teaching stories. *Teaching Education, 4,* 129–138.

Gopnik, A., & Astington, J. W. (1988). Children's understanding of representational change and its relation to the understanding of false belief and the appearance–reality distinction. *Child Development, 59,* 26–37.

Hall, W. S., & Nagy, W. E. (1986). Theoretical issues in the investigation of the words of internal report. In I. Gopnik and M. Gopnik (Eds.), *From models to modules: Studies in cognitive science from the McGill workshops* (pp. 26–65). Norwood, NJ: Ablex.

Hohmann, M., Banet, B., & Weikart, D. (1979). *Young children in action: A manual for preschool educators.* Ypsilanti, MI: High/Scope Press.

Homer, B., & Astington, J. W. (1995, March). *Children's understanding of second-order beliefs in self and other.* Paper presented at the biennial meeting of the Society for Research in Child Development, Indianapolis.

Johnson, C. N., & Maratsos, M. P. (1977). Early comprehension of mental verbs: Think and know. *Child Development, 48,* 1743–1747.

Johnson, C. N., & Wellman, H. M. (1980). Children's developing understanding of mental verbs: Remember, know and guess. *Child Development, 51,* 1095–1102.

Kagan, D. (1992). Implications of research on teacher belief. *Educational Psychologist, 27,* 65–90.

Kay, C., & Samuels, M. L. (19770. Componential analysis in semantics: Its validity and applications. *Transactions of the Philological Society, 1975,* 49–81.

Krauss, R. M., & Glucksberg, S. (1969). The development of communication: Competence as a function of age. *Child Development, 42,* 255–266.

Lalonde, C. E., & Chandler, M. (1995). False belief understanding goes to school: On the social-emotional consequences of coming early or late to a first theory of mind. *Cognition and Emotion, 9,* 167–185.

Leekam, S. R. (1991). Jokes and lies: Children's understanding of intentional falsehood. In A. Whiten (Ed.), *Natural theories of mind: Evolution, development and simulation of everyday mindreading* (pp. 159–174). Oxford, England: Blackwell.

Light, P. (1979). *The development of social sensitivity.* Cambridge, England: Cambridge University Press.

McKeough, A. (1992). Testing for the presence of a central social structure: Use of the transfer paradigm. In R. Case (Ed.). *The mind's staircase* (pp. 207–225). Hillsdale, NJ: Lawrence Erlbaum.

Meichenbaum, D., & Biemiller, A. (1992). In search of student expertise in the classroom: A metacognitive analysis. In M. Pressley, K. Harris, and J. Guthrie (Eds.), *Promoting academic competence and literacy: Cognitive research and instructional innovation* (pp. 3–53). New York: Academic Press.

Meltzoff, A., & Gopnik, A. (1993). The role of imitation in understanding persons and developing a theory of mind. In S. Baron-Cohen, H. Tager-Flusberg, and D. Cohen (Eds.), *Understanding other minds: Perspectives from autism* (pp. 335–366). Oxford, England: Oxford University Press.

Miller, G. A., & Johnson-Laird, P. N. (1976). *Language and perception.* Cambridge: Harvard University Press.

Miscione, J. L., Marvin, R. S., O'Brien, R. G., & Greenberg, M. T. (1978). A developmental study of preschool children's understanding of the words "know" and "guess." *Child Development, 49,* 1107–1113.

Moore, C., & Frye, D. (1991). The acquisition and utility of theories of mind. In D. Frye and C. Moore (Eds.), *Children's theories of mind* (pp. 1–14). Hillsdale, NJ: Lawrence Erlbaum.

Moore, C., & Furrow, D. (1991). The development of the language of belief: The expression of relative certainty. In D. Frye and C. Moore (Eds.), *Children's theories of mind* (pp. 173–193). Hillsdale, NJ: Lawrence Erlbaum.

Oakes, P., & Caruso, D. (1990). Kindergarten teachers' use of developmentally appropriate practices and attitudes about authority. *Early Education and Development, 1,* 445–457.

Ortony, A. (1987). Cognitive development and the language of mental states. *Discourse Processes, 10,* 193–199.

Pajares, M. (1992). Teachers' belief and educational research: Cleaning up a messy construct. *Review of Educational Research, 62,* 307–332.

Pelletier, J. (1994). *Children's understanding of school and teachers' beliefs and practices in French immersion and regular English language kindergarten.* Doctoral dissertation, University of Toronto (Ontario Institute for Studies in Education), Toronto.

Perner, J. (1991). *Understanding the representational mind.* Cambridge: Bradford Books/MIT Press.

Perner, J., Leekam, S., & Wimmer, H. (1987). Three-year-olds' difficulty with false belief: The case for a conceptual deficit. *British Journal of Developmental Psychology, 5,* 125–137.

Perner, J., & Wimmer, H. (1985). "John thinks that Mary thinks that..." Attribution of second-order beliefs by 5- to 10-year-old children. *Journal of Experimental Child Psychology, 39,* 437–471.

Puleo, V. (1986). *Application of mastery learning theory to full and half-day kindergarten research.* ERIC Document Reproduction Service No. ED 286 623. Kingston, NY.

Rips, L. J., & Conrad, F. G. (1989). Folk psychology of mental activities. *Psychological Review, 96,* 187–207.

Roget, P. M. (1852/1966). *Roget's thesaurus.* R. A. Dutch (Ed.), Harmondsworth, England: Penguin.

Rousseau, J. J. (1762/1969). *Emile* (B. Foxley, Trans.). London: Dent.

Scholnick, E. K. (1978). The language of mind: Statements about mental states. *Discourse Processes, 10,* 181–192.

Schwanenflugel, P. J., Fabricius, W. F., & Alexander, J. (1994). Developing theories of mind: Understanding concepts and relations between mental activities. *Child Development, 65,* 1546–1563.

Schwanenflugel, P. J., Fabricius, W. F., Noyes, C. R., Bigler, K., & Alexander, J. M. (1994). The organization of mental verbs and folk theories of knowing. *Journal of Memory and Language, 33,* 376–395.

Schwarz, S., & Robinson, H. (1982). *Designing curriculum for early childhood.* Boston: Allyn and Bacon.

Schweinhart, L., Weikart, D., & Larner, M. (1986). Consequences of three preschool curriculum models through age 15. *Early Childhood Research Quarterly, 1,* 15–45.

Searle, J. R. (1979a). *Expression and meaning.* Cambridge, England: Cambridge University Press.

Searle, J. R. (1979b). Intentionality and the use of language. In A. Margalit (Ed.), *Meaning and use* (pp. 181–197). Dordrecht, Holland: Reidel.

Searle, J. R. (1983). *Intentionality: An essay in the philosophy of mind.* Cambridge, England: Cambridge University Press.

Shatz, M., Wellmasn, H, M., & Silber, S. (1983). The acquisition of mental verbs: A systematic investigation of the first reference to mental state. *Cognition, 14,* 301–321.

Siefert, K. (1993). Cognitive development and early childhood education. In B. Spodek (Ed.), *Handbook of research on the education of young children* (pp. 9–23). New York: Macmillan.

Sodian, B., Zaitchik, D., & Carey, S. (1991). Young children's differentiation of hypothetical beliefs from evidence. *Child Development, 62,* 753–766.

Spodek, B., & Clark, Brown, P. (1993). Curriculum alternatives in early childhood education: A historical perspective. In B. Spodek (Ed.), *Handbook of research on the education of young children* (pp. 91–104). New York: Macmillan.

Spodek, B., Saracho, O., & Davis, M. (1991). *Foundations of early childhood education: Teaching three-, four-, and five-year-old children* (2nd edn.). Englewood Cliffs, NJ: Prentice-Hall.

Strauss, S. (1993). Teachers' pedagogical content knowledge about children's minds and learning: Implications for teacher education. *Educational Psychologist, 28,* 279–290.

Strauss, S., & Shilony, T. (1994). Teachers' models of children's mind and learning. In L. A. Hirschfeld and S. A. Gelman (Eds.), *Mapping the mind: Domain specificity in cognition and culture* (pp. 455–473). New York: Cambridge University Press.

Tager-Flusberg, H. (1992). Autistic children's talk about psychological states: Deficits in the early acquisition of a theory of mind. *Child Development, 63,* 161–172.

Tager-Flusberg, H. (1993). What language reveals about the understanding of minds in children with autism. In S. Baron-Cohen, H. Tager-Flusberg, and D. Cohen (Eds.), *Understanding other minds: Perspectives from autism* (pp. 138-157). Oxford, England: Oxford University Press.

Tomasello, M., Kruger, A., & Ratner, H. (1993). Cultural learning. *Behavioral and Brain Sciences, 16,* 495-552.

Vendler, Z. (1970). Say what you think. In J. L. Cowan (Ed.), *Studies in thought and language* (pp. 79-97). Tucson: University of Arizona Press.

Walberg, H. J., & Haertel, G. D. (1992). Educational psychology's first century. *Developmental Psychology, 84,* 6-19.

Wellman, H. M. (1990). *The child's theory of mind.* Cambridge: Bradford Books/MIT Press.

Wellman, H. M., & Johnson, C. N. (1979). Understanding mental processes: A developmental study of remember and forget. *Child Development, 50,* 79-88.

Wimmer, H., & Perner, J. (1983). Beliefs about beliefs: Representation and constraining function of wrong beliefs in young children's understanding of deception. *Cognition, 13,* 103-128.

Winner, E., & Leekam, S. (1991). Distinguishing irony from deception: Understanding the speaker's second-order intention. *British Journal of Developmental Psychology, 9,* 257-270.

Wood, D. (1986). Aspects of teaching and learning. In M. Richards and P. Light (Eds.), *Children of social worlds* (pp. 191-211). Cambridge, England: Polity Press.

Yaakobi, D., & Sharan, S. (1985). Teacher beliefs and practices: The discipline carries the message. *Journal of Education for Teaching, 11,* 197-199.

Yuill, N., & Perner, J. (1987). Exceptions to mutual trust: Children's use of second-order beliefs in responsibility attribution. *International Journal of Behavioral Development, 10,* 207-223.

27장

Atran, S. (1987). *Cognitive foundations of natural history.* New York: Cambridge University Press.

Atran, S. (1994). Core domains versus scientific theories: Evidence from systematics and Itza-Maya folkbiology. In L. A. Hirschfeld and S. A. Gelman (Eds.), *Mapping the mind: Domain specificity in cognition and culture* (pp. 316-340). Cambridge, England: Cambridge University Press.

Astington, J. W. (1993). *The child's discovery of the mind.* Cambridge: Harvard University Press.

Baillargeon, R. (1987). Young infants' reasoning about the physical and spatial characteristics of a hidden object. *Cognitive Development, 2,* 179-200.

Baillargeon, R., Kotovsky, L., & Needham, A. (1995). The acquisition of physival knowledge in infancy. In D. Sperber, D. Premack, and A. Premack (Eds.), *Casual cognition: A multidisciplinary debate* (pp. 79-116). Oxford, England: Oxford University Press.

Barret, S. E., Abdi, H., & Murphy, G. L. (1993). Theory-based correlations and their role in children's concepts. *Child Development, 64* (6), 1595-1616.

Barsalou, L. W. (1985). Ideals, central tendency, and frequency of instantiation as determinants of graded structure in categories. *Journal of Experimental Psychology: Learning, Memory, and Cognition, 11,* 629-654.

Bartlett, R. C. (1932). *Remembering: A study in experimental and social psychology.* Cambridge, England: Cambridge University Press.

Beretier, C., & Scardamalia, M. (1993). *Surpassing ourselves: An inquiry into the nature and implications of expertise.* Chicago: Open Court.

Berry, D. C., & Dienes, Z. (1993). *Implicit learning: Theoretical and empirical issues.* Hove, England: Lawrence Erlbaum.

Boyd, R. (1984). *Natural kinds, homeostasis, and the limits of essentialism.* Paper presented at Cornell University.

Brown, A. L., Brandford, J. D., Ferrara, R. A., & Campione, J. C. (1983). Cognitive development. In J. H. Flavell and E. M. Markman (Eds.), *Handbook of Child Psychology* (pp. 77-166). New York: Wiley.

Bruer, J. T. (1993). *Schools for thought: A science of learning in the classroom.* Cambridge: MIT Press.

Carey, S. (1985). *Conceptual change in childhood.* Cambridge, MIT Press.

Carey, S. (1991). Knowledge acquisition: Enrichment or conceptual change? In S. Carey and R. Gelman (Eds.), *The epigenesis of mind: Essays on biology and cognition* (pp. 237-256). Hillsdale, NJ: Lawrence Erlbaum.

Chapman, L. J., & Chapman, J. P. (1969). Illusory correlation as an obstacle to the use of valid psychodiagnostic signs. *Journal of Abnormal Psychology, 74,* 272-280.

Chi, M. T. H., Feltovich, P. J., & Glaser, R. (1981). Categorization and representation of physics problems by experts and novices. *Cognitive Science, 5,* 121-152.

Chinn, C. A., & Brewer, W. F. (1993). The role of anomalous data in knowledge acquisition: A theoretical framework and implications for science instruction. *Review of Educational Research, 63* (1), 1-49.

Cleeremans, A. (1993). *Mechanisms of implicit learning: Connectionist models of sequence processing.* Cambridge: MIT Press.

Dupré, J. (1981). Biological taxa as natural kinds. *Philosophical Review, 90,* 66-90.

Gelman, R. (1990). First principles organize attention to and learning about relevant data: Number and animate-inanimate distinction as examples. *Cognitive Science, 14,* 79-106.

Gelman, R., Spelke, E. S., & Meck, E. (1983). What preschoolers know about animate and inanimate objects. In D. Rogers and J. A. Sloboda (Eds.), *The acquisition of symbolic skills* (pp. 48-64). New York: Plenum Press.

Gelman, S. A. (1988). The development of induction within natural kind and artifact categories. *Cognitive Psychology, 20,* 65-95.

Gelman, S. A., & Markman, E. (1986). Categories and induction in young children. *Cognition, 23,* 183-209.

Gelman, S. A., & Markman, E. (1987). Young children's inductions from natural kinds: The role of categories and appearances. *Child Development, 58,* 1532-1541.

Gelman, S. A., & O'Reilly, A. W. (1988). Children's inductive inferences with superordinate categories: The role of language and category structure. *Child Development, 59,* 876-887.

Gelman, S. A., & Wellman, H. M. (1991). Insides and essences: Early understandings of the non-obvious. *Cognition, 38,* 213-244.

Ghent, P. (1989). *Expert learning in music.* Master's thesis, University of Toronto.

Gibson, E. J. (1969). *Principles of perceptual and cognitive development.* New York: Appleton-Century-Crofts.

Gopnik, A., & Wellman, H. M. (1994). The theory theory. In L. A. Hirschfled and S. A. Gelman (Eds.), *Mapping the mind: Domain specificity in cognition and culture* (pp. 257-293). New York: Cambridge University Press.

Harré, R. (1988). Modes of explanation. In D. J. Hilton (Ed.), *Contemporary science and natural explanation: Commonsense conceptions of causality.* Brighton, England: Harvester Press.

Harris, P. L. (1991). The work of the imagination. In A. Whiten (Ed.), *Natural theories of mind: Evolution, development and simulation of everyday mindreading* (pp. 283-304). Oxford, England: Blackwell Publishers.

Hayes, N. A., & Broadbent, D. (1988). Two modes of learning for interactive tasks. *Cognition, 28* (3), 249–276.

Hirschfeld, L. A., & Gelman, S. A. (1994). Towards a topography of mind. In L. A. Hirschfeld and S. A. Gelman (Eds.), *Mapping the mind: Domain specificity in cognition and culture* (pp. 3–35). New York: Cambridge University Press.

Inhelder, B., & Piaget, J. (1958). *The growth of logical thinking from childhood to adolescence.* New York: Basic Books.

Kaiser, M. K., McCloskey, M., & Proffitt, D. R. (1986). Development of intuitive theories of motion: Curvilinear motion in the absence of external forces. *Developmental Psychology, 22* (1), 67–71.

Karmiloff-Smith, A. (1992). *Beyond modularity: A developmental perspective.* Cambridge: MIT Press.

Keil, F. C. (1981). Constraints on knowledge and cognitive development. *Psychological Review, 88,* 197–227.

Keil, F. C. (1986). The nonrepresentative nature of representational change: Some possible morals to draw from Nelson's Making Sense. *Cognitive Development, 1,* 281–291.

Keil, F. C. (1989) *Concepts, Kinds, and cognitive development.* Cambridge: MIT Press.

Keil, F. C. (1994). The birth and nurturance of concepts by domains: The origins of concepts of living things. In L. Hirschfeld and S. Gelman (Eds.), *Mapping the mind: Domain specificity in cognition and culture* (pp. 234–254). Cambridge, England: Cambridge University Press.

Keil, F. C. (1995). The growth of casual understandings of natural kinds. In D. Sperber, D. Premack, and A. Premack (Eds.), *Casual cognition: A multidisciplinary debate.* Oxford, England: Oxford University Press.

Kekule, A. (1858). Über die Konstitution und die Metamorphosen der chemischen Verbindungen und die chemische Natur des Kohlenstoffs (On the constitution and metamorphasis of chemical reactions and the chemical nature of carbons). *Ann Chem u Pharm, 106,* 129–159.

Krist, H., Fieberg, E. L., & Wilkening, F. (1993). Intuitive physics in action and judgment: The development of knowledge about projectile motion. *Journal of Experimental Psychology: Learning, Memory, and Cognition, 19* (4), 952–966.

Leslie, A. (1994). Tomy, Toby, and agency: Core architecture and domain specificity. In L. Hirschfeld and S. Gelman (Eds.), *Mapping the mind: Domain specificity in cognition and culture* (pp. 119–48). Cambridge, England: Cambridge University Press.

Luchins, A. S. (1942). Mechanization in problem solving: The effect of einstellung. *Psychological Monographs, 54 (Whole No. 248).*

Mandler, J. M., & McDonough, L. (1993). Concept formation in infancy. *Cognitive Development, 8,* 291–318.

McCloskey, M., Washburn, A., & Felch, L. (1983). Intuitive physics: The straight down belief and its origin. *Journal of Experimental Psychology: Learning, Memory, and Cognition, 9* (4), 636–649.

Medin, D. L. (1989). Concepts and conceptual structure. *American Psychologist, 44,* 1469–1481.

Mintzes, J. J., Trowbridge, J. E., Arnaudin, M. W., & Wandersee, J. H. (1991). Children's biology: Studies on conceptual development in the life sciences. In S. Glynn, R. Yeany, and B. Britton (Eds.), *The psychology of learning science* (pp. 179–202). Hillsdale, NJ: Lawrence Erlbaum.

Murphy, G. L. (1993). Noun phrase interpretation and conceptual combination. *Journal of Memory and Language, 29,* 259–288.

Murphy, L., & Medin, D. L. (1985). The role of theories in conceptual coherence. *Psychological Review, 92,* 289–316.

Neisser, U. (1987). Introduction in U. Neisser (Ed.), *Concepts reconsidered: The ecological and intellectual bases of categorization.* Cambridge, England: Cambridge University Press.

Nelson, K. (1985). *Making sense: The acquisition of shared meaning.* Orlando, FL: Academic Press.

Nisbett, R. E., & Ross, L. (1980). *Human inference: Strategies and shortcomings of social judgment.* Englewood Cliffs, NJ: Prentice-Hall.

Norman, D. (1993). *Things that make us smart: Defending human attributes in the age of the machine.* Reading, Mass: Addison-Wesley.

Olson, D. R. (1977). The language of instruction: The literate bias of schooling. In R. C. Anderson, R. J. Spiro, and W. E. Montague (Eds.), *Schooling and the acquisition of knowledge* (pp. 65-89). Hillsdale, NJ: Lawrence Erlbaum.

Piaget, J. (1952). *The origins of intelligence in children.* New York: Norton.

Perner, J. (1991). *Understanding the representional mind.* Cambridge: MIT Press.

Quine, W. V. O. (1977). Natural kinds. In S. P. Schwartz (Ed.), *Naming, necessity, and natural kinds* (pp. 155-175). Ithaca, NY: Cornell University Press.

Reber, A. (1993). *Implicit learning and tacit knowledge: An essay on the cognitive unconscious.* New York: Oxford University Press.

Rips, L. J. (1989). Similarity, typicality, and categorization. In S. Vosniadou and A. Ortony (Eds.), *Similarity and analogical reasoning* (pp. 21-59). New York: Cambridge University Press.

Salmon, W. C. (1989). *Four decades of scientific explanation.* Minneapolis: University of Minnesota Press.

Schank, C. C., & Abelson, R. P. (1977). *Scripts, plans. goals, and understanding.* Hillsdale, NJ: Lawrence Erlbaum.

Schwartz, B. (1979). *Psychology of learning and behavior.* New York: Norton.

Smith, C., Carey, S., & Wiser, M. (1985). On differentiation: A case study of the development of the concepts of size, weight, and density. *Cognition, 1985, 21* (3), 177-237.

Spelke, E. (1991). Physical knowledge in infancy. In S. Carey and R. Gelman (Ed.), *The epigenesis of mind: Essays on biology and cognition* (pp. 133-169). Hillsdale, NJ: Lawrence Erlbaum.

Spelke, E., Breinlinger, K., Macomber, J., & Jacobson, K. (1992). Origins of knowledge. *Psychological Review, 95,* 605-632.

Sperber, D., & Wilson, D. (1986). Relevance: Communication and cognition. Oxford, England: Blackwell Publishers.

Strauss, S., & Shilony, T. (1994). Teachers' models of children's minds and learning. In L. A. Hirschfeld and S. A. Gelman (Eds.), *Mapping the mind: Domain specificity in cognition and culture* (pp. 455-473). New York: Cambridge Unviersity Press.

Vosniadou, S. (1991). Conceptual development in astronomy. In S. Glynn, R. Yeany, and B. Britton (Eds.), *The psychology of learning science* (pp. 149-177). Hillsdale, NJ: Lawrence Erlbaum.

Vosniadou, S., & Brewer, W. F. (1992). Mental models of the earth: A study of conceptual change in childhood. *Cognitive Psychology, 24,* 535-585.

Wellman, H. M. (1990). *The child's theory of mind.* Cambridge: MIT Press.

Wellman, H. M., & Gelman, S. A. (1992). Cognitive development: Foundational theories of core domains. *Annual Review of Psychology, 43,* 337-375.

28장

Adanson, M. (1763). *Familles des plantes,* 2 vols. Paris: Vincent.

Astington, J., & Gopnik, A. (1991). Theoretical explanations of children's understanding of the mind. *British Journal of Developmental Psychology, 9,* 7-31.

Atran, S. (1983). Covert fragmenta and the origins of the botanical family. *Man, 18,* 51-71.

Atrans, S. (1985). Pre-theoretical aspects of Aristotelian definition and classification of animals. *Studies in History and Philosophy of Science, 16,* 113-163.

Atrans, S. (1987). Constraints on the ordinary semantics of living kinds. *Mind and Language, 2,* 27-63.

Atrans, S. (1990). *Cognitive foundations of natural history: Towards an anthropology of science.* Cambridge, England: Cambridge University Press.

Atrans, S. (1993). Itza Maya tropical agro-forestry. *Current Anthropology. 34,* 633-700.

Atrans, S. (1994). Core domains versus scientific theories. In L. Hirschfeld and S. Gelman (Eds.), *Mapping the mind: Domain specificity in cognition and culture* (pp. 316-340). New York: Cambridge University Press.

Atrans, S., & Sperber, D. (1991). Learning without teaching: Its place in culture. In L. Tolchinsky-Landsmann (Ed.), *Culture, schooling and psychological development* (pp. 39-55). Norwood, NJ: Ablex.

Avis, J., & Harris, P. (1991). Belief-desire among Baka children. *Child Development, 62,* 460-467.

Baillargeon, R. (1986). Representing the existence and location of hidden objects: Object permanence in 6- and 8-month-old infants. *Cognition, 23,* 21-41.

Bartlett, H. (1936). A method of procedure for field work in tropical American phyto-geography based on a botanical reconnaissance in parts of British Honduras and the Peten forest of Guatemala. *Botany of the Maya Miscellaneous Papers I.* Carnegie Institution of Washington Publication No. 461.

Bartlett, H. (1940). History of the generic concept in botany. *Bulletin of the Torrey Botanical Club, 47,* 319-362.

Berlin, B. (1972). Speculations on the growth of ethnobotanical nomenclature. *Language and Society, 1,* 63-98.

Berlin, B. (1992). *Ethnobiological classification: principles of categorization of plants and animals in traditional societies.* Princeton: Princeton University Press.

Berlin, B., Breedlove, D., & Raven, P. (1973). General principles of classification and nomenclature in folk biology. *American Anthropologist, 74,* 214-242.

Berlin, B., Breedlove, D., & Raven, P. (1974). *Principles of Tzeltal plant classification.* New York: Academic Press.

Boster, J. (1988). Natural sources of internal category structure: Typicality, familiarity, and similarity of birds. *Memory and Cognition, 16,* 258-270.

Boster, J., & D'Andrade, R. (1989). Natural and human sources of cross cultural agreement in ornithological classification. *American Anthropologist, 91,* 132-142.

Brown, C. (1984). *Language and living things: Uniformities in folk classification and naming.* New Brunswick: Rutgers University Press.

Bulmer, R. (1970). Which came first, the chicken or the egg-head? In J. Pouillon and P. Maranda (Eds.), *Echanges et communications: Mélanges offerts á Claude Lévi-Strauss* (pp. 1069-1091). The Hague: Mouton.

Carey, S. (1985). *Conceptual change in childhood.* Cambridge: MIT Press.

Carey, S., Klatt, L., & Schalffer, M. (1992). Infants' representations of objects and nonsolid substances. Unpublished manuscript, MIT.

Cesalpino, A. (1958). *De plantis libri XVI.* Florence: Marescot.

Coley, J., Medin, M., Atran, S., & Lynch, E. (in press). Does rank have its privilege? Inductive unferences within folkbiological taxonomies. *Cognitive Pyshcology.*

Cosmides, L., & Tooby, J. (1992). Cognitive adaptations for social exchange. In J. Barkow, L. Cosmides, and J. Tooby (Eds.), *The adapted mind: Evolutionary psychology and the generation of culture* (pp. 163-228). New York: Oxford University Press.

Darwin, C. (1859). *On the origin of species by natural selection*. London: Murray.

Descartes, R. (1681). *Les principes de la philosophie* (4th edn.). Paris: Theodore Gerard.

Diamond, J. (1966). Zoological classification of a primitive people. *Science, 151,* 1102–1104.

diSessa, A. (1988). Knowledge in pieces. In G. Forman and P. Pufall (Eds.), *Constructivism in the computer age* (pp. 49–70). Hillsdale, NJ: Lawrence Erlbaum.

Donnellan, K. (1971). Necessity and criteria. In J. Rosenberg abnd C. Travis (Eds.), *Readings in the philosophy of language* (pp. 42–52). Englewood Cliffs, NJ: Prentice-Hall.

Dougherty, J. (1978). Salience and relativity in classification. *American Ethnologist, 5,* 66–80.

Dupré, J. (1981). Natural kinds and biological taxa. *The Philosophical Review, 90,* 66–90.

Dwyer, P. (1976). An analysis of Rofaifo mammal taxonomy. *American Ethnologist, 3,* 425–445.

Gelman, S., & Coley, J. (1991). Language and categorization: The acquisition of natural kind terms. In S. Gelman and J. Byrnes (Eds.), *Perspectives on language and thought: Interrelations and development* (pp. 146–196). New York: Cambridge University Press.

Gelman, S., & Wellman, H. (1991). Insides and essences: Early understanding of the nonobvious. *Cognition, 38,* 214–244.

Gilmore, M. (1932). Importance of ethnobotanical investigation. *American Anthropologist, 34,* 320–327.

Hatano, G., & Inagaki, K. (1994). Young children's naive theory of biology. *Cognition, 50,* 171–188.

Hays, T. (1993). Ndumba folk biology and the general principles of ethnobotanical classification and nomenclature. *American Anthropologist, 85,* 489–507.

Henley, N. (1969). A psychological study of the semantics of animal terms. *Journal of Verbal Learning and Verbal Behavior, 8,* 176–184.

Hickling, A., & Gelman, S. (1992). Young children's understanding of seed and plant growth. Paper presented at the conference of human development, Atlanta.

Hirschfeld, L. (1994). The child's representation of human groups. In D. Medin (Ed.), *The psychology of learning and motivation: Advances in research and theory* (Vol. 31). San Diego: Academic Press.

Hough, W. (1897). The Hopi in relation to their plant environment. *American Anthropologist, 10,* 33–44.

Hull, D. (1991). Common sense and science. *Biology and Philosophy, 6,* 467–479.

Hume, D. (1758/1955). *An inquiry concerning human understanding.* New York: Bobbs-Merrill.

Hunn, E. (1976). Toward a perceptual model of folk biological classification. *American Ethnologist, 3,* 508–524.

Hunn, E. (1977). *Tzeltal folk zoology*. New York: Academic Press.

Jacobs, M. (1980). Revolutions in plant description. In J. Arends, G. Boelema, C. de Groot, and A. Leeuwenberg (Eds.), *Liber gratulatorius in honorem H. C. D. De Wit* (pp. 155–181). Wageningen, Netherlands: H. Veeman.

Jeyifous, S. (1985). Atimodemo: Semantic conceptual development among the Yoruba. Doctoral dissertation, Cornell University.

Kant, I. (1790/1951). *Critique of judgement.* New York: Hafner Press.

Keil, F. (1989). *Concepts, kinds, and cognitive development*. Cambridge: MIT Press.

Keil, F. (1994). The birth and nurturance of concepts by domains. In L. Hirschfeld and S. Gelman (Eds.), *Mapping the mind: Domain specificity in cognition and culture* (pp. 234–254). New York: Cambridge University Press.

Kesby, J. (1979). The Rangi classification of animals and plants. In R. Reason and D. Ellen (Eds.), *Classifications in their social contexts* (pp. 33–56). New York: Academic Press.

Kripke, S. (1972). Naming and necessity. In D. Davidson and G. Harman (Eds.), *Semantics of natural language* (pp. 253–355). Dordrecht, Netherlands: Reidel.

Labandeira, C., & Sepkoski, J. (1993). Insect diversity in the fossil record. *Science, 261*, 310–315.

Lamarck, J. -B. (1809). *Philosophie zoologique*. Paris: Dentu.

Leslie, A. (1995). A theory of agency. In D. Sperber, D. Premack, and A. J. Premack (Eds.), *Causal cognition* (pp. 121–141). New York: Oxford University Press.

Linnaeus, C. (1751). Philosophia botanica. Stockholm: G. Kiesewetter.

Lloyd, G. (1990). *Demystifying mentalities*. Cambridge, England: Cambridge University Press.

Locke, J. (1689/1848). *An essay concerning human understanding*. London: Tegg.

López, A., Atran, S., Coley, J., Medin, D., & Smith, E. (in press). The tree of life: Universals of folkbiological taxonomies and inductions.

Mandler, J. (1992). How to build a baby. II: Conceptual primitives. *Psychological Review, 99*, 587–604.

Marks, I. (1987). *Fears, phobias, and rituals*. New York: Oxford University Press.

Mayr, E. (1969). *Principles of systematic zoology*. New York: McGraw-Hill.

Medin, D. (1989). Concepts and conceptual structure. *American Psychologist, 44*, 1469–1481.

Mill, J. (1843). *A system of logic*. London: Longmans, Green.

Munkur, B. (1983). *The cult of the serpent: An interdisciplinary survey of its manifestations and origins*. Albany: State University of New York Press.

Murphy, G, & Medin, D. (1985). The role of theories in conceptual coherence. *Psychological Review, 92*, 289–316.

Posey, D. (1981). Wasps, warriors and fearless men: Ethnoentomology of the Kayapó Indians of Central Brazil. *Journal of Ethnobiology, 1*, 165–174.

Putnam, H. (1975). The meaning of "meaning." In K. Gunderson (Ed.), *Language, mind and knowledge* (pp. 131–193). Minneapolis: University of Minnesota Press.

Raven, P., Berlin, B., & Breedlove, D. (1971). The origins of taxonomy. *Science, 174*, 1210–1213.

Rips, L. (1975). Inductive judgments about natural categories. *Journal of Verbal Learning and Verbal Behavior, 14*, 665–681.

Rips, L., Shoben, E., & Smith, E. 91973). Semantic distance and the verification of semantic relations. *Journal of Verbal Learning and Verbal Behavior, 12*, 1–20.

Rosch, E. (1975). Cognitive representations of semantic categories. *Journal of Experimental Psychology, 104*, 192–233.

Rosch, E., Mervis, C., Gray, W., Johnson, D., & Boyes-Braem, P. (1976). Basic objects in natural categories. *Cognitive Psychology, 8*, 382–439.

Schwartz, S. (1979). Natural kind terms. *Cognition, 7*, 301–315.

Seligman, M. (1971). Phobias and preparedness. *Behavior Therapy, 2*, 307–320.

Simpson, G. (1961). *Principles of animal taxonomy*. New York: Columbia University Press.

Spelke, E. (1990). Principle of object perception. *Cognitive Science, 14*, 29–56.

Spelke, E., Breinlinger, K., Macomber, J., & Jacobson, K. (1992). Origins of knowledge. *Psychological Review, 99*, 605–632.

Sperber, D., & Wilson, D. (1986). *Relevance: Communication and cognition*. London: Blackwell.

Springer, K., & Keil, F. (1989). On the development of biologically specific beliefs: The case of inheritance. *Child Development, 60*, 637–648.

Stross, B. (1973). Acquisition of botanical terminology by Tzeltal children. In M. Edmonson (Ed.), *Meaning in Mayan language* (pp. 107–141). The Hague: Mouton.

Taylor, P. (1979). Preliminary report on the ethnobiology of the Tobelorese of Halmahera, North Moluccas. *Majalah Ilmu-ilmu Sastra Indonesia, 8*, 215–229.

Tournefort, J. (1694). *Elémens ens de botanique*. Paris: Imprimerie Royale.

Turiel, E. (1983). *The development of social knowledge: morality and convention*. New York: Cambridge University Press.

Vosniadou, S., & Brewer, W. (1987). Theories of knowledge restructuring in development. *Review of Educational Research, 57,* 51-67.

Wallace, A. (1889). *Darwinism*. London: Macmillan.

Warburton, F. (1967). The purposes of classification. *Systematic Zoology, 16,* 241-245.

Warrington, E., & McCarthy, R. (1987). Categories of knowledge: Further fractionations and an attempted integration. *Brain, 110,* 1273-1296.

Wellman, H., & Gelman, S. (1992). Cognitive development: Foundational theories of core domains. *Annual Review of Psychology, 43,* 337-375.

Zubin, D., & Köpcke, K. -M. (1986). Gender and folk taxonomy. In C. Craig (d.), *Noun classes and categorization* (pp. 139-180). Amsterdam: John Benjamins.

29장

Atran, S. (1990). *Cognitive foundations of natural history: Towards an anthropology of science.* Cambridge, England: Cambridge University Press.

Backscheider, A. G., Shatz, M., & Gelman, S. A. (1993). Preschoolers' ability to distinguish living kinds as a function of regrowth. *Child Development, 64,* 1242-1257.

Boster, J. S. (1991). The information economy model appled to biological similarity judement. In L. B. Resnick, J. M. Levine, and S. D. Teasley (Eds.), *Perspectives on sociality shared cognition* (pp. 203-225). Washington: American Psychological Association.

Bullock, M. (1985). Animism in childhood thinking: A new look at an old question. *Developmental Psychology, 21,* 217-225.

Carey, S. (1985). *Conceptual change in childhood.* Cambridge: MIT Press.

Carey, S., & Spelke, E. (1994). Domain-specific knowledge and conceptual change. In L. A. Hirschfeld and S. A. Gelman (Eds.), *Mapping the mind: Domain specificity in cognition and culture* (pp. 169-200). Cambridge, England: Cambridge University Press.

Dolgin, K. G., & Behrend, D. A. (1984). Children's knowledge about animates and inanimates. *Child Development, 55,* 1646-1650.

Gellert, E. (1962). Children's conceptions of the content and functions of the human body. *Genetic Psychology Monographs, 65,* 291-411.

Gelman, R. (1990). First principles organize attention to and learning about relevant data: Number and the animate-inanimate distinction as examples. *Cognitive Science, 14,* 79-106.

Gelman, R., Spelke, E., & Meck, E. (1983). What preschoolers know about animate and inanimate objects. In D. Rogers and J. A. Sloboda (Eds.), *The acquisition of symbolic skills* (pp. 297-326). New York: Plenum.

Glaser, R., & Bassok, M. (1989). Learning theory and the study of instruction. *Annual Review of Psychology, 40,* 631-666.

Golinkoff, R. M., Harding, C. G., Carlson, V., & Sexton, M. E. (1984). The infant's perception of causal events: The distinction between animate and inanimate objects. In L. P. Lipsitt and C. Rovee-Collier (Eds.), *Advances in infancy research* (vol. 3, pp. 145-165). Norwood, NJ: Ablex.

Hatano, G. (1989). Language is not the only universal knowledge system: A view from "every cognition." *Dokkyo Studies in Data Processing and Computer Science, 7,* 69-76.

Hatano, G., & Inagaki, K. (1987). Everyday biology and school biology: How do they interact? *The Quarterly Newsletter of the Laboratory of Comparative Human Cognition, 9,* 120–128.

Hatano, G., & Inagaki, K. (1991a). *Learning to trust higher-order categories in biology instruction.* Paper presented at the meeting of the American Educational Research Association, Chicago.

Hatano, G., & Inagaki, K. (1991b). *Young children's causal reasoning through spontaneous personification* [in Japanese]. Paper presented at the 33rd annual meeting of the Japanese Association of Educational Psychology, Nagano.

Hatano, G., & Inagaki, K. (1992). Destiuating cognition through the construction of conceptual knowledge. In P. Light and G. Butterworth (Eds.), *Context and cognition: Ways of learning and knowing* (pp. 115–133). London: Harvester/Wheatsheaf.

Hatano, G., & Inagaki, K. (1994a). *Recognizing commonalities between animals and plants.* Paper to be presented at the meeting of American Educational Research Association, New Orleans.

Hatano, G., & Inagaki, K. (1994b). Young children's naive theory of biology. *Cognition, 50,* 171–188.

Hatano, G., & Inagaki, K. (1994c). *Bodily organ's "intention" in vitalistic causal explanations* [in Japanese]. Paper presented at the 36th annual meeting of the Japanese Association of Educational Psychology, Kyoto.

Hatano, G., & Miyake, N. (1991). Commentaries: What does a cultural approach offer to research on learning? *Learning and Instruction, 1,* 273–281.

Hatano, G., Siegler, R. S., Richards, D. D., Inagaki, K., Stavy, R., & Wax, N. (1993). The development of biological knowledge: A multi-national study. *Cognitive Development, 8,* 47–62.

Hirschfeld, L. A. (1994). Is the acquisition of social categories based on domain-specific competence or on knowledge transfer? In L. A. Hirschfeld and S. A. Gelman (Eds.), *Mapping the mind: Domain specificity in cognition and culture* (pp. 201–233). Cambridge, England: Cambridge University Press.

Hirschfeld, L. A. (1995). Do children have a theory of race? *Cognition, 54,* 209–252.

Inagaki, K. (1989). Developmental shift in biological inference processes: From similarity-based to category-based attribution. *Human Development, 32,* 79–87.

Inagaki, K. (1990a). The effects of raising animals on children's biological knowledge. *British Journal of Developmental Psychology, 8,* 119–129.

Inagaki, K. (1990b). Young children's use of knowledge in everyday biology. *British Journal of Developmental Psychology, 8,* 281–288.

Inagaki, K. (1993a). *Young children's differentiation of plants from nonliving things in terms of growth.* Paper presented at the biennial meeting of Society for Research in Child Development, New Orleans.

Inagaki, K. (1993b). *The nature of young children's naive biology.* Paper presented at the symposium, "Children's naive theories of the world," at the 12th meeting of the International Society for the Study of Behavioral Development, Recife, Brazil.

Inagaki, K. (1994). *Personifying and vitalistic biology: Its nature and instructional implications.* Paper presented at the 13th meeting of the International Society for the Study of Behavioral Development, Amsterdam.

Inagaki, K., & Hatano, G. (1987). Young children's spontaneous personification as analogy. *Child Development, 58,* 1013–1020.

Inagaki, K., & Hatano, G. (1990). *Development of explanations for bodily functions* [in Japanese]. Paper presented at the 32nd annual meeting of the Japanese Association of Educational Psychology, Osaka.

Inagaki, K., & Hatano, G. (1991). Constrained person analogy in young children's biological inference. *Cognitive Development, 6,* 219–231.

Inagaki, K., & Hatano, G. (1993). Young children's understanding of the mind-body distinction. *Child*

Development, 64, 1534–1549.

Inagaki, K., & Hatano, G. (1994). *Effects of biological contexts on children's induction of human properties* [in Japanese]. Paper presented at the 36th annual meeting of the Japanese Association of Educational Psychology, Kyoto.

Inagaki, K., & Kasetani, M. (1994). *Effects of inducing person analogies on young children's understanding of procedures for raising animals.* Paper presented at the 12th meeting of the International Society for the Study of Behavioral Development, Amsterdam.

Inagaki, K., & Sugiyama, K. (1988). Attributing human characteristics: Developmental changes in over- and underattribution. *Cognitive Development, 3,* 55–70.

Inagaki, K., & Suzuki, Y. (1991). *The understanding of the mind-body distinction in children aged 3 to 5 years* [in Japanese]. Paper presented at the 33rd annual meeting of the Japanese Association of Educational Psychology, Nagano.

Johnson, K. E., Mervis, C. B. & Boster, J. S. (1992). Developmental changes within the structure of the mammal domain. *Developmental Psychology, 28,* 74–83.

Keil, F. C. (1981). Constraints on knowledge and cognitive development. *Psychological Review, 88,* 197–227.

Keil, F. C. (1992). The origins of an autonomous biology. In M. R. Gunnar and M. Maratsos (Eds.), *Modularity and constraints in language and cognition: The Minnesota Symposia on Child Psychology* (Vol. 25, pp. 103–173). Hillsdale, NJ: Lawrence Erlbaum.

Kondo, H., & Inagaki, K. (1991). *Effects of raising goldfish on the grasp of common characteristics of animals* [in Japanese]. Paper presented at the 44th meeting of the Japanese Association of Early Childhood Education and Care, Kobe.

Kuhn, D. (1989). Children and adults as intuitive scientists. *Psychological Review, 96,* 674–689.

Kyokuchi Method in Science Education. (1974). Unit on animals' bodily structures and their ways of living [in Japanese]. Unpublished Manuscript.

Massey, C. M, & Gelman, R. (1988). Preschooler's ability to decide whether a photographed unfamiliar object can move itself. *Developmental Psychology, 24,* 307–317.

Morita, E., Ianagaki, K., & Hatano, G. (1988). *The development of biological inferences: Analyses of RTs in children's attribution of human properties* [in Japanese]. Paper presented at the 30th annual meeting of the Japanese Association of Educational Psychology, Naruto.

Motoyoshi, M. (1979). *Essays on education for day care children: Emphasizing daily life activities* [in Japanese]. Toyko: Froebel-kan.

Ohmori, S. (1985). *The structure of knowledge and science* [in Japanese]. Toyko: Nihon Hoso Shuppan Kyokai.

Piaget, J. (1929). *The child's conception of the world.* London: Routledge and Kegan Paul.

Richards, D. D., & Siegler, R. S. (1984). The effects of task requirements on children's life judgments. *Child Development, 55,* 1687–1696.

Richards, D. D., & Siegler, R. S. (1986). Children's understandings of the attributes of life. *Journal of Experimental Child Psychology, 42,* 1–22.

Rosengren, K. S., Gelman, S. A., Kalish, C. W., & McCormick, M. (1991). As time goes by: Children's early understanding of growth. *Child Development, 62,* 1302–1320.

Serpell, R., & Hatano, G. (in press). Education, schooling and literacy in a cross-cultural perspective. In J. W. Berry, P. R. Dasen, and T. S. Saraswathi (Eds.), *Handbook of cross-cultural psychology: Vol. 2. Basic processes and developmental psychology.* Boston: Allyn and Bacon.

Siegal, M. (1988). Children's knowledge of contagion and contamination as casuese of illness. *Child Development, 59,* 1353–1359.

Solomon, G., Johnson, S., Zaitchik, D., & Carey, S. (1993). *Like father, like son: Young children's understanding of how and why offspring resemble their parents.* Paper presented at the Meeting of the Society for Research in Child Development, New Orleans.

Springer, K. (1992). Children's awareness of the biological implications of kinship. *Child Development, 63,* 950–959.

Springer, K., & Keil, F. C. (1989). On the development of biologically specific beliefs: The case of inheritance. *Child Development, 60,* 637–648.

Springer, K., & Keil, F. C. (1991). Early differentiation of causal mechanisms appropriate to biological and nonbiological kinds. *Child Development, 62,* 767–781.

Starvy, R., & Wax, N. (1989). Children's conceptions of plants as living things. *Human Development, 32,* 88–94.

Vera, A. H., & Keil, F. C. (1988). The development of inductions about biological kinds: The nature of the conceptual base. Paper presented at the 29th meeting of the Psychonomic Society, Chicago.

Vosniadou, S. (1989). Analogical reasoning as a mechanism in knowledge acquisition: A developmental perspective. In S. Vosniadou and A. Ortony (Eds.), *Similarity and analogical reasoning* (pp. 413–469). Cambridge, England: Cambridge University Press.

Vygotsky, L. S. (1978). *Mind in society*: The development of higher psychological processes. In M. Cole, V. John-Steiner, S. Scribner, and E. Souberman (Eds.), Cambridge: Harvard University Press.

Wellman, H. M. (1990). *The child's theory of mind.* Cambridge: MIT Press.

Wellman, H. M., & Gelman, S. A. (1992). Cognitive development: Foundational theories of core domains. *Annual Review of Psychology, 43,* 337–375.

Yuzawa, M. (1988). Understanding the meaning of the situation of a problem and a reasoning schema [in Japanese with an English summary]. *Japanese Journal of Educational Psychology, 36,* 297–306.

30장

Brown, A. L., & Palincsar, A. S. (1989). Guided, cooperative learning and individual knowledge acquisition. In L. B. Resnick (Ed.), *Knowing, learning and instruction: Essays in honor of Robert Glaser* (pp. 393–451). Hillsdale, NJ: Lawrence Erlbaum.

Brown, D. E., & Clement, J. (1989). Overcoming misconceptions via analogical reasoning: Abstract transfer versus explanatory model construction. *Instructional Science, 18,* 237–261.

Collins, A., Brown, J. S., & Newman, S. E. (1989). Cognitive apprenticeship: Teaching the crafts of reading, writing, and mathematics. In L. B. Resnick (Ed.), *Knowing, learning and instruction: Essays in honor of Robert Glaser* (pp. 453–494). Hillsdale, NJ: Lawrence Erlbaum.

diSessa, A. A. (1988). Knowledge in pieces. In G. Forman and P. Pufall (Eds.), *Constructivism in the computer age* (pp. 49–70). Hillsdale, NJ: Lawrence Erlbaum.

diSessa, A. A. (1993). Toward an epistemology of physics. *Cognition and Instruction, 10* (2–3), 105–225.

diSessa, A. A. (1995). Designing Newton's laws: Patterns of social and representational feedback in a learning task. In R. -J. Beun, M. Baker, and M. Reiner (Eds.), *Dialogue and interaction* (pp. 105–122). Berlin: Springer-Verlag.

diSessa, A. A., & Minstrell, J. (in press). Cultivating conceptual change with benchmark lessons. In J. G. Greeno and S. Goldman (Ed.), *Thinking practices.* Hillsdale, NJ: Lawrence Erlbaum.

Fodor, J. A. (1983). *Modularity of mind: An essay on faculty psychology.* Cambridge: MIT Press.

Larkin, J., McDermott, J., Simon, D., & Simon, H. A. (1980). Expert and novice performance in solving physics problems. *Science, 208*, 1135–1142.

McCloskey, M. (1983). Naive theories of motion. In D. Gentner and A. Stevens (Eds.), *Mental models* (pp. 299–324). Hillsdale, NJ: Lawrence Erlbaum.

Smith, J. P., diSessa, A. A., & Roschelle, J. (1993). Misconceptions reconceived: A constructivist analysis of knowledge in transition. *Journal of the Learning Sciences, 3*(2), 115–163.

31장

Ball, D. (1991). "What's all this talk about discourse?" *Arithmetic Teacher, 39* (3), 44–48.

Barnes, D. (1976). *From communication to curriculum*. Harmondsworth, England: Penguin Books.

Belenky, M. F., Clinchy, B. M., Goldberger, N. R., & Tarule, J. M. (1986). *Women's ways of knowing: The development of self, voice, and mind*. New York: Basic Books.

Bellah, R. N., Madsen, R., Sullivan, W. M., Swidler, A., & Tipton, S. M. (1985). *Habits of the heart: Individualism and commitment in American life*. New York: Harper and Row.

Blumer, H. (1977). Sociological implications of the thought of George Herbert Mead. In B. R. Cosin, J. R. Dale, G. M. Esland, D. Mackinnon, and D. F. Swift (Eds.), *School and society: A sociological reader* (pp. 11–17). London: Routledge and Kegan Paul.

Blunk, M. (1995). "Communication in and about small group learning." Research report, Mathematics and Teaching through Hypermedia Project. Ann Arbor: University of Michigan.

Brown, J. M., & Gilligan, C. (1993). *Meeting at the crossroads*. Cambridge: Harvard University Press.

Bruner, J. (1990). *Acts of meaning*. Cambridge: Harvard University Press.

Cobb, P. (1994). Where is the mind? Constructivist and sociocultural perspectives on mathematical development. *Educational Researcher, 23* (7), 13–20.

Cobb, P., Wood, T., & Yackel, E. (1993). Discourse, mathematical thinking, and classroom practice. In N. Minick, E. Forman, and A. Stone (Eds.), *Education and mind: Institutional, social, and developmental processes* (pp. 91–119). New York: Oxford University Press.

Davidson, D. (1986). A nice derangement of epitaphs. In E. LePore (Ed.), *Truth and interpretation* (pp. 433–446). New York: Basil Blackwell.

Davis, P., & Hersch, R. (1986). *Descartes dream: The world according to mathematics*. Orlando: Harcourt, Brace, Jovanovich.

diSessa, A. A. (1982). Unlearning Aristotelian physics: A study of knowledge-based learning. Cognitive Science, 6, 37–75.

diSessa, A. A. (1983). Phenomenology and the evolution of intuitions. In D. Gentner and A. L. Stevens (Eds.), *Mental models* (pp. 15–33). Hillsdale, NJ: Lawrence Erlbaum.

Driver, R., Asko, H., Leach, J., & Scott, P. (1994). Constructing scientific knowledge in the classroom, *Educational Researcher, 23* (7), 5–12.

Dweck, C. S., & Bempechat, J. (1983). Children's theories of intelligence: Consequences for learning. In S. G. Paris, G. M. Olson, and H. W. Stevenson (Eds.), *Learning and motivation in the classroom* (pp. 239–256). Hillsdale, NJ: Lawrence Erlbaum.

Elbow, P. (1986). *Embracing contraries: Explorations in teaching and learning*. New York: Oxford University Press.

Hatano, G., & Inagaki, K. (1991). Sharing cognition through collective comprehension activity. In L. B. Resnick, J. M. Levine, and S. D. Teasley (Eds.), *Perspectives on socially shared cognition* (pp. 331–348). Washington: American Psychological Association.

Heath, S. B. (1983). *Ways with words: Language life and work in communities and classrooms.* New York: Cambridge University Press.

Holland, D., & Quinn, N. (1987). *Cultural models in language and thought.* Cambridge: Cambridge University Press.

Hoyle, C., & Noss, R. (1992). *Learning mathematics and Logo.* Cambridge: MIT Press.

Isaacs, S. (1971). *The children we teach: Seven to eleven years.* New York: Schocken.

Kitcher, P. (1984). *The nature of mathematical knowledge.* Oxford, England: Oxford University Press.

Lakatos, I. (1976). *Proof and refutations: The logic of mathematical discovery.* J. Worrall and E. Zahar (Eds.). Cambridge, England: Cambridge University Press.

Lampert, M. (1990). When the problem is not the question and the solution is not the answer: Mathematical knowing and teaching. *American Educational Research Journal, 27* (1), 29–64.

Lampert, M. (1992). Practices and problems in teaching authentic mathematics in school. In F. Oser, A. Dick, and J. -L. Patry (Eds.), *Effective and responsible teaching: The new synthesis* (pp. 295–314). New York: Jossey-Bass.

Lensmire, T. (1994). *When children write: Critical re-visions of the writing workshop.* New York: Teachers College Press.

Mead, G. H. (1964). *On social psychology: Selected Papers.* Chicago: University of Chicago Press.

National Council of Teachers of Mathematics. (1991). *Professional standards for teaching mathematics.* Reston, VA: National Council of Teachers of Mathematics.

Olson, D. R., & Astington, J. W. (1993). Thinking about thinking: Learning how to take statements and hold beliefs. *Educational Psychologist, 28* (1), 7–23.

Peters, R. (1959). *Authority, responsibility, and education.* London: Allen and Unwin.

Polya, G. (1968). *Induction and analogy in mathematics.* Princeton: Princeton University Press.

Putnam, R., Lampert, M., & Peterson, P. (1990). Alternative perspectives on knowing mathematics in elementary schools. In C. Cazden (Ed.), *Review of research in education* (Vol. 16, pp. 57–150). Washington: American Educational Research Association.

Richards, P. (1986). Risk. In H. S. Becker (Ed.), *Writing for social scientists: How to start and finish your thesis, book, or article* (pp. 108–120). Chicago: University of Chicago Press.

Scheffler, I. (1960). *The language of education.* Sprinfield, IL: Thomas.

Schoenfeld, A. H. (1985). *Mathematical problem solving.* Orlando, FL: Academic Press.

Spradley, J. P. (1972). *Culture and cognition: Rules, maps, and plans.* New York: Chandler.

Stigler, J., & Baranes, R. (1988). Culture and mathematics learning. In C. Cazden (Ed.), *Review of research in education* (Vol. 15, pp. 253–306). Washington: American Educational Research Association.

Stodolsky, S. (1988). *The subject matters: Classroom activity in math and social studies.* Chicago: University of Chicago Press.

Strike, K, & Posner, G. (1985). A conceptual change view of knowing and learning. In L. West and A. L. Pines (Eds.), *Cognitive structure and conceptual change* (pp. 211–232). Orlando, FL: Academic Press.

Swales, J. (1990). *Genre analysis: English in academic and research settings.* Cambridge, England: Cambridge University Press.

Willoughby, S., Bereiter, C., Hilton, P., & Rubenstein, J. H. (1990). *Real math: Level five.* LaSalle, IL: Open Court.

Wiser, M., & Carey, S. (1983). "When heat and temperature were one." In D. Gentner and A. L. Stevens (Eds.), *Mental models* (pp. 267–298). Hillsdale, NJ: Lawrence Erlbaum.

32장

Anderson, P. (1980). *Arguments within English Marxism*. London: Verso.

Appleby, J. (1992). Recovering America's historic diversity: Beyond exceptionalism. *Journal of American History, 79* (2), 419–431.

Aries, P. (1962). *Centuries of childhood: A social history of family life*. New York: Random House.

Ashby, R., & Lee, P. J. (1987). Children's concepts of empathy and understanding in history. In C. Portal (Ed.), *The history curriculum for teachers* (pp. 62–99). London: Falmer.

Berman, M. (1982). *All that is solid melts into air: The experience of modernity*. New York: Simon and Schuster.

Booth, M. (1987). Ages and concepts: A critique of the Piagetian approach to history teaching. In C. Portal (Ed.), *The history curriculum for teachers* (pp. 22–38). London: Falmer.

Booth, M. (1993). Students' historical thinking and the national history curriculum in England. *Theory and Research in Social Education, 21* (2), 105–127.

Bruner, J. (1960). *The process of education*. Cambridge: Harvard University Press.

Bruner, J. (1986). *Actual minds, possible worlds*. Cambridge: Harvard University Press.

Calhoun, C. (1982). *The question of class struggle*. Chicago: University of Chciago Press.

California State Board of Education. (1987). *History-social science framework*. Sacramento: Author.

Carr, D. (1986). *Time, narrative and history*. Bloomington: Indiana University Press.

Carretero, M, & Voss, J. F. (Eds.). (1994). *Cognitive and instructional processes in history and the social sciences*. Hillsdale, NJ: Lawrence Erlbaum.

Cott, N. (1977). *The bonds of womanhood: Woman's sphere in New England, 1780–1835*. New Haven: Yale University Press.

Coulter, R. (1989). To know themselves: The transformative possibilities of history for young women's lives. *History and Social Science Teacher, 25* (1), 25–28.

Cronon, W. (1992). A place for stories: Nature, history, and narrative. *Journal of American History, 78* (4), 1347–1376.

Cruikshank, J. (1991). *Reading voices*. Vancouver: Douglas and McIntyre.

Douglas, S. (1992). Notes towards a history of media audiences. *Radical History Review, 54*, 127–138.

Downey, M. T. (1994). Historical thinking and perspective taking in a fifth-grade classroom. Paper presented at the meeting of the National Council for Social Studies, Phoenix.

Downey, M. T., & Levstik, L. S. (1991). Teaching and learning history. In J. P. Shaver (Ed.), *Handbook of research on social studies teaching and learning* (pp. 400–410). New York: Macmillan.

Driver, R., Asoko, H., Leach, J., Mortimer, E., & Scott, P. (1994). Constructing scientific knowledge in the classroom. *Educational Researcher, 23* (7), 5–12.

Egan, K. (1989). Layers of historical understanding. *Theory and Research in Social Education, 17* (4), 280–294.

Egan, K. (1990). *Romantic understanding: The development of rationality and imagination, ages 8–15*. London: Routledge.

Eighteenth International Congress of Historical Sciences. (1995). *Registration Circular*. Montreal: Author.

Elder, G. H., Modell, J., & Parke, R. D. (Eds.). (1993). *Children in time and place: Developmental and historical insights*. Cambridge, England: Cambridge University Press.

Entrikin, J. N. (1991). *The betweenness of place: Towards a geography of modernity*. Baltimore: Johns Hopkins University Press.

Epstein, T. (1994a). The arts of history: An analysis of secondary school students' interpretations of the arts in historical contexts. *Journal of Curriculum and Supervision, 9* (2), 174-194.

Epstein, T. (1994b, April). *"Makes no difference if you're Black or White"? African-American and European-American working-class high school students' beliefs about historical significance and historical authority.* Paper presented at the American Educational Research Association, New Orleans.

Ermarth, E. D. (1992). *Sequel to history: Postmodernism and the crisis of representational time.* Princeton: Princeton University Press.

Fink, L., Lears, J., Diggins, J. P., Lipsitz, G., Buhle, M. J., & Buhle, P. (1988). A round table: Labor, historical pessimism, and hegemony. *Journal of American History, 75* (1), 115-161.

Frisch, M. (1990). American history and the structures of collective memory: A modest exercise in empirical iconography. In M. Frisch (Ed.), *A shared authority: Essays on the craft and meaning of oral and public history* (pp. 29-54). Albany: State University of New York Press.

Gabella, M. S. (1995). The art(s) of historical sense: An inquiry into form and understanding. *Journal of Curriculum Studies, 27* (2), 139-163.

Gardner, H. (1991). *The unschooled mind: How children think and how schools should teach.* New York: Basic Books.

Gates, H. L. (1992). *Loose canons: Notes on the culture wars.* New York: Oxford University Press.

Genovese, E. (1974). *Roll, Jordon, roll: The world the slaves made.* New York: Pantheon.

Giroux, H. (1994). Doing cultural studies: Youth and the challenge of pedagogy. *Harvard Educational Review, 64* (3), 278-308.

Goodwyn, L. (1976). *Democratic promise: The populist moment in America.* New York: Oxford University Press.

Gordon, L. (1988). *Heroes of their own lives: The politics and history of family violence.* New York: Viking.

Gutman, H. G. (1976). *The black family in slavery and freedom: 1750-1925.* New York: Pantheon.

Gutman, H. G. (1987). Historical consciousness in contemporary America. In H. G. Gutman (Ed.), *Power and culture: Essays on the American working class* (pp. 395-412). New York: Pantheon.

Harlan, D. (1989). Intellectual history and the return of the prodigal. *American Historical Review, 94* (3), 581-609.

Harvey, D. (1989). *The condition of postmodernity.* Cambridge: Blackwell.

Haskell, T. (Ed.). (1984). *The authority of experts: Studies in history and theory.* Bloomington: Indiana University Press.

Heilbroner, R. (1993, February 14). The worst is yet to come. *New York Times Book Review,* pp. 1, 25.

Hirst, P. H. (1965). Liberal education and the nature of knowledge. In D. Archambault (Ed.), *Philosophical analysis and education* (pp. 113-138). London: Routledge and Kegan Paul.

Hollinger, D. (1993). How wide the circle of the "we"? American intellectuals and the problem of the ethnos since World War II. *American Historical Review, 98* (2), 317-337.

Holt, T. (1990). *Thinking historically: Narrative, imagination, and understanding.* New York: College Entrance Examination Board.

Jameson, F. T. (1991). *Postmodernism, or, the cultural logic of late capitalism.* Durham: Duke University Press.

Jenkins, K. (1991). *Rethinking history.* London: Routledge.

Jenkins, K., & Brickley, P. (1989). Reflections on the empathy debate. *Teaching History, 55,* 18-23.

Kammen, M. (1989). History is our heritage. In P. Gagnon (Ed.), *Historical literacy* (pp. 138-156). New York: Macmillan.

Kammen, M. (1992). *Mystic chords of memory: The transformation of tradition in American culture.* New York: Knopf.

Kuhn, D., Amsel, E., & O'Loughlin, M. (1988). *The development of scientific thinking skills.* San Diego: Academic Press.

Kunen, S., Tang, W., & Ducey, S. J. (1991). Sex and age differences in adolescents' value judgments of historically important events: Theory, stereotypes and data. *Adolescence, 26* (101), 159–182.

Laqueur, T. (1990). *Making sex: Body and gender from the Greeks to Freud.* Cambridge: Harvard University Press.

Lee, P. J. (1983). History teaching and the philosophy of history. *History and Theory, 22* (4), 19–49.

Leinhardt, G., Beck, I. L., & Stainton, C. (Eds.). (1994). *Teaching and learning history.* Hillsdale, NJ: Lawrence Erlbaum.

Levstik, L. S. (1986). The relationship between historical response and narrative in a sixth-grade classroom. *Theory and Research in Social Education, 14* (1), 1–15.

Levstik, L. S. (1989). Historical narrative and the young reader. *Theory into Practice, 28* (2), 114–119.

Levstik, L. S. (1992). Narrative and students' historical understanding. Paper presented at the annual meeting of the American Educational Research Association, San Francisco.

Levstik, L. S., & Pappas, C. C. (1992). New directions for studying historical understanding. *Theory and Research in Social Education, 20* (4), 369–385.

Lomas, T. (1990). *Teaching and assessing historical understanding.* London: The Historical Association.

Lowenthal, D. (1985). *The past is a foreign country.* New York: Cambridge University Press.

Mahoney, M, & Yngvesson, B. (1992). The construction of subjectivity and the paradox of resistance: Reintegrating feminist anthropology and psychology. *Signs, 18* (11), 45–72.

Maxwell, K. (1993). Adios Columbus! *New York Review of Books, 40* (3), 38–45.

McGerr, M. (1991). The price of the "new transnational history." *American Historical Review, 96* (4), 1056–1067.

Mink, L. (1987). *Historical understanding.* B. Fay, E. O. Golob, and R. T. Vann (Eds.), Ithaca: Cornell University Press.

National Curriculum History Working Group. (1990). *Final Report.* London: Department of Education and Science and the Welsh Office.

Novick, P. (1988). *That noble dream.: "Objectivity" and the American historical profession.* New York: Cambridge University Press.

Polkinghorne, D. E. (1988). *Narrative knowing and the human sciences.* Albany: State University of New York Press.

Rogers, P. (1987). The past as a frame of reference. In C. Portal (Ed.), *The history curriculum for teachers* (pp. 3–21). London: Falmer.

Samuel, R. (1990). The return of history. *London Review of Books, 12* (11), 9–12.

Samuel, R., & Thompson, P. (1990). (Eds.), *The myths we live by.* London: Routledge.

Schlesinger, A., Jr. (1992). *The disuniting of America.* New York: Norton.

Scott, J. (1988). *Gender and the polities of history.* New York: Columbia University Press.

Seixas, P. (1993a). Parallel crises: History and the social studies curriculum in the USA. *Journal of Curriculum Studies, 25* (3), 235–250.

Seixas, P. (1993b). Popular film and young people's understanding of the history of native-white relations. *The History Teacher, 26* (3), 351–370.

Seixas, P. (1993c). The community of inquiry as a basis for knowledge and learning: The case of history. *American Educational Research Journal, 30* (2), 305–324.

Seixas, P. (1993d). Historical understanding among adolescents in multicultural setting. *Curriculum Inquiry, 23* (3), 301–327.

Shemilt, D. (1980). *History 13–16 evaluation study*. Edinburgh: Holmes McDougall.

Shemilt, D. (1983). The devil's locomotive. *History and Theory, 22* (4), 1–18.

Shemilt, D. (1987). Adolescent ideas about evidence and methodology in history. In C. Portal (Ed.), *The history curriculum for teachers* (pp. 62–99). London: Falmer.

Simon, R. (1993). Forms of insurgency in the production of popular memories: The Columbus quincentenary and the pedagogy of counter-commemoration. *Cultural Studies, 7* (1), 73–88.

Sleeper, M. (1973). The uses of history in adolescence. *Youth and Society, 4*, 259–274.

Thelen, D. (1992). Of audiences, borderlands, and comparisons: Toward the internationalization of American history. *Journal of American History, 79* (2), 432–462.

Thompson, E. P. (1963). *The making of the English working class*. New York: Random House.

Trachtenberg, A. (1989). *Reading American photographs: Images as history*. New York: Hill and Wang.

Tyrrell, I. (1991). American exceptionalism in an age of international history. *American Historical Review, 96* (4), 1031–1055.

Ulrich, L. T. (1990). *A midwife's tale: The diary of Martha Ballard*. New York: Knopf.

VanSledright, B., & Brophy, J. (1992). Storytelling, imagination, and fanciful elaboration in children's historical reconstructions. *American Educational Research Journal, 29* (4), 837–859.

White, H. (1978). *Tropics of discourse*. Baltimore: Johns Hopkins University Press.

Wilson, D. J. (1990). *Science, community, and the transformation of American philosophy, 1860–1930*. Chicago: University of Chicago Press.

Wilson, S. (1988). *Understanding historical understanding: Subject matter knowledge and the teaching of history*. Doctoral dissertation, Stanford University.

Wineburg, S. S. (1991). On the reading of historical texts: Notes on the breach between school and academy. *American Educational Research Journal, 28* (3), 495–519.

Wineburg, S. S. (Ed.). (1994). The teaching and learning of history. *Educational Psychologist, 29* (2).

Wineburg, S. S. (in press). The psychology of learning and teaching history. In D. C. Berliner and R. Calfee (Eds.), *The Handbook of Educational Psychology*. New York: Macmillan.

찾아보기

《인 명》

《내 용》

편저자 소개

David R. Oslon, Centre for Applied Cognitive Science, Ontario Institute for Studies in Education, 252 Bloor Street West, Toronto, ON M5S 1V6, Canada

Nancy Torrance, Centre for Applied Cognitive Science, Ontario Institute for Studies in Education, 252 Bloor Street West, Toronto, ON M5S 1V6, Canada

기고자 소개

Janet Wilde Astington, Institute for Child Study, University of Toronto, 45 Walmer Road, Toronto, ON M5R 2X2, Canada

Scott Atran, CNRS-CREA, École Polytechnique, 1 Rue Descartes, 75005 Paris, and Institute for Social Research, University of Michigan, PO Box 1248, Ann Arbor, MI 48109-1382, USA

Barbara Beatty, Department of Education, Wellesley College, 106 Central Street, Wellesley, MA 02181-8256, USA

Carl Bereiter, Centre for Applied Cognitive Science, Ontario Institute for Studies in Education, 252 Bloor Street West, Toronto, ON M5S 1V6, Canada

Shirley Booth, Department of Education and Educational Research, Göteborg University, Box 1010, S-43126 Mölndal, Sweden

Jerome S. Bruner, Faculty of Law, New York University, 6 Washington Place, New York, NY 10003, USA

Robbie Case, Institute for Child Study, University of Toronto, and School of Education, Stanford University. Correspondence to: Institute for Child Study, 45 Walmer Road, Toronto, ON M5R 2X2, Canada

Marie M. Clay, University of Auckland, New Zealand. Correspondence to: Flat 4, 153 Bassett Road, Remuera, Auckland 5, New Zealand

Carol Crumbaugh, Department of Teacher Education, Michigan State University, Erickson Hall, East Lansing, MI 48824, USA

Andrea A. diSessa, Graduate School of Education, EMST Division, University of California at Berkeley, 4533 Tolman Hall, Berkeley, CA 94720-1670, USA

Margaret Donaldson, Department of Developmental Psychology, University of Edinburgh. Correspondence to: 27 Blackford Road, Edinburgh EH9 2DT, Scotland, UK

Kieran Egan, Faculty of Education, Simon Fraser University, Burnaby, BC V5A 1S6, Canada

Carol F. Feldman, Department of Psychology, New York University, 6 Washington Place, New York, NY 10003, USA

Dorothy M. Fragaszy, Department of Psychology, University of Georgia, Athens, GA 30602-3013, USA

Howard Gardner, Harvard Project Zero, Harvard Graduate School of Education, 323 Longfellow Hall, Appian Way, Cambridge, MA 02138, USA

Jacqueline J. Goodnow, School of Behavioral Sciences, Macquarie University, North Ryde 2113, Sydney, NSW 2109, Australia

Maxine Greene, Philosophy, Social Sciences, and Education, Teachers College, Columbia University, New York, NY 10027, USA

Giyoo Hatano, Dokkyo University. Correspondence to: 6-7-12 Honkomagome, Bunkyo-ku, Tokyo 113, Japan

Thomas Hatch, Harvard Project Zero, 323 Longfellow Hall, Appian Way Harvard University, Cambridge, MA 02138, USA

Lowry Hemphill, Human Development and Psychology, Graduate School of Education, Harvard University, Roy E. Larsen Hall, Appian Way, Cambridge, MA 02138, USA

Kayoko Inagaki, Chiba University. Correspondence to: 1-20-8 Togoshi, Shinagawa-ku, Tokyo 142, Japan

David A. Kalmar, Department of Psychology, New York University, 6 Washington Place, New York, NY 10003, USA

Daniel Keating, Centre for Applied Cognitive Science, Ontario Institute for Studies in Education, and Canadian Institute for Advanced Research. Correspondence to: Centre for Applied Cognitive Science, Ontario Institute for Studies in Education, 252 Bloor Street West, Toronto, ON M5S 1V6, Canada

Frank C. Keil, Department of Psychology, 228 Uris Hall, Cornell University, Ithaca, NY 14853, USA

Gunther Kress, Institute of Education, University of London, 20 Bedford Way, London WC1H 0AL, UK

Ann C. Kruger, Department of Educational Foundations, Georgia State University, Atlanta, GA 30303, USA

Magdalene Lampert, School of Education, University of Michigan, 610 E. University, Ann Arbor, MI 48109-1259, USA

Ference Marton, Department of Education and Educational Research, Göteborg University, Box 1010, S-43126 Mölndal, Sweden

Eugene Matusov, Department of Psychology, University of California at Santa Cruz, Kerr Hall, Santa Cruz, CA 95064, USA

Seema Nundy, Centre for Applied Cognitive Science, Ontario Institute for Studies in Education, 252 Bloor Street West, Toronto, ON M5S 1V6, Canada

Keith Oatley, Centre for Applied Cognitive Science, Ontario Institute for Studies in Education, 252 Bloor Street West, Toronto, ON M5S 1V6, Canada

Janette Pelletier, Institute for Child Study, University of Toronto, 45 Walmer Road, Toronto, ON M5R 2X2, Canada

William R. Penuel, School Social Work Division, Metropolitan Nashville Public Schools, Nashville, TN, USA

Ingrid Pramling, Department of Methodology in Teachers' Education, Göteborg University, Box 1010, S-43126 Mölndal, Sweden

Ann James Premack, Laboratoire de Psycho-Biologie du Développement, EPHE-CNRS (U.R.A. 315), 41, Rue Gay-Lussac, F-75005 Paris, France

David Premack, Laboratoire de Psycho-Biologie du Développement, EPHE-CNRS (U.R.A. 315), 41, Rue Gay-Lussac, F-75005 Paris, France

Peggy Rittenhouse, Department of Teacher Education, Michigan State University, Erickson Hall, East Lansing, MI 48824, USA

Barbara Rogoff, Department of Psychology, University of California at Santa Cruz, Kerr Hall, Santa Cruz, CA 95064, USA

Marlene Scardamalia, Centre for Applied Cognitive Science, Ontario Institute for Studies in Education, 252 Bloor Street West, Toronto, ON M5S 1V6, Canada

Peter Seixas, Department of Curriculum Studies, Faculty of Education, University of British Columbia, Vancouver BC, V6T 1Z4, Canada

Chana S. Silberstein, Department of Psychology, Cornell University, 228 Uris Hall, Ithaca, NY 14853, USA

Catherine Snow, Human Development and Psychology, Graduate School of Education, Harvard University, Larsen Hall, Appian Way, Cambridge, MA 02138-3752, USA

Keith E. Stanovich, Department of Curriculum, and Centre for Applied Cognitive Science. Correspondence to: Department of Curriculum, Ontario Institute for Studies in Education, 252 Bloor Street West, Toronto, ON M5S 1V6, Canada

Paula J. Stanovich, Faculty of Education, University of Toronto, 371 Bloor Street West, Toronto, ON M5S 2R7, Canada

Michael Tomasello, Department of Psychology, Emory University, Atlanta, GA 30322, USA

Bruce Torff, Harvard Project Zero, and Boston College. Correspondence to: Harvard Project Zero, Harvard University, 323 Longfellow Hall, Appian Way, Cambridge, MA 02138, USA

Elisabetta Visalberghi, Istituto di Psicologia, Consiglio Nazionale delle Ricerche, Via Aldrovandi 16 B, 00197 Rome, Italy

Rita Watson, Faculty of Education, University of British Columbia, and Department of Education, Hebrew School of Jerusalem, Mt. Scopus Jerusalem, 91905 Israel

James V. Wertsch, Department of Education, Washington University, St. Louis, MO 63130-4899, USA

Cynthia White, Department of Psychology, University of California at Santa Cruz, Kerr Hall, Santa Cruz, CA 95064, USA

역자 소개

강현석

경북대학교 대학원 석사 및 박사(교육학 전공)
미국 위스콘신-매디슨 대학교 박사후 연구원
전) 한국대학교육협의회 선임연구원
순천대학교 교직과 교수
현) 경북대학교 사범대학 교육학과 교수

김경철

중앙대학교 대학원 박사
현) 한국교원대학교 유아교육과 교수
한국열린유아교육학회 편집위원회 위원장
한국유아교육학회 이사
한국어린이미디어학회 회장

김남희

부산대학교 대학원 석사(유아교육 전공)
부산대학교 대학원 박사(유아교육 전공)
현) 강원대학교 유아교육과 조교수

김영연

미국 워싱턴 대학교 대학원 석사 및 박사
현) 신라대학교 유아교육과 교수

김은설

서울대학교 대학원 석사(교육심리 전공)
미국 위스콘신-매디슨 대학교 대학원 박사(교육학 전공)
전) 서울대학교 교육연구소 연구원
현) 육아정책연구소 부연구위원

김종백

고려대학교 일반대학원 석사(교육학 전공)
미국 위스콘신-매디슨 대학교 대학원 박사(교수-학습 전공)
전) 한국교원대학교 제1대학 교육학과 전임강사
현) 홍익대학교 사범대학 교육학과 조교수

송 순

전) Human Development and Applied Psychology, Ontario Instute for studies in Education, University of Toronto 방문교수(2006년)

현) 원광대학교 생활과학대학 학장

이경화

부산대학교 대학원 석사(유아교육전공)

부산대학교 대학원 박사(교육과정 및 교육방법 전공)

현) 부경대학교 유아교육과 부교수

이민정

미국 펜실베이니아 주립대학교 석사(유아교육 전공)

미국 펜실베이니아 주립대학교 박사(유아교육 전공)

현) 동의대학교 유아교육학과 교수
한국유아교육학회 국내편집부 이사
한국유아교육학회 국제편집부 이사

이진희

경북대학교 교육대학원 석사

미국 일리노이 대학교 어바나-샴페인 캠퍼스 C&I 유아교육 박사

전) 미국 노스웨스턴 주립대학교 유아교육과 조교수
Center for Instructional Research and Curriculum Evaluation(CIRCE), 프로그램 평가자

현) 계명대학교 사범대학 유아교육과 부교수
SSCI 국제학술지 *Early Education & Development* 부편집장
SSCI 국제학술지 *European Early Childhood Education Research Journal* 편집위원

이혜원

덕성여자대학교 대학원 석사

덕성여자대학교 대학원 박사

현) 동양대학교 유아교육학과 교수

전명남
경북대학교 대학원 교육학 박사(교육심리 및 상담 전공)
전) 연세대학교 교육개발센터 학습지원부장
계명대학교 교수학습지원센터 초빙교수
현) 열린사이버대학교 상담심리학과 교수

정은영
중앙대학교 대학원 석사(유아교육학 전공)
현) 일리노이대학교 어바나-샴페인 캠퍼스 Early Childhood Education Ph.D. Candidate

정정희
미국 남일리노이 주립대학 대학원 석사 및 박사(유아교육학 전공)
전) 대구시 교육청 교육발전위원 및 창의성기획위원
현) 경북대학교 생활과학대학 아동가족학과 교수
경북대학교 영어영재교육원 부장

황윤세
경북대학교 대학원 석사(교육학 전공)
덕성여자대학교 대학원 교육학박사(유아교육학 전공)
전) 일리노이대학교 어바나-샴페인 캠퍼스 방문학자
현) 강원대학교 삼척 캠퍼스 유아교육과 교수

인간 교육학의 새로운 도전

- 교수-학습의 새로운 패러다임 -

The Handbook of Education and Human Development

2011년 2월 21일 1판 1쇄 인쇄
2011년 2월 28일 1판 1쇄 발행

엮은이 • David R. Olson · Nancy Torrance
옮긴이 • 강현석 · 김경철 · 김남희 · 김영연 · 김은설 · 김종백 · 송 순 · 이경화
이민정 · 이진희 · 이혜원 · 전명남 · 정은영 · 정정희 · 황윤세
펴낸이 • 김진환
펴낸곳 • (주) 학지사
121-837 서울특별시 마포구 서교동 352-29 마인드월드빌딩 5층
대표전화 • 02)330-5114 팩스 • 02)324-2345
등록번호 • 제313-2006-000265호

홈페이지 • http://www.hakjisa.co.kr
커뮤니티 • http://cafe.naver.com/hakjisa

ISBN 978-89-6330-553-0 93370

정가 25,000원